ÄGÄISCHE BRONZEZEIT

ÄGÄISCHE BRONZEZEIT

von

HANS-GÜNTER BUCHHOLZ

unter Mitwirkung zahlreicher Fachgelehrter
des In- und Auslands

WISSENSCHAFTLICHE BUCHGESELLSCHAFT
DARMSTADT

Redaktionelle Unterstützung des Herausgebers:
Dr. Peter Wagner, Gießen

Graphische Entwürfe: Martin Morkramer, M. A., Gießen

Übersetzung fremdsprachiger Beiträge:
Frau Maria Buchholz, M. A., Gießen

CIP-Kurztitelaufnahme der Deutschen Bibliothek

Ägäische Bronzezeit / von Hans-Günter Buchholz.
Unter Mitw. zahlr. Fachgelehrter d. In- u.
Auslands. – Darmstadt: Wissenschaftliche
Buchgesellschaft, 1987.
    ISBN 3-534-07028-3
NE: Buchholz, Hans-Günter [Hrsg.]

1 2 3 4 5

Bestellnummer 07028-3

© 1987 by Wissenschaftliche Buchgesellschaft, Darmstadt
Satz: Maschinensetzerei Janß, Pfungstadt
Druck und Einband: Wissenschaftliche Buchgesellschaft, Darmstadt
Printed in Germany
Schrift: Linotype Times, 12/14

ISBN 3-534-07028-3

INHALT

VI

TAFELN

EINFÜHRUNG

Von Hans-Günter Buchholz

Abgrenzung und Selbstverständnis der ägäischen Archäologie

Die »Ägäische Bronzezeit« gehört als Gegenstand wissenschaftlicher Erkenntnis zu den Anliegen der 'ägäischen Archäologie', die ihrerseits als das Präludium der 'klassischen Archäologie' oder als die 'Vorgeschichte des griechischen Raumes' verstanden werden kann. In der deutschen Universitätspraxis ist sie bis heute von den 'Klassikern' mitbehandelt worden. Archäologie ist allerdings im allgemeinen Bewußtsein so sehr mit der Tätigkeit des Ausgrabens verbunden, daß beide für den Fernerstehenden zusammenfallen. Es mag deshalb befremden, daß das angesprochene Fach als akademische Kathedergelehrsamkeit weit weniger Ausgräber hervorgebracht hat als Lehrstuhlinhaber. Von den als Ausgräber in Griechenland tätigen derzeitigen Inhabern klassisch-archäologischer oder prähistorischer Ordinariate an deutschsprachigen Universitäten sind verschwindend wenige im Bereich der ägäischen Frühzeit engagiert. Anders als bei uns verselbständigt sich die ägäische Archäologie zunehmend in den angelsächsischen Ländern und gewinnt eigenes Profil. Dabei verliert diese neue Wissenschaft mehr und mehr den Zusammenhang mit der überwiegend kunsthistorisch ausgerichteten 'klassischen Archäologie' und stellt sich als eine weitere 'prähistorische Archäologie' neben die bereits vorhandenen. Sie verhält sich etwa so gegenüber ihrem Ursprung, wie sich Heinrich Schliemann zu Johann J. Winckelmann verhielt.

Der wissenschaftsgeschichtliche Standort einer 'ägäischen Archäologie' geht zunächst den engen Kreis der Lehrenden und Studierenden, die Forscher und Bücherschreiber etwas an; derartige Orientierungen berühren die große Zahl der interessierten Laien kaum. Wenn ich mir allerdings die Käufer vorzustellen suche, für die das hier vorgelegte Buch bestimmt ist, dann verdienen sie nicht allein 'fertige Ergebnisse', sondern auch Einblicke in die Praxis archäologischer Forschung, in Grenzgebiete, sachlich-methodische Überschneidungen, ferner in Voraussetzungen und Ausgangssituationen des Denkens und Ermittelns, in Möglichkeiten und Wege, einschließlich von Korrekturen des forschenden Geschehens und endlich in die Zielvorstellungen. Ganz zum Schluß kommen dann erst die 'Ergebnisse'.

Der interessierte Laie existiert in unserem konkreten Fall nicht etwa als ein bloßer Wunsch von Verlegern, sondern ist seit Cerams Buch »Götter, Gräber und Gelehrte« durch unglaublich hohe Auflagenzahlen, eine ungeschmälerte Käuferneigung und archäologische Ausstellungen mit Besucherziffern in Millionenhöhe bewiesen. Die Paradoxie eines geradezu geschichtsfernen, ja abwehrenden Verhaltens in unserer Zeit[1] und zugleich die Hin-

---

[1] Vgl. beispielsweise A. Mirgeler, Der Gegenstand der Geschichte, in: Saeculum 3, 1950, 1ff., ders., Die Kreuzigung der Geschichte, das Werk Reinhold Schneiders und der Abschied vom Abendland, in: Wort und Wahrheit 9, 1955, 690ff.; A. Heuss, Verlust der Geschichte (1959); F. Graus, Zur Gegenwartslage der Geschichtswissenschaft (Gießen, 1969).

wendung mindestens zu jenem Teil der Geschichte, den wir 'Kulturgeschichte' nennen[2], vermag ich nur festzustellen, nicht aber aufzulösen. Freilich bedeutet das hier vorgelegte Buch über die »Ägäische Bronzezeit« nicht einfach und bloß einen Ausschnitt aus universaler 'Kulturgeschichte', so wenig er mit dem Begriff der 'Vorgeschichte' erschöpfend erfaßt wäre.

Daß die Archäologie eine historische Disziplin ist[3] – und somit auch die ägäische –, mag als Binsenweisheit hingenommen werden. E. Buschor definierte so: »Der Spiegel, in dem der Archäologe das geschichtliche Leben erfaßt, ist die sichtbare Hinterlassenschaft der vergangenen Menschen«[4]. Er schloß daran allerdings noch eine – isoliert gehört – erstaunliche Feststellung an: »So ist die klassische Archäologie nicht nur eine historische Disziplin, sie kann teilhaben an der noch größeren Aufgabe: die Geschichte zu überwinden«[5]. Wir wollen diesem Gedanken nicht weiter nachhängen, zumal die altägäische Archäologie nicht einfach mit der klassischen gleichzusetzen oder als ein Teil von ihr aufzufassen wäre, wozu eingangs das Nötige gesagt wurde.

Andererseits fallen alle Archäologien als Teilwissenschaften einer umfassenden Geschichtswissenschaft und diese wiederum als Teil der noch umfassenderen Geisteswissenschaften unter die Frage nach ihrer Daseinsberechtigung, etwa im Sinne der Betrachtung Friedrich Nietzsches »Vom Nutzen und Nachteil der Historie für das Leben«. An dieser Stelle gilt es, einem Irrtum zu wehren, nämlich dem, daß in einem Buch wie dem vorliegenden Entwicklungen modellhaften Charakters für Gegenwart und Zukunft gezeigt werden sollen oder andere Tendenzen der Vorzeit, vor deren Wiederholung zu warnen wäre. Was wir wollen, ist allerdings eine Standortbestimmung der »Ägäischen Bronzezeit« oder wenigstens die Vorführung der geschichtsspezifischen Fakten, die erkennen lassen, daß sie an eine bestimmte, nicht austauschbare Stelle des historischen Ablaufs gehören und ohne die ein Vorher und Danach nicht denkbar sind.

Wenn der Mensch sein Auftreten und Handeln unter das Gesetz einer Form stellt, verleiht dies seiner Überlegenheit über das triebhafte, animalische Dasein symbolischen Ausdruck, führt zu dem, was wir 'Stil' nennen. Alle Erscheinungsformen des Stils zusammen machen 'Kultur' aus. Vor allem ist der Gegenstand der Kulturgeschichte, also sie selber, nach Jacob Burckhardt nur das, was frei und spontan aus schöpferischem Drange erwächst, voran Kunst, Poesie, Philosophie, Wissenschaft. Auch das Wirken für materielle Zwecke, insofern es spontan erfolgt, rechnet er dazu: »Kultur nennen wir die ganze Summe derjenigen Entwicklungen des Geistes, welche spontan geschehen und keine universale oder Zwangsgeltung in Anspruch nehmen«[6].

Mit gutem Grund fordern dort, wo die geschriebenen Quellen nicht fließen, die anschaubaren, anfaßbaren, vom Menschen geschaffenen Gegenstände ihr Recht, voran die Kunst. Man wird auch heute noch Heinrich Wölfflins Feststellung nicht einfach ungesagt machen

[2] J. Böhm, in: Atti del 6. Congresso Int. delle Scienze Preistoriche e Protostoriche, Rom 1962, Bd. I 6: »Die Archäologie wird nämlich fast allgemein als Kulturgeschichte angesehen, und deshalb will man auch in ihren Quellen bloße kulturhistorische Quellen erblicken . . .«
[3] J. Herrmann, Archäologie als Geschichtswissenschaft, Studien und Untersuchungen (1977).

[4] E. Buschor, Begriff und Methode der Archäologie, in: U. Hausmann, Handbuch der Archäologie I ([2]1969) 3.
[5] Ebenda 10.
[6] Ich halte mich hier, nahezu wörtlich, an F. Meinecke, Ranke und Burckhardt, in: Vorträge und Schriften, Deutsche Akademie der Wissenschaften, Berlin, Heft 27 (1948) 15f.

wollen, wonach wir in derselben auf ihren primitiven Stufen eine Gebundenheit finden, »die, von den Zeitgenossen nicht empfunden, sich uns doch als Armut weniger der Bildmittel als einer noch unentwickelten Bildvorstellung zu erkennen gibt. Steigt man zu den spätern, sagen wir den klassischen Epochen, empor, so ist neben dem größern Reichtum an Bildmitteln plötzlich auch eine, wie es scheint vollkommene Freiheit der Vorstellungsbildung da...«[7].

Beide, der Lehrer Burckhardt und sein Schüler Wölfflin[8], haben demnach im 'Stil' eine sich wandelnde, wandelbare, historische Größe gesehen. Andererseits suchten die 'Strukturforscher' nicht so sehr nach der im Wandel begriffenen Erscheinung als vielmehr nach dem inneren Zusammenhang, nach jener Kraft, die im Gegensatz zur 'Stilform' 'Formstruktur' bewirkt[9]: »Denn erschöpft ist die strukturelle Fragestellung doch erst dann, wenn nicht nur der Wandel der Form in der Zeit erörtert wird, sondern auch ihre Brechung in verschiedenartigen gleichzeitigen Erscheinungen«[10]. Vertreter dieser Richtung unter den Archäologen, wie Bernhard Schweitzer, Guido von Kaschnitz-Weinberg und Friedrich Matz[11], haben sich besonders um die Erforschung der ägäischen Frühzeit verdient gemacht, so daß doch auch unser Buch noch im Banne mindestens des zuletzt Genannten steht. Einer seiner Schüler, Hagen Biesantz, hat in seiner Marburger Dissertation »Kretisch-mykenische Siegelbilder, stilgeschichtliche und chronologische Untersuchungen« (1954) deutlicher als der Meister ausgesprochen, wie praktisch angewandte 'Strukturanalyse' auszusehen habe und was sie leiste, beispielsweise bei der Unterscheidung 'helladisch-festländischen' Formengutes von 'kretisch-minoischem' im Bereich der Glyptik[12]. Doch zurück zur 'ägäischen Archäologie' und der Frage, ob sie wesentlich 'Prähistorie' sei oder nicht; dabei ist festzuhalten: »Auch prähistorische oder orientalische Altertümer sind für uns nicht bloße 'Kuriositäten' wie etwa noch für die Zeit Goethes«[13]. Es fragt sich allerdings, ob man mit dem eben entwickelten Begriff der 'Kultur' mühelos im Bereich von

[7] Heinrich Wölfflin, »Eine Revision von 1933 als Nachwort«, in: Kulturgeschichtliche Grundbegriffe ([11]1956) 274ff.

[8] Zu beiden s. J. Gantner, Jacob Burckhardt und Heinrich Wölfflin, Briefwechsel und andere Dokumente, 1882–1897 (1948).

[9] F. Matz, Kunstgeschichte und Strukturforschung, in: Geschichte der griechischen Kunst I (1950) 1ff.

[10] Matz a. O. 19f. – Begrenzte Auseinandersetzung mit der Formulierung von Strukturbegriffen bei N. Himmelmann-Wildschütz, Der Entwicklungsbegriff der modernen Archäologie, in: Marburger Winckelmann-Programm 1960, 13ff.

[11] B. Schweitzer, Zur Kunst der Antike, Ausgewählte Schriften I (1963) bes. 179ff. (Strukturforschung in Archäologie und Vorgeschichte, Wiederabdruck nach: Neue Jahrbücher für Antike und deutsche Bildung, N.F. 1, 1938). G. v. Kaschnitz-Weinberg, Die mittelmeerischen Grundlagen der antiken Kunst (1944) und Besprechung des Neudrucks von A. Riegl, Spätrömische Kunstindustrie, in: Gnomon 5, 1929, 195ff. Vgl. ferner G. Krahmer, Figur und Raum in der ägyptischen und

griechisch-archaischen Kunst, in: 28. Hallesches Winckelmannsprogramm (1931).

[12] Ich habe in unserem Buch »Ägäische Bronzezeit« nichts ausgesprochen Strukturanalytisches aufgenommen, obgleich ich mich mit dem Gedanken trug, es dem Andenken an Friedrich Matz und Bernhard Schweitzer zu widmen. Der Sache der Trennung von Kretischem und Mykenischem dient unten S. 379ff. der treffliche Beitrag F. Schachermeyrs, 'ein Vergleich ihres Kulturcharakters'. Ich möchte noch anfügen, daß mir Matz in zahlreichen Gesprächen zwar versicherte, daß er die Biesantzsche Arbeit ausgezeichnet finde, das enthaltene strukturanalytische Programm aber keinesfalls als das seine, Matzsche, anerkenne. Beide haben der Sache nach nichts zu tun mit neuen, ähnlich klingenden Begriffen, s. I. Hodder, Symbolic and Structural Archaeology (1982), ein Sammelwerk, dazu die Rez. C. Orton, AntJ 63, 1983, 394f.; V. Pinsky, Archaeological Review from Cambridge 3, 1984, 97ff.; D.A. Freidel–J.C. Faris, American Antiquity 49, 1984, 872ff.; O. Röhrer-Ertl, Anthropos 79, 1984, 691.

[13] Buschor a. O. 9.

Ur-, Vor- und Frühgeschichte zurechtkommt, wenn man die 'Vorgeschichte' als Zeit des bloßen Zustands, den man aus bloßen Funden erschließt, von der 'Geschichte' als Zeit der in Geschichtsquellen erfaßten Tradition abtrennt; denn es steht »sowohl die wissenschaftliche wie politische Fixierung der Vorgeschichte vor einer in der Sache selbst liegenden Schwierigkeit, nämlich der Tatsache, daß es so etwas wie eine vorgeschichtliche Tradition gar nicht gibt. Der Grund ist ganz einfach darin zu suchen, daß ein bewußtes Erinnerungsvermögen des Menschen und damit auch die Weitergabe eines 'Sinnes' im Zeitablauf immer erst mit der geschichtlichen Zeit einsetzt, ja, geradezu die geschichtliche Zeit definiert... Was über den bloßen Fund hinaus von der Vorgeschichte quellenmäßig greifbar wird, ist eigentlich nur der Beginn der Geschichte, in dem sich dann in Gestalt des Mythos gerade noch ein Schatten der überwundenen oder in Überwindung begriffenen Welt der Vorgeschichte spiegelt« [14]. So gesehen, finden sich auch in dem Gegenstand unseres Buches, der »Ägäischen Bronzezeit«, Elemente, die als vorgeschichtlich, andere, die als geschichtlich anzusprechen sind. Der soeben neunzig Jahre alt gewordene und auch in dem hier vorgelegten Werk mit einem wichtigen Beitrag vertretene Wiener Althistoriker F. Schachermeyr hat in einem seiner letzten Bücher Ernst damit gemacht, diese Grauzone für die Geschichte zu gewinnen: »Die griechische Rückerinnerung im Lichte neuer Forschungen« (1983) [15].

'Mythologie' gehört also durchaus in unser Buch, besonders deshalb, weil sie in späteren griechischen Kunstäußerungen auch anschaubar vergegenständlicht worden ist. Als Quellen, aus denen zu schöpfen ist, sind die Mythen selber angesprochen, die Methode, mit der sie einer historisch orientierten Wissenschaft nutzbar zugeführt werden müßten, wäre eine weiterentwickelte geschichtlich-archäologische Mythologie, wie sie vor allem Gottlieb Welcker in Gießen begründet hat, auf jenem für ihn geschaffenen Lehrstuhl, der als erster in Deutschland der »griechischen Literatur und Archäologie« diente [16]. Inwieweit die früheste Dichtung der Griechen, unser Homer, als Geschichtsquelle auswertbar ist, hat die Forschung immer erneut erregt und teilweise gegen Heinrich Schliemann aufgebracht, der Troja nach den Hinweisen der Ilias suchte, fand und ausgrub. »Kann also Dichtung, weil sie für Tatsachen und Realität nicht zuständig ist, nicht als historische Quelle gelten, so erlaubt sie doch den Rückgriff auf die mitgeführten historischen Bestände« [17]. Es hat sich eine förmliche 'Homer-Archäologie' entwickelt, die sich mit dem Zeitalter des Dichters auseinandersetzt und die Denkmäler jener Epoche mit den literarischen Zeugnissen vergleicht. In bestimmten Fällen greift sie beim Vorliegen älteren Kulturgutes auf das myke-

---

[14] A. Mirgeler, Saeculum 3, 1950, 4f.

[15] Daß es ihm um die kombinative Bewältigung von vorgeschichtlicher Archäologie, Mythologie und Alter Geschichte sehr wesentlich geht, hat er gerade im Hinblick auf das genannte Spätwerk in seinen Memoiren wiederholt betont, s. F. Schachermeyr, Ein Leben zwischen Wissenschaft und Kunst (1984).

[16] Mit Dekret vom 16. 10. 1809, s. H. Sprankel, Friedrich Gottlieb Welcker, ein Leben für Wissenschaft und Vaterland, herausgegeben aus Anlaß seines 200. Geburtstages (1984) 59.

[17] G. Wickert-Micknat, Dichtung als historische Quelle, in: Saeculum 21, 1970, 57ff. – Zur Mythologie im Hinblick auf die Vorgeschichte existiert eine umfangreiche Literatur, zumal mit C. G. Jung und S. Freud neue Impulse hinzugekommen sind (S. Cassirer Bernfeld, Freud and Archaeology, in: The American Imago 8, 1951, 107ff.; R. Ransohoff, Archaeology 28, 1975, 102ff.). Wenig Neues bietet H. Poser, Philosophie und Mythos, ein Kolloquium (1979). Rationalistische Tendenzen setzten übrigens im Altertum wesentlich früher ein, als man gemeinhin wahrhaben will, s. O. Neugebauer, The Exact Sciences in Antiquity ([2]1969).

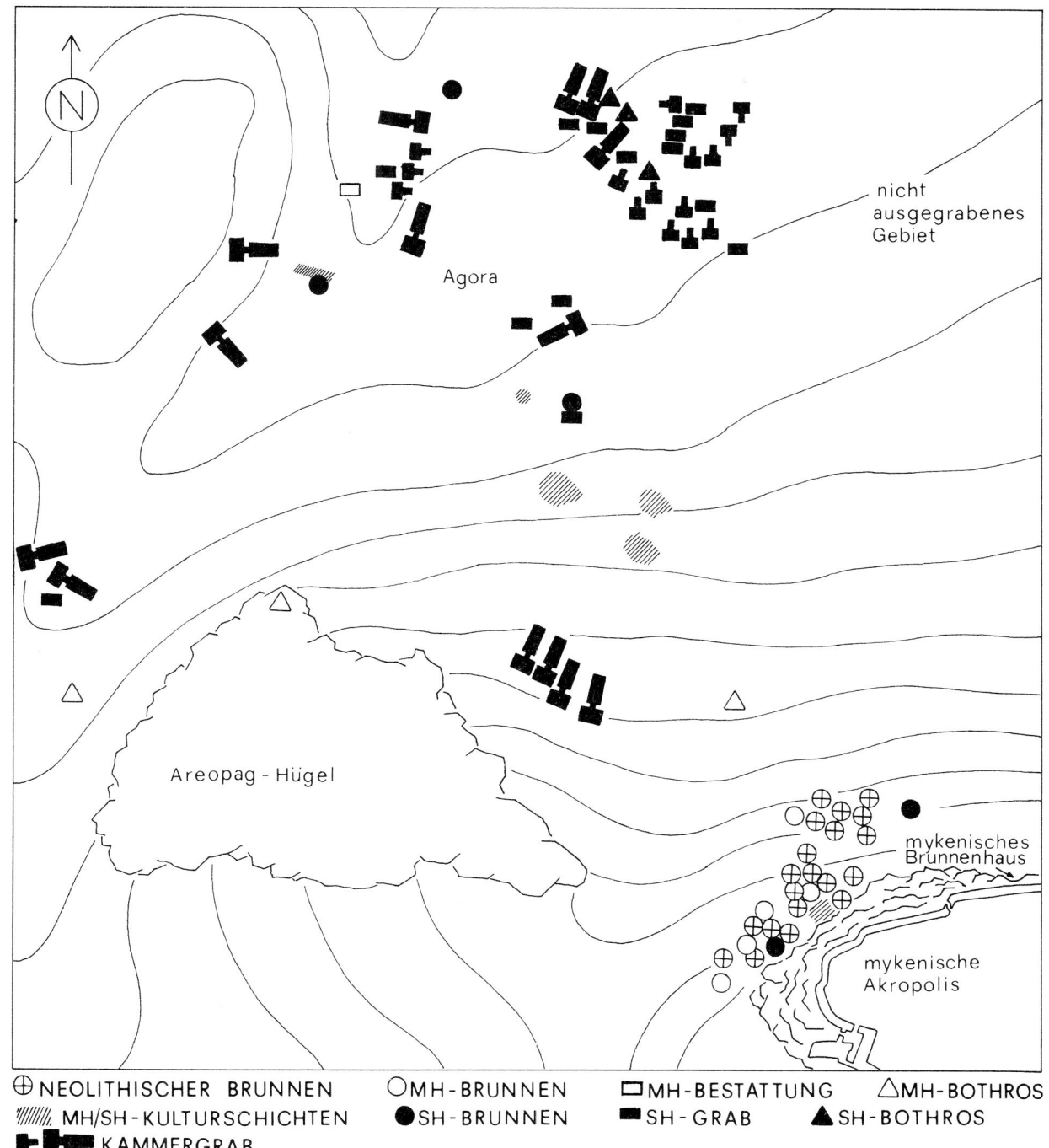

⊕ NEOLITHISCHER BRUNNEN   ◯ MH-BRUNNEN   ▭ MH-BESTATTUNG   △ MH-BOTHROS
▨ MH/SH-KULTURSCHICHTEN   ● SH-BRUNNEN   ■ SH-GRAB   ▲ SH-BOTHROS
■▮■ KAMMERGRAB

Abb. 1. Prähistorische Befunde im Zentrum der heutigen Großstadt Athen, Ausschnitt des Gebietes zwischen der Akropolis und Agora

nische Zeitalter über [18]. Sie hat also durchaus auch enge Berührung mit unserer »Ägäischen Bronzezeit«. Doch weder sie noch die Mythologie können in unserem Buch aus Raumgründen in voller Breite vertreten sein. Es ist auf folgende Beiträge zu verweisen, die

[18] Vgl. meine zusammen mit Friedrich Matz begründete »Archaeologia Homerica, die Denkmäler und das frühgriechische Epos« (seit 1967 in Lieferungen), breit als Kulturgeschichte des Frühgriechentums angelegt; ferner H. Strasburger, Homer und die Geschichtsschreibung, AbhHeidelberg, Heft 1, 1972; D. Page, History and the

5

Elemente aus diesen Gebieten aufweisen und Einblicke in Fragestellungen und Methoden bieten (unten S. 237 ff., 426 ff., 478 ff.).

Das Erlebnis ortsgebundener Kontinuität von der Vorgeschichte an (Neolithikum, mykenische Bronzezeit) ist sogar in der heutigen Großstadt Athen möglich. Zwar ziehen die weithin sichtbaren klassischen und nachklassischen Denkmäler den Besucher viel müheloser in ihren Bann als die versteckteren oder gar nicht sichtbaren älteren. Aber sie sind da, für den, der sie sucht, überbaut und immer wieder überbaut, schließlich wieder freigelegt in erstaunlicher Dichte am Hang und Fuß der Akropolis (Plan, Abb. 1)[19].

Mit den Stichworten 'Mythos', 'frühgriechische Dichtung', 'Homerarchäologie', 'Vorgeschichte' usw. sage ich natürlich nichts Neues, höchstens Erklärendes für den geistigen Standort unseres Buches sowie zu den Voraussetzungen der Themenauswahl und der Weglassungen im einzelnen, wozu wir gleich noch kommen werden. Es ist mir klar, daß die Bemühung um eine Definition der Vorgeschichte wie oben für manchen Prähistoriker durchaus ein Ärgernis bedeuten kann, denn die ganze frühe Menschheit vor Beginn geschichtlicher Epochen seit Erfindung der Schrift gerät gar leicht in den Geruch der geistigen Minderwertigkeit, sofern man nicht romantisch in Umkehrung aller Bewertungen den »Geist als Widersacher der Seele« deutet[20]: Das Primitive wäre dann zugleich das Beseelte, das intellektuell Hochentwickelte zugleich das Seelenlos-Dekadente. Wer 'geschichtliche Entwicklung' denkt und sagt, entgeht aber kaum der Vorstellung von der Progression »vom ungeistigen Frühmenschen zum logisch denkenden Vollmenschen«, so wie das doch bereits im System eines Herbert Spencer (1820–1903) seine Wirkung in den Geisteswissenschaften seit langem tut[21]. Gerade im ausklingenden vorigen Jahrhundert wurden auch von seiten der Ethnologie Anstrengungen unternommen, »auf Grund einer möglichst ausgedehnten Vergleichung eine Entwicklungsgeschichte der menschlichen Rasse zu schreiben, ... eine Geschichte der menschlichen Gesittung, deren Ziel die social gezähmte Bestie Mensch« hieß[22].

In unserem Teilgebiet der Geisteswissenschaften müssen demnach Grundpositionen

---

Homeric Iliad, Sather Classical Lectures 31 (1959, Nachdruck 1976). Mit starker Betonung des mykenischen Erbes: T. B. L. Webster, Von Mykene bis Homer, Anfänge griechischer Literatur und Kunst im Lichte von Linear B (deutsch, 1960) und L. A. Stella, Tradizione Micenea e Poesia dell'Iliade (1978). Zu historischen Elementen in den homerischen Gedichten z. B. bereits V. Burr, Neon Katalogos, Untersuchungen zum homerischen Schiffskatalog (1944).

[19] Vgl. entsprechende Pläne Athens in chronologischer Abfolge: D. C. Kurtz–J. Boardman, Thanatos, Tod und Jenseits bei den Griechen (deutsch von M. und H.-G. Buchholz, 1985) 46f. Abb. 3a–c. Zu den zahlreichen bronzezeitlichen Brunnen an den Hängen des Akropolisfelsens zuletzt: P. A. Mountjoy, Four Early Mycenaean Wells from the South Slope of the Acropolis at Athens (1981); s. die Rez. R. Laffineur, AntCl 52, 1983, 520f.; P. Darcque, Revue Archéologique 1984, 116.

[20] Ich will mit diesem Titel an das Weltverständnis von L. Klages erinnern; vgl. ferner sein Buch vom kosmogo-

nischen Eros. Eine Klages-Gesellschaft sorgt auch in unserer Zeit für eine Art Renaissance Klagesschen Geistesgutes, s. etwa »Hestia 1965/66, Vorträge zu dem Thema Raum und Zeit im Werk von Klages« (1966). Daß es unser europäisches Denken nicht leicht hat mit Fortschrittsvorstellungen, zeigt schließlich auch die Prägung des literarischen Bildes vom 'edlen Wilden'. Brückenschlag zwischen 'Primitivem' und nachfolgender Historizität bei P. Laviosa Zambotti, Unità della Storia e della Preistoria, in: Nuova Antologia (1955) 541ff.

[21] Zur Problematik u. a. L. Pericot y García, Grandezza y Miseria de la Prehistoria, in: Real Academia de Buenas Letras de Barcelona 1948, 15ff.

[22] Man denke an den komplexen Begriff 'Kultur- und Sittengeschichte'! Th. Achelis, Ethnologie und Ethik, in: ZEthnol 23, 1891, 66ff.; hier spricht sich ein großes Unbehagen aus, »nachdem durch Darwin die Biologie die fundamentale Wissenschaft geworden war ... hat sich jetzt die Richtung geltend gemacht, mit hochmütiger Verachtung auf den Entwicklungsgang inferiorer Stadien

erkannt, eingenommen bzw. anerkannt werden. Auch der reife Wölfflin schloß sich einer neuen Einsicht auf, nämlich der, daß die barocke Ästhetik des Malerischen, Tiefenhaften, der offenen Form, der zusammengezogenen Ganzheit, der Erscheinungserklärung, die er einst mißachtet hatte, positiv werthaft neben eine klassische Ästhetik des Linearen, Flächenhaften, der geschlossenen Form, des Ganzen mit selbständigen Teilen, der gegenständlichen Klarheit trete. Dieser Wechsel von der Ausgangsposition hin zum Standort der »Kunstgeschichtlichen Grundbegriffe« (1915) hat Wölfflin zu der bis heute wirkenden wissenschaftlichen Leistung einer Kontrastierung beider Richtungen befähigt[23]. Er übte nachhaltigen Einfluß auf die klassische Archäologie aus und über sie dann auch auf die Denkansätze weiterer Archäologien, darunter der ägäischen. Ein englischer Archäologe hat unlängst auf die unterschiedlichsten Interpretationen bei gleichbleibenden archäologischen Fakten hingewiesen, so daß dabei am Ende geradezu konträre Geschichtsbilder herauskämen: »Structuralism and Myth in Minoan Studies«[24]. Ursache seien die bezogenen Standpunkte, von denen aus man urteilt, »shifts in contemporary philosophies and world views«.

Arbeitsweise der ägäischen Archäologie

An dieser Stelle sei etwas zu den Methoden unserer Wissenschaft gesagt: »Wir besitzen in unserem Denken zwei grundsätzlich verschiedene Weisen des Erkennens von Wirklichkeit, die Sequenz- oder Kausalanalyse für sich wiederholende Abläufe und die vergleichende Musteranalyse für komplexe Strukturen ... Die vergleichende, nur aufzeigende Musteranalyse enthält stets ein stark wertendes Moment, das bisher nicht ausreichend objektiviert werden konnte ... Alle vergleichenden Wissenschaften sind mit dem Odium des Subjektiven, des 'Intuitiven', behaftet ... Diese Einstufung ist ungerechtfertigt, sie ist ein positivistisches Vorurteil«[25]. Nun hat die archäologische Methode vom Sehen, vom Anschauen der Objekte, auszugehen. »Die Anschauung jedes Objektes enthält aber von vornherein – bewußte oder unbewußte – Vergleichung und damit Beurteilung«[26]. Analogieurteile sind daher für den Archäologen unentbehrlich; sie stützen sich auf »Analysen koordinierter Begriffe, das heißt auf die Feststellung bestimmter gemeinsamer sowie spezifischer, abweichender Kennzeichen. Urteile und Beweise per analogiam sind praktisch nichts anderes als eine verkürzte Verbindung von Induktion und Deduktion«[27]. Der Ausgräber wie der Rekonstrukteur und Interpret hat bei der Wiederauffindung des Verschwundenen, der Zusammenfügung des Zertrümmerten, dem Vordringen zur ursprüng-

herabzublicken«. Vgl. H. Linser, Naturwissenschaft und Ethik, in: Nachrichten der Gießener Hochschulgesellschaft 33, 1964, 91 ff. Das alles muß natürlich unter Berücksichtigung der Tiefen- und Breitenwirkung des Hauptvertreters der 'Völkerpsychologie', Wilhelm Wundt, gesehen werden.

[23] Vgl. die Rezension von E. Rothacker, Repertorium für Kunstwissenschaft 41, 1919, abgedruckt in: Rothacker, Mensch und Geschichte (²1950) und ders., Die dogmatische Denkform in den Geisteswissenschaften, AbhMainz 1954, Nr. 6, bes. S. 257f.

[24] J. L. Bintliff, Antiquity 58, 1984, 33 ff.

[25] Aus einem ungedruckten Papier meines Gießener Kollegen von der medizinischen Fakultät, H.-R. Duncker, Thesen zur Kritik der gegenwärtigen Grundtendenzen des wissenschaftlichen Denkens (1985).

[26] E. Buschor, in: U. Hausmann, Handbuch der Archäologie I (²1969) 7. Erinnert sei an Goethe, Aus dem Nachlaß: »Denken ist interessanter als Wissen, aber nicht als Anschauen.«

[27] J. Böhm, in: Atti del 6. Congresso Int. delle Scienze Preistoriche e Protostoriche, Rom 1962, Bd. I 8.

lichen Gestalt[28] seine wissenschaftliche Erfahrung einzusetzen, seine Formenerinnerung zu befragen, im kontrollierenden, ergänzenden, korrigierenden Sehen mehrschichtig zu vergleichen. Weil dem so ist, ist Flexibilität alles! Und das ist der Grund dafür, daß E. Buschor feststellen konnte: »Es gibt so viele archäologische Methoden, als es betrachtete Denkmäler und Denkmälergruppen gibt, und es gibt so viele Methoden, als es forschende Persönlichkeiten gibt.« Er führte weiter über die archäologische Methode aus: »Der Grad ihrer Reinheit, Strenge, Frische, Elastizität, Weite, Tiefe, Stoßkraft, kurz ihrer inneren Lebendigkeit spiegelt unerbittlich das Innere der sie ausübenden Forscherpersönlichkeit wider«[29].

Bei der Auswahl meiner Mitarbeiter habe ich Wert auf die Tatsache gelegt, daß der Leser verschiedenen Wissenschaftlertemperamenten und möglichst vielen und unterschiedlichen forschenden Zugriffen und einem breiten Spektrum von Denkmälergruppen begegnet, damit er daran die Berechtigung des über Methode soeben Gesagten zu prüfen vermag. Ich habe auch einige ausgesprochen 'typologische' Studien aufgenommen, damit die Geschlossenheit und Kontrollierbarkeit jener mehr auf systematische Gruppierungen, stammbaumartige und lineare Entwicklungsstränge zielenden Forschungsmethode nicht fehlt. Ihre Notwendigkeit ist für bestimmte Aufgaben leicht einzusehen, beispielsweise für O. Höckmanns Studie über ägäische Speer- und Lanzenspitzen (S. 329 ff.) oder Th. Papadopoulos' Systematisierung des Fundstoffes aus dem nordwestlichen Teil Griechenlands (S. 359 ff.). Sie kann natürlich nur Mittel zu höheren Zwecken sein[30]. Anders gesagt: Die Typologie erlaubt die Definition von Typen, Feststellung von deren 'Entwicklung', die Reihung im Hinblick auf Veränderungen der Urform, Bestimmung derselben wie auch der Endglieder in ermittelten Formenreihen und die Nichtumkehrbarkeit derselben. Typologie bereitet archäologisches Rohmaterial für die historische Erkenntnis auf; das mit ihrer Hilfe erarbeitete System ist aber noch nicht selber Geschichte.

'Archäometrisches' in der ägäischen Archäologie

Zunehmend glaubt eine breitere Öffentlichkeit, mit 'modernen archäologischen Methoden' seien naturwissenschaftliche Techniken gemeint[31]. So etwas gab es, solange es eine Archäologie gibt, wenn auch zunächst in bescheideneren Ausmaßen und weniger an-

[28] Ich benutze hier Formulierungen von E. Buschor, s. oben Anm. 26.

[29] Buschor a. O. 5.

[30] Ich gehöre durchaus zu den Bewunderern des großen schwedischen Altertumsforschers O. Montelius, der die archäologische Typologie zu einem sehr wirksamen wissenschaftlichen Instrument gemacht hat. Theoretische Überlegungen zu dem Thema »Intellektuelle Information, genetische Information, zu Fragen der Typologie und typologischen Methode« findet man bei M. Kunst, APA 13/14, 1982, 1 ff. – Wissenschaftlich überflüssige Bemerkungen zur Methode der Typologie und dann in deren praktischer Anwendung wenig befriedigende Ergebnisse zeichnet eine Heidelberger Dissertation, näm-

lich den Beitrag »Bronzene Lanzen- und Pfeilspitzen der griechischen Spätbronzezeit« von R. A. J. Avila, in: H. Müller-Karpe, PBF V 1 (1983), aus. Es bleibt unerfindlich, was den Herausgeber bewogen haben kann, z. B. den amorphen Krümelkram auf Taf. 29 aufzunehmen oder ein chronologisch völlig uneinheitliches, jedenfalls nicht bronzezeitliches Material (Taf. 55) in dieser Arbeit zur griechischen Spätbronzezeit.

[31] Vgl. B. Hrouda, Methoden der Archäologie, eine Einführung in ihre naturwissenschaftlichen Techniken (1978); zur Kontrastierung bei gleichbleibenden Tatbeständen verweise ich auf den für sich selbst sprechenden Titel »Neue Wege in die alte Welt, moderne Methoden der Archäologie« (F. G. Maier, 1977/²1980).

spruchsvoll als 'Beitrag der Hilfswissenschaften zur Archäologie' bezeichnet. Der Begriff 'Hilfswissenschaft' ist nicht diskriminierend gemeint; theoretisch kann jede Wissenschaft zu einer anderen in die Rolle einer Hilfswissenschaft treten, nur eins bleibt unverrückbar: Historische Fragestellungen lassen sich nicht chemisch oder physikalisch lösen! Der Naturwissenschaftler, der selber interpretierend nüchterne Zahlen in ein archäologisch-historisches Gewand steckt, schmückt sich mit fremden Federn. Gibt man ihm die zu analysierenden archäologischen Proben als bloße Nummern oder gar mit falschen Informationen, kann nichts anderes als wieder die nackte Zahlenrelation oder am Ende gar Falsches herauskommen. Umgekehrt vermag der Archäologe von seinem Fach her keineswegs ohne weiteres anthropologisch, paläozoologisch, paläobotanisch oder geologisch, mineralogisch, physikalisch oder chemisch zu arbeiten.

Es kann hier nicht in voller Breite ausgeführt werden, daß die Hilfe seitens der genannten Wissenschaften für die Archäologie enorm ist. Die Anthropologie hat uns beispielsweise wertvolle Informationen über die Physis der bronzezeitlichen Menschen im ägäischen Raum, über Größe, Geschlecht und Todesursache der Individuen und vieles andere geliefert[32]. Neuerdings sind durch sorgfältige Untersuchungen menschlicher Knochen nicht nur Fragen nach dem Zerstückeln von Leichen oder gar nach Kannibalismus für das spätminoische Knossos aufgekommen, sondern ähnliche Manipulationen sowohl an frühbronzezeitlichen Menschenknochen aus Manika, Euboia, wie an dem Skelett eines Mädchens protogeometrischer Zeit aus Chalkis beobachtet worden[33]. Paläozoologie und -botanik helfen uns, die vom Menschen der Bronzezeit genutzten Jagd- und Haustiere sowie Pflanzen zu erkennen. Sie ermöglichen Rückschlüsse auf den damaligen Nahrungserwerb, darüber hinaus auf Bauhölzer, ferner auf Detailfragen wie etwa Verwendung von Nilpferdzähnen als Elfenbeinersatz in mykenischen Manufakturen von Luxusgütern[34] und das Vorkommen von Löwenzähnen in späthelladischen Fundstätten[35].

---

[32] Literatur in: H.-G. Buchholz–V. Karageorghis, Altägäis 179.

[33] *Knossos:* P. Warren, in: R. Hägg–N. Marinatos, Sanctuaries and Cults in the Aegean Bronze Age, Proceedings of the First Int. Symp. at the Swedish Inst., Athen 1980 (1981) 155 ff., bes. 214 (Menschenopfer); N. A. Winter, AJA 86, 1982, 551; St. Hiller, AfO 29/30, 1983/84, 308 f. *Euboia:* N. A. Winter, AJA 88, 1984, 52; A. Sampson, Archaiologia 6, Februar 1983, 75 Abb. 13; ders., Manika, an Early Helladic Town in Chalkis (neugriechisch, 1985), mit einem anthropologischen Anhang von M. Phountoulakes, S. 393 ff. Das protogeometrische Mädchengrab ist m. W. noch unpubliziert. Ich habe mir 1984 das archäologische und anthropologische Material aus Manika und Chalkis angesehen und bewundere Enthusiasmus, Schärfe der Beobachtung, Gründlichkeit und Solidität der schnellen Publikation der Funde und Befunde. Es ist hier nicht der Ort, über Schwierigkeiten seitens einer gewissen archäologischen Konkurrenz zu berichten, während auf die exzeptionelle Bedeutung der Ausgrabungen von Manika nicht genug verwiesen werden kann: Die prähistorische Siedlung ist um ein Vielfaches größer als Troja und mag im 3. Jt. v. Chr. eins der

Hauptzentren der ganzen Ägäis gewesen sein. Zur Problematik des Kannibalismus vgl. J. Knobloch, Von menschenfressenden Indogermanen und von fleischfressenden Särgen, in: Glotta 60, 1982, 2 ff. Die Frage nach dem Menschenopfer von Archanes–Anemospilia lasse ich beiseite, s. I. Sakellarakes, National Geographic Magazine 159, 1981, 204 ff.

[34] G. Haas, On the Occurence of Hippopotamus in the Iron Age of the Coastal Area of Israel, in: BASOR 132, 1953, 30 ff.; O. Krzyszkowska, Ivory from Hippopotamus in the Aegean Bronze Age, in: Antiquity 58, 1984, 123 ff. Vgl. meine Studie »Ägäische Kämme«, in: APA 16/17, 1984/85, 91 ff. bes. 92 Anm. 9. G. Bass hat 1984 in einem Schiffswrack der Zeit um 1400 v. Chr. bei Kasch, Südanatolien, sowohl Elefanten- als auch Nilpferdzähne entdeckt. Die Publikation steht noch aus; freundlicher Briefhinweis des Entdeckers. Weiteres zum Elfenbein: E. Finkenstaedt, Egyptian Ivory Tusks and Tubes, in: Zeitschrift für ägyptische Sprache und Altertumskunde 106, 1976, 51 ff.; C. S. Korr, A Note on the Geographical Distribution of Carved Ivory in the Late 2nd Mill. B.C., in: AJA 88, 1984, 402 f.

[35] Zu Tiryns s. unten S. 170.

Darüber hinaus vermag die Paläobotanik, besonders eine ihrer Teilwissenschaften, die Pollenanalyse[35a], aus pflanzlichen Indizien auf das vorherrschende Klima, auf Trockenheiten, Klimaänderungen und ähnliches zu schließen. In der ägäischen Archäologie führt sie ein Schattendasein. Doch die angelsächsische Ägäisforschung hat Fragestellungen dieser und verwandter Art, nach den Umweltbedingungen des Steinzeit- und Bronzezeitmenschen auf dem Balkan, in Griechenland und Anatolien, zur Zeit außerordentlich in den Vordergrund geschoben. Daß die Ergebnisse solchen Forschens auf den Unbefangenen spekulativ wirken und genaugenommen nur noch von wenigen Eingeweihten geprüft werden können, liegt auf der Hand. In ihren Auswirkungen gehören Naturveränderungen wie die fast vollständige Vernichtung des menschlichen Lebensraumes durch den Ausbruch des Vulkans von Thera selbstverständlich zu zentralen Anliegen der ägäischen Archäologie (s. unten S. 159ff. mit Karte, Abb. 44). Ebenso haben Küstenveränderungen ganze Siedlungen der ägäischen Vor- und Frühzeit untergehen lassen (Abb. 124), so daß sich nicht nur ein besonderer Zweig der Unterwasserarchäologie entwickelte, sondern die Geowissenschaften zur Unterstützung herangezogen werden mußten[36]. Es sei auf die zu Wasser und zu Lande nützliche 'Luftbild-Archäologie' verwiesen, die das Finden und Erkennen zahlreicher Denkmäler möglich gemacht hat, u. a. einer helladischen Siedlung im Wasser, wie auf Abb. 124.

Chemie, Physik, Mineralogie und Geologie sind helfend in der archäologischen Materialkunde tätig, die einen Fundamentstein für eine altägäische Wirtschaftsgeschichte bildet, indem nach der Herkunft der genutzten organischen und unorganischen Stoffe gefragt wird. Beispiele für die Anwendung einer kombinierenden archäologischen Methode, deren Ziele die Lösung handelsgeschichtlicher Fragen ist, sind in unseren Beiträgen S. 69ff., 177ff. und 469f. enthalten.

Zu verweisen ist weiterhin auf das Gebiet der Obsidianforschung[37]. Dabei handelt es sich um die geologisch-mineralogische Untersuchung vulkanischer Gläser, die im ägäischen Neolithikum und in allen Perioden der Bronzezeit der Insel Melos so etwas wie eine Monopolstellung ermöglichten. Man denke weiter an die Rolle, die naturwissenschaftliche Methoden bei dem Versuch spielen, die Herkunft des Bernsteins im mykenischen Kulturbereich und anderswo zu bestimmen[38]. Prähistorische 'Bernsteinstraßen' von Ost- und Nordsee in den Schwarzmeer- und Mittelmeerraum interessieren seit dem vorigen Jahrhundert, in dem bereits die Chemie zur Lösung der Bernsteinfrage eingesetzt wurde[39]. Hinzuweisen ist ferner auf den Einsatz der Naturwissenschaften bei der Lösung von Echtheitsfragen[40] sowie auf umfangreiche Programme auf dem Gebiet der Ton- und Metall-

---

[35a] E. Lange, Pollenanalyse, ein methodisches Bindeglied zwischen Botanik und Archäologie, in: Das Altertum 30, 1984, 204ff.

[36] Zahlreiche einschlägige Beiträge in: Ch. Doumas, Thera and the Aegean World I und II (1978 und 1980). Ch. G. Higgins, Possible Disappearance of Mycenaean Coastal Settlements . . ., in: AJA 70, 1966, 23ff.; N. C. Flemming, Changes of Land and Sea Level in the Aegean Area since the Bronze Age, in: BICS 21, 1974, 155ff.; ferner J. Kraft–G. Rapp–St. Aschenbrenner, JAScien 7, 1980, 187ff.

[37] H.-G. Buchholz–E. Althaus, Nisyros, Giali, Kos, Archäologische Obsidianforschungen I (1982), mit Bibliographie, S. 9 Anm. 1 und S. 81f., aus der die Aufsätze von C. Renfrew und seiner naturwissenschaftlichen Mitarbeiter hervorzuheben sind.

[38] C. W. Beck, APA 16/17, 1984/85, 219ff. (mit älterer Lit.); R. C. A. Rottländer, ebenda 223ff.

[39] Hermann Otto Olshausen, ZEthnol 23, 1891, Verhandlungen 286ff.

[40] Vgl. meine Studie »Ägäische Kunst gefälscht«, in: APA 1, 1970, 113ff.

analysen[41]. Daß einerseits weder die Herkunft des mykenischen Goldes mit derartigen Methoden exakt festgestellt wurde, noch die Töpfereien auf Grund des verwendeten Tons so genau und mühelos zu bestimmen wären, wie Optimisten dies behaupten, ist zwar frustrierend, jedoch kein Grund, die naturwissenschaftlichen Hilfen der Archäologie in Bausch und Bogen zu verwerfen. Zu Tonanalysen mit dem Ziel des Herkunftsnachweises einiger Amarna-Briefe s. unten S. 235 mit Anm. 56.

Wenn zur Zeit ein Analytiker in Oxford nicht müde wird, unentwegt Ähnliches aus dem Feld 'moderner archäometrischer Forschung', nämlich über Blei-Isotopen-Messungen, zu veröffentlichen – zugegeben, mit manchem nützlichen Aspekt der Bestimmung bronzezeitlicher Rohstoffquellen[42] –, so ist die Aufnahme durch unsere Wissenschaft deshalb nicht gerade enthusiastisch, weil die Archäologie sich bereits öfter Belehrung ähnlicher Art hat gefallen lassen müssen: Eigentlich kreißten dann immer die Berge, und eine Maus wurde geboren!

Das bronzezeitliche Kapitel der 'Geschichte der Technik' hat mit Hilfe naturwissenschaftlichen Einsatzes manche Bereicherung erfahren, revolutioniert ist es nicht worden. Immerhin wären Erkenntnisse wie die, daß das, was uns an mancher minoisch-mykenischen Keramik als Verschmutzung erschienen ist, in Wirklichkeit unansehnliche Reste eines einst prächtig glänzenden Zinnüberzugs sind, ohne analytische Nachprüfung nicht zu gewinnen[43]. Das bedeutet für die Beurteilung dieses kulturellen Faktums nicht mehr und nicht weniger, als daß die bronzezeitlichen Benutzer solchen Geschirrs billiger Tonware den Anschein von schwerem, massivem Tafelsilber vorgetäuscht wissen wollten (Beispiele aus Athen, Mykene, Midea, Dendra, Prosymna, den Nekropolen bei Knossos, Westkreta und Ialysos/Rhodos).

Eisenbenutzung vor dem Einsetzen der 'Eisenzeit' pflegt zu überraschen, ist dem Fachmann allerdings eine geläufige Tatsache. Dieses Metall wurde in der ägäischen Bronzezeit

[41] H. W. Catling–A. Millet, A Study in the Composition Patterns of Mycenaean Pictorial Pottery from Cyprus, in: BSA 60, 1965, 214 ff.; dies., Theban Stirrup-Jars, in: Archaeometry 11, 1969, 3 ff.; L. Courtois, Description Physico-Chimique de la Ceramique Ancienne, Ceramique de Chypre au Bronze Recent (1971); F. Asaro–I. Perlmann, Provenience Studies of Mycenaean Pottery Employing Neutron Activation Analysis, in: Acts of the Int. Arch. Symposium 'The Mycenaeans in the Eastern Mediterranean', Nikosia 1972 (1973) 213 ff. Ich verweise auf umfangreiche, von der Stiftung Volkswagenwerk geförderte metallurgische Forschungsprogramme, die U. Zwicker, Erlangen, mit mir und anderen Archäologen bzw. Prähistorikern im ägäischen Raum, auf Zypern und in Anatolien durchgeführt hat. Vgl. vorher bereits meine »Analysen prähistorischer Metallfunde aus Zypern und den Nachbarländern«, in: Berliner Jahrbuch für Vor- und Frühgeschichte 7, 1967, 189 ff.

[42] N. H. und Z. A. Gale, Lead and Silver in the Ancient Aegean, in: Scientific American 244, 1981, 176 ff.; dies., Cycladic Lead and Silver Metallurgy, in: BSA 76, 1981, 169 ff.; dies., The Sources of Mycenaean Silver and Lead, in: JFieldA 9, 1982, 467 ff.; dies., Thorikos, Perati and Bronze Age Silver Production in Laurion, in: P. Spitaels, Studies in South Attica I (1982) 97 ff.; ferner zur Anwendung der Methode außerhalb der Ägäis: S. J. Fleming, Lead Isotope Analysis of Late Period Egyptian Bronzes, in: Masca Journal 2, 1982, 65 ff. Ich habe bereits 1972 auf das 'vergessene' Metall Blei im ägäisch-kyprischen Kulturkreis in zwei umfangreichen Studien hingewiesen: JdI 87, 1972, 1–59 und in: Acts of the International Arch. Symposium 'The Mycenaeans in the Eastern Mediterranean', Nikosia 1972 (1973) 278 ff.

[43] S. A. Immerwahr, Hesperia 35, 1966, 381 ff.; dies., The Athenian Agora XIII (1971) 127 f. 164 f. 171 ff. u. ö.; M. Benzi, Ceramica Micenea in Attica (1975) 4 u. ö.; W. Helck, Die Beziehungen Ägyptens und Vorderasiens zur Ägäis bis ins 7. Jh. v. Chr. (1979) 123; A. Kanta, The Late Minoan III-Period in Crete (1980) 302. 327; H. W. Catling, ArchRep 1981/82, 58 (Westkreta, SM IIIA); C. Mee, Rhodes in the Bronze Age (1982) 18 f. mit Anm. 111–113. 117; E. J. Holmberg, A Mycenaean Chamber Tomb near Berbati in Argolis (1982/83) 49 mit Anm. 22; ders., JAScien 10, 1983, 383 f.

11

zunächst als kostbares Material für Schmuck verwendet, ab 1200 v. Chr. dann auch zögernd für etwas größere Gegenstände wie Messer[44]. Naturwissenschaftliche Methoden haben auf diesem Sektor der Forschung wenig helfen können.

Zeitbestimmung in der ägäischen Archäologie

Von allen naturwissenschaftlichen Hilfen bei der Lösung archäologischer Fragen kommt solchen, die auf Zeitbestimmungen zielen, vielleicht die meiste Bedeutung zu. Da gibt es mehr oder weniger aufwendige, wie die Altersprüfung nach der 'Thermolumineszenz', archäomagnetische Untersuchungen mit dem Ziel 'magnetischer Datierung'[45], die 'dendrochronologische Altersbestimmung'[46] und die 'Kohlenstoff-14-Datierungsmethode'[47]. Letztere war mir samt ihrer Problematik so wichtig, daß ich mich zur Aufnahme einer ausführlichen kritischen Betrachtung entschloß. Den sachlich über den ägäischen Raum hinaus informierenden, streng prüfenden Beitrag verfaßte dankenswerterweise

[44] Vgl. den entsprechenden Abschnitt mit Fundliste bei Buchholz–Karageorghis, Altägäis 26 ff. mit Überprüfungen und Vervollständigungen der Listen bei Sp. Iakovides, AAA 3, 1970, 288 ff. und in dessen Peratibuch, aus dem wir unten S. 437 ff. Zusammenfassungen in Übersetzung bieten. Zu einem weiteren Eisenmesser und -dolch des SM IIIC, Heraklion, Sanatorium, Grab 186, s. St. Hiller, AfO 29/30, 1983/84, 310. Vgl. zum Eisen als Forschungsproblem auch J. Waldbaum, From Bronze to Iron (SIMA LIV, 1978) mit Rezensionen von J. Muhly, JHS 100, 1980, 262 ff. und F. Schachermeyr, AnzAW 35, 1982, 37, ferner T. Wertime–J. Muhly, The Coming of the Age of Iron (1980); J. Collis, The European Iron Age (1984) mit den Kapiteln 'The Origin of Iron Working' und 'Iron Working in Greece'. A. M. Snodgrass hat 'Cyprus and the Beginnings of Iron Technology in the Eastern Mediterranean' behandelt in: Acta of the International Symposium 'Early Metallurgy in Cyprus 4000 – 500 B.C.', Larnaka 1981 (1982) 285 ff.

[45] Beschreibung beider Methoden durch H. Becker und K. L. Weiner in: B. Hrouda, Methoden der Archäologie (1978) 139 ff. 151 ff. (mit Bibliographien).

[46] Vgl. H. C. Fritts, Tree-Rings and Climate (1976); B. Frenzel, Dendrochronologie und postglaziale Klimaschwankungen in Europa (1977); D. Grosser, Dendrochronologische Altersbestimmungen, in: Hrouda a. O. 125 ff. (mit Lit.); J. Fletcher, Dendrochronology in Europe, Principles, Interpretations and Applications to Archaeology and History . . . Symposium Greenwich 1977 (1978); E. Holstein, Mitteleuropäische Eichenchronologie (1979); C. J. Hitch, Dendrochronology and Serendipity, in: American Scientist 70, 1982, 300 ff.; R. R. Laxton–C. D. Litton, Information Theory and Dendrology, in: Science and Archaeology 24, 1982, 9 ff.; M. G. L. Baillie, Tree-Ring Dating and Archaeology

(1982); F. Schweingruber, Der Jahrring, Standort, Methodik, Zeit und Klima in der Dendrochronologie (1983). In Griechenland und der Türkei ist man über bescheidene Anfänge noch nicht hinaus, vgl. M. Mellink, AJA 79, 1975, 210 (Türkei) und P. Kuniholm–C. Striker, Dendrochronological Investigations in Greece 1977–1980, in: AAA 14, 1981, 230 ff. (Griechenland); dies., Dendrochronological Investigations in the Aegean and Neighboring Regions, in: JFieldA 10, 1983, 411 ff.; B. S. Ottaway, Archaeology, Dendrochronology and the Radiocarbon Calibration Curve (1984), mit Rez.: T. Stech, AJA 89, 1985, 175; J. R. Pilcher–M. G. L. Baillie–B. Schmidt–B. Becker, A 7272-Year Tree-Ring Chronology for Western Europe, in: Nature 312, 1984, 150 ff.

[47] Zu verweisen ist auf Höckmanns Bibliographie, unten S. 50 ff.; dazu: Ph. B. Betancourt–B. Lawn, The Cyclades and Radiocarbon Chronology, in: The Prehistoric Cyclades, Contribution to a Workshop on Cycladic Chronology in Memoriam J. L. Caskey (1984) 277 ff.; vgl. ferner aus der sehr umfangreichen Literatur dazu: W. Nagel, Radiocarbon-Datierung im orientalischen Neolithikum und die Zeitstellung der frühsumerischen Kultur, in: APA 4, 1973, 33 ff. (mit umfangreicher Analysenliste); H. Schwabedissen, Konventionelle oder kalibrierte C^{14}-Daten?, in: Archäologische Informationen 4, 1978, 110 ff.; M. Biddle–E. K. Ralph, Radiocarbon Dates from Akrotiri, in: Thera Aegean II 247 ff.; W. G. Mook–H. T. Waterbolk, 14C and Archaeology, Symposium held at Groningen 1981 (Journal of the European Study Group on Physical, Chemical, Mathematical and Biological Techniques Applied to Archaeology 8, 1983, mit Beiträgen zur Kalibration); R. Gillespie, Radiocarbon User's Handbook (Ouca Monograph 3, 1985); R. Rottländer, Einf. in die naturwiss. Methoden der Archäologie (1984).

O. Höckmann (S. 29ff.). Gewiß erscheint auf diesem Gebiet laufend Neues. Ich glaube dennoch, daß Höckmanns Stellungnahme nichts von ihrer Aktualität eingebüßt hat, auch wenn eine gewisse Frist vom Manuskriptabschluß bis zum Erscheinen unseres Buches vergangen ist.

Wie verwirrend die Sache dem Fernstehenden, auch dem Durchschnittsarchäologen, erscheinen muß, mag ein Beispiel verdeutlichen: Der Ausgräber des Tumulus bei Papoulia in Messenien, G. Korres, ließ Asche aus dem Zentrum, die mit Wahrscheinlichkeit in die Entstehungszeit der Anlage gehört (MH I, Beginn des 2. Jts. v. Chr.) in Philadelphia untersuchen (Proben-Nr. PAP-1978-1/P-2855). Zwei Durchläufe ergaben abweichende Zählungen, nämlich 5568 half-life und 5730 half-life, umgerechnet: 3420 ± 60 B. P. und 3520 ± 70 B. P. bzw. 1470 ± 60 v. Chr. und 1570 ± 70 v. Chr. Abgesehen von einem zusätzlichen Unsicherheitsfaktor von 60/70 Jahren, sind 100 Jahre Differenz archäologisch so viel, daß man auf diese Art Hilfe verzichten müßte, zumal das Ergebnis in die Schachtgräber- bzw. in die Palastzeit, nicht aber ins zu fordernde frühe Mittelhelladikum fiel. Das Labor führte eine MASCA-Korrektur des Mittelwertes durch, und siehe, das Ergebnis kam auf 1850–1770 v. Chr. (± 70)!

Ich selber habe Analysen an organischem Material aus meinen kyprischen Ausgrabungen veranlaßt[48] und bei dieser Gelegenheit mittelhelladische Gerstenkörner aus Mykene[49] und Knochen aus einem Perati-Grab der zweiten Hälfte des 12. Jhs. v. Chr. ebenfalls mit der C^{14}-Methode testen lassen[50]. Während die Proben aus Mykene zu einem Datum führten, das sich mit unserer üblichen Chronologie verträgt, lag die C^{14}-Analyse der erwähnten Knochen um weit mehr als tausend Jahre zu hoch. Nach dieser Altersbestimmung müßte der betreffende Grabinhalt des 12. Jhs. bereits in die Frühbronzezeit gehören. Irritierende Meßergebnisse gab ebenfalls M. Korfmann bezüglich seiner westanatolischen Ausgrabungen bekannt: »Zur Betonung der Problematik der bislang zum Demircihüyük publizierten C^{14}-Daten erscheint uns die Ergänzung notwendig, daß wir nun vor dem Hintergrund von über 50 Holzkohle-Messungen aus drei Laboratorien sagen können, daß die in ›Anatolian Studies‹ sowie auf der Archäomagnetismustabelle in den ›Istanbuler Mitteilungen‹ (29, 1979, 57) publizierten C^{14}-Knochendaten mit Sicherheit zu alt sind. Aus diesem Grunde müßten die Demircihüyük-Daten in der jüngst veröffentlichten Argumentationskette von Peter Warren, in der er für eine erheblich ältere Datierung der Frühbronzezeit im Ostmittelmeerraum plädiert, entfallen«[51].

[48] H.-G. Buchholz, RDAC 1977, 290ff. Dazu T. F. Watkins, RDAC 1973, 52 Anm. 1 (Philia); S. 54 (Sotira, Erimi, Kalavassos); E. J. Peltenburg, PPS 41, 1975, 40ff. (Epiktetos-Vrysi); N. P. St. Price, ebenda 46ff. (Khirokitia); E. J. Peltenburg, Levant 11, 1979, 45 (Lemba); ders., RDAC 1979, 73 (Sotira, Erimi); R. Burleigh–E. J. Peltenburg, in: J. Reade, Chalcolithic Cyprus and Western Asia, British Museum Occasional Paper 26, 1981, 21ff. (Lemba); E. J. Peltenburg, Levant 14, 1982, 28ff. (Kissonerga, Lemba); I. A. Todd, RDAC 1982, 8ff. (Kalavassos–Tenta).

[49] H.-G. Buchholz, RDAC 1977, 295ff. Abb. 1. 2.

[50] Ebenda 295. 297f. 307; bei der Probenbeschaffung hat Sp. Iakovides dankenswerterweise geholfen.

[51] M. Korfmann, IstMitt 30, 1980, 18f. 21; P. Warren, Problems of Chronology in Crete and the Aegean in the 3rd and Earlier 2nd Millenium B.C., in: AJA 84, 1980, 487ff., bes. 489. 498. C^{14}-Daten, Nichoria in der südwestlichen Peloponnes betreffend, liegen teils 900 Jahre zu hoch, teils 900 Jahre zu niedrig, so daß der Rezensent des Grabungsberichts, J. D. Muhly, bemerkte: »There is something wrong with C^{14}-Dates« (AJA 84, 1980, 102); zur Nichoria-Grabung s. C. Shelmerdine, AJA 85, 1981, 319ff.; zur Problematik generell: E. M. Scott–M. S. Baxter–T. C. Aitchison, A Comparision of the Treatment of Errors in Radiocarbon Dating Calibration Methods, in: JAScien 11, 1984, 455ff.

Auch ohne C[14]-Datierungen füllen Chronologiefragen viele Aufsätze und Bücher[52]. Die Aufgabe sieht zunächst denkbar einfach aus: Es sind Artefakte in Ägypten und Vorderasien an Hand historischer Daten zu bestimmen, dann ist in Anatolien, Zypern, Hellas und den Balkanländern nach ihren Entsprechungen zu suchen; letztere helfen jene komplexen Hinterlassenschaften zu datieren, denen sie angehören. Über je mehr Zwischenglieder der Vergleich läuft, um so größer wird die Fehlerquelle. Je dichter andererseits das Netz der Vergleichsmöglichkeiten ist, je zahlreicher datierte Ex- und Importe sind, je solider die Ausgangsbasis in der fortschreitenden Bronzezeit historisch abgesichert ist, desto zuverlässiger sind die für Alteuropa gewonnenen Daten[53]. Zu dieser vergleichend-archäologischen Methode gibt es keine Alternative. Tabellenbeispiele, die Italien betreffen, sind unserem Text als Abb. 69 und 80 beigegeben. Das für die ägäische Vorgeschichte einschließlich der minoisch-mykenischen Bronzezeit gewonnene chronologische System (s. die nachfolgende Tabelle) weist in den konventionellen absoluten Daten nur Annäherungswerte auf. Es ist aber ägäisintern wenigstens in der relativen Abfolge durch die Einbeziehung großer Mengen von Keramiksequenzen abgesichert[54].

Nach dem Ende der Steinzeit, die nicht Gegenstand dieses Buches ist, rechnen wir seit der Mitte des dritten Jahrtausends oder davor mit dem Beginn der ägäischen Metallzeit. Dort liegt mithin die obere Grenze unseres Stoffes. Sehr zögernd setzte die Verwendung des Eisens schon vor 1200 v. Chr. ein. Ein 'Dunkles Zeitalter' des Übergangs – das 12. und Teile des 11. Jhs. v. Chr. mit der 'subminoischen' bzw. 'submykenischen' Periode – gehört ebenfalls noch zum Thema unseres Buches, der »Ägäischen Bronzezeit«. Insoweit sind obere und untere Grenze des behandelten Zeitraumes festgelegt (s. nachfolgende Tabelle auf S. 15). Sein frühester Abschnitt (FH/FM) ist mit mehreren Beiträgen vertreten, wenn auch nicht unter starker Hervorhebung Kretas (S. 53 ff., 121 ff., 137 ff., 359 f.). Die mittlere Bronzezeit der Ägäis (MM/MH), eine kürzere Epoche größter kulturhistorischer Bedeutung und mit lebhaften Kontakten zu Ägypten, Zypern, Syrien, hätte der Sache nach mehr Raum beanspruchen dürfen, als ihr in unserem Buche zufiel. Etwas davon wird mit den Materialvorlagen von O. Höckmann und Th. Papadopoulos sichtbar, doch in beiden Fällen eher Peripheres (Lanzen und Speere; Epeiros, s. S. 329 ff. und 359 ff.). Die mittelminoische Vorrangstellung Kretas ist von J. N. Coldstream und G. L. Huxley indirekt angesprochen (S. 137 ff.) und von F. Schachermeyr knapp charakterisiert worden (S. 379 ff., vgl. im übrigen unsere Indizes am Schluß des Buches). Der Herausgeber bittet um Nachsicht: Manche Unausgeglichenheit ergab sich durch den Ausfall von Mitarbeitern.

[52] z. B. bereits R. W. Ehrich, Chronologies in Old World Archaeology (1965); W. Coblenz–F. Horst, Mitteleuropäische Bronzezeit, Beiträge zur Archäologie und Geschichte (1981), mit Aufsätzen über »Vorderasien und Ägäis«, »Zeitstellung der verbrannten Stadt Troja«; P. Warren–V. Hankey, The Absolute Chronology of Aegean Bronze Age (1982); P. Åström–L. R. Palmer–L. Pomerance, Studies in Aegean Chronology (1984).
[53] Vgl. zur Problematik z. B. J. Mellaart, Egyptian and Near Eastern Chronology, a Dilemma?, in: Antiquity 53, 1979, 6 ff.; dazu B. Kemp, Egyptian Radiocarbon Dating, a Reply to J. Mellaart, ebenda 54, 1980, 25 ff.

B. Hänsel, Beiträge zur Chronologie der mittleren Bronzezeit im Karpatenbecken (1968) ist aus einer bei V. Milojcic, einem Spezialisten in Datierungsfragen, angefertigten Dissertation erwachsen und berücksichtigt viel Mykenisches; vgl. auch die Rezension von H. Schickler, Fundberichte aus Baden-Württemberg 1, 1974, 705 ff.
[54] Der vielgeschmähte, dennoch unentbehrliche 'Klassiker' unter den ägäischen Keramikstudien ist immer noch Furumark, Myc. Pott. (1941). C[14]-Daten in einem weiteren Buch über bronzezeitliche Keramik: R. J. Kemp–R. S. Merrillees, Minoan Pottery in Second Millenium Egypt (1980), s. bes. die Listen S. 258 und 260 f.

v. Chr.	Ägypten	Troja	Kreta		Kykladen	Griechisches Festland		v. Chr.
1000			Proto-geometrische Periode und Subminoische Periode			Protogeometrische Periode und Submykenische Periode	Dorische Wanderung 'Dunkles Zeitalter'	1000
1100	20. Dynastie (1200–1085)	Spät-bronzezeitl. Stadt VII a u. b		Nachpalastzeit				1100
1200	19. Dynastie (1320–1200)		SM III A–C		SH III A–C	SH III C		1200
1300		Spät-bronzezeitl. Stadt VI c				SH III B	Spätmy-kenisch	1300
						SH III A		
1400	18. Dynastie (1567–1320)	Mittel-bronzezeitl. Stadt VI b	SM II (Palaststil)	Zeit d. jüngeren Paläste	Hagia Irini auf Keos	SH II (Mittelmykenisch)		1400
1500			SM I A u. B			SH I A u. B (Frühmykenisch/ Schachtgräberzeit)		1500
1600	2. Zwischen-zeit: Hyksos (1786–1567)	Mittel-bronzezeitl. Stadt VI a	MM III A u. B		Mittel-kykladische Zeit			1600
1700			MM II (Kamares-stil)	Zeit d. älteren Paläste		MH (Mattmalerei, Minysche Keramik)		1700
1800	11. u. 12. Dy-nastie (Mitt-leres Reich, 2133–1786)	Früh-bronzezeitl. Stadt III–V						1800
1900			MM I B			FH III		1900
2000			(MM I A)		Früh-bronzezeit: Syrosgruppe			2000
2100	1. Zwischen-zeit		FM II u. III	Vorpalastzeit		FH II		2100
2200		Früh-bronzezeitl. Stadt II						2200
2300	4.–6. Dynastie (2613–2181)				Früh-bronzezeit: Pelosgruppe	FH I		2300
2400			FM I					2400
2500		Früh-bronzezeitl. Stadt I				Neolithikum: Arapi- und Diministufen		2500
2600								2600
	1.–3. Dynastie (3100–2613) u. Prädynast. Zeit (vor 3100)	Sub-neolithikum und Neolithikum	Spät-neolithikum Mittel-neolithikum Früh-neolithikum		Neolithikum: Saliagos und Kephala/Keos	Neolithikum: Sesklostufen I–III		
						Präkeramisches und Früh-keramisches Neolithikum; Protosesklo: Thessalien		
6. Jt.			↓ ?		↓ ?	Mesolithikum noch nicht gesichert. Mikrolithenfunde in Thessalien		6. Jt.
etwa 10000						'Epipaläolithikum' und Jungpaläolithikum: Epiros, Zakynthos, Boiotien		etwa 10000
etwa 50000						Altpaläolithikum: Epiros, Makedonien, Thessalien, Elis		etwa 50000

Der Spätbronzezeit, dem mykenischen Zeitalter, gilt allerdings unser Hauptinteresse. Die größte Zahl von Beiträgen ist darauf thematisch abgestimmt. Die kanonische, oft kritisierte Dreiteilung der Bronzezeit in frühe, mittlere und späte Perioden wird man nicht ohne triftige Gründe aufgeben, besonders dann nicht, wenn man nichts Besseres an ihre Stelle zu setzen weiß. Das trifft auch auf die Unterteilungen – abermals konventionell I, II und III genannt – zu. Unsere Tabelle (S. 15) zeigt im dritten Teil der Bronzezeit, dem SH/SM, ein A, B und C, also: SH/SM III A, B und C. Das geläufige, seit den Ausgrabungen in Knossos durch A. Evans benutzte und mit den Keramikforschungen von A. Furumark verfestigte chronologische System[55] stößt allerdings in der Tat wegen zu unlebendiger, mechanischer Drittelungen gelegentlich auf Ablehnung; es ist ja auch von außen dem Fundstoff auferlegt, nicht primär aus ihm entwickelt worden. Andererseits darf man wohl mit O. Spengler behaupten, daß der biologische Vergleich von Jugend, Reife und Alter nahezu immer paßt.

Im übrigen sei betont, daß die archäologischen Denkmäler aus Übergangszeiten und diese selber wegen ihrer historischen Dynamik ein sorgfältiges Studium wert sind. Das hat Sp. Iakovides mit der Perati-Grabung (SH III C-Submykenisch) gezeigt, der schwerlich etwas archäologisch Gleichwertiges in dieser Größenordnung an die Seite gestellt werden kann. Zwar liegt die neugriechische Schlußpublikation mit einer englischen Zusammenfassung seit 1970 vor; für den deutschen Interessenten fehlte aber eine Zusammenfassung bis heute (s. unten S. 437ff.).

Der geographische Rahmen der ägäischen Archäologie

»Ägäische Bronzezeit«, nicht Bronzezeit schlechthin, bleibt auf den ägäischen Raum beschränkt (Abb. 99, Karte). Dieser umfaßt das griechische Festland, die Inselwelt der Ägäis, Kreta und den der Ägäis zugewandten Küstenstreifen Anatoliens von Milet bis Troja. Nach Norden ist dieser Lebensraum durch Gebirge mit wenigen Durchlässen zu den Balkanländern hin abgeriegelt. Im Westen rechnen ebenfalls Eilande – darunter die sagenumwobene Insel Ithaka – und nordwestgriechische Gebiete bis nach Albanien und zur Adria hinzu. Als selbständige geographische Größen sind in unserem Buch vorgestellt: Kreta (Abb. 2a.b; 99; S. 149ff., 388ff.), die Kykladen (S. 53ff.), besonders Thera (Abb. 44; S. 159ff., 275ff., 288ff.), ferner Kythera (S. 137ff.), Attika (Athen, Abb. 1; Perati, S. 437ff.), Olympia (Abb. 111. 112; S. 426ff.) und Epeiros (S. 359ff.). Der Kundige wird Fehlendes bemerken und erkennen, daß Kreta in diesem Werk so gut wie keine Sonderstellung eingeräumt wurde. Aus der Fülle des Vorhandenen mußte paradigmatisch ausgewählt werden. Vor allem sollte Neues und weniger Bekanntes in Auswahl vorgestellt werden. Es galt außerdem, Platz für einen Ausblick auf die Grenzen der Ägäis hinaus zu schaffen; denn die mykenische Kultur und ihre Vorläufer würden ohne ihre Kontaktstellen und Außenposten in Zypern und Syrien (Karten: Abb. 8. 9a.b; 42. 68; S. 149ff., 159ff., 182ff.) wie im Westen (Karten: Abb. 8. 25. 70. 74. 76; S. 87ff., 133ff., 237ff., 257ff.) und an den Schwarzmeerküsten (Abb. 42) nicht nur ihrer geographischen Dimen-

---

[55] Vgl. die vorhergehende Anm.

16

sion beraubt, sondern auch um einen wesentlichen Teil ihrer Geschichte geschmälert werden. Die Erforschung kultureller Kontaktzonen ist ebenso wichtig wie die der Zentren. Was die Nordgrenze des mykenischen Kulturkreises angeht, ist K. Kilian mit einschlägigen Arbeiten unten zitiert worden. Die rührigen Vertreter der ausgrabenden Archäologie in Albanien, Jugoslawien, Bulgarien und Nordgriechenland müssen hier wenigstens insgesamt erwähnt werden, weil sie laufend für einen erheblichen Zuwachs an Neuem sorgen. B. Hänsels Ausgrabungen in Kastanas werden die bedeutende Rolle des Vardartales als völkerverbindende Straße in der Bronzezeit erhärten; doch sind die Ergebnisse erst zu einem kleineren Teil bekannt. An diese wichtige Grabung anknüpfend, hat A. Hochstätter Beiträge zur Forschung über handgemachte, insbesondere mattbemalte Keramik in Nordgriechenland, Albanien und Südjugoslawien geliefert[56]. Ich habe mich ebenfalls unter dem Titel »Doppeläxte und die Frage der Balkanbeziehungen des ägäischen Kulturkreises« um diesen kulturgeographisch wichtigen Raum bemüht[57].

Eigentlich sollte dem Beitrag über das prähistorische Olympia (S. 426ff.) ein weiterer über das prähistorische Delphi gegenübergestellt werden. Überhaupt schwebte mir eine erste zusammenfassende Studie deutscher Sprache über die Bronzezeit nördlich des Golfes von Korinth vor, also keineswegs nur die Behandlung von Ausschnitten wie 'Epeiros' oder 'Delphi'. Ich hätte mir keinen ortskundigeren, passionierteren Forscher vorstellen können als P. Themelis, seit kurzem Professor an der neugegründeten geisteswissenschaftlichen Fakultät in Rhethymnon, damals Ephoros von Delphi. Er hatte zugesagt; Teile eines Kapitels über Delphi in mykenischer Zeit mit bemerkenswerten neuen Indizien für die Existenz bronzezeitlicher Großarchitektur waren fertig. Doch die Fachwelt weiß, daß er von heute auf morgen aus seinem Wirkungskreis in und um Delphi entfernt wurde. Unser Buch war insofern betroffen, als der vielversprechende Beitrag von Themelis nun leider fehlt. Bedauerlicherweise mußte ich auch auf die so wünschenswerte Zusammenfassung der bisher nicht vollständig vorgelegten mykenischen Ausgrabungsergebnisse von E. I. Mastrokostas in Aitolien und Arkananien verzichten.

In Mittelgriechenland hätte man gerne einem bronzezeitlichen Siedlungsraum wie dem Kopaïsbecken ein eigenes Kapitel gewidmet, zumal hier mit Gla ein bedeutendes Zentrum mykenischer Kultur archäologisch zu fassen ist (derzeitiger Ausgräber: Sp. Iakovides[58]), in den Dammanlagen außerdem ein Beispiel bronzezeitlicher Ingenieurskunst ersten Ranges, das lange vor der Etablierung unseres mykenologischen Wissenschaftszweiges die Altertumskunde bewegte[59]. Jüngst haben I. Knauss, B. Heinrich und H. Kalcyk unter dem

---

[56] »Kastanas, Ausgrabungen in einem Siedlungshügel der Bronze- und Eisenzeit Makedoniens 1975–1979. Die handgemachte Keramik«, in: B. Hänsel, Prähistorische Archäologie in Südosteuropa III (1984) und dies., PZ 57, 1982, 206 Abb. 2 (Verbreitung von Mattmalerei). Eine Rezensentin, M. Felsch-Jacob, verkennt bei z. T. berechtigten Verbesserungsvorschlägen m. E. Fleiß und Gesamtleistung (GGA 237, 1985, 35ff.). – Übergreifend zusammenfassend: J. Bouzek, The Aegean, Anatolia and Europe, Cultural Interrelations in the Second Millenium, in: SIMA XXIX (1985).

[57] In: A. G. Poulter, Ancient Bulgaria, Papers presented to the International Symposium in the Ancient History and Archaeology of Bulgaria, Nottingham 1981, Teil I (1983) 43ff. Neuerdings zur Frage des Mykenischen im Norden: B. Feuer, The Northern Mycenaean Border in Thessaly, in: British Archaeological Reports, Suppl. Series 176 (1983).

[58] Vgl. seine Zusammenfassung in meiner »Archaeologia Homerica«, Kriegswesen, Teil I (1977) E 204ff. mit Abb. 43. 44a–d; ders., The Fortress of Gla, present State of Research, in: BICS 30, 1983, 191.

[59] W. M. Leake, Travels in Northern Greece II (1835); K. O. Müller, Orchomenos und die Minyer (²1844);

Titel »Die Wasserbauten der Minyer in der Kopaïs, die älteste Flußregulierung Europas« Ergebnisse ihrer Forschungen vorgelegt[60]. Bei flachem Wasserstand findet man übrigens im benachbarten Paralimnisee zahlreiche Siedlungsspuren späthelladischer Zeit[61]. Es kommen geographische Forschungen, Untersuchungen der Veränderungen von Wasserspiegelhöhen oder völliger Trockenlegungen, Technikgeschichte und die Archäologie zusammen.

Denkt man an den Kulturraum Griechenlands, dann meint man historische Geographie, die in Deutschland hervorragend von E. Kirsten gelehrt wird. Deren prähistorischen Teil vertreten allerdings führend Engländer und Amerikaner, aus deren 'Survey-Unternehmen' wir manchen Nutzen ziehen. Hingewiesen sei auf das unentbehrliche Werk von R. Hope Simpson und O. T. P. K. Dickinson, »A Gazetteer of Aegean Civilisation in the Bronze Age, Band I: The Mainland and Islands« (1979). Das Vorläuferwerk von 1965 hieß noch »A Gazetteer and Atlas«. In nüchterner Systematik findet man dort die Fundorte in ihrem geographischen Rahmen mit knappen archäologischen Angaben. In unserer »Ägäischen Bronzezeit« hat dieser Teil prähistorischer Forschung schon deshalb nicht vorgeführt werden können, weil die Menge des Wünschenswerten unsere Möglichkeiten überstiegen hätte. Welchen Raum hätten selbst kurze Abrisse der Archäologie von Hauptfundstätten wie Knossos, Mykene, Tiryns erfordert! Und wer hätte entscheiden wollen, ob für den Benutzer der Reiz des Neuen beispielsweise im Falle Aiginas, Manikas, Poliochnis oder bronzezeitlicher Siedlungen auf Lesbos größer wäre[62]?

In den letzten Jahren hat sich ein mykenischer Zweig der historischen Geographie abgespalten; s. beispielsweise W. G. Loy, »The Land of Nestor, a Physical Geography of the Southwest Peloponnese« (1970) oder »Mycenaean Geography, Proceedings of the Cambridge Colloquium 1976« (1977). Ein solches Forschungsgebiet ist nicht ohne archäologische Vorarbeiten und das Vorkommen von Ortsnamen in den Linear-B-Schriftdokumenten denkbar.

An jedem einzelnen Ort hängt ein Stück Forschungsgeschichte, kann der Antrieb zu Entdeckungen vom Zufall bis zum heimatkundlichen Interesse oder gewichtigeren Motivationen, etwa der Homerarchäologie, reichen: Der stufenweise Fortschritt und heutige Stand unserer Kenntnis des Pylosproblems wird einem beispielsweise voll bewußt, wenn man als Hintergrund W. Dörpfelds Vorstellungen von der Heimat des Nestor und die daraus sich ergebenden Ausgrabungen in Kakovatos, dann C. Blegens epochemachenden Ansatz im Palast von Hagios Englianos und schließlich Sp. Marinatos' archäologische Pionierleistung in den Gebieten von Chora bis Kyparissia, die G. Korres fortsetzt, zusammen sieht.

A. Philippson, Der Kopaïs-See in Griechenland und seine Umgebung, in: Zeitschrift der Gesellschaft für Erdkunde 29, 1894, 1ff.; S. Lauffer, AA 1939/40, 184ff.; ders., Deltion 26, 1974, Chron 239ff.; ders., Leichtweiß-Institut für Wasserbau der Technischen Universität Braunschweig, Mitt.-Heft 71, 1981, 239ff.

[60] Institut für Wasserbau und Wassermengenwirtschaft, Technische Universität München, Bericht Nr. 50 (1984).

[61] Mündliche Mitteilung von Theodoros G. Spyropoulos, 1984.

[62] Zur prähistorischen Siedlung Aigina s. H. Walters große Schlußpublikation »Alt-Aigina«, auf viele Jahre berechnet; zu Manika s. das neugriechische gleichnamige Werk von A. Sampson (1985); zu den italienischen Ausgrabungen in Poliochni auf Lemnos s. L. Bernabò-Brea, Poliochni, Città Preistorica nell'Isola di Lemnos (im Erscheinen seit 1964). Zusammenfassende prähistorische Kapitel in meinem Buch »Methymna, archäologische Beiträge zur Topographie und Geschichte von Nordlesbos« (1975) 86ff. 121ff.

18

Bemerkungen zur Geschichte der ägäischen Archäologie

Es zeigt sich, daß auch in unserer Wissenschaft, besonders was Ausgrabungserfolge angeht, die Anknüpfung an Namen großer einzelner berechtigt erscheint. Es ist an erster Stelle der mit leidenschaftlichem persönlichen Einsatz in Sizilien, Ithaka, Kreta, Mykene, Tiryns und Troja mehr oder weniger erfolgreiche archäologische Dilettant Heinrich Schliemann zu nennen sowie Wilhelm Dörpfeld, dem wir wesentlich verfeinerte Grabungsmethoden zu verdanken haben. Ich erinnere weiterhin an die Engländer A. Evans[62a] und A. J. B. Wace, die Amerikaner C. Blegen und J. Caskey, den Italiener D. Levi und den Wahldeutschen V. Milojcic. Im internationalen Zusammenspiel stießen Franzosen – vor allem mit den epochemachenden Grabungen in Mallia, Kreta – und Skandinavier – besonders in der Argolis und in Westkreta – hinzu. Die Griechen trugen in ununterbrochener Folge mit international hochgeachteten Erforschern der Vorgeschichte ihres Landes bzw. Ausgräbern zum Erfolg unserer Wissenschaft bei; unter ihnen sind Persönlichkeiten wie Ch. Tsountas, Sp. Marinatos[63], G. Mylonas, D. Theochares, I. Papademetriou und N. Platon hervorzuheben. Das sind Namen mit Klang, nicht allein in der thessalischen Steinzeitforschung, vielmehr auch in bezug auf Entdeckungen zum Frühhelladikum in Attika, zur Topographie der Burg von Mykene mit dem zweiten, goldreichen Gräberrund sowie der dortigen Kammergräbernekropole, deren Veröffentlichung nach fast hundert Jahren 1985 durch A. Sakellariou erfolgte. Einige dieser Ausgräberpersönlichkeiten stehen für viele bedeutende Fundstätten auf Kreta, von denen wohl der Palast in Kato Zakro als die sensationellste Entdeckung gelten darf, und für die prähistorischen Tumuli von Marathon wie auch für das mykenische Eleusis, vor allem aber für die Wiedergewinnung eines 'bronzezeitlichen Pompeji', nämlich der urbanen Kultur von Akrotiri auf Thera.

Zum Schluß komme ich noch einmal auf den deutschen archäologischen Beitrag zur Ägäisforschung zurück[64]: Da wäre darauf hinzuweisen, daß G. Löschcke und A. Furtwängler gemeinsam mit den beiden Werken »Mykenische Thongefäße« (1879) und »Mykenische Vasen« (1886) mehreren Forschergenerationen Instrumente an die Hand gegeben haben, die seinerzeit nicht ihresgleichen hatten. Eine knappe und doch präzise, ausgesprochen material- und kenntnisreiche Zusammenfassung, die für eine lange Zeit ihre Aktualität nicht einbüßte, war »Die kretisch-mykenische Kultur« (²1924) von D. Fimmen. Ebenfalls in den zwanziger Jahren begründete H. Th. Bossert mit seinem als Bilddokumentation gedachten Buch »Altkreta« eine Reihe, in der »Altanatolien« und »Altsyrien« folgten. »Altkreta« stieß auf ein derartiges Käuferinteresse, daß 1937 bereits die dritte Auflage erforderlich wurde. Das von mir in Gemeinschaft mit V. Karageorghis geschaffene Werk

---

[62a] Biographie: S. Horwitz, The Find of a Lifetime, Sir Arthur Evans and the Discovery of Knossos (1981).

[63] Die herausragende Bedeutung dieses Gelehrten für unsere Wissenschaft wird durch die Sammlung seiner weitverstreuten Schriften in einer systematischen Bibliographie sichtbar, die G. Korres verdankt wird, in: ΕΕΦΣΠΑ 1974–1977 (1978) 359–422; in erweiterter Form in: Atlas, Epeteris Hetereias Kykladikon Meleton, 1980/81, 5–77.

[64] E. Vermeule hat in ihrer Rezension (Gnomon 46, 1974, 497ff.) meines Buches »Altägäis und Altkypros« (1971) darauf hingewiesen, daß dort »German and Austrian scholarship is preferred to that of other nations«. Immerhin schrieb ich und schreibe jetzt wieder für deutsche Leser. Ich hoffe aber dennoch spürbar gemacht zu haben, daß z. Z. uns Deutschen die altägäische Archäologie weitgehend entglitten ist. Bezüglich G. Karo ist auf seine Memoiren »Fünfzig Jahre aus dem Leben eines Archäologen« (1959) zu verweisen, s. den Nachruf von Sp. Marinatos, AJA 70, 1966, 73.

»Altägäis und Altkypros« hatte unser Verleger G. Wasmuth als Weiterführung der Bossertschen Reihe konzipiert. Das Buch erlebte ebenfalls drei Ausgaben: neben der deutschen Erstausgabe des Wasmuth-Verlags (1971) eine textgleiche im Verlag Koehler und Amelung, Leipzig (1972) sowie eine englische Übersetzung der Phaidon Press, New York (1973).

Weiterhin ist G. Karo zu nennen, dem wir viele treffliche Forschungsberichte zur ägäischen Frühzeit und wertvolle zusammenfassende Lexikonartikel verdanken, ohne dessen Neupublikation die Schliemannschen Schachtgräber von Mykene nicht herausragenden wissenschaftlichen Rang in bezug auf die gesamte frühmykenische Epoche erworben hätten. G. Rodenwaldt setzte mit dem Löschcke gewidmeten, von Karo herausgegebenen zweiten Band der Tirynspublikation »Die Fresken des Palastes« (1912)[65] Maßstäbe für das Gebiet der Kunstforschung im zweiten Jahrtausend, die nach ihm international kaum wieder erreicht wurden. F. Matz gelang 1928 mit seiner Berliner Habilitationsschrift »Die frühkretischen Siegel, eine Untersuchung über das Werden des minoischen Stiles« ein großer Wurf, mit dem er als würdigen Gegenstand der Forschung neben die monumentale Wandmalerei die Kleinkunst im Beispiel der Glyptik stellte. Damit und seitdem fand das Ornament mehr Beachtung, drang ‘Strukturforschung’ als ein neuer Weg in diese besondere Archäologie ein[66].

Die meisten der genannten Forscher weilen nicht mehr unter den Lebenden. Von den Verstorbenen ist allein Sp. Marinatos in dem hier vorgelegten Sammelwerk zu Worte gekommen (S. 275 ff.), weil ich glaube, daß man zu seiner bedeutendsten Entdeckung unbedingt ihn selber hören soll: zu Thera! Man würde wohl dann unter weiteren Veröffentlichungen anderer Entdecker auszuwählen haben, wenn die Aufgabe hieße, die schrittweise Wiedergewinnung des historischen Gesamtbildes unserer Wissenschaft zu veranschaulichen. Marksteine haben sie alle gesetzt, dazu andere, die hier nicht genannt wurden. Zwar schwebte mir kein Buchtitel vor wie »Das neue Bild der Antike«, der schwer erfüllbare Erwartungen weckt[67], wohl aber wollte ich dem Leser ‘Neues’ bieten, sagen wir: neben bewährtem Alten. Nicht ‘Geschichte der Forschung’, sondern ‘Stand unseres Wissens’ soll hier – wenigstens punktuell – durchscheinen. Jüngere Kollegen sind neben älteren vertreten, Engländer, Franzosen, Griechen und Polen neben Deutschen.

Für das Buch habe ich viele Jahre der Planung, viel Zeit für die Gewinnung von Mitarbeitern, für Verhandlungen wegen der äußeren Gestalt und Ausstattung, zur Beschaffung von Abbildungsvorlagen und für die Abfassung, Übersetzung und Redaktion der Beiträge und vieles mehr benötigt. Vielleicht würde der Kreis der Mitarbeiter anders, jünger, bunter, aussehen, wenn ich heute noch einmal von vorn beginnen müßte. Dennoch bin ich sehr froh, daß der Nestor historischer Aspekte unserer Wissenschaft, Fritz Schachermeyr,

[65] Ferner ders., Der Fries des Megarons von Mykenai (1921). Die begabte Rodenwaldt-Schülerin H. Reusch hat diese Arbeit des Meisters leider nur bis in die 50er Jahre fortgeführt, danach nicht mehr: Vorschlag zur Ordnung der Fragmente von Frauenfriesen aus Mykenai, in: AA 1953, 26 ff.; dies., Die zeichnerische Rekonstruktion des Frauenfrieses im böotischen Theben (1956).

[66] Zur Strukturforschung s. oben S. 3. Zur Charakterisierung der Forschungsgeschichte und der ganzen Einleitung s. ‘Literaturhinweise’ in meinen Buch »Altägäis und Altkypros« (1971) 176 ff.

[67] Titel eines zweibändigen Sammelwerkes, 1942 von H. Berve herausgegeben, dieser im Vorwort Bd. I S. 9: »Es soll damit nicht der Anspruch erhoben werden, dieses Bild sei schon fertiggestellt …«; eben das muß auch meinem Sammelband vorangestellt werden! Übrigens bei Berve, S. 13 ff., ein noch immer lesenswerter Beitrag von F. Matz, Griechische Vorgeschichte.

Wien, uns die Ehre der Teilnahme an dem Werk gegeben hat (S. 379 ff.), besonders aber darüber, daß im Konzert der Forscherpersönlichkeiten – auch in der sprachlichen Vereinheitlichung durch die Übersetzung ins Deutsche – unterschiedliche Ansätze, Eigenarten des Fragens, Zielvorstellungen und Interessenrichtungen, sozusagen nationale Temperamente, erkennbar werden.

Zur Schriftlichkeit altägäischer Kulturen

Die Erfindung der Schrift bildet, wie oben ausgeführt, ein Hauptmerkmal der Trennung von Vorgeschichte und Geschichte. Unter diesem Gesichtspunkt gehören große Abschnitte der »Ägäischen Bronzezeit« nicht mehr zum Arbeitsgebiet der Prähistorie, und deshalb müßte in einem Buch wie dem unseren diesem wichtigen Element der ägäischen Kultur besondere Aufmerksamkeit geschenkt werden: Etwa seit dem Übergang vom dritten zum zweiten Jahrtausend stellen wir nämlich auf Kreta die Existenz von Schrift fest, übrigens eines sehr eigenwilligen, eigentümlichen, selbständigen Systems von Piktographie, dem schon bald ein solches linearen Charakters an die Seite trat.
Dieser Vorgang muß in den weiten Durchzugsgebieten Südosteuropas ein Vorspiel gehabt haben. Ich weise auf Schriftähnliches aus der Vinčakultur und auf die berühmten, allerdings in ihrem chronologischen Ansatz umstrittenen Funde von Tartaria hin[68]. Bereits im dritten Jahrtausend machten sich auch erste Schrifteinflüsse von Ägypten auf die Ägäis, insbesondere auf Kreta und Kythera (Abb. 29), bemerkbar.
Anatolien wirkte – soweit heute feststellbar – nur gelegentlich, sporadisch, und zwar überwiegend erst in der Endbronzezeit mit der sogenannten hethitischen Hieroglyphenschrift bzw. ihren Vorläufern oder kleinasiatischen Verwandten auf die Ägäis ein[69]. Immerhin wurde diese Schrift oder ihr Nahestehendes schon in vorhethitischer Zeit in dem westanatolischen Fundort Beycesultan festgestellt[70]. Die sogenannte Liparischrift im ägäischen Wirkungsbereich des westlichen Mittelmeeres habe ich aus anatolischen Wurzeln abgeleitet (unten S. 249 mit Abb. 71, dazu Vergleiche aus der Hethiterhauptstadt Boğazköy: Abb. 72a–d). Auf die Tatsache, daß der Diskus von Phaistos entweder schriftgeschichtlich als kleinasiatisches Fremdgut oder doch wenigstens als ein Dokument aufgefaßt wurde, das Beziehungen nach Südkleinasien erweist, sei lediglich hingewiesen, zumal auch die Ansicht vertreten wird, daß er neben den bekannten kretischen Schriften einen lokalen Sondertypus vertrete[71].

[68] S. M. M. Winn, Prewriting in Southeastern Europe, the Sign System of the Vinča Culture ca. 4000 B.C. (1981, Rez. AJA 88, 1984, 71 f.); D. G. Zanotti, AJA 87, 1983, 209 ff.; bereits H.-G. Buchholz, in: Frühe Schriftzeugnisse der Menschheit, Vorträge gehalten auf der Tagung der J. Jungius-Gesellschaft der Wissenschaften, Hamburg 1969, 88 ff.; J. Vladár–A. Bartonek, Zu den Beziehungen des ägäischen, balkanischen und karpatischen Raumes in der mittleren Bronzezeit und die kulturelle Ausstrahlung der ägäischen Schriften in die Nachbarländer, in: Slovenská Archeológia 25, 1977,

371 ff.; E. Mason, L''Écriture' dans les Civilisations Danubiennes Néolithiques, in: Kadmos 23, 1984, 89 ff.
[69] M. Poetto, Un Nuovo Sigillo Iscritto di Provenienza Anatolica, in: Kadmos 22, 1983, 54 f. (mit Lit.).
[70] W. Helck, Die Beziehungen Ägyptens und Vorderasiens zur Ägäis bis ins 7. Jh. v. Chr. (1979) 7, unter Berufung auf Bahadir Alkim, Anatolien I (Archaeologia Viva, 1968) 178.
[71] Neue Literatur: Y. Duhoux, Le Disque de Phaistos, Archéologie, Épigraphie, Édition Crit. (1977); J. Faucounau, Les Signes du Disque de Phaistos et leur Identi-

Die minoischen Linear A- und B-Schriften sind über die Grenzen Kretas hinaus verbreitet und haben Eingang auf den Kykladen sowie auf dem helladischen Festland gefunden, ja, zu einem kräftigen Aufblühen abhängiger Schriften auf Zypern und in Ugarit (Ras Schamra, Nordsyrien) geführt. Bereits die starke Zunahme der Fundorte von Archiven und einzelnen Schriftfunden hat in bezug auf die Beurteilung der Schriftlichkeit der bronzezeitlichen Festlandskultur seit der Begründung des mit ihr befaßten Wissenschaftszweiges, besonders aber seit der Entdeckung der ersten – damals einzigen – Tontafeln von Pylos (1939) das Bild vollkommen verändert. Zu Linear A-Zeichen auf einem tönernen Webgewicht aus Kythera s. unten Abb. 34a.b und auf Bleigewichten aus Thera s. unten Abb. 48c; beide Linear A-Vorkommen und viele andere liegen außerhalb der Minosinsel[72]. Zu schriftähnlichen Zeichen an sogenannten kanaanäischen Pithoi, die – sofern nicht primär vor dem Brand erzeugt – auch auf ägäischem Territorium an den betreffenden Gefäßen angebracht worden sein können, s. unten S. 166 Anm. 25.

Die Linear A-Forschung wird seit vielen Jahren von J.-P. Olivier und wechselnden Mitarbeitern mit der Veröffentlichung unbekannter Dokumente[73], der Wiedervorlage vertrauter Funde[74] und Arbeiten an der corpusartigen Zusammenfassung des Materials mitbestimmt[75], während J. Raison und M. Pope bereits 1980 ein »Corpus Transnuméré du Linéaire A« vorgelegt haben. Mehr noch haben mich aber die Pionierleistungen des Finnen J. Sundwall wie jüngst der systematische Versuch von L. C. Meijer beeindruckt, in die Struktur der Linear A-Texte einzudringen. Die Methode des letzteren ist so durchdacht und übersichtlich vorgeführt, daß jedem Leser die Möglichkeit zum kritischen Nachvollzug geboten wird. Seine Analysen bilden die Voraussetzung für eine noch ausstehende endgültige Übersetzung der A-Dokumente[76].

Diese besitzen bereits ohne ihre volle Lesbarkeit einen gewissen historisch-archäologischen Aussagewert. Ich denke dabei besonders an die Fundverteilung der Schriftdenk-

fication, in: Kretologia 12/13, 1981, 185 ff.; ders., Le Sens de l'Écriture du Disque de Phaistos, ebenda 245 ff.; J. G. Best, Zur Herkunft des Diskos von Phaistos, Supplementum Epigraphicum Mediterraneum, in: Talanta 13, 1981; dazu Rez. von J. L. Melena, Aula Orientalis 2, 1984, 159 ff.; B. Schwartz, The Phaistos Disk again?, in: Bono Homini Donum, Essays in Historical Linguistics in Honor of J. A. Kerns (1982) 783 ff.; Y. Duhoux, Les Langues du Linéaire A et du Disque de Phaistos, in: Minos 18, 1983, 33 ff.; P. Gorissen, Le Disque de Phaistos. Calendrier Divinatoire (1983). Die ältere Literatur in: E. Grumach, Bibliographie der kretisch-mykenischen Epigraphik (1963) 23 ff. und Suppl. I (1967) 8 f., sowie in: A. Heubeck, ArchHom, Schrift (1979) X 186 ff.

[72] Grumach a. O. 73 ff. und Suppl. I 20 f.; u. a. dazu R. Janko, A Stone Object Inscribed in Linear A from Ayios Stephanos, Laconia, in: Kadmos 21, 1982, 97 ff.; Th. Palaima, Linear A in the Cyclades, the Trade and Travel of a Script, in: Temple University Aegean Symposium 7, 1982, 15 ff.; A. H. Bikaki, Ayia Irini, the Potter's Marks, in: Keos IV (1984).

[73] Zum Beispiel M. Tsipoulou–L. Godart–J.-P. Olivier, Bol de Bronce à Base Ombiliquée avec Inscription en Linéaire A de la Collection K. et M. Mitsotakes, in: SMEA 23, 1982, 61 ff.; J.-P. Olivier, Les trois Epingles avec Inscription en Linéaire A, in: A. Heubeck–G. Neumann, Res Mycenaeae, Akten des 7. Internationalen Mykenologischen Colloquiums in Nürnberg 1981 (1983) 335 ff. Zur allgemeinen Orientierung: P. G. van Soesbergen, Progress in Linear A Research, in: Concilium Eirene XVI, Bd. III Sektion IV, Mycenaeological Colloquium in Prague 1982, 139 ff.

[74] z. B. La Bague en Or de Mauro Spelio, in: Rayonnement Grec, Hommages à Ch. Delroye (1982) 15 ff.

[75] L. Godart–J.-P. Olivier, Recueil des Inscriptions en Linéaire A; zuletzt Band II: Nodules scellés et Rondelles édités avant 1970 (1979). Bis zum völligen Abschluß dieses Unternehmens benutze man auch W. C. Brice, Inscriptions in the Minoan Linear Script of Class A (1961).

[76] Eine strukturelle Analyse der Hagia Triada-Tafeln, ein Beitrag zur Linear A-Forschung (1982), Rez.: R. Witte, Klio 65, 1983, 593 ff.; R. Schmitt, BiOr 40, 1983, 419 ff.

mäler auf Kreta, unterschieden nach Linear A- und Linear B-Dokumenten (Abb. 2a und b)[77]. Es wird nämlich deutlich, in wie hohem Maße gegenüber dem sozusagen flächendeckenden, allgemeineren Gebrauch der Linear A-Schrift sich auf der Minosinsel die Benutzung von Linear B als eine Art 'Palastkalligraphie' auf wenige Macht- und Kulturzentren beschränkte. Auch diese Feststellung der Dinge ist nicht neu, sie war vielmehr bereits durch den Ausgräber von Knossos, Sir Arthur Evans, vorgenommen worden, soweit damals der Befund zu einer differenzierten Aussage ausreichte. Die hier vorgelegten Karten beruhen auf dem letzten Stand (Abb. 2a und b)[78].

Vor dem Entstehen einer altägäischen Epigraphik, samt der aus ihr entwickelten philologisch-schriftgeschichtlich orientierten 'Mykenologie', basierten unsere mehr oder weniger pauschalen Aussagen über Völker, Stämme und Sprachen bzw. Dialekte fast ausschließlich auf den begrenzten literarischen Nachrichten des Altertums über 'Vorgriechisches' (Pelasger, Leleger, Karer), ferner auf Rückschlüssen aus dem vorhandenen Sprachgut[79] oder aus ungriechischen Schriftdenkmälern wie eteokretischen Steininschriften und der Stele von Lemnos[80]. Die Herkunft der Griechen, das Datum ihres Vordringens nach Hellas, ihre Ausbreitung im Lande, das sind noch immer Fragen höchsten Interesses[81].

Die »Ägäische Bronzezeit« erlaubt von der Planung her eine Auseinandersetzung mit der hypothetischen Bestimmung der minoischen Sprache als einen Zweig des Semitischen nicht. Das schließt freilich nicht aus, daß es im mykenischen Griechisch der Linear B-Tafeln nahöstliche Fremd- und Lehnwörter gibt[82].

Erst die Entzifferung von Linear B und die Erkenntnis, daß sich in dieser Schrift ein frühes Griechisch wiederfindet, leiteten eine völlig neue wissenschaftsgeschichtliche Phase ein: 1953/54 trat M. Ventris mit seinen Entdeckungen an die Öffentlichkeit[83]. Die Entziffe-

[77] Von M. Morkramer, Gießen, gezeichnet in Anlehnung an E. Hallager, OpAth 11, 1975, 53ff. Abb. 2.

[78] Vor allem ist durch die Entdeckung eines bedeutenden schriftkundigen Zentrums in Westkreta mit über 200 Dokumenten (Chania) eine unerwartete Situation sichtbar geworden, s. dazu H. W. Catling, ArchRep 1973/74, 40; I. Papapostolou, AAA 8, 1975, 42ff.; E. Hallager–B. Pålsson, ebenda 91ff.; E. Hallager–M. Blasakes, AAA 9, 1976, 213ff.; H. W. Catling, ArchRep 1981/82, 59 und 1983/84, 69; M. Blasakes–L. Godart, SMEA 23, 1982, 51ff.; E. Hallager–M. Blasakes, Kadmos 23, 1984, 1ff.; W. Brice, Kadmos 22, 1983, 87ff. (Linear A in Archanes und Chania); zum Südosten der Insel s. P. Metaxa-Muhly, Linear A-Inscriptions from the Sanctuary of Hermes and Aphrodite at Kato Syme, in: Kadmos 23, 1984, 124ff.

[79] 'Substrat-Theorien' sind als solche nicht neu, s. P. Kretschmer, Einleitung in die Geschichte der griechischen Sprache ([1]1896/[2]1970); R. Hiersche, Grundzüge der griechischen Sprachgeschichte (1970) 30ff. (Vorgriechisch) und 225ff. (Bibliographie); M. Sakellariou, Peuples Préhelléniques d'Origine Indo-Européenne (1977); ders., Les Proto-Grecs (1980). Wegen Neuem zur Pelasgerfrage und der Modeerscheinung von 'Luwiern auf Kreta' konsultiere man E. Grumach, Bibliogra-

phie der kretisch-mykenischen Epigraphik (1963) mit Suppl. I (1967); A. Heubeck, in: H.-G. Buchholz, ArchHom, Kapitel Schrift (1979) X 185ff. (Bibliographie) sowie laufend die Zeitschrift Kadmos.

[80] Ältere Lit. in Y. Duhoux, L'Étéocrétois, les Textes, la Langue (1982).

[81] H. Krahe, Die Indogermanisierung Griechenlands und Italiens (1949); R. A. Crossland–A. Birchall, Bronze Age Migrations in the Aegean, Archaeological and Linguistic Problems in Greek Prehistory, Proceedings of the First Colloquium on Aegean Prehistory, Sheffield 1970 (1973); im übrigen s. Anm. 79.

[82] Zum Beispiel J. Ch. Billigmeier, Kadmos and Danaos, a Study of Near Eastern Influence in the Late Bronze Age Aegean (1983). Auch das altägäische Namengut scheint nicht homogen zu sein, s. P. G. van Soesbergen, The Onomastics of the Minoan Linear A und Linear B Documents and the Historical Significance (1984).

[83] M. Ventris, in: Acta Congressus Madvigiani, Kopenhagen 1954, Band I (1958) 69ff. mit Zusatzreferaten von I. Gelb, V. Georgiev und E. Sittig; vgl. ferner M. Ventris – J. Chadwick, Documents in Mycenaean Greek ([1]1956/[2]1973); J. T. Hooker, Mycenaean Greece (1976); ders., Linear B, an Introduction (1980): A. Heubeck, Schrift, in: H.-G. Buchholz, ArchHom

rung hat anfangs zu heftigen Kontroversen geführt[84], dann aber überhaupt erst differenziertere Erkenntnisse von den geographischen, ethnischen, sozialen, wirtschaftlichen und Machtverhältnissen, von Herrschaftsstrukturen, Feudaleinrichtungen, Kultisch-Religiösem[85] auf Kreta und dem griechischen Festland ermöglicht. Auch davon vermag unser Buch nur einen winzigen Ausschnitt zu vermitteln; ich verweise auf den Beitrag von St. Hiller (S. 388ff.). Unsere Abb. 104a und b zeigt zwei völlig identische Bügelkannen-Aufschriften in Linear B, und zwar aus dem boiotischen Theben und Chania, schöne Zeugnisse überregionalen Schriftverkehrs.

Alle Fortschritte setzten im übrigen das Puzzlespiel der Wiedergewinnung und systematischen Erfassung des Gesamtbestandes der Schriftdenkmäler voraus. A. Bartonek gelangte in seinen Statistiken zu der beachtlichen Summe von 4747 Linear B-Texten, Fragmente eingerechnet[86], und E. Bennett, der 'Vater der Linear B-Paläographie', hat in bewundernswerter Geduldsarbeit des Anpassens von einer Unzahl von Tafelfragmenten an andere diejenigen »Junctions, Restorations, and Reconstructions« vorgenommen, die anderen dann die Arbeit mit einem wohlgeordneten Material ermöglichten.

Die Beobachtung von Schriftbesonderheiten führte zu Strukturuntersuchungen, ja sogar zur Unterscheidung von individuellen Schreiberhänden[87]. Mir scheint, daß nüchtern erfaßte, überprüfbare Fakten dabei die entscheidende Rolle spielten, keineswegs bloße Eindrücke und Vermutungen. Geradezu kriminalistisch geht P. Åström vor, der versucht, aus den Hand- und Fingerabdrücken im weichen Ton der Schrifttafeln Aufschlüsse über 'Schreiberhände' und die zugehörigen Personen zu gewinnen[88].

Seit dreißig Jahren habe ich mich immer wieder gefragt, ob die Verselbständigung eines Faches 'Mykenologie' als eine Symbiose von ägäischer Archäologie, Linear B-Philologie – ich denke dabei ebenso an 'Mykenologie' wie 'Kretologie' und 'Kyprologie' – und dem zeitlich zugehörigen Teil der Alten Geschichte realistisch und überhaupt wünschenswert sei. In Deutschland gebe ich einem solchen Konzept keine Chance, während sich etwa die italienische Altertumswissenschaft eher bereit gezeigt hat, ein ägäisch-anatolisches Arbeitsfeld im beschriebenen Sinne auszugrenzen und zu institutionalisieren. Nach meinem Wissenschaftsverständnis ist aber die Linear B-Forschung so sehr ein inhaltlich-sachlicher und methodischer Bestandteil der Gräzistik, daß sie ohne Schaden für beide Teile kaum verselbständigt werden kann. Die ägäische Archäologie nimmt allerdings dem Umfang

(1979) mit Rez. von J. Latacz, MusHelv 39, 1982, 316; A. Heubeck, L'Origine della Lineare B, in: SMEA 23, 1982, 195ff.; J. Chadwick, Twentyseven Years of Linear B, in: J. Harmatta, Proceedings of the 7th Congress of the Societies of Classical Studies, Budapest (1982) 451ff.; I. Tegyey, Archaeology and Interpretation, a Survey of the Relation of Linear B-Tablets to their Archaeological Context, in: Acta Classica Universitatis Scientiarum Debreceniensis 19, 1983, 17ff.

[84] W. Ekschmitt, Die Kontroverse um Linear B (1969) und bes. das Schriftenverzeichnis in W. C. Brice, Europa, Studien zur Geschichte und Epigraphik der frühen Ägäis, Festschrift für E. Grumach (1967) 346ff.

[85] Vertreten in unserem Sammelband mit den Beiträgen von B. Rutkowski und B. C. Dietrich. Zu den Möglichkeiten und ihren Einschränkungen zuletzt: J. Chadwick, What do we really know about Mycenaean Religion?, in: A. Morpurgo-Davies, Linear B, a 1984 Survey. Proceedings of the 8th Congress of the Int. Federation of the Societies of Classical Studies, Dublin 1984 (1985) 191ff.

[86] Res Mycenaeae, Akten des 7. Int. Mykenologischen Colloquiums, Nürnberg 1981 (1983) 15ff.

[87] Besonders Th. Palaima, Observations on Pylian Epigraphy, in: SMEA 21, 1980, 193ff.; ders., The Organization of Scribal Administration of Pylos, in: Praktika 1981/82, 314ff.

[88] K.-E. Sjöqvist–P. Åström, Pylos, Palmprints and Palmleaves (1985).

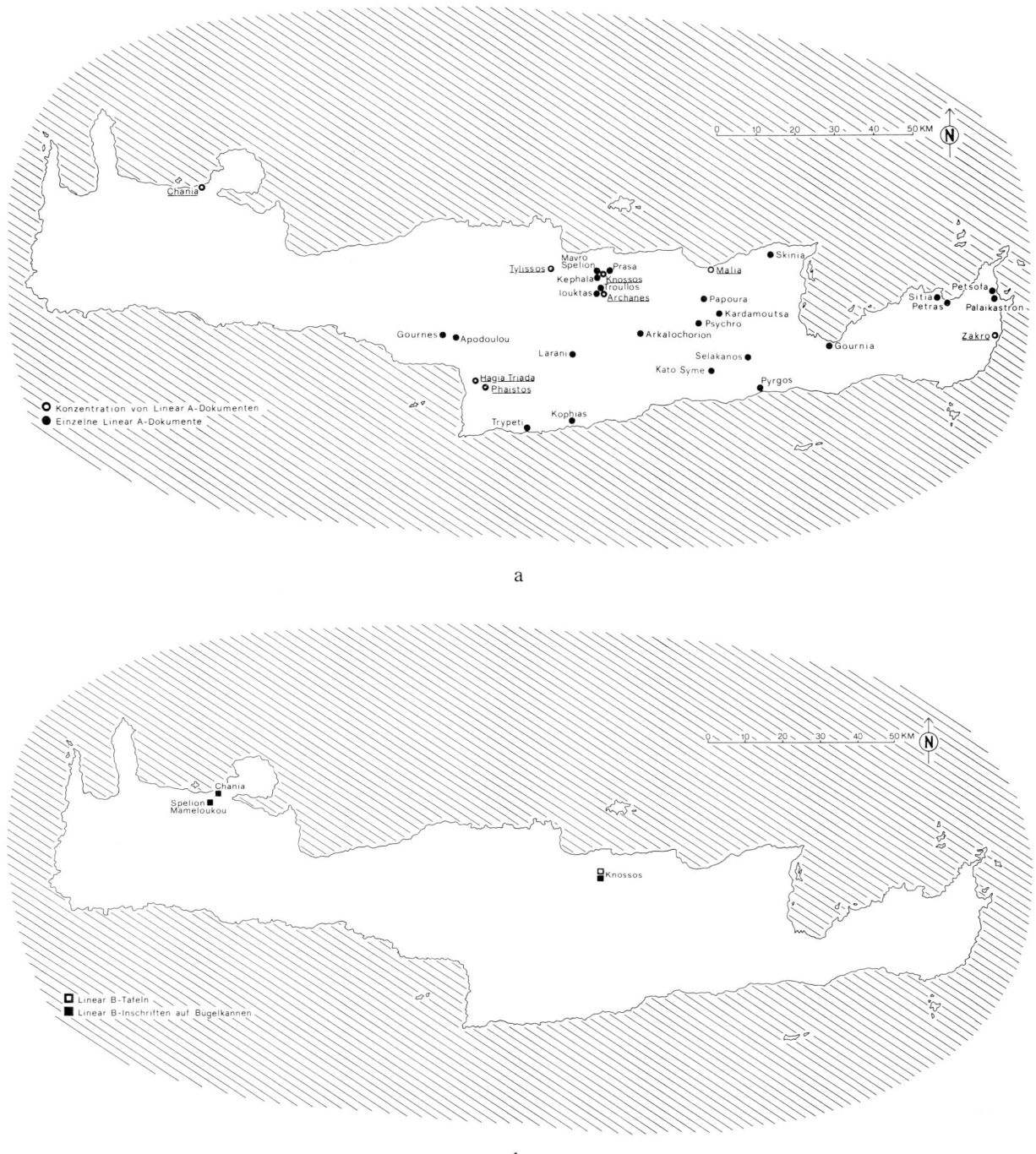

Abb. 2 a und b. Fundstätten von (a) Linear A-Dokumenten und (b) Linear B-Dokumenten auf Kreta nach dem neuesten Stand

nach bereits jetzt eine solche Stellung ein, daß – wie eingangs dargelegt – die Herauslösung aus der Klassischen Archäologie praktisch in vielen Ländern in vollem Gang ist. Da sie gemäß ihrem chronologischen Ansatz und deshalb in ihren Methoden aufs stärkste zugleich der Vorgeschichtsforschung verpflichtet bzw. ihr zuzurechnen ist, erscheint ein Konflikt möglich, der in der Praxis der Ausgräber bereits zugunsten der Vorgeschichte entschieden ist. Was schließlich den Anteil der Alten Geschichte angeht, so ist sie von der ägäischen Archäologie und gleichermaßen von der Linear B-Wissenschaft abhängig, insoweit beide die erforderlichen Quellen bereitstellen, ohne die sie nicht arbeiten kann. Die Vertreter der Klassischen Archäologie werden jedenfalls kaum einen Sinn darin erkennen, einer integrierten Frühzeitforschung mehr Raum und Rang einzuräumen als bisher. So wird unsere Wissenschaft auch weiterhin realistisch aus wenigem viel machen müssen[89] und bestrebt sein, im individuellen Einsatz der beteiligten Forscher eine noch stärkere Zusammenarbeit von ägäischer Archäologie und philologischer Mykenologie als Fernziel anzustreben. Nur so kann es zur Weiterentwicklung bereits erprobter Methoden kommen. Die Wiedergewinnung der Denkmäler und ihre archäologische Bearbeitung müssen allerdings ein zentrales Anliegen bleiben.

Praktische Bemerkungen für den Benutzer des Buches

Insofern sich viele Beiträge wechselseitig ergänzen, erscheint es ratsam, über den jeweils gerade gelesenen Komplex hinaus die anderswo in den Anmerkungen bzw. in den von den Autoren beigefügten Spezialbibliographien zitierte Literatur zu konsultieren. Eine Gesamtbibliographie erschien mir entbehrlich, weil das Mitteilungsblatt »Nestor« laufend über Neuerscheinungen und Buchbesprechungen auf dem Gebiet der ägäischen Frühzeit informiert[90]. Rezensionen sollte sich der interessierte Leser ohnehin über die leicht zugänglichen Besprechungsorgane beschaffen. Er möge sie, die kritischen Urteile, aber selber kritisch prüfen; denn man stößt immer wieder auf so erstaunliche Tatsachen wie Rezensionen von Grabungsberichten aus der Feder von Leuten, die noch nie archäologisch verantwortlich ausgegraben haben! Umfangreiche, nach Sachgruppen und dem forschungsgeschichtlich bedeutsamen Erscheinungsjahr geordnete Bibliographien bieten die Einzellieferungen meiner »Archaeologia Homerica«. Ansonsten liegt ältere Literatur in den Bibliographien des Werkes von Emely Vermeule, »Greece in the Bronze Age« (S. 351 ff.) und in meinem Buch »Altägäis und Altkypros« (S. 176 ff.) bis 1964 bzw. 1971 ausgewählt vor. Im ganzen habe ich den Mitarbeitern keinerlei Beschränkung bezüglich der zu nennenden Sekundärliteratur auferlegt. So ist unser Werk in der Tat mit teilweise außerordentlich umfangreichem Anmerkungsapparat ausgestattet. Es ist sicher kein Zufall, daß ein solcher gegenwärtig nicht überwiegend deutsche Literatur bietet. Es zeichnen sich international ganz andere Schwerpunkte deutlich ab! Da die »Ägäische Bronzezeit« für deutsche Leser bestimmt ist – was sich auch darin ausdrückt, daß sämtliche Beiträge in deutscher Sprache vorgelegt werden –, habe ich in meiner Eigenschaft als Herausgeber manches nachgetragen. Ich war überhaupt bemüht, im Einverständnis mit den Autoren die Literatur während der relativ langen Druckvorbereitung möglichst auf neuestem Stand zu halten. Nicht in jedem Einzelfall ist erkennbar, ob kleinere Literaturnachträge, Übersetzungsvorgänge oder

---

[89] Das sollte natürlich nicht dazu führen, wie in Deutschland zu beobachten, daß manche Nachwuchskräfte gewissermaßen vom 'Etikettenschwindel' leben. Das meine ich recht wörtlich, wenn man sich nämlich so, wie es opportun erscheint, als Glied von Institutionen – womög-

lich gleichzeitig mehreren – ausgibt, denen man juristisch gar nicht angehört.
[90] Allerdings jetzt viel unzulänglicher als früher zu Zeiten des Begründers E. Bennett.

auch Überarbeitungen vorliegen. Es ist jedoch nichts geschehen, was nicht die Autoren vor dem Druckbeginn nochmals gesehen und gebilligt hätten.

Das Abkürzungssystem (S. 538 ff.) hat P. Wagner erarbeitet. Es folgt weitgehend den Richtlinien des Deutschen Archäologischen Instituts (DAI; s. AA 1985 und Archäologische Bibliographie 1985). Manchmal gab man einer alteingeführten Abkürzung gegenüber Neuerungen des DAI den Vorzug. Konkordanzen international voneinander abweichender Abkürzungsbräuche bieten G. Bruns, Zeitschriftenverzeichnis (1964), und O. von Müller–W. Nagel–E. Strommenger, Sigelschlüssel der archäologischen Literatur, in: APA 9/10, 1978/79, 167 ff.

Bei fremdsprachigen Titeln ist, sofern sie eingedeutscht wurden, die entsprechende Sprache angegeben. Das gilt vornehmlich für Titel in griechischem oder kyrillischem Alphabet. Ein deutschsprachiges Kürzel wie 'Spyropoulos, Schätze' mag nicht jedermann sogleich signalisieren, daß »Hysteromykenaïkoi Helladikoi Thesauroi«, also »Spätmykenische Hortfunde des griechischen Festlandes« gemeint sind. Aus redaktionell-kalkulatorischen Gründen blieben wir bei den einmal eingeführten 'Schätzen', auch wenn deutsche Prähistoriker in ihrem Fachidiom 'Hortfunde' sagen; 'Thesauroi' sind eben beides!

Die Eindeutschung von Länder-, Orts- und Personennamen, Termini technici usw. hat uns – Herausgeber, Übersetzer, Redaktion – vor ziemliche Schwierigkeiten gestellt, reicht doch das Spektrum des Buches von Tigris bis Spanien, von Ägypten bis in die Schwarzmeergebiete! Daß Inkonsequenzen nicht auszuschließen sind, weiß jeder, der einmal ähnliches versucht hat. Zuvörderst gilt der Grundsatz, daß fest eingedeutschte Begriffe und Namen in der im Duden oder den verbindlichen Atlanten gebilligten Form zu benutzen sind, also: Athen, Mykene und dgl. Zu vermeiden sind hybride Bildungen, die weder der Urform in ihrer Herkunftssprache noch deutschen Sprachregeln nahestehen; demnach heißt Zypern laut Duden so und nicht 'Cypern'! 'Kypros' wäre vertretbar, weil der griechischen Form völlig entsprechend; das unglückliche 'Cypern' ist hingegen weder griechisch noch deutsch, vielmehr eine lateinisch-englisch-deutsche Mißbildung. Und eben dies ist unser zweiter Grundsatz: Sofern der Duden Spielraum läßt, soll eine dem Schriftbild in der Quelle entsprechende Transkription versucht werden; demnach wären keineswegs die Schwankungen der Aussprache zu kopieren: Also erhält 'Hagios, Hagia' den Vorzug vor 'Ayios' oder ähnlichem. Wir haben allgemein bekannte diakritische Zeichen wie ḫ und š in wenigen Ausnahmen respektiert. Wenn allerdings einzudeutschen war, dann ist für ein semitisches 'Schin' anstelle des französisch-englischen 'sh' ein normales deutsches 'sch' getreten; wir schreiben also Karkemisch, Ras Schamra usw.

Auf mein Schlußwort, unten S. 499 ff., weise ich ausdrücklich hin. Der Leser wird dort manches finden, was er in der Einleitung vermißt, zwar nicht 'Benutzeranweisungen', wohl aber solche Koordinierungen, die das fertige Buch voraussetzen.

Unsere Herkunftsnachweise der Tafel- und Textabbildungen nennen alle diejenigen, die sich bei der Bildbeschaffung verdient gemacht haben und denen ich hiermit vielmals danke. Ich möchte aber besonders M. Morkramer, Gießen, hervorheben, dem die zeichnerische, mit großem Können durchgeführte Vereinheitlichung der Vorlagen verdankt wird. Sodann gilt mein Dank an erster Stelle den Mitarbeitern, die mit ihren Beiträgen wesentlich zum Gelingen des Werkes beigetragen haben und in den verschiedenen Phasen der

27

Druckvorbereitung große Geduld zeigten, ebenso meiner Frau für die Mühen des Übersetzens. Ich glaube, es ist bei aller Uneinheitlichkeit der Beiträge doch sprachlich ein recht geschlossen wirkendes Buch entstanden.

Die Redaktion hat diese Geschlossenheit wesentlich gefördert: Nachdem studentische Hilfskräfte, danach Dr. Hans-Georg Pfeifer wie auch Frau Dr. Margareta Marklova-Merlau, Gießen, sich dieser schwierigen Aufgabe angenommen hatten, nahm Dr. Peter Wagner die Sache in die Hand. Ihm danke ich besonders. Hans-Peter Gumtz hat in der Schlußphase dankenswerterweise beim Korrekturlesen geholfen.

Die »Ägäische Bronzezeit« verdankt ihr Entstehen einer Anregung der Wissenschaftlichen Buchgesellschaft. In Dr. Reinhardt Hootz habe ich dort einen verständnisvollen Gesprächspartner gefunden, mit dem zusammenzuarbeiten mir eine Freude gewesen ist. Seiner Initiative werden die großzügige Ausstattung und das stattliche Format verdankt, kurzum: jenes Äußere, das ein Buch dieser Art überhaupt erst ansprechend macht. Nun werden Benutzer, Leser, Rezensenten zu entscheiden haben, ob der Inhalt dem prächtigen Äußeren entspricht.

FRÜHE UND MITTLERE BRONZEZEIT

ZUR PROBLEMATIK DER ANWENDUNG NATURWISSENSCHAFTLICHER DATIERUNGSMETHODEN IN DER ARCHÄOLOGIE

Von Olaf Höckmann

Die folgenden Ausführungen bestehen aus grundsätzlichen Überlegungen zur Zuverlässigkeit von C^{14}-Daten, insbesondere zum Problem der Kalibration, aus interpretierenden Erläuterungen von Graphiken unkalibrierter Radiokarbondaten aus dem Chalkolithikum und der Frühbronzezeit im Umkreis des Mittelmeers. Daran schließt eine Zusammenstellung der verwendeten Literatur, nach naturwissenschaftlichen und archäologischen Aspekten unterschieden, an.

Zur Kalibration von C^{14}-Daten

Seit der Einführung der sogenannten Kalibration von Radiokarbondaten, d. h. ihrer 'Eichung' aufgrund einer systematischen Kontrolle des C^{14}-Alters von Holzproben besonders langlebiger amerikanischer Bäume (anfangs Sequoia gigantea, jetzt Pinus aristata [Borstenkiefer]), deren absolutes Alter durch Auszählen der Jahresringe genau bestimmt werden konnte, sind die Probleme im Umgang mit C^{14}-Daten nicht geringer geworden. Nicht anders als unkalibrierte Daten weichen auch kalibrierte in z. T. erheblichem Maße von den historisch gesicherten Kontrolldaten ab. Besonders bedenklich erscheint, daß zu manchen Zeiten und in manchen Gebieten kalibrierte Daten näher an den historischen Vergleichsdaten liegen, zu anderen Zeiten oder in anderen Gebieten hingegen unkalibrierte[1].

Dies läßt sich nur zum kleinen Teil mit der Beobachtung erklären, daß manchmal kurzfristig keine Abweichung zwischen dem dendrochronologisch gesicherten Alter und dem C^{14}-Alter besteht (Abb. 3: Schnittpunkte der in kräftigen Vor- und Rücksprüngen ['wiggles'] pendelnden C^{14}-Alterskurve mit der Geraden als Ort der dendrochronologischen Daten). Weitaus häufiger versagt diese Erklärung, so daß der Verdacht besteht, daß der C^{14}-Gehalt organischer Materie nicht nur im Rhythmus der Schwankungen des C^{14}-Gehalts der Atmosphäre (an denen auch aufgrund exakt beobachteter rezenter Schwankungen kein Zweifel möglich ist)[2] fluktuiert, sondern auch durch andere Faktoren beeinflußt wird.

Diese Faktoren sind, wie es scheint, bisher nur zum Teil erkannt. Leicht zu durchschauen

---

[1] Die Abkürzungen in den nachfolgenden Anmerkungen beziehen sich auf die am Ende des Beitrags befindliche Bibliographie. – Brunswig 1973, 544; Betancourt u. a. 1978, 201; Hood 1978, 197. Zur Einführung in die Möglichkeit und die (teils durch naturwissenschaftliche

Faktoren, teils aber durch die Art der Fragestellung durch den Archäologen und die archäologische Dokumentation bedingten) Probleme sei auf die Arbeit von M. Jaguttis-Emden (1977; Teil 1 passim) verwiesen.

[2] Harkness u. a. 1972, 111 ff.

sind 'Fehler', die mit der speziellen Fragestellung des Archäologen zusammenhängen; sie sind unabhängig vom Kernproblem der 'wiggles' an sich. So steht fest, daß das Kernholz eines Baumstammes um die Lebenszeit des Baumes älter ist als das Datum der Fällung, das den Archäologen interessiert. Dem Ausgräber wird es aber nur in glücklichen Ausnahmefällen möglich sein zu erkennen, aus welcher Schicht eines Stammes die für eine C^{14}-Datierung entnommene Probe herrührt. Hierdurch können Abweichungen von mehreren hundert Jahren zwischen dem C^{14}-Datum und dem archäologisch eher relevanten Fällungsdatum entstehen[3]. Das Ausmaß der Abweichungen kann noch erheblich (und unkontrollierbar) zunehmen, wenn Balken aus baufällig gewordenen Bauten später wiederverwendet worden sind, wie es in holzarmen Gebieten wie z. B. Teilen des Mittelmeerraumes voraussichtlich oft der Fall gewesen ist. Ein weiteres Problem besteht insofern, als für den Archäologen in der Regel der Zeitpunkt der Zerstörung eines Hauses wichtiger ist als jener der Erbauung. Für die Länge des Zeitabstands zwischen der Fällung eines Baumes und dem Brand des daraus errichteten Gebäudes gibt die C^{14}-Methode keinen wie auch immer beschaffenen Anhaltspunkt. C^{14}-Daten aus Stammhölzern können daher zwangsläufig nur den Terminus post quem für die Erbauung und erst recht für die Zerstörung eines prähistorischen Gebäudes angeben[4]. Das vom Archäologen gesuchte Datum kann viele Jahrhunderte jünger sein.

Aus diesem Grunde kommt der C^{14}-Datierung kurzlebiger Pflanzen oder Pflanzenteile (dünne Äste, Gräser, Früchte) größere Bedeutung zu als jener von Stammhölzern. Es darf vorausgesetzt werden, daß besonders Getreide- oder Leguminosenvorräte nicht wesentlich vor der Zerstörung einer Siedlung angelegt worden sind, so daß C^{14}-Datierungen solchen Materials etwa den Zeitpunkt des Brandes angeben dürften. Obgleich sich gezeigt hat, daß der Radiokarbongehalt kurzlebiger Pflanzen durch besondere Faktoren (Fraktionation) beeinflußt wird[5], ergibt sich auf diesem Wege die Aussicht auf ein System von Daten, die für archäologische Fragestellungen aussagefähiger sind als der Großteil der bisher vorliegenden[6].

Diese überschaubaren archäologisch-pragmatischen Aspekte haben keinen direkten Bezug zu der grundsätzlichen Problematik, die sämtliche bisher entwickelten Kalibrations-

[3] Coles 1975, 123ff.; Warner 1976, 25ff.; Betancourt u. a. 1976, 330; Betancourt u. a. 1978, 202; Hood 1978, 197.

[4] Betancourt u. a. 1978, 202.

[5] Burleigh 1975, 79. Zu (zyklischen?) Schwankungen des C^{14}-Gehalts der Atmosphäre: Clark 1975, 157; McFadgen 1975, 509ff. Unterschiedliche Datierung derselben Probe durch verschiedene Laboratorien: Renfrew 1970a, 276. Zu Fehlern durch Ausdünstungen von vulkanischem CO_2 (dadurch zu frühe Daten): Sulershitzky 1970, 85ff. – Hiermit läßt sich wahrscheinlich die 'regelmäßige Fehlerhaftigkeit' der C^{14}-Daten von Thera in spätminoischer Zeit (Betancourt u. a. 1978, 202) erklären. Im Falle der ebenso unzuverlässigen Daten aus Pyrgos in Kreta (Betancourt a. O.; Weinstein u. a. 1978, 208) müssen sich andere noch nicht erkannte Störfaktoren auswirken, wie sie auch für die 'Verwerfungslinie' (fault line) verantwortlich sein müssen, die in Hinsicht

auf C^{14}-Daten die Ägäis vom Balkanraum trennt (Renfrew 1970, 289ff.). Allgemein zu Fehlerquellen auch Hedges 1978, 600f. – Eine verläßliche Datierung des Vulkanausbruchs von Thera läßt sich dagegen auf ganz anderem Wege gewinnen: Das grönländische Inlandeis enthält die Tephra-Spuren aller nennenswerten Vulkanausbrüche auf der nördlichen Hemisphäre. Man kann sie gewissermaßen nach Jahresschichten auszählen. Somit ergibt sich für den Ausbruch des Vulkans von Thera nach den dänischen Forschungen ein Datum von 1390±50 v. Chr.; s. hierzu C. U. Hammer – H. B. Clausen – W. Dansgaard, Greenland Ice Sheet Evidence of Postglacial Volcanism and its Climatic Impact, in: Nature 228, 1981, 230ff.

[6] In den Graphiken (Abb. 4–7) sind Daten aus kurzlebigem Pflanzenmaterial durch einen dickeren Punkt gekennzeichnet.

systeme[7] betrifft. So besteht der Verdacht, daß die starken C[14]-Schwankungen (wiggles) im Holz der kalifornischen Borstenkiefern (Abb. 3) nicht für die ganze Erde gleichmäßig typisch sind, sondern nur für das alpine Biotop dieser langlebigen Bäume[8]. In dieser Hinsicht verdienen Kontrollmessungen an jahrringdatierten Eichenhölzern aus irischen Mooren besondere Beachtung[9], die wesentlich geringere Schwankungen im C[14]-Gehalt – s. eine Kurve fast ohne wiggles (Abb. 3: Kurve c) – erkennen lassen; lediglich einige markante Anomalien der Borstenkiefer-Kurve lassen sich hier wiederfinden[10]. Ob die Unterschiede zwischen der europäischen Eichenkurve und der nordamerikanischen Borstenkieferkurve durch ein artspezifisches Verhalten der untersuchten Pflanzen bedingt sind oder ob sich – vielleicht sogar zusätzlich – der geographische Standort und das Biotop auswirken, entzieht sich gegenwärtig noch einer zuverlässigen Kenntnis. Man möchte aber grundsätzlich annehmen, daß die europäischen Eiche-Daten für die Alte Welt eher verbindlich sind als die amerikanischen Borstenkiefer-Daten.

Berücksichtigen wir außerdem, daß (abgesehen von den eben erwähnten 'archäologischen' Bedingtheiten) von vier C[14]-Daten aus statistischen Gründen eines wahrscheinlich falsch ist[11], so wird deutlich, daß einem einzigen Datum aus einer Fundstelle

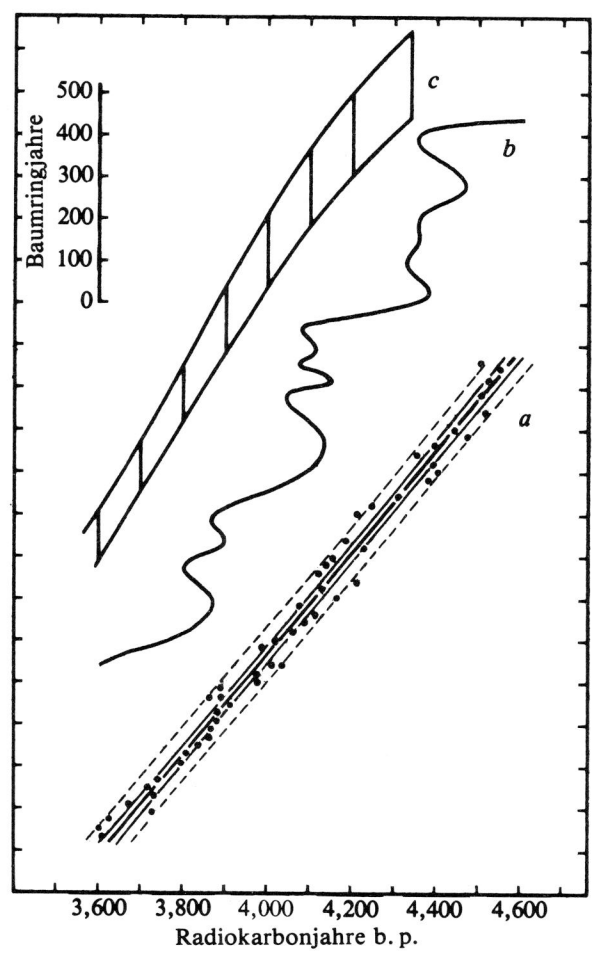

Abb. 3. Beziehung zwischen Radiokarbon- und Baumringjahren. Kurve a: Beziehung ermittelt an Tiefland-Eichen aus dem Norden Irlands; Grenzlinien bei zwei Standardabweichungen unterbrochen, Regressionsgerade mit 95%-Wahrscheinlichkeitsgrenzen durchgezogen. b: Kurve (nach Suess) ermittelt an Borstenkieferholz. c: Historisch abgeleitete Kalibration (McKerrell) aufgrund ägyptischen Fundmaterials (nach Pearson u. a. 1977)

---

[7] Grundsätzlich: Watkins 1975 (verschiedene Beiträge). Übersichten auch bei Brunswig 1973, 544f.; Michael u. a. 1974, 198ff.; Ralph u. a. 1974, 553ff.; Burleigh 1975, 83f.; Betancourt u. a. 1978, 200.

[8] D. D. Harkness–R. Burleigh 1974, 121ff.; Burleigh 1975, 84.

[9] Pearson u. a. 1977, 25ff. Dagegen betonte Suess (1978) die Realität der 'wiggles'. Bei dieser Diskussion kommt der Methode der statistischen Auswertung der Meßdaten zentrale Bedeutung zu. Durch Änderung des statistischen Ansatzes war bereits Clark (1975) zu einer Kalibrationskurve mit nur geringen Schwankungen gelangt. Auch ihm gegenüber betonte Suess (1976, 61f.; Entgegnung Clarks ebenda 62f.) die Richtigkeit seiner stark schwingenden (Borstenkiefer-)Kalibrationskurve.

[10] Ottaway 1974, 407f.; Clark 1975, 258; McFadgen 1975, 509ff. Vgl. die Kurven a und b in Abb. 3, die beide bei 3900, 4100 und 4400 b. p. (before present, vor der Gegenwart) Schwankungen ausweisen.

[11] Burleigh 1975, 83. Durch Vergrößerung des Konfidenzintervalls (KI) auf 3 Standardabweichungen ließe sich die Fehlerwahrscheinlichkeit zwar auf 1:1000 senken; durch das große KI wäre das Datum aber dann für archäologische Zwecke reichlich ungenau.

oder Fundschicht a priori nur geringe Aussagekraft zukommen kann[12]. Je größer die Zahl von Daten aus einem geschlossenen archäologischen Fundverband ist, desto größer wird die Wahrscheinlichkeit, daß sich hierunter Daten befinden, die – aus der Sicht des Physikers – 'richtig' sind[13]. Die Entscheidung darüber, welche Daten Vertrauen verdienen, wird in günstigen Fällen aus dem Verhältnis nahe beieinanderliegender Daten zu abweichenden hervorgehen. Es ist ebenfalls zu vertreten, mit Mittelwerten aus sämtlichen zu einem geschlossenen Fundverband vorliegenden Daten zu arbeiten; da bei ihrer Berechnung mit Sicherheit auch falsche Einzeldaten berücksichtigt werden, sind diese Mittelwerte allerdings zwangsläufig ungenau. Ebenso legitim erscheint es, bei der Auswahl der 'richtigen' Daten auch archäologische Gesichtspunkte zugrunde zu legen, obgleich sich die Gefahr einer subjektiven Auswahl nicht ausschließen läßt.

Als Fazit aus diesem oberflächlichen Überblick sollten besonders die folgenden Punkte festgehalten werden: Einzeldaten, zumal solche aus der Frühzeit der C^{14}-Forschung, haben nur eine sehr geringe Beweiskraft. Daten aus den Resten kurzlebiger Pflanzen oder Früchte haben für archäologisch-historische Fragestellungen mehr Gewicht als solche aus Stammhölzern. Die Voraussetzungen für die Kalibration von C^{14}-Daten sind gegenwärtig noch weitgehend so ungenügend bekannt, daß es verfrüht wäre, kalibrierte C^{14}-Daten als im historischen Sinne exakt zu betrachten.

Dies gilt besonders für Versuche, kalibrierte C^{14}-Daten aus schriftlosen Kulturbereichen zum Vergleich mit historischen Daten aus den Hochkulturländern des Nahen Ostens zu verwenden und daraus kulturgeschichtliche Schlüsse abzuleiten[14]. Da aus den Hochkulturländern ebenfalls C^{14}-Daten vorliegen, die auch bereits für einen gewissermaßen 'historischen' Kalibrationsversuch ausgewertet wurden[15], ist der Vergleich auf der Grundlage allein von Radiokarbondaten durchaus möglich. Natürlich können bei jedem Vergleich nur Daten verwendet werden, die mit der gleichen Halbwertszeit errechnet wurden, und die Daten müssen entweder einheitlich unkalibriert oder aber nach derselben Methode kalibriert sein. Da für den relativchronologischen Vergleich – ohne Anspruch auf historische Richtigkeit der verwendeten Werte – die Kalibration überflüssig ist und nur den Unsicherheitsgrad der Daten vermehrt[16], sollten derartigen Vergleichen unkalibrierte Daten mit der Halbwertszeit 5568 Jahre zugrunde gelegt werden, wie es bei der folgenden Übersicht über C^{14}-Daten aus chalkolithischen und frühbronzezeitlichen Kontexten im Mittelmeergebiet der Fall ist.

[12] Burleigh ebenda; Clark 1975, 252f.; Jaguttis-Emden 1977, 45f.; Betancourt u. a. 1978, 202.

[13] Daß auch diese Regel ihre Ausnahmen hat, zeigen z. B. die C^{14}-Daten aus Ezero (s. Graphik, Abb. 7).

[14] Als Beispiel für die Probleme, die sich aus der Gleichsetzung kalibrierter C^{14}-Daten mit historischen Daten ergeben, seien jene aus Malta und Italien (Abb. 6: D 75ff.) genannt, die verschiedentlich (Renfrew 1972, 141ff.; Renfrew – Whitehouse 1974, 362; Ridley 1976, 110; Lewis 1977, 8. 23f.) als Beweis für die von östlichen Einflüssen freie Entstehung bestimmter maltesischer und italischer Kulturerscheinungen gewertet wurden. Vgl. dagegen aber: Cazzella 1972, 274f. 281; Branigan 1973, 352ff.; Brunswig 1973, 552; Snodgrass 1975, 40.

60 (grundsätzlich gegen solche Gleichsetzungen; ähnlich McKerrell 1975, 65). Doch tun solche Zweifel dem Vertrauen in die Kalibration wenig Abbruch (vgl. etwa Whittle u. a. 1975, 5ff.; Ferguson u. a. 1976, 1170ff.).

[15] McKerrell 1975, 47ff. Seine Methode wurde aus statistischen Gründen von Clark 1978, 6ff., abgelehnt. Auch Clark erreichte aber nicht mehr, als daß die historischen Kontrolldaten durchaus nicht regelmäßig im Zentrum des KI der C^{14}-Daten von kurzlebigem Material liegen, sondern irgendwo in dessen Bereich. – Jaguttis-Emden 1977, 46, stellte sogar die Zuverlässigkeit des ägyptischen Kalenders in Frage (dagegen aber Cadogan 1978, 213).

[16] Burleigh 1975, 84.

Radiokarbondaten aus dem Chalkolithikum und der Frühbronzezeit im Umkreis des Mittelmeeres

In den folgenden Graphiken Abb. 4–7 sind 157 unkalibrierte Radiokarbondaten vom späteren 4. Jt. v. Chr. bis ins frühe 2. Jt. zusammengestellt. Sie sind im Anschluß im einzelnen aufgeführt. Hiermit werden zwei Absichten verfolgt: Einerseits bieten die Daten D 1–6 (Abb. 4) aus Ägypten die Möglichkeit zu einem Vergleich mit historischen Zeitansätzen und lassen es zu, einen Großteil der folgenden C^{14}-Daten mit bestimmten Abschnitten der ägyptischen Geschichte zu parallelisieren. Andererseits ergänzen die Graphiken meine Ausführungen auf den hier folgenden Seiten, deren regionaler Gliederung auch die Anordnung von Abb. 4 (Ägypten, Levante), Abb. 5 (Westkleinasien und Ägäis, vgl. dazu Abb. 7: Ezero) und 6 (westliches Mittelmeer) entspricht. Von den im Text und in den Graphiken verwendeten Abkürzungen bedürfen die folgenden, speziell hier gebrauchten, der Erläuterung: Jahreszahl^H = auf historischem Wege gewonnene Zeitansätze; Jahreszahl^R = durch C^{14}-Datierung gewonnene Zeitansätze; D = Daten-Nr. in Abb. 4–6 (vgl. dazu die Angaben S. 46 ff.); FK = Frühkykladische Epoche; J. = Jahre; KI = Konfidenzintervall (Mutungsintervall) eines C^{14}-Datums; MASCA = Museum Applied Science Center for Archaeology, The University Museum, University of Pennsylvania; oKG = obere Grenze des KI; uKG = untere Grenze des KI.

Ägypten

Bei den ägyptischen (Abb. 4) Daten D 1–6 entspricht die Abfolge mit einer Ausnahme dem historischen Ablauf: Snofru, 4. Dynastie (D 2) kam erst 45 Jahre nach dem Tod Djosers (D 3–4) auf den Thron. Der zeitliche Vorsprung von D 2 erscheint daher schwer verständlich. Selbst zwischen der oKG von D 4 (als dem genaueren Djoser-Datum, d. h. jenem mit geringerem KI) und der uKG von D 2 ergibt sich noch ein Zeitvorsprung für Snofru. Theoretisch wäre denkbar, daß die für D 3–4 verwendeten Hölzer nicht von der Errichtung der Stufenpyramide Djosers, sondern von nachträglichen Baumaßnahmen stammen; doch ergeben sich aus den Angaben D. P. Agrawals[17] keine Anhaltspunkte hierfür. Da D 2 als Einzeldatum ohnehin nur geringen Wert hat (s. oben) und wegen seines großen KI suspekt erscheint, wird es eher als fehlerhaft ausgeschieden werden dürfen als D 3–4, die nahe genug zusammenliegen, um für zuverlässig gehalten werden zu dürfen. Die unter D 6 zusammengestellte Datenserie aus dem Grabe Sesostris' III., der 1843 v. Chr. starb, verdient nicht nur wegen dieses exakten Vergleichsdatums Beachtung, sondern auch als Beispiel für einen oben erläuterten Sonderfall bei der Beurteilung von C^{14}-Daten: Sie stammt von Hölzern eines gut erhaltenen Schiffs, dessen breite Planken aus den Stämmen mächtiger, d. h. alter Bäume gesägt worden sind. In diesem Fall würden nur Proben aus den äußersten Jahresringen das (archäologisch relevante) Fällungsdatum des Baums angeben, während das Kernholz um die gesamte Lebensdauer des Baums zu alt datiert werden würde. Da dem Kommentar nicht zu entnehmen ist, aus welcher Zone der

---

[17] Auf die Kommentare zu den einzelnen C^{14}-Daten wird nicht im einzelnen hingewiesen. Sie finden sich zusammen mit den Daten an der im Anhang genannten Stelle. Auf Stellungnahmen mußte verzichtet werden.

Baumstämme die fraglichen Proben stammen, enthalten diese C^{14}-Daten einen hohen Unsicherheitsfaktor. Daß D 6 selbst um nur 43 Jahre von dem historischen Datum für den Tod Sesostris' III. abweicht, darf also keinesfalls als Argument für die historische Richtigkeit unkalibrierter C^{14}-Daten mißverstanden werden. Die ganze D 6-Serie gibt in Wirklichkeit nur Termini post quem für die Erbauung des Schiffes an, wobei die Differenz völlig ungewiß ist.

Bei allen übrigen ägyptischen Daten bestehen erhebliche Abweichungen zwischen dem Radiokarbondatum und dem historischen Datum; mit Ausnahme von P-1821 (bei D 6) sind sämtliche C^{14}-Ansätze zu jung (= spät). Dies entspricht grundsätzlich jenen Beobachtungen, die beim Vergleich von dendrochronologisch bzw. mittels der C^{14}-Analyse ermittelten Datierungen derselben Holzproben gemacht wurden und die zur Entwicklung einer Reihe von Kalibrationsmethoden führten. Die Höhe der Differenzbeträge ist bei D 1–6 unterschiedlich. Daß sich in diesen Unterschieden Schwankungen des einstigen C^{14}-Gehalts der Atmosphäre widerspiegeln, zeigt der Vergleich von D 1–6 mit ihren nach zwei verschiedenen Methoden (MASCA; McKerrell)[18] kalibrierten Werten (alle v. Chr.):

	C^{14}	histor.	MASCA	McKerrell
D 1	2630±60	2985–30	3370–50	
D 2	2360±105	2613–2589	3110–2990	3080–2880
D 3	2230±80	2667–58	2900–2880	2940–2750
D 4	2180±50	2667–58	2830	2870–2680
D 5	1890±135	etwa 2190	2290–2190	2370–2230
D 6	1800±110	1843	2160	2160–2040
	1675±80	1843	2110	2000–1870
	1666± .	1843	2110	1980–1860
	1620±75	1843	2060	1920–1800
	2110±70	1843	2780–2650	2760–2590

Es zeigt sich, daß von D 3 an die Abweichungen zwischen dem kalibrierten Datum und dem historischen geringer sind als jene zwischen dem unkalibrierten und dem historischen Datum, und weiterhin sind die Abweichungen einheitlicher; D 3–4 fallen nicht mehr aus dem Rahmen. Bei D 6 lassen sämtliche kalibrierten Daten Zeit für das Wachstum der beim Schiffsbau verarbeiteten Bäume. Beim Vergleich der MASCA-Daten mit den nach McKerrell kalibrierten liegen die letzteren Werte – wenn das KI berücksichtigt wird – meist näher am historischen Wert (Ausnahme: D 5). Daß aber überhaupt Differenzen bestehen bleiben, dürfte m. E. eher auf Störfaktoren zurückgehen, die in den bisherigen Kalibrationsmethoden noch nicht berücksichtigt sind, denn als Hypothesenfehler des Archäologen zu betrachten sein[19].

Insgesamt scheint mir die Betrachtung von D 1–6 gezeigt zu haben, daß C^{14}-Daten sich noch nicht auf sowohl statistisch als auch historisch einwandfreie Weise in historische

[18] Nach McKerrell 1975, Tab. I.
[19] Vgl. aber Jaguttis-Emden 1977, 40ff. Er führte solche Differenzen grundsätzlich auf Hypothesenfehler zurück.

Daten umrechnen lassen. Doch spricht der Zusammenhang von D 1–6 untereinander und ihre weitgehend richtige Abfolge für die Brauchbarkeit von C^{14}-Daten beim relativ-chronologischen Vergleich, wie er im folgenden für weite Teile des Mittelmeergebiets vorgenommen werden soll. Dabei besteht allerdings die reale Möglichkeit regionaler 'Störungen', wie sie bereits für Akrotiri (Thera) und Pyrgos (Kreta) von Ph. P. Betancourt (s. Anm. 5) gezeigt wurden.

Levanteländer

Der Zeitabstand zwischen der chalkolithischen Beerscheba-Kultur (Abb. 4) (D 7–10) und der FB (D 12ff.) zeichnet sich klar ab. Auch der Zusammenhang der meisten FB-Daten untereinander entspricht dem archäologischen Befund, und es verdient hervorgehoben zu werden, daß der Beginn von Arad II (D 13; D 12 scheint aus altem oder wiederverwende-tem Holz gewonnen zu sein) sich im KI mit jenem von D 1 überschneidet; dies stimmt mit dem archäologischen Zeitansatz des Beginns von Arad II in die Lebenszeit des Pharao Den[20] überein. Allerdings ist D 16 (für Arad III das einzige Datum) wohl fehlerhaft, und auch D 17–18 liegen recht spät. Bei den Daten aus Ai zeigt die weite Streuung von D 20–22, die am selben Gegenstand gewonnen wurden, die Grenzen der Radiokarbon-methode. Der Mittelwert aus D 20–22 (2460^R v. Chr.) fügt sich aber den übrigen FB-Daten gut ein. Für D 23–25 lassen die stratigraphischen Verhältnisse vermuten, daß das wirkliche Datum bei D 24–25 nahe der oKG, bei D 23 nahe der uKG liegt. Bei den Daten aus Jericho erscheint D 29 im Verhältnis zu den übrigen FB-Daten zu früh, während D 33 entschieden zu spät liegt. Die Daten dürften, wohl aus statistischen Gründen (vgl. hier Anm. 11), fehlerhaft sein[21]. In Tell Sukas zeichnet sich der Abstand zwischen FB I (D 34) und den archäologisch allerdings ungenau definierten Folgedaten gut ab. D 41 aus FB III dürfte nahe der uKG anzusetzen sein, wenn die übrigen FB-Daten der Levante berücksichtigt werden.

Im Zusammenhang betrachtet, sprechen die Daten für eine Dauer der am besten dokumentierten FB-Stufe II von etwa 2550^R v. Chr. bis etwa 2200^R v. Chr. Der Synchronismus mit der 1.–3. Dynastie (D 1–4) entspricht dem archäologischen Befund[22]. Problematisch erscheint demgegenüber der frühe Wert D 19 für Judeideh G (= Amuq G)[23]. Die Ergänzungsdaten aus Arslantepe entsprechen demgegenüber mit einem Mittelwert von 2429^R v. Chr. (R-1016a, eindeutig falsch, ist nicht berücksichtigt) dem archäologischen Befund.

Westanatolien und Ägäis

Für die Chronologie der FB dieses Raumes (Abb. 5 und 7) kommt dem frühen Troja eine Schlüsselstellung zu. Es muß daher als schwerwiegendes Handicap bezeichnet werden, daß aus Troja keine C^{14}-Daten vorliegen, die zur Klärung besonders der zentralen archäologi-

---

[20] Amiran 1978, 115f.
[21] Callaway – Weinstein 1977 scheiden (nach Art and Archaeology Technical Abstracts 15, 1978, 54f.) von 55 FB-Daten Palästinas nicht weniger als 25 (45%) als fehlerhaft aus. Die Publikation war nicht erreichbar.
[22] Kantor 1971, 18.
[23] Zu Amuq G vgl. Kantor ebenda.

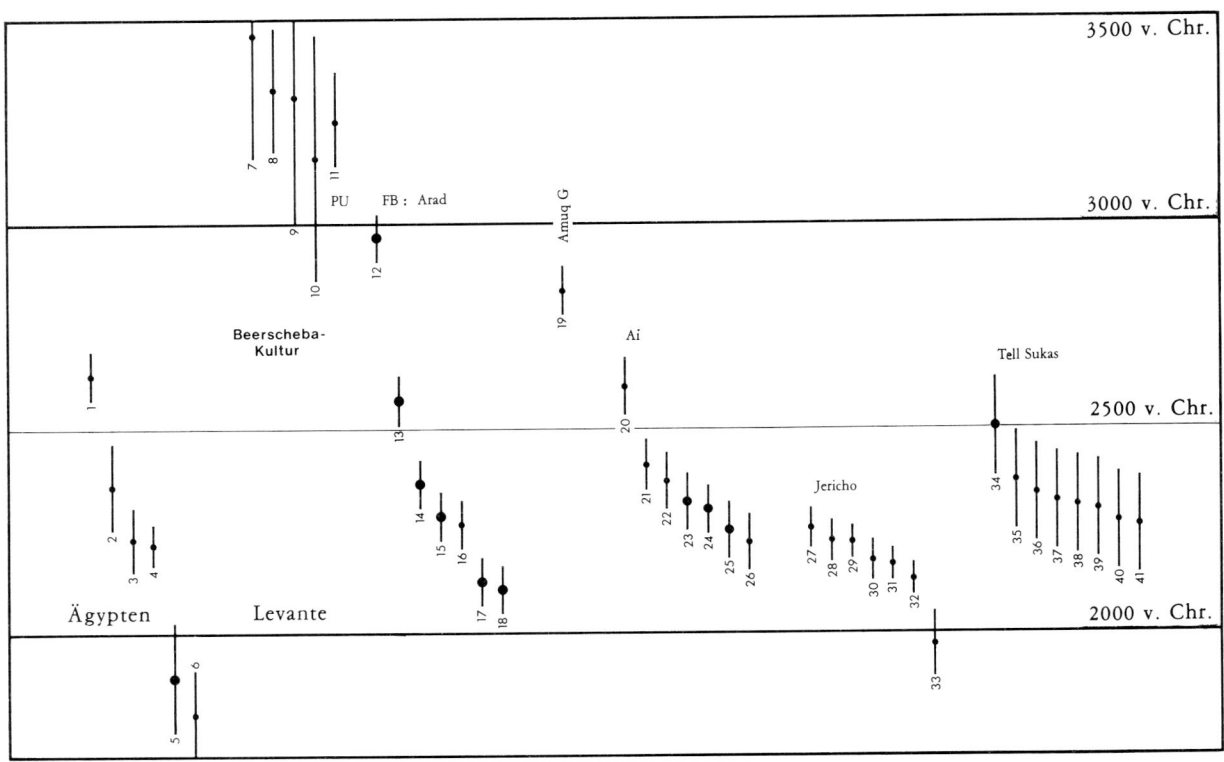

Abb. 4. Radiokarbondaten aus Ägypten und der Levante. Fundorte mit Serien von mehr als zwei Daten sind durch Namen in Horizontalstellung hervorgehoben. Halbwert = 5568 J.

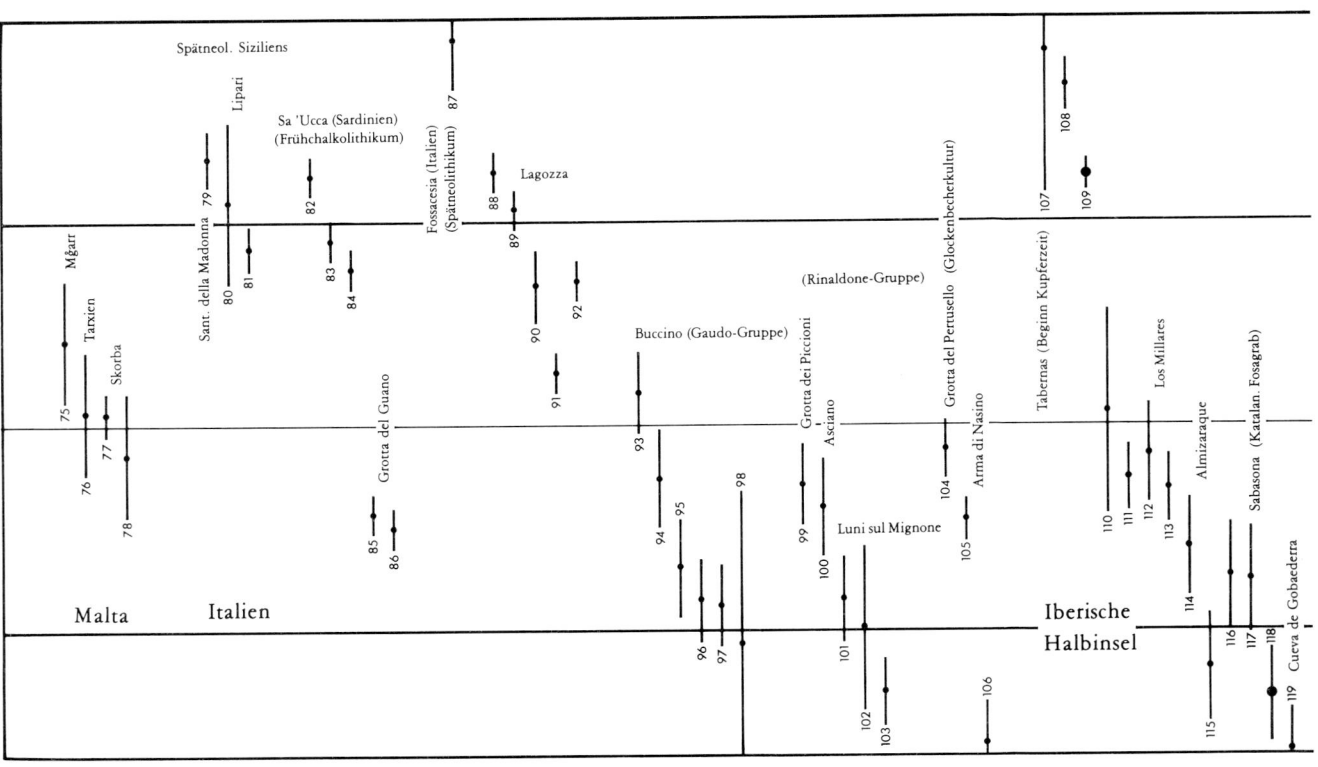

Abb. 6. Radiokarbondaten aus dem westlichen Mittelmeerraum. Fundorte mit Serien von mehr als zwei Daten sind durch Namen in Horizontalstellung hervorgehoben (sonst Angabe – in Vertikalstellung – nur bei wichtigen, im Text erwähnten Fundstellen). Halbwert = 5568 J.

36

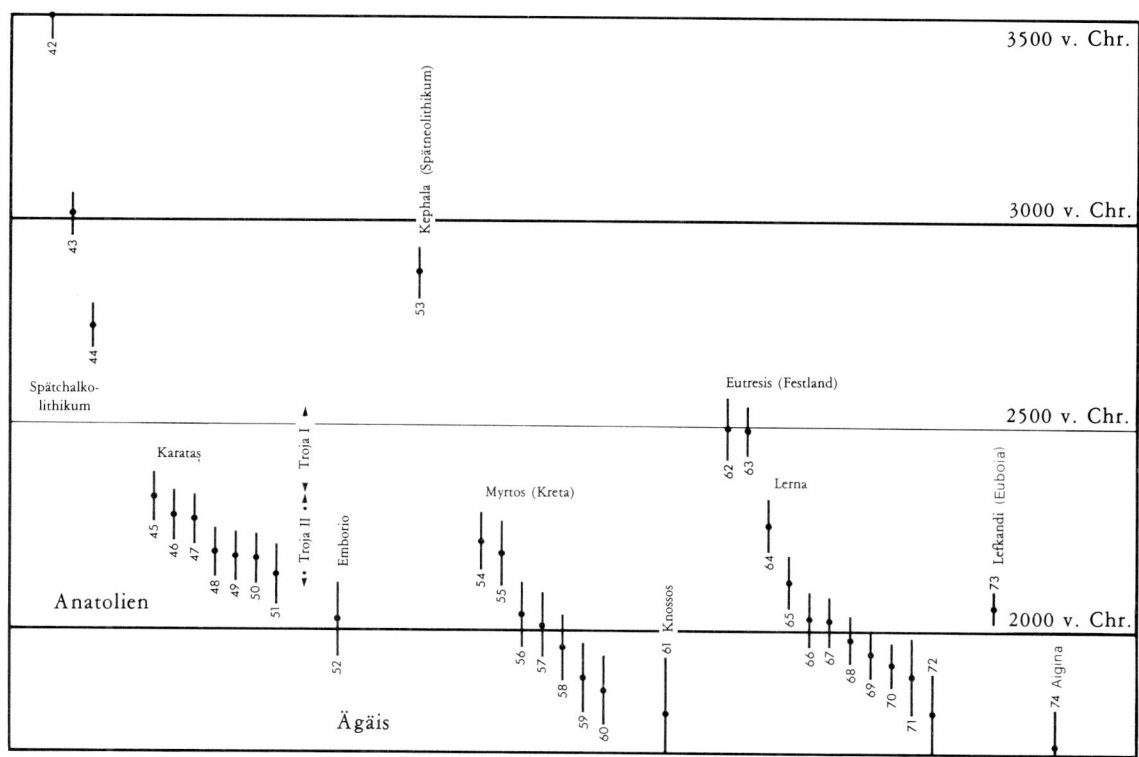

Abb. 5. Radiokarbondaten aus Westanatolien und der Ägäis. Fundorte mit Serien von mehr als zwei Daten sind durch Namen in Horizontalstellung hervorgehoben. Halbwert = 5568 J.

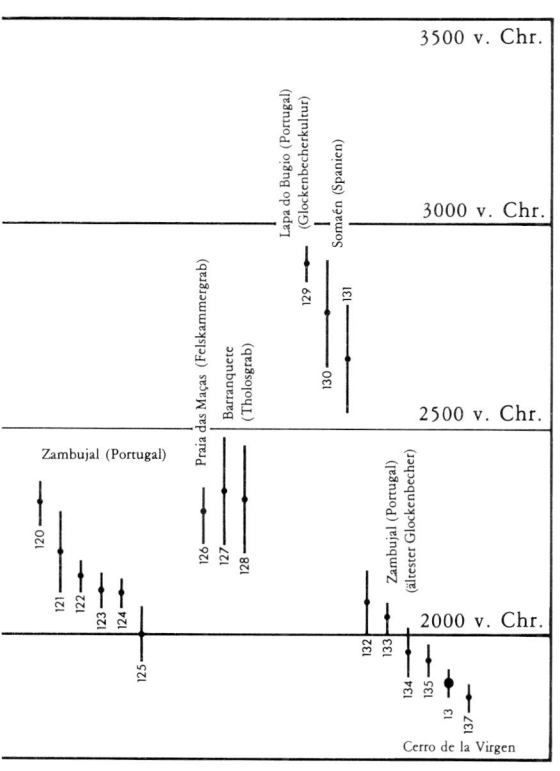

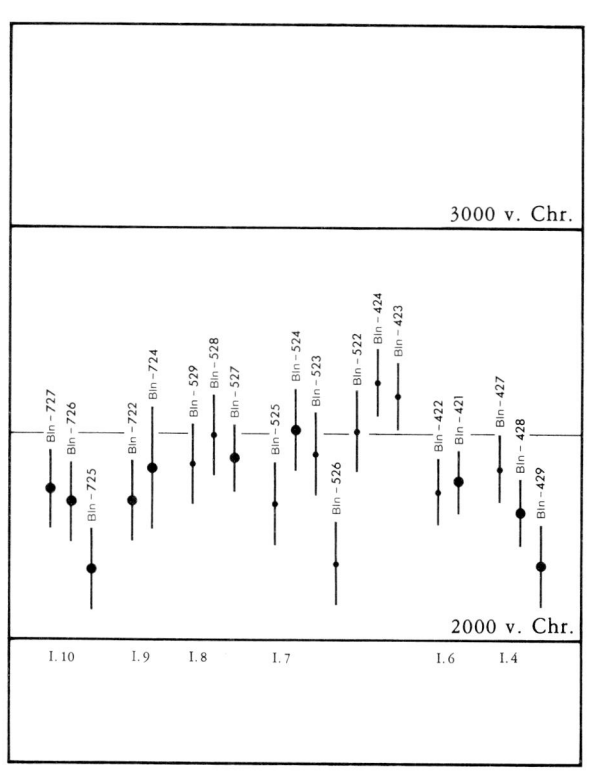

Abb. 7. Radiokarbondaten aus Ezero-Dipsiskata Mogila. Halbwert = 5568 J.; weitere Angaben zu I. 10 bis I. 4 siehe S. 38

37

Erläuterung zu Abb. 7:

Ezero I.10	Bln-727	2365 ± 100 v. Chr.	(Quitta u. a. 1969, 230).
	Bln-726	2335 ± 100 v. Chr.	wie Bln-727.
	Bln-725	2170 ± 100 v. Chr.	wie Bln-727.
Ezero I.9	Bln-722	2335 ± 100 v. Chr.	wie Bln-727.
	Bln-724	2415 ± 150 v. Chr.	wie Bln-727.
Ezero I.8	Bln-529	2425 ± 100 v. Chr.	wie Bln-727.
	Bln-528	2495 ± 100 v. Chr.	wie Bln-727.
	Bln-527	2440 ± 80 v. Chr.	wie Bln-727.
Ezero I.7	Bln-525	2330 ± 100 v. Chr.	wie Bln-727.
	Bln-524	2510 ± 100 v. Chr.	wie Bln-727.
	Bln-523	2450 ± 100 v. Chr.	wie Bln-727.
	Bln-526	2185 ± 100 v. Chr.	wie Bln-727.
	Bln-522	2505 ± 100 v. Chr.	wie Bln-727.
	Bln-424	2625 ± 80 v. Chr.	wie Bln-727.
	Bln-423	2490 ± 80 v. Chr.	wie Bln-727.
Ezero I.6	Bln-422	2360 ± 80 v. Chr.	wie Bln-727.
	Bln-421	2385 ± 80 v. Chr.	wie Bln-727.
Ezero I.4	Bln-427	2415 ± 80 v. Chr.	wie Bln-727.
	Bln-428	2310 ± 80 v. Chr.	wie Bln-727.
	Bln-429	2180 ± 100 v. Chr.	wie Bln-727.

Vgl. Daten aus Sitagroi IV-Vb:

Sitagroi IV	Bln-879	2600 ± 100 v. Chr.	(Renfrew 1970a, 277).
	Bln-880	2560 ± 100 v. Chr.	wie Bln-879.
	Bln-878	2445 ± 100 v. Chr.	wie Bln-879.
	Bln-773	2440 ± 100 v. Chr.	wie Bln-879.
	BM-650a	2413 ± 56 v. Chr.	wie Bln-879.
	BM-651	2382 ± 79 v. Chr.	wie Bln-879.
Sitagroi IV/Va	Bln-782	2360 ± 100 v. Chr.	wie Bln-879.
Sitagroi Va	Bln-877	2220 ± 100 v. Chr.	wie Bln-879.
	BM-652	1853 ± 59 v. Chr.	wie Bln-879.
Sitagroi Vb	Bln-781	2135 ± 150 v. Chr.	wie Bln-879.
	Bln-876	2015 ± 100 v. Chr.	wie Bln-879.
	Bln-780	1920 ± 100 v. Chr.	wie Bln-879.
	BM-653	1840 ± 78 v. Chr.	wie Bln-879.

Die Analysen Bln-880 (2560 ± 100 v. Chr.) und BM-650a (2413 ± 56 v. Chr.) stammen von derselben (geteilten) Materialprobe.

schen Streitfragen nach dem Beginn von Troja I und dem Ende von Troja II g (s. S. 45) beitragen könnten. Aus diesem Grunde kommt einer Studie von D. F. Easton große Bedeutung zu[24], der aufgrund einer umfangreichen Datenserie aus der südbulgarischen Station Ezero, die sich archäologisch mit der Schichtenfolge in Troja parallelisieren läßt, C^{14}-Daten für Troja interpolierte. Da er jedoch mit kalibrierten Daten arbeitete, lassen sich seine Zeitansätze nicht direkt für unseren Vergleich übernehmen, dem unkalibrierte Daten zugrunde gelegt wurden. Es ist jedoch möglich, seine Vergleiche auf der Grundlage der von ihm verwendeten Daten in unkalibrierter Form zu überprüfen, wie sie in Abb. 7 zusammengestellt sind[25].

Zum weiteren Vergleich sind C^{14}-Daten in den Erläuterungen zu Abb. 7 angefügt, die aus Probenmaterial der Schichten IV und V von Sitagroi stammen.

---

[24] Easton 1976 passim.

[25] Quelle: Quitta u. a. 1969, 230.

Easton setzte, in Übereinstimmung mit den Ausgräbern[26], die Strata I.8–I.5 von Ezero mit Troja I gleich[27]; die Schlußphase von I.5 überschneidet sich bereits mit Troja II, das bis Stratum I.1 von Ezero besteht. Eine unmittelbare Übertragung der C^{14}-Daten von Ezero auf Troja wird jedoch durch zwei Umstände erschwert: Erstens werden die Daten aus Ezero I.10–I.8 mit zunehmendem archäologischem Alter in ihren Mittelwerten gleichmäßig jünger, sind also unzuverlässig; zweitens liegen aus Ezero I.3–I.1 keine Daten vor. Easton umging diese Schwierigkeit, indem er aus den verwendbaren Daten einen Mittelwert für die vermutliche Dauer der Strata von Ezero gewann und mit diesem hypothetischen Wert hochrechnete. Gehen wir denselben Weg, wobei wir jedoch – entsprechend unserem Ansatz – die unkalibrierten Mittelwerte H. Quittas für die Strata I.7–I.4 verwenden, so ergibt sich folgendes Bild:

Stratum	Mittelwert	Abstand zum nächstjüngeren Mittelwert
I.7	2485 v. Chr.	115 Jahre
I.6	2370 v. Chr.	(hypothetisch = 35 J.)
I.5	(kein Datum)	(hypothetisch = 35 J.)
I.4	2300 v. Chr.	(Abstand von I.6 = 70 J.)

Hieraus ergibt sich, wenn der Abstand von I.6 zu I.4 hypothetisch in zwei gleiche Abstände von je 35 Jahren geteilt wird, für die Abstände der Strata-Mittelwerte ein Abstands-Mittelwert von 61,66 Jahren, mit dem sich für die übrigen Strata von Ezero folgende hypothetische Mittelwerte errechnen lassen:

I.10	2668 v. Chr.	I.5	2335 v. Chr.
I.9	2607 v. Chr.	I.4	2300 v. Chr. (realer Wert)
I.8	2546 v. Chr.	I.3	2238 v. Chr.
I.7	2485 v. Chr. (realer Wert)	I.2	2177 v. Chr.
I.6	2370 v. Chr. (realer Wert)	I.1	2115 v. Chr.

Als Kuriosum sei vermerkt, daß sich die hypothetischen Mittelwerte für I.10–I.8 zu den realen Mittelwerten Quittas exakt spiegelbildlich um die Achse 2490 v. Chr. verhalten. Ob dieser Erscheinung eine Bedeutung zukommt, vermag ich nicht zu entscheiden.

Übertragen wir die hypothetischen Ansätze aus Ezero auf Troja, so ergeben sich für Troja I (Ezero I.8–I.5) die Werte 2546–2335 v. Chr., für Troja II 2335–2115 v. Chr.; das Ende von Troja IIg (Easton: II.6) dürfte etwas später als der Mittelwert für Ezero I.1 anzusetzen sein, also etwa 2100[R] v. Chr. Es läge damit 200[R] Jahre vor dem Ende des Alten Reichs in Ägypten (D 5), historisch um 2390[H] v. Chr. – ein Wert, der unseren Vermutungen recht nahekommt (s. unten S. 44f.)[28].

---

[26] Merpert – Georgiev 1973, 256.
[27] Easton 1976, Tab. S. 165. C^{14}-Daten aus Nahem Osten und Ägäis: ebenda 168ff.
[28] Die Daten aus Sitagroi in Makedonien (s. Tabelle) harmonieren mit unserem Ansatz für Troja I. Renfrew 1970a, 276, sprach zwar erst im Zusammenhang mit

Phase Vb (Mittelwert = 1977[R] v. Chr.) von deutlichen Verbindungen mit Troja, doch setzte er andernorts (1972a, 119f.) Phase IV (Mittelwert = 2473[R] v. Chr.) mit Troja I zeitlich gleich. Da Sitagroi V lange bestand (Renfrew 1972, 120), kann es Troja II überdauert haben.

Ohne auf die von Easton eingehend erörterten Einzelproben eingehen zu können, sei bemerkt, daß unsere Troja-Daten trotz des anderen Ansatzes ähnliche Korrelationen mit der Mehrzahl der übrigen Fundstellen zulassen, wie sie Easton mit seinen viel höheren kalibrierten Daten gewann.

Die – ungenau definierten – Daten D 45–51 aus Karataş-Semayük ('Troja I–II') entsprechen demnach nicht nur überwiegend der FB II der Levante, sondern zugleich sämtlich Troja II. D 52 aus Emporio ('spätes Troja I'), auch von Easton mit Troja II gleichgesetzt, reicht sogar nur mit der oKG in die Schlußphase von Troja II g hinein. Die umstrittenen FH II-Importe im mittleren Troja I wurden von Easton[29] als kykladische Produkte aus FB I gedeutet. Setzen wir diesen Zeitabschnitt in Troja um 2400[R] v. Chr. an, so liegt dieses Datum wirklich den FH I-Daten D 62–63 aus Eutresis näher als den FH II-Daten D 64 ff. Der Befund ist aber nicht eindeutig und läßt sowohl die Herkunft der fraglichen Importe aus sehr frühem FH II des griechischen Festlandes als auch – wie Easton meinte – aus dem späteren FK I der Kykladen zu.

Schwer verständlich erscheint, daß die FM II-Daten aus Myrtos (D 54 ff.) und Knossos (D 61) gegenüber den Ansätzen für Troja II deutlich zu jung sind, und dasselbe gilt für den Großteil der FH II-Daten, von denen nur D 64–65 den archäologisch gesicherten Synchronismus mit Troja II widerspiegeln. Da außerdem Daten für den Beginn (D 68) bzw. sogar das Ende (D 73) von FH III bei bzw. vor dem Mittelwert aller FH II-Daten (1993[R] v. Chr.) liegen, muß in der FB der Ägäis offenbar mit Verzerrungen des C^{14}-Datenbildes gerechnet werden, deren Gründe noch unbekannt sind (vgl. auch hier Anm. 5 zu Pyrgos und Thera). Im Vergleich mit archäologischen Korrelationen erscheinen nur D 62–63 (FH I), D 64–65 (FH II) und D 54–55 (FM II) plausibel. Die Möglichkeit von Verzerrungen, wie sie sich hier – und zuvor bei den Daten aus Ezero I.10–I.8 (Abb. 7) – zeigten, kann auch bei den folgenden Datenserien aus dem westlichen Mittelmeerraum nicht a priori ausgeschlossen werden.

Westlicher Mittelmeerraum

In diesem Gebiet (Abb. 6) verdienen die Daten D 75–78 von Malta insofern Aufmerksamkeit, als sie von C. Renfrew u. a.[30] zum Ausgangspunkt der These genommen wurden, 'ägäische' Kulturerscheinungen seien auf Malta älter als in der Ägäis selbst; sie müßten daher autochthon entstanden sein und stellten ein zentrales Argument gegen die 'diffusionistische' Lehre dar, die mit der allmählichen, von bestimmten Zentren ausgehenden Ausbreitung von Kulturerscheinungen rechnet.

Für so weitreichende Schlüsse scheinen mir D 75–78 mit ihren Vergleichsdaten im Anhang eine recht schmale Basis abzugeben. So ist D 75 ungenau definiert, und die großen Zeitabstände zwischen D 76 und dem Vergleichsdatum BM-141 (605[R] Jahre) sowie zwischen D 77 und BM-142 (762[R] Jahre) für im archäologischen Sinne gleichzeitige Funde sprechen für ähnliche Unsicherheitsfaktoren, wie sie sich an ägäischen Daten und jenen aus Ezero I.10–I.8 (Abb. 7) zeigten. Da zudem aus jeder Kulturperiode nur jeweils 2 Daten vorliegen, von denen allein BM-145 und BM-147 miteinander harmonieren, erschiene

[29] Easton 1976, 151.   [30] Vgl. oben Anm. 14.

es wenig sinnvoll, die erheblichen Divergenzen zwischen den übrigen Datenpaaren durch Verwendung eines Mittelwerts ausgleichen zu wollen. Zwar ließe sich annehmen[31], daß die unverständlich frühen Daten aus wiederverwendeten Althölzern gewonnen wurden, doch würde der Wert der fraglichen Daten für die archäologische Argumentation nicht wiederhergestellt. Berücksichtigen wir aber nur – allerdings dann mit allen Risiken, die Einzeldaten innewohnen – die späten Daten D 77–78, so schrumpft der angebliche Zeitvorsprung der ägäisch beeinflußten Ggantija- und besonders der Tarxien-Phase gegenüber der FB der Ägäis auf ein so geringes Maß zusammen, daß sich m. E. damit kaum als Beweis gegen die Richtigkeit 'diffusionistischer' Denkmodelle argumentieren läßt: Nehmen wir an, daß D 78 etwa jenen Zeitraum angibt (2430 ± 150^R v. Chr.), während dessen im Heiligtum von Tarxien Ritzzeichnungen kykladischer Schiffe ausgeführt wurden (s. unten S. 89), die auf dem Umweg über D 64 in den Umkreis von 2262 ± 56^R v. Chr. datiert werden dürften, so würde ein Entstehungsdatum im Überschneidungsbereich der KI von D 64 und D 78 – um 2300^R v. Chr. – den archäologischen Gegebenheiten sowohl der Ägäis als auch Maltas gerecht.

Die drei Daten zur Diana-Kultur Liparis und Siziliens (D 79–81; Mittelwert = 3048^R v. Chr.) sind zwar Einzeldaten, harmonieren aber miteinander und mit den Daten D 7–11, mit denen Diana archäologische Gemeinsamkeiten aufweist (s. unten S. 90 f.). Das vierte Datum D 87 vom italienischen Festland, wieder ein Einzeldatum, erscheint demgegenüber mit einem Vorsprung von 402^R Jahren entschieden zu früh.

Schwer verständlich sind auch die vier Daten D 82–86 aus der aeneolithischen Ozieri-(San-Michele-)Gruppe Sardiniens. Während D 85–86 aus der Grotta del Guano in jenem Zeitraum liegen (vgl. D 64), während dessen FK II-Einflüsse ins westliche Mittelmeer ausstrahlten, sondern sich D 83–84 (Mittelwert = 2913^R v. Chr.) mit einem mittleren Vorsprung von 648^R Jahren hiervon ab. Die nächstliegende Erklärung wäre, daß die Ozieri-Gruppe langlebiger war als bisher angenommen und daß sie erst in ihrer Spätphase von der ägäischen FB beeinflußt wurde.

Die folgenden Daten D 87–92 aus der neolithischen Lagozza-Kultur des italienischen Festlands erscheinen hier lediglich, um den Terminus post quem (Mittelwert = 2907^R v. Chr. für Lagozza I; dazu als reichlich früh erscheinendes Einzeldatum für Lagozza II D 92 = 2855 ± 50 v. Chr.) für die Entstehung der aeneolithischen Kulturgruppen anzugeben.

Die süditalienische Gaudo-Gruppe (D 93–98; Mittelwert = 2201^R v. Chr.) trägt ausgeprägt 'ägäischen' Charakter mit Beziehungen besonders zu Troja I[32]. Auch hier fallen D 93–94 weit aus dem Rahmen der übrigen Daten. Entsprechend unseren hypothetischen Ansätzen für Troja (s. oben) würden D 93–94 Troja I entsprechen, D 94–98 hingegen erst Troja II. Das Nachleben von Troja I-Erscheinungen im entlegenen Süditalien würde nicht überraschen.

Die Rinaldone-Gruppe West- und Mittelitaliens (D 99–103) hängt eng mit Gaudo zusammen. Der Synchronismus spiegelt sich in den C^{14}-Daten wider; auch der etwas jüngere Mittelwert von 2116^R v. Chr. und das spätere Schlußdatum D 103 entsprechen den archäo-

---

[31] Evans 1971, 218.
[32] Zu den im folgenden genannten archäologischen Fundgruppen und Denkmälern des italischen und iberischen Raums vgl. unsere Ausführungen S. 91 ff.

logischen Erkenntnissen. Zusammenhänge mit der ägäischen FB I, besonders mit FK I, lassen sich auf dem Umweg über die FH I-Daten D 62–63 als problemlos möglich erweisen.

Auf der Iberischen Halbinsel läßt das relativ reiche, doch großenteils aus Einzeldaten bestehende Quellenmaterial (D 107 ff.) zwei jeweils in sich recht geschlossene Gruppen erkennen. Die – wenig genau definierten – Daten D 107–109 (Mittelwert = 3290^R v. Chr.) legen die Vermutung nahe, daß erste Ansätze zur Kupfergewinnung bis ins 4.^{R} Jt. v. Chr. zurückreichen. Dies harmoniert mit archäologischen Hinweisen auf Einflüsse aus dem chalkolithischen und proto-urbanen Palästina (D 7–11) und den Anzeichen für Kupfergewinnung oder -verarbeitung in der Diana-Kultur (D 79–81).

Auf diesen frühen Horizont folgt nach einem (vielleicht nur durch das gegenwärtige Fundbild vorgetäuschten) Hiatus von etwa 600^R Jahren[33] die große, in sich geschlossene Datenserie D 110–125 aus der Zeit der ostmediterranen Kolonien in Spanien und Portugal. Die archäologisch faßbaren Einflüsse von FK I lassen sich auf dem Umweg über die FH I-Daten D 62–63 als möglich erweisen. Sie wirken sich besonders in Portugal aus, wo D 120 aus Zambujal (2320±55 v. Chr.) allerdings eine gewisse Verspätung gegenüber der Ägäis (FH I: D 62–63 mit Mittelwert 2494^R v. Chr.) andeutet. Demgegenüber harmoniert D 120 gut mit D 99 für die frühe Rinaldone-Gruppe Italiens, die, wie zuvor erwähnt, ebenfalls FK I-Elemente aufweist.

Im Hinblick auf mögliche Zusammenhänge mit FK II ist das Datum D 113 von Interesse. Es stammt von der Befestigungsmauer von Los Millares, deren halbrunde Bastionen mit frühbronzezeitlichen Mauern sowohl der Ägäis als auch Palästinas übereinstimmen. Die Fundbeobachtungen[34] machen wahrscheinlich, daß der analysierte Holzbalken erst beim Verfall der Mauer in jene Lage geriet, in der er ausgegraben wurde: auf dem gewachsenen Boden liegend und verschüttet von Sturzsteinen aus der Mauer oder evtl. von der Decke einer Kasemattenkonstruktion. Der Befund enthält allerdings keinerlei Hinweise darauf, daß der Balken nicht bereits bei der Errichtung der Mauer eingebaut worden ist.

Vergleichen wir D 113 mit den, wie oben erwähnt, nicht ganz unproblematischen Daten D 65 ff. aus Lerna, das im FH II ebenfalls eine Bastionsmauer besaß, so liegt D 113 um 110^R Jahre früher als D 65 (mit Überschneidung der KI) und sogar 305^R Jahre vor dem FH II-Mittelwert von Lerna (2015^R v. Chr.). Diese Differenz ist zu groß, als daß die Mauer von Lerna das Vorbild für jene in Los Millares hätte sein können. Eine weitere Bastionsmauer in der Ägäis, die FK II-Mauer von Kastri (s. unten S. 82), läßt sich mangels kykladischer Daten nur auf dem Umweg über FH-Daten vom griechischen Festland datieren. Wenn Kastri nicht mit den genannten Daten aus Lerna, sondern mit D 64 (2262±56 v. Chr.) aus Eutresis verbunden ist, erschiene eine Abhängigkeit der Mauer in Los Millares von jener in Kastri denkbar; die KI beider Daten überschneiden sich. Ebensogut ließe sich in der frühen Zeitstellung von D 111–113 aber auch ein Hinweis auf die Richtigkeit jener These sehen[35], die ostmediterranen Kolonien der Iberischen Halbinsel seien direkt von der FB Palästinas beeinflußt worden. D 12–14 aus Arad, das während der FB II ebenfalls eine Mauer mit Halbrundbastionen aufwies, gehen D 111–113 voraus. Die Herkunfts-

---

[33] Vgl. die schleppenden Fortschritte der Metallurgie auf der Balkanhalbinsel: Snodgrass 1976, 61.

[34] Almagro 1959, 249.

[35] Savory 1968, 158. 160.

frage der Bastionsmauern in den spanischen Kolonien läßt sich also auch mittels C^{14}-Daten nicht eindeutig beantworten. Sicher ist nur, daß D 112–113 kein Beweis für eine autochthone Entstehung des Typs im Westmittelmeer sind.

Dasselbe gilt für D 120ff. aus der Kolonie Zambujal in Portugal, die erst nach einer längeren Phase als offene Siedlung Befestigungsanlagen erhielt[36]. D 120 (2320±55 v. Chr.) liegt in unmittelbarer Nähe der Daten aus Los Millares. Dies bestätigt die Gleichzeitigkeit der Befestigungsphase in den Kolonien im Westen und Südosten der Iberischen Halbinsel. Da für die Anfangszeit der (erst noch unbefestigten) Kolonien in Portugal jedoch Beziehungen zu FK I nachgewiesen sind, liegen hier bessere Gründe für die Annahme vor, daß auch die Bastionsmauern auf kykladische (FK II) Einflüsse zurückgehen, als wir sie für Los Millares nennen konnten. Mit Bestimmtheit ausschließen läßt sich die Herkunft des Befestigungstyps aus Palästina aber ebensowenig wie dort. Nicht zuletzt wegen der Lückenhaftigkeit und der oben angeführten mancherlei Ungereimtheiten ägäischer FB-Daten reichen die C^{14}-Daten gegenwärtig nicht aus, um Beziehungen Portugals zu den einzelnen Teilen des Ostmittelmeerraumes besser gegeneinander abgrenzen zu können, als das mit archäologischen Mitteln möglich ist.

Die drei Daten D 126–128 betreffen spezifische Grabformen mit Parallelen im Osten. D 126 datiert ein Felskammergrab in Praia das Maças (Portugal). Das Datum (2300±60 v. Chr.) harmoniert mit D 94 und D 99–100 aus Aeneolithgruppen Italiens mit demselben Grabtyp. Darüber hinaus läßt D 126 Beziehungen zwischen den Felskammergräbern der Iberischen Halbinsel und einem FH II-Beleg in Korinth zu, wenn wir diesen mit D 64 datieren.

D 127–128 wurden an Material aus einem Tholos-(Kuppel-)grab in Barranquete (Spanien) gewonnen. Mit ihren vom Mittelwert 2340[R] v. Chr. nur geringfügig abweichenden Werten bestätigen sie die Zugehörigkeit dieser Art von Tholosgräbern zum kulturellen Komplex der Kolonien. Da die ältesten, nicht C^{14}-datierten Rundgräber der Iberischen Halbinsel jedoch wesentlich älter sind, sagen D 127–128 über den Ursprung des Typs nichts aus.

Das Ende der Kolonien in Spanien und Portugal wurde offenbar durch die autochthone Glockenbecherkultur herbeigeführt. Aus ihrem Umkreis stammen die Daten D 129–137, und D 104–106 datieren frühe Funde dieser schnell expandierenden Kultur aus Italien. Die Daten ergeben ein schwer verständliches Bild. Während D 132–137 (beginnend mit einem Wert von 2080±80 v. Chr.) wirklich auf die Phase der Kolonien folgen, überschneidet sich der ältere Teil der ungewöhnlich dichten Datenserie aus El Tarajal (beginnend mit CSIC-227 = 2280±50 v. Chr.) mit dieser Phase, und D 129–131 gehen mit einem Mittelwert von 2783[R] v. Chr. D 132 um nicht weniger als 703[R] Jahre, CSIC-227 immerhin noch um 503[R] Jahre voraus. Die italienischen Glockenbecherdaten D 104–105, R-309a, Birm-471 und D 106 lassen zwar keinen entsprechenden Hiatus erkennen, doch überschneidet sich der größere Teil der in sich geschlossenen Folge mit Daten der aeneolithischen Gaudo- und Rinaldone-Kulturen und setzt mit dem Anfangsdatum D 105

---

[36] Sangmeister – Schubart 1972, 193. Ähnlicher Befund
in Vila Nova de São Pedro: Savory 1968, 135f.; ders.
1972, 27f.

(2440 ± 70 v. Chr.) ebenfalls merklich früher ein, als aufgrund archäologischer Beobachtungen zu erwarten war. Allerdings erweckt der Abstand von 880[R] Jahren zwischen D 105 und R-259 aus derselben Fundschicht VI von Arma di Nasino nicht unbedingt Vertrauen in die Zuverlässigkeit der Serie. Sonst läßt sich unter den frühen Daten aber nur D 129 als unzuverlässig ausscheiden.

Die spanischen Daten ließen sich in dem Sinne deuten, daß die Glockenbecherkultur im Inneren der Iberischen Halbinsel (Somaén: D 130–131) in sehr frühe Zeit zurückreicht, um erst Jahrhunderte später auf die küstennahen Zonen auszugreifen, in denen sich die Kolonien konzentrierten. Es kann sein, daß der Hiatus allein durch das gegenwärtige Fundbild vorgetäuscht wird. Doch erscheint merkwürdig, daß sowohl in Spanien als auch in Italien die frühen Daten meist aus Höhlenfunden stammen. Ist dies nur ein Anzeichen dafür, daß die Glockenbecherleute anfangs in Höhlen lebten, oder deutet sich hier die Möglichkeit an, daß die Fundlage in Höhlen Einfluß auf den C^{14}-Gehalt organischen Materials hat? Eine umfangreiche Datenserie aus der spanischen Cueva de los Murciélagos[37], die mit Werten zwischen 4345 ± 45 v. Chr. und 3980 ± 130 v. Chr. für neolithische Rotkeramik ebenfalls unerwartet früh liegt, könnte die letztere Vermutung unterstützen.

Bei unseren Erläuterungen zu den Graphiken Abb. 4–7 wurden die (dort hervorgehobenen) Daten aus kurzlebigem Pflanzenmaterial nicht besonders erwähnt, obgleich sie, wie eingangs erwähnt, grundsätzlich vorteilhafter sind als solche aus Stammholz. Solange derartige Daten noch die Ausnahme sind – wie in unserem Material –, sollten daraus keine besonderen Schlüsse gezogen werden. Immerhin zeigen aber Beispiele wie die Altersdifferenz zwischen dem 'zu frühen' Holzkohle-Datum D 16 aus Arad III und den benachbarten Samen-Daten D 12–15.17–18 aus Arad II oder jene zwischen D 76 (Holz) aus Tarxien und BM-141 (Bohnen), welche Verzerrungen im Datenbild durch die Art des analysierten Materials bedingt sein können.

Ziehen wir das Fazit aus unserem notgedrungen oberflächlichen Überblick über die 157 in Abb. 4–7 zusammengestellten Daten (mit den Vergleichsdaten in der tabellarischen Übersicht 226), so ist zu erkennen, daß der Vergleich der absichtlich nicht kalibrierten C^{14}-Daten großenteils – besonders in Ägypten und der Levante (Abb. 4) – ähnliche Synchronismen ergibt, wie sie mit archäologischen Vergleichsmethoden gewonnen werden konnten. Dies gilt besonders für Datenserien aus geschlossenen Fundverbänden; die Mehrzahl 'unerwarteter' Daten sind Einzeldaten. Stellenweise – besonders in der Ägäis (Abb. 5) – weichen aber auch Datenserien ganz oder teilweise von dem zu Erwartenden ab, ergeben unverständlich weit auseinanderliegende Werte für archäologisch zusammengehörige Funde (Abb. 6: Malta, Sardinien, Glockenbecherkultur Spaniens) oder werden mit zunehmendem Schichtenalter jünger (Abb. 7: Ezero I.10–I.8). Derartige Befunde lassen annehmen, daß schwerwiegende, u. U. regional begrenzte Störfaktoren z. Z. noch nicht erkannt sind. Dennoch erschiene es mir verfehlt, aufgrund solcher Fälle die Radiokarbonmethode pauschal abzulehnen. Auch die Notwendigkeit einer Kalibration wird nicht in Frage gestellt, sind doch die historisch kontrollierbaren C^{14}-Daten Ägyptens durchweg zu jung. Die schnellen Fortschritte der Methode, nämlich die Identifikation immer neuer Fehlerquellen und die Überprüfung der C^{14}-Daten an Vergleichswerten, die

---

[37] Guilaine 1976, 45.

mittels der Dendrochronologie bzw. der Thermoluminiszenzanalyse gewonnen wurden[38], geben zu der Hoffnung Grund, daß sich von der Methode her eine Annäherung an historische Daten wird erzielen und immer mehr Unsicherheitsfaktoren werden eliminieren lassen (ob dies auch für die Zufälligkeiten archäologischer Fund- und Erhaltungsbedingungen gilt, bleibt dahingestellt). Wenn erst zahlreiche Datenserien von Material aus genau beobachteten Fundzusammenhängen vorliegen, werden fehlerhafte Einzeldaten als solche zu erkennen sein. Gewiß wird die Zukunft auch Klarheit darüber bringen, ob für die Kalibration von C^{14}-Daten aus Europa den amerikanischen Systemen oder aber jenem von Pearson u. a. der Vorzug zu geben ist. Gegenwärtig erschiene es mir jedoch noch verfrüht, C^{14}-Daten höher zu bewerten als archäologische Synchronismen und sie als gleichwertig mit historischen Daten der Hochkulturländer zu betrachten.

Nachtrag

Es ist nicht mehr möglich, die seit der Abfassung dieses Beitrages erschienene Literatur noch zu berücksichtigen. Wegen ihrer Bedeutung für ein Verständnis der Radiokarbonmethode bzw. ihrer Ergebnisse sei jedoch auf zwei Arbeiten hingewiesen:

M. Jaguttis-Emden, G. Dombeck und K. Kunst, Die Auswertung archäologischer und geologischer C^{14}-Daten, in: APA 13/14, 1982, 27ff.

H. Willkomm, Beitrag der Kernphysik zu den C^{14}-Daten von Mörnsheim, Kr. Eichstätt, in: Germania 61, 1983, 399ff.

Ferner verdient hervorgehoben zu werden, daß H. Quitta zehn Radiokarbondaten zum Ende von Troja IIg liefern konnte, indem er Getreideproben aus Schliemanns Ausgrabung der 'Verbrannten Stadt' dem C^{14}-Test unterzog:

H. Quitta, Zur Chronologie der frühen Trojaschichten, in: Troja und Thrakien. Ausstellungskatalog Berlin/Ost 1981, 21ff.

Die unkalibrierten Daten verteilen sich auf den Zeitraum von 1950±90 v. Chr. (Bln-1106) bis 1685±60 v. Chr. (Bln-1234). Dem entsprechen kalibrierte Extremwerte von 2600 bis 2080 v. Chr. Das Gros der unkalibrierten Daten konzentriert sich auf den Zeitraum 1850−1680 v. Chr., jenes der kalibrierten auf den Zeitraum 2300−2110 v. Chr. Auf neue Probleme, die sich aus diesen Daten ergeben, kann hier nicht mehr eingegangen werden. Es darf aber festgehalten werden, daß von einer Absolutdatierung des Endes von Troja IIg in das 2. Jt. v. Chr. nicht mehr die Rede sein kann. Neues zur C^{14}-Methode findet sich ferner oben in der Einführung von H.-G. Buchholz, S. 12ff.

---

[38] Zur Thermolumineszenzdatierung z. B.: Whittle − Arnaud 1975, 5ff.; Whittle 1975, 119ff.; Simon 1976, 167f.; Warren 1976, 213ff.

Tabellarische Übersicht über die zugrundegelegten Daten

Die folgenden Angaben beziehen sich auf die Graphiken Abb. 4–7 zu Daten aus Ägypten, Palästina, Syrien, Anatolien, dem Ägäisraum, Bulgarien und dem westlichen Mittelmeer.

Nr.	Angaben zu den Analysen und Nachweise (RC: Ztschr. »Radiocarbon«, Cat. s. Bibliographie)		
1	TF-563	2630 ±60 v. Chr.	Grab des Hemaka: Zeit des Pharao Den/Udimu, 1. Dynastie (etwa 2985–30 v. Chr.); D. P. Agrawal u. a., RC 17, 1975, 221.
2	TF-562	2360 ± 105 v. Chr.	Grab des Pharao Snofru, 4. Dyn. (etwa 2613–2589 v. Chr.); Lit. s. Nr. 1.
3	TF-567	2230 ± 80 v. Chr.	Grab des Pharao Djoser, 3. Dyn. (etwa 2667–58 v. Chr.); Lit. s. Nr. 1.
4	TF-568	2180 ± 50 v. Chr.	s. Nr. 3.
5	TF-1208	1890 ± 135 v. Chr.	Grab des Unesre; Ende des Alten Reichs (etwa 2190 v. Chr.); Lit. s. Nr. 1.
6	UCR-126	1800 ± 110 v. Chr.	Grab des Sesostris III., 12. Dyn. (etwa 1843 v. Chr.); Schiffshölzer (R. E. Taylor, RC 17, 1975, 404).

Weitere Daten vom Totenschiff des Sesostris III.:

	UCLA-900	1675 ± 80 v. Chr.	Taylor ebenda.
	C-81	1666 v. Chr.	
	TF-564	1620 ± 75 v. Chr.	
	P-1821	2110 ±70 v. Chr.	B. Fishman u. a., RC 19, 1977, 195.
7		3460 ± 300 v. Chr.	Beerscheba-Kultur/Palästina (J. B. Hennessy, The Foreign Relations of Palestine during the Early Bronze Age [1967] 89).
8		3325 ± 150 v. Chr.	s. Nr. 7.
9		3310 ± 300 v. Chr.	s. Nr. 7.
10		3160 ± 300 v. Chr.	Jüngere Beerscheba-Kultur (s. Nr. 7).

Zur späten Beerscheba-Kultur vgl. auch:

	BM-140	3440 ± 150 v. Chr.	Nahal Mišmar, bei Schatzfund von Kupferwaffen und -geräten (R. Barker u. a., RC 10, 1968, 4).
11		3250 ± 110 v. Chr.	Jericho, Proto-Urban-Phase (= PU, Lit. s. Nr. 7).
12	P-2055	2960 ± 60 v. Chr.	Arad, Stratum II, FB II B (Fishman u. a., RC 19, 1977, 210).
13	P-2054	2560 ± 60 v. Chr.	s. Nr. 12.
14	P-2110	2360 ± 60 v. Chr.	s. Nr. 12.
15	P-2054A	2280 ± 60 v. Chr.	s. Nr. 12.
16	P-2415	2260 ± 60 v. Chr.	Arad III, FB II A (s. Nr. 12).
17	P-2109	2120 ± 50 v. Chr.	Arad II (s. Nr. 12).
18	P-1742	2100 ± 50 v. Chr.	s. Nr. 12.
19	P-1473	2832 ± 60 v. Chr.	Tell Judeideh, Phase G (B. Lawn u. a., RC 15, 1973, 374).

Vgl. aber die Daten aus einem gleichaltrigen Stratum in Arslantepe (M. Alessio u. a., RC 18, 1976, 335 f.):

	R-1010	2470 ± 50 v. Chr.	
	R-1013	2410 ± 50 v. Chr.	
	R-1014	2320 ± 50 v. Chr.	
	R-1015	2360 ± 50 v. Chr.	
	R-1016α	1350 ± 50 v. Chr.	(Abweichung unerklärt)
	R-1017	2410 ± 50 v. Chr.	
	R-1017α	2410 ± 50 v. Chr.	
	R-1018	2400 ± 50 v. Chr.	
	R-1018α	2460 ± 50 v. Chr.	
	R-1019	2620 ± 50 v. Chr.	

Mittelwert (R-1016a nicht berücksichtigt): 2428 v. Chr.

20	P-2303	2600 ± 60 v. Chr.	Ai (et-Tell), FB I C (Fishman u. a., RC 19, 1977, 209).
21	P-2304	2410 ± 60 v. Chr.	s. Nr. 20; selber Fund wie Nr. 20, 22.
22	P-2302	2370 ± 70 v. Chr.	s. Nr. 20; selber Fund wie Nr. 20–21.
23	P-2301	2320 ± 70 v. Chr.	Ai, Ende FB II B (Abweichung unerklärt).
24	P-2300	2300 ± 60 v. Chr.	Ai, FB I C (Lit. s. Nr. 20).
25	P-2299	2250 ± 70 v. Chr.	Ai, FB II B (s. Nr. 20).

26	P-2298	2220 ± 70 v. Chr.	Ai, FB III B (s. Nr. 20).
27	BM-549	2254 ± 49 v. Chr.	Jericho, FB II (R. Burleigh u. a., RC 19, 1977, 152).
28	BM-548	2225 ± 48 v. Chr.	s. Nr. 27.
29	BM-554	2220 ± 42 v. Chr.	Jericho, Schlußphase der FB (Abweichung unerklärt), Lit. s. Nr. 27.
30	BM-550	2176 ± 50 v. Chr.	Jericho, FB II (s. Nr. 27).
31	BM-552	2165 ± 39 v. Chr.	s. Nr. 27.
32	BM-551	2130 ± 42 v. Chr.	s. Nr. 27.
33	BM-554	1972 ± 78 v. Chr.	s. Nr. 27.

Bei Nr. 27–28, 30–33 ist die Zuweisung an die FB II nicht völlig sicher, doch wahrscheinlich.

34	K-713	2500 ± 120 v. Chr.	Tell Sukas, FB I (H. Tauber, RC 15, 1973, 108).
35	K-1125	2370 ± 120 v. Chr.	Tell Sukas, FB (Lit. s. Nr. 34).
36	K-1124	2340 ± 120 v. Chr.	s. Nr. 35.
37	K-1123	2320 ± 120 v. Chr.	s. Nr. 35.
38	K-1126	2310 ± 120 v. Chr.	s. Nr. 35.
39	K-1127	2300 ± 120 v. Chr.	s. Nr. 35.
40	K-1128	2270 ± 120 v. Chr.	s. Nr. 35.
41	K-714	2260 ± 120 v. Chr.	Tell Sukas, FB III (s. Nr. 34).
42	P-2029	3500 ± 80 v. Chr.	Aphrodisias, Spätchalkolithikum (B. Lawn u. a., RC 17, 1975, 205).
43	P-298	3014 ± 50 v. Chr.	Beycesultan, Spätchalkolithikum (E. K. Ralph u. a., RC 4, 1962, 146).
44	P-297	2740 ± 54 v. Chr.	s. Nr. 43.
45	P-920	2324 ± 62 v. Chr.	Karataş-Semayük, »Zeit von Troja I/II« (R. Stuckenrath u. a., RC 8, 1966, 353).
46	P-923	2278 ± 62 v. Chr.	s. Nr. 45.
47	P-917	2271 ± 61 v. Chr.	s. Nr. 45.
48	P-921	2188 ± 62 v. Chr.	s. Nr. 45.
49	P-918	2180 ± 61 v. Chr.	Karataş-Semayük, »Zeit von Troja I« (s. Nr. 45).
50	P-919	2176 ± 60 v. Chr.	s. Nr. 49.
51	P-2208	2143 ± 70 v. Chr.	Karataş-Semayük, Phase II (s. Nr. 45).
52	P-273	2025 ± 92 v. Chr.	Emporio, »Zeit von Troja I« (E. Ralph u. a., RC 4, 1962, 152).
53	P-1280	2876 ± 56 v. Chr.	Kephala auf Keos, Spätneolithikum (J. E. Coleman, Keos I [1977] 109: erheblich zu spät; müßte um 3300 v. Chr. liegen. – R. Stuckenrath u. a., RC 11, 1969, 156).
54	Q-952	2222 ± 70 v. Chr.	Myrtos, FM II (V. R. Switsur u. a., RC 14, 1972, 245).
55	Q-953	2192 ± 80 v. Chr.	s. Nr. 54.
56	Q-1004	2036 ± 80 v. Chr.	s. Nr. 54.
57	Q-1002	2015 ± 80 v. Chr.	s. Nr. 54.
58	Q-1003	1957 ± 80 v. Chr.	s. Nr. 54.
59	Q-951	1885 ± 80 v. Chr.	s. Nr. 54.
60	Q-950	1855 ± 85 v. Chr.	s. Nr. 54.
61	BM-578	1795 ± 137 v. Chr.	Knossos, FM II (R. Burleigh u. a., RC 19, 1977, 145).
62	P-306	2496 ± 69 v. Chr.	Eutresis, FH I (E. Ralph u. a., RC 4, 1962, 149).
63	P-307	2492 ± 57 v. Chr.	s. Nr. 62.
64	P-317	2262 ± 56 v. Chr.	Eutresis, FH II (s. Nr. 62).
65	P-318	2120 ± 65 v. Chr.	Lerna, FH II (E. Ralph u. a., RC 4, 1962, 149).
66	P-321A	2031 ± 64 v. Chr.	s. Nr. 65.
67	P-319	2027 ± 59 v. Chr.	s. Nr. 65.
68	P-320	1978 ± 57 v. Chr.	Lerna, Wende FH II/III (s. Nr. 65).
69	P-321	1946 ± 58 v. Chr.	Lerna, FH II (s. Nr. 65).
70	P-300	1919 ± 53 v. Chr.	Lerna, FH III (s. Nr. 65).
71	P-312	1887 ± 65 v. Chr.	Lerna, FH II (s. Nr. 65).
72	P-299	1803 ± 93 v. Chr.	Lerna, FH III (s. Nr. 65).
73	LJ-3047	2060 ± 40 v. Chr.	Lefkandi, Ende FH III (T. W. Linick, RC 19, 1977, 28).
74	VRI-395	1720 ± 90 v. Chr.	Aigina, Zerstörung der FH-Mauer (H. Felber, RC 17, 1975, 254).
75	BM-100	2710 ± 150 v. Chr.	Mġarr/Malta, Mġarr- oder Ġgantija-Phase (H. Barker u. a., RC 5, 1963, 107).
76	BM-101	2535 ± 150 v. Chr.	Tarxien/Malta, Tarxien-Cemetery-Phase (s. Nr. 75).

	Vgl. aber:		
	BM-141	1930 ± 150 v. Chr.	Tarxien Cemetery (Barker u. a., RC 10, 1968, 5).
77	BM-712	2528 ± 56 v. Chr.	Skorba/Malta, Ġgantija-Phase (R. Burleigh u. a., RC 19, 1977, 154).
78	BM-143	2430 ± 150 v. Chr.	Skorba, Tarxien-Phase (Barker a. O. 5).
	Vgl. ferner folgende Daten von Malta (Lit. s. Nr. 78):		
	BM-142	3290 ± 150 v. Chr.	Skorba, Ġgantija-Phase.
	BM-145	3190 ± 150 v. Chr.	Skorba, Zebbuġ-Phase.
	BM-147	3050 ± 150 v. Chr.	Wie BM-145.
	BM-148	3225 ± 150 v. Chr.	Skorba, Red-Skorba-Phase (Barker a. O. 6: »archäologisch direkt vor Zebbuġ«).
79	R-283	3160 ± 70 v. Chr.	Grotta Santuario della Madonna/Sizilien, Diana-Kultur (M. Alessio u. a., RC 9, 1967, 355).
80	R-180	3050 ± 200 v. Chr.	Lipari, Akropolis; Diana-Kultur, aus Schicht mit Kupferschlacken (Alessio u. a., RC 11, 1969, 488).
81	R-182	2935 ± 55 v. Chr.	Lipari, Contrada Diana; Diana-Kultur (s. Nr. 80).
82	R-884α	3113 ± 50 v. Chr.	Sa 'Ucca de su Tintirriòlu/Sardinien, frühe Ozieri-Gruppe (M. Alessio u. a., RC 20, 1978, 91).
83	R-883α	2953 ± 50 v. Chr.	s. Nr. 82.
84	R-879	2873 ± 50 v. Chr.	s. Nr. 82.
85	R-609	2280 ± 50 v. Chr.	Grotta del Guano, Ozieri-Gruppe (Alessio u. a., RC 13, 1971, 399).
86	R-609α	2250 ± 50 v. Chr.	s. Nr. 85.
87	R-878	3450 ± 120 v. Chr.	Fossacesia/ital. Festland, Neolithikum und Diana-Kultur (Alessio u. a., RC 20, 1978, 88).
88	R-104	3125 ± 45 v. Chr.	Arene-Candide-Höhle, Lagozza-Kultur (Alessio u. a., RC 8, 1966, 402).
89	R-338	3030 ± 50 v. Chr.	Lagozza Ib (Alessio u. a., RC 10, 1968, 356).
90	Pi-34	2844 ± 90 v. Chr.	Lagozza I (G. Ferrara u. a., RC 3, 1961, 102).
91	R-78A	2630 ± 50 v. Chr.	Lagozza Ia (Lit. s. Nr. 89).
	Vgl. auch:		
	R-78	2785 ± 50 v. Chr.	s. Nr. 89.
92	R-337	2855 ± 50 v. Chr.	Lagozza II (s. Nr. 89).
	Zur Lagozza-Gruppe vgl. auch:		
	Birm-472	2290 ± 190 v. Chr.	Monte Covolo, jüngeres Lagozza (F. W. Shotton u. a., RC 17, 1975, 270).
93	St-3627	2580 ± 100 v. Chr.	Buccino, Gräber 1–2; Gaudo-Gruppe (L. H. Barfield in: Glockenbecher Symposion, Oberried 1974 [1976] 310).
94	St-3620	2370 ± 120 v. Chr.	Buccino, Grab 3 (s. Nr. 93).
	Vgl. aber auch:		
	St-3633	1030 ± 100 v. Chr.	Buccino, Grab 4 (s. Nr. 93).
95	St-3622	2155 ± 120 v. Chr.	Buccino, Grab 8 (s. Nr. 93).
96	St-3628	2075 ± 100 v. Chr.	Buccino, Grab 7 (s. Nr. 93).
97	St-3624	2060 ± 100 v. Chr.	Buccino, Grab 9 (s. Nr. 93).
98	St-3631	1970 ± 360 v. Chr.	Buccino, Grab 5 (s. Nr. 93).
99	Pi-50	2356 ± 105 v. Chr.	Grotta dei Piccioni, Rinaldone- und Remedello-Gruppe (G. Ferrara u. a., RC 3, 1961, 100).
100	Pi-100	2298 ± 115 v. Chr.	Riparo la Romita, Aciano; Rinaldone-Gruppe (Ferrara, ebenda 102).
101	St-2043	2075 ± 100 v. Chr.	Luni sul Mignone, Rinaldone-Gruppe (L. E. Engstrand, RC 9, 1967, 436).
102	St-2042	2005 ± 200 v. Chr.	s. Nr. 101.
103	St-1343	1850 ± 80 v. Chr.	Luni sul Mignone (Engstrand, RC 7, 1965, 285).
104	R-155	2440 ± 70 v. Chr.	Grotta del Pertusello, Glockenbecherkultur (M. Alessio u. a., RC 9, 1967, 348).
105	R-309	2270 ± 55 v. Chr.	Riparo Arma di Nasino, Schicht VI; Glockenbecherkultur (Alessio, ebenda 354).
106	R-260	1730 ± 95 v. Chr.	s. Nr. 105.

Weitere Daten aus Arma di Nasino VI (Alessio, ebenda 352 ff.):

R-329	1480 ± 50 v. Chr.	
R-329α	1650 ± 50 v. Chr.	
R-330	1540 ± 50 v. Chr.	
R-259	1390 ± 90 v. Chr.	(Abweichung unerklärt).
R-309α	2160 ± 55 v. Chr.	

Für die Glockenbecherkultur in Italien vgl. ferner:

	Birm-471	2000 ± 320 v. Chr.	Monte Covolo, ältere Glockenbecherkultur (Shotton u. a., RC 17, 1975, 270).
	Birm-470	1860 ± 210 v. Chr.	wie Birm-471.
107	HAR-155	3420 ± 350 v. Chr.	Tabernas/Spanien, sehr frühe Kupferzeit (R. L. Otlet u. a., RC 16, 1974, 186; Cat. 3/8).
108	GrN-5992	3335 ± 65 v. Chr.	Cueva de Marizulo, Beginn der Kupferzeit (Cat. 3/4).
109	GrN	3115 ± 40 v. Chr.	Lit. s. Nr. 108 (Cat. 2/3 'neolithisch').
110	M-1022	2530 ± 250 v. Chr.	Cueva Encantada de Martis, Kupferzeit (H. R. Crane u. a., RC 7, 1965, 148; Cat. 3/5).

Vgl. aber auch:

	M-1021	1620 ± 250 v. Chr.	s. Nr. 110.
111	HAR-521	2373 ± 80 v. Chr.	Rambla de Ramonete, Kupferzeit (Otlet, RC 19, 1977, 418; Cat. 3/6).
112	KN-72	2430 ± 120 v. Chr.	Los Millares, Kupferzeit (Cat. 3/7).
113	H-204/247	2345 ± 85 v. Chr.	s. Nr. 112.
114	KN-73	2200 ± 120 v. Chr.	Almizaraque, Kupferzeit (Cat. 3/6).
115	CSIC-269	1910 ± 60 v. Chr.	s. Nr. 114.
116	HAR-146	2130 ± 130 v. Chr.	El Prado, Kupferzeit (Cat. 3/6).
117	CSIC-31	2120 ± 130 v. Chr.	Sabasona, Katalonische Fosagrabkultur (M. Almagro Gorbea, Trabajos de Prehistoria 30, 1973, 313).
118	HAR-160	1840 ± 115 v. Chr.	Cueva de los Tiestos, Grab der Kupferzeit (Cat. 3/6).
119	I-3984	1710 ± 100 v. Chr.	Cueva de Gobaederra, frühe Kupferzeit Nordspaniens (Cat. 3/4).
120	GrN-6671	2320 ± 55 v. Chr.	Zambujal/Portugal, Kupferzeit (Cat. 3/2).
121	GrN-6670	2200 ± 105 v. Chr.	Lit. s. Nr. 120.
122	GrN-7006	2140 ± 40 v. Chr.	s. Nr. 120.
123	GrN-7003		
	GrN-7005	2105 ± 40 v. Chr.	s. Nr. 120.
124	GrN-7002	2100 ± 35 v. Chr.	s. Nr. 120.
125	GrN-7007c	2000 ± 65 v. Chr.	s. Nr. 120.

Weitere Daten aus Zambujal (Cat. 3/2):

GrN-6669	2075 ± 75 v. Chr.
KN-117c	1910 ± 60 v. Chr.
KN-115	1690 ± 100 v. Chr.
GrN-6668	1675 ± 65 v. Chr.

126	KN	2300 ± 60 v. Chr.	Praia das Maças, Felskammergrab unter Tholosgrab (Cat. 3/1).
127	CSIC-81	2350 ± 130 v. Chr.	Barranquete/Spanien, Tholosgrab 7 (Cat. 3/7).
128	CSIC-82	2330 ± 130 v. Chr.	s. Nr. 127.
129	GrN-5628	2900 ± 45 v. Chr.	Lapa do Bugio/Portugal, Grab der Glockenbecherkultur (datiertes Material wohl aus älterer Schicht); s. Cat. 2/1 ('neolithisch').
130	CSIC-68	2780 ± 130 v. Chr.	Cueva de la Mora, Somaén/Spanien, Glockenbecherkultur (Cat. 3/3).
131	CSIC-69	2670 ± 130 v. Chr.	s. Nr. 130.
132	HAR-298	2080 ± 80 v. Chr.	Tabernas/Spanien, Glockenbecherkultur (Cat. 3/8).

Weitere Daten aus Tabernas (Cat. 3/8):

HAR-155	3420 ± 350 v. Chr.
CSIC-264	2290 ± 60 v. Chr.
CSIC-265	2250 ± 60 v. Chr.
CSIC-267	2160 ± 60 v. Chr.

133	GrN-7004	2045 ± 40 v. Chr.	Zambujal/Portugal, ältester Glockenbecherfund (Cat. 3/2).
134	GrN-5597	1970 ± 60 v. Chr.	Cerro de la Virgen, Orce/Spanien, Glockenbecherkultur (Cat. 3/8).
135	GrN-5593	1940 ± 40 v. Chr.	Lit. s. Nr. 134.

| 136 | GrN-5598 | 1885 ± 35 v. Chr. | s. Nr. 134. |
| 137 | GrN-5764 | 1850 ± 35 v. Chr. | s. Nr. 134. |

Weitere Daten aus Cerro de la Virgen (Cat. 3/8):

	GrN-5594	1785 ± 55 v. Chr.	
	GrN-5595	1915 ± 50 v. Chr.	
	GrN-5596	1970 ± 35 v. Chr.	

Weitere Daten zur Glockenbecherkultur in Spanien:

CSIC-227	2280 ± 50 v. Chr.	El Tarajal (Cat. 3/8)
CSIC-222	2250 ± 50 v. Chr.	wie CSIC-227.
CSIC-228	2160 ± 50 v. Chr.	wie CSIC-227.
CSIC-219	2150 ± 50 v. Chr.	wie CSIC-227.
CSIC-221	2140 ± 50 v. Chr.	wie CSIC-227.
CSIC-220	2130 ± 50 v. Chr.	wie CSIC-227.
CSIC-218	2100 ± 50 v. Chr.	wie CSIC-227.
CSIC-226	2080 ± 50 v. Chr.	wie CSIC-227.
CSIC-229	2070 ± 50 v. Chr.	wie CSIC-227.
CSIC-223	2060 ± 90 v. Chr.	wie CSIC-227.
CSIC-230	1910 ± 80 v. Chr.	wie CSIC-227.
CSIC-224	1870 ± 50 v. Chr.	wie CSIC-227.
Bln-947	1865 ± 100 v. Chr.	Serra Grossa (Cat. 3/6).
I-4525	1850 ± 115 v. Chr.	Terlinques (Cat. 3/6).

Bibliographie

Naturwissenschaftliche Aspekte

R. Burleigh, Radiocarbon Dating: Some Practical Considerations for the Archaeologist, in: JAScien 1, 1975, 69 ff.

R. M. Clark – H. Suess, A Calibration Curve for Radiocarbon Dates, in: Antiquity 50, 1976, 61 ff. (Diskussion zu Clark 1975).

J. Coles, Timber and Radiocarbon Dates, in: Antiquity 49, 1975, 123 f.

P. E. Damon, Climatic Versus Magnetic Perturbations of the Atmospheric C^{14} Reservoir, in: J. U. Olsson, Radiocarbon Variations and Absolute Chronology. 12th Nobel Symposium Proceedings, Uppsala Aug. 11–15, 1969 (1970) 303 ff.

P. E. Damon – A. Lang – J. Sigalove – D. C. Grey, Fluctuation of Atmospheric C-14 During the Last Six Millennia, in: Journal of Geophysical Research 121, 1966, 1055 ff.

D. D. Harkness – R. Burleigh, Possible Carbon-14 Enrichment in High Altitude Wood, in: Archaeometry 16, 1974, 121 ff.

R. Hedges, New Directions in Carbon-14 Dating, in: New Scientist 77 Nr. 1092, 2. März 1978, 599 ff.

B. G. McFadgen, Long Term Cycles in the Variation of Atmospheric Radiocarbon, Related to Changes in Holocene Climate, in: Search 6 Nr. 11/12, Nov.–Dec. 1975, 509 ff.

H. McKerrell, Correction Procedures for C-14 Dates, in: T. Watkins (Hrsg.), Radiocarbon: Calibration and Prehistory (1975) 47 ff.

H. N. Michael – E. K. Ralph, University of Pennsylvania Radiocarbon Dates XVI, in: Radiocarbon 16, 1974, 198 ff.

B. u. J. H. Ottaway, Irregularities in Dendrochronological Calibration, in: Nature 250 Nr. 5465, 1974, 407 f.

G. W. Pearson – J. R. Pilcher – M. G. L. Baillie – J. Hillam, Absolute Radiocarbon Dating Using a low Altitude European Tree-Ring Calibration, in: Nature 270 Nr. 5632, 3. Nov. 1977, 25 ff.

E. K. Ralph – H. N. Henry, Twenty-five Years of Radiocarbon Dating, in: American Scientist 62 (5), 1974, 533 ff.

K. H. Simon, Ergebnisse der archäologischen Altersbestimmung mittels Thermolumineszenz, in: Naturwissenschaftliche Rundschau 29 (5), 1976, 167 f.

H. E. Suess – R. M. Clark, A Calibration Curve for Radiocarbon Dates, in: Antiquity 50, 1976, 61 ff. (Diskussion zu Clark 1975).

H. E. Suess, Absolute Radiocarbon Dating by Low-altitude European Tree-ring Calibration, in: Nature 272 (Apr. 13, 1978) 649 f. (Diskussion zu Pearson u. a. 1977).

L. D. Sulershitzky, Radiocarbon Dating of Volcanoes, in: Bulletin Volcanologique 35, 1970, 85 ff.

R. B. Warner, Further Notes for Users of Radiocarbon Dates, Including a Method for the Analysis of a Stratified Sequence, in: Irish Archaeological Forum 3 (2), 1976, 25 ff.

T. Watkins (Hrsg.), Radiocarbon: Calibration and Prehistory (1975).

G. A. Weinstein – H. N. Michael, Radiocarbon Dates from Akrotiri, Thera, in: Archaeometry 20, 1978, 203 ff.

E. H. Whittle, Thermoluminescent Dating of Egyptian Predynastic Pottery from Hemamieh and Qurna-Tarif, in: Archaeometry 17, 1975, 119 ff.

E. H. Whittle – J. M. Arnaud, Thermoluminescent Dating of Neolithic and Chalcolithic Pottery from Sites in Central Portugal, ebenda 5 ff.

Archäologische Aspekte

M. Almagro, La Primera Fecha Absoluta para la Cultura de Los Millares a Base del Carbono 14, in: Ampurias 21, 1959, 249 ff.

R. Amiran, Early Arad. The Chalcolithic Settlement and Early Bronze City (1978).

Ph. P. Betancourt – G. A. Weinstein, Carbon-14 and the Beginning of the Late Bronze Age in the Aegean, in: AJA 80, 1976, 329 ff.

Ph. P. Betancourt – H. N. Michael – G. A. Weinstein, Calibration and the Radiocarbon Chronology of Late Minoan IB, in: Archaeometry 20, 1978, 200 ff.

K. Branigan, Radio-Carbon and the Absolute Chronology of the Aegean Bronze Age, in: KretChron 25, 1973, 352 ff.

R. Brunswig Jr., Prospective Tree-Ring Calibration of the Indus Civilization Radiocarbon Technology, in: Man (New Ser.) 8 Nr. 4, Dez. 1973, 543 ff.

G. Cadogan, Dating the Aegean Bronze Age without Radiocarbon, in: Archaeometry 20, 1978, 209 ff.

J. A. Callaway – J. M. Weinstein, Radiocarbon Dating of Palestine in the Early Bronze Age, in: BASOR 225, 1977, 1 ff.

Catálogo de Yacimientos Arqueológicos con Datación mediante Carbono-14 de la Península Ibérica (1978) [als 'Cat.' zitiert].

A. Cazzella, Considerazioni su alcuni Aspetti Eneolitici dell'Italia Meridionale e della Sicilia, in: Origini 6, 1972, 171 ff.

R. M. Clark, Bristlecone Pine and Ancient Egypt: A Re-Appraisal, in: Archaeometry 20, 1978, 5 ff.

D. F. Easton, Towards a Chronology for the Anatolian Early Bronze Age, in: AnatSt 26, 1976, 145 ff.

J. D. Evans, The Prehistoric Antiquities of the Maltese Islands (1971).

C. W. Ferguson – M. Gimbutas – H. E. Suess, Historical Dates for Neolithic Sites of Southeast Europe, in: Science 191 Nr. 4232, 19. 3. 1976, 1170 ff.

J. Guilaine, Premiers Bergers et Paysans de l'Occident Méditerranéen, Civilisations et Sociétés LVIII (1976).

S. Hood, Discrepancies in ^{14}C Dating as Illustrated from the Egyptian New and Middle Kingdoms and from the Aegean Bronze Age and Neolithic, in: Archaeometry 20, 1978, 197 ff.

M. Jaguttis-Emden, Zur Präzision archäologischer Datierungen. Ein Experiment mit C 14-Daten des westlichen Mittelmeerraumes am Übergang Spätpleistozän/Holozän, Archaeologica Venatoria IV (1977).

H. J. Kantor, The Relative Chronology of Egypt and Its Foreign Correlations, in: R. W. Ehrich (Hrsg.), Chronologies in Old World Archaeology[4] (1971) 1 ff.

H. Lewis, Ancient Malta. A Study of its Antiquities (1977).

N. Y. Merpert – G. I. Georgiev, Poselenie Ezero i ego mesto sredi pamjatnikov rannego bronzovogo veka vostočnoi Evropy (Deutsches Resümee: Die Siedlung Ezero und ihre Stellung in der Frühbronzezeit Osteuropas), in: B. Chropovský, Symposium über die Entstehung und Chronologie der Badener Kultur (Bratislava 1973) 215 ff.; deutsches Resümee 255 ff.

H. Quitta – G. Kohl, Neue Radiokarbondaten zum Neolithikum und zur frühen Bronzezeit Südosteuropas und der Sowjetunion, in: ZfA 3, 1969, 223 ff.

C. Renfrew, The Tree-Ring Calibration of Radiocarbon: An Archaeological Evaluation, in: PPS 36, 1970, 280 ff. [= 1970].

Ders., Sitagroi and the Prehistory of South-East Europe, in: Antiquity 45, 1970, 275 ff. [= 1970 a].

Ders., Malta and the Calibrated Radiocarbon Chronology, in: Antiquity 46, 1972, 141 ff. [= 1972].

Ders., The Emergence of Civilisation (1972) [= 1972 a].

C. Renfrew – R. Whitehouse, The Copper Age of Peninsular Italy and the Aegean, in: BSA 69, 1974, 343 ff. [= 1974].

C. Renfrew – R. M. Clark, Problems of the Radiocarbon Calendar and its Calibration, in: Archaeometry 16, 1974, 5 ff. [= 1974 a].

M. Ridley, The Megalithic Art of the Maltese Islands (1976).

E. Sangmeister – H. Schubart, Zambujal, in: Antiquity 46, 1972, 191 ff.

H. N. Savory, Spain and Portugal (1968).

Ders., The Cultural Sequence at Vila Nova de São Pedro, in: MM 13, 1972, 23 ff.

A. Snodgrass, An Outsider's View of C-14 Calibration, in: T. Watkins 1975, 39 ff.

Ders., Conserving Societies and Independent Development, in: J. V. S. Megaw (Hrsg.), To Illustrate the Monuments, Essays on Archaeology Dedicated to Stuart Piggott (1976) 58 ff.

P. Warren, Radiocarbon Dating and Calibration and the Absolute Chronology of Late Neolithic and Early Minoan Crete, in: SMEA 17, 1976, 205 ff.

FRÜHBRONZEZEITLICHE KULTURBEZIEHUNGEN IM MITTELMEERGEBIET UNTER BESONDERER BERÜCKSICHTIGUNG DER KYKLADEN

Von Olaf Höckmann

Allgemeine Voraussetzungen. Die Verhältnisse im Alten Orient

Im 3. Jt. v. Chr. erfolgte in weiten Teilen Westasiens und des Mittelmeergebiets der Übergang zur praktischen Nutzung der Metalle, die zuvor nur eine unbedeutende Rolle gespielt hatten, als Rohstoff für Werkzeuge, Waffen, Kleingeräte und Kunstgegenstände. Das neue Material eröffnete so vielfältige Möglichkeiten und gab den Anstoß zu einer so schnellen Entwicklung der Technologie, daß der Eindruck entstehen könnte, auch die gleichzeitig sich vollziehenden kulturellen Fortschritte, die in der Formierung der Hochkulturen Mesopotamiens, Ägyptens und des Induslandes gipfelten, seien direkt durch die neuartige Technologie bedingt.

Dieser Eindruck täuscht. Verschiedene Völker der Levante, Kleinasiens und Südosteuropas verwendeten vom 4. Jt. an einheimisches Kupfer, ohne zur Hochkultur aufzusteigen. Andererseits lernten die Hochkulturvölker, wie etwa das Fremdwort für 'Kupfer' im Sumerischen *(urudu)* bestätigt[1], die Metalle wohl durchweg bei 'barbarischen' Nachbarn kennen: Die fruchtbaren Schwemmlandebenen des Nil, Euphrat, Tigris und Indus weisen keine Lagerstätten auf.

Dennoch haben die Hochkulturvölker die Vorteile von Metallgeräten früh erkannt und in großem Umfang Kupfer und Zinn, Silber und Gold verwendet, die sie sich durch Handel, Eroberung oder Bergbauexpeditionen verschaffen mußten.

Ich möchte zu zeigen versuchen, daß derartige Kontakte zur Ausbreitung von einzelnen Elementen der Hochkulturen geführt haben und daß die schnelle Entwicklung frühbronzezeitlicher (in manchen Ländern als 'aeneolithisch' bezeichneter) Kulturen im Mittelmeerraum ursächlich auf direkte oder indirekte Berührungen mit den Hochkulturen des Alten Orients zurückgehen, zu denen der Metallhandel den Anstoß gab. In diesem indirekten Sinne dürfen die Metalle ein Motor auch der kulturellen Entwicklung in der Ägäis und im westlichen Mittelmeergebiet genannt werden.

Werfen wir einen Blick auf die Verhältnisse in Mesopotamien und Ägypten zu Beginn des 3. Jts. v. Chr. Hier entstanden Stadt- oder Territorialstaaten mit differenzierter Gesellschaftsstruktur und einer leistungsfähigen Verwaltung im Dienst menschlicher oder göttlicher Herrschaft, deren Grenzen verschwammen. Die Stabilität der Gesellschaftsstrukturen als Folge geregelter Besitzverhältnisse profitierte nicht weniger als die säkulare oder priesterliche Verwaltung von einer entscheidenden Neuerung: der Schrift, die dem Gedanken und Wort Dauer verlieh, die Weitergabe von Erfahrungen, Verordnungen und Weisheitslehren erleichterte und die Entstehung der Hochkulturen erst ermöglichte.

---

[1] Die aus dem Autorennamen und dem Erscheinungsjahr bestehenden Abkürzungen beziehen sich auf die thematisch gegliederte Bibliographie S. 109 ff. – Edzard 1967, 63.

Im 3. Jt. v. Chr. wird erstmals erkennbar, daß in Mesopotamien Vorstellungen vom Wesen und der Ausdehnung der bewohnten Welt entstanden[2]. Sargon I. von Akkad (etwa 2350–2295 v. Chr.) konnte versuchen, diese Welt »bis zu ihren Enden« zu erobern, und erreichte über das »Zederngebirge« (Amanus oder Libanon)[3] und die »Silberberge« (Taurus)[4] bereits das »Obere Meer«, das Mittelmeer. Anscheinend war er nicht einmal der erste, der den ehrgeizigen Plan der Weltherrschaft faßte[5]. »Zedern-« und »Silbergebirge« waren zudem schon in mythischer Vorzeit von dem Heroen Gilgameš aufgesucht worden[6], den Sumerern also wohl seit Urzeiten vage bekannt. Nordsyrien und Libanongebiet dürften, obgleich an der äußersten Peripherie des mesopotamischen Hochkulturgebiets gelegen, bereits im ausgehenden 4. Jt. v. Chr. Kontakte in anderer Richtung aufgenommen haben, und zwar zum Lande am Nil: Die Mastabagräber der Pharaonen der 1. Dynastie in Abydos weisen nicht nur allgemeine Ähnlichkeit mit frühsumerischen Tempelanlagen auf[7], sondern sogar bis ins Detail reichende Übereinstimmungen mit dem 'Augentempel' der frühsumerischen Djemdet Nasr-Periode im nordsyrischen Tell Brak[8]. Intensive Landverbindungen des Ägypten der 1. Dynastie mit dem Nordsinai und Südkanaan, die bereits in vordynastischer Zeit einsetzten[9], lassen sich anhand von Fundgegenständen ägyptischer Herkunft in diesen Gebieten und von kanaanäischen in Ägypten nachweisen. Räumliche Entfernung war schon lange vor Sargon kein unüberwindliches Hindernis, nicht für Kontakte zu Lande und erst recht nicht für solche zur See (s. unten S. 57 mit Anm. 18). Dies gilt nicht nur für die Hochkulturen, sondern ebenso für schriftlose Peripherkulturen: Wie zahlreiche Funde beweisen, beutete die frühbronzezeitliche Stadt Arad im Negev (s. Karte, Abb. 8) die Kupferminen im südlichen Sinai aus – vermutlich mittels Saisonarbeiterkarawanen über 400 km unwegsamer Wüstenpfade[10].

Wahrscheinlich ist auch für die Hochkulturvölker das Hauptmotiv zu Fernkontakten direkter oder indirekter Art das Bestreben gewesen, sich jene Güter zu beschaffen, die das eigene Land nicht oder nur in unzureichender Menge hervorbrachte. Sogar für Sargons Feldzüge werden wirtschaftliche Beweggründe erwogen[11]: Die (für Ägypten ebenso unentbehrlichen) Bauhölzer vom »Zederngebirge«, Bausteine und Metalle waren für das rohstofflose Schwemmland an Euphrat und Tigris wichtig genug, um die Eroberung der Rohstoffquellen bzw. wichtiger Umschlagplätze zu motivieren.

Wie etwa das sumerische Epos von »Enmerkar und dem Herrn von Aratta«, einem im iranischen Berglande lokalisierten Lande, erkennen läßt[12], dürften bei diesen Kontakten die

[2] Für 'Weltkarten' vielleicht schon aus der Zeit Sargons I.: Unger 1935, 311ff.; Christian 1940, 347 Taf. 390,4; Schmökel 1961, 187; Gadd 1971, 426.

[3] Zur Lokalisierung: Gadd 1971, 425; Klengel 1975, 208.

[4] Gadd 1971, 425f.; Drower – Bottéro 1971, 324; Helck 1971, 4. 16.

[5] Hinweise sprechen für einen Kriegszug Lugalzaggisis ins »Obere Land«, bei dem Mari zerstört wurde (Drower – Bottéro 1971, 331).

[6] Klengel 1975, 208.

[7] Emery 1963, 177. Gegen die von verschiedenen Autoren vertretene Auffassung sumerischen Einflusses: Helck 1971, 6f.

[8] Emery 1963, 181. 188. Für Verbindungen der Amuq-Ebene einerseits mit Mesopotamien, andererseits mit Ägypten: Drower – Bottéro 1971, 336.

[9] Helck 1962, 13f.; ders. 1971, 12ff.; de Miroschedji 1971, 91ff.; Oren 1973, 203f. Seine These, die ägyptischen Funde der 1. Dynastie sprächen für die Zugehörigkeit des nördlichen Sinai und des südlichen Kanaan zum ägyptischen Reich, wurde von Amiran 1974, 10f. abgelehnt; Amiran deutete die Funde als Handelsgut.

[10] Amiran u. a. 1973.

[11] Drower–Bottéro 1971, 322. Zur frühen Verbindung zwischen Sumer, Syrien und Anatolien s. jetzt auch Esin 1982; Kohl 1982; Mellaart 1982.

[12] Pettinato 1972, 67. 128ff. Allgemein zu den Formen des Güteraustausches: ebenda 49ff.; Foster 1977.

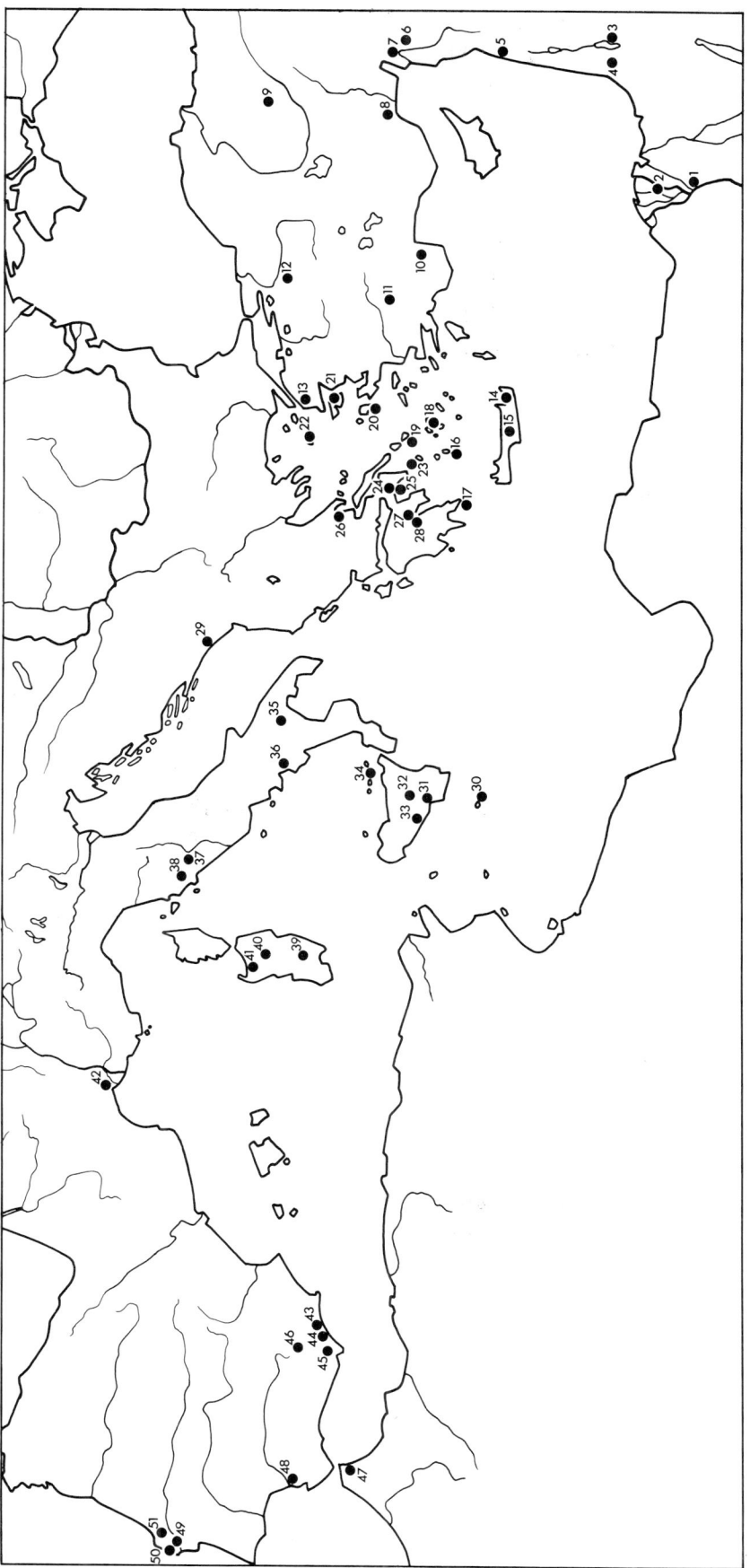

Abb. 8. Wichtige Fundstellen des späten 4. und des 3. Jts. v. Chr. im Mittelmeergebiet:

1 Abusir	12 Demirci Hüyük	23 Kephala (Keos)	34 Lipari	45 Los Millares
2 Mansura	13 Troja	24 Hagios Kosmas	35 Laterza	46 Cerro de la Virgen
3 Bab ed-Dra	14 Mochlos	25 Aigina	36 Gaudo	47 Gar Cahal (Marokko)
4 Arad	15 Archanes	26 Demetrias	37 Rinaldone	48 Mesas de Asta (Spanien)
5 Byblos	16 Phylakopi (Melos)	27 Tiryns	38 Pitigliano	49 Pedra do Ouro (Portugal)
6 Amuq	17 Kythera	28 Lerna	39 Senorbi (Sardinien)	50 Zambujal
7 Tell Tayinat	18 Panormos (Naxos)	29 Mala Gruda	40 San Michele di Ozieri	51 Vila Nova de São Pedro
8 Tarsus	19 Kastri (Syros)	30 Malta	41 Monte d'Accòddi	
9 Ališar	20 Emporio (Chios)	31 Piano Notaro	42 Lébous (Frankreich)	
10 Karataş	21 Thermi (Lesbos)	32 Malpasso	43 Almizaraque (Spanien)	
11 Beycesultan	22 Poliochni (Lemnos)	33 Serraferlicchio	44 El Gárcel	

Grenzen zwischen freiwilligem Güteraustausch und erzwungenem Besitzwechsel fließend gewesen sein: Der Sumerer Enmerkar versucht zunächst, von dem ausländischen 'Geschäftspartner' im Austausch gegen Lebensmittel Edelsteine [13] und Metalle zu erhalten. Auf dessen Weigerung hin entschließt sich Enmerkar, den sperrigen Ausländer zu 'überzeugen', und eignet sich die gewünschten Artikel (und dazu gleich noch die Metallhandwerker des fremden Landes – ein wichtiger Hinweis auf archäologisch nicht faßbare 'Exporte'!) mit Waffengewalt an. Das Beispiel zeigt, mit wie vielgestaltigen Formen des Kontaktes für das 3. Jt. v. Chr. gerechnet werden muß. Zu den hier bezeugten Formen des Güteraustausches bzw. der räuberischen Aneignung kommt eine dritte als ebenso bedeutsam hinzu: die Gründung fester Handelsniederlassungen in fremden Ländern, ein System, das durch die assyrischen Faktoreien *(kārūm)* in Anatolien bezeugt wird [14]. In diesen wohlorganisierten, von dem zentralen *kārūm Kaniš* (Kültepe) koordinierten Niederlassungen lebten Assyrer in einer Art Symbiose mit der einheimischen Bevölkerung, und somit stets über Möglichkeiten und potentielle Gefährdungen des Handels informiert. Obgleich zu diesem Güteraustausch noch wesentliche Fragen offen sind, geht doch aus den 'Geschäftsakten' in Kaniš-Kültepe u. a. hervor, daß auch bei diesen Wirtschaftsverbindungen Metalle eine wichtige, vielleicht zentrale Rolle spielten. Anders als bei den oben genannten Beispielen wurde hier jedoch – zumindest in einem dokumentarisch erfaßten Falle [15] – dieser Rohstoff nicht für den Import nach Mesopotamien erworben, sondern in erheblichen Mengen in das fremde Land exportiert; die Quellen sprechen von einer Karawane mit 11 Tonnen des kostbaren und in seiner Herkunft immer noch rätselhaften Zinns. Übrigens scheinen die assyrischen Faktoreien vorgeschobene 'Vertreter' in einheimischen Städten gehabt zu haben, denn die Behinderung assyrischer Kaufleute in der wohl südwestanatolischen Stadt Puruškhanda [16] wurde von Sargon zum Anlaß für seinen Feldzug in den fernen Nordwesten genommen.

Die genannten Beispiele dürften als Beweis für unsere These ausreichen, daß im 3. Jt. v. Chr. weitreichende und z. T. wohlorganisierte Fernverbindungen zu Lande bestanden, die einen geregelten Güteraustausch ermöglichten. Ebenso aufschlußreich ist es, die Hinweise auf Fernverbindungen zur See zu überblicken.

Die Überwindung weiter Strecken offenen Meeres war, wie etwa die frühneolithische Besiedlung von Zypern, Kreta oder Skyros zeigt, spätestens im 6. Jt. v. Chr. möglich, und die Fahrzeuge müssen bereits ausgereicht haben, neben Siedlern und ihren Familien auch Haustiere zu transportieren. Es braucht daher nicht zu überraschen, daß im 3. Jt. v. Chr. der Seeverkehr sowohl im Arabischen Golf – dem »Unteren Meer« – als auch an der Levanteküste lebhaft genug war, um für Sumer bzw. Ägypten wirtschaftliche Bedeutung zu haben.

[13] In dieser Hinsicht ist der – zeitweilig gestörte – Handel mit Lapislazuli von Badakhshan (Afghanistan) nach Ägypten und Mesopotamien aufschlußreich (Helck 1971, 25: Einfuhr über Sumer nach Ägypten; Herrmann 1968, bes. 21 ff. 29 ff. 37 ff. 53 ff.; Crowfoot Payne 1968, bes. 58; Maxwell-Hyslop 1977, 86). In Ägypten erscheint Lapislazuli fast nur in Gräbern, die auch anderes Fremdgut enthalten (Crowfoot Payne 1968, 59): Importwaren sind Privileg der Wohlhabenden; vgl. J. Crowfoot Payne, Lapis Lazuli in Early Egypt, in: Iraq 30, 1968, 59.

[14] Hierzu: Garelli 1963; ders. 1977; Larsen 1967; ders. 1976; Orlin 1970; Veenhof 1972; ders. 1977, 109 ff.; Matthiae 1977, 251 f., ders., 1977 a, 195. 202 f. 241.

[15] Muhly 1976, 101; Maddin u. a. 1977, 41.

[16] Gadd 1971, 426.

Ein reiches Quellenmaterial läßt keinen Zweifel daran, daß Sumer und Akkad einen offenbar ziemlich regelmäßigen Seehandel mit den Ländern Dilmun (Bahrain – wie es scheint ein internationaler Umschlagplatz, ein 'Port of Trade')[17], Magan (Oman an der arabischen Golfküste) und vor allem mit Meluḫḫa unterhielten[18], in dem mit guten Gründen das Indusland gesehen wird. Meluḫḫa wird, obgleich über einen ungefähr 3000 km weiten Seeweg von Mesopotamien entfernt, als wichtigster Handelspartner Sumers bezeichnet[19], und wenn die Zuweisung einiger altmesopotamischer Ortsnamen an die (unbekannte) Sprache der Meluḫḫa-Leute[20] zutrifft, könnten sogar indische Faktoreien an Euphrat und Tigris bestanden haben. Der Import aus den Ländern am »Unteren Meer« umfaßte neben Gold und Silber, Zinn und Kupfer, neben Edelsteinen, Bauhölzern und -steinen, Gips und Bitumen auch Agrarprodukte, Tiere und Textilien[21] – eine erstaunliche Auswahl, die die Bedeutung dieser Verbindungen für die sumerische Wirtschaft erkennen läßt[22]. Damit ist nicht gesagt, daß nicht Metalle, Bauhölzer und Textilien auch vom »Oberen Land« (Syrien) und aus Elam importiert wurden. Während Metalle und Edelsteine nie in den Akten privater Handelshäuser erscheinen und daher wohl einem Monopol des Staates oder des Königs unterlagen[23], waren andere Luxusartikel[24], Baustoffe und Textilien wohl privaten Handelsunternehmen zugänglich.

Zur Sargonzeit reichte das akkadische Reich erstmals bis an das »Obere Meer«, das Mittelmeer, das von Sargon selbst auf seinem anatolischen Feldzug zumindest berührt wurde. Die Überlieferung berichtet sogar – allerdings in nicht eindeutiger Weise –, er habe das »Obere Meer« überquert[25]. Funde akkadischer Siegel in Ugarit könnten hiermit zusammenhängen, wenn sie nicht, wie erwogen wird[26], als Hinweis auf die dauernde Stationierung akkadischer Schiffe in nordsyrischen Häfen zu werten sind. Noch auffälliger ist die Angabe in einem Dokument aus allerdings späterer Zeit[27], daß zum akkadischen Reich auch zwei Länder »jenseits des Oberen Meeres« gehört hätten: Kaptaru und An(n)aku. Das erstere der beiden ist eindeutig identifiziert: Kaptaru ist das Kaphthor der Bibel, die Insel Kreta[28]. Die Lebenszeit Sargons fällt nach kretischer Chronologie in die Stufe FM II, die ebenso wie die gleichzeitigen Stufen FK II und FH II durch vielfältige Hinweise (s. unten S. 65ff.) als eine Zeit internationaler Verbindungen im Rahmen des ägäischen Raumes gekennzeichnet ist.

Rätselhaft ist demgegenüber das Land An(n)aku. Sein Name weist eindeutig auf 'Zinn' hin und darf vielleicht allgemein als 'Zinnland' übersetzt werden. Bisherige Lokalisierungs-

---

[17] Polanyi 1963, 30 ff.
[18] Pettinato 1972, 99 ff.; Kramer 1977, 59; Komoróczi 1977, bes. 68. 70. Wie Funde mesopotamischer Keramik an der arabischen Golfküste zeigen, scheint ein relativ lebhafter Seehandel bereits in der Ubaid-Zeit (5.–4. Jt. v. Chr.) einzusetzen (Oates u. a. 1977). Zu Spuren frühen Kupferbergbaus in Oman, dem antiken Magan: Weisgerber 1977, 190 ff.
[19] Pettinato 1972, 116; During Caspers 1972 passim; Lamberg-Karlovsky 1972, 222 ff.
[20] Leemans 1977, 5.
[21] Pettinato 1972, 73 ff.

[22] Zur praktischen Bedeutung aller Importe: Pettinato 1972, 65; – Limet 1977, bes. 58, hielt Importe nur auf dem Sektor der Luxusgüter für wesentlich.
[23] Foster 1977, 37 f.
[24] z. B. Gefäße aus Chloritstein: Kohl 1975. – Allgemein zur Absatzgestaltung bei Luxusartikeln: ebenda 31; Muhly 1975, 48.
[25] Gadd 1971, 425.
[26] Culican 1966, 17.
[27] Gadd 1971, 429.
[28] Ebenda 429 f.

versuche[29], die zumeist anstelle von Zinn Blei annehmen, reichen von Spanien[30] über Laurion (Attika)[31] bis zum südanatolischen Raum westlich des Golfs von Issos[32].

Mir scheint sich eine andere Möglichkeit anzubieten. Wenn das Wort An(n)aku nicht auf Blei, sondern auf Zinn bezogen wird, könnten sich aus der Verbreitung von Gegenständen aus Zinn oder Zinnbronze, die zu dieser Zeit weitaus seltener war als die Kupfer-Arsen-Legierung, vielleicht Hinweise auf die Lage eines 'Zinnlandes' ziehen lassen. Dann käme als An(n)aku m. E. am ehesten die Troas mit den vorgelagerten nordostägäischen Inseln in Frage, ein Bereich, der lange vor Sargon I. über Gegenstände aus reinem Zinn[33] und Zinnbronze verfügte[34]; im weiteren Sinne käme die ganze Ägäis in Betracht (s. unten S. 69ff). Unabhängig von der Lokalisierung des Zinnlandes ist sicher, daß Sargon I. bei seinen Seeunternehmen auf die Mitwirkung der Küstenstädte im späteren Phoinikien, in erster Linie wohl von Byblos (s. unten anschließend) angewiesen war und daß schon aus diesem Grunde seine 'Herrschaft' über Kaptaru und An(n)aku schwerlich mehr gewesen ist als eine mehr oder weniger erpresserische Einsammlung von Tributen. Es dürfte sich um eine kurze, für diese Länder nicht allzu folgenschwere Episode gehandelt haben, viel ephemerer als die Meluḥḥa- und Dilmun-Fahrten der sumerischen Kapitäne.

Die nautischen Leistungen Ägyptens im Alten Reich standen denen der Sumerer nicht nach. Im 13. Regierungsjahr des Pharao Sahure (etwa 2474 v. Chr.) wird erstmals eine Seereise nach Punt genannt[35], einem Land, das meist im heutigen Somalia lokalisiert wird[36]. Die Seeleute Sahures mußten also das für Segelschiffe nicht ungefährliche Rote Meer in ganzer Länge durchfahren. Eine zusätzliche Schwierigkeit lag darin, daß die Umgebung des Ausgangshafens, der bei Kosseir vermutet wurde[37], baumlose Wüste war und ist, so daß alles Baumaterial für die Schiffe vom Niltal durch die östliche Wüste ans Rote Meer gebracht werden mußte[38]. Ungeachtet dieser Probleme scheinen in der 6. Dynastie regelmäßig Fahrten nach Punt stattgefunden zu haben. Die offiziellen Annalen schweigen hierüber fast ganz[39]; doch die Grabinschrift des Chnemhotep berichtet, er sei elfmal in Punt gewesen[40]. Der Grund für diese Reisen war der Reichtum des »Gotteslandes« an

[29] Übersichten: ebenda 430; Muhly 1976, 97ff.; Maddin u. a. 1977, 38ff. – annaku = Zinn: Muhly 1976, 104.

[30] Forrer 1928, 240; – Muhly 1976, 101, wies auf Zinnbronze in Zentralanatolien vor Sargon I. hin, ließ die Herkunft des Zinns aber offen. Zu Zinn auf der Iberischen Halbinsel: Muhly 1973, 253ff.; Branigan 1974, 64. Es könnte zu denken geben, daß vor den Balearen an zwei Stellen im Meer Zinnbarren gefunden wurden (Mascaró Pasarius 1968), doch ist ihre Zeitstellung unbekannt, und die Seltenheit von Zinnbronze auf der Iberischen Halbinsel im 3. Jt. v. Chr. spricht gegen eine so frühe Verwendung von iberischem Zinn (Renfrew 1967, 13).

[31] Albright 1925, 193ff.

[32] Gadd 1971, 430.

[33] Lamb 1936, 171 Abb. 50, 30.24 Taf. 25; 215 (Analyse durch C. Desch); Renfrew 1967, 13; Maddin u.a. 1977, 42.

[34] Branigan 1974, 72. 74f.; Muhly 1976, 88f. 99. Zu Zinn in Sitagroi V (Makedonien): Renfrew 1972, 313. Zu Zinnlagerstätten in Anatolien s. jetzt auch de Jesus 1980; Kaptan 1983.

[35] Breasted 1962, 70 § 161. Hennig 1944, 9, rechnete schon für diese Zeit mit regelmäßigen Punt-Fahrten. Eine weitere während der 5. Dynastie muß unter Isesi stattgefunden haben, dessen Import eines Zwergs aus Punt später kolportiert wurde (Breasted 1962, 160 § 351).

[36] Hennig 1944, 7.

[37] Ebenda 11. – Zu einem Hafen Sewew beim heutigen Wadi Gasūs: Breasted 1962, 275 § 604.

[38] Helck 1971, 21, nahm an, die Schiffe seien im Libanon gebaut worden und nach Ägypten gesegelt, um am Nil auseinandergenommen, auf dem Landweg durch die Wüste ans Rote Meer gebracht und dort wieder zusammengesetzt zu werden. Dies wäre wirklich rationeller als der Transport von noch unbearbeiteten Hölzern.

[39] Hierzu Helck 1962, 15. 39. Auch Byblos wird erstmals in der 6. Dynastie erwähnt (ebenda 21; ders. 1971, 21; ders. 1979, 40).

[40] Hennig 1944, 9; Breasted 1962, 164 § 361; Helck 1971, 27.

Edelmetallen und kostbaren Spezereien[41], der schon die Reise zur Zeit Sahures zu einem außergewöhnlich einträglichen Unternehmen werden ließ.

Eine wichtige Frage ist, wie die Ägypter Kenntnis von dem fernen Land erhielten. Die Tatsache, daß von Reisen im Roten Meer allein im Zusammenhang mit Punt die Rede ist, läßt eine Zufallsentdeckung ausscheiden. Es muß damit gerechnet werden, daß Sahures Unternehmen (bzw. eine ungenannte erste Punt-Fahrt unter einem seiner Vorgänger) von dem Holztransport ans Rote Meer an als Entdeckungsreise konzipiert war. Dies stellt der Weitsicht des Auftraggebers ein ebenso glänzendes Zeugnis aus wie der Seetüchtigkeit der Schiffe und Mannschaften.

Im Mittelmeer bestanden spätestens von der 1. Dynastie an Seeverbindungen zwischen Ägypten und dem Hafenplatz Byblos an der libanesischen Küste[42], der mindestens von der Mitte des 3. Jts. v. Chr. an als Stadt und wichtigster Hafen der Levante gelten kann und anscheinend ja auch die Begehrlichkeit mesopotamischer Reiche geweckt hat[43]. Da Byblos auch mit den noch schriftlosen Nachbarländern von Kanaan im Süden bis zur Amuq-Ebene im Norden[44] in engem Kontakt stand, ist es der Prototyp eines internationalen 'Port of Trade' (s. Anm. 17).

Beachtung verdient (wenn die vorliegende Meldung zutrifft)[45] auch der Nachweis einer Siedlung palästinensischen Gepräges in Mansoura am östlichen Nil-Arm. Daß die ägyptischen Mittelmeerhäfen nur im westlichen Delta lagen, wurde schon bisher vermutet[46]; man hielt das östliche Delta aber für Nomadenland. Sollte die Siedlung bei Mansoura etwa als Handelsplatz oder Zwischenhafen auf dem Weg nach Ägypten zu deuten sein?

Da auch mit Byblos echte Handelsbeziehungen auf Gegenseitigkeit bestanden (die Pharaonen haben die Warenlieferungen nicht als Tribut erpreßt, sondern bezahlt), kann von einer Monopolstellung Ägyptens im Ostmittelmeer keine Rede sein. Byblos und, wie sich jetzt zeigt, Palästina dürften nicht nur Geschäftspartner, sondern auch Konkurrenten gewesen sein, die nicht auf ägyptische Kaufleute und Schiffe angewiesen waren – ein Punkt, der Aufmerksamkeit verdient. Manche Erscheinungen im westlichen Mittelmeer (s. unten S. 87ff., 98) werden dadurch verständlicher.

Als Exportgüter von Byblos werden immer wieder Bauhölzer genannt, die für Ägypten ebenso unentbehrlich waren wie für Mesopotamien. Zu Beginn der 4. Dynastie ließ der Pharao Snofru 40 Schiffsladungen Zedernholz holen, eine beträchtliche Menge[47]. Die im Original gefundene Sonnenbarke seines Nachfolgers Cheops besteht weitgehend aus syrischen Hölzern, doch wurden außerdem auch Hölzer kleinasiatischer Herkunft identi-

[41] Unter den Produkten Punts wird Augenschminke genannt, die Antimonerz (Stibnit) enthielt (Forbes 1964, Bd. IX, 165; ders. 1972, 176). Hieraus schloß Herman 1966, 15, Punt könne nur in Südrhodesien gelegen haben; die Antimonlager in geringerer Entfernung von Ägypten seien im Alten Reich unbekannt gewesen. Vgl. hierzu unten Anm. 286.

[42] Hierzu: Albright 1964, 44ff.; Smith 1965, 8ff.; Goedicke 1966; Mellaart 1966, 56. 64. 68ff.; Tufnell – Ward 1966, 165ff.; Hennessy 1967, 72; Jidejian 1968, 16ff.; Drower – Bottéro 1971, 348ff.; Helck 1971, 25f.; Klengel 1975, 208f. – Beachtung verdient die Erwä-

gung von Helck 1971, 6, ob nicht einige später als Hafen- und Handelsplätze gesicherte Fundstellen in Phoinikien bereits im Neolithikum als Häfen fungiert hätten.

[43] Sollberger 1959/60; Ward 1964, 129f.; Klengel 1975, 209.

[44] Mellaart 1966, 56. 64. 68ff.; de Miroschedji 1971, 95ff.

[45] AW 9 H. 3, 1978, 61.

[46] Helck 1971, 4. 26.

[47] Casson 1971, 17 Anm. 30; Drower – Bottéro 1971, 346; Helck 1971, 26.

fiziert[48]. Die Barke ist 43,40 m lang und 5,53 m breit, solide aus Planken gebaut – ein Beweis, daß Längenangaben von 100 Ellen (etwa 50 m) für Schiffe des Alten Reichs nicht unrealistisch sind. Auch eine wenig spätere Reliefdarstellung vom Totentempel Sahures in Abusir[49] läßt keinen Zweifel daran, daß Hochseefahrten wie jene nach Punt technisch möglich waren. Eine wesentliche Voraussetzung hierfür ist die Ausrüstung mit Mast und Segel. Die zusätzliche, den Nilbooten entsprechende Antriebskraft durch Stechpaddel oder Ruder[50] wird unter Hochseebedingungen keine große praktische Bedeutung gehabt haben. Doch auch die Segelausrüstung mit (umlegbarem) Zweibeinmast und vierkant gebraßtem Rahsegel war unhandlich genug und ließ nur ein Fahren vor achterlichem Wind zu. Diese Voraussetzungen mußten die Möglichkeiten für Ausfahrt und Heimkehr der Byblosfahrer in schwerwiegendem Maße einengen. Wir müssen davon ausgehen, daß ein so primitiv besegeltes, tiefgehendes[51] Fahrzeug selbst vor kräftigem achterlichem Wind nur 2–3 Knoten Fahrt gemacht haben dürfte. Unter solchen Voraussetzungen werden auch die Meeresströmungen zu Faktoren von Bedeutung. Betrachten wir die Wind- und Stromverhältnisse im Mittelmeer (Abb. 9 a.b)[52], so zeigt sich, daß der Ausfahrt der »Byblos-Schiffe« vom Nil-Delta aus entlang der palästinensischen Küste im Frühjahr keine Schwierigkeiten entgegenstanden. Die Heimkehr auf dieser Route dürfte jedoch schwierig, wenn nicht unmöglich gewesen sein. Nehmen wir an, daß sie – was wahrscheinlich ist – erst im Herbst angetreten werden konnte, so war nicht nur die nach Norden ziehende Strömung ein ernstliches Hindernis: Die im Herbst ausdauernden und kräftigen Nordwestwinde dürften es den unhandlichen Schiffen, die noch nicht am Wind segeln konnten[53], nahezu unmöglich gemacht haben, direkt zum Nil zurückzukehren. Die Gefahr, auf die Küste getrieben zu werden, dürfte zu groß gewesen sein. Hingegen legen Wind und Strom einen Kurs nahe, der von Byblos aus nordwestlich nach Zypern führte, bis westlich der Insel die Nordwestwinde und -strömungen das Schiff aufnahmen und direkt zum Nil zurücktrieben. Dieser Kurs läßt sich für die Reise Wenamuns (um 1076 v. Chr.) tatsächlich erschließen[54]. Daß er von Byblos aus nach Zypern kam, wird ausdrücklich gesagt[55]. Der Rest des Be-

[48] Zaky Nour u. a. 1960, 45 f.; Landström 1974, 26 ff.. Abb. 83–94.

[49] Casson 1971, 19 Taf. 17; Landström 1974, 64 f. Abb. 188–193.

[50] Casson 1971, 17 f. Taf. 15.

[51] Der Tiefgang der Cheops-Barke beträgt zwar nur etwa 1,30 m (Landström 1974, 30 f. Abb. 87–89), doch war dies ein Nilfahrzeug. Für Seeschiffe ist mit einem wesentlich größeren Tiefgang zu rechnen.

[52] Schüle 1970, Abb. 1 (Landsicht); Markgraf 1961, Karten 13. 20 (Windrichtungen und -stärken); Pilot Chart of the North Atlantic Ocean 1974 (Strömungen, Windrichtungen und -stärken). Nach diesen Karten unsere Abb. 9 a. b.

[53] Landström 1974, 51, hielt das Segeln am Wind schon in der 6. Dynastie für möglich, weil der Mast jetzt weniger weit vor der Schiffsmitte angeordnet wurde als zuvor. In der Schiffsmitte stand er aber erst um 1500 v. Chr. (Casson 1971, 19).

[54] Wenamun wurde von Ramses XI. (20. Dynastie) aus-

gesandt, um in Byblos Holz für den Bau eines Götterschiffs des Amun zu beschaffen. Sein Reisebericht gilt als zuverlässige Quelle. Neuere Übersetzungen: Edel – Borger 1968, 41 ff.; Goedicke 1975; Lichtheim 1976, 224 ff. Zu Wenamuns Reise auch Helck 1971, 493; ders. 1979, 43.

[55] Edel – Borger 1968, 48; Lichtheim 1976, 229; vgl. diesbezüglich auch H.-G. Buchholz in dieser Publikation, unten S. 229 f. Für die Bedeutung dieser Seewege sprechen auch Hinweise in der Odyssee. Odysseus will »vor gutem Nordwind« in fünf Tagen von Kreta zur Nilmündung gesegelt sein (Od. 14, 254 ff.): das setzt – in dieser Richtung – den direkten Weg über die hohe See voraus. Auf der Heimreise aus Ägypten berührt Menelaos aber die phoinikische Stadt Sidon (Od. 4, 617; 15, 117: diese Hinweise erscheinen mir gewichtiger als die von Helck 1979, 40, zitierte Angabe bei Herodot II 119, Menelaos habe sich bei der Abreise »zunächst« nach Libyen gewendet). Schließlich heißt es sogar, von Phoinikien nach Libyen sei man über Kreta gefahren (Od. 14, 299 f.).

richts fehlt; doch ist sicher, daß Wenamun nicht wieder zur Levanteküste zurückgekehrt sein kann; die auf der Ausfahrt durch ihn beleidigten palästinensischen Tjeker hätten ihn sofort verhaftet, wie sie es sogar im Hafen von Byblos versuchten. Wenamun kann nur über die hohe See von Zypern nach Ägypten gesegelt sein. Ich halte es für wahrscheinlich, daß dies ein Kurs war, dessen Vorteile den ägyptischen Kapitänen schon lange vor Wenamun bekannt waren und der auch unabhängig von den besonderen Bedingungen, die für diesen wenig glückhaften Reisenden galten, regelmäßig befahren wurde.

Nehmen wir an, daß die Byblosfahrer auf der Heimreise wirklich an Zypern vorbei westwärts segelten, so lag es recht nahe, daß sie gelegentlich von Wind und Strom bis Kreta – oder noch weiter nach Westen – versetzt wurden. Die in Kreta und sogar in Kythera nachgewiesenen ägyptischen Gegenstände (s. unten S. 137 f.) finden auf diese Weise eine ebenso einfache Erklärung wie die Aufnahme regelmäßiger Beziehungen zwischen Ägypten und Kreta, wohl im Gefolge solcher Zufallskontakte. Von der Mitte des 3. Jts. v. Chr. an werden in Ägypten neben »Byblos-Schiffen« auch »Keftiu-(Kreta-)Schiffe« erwähnt[56]. Ebenso verständlich wird es, daß bei dem Holztransport für die Cheops-Barke auch kleinasiatische Hölzer in die Ladung gerieten[57].

Der mögliche Einwand, daß so ausgedehnte Fahrten über offene See ohne nautische Geräte zur Standort- und Kursbestimmung nicht durchführbar seien, läßt sich leicht entkräften. Auf der Route entlang der kleinasiatischen Südküste nach Westen, in der C. W. Blegen bereits aus allgemeinen Erwägungen die 'Royal Bridge' von der Levante zur Ägäis sah[58], besteht bei klarem Wetter überall Landsicht (Abb. 9 a.b)[59], und westlich von Zypern wurde das Schiff ohne eigenes Zutun von Wind und Strom aufgenommen und brauchte nur vor dem Wind zu bleiben, um nach Ägypten zurückgeführt zu werden. Der Kompaß war überflüssig. Ohnehin werden schon die frühen Seefahrer imstande gewesen sein, nach Sonne und Sternen Richtungen zu bestimmen.

Die nautischen Möglichkeiten der Byblier und der übrigen Anwohner der Levanteküste lassen sich nicht anhand von Funden ermessen. Ich möchte aber für wahrscheinlich halten, daß sie denen der ägyptischen Besucher nicht nachstanden. Schiffe in Plankenbauweise dürften in Gebieten mit geeignetem Langholz – wie hier dem Libanon – eher vorauszusetzen sein als in Ägypten, das durch die Beschaffenheit der einheimischen Hölzer ursprünglich zu einer eigentümlichen, dem Mauerwerk nicht unähnlichen Blockbauweise gezwun-

[56] Smith 1965, 8; Culican 1966, 19. – Auch Ipuwers Klage während der Wirren am Ende des Alten Reichs »Niemand fährt mehr nach Byblos« und über das Ausbleiben des Öls aus Keftiu (Pritchard 1969, 441; vgl. auch Helck 1971, 27 f.; ders. 1979, 40) lassen auf häufige Fahrten in älterer Zeit schließen.

[57] Die Mittelmeer-Expedition Sahures (Smith 1965, 9 f.; Mellaart 1966, 69. 152; Drower – Bottéro 1971, 351; Spanos 1977, 86) könnte der Erforschung der kleinasiatischen Küsten gedient haben, denn der Seeweg nach Syrien war lange genug bekannt, um einer Erforschung nicht mehr zu bedürfen. Hierfür könnte auch das Goldblech mit Sahure-Kartusche in dem nordwestanatolischen 'Fund' von Dorak (Mellaart 1959, die Kartusche:

754 Abb. 1; ders. 1966, bes. 151 f. 158 ff. Taf. 17. 18; zum Quellenwert des 'Fundes' s. aber unten Anm. 81) und das goldene Rollsiegel eines Beamten der 5. Dynastie sprechen, das zu einem anderen reichen Fund wohl aus dem westanatolischen Paktolus-Gebiet gehört (Vermeule – Vermeule 1970, 25 Abb. 9; Young 1972, 11 Abb. 8); allerdings ist ungewiß, ob diese Gegenstände nicht erst lange nach ihrer Anfertigung nach Anatolien gelangt sind. Dazu Helck 1971, 36; ders. 1979, 16.

[58] Blegen 1956, 32 ff.; Kenna 1968.

[59] Für Kenntnisse der Sternkunde sprechen Hinweise aus dem von Bardanes 1967 vorgelegten Material, auch wenn den Ausführungen des Verfassers nicht überall gefolgt werden kann.

Abb. 9a. Nautische Bedingungen im Mittelmeer. Weiß: Bereiche mit Landsicht. Leichter Raster: Bereiche ohne Landsicht. Pfeile: Meeresströmungen. Keile: Eindeutig vorherrschende Windrichtungen; wenn fehlend: Wind aus
wechselnden Richtungen. Verhältnisse im Juli

Abb. 9b. Nautische Bedingungen im Mittelmeer, wie Abb. 9a, jedoch Verhältnisse im September

gen war[60]. Es läßt sich u. U. sogar erwägen, daß der ägyptische Seeschiffsbau von dem byblitischen gelernt hat.

Hiermit wird ein Thema berührt, das der Erörterung bedarf. Die künstlerischen, religiösen und politischen Leistungen der Länder an den großen Strömen könnten zu der Annahme verleiten, daß Mesopotamien und Ägypten ihren schriftlosen (somit 'prähistorischen') Nachbarn auch in technischer Hinsicht überlegen gewesen wären. Die Funde stützen eine solche Auffassung nicht: Gerade auf dem Gebiet der Metallurgie war im 4. Jt. v. Chr. Kanaan weiter fortgeschritten als Ägypten[61]; im 3. Jt. war die Metallurgie in Byblos, Kanaan und der Amuq-Ebene der ägyptischen und mesopotamischen nicht unterlegen – einige Gelehrte lokalisierten sogar die Erfindung der Zinnbronze im Umkreis des Libanon, wo Kupfer und Zinn unfern voneinander anstünden, eine Angabe, die allerdings nicht unwidersprochen geblieben ist[62] –, und schließlich läßt die Entführung einheimischer Metallarbeiter aus Aratta durch Enmerkar (s. oben S. 54) erkennen, daß auch in Sumer solche Spezialisten als kostbare Kriegsbeute galten.

Grundsätzlich wird anzunehmen sein, daß ursprünglich die Metallurgie eher in Bergländern mit eigenen Lagerstätten[63] entstanden ist als in den zwar fruchtbaren, doch erzlosen Alluvialgebieten, in denen die Hochkulturen erwuchsen.

Auf die Bedeutung des Imports von Luxusgütern wie etwa dem Lapislazuli aus 'Barbarenländern' wurde in Anm. 13 bereits hingewiesen. In diesem Zusammenhang ist auch der Import von Zedernöl nach Ägypten[64] und vielleicht die Einfuhr von Textilien zu sehen, für die nur schwer eine rein wirtschaftliche Notwendigkeit geltend gemacht werden kann. Dies alles zeigt, daß die Hochkulturländer in wirtschaftlicher Hinsicht nicht autark waren und, wie sich in den assyrischen Faktoreien Anatoliens und in Byblos am deutlichsten nachweisen läßt, den Kontakt mit 'Barbaren' keineswegs scheuten.

Der Überblick über die Verkehrs- und Handelsbedingungen in den Ländern des Nahen Ostens und der Levante dürfte deutlich gemacht haben, daß im 3. Jt. v. Chr. Land- und Seereisen über weite Entfernungen keine Seltenheit waren. Als Beweggrund für derartige Fernfahrten wird immer wieder die Suche nach Nutz- und Edelmetallen erkennbar, gefolgt von der Beschaffung von Bauholz und (in Mesopotamien) Steinmaterial und schließlich dem Import reiner Luxusartikel. Eine beträchtliche Wahrscheinlichkeit spricht für die Vermutung, daß besonders die Metallsuche sich nicht auf die Levante beschränkt hat.

Außerdem konnte wohl verdeutlicht werden, daß die nautischen Bedingungen im Ostmittelmeer fast zwangsläufig zur Berührung von Kreta (und vielleicht der Ägäis) durch ägyptische Byblosfahrer geführt haben dürften. Dies ist eine Voraussetzung, die bei den folgenden Erörterungen vor Augen bleiben muß.

[60] Casson 1971, 14f. Für syrische Schiffsbaumeister in Ägypten: Helck 1971, 501.

[61] Culican 1966, 16f.; de Miroschedji 1971, 18 Anm. 33; 40.

[62] Braidwood 1960, 379; Mallowan 1965, 185ff.; Drower – Bottéro 1971, 341. 344. Skeptisch aber: Muhly

1973, 209. 258.

[63] Hierzu: Renfrew 1969, 12ff.; Bognár-Kutzián 1976, 70ff.; Jovanović – Ottaway 1976, 104ff.; Muhly 1977, 74.

[64] Hennessy 1967, 72; de Miroschedji 1971, 94f.; Drower – Bottéro 1971, 350; Klengel 1975, 211.

Die Ägäis
in der Frühen Bronzezeit

In der Ägäis setzte die Kenntnis der Metallverarbeitung bereits im späteren 4. Jt. v. Chr., d. h. im Spätneolithikum, ein[65], doch kann von echten Frühbronzezeitkulturen – FH, FK, FM; in der Nordostägäis: Troja und Poliochni – erst gegen Ende des 4. Jts. die Rede sein. Ihre Anfangsstufen gehen ohne Anzeichen für einen Bevölkerungswechsel kontinuierlich aus den spätneolithischen Kulturen hervor. Lediglich in Kreta wird z. T.[66] für FM I mit einer Zuwanderung aus Westanatolien gerechnet; doch hat ggf. auch sie gewiß nicht den Charakter einer Neubesiedlung gehabt.

Wenn berücksichtigt wird, daß die spätneolithischen Kulturen der Ägäis bereits manche Gemeinsamkeiten erkennen lassen wie etwa die Vorliebe für dunkelgrundige, polierte Keramik, oft mit weißer Streifenbemalung oder mit Mustern, so überrascht es nicht, auch zwischen den frühbronzezeitlichen Kulturen der einzelnen Regionen allgemeine Ähnlichkeiten wiederzufinden. Sie erklären sich weitgehend durch das ähnliche Substrat[67]. Doch ist daneben schon in der Frühbronzezeit mit Querverbindungen durch Kontakte zu rechnen, welche die Grotta-Pelos-Kultur (FK I)[68] der Kykladen mit Nordwest-[69] und Westkleinasien[70] sowie sporadisch mit Attika verbanden[71]. Wie auch in späterer Zeit[72] war hierbei die Kykladenkultur der aktive Teil.

Dies geht gewiß auf die besondere Vertrautheit der Kykladenbewohner mit der Schiffahrt zurück. Die Ägäis lädt wie kein anderes Gebiet in Europa zur Seefahrt ein und bietet mit ihren hohen, weithin sichtbaren Festlandsküsten und Inseln, welche die Bewältigung weiter Strecken auch für Ruderschiffe wie die der Frühbronzezeit – stets unter Landsicht (Abb. 9 a.b) – zulassen, ideale Möglichkeiten für die Entstehung einer auf das Meer bezogenen Lebensweise. Die weite Verbreitung des Obsidians von der Insel Melos[73], eines noch in der Bronzezeit weithin begehrten Rohmaterials, bereits in der Steinzeit[74] läßt annehmen, daß den Kykladenbewohnern der Frühbronzezeit das Meer und die Schiffahrt schon seit Jahrtausenden vertraut waren – zusammen mit Handel und (spätestens ab FK II) der Piraterie[75]. Die Modelle (Abb. 10)[76] und Darstellungen aus der Keros-Syros-Kultur (FK II)[77] bezeugen einen seetüchtigen, mit Rudern oder Stechpaddeln angetriebe-

---

[65] Coleman 1977, 108.

[66] Pendlebury 1939, 53; Renfrew 1967, 15; Warren 1973.

[67] Renfrew 1972, 163. 166. 450; vgl. aber Coleman 1974, 338. – Mit wie intensiven Direktkontakten über die Ägäis hinweg gerechnet werden muß, zeigen jetzt die reichen Funde frühtrojanischer Keramik in einem Haus auf der Pevkakia-Magoula bei Volos in Südthessalien: Chr. Podzuweit, JbRGZM 26, 1979 (1982), 144 ff.

[68] Renfrew 1972, 152 ff.; ders. 1976, 22 ff.

[69] Bernabò-Brea 1964, 702 (Poliochni). Andere Fundstellen: Lamb 1936, 88; Renfrew 1972, 162 ff.

[70] Mellaart 1966, 115; Renfrew 1972, 163; Coleman 1974, 342; Höckmann 1976 b, 160.

[71] Theochares 1951, 111 f. mit Abb. 25. 26; Renfrew 1972, 163. 206.

[72] Renfrew 1967, 3. Für Vermittlung der 'Rolled-rim Bowls' durch Handel aber Mellaart 1966, 114.

[73] Renfrew u. a. 1965.

[74] Renfrew 1972, 64. 270. 442 f. Zu mesolithischen Funden in der Franchthi-Höhle: Jacobsen 1969, 355; ders. 1973, 76 f. (mit Beitrag Dixon – Renfrew, 82 ff.). In den neolithischen Strata erreichen Obsidiangeräte Häufigkeitswerte bis 96 %.

[75] Renfrew 1972, 358.

[76] Zuletzt N. H. und Z. A. Gale, BSA 76, 1981, 169 ff. Taf. 35 a; vgl. bereits Buchholz – Karageorghis 1971, 86 Nr. 1076; Renfrew 1972, 358 Abb. 17,7 (danach unsere Abb. 10). Zur Verwendung von Blei s. H.-G. Buchholz, JdI 87, 1972, 1 ff. (mit Lit.).

[77] Ebenda 170 ff.; Renfrew 1976, 24 ff.

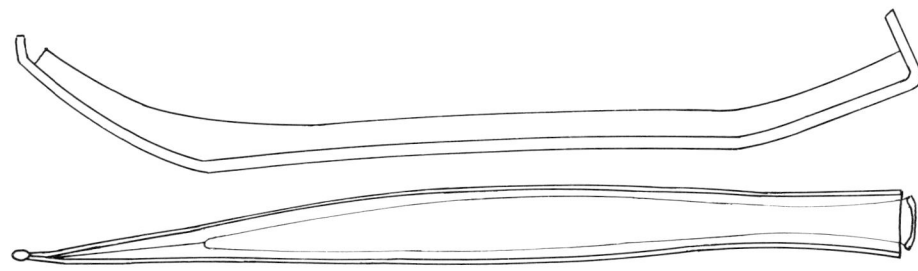

Abb. 10. Bleimodell eines frühkykladischen Langschiffs aus Naxos, Ägäis. L 40,5 cm. Oxford, Ashmolean Museum

nen Langboottyp[78], der fraglos weite Reisen ermöglichte. Nach ersten Informationen[79] scheint ein frühbronzezeitliches Schiffswrack vor der Insel Dokos (Südostküste der Peloponnes) diesen kykladischen Typ zu vertreten. Es trug eine Ladung von Tongefäßen, die vielleicht zum Transport von Handelsgütern wie etwa Olivenöl oder Wein dienten[80].

Ob auch die Küstenländer auf dem griechischen und dem kleinasiatischen Festland vergleichbare Schiffe besaßen, läßt sich noch nicht durch gesicherte Funde beweisen; die Schiffsdarstellungen auf einer Dolchklinge aus den 'Königsgräbern von Dorak' in Nordwestanatolien[81] sind in ihrem wissenschaftlichen Wert ebenso umstritten wie die Sahure-Kartusche aus demselben 'Fund' (s. Anm. 57). In Kreta hingegen sind Schiffe schon in frühminoischer Zeit verschiedentlich auf Siegeln wiedergegeben[82], und die Wahrscheinlichkeit spricht für die Annahme, daß auch die übrigen Teile der Ägäis mit Seefahrt und Handel vertraut waren.

Die technischen Voraussetzungen für Kontakte der Ägäisländer nicht nur untereinander, sondern auch mit anderen Teilen des Mittelmeergebiets waren also in der Frühbronzezeit vorhanden, wobei die leichten kykladischen Ruderschiffe weit weniger von Strom und Wind abhängig waren[83] als die viel größeren Byblossegler der Levante. Daß die letzteren vermutlich dann und wann die Ägäis erreicht haben, wurde bereits ausgeführt. Es ist nicht ausgeschlossen, daß auch ägäische Fahrzeuge ihre Reisen bis zur Levante ausdehnten. Die Frage ist, ob solche Kontakte Auswirkungen auf die Kulturentwicklung der Ägäis gehabt haben und welcher Art diese waren.

Grundsätzlich muß zwischen zwei Formen möglicher Zusammenhänge mit dem Osten unterschieden werden, die sich als 'allgemeine' bzw. 'spezielle Gemeinsamkeiten' bezeichnen lassen. Allgemeine Gemeinsamkeiten zeigen sich – wenn von funktionsbedingten Formen steinerner oder kupferner Werkzeuge und Geräte, die in dieser Hinsicht keinen Aussagewert haben, abgesehen wird – vor allem in der Keramik. So läßt sich die Technik, Tongefäße mit einem leuchtend roten Überzug zu versehen und glänzend zu polieren, auf einer bestimmten Entwicklungsstufe am Übergang vom Chalkolithikum zur Frühbronzezeit von

[78] Gray 1968, G 34 Abb. 3; Doumas 1970, 285ff.; Renfrew 1972, 355ff. Abb. 17,6.7.

[79] Die Zeit, 10. 10. 1975.

[80] Renfrew 1972, 285ff.; Warren 1972, 255f. 316 (Beitrag J. Renfrew). Zu Keramikhandel im frühhelladischen Griechenland bes.: Attas u. a. 1977, 33ff.

[81] Die Schiffe (Mellaart 1959, 754 Abb. 2; ders. 1966, 170 Abb. 53, 1–3; Gray 1968, G 39 Abb. 5) weisen Rammsteven einer Form auf, die erst für das 1. Jt. v. Chr.

gesichert ist, und Ruderpforten lassen sich nur als seltene Ausnahmen vor der Mitte des 1. Jt. v. Chr. nachweisen. Daß die dichte Reihe der Ruder z. T. durch breite Zwischenräume unterbrochen ist, ist m. W. einmalig. Dennoch für Echtheit: Gray 1968, G 29 zu Nr. 5. G 38f. – Zu den mysteriösen Aspekten des Dorak-'Fundes': Pearson – Connor 1968.

[82] Gray 1968, G 40 Abb. 6.

[83] Renfrew 1972, 357f.

Palästina bis zu den Liparischen Inseln (s. unten S. 90) nachweisen. In der Ägäis gehören demselben Stadium Gefäßgriffe etwa in Garnrollen- oder Sanduhrform ('Trompeten-henkel') an, die evtl. eng – nur für die Aufnahme einer Schnur – durchstochen sind.

Rote polierte Keramik, die nicht mit neolithischen rotfarbigen Gattungen verwechselt werden darf[84], findet sich im direkten Umkreis des Mittelmeeres (meist zusammen mit dunkler polierter Tonware) erstmals im Bereich der nördlichen Levante und Syriens[85], wo sie dem 4. Jt. v. Chr. angehört. Von dort aus verbreitete sie sich schnell nach Süden, wo sie eine markante Fundgruppe der 'proto-urbanen' Kultur Palästinas[86] bildet, und gelangte im Zuge der bereits erwähnten Handelsverbindungen bis Unterägypten[87]. Die Machart blieb in Palästina auch in der vollen Frühbronzezeit beliebt[88].

Im ägäischen Raum erschien die leuchtend rote polierte Keramik unvermittelt am Ende des Neolithikums (entsprechend dem Chalkolithikum in Anatolien und Vorderasien) in Chios und Athen[89]. In FB I ist sie in Südwestanatolien[90] ebenso geläufig wie in der Nord-ostägäis, wo sie anfangs ('Blaue Periode' von Poliochni)[91] als vielleicht durch die Art der Brennöfen bedingte Spielart der dunklen, polierten Ware angesprochen wird. Wenig spä-ter (Poliochni-'Grün' und -'Rot', Troja I)[92] wird die rote Farbe aber zweifellos absichtlich erzielt. Gleichzeitig mit Poliochni-'Blau' setzte die rote, polierte Keramik auf dem griechi-schen Festland[93] und in Kreta[94] ein, und es scheint, daß nur die Kykladen in FK I keine derartige Tonware gekannt haben[95]. Hier läßt sie sich erst in FK II nachweisen.

Die Kürze des Zeitabstands zwischen dem Erscheinen der glänzenden Rotkeramik in der Levante und in der Ägäis legt nahe, Zusammenhänge anzunehmen. Ich halte diese An-nahme für wahrscheinlicher als die für Poliochni-'Blau' erwogene Möglichkeit einer auto-chthonen Entstehung in der Ägäis. Allerdings sind die Gefäßformen in den einzelnen Gebieten zu verschieden, als daß an eine Verbreitung der neuen Töpfertechnik etwa durch Wandertöpfer[96] oder gar Wanderungen größerer Menschengruppen – mit einer solchen erklärte S. Weinberg die Entstehung der FM I-Kultur Kretas[97] – zu denken wäre. Die schnelle Expansion muß andere Gründe haben. Ich halte es für nicht unwahrscheinlich, daß in Ost und West bezweckt wurde, rötlichglänzende Gefäße aus Gold oder Kupfer zu imitieren[98]. Im Sinne dieser Annahme läge es, daß stellenweise auch die Formen der Ton-gefäße (scharfkantige oder breit gerillte Profile, Bandhenkel und sogar Nieten) toreutische

[84] Zu Vorläufern in Amuq B: Braidwood 1960, 70 ff. Die Tradition reißt dort wieder ab.

[85] Beginnend in Amuq F (ebenda 238; Mellaart 1966, 43 f.; auch Byblos B) und weiterbestehend in Phase G (Braidwood 1960, 274 f.; Hennessy 1967, 63).

[86] Mellaart 1966, 45 ff.; Amiran 1969, 42 ff.; de Miro-schedji 1971, 24 ff. 62 (Stufe 2).

[87] Amiran 1969, 62.

[88] Hennessy 1967, 62 f. (FB I in Palästina und Byblos). Für FB II z. B. in Arad: Amiran u. a. 1973.

[89] Chios: Renfrew 1972, 75; Athen: Megaw 1967/68, 4 (die Gefäße stehen den Kegelhalsgefäßen von FK I bis auf die Henkelform nahe).

[90] Lloyd – Mellaart 1962, 116.

[91] Bernabò-Brea 1964, 550: Die rote Farbe erscheint in Poliochni-'Blau' vorwiegend an Großgefäßen, so daß auf Zusammenhänge zwischen der Rotfärbung und der Art der Töpferöfen geschlossen wird.

[92] Bernabò-Brea 1964, 651 f.

[93] French 1961, 111; Schachermeyr 1962, 191 f.; Fossey 1969, 55. 60; vgl. ferner oben Anm. 89.

[94] Renfrew 1972, 83 f.

[95] Zu einer roten Scherbe aus Paros: French 1961, 111 (»wohl FK I«).

[96] So Hennessy 1967, 46, zu der 'anatolisch' wirkenden Esdraelon-Ware Palästinas.

[97] Weinberg 1954, 94 ff.; ders. 1965 bzw. 1971, 302. 304. 307; Branigan 1970, 199 ff. hielt dies eher für un-wahrscheinlich, ohne es jedoch gänzlich auszuschließen.

[98] So Mellaart 1966, 51 zur Ähnlichkeit der Keramik der Wende zur Frühbronzezeit in Palästina und Anato-lien. Ähnlich zu FM II-Keramik: Pendlebury 1939, 68.

Vorbilder nachahmen. Originalfunde von Metallgefäßen aus dem späten Chalkolithikum und der beginnenden Frühbronzezeit zählen zwar zu den größten Seltenheiten, sind aber vorhanden[99]. Sie könnten das Medium dargestellt haben, das der Ausbreitung der rotglänzenden Keramik zugrunde lag.

In diesem Zusammenhang seien auch die 'Trompetenhenkel' der ägäischen FB I erwähnt, obgleich sie erst im Zusammenhang mit dem Aeneolithikum des westlichen Mittelmeergebiets von Belang sein werden (s. unten S. 88). Sie lassen sich nicht aus der Levante herleiten[100], sondern scheinen im späten Chalkolithikum Westanatoliens entstanden zu sein[101]. Wenig später ist die Form dann auf dem griechischen Festland nachzuweisen[102], und spezielle Spielarten[103] lassen direkte Zusammenhänge mit Anatolien annehmen.

Konkrete Hinweise auf gelegentliche Kontakte der ägäischen FB I mit den Ländern der Levante und Ägypten sind spärlich. Zwei vor- oder frühdynastische ägyptische Steingefäße wurden in einem spätneolithischen Hause in Knossos in Kreta gefunden[104], doch läßt sich nur vermuten, daß sporadische Besuche der Insel (vielleicht durch nach Westen abgetriebene Byblosfahrer; s. oben S. 59) auch in FM I nicht fehlten. Auf den Kykladen setzte im späteren FK I ein Typus von Marmorfiguren ein, der auf syrische Vorbilder zurückgeht, und ein ungewöhnlich reicher Grabfund von Amorgos (Grab D) enthält noch weitere Funde östlichen Charakters. Schließlich lassen sich für die älteste Stadtmauer von Poliochni ('blaue Periode') und einige Architekturformen Vorbilder in der Levante erwägen. Da all diese Funde und Befunde aber bereits an der Wende zur FB II stehen, sollen sie im Zusammenhang mit dieser Periode erörtert werden.

In FB II nehmen die Kontakte der einzelnen Teile der Ägäis sowohl untereinander als auch mit dem Osten so deutlich zu, daß für diese Periode von einer Atmosphäre des 'Internationalismus' gesprochen wurde[105], was angesichts der kleinen Stammesverbände, wie sie für die Ägäis vorausgesetzt werden müssen, ein wenig anspruchsvoll ist. Tatsache ist, daß sich die ganze Ägäis durch eine Reihe von Kulturerscheinungen den Ländern im Nahen Osten und Ägypten annäherte – ein Vorgang, der häufige und regelmäßige Verbindungen annehmen läßt. Um der Übersichtlichkeit willen sollen diese Elemente in der folgenden Reihenfolge besprochen werden:

[99] Vgl. etwa ein Silbergefäß aus Tell Farah (Mellaart 1966, 50 Abb. 20) und die Goldgefäße aus Euboia (Segall 1938, 11–14 Taf. 1–3), die meist spätneolithisch datiert werden (Renfrew 1972, 114, erwägt allerdings Entstehung in FH II).

[100] 'Trompetenhenkel' fehlen dort, und einfache 'Tunnelhenkel' sind zwar nicht ganz unbekannt (Hennessy 1967, 11 Taf. 5,53; 19 Taf. 11,10; FB I), aber wohl zu selten und zu formenarm, um als Vorbilder der ägäischen zu überzeugen. Vielleicht hängen schon die frühen Belege mit Anatolien zusammen, wie es in FB III für die Belege aus dem Chirbet-Kerak-Horizont (Braidwood 1960, 362 Abb. 281,8; 365 Abb. 283,19) anzunehmen ist.

[101] French 1961, 124 Abb. 5,13.15–18.21 (ein chalkolithischer Fund aus Makedonien: 128 Abb. 7,37). In Beycesultan (Lloyd – Mellaart 1962, 153 Abb. P. 28.5.

7.9; 159 Abb. P. 34,3.4.6; 163 Abb. P. 37,4.9.13.14) setzten sie aber erst, im Gefolge eines Einstroms nordwestanatolischer Erscheinungen, in FB II ein. Ostägäische Belege: Milojčić 1961, 64 (Samos); Bernabò-Brea 1964, 686. 703f. (Poliochni).

[102] 'Trompetenhenkel' aus frühem FH I: Goldman 1931, 91 Abb. 115,2 (Eutresis, Boiotien); Fossey 1969, 58 Abb. 3 (Perachora); späteres FH I: ebenda 63 Abb. 5,14–17; FH II: Mylonas 1959, 124 Abb. 123,4.5.7 (Hagios Kosmas).

[103] Vgl. Gefäßgriffe aus zwei Vertikalleisten mit einer verbindenden Horizontalleiste aus Beycesultan (Lloyd – Mellaart 1962, 159 Abb. P. 34,5) und Hagios Kosmas (Mylonas 1959, 124 Abb. 123,6).

[104] Warren 1965, 30f. Nr. 5. Nr. 13.

[105] Mellaart 1966, 139ff.; Renfrew 1972, 15.

1. Metallgegenstände und Metallurgie
2. Luxusgüter
3. Siegel
4. Elemente aus dem religiösen Bereich
5. Grabformen und Bestattungsbräuche
6. Urbanisation und Architektur

Metallgegenstände und Metallurgie

Es konnte eingangs skizziert werden, welche zentrale Bedeutung der Metallhandel zu Lande und zur See für die Länder des Nahen Ostens besaß. Ähnliches gilt gewiß für den ägäischen Raum[106]. Zwar ist vereinzelt der Kupferabbau für die Frühbronzezeit nachgewiesen[107], doch kann lokales Kupfer nur für die Kykladen und Kreta vorausgesetzt werden. Das griechische Festland[108] und Westkleinasien dürften weitgehend auf importiertes Kupfer angewiesen gewesen sein. J. D. Muhly rechnete sogar schon für das 4. Jt. v. Chr. mit einem Metallhandel zwischen der Ägäis und dem östlichen Mittelmeergebiet[109]. In der ägäischen Frühbronzezeit ist das Kupfer oft – natürlich oder mit Absicht – mit Arsen legiert[110]. Die absichtliche Legierung ist ein schwieriges Verfahren, das auch im Osten (beispielsweise an den Gegenständen aus dem 'proto-urbanen' Fund von Nahal Mišmar in Israel)[111] nachgewiesen ist. Besonders die Gefahr schwerer Gesundheitsschäden beim Umgang mit Arsen[112], die nur durch komplizierte Schmelzverfahren umgangen werden konnte, macht es unwahrscheinlich, daß die planmäßige Herstellung von Arsenlegierungen an mehr als einer Stelle erfunden wurde. Der zeitliche Vorrang des Nahen Ostens spricht für die Annahme, daß hier das Zentrum zu suchen ist, von dem aus die schwierigen und große Erfahrung verlangenden Schmelztechniken in andere Gebiete wie die Ägäis weitergegeben wurden[113].

Als Legierungsmaterial für das in reiner Form schwer zu gießende und zu schmiedende Kupfer ist Zinn dem Arsen in jeder Hinsicht überlegen. Sein wichtigster Nachteil ist die Seltenheit von Lagerstätten[114]. Es ließ sich zeigen (s. oben S. 54ff.), daß im Nahen Osten im 3. Jt. v. Chr. gerade der Zwang zur Versorgung mit diesem Metall in fremden Ländern die Entstehung von Fernhandelssystemen angeregt bzw. kriegerisches Vorgehen motiviert

---

[106] Ebenda 15. 182.

[107] Muhly 1973, 187, stellte das in Abrede. Vgl. aber Renfrew 1972, 312; Branigan 1974, 57. 59ff.; Stech Wheeler u. a. 1975, 32. Zu reichen Lagerstätten in Zypern, die bereits im Chalkolithikum ausgebeutet wurden: Muhly 1976, 86.

[108] Allerdings rechnete Coleman 1977, 114 mit einer Ausbeutung der Kupfererze von Laurion (Attika) schon zu dieser Zeit. – Für FH-Kupferverarbeitung in Mantineia jetzt auch: Anonymus 1980, 112f.

[109] Muhly 1973, 190.

[110] Charles 1967, 21ff.; Renfrew 1967, 1. 12ff.; ders. 1972, 314. Allgemein: Junghans u. a. 1968, 111ff.;

Sangmeister 1971, 109ff. 127; Sangmeister – Strahm 1973, 217; Selimkhanov 1977, 1ff.

[111] Bar-Adon 1971, 240–247 Tab. S. 243; Muhly 1977, 74.

[112] Zur Gefahr von Gesundheitsschäden: Ross Holloway 1976, 153; Muhly 1977, 75.

[113] Sangmeister in: Junghans u. a. 1968, 111ff.; Sangmeister 1971, 129, erwog eine selbständige Entstehung in Portugal im Zusammenhang mit den ägäischen Kolonien; s. auch Anm. 295.

[114] Damit, und nicht etwa mit rückständiger Technologie, ist nach Muhly 1976, 89f. die späte Entwicklung von Zinnbronze zu erklären.

hat. Oben wurde auch schon auf die Möglichkeit hingewiesen, Sargons Zinnland An(n)aku »jenseits des Oberen Meeres« könnte im Umkreis der Nordostägäis zu lokalisieren sein, wo schon aus der älteren Frühbronzezeit Gegenstände aus Zinnbronze vorliegen; sie wurden von archäologischer Seite als Hinweis auf restlos ausgebeutete Zinnseifen im Umkreis der Troas[115] gedeutet. Angesichts der Gemeinsamkeiten zwischen den nordostägäisch-nordwestanatolischen Kulturen (Poliochni-'Blau', Kum Tepe Ib, aber auch noch Troja I und Yortan) einerseits und der Grotta-Pelos-Kultur der Kykladen (FK I) andererseits leuchtet der Vorschlag K. Branigans ein[116], im Zinnexport die Quelle des Reichtums des frühen Troja zu sehen; denn Zinnbronze (verschiedentlich, wie in der Troas, mit unnötig hohem Zinngehalt) ist auch von den Kykladen bekannt[117].

Diesen Erwägungen steht das Argument Muhlys und Maddins (s. Anm. 15) entgegen, daß nach den Schriftzeugnissen aus den assyrischen Faktoreien in Ostanatolien im späteren 3. Jt. v. Chr. große Mengen Zinn auf dem Landweg nach Anatolien verhandelt wurden, was in der Tat gegen eine Autarkie Kleinasiens zu sprechen scheint. Das Problem kann aber chronologischer Art sein.

Die trojanische Kultur erreichte in Troja II ihren Höhepunkt. Ihre bedeutendsten Zeugnisse gehören der Schlußphase IIg dieser Blütezeit an und wurden im Zusammenhang mit einer katastrophalen Zerstörung der Stadt als 'Schatzfunde' teils vergraben, teils von stürzenden Trümmern bedeckt. In der Folgezeit kann in Troja, ungeachtet mancher Anzeichen für eine Kontinuität in der Entwicklung anspruchsloser Sachgüter, keine Rede mehr von ungewöhnlichem Reichtum sein.

Nehmen wir an, daß der Wohlstand Trojas vor der Katastrophe mit dem Zinnexport zusammenhing, so könnte der folgende Niedergang das Versiegen der Quellen dieses Reichtums widerspiegeln. Der allgemeine Rückgang der Zinnprozente in Bronzen des frühen 2. Jts. ist ein auffallendes Faktum (Analysentabellen in: H.-G. Buchholz, Berliner Jb für Vor- und Frühgeschichte 7, 1967, 189ff. und in: U. Esin, Kuantitatif Spektral Analiz . . ., Istanbul, 1969). Auch der Raub der Metallarbeiter von Aratta durch Enmerkar (s. oben S. 54ff.) könnte ein Erklärungsmodell hierfür abgeben[118]. Daß in der Folgezeit zunächst noch Zinnbronze für den Eigenbedarf verfügbar war[119], ist kein Beweis für den Fortbestand des Exports im frühen Maßstab[120]. Die Orientierung des akkadzeitlichen Metallhandels Ostanatoliens braucht kein Argument gegen einen Zinnexport Trojas in der älteren Frühbronzezeit darzustellen: Die zentrale Frage gilt dem Zeitpunkt des Endes von Troja II g. C. Renfrew[121] datierte die Katastrophe aufgrund von Radiokarbondaten aus anderen Fundstellen in die Zeit um 2400–2300 v. Chr., und ähnliche Ansätze wurden aufgrund ar-

---

[115] Zu Zinn in Nordwestanatolien: Renfrew 1967, 13; ders. 1972, 313; Branigan 1974, 64. Daß dort bisher kein Zinn nachgewiesen wurde (Muhly 1976, 99), ließe sich u. U. mit der völligen Ausbeutung der Lager in alter Zeit erklären (Renfrew 1967, 13). Außerdem könnte ein Beleg aus Sitagroi V (Renfrew 1972, 313) für Lagerstätten im Umkreis des Pangaiongebirges sprechen.

[116] Branigan 1974, 64.

[117] Ebenda 74.

[118] Daß die Schätze aus Troja IIg nicht geborgen wurden, spricht m. E. für die Vertreibung der Stadtbevölke-

rung. Anders Ross Holloway 1981, 52. 105: er sah im frühen Troja keine Stadt, sondern ein Heiligtum; die Schätze wären als Eigentum der Gottheit vergraben und nach der Zerstörung im Boden belassen worden.

[119] Branigan 1974, 72. 74.

[120] Für einen Rückgang der Zinnbronze noch während der Frühbronzezeit: ebenda 64f. In Troja VI–VII ist der Zinngehalt geringer als zuvor (Schmidt 1902, 337), vielleicht ein Zeichen für die Erschöpfung der Lagerstätten (Renfrew 1972, 313).

[121] Ebenda 206ff. 216f. 220f. Tab. 13.VI.

chäologischer Methoden von anderer Seite vorgeschlagen[122]. J. Mellaart[123] und Renfrew[124] setzten hierbei Troja II mit der FB II-Periode in der kilikischen Stadt Tarsus gleich, die durch Importstücke in die Zeit der 4. Dynastie Ägyptens datiert ist[125]. Auf diesem Wege ergibt sich das oben genannte Enddatum für Troja IIg[126].

Demgegenüber setzten M. Mellink und andere[127] Troja II erst mit der FB III von Tarsus gleich. Hierdurch ergeben sich für Troja II Enddaten frühestens in der Akkadzeit oder (P. Calmeyer)[128] noch später. Sehen wir Zusammenhänge zwischen der Katastrophe in Troja und ähnlich radikalen Zerstörungen auf dem griechischen Festland[129] und in Kreta[130] und ziehen wir ein Radiokarbondatum für Troja IV (T-168: 2058±110 v. Chr.)[131] in Betracht, das durch den Fund eines Gefäßes vom Troja IV-Typ in Tell Taᶜyinat im Zusammenhang mit der Phase Amuq J archäologisch gesichert wird[132], so gewinnt der Zeitansatz für das Ende von Troja IIg um 2400–2300 v. Chr., also kurz vor der Akkadzeit oder in deren älterem Teil, an Wahrscheinlichkeit. Die Ausrichtung des ostanatolischen Zinnhandels nach Assyrien in der vollen Akkadzeit ist dann kein Argument gegen eine wichtige Stellung Trojas im Zinnhandel der älteren Frühbronzezeit. Das Interesse Sargons I. an dem Zinnland (An[n]aku »jenseits des Oberen Meeres«) kann sich auf Troja (oder allgemein die Ägäis) bezogen haben.

Daneben können auch andere Metalle exportiert worden sein. Kupfer war vorhanden[133], doch in Mengen, die dem Vergleich mit jenen in Zypern nicht standhalten[134]. Westanatolien lieferte Gold nach Sumer[135]; Silber aus Laurion in Attika und Blei von Siphnos wurden an Funden der kykladischen FB II nachgewiesen[136]. Für den Export dürften

[122] Für ein Enddatum von Troja II um 2400–2300 v. Chr.: Milojčić 1949, 28f.; Weinberg 1954, 92; Prausnitz 1955, 27; Mellaart 1966, 174ff.; ders. 1971, 405; ders. 1974, 40; Easton 1976, 161ff. (hierzu s. oben S. 39; dort eigener Ansatz aufgrund von C[14]-Daten: etwa 2390 v. Chr.). Ein Enddatum von Troja II um 2300–2200 v. Chr. vertraten: Bittel 1959, 22; Weinberg 1971, 305 Tab. S. 313.

[123] Mellaart 1957, 73 (spätes Troja II = Tarsus FB II); Lloyd – Mellaart 1962, 112f. (Troja IIa–g = Tarsus FB II); Mellaart 1971, 404; ders. 1974, 38ff.

[124] Renfrew 1972, 216f. Für Gleichsetzung Troja I = Tarsus FB I auch Easton 1976, 156ff.

[125] Hierzu Mellaart 1971, 405; Mellink 1971, 110f.; Renfrew 1972, 216; Mellaart 1974, 39f. (jetzt Gleichsetzung Troja I = Tarsus FB II); Spanos 1977, 88ff.

[126] Mellaart 1966, 174, erwog sogar Zusammenhänge zwischen der Zerstörung von Troja IIg (und zahlreichen anderen anatolischen Siedlungen) und dem in akkadischen Quellen aus der Zeit Naram-Sins genannten Einbruch wilder Nomadenhorden, die Puruschchanda zerstörten.

[127] Mellink 1965 bzw. 1971, 126; Emre 1971, 120; Spanos 1977, 106.

[128] Calmeyer 1977, 96; ähnlich Hood 1973, 119ff.

[129] Caskey 1960, 301f.; Weinberg 1965 bzw. 1971, 305; Mellaart 1966, 178; Renfrew 1972, 101.

[130] Warren 1972, 343ff.: Thermolumineszenz- und Radiokarbondaten sprechen übereinstimmend für ein gewaltsames Ende von Myrtos vor 2170 v. Chr. (vielleicht etwa 50 Jahre davor). Wahrscheinlich fällt auch die Zerstörung von Vasiliki in diese Zeit.

[131] Buchholz 1977, 308.

[132] Braidwood 1960, 451 Abb. 349.

[133] Muhly 1973, 187ff. Vgl. auch oben Anm. 107. 108.

[134] Muhly 1973, 190f.

[135] Young 1972, bes. 9 (anders allerdings: Maxwell-Hyslop 1977, 84f.); Branigan 1974, 63. 65. – Zu Goldlagerstätten im westlichen Kleinasien vgl. auch Forbes 1964, Bd. VIII, 163; ders. 1971, 166; – zum Goldimport in Sumer vgl. ebenda 172.

[136] Branigan 1974, 57, rechnete mit fremder Herkunft des Silbers. Vgl. dagegen aber Renfrew 1967, 4; ders. 1972, 318; Gale 1979, 15. 26ff. 36ff. 44f. (S. 31 Nachweis von Blei, das evtl. aus Laurion stammt, in Ägypten; Ende 3. Jt. v. Chr.); H. Gropengießer, Naturwissenschaften 66, 1979, 157 (Siphnos); W. Gentner – H. Gropengießer – G. A. Wagner, Mannheimer Forum 79/80, 1980, bes. 209ff. (Siphnos: Blei). 211f. (Silber). 217. – Mit Silber-Export aus Anatolien rechnete Helck 1979, 17; die große Zahl von Silbergefäßen in den dortigen Schatzfunden (s. unten Anm. 147) läßt wirklich annehmen, daß dieses Metall reichlich vorhanden war.

die Lagerstätten aber nicht ergiebig genug gewesen sein. Bedeutung scheint allein dem Handel mit anatolischem Gold zugekommen zu sein (s. unten anschließend).

Luxusgüter

Der Zinnhandel könnte das Erscheinen nahöstlicher Typen von Dolchen[137], Metallgefäßen und Schmuck in der Ägäis erklären; auch ein goldener Dolch aus einem Fürstengrab in Montenegro[138] steht syrischen Formen nahe. Obgleich in der Ägäis eigene Dolchtypen vorherrschten[139], rissen östliche Einflüsse bis in die Schlußphase der Frühbronzezeit nicht ab und nahmen in der Folgezeit an Intensität noch zu[140]. Es läßt sich denken, daß Waffen als diplomatische Geschenke an ägäische Fürsten dienten, wie in homerischer Zeit kunstvoll gearbeitete Schwerter[141].

Ähnliches ist für Metallgefäße zu vermuten, die besonders in Anatolien verbreitet waren und hier (seltener auch auf den Kykladen und dem Festland) die Formen von Ton- und Marmorgefäßen beeinflußten[142]. Enge Beziehungen bestanden zumal zwischen der Troas in der Phase Troja IIg und den Königsgräbern von Alaca Hüyük[143]; einzelne Gefäße aus beiden Fundstellen werden derselben Werkstatt zugewiesen[144]. Andere Metallgefäß-Formen der Troas lassen sich bis nach Assyrien verfolgen[145], wobei die chronologische Situation allerdings unklar ist[146]. Auffallende Übereinstimmungen bestehen ferner zwischen Schmucksachen aus Schatz- oder Grabfunden in Anatolien und solchen in den Königsgräbern von Ur[147]. Einen Grund hierfür nannte W. J. Young (s. Anm. 135): Nach

[137] Branigan 1966a; ders. 1967, bes. 119ff.; ders. 1968a, 13. 15. 17. 60. Zu anatolischen Formen auf den Kykladen auch: Renfrew 1967, 10ff.

[138] Parović-Pešikan 1971; Trbuhović 1975.

[139] Renfrew 1967, 14f.: Besonders typisch sind die Dolche Typ IVa und die Lanzenspitzen Typ IIa; – Dietz 1971, 1–5 Abb. 1–4.

[140] Ebenda 5–22 bes. 5f. 17–20 Abb. 5. 9–11.

[141] Zu solchen Sonderformen des Güteraustausches: Ross Holloway 1976, 157.

[142] Zweihenkelige Becher ('Depas Amphikypellon'): Mellaart 1966, 160f. Abb. 51; Renfrew 1967, 15f. Taf. 10c.d; ders. 1972, 284 Taf. 19,1.2; Höckmann 1976b, 162; Spanos 1977, 91. 95. 96ff. Abb. 4; – 'Saucièren': Renfrew 1967, 15f. Taf. 10a.b; ders. 1972, 284. 336 Taf. 19,3.4; Höckmann 1976b, 162; – Schalen: Renfrew 1972, 335f. Taf. 19,5.6; – Mehrtüllengefäße: Mellink 1969, 75; Höckmann 1976b, 162; – Kannen mit Knicktülle und eingerollten Henkelansätzen: zu diesen umfassend Bittel 1959, 2ff. Nr. 6–17; S. 14–34 passim bes. 14–18 (auch zur Frage von Nachahmungen in Ton). 23–26. 31f. Abb. 7–19. 28. 31–37; Mellaart 1966, 156. 158. 160. 188 Abb. 59,5–8; Spanos 1977, 99ff. Abb. 6. 7; – Krüge und Becher: Mellaart 1966, 156. 161f. Abb. 48. 52; – Ständer: ebenda 188 Abb. 59,1.2. Verbindungen zwischen den Kykladen und Anatolien

werden auch an den 'Kykladenpfannen' und ihren Entsprechungen in Alaca Hüyük deutlich, vgl. Mellink 1956, 52ff. Taf. 3,3–6.10 (Deutung als Spiegel); Renfrew 1972, 336f.; Höckmann 1976b, 162.

[143] Dies dokumentieren die in der vorigen Anm. genannten Knicktüllen-Kannen.

[144] Bittel 1959, 31.

[145] In Gräbern in Assur und Sippar aus der Zeit der 3. Dynastie von Ur wurden drei Tiegel mit Rotellengriff eines in der Troas verbreiteten Typs gefunden, vgl. Maxwell-Hyslop 1970; Calmeyer 1977, 87. 90–93 Taf. 2a–c (zur Datierung S. 88f.); Spanos 1977. – Zu den Gefäßen aus der Troas vgl. Bittel 1959, 1f. Nr. 1–5; 13–22 passim. 31. 34. Abb. 1–6. 26. 32; Mellaart 1966, 160 Abb. 50,1. 2; Calmeyer 1977, 90ff. Taf. 2d; Spanos 1977, 99. Der unterschiedliche zeitliche Ansatz der Schichten in Troja ergibt voneinander abweichende chronologische Schlußfolgerungen für die Tiegel und die Knicktüllen-Kannen, vgl. dazu Bittel 1959, bes. 15–22; Calmeyer 1977, 95ff.; Spanos 1977.

[146] Spanos stellte den Zusammenhang ohne Angabe von Gründen in Abrede. Die Publikationsgeschichte der Funde kann zu Zweifeln an der Zusammengehörigkeit Anlaß geben.

[147] Schmidt 1902, 225ff. (Troja); Prausnitz 1955, 27 (Schmuck Troja); Bernabò-Brea 1957b; ders. 1976,

seinen Angaben stammt das Gold in den Königsgräbern von Ur aus dem Paktolus-Gebiet um Sardis. Demnach dürfte Südmesopotamien schon lange vor der Akkadzeit von einem metallreichen Land im fernen Nordwesten gewußt und sich der Gunst seiner Fürsten durch reiche Geschenke versichert haben. Vor diesem Hintergrunde erscheint Sargons I. Interesse an dem »Zinnland jenseits des Meeres«, das durchaus mit dem Goldland der Könige von Ur identisch sein kann, wenig überraschend.

Ähnlichen Schmuck aus Elfenbein fand G. Sakellarakes in frühminoischen Gräbern in Archanes (Kreta)[148]. Es scheint, daß (aus noch ungeklärten Gründen) auch kretische Fürsten an diesen internationalen Beziehungen auf höfischer Ebene teilhatten. Im selben Zusammenhang ist auch eine zerbrochen gefundene Prunkaxt aus Schatz L von Troja II g von Belang, die wahrscheinlich aus Lapislazuli bestand[149]. Diese Annahme wurde neuerdings in Frage gestellt[150], doch spricht die Beschreibung des Materials[151] für Lapislazuli[152]. Er dürfte eher über Mesopotamien als über Ägypten bezogen worden sein (vgl. dazu Anm. 13).

Auf den Kykladen fehlen solche Kostbarkeiten bisher. Hier zeigen sich östliche Einflüsse in erster Linie an Steingefäßen. Vielleicht reichen Beziehungen zur Levante bis ins Spätneolithikum zurück: Zwei Spitzbecher aus weißem Marmor aus Kephala[153] entsprechen formal weitgehend den tönernen 'Cornets' der chalkolithischen Ghassul-Kultur Palästinas[154]. Auffällig ist auch die Ähnlichkeit kykladischer Farb-Reibplatten mit ägyptischen. Der Nachweis von 'ägyptischem Blau', einem synthetischen Farbstoff wohl ausschließlich ägyptischer Herkunft, auf den Kykladen und in Kreta[155] beweist den Export ägyptischer Kosmetika für die Zeit der 4. Dynastie und läßt Zusammenhänge auch in früherer Zeit möglich erscheinen. Vielleicht sind verzierte Knochenhülsen[156] – Behälter für Kosmetika? –, die aus frühbronzezeitlichen Fundstellen der Levante, der Kykladen und der Troas vorliegen, in demselben Kontext zu sehen.

284 ff. Taf. 240 ff. (Schmuck Poliochni); Bittel 1959, 1 ff. (Troas); Bass 1965, 26 ff.; ders. 1970 (Troas); Vermeule – Vermeule 1970; Young 1972, 5 ff. (Paktolus-Gebiet); Rudolph 1979, 12 ff. 19 (Trabzon). Besondere Beachtung verdient ein Silber-Skyphos aus einem weiteren Fund in der Troas (Muscarella 1974, Nr. 1–4), der trojanische Hohlhenkel mit einem Gefäßkörper und -fuß sumerischer Form vereint (vgl. Woolley 1929, 33 f. Taf. 8 unten). Ähnlich heterogen ist ein Gold-Kelch aus Dorak (Mellaart 1959, 756 Abb. 14; ders. 1966, 165 Abb. 51,10; zu dem 'Fund' vgl. aber oben Anm. 81). Während die Funde aus der Troas, von Poliochni und aus dem Paktolus-Gebiet gemeinsame Formen aufweisen, sondert sich der Fund von Trabzon von dieser Gruppe ab.

[148] Heidelberger Winckelmann-Vortrag am 1. 12. 1978.

[149] Schmidt 1902, 243 Nr. 6058 (vgl. auch 287 Nr. 7762); Götze 1902, 338. 375. – Allgemein zu den trojanischen Äxten und zu Parallelen im FB III-Stratum von Ai (Palästina): Prausnitz 1955, 19. 23 ff. Prausnitz sah in diesen und anderen Funden (vgl. unten Anm. 156)

Hinweise auf Kontakte zwischen der ägäischen FB II und der FB III Palästinas.

[150] Renfrew 1972, 445.

[151] Schmidt 1902, 243: »blau, wie Lapislazuli, mit bräunlichen Adern und Flecken«.

[152] Für diesbezügliche Auskünfte danke ich Herrn Goldschmiedemeister E. Foltz (RGZM Mainz).

[153] Renfrew 1972, Taf. 1,2; Coleman 1977, 5. 64 f. Nr. 103; 66 Nr. 109; 106 Taf. 23.67,103.109. Ein rotbemaltes Marmor-Spitzrhyton wurde auch in dem aeneolithischen Gräberfeld von Varna in Bulgarien gefunden (Ivanov 1978, Abb. 34), dessen Goldschmucktypen z. T. Parallelen in dem Fund von Trabzon (s. oben Anm. 147) und in Koumasa (Goldbanddiadem: Xanthoudides 1924, 47 f. Taf. 29,216) aufweisen.

[154] Amiran u. a. 1969, 23 Photo 7 Taf. 2,5–7.

[155] Philippakes u. a. 1976, 147. 149. 151; – zu 'ägyptischem Blau' s. auch H.-G. Buchholz, unten S. 177 f.

[156] Jericho: Kenyon 1960, 124 Abb. 40,8; 146 Abb. 48,2; Kykladen: Zervos 1957, 30 Abb. 262; Poliochni: Bernabò-Brea 1964, 457. 666 f. Taf. 178,12. Allgemein: Prausnitz 1955, 22 ff.; Renfrew 1972, 209.

Von Kreta sind aus FM II-Funden mehrere ägyptische Kalksteingefäße bekannt[157], und ein Gefäß mit Inschrift des Pharao Userkaf (5. Dynastie) wurde auf Kythera gefunden (s. Abb. 29)[158]. Andererseits liegen aus Byblos einige Fragmente von Schiefergefäßen vor[159], die als kretische Arbeiten gelten und die engen Verbindungen Kretas zur Levante unterstreichen. Demgegenüber läßt sich die Angabe, ein Gefäß aus einem ägyptischen Grabe der 1. Dynastie bestünde aus parischem Marmor[160], bisher nicht bestätigen. Die Form des Fundstücks ist für die Kykladen fremdartig[161].

Insgesamt wirken die ägyptischen und syrischen Luxusgüter-Exporte in die Ägäis – obgleich Schmuckperlen[162], Skarabäen[163] und (vielleicht nur als Rohmaterial) Elfenbein[164] nicht fehlen – im Vergleich mit dem Schmuck und den Metallgefäßen in der Troas recht unscheinbar. Ausnahmen stellen die Schmuckfunde aus Theben (s. unten S. 80f.) und Archanes (s. Anm. 148) dar. Sie lassen K. Branigans Meinung ein wenig übertrieben erscheinen, diese Gegenstände seien nur 'Souvenirs', die im Zuge eines Handels mit anderen Gütern (Getreide, Datteln, u. U. Gold) in die Ägäis gelangt wären[165]. Bei den Aegyptiaca bleibt ungewiß, ob sie direkt aus Ägypten in die Ägäis gelangten oder durch Vermittlung von Byblos[166].

Siegel

Der Großteil ägäischer Siegel der Frühbronzezeit gehört dem bereits im Neolithikum bekannten Typ des Stempelsiegels an, der auch in Ägypten und Syrien vorherrschte. Während die (im 3. Jh. v. Chr. besonders in Anatolien beliebten) Kreuzmuster mit Zwickelfüllung durch Winkellinien[167] räumlich und zeitlich zu weit gestreut sind, um eine nähere Herkunftsbestimmung zuzulassen, können einige Siegel bzw. Abdrücke mit markanteren Mustern auf Tongefäßen aus nordostägäischen[168] und kykladischen[169] Funden der FB II mit Ägypten oder Syrien verbunden werden. Kretische Siegel in Tierform ahmen syrische Vorbilder nach[170], dasselbe ist für Stempel aus Metall[171] oder Elfenbein[172] anzunehmen.

[157] Alexiou 1958, 6. 9; Warren 1965, 7ff.; ders. 1970, 2f. 71f. 74ff. 105f.; ders. 1972, 271; Renfrew 1972, 446.

[158] Gordon 1965, 43ff.; Astour 1966, 315; Edel 1966, 45f. (auch zum Ortsnamen Kutira in ägyptischen Quellen).

[159] Money-Coutts 1936, 130ff.; Branigan 1970, 181. 186f.

[160] Bossert 1954, 31; Kat. Berlin 1967, 16 Nr. 140; dazu Renfrew 1972, 445.

[161] Eher ließen sich Parallelen aus Kreta nennen: Montelius 1924, 21 Abb. 66. 73 (Koumasa); Xanthoudides 1924, 17f. Taf. 3 Nr. 677.678.682; 24a; 31 Nr. 681.686 (aus Koumasa); – 99 Taf. 10.11 Nr. 1634.1635; 52 Nr. 1619.1620.1627.1631.1632.1636 (aus Platanos); – 79 Taf. 43a Nr. 1024–1027 (aus Drakones).

[162] Branigan 1970, 181f. Zu kykladischen Vogelanhängern (Zervos 1957, 29 Abb. 257) und frühhelladischen segmentierten Perlen (Theochares 1951, 115 Abb. 30a) vgl. Funde aus Jericho (Kenyon 1960, 146 Abb. 48,3 bzw. 155 Abb. 55, Al.B.A.5; 173 Abb. 65,1).

[163] Warren 1965, 64; Branigan 1970, 181; Renfrew 1972, 447 (Datierung in mittelminoische Zeit).

[164] Blegen u. a. 1950, 48. 174f. (Funde im späten Troja I). 316. 324. 337 (Troja II f–g); Prausnitz 1955, 26; Branigan 1970, bes. 142. 182; Renfrew 1972, 446f. 449. Zu reichhaltigen Funden in Archanes (Kreta) vgl. oben Anm. 148.

[165] Branigan 1970, 182.

[166] Gegen direkte Beziehungen: Vercoutter 1954, 62.

[167] Hierzu: Bernabò-Brea 1964, 653f.; Kenna 1968; Warren 1970, 36 Anm. 22 (für Herkunft aus Anatolien).

[168] Poliochni ('Grüne/rote Periode'): Bernabò-Brea 1964, 401. 651 Taf. 129a. Der Fundzusammenhang ist aber nicht gesichert.

[169] Zervos 1957, 37 Abb. 101; Bossert 1960, 15 Abb. 11. 12.

[170] Branigan 1970, 182.

[171] Ders. 1976, 158ff. 161.

[172] Ders. 1970, 182; Renfrew 1972, 445; vgl. ferner oben Anm. 164.

Rollsiegel, die (von Mesopotamien ausgehend) auch in Nordsyrien beliebt waren, liegen aus Funden der FB II in Troja[173], Mochlos, Amorgos und Korinth[174] vor. Renfrews Hinweis auf Rollsiegel schon im makedonischen Neolithikum[175] spricht nicht gegen die Herleitung der genannten Stücke aus Syrien, da sowohl ihre Form (mit kleiner Hängeöse) als auch – an dem Amorgos-Siegel – die Muster an nordsyrischen Nachahmungen mesopotamischer Siegelzylinder der Djemdet-Nasr-Zeit bezeugt sind[176]. Wie Abrollungen mit einheimischen Mustern zeigen[177], wurde der Typ in der Ägäis selbständig weiterentwickelt. Eine Sonderstellung kommt dem goldenen Rollsiegel eines ägyptischen Beamten der 4. Dynastie[178] zu, das als Teil des in Anm. 147 erwähnten Grabfundes aus Paktolus-Gold gilt. Young vermutete, es sei von einem ägyptischen Kurier in das fremde Land gebracht worden. Wenn das Siegel zu dem Funde gehört, beweist es direkte Kontakte zwischen dem Nillande und Kleinasien um 2500 v. Chr. Dies entspräche dem mittleren Troja II, und es bestehen auch einige Zusammenhänge zwischen dem Schmuck des Paktolus-Funds und jenem aus Troja II g.

Besonders die über 100 Siegelabdrücke aus Lerna[179], die zu Kennzeichnung und Schutz von Holzkisten bzw. Gefäßen dienten, weisen auf den Zusammenhang der Siegel mit entwickelteren Formen des Handels hin. In dieser Hinsicht stand die Ägäis in der FB II offenbar nicht wesentlich hinter der Levante zurück. Beachtung verdient, daß eine Gruppe von Stempelsiegeln aus Byblos, die der späteren Frühbronzezeit angehört, aufgrund ihrer Kreismuster auf ägäische Vorbilder(!) zurückgeführt wird[180].

Elemente aus dem religiösen Bereich

Da die frühbronzezeitlichen Kulturen der Ägäis schriftlos waren und in der späteren griechischen Religion keine Elemente isoliert werden konnten, die sich schlüssig auf die Frühbronzezeit zurückführen lassen[181], stellen unsere einzigen Quellen Fundstücke dar. Alle Hypothesen bezüglich der religiösen Vorstellungen jener Epoche basieren, wenn von reinen Vermutungen abgesehen wird, allein auf der Beschaffenheit und Fundsituation von Menschen- und (selten) Tierfiguren, Zeichnungen sowie einigen speziellen Arten von Gebäuden, Geräten und Gefäßen. Wie unsicher Deutungsversuche sind, zeigt sich an dem Umstand, daß für die wichtigste Quellengattung – Marmorfiguren aus Gräbern – keine

[173] Troja: Schliemann 1881, 463 Nr. 500.501; 464 Nr. 502.503 (beide aus der 'Verbrannten Stadt', d. h. Troja II g; ohne Öse); 463 Nr. 499 (Ton, mit Öse). – Poliochni: Bernabò-Brea 1957a, 208 Abb. 25; Renfrew 1972, 445 Taf. 23,3; Pini 1982, 602 mit Anm. 12.

[174] Frankfort 1939, 70. 301; Bossert 1954, 31 mit Anm. 85; Buchanan 1960, Nr. 741; Buchholz 1967, 152. 158; Renfrew 1972, 445 Taf. 23,2; Thimme 1976, 538 Nr. 453 (ähnlich: Nr. 454). Vgl. jetzt auch ein Exemplar aus Korinth, allerdings ohne Kontext: Ross Holloway 1976, 157. Zum silbernen Rollsiegel aus Mochlos (FM II) zuletzt Pini 1982. Er sprach das Stück als echten Import an, als »'peripheres' Siegel der Frühdynastischen Perioden II–III« in Mesopotamien.

[175] Renfrew 1972, 445.

[176] Vgl. etwa Braidwood 1960, 332 Abb. 254,3 (Amuq G, ohne Öse), 489 Abb. 381,3 (Zweite Zwischenperiode; mit Öse); Thimme 1976, 583 zu Nr. 453. 454. Demgegenüber sah Pini 1982, 602 mit Anm. 15, keinen direkten Zusammenhang der meisten ägäischen Funde mit dem Osten. Thimme verdient aber mindestens in dem Sinne Zustimmung, daß der Anstoß zur Entstehung der ägäischen Fundgruppe von Syrien ausgegangen ist.

[177] Vermeule 1964, 39 Taf. 4b; Buchholz 1967, 158.

[178] Young 1972, 11 Abb. 8.

[179] Heath 1958.

[180] Tufnell – Ward 1966, 183f. 227.

[181] Hierzu Nilsson 1967, 256ff.; R. Holloway 1981, 104.

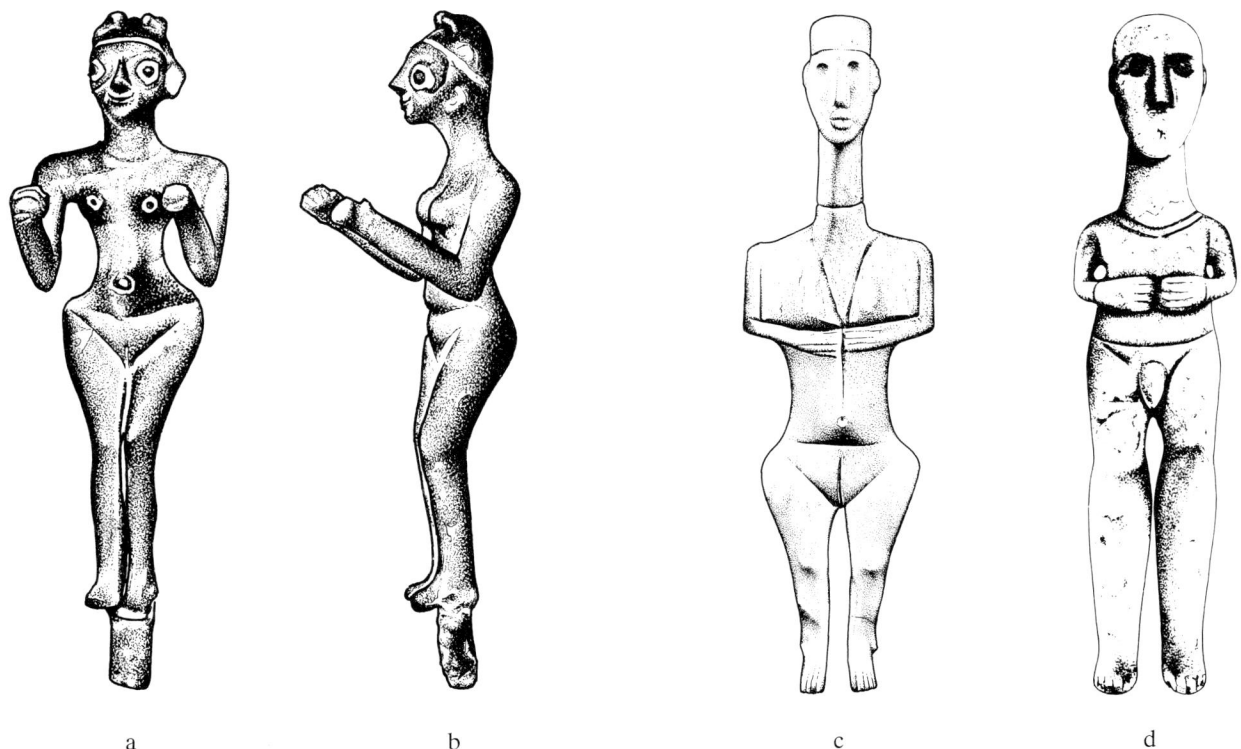

a   b   c   d

Abb. 11 a–d. (a und b) Kupferfigur aus dem 'Trésor d'Ur' von Mari, Euphrat, H 11,3 cm. Damaskus, Nat.-Mus. Inv.-Nr. Š 2366; (c und d) Marmorfiguren des Plastiras-Typs (c) aus Delos, Ägäis, H 23,5 cm, Ost-Berlin, Pergamonmuseum und (d) aus Amorgos, Ägäis, ein Auge mit grünem Stein eingelegt, H 30,5 cm, Athen, Nat.-Mus.

Einmütigkeit darüber herrscht, ob sie überhaupt als religiöse Zeugnisse anerkannt werden dürfen[182]. Doch läßt sich zuverlässig feststellen, wenn im Formenvorrat der (wahrscheinlich oder vermutlich) religionsbezogenen Gegenstände Änderungen eintreten, die sich nicht folgerichtig aus der einheimischen Entwicklung ergeben. Nur derartigen Änderungen kann hier nachgegangen werden, wobei kykladische Funde im Mittelpunkt der Betrachtung stehen[183].

Die wichtigste erfolgte im späteren Teil der FB I, als zu den abstrakt-amuletthaften kleinen 'Violinfiguren' erstmals[184] größere, mit vielen Einzelheiten rundplastisch skulpierte stehende Figuren des sogenannten Plastiras-Typs (Abb. 11 c)[185] hinzukommen. Eine Herleitung von den Violinfiguren ist formenkundlich nicht möglich. Thematisch ist neuartig, daß manche Plastiras-Figuren Männer darstellen. In Stil, Größe und Motiven bestehen andererseits so enge Übereinstimmungen mit Kupfer- und Bronzestatuetten unbekleideter Figuren aus Syrien (Abb. 11 a.b)[186], daß Zusammenhänge angenommen werden dürfen.

[182] Übersicht: Höckmann 1976a, 43f. Gegen die Deutung der Beigaben als persönlicher Besitz des Lebenden, der ihm ins Grab zu folgen hatte, spricht nicht zuletzt die Seltenheit von Werkzeugen in den Gräbern (Branigan 1969, 7 mit Anm. 34).

[183] Vgl. Höckmann 1976a, 42. 45; ders. 1976b, 160ff.

[184] Thimme 1976, 417, rechnete auch bei stehenden Figuren mit neolithischen Traditionen. Die Gemeinsamkeiten sind aber gering; zumal die Kopf- und Ge-

sichtsbildung der Plastiras-Figuren unterscheidet sich grundsätzlich von dem Formengut der neolithischen Plastik.

[185] Renfrew 1969a, 6ff.; Thimme 1976, 437 Nr. 67 Kat.-Abb. 67 (unsere Abb. 11c als Umzeichnung nach Museumsfoto Ost-Berlin, Pergamonmuseum).

[186] Ursprünglich (Höckmann 1976b, 160) hatte ich in Metallstatuetten aus Tell Judeideh (Braidwood 1960, 300ff. Abb. 240–245 Taf. 56–64), die von Braidwood

Zur Levante weisen auch die gebohrten, einst wohl meist mit andersfarbigem Material eingelegten Augen (Abb. 11d) der Plastiras-Figuren, die sich dort bis in die chalkolithische Beerscheba-Kultur zurückverfolgen lassen[187].

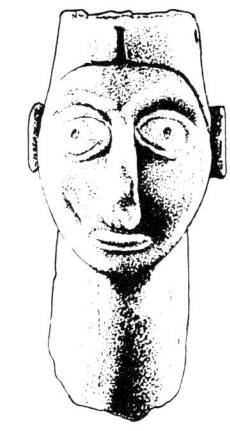

Abb. 12. Maskenartiger Alabasterkopf aus Tell Brak, Syrien, H 17 cm, London, Brit. Mus.

Die Plastiras-Figuren wirken im Gegensatz zu den Violinfiguren individuell und persönlich. Ich möchte annehmen, daß sie nicht nur als Bildtyp neuartig sind, sondern auch veränderte Gottheitsvorstellungen widerspiegeln: Götterpersönlichkeiten[188], wie sie in Tell Judeideh durch Attribute (Waffen) gekennzeichnet sind. Eine so tiefgehende Änderung der religiösen Vorstellungswelt, wie sie m. E. aus den Plastiras-Figuren spricht, setzt eine innige Vertrautheit mit der syrischen Religion voraus, die nicht durch nur sporadische und oberflächliche Kontakte gewonnen werden konnte.

Auch an den sogenannten kanonischen[189] Marmorfiguren der Stufe FK II zeichnen sich noch nahöstliche Elemente ab. Die Gesichtswiedergabe an früher kanonischer Plastik entspricht maskenartigen Alabasterköpfen der Djemdet-Nasr-Zeit aus Tell Brak (Abb. 12)[190]. Derselben Zeit gehören lebensgroße Figuren aus Amorgos an, die schwerlich ohne das Vorbild nahöstlicher oder ägyptischer Großplastik vorstellbar sind[191]. Bei sitzenden Harfenspielerfiguren der Kykladen (Abb. 13)[192] findet das Motiv Entsprechun-

in das ältere 3. Jt. v. Chr. datiert wurden, mögliche Vorbilder für die kykladischen Marmorfiguren gesehen. Die Funde aus Tell Judeideh werden jetzt aber von Negbi 1976, 15. 67. 120, und von Spycket 1981, 80f. 283ff., in das frühe 2. Jt. v. Chr. umdatiert, um sie den syrischen Statuetten der mittleren Bronzezeit annähern zu können. Es wird angenommen, Braidwood habe nicht bemerkt, daß die Statuetten nicht zusammen mit Schicht G deponiert worden wären, sondern in einer Grube gelegen hätten, die wohl erst zur Zeit von Judeideh I bis in Schicht G eingetieft worden wäre. Sollte diese Umdatierung berechtigt sein, so wären die Statuetten von Tell Judeideh zu spät entstanden, um als Vorbilder für den Plastiras-Typ der Kykladenplastik in Frage zu kommen.

Unabhängig davon, wie begründet der Zweifel an Braidwoods Fundbeobachtungen ist und wie nahe die fraglichen Statuetten jenen des 2. Jts. stehen (daß sie sich von deren Gros formal unterscheiden, wird auch von Negbi und Spycket eingeräumt), zeigt die Statuette im 'Trésor d'Ur' aus dem vorsargonzeitlichen Palast von Mari (Parrot 1968, 15ff. mit Abb. 7.8.12.13.15b Taf. A. B 1.2 Farbtaf. 4–8; Spycket 1981, Taf. 52.83; Land des Baal, Ausstellungskat. Berlin 1982, 68 Nr. 57 mit Farbtaf., danach unsere Abb. 11a. b), daß schlanke, unbekleidete, stehende Metallfiguren in Syrien schon vor 2300

v. Chr. bekannt waren. Das Fundstück aus Mari ist so detailliert und lebendig modelliert, daß eine längere vorangegangene Entwicklung vorausgesetzt werden darf. Ich halte es für durchaus möglich, daß deren Anfänge in das frühere 3. Jt. v. Chr. zurückreichen und daß die Vorbilder für die kykladischen Plastiras-Figuren eher in diesem Umkreis zu suchen sind als in einer lokalen Tradition auf der Grundlage der neolithischen stehenden Kykladenfiguren (s. Anm. 184), die – durch keine gesicherten Funde bezeugt – neben der grundsätzlich andersartigen Entwicklung von Violinfiguren des FK I verlaufen sein müßte.

[187] Perrot 1959, 8ff. Taf. 2. 3; Mellaart 1966, 28f. Taf. 9; Höckmann 1976b, 161f. Abb. 153 (danach unsere Abb. 11d).

[188] Zur Personifizierung der orientalischen Gottheiten im 3. Jt. v. Chr.: Jacobsen 1976, 78ff. 95ff.

[189] Thimme 1975, 7; Höckmann 1976a, 45. 46f.

[190] Mallowan 1965, 53 Abb. 8; Höckmann 1976b, 162 Abb. 154 (danach unsere Abb. 12).

[191] Ders. 1976a, 40. 42.

[192] Zervos 1957, 248f. Abb. 333. 334 (danach, als Umzeichnung, unsere Abb. 13); Buchholz – Karageorghis 1971, 100 Nr. 1212; Thimme 1976, 71 Abb. 38; S. 81 Abb. 61; S. 93 Abb. 77; S. 491 Nr. 253 Kat.-Abb. 253; Höckmann 1982, 34 Abb. 1, 1–4; S. 43 Abb. 3,3. Auf

gen in Mesopotamien[193], das Musikinstrument ebendort oder in Palästina[194], während die Sessel z. T. Vorbilder in Ägypten oder Syrien haben[195]. Harfenspieler, wie auf den Kykladen männlichen Geschlechts, gehören zum sumerischen Pantheon[196]. Wahrscheinlich läßt sich auch die kykladische Sitzfigur eines Mannes mit Becher[197] auf Vorgänge beziehen, die aus mesopotamischen Darstellungen bekannt sind[198].

Das einzige neue Motiv der FK III-Plastik, der stehende Mann mit Schärpe und Dolch, läßt an die bewaffneten (meist Wetter-)Götter Syriens und Anatoliens denken. Für Zusammenhänge spricht zusätzlich die fremdartige Kopf- und Gesichtsbildung sowie die Frisur einer solchen Statuette[199]. Das Gesicht steht dem eines in Kreta gefundenen Elfenbeinkopfes[200] nahe, der sowohl durch seinen Stil als auch durch das Material[201] als Import aus Mesopotamien oder Nordsyrien gekennzeichnet ist.

Alles in allem weisen die Ähnlichkeiten zwischen kykladischer Plastik der Frühbronzezeit und nahöstlicher auf intensive und langdauernde Kontakte hin. Dasselbe gilt für Kreta: Eine Gruppe von Steinfiguren ist in der Phase FM II unter dem Einfluß ägyptischer (oder nordafrikanischer) Vorbilder entstanden[202]. In FM III lösten Statuetten, deren Vorbilder im Umkreis der nordmesopotamischen 'Beterfiguren' zu suchen sind, die 'afrikanischen' ab[203]. Beide Gruppen sind motivisch und künstlerisch unscheinbar[204]. Anspruchsvollere Plastik Kretas lehnt sich an kykladische Vorbilder an; doch bleibt auch sie stets kleinformatig.

Für das griechische Festland lassen sich unmittelbare Einflüsse orientalischer oder ägyptischer Religion nicht nachweisen. In Westanatolien läßt sich eine Bleifigur aus Troja II[205] indirekt mit nahöstlichen Parallelen verbinden. Mehrere kunstvolle, z. T. mit Attributen versehene Kupfer- und Edelmetallfiguren aus Dorak sind z. Z. nicht wissenschaftlich verwendbar (vgl. Anm. 81).

einfachen Schemeln: Zervos 234 f. Abb. 316. 317; Thimme 1976, 70 Abb. 39; S. 156 Abb. 146; S. 491 f. Nr. 254. 255 Kat.-Abb. 254. 255.

[193] Wegner 1950, 26 Taf. 6 b (Stele aus Lagaš).

[194] Höckmann 1976 b, 163 Abb. 159.

[195] Ebenda 163 Abb. 156–158; dazu ders. 1982, 47 f.: Erwägungen zum Übertragungsmechanismus orientalischer Kulturerscheinungen an die Kykladenkultur. Ähnliche Erwägungen zu 'Prestige-Gegenständen' (wie u. U. das goldverkleidete ägyptische Möbelstück in Dorak: s. Anm. 57) ägäischen Charakters in Italien: Ross Holloway 1981, 41. 47 f. 53. Er hielt ebenfalls den Austausch von Geschenken unter fürstlichen Gastfreunden für denkbar, wie Homer ihn für die spätmykenische Zeit schildert.

[196] Jacobsen 1976, 82: der »fröhliche Sänger« Ušumgalkalama und der 'Elegiker' Lugaligihušam, der »Tröster in düsteren Stunden«.

[197] Doumas 1968, 142 f. mit Abb.; Doumas − Marangou 1978, 113 f. Nr. 131.

[198] z. B. Hansen 1963, 154 f. Taf. 6.

[199] Thimme 1976, 47. 89 f. 483. 485 Nr. 240 Abb. 73. 75 Kat.-Abb. 240; vgl. auch die beiden Kopffragmente ebenda 483. 485 f. Nr. 241 Kat.-Abb. 241 und S. 165. 483. 485 Abb. 162.

[200] Pendlebury u. a. 1936, 131 Taf. 19,15; dazu Strøm 1966, 192; Renfrew 1972, 447 f. Neue Funde aus Archanes: Ergon 1980 Taf. 105; ebenda 1981 Taf. 122.

[201] Vgl. auch die Elfenbeinfigur kykladischen Typs aus Archanes (Sakellarakes 1976, 155 Abb. 143). Zur Beliebtheit von Elfenbein in Kreta vgl. oben S. 73 mit Anm. 148.

[202] Banti 1930/31, 192 (gegen direkte Beziehungen zu Ägypten); dagegen aber Pendlebury 1939, 90; Hutchinson 1968, 154; Branigan 1970, 100.

[203] Pendlebury 1939, 90; Branigan 1970, 155; Sakellarakes 1976, 152 ff.

[204] Branigan 1970, 146.

[205] Schliemann 1881, 380 Abb. 226; Schmidt 1902, 255 Nr. 6446; Emre 1971, 110 Nr. 31.

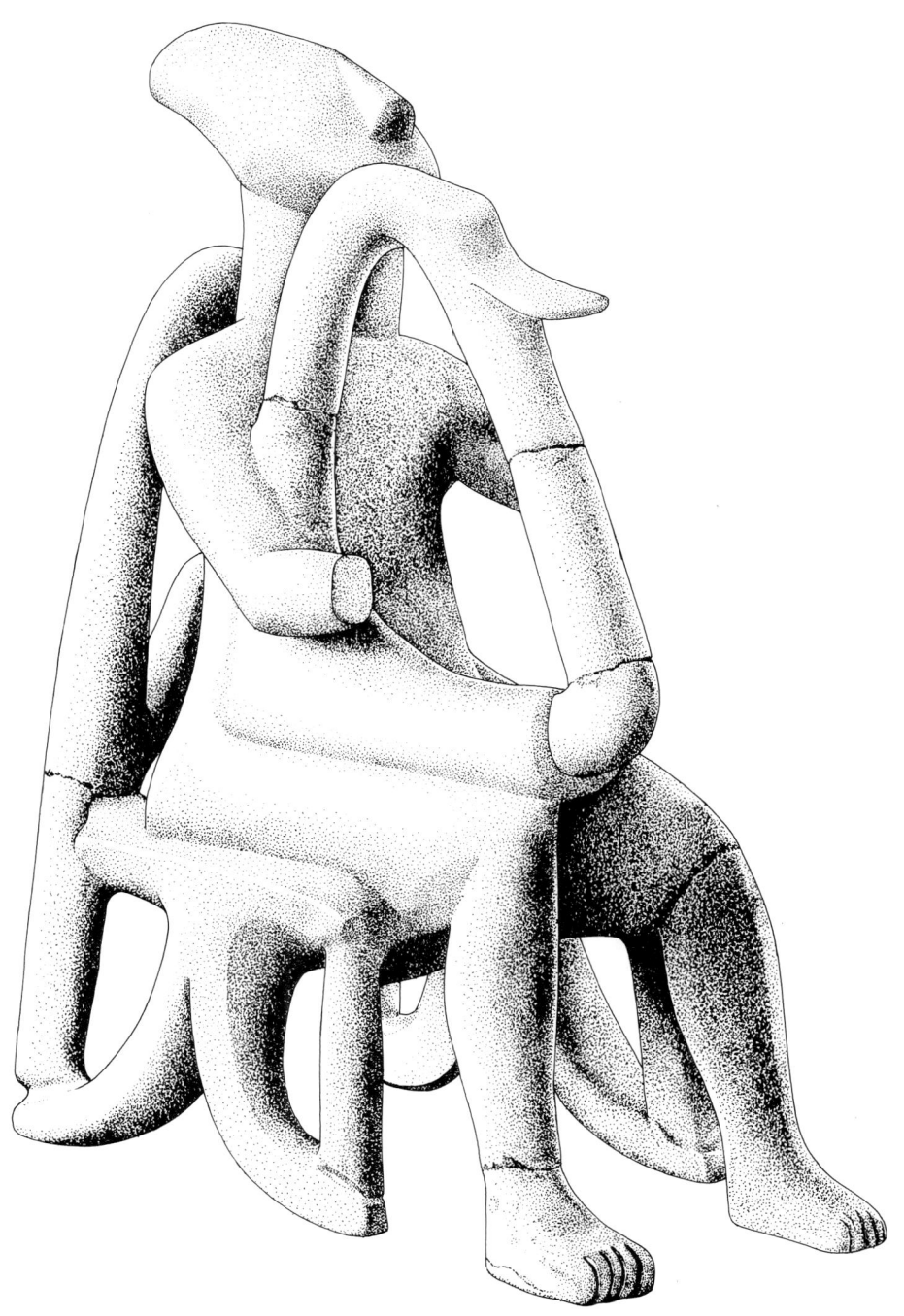

Abb. 13. Marmorfigur eines Harfenspielers aus Keros, Ägäis, H 22,5 cm.
Athen, Nat.-Mus., Inv.- Nr. 3908

Grabformen und Bestattungsbräuche

Die vorherrschenden Grabtypen der Frühbronzezeit auf den Kykladen wie auch z. T. auf dem Festland und in Kreta, Steinkisten bzw. aus kleinen Steinen gemauerte Kuppelgräber, oft mit nicht funktioneller Scheintür, sind einheimisch und lassen sich ins Neolithikum zurückverfolgen[206]. Um so mehr fällt auf, daß vereinzelt – beginnend mit einem spätneolithischen Beleg aus Athen[207] – auch Gräber bezeugt sind, die in Form eines vertikalen Schachts mit seitlicher Kammer in den anstehenden Fels gearbeitet sind[208]. Einmal, bei einem Grabe der älteren Frühbronzezeit aus Korinth[209], liegen zwei Kammern einander gegenüber. Häufiger wird dieses Felskammergrab erst in der späteren Frühbronzezeit[210]. Felskammergräber sind die herrschende Grabform im 'proto-urbanen' Palästina[211]. Angesichts der Ähnlichkeit kykladisch-spätneolithischer Marmorspitzbecher mit 'proto-urbanen' tönernen 'Cornets' (s. oben S. 73 mit Anm. 153.154) und weiterer Gemeinsamkeiten mit Kreta (s. unten) lassen sich Zusammenhänge zwischen den ägäischen und palästinensischen Felskammergräbern nicht ausschließen.

Im frühminoischen Kreta wirken die – ohne erkennbare einheimische Vorstufen in FM I einsetzenden – Rundgräber (Tholoi) der Messara-Ebene fremdartig. Sie sind daher auf auswärtige Vorbilder zurückgeführt worden: Rundheiligtümer der (viel älteren) Halaf-Kultur Mesopotamiens, nordafrikanische Rundmauergräber oder sogar die kleinen Kuppelgräber der Kykladen[212]. Keiner dieser Vergleiche befriedigt. Demgegenüber stellen die neugefundenen runden Totenhäuser von Bab ed-Dra in Jordanien[213] gute Parallelen dar. Runde (und eckige) oberirdische oder leicht eingetiefte Gebäude für zahlreiche Bestattungen setzten hier zu Beginn der 'urbanen' Phase (um 3000 v. Chr.) ein. Die Übereinstimmung in der Form der Häuser, ihrer Grabverwendung und sogar der Sitte der Mehrfachbestattung in beiden Bereichen ist deutlich genug, um die Vorbilder der kretischen Tholoi im Umkreise Palästinas annehmen zu lassen. Die Sitte der Mehrfachbestattung in Kreta war schon von Branigan[214] mit Palästina verbunden worden, wo sie in den 'proto-urbanen' Felskammergräbern, wie sie in Bab ed-Dra sowohl vor als auch wieder nach den Totenhäusern üblich waren, belegt ist. In der Ägäis begegnet diese Sitte erstmals in den kykladisch-spätneolithischen Steinkistengräbern von Kephala[215].

Einen einmaligen Befund bietet der 'Grabhügel des Amphion und Zetos' im boiotischen Theben, der von Th. G. Spyropoulos auf das Vorbild ägyptischer Pyramiden zurückgeführt

[206] Coleman 1974, 336; Doumas 1977, bes. 69.

[207] Shear 1936, 20 Abb. 17; Renfrew 1972, 111 Abb. 7.6,8.

[208] Sonstige Belege: Manika auf Euboia (Doumas 1977, 66); – Hagia Photia, Kreta (ebenda 68); – Paulopetri, Peloponnes (Harding u. a. 1969, 130ff. Abb. 13; aber ohne datierende Funde: vielleicht später als Frühbronzezeit).

[209] Heermance–Lord 1897, 314 Abb. 1; Renfrew 1972, 111 Abb. 7.6,7; Doumas 1977, 67. Für enge Beziehungen zur Gerzeh-Kultur Ägyptens: Tinè 1963, 89ff.

[210] Doumas 1977, 49ff. (Gräber bei Phylakopi auf Melos).

[211] De Miroschedji 1971, 44ff. Auf den Kykladen kehrt auch die besondere Behandlung der Schädel beim Abräumen älterer Bestattungen wieder. – Die Auffassung von Whitehouse 1972, 275. 280f., die ältesten Felskammergräber seien neolithische Belege aus Italien, wurde bereits von Ross Holloway 1973, 18; ders. 1981, 37, korrigiert.

[212] Hierzu: Branigan 1970c, 139ff.; Warren 1973, 42.

[213] Ortner 1978, 82ff.

[214] Branigan 1970, 200. Bab ed-Dra': Lapp 1968, 12ff. mit Abb. 1–5.

[215] Coleman 1974, 336; ders. 1977, 46.

wurde[216]. Der Ausgräber sah hierin ein Anzeichen für die ägyptische Kolonisation Boiotiens, die nach den Scherbenfunden im Hügel ins FH II fiele. Drei Goldanhänger[217] in der (geplünderten) Grabkammer haben m. W. in der Ägäis keine Parallelen. Sie scheinen Papyrusblüten[218] darzustellen und stützen vielleicht die Verknüpfung der monumentalen Grabanlage mit dem Nillande. Für den Nachweis einer ägyptischen Kolonisation müßten allerdings viel zahlreichere Importgegenstände (oder, zumindest, eindeutige Einflüsse im frühhelladischen Fundgut) gefordert werden.

Urbanisation und Architektur

Ähnlich wie in Palästina[219] und Syrien[220] erfolgte in der Ägäis während der Frühbronzezeit – hier in Stufe II – der Übergang zu einer Lebensweise, die im Ansatz als städtisch bezeichnet werden kann[221]. Die Siedlungen wurden größer. Zumindest stellenweise zeichnete sich eine soziale Differenzierung ab, der vermutlich eine gewerbliche Spezialisierung entsprach. Die daraus resultierende Konzentration begehrenswerter Güter in diesen Städten machte den Schutz durch aufwendige Wehranlagen notwendig. Die Arbeitsleistung, die dazu erforderlich war, konnte, freiwillig oder erzwungen, nur von der Gemeinschaft aller Einwohner erbracht werden. Diese Merkmale lassen es zu, die befestigten Siedlungen der FB II als Städte zu bezeichnen, obgleich für eine leistungsfähige Verwaltung wichtige Voraussetzungen (vor allem die Schrift) noch fehlten.

Wehrmauern sind (so in der Ostägäis) zwar schon aus der FB I bekannt, wurden aber erst in Stufe II zahlreicher und aufwendiger[222]. Sie lassen vier Konzepte erkennen: 1. In Asketario (auch in Marathon-Plasi und in Aigina?) scheint die Kurtinenmauer nicht durch

---

[216] Spyropoulos 1972; ders. 1981, 102ff. 117ff. – vgl. ferner ein kupfernes Krummesser ägyptischen Typs aus Eutresis (Goldman 1931, 218 Abb. 286,7). Ähnliche Stücke fanden sich auch in Spanien (Savory 1968, 164 Abb. 50f.) und können als weiterer Beleg für frühe Kontakte zwischen dem iberischen Raum und der Ägäis gelten (dazu vgl. hier im Text den letzten Abschnitt).

[217] Spyropoulos 1972, 20 Abb. 4.

[218] Ob das Papyrus-Motiv als Indiz für Beziehungen mit Ägypten gewertet werden kann, steht allerdings nicht einwandfrei fest; denn Warren 1976, 89ff. (im gleichen Sinne: Betts 1978, 61ff.) schloß aus der Häufigkeit und Art der Darstellungen aus mittel- und spätminoischer Zeit, die Pflanze sei auch auf Kreta gewachsen. Belege aus der Frühbronzezeit wurden nicht genannt.

[219] Amiran 1970, 83ff.

[220] Mellaart 1966, 59ff.

[221] Renfrew 1972, 17.

[222] Belege in der Ägäis und im westlichen Anatolien: Demetrias, Pevkakia-Magoula: Milojčić 1974, 43ff. Taf. 3; – Manika auf Euboia: Schachermeyr 1962, 199f.; – Marathon, Plasi: Mastrokostas 1970, 17 Abb. 1; – Asketario: Theochares 1954, 104–107; ders. 1955, 109–113; Schachermeyr 1962, 189f. Abb. 23; Renfrew 1972, 395 Abb. 18.11,2; – Perachora: Fossey 1969, 53 Abb. 1; – Aigina: Walter 1970, 136f. Taf. 103b. 104; ders. 1971, 61 Taf. 54. 55a; ders. 1972, 183f. Taf. 124c; Renfrew 1972, 395. 398 Abb. 18.11,4; – Lerna: Caskey 1958, 128 Abb. 1; Renfrew 1972, 398 Abb. 18.11,3; – Tiryns: Voigtländer 1971, 403 Abb. 5; ders. 1973, 29f. Abb. 2; – Myrtos auf Kreta (unsicher): Warren 1972, 261 und Plan; – Panormos auf Naxos: Doumas 1972, 165f. Abb. 17. 18; Renfrew 1972, 177f. Abb. 11.4,2; – Kastri auf Syros: Doumas 1972, 158–162 Abb. 12. 13; Renfrew 1972, 176f. 398 Abb. 11.4,1; 18.11,1 Taf. 21,1; – Kynthos auf Delos (unsicher): Doumas 1972, 162f. Abb. 15; – Daskalio: ebenda 163; – Emporio auf Chios (unsicher): Renfrew 1972, 394; – Thermi auf Lesbos: Lamb 1936, 43–47. 210 Abb. 18. 19 Taf. 4,5.6; 5,4 Plan 6 (Phase V; – in den Phasen III und IV fraglich bzw. möglich: ebenda 25 Abb. 9 Plan 3 bzw. 35f. Plan 5); – Poliochni auf Lemnos: Bernabò-Brea 1964, 117–150 Atlas passim ('blaue Periode'); 271–300 ('grüne' und 'rote Periode'); – Troja I d–II b: Blegen u. a. 1950, 145–149. 204f. 244f. Abb. 417. 436. 437. 450–454; – Demirci Hüyük (Auskünfte und Einblick in noch unpublizierte Pläne verdanke ich dem Ausgräber M. Korfmann).

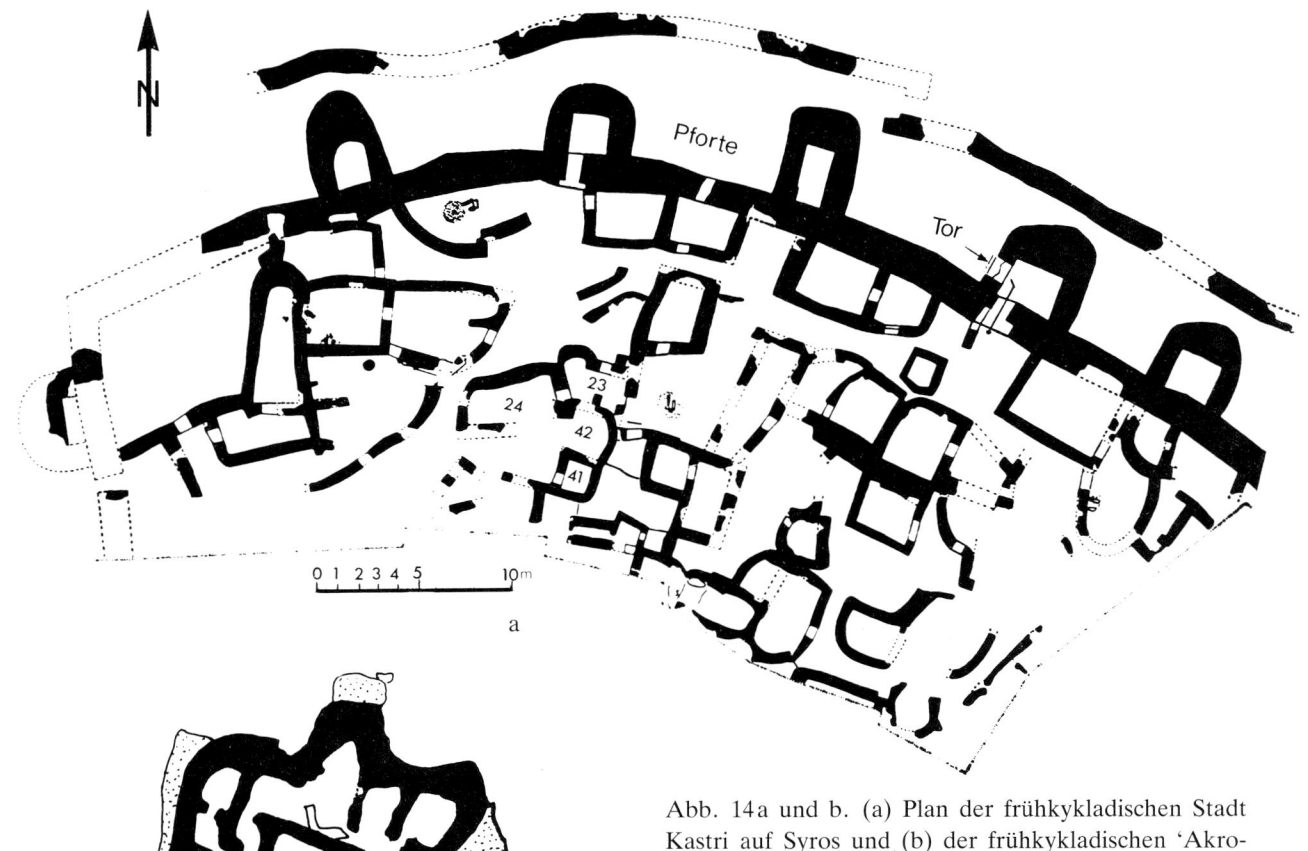

Abb. 14a und b. (a) Plan der frühkykladischen Stadt Kastri auf Syros und (b) der frühkykladischen 'Akropolis' von Panormos auf Naxos, Ägäis

Bastionen gesichert zu sein; solche Mauern sind besonders in Inneranatolien wiederzufinden[223]. 2. Demgegenüber sind die geraden Mauerstücke der polygonalen Anlage in Troja[224] durch massive Bastionen von rechteckigem Grundriß flankiert. Dieses Bauprinzip ist letztlich der 'Enceinte Sacrée' in Byblos ähnlich, die – im Endchalkolithikum erbaut – auch später noch bestand[225]. Hier fehlt die Wehrfunktion; die eckigen 'Bastionen' sind als Pilaster an die Innenseite der Mauer gesetzt. 3. Verwandt sind Mauern, die hier und da eckig zurückspringen, um die flankierende Beschießung des Angreifers zu ermöglichen[226]. 4. Der wichtigste Typ (Kastri) umfaßt Mauern, die sich dem Gelände anpassen und durch halbrunde bis U-förmige Bastionen flankiert

[223] Karataş-Semayük (Mellink 1973, 294f. Abb. 1; dies. 1974, 351ff. Abb. 1 Taf. 65; Höckmann 1975, 278 Abb. 3); – Tülintepe (Esin 1976, Taf. 90). Vgl. auch eine Grabmalerei der frühen 6. Dynastie in Saqqara, auf der Kämpfe in Asien oder Libyen wiedergegeben sind (Yadin 1963, 17. 55. 147; Drower–Bottéro 1971, 358ff. mit Abb. 17).

[224] Blegen u. a. 1950, Abb. 417 (s. auch oben Anm. 222). Ähnlich ist die Mauerführung in Lerna (s. oben Anm. 222).

[225] Dunand 1973, 235–241 Abb. 143 Taf. 127. Ähnlich ist auch die kupferzeitliche Mauer von Alişar: Naumann 1955, 224 Abb. 264; ders. 1971, 241f. Abb. 309.

[226] So in Myrtos (s. oben Anm. 222), Poliochni (Bernabò-Brea 1964, Atlasblatt 2. 3) und Demirci Hüyük.

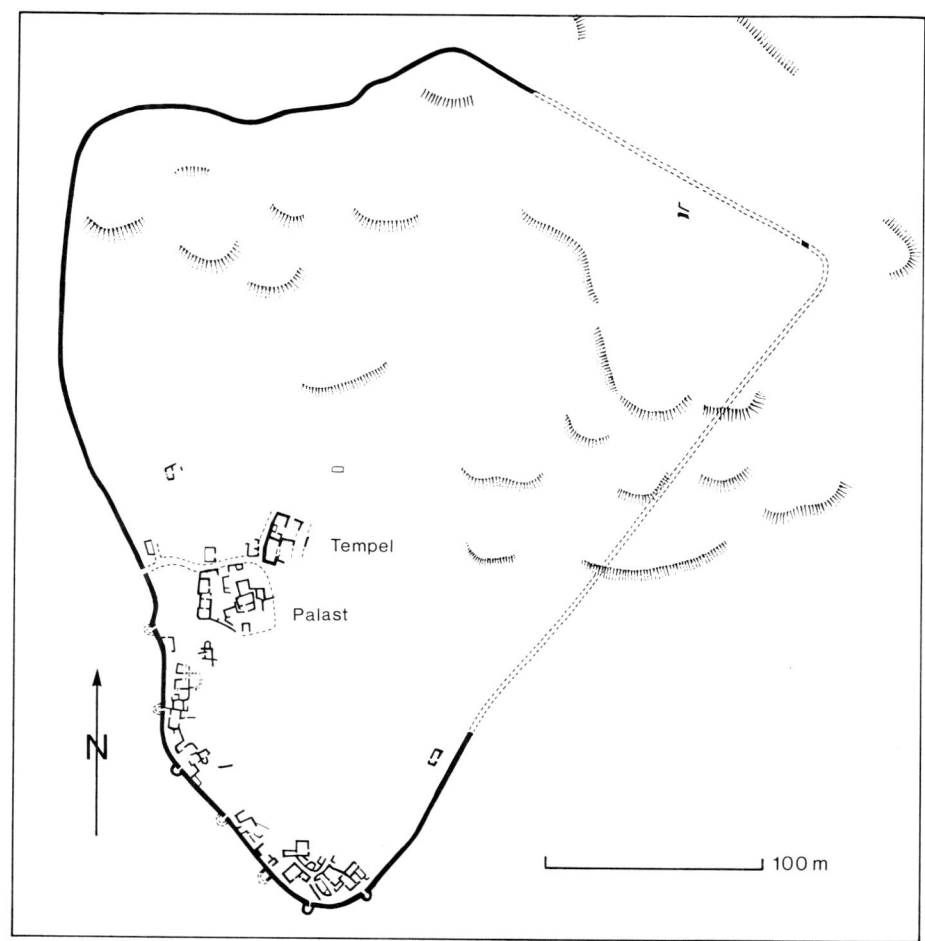

Abb. 15. Plan der früh-
bronzezeitlichen Stadt
Arad, Israel

werden[227]. Die Mauer von Kastri (Abb. 14a)[228] stimmt mit jener der FB II-Phase von
Arad in Südpalästina (Abb. 15)[229] in jeder Hinsicht so weitgehend überein, daß Zusammenhänge anzunehmen sind[230]. Ein verwandtes Konzept weist die Mauer der 'Akropolis'
von Panormos auf Naxos (Abb. 14b)[231] auf; hier verschmelzen die Kurtinen mit den Bastionen zu einer geschwungen vor- und zurückspringenden Fassade.

Auch Toranlagen mit engem, langem Gang wie in Troja oder mit geknicktem Torgang wie
in Aigina wirken wie einfachere Spielarten eines in Palästina hochentwickelten Typs[232].

[227] Belege: Demetrias, Kastri, evtl. Panormos; dazu
Höckmann 1975, 276f.

[228] Nach Bossert 1967, 56 Plan 2 (danach unsere
Abb. 14a).

[229] Amiran 1970, 92 Abb. 6; dies. 1978, 10–13 Abb. 1
(danach unsere Abb. 15) Taf. 173. 174; Höckmann
1976b, 166 Abb. 161. Ähnliche Bastionen in Ai und Jericho: Hennessy 1967, 61 Taf. 47,4.5. Ägyptische Darstellung solcher Festungen aus Deshashe (frühe 6. Dynastie): Drower–Bottéro 1971, 358ff. Abb. 17. In Uruk
wurden eckige Bastionen in der Akkadzeit zu runden
umgebaut (Christian 1940, 302f.) – eine Folge der Züge
Sargons nach Syrien?

[230] Schachermeyr 1971, 399ff.; 1976, 187. 189, hielt

Kastri demgegenüber für eine anatolische Kolonie. Anatolische Parallelen sind mir bis heute jedoch nicht bekannt geworden.

[231] Nach Doumas 1972, 164ff. Abb. 17 (danach unsere
Abb. 14b). 18.

[232] In Rōš ha-Niqrā und Dothan (Helms 1976, 3 Abb. 2;
6 Abb. 3) ist die Aufgabe, den engen Torweg auf geringer Fläche möglichst lang zu gestalten, besser gelöst als in
Aigina (s. oben Anm. 222) oder Troja I d - II b (s. ebenda
sowie Dörpfeld 1902, 16. 53f. 56–59 Abb. 10. 12 Beilage 3: Tore Fl und FN), doch ist das fortifikatorische
Prinzip identisch: Dem Angreifer wird die Entfaltung
seiner vollen Angriffsstärke im Torbereich möglichst
lange unmöglich gemacht.

Von dort dürften auch die Apsidenhäuser in der Ägäis herzuleiten sein[233]. Hier reicht der Typ bis in FB I zurück; ihm gehört auch das älteste Gebäude in Troja Ia an[234]. Demgegenüber hat er in Palästina und Syrien eine Tradition, die lange vor der Frühbronzezeit beginnt[235].

Ähnliche Verhältnisse herrschen im Falle von Rund- und Ovalbauten, die in der Levante und in Zypern bis ins Frühneolithikum zurückzuverfolgen sind[236]. In der Ägäis sind sie sowohl als Originalgebäude[237] wie als Modelle (Schieferpyxiden)[238] hauptsächlich erst aus der Frühbronzezeit bekannt[239]. Monumentale Ausmaße erreicht ein Rundbau in Tiryns, bei dem die in Mesopotamien und Anatolien übliche breite Steinplinthe ebenso auffällt wie die Verwendung gebrannter Ziegel[240], die auch an dem megaronartigen großen 'House of Tiles' in Lerna[241] und dem ähnlichen 'Weißen Haus' in Aigina[242] wiederkehrt. Ein Modell, eine Schieferpyxis aus Melos (Abb. 16a.b)[243], bezeugt die Anordnung mehrerer Rundbauten um einen gemeinsamen, durch eine Fassadenmauer abgeschlossenen Hof. Sie ist einem Gebäude der Frühbronzezeit in Beth Yerach (früher Chirbet Kerak) in Galiläa (Abb. 17)[244] überzeugend ähnlich, das wohl als Heiligtum zu deuten ist. Auch das Modell dürfte ein solches wiedergeben; das Hörnerzeichen über dem Tor entspricht anatolischen Hörneraltären in einem Heiligtum in Beycesultan (Abb. 18)[245]. Hier sind zwei Cellae paarig angeordnet, wie es mehrfach aus Palästina bekannt ist[246]. Vielleicht darf ein

[233] FB I: Perachora (s. oben Anm. 222); Poliochni (Bernabò-Brea 1964, 53–57 Abb. 25–30); 86–96 Abb. 44–55; vgl. jedoch auch unten Anm. 237); aus späteren FB-Phasen vgl. Demetrias (Milojčić 1974, 46f.); Perachora (s. oben Anm. 222); Pylos (Lord Taylour 1973, 220f. Taf. 275); Theben (Demakopoulou 1975, 192 Abb. 2) und Mourtere (Sampson 1978, 245ff. Abb. 3). Allgemein: Sinos 1971, 36f.; Höckmann 1975, 286ff.

[234] Blegen u. a. 1950, 82ff. Abb. 133–138. 425.

[235] Byblos (Dunand 1973, 25 Abb. 9; 246 Abb. 146); – Jericho (Mellaart 1966, 44. 46. 52; Hennessy 1967, 6f. 44f.); – Bet ha-Emech (de Miroschedji 1971, 43; Frankel – Kempinski 1973, 242f. Taf. 66a).

[236] Sinos 1970, 13ff.; Höckmann 1975, 283f.

[237] Bulle 1907, 19ff. Taf. 4ff. Es läßt sich nicht ganz ausschließen, daß die Kurvenmauern in Poliochni (s. oben Anm. 233) zu solchen Bauten gehören. Zu zwei möglicherweise neolithischen Belegen: Höckmann 1975, 283f.

[238] Ebenda 287 Anm. 72; vgl. ferner Maurigiannakes 1972, 166.

[239] Die 'endneolithischen' Belege aus Thessalien entsprechen zeitlich der FB I (E. Hanschmann u. V. Milojčić, Die deutschen Ausgrabungen auf der Argissa-Magula in Thessalien III. Die frühe und beginnende mittlere Bronzezeit [1976] 33. 148 Abb. 5. 153; Chr. Podzuweit, JbRGZM 26, 1979 [1982] 152 Abb. 7).

[240] Sinos 1970, 35 Abb. 86; Renfrew 1972, 105 Abb. 7.5; Höckmann 1975, 285f. Abb. 7. – Deutung als

Heiligtum: Zapheiropoulos 1966, 59. Ähnliches erwog Warren 1972, 90, für einen kleinen Rundbau in Myrtos. Zu gebrannten Ziegeln: Höckmann 1975, 286. In diesem Zusammenhang ist auch auf das sog. Fischgrätenmauerwerk hinzuweisen, das ebenfalls in der Ägäis (Strøm 1966, 65 Anm. 9; Höckmann 1975, 288; ders. 1976b, 159) und im Osten bezeugt ist; in Sumer ist es nur während einer kurzen Periode üblich (Edzard 1967, 61; Lloyd 1978, 119), während es in Byblos schon im Chalkolithikum begegnet.

[241] Caskey 1954, 23ff. Für den Grundriß mit schmalen Seitenschiffen neben einem breiten Zentralraum vgl. Tempel der Djemdet-Nasr-Zeit in Tepe Gawra VIII (Lloyd 1978, 76 Abb. 38). Für Ostbeziehungen s. jetzt auch Themelis 1984, 351.

[242] Walter 1971, 62; ders. 1972, 184; – vgl. das spätchalkolithische Byblos: Dunand 1973, 241 Taf. 130,1–3.

[243] Höckmann 1975, 269–276 Taf. 53 (danach, als Umzeichnung, unsere Abb. 16a.b). Taf. 54.

[244] Ebenda 280. 282 Abb. 4 (danach unsere Abb. 17). Hinzu kommen Bauten in Nabi Salah (Beit Arieh 1974, 144ff.) und in Arad (Amiran 1978, 241).

[245] Lloyd – Mellaart 1962, 52 Abb. 20 (danach unsere Abb. 18); Höckmann 1975, 297 Abb. 17; – vgl. auch einen Hörneraltar aus Troja IIg (Schliemann 1881, 37 Abb. 6).

[246] Höckmann 1975, 294 mit Anm. 94, Abb. 18; zu Arad ergänze den Beleg oben Anm. 244. Dazu jetzt Ottosson 1980, 14ff.

Haus im Zentrum von Kastri, dessen Hauptraum durch eine Stichwand in zwei Cellae geteilt ist, ebenfalls als Heiligtum für ein Götterpaar gedeutet werden[247]. Diese Annahme fände in den (allerdings älteren) Plastiras-Figuren (s. oben S. 76f.) eine gewisse Stütze, die ja neben Frauen auch Männer darstellen. Ähnlich wie bei Formen und Motiven der Marmorplastik würden dann auch bei Gebäuden, die vermutlich dem Kultus dienten, besonders enge Übereinstimmungen zwischen den Kykladen und der Levante bestehen.

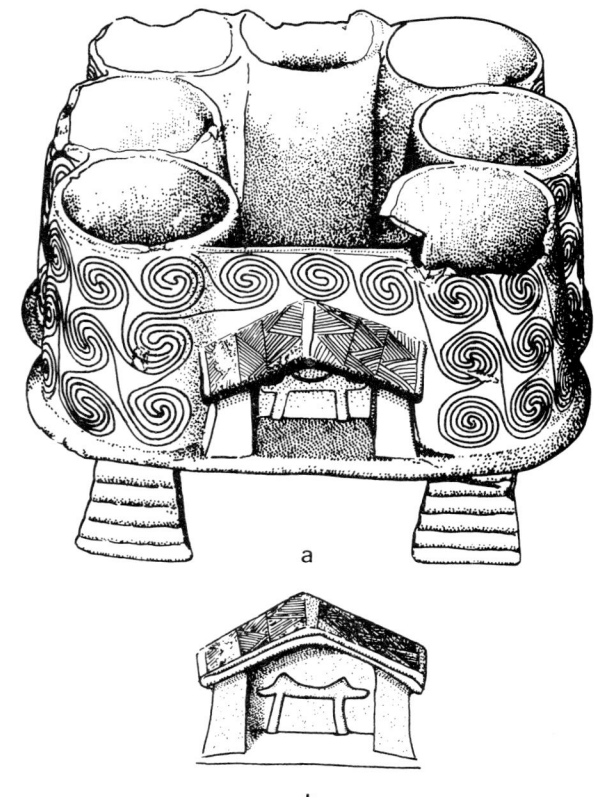

Abb. 16a und b. Frühkykladische Pyxis in Form eines Gebäudes von Melos, Ägäis: Schrägaufsicht (a), Detail des Eingangs (b); Schiefer, H 9,5 cm. München, Staatliche Antikensammlungen

Zusammenfassung

Vom Endneolithikum an sind vereinzelt in Sachgütern, Grabformen und -brauch besonders der Kykladen Elemente der endchalkolithischen und 'proto-urbanen' Kulturen Palästinas und Syriens zu erkennen. In Kreta setzten echte Importe aus dem frühdynastischen Ägypten ein. Art und Motive möglicher Zusammenhänge lassen sich noch nicht definieren. In FB II nahmen die Übereinstimmungen sowohl qualitativ als auch quantitativ zu. Im Umkreise Trojas zeigen sie sich an kostbarem 'höfischen' Gerät und Schmuck, die vermuten lassen, daß die anatolischen Fürsten mit nahöstlichen Herrschern schon lange vor Sargon in Verbindung standen. Wenn das ägyptische Rollsiegel wirklich zu dem Paktolus-Goldfund gehört und die Goldbleche mit Sahure-Kartusche wirklich in Dorak (s. Anm. 57 und 81) gefunden worden sind, müßte auch Ägypten in der 4. und 5. Dynastie Gesandtschaften und Geschenke nach Kleinasien entsandt haben. In ähnliche Richtung weisen die weniger kostbaren ägyptischen Importe in Kreta und Kythera. Diese könnten allerdings auch durch Byblos vermittelt worden sein, das kulturell und merkantil eng mit Ägypten zusammenhing. Die relativ deutlichen Beziehungen mit Byblos während FM II bieten zugleich die einzigen indirekten Hinweise für die Richtigkeit von Sargons Behauptung, Kaptaru-Kreta seinem Reich einverleibt zu haben; denn ohne die Mitwirkung der byblitischen Flotte wäre ein Übergreifen auf die ferne Insel für den Land-Herrscher Sar-

---

[247] Höckmann 1975, 276 f. 279. 296 Abb. 1: Räume 23.24.41.42; zu einem ähnlichen Raum in Vasiliki (Ostkreta): ebenda 279; St. Sinos, Die vorklassischen Hausformen in der Ägäis (1971) Taf. 42 (Vasiliki, Plan).

85

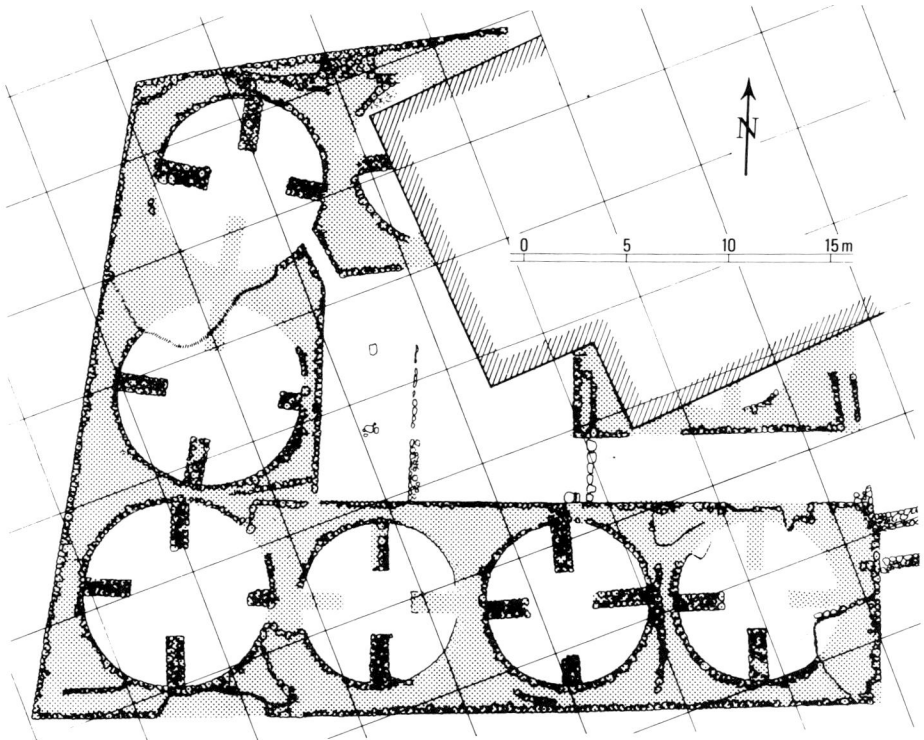

Abb. 17. Plan des früh-
bronzezeitlichen Heilig-
tums Beth Yerach, Israel

gon unmöglich gewesen. Sehr eng dürfte die Abhängigkeit Kretas vom akkadischen Reich
jedenfalls nicht gewesen sein.

Der Übergang zu 'proto-urbanen' Lebensformen auf den Kykladen folgte auffallend eng
Vorbildern aus dem palästinensisch-syrischen Raum. Dies ist im Religiösen besonders
überraschend. Vielleicht trägt zum Verständnis bei, daß wohl schon zu dieser Zeit in
Byblos sowohl ägyptische als auch sumerische Gottheiten (so Inanna/Ischtar und Du-
muzi/Tammuz) bekannt wurden[248]. Dies hatte zur Folge, daß die wohl nur unscharf umrissenen einheimischen Gottheiten konkret persönliche Züge der fremden Götter annahmen und mit ihnen identifizierbar wurden. Es scheint, daß die Impulse der neuen religiösen
Ideen stark genug waren, um – gewiß im Gefolge häufiger Kontakte – an die Kykladenkultur weitergegeben zu werden. Solche Kontakte, die vielleicht bis in das Spätneolithikum
zurückreichten, dürften auch auf den Gebieten der Architektur und des Grabwesens die
ägäische Entwicklung in Bahnen gelenkt haben, die zu einer Annäherung an palästinen-
sische und syrische Formen führten.

Wie die Siegel, Requisiten des Besitzenden und des Händlers, andeuten, scheinen die
Formen des Warenaustausches in der frühbronzezeitlichen Ägäis ein ähnliches Niveau
erreicht zu haben wie in den gleichzeitigen, ebenfalls noch schriftlosen Stadtstaaten der
Levante. Auf demselben Niveau standen die ostanatolischen einheimischen Fürsten, die
die Handelspartner der akkadischen kārūm-Kaufleute waren. Hier läßt sich die Intensität
der Kontakte nur aus den akkadischen Schriftquellen erschließen, während Import-Fund-
güter nicht nennenswert häufiger sind als in Teilen der Ägäis. Das Beispiel zeigt, daß die
Anwesenheit östlicher Händler auch hier nicht ausgeschlossen zu werden braucht.

Die zentrale Bedeutung des Metallhandels, die aus den mesopotamischen Urkunden

[248] Contenau 1926, bes. 120ff.

86

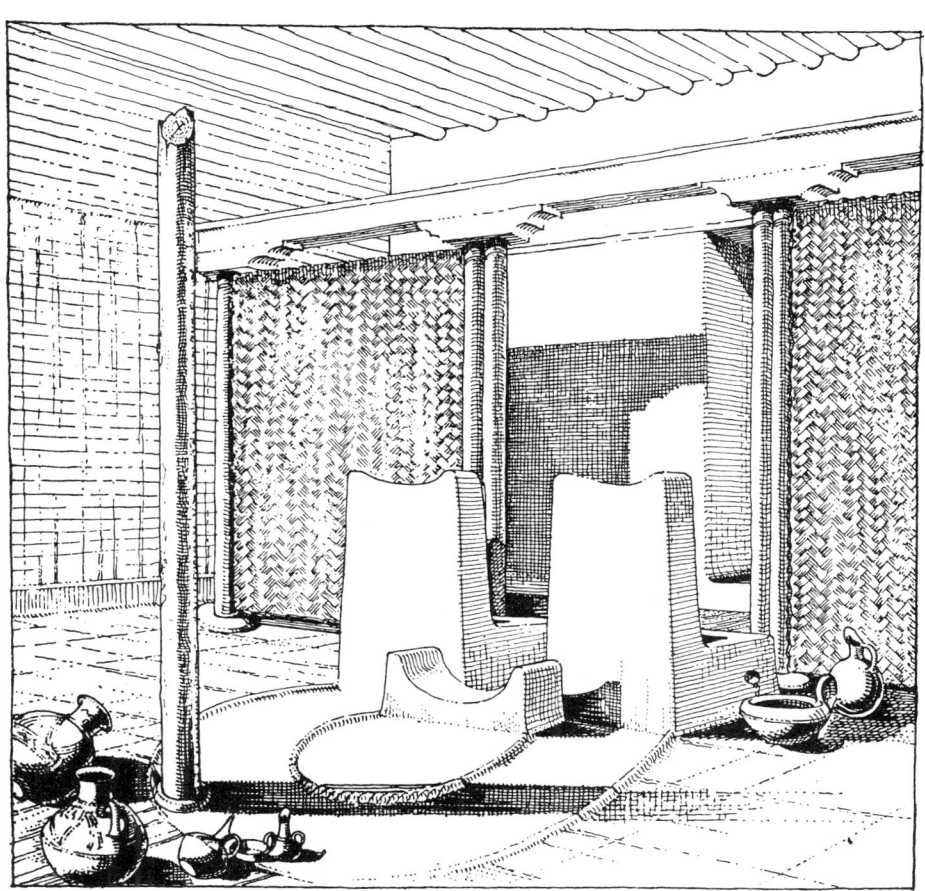

Abb. 18. Rekonstruktion eines frühbronzezeitlichen Kultraums aus Beycesultan, Türkei

ebenso deutlich wird wie aus den umfangreichen Bergwerksunternehmungen der palästinensischen Stadt Arad, läßt vermuten, daß auch in der Ägäis Metalle die wichtigsten Anreize auf den Fernhandel ausgeübt haben. Das (vermutete) Zinn der Troas und das nachgewiesene Gold des Paktolusgebiets waren für östliche Händler gewiß ein Grund für einträgliche Fernreisen, in deren Gefolge östliche Kulturerscheinungen die Ägäis erreichten.

Die Ägäis und das westliche Mittelmeer

Im 3. Jt. v. Chr. setzte im westlichen Mittelmeergebiet die Verwendung von Metallen ein, und in Verbindung damit erscheinen weitere Kulturelemente, die bereits in der Frühbronzezeit der Ägäis begegneten. Ob Zusammenhänge bestehen, wurde unterschiedlich beurteilt. C. Renfrew u. a. stellten sie in Abrede[249]: Radiokarbondaten (s. oben S. 40ff.) wiesen den westmediterranen Funden ein höheres Alter zu als den ägäischen 'Vorbildern'. Die Zeitunterschiede sind jedoch m. E. für einen solchen Schluß zu gering; die Streubreiten der Daten in West und Ost überschneiden sich. Daß zudem, besonders auf der Iberischen Halbinsel, ganze Komplexe östlicher Kulturelemente erscheinen, die in der einheimischen Entwicklung keine Vorstufen aufweisen, scheint mir eher für die Richtigkeit der älteren

[249] Renfrew 1967, 17; ders. 1970, 292f.; ders. 1972, 444f.; ders. 1976, 27; Fleming 1972, 305; Riemann 1974, 425ff.; Muhly 1976, 111.

Vorstellung[250] zu sprechen, daß der Übergang zur Metallzeitkultur im Westen mit Einwirkungen aus der Ägäis (und evtl. anderen Teilen des östlichen Mittelmeeres) zusammenhängt. Auch daß im 3. Jt. unter den einheimischen Kulturen Querverbindungen über weite Entfernungen hin faßbar werden[251], legt den Schluß auf neuartige leistungsfähige Formen des Seeverkehrs nahe, für die ein Zusammenhang mit ägäischer Nautik zumindest eine einleuchtende Erklärung wäre.

Im folgenden sollen Elemente mit Parallelen in der ägäischen Frühbronzezeit in sechs Teilbereichen des westlichen Mittelmeerraumes angesprochen werden: Malta; Sizilien und Aiolische Inseln (Lipari); Italienisches Festland; Sardinien und Korsika; Südfrankreich; Iberische Halbinsel.

Malta

Die Inselgruppe ist durch ihre Lage als Zwischenstation bei Reisen vom östlichen ins westliche Mittelmeer und als Nothafen für ostmediterrane Seefahrer prädestiniert, die von Wind und Strom zwangsläufig in Richtung auf Malta zu getrieben werden. Vielleicht haben, wie eine wohl maltesische Steinfigur ägäisch-neolithischen Typs[252] andeutet, sporadische Kontakte bereits vor 4000 v. Chr. eingesetzt. Daß um 3200 v. Chr. in der Red-Skorba-Phase Gefäße einheimischer Form eine rote polierte Oberfläche und 'Trompetenhenkel' erhielten, ließe sich ebenso mit ostmediterranen Erscheinungen (s. oben S. 68) parallelisieren wie die wenig später in der Żebbuġ-Phase einsetzende Sitte der Kollektivbestattung in Felskammergräbern[253], die sich auch zu einem endneolithischen Beleg in Athen in Beziehung setzen ließe[254]. Die frühe Zeitstellung dieser Phänomene entspricht allerdings weniger ägäischen Verhältnissen als besonders denen im 'proto-urbanen' Palästina[255]. Demgegenüber steht ein tönerner Kopf mit dreieckigem Gesicht aus der Red-Skorba-Phase kykladisch-spätneolithischen Funden aus Kephala[256] recht nahe. In Kephala ist die Kollektivbestattung ebenfalls bekannt.

Deutlich später, in der chalkolithischen Ġgantija-Phase, begegnen erstmals Scherben aus dem Umkreis von Troja I-Thermi[257], Hütten in der ostmediterranen Bauweise aus Lehmziegeln auf Steinsockel[258] und Heiligtümer aus Apsidenbauten um einen Hof[259]. In der

[250] Leisner 1943, 569f.; Childe 1950, 71ff.; ders. 1961, 241; Evans 1955/56, 49ff.; Cavalier 1960, 319ff.; Blance 1961, 192ff.; dies. 1971, bes. 51ff.; Branigan 1966b, 97ff.; ders. 1970, 184; Schüle 1968, 31ff.; ders. 1976, 38ff.; Müller-Karpe 1974, 481f.; Sangmeister 1975, 545ff.; Höckmann 1976c, 168ff.; Ross Holloway 1976, bes. 157.

[251] Bray 1963, 177; Trump 1966, 44ff.; Evans 1971, 222f.

[252] Ders. 1963, 161ff.; Thimme 1976, 419 Nr. 3.

[253] Trump 1966a, 86; Evans 1971, 44ff.

[254] Whitehouse 1972, 276, und Renfrew – Whitehouse 1974, 363f., sahen die Felskammergräber in Malta und Italien (vgl. zu diesen unten Anm. 280. 281) als autochthon an. Der endneolithische Beleg aus Athen (s. oben Anm. 207) wurde ohne Erörterung lediglich erwähnt; vgl. aber Ross Holloway 1976, bes. 155f.

[255] So auch Ross Holloway 1976, bes. 155f.; ders. 1981, 37.

[256] Trump 1966, 34 Taf. 26a; vgl. Coleman 1977, 105f. Taf. 26. 73.

[257] Trump 1966, 46; Evans 1971, 217 Anm. 2. Mit einer Stele aus Troja I (Blegen u. a. 1950, 15. 38. 46. 133. 155–158 Abb. 190); vgl. auch das Gesicht auf einer Stele von Żebbuġ, Grab 5 (Evans 1971, 213 Abb. 57 Taf. 61,7.8).

[258] Trump 1966, 15; Evans 1971, 218; Höckmann 1975, 290 (dort Verwechslung mit älterer Ovalhütte in anderer Bauweise); ders. 1976c, 174.

[259] Ders. 1975, 290; ders. 1976c, 174. Demgegenüber leitete Evans 1971, 218, den Plan der Heiligtümer von unterirdischen Felsgräbern ab.

Wie kam das Zinn in die Bronze?

Mittelasien als Ursprungsland / Transport über die Seidenstraße / Von Eckhart Kauntz

MAINZ, 19. März. Heinrich Schliemann nahm die Ilias des Homer in die eine und die Schaufel in die andere Hand. So entdeckte der Autodidakt aus Mecklenburg das zur wüsten Stätte verkommene Troia. Auch der Chemiker und Freiberger Hochschullehrer Ernst Pernicka kennt seinen Homer. Pernicka ist in der im Grenzbereich von Naturwissenschaften, Technik und Altertumskunde angesiedelten Archäometrie ebenso bewandert wie in der Physik, der Geologie und der Altertumskunde. Aber nicht die Dichtung, sondern die Erkenntnisse der Naturwissenschaften und der Technik nutzt der Österreicher, um die Rätsel der Frühkulturen zu lösen.

Dazu zählt die seit einem Jahrhundert hin- und hergewendete Frage nach den Bedingungen, unter denen in einem von der nördlichen Ägäis über Anatolien bis nach Mesopotamien reichenden Gebiet im frühen dritten Jahrtausend vor Christus plötzlich die Verwendung einer aus Kupfer und Zinn bestehenden Legierung, der Bronze, üblich wurde. Jeder Fürst suchte sich damals als Zeichen seiner Macht und Würde mit Gegenständen aus dieser Metallmischung auszustatten. Doch warum tauchten die frühesten Zinnbronzen da auf, wo weit und breit zwar Kupfer, aber keine Zinnlagerstätten zu finden sind? Auf welchem Weg kam das Zinn in die Bronze?

Förderten damals schon Bergleute in Cornwall Zinnstein, stammte das Metall gar aus dem Erzgebirge, von der spanischen Halbinsel, also aus dem Westen? Gegen diese These spricht, wie der vom Römisch-Germanischen Zentralmuseum nach Mainz eingeladene Chemiker Pernicka sagt, das zeitliche Gefälle bei der Ausbreitung der Zinnbronze, die in diesem Bereich Europas erst ein halbes Jahrtausend später genutzt wurde. Oder stammt das Zinn aus Anatolien, wo im Taurus-Gebirge bei Kestel jüngst Zinnvorkommen entdeckt wurden?

Hier kommt nun der Wissenschaft die Erkenntnis über ein besonderes Metall, das in allen Bronzelegierungen als Beimischung enthaltene Blei, zugute. Dieses Endprodukt radioaktiver Zerfallsprozesse weist nämlich, je nach Alter der Lagerstätten, unterschiedliche Isotopenverhältnisse auf. Seit es der Physik gelungen ist, Blei von Blei zu unterscheiden, tritt sie der Archäologie als Helfer zur Seite. Pernicka weiß, daß beispielsweise das in einem bei Thermi in der Troas gefundenen Zinnring eingebundene Blei aus dem Präkambrium stammt. Solch alte Krustensegmente sind in Anatolien und in den jungen Faltengebirgen von den Alpen über den Zagros bis zum Hindukusch nicht zu erwarten. Die Lagerstätten von Cornwall und dem Erzgebirge sind ebenfalls nicht alt genug.

Passend wäre das Zinn, das im westlichen Ägypten liegt. Aber ausgerechnet im Land der Pharaonen wurde Bronze erst relativ spät hergestellt. Das legt den Schluß nahe, daß die Förderung von Zinn hier zu Beginn des dritten Jahrtausends noch nicht begonnen hatte. So bleibt die Hypothese, daß schon vor knapp fünftausend Jahren Zinn über weite Strecken herbeigeschafft wurde, um es dem Kupfer beizumengen und dieses so besser bearbeiten und gießen zu können. Denn diese Legierung hat einen niedrigeren Schmelzpunkt als reines Kupfer und sie neigt beim Guß weniger zur Blasenbildung. Der Zinnzusatz härtet das Metall, durch Kaltdeformation kann sogar die Härte

Kleider von Hollywood-Stars bei Christie's versteigert

NEW YORK, 19. März (dpa). Liz Taylor hat mit Secondhandkleidern ihrer Hollywood-Kollegen mehr als eine Million Mark für ihre Aids-Stiftung verdient. Das Auktionshaus Christie's versteigerte am Donnerstag abend (Ortszeit) in New York 56 Roben, in denen die Schauspielerinnen bei der Oscar-Verleihung aufgetreten sind. Ein lavendelfarbenes Abendkleid, das Taylor 1970 getragen hatte, erzielte mit 167 500 Dollar den Höchstpreis. Insgesamt kamen rund 1,4 Millionen Mark für die Aids-Forschung zusammen.

Elizabeth Taylor hörte am Telefon mit, als sich die Interessenten im Streit um ihr tiefausgeschnittenes Abendkleid gegenseitig überboten. Am Ende gewann eine Spielzeugfirma den Preiskampf. Nur ein Kleid hat jemals mehr Geld auf einer Aktion gebracht: Im Frühsommer 1997 wurde ein Kleid von Prinzessin Diana für 222 000 Dollar zugunsten ihrer Stiftung versteigert. Alle 56 versteigerten Kleider waren von Hollywoodstars für die Auktion gestiftet worden. Zwei von ihnen werden in der nächsten Zeit öffentlich zu sehen sein: Das dunkelgrüne Seidenkleid, das „Titanic"-Schauspielerin Kate Winslet im vergangenen Jahr zur Oscar-Nacht getragen hat, wird ebenso auf eine Tour durch die Vereinigten Staaten geschickt wie eine dunkelblaue Lacroix-Kreation von Kristin Scott-Thomas, bekannt aus dem Film „Der englische Patient". Zusammen mit zwei Kleidern von Prinzessin Diana soll die Ausstellung weiteres Geld für die Stiftung der Prinzessin einbringen.

von weichem Stahl erreicht werden. Wer also über Bronze verfügte, konnte die besseren Waffen herstellen.

Pernicka hat sein Interesse an der Entwicklung von der Steinzeit zur Bronzezeit auf Mittelasien gerichtet. Bei Karnab, zwischen Buchara und Samarkand, im Bereich des heutigen Usbekistan und Tadschikistan, liegen in einer Bergwelt Zinnvorkommen, die schon in prähistorischer Zeit ausgebeutet wurden. Darauf deuten nicht nur aus der Mitte des zweiten Jahrtausends vor Christus stammende Holzreste eines Stempels und datierbare Tonscherben, sondern auch hammerartige Steinwerkzeuge (Rillenpickel), die die damaligen Bergleute zum Auskratzen der Erzgänge benutzten.

Von seiner jüngsten Reise nach Mittelasien hat Pernicka zinnhaltiges Gestein mitgebracht, dessen Bleispuren nun Aufschluß darüber geben sollen, ob das Material der in der Ägäis gefundenen Artefakte wie der Zinnring von Thermi aus Mittelasien stammen könnten. Damit rückt die Vermutung ins Licht, daß die Seidenstraße der Spätantike schon in viel früherer Zeit ein Handelsweg war, auf dem neben exotischen Materialien wie Lapislazuli und Karneol auch Zinn oder Kupfer-Zinn-Legierungen den Weg in den Westen gefunden haben. Für Mittelasien als Geburtsstätte der Bronzezeit spricht auch, daß das Erz hier gelegentlich sowohl Kupfer als auch Zinn enthält und das Produkt Bronze dort zu Beginn ohne Zutun des Menschen hätte entstehen können.

Im sächsischen Freiberg bildet Pernicka Studenten aus, die gleichermaßen Altertumswissenschaften wie auch moderne Naturwissenschaften studieren und so einen neuen Typus des Archäologen repräsentieren. In Mainz am Römisch-Germanischen Zentralmuseum hat man schon vor 25 Jahren die Rolle der Naturwissenschaften für die künftigen Altertumswissenschaften erkannt und der Bibliothek in Gestalt eines gesonderten Sammlungsgebietes den Bereich „Archäologie und Naturwissenschaften" hinzugefügt. Die eigentlich der Finanzierung zeitlich begrenzter Forschungsvorhaben gewidmete Deutsche Forschungsgemeinschaft (DFG) fördert die Bibliothek seit nunmehr einem Vierteljahrhundert kontinuierlich. Das Mainzer Institut ist somit durch die DFG in die Lage versetzt, die Bibliothek als Zentrum eines vernetzten Forschungs- und Informationssystems zu betreiben und in Tagungen und Kolloquien gemeinsam mit Wissenschaftlern aus aller Welt die Archäometrie voranzubringen. Physik, Archäologie, Chemie und Technik haben zusammengefunden.

zwar haargenau.

Fotos David Ausserhofer

mit Fluchtweg

aut – mit verkröpfter Gesimsverdachung / Von Marion Aberle

„Mehmet in großer Not"

Mit obdachlosen Kindern im Heim

ISTANBUL, 19. März (dpa). Der vor vier Monaten aus München nach Istanbul abgeschobene türkische Serienstraftäter Mehmet ist in großer psychischer und physischer Not. Der Vierzehnjährige befinde sich mit 26 „durchweg von Rauschmitteln abhängigen Straßenkindern unter einem Dach", sagte eine Vertrauensperson am Freitag in Istanbul. In dem Heim seien „lediglich ein bißchen rehabilitierte Kinder und Jugendliche zwischen zehn und achtzehn Jahren" untergebracht.

„Er findet keine Arbeit, hat keinerlei soziale Bindungen und damit keine Zukunftsaussichten mehr. Er sieht sich vor der Gefahr des Rückfalls, würde aber viel lieber ein ganz normaler Mensch werden", sagte die Vertrauensperson, die ihren Namen nicht genannt wissen möchte. Auch Mehmets Eltern in München und seine Verwandten in der Türkei hätten sich von im losgesagt. Aussichten auf einen Schulbesuch habe er nicht, weil sein Türkisch dafür nicht ausreiche. Der in München geborene Jugendliche hatte schon vor dem Erreichen des Strafmündigkeitsalters von vierzehn Jahren mehr als 60 Straftaten begangen und wurde im November vergangenen Jahres in die Türkei abgeschoben.

Schlag gegen Kinderpornographie im Internet

MÜNCHEN (dpa). Bei einem Schlag gegen Kinderpornographie im Internet haben Fahnder in Deutschland und sieben weiteren Staaten Tausende von Bilddateien mit pornographischem Inhalt sichergestellt. Zwei Beschuldigte in Großbritannien und der Schweiz sitzen in Untersuchungshaft. Nach bisherigen Ermittlungen wurden die Bilder in einem Internet-Chatroom verbreitet und getauscht. Ein kommerzieller Hintergrund sei nicht erkennbar, teilte die Polizei in München am Freitag mit.

Unter dem Operationsnamen „Bavaria" hatten Fahnder der deutschen Polizei, des Bundeskriminalamtes und weiterer Staaten zusammengearbeitet. Am vergangenen Mittwoch wurden Wohnungen und Geschäftsräume in Deutschland, Großbritannien, Kanada, Norwegen, Schweden, der Schweiz und den Vereinigten Staaten durchsucht. In Deutschland überprüften die Fahnder die Wohnungen von dreizehn Personen in Bayern, Hessen, Nordrhein-Westfalen, Rheinland-Pfalz und Sachsen.

Ermittlungen nach Dioxin-Störfall

DUISBURG, 19. März (dpa). Nach dem Dioxin-Störfall in Duisburg hat die Duisburger Staatsanwaltschaft gegen Ver-

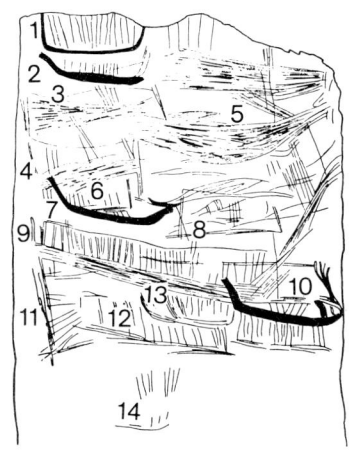

Abb. 19. Stele mit Schiffsdarstellungen aus dem bronzezeitlichen Heiligtum von Tarxien, Malta

Abb. 20. Schiffsdarstellung auf einer Steinplatte aus dem frühkykladischen Heiligtum von Korphe t'Aroniou auf Naxos, Ägäis

folgenden Tarxien-Phase sind ägäische Schmuckformen bezeugt[260], und auf einer Stele in dem Heiligtum von Tarxien (Abb. 19)[261] sind neben andersartigen Schiffen Langboote kykladischen Typs eingeritzt. Die kunstlosen Graffiti stehen Schiffszeichnungen in dem Heiligtum von Korphe t'Aroniou auf Naxos (Abb. 20)[262] so nahe, daß die Vermutung naheliegt, kykladische Seefahrer hätten die maltesischen Zeichnungen der einheimischen Gottheit geweiht.

Hinweise auf Handelsverbindungen zwischen Malta und der Ägäis fehlen jedoch; auch die Angabe, auf Malta sei Obsidian von Melos verwendet worden[263], hat sich nicht bestätigt[264]. Malta scheint hauptsächlich als Zwischen- oder Nothafen angelaufen worden zu sein.

Wesentliche Elemente der maltesischen 'Tempelkultur' (megalithische Bauweise, steinerne Großplastik) lassen sich nicht von auswärtigen Vorbildern ableiten[265]. Die erstaunliche und unerklärliche Kulturhöhe Maltas im Chalkolithikum dürfte der Grund dafür sein, daß trotz der Besuche durch kykladische und nordwestanatolische Schiffe ägäische Anregungen nur zögernd aufgenommen wurden. Vielleicht sind Fortschritte in Schiffbau und Nautik, wie sie aus westmediterranen Fremdfunden in Malta zu erschließen sind, der wichtigste Beitrag der ägäischen Besucher zur maltesischen Kulturentwicklung gewesen (s. Anm. 251).

[260] Vgl. bes. die Knochen-Buckelleiste aus Tarxien (Evans 1971, 223), die mit ägäischen Funden (z. B. Lerna: Caskey 1954, 22; Renfrew – Whitehouse 1974, bes. 360; zusammenfassend Ross Holloway 1981, 16 ff.) zusammenhängt. Zur Verbreitung derartiger Objekte vgl. auch die Karte in dem Beitrag von H.-G. Buchholz und P. Wagner, unten Abb. 25. Evans 1971, 219, erwog auch kykladischen Einfluß (FK II) auf die Volutenmuster der Tarxien-Keramik.

[261] Woolner 1957, 60 ff.; Blance 1971, 99; Höckmann 1976c, 175 Abb. 175 (danach unsere Abb. 19). Außer

Schiffen kykladischen Typs (und anderen, die sich nicht identifizieren lassen) sind Fahrzeuge abgebildet, die ägyptischen Schiffen des Alten Reichs zumindest ähnlich sind.

[262] Doumas 1965, 47 ff. Abb. 4 (danach unsere Abb. 20). Abb. 7 Taf. 35b; 36a; 37a.

[263] Cornaggia Castiglione u. a. 1963, 320; Courtin 1972, 103 f.

[264] Renfrew – Whitehouse 1974, 362.

[265] Es sei denn, man erwöge Beziehungen zum frühen Ägypten; doch hierfür sind die Ähnlichkeiten zu unspezifisch.

Sizilien und Liparische Inseln

(beachte hierzu und zum Folgenden die Literatur auf Seite 116f.)

Etwa gleichzeitig mit der Red-Skorba-Phase Maltas löste auf Lipari, in Sizilien und Süditalien die glänzend rote monochrome Keramik der Diana-Kultur die mittelneolithische bemalte Ware ab. Die Formen der Diana-Keramik stehen in einheimischer Tradition, doch die Machart – die vielleicht Metallgefäße imitieren soll[266] – und die 'Trompetenhenkel' sind in Italien neuartig; sie wiederholen ostmediterrane Erscheinungen an der Wende zur Frühbronzezeit (s. oben S. 67). Funde von Kupferschlacken auf Lipari[267], das kein Kupfererz aufweist, deuten auf die Anwesenheit fremder Metallurgen hin. Daß sich zu dieser Zeit an Steingefäßen[268] und Pfeilspitzen mit eingezogener Basis[269] ägyptische Einflüsse abzeichnen, dürfte in denselben Zusammenhang gehören.

B. Blance wies auf die Ähnlichkeit der Diana-Ware mit der Keramik der ältesten Kolonie Mesas de Asta in Spanien (s. unten S. 98ff.) hin und hob Gemeinsamkeiten mit ostägäischer Keramik (Samos) hervor[270]. Steinkistengräber wurden von L. Bernabò Brea auf kykladische Vorbilder der Frühbronzezeit zurückgeführt[271]; der Typ ist jetzt aber auch schon für das Spätneolithikum bezeugt (Kephala, s. oben S. 80 mit Anm. 206).

Im Aeneolithikum setzten Felskammergräber mit Kollektivbestattung ein[272], die im Ostmittelmeerraum, aber auch im endneolithischen Athen Vorläufer haben (s. oben S. 80 mit Anm. 207–211). An Formen und (zumal Politur-)Mustern der Keramik[273], steinernen Keulenköpfen und Kleinfunden[274] zeigen sich vom mittleren Aeneolithikum an Übereinstimmungen mit Erscheinungen der frühesten Frühbronzezeit in Westkleinasien und der Ostägäis. In den spätaeneolithischen Gruppen von Piano Quartara (Lipari) und Malpasso (Sizilien), die nun auch selbst Metall verarbeiteten[275], werden diese Ähnlichkeiten recht deutlich[276]; und Gefäßformen aus San Ippolito stehen solchen der Frühbronzezeit Zyperns nahe[277]. Das Spektrum der 'östlichen' Erscheinungen bleibt aber schmaler als in den

[266] Bernabò-Brea 1957, 51, deutete die Monochromie der Keramik als 'Reaktion' auf die reiche Bemalung in der vorangegangenen Zeit. Die Ähnlichkeit mit auswärtiger Rotware an der Wende zur FB spricht aber gegen die Erklärung als lokales Phänomen. Zum Einfluß von Metallgefäßen auf die Formen der Diana-Keramik: Ross Holloway 1981, 23.

[267] Bernabò-Brea – Cavalier 1956, 31. 35; dies. 1960, XXIV. – Renfrew – Whitehouse 1974, 376, wiesen weitere Kupfergegenstände im italischen Neolithikum nach, doch liegen sämtliche Fundstellen weit im Norden, jenseits des Po. Vgl. aber Ross Holloway 1981, 34.

[268] Branigan 1965, 47ff.

[269] Zur Ausbreitung von Pfeilspitzen mit eingezogener Basis von Ägypten über die Ägäis nach Lipari und letztlich zur Iberischen Halbinsel: Savory 1968, 82; Blance 1971, 46. 96.

[270] Ebenda 102. – Cazzella 1972, 260f. nahm an, die Dianakultur habe bis ins Aeneolithikum bestanden, und maß der Ausrichtung ihrer 'östlichen' Elemente zum sel-

ben Bereich, der das Aeneolithikum Italiens beeinflußte, besondere Bedeutung bei.

[271] Bernabò-Brea 1957, 47. 50; Cazzella 1972, 260.

[272] Bernabò-Brea 1957, 88f.; Tinè 1960/61, 113ff.; ders. 1963, 73ff.; ders. 1968/69, 59; Almagro – Arribas 1963, 226.

[273] Bernabò-Brea 1957, 70ff.; Tinè 1960/61, 114; Cazzella 1972, bes. 258; Cassano – Manfredini 1975, 204ff.

[274] Bernabò-Brea 1957, 94; Tinè 1965, 179f.

[275] Bernabò-Brea 1953/54, 174ff.; ders. 1957, 70f. 84; Cavalier 1960, 331ff. 342; Tinè 1960/61, 114. 116; Almagro – Arribas 1963, 226; Daniel – Evans 1967, 17; Cazzella 1972, 249. 252ff. 259. 271.

[276] Calvi Rezia 1967, 507ff. bes. 510; Herleitung aus der Ägäis: 518; zu knöchernen Buckelleisten (vgl. oben Anm. 260) vgl. bes. Cazzella 1972, 206; Ross Holloway 1981, 16ff.

[277] Bernabò-Brea 1953/54, 166. 177; ders. 1957, 86; Cazzella 1972, 262.

vollbronzezeitlichen Kulturen von Capo Graziano und Castelluccio, die dem 2. Jt. v. Chr. angehören[278].

Direkte Hinweise auf die Anwesenheit von Fremden beschränken sich bisher auf die dianazeitlichen Kupferschlacken auf Lipari. Doch darf der allmähliche Übergang zu Erscheinungen, die denen der Frühbronzezeit der Ägäis nahestehen, wohl als eine bewußte Annäherung verstanden werden, die Kontakte mit ägäischen (und vielleicht kyprischen) Seefahrern voraussetzt. Die Lage Siziliens und der Liparischen Inseln läßt annehmen, daß sie – wie dann im 2. Jt. v. Chr.[279] – als Zwischenstationen auf einem Wege angelaufen wurden, der weiter ins westliche Mittelmeer führte.

Italienisches Festland

Vereinzelte Felskammergräber in neolithischem Zusammenhang wurden von R. Whitehouse zum Anlaß genommen, eine von der Frühbronzezeit der Ägäis unabhängige Entstehung dieser Grabform in Italien anzunehmen[280]. Doch wies schon Ross Holloway[281] darauf hin, daß die Felskammergräber Palästinas und Ägyptens (Negade II) in frühere Zeit zurückreichen als die italischen (und maltesischen) Funde. Frühe Verbindungen mit der Levante wurden auch von anderer Seite erwogen[282].

Felskammergräber wurden erst im Aeneolithikum, und dann nur in Süd- und Mittelitalien, die herrschende Grabform[283]; sie begegnen in allen drei Regionalgruppen (Laterza, Gaudo und Rinaldone). Überall setzte gleichzeitig die Metallverarbeitung ein. Dolche ähneln z. T. ägäischen und syrischen; sie gelangten anscheinend vereinzelt bis nach Kreta[284]. Neben Kupfer[285] wurden vereinzelt Silber und Antimon[286] verarbeitet.

[278] Hierzu: Bernabò-Brea 1957a, 114f.; Cavalier 1960, 337; Renfrew – Whitehouse 1974, 367; Höckmann 1975, 290f.

[279] Buchholz 1974, 352; Ross Holloway 1981, 46.

[280] Vgl. oben Anm. 254. Für Autochthonie auch Riemann 1974, 434 (sein Hinweis, der italische Typ mit vertikalem Schacht fehle in der Ägäis, läßt die Gräber in Athen [hierzu Cazzella 1972, 262f.] und Korinth außer acht). – Gegen die Datierung der ältesten Felskammergräber Italiens ins Neolithikum: Cazzella 1972, 263; Tinè 1973, 106.

[281] Lo Porto 1972, 367; Ross Holloway 1976, 155f.; ders. 1981, 36ff. Ähnliches hat Tinè 1963, 73ff. angenommen, die Vorbilder aber eher im Alten Reich Ägyptens gesucht.

[282] Biancofiore 1967, 292 (zur Laterza-Gruppe). Von seinen Beispielen lassen sich Tannenzweigmuster der Keramik (ebenda 230 Abb. 41,9; 268 Abb. 45,6) auch mit Grotta-Pelos-Keramik (FK I) verbinden; vgl. auch Cassano – Manfredini 1975, 207ff.

[283] Biancofiore 1967, 268ff.; Peroni 1971, 195. Daß Felskammergräber in Norditalien fehlen und die Kollektivbestattung in der Rinaldone-Gruppe Mittelitaliens nur noch vereinzelt bezeugt ist, weist auf die mediterrane

Herkunft dieser Erscheinungen hin (Bernabò-Brea 1968/69, 40).

[284] Branigan 1966b, 97; ders. 1968a, 63; ders. 1971, 47ff.; Barfield 1969, 77; Ross Holloway 1981, 35. Daß drei dieser Dolche aus Silber bestehen, hat in Italien keine Parallele; die formale Ähnlichkeit mit italischen Funden ist aber deutlich (so auch Renfrew – Whitehouse 1974, 369). Andere Dolchtypen sind syrischen ähnlich (Biancofiore 1967, 218; Renfrew – Whitehouse 1974, 378 zu Typ A 1). Dennoch lehnten Renfrew – Whitehouse und Riemann 1974, 436ff. alle Fremdeinflüsse konsequent ab.

[285] Zu den verwendeten Kupfersorten: Junghans u. a. 1968, 80ff. Arsenkupfer ist relativ selten (Renfrew – Whitehouse 1974, 378), und Zinnbronze spielt keine Rolle; eine Bedeutung des Zinns für Kontakte mit der Ägäis (Lo Porto 1968/69, 59) ist unwahrscheinlich.

[286] Lambi 1958/59, 137ff. Zu absichtlicher Antimon-Beimischung (bes. in der Rinaldone-Gruppe): Barker 1971, 188. Die einheimische Herkunft des Metalls ist nicht sicher (Selimkhanov 1975, 50; auch Dayton 1978, 115, nannte Italien nicht unter den Ländern mit Antimonlagerstätten).

Die Keramik des Aeneolithikums unterscheidet sich von neolithischer so deutlich, daß sie verschiedentlich auf Einwanderer aus der Ägäis zurückgeführt wurde[287]. Größere Einwanderungen sind unwahrscheinlich[288]; doch besteht nicht nur in der Machart der Tonware, sondern auch in den Formen und Ziermustern, die z. T. deutlich Metallgefäße nachahmen[289], unverkennbar Ähnlichkeit mit ägäischer Keramik der Frühbronzezeit. Vorbilder sind zumal aus Nordwestanatolien (Troja, Yortan) bekannt[290], zum geringeren Teil von den Kykladen; zwei Kegelhalsgefäße aus Pitigliano[291] stehen in Form und Dekor kykladischen Gefäßen der Grotta-Pelos- oder der Kampos-Gruppe (FK I) auffallend nahe. Mit dem Osten verbinden ferner Schmuckformen[292]. Das (auch mit dem Aeneolithikum von Sizilien, Lipari und Malta) gleichzeitige Erscheinen dieser Neuerungen[293] fände in frühbronzezeitlichen Kontakten mit der Ägäis und Zypern[294] eine einleuchtende Erklärung. Die Kupferlagerstätten der Toskana sind gewiß ein lockendes Ziel für fremde Metallurgen gewesen. Die Anwesenheit fremder Lehrmeister würde das schnelle Aufblühen der Metallurgie im Aeneolithikum Italiens verständlich werden lassen[295]. Wenn die in Kreta gefundenen Dolche (s. Anm. 284) wirklich aus Italien stammen, stellen sie wertvolle Indizien für das Interesse der Ägäis an den Metallen Italiens dar.

[287] Bernabò-Brea 1968/69, 27ff. 55; ähnlich (für die Laterza-Gruppe) Biancofiore 1967, 296. 300. Sowohl Bernabò-Brea als auch Peroni 1971, 304, 336, wiesen auf die Überlieferung von einer Einwanderung aus Arkadien »17 Generationen vor dem trojanischen Krieg« (Dionysios von Halikarnass I 11,2–4) hin. Für das Aeneolithikum ist dies allerdings allenfalls als Parallele aus späterer Zeit von Belang.

[288] So fehlen im Aeneolithikum sowohl des italienischen Festlands als auch der Inseln bisher befestigte Siedlungen ägäischen Typs (Blance 1971, 100).

[289] Bernabò-Brea 1968/69, 28; Ross Holloway 1976, 150ff. 153; ders. 1981, 27. 30ff. 47.

[290] Biancofiore 1967, 282 (Laterza); Bernabò-Brea 1968/69, 38ff.; Barich 1971, 414; Ross Holloway 1973, 17f.; ders. 1976, 149ff. (Gaudo); Cazzella 1972, 210. 212; Peroni 1971, 194 (zu Politurmusterkeramik der Rinaldone-Gruppe) erkannte zwar Zusammenhänge an, rechnete aber generell (ebenda 296) mit deutlicher Verspätung gegenüber der Ägäis. Östliche Einflüsse wurden von Trump 1966a, 80ff.; Riemann 1974, 440ff. 446; und Ross Holloway 1976 abgelehnt, von Renfrew – Whitehouse 1974, 343. 366, in Frage gestellt, obgleich die formale Ähnlichkeit zugestanden wurde. Riemanns Hinweis auf die mangelnde Seetüchtigkeit der Schiffe des 3. Jts. v. Chr. als Argument gegen Kontakte mit ägäischen Kulturen wird durch die Reisen nach Meluḫḫa, Punt und Keftiu (s. oben S. 58) entkräftet. Dazu neuerdings: O. Höckmann, Antike Seefahrt (1985).

[291] Vgl. Museo Grosseto, Inv.-Nr. Firenze (sic) 95588 (Form und Dekor wie Keramik der Wende FK I/II) und

2521. Zu Übereinstimmungen der Rinaldone- und Gaudo-Keramik mit kykladischer in bezug auf Formen und subkutane Ösen, in der Machart mit frühhelladischer: Bernabò-Brea 1956, 256, 258. Zu FK-Elementen auch in der Gaudo-Gruppe: Cazzella 1972, 272ff.

[292] Biancofiore 1967, 216. 286; ders. 1971, 202; Cazzella 1972, 267. Zu einem Fußamulett aus Laterza: Biancofiore 1967, 227. Zu Metallschmuck: Branigan 1966b, 103; vgl. dagegen Renfrew – Whitehouse 1974, 351. 360. 367. Ein Siegel mit zwickelgefülltem Kreuz aus Montale (Bernabò-Brea 1964, 653) läßt sich nicht verwenden; der Kontext gehört erst dem späteren 2. Jt. v. Chr. an.

[293] Zu langen Feuersteinklingen: Ross Holloway 1976, 149; ders. 1981, 27f. – Zu Steinkeulen mit Schaftloch (Rinaldone-Gruppe): Cazzella 1972, 267 (gegen Beziehungen zur Frühbronzezeit Nordwestanatoliens aber Renfrew – Whitehouse 1974, 366, die den Typ aus der neolithischen Ripoli-Gruppe herleiten). – Zu Streitäxten der Rinaldone-Gruppe: Bernabò-Brea 1968/69, 39 (für Beziehungen zu Poliochni, 'grüne' und 'rote Phase'). – Zu einem Baitylos-Idol aus Laterza: Sanz Aranda 1974, 356.

[294] Lo Porto 1962/63, 214f.; Cazzella 1972, 268f.; Renfrew – Whitehouse 1974, 366.

[295] Vgl. besonders die gefährliche Verarbeitung von Arsenbronze (s. oben Anm. 112) und Antimon, die schwerlich autochthon erlernt worden ist. Entschieden für die Übernahme aus dem Osten (u. U. Verwendung arsenreicher Bronze östlicher Herkunft zum Legieren einheimischen Kupfers): Ross Holloway 1981, 36. 47. 54.

Die Vorgeschichte Sardiniens im 3. Jt. v. Chr. ist noch lückenhaft bekannt. In diesen Zeitraum wurden Steinkistengräber mit Steinkranz in Li Muri (Arzachena) datiert[296], die Grabformen in Griechenland, aber auch in Palästina[297] nicht unähnlich sind. Unter den Funden wirken eine Steatitschale[298], Steinperlen[299] und Keulenköpfe aus Steatit[300] 'östlich'; doch ergeben diese Hinweise auf Fremdeinflüsse vorerst noch kein klares Bild. Weiter verbreitet ist die Ozieri-(San Michele-)Gruppe, die u. a. rote polierte Tonware mit 'Trompetenhenkeln' ähnlich der Diana-Keramik (oder erst jener der Tarxien-Phase Maltas?)[301] aufweist. Sie wurde meist in das 2. Jt. v. Chr. datiert[302]; doch sprechen C[14]-Daten für einen erheblich früheren Beginn[303], vielleicht noch vor dem der Arzachena-Gruppe[304]. Noch unpublizierte Funde (s. Anm. 303) zeigen zwar, daß die Ozieri-Gruppe als Ganzes einheimisch ist; doch ist ihr Erscheinungsbild durch Anregungen aus der ägäischen Frühbronzezeit stark beeinflußt worden.

Felskammergräber mit Kollektivbestattung sind wohl eher mit dem spätneolithischen Beleg aus Athen (s. oben S. 80 mit Anm. 207) zu verbinden als mit den kykladischen Gräbern der späteren Frühbronzezeit[305]. Allerdings erinnern stilisierte Stierhörner an einer gemalten Scheintür in dem Felskammergrab von Mandra Antine[306] auffällig an den Hörneraufsatz am Tor des wohl in FK II zu datierenden Gebäudemodells von Melos (Abb. 16a.b). Zum griechischen Endneolithikum oder zur Grotta-Pelos-Gruppe (FK I) weisen Kegel-

---

[296] Lilliu 1948, 35 ff.; ders. 1963, 32 Abb. 3; Guido 1963, 37 Abb. 3; Atzeni 1980, 32 (Plan: 30 Abb. 20).

[297] Lilliu 1965, 365. – Guido 1963, 40, und Castaldi 1969, 235, sahen Parallelen sowohl im östlichen als auch im westlichen Mittelmeergebiet. Die später von Castaldi 1975, 76, noch mehr betonten 'Parallelen' in Korsika und Mallorca (G. Rosselló Bordoy, Mayurca 7, 1972, 142) gehören nach C[14]-Daten erst dem 2. Jt. v. Chr. an (ebenda 121).

[298] Zervos 1954, 141 Abb. 147; Guido 1963, 39 Abb. 4 (zu Beziehungen mit Kreta, Hagios Kosmas und dem Ägypten der 4. Dynastie: S. 40); Lilliu 1963, 34 Abb. 4,3; ders. 1967, 12; Castaldi 1975, 76. Anfänglich hatte Lilliu (1948, 38 f.) auch Beziehungen zur Tarxien-Periode Maltas erwogen; er hielt jedoch schon damals Vorbilder in Kreta oder Ägypten für wahrscheinlicher.

[299] Guido 1963, 40; Lilliu 1963, 30 Abb. 4,1.2 (beide für Beziehungen zu Kreta). Zu Parallelen in Südfrankreich: Bérard 1954, 284 Abb. 5,25.27–29; Guido a.O. (schlank-olivenförmige Perlen aus La Bouissière); J. Arnal – L. Balsan, BPrHistFr 52, 1955, 668 Abb. 1 unten, 2. und 3. Reihe (Flügelperlen aus St. Martin-du-Larzac). Für die Funde aus La Bouissière liegt ein Radiokarbondatum von 2025 ± 130 v. Chr. vor.

[300] Lilliu 1963, 30 Abb. 4,4. Zu Beziehungen mit Nordwestanatolien, Kreta und Ägypten auch Guido 1963, 40; Atzeni 1980, 32.

[301] Bray 1963, 178 f.; Contu 1964, 256 f. Demgegenüber sah Castaldi 1969, 230, Gemeinsamkeiten zwischen Malta und Sardinien hauptsächlich in den östlichen Einflüssen.

[302] Bray 1963, bes. 180; Guido 1963, 40. 48; Contu 1964, 256 f.; Lilliu 1965, 383 ff. 389. Daß die Ozieri-Gruppe lange bestanden hat, zeigt sich an Einflüssen der Glockenbecherkultur (Guido 1963, 63). Zur Spätphase auch Atzeni 1980, 33.

[303] Daß Ozieri im 3. Jt. v. Chr. einsetzte, wurde lange vermutet (Lilliu 1948, 35; Bosch-Gimpera 1954, 48 f.; Ferrarese Ceruti 1965, 68; Lilliu 1965, 366; Daniel – Evans 1975, 738) und durch C[14]-Daten aus Sa 'ucca de su Tintirrìolu erwiesen (Lorìa – Trump 1978, 201); der Zusammenhang datierter Proben aus der Grotta del Guano (Alessio u. a. 1971, 399; Castaldi 1972) mit den Ozieri-Schichten wurde jetzt in Frage gestellt (Lorìa – Trump a.O.). Zur Genese der Gruppe, in der einheimisch-spätneolithische Traditionen mit ägäischen Elementen verschmelzen: Lorìa – Trump 1978, 200 ff.

[304] Hierfür schon: Guido 1963, 36. 40; Puglisi – Castaldi 1964/65, 70 f.

[305] Guido 1963, 49 f. 65; Atzeni 1980, 25 f. 32 (Pläne: 23 Abb. 9,1–10).

[306] Contu 1964, 247 Abb. 9, Taf. 1. 2 (für Beziehungen zu Malta; s. auch Anm. 301); ders. 1966, 198 f. Abb. 3. 4; Atzeni 1980, 22 Abb. 8,4. Für ägäische Herkunft der Spiralmuster und anderer Ziermuster auf Keramik: Guido 1963, 57 f.; Contu 1966, 195 ff.; Castaldi 1969, 230; Lorìa – Trump 1978, 183 ff. 203. Zu Beziehungen mit Südfrankreich: Castaldi 1969, 244.

halsgefäße[307], während Pyxiden (Abb. 21 b)[308] oder eine Steinschale mit Spiralreliefs aus Orgosolo[309] Funden der Stufe FK II nahestehen. Besonders deutlich spiegeln sich ägäische Vorbilder in der sardinischen Steinplastik wider. Fettleibige Statuetten mit wulstartiger Kopfzier[310] stehen einem neolithischen Typus Griechenlands nahe[311]. Weit häufiger sind Figuren, die kykladische Idole der Stufen FK II–III vereinfachend nachahmen[312]. Sie sind auch im 2. Jt. noch angefertigt worden[313], setzen jedoch früher ein. So stand die Figur von Senorbì (Abb. 21 c)[314] in einer Steinbettung wie unfigürliche Stelen in Li Muri.

In Sardinien sind kykladische Einflüsse deutlicher als nordwestanatolische, die bisher überwogen. Doch fehlen die letzteren nicht[315]; insbesondere ein Anhänger mit 'Eulengesicht' (Abb. 21 a) steht trojanischen Idolen so nahe[316], daß hier möglicherweise an ein anatolisches Importstück zu denken ist. Schließlich ist die Erd-'Pyramide' Monte d'Accòddi[317] zu erwähnen, die meist mit mesopotamischen Ziggurat-Tempeln verbunden wurde[318]. Nun bietet sich der 'Grabhügel des Amphion und Zetos' als näherliegende Parallele an (s. oben S. 80 f.).

Diesen Beziehungen zur Ägäis stehen andere gegenüber, die Sardinien mit der Fontbouisse-Gruppe Südfrankreichs, der Iberischen Halbinsel und Malta verbinden. Einige der seltenen

[307] Lilliu 1963, 63 ff. Abb. 12,1 Taf. 15 b.c; Lorìa – Trump 1978, 235 Abb. 20,2.5.6; Atzeni 1980, 21 Abb. 5,14.17.21.22 (ähnlich Abb. 5,18); Thimme 1980, 371 Nr. 53 Kat.-Abb. 53 (ähnlich Nr. 52). Allgemein zu östlichen Einflüssen auf die Keramik: Atzeni 1962, 58 ff.; Guido 1963, 66; Lilliu 1963, 66; ders. 1965, 373 ff.; Atzeni 1975, 34; Lorìa – Trump 1978, 176 ff. 179 ff. 183 ff. 200 ff. Zu zwei kykladischen Kannen vielleicht aus Sardinien s. unten Anm. 323.

[308] Guido 1963, 43 Taf. 2. 3 (auch: 68 Abb. 12,2); für Beziehungen zur Ägäis: ebenda 64. 66 f.; Atzeni 1975, 34; Höckmann 1976 c, 173 mit Abb. 171 (danach unsere Abb. 21 b); Lorìa – Trump 1978, 179 ff. 202 f. mit 232 Abb. 17,2.5 Taf. 16,2.4 (»Parallelen nur im FK«); Atzeni 1980, 21 Abb. 5,12. Eine gute Parallele befindet sich im Museum von Santorin (unpubliziert; Inv.-Nr. mir unbekannt).

[309] Ferrarese Ceruti 1965, 53 ff. Sternmuster (Lo Schiavo 1976, 15 f. 19 Nr. 11 Taf. 3; Atzeni 1980, 19 Abb. 4,17; S. 21 Abb. 5,2.4.8; Thimme 1980, 373 f. Nr. 63. 67 a Kat.-Abb. 63. 67 a) kehren auf FK-'Pfannen' wieder (z. B. Otto 1976, 138 ff. Abb. 121,1.3; 122,4; 124,1.3; Thimme 1976, 525 Nr. 400 Kat.-Abb. 400; S. 527 Nr. 406 Kat.-Abb. 406).

[310] Atzeni 1975, 7 ff. 12 Taf. 1; Lorìa – Trump 1978, 154 Taf. 34,1–3; Atzeni 1980, 28 mit Abb. 16,1–11; Thimme 1980, 361 Nr. 3. 4 Kat.-Abb. 3. 4. Imitationen aus Knochen: Atzeni 1975, 11 Abb. 2,1.2 Taf. 2 a–c.

[311] Ebenda 7 ff. 12.

[312] Zervos 1954, 351 ff. Abb. 446 ff.; Atzeni 1980, 28 mit Abb. 16,16–18 (ähnlich: Abb. 16,13.14); Thimme 1980, 361 ff. Nr. 1. 2. 6 Kat.-Abb. 1. 2. 6 (ähnlich: Nr. 7–12.14 Kat.-Abb. 7–12.14). Zu kykladischem Einfluß: Lilliu 1948, 33 f.; ders. 1965, 387 f.; Bray 1963,

169; Guido 1963, 45. 66; Castaldi 1969, 230; Buchholz 1974, 355; Atzeni 1975, 34; ders. 1980, 28. 32. Eine Statuette (Atzeni 1975, 11 Abb. 2,4) hat sogar angewinkelte Knie wie kanonische Kykladenidole. Daß – als weitere Gemeinsamkeit – Figuren absichtlich zerbrochen wurden, erkannte Castaldi 1965, 254. 258. 263 (ähnlich schon Lilliu 1957, 43). Zu Beziehungen mit FM-Plastik: Almagro – Arribas 1963, 228; Guido 1963, 45; Atzeni 1975, 12 ff. – Renfrew – Whitehouse 1974, 362, lehnten FK-Einflüsse ab; die Marmorfiguren könnten auf eine einheimische Tonplastik (wohl wie Lo Schiavo 1976, 15. 18 Taf. 2,3) zurückgehen. Diese 'Prototypen' sind aber nicht älter als die Ozieri-Marmorfiguren (Lo Schiavo 1976, 15). Lorìa – Trump 1978, 189 f. leiteten die Tonfiguren aus Sa 'ucca de su Tintirrìolu (ebenda 242 Abb. 27 Taf. 32) von den Marmorstatuetten ab.

[313] Guido 1963, 52 f. 59 ff. Ein Nachleben der Marmorplastik in der Mittleren Bronzezeit erwog auch Bray 1963, 181.

[314] Zervos 1954, 353 Abb. 451; Guido 1963, 45 Taf. 5; Lilliu 1963, 47 Taf. 14 b; Höckmann 1976 c, 173 Abb. 172 (danach unsere Abb. 21 c); Lorìa – Trump 1978 Taf. 32,5.

[315] Augenmuster: Atzeni 1975, 16 f.; Gefäßdeckel (evtl. später): Castaldi 1975, 67; Phallus- oder Baitylosmotive an Steinplastik (wie Baityloi in Troja und Byblos): Atzeni 1975, 16; T-förmige Stilisierung der Gesichter: ebenda 17 f.

[316] Ebenda 17 Taf. 7,1 (danach, als Umzeichnung, unsere Abb. 21 a). Parallelen in Troja: ebenda Taf. 7,3–8.

[317] Contu 1953, 199 ff.; ders. 1953 a, 174 f.; Guido 1963, 59 ff.; Atzeni 1980, 27. 24 f. Abb. 11. 12.

[318] Lilliu 1957, 40; ders. 1963, 43; ders. 1965, 390 ff.; ähnlich Guido 1963, 61.

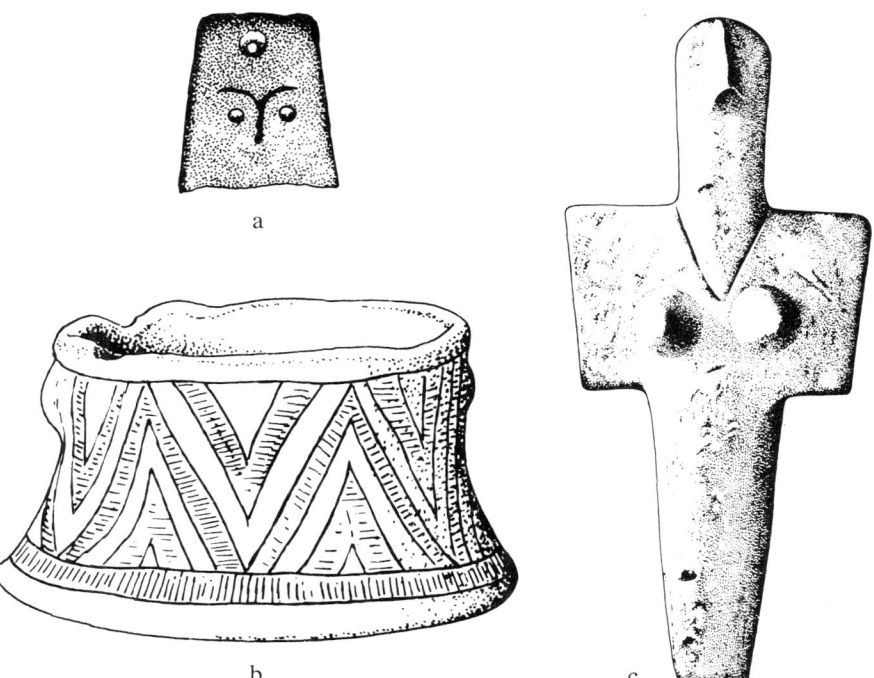

Abb. 21 a–c. (a) Steinerner Anhänger aus Oristano, Sardinien, H 3,7 cm. Oristano, Antiquarium Arborense; (b) tönerne Pyxis aus der Umgebung von Oristano, H 5 cm; (c) Steinfigur aus Senorbì, Sardinien, H 42 cm, beide in Cagliari, Mus. Arch. Naz. Verschiedene Maßstäbe

a

b

c

Kupfergegenstände sind, wie Analysen zeigten[319], meist iberischer, z. T. französischer sowie vereinzelt osteuropäischer und vermutlich irischer Herkunft. Metallgegenstände sind im 3. Jt. v. Chr. auf Sardinien noch so rar, daß es ungewiß ist, ob die Kupfer-Lagerstätten der Insel schon bekannt waren[320]. Vielleicht haben sie für die Kontakte mit dem Ostmittelmeer noch keine gravierende Rolle gespielt, und die Insel ist nur eine Zwischenstation auf dem Weg zur Iberischen Halbinsel gewesen. Das Aeneolithikum Korsikas läßt sich noch weniger übersehen als das sardinische. Eine Steatitfigur aus Campu Fiurelli (Abb. 24c)[321] steht jedoch Kykladenidolen (vielleicht aus der Lokalgruppe in Attika)[322] nahe genug, um Zusammenhänge mit der Ägäis erwägen zu lassen.

Südfrankreich

Zwei FK III-Kannen, die angeblich im Hafen von Marseille ausgebaggert wurden[323], stellen zusammen mit einer dritten von Menorca[324] die einzigen Originalgegenstände aus der ägäischen Frühbronzezeit im Westen dar; die Fundangaben wurden allerdings in Zweifel

---

[319] Junghans u. a. 1960, bes. 75. 77. 188f.; Guido 1963, 51.
[320] Ebenda 46; Branigan 1970, 184. Lilliu 1963, 22f. rechnete mit frühem Kupferabbau, und Muhly 1976, 186. 190. 238. 284, schloß ihn nicht ganz aus. Nachweis von Kleingeräten aus Kupfer und Silber jetzt: Atzeni 1980, 24. 28. Für Handelsbeziehungen wichtig war der sardinische Obsidian: Guido 1963, 67; Lilliu 1963, 23.
[321] Lilliu–Schubart 1967, 12 Abb. 2; Höckmann 1976c, 173 Abb. 170 (danach unsere Abb. 24c).

[322] Ebenda 173. – Allgemein zu Korsika: Daniel – Evans 1975, 742ff.; Camps 1975, bes. 118f.
[323] Benoit 1956, 5.12. 14–18 Taf. 2,4. Für Echtheit des Fundes: Martínez Santa-Olalla 1948, 41f.
[324] Ebenda 37ff. Abb. 1. Da nach C[14]-Daten das Aeneolithikum ('Pretalayótico inicial') erst um 2000 v. Chr. begann (G. Rosselló Bordoy, Mayurca 7, 1972, 121), ist noch unklar, in welchen einheimischen Kontext das Fundstück gehören könnte.

gezogen[325]. Sonst lassen sich einige Typen von Schmuckperlen – besonders Flügelperlen und drei Fayenceperlen – evtl. aus dem östlichen Mittelmeergebiet herleiten[326]. Die relativ aktive Kupferverarbeitung in der Fontbouisse-Gruppe dürfte, da sie im Inland früher einsetzte als an der Küste[327], schwerlich auf direkte Kontakte mit fremden Seefahrern zurückgehen. An 'fremdartigen' Erscheinungen blieben ferner Steinkranzgräber ähnlich denen von Li Muri (s. oben S. 93 mit Anm. 296) und einige Tholosgräber[328], Oval- und Rundhütten in der unvermittelt einsetzenden Steinbauweise[329] und die 'Festung' Lébous (Abb. 22b)[330] zu nennen, deren Architektur ostmediterrane Elemente enthält: Der Rundbau B 4 von Lébous etwa läßt sich zu frühhelladischen wie dem von Tiryns (s. oben S. 84 mit Anm. 240) in Beziehung setzen. Lébous wurde bisher mit den Kolonien auf der Iberischen Halbinsel (zu diesen s. unten S. 98ff.) verbunden. Doch stellte X. Gutherz[331] jetzt sowohl den Festungscharakter der Anlage als auch ihre chalkolithische Zeitstellung in Frage.

Eine eigene Problematik gilt für die in Südfrankreich besonders zahlreichen Figuralstelen ('Statues-menhirs')[332], auf denen wohl als männlich zu identifizierende Figuren mit Dreieckdolch oder Axt bzw. andere sicherlich weibliche Figuren mit mehrfachen Halsketten dargestellt sind. Sie sind auch in Korsika und Sardinien, Italien[333] und weiten Teilen Westeuropas und der Schweiz bezeugt, kommen dort allerdings seltener mit ähnlicher Form und Thematik vor. T-förmig stilisierte Gesichter stellen nur eine lockere Verbindung zu der Stele aus Troja I (s. Anm. 257) her, und die Dolchform ist für eine Herleitung aus der ägäischen Frühbronzezeit recht unmarkant[334]. Eher ließe sich eine Ähnlichkeit der 'Frauen-Stelen' des Westens mit einer vereinzelten Figuralstele aus Souphli in Thessalien[335] konstatieren. Diese ist aber neolithisch datiert; eventuelle Zusammenhänge müßten sich im Westen ebenfalls in neolithischen Kontexten abzeichnen. Ganz ausgeschlossen erscheinen lockere Verbindungen in dieser Richtung nicht[336].

[325] Renfrew 1972, 444, meinte, diese Stücke seien erst in neuerer Zeit dorthin gekommen.

[326] Flügel- oder Phallusperlen: Biancofiore 1971, 202; Montjardin 1974, 12; Gutherz 1975, 41; – Fayenceperlen: Audibert 1962, 140. Vgl. auch oben Anm. 299.

[327] Gutherz 1975, 37.

[328] Audibert 1962, 138ff.; Castaldi 1969, 235; dies. 1975, 76.

[329] Bailloud–Mieg de Boofzheim 1955, 168ff. Taf. 73,16 (Rundhütte); Gutherz 1975, 45. Er sah in der Parallelanordnung der Hütten eine Anlage mit städtischem Charakter.

[330] Arnal u. a. 1963, 229ff. 240 Beilage 9 nach S. 232 (danach unsere Abb. 22b; – die Autoren sind für Verbindungen mit dem Iberischen Bereich); Arnal 1973, 174f.; Höckmann 1976c, 171f. Abb. 169; – zu dem Rundbau B 4: Arnal u. a. 1963, 239.

[331] Gutherz 1975, 45. 109, erwog, die Anlage sei ein mittelalterlicher Schafpferch. Für die Zugehörigkeit zur Fontbouïsse-Gruppe sprechen über Beobachtungen Arnals 1963, 234ff. und C[14]-Daten (ders. 1973, 173).

[332] Colomer u. a. 1975, 120 (Einsetzen der frühesten Stelen vereinzelt schon vor 2000 v. Chr.); d'Anna 1977, passim.

[333] Korsika: ebenda 256 (erst 2. Jt. v. Chr.); – Sardinien (nur ein Beleg in Luconi): Atzeni 1975, 24ff.; – Italien: Trump 1966a, 98f.; Anati 1972, 59ff. 71ff.

[334] Zur 'ägäischen' Dolchform: ebenda 103. Allgemein für Beziehungen zu Troja und Malta: Audibert 1962, 178; Atzeni 1975, 30ff.; d'Anna 1977, 234f. – Anati 1972, bes. 52, sah in den Stelen Zeugnisse der Indogermanisierung Europas, deren Ausgangspunkt er im Kaukasusgebiet vermutete. Für rein westeuropäische Zusammenhänge: Trump 1966a, 100. Ähnliches nahm Whitehouse 1972, 280 an; zu ihrer Angabe, die Stelen seien in Südfrankreich früher bezeugt als in der Ägäis, vgl. aber die folgende Anm.

[335] Biesantz 1959, 57 Abb. 1. Die markanten Halsketten der Stele von Soufli (und zahlreicher westmediterraner Belege) kehren an einer zweiten Stele aus Troja I (Blegen u. a. 1950, 157 Abb. 93) wieder, so daß für die Ägäis die Kontinuität vom Spätneolithikum zur Frühbronzezeit gesichert ist.

[336] So wies Bocksberger 1967, 82, auf verzierte Steinplatten in der neolithischen Lagozza-Kultur Italiens hin.

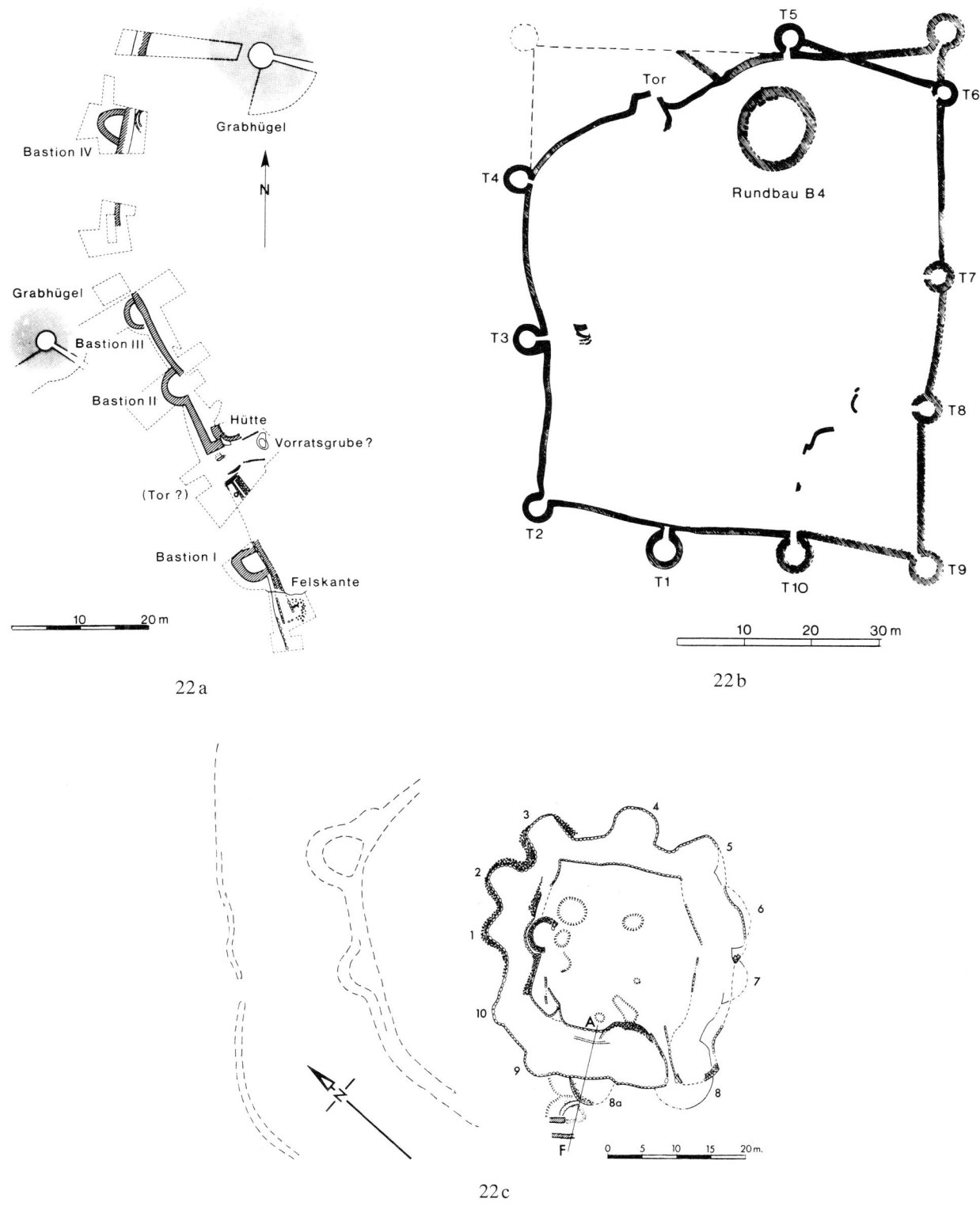

22a

22b

22c

Abb. 22a–c (a) Wehrmauer der kupferzeitlichen Kolonie Los Millares, Spanien (s. auch Abb. 23); (b) chalkolithische Befestigungen von Lébous, Frankreich; und (c) kupferzeitliche Kolonie Vila Nova de São Pedro, Portugal

97

Da die übrigen fremdartigen Elemente Südfrankreich auch von der Iberischen Halbinsel[337] oder von Sardinien aus erreicht haben können, mit denen schon im Neolithikum Verbindungen bestanden[338], bleiben die kykladischen Kannen aus Marseille und, unsicher genug, die Fayenceperlen die wichtigsten Hinweise auf Beziehungen zum ostmediterranen Raum. Für den Nachweis enger Verbindungen mit der Frühbronzezeit der Ägäis[339] reichen sie schwerlich aus.

Iberische Halbinsel

In den bisher behandelten Teilen des westlichen Mittelmeergebiets ließen sich zwar durchweg einzelne Elemente aufzeigen, die ohne einheimische Vorstufen im 3. Jt. v. Chr. erscheinen und mehr oder weniger enge Parallelen im ostmediterranen Raum aufweisen; ihre Auswahl war aber fast stets so uneinheitlich, daß sich nur schwer Rückschlüsse auf die Art der Zusammenhänge ziehen ließen.

Die Iberische Halbinsel bietet ein anderes Bild. Wohl schon ins 4. Jt. v. Chr. zu datierende Funde deuten Beziehungen nicht nur mit den Neolithkulturen Italiens[340] und der Balkanhalbinsel[341], sondern auch mit dem Neo- und Aeneolithikum der Levante und Ägyptens an[342]. Besonders auffällig sind schematische Steinfiguren des Typs El Gárcel[343], die den 'Violinidolen' der Levante[344] und der Ägäis[345] nahestehen; weniger deutlich zeichnen sich Beziehungen zum Osten auch an anderen Arten von Idolen ab[346].

Ebenfalls der Zeit um 3000 v. Chr. dürften Kupferschlacken aus El Gárcel entstammen[347]. Damit ergibt sich ein ähnlich früher Beginn der Metallverarbeitung wie in Lipari (s. oben S. 90f.); es ist schwerlich Zufall, daß sich die 'spätneolithische' – eher aeneolithische – Almería-Kultur auf Gebiete mit Kupfererzlagern konzentrierte[348]. Beachtung verdient,

[337] So zu den Tholoi: Audibert 1962, 138ff. Allgemein: Guido 1963, 61f.

[338] d'Anna 1977, 234 (zu sardinischem Obsidian im Chasséen).

[339] Wie sie etwa von Audibert 1962, 178f.; Lilliu 1965, 368; oder Atzeni 1975, 30, angenommen wurden.

[340] Blance 1971, 45.

[341] Evans 1955/56, 49ff.; Topp 1959, 115ff.; Blance 1971, 49; Benac 1975, 37ff.

[342] Zu Pfeilspitzen mit eingezogener Basis: Savory 1968, 82; Blance 1971, 46. 96; – Silexdolche mit Flächenschliff und feiner Retusche: Savory 1968, 92. 101f.; – 'Pilgerflaschen' (aus El Gárcel): ebenda 79. 89ff.; – Schalenformen (Ramonete): Otlet 1977, 418; – Steinanhänger: Savory 1968, 90; – Schiefer-'Krummstäbe': ebenda 101; – Schiefer-'Plaketten' ('Placas'): Leisner 1951, 125; Savory 1968, 92.

[343] Almagro 1966, 21ff.; Blance 1971, 46f.; Bosch-Gimpera 1974/75, 5.

[344] Almagro 1966, 34. 36 (Troja); Savory 1968, 90 (Levante); Almagro Gorbea 1973, 335. Zu Phalangenidolen mit Augen: Blance 1971, 35. 48.

[345] Blance 1971, 47. Zu unverzierten 'Placas' vgl. ein kykladisches Exemplar (Erlenmeyer 1965, 68. 70

Taf. 20,4), das M.-L. und H. Erlenmeyer ebenda mit einer mesopotamischen Stelendarstellung der Gudea-Zeit verbanden.

[346] So bes. an 'Placas' aus Schiefer oder Knochen mit nur z. T. als figürlich erkennbarer Verzierung: Leisner 1951, 122ff.; Savory 1968, 90 (für Verbindungen zur neolithischen Ghassul-Kultur Palästinas). – Wenn die Beziehung eines Knochenköpfchens aus Abrigo de Carrasca (und anderer Knochenfiguren aus Jaén) zur Plastik der chalkolithischen Beerscheba-Kultur Palästinas so eng ist, wie Spindler – Gallay 1973, 15, meinten, müßten auch diese Figuren so früh sein wie El Gárcel. Blanco Freijeiro 1962, 11ff. und Sangmeister – Schubart 1969, 11ff. 42f. verbanden sie aber erst mit kykladischen Idolen der Frühbronzezeit. Dieselbe Problematik gilt für Almagro Gorbeas Typ X ('Lunulas': Almagro Gorbea 1973, 340).

[347] Siret 1887, 6; Savory 1968, 80. 89; Barker 1971, 190. Für den Beginn der Metallzeit jetzt ein C[14]-Datum: GrN ohne Nr. = 3115 ± 40 v. Chr. (Almagro Gorbea 1971, 282).

[348] Savory 1968, 164f.; Bosch-Gimpera 1974/75, 4; Schüle 1976, 42f. (Hinweis auf geringe Eignung des Kulturgebietes für den Ackerbau).

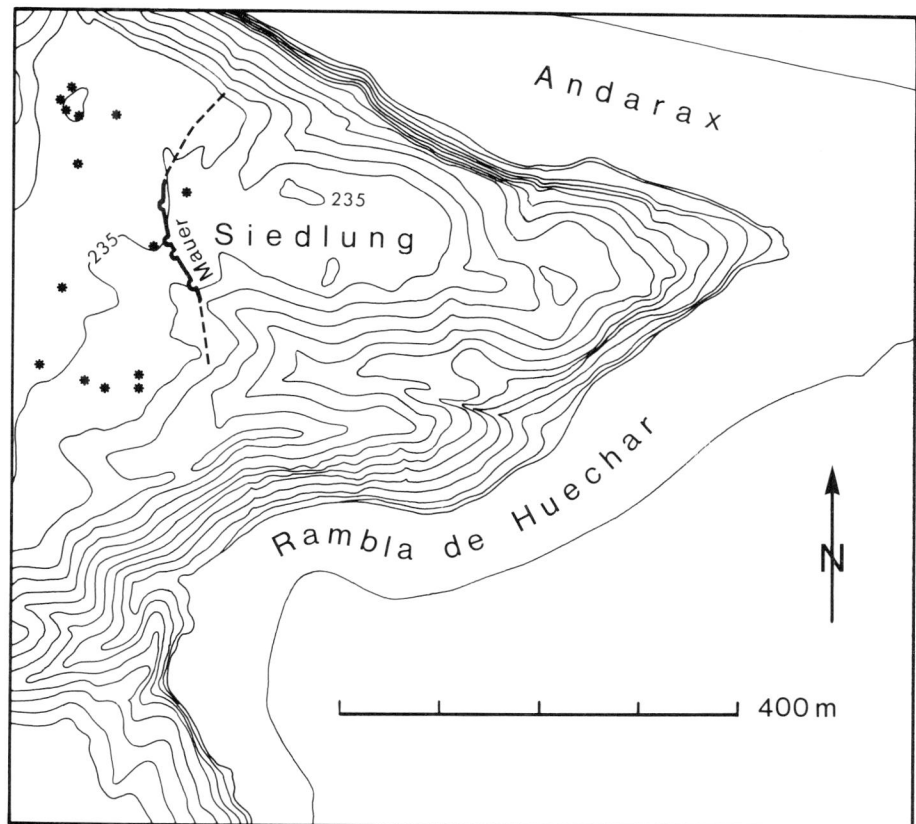

Abb. 23. Plan der kupfer-
zeitlichen Kolonie Los Millares (Detail: Abb. 22 a)

daß diese Kultur u. a. rote polierte Tonware[349] und (selten) mit einfachen geometrischen
Mustern rot bemalte Keramik[350] aufweist, für die Beziehungen zum Aeneolithikum Siziliens angenommen wurden[351].
Etwa gleichzeitig, in der 1. Hälfte des 3. Jt. v. Chr.[352], setzten in Südostspanien – dem Gebiet der Almería-Kultur – einfache Rundgräber (Tholoi) mit Kollektivbestattung ein[353],
die sich in der Folgezeit neben den einheimischen (s. weiter unten) ebenfalls mit Kollektiv-
bestattungen belegten Megalithgräbern hielten und, mit gelegentlichen Einflüssen in beiden Richtungen, weiterentwickelten. Daß die Flachidole (wie auch gestielte Pfeilspitzen; s.
Anm. 342) nur in den Rundgräbern vorkommen[354], darf als Hinweis darauf verstanden
werden, daß auch das Tholosgrab einer 'fremden' Komponente in der Almería-Kultur angehört[355]. Parallelen ließen sich ebenso in der Frühbronzezeit der Ägäis wie schon zuvor

[349] Martínez Santa-Olalla 1948a, 96ff.; Blance 1971,
28f. Für Beziehungen zur Dianakultur von Lipari und
letztlich zur Levante: Savory 1968, 78; zur Dianakultur
und zur Ägäis: Blance 1971, 100; Bosch-Gimpera
1974/75, 5 (dagegen allerdings C[14]-Daten aus dem 5. Jt.
v. Chr.: Guilaine 1976, 45). Zu einer besonderen frühen
Art früher Rotware im Reguengos-Gebiet: Leisner
1951, 71ff.; Savory 1968, 78; Blance 1971, 41.
[350] Ebenda 41.
[351] Tarradell Mateu 1955, 13; Blance 1971, 41. Allerdings läßt sich in der Ghar-Cahal-Höhle (Marokko) die
fragliche Keramik nur in eine ältere Zeit als die der

Glockenbecherkultur datieren. Für Entstehung nicht im
Neolithikum, sondern erst in der Periode der Kolonien:
Savory 1968, 163.
[352] Blance 1971, 31. Demgegenüber datierte Savory
1968, 99, die ersten Tholosgräber in die Zeit vor der
Mitte des 4. Jts. v. Chr.
[353] Savory 1968, 87f.; Blance 1971, 35f.
[354] So Blance 1971, 36. Zu Funden in einem Megalithgrab von El Pozuelo: Bosch-Gimpera 1974/75, 6; im
Dolmen del Portillo: Osuna Ruiz 1975, 282.
[355] Leisner 1956, 22ff.; Castaldi 1969, 238; Blance
1971, 36.

der Levante aufzeigen (s. oben S. 80)[356]. Daneben kannte schon die frühe Almería-Kultur – wie auch ihre gleichzeitigen Nachbargruppen besonders in Südwestportugal[357] und Murcia[358] – den Typ des Felskammergrabes mit runder Kammer und vertikalem Schacht oder horizontalem Gang (Dromos)[359], der ebenfalls über Malta und Italien zur Ägäis und letztlich zur Levante zurückverfolgt werden konnte.

Es scheint somit, daß bereits die frühe Almería-Kultur Einflüssen vom Ostmittelmeer her ausgesetzt war, die sich mit den Anzeichen für Kupferverarbeitung ansprechend erklären ließen. Diese Einflüsse sind deutlich, waren jedoch nicht stark genug, um diese Kultur (wie auch die benachbarten)[360] in ihrem ganzen Gefüge 'ostmediterran' zu prägen, sondern heben sich von einer einheimischen Komponente ab. Der letzteren gehören die Megalithgräber an, deren Herleitung aus der Frühbronzezeit der Ägäis aus chronologischen und anderen Gründen nicht mehr aufrechterhalten werden kann[361]. Freilich erscheint es mir nicht gerechtfertigt, daraus zu schließen, daß sämtliche ostmediterranen Einflüsse nur auf Koinzidenzen beruhten[362]. Immerhin bleibt sogar die ursprüngliche Entstehung der Megalithgrab-Architektur in der Levante nach wie vor im Gespräch.

Um die Jahrtausendmitte (oder früher) zeichnete sich in Südostspanien, an der Guadalquivir-Mündung und im küstennahen Süd- und Mittelportugal eine neuartige Entwicklung ab. An der Keramik und an Kleinfunden zeigen sich Formen, die sich nicht aus der vorangegangenen Entwicklung ergaben, und wenig später entstanden befestigte Siedlungen, die sich in ihrer Architektur wie im Fundgut so klar von den benachbarten einheimischen Kulturen abheben, daß sie – wie ich meine mit Recht[363] – als fremde Kolonien gedeutet und bezeichnet werden[364].

Die Lage dieser Kolonien an der Küste oder an einst wohl schiffbaren Flüssen läßt erkennen, daß ihre Gründer Seefahrer waren, denen das Schiff das wichtigste Verkehrsmittel war[365]. Ebenso deutlich ist das Motiv dieser Gründungen: Sie liegen durchweg günstig zu wichtigen Kupferlagerstätten, und die vergleichsweise reichlichen Funde von Kupferschlacken und Gußformen[366] – in der ungewöhnlich tief im Inland gelegenen Kolonie

[356] Savory 1968, 88ff. 93; Blance 1971, 36; Schubart 1975, 113.

[357] Leisner 1943, 289 Taf. 174; Nieto 1959, 215ff.; Savory 1968, 116. 118ff. 121f.

[358] Pellicer 1957/58, 123ff.; Nieto 1959, 189ff.; Savory 1968, 116; Blance 1971, 37. Allgemein zu Felskammergräbern: Berdichewsky Scher 1964, passim.

[359] Zu Ostbeziehungen: Nieto 1959, 232ff.; Berdichewsky Scher 1964, 212; Savory 1968, 117f.; Blance 1971, 90.

[360] Allgemein zur portugiesischen Megalithkultur: ebenda 50. Zur Kollektivbestattung: Savory 1968, 88. – Zur 'Non-Cardial'-Gruppe des Neolithikums: Blance 1971, 41 (bemalte Keramik; rötliche polierte 'Almagra'-Keramik). 46 (Idole; vgl. auch Spindler – Gallay 1973, 15). 46 (Schmuckperlen); Spindler – Gallay 1973, 17 (Kämme). – Zur Datierung: Almagro Gorbea 1970, 19f. (C[14]-Daten GrN 4.924 = 3110 ± 50 v. Chr. und GrN 4.925 = 2660 ± 50 v. Chr. aus Orca dos Castenairos; GrN ohne Nr. = 2900 ± 40 v. Chr. und 2640 ± 65 v. Chr. aus Carapito I).

[361] Renfrew 1967a, 276ff.

[362] So ders. 1972, 444; ders. 1976, 27.

[363] Höckmann 1976c, 168ff.

[364] Blance 1971, 49. 51; Spindler – Gallay 1973, 197; Bosch-Gimpera 1974/75, 7; Kalb 1975, 383; Schüle 1976, passim. Für Deutung als Sitze fremder Herren, zitadellenartig von der Siedlung der Einheimischen abgesondert: Savory 1968, 158; Kalb 1975, 385.

[365] Verschiedentlich wird ein gemaltes 'Schiffsbild' auf einem Stein des Dolmens von Antelas zitiert; zu diesem s. de Albuquerque e Castro u. a. 1957, bes. 331. 335. 342f. Taf. 4; Savory 1968, 112 Abb. 36. Der von diesen Autoren vertretenen Deutung als Kamm ist jedoch angesichts vergleichbarer Kammodelle aus Stein (Savory 1968, 122 Abb. 39c.d) der Vorzug zu geben.

[366] Sangmeister 1960, 135ff.; Blance 1971, 64; Garrido Roiz 1971, 111. – Zu fremden Prospektoren bes.: Blance

Cerro de la Virgen bei Orce sogar von Erzproben[367] – lassen zusammen mit der deutlichen Zunahme an Funden von Metallwaffen und -geräten[368] keinen Zweifel daran, daß die Kolonisten wegen der Lagerstätten von Kupfer und wohl auch Silber[369] ins Land kamen. Sie beuteten nicht nur das von Natur aus arsenhaltige, vielleicht z. T. noch zusätzlich mit Arsen legierte[370] Kupfer der Iberischen Halbinsel in weit stärkerem Maße aus, als sich das für die vorangegangene Zeit nachweisen läßt[371], sondern führten auch fortschrittliche Verarbeitungstechniken ein. Die Schwierigkeiten und Gefahren der 'heißen' Verarbeitung von Arsenkupfer wurden bereits erwähnt (s. Anm. 112). Ebenso bemerkenswert wie die Beherrschung dieser Technologie ist es, daß die Kolonisten erstmals größere Gegenstände im Gußverfahren herstellten[372]. Allein schon der Umfang dieser technischen Neuerungen kann vermuten lassen, daß andernorts entwickelte Verfahren auf die Iberische Halbinsel übertragen wurden.

Sämtliche neuartigen Erscheinungen der Kolonien weisen Entsprechungen in der Frühbronzezeit der Ägäis oder anderer Länder am östlichen Mittelmeer auf. Dies zeigt sich besonders deutlich an der Siedlungsform der Kolonien. Die runden Hütten, für die zumindest teilweise Kuppeldächer angenommen werden können[373], haben ihre besten Parallelen in Orchomenos (Boiotien)[374]. Die Bauweise in Lehmziegeln[375] auf einem Steinsockel entspricht ostmediterraner Bauweise ebenso wie die Tünchung der Innenwände[376], die etwa am 'Weißen Haus' in Aigina (s. Anm. 242) bezeugt ist. In dieselbe Richtung weist die Anlage und Bauweise der Befestigungsmauern, die mittlerweile von einer Reihe von Kolonien einheitlich bekannt ist[377]. Im Normalfall – als bestes Beispiel kann Los Millares bei

1961, 192 ff.; Sangmeister 1965, 551 ff.; Schubart 1975, 113.

[367] Schüle 1974, 419.

[368] Lanzen: Almagro – Arribas 1963, 238 f; Krummmesser: ebenda 238; Savory 1968, 164; Sangmeister – Schubart 1971, 40 f.; Spindler – Gallay 1973, 13; Dolche: Savory 1968, 164; Blance 1971, 97; Flachbeile: Almagro – Arribas 1963, 236 ff.; Blance 1971, 98; Meißel: Sangmeister – Schubart 1969, 13 f.; Blance 1971, 98; Nadeln: Sangmeister – Schubart 1969, 39; Spindler – Gallay 1973, 238. Zu 'fremden' Kupferarten bei diesen Typen: Spindler 1969, 76; Sangmeister 1971, 127.

[369] Savory 1968, 164; Blance 1971, 99; Bosch-Gimpera 1974/75, 8.

[370] Junghans u. a. 1968, 117; Sangmeister – Strahm 1973, 217 (für Export von Arsenkupfer von der Iberischen Halbinsel in die Ägäis); vgl. aber auch die frühen Arsenkupfer im Chalkolithikum Palästinas, oben S. 69.

[371] Savory 1968, 119. Zu Einzeltypen vgl. oben Anm. 368.

[372] Blance 1971, 79. 97. Ihre Auffassung, die Technik des Kupfergusses sei nicht an die Glockenbecherkultur weitergegeben worden, wird allerdings durch Funde in El Ventorro eingeschränkt (Harrison u. a. 1975, 173 ff.).

[373] Schüle – Pellicer 1966, 8; Kalb 1969, 217 f.; Sangmeister – Schubart 1969. 22; Gusi Jener 1975, 313; Kalb 1975, 384; Arribas 1976, 155. – Zur Anordnung in Reihen (Cerro de la Virgen): Kalb 1969, Abb. S. 221.

[374] Almagro – Arribas 1963, 213; Kalb 1969, 220; dies. 1975, 384 f. (aber auch Parallelen in der Levante).

[375] Schüle – Pellicer 1966, 8; Sangmeister – Schubart 1969, 22; Kalb 1969, 217; Blance 1971, 51. 89; Schüle 1974, 419; Arribas 1976, 155; Schüle 1976, Abb. S. 43 oben.

[376] Schüle – Pellicer 1966, 8.

[377] Gesicherte Befestigungen: Campos (Almagro – Arribas 1963, 213); – Castro da Fórnea (Spindler – Gallay 1973, 9); – Cerro de los Castellones (Mendoza u. a. 1975, 315 ff.); – Cerro de la Virgen (Blance 1971, 51. 89; Schüle 1974, 419 ff.); – Columbeira (Schubart 1970, 59 ff.); – Los Millares (Almagro – Arribas 1963, 31 ff.); – Pedra do Ouro (Leisner – Schubart 1966, 9 ff.); – Penedo (Spindler 1969, 45 ff.); – Vila Nova de São Pedro (Savory 1968, 159 Abb. 52,1; ders. 1972, 23 ff.; Schubart 1970, 70 Abb. 8b; Blance 1971, 61); – Zambujal (Sangmeister – Schubart 1969, 11 ff.; dies. 1972, 191 ff.; Schubart 1970, 71 Abb. 9b). Weitere Nachweise (aber unklar, ob mit Mauern befestigt): Almagro – Arribas 1963, 205 ff.; Spindler 1969, 50 ff. 110; ders. 1971, 52 f.; Schubart 1970, 70 f. Zu Beziehungen mit dem Ostmittelmeer: Almagro – Arribas 1963, 113 ff. 211 ff.; Blance 1971, 89. Gegen Osteinfluß: Renfrew – Whitehouse 1974. 368.

Almería (Abb. 23)[378] gelten – umgibt eine kompakte Mauer aus unbearbeiteten Steinen, den Geländekonturen folgend, das Siedlungsareal; gerade Mauerfluchten sind selten[379]. Diese Kurtine wird von halbrunden Bastionen in mäßigem, seltener in größerem Abstand[380] flankiert (Abb. 22a)[381], wie es von Lerna, Kastri (Abb. 14a) oder auch Arad in Palästina (Abb. 15; s. oben S. 83) bekannt ist[382]. Als Variante dieses Typs können massive, später hohle Rundtürme gelten[383]. In Vila Nova de São Pedro in Mittelportugal verschmelzen die Bastionen mit der Kurtine zu einer geschwungen vor- und rückspringenden Fassade (Abb. 22c)[384], wie es in Panormos (Abb. 14b) begegnete. Ungewöhnlich sind kleine runde 'Burgen' ohne Bastionen wie die 'Forts' in Los Millares; sie entsprechen dem frühhelladischen Rundbau in Tiryns (Anm. 240). Die Tore sind enge Durchlässe[385] wie in Kastri oder Arad; ein langer Torgang[386] entspricht im Konzept den Toranlagen in Troja Id–IIb (s. Anm. 232). Besondere Beachtung verdient, daß mehrfach das sog. Fischgrätenmauerwerk aus abwechselnden Schräglagen von Steinen nachgewiesen wurde[387]. Diese Bauweise ist ebenso in der Ägäis wie in der Levante verbreitet (s. Anm. 240).

Eine offene Wasserleitung am Cerro de la Virgen[388] hingegen läßt sich, besonders als Mittel zur künstlichen Bewässerung der Felder[389], wohl nur mit den Wasserbauten des Alten Orients oder Ägyptens verbinden.

Die Kolonisten haben keine neuen Grabtypen eingeführt, sondern Felskammer- und Rundgräber verwendet, die lediglich architektonisch verfeinert wurden[390]. Doch weist eine Reihe von Einzelformen und speziellen Bestattungsformen wie etwa die Anlage von Steinkreisen um das Grab oder die Deponierung von Beigaben außerhalb des Grabes Parallelen im frühbronzezeitlichen Ägäisraum auf[391]. Beachtung verdient, daß die Tholoi von Pai Mogo und Praia das Maças in Portugal ursprünglich nicht als Gräber errichtet worden zu sein scheinen, sondern als Heiligtümer[392]. Sie würden in den Rundbauten von Beth Yerach/Chirbet Kerak in Palästina (Abb. 17) und dem Gebäudemodell von Melos (Abb. 16a) Entsprechungen finden (s. oben S. 85). In denselben Zusammenhang mag gehören, daß gelegentlich runde Felskammergräber zu symmetrischen Gruppen geordnet sind[393] wie die oberirdischen Rundbauten der beiden ostmediterranen Belege.

[378] Höckmann 1976c, 170 Abb. 164 (nach Almagro – Arribas 1963).

[379] Cerro de los Castellones: Mendoza u. a. 1975, 319.

[380] Pedra do Ouro: Schubart 1969, 201 f. (Vergleich mit Lébous).

[381] Höckmann 1976c, 170 Abb. 165 (danach unsere Abb. 22a).

[382] Savory 1968, 158, nahm für Los Millares direkte Beziehungen zur Frühbronzezeit Palästinas an. Ähnliches erwogen Almagro – Arribas 1963, 213ff.

[383] Abfolge in Zambujal: Sangmeister – Schubart 1969, 15. 17. 25; Spindler 1969, 110.

[384] Höckmann 1976c, 170 Abb. 166 (nach Savory 1968; danach unsere Abb. 22c).

[385] Los Millares; Vila Nova de São Pedro: Blance 1971, 89.

[386] Zambujal: Sangmeister – Schubart 1969, 44 Abb. 7.

[387] Los Millares: Blance 1971, 55 Taf. 28,2; – Cerro de la Virgen: ebenda 51. 89; Schüle 1976, Abb. S. 42 links.

[388] Blance 1971, 51; Schüle 1974, 419; Arribas 1976, 155.

[389] Schüle 1974, 419.

[390] Almagro – Arribas 1963, 214ff. 219; Castaldi 1969, 238; Spindler – Gallay 1970, 43f.; Blance 1971, 90. – Savory 1968, 123, sah in den Felskammergräbern ein Anzeichen für erneute Kontakte bes. zu Malta und der Gaudo-Gruppe Süditaliens.

[391] Entsprechende Formen sind auf Leukas, in Hagios Kosmas, auf den Kykladen und in der Messara zu finden, vgl. Almagro – Arribas 1963, 219; Blance 1971, 90.

[392] Spindler – Gallay 1972, 73. 78ff. dachten an Vorbilder auf Malta; diese weisen aber m. E. keine größere Ähnlichkeit auf als die Belege in der Levante und der Ägäis.

[393] So eine Gruppe aus fünf Felskammergräbern in Rota: Berdichewsky Scher 1964, 77ff. 80 Abb. 33,2. Zu typologischen Beziehungen zwischen Felskammergräbern und Tholoi ebenda 168.

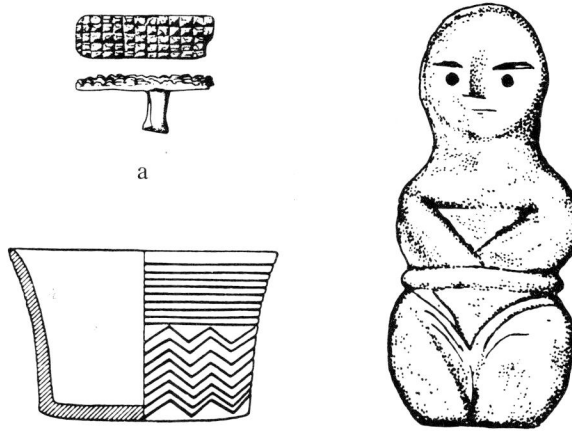

Abb. 24a–c. (a) Kupfernes Siegel von Monte do Cabeço, Portugal, L 2,8 cm. Lissabon, Mus. dos Serviços Geológicos; (b) tönerne Pyxis ('Copa') von Vila Nova de São Pedro, Portugal, Dm 8,4 cm. Lissabon, Mus. do Carmo; (c) Steatitfigur aus Campu Fiurelli, Korsika, H 30 cm. London, Brit. Mus.

Diese Beziehungen zum östlichen Mittelmeergebiet zeichnen sich auch an der Keramik der Kolonien deutlich ab. Die graue oder rote, mit Politurmustern verzierte Tonware der frühen – wohl noch unbefestigten – Kolonie Mesas de Asta[394] tendiert zum Spätchalkolithikum der Ostägäis, und in ähnliche Richtung – in den Umkreis von Troja I – weisen die Beziehungen der sog. Symbolkeramik Südostspaniens, deren Augenmuster in der FB I der Nordostägäis die besten Entsprechungen finden[395]. Auch Steingefäße lassen sich trotz mancher Unterschiede vielleicht mit denen der Kykladen und Kretas verbinden[396]. Besonders auffällig sind die Beziehungen zur FB I-Keramik der Kykladen, die sich an den zickzackverzierten Pyxiden aus Mittelportugal, den sog. 'Copas', abzeichnen (Abb. 24b)[397]. Sie sind zwar eindeutig in Portugal selbst hergestellt worden[398], doch in so enger Anlehnung an die Zylinderpyxiden der Grotta-Pelos-Gruppe (FK I), daß eine rein zufällige Entstehung kaum zu begreifen wäre. Für die nicht sehr häufigen bemalten Gefäße der Kolonien sind Zusammenhänge mit der Ägäis weniger klar, doch lassen sich Anregungen aus dem Umkreis der anatolischen oder kretischen FB I oder III annehmen[399]. Er-

[394] Esteve Guerrero 1945, 35 ff.; Blance 1971, 91 (für Beziehungen zum endchalkolithischen Samos, aber auch zur Dianakultur).

[395] Blance 1971, 55. 62. 93 (zu ägäischen Parallelen der Augenmuster, die auch an einigen Idoltypen wiederkehren). Zu Einzelheiten bes. Asquerino 1975, 351 ff.

[396] Savory 1968, 131; Blance 1971, 94, vertrat dies mit Einschränkungen.

[397] Höckmann 1976c, 170 Abb. 167 (danach unsere Abb. 24b). Allgemein zu 'Copas' und anderen Formen ägäisch beeinflußter 'Importkeramik': do Paço – Sangmeister 1956, 222 (für Import); Blance 1959, 459 ff. (Nachweis einheimischer Herstellung); Savory 1968, 132 ff.; Spindler 1969, 78 f. (beide gegen Import; die Keramik der Kolonien imitiere nur fremde Vorbilder); Blance 1971, 92 f.; Savory 1972, 33 ff. – Vgl. ferner die Kegelhalsgefäße (wie FK I) in Leisners 'Stufe 7' in Südostspanien (Leisner 1943, Taf. 161, B 7,3; C 7,6; E 7,9; K 7,21). – Metallgefäße sind aus den Kolonien noch nicht bekannt, dürften aber vorhanden gewesen sein.

Hierfür spricht die Ähnlichkeit eines Silberbechers aus St. Adrien (Briard 1978, 13 ff. Abb. 2,1–3; ähnlicher Goldbecher aus der Bretagne, verschollen: Abb. 2,4) mit einem Silberbecher aus der Troas (Muscarella 1974, Nr. 4); die Form kann nur über die Kolonien nach Westeuropa vermittelt worden sein. Der Becher von St. Adrien galt ursprünglich (Angaben bei Einlieferung in die Restaurierungswerkstatt des RGZM Mainz) als neolithisch; jetzt wird er um 1700 v. Chr. datiert (Briard 1978, 19).

[398] Blance 1959, 460 ff. In dieser Hinsicht verdient der unmäßig große Töpferofen in Vila Nova de São Pedro Beachtung (Savory 1968, 159 Abb. 52,1.2).

[399] Leisner 1943, 589 (für Beziehungen zur FM III-Keramik); Esteve Guerrero 1945, 39; Almagro – Arribas 1963, 230 ff.; Savory 1968, 163; Blance 1971, 92 (Hinweis, daß die Parallelen sowohl in FM I wie in FM III vorkommen); Almagro 1974, 317 ff.; Almagro Gorbea 1976, 198 (für Vorbilder in der ägäischen FB III).

103

wähnt sei, daß ähnliche Keramik wie die der Kolonien auch in Marokko nachgewiesen wurde[400].

Die Stein- und Knochenplastik der Kolonien ist fast stets bis zur Unfigürlichkeit stilisiert und, anders als die flachen 'Plaketten' der vorangegangenen Zeit (s. Anm. 342 und 346), rundplastisch[401]. Besonders kennzeichnend sind Baityloi und walzenförmige Zylinderidole, die nur z. T., ähnlich der 'Symbolkeramik', große Augenmuster tragen[402]. Ein Teil der Typen weist Parallelen in Levante und Ägäis auf[403], während andere einheimisch sind[404]. Sehr selten begegnen Figuren, die stärker naturnah sind. Von diesen läßt sich eine Elfenbeinstatuette aus Almizaraque mit eingeritztem, mit Punkten gefülltem Schamdreieck[405] sowohl wegen des Materials als auch wegen der Wiedergabe des Dreiecks eher mit kretischen Imitationen kykladischer Plastik[406] als mit dieser selbst oder gar jener der Beerscheba-Kultur Palästinas verbinden[407]. Im großen und ganzen steht die Plastik der Kolonien aber anatolischer näher als kykladischer oder kretischer[408]. Daneben zeichnet sich eine Komponente mit Parallelen im prädynastischen Ägypten ab; Zylinderidole mit zurückgelegtem 'Kopf', 'Sandalen' aus Stein oder Elfenbein und 'Krummstäbe' aus Stein[409] gehören in diese Gruppe.

Auch unter den übrigen Kleinfunden ist eine ägyptische Komponente ausgeprägt. Geschliffene und fein retuschierte Feuersteindolche finden im prädynastischen Ägypten ebenso Parallelen wie Pfeilspitzen mit konkaver Basis als herrschender Typ der Kolonien[410]; die letzteren brauchen, da auch in der Ägäis und auf Lipari verbreitet, allerdings nicht unmittelbar auf Vorbilder aus Ägypten zurückzugehen[411]. In dieselbe Richtung weisen Elfenbeinkämme, -dosen und -perlen[412], deren Material wohl aus Nordafrika stammt[413]. Angesichts des nicht nur räumlichen, sondern auch zeitlichen Abstandes zwischen den Kolonien und dem vorgeschichtlichen Ägypten und des weitgehenden Fehlens verbindender Funde ist es allerdings schwierig, die Art der Übertragung zu rekonstru-

[400] Tarradell Mateu 1955, 19. 23 (zu Beziehungen mit der Serraferlicchio-Gruppe Siziliens); Savory 1968, 134; Blance 1971, 93.

[401] Blance 1971, 56. 94 f.; Spindler – Gallay 1973, 15.

[402] Almagro – Arribas 1963, 242 ff.; Almagro 1966, 21 ff.; Almagro Gorbea 1969, 221 ff.; ders. 1973, 27 ff.; Blance 1971, 56. 62. 97.

[403] Almagro – Arribas 1963, 242 ff.; Almagro 1966, 34. 36; Savory 1968, 129 ff.; Almagro Gorbea 1969, 261; ders. 1973, 281 ff. 335 ff. 340; Blance 1971, 94 f.

[404] Almagro 1966, 23 f. 28 f. 36; Almagro Gorbea 1973, 336 ff. 340.

[405] Almagro – Arribas 1963, 243; Almagro 1966, 27 f.; vgl. ferner Blanco Freijeiro 1962, 11 ff. zu weiteren Statuetten. Der zeitliche Abstand zur Frühbronzezeit der Ägäis, den Blanco Freijeiro annimmt, existiert nicht.

[406] Thimme 1976, 153 Abb. 143.

[407] Allerdings weisen auch die steinernen 'Hackenmodelle' Parallelen in der Levante auf (Savory 1968, 129).

[408] Dies gilt auch für 'Hörneridole' unbekannter Zweckbestimmung: Savory 1968, 137; Blance 1971, 62; Spindler 1971, 64. Für Anatolien vgl. Diamant – Rutter 1969, 147 ff.

[409] Almagro – Arribas 1963, 240 f.; Savory 1968, 130 f.; Blance 1971, 95. Vgl. aber auch den goldenen Krummstabanhänger aus Grab 36 von Varna (Ivanov 1978, Taf. 10). Auch eine goldene Lunula (ebenda) steht den steinernen Lunulae von der Iberischen Halbinsel nahe (vgl. auch unten Anm. 418), und die goldenen Diademe aus Varna (Ivanov 1978, Taf. 17. 19. 21) sind dem Beleg aus der Cueva de los Murciélagos (Blance 1971, 28; Abb.: Ebert, RV II 338 Taf. 169a) m. E. nicht weniger ähnlich als frühminoische und kykladische Diademe.
Da die Gräber von Varna sich über den Fund von Trabzon mit dem anatolisch-ägäischen Bereich in Verbindung bringen lassen (Rudolph 1979, 8. 10. 16. 18. 20), können die bulgarischen Funde allerdings auch auf dieselben Vorbilder zurückgehen wie die – auf anderen Wegen nach Westen vermittelten – Formen auf der Iberischen Halbinsel.

[410] Savory 1968, 82 f.; Blance 1971, 96.

[411] Blance 1971, 96.

[412] Sangmeister – Schubart 1969, 41; Blance 1971, 56 f.

[413] Ebenda 56.

ieren[414]. Doch lassen sich auch Steinschalen, Anhänger in Halbmond- bzw. Tierform[415] sowie Marmorimitationen von Knüppelbeilen[416] mit Ägypten, und zwar mit dem Alten Reich bzw. der Ersten Zwischenzeit, verbinden.

Daneben ist eine ägäische Komponente nicht zu verkennen. Sie zeichnet sich an Schmuck und Trachtelementen ab: Flügel-(Phallus-)Perlen[417], durchbohrten Scheibenanhängern[418], Vogel- und Vasenkopfnadeln[419], segmentierten Perlen bzw. Nadelköpfen[420] sowie Knochenhülsen[421]. Besondere Beachtung verdient ein kupfernes Stempelsiegel (Abb. 24a)[422] aus dem Megalithgrab Monte do Cabeço, das einem frühhelladischen Steatitsiegel aus Eutresis auffallend nahesteht[423].

Unabhängig davon, daß das portugiesische Siegel aus wohl iberischem Kupfer gefertigt ist[424], weist es auf Formen des Handels hin, wie sie durch Siegel und -abdrücke für die Frühbronzezeit der Ägäis erwiesen sind, und läßt direkte Zusammenhänge möglich erscheinen. Der wichtigste, wenngleich vielleicht nicht der einzige Grund für die Anwesenheit ägäischer Kolonisten und Händler im fernen Westen sind gewiß die ungewöhnlich reichen Vorkommen von Kupfer auf der Iberischen Halbinsel gewesen, das durch einen hohen natürlichen Gehalt von Arsen gekennzeichnet ist[425]. Hierdurch läßt es sich leichter gießen als reines Kupfer und dürfte besonders begehrt gewesen sein.

E. Sangmeister hat vermutet (s. vorige Anm.), die Ägäis habe Arsenkupfer anfangs nur aus dem Westen bezogen. Selbst wenn dies zutreffen sollte, haben ägäische Metallurgen bald Arsen-Kupfer-Legierungen verarbeitet, die sich durch Spuren anderer Metalle von iberischem Material unterscheiden. Insofern gewinnen einige Gegenstände aus 'ägäischem' Arsenkupfer auf der Iberischen Halbinsel an Bedeutung, insbesondere Sangmeisters Materialgruppe C 6[426]; sie unterstreichen die Wahrscheinlichkeit, daß ägäische Metallurgen in Spanien und Portugal gearbeitet haben bzw. daß gelegentlich ägäische Metallgegenstände in die Kolonien gelangten. Dies sind nicht die einzigen Hinweise: Einige Krummmesser (s. Anm. 368) – ohnehin ein ostmediterraner Typ, dessen kolonialzeitliche Datierung durch einen stratifizierten Fund in Zambujal gesichert ist[427] – bestehen aus Zinnbronze. Da dieses Material geradezu als typisch für die Frühbronzezeit Nordwestanatoliens und der Ägäis gelten kann (s. oben S. 69ff.), darf die östliche Herkunft nicht nur des Typs, sondern auch der Gegenstände selbst erwogen werden. Diese Messer können vielleicht beanspruchen, neben den kykladischen Kannen von Menorca und Marseille (s. oben S. 95) als echte ägäische Importe anerkannt zu werden, und sie übertreffen jene an wis-

[414] Blance nahm einerseits (1971, 100) direkte Verbindungen entlang der nordafrikanischen Küste an, rechnete andererseits aber nur mit mittelbaren Verbindungen (ebenda 49).

[415] Savory 1968, 129.

[416] Almagro – Arribas 1963, 240f.

[417] Vilaseca – Capafons 1967, 31.

[418] Osuna Ruiz 1975, 282. Auch Lunula-Anhänger (Savory 1968, 125 Abb. 40h.i; Blance 1971, 73 Taf. 10,11) haben Parallelen im Osten (z. B. Theochares 1951, 115 Abb. 30b).

[419] do Paço – Sangmeister 1956, 225; Savory 1968, 131; Sangmeister – Schubart 1969, 39; Blance 1971, 63f. 96.

[420] Leisner 1943, 450–453 Abb. 21,1–7 Taf. 160,15.

Zu Parallelen in der Ägäis und Levante vgl. oben Anm. 162.

[421] Blance 1971, 56. 63.

[422] Leisner 1959, 88f. Taf. 16,1 (danach, als Umzeichnung, unsere Abb. 24a).

[423] Blance 1971, 99 (mit Beleg: Goldman 1931, 199 Taf. 20,2).

[424] Analyse: Leisner 1959, 89 (entsprechend Sangmeisters Materialgruppe E 01: vgl. Junghans u. a. 1960, 210 Tab. 1. 2).

[425] Sangmeister – Strahm 1973, 217.

[426] Sangmeister 1971, 127.

[427] Sangmeister – Schubart 1971, 40f.

senschaftlicher Bedeutung, da ihr archäologischer Zusammenhang einwandfrei gesichert ist.

Insofern stellen die Funde aus 'ägäischem' Arsenkupfer und 'ägäischer' Zinnbronze ein abschließendes Glied in unserer Argumentation dar, daß die zahlreichen östlichen Elemente in den Kolonien nicht als Konvergenzerscheinungen abgetan werden können, sondern mit engen und wahrscheinlich direkten Kontakten zwischen der Iberischen Halbinsel und dem Ostmittelmeerraum zu erklären sind.

Wie diese Kontakte im einzelnen verlaufen sind, läßt sich kaum präzisieren. Ägäische Schriftquellen aus dieser Zeit existieren nicht, und die orientalischen und ägyptischen schweigen – wie nicht anders zu erwarten. Die Mischung von Kulturelementen aus verschiedenen Teilen des östlichen Mittelmeergebiets, die die Kolonien kennzeichnet[428], spricht eher für 'Joint Ventures' kleiner, durch gemeinsame Interessen und gleichen Wagemut zusammengeführter Menschengruppen als für straff organisierte Unternehmungen auf staatlicher Ebene in abgegrenzten Interessensphären. Noch wahrscheinlicher ist dies für die Zeit vor der Gründung der Kolonien, die vielleicht aus wirtschaftlichen Gründen notwendig wurde: Anders als auf der Sinai-Halbinsel und vielleicht sogar in Punt dürfte die einheimische Bevölkerung der Iberischen Halbinsel zumindest anfangs nicht imstande gewesen sein, den Abbau und die Gewinnung des Kupfers in eigener Regie zu betreiben, so daß hierfür ostmediterrane Spezialisten angesiedelt werden mußten. Für die Frühzeit (El Gárcel) wird jedoch mit vorübergehenden Besuchen fremder Prospektoren zu rechnen sein, wie sie auch auf Lipari ihre Spuren hinterlassen haben. Vielleicht darf man sich diese ersten Expeditionen ähnlich vorstellen wie die der 'Venediger', die vom späten Mittelalter an Europa durchstreiften, um jene Mineralien und Erden zu suchen, die die Werkstätten von Murano zum Färben der Gläser benötigten[429]. Die ersten Metallsucher in Spanien und Portugal scheinen hauptsächlich aus Palästina und Ägypten gekommen zu sein. Anscheinend hat die Ägäis erst etwas später, doch noch vor der Errichtung befestigter Kolonien[430] begonnen, sich an Unternehmungen im fernsten Westen zu beteiligen. Wie die ostägäisch wirkenden Funde am Guadalquivir und die 'kykladischen' Copas in Portugal zeigen, stellte die Straße von Gibraltar kein Hindernis dar. Es bleibt dahingestellt, ob dieses Ausgreifen auf die Atlantikküste allein mit größerem Wagemut der ägäischen Seefahrer bzw. besserer Eignung ihrer Schiffe für die nautischen Bedingungen im Atlantik zusammenhing oder durch den größeren Druck der syrischen oder ägyptischen 'Konkurrenz' im bequemer zu erreichenden Südostspanien bedingt war.

Der Ausbau von Vila Nova de São Pedro (s. vorige Anm.) und anderer Siedlungen zu schwer befestigten stadtartigen Kolonien stellt die nächste Phase und den Höhepunkt der Beziehungen zwischen der Iberischen Halbinsel und dem Ostmittelmeer dar. H. N. Savorys Deutung der Befestigungen als Sitze einer neu etablierten fremden Herrenschicht, die aber schon ostmediterrane Siedlergruppen vorgefunden haben dürfte[431], erscheint nicht unmöglich; doch bleibt offen, ob wirklich eine syrisch-levantinische Interessensphäre in Almería von einer kykladischen in Portugal geschieden werden kann oder ob sich nicht, wie B. Blance meinte (s. Anm. 428), zu dieser Zeit auf der Iberischen Halbinsel in allen

428 Blance 1971, 100.
429 Laub 1969, 194 ff.
430 Savory 1968, 135 f.; ders. 1972, 27 f. 33: Die Haupt-

konzentration der 'Copas' fällt in die Zeit vor Anlage der Befestigung von Vila Nova de São Pedro.
431 Savory 1968, 160.

'Kolonialzonen' ägäische Einflüsse (trojanisch-anatolische neben kykladischen) und solche aus Syrien und Ägypten in kaum zu trennender Weise gegenseitig durchdrangen[432], ohne daß von einer ethnisch-soziologischen Differenzierung die Rede sein kann. Wie komplex die Situation ist, zeigt sich an den Serraferlicchio-Elementen in Spanien und Portugal, die im Gefolge der fremden Seefahrer nach Westen gelangt sein dürften.

Auf jeden Fall muß vorausgesetzt werden, daß zum Bau der Befestigungen nicht nur erfahrene Baumeister nötig waren, sondern ebenso zwingend zahlreiche Arbeitskräfte; kleine fremdstämmige Schiffsmannschaften reichten hierzu schwerlich aus. Eher werden (freiwillig oder unfreiwillig) einheimische Arbeitskräfte dabei mitgewirkt haben, unter Anleitung fremder Baumeister und in Anwendung ostmediterraner Techniken (Fischgrätenmauerung, Lehmziegel- und Kuppelbau) die Wehr-, Wohn- und Wasserbauten der Kolonien zu erstellen. Ähnliche Verhältnisse sind für die Erzgewinnung in den Minengebieten anzunehmen, während die Verhüttung und Verarbeitung des Kupfers anscheinend in den Kolonien selbst durch fremde Spezialisten erfolgte. Dieses Modell einer wirtschaftlichen (und wohl auch ethnischen) Symbiose zwischen einheimischer und fremder Bevölkerung erklärt die kulturelle Ausstrahlung der Kolonien besser als die Annahme, beide Gruppen hätten streng getrennt voneinander gelebt. Es könnte auch erklären, warum sich das Fundgut der Kolonien durch kunstlosere Ausführung und abweichende Details von jenem der 'Mutterländer' unterscheidet. Diese Abweichungen sind bei Werkzeugen, Waffen und Geräten, wie Seefahrer sie mitführen mußten und unter denen am ehesten echte Importe aus dem Osten zu erwarten sind, geringer als bei Luxusgegenständen und Schmuck, die wohl durchweg in den Kolonien selbst hergestellt wurden. Einen Sonderfall stellt die Produktion der 'Copas' und anderer Keramik in Portugal dar, die in der handwerklichen Qualität ihre ägäischen Vorbilder übertraf. Wie die ungewöhnliche Größe des Töpferofens in Vila Nova de São Pedro zeigt, ist hier wohl gewerblich getöpfert worden. Derartige Produkte mögen z. T. für die einheimische Bevölkerung bestimmt gewesen sein, deren Arbeitskraft und wohl auch Versorgungsgüter wie Lebensmittel und Brennholz die Kolonisten wahrscheinlich dauernd in Anspruch nehmen mußten.

Bei diesen Kontakten scheint es zu Spannungen gekommen zu sein: die Kolonien wurden im späten 3. Jt. v. Chr. zerstört. In den folgenden Strata erscheinen erstmals Funde der Glockenbecherkultur, als deren Träger die Eroberer gesehen werden dürfen[433].

Auf Entstehung und Ausbreitung dieser Kultur kann hier nicht eingegangen werden; es muß genügen anzudeuten, daß ihre Träger zur einheimischen Bevölkerung der Iberischen Halbinsel gehörten, aber offenbar von den Kolonisten kulturell beeinflußt worden sind[434].

Für eine gewisse Kenntnis der Lebensweise in den Kolonien spricht nicht zuletzt, daß zumindest einige von den Eroberern weiter bewohnt wurden. Diese verstärkten auch die Befestigungen, jedoch in primitiver Weise und unter Aufgabe der Bastionen[435]. Eine geringe Vertrautheit mit den technischen Leistungen der Kolonisten zeigt sich auch an dem folgenden Verfall des Aquädukts in Cerro de la Virgen[436] und an den zumeist rückschrittlichen Methoden der Kupferbearbeitung (s. Anm. 372). Dennoch hat die Glocken-

---

[432] Savory 1968, 158. 160, verband Los Millares mit Palästina, Vila Nova de São Pedro mit der Frühbronzezeit der Kykladen.
[433] Ebenda 165.

[434] Blance 1971, 115 (einschränkend: Savory 1968, 174).
[435] Blance 1971, 61.
[436] Schüle 1974, 220.

becherkultur in weiten Teilen Europas wichtige Anstöße zur Ausbreitung der Metallurgie gegeben. Ebenso bedeutsam erscheint, daß ihre Träger sich – vermutlich ebenfalls auf den Erfahrungen der Kolonisten fußend – im westlichen Mittelmeer als Seefahrer betätigten und in einer ostwärts gerichteten Expansion Sizilien erreichten.

Fassen wir zusammen: Die Gemeinsamkeiten zwischen Iberischer Halbinsel und Ostmittelmeerraum erscheinen zu zahlreich und zu deutlich, um als Konvergenzerscheinungen zu überzeugen. Sie sprechen für Zusammenhänge zwischen beiden Bereichen; und hierdurch finden auch die weniger deutlichen ostmediterranen Erscheinungen besonders in Italien eine Erklärung: Bei Kontakten, wie sie durch die Graffiti kykladischer und vielleicht ägyptischer Schiffe in Malta ohnehin nahegelegt werden, müssen die Küsten und Inseln des Tyrrhenischen Meeres und wohl auch die afrikanische Küste von ostmediterranen Seefahrern berührt worden sein. Daß die Schiffe der Levante und der Ägäis in der Lage waren, das westliche Mittelmeer zu erreichen, ergibt sich nicht allein aus den Darstellungen in Malta, sondern auch aus den häufigen Fahrten ägyptischer Schiffe nach Punt, wie sie durch die Grabinschrift des Chnemhotep bezeugt werden.

Es verdient Beachtung, daß diese nautischen Großtaten in den offiziellen Quellen der damaligen Zeit nicht erwähnt wurden. Das Fehlen literarischer Hinweise auf Fernreisen im Mittelmeer ist also kein Beweis, daß solche Reisen nicht stattgefunden haben. Die Fahrten nach Punt zeigen außerdem, daß es schon während des Alten Reiches Entdeckungsreisen gegeben haben muß. Es bedarf keiner Phantasie, sich vorzustellen, daß auch die Berichte vom Kurs abgetriebener Byblosfahrer über ferne Länder und Inseln im »Großen Grünen«, dem Mittelmeer, planmäßige Erkundungsfahrten ausgelöst haben, die bis zu dem reichen Kupferland im fernsten Westen geführt haben können. Die ägyptisch-prädynastischen Elemente schon in der Almería-Kultur machen wahrscheinlich, daß die ersten Entdecker Ägypter und (wohl als deren Partner) Anwohner der Levanteküste waren, deren Einflüsse ja ebenso früh auch in der Ägäis faßbar werden. Westanatolien und die Ägäis scheinen sich erst später an solchen Unternehmungen beteiligt zu haben; doch sind ihre Einflüsse (und solche der Levante) in Italien und Malta deutlicher als ägyptische, die ihren Weg wohl mehr der nordafrikanischen Küste entlang genommen haben.

Das Motiv für solche Fernreisen ergibt sich aus den literarischen Zeugnissen für die große Bedeutung des Metallhandels, der auch bei Punt-Fahrern eine Rolle spielte, sowie aus den archäologischen Hinweisen auf die Kupferverhüttung in El Gárcel und Lipari, um nur die frühesten zu nennen. Vermutlich werden die Kupfer-Ladungen, die im 3. Jt. v. Chr. aus dem fernsten Westen heimgebracht wurden, zu ihrer Zeit keine geringeren Reichtümer dargestellt haben als viel später die märchenhaften Erträge des Kolaios aus seiner Zufallsreise nach Tartessos. Ich möchte annehmen, daß die Lockung des iberischen Kupfers stark genug gewesen ist, jene in der Anlage der Kolonien gipfelnden Kontakte zwischen Ost und West auszulösen, deren archäologisch faßbare Auswirkungen hier zusammenfassend dargestellt werden konnten.

Bibliographie

Geschichte des Handels in den Hochkulturländern des Alten Orients und Ägyptens unter besonderer Berücksichtigung von Metallhandel und -prospektion sowie Hochseeschiffahrt

Ägyptisches Museum Berlin. Katalog (1967).

W. F. Albright, A Babylonian Geographical Treatise on Sargon of Akkad's Empire, in: JAOS 45, 1925, 193 ff.

M. C. Astour, Aegean Place-Names in an Egyptian Inscription, in: AJA 70, 1966, 313 ff.

M. Bardanis, Zur astronomischen Kenntnis der prähistorischen Kykladenbewohner (neugriech.), in: Deltion Bibliothekes Nikou N. Glezou 7, 1967, 71 ff.

C. W. Blegen, The Royal Bridge, in: The Aegean and the Near East. Studies Presented to H. Goldman. Hrsg. S. S. Weinberg (1956) 32 ff.

I. Bognár-Kutzián, in: To Illustrate the Monuments. Essays on Archaeology Dedicated to Stuart Piggott. Hrsg. J. V. S. Megaw (1976) 70 ff.

P. Bosch-Gimpera, Prähistorische Kulturbeziehungen im Mittelmeerraum, in: Almogaren 5/6, 1974/75, 1 ff.

K. Branigan, Copper and Bronze Working in Early Bronze Age Crete, SIMA XIX (1968) [= 1968 a].

Ders., Silver and Lead in Prepalatial Crete, in: AJA 72, 1968, 219 ff. [= 1968 b].

Ders., Aegean Metalwork of the Early and Middle Bronze Age, Oxford Monographs on Classical Archaeology (1974).

J. H. Breasted, Ancient Records of Egypt I (1962).

Th. Burton-Brown, Early Mediterranean Migrations. An Essay in Archaeological Interpretation (1959).

L. Casson, Ships and Seamanship in the Ancient World (1971).

J. A. Charles, Early Arsenical Bronzes – A Metallurgical View, in: AJA 71, 1967, 21 ff.

V. G. Childe, Prehistoric Migrations in Europe (1950).

Ders., The Dawn of European Civilization[6] (1961).

V. Christian, Altertumskunde des Zweistromlandes von der Vorzeit bis zum Ende der Achämenidenherrschaft I (1940).

J. Crowfoot Payne, Lapis Lazuli in Early Egypt, in: Iraq 30, 1968, 58 ff.

W. Culican, The First Merchant Venturers. The Ancient Levant in History and Commerce (1966).

J. Dayton, Minerals, Metals, Glazes and Man (1978).

P. de Jesus, The Development of Prehistoric Mining and Metallurgy in Anatolia, in: BAR–S. 74 (1980).

G. Dietrich – J. Ulrich, Atlas zur Ozeanographie, Meyers Großer Physischer Weltatlas Bd. 7 (1968).

E. C. L. During Caspers, Harappan Trade in the Arabian Gulf in the Third Millennium B. C., in: Mesopotamia 7, 1972, 167 ff.

E. Edel, Die Ortsnamenlisten aus dem Totentempel Amenophis' III. (1966).

E. Edel – R. Borger, Textbuch zur Geschichte Israels. Hrsg. K. Galling (1968).

J. D. Evans, Two Phases of Prehistoric Settlement in the Western Mediterranean, in: University of London Institute of Archaeology, 13th Annual Report 1955/56 (1958), 49 ff.

R. J. Forbes, Studies in Ancient Technology VIII und IX (1964); 2. Aufl. VIII (1971), IX (1972).

R. Forrer in: RLA I (1928) 228–297 s. v. Assyrien.

B. R. Foster, Commercial Activity in Sargonic Mesopotamia, in: Iraq 39, 1977, 31 ff.

P. Garelli, Les Assyriens en Cappadoce (1963).

Ders., Marchands et tamkārū Assyriens en Cappadoce, in: Iraq 39, 1977, 99 ff.

H. Goedicke, The Cylinder Seal of a Ruler of Byblos Reconsidered, in: JARCE 5, 1966, 19 ff.

C. H. Gordon, The Common Background of Greek and Hebrew Civilizations (1965).

D. Gray, Seewesen, ArchHom I Kap. G (1968).

B. R. Hallam – S. E. Warren – C. Renfrew, Obsidian in the Western Mediterranean: Characterisation by Neutron Activation Analysis and Optimal Emission Spectroscopy, in: PPS 42, 1976, 85 ff.

W. Helck, Die Beziehungen Ägyptens zu Vorderasien im 3. und 2. Jahrtausend v. Chr., Ägyptologische Abhandlungen V (1962; 2. Aufl. 1971).

L. Henkel, Die Grenze der Sichtbarkeit des Landes auf dem Meere, in: Petermanns Mitteilungen aus Justus Perthes' Geographischer Anstalt 47, 1901, 284 f.

R. Hennig, Terrae Incognitae I (1944).

Z. Herman, Peoples, Seas and Ships (1966).

G. Herrmann, Lapis Lazuli: The Early Phases of its Trade, in: Iraq 30, 1968, 21 ff.

B. Jovanović – B. S. Ottaway, Copper Mining and Metallurgy in the Vinča Group, in: Antiquity 50, 1976, 104 ff.

S. Junghans – E. Sangmeister – M. Schröder, Metallanalysen kupferzeitlicher und frühbronzezeitlicher Bodenfunde aus Europa, Studien zu den Anfängen der Metallurgie I (1960).

Dies., Kupfer und Bronze in der frühen Metallzeit Europas, Studien zu den Anfängen der Metallurgie II 1 (1968).

E. Kaptan, The Significance of Tin in Turkish Mining History and its Origin, in: Bull. Min. Resource Explor. Inst. Turkey 95/96, 1983, 106 ff.

V. E. G. Kenna, Two Ancient Trade Routes, in: AAA 1, 1968, 278 ff.

H. Klengel, Condizioni ed Effetti del Commercio Siriano nell' Età del Bronzo, in: SMEA 16, 1975, 201 ff.

P. L. Kohl, Carved Chlorite Vessels: A Trade in Finished Commodities in the Mid-Third Millennium, in: Expedition 18, 1975, 18 ff.

G. Komoróczi, Tilmun als »Speicher des Landes« im Epos »Enki und Ninhursag«, in: Iraq 39, 1977, 67 ff.

S. N. Kramer, Commerce and Trade: Gleanings from Sumerian Literature, in: Iraq 39, 1977, 59 ff.

C. C. Lamberg-Karlovsky, Trade Mechanisms in Indus-Mesopotamian Interrelations, in: JAOS 92, 1972, 222 ff.

L. Lambi, I Metalli dei Cimeli della Grotta Tombale di Monte Bradoni (Volterra), in: BPI N. S. 12, 1958/59, 137 ff.

B. Landström, Ships of the Pharaos (1970).

M. T. Larsen, Old Assyrian Caravan Procedures (1967).

Ders., The Old Assyrian City-State and its Colonies (1976).

G. Laub, Fundstellen der Venediger im Oberharz, in: Der Aufschluß. Zeitschrift für die Freunde der Mineralogie und Geologie 20, 1969, 194 ff.

W. F. Leemans, The Importance of Trade. Some Introductory Remarks, in: Iraq 39, 1977, 1 ff.

M. Lichtheim, Ancient Egyptian Literature. A Book of Readings (1976).

H. Limet, Les Schémas du Commerce Néo-Sumérien, in: Iraq 39, 1977, 51 ff.

R. Maddin – T. Stech Wheeler – J. D. Muhly, Tin in the Ancient Near East: Old Questions and New Finds, in: Expedition 19, 1977, 35 ff.

H. Markgraf, Klimatologie des Mittelmeeres I: Windkarten (1961).

J. Mascaró Pasarius, Noticia de algunas Piezas Arqueológicas Rescatadas del Fondo del Mar en las Islas Baleares, in: AEsp 41, 1968, 199 ff.

P. Matthiae, Tell Mardikh: The Archives and Palace, in: Archaeology 30, 1977, 244 ff.

Ders., Ebla. Un Impero Ritrovato (1977) [= 1977 a].

K. R. Maxwell-Hyslop, Sources of Sumerian Gold. The Ur Goldwork from the Brotherton Library, University of Leeds. A Preliminary Report, in: Iraq 39, 1977, 83 ff.

J. Mellaart, The Royal Treasure of Dorak – a First and Exclusive Report of a Clandestine Excavation which led to the most Important Discovery since the Royal Tombs of Ur, in: ILN 28. 11. 1959, 754 ff.

H. Müller-Karpe, Handbuch der Vorgeschichte III: Kupferzeit (1974).

J. D. Muhly, Copper and Tin. The Distribution of Mineral Resources and the Nature of the Metals Trade in the Bronze Age, in: Transactions of the Connecticut Academy of Arts and Sciences 43, 1973, 155 ff.

Ders., Supplement to Copper and Tin, in: Transactions of the Connecticut Academy of Arts and Sciences 46, 1976, 77 ff.

Ders., The Copper Ox-Hide Ingots and the Bronze Age Metal Trade, in: Iraq 39, 1977, 73 ff.

J. Oates – T. E. Davidson – D. Mamilli – H. McKerrell, Seafaring Merchants of Ur?, in: Antiquity 51, 1977, 221 ff.

E. D. Oren, The Overland Route between Egypt and Canaan in the Early Bronze Age (Preliminary Report), in: IEJ 23, 1973, 198 ff.

D. J. Ortner, Cultural Change in the Bronze Age, in: Smithsonian, Aug. 1978, 82 ff.

G. Pettinato, Il Commercio con l'Estero della Mesopotamia Meridionale nel III Millennio a. C. alla Luce delle Fonti Letterarie e Lessicale Sumeriche, in: Mesopotamia 7, 1972, 43 ff.

S. E. Philippakes – B. Perdikatses – T. Paradelles, An Analysis of Blue Pigments from the Greek Bronze Age, in: Studies in Conservation 21, 1976, 143 ff.

K. Polanyi – C. M. Arensberg – H. W. Pearson, Trade and Market in the Early Empires, Economies in History and Theory (1957).

K. Polanyi, Ports of Trade in Early Societies, in: The Journal of Economic History 23, 1963, 30 ff.

J. B. Pritchard, Ancient Near Eastern Texts[3] (1969).

C. Renfrew, Cycladic Metallurgy and the Aegean Early Bronze Age, in: AJA 71, 1967, 1 ff.

Ders., Colonialism and Megalithism, in: Antiquity 41, 1967, 276 ff. [= 1967 a]

Ders., The Autonomy of the South East European Copper Age, in: PPS 35, 1969, 12 ff.

W. Rudolph, A Note on Chalcolithic-Early Bronze Age Jewelry, in: IndUnArtB 2, 1979, 6 ff.

E. Sangmeister, Metalurgía y Comercio del Cobre en la Europa Prehistórica, in: Zephyrus 11, 1960, 131 ff.

Ders., Die Bronzezeit im Westmittelmeer, in: Saeculum-Weltgeschichte I (1965) 551 ff.

Ders., Aufkommen der Arsenbronze in Südost-Europa, in: Actes du VIIIᵉ Congrès International des Sciences Préhistoriques et Protohistoriques, Beograd 9–15 Septembre 1971 (1971) 109 ff.

E. Sangmeister – Chr. Strahm, Die Funde aus Kupfer in Seeberg, Burgäschisee-Süd, in: Seeberg Burgäschisee-Süd VI. Hrsg. H.-G. Bandi (1973) 189 ff.

G. Schüle, Navegación Primitiva y Visibilidad de la Tierra en el Mediterráneo, in: Crónica del XI Congreso Nacional de Arqueología, Mérida 1969 (1970) 449 ff.

A. und W. Schüle, Kolonialismus in Europa vor Christi Geburt, in: AW 7 H. 2, 1976, 38 ff.

I. R. Selimkhanov, Sur l'Étude du Fragment de Vase de Tello appartenant au Musée du Louvre et le Problème de l'Utilisation de l'Antimoine dans l'Antiquité, in: Laboratoire de Recherche des Musées de France, Annales 1975, 45 ff.

Ders., Zur Frage einer Kupfer-Arsen-Zeit, in: Germania 55, 1977, 1 ff.

W. S. Smith, Interconnections in the Ancient Near East (1965).

T. Stech Wheeler – R. Maddin – J. D. Muhly, Ingots and the Bronze Age Copper Trade in the Mediterranean: A Progress Report, in: Expedition 17, 1975, 31 ff.

O. Tufnell – W. A. Ward, Relations between Byblos, Egypt and Mesopotamia at the End of the Third Millennium B. C. A Study of the Montet Jar, in: Syria 43, 1966, 165 ff.

E. Unger, Ancient Babylonian Maps and Plans, in: Antiquity 9, 1935, 311 ff.

K. R. Veenhof, Aspects of Old Assyrian Trade and its Terminology (1972).

Ders., Some Social Effects of Old Assyrian Trade, in: Iraq 39, 1977, 109 ff.

J. Vercoutter, Essai sur les Relations entre Egyptiens et Préhellènes (1954).

W. A. Ward, Relations between Egypt and Mesopotamia from Prehistoric Times to the End of the Middle Kingdom, in: Journal of Economic and Social History of the Orient 7, 1964, 1 ff. 121 ff.

G. Weisgerber, Beobachtungen zum alten Kupferbergbau im Sultanat Oman, in: Der Anschnitt 29, 1977, 190 ff.

W. J. Young, The Fabulous Gold of the Pactolus Valley, in: BMusFA 70, 1972, 5 ff.

M. Zaky Nour – Z. Iskander – M. Salah Osman – A. Youssouf Moustafa, The Cheops Boat I (1960).

Archäologie des Alten Orients, Ägyptens und der Levante: Hinweise auf Kontakte untereinander, mit der Ägäis und dem westlichen Mittelmeerraum

W. F. Albright, The Eighteenth-Century Princes of Byblos and the Chronology of Middle Bronze, in: BASOR 176, 1964, 38 ff.

C. Aldred, Die Juwelen der Pharaonen (1976).

R. Amiran (unter Mitarbeit von P. Beck und U. Zevulun), Ancient Pottery of the Holy Land from its Beginnings in the Neolithic Period to the End of the Iron Age (1969).

Dies., The Beginnings of Urbanization in Canaan, in: Essays in Honor of Nelson Glueck. Near Eastern Archaeology in the 20th Century. Hrsg. J. A. Sanders (1970) 83 ff.

R. Amiran – Y. Beit Arieh – J. Glass, The Interrelationship between Arad and Sites in Southern Sinai in the Early Bronze Age II (Preliminary Report), in: IEJ 23, 1973, 193 ff.

R. Amiran, An Egyptian Jar Fragment with the Name of Narmer from Arad, in: IEJ 24, 1974, 4 ff.

Dies., Early Arad. The Chalcolithic Settlement and Early Bronze City I (1978).

P. Bar-Adon, The Cave of the Treasure. The Finds from the Caves in Nahal Mishmar (1971) [hebräisch].

G. F. Bass, Troy and Ur. Gold Links between two Ancient Capitals, in: Expedition 8, 1965, 26 ff.

Ders., A Hoard of Trojan and Sumerian Jewelry, in: AJA 74, 1970, 335 ff.

I. Beit Arieh, An Early Bronze Age II Site at Nabi Salaḥ in Southern Sinai, in: Tel Aviv 1, 1974, 144 ff.

R. J. and L. S. Braidwood, Excavations in the Plain of Antioch I, OIP LXI (1960).

B. Buchanan, Ancient Near Eastern Seals in the Ashmolean Museum I (1960).

H.-G. Buchholz, in: Land des Baal, Ausstellung Berlin 1982, 309 ff.

P. Calmeyer, Das Grab eines altassyrischen Kaufmanns, in: Iraq 39, 1977, 87 ff.

G. Contenau, La Civilisation Phénicienne (1926).

S. Diamant – J. Rutter, Horned Objects in Anatolia and the Near East and Possible Connexions with the Minoan 'Horns of Consecration', in: AnatSt 19, 1969, 147 ff.

M. S. Drower – J. Bottéro, Syria before 2200 B. C., in: CAH³ I 2 (1971) 315 ff.

M. Dunand, Fouilles de Byblos V., Études et Documents d'Archéologie (1973).

D. O. Edzard, The Early Dynastic Period, in: The Near East. The Early Civilizations. Hrsg. J. Bottéro – E. Cassin – J. Vercoutter (1967) 52 ff.

W. B. Emery, Archaic Egypt (1963).

U. Esin, Keban Projesi 1972 Çalışmaları (1976).

Dies., Die kulturellen Beziehungen zwischen Ostanatolien und Mesopotamien sowie Syrien anhand einiger Grabungs- und Oberflächenfunde aus dem oberen Euphrattal im 4. Jt. v. Chr., in: Nissen – Renger 1982, 13 ff.

R. Frankel – A. Kempinski, Bet Ha-ᶜEmeq, in: IEJ 23, 1973, 242 f.

H. Frankfort, Cylinder Seals (1939; Reprint 1965).

K. Frifelt, Auf den Spuren von Magan. Archäologische Forschungen in Oman, in: Altertum 25, 1979, 213 ff.

C. J. Gadd, The Dynasty of Agade and the Gutian Invasion, in: CAH³ I 2 (1971) 417 ff.

H. Goedicke, The Report of Wenamun (1975).

D. P. Hansen, New Votive Plaques from Nippur, in: JNES 22, 1963, 145 ff.

J. F. Hansman, The Question of Aratta, in: JNES 37, 1978, 331 ff.

S. W. Helms, The Early Bronze Age Gate at Rās en-Naqūra (Rōš ha-Niqrā), in: ZDPV 92, 1976, 1 ff.

J. B. Hennessy, The Foreign Relations of Palestine during the Early Bronze Age (1967).

Th. Jacobsen, The Treasures of Darkness. A History of Mesopotamian Religion (1976).

N. Jidejian, Byblos through the Ages (1968).

K. M. Kenyon (und Mitarbeiter), Excavations at Jericho I. The Tombs Excavated in 1952–54 (1960).

P. L. Kohl, The First World Economy: External Relations and Trade in West and Central Asia in the Third Millennium B. C., in: Nissen – Renger 1982, 23 ff.

B. Landström, Die Schiffe der Pharaonen (1974).

S. Lloyd, The Archaeology of Mesopotamia from the Old Stone Age to the Persian Period (1978).

M. E. L. Mallowan, Early Mesopotamia and Iran (1965).

K. R. Maxwell-Hyslop, Near Eastern Gold 'Treasures': A Note on the Assyrian Evidence, in: Antiquity 44, 1970, 227 f.

J. Mellaart, The Chalcolithic and Early Bronze Ages in the Near East and Anatolia (1966).

Ders., Anatolia, c. 4000–2300 B. C., in: CAH³ I 3 (1971) 363 ff.

Ders., Mesopotamian Relations with the West, Including Anatolia, in: Nissen – Renger 1982, 7 ff.

P. R. de Miroschedji, L'Époque Pré-Urbaine en Palestine, Cahiers de la Revue Biblique XIII (1971).

M. Money-Coutts, A Stone Bowl and Lid from Byblos, in: Berytus 3, 1936, 129 ff.

S. Moscati, Die altsemitischen Kulturen (1961).

O. Negbi, Canaanite Gods in Metal (1976).

H. J. Nissen – J. Renger (Hrsg.), Mesopotamien und seine Nachbarn. XXV. Rencontre Assyriologique Internationale Berlin 1978 = Berliner Beiträge zum Vorderen Orient 1 (1982).

L. Orlin, Assyrian Colonies in Cappadocia, Studies in Ancient History (1970).

M. Ottosson, Temples and Cult Places in Palestine, Acta Universitatis Upsalensis. Boreas 12 (1980).

A. Parrot, Le »Trésor« d'Ur, Mission Archéologique de Mari IV. Bibliothèque Archéologique et Historique 87 (1968).

J. Perrot, Statuettes en Ivoire et autres Objets en Ivoire et en Os Provenants des Gisements Préhistoriques de la Région de Béershéba, in: Syria 36, 1959, 8 ff.

M. W. Prausnitz, Ay and the Chronology of Troy, in: Annual Report of the Institute of Archaeology, University of London 11, 1955, 19 ff.

H. Schmökel, Kulturgeschichte des Alten Orients (1961).

E. Sollberger, Byblos sous les Rois d'Ur, in: AfO 19, 1959/60, 120 ff.

A. Spycket, La Statuaire du Proche-Orient Ancien, Handbuch der Orientalistik VII 1, 2. Abschnitt B 2 (1981).

C. Vermeule – E. Vermeule, An Aegean Gold Hoard and the Court of Egypt, in: ILN Bd. 256 Nr. 6816 (21. 3. 1970), 23 ff.

M. Wegner, Die Musikinstrumente des Alten Orients, Orbis Antiquus II (1950).

C. L. Woolley, Vor 5000 Jahren. Ausgrabungen von Ur (Chaldäa). Geschichte und Leben der Sumerer (1929).

Y. Yadin, The Art of Warfare in Biblical Lands (1963).

Die Frühbronzezeit der Ägäis und Westkleinasiens
und ihre Beziehungen zu den Ländern an der Ostküste des Mittelmeers

St. Alexiou, Ein frühminoisches Grab bei Lebena auf Kreta, in: AA 1958, 1ff.

Anonymus, Mantineia. Das Ruhrgebiet des alten Griechenland (neugriech.), in: Tachydromos Jahrg. 48 Nr. 1387 (11. 12. 1980), 112f.

M. Attas – L. Yaffe – J. M. Fossey, Neutron Activation Analysis of Early Bronze Age Pottery from Lake Vouliagméni, Perakhóra, Central Greece, in: Archaeometry 19, 1977, 33ff.

L. Banti, La Grande Tomba a Tholos di Haghia Triada, in: ASAtene 13/14, 1930/31, 155ff.

L. Bernabò-Brea, A Gold Treasure Comparable with the 'Great Treasure' of Troy (Poliochni), in: ILN 3. 8. 1957, 197ff. [= 1957b].

Ders., Poliochni I. Città Preistorica nell' Isola di Lemnos (1964)

Ders., Poliochni II (1976).

H. Biesantz, Die Ausgrabung bei der Soufli-Magula 1958, in: AA 1959, 56ff.

J. H. Betts, More Aegean Papyrus: Some Glyptic Evidence, in: AAA 11, 1978, 61ff.

K. Bittel, Beitrag zur Kenntnis anatolischer Metallgefäße der zweiten Hälfte des dritten Jahrtausends v. Chr., in: JdI 74, 1959, 1ff.

C. W. Blegen (und Mitarbeiter), Troy I (1950).

Ders., The Palace of Nestor Excavations of 1958, in: AJA 63, 1959, 121ff.

E.-M. Bossert, Zur Datierung der Gräber von Arkesine auf Amorgos, in: Festschrift für P. Goessler (1954) 23ff.

Dies., Die gestempelten Verzierungen auf frühbronzezeitlichen Gefäßen der Ägäis, in: JdI 75, 1960, 1ff.

Dies., Kastri auf Syros: Vorbericht über eine Untersuchung der praehistorischen Siedlung, in: Deltion 22, 1967, Mel 53ff.

K. Branigan, Byblite Daggers in Cyprus and Crete, in: AJA 70, 1966, 123ff. [= 1966a].

Ders., Further Light on Prehistoric Relations between Crete and Byblos, in: AJA 71, 1967, 117ff.

Ders., Early Hoards of Metalwork, in: BSA 64, 1969, 1ff.

Ders., The Foundations of Palatial Crete. A Survey of Crete in the Early Bronze Age (1970).

Ders., Minoan Foot Amulets and their Near Eastern Counterparts, in: SMEA 11, 1970, 7ff. [= 1970a].

Ders., The Tombs of Mesara. A Study of Funerary Architecture and Ritual in Southern Crete, 2800–1700 B. C. (1970) [= 1970b].

Ders., Early Aegean Metal Seals and Signets, in: SMEA 17, 1976, 157ff.

H.-G. Buchholz, The Cylinder Seal, in: G. F. Bass, Cape Gelidonya. A Bronze Age Shipwreck, Transactions of the American Philosophical Society 57 Nr. 8, 1967, 148ff.

H.-G. Buchholz – V. Karageorghis, Altägäis und Altkypros (1971).

H.-G. Buchholz, Ägäische Funde und Kultureinflüsse in den Randgebieten des Mittelmeers. Forschungsbericht über Ausgrabungen und Neufunde, 1960–1970, in: AA 1974, 325ff.

Ders., Bemerkungen zu einigen neuen C-14-Analysen Zyperns und Griechenlands, in: RDAC 1977, 290ff.

H. Bulle, Orchomenos I. Die älteren Ansiedlungsschichten (1907).

J. L. Caskey, Excavations at Lerna, 1952–53, in: Hesperia 23, 1954, 3ff.

Ders., Excavations at Lerna, 1957, in: Hesperia 27, 1958, 125ff.

Ders., The Early Helladic Period in the Argolid, in: Hesperia 29, 1960, 285ff.

J. Coleman, The Chronology and Interconnections of the Cycladic Islands in the Neolithic and Bronze Age, in: AJA 78, 1974, 333ff.

Ders., Keos I. Kephala, a Late Neolithic Settlement and Cemetery (1977).

K. Demakopoulou, Nachrichten aus Theben: Entdeckung eines frühhelladischen Gebäudes mit Apsis (neugriech.), in: AAA 8, 1975, 192ff.

S. Dietz, Aegean and Near-Eastern Metal Daggers in Early and Middle Bronze Age Greece. The Dating of the Byblite Hoards and Aegean Imports, in: ActaArch 42, 1971, 1ff.

W. Dörpfeld, Troja und Ilion (1902).

Chr. Doumas, Korphe t'Aroniou (neugriech.), in: Deltion 20, 1965, Mel 41ff.

Ders., The N. P. Goulandris Collection of Early Cycladic Art (1968).

Ders., Remarques sur la Forme du Bâteau à l'Âge du Bronze Ancien, in: Valcamonica Symposium (1970) 285ff.

Ders., Notes on Early Cycladic Architecture, in: AA 1972, 151ff.

Ders., Early Bronze Age Burial Habits in the Cyclades, SIMA XLVIII (1977).

Ders., Cycladic Art, in: Chr. Doumas – L. Marangou, Exhibition of Ancient Greek Art from the N. P. Goulandris Collection (1978) 13ff.

D. F. Easton, Towards a Chronology for the Anatolian Early Bronze Age, in: AnatSt 26, 1976, 145 ff.

K. Emre, Anadolu Kurşun Figürinleri ve taş Kalıpları. Anatolian Lead Figurines and their Stone Moulds (1971).

M. L. und H. Erlenmeyer, Von der frühen Bildkunst der Kykladen, in: AntK 8, 1965, 59 ff.

J. M. Fossey, The Prehistoric Settlement by Lake Vouliagmeni, Perachora, in: BSA 64, 1969, 53 ff.

D. H. French, Late Chalcolithic Pottery in North-West Turkey and the Aegean, in: AnatSt 11, 1961, 99 ff.

N. H. Gale, Some Aspects of Lead and Silver Mining in the Aegean, in: Technological Studies. Miscellanea Graeca 2 (1979) 9 ff.

A. Götze, Die Kleingeräte aus Metall, Stein, Knochen, Ton und ähnlichen Stoffen, in: W. Dörpfeld, Troja und Ilion (1902) 320 ff.

H. Goldman, Excavations at Eutresis in Boeotia Conducted by the Fogg Art Museum of Harvard University in Cooperation with the American School of Classical Studies at Athens, Greece (1931).

A. Harding – G. Cadogan – R. Howell, Pavlopetri, an Underwater Bronze Age Town in Laconia, in: BSA 64, 1969, 113 ff.

M. Heath, Early Helladic Clay Sealings from the House of the Tiles at Lerna, in: Hesperia 27, 1958, 81 ff.

T. W. Heermance – G. D. Lord, Pre-Mycenaean Graves in Corinth, in: AJA 1, 1897, 313 ff.

O. Höckmann, Zu Formenschatz und Ursprung der schematischen Kykladenplastik, in: Berliner Jahrbuch für Vorgeschichte 8, 1968, 45 ff.

Ders., Zum Gebäudemodell von Melos, in: IstMitt 25, 1975, 269 ff.

Ders., Die Religion der Kykladenkultur, in: Kunst und Kultur der Kykladeninseln im 3. Jahrtausend v. Chr. Hrsg. J. Thimme (1976) 38 ff. [= 1976 a].

Ders., Die Kykladen und ihre östlichen Nachbarn, ebenda 159 ff. [=1976 b].

Ders., Die Kykladen und das westliche Mittelmeer, ebenda 168 ff. [= 1976 c].

Ders., Zur kykladischen Harfenspielerfigur von Keros, in: Boreas. Münstersche Beiträge zur Archäologie 5, 1982 (Festschrift für Max Wegner), 33 ff.

S. Hood, The Baden Culture in Relation to the Aegean, in: B. Chropovský (Red.), Symposium über die Entstehung und Chronologie der Badener Kultur (1973) 111 ff.

R. W. Hutchinson, Prehistoric Crete (1968).

S. I. Ivanov, Die Schätze der Warnaer chalkolithischen Nekropole (1978).

T. W. Jacobsen, Explorations at Porto Cheli and Vicinity, Preliminary Report II: The Franchthi Cave 1967–68, in: Hesperia 38, 1969, 343 ff.

Ders., Excavations in the Franchthi Cave, 1969–71, Part I, in: Hesperia 42, 1973, 45 ff.

W. Lamb, Excavations at Thermi in Lesbos (1936).

P. W. Lapp, Bâb edh-Dhrâᶜ Tomb A 76 and Early Bronze I in Palestine, in: BASOR 189, 1968, 12 ff.

S. Lloyd – J. Mellaart, Beycesultan, I, Occasional Publications of the British School of Archaeology at Ankara VI (1962).

K. Majewski, Figuralna Plastyka Cykladzka. Geneza i Rózwoj Form (1935).

E. Mastrokostas, Die prähistorische Akropolis in Marathon (neugriech.), in: AAA 3, 1970, 14 ff.

K. Maurigiannakes, Modellini Fittili di Costruzioni Circolari dalla Creta Minoica, in: SMEA 15, 1972, 161 ff.

A. H. S. Megaw, Archaeology in Greece, 1967–68, in: ArchRep 1967/68, 3 ff.

J. Mellaart, Anatolian Chronology in the Early and Middle Bronze Age, in: AnatSt 7, 1957, 55 ff.

Ders., A Note on Cypriote Early Bronze Age Chronology, in: RDAC 1974, 38 ff.

M. Mellink, The Royal Tombs at Alaca Hüyük and the Aegean World, in: The Aegean and the Near East. Studies Presented to H. Goldman. Hrsg. S. S. Weinberg (1956) 39 ff.

Dies., Anatolian Chronology, in: Chronologies in Old World Archaeology. Hrsg. R. W. Ehrich (1965; 4. Aufl. 1971) 101 ff.

Dies., A Four-Spouted Krater from Karataş, in: Anatolia 13, 1969, 69 ff.

Dies., Excavations at Karataş-Semayük and Elmalı, Lycia, 1972, in: AJA 77, 1973, 293 ff.

Dies., Excavations at Karataş-Semayük and Elmalı, Lycia, 1973, in: AJA 78, 1974, 351 ff.

V. Milojčić, Chronologie der jüngeren Steinzeit Mittel- und Südosteuropas (1949).

Ders., Samos I. Die prähistorische Siedlung unter dem Heraion. Grabung 1953 und 1955 (1961).

Ders., Bericht über die Deutschen archäologischen Ausgrabungen in Thessalien 1973, in: AAA 7, 1974, 43 ff.

O. Montelius, La Grèce Préclassique (1924).

O. W. Muscarella, Ancient Art. The Norbert Schimmel Collection (1974).

G. E. Mylonas, Aghios Kosmas. An Early Bronze Age Settlement and Cemetery in Attica (1959).

R. Naumann, Architektur Kleinasiens von ihren Anfängen bis zum Ende der hethitischen Zeit (1955; 2. Aufl. 1971).

M. P. Nilsson, Geschichte der griechischen Religion[3], HAW Abt. V 2 (1967).

J. C. Overbeck, Greek Towns of the Early Bronze Age, in: ClJ 65, 1969, 1 ff.

G. Papathanasopoulos, Der frühhelladische Schiffbruch bei Dokos (neugriech.), in: AAA 9, 1976, 17 ff.

Papers in Cycladic Prehistory. Hrsg. J. L. Davies – J. F. Cherry (1980).

M. Parović-Pešikan, Mala Gruda, Tivat – Tumul Ranog Bronzanog Doba, in: APregl 13, 1971, 21 ff.

K. Pearson – P. Connor, Die Dorak-Affäre. Schätze, Schmuggler, Journalisten (1968).

H. W. und J. D. S. Pendlebury – M. B. Money-Coutts, Excavations in the Plain of Lasithi I. The Cave of Trapeza, in: BSA 36, 1936, 5 ff.

J. D. S. Pendlebury, The Archaeology of Crete. An Introduction (1939).

I. Pini, Zu dem silbernen Rollsiegel aus Mochlos, in: AA 1982, 599 ff.

C. Renfrew – J. R. Cann – J. E. Dixon, Obsidian in the Aegean, in: BSA 60, 1965, 225 ff.

C. Renfrew, The Chronology and Classification of the Early Cycladic Figurines, in: AJA 73, 1969, 1 ff. [= 1969 a].

Ders., The Emergence of Civilisation (1972).

Ders., Die Kykladenkultur, in: Kunst und Kultur der Kykladeninseln im 3. Jahrtausend v. Chr. Hrsg. J. Thimme (1976) 17 ff.

G. Sakellarakes, Die Kykladen und Kreta, ebenda 149 ff.

A. Sampson, Excavation of an Early Helladic Settlement on Euboea (neugriech. und englisch), in: AAA 11, 1978, 245 ff.

F. Schachermeyr, Forschungsbericht über die Ausgrabungen und Neufunde zur ägäischen Frühzeit 1957–1960, in: AA 1962, 105 ff.

F. Schachermeyr – H.-G. Buchholz, Forschungsbericht über die Ausgrabungen und Neufunde zur ägäischen Frühzeit, 1961–1965, in: AA 1971, 295 ff.

F. Schachermeyr, Die ägäische Frühzeit I. Die vormykenischen Perioden des griechischen Festlandes und der Kykladen, SBWien (1976).

H. Schliemann, Ilios. Stadt und Land der Trojaner (1881).

H. Schmidt, Heinrich Schliemanns Sammlung trojanischer Altertümer (1902).

B. Segall, Museum Benaki, Athen. Katalog der Goldschmiede-Arbeiten (1938).

T. L. Shear, The Campaign of 1935 (Agora of Athens), in: Hesperia 5, 1936, 1 ff.

St. Sinos, Eine Untersuchung der sogenannten Palastanlage von Vasiliki, in: AA 1970, 1 ff.

Ders., Die vorklassischen Hausformen in der Ägäis (1971).

P. Z. Spanos, Zur absoluten Chronologie der zweiten Siedlung in Troja, in: ZA 67, 1977, 85 ff.

Th. G. Spyropoulos, Egyptian Colonization of Boeotia, in: AAA 5, 1972, 16 ff.

I. Strøm, Graekenlands Forhistoriske Kulturer I. Stenalder og Tidlig Bronzealder (1966).

Lord William Taylour in: C. W. Blegen u. a., The Palace of Nestor at Pylos III (1973) 95 ff.

P. Themelis, Ampheion (neugriech., 1981).

Ders., Early Helladic Monumental Architecture, in: AM 99, 1984, 335 ff.

D. R. Theochares, Ausgrabung in Palaia Kokkinia (neugriech.), in: Praktika 1951, 93 ff.

Ders., Ausgrabung in Arapheni (neugriech.), in: Praktika 1954, 104 ff.

Ders., Ausgrabung in Arapheni (neugriech.), in: Praktika 1955, 109 ff.

J. Thimme, Ein monumentales Kykladenidol in Karlsruhe. Zur Typologie und Deutung der Idole, in: JbKuSamml-BadWürt 12, 1975, 7 ff.

Ders., (Hrsg.), Kunst und Kultur der Kykladeninseln im 3. Jahrtausend v. Chr. (1976).

V. Trbuhović. Quelques Remarques sur le Dépôt trouvé dans le Tumulus Mala Gruda, in: ZborMuzBeograd 8, 1975, 31 ff.

E. Vermeule, Greece in the Bronze Age (1964).

W. Voigtländer, Tiryns. Unterburg-Kampagne 1971, in: AAA 4, 1971, 398 ff.

Ders., Tiryns. Unterburg-Kampagne 1972, in: AAA 6, 1973, 28 ff.

H. Walter, Alt-Ägina. Ausgrabung auf dem Kolonnahügel, in: Deltion 25, 1970, Chron 136 f.

Ders., Ausgrabung auf dem Stadthügel von Alt-Ägina, in: Deltion 26, 1971, Chron 61 f.

Ders., Ausgrabung auf dem Stadthügel von Alt-Ägina, in: Deltion 27, 1972, Chron 183 f.

P. M. Warren, The First Minoan Stone Vases and Early Minoan Chronology, in: Kretika Chronika 19, 1965, 7 ff.

Ders., The Primary Dating Evidence for Minoan Seals, in: Kadmos 9, 1970, 30 ff.

Ders., Minoan Stone Vases (1970) [= 1970 a].

Ders., Myrtos. An Early Bronze Age Settlement in Crete, BSA Suppl. VII (1972).

Ders., Crete, 3000–1400 B. C.: Immigration and the Archaeological Evidence, in: Bronze Age Migrations in the Aegean. Hrsg. R. A. Crossland – A. Birchall (1973) 41 ff.

Ders., Did Papyrus grow in the Aegean?, in: AAA 9, 1976, 89 ff.

S. S. Weinberg, The Relative Chronology of the Aegean in the Neolithic Period and the Early Bronze Age, in: Relative Chronologies in Old World Archaeology. Hrsg. R. W. Ehrich (1954) 86 ff.

Ders., The Relative Chronology of the Aegean in the Stone and Early Bronze Ages, in: Chronologies in Old World Archaeology. Hrsg. R. W. Ehrich (1965; 4. Aufl. 1971) 285 ff.

S. Xanthoudides, The Vaulted Tombs of Mesará (1924).

I. Zapheiropoulos, Mead and Wine (1966).

Chr. Zervos, L'Art des Cyclades (1957).

Das Aeneolithikum Maltas, Siziliens und des italienischen Festlands und seine Beziehungen zum östlichen Mittelmeer

E. Anati, I Pugnali nell'Arte Rupestre e nelle Statue-Stele dell'Italia Settentrionale, Archivi Centro Camuno di Studi Preistorici IV (1972).

Ders., Origine e Significato Storico-Religioso delle Statue-Stele, in: BCamunoStPrIstor 16, 1977, 45 ff.

B. Barich, Askos della 'Facies' del Gaudo al Museo delle Origini (Roma), in: RivScPr 26, 1971, 411 ff.

G. Barker, The First Metallurgy in Italy in the Light of the Metal Analyses from the Pigorini Museum, in: BPI 80 (N. S. 22), 1971, 183 ff.

A. Benac, La Mediterranée et les Balkans du Nord-Ouest à l'Époque Préhistorique (Énéolithique et l'Âge du Bronze), in: Godišnjak 14, 1975, 37 ff.

L. Bernabò-Brea, La Sicilia Prehistórica y sus Relaciones con Oriente y con la Península Ibérica, in: Ampurias 15/16, 1953/54, 137 ff.

L. Bernabò-Brea – M. Cavalier, Civiltà Preistoriche delle Isole Eolie e del Territorio di Milazzo, in: BPI 65 (N. S. 10), 1956, 7 ff.

L. Bernabò-Brea, Gli Scavi nella Caverna delle Arene Candide I 2 (1956).

Ders., Sicily Before the Greeks (1957).

L. Bernabò-Brea – M. Cavalier, Meligunìs Lipára I (1960).

L. Bernabò-Brea, Considerazione sull'Eneolitico e sulla Prima Età del Bronzo della Sicilia e della Magna Grecia, in: Kokalos 14/15, 1968/69, 20 ff.

F. Biancofiore, La Necropoli Eneolitica di Laterza, in: Origini 1, 1967, 195 ff.

Ders., Origini e Sviluppo delle Civiltà Preclassiche nell'Italia Sud-Orientale, in: Origini 5, 1971, 193 ff.

O.-J. Bocksberger, Dalles Anthropomorphes, Tombes en Ciste et Vases Campaniformes Découverts à Sion, Suisse, in: BCamunoStPrIstor 3, 1967, 69 ff.

K. Branigan, A Note on the Chronology of the Diana Culture, in: BPI 74 (N. S. 16), 1965, 47 ff.

Ders., Prehistoric Relations between Italy and the Aegean, in: BPI 75 (N. S. 17), 1966, 97 ff. [= 1966 b].

Ders., Halberds, Daggers and Culture Contact, in: Origini 5, 1971, 47 ff.

G. Calvi Rezia, L'Introduzione della Metallotecnica in Sicilia, in: RendIstLomb 101/102, 1967, 507 ff.

S. M. Cassano – A. Manfredini, Recenti Ricerche nelle Necropoli Eneolitiche della Conca d'Oro, in: Origini 9, 1975, 153 ff.

M. Cavalier, Les Cultures Préhistoriques des Iles Éoliennes et leur Rapport avec le Monde Égéen, in: BCH 84, 1960, 319 ff.

A. Cazzella, Considerazioni su Alcuni Aspetti Eneolitici dell'Italia Meridionale e della Sicilia, in: Origini 6, 1972, 171 ff.

O. Cornaggia Castiglione – F. Fussi – G. D'Agnolo, Indagini sulla Provenienza dell'Ossidiana Utilizzata nelle Industrie Preistoriche del Mediterraneo Occidentale, in: Atti della Società Italiana di Scienze Naturali 52, 1963, 310 ff.

G. Daniel – J. D. Evans, The Western Mediterranean, in: CAH³ II 2 (1975) 713 ff.

J. D. Evans, A Marble Statuette Bought in Malta and its Implications, in: A Pedro Bosch-Gimpera en el Septuagésimo Aniversario de su Nacimiento (1963) 161 ff.

Ders., The Prehistoric Antiquities of the Maltese Islands: A Survey (1971).

F. G. Lo Porto, La Tomba di Cellino San Marco e l'Inizio della Civiltà del Bronzo in Puglia, in: BPI 71/72, 1962/63, 191 ff.

Ders., Diskussionsbeitrag zu L. Bernabò Brea, Considerazioni sull' Eneolitico e sulla Prima Età del Bronzo della Sicilia e della Magna Grecia, in: Kokalos 14/15, 1968/69, 58 f.

Ders., La Tomba Neolitica con Idolo in Pietra di Arnesano (Lecce), in: RivScPr 27, 1972, 357 ff.

R. Peroni, L'Età del Bronzo nella Penisola Italiana I. L'Antica Età del Bronzo (1971).

C. Renfrew, Malta and the Calibrated Radiocarbon Chronology, in: Antiquity 46, 1972, 141 ff. [= 1972 b].

C. Renfrew – R. Whitehouse, The Copper Age of Peninsular Italy and the Aegean, in: BSA 69, 1974, 343 ff.

116

H. Riemann, Zur Gaudokultur und ihren mittelmeerischen Beziehungen, in: Mansel'e Armağan. Mélanges Mansel. Türk Tarih Kurumu Yayınları VII Sa. 60 (1974) 425 ff.

R. Ross Holloway, Buccino. The Eneolithic Necropolis of S. Antonio and other Prehistoric Discoveries made in 1968 and 1969 by Brown University (1973).

Ders., Gaudo and the East, in: JFieldA 3, 1976, 143 ff.

Ders., Italy and the Aegean 3000–700 B. C., Archaeologia Transatlantica I (1981).

S. Tinè, Giacimenti dell'Età del Rame in Sicilia e la 'Cultura Tipo Conca d'Oro', in: BPI 69/70, 1960/61, 113 ff.

Ders., Le Origini delle Tombe a Forno della Sicilia, in: Kokalos 9, 1963, 73 ff.

Ders., Diskussionsbeitrag zu L. Bernabò Brea (vgl. Lo Porto 1968/69), in: Kokalos 14/15, 1968/69, 59.

Ders., La Civiltà Neolitica del Tavoliere, in: Atti del Colloquio Internazionale di Preistoria e Protostoria della Daunia, Foggia 1973 (1975), 99 ff.

D. H. Trump, Skorba. Excavations Carried out on Behalf of the National Museum of Malta 1961–63, Reports of the Research Committee of the Society of Antiquaries of London XXII (1966).

Ders., Central and Southern Italy before Rome (1966) [= 1966 a].

R. Whitehouse, The Rock-cut Tombs of the Central Mediterranean, in: Antiquity 46, 1972, 275 ff.

W. Woolner, Graffiti of Ships at Tarxien, Malta, in: Antiquity 31, 1957, 60 ff.

Das Aeneolithikum Sardiniens, Korsikas und Südfrankreichs und seine Beziehungen zum östlichen Mittelmeerraum

A. d'Anna, Les Statues-Menhirs et Stèles Anthropomorphes du Midi Méditerranéen (1977).

J. Arnal – H. Martin Granel – E. Sangmeister, Lébous, eine frühbronzezeitliche Befestigung in Südfrankreich, in: Germania 41, 1963, 229 ff.

J. Arnal, Le Lébous à Saint-Mathieu-de-Tréviers (Hérault), in: GalliaPrHist 16, 1973, 131 ff.

G.-B. Arnal – J. Arnal – P. Ambert (und andere), Types de Parures Datées (ou Présumées) du Chalcolithique et du Bronze Ancien, I: Essai d'Inventaire dans le Sud-Est de la France, in: EtPrHist 1974, H. 10–11, 16 ff.

E. Atzeni, I Villaggi Preistorici di San Gemiliano e di Monte Olládiri di Monastir presso Cagliari e le Ceramiche della 'Facies' di Monte Claro, in: StSard 17, 1959–61 (1962), 3 ff.

Ders., Nuovi Idoli della Sardegna Prenuragica, in: StSard 23(1), 1973/74 (1975), 3 ff.

Ders., Vornuraghenzeit, in: Kunst und Kultur Sardiniens vom Neolithikum bis zum Ende der Nuraghenzeit. Ausstellungs-Katalog Karlsruhe 1980. Hrsg. J. Thimme (1980) 15 ff.

J. Audibert, La Civilisation Chalcolithique du Languedoc Oriental (1962).

G. Bailloud – P. Mieg de Boofzheim, Les Civilisations Néolithiques de la France dans leur Contexte Européen (1955).

F. Benoit, La Constitution du Musée Borély et les Fraudes Archéologiques des Fouilles de Marseille, in: ProvHist 6, 1956, 3 ff.

G. Bérard, Dolmen de la Bouissière, Commune de Cabasse (Var), in: BPrHistFr 51, 1954, 281 ff.

Ders., Nouvelles Découvertes au Dolmen de 'La Bouissière', Cabasse (Var), in: BPrHistFr 52, 1955, 666 ff.

W. Bray, The Ozieri Culture of Sardinia, in: RivScPr 18, 1963, 155 ff.

J. Briard, Das Silbergefäß von Saint-Adrien, Côtes-du-Nord, in: AKorrBl 8, 1978, 13 ff.

G. Camps, Etudes Corses 3, 1975, 118 f.

E. Castaldi, Tombe di Giganti nel Sassarese, in: Origini 3, 1969, 119 ff.

Dies., La Datazione con il C-14 della Grotta del Guano o Gonagosula (Oliena-Nuoro). Considerazioni sulla Cultura di Ozieri, in: Archivio per l'Antropologia e l'Etnologia 102, 1972, 233 ff.

Dies., Domus Nuragiche (1975).

A. Colomer – J.-L. Roudil – X. Gutherz, La Statue-Menhir de Montferrand (St. Mathieu de Tréviers, Hérault), in: BCamunoStPrIstor 12, 1975, 115 ff.

E. Contu, Costruzione Megalitica in Località Monte d'Accòddi (Sassari), in: RivScPr 8, 1953, 199 ff.

Ders., Monte d'Accòddi (Sassari). Singolare Edificio Preistorico, in: BPI N. S. 8, 1953, 174 f. [= 1953 a].

Ders., Tombe Preistoriche Dipinte e Scolpite di Thiesi e Bessude (Sassari), in: RivScPr 19, 1964, 233 ff.

Ders., Ipogei con 'Corna Sacrificiali' Plurime di Bròdu (Oniferi, Nuoro), in: RivScPr 21, 1966, 195 ff.

J. Courtin, L'Obsidienne dans le Néolithique du Midi de la France, in: RivStLig 33, 1967 (1972) [= Omaggio a Fernand Benoit I], 93 ff.

M. L. Ferrarese Ceruti, Un Vasetto con Decorazione a Spirali, da Orgosolo (Nuoro), in: BPI 74, 1965, 53 ff.

M. Guido, Sardinia (1963).

J. Guilaine, Premiers Bergers et Paysans de l'Occident Méditerranéen, Civilisations et Sociétés LVIII (1976).

X. Gutherz, La Culture de Fontbouïsse. Recherches sur le Chalcolithique en Languedoc Oriental (1975).

G. Lilliu, D'un Candelabro Paleosardo del Museo di Cagliari, in: StSard 8, 1948, 5 ff.

Ders., Religione della Sardegna Prenuragica, in: BPI 66, 1957, 7 ff.

Ders., La Civiltà dei Sardi dal Neolitico all'Età dei Nuraghi (1963).

Ders., La Sardegna nel II Millennio A. C., in: Rivista Storica Italiana 77, 1965, 358 ff.

G. Lilliu – H. Schubart, Frühe Randkulturen des Mittelmeerraumes (1967).

R. Lorìa – D. H. Trump, Le Scoperte a »Sa 'Ucca de su Tintirrìòlu« e il Neolitico Sardo, in: MonAnt 49, 1978, 113 ff.

F. Lo Schiavo, Nuove Testimonianze Archeologiche della Sardegna Centro-Settentrionale (1976).

R. Montjardin, Le Dolmen du Méandre de Gen, Commune de Ruoms (Ardèche), in: EtPrHist 10/11, 1974, 1 ff.

S. M. Puglisi – E. Castaldi, Aspetti dell'Accantonamento Culturale nella Gallura Preistorica e Protostorica, in: StSard 19, 1964/65, 59 ff.

J. Thimme (Hrsg.), Kunst und Kultur Sardiniens vom Neolithikum bis zum Ende der Nuraghenzeit. Ausstellungs-Katalog Karlsruhe 1980 (1980).

Chr. Zervos, La Civilisation de la Sardaigne. Du Début de l'Énéolithique à la Fin du Période Nouragique (1954).

Das Aeneolithikum ('Kupferzeit', 'Bronce I') und die Kolonien auf der Iberischen Halbinsel und ihre Beziehungen zum östlichen Mittelmeerraum

L. de Albuquerque e Castro – O. da Veiga Ferreira – A. Viana, O Dólmen Pintado de Antelas, in: Comunicações dos Serviços Geológicos de Portugal 38(1), 1957, 325 ff.

J. M. Almagro, Un Nuevo Recipiente Pintado del Bronce Antiguo Almeriense, in: TrabPrHist N. S. 31, 1974, 317 ff.

M. Almagro – A. Arribas, El Poblado y la Necrópolis Megalíticos de Los Millares, Bibliotheca Praehistorica Hispana III (1963).

M. Almagro, El Ídolo de Chillaron y la Tipologia de los Ídolos del Bronce I Hispano, TrabPrHist N. S. XXII (1966).

M. Almagro Gorbea, Las Fechas del C-14 para la Prehistoria y la Arqueología Peninsular, in: TrabPrHist N. S. 27, 1970, 9 ff.

Ders., C-14, 1971, Nuevas Fechas para la Prehistoria y la Arqueología Peninsular, in: TrabPrHist N. S. 28, 1971, 281 ff.

M. J. Almagro Gorbea, Los 'Ídolos Cilindros' del Bronce I en la Península Ibérica, in: TrabPrHist N. S. 26, 1969, 221 ff.

Dies., Un Quemaperfumes en Bronce del Museo Arqueológico de Ibiza, in: TrabPrHist N. S. 27, 1970, 191 ff.

Dies., Los Ídolos del Bronce I Hispano, Bibliotheca Praehistorica Hispana XII (1973).

Dies., Memoria de las Excavaciones Efectuadas en el Yacimiento de Tarajal (Almería), in: NAHisp Prehistoria 5, 1976, 195 ff.

A. Arribas, A New Basis for the Study of the Eneolithic and Bronze Age in South-East Spain, in: To Illustrate the Monuments. Essays on Archaeology Presented to Stuart Piggott. Hrsg. J. V. S. Megaw (1976) 154 ff.

M. D. Asquerino, Una Aportación al Estudio del Bronce I Español: Tipología de las Asas Apéndice de la Cova de la Sarsa, in: XIII Congreso Nacional de Arqueología, Huelva 1973 (1975) 351 ff.

S. Berdichewsky Scher, Los Enterramientos en Cuevas Artificiales del Bronce I Hispánico, Bibliotheca Praehistórica Hispana VI (1964).

B. Blance, Cerámica Estriada, in: RGuimar 69, 1959, 459 ff.

Dies., Early Bronze Age Colonists in Iberia, in: Antiquity 35, 1961, 192 ff.

Dies., Die Anfänge der Metallurgie auf der Iberischen Halbinsel, Studien zu den Anfängen der Metallurgie IV (1971).

A. Blanco Freijeiro, Die ältesten plastischen Menschendarstellungen der Iberischen Halbinsel, in: MM 3, 1962, 11 ff.

P. Bosch-Gimpera, La Edad del Bronce de la Península Ibérica, in: AEsp 27, 1954, 45 ff.

M. Esteve Guerrero, Excavaciones de Asta Regia (Mesas de Asta, Jerez). Campaña de 1942–43, Acta Arqueológica Hispánica III (1945).

A. Fleming, Recent Advances in Megalithic Studies, in: Origini 6, 1972, 301 ff.

J. P. Garrido Roiz, Los Poblados del Bronce I Hispánico del Tinto-Odiel y la Sacuencia Cultural Megalítica en la Región de Huelva, in: TrabPrHist N. S. 28, 1971, 93 ff.

F. Gusi Jener, La Aldea Eneolítica de Terrera Ventura (Tabernas, Almería), in: XIII Congreso Nacional de Arqueología, Huelva 1973 (1975) 311 ff.

R. Harrison – S. Quero – M. C. Priego, Beaker Metallurgy in Spain, in: Antiquity 49, 1975, 173 ff.

F. Kalb, El Poblado del Cerro de la Virgen de Orce (Granada), in: X Congreso Nacional de Arqueología, Mahon 1967 (1969) 216 ff.

Dies., Die Siedlungsarchitektur vom Cerro de la Virgen bei Orce (Prov. Granada), ein Beispiel kupferzeitlicher Kolonien und 'altmittelländischen' Rundbaus auf der Iberischen Halbinsel, Diss. Freiburg i. Br. (1969).

Dies., Arquitectura de las Colonias del Bronce I, in: XIII Congreso Nacional de Arqueología, Huelva 1973 (1975) 383 ff.

V. und G. Leisner, Die Megalithgräber der Iberischen Halbinsel I: Der Süden (1943).

V. Leisner, Antas do Concelho de Reguengos de Monsarraz (1951).

G. und V. Leisner, Die Megalithgräber der Iberischen Halbinsel. Der Westen, MF I (1. Lieferung: 1956; 2. Lieferung: 1959; 3. Lieferung: 1965).

V. Leisner – H. Schubart, Die kupferzeitliche Befestigung von Pedra do Ouro/Portugal, in: MM 7, 1966, 9 ff.

J. Martinez Santa-Olalla, Jarro Picudo de Melos, Hallado en Menorca (Baleares), in: Cuadernos de Historia Primitiva 3, 1948, 37.

Ders., La Fecha de la Cerámica a la Almagra en el Neolítico Hispano-mauritano, in: Cuadernos de Historia Primitiva 3, 1948, 96 ff. [= 1948 a].

A. Mendoza – F. Molina – P. Aguayo – J. Carrasco – T. Najera, El Poblado del 'Cerro de los Castellones' (Laborcillas, Granada), in: XIII Congreso Nacional de Arqueología, Huelva 1973 (1975) 315 ff.

G. Nieto, La Cueva Artificial de la Loma de los Peregrinos en Alguazas (Murcia), in: Ampurias 21, 1959, 189 ff.

M. Osuna Ruiz, El Dolmen del Portillo de las Cortes (Anguilar de Anguita, Guadalajara), in: NAHisp 3, 1975, 239 ff.

R. L. Otlet, Harwell Radiocarbon Measurements II, in: Radiocarbon 19, 1977, 400–423 (hier: Kommentar von M. J. Walker zu Datum HAR-521 aus Kolonie Ramonete: S. 418).

A. do Paço – E. Sangmeister, Vila Nova de S. Pedro, eine befestigte Siedlung der Kupferzeit in Portugal, in: Germania 34, 1956, 211 ff.

M. Pellicer, Cerro del Greal, Iznalloz (Granada), in: Ampurias 19/20, 1957/58, 123 ff.

C. Renfrew, The Tree-Ring Calibration of Radiocarbon – Iberia and the West Mediterranean, in: PPS 36, 1970, 292 f.

E. Sangmeister – H. Schubart, Grabungen in der kupferzeitlichen Befestigung von Zambujal/Portugal, in: MM 10, 1969, 11 ff.

Dies., Grabungen in der kupferzeitlichen Befestigung von Zambujal/Portugal, in: MM 12, 1971, 11 ff.

Dies., Zambujal, in: Antiquity 46, 1972, 191 ff.

E. Sangmeister, Spätes Neolithikum und Kupferzeit der Iberischen Halbinsel, in: Handbuch der Urgeschichte II. Hrsg. K. J. Narr (1975) 545 ff.

J. Sanz Aranda, Un Ídolo Fálico en Bir-Nzaran (Sahara Occidental), in: TrabPrHist N. S. 31, 1974, 349 ff.

H. N. Savory, Spain and Portugal (1968).

Ders., The Cultural Sequence at Vila Nova de São Pedro, in: MM 13, 1972, 23 ff.

H. Schubart, Las Fortificaciones Eneolíticas de Zambujal y Pedra do Ouro, en Portugal, in: X Congreso Nacional de Arqueología, Mahon 1967 (1969) 197 ff.

Ders., Die kupferzeitliche Befestigung von Columbeira/Portugal, in: MM 11, 1970, 59 ff.

Ders., Die Kultur der Bronzezeit im Südwesten der Iberischen Halbinsel, MF IX (1975).

W. Schüle – M. Pellicer Catalán, El Cerro de la Virgen, en Orce (Granada) I, in: Excavaciones Arqueológicas en España 46, 1966, 3 ff.

W. Schüle, Unos Aspectos Económicos de las Influencias Orientales en el Mediterráneo Occidental, in: Papeles del Laboratorio de Arqueología de Valencia 5, 1968, 31 ff.

Ders., Die frühmetallzeitliche Siedlung auf dem Cerro de la Virgen, in Orce (Granada), in: Glockenbecher Symposium Oberried 1974 (1976) 419 ff.

A. u. W. Schüle, Kolonialismus in Europa vor Christi Geburt, in: AW 7 H. 2, 1976, 38 ff.

H. Siret, Les Âges Préhistoriques en Espagne (1887).

K. Spindler, Die kupferzeitliche Siedlung von Penedo/Portugal, in: MM 10, 1969, 45 ff.

K. Spindler – G. Gallay, Archäologische und anthropologische Betrachtungen zu den neolithisch-kupferzeitlichen Funden aus der Cova da Moura/Portugal, in: MM 11, 1970, 35 ff.

K. Spindler, Eine kupferzeitliche Siedlung vom Pico Agudo/Portugal, in: MM 12, 1971, 51 ff.

K. Spindler – G. Gallay, Die Tholos von Pai Mogo/Portugal, in: MM 13, 1972, 38 ff.

K. Spindler – G. Gallay, Kupferzeitliche Siedlung und Begräbnisstätten von Matacães in Portugal, MB I (1973).

M. Tarradell Mateu, Die Ausgrabung von Gar Cahal ('Schwarze Höhle') in Spanisch Marokko, in: Germania 33, 1955, 13 ff.

C. Topp, Some Balkan and Danubian Influences to Southern and Eastern Spain, in: ArchPrHistLev 8, 1959, 115 ff.

S. Vilaseca – F. Capafons, La Cueva Sepulcral Eneolítica de l'Arbones, TrabPrHist XXIII (1967).

E. H. Whittle – J. M. Arnaud, Thermoluminescent Dating of Neolithic and Chalcolithic Pottery from Sites in Central Portugal, in: Archaeometry 17, 1975, 5 ff.

ZU FRÜHBRONZEZEITLICHEN VERBINDUNGEN ZWISCHEN DEM BALKANRAUM UND HELLAS

Von Hans-Günter Buchholz und Peter Wagner

Die prähistorische Archäologie bedient sich des Begriffs der 'Leitform', den die Geologie im Begriff des 'Leitfossils' zuvor bereits entwickelt hatte. Derartige archäologische 'Leitformen' ermöglichen in erster Linie im Ausgrabungswesen die nähere Bestimmung archäologischer Straten; sind doch mit ihnen die auffallendsten Charakteristika des jeweiligen Kontextes gemeint. Es gilt der Grundsatz, daß Gleiches mit Gleichem verglichen werden kann und sich daraus sachliche Zusammenhänge ergeben. Ein weiterer methodischer Schritt ist in dem Bemühen zu sehen, derartige Leitformen über kleinere oder größere geographische Räume zur Feststellung von Zusammengehörigem zu verwenden, in welchem Sinne auch immer. Voreilig wäre es, mehr oder weniger identische Kulturerscheinungen ohne ausreichende Beachtung von Fundzusammenhängen als Beweis für zeitliche oder ethnische Übereinstimmungen auszuwerten. Wenn wir im folgenden im Sinne des Begriffs der Leitform unverwechselbare Objekte, aus der Hand geformte Ton-Anker, verwenden[1], dann sind wir uns der skizzierten methodischen Gefahren bewußt. Vorausgeschickt sei, daß fraglos ein Schwerpunkt dieser merkwürdigen Erscheinungen in der Frühen Bronzezeit liegt, sie aber verschiedentlich auch noch während der Mittleren Bronzezeit, in peripheren Gebieten sogar wesentlich später, zu beobachten sind. Der Begriff des 'Peripheren' setzt Konzentrationen in Nord- und Mittelgriechenland voraus (Abb. 25). Die in der wissenschaftlichen Literatur verbreitete Bezeichnung dieser im allgemeinen 5–10 cm hohen Objekte als 'Anker' erfolgte im Hinblick auf die Ähnlichkeit ihrer Form mit unseren modernen Metallankern, ist jedoch keineswegs gleichbedeutend mit einer ursprünglichen Funktion im Seewesen, etwa als Miniaturnachbildungen von Ankern, die als Weihegaben oder Amulette Verwendung gefunden haben könnten[2]. Dies ist allein schon deshalb völlig ausgeschlossen, weil die behandelten Tonobjekte keinerlei Ähnlichkeit mit den massigen Steinankern ihrer Epoche besitzen[3]. Überdies müssen sie im Zusammenhang mit den einfachen Tonhaken gesehen werden, was weiter unten näher ausgeführt wird, und schließlich kommt hinzu, daß ihre Verbreitung im balkanisch-griechischen Raum als binnenländisch zu bezeichnen ist[4].

---

[1] Die Bedeutung der Anker als 'Leitmotiv' ist verschiedentlich betont worden, vgl. J. L. Caskey, in: CAH[3] I 2 (1971) 774f.; H. Walter – F. Felten, Alt-Ägina III 1 (1981) 114.

[2] Die Bezeichnung 'Anker' bzw. 'ankerförmig' wird zwar in der Regel metaphorisch verwendet; einige Autoren meinten jedoch, diese Objekte würden tatsächlich Anker darstellen bzw. hielten sie für Votivanker, vgl. M. A. Murray, Excavations in Malta II (1925) 29; ders. a. O. III (1929) 18f.; H. H. Brindley, The Mariner's Mirror 13, 1927, 5; E. P. Blegen, AJA 43, 1939, 132; M. A. Murray, Antiquity 35, 1961, 59f.; R. A. Higgins, Greek Terracottas (1967) 8; Th. I. Papadopoulos, Mycenaean Achaea, SIMA LV 1 (1979) 159.

[3] Zu den Ankern der Bronzezeit s. H.-G. Buchholz in dieser Publikation, unten S. 161 Abb. 41 a.b (Anker aus Thera und von Larnaka auf Zypern) mit zahlreichen Literaturnachweisen in den Anm. 3–8. 11 sowie unten S. 251 mit Anm. 60 (desgleichen auch F.-W. v. Hase, unten S. 272 Abb. 79 [Ostia]). Zu Miniaturwiedergaben der tatsächlich verwendeten Anker der Bronzezeit vgl. D. E. McCaslin, Stone Anchors in Antiquity: Coastal Settlements and Maritime Trade-Routes in the Eastern Mediterranean ca. 1600–1050 B. C., SIMA LXI (1980) 52.

[4] Anders verhält es sich mit den Tonankern von Malta und den Liparischen Inseln, die an dieser Stelle ausgeklammert bleiben und im Anschluß an die balkanischen und helladischen behandelt werden.

121

Die Tonanker besitzen einen gewissen Aussagewert über weiträumige Kulturzusammenhänge und Verbindungen, ohne daß wir diese im Sinne von 'Völkerwanderung' festlegen wollen. Der über die reine Keramikforschung hinausreichende Aussagewert der hier behandelten auffallenden Objekte ist längst erkannt und immer wieder behandelt worden[5]. Der Veranschaulichung des eben Gesagten dient unsere Karte (Abb. 25), auf der alle Fundorte von Ankern und Haken verzeichnet sind[6]. Bevor wir ihre Verbreitung weiter verfolgen, sei auf die noch immer strittige Frage nach Funktion und inhaltlicher Bedeutung unserer Anker eingegangen, der allerdings nach unserer Einschätzung minderes Gewicht beizumessen ist. Ein Zusammenhang mit dem Seewesen und eine daraus resultierende Verwendung als Anker-Votive bzw. Amulette ist, wie bereits oben dargelegt, ausgeschlossen. Gegen die häufig erwogene Einbindung unserer Objekte generell in den kultischen Bereich und ihre Interpretation als Idole, Symbole oder Amulette[7] sprechen die Fundumstände[8], die auch keinen Hinweis auf eine Verwendung im Grabkult liefern[9]. Die Deutung der Tonanker als Amulette wie als Schmuckanhänger[10] ist überdies auch deshalb unwahrscheinlich, weil eine große Zahl am oberen Stielende frontal durchbohrt ist und somit nicht um den Hals getragen werden konnte[11].

Nahezu einheitlich[12] wurden die hier behandelten ankerartigen Gegenstände in Siedlungen gefunden, und zwar im Inneren der Häuser bzw. Hütten, jeweils in mehreren Exemplaren, soweit genaue Fundangaben in den Publikationen vorliegen[13]. Dies weist auf eine

[5] Vgl. z. B. K. Müller, Tiryns IV (1938) 64. 96; S. S. Weinberg, AJA 51, 1947, 168f. Abb. 2a–d; J. D. Evans, PPS 22, 1956, 99ff. Abb. 7 (Verbreitungskarte); L. Bernabò-Brea, Poliochni I (1964) 588f.; M. S. F. Hood, in: Br. Age Migr. Aegean 62 Taf. 10; Hanschmann – Milojčić, Argissa 94f.; E. J. Holmberg, OpAth 12, 1978, 1ff. Abb. 4 (mit Liste zahlreicher Anker); H. Walter – F. Felten, Alt-Ägina III 1 (1981) 114. Zur historischen Auswertung derartiger Erscheinungen s. unten unsere abschließenden Bemerkungen, wo wir auch auf die in Erwägung gezogene Verbindung mit Völkerverschiebungen eingehen.

[6] Entwurf der Karte (Abb. 25) H.-G. Buchholz und P. Wagner; Ausführung M. Morkramer.

[7] G. Soteriades, Ephemeris 1908, 91; ders., REG 25, 1912, 253 ('bukranien- oder ankerartige Gegenstände bzw. Idole'); W. A. Heurtley, BSA 30, 1928–30, 143 ('Amulette'); H. Goldman, Excavations at Eutresis in Boeotia (1931) 196 ('Amulett'); L. Walker Kosmopoulos, The Prehistoric Inhabitation of Corinth (1948) 59f. Abb. 41a.b ('stierkopfförmiges Idol' – daher auch kopfstehend abgebildet – und Deutung der Ritzlinien als Girlandendarstellung); D. R. Theochares, Praktika 1951, 91f. ('ankerförmige Idole'); V. G. Childe, The Dawn of European Civilization[6] (1957) 239; ders. in: Acta Congressus Madvigiani I (1958) 306 ('rituelle Tonobjekte'); Hammond, Hist. Mac. 269; ders., Migrations and Invasions in Greece and Adjacent Areas (1976) 109 ('Amulette in Gestalt ankerförmiger Haken'); J. Makkay, MAInstUngAk 5, 1974/75, 16 ('idolförmiger

Anhänger'); F. Prendi, Iliria 7/8, 1977/78, 29 ('Amulett').

[8] Eine genauere Beurteilung des für einen der Anker angegebenen kultischen Fundzusammenhangs wird durch das Fehlen näherer Angaben erschwert; vgl. unten Anm. 26.

[9] Nur ein einziger Anker wurde in einer Nekropole gefunden; dazu s. unten Anm. 91.

[10] Schmuckanhänger: G. Säflund, Excavations at Berbati (1965) 127; R. Wünsche, Studien zur äginetischen Keramik der frühen und mittleren Bronzezeit (1977) 18; G. Georgiev, Ezero (1979) 406. 541. Bezeichnung lediglich als 'Schmuckobjekte': A. J. B. Wace – M. S. Thompson, Prehistoric Thessaly (1912) 149; M. S. F. Hood, in: Br. Age Migr. Aegean 62.

[11] H. Walter – F. Welten, Alt-Ägina III 1 (1981) 114; K. Müller, Tiryns IV (1938) 64, hielt die Anker für zu groß, als daß sie um den Hals getragen werden könnten.

[12] Diese Aussage gilt vorbehaltlich nur weniger Exemplare – der unten S. 129 erwähnten thessalischen in Kassel sowie der Anker Anm. 19 und 82 –, bei denen keine näheren Angaben zum Fundort oder dem Kontext vorliegen.

[13] Poliochni auf Lemnos (s. unten Anm. 34), Argissa-Magoula (s. unten Anm. 57), Eutresis (s. Anm. 73), Aigina (s. Anm. 84–88), Berbati (s. Anm. 94), Lerna (s. Anm. 97), vermutlich auch in Asine (s. Anm. 96), in Borg in-Nadur und Bahrija auf Malta (s. Anm. 105 und 106) sowie auf den Liparischen Inseln Panarea, Filicudi und Lipari (s. Anm. 114, 115).

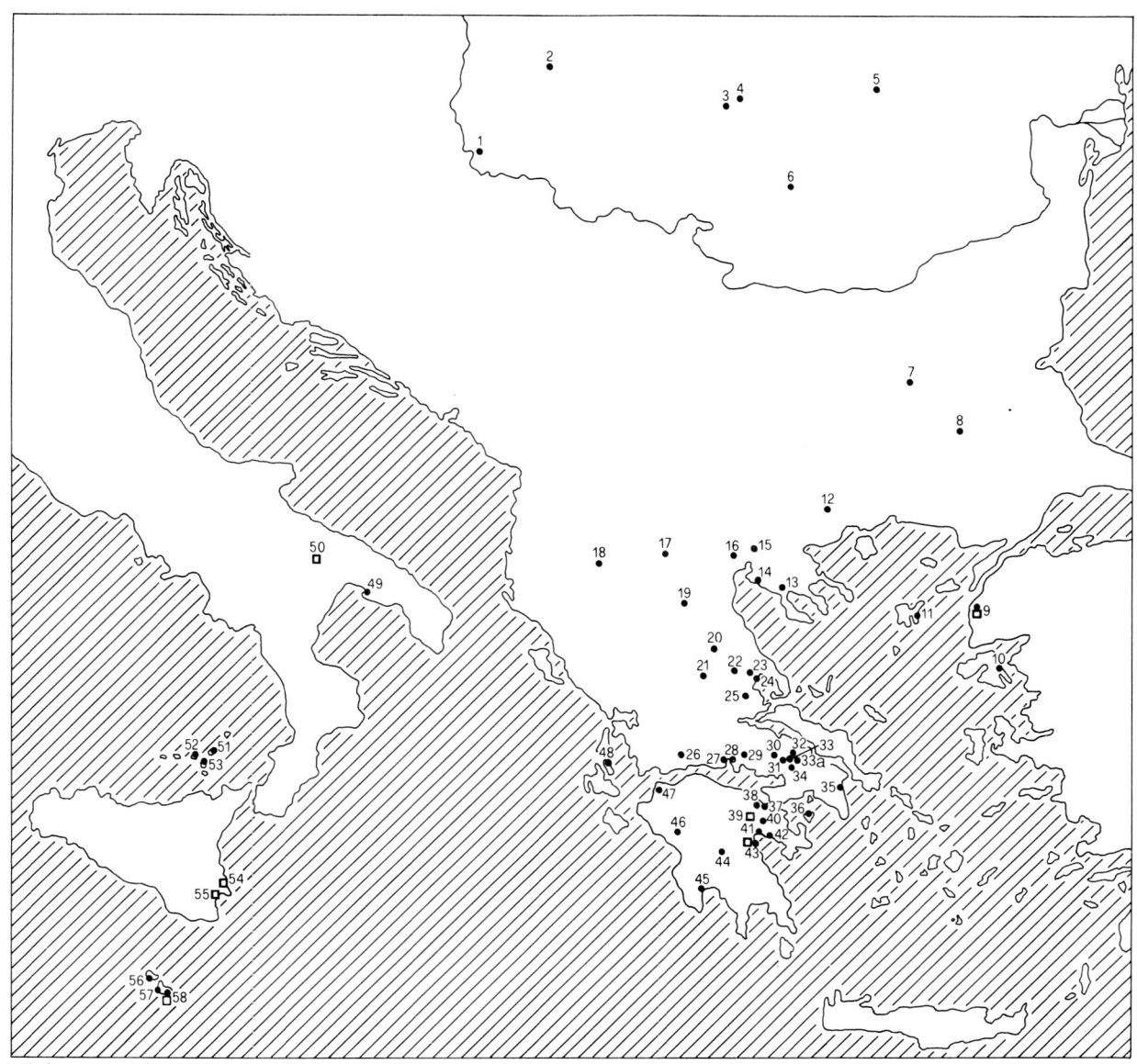

●Anker und Haken aus Ton   □Knochenplatten mit Buckelverzierung

Abb. 25. Verbreitung von prähistorischen Tonankern, Haken und Knochenplättchen mit Buckelverzierung

1 Odžaci	16 Kastanas	31 Orchomenos	45 Nichoria
2 Hódmezövásárhely	17 Armenochori	32 Kastron-Magoula	46 Olympia
3 Turdaş (Tordos)	18 Maliq	33 Theben	47 Teichos Dymaion
4 Tartaria	19 Servia	33a Lithares	48 Pelikata auf Ithaka
5 Ariuşd (Erösd)	20 Argissa-Magoula	34 Eutresis	49 Torre Castelluccia
6 Govorasat	21 Tsani-Magoula	35 Araphena	50 Altamura
7 Ezero	22 Hagios Athanasios	36 Aigina	51 Panarea
8 Michalič	23 Sesklo	37 Korinth	52 Filicudi
9 Troja	24 Pevkakia	38 Cheliotomylos	53 Lipari
10 Thermi auf Lesbos	25 Zerelia	39 Mykene	54 Syrakus
11 Poliochni auf Lemnos	26 Dervekistas	40 Berbati	55 Castelluccio
12 Sitagroi (Photolivos)	27 Galaxidi	41 Tiryns	56 In-Nuffara auf Gozo
13 Hagios Mamas	28 Kirrha	42 Asine	57 Bahrija auf Malta
14 Kritsana	29 Schiste	43 Lerna	58 Borg in-Nadur auf Malta
15 Saratse	30 Magoula Balomenou	44 Asea	(Nachtrag: Epidauros, Psophis)

praktische Zweckbestimmung der Anker und auf eine Verwendung im Rahmen häuslicher Tätigkeiten hin. Diese ist wohl kaum, wie verschiedentlich vermutet[14], im Zusammenhang mit dem Weben oder dem Knüpfen von Fäden (Abb. 26b) zu sehen, zumal Anker auch in der Nähe der Herdstelle bzw. um den Herd herum gefunden wurden[15]. Sie müssen in Verbindung mit den einfachen Tonhaken gesehen werden, denen sie in Art eines Doppelhakens formal entsprechen und mit denen sie verschiedentlich auch gemeinsam gefunden wurden[16]. Ihre Funktion wird man sich wohl als Doppelhaken vorzustellen haben, die mittels eines durch die Durchbohrung am oberen Stielende gezogenen Fadens oder Lederriemens an der Decke befestigt gewesen sein und frei im Raum gehangen haben dürften und zum Aufhängen oder Befestigen leichter oder kleiner Gegenstände gedient haben könnten[17]. Eine Erklärung für ihre Anbringung in der Nähe des Herdes könnte vielleicht in einer Verwendung etwa zum Trocknen von Kräutern oder Räuchern einzelner Fleischstücke gesucht werden.

Im Jahre 1980 hat H.-J. Weißhaar eine neue Zusammenfassung des archäologischen Fundstoffes samt historischer Auswertung versucht[18]. Wir halten es nicht für überflüssig, diese Denkmälergattung hier in einer erneuten Untersuchung vorzulegen, weil geographische Verbreitung und chronologische Ordnung den Vorrang vor einer artifiziellen Typologie haben sollten, die sich letzten Endes einer differenzierten historischen Auswertung entzieht.

Im folgenden stellen wir das einschlägige Fundmaterial in geographischer Ordnung von Nord nach Süd vor (vgl. dazu die Karte, Abb. 25). Dabei sind chronologische Gesichtspunkte berücksichtigt, aber bestimmen nicht die Materialanordnung. Da es sich — bis auf eine kleine Zahl jüngerer Ausnahmen — in der großen Masse um Erscheinungen des FH handelt, läßt sich aufgrund relativ kurzer zusammengedrängter Zeiträume das Nord-Süd-Gefälle keineswegs auch lückenlos als chronologisch ablesen.

Die beiden nördlichsten bzw. nordwestlichsten Ankerfunde kommen aus Hódmezövásárhely im Südosten von Ungarn[19] und aus Odžaci in der Batschka (Jugoslawien), nahe der Mündung der Drau in die Donau[20]. Anzuschließen sind vier Fundorte in Rumänien: In

[14] A. W. Persson, in: O. Frödin – A. W. Persson, Asine (1938) 250f Abb. 177,1 (danach als Umzeichnung unsere Abb. 26a.b) wollte den Anker aus Asine mit seiner vierfachen Durchbohrung zum Knüpfen mehrerer Fäden verwendet wissen. Die Durchbohrung dieses Ankers ist jedoch singulär. Für Verwendung am Webstuhl: D. H. Trump, Antiquity 34, 1960, 295; ders., Antiquity 36, 1962, 224f.; J. Carington Smith, Spinning, Weaving and Textile Manufacture in Prehistoric Greece, Diss. University of Tasmania (1975) 240 Karte 9 (Verbreitungskarte).

[15] Argissa-Magoula (s. unten Anm. 57) und Filicudi (s. Anm. 114).

[16] Michalič (s. unten Anm. 29), Panarea und Filicudi (s. Anm. 114).

[17] K. Müller, Tiryns IV (1938) 64; Heurtley, Mac. 87 ('ankerförmige Haken'); E. J. Holmberg, The Swedish Excavations at Asea in Arcadia (1944) 117; ders., OpAth 12, 1978, 5. 8; L. Bernabò-Brea, BdA 36, 1951, 38f.; L. Bernabò-Brea – M. Cavalier, Meligunìs Lipára

III (1968) 204; J. D. Evans, PPS 22, 1956, 99; L. Dor – J. Jannoray – H. und M. van Effenterre, Kirrha (1960) 107; J. L. Caskey, in: CAH³ I 2 (1971) 774f. ('Doppelhaken'); Walter-Felten a.O. 114. – Eher unwahrscheinlich dürfte die von Bernabò-Brea – Cavalier a.O. und von Dor – Jannoray – van Effenterre a.O. auch erwogene Verwendung der ankerförmigen Haken zum Aufhängen eines Kochtopfes über der Herdstelle sein, weil ein solcher sich an einfachen Haken besser befestigen ließe.

[18] H.-J. Weißhaar, Ägäische Tonanker, in: AM 95, 1980, 33ff. Abb. 1–4. Zu seinen Nachweisen sind fallweise unsere Nachprüfungen ergänzend zu berücksichtigen.

[19] Arme am Ansatz abgebrochen; Stiel im mittleren Teil quer durchbohrt; vgl. J. Makkay, MAInstUngAk 5, 1974/75, 16f. Taf. 1,1.

[20] S. Karmanski, Katalog Antropomorfne i Zoomorfne Plastike iž Okoline Odžaka (1977) Taf. 9,6 (ganz erhalten).

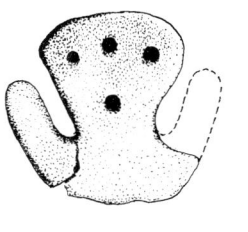
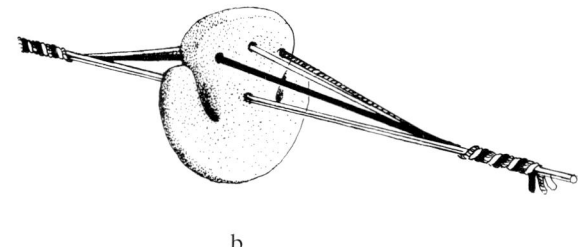

Abb. 26a und b. (a) Anker aus Asine, Argolis; (b) gemutmaßte Funktion dieses Objekts

a   b

Tartaria, in Siebenbürgen, wurde ein Anker in einer Grube mit Tafeln, die schriftähnliche Zeichen aufweisen, und Idolen der Vinča-Tordos-Kultur gefunden[21]. N. Vlassa datierte diesen Fundkomplex, und damit die Stufe Vinča A, um 2900–2700 v. Chr. V. Milojčić schloß sich der davon nicht abweichenden Datierung A. Falkensteins an, der die Verbindung der Zeichen mit dem nahöstlichen Schriftsystem der Djemdet Nasr-Zeit begründete; auch J. Makkay sprach sich für eine Datierung ins erste Viertel des 3. Jts. aus[22]. Demgegenüber verwendete V. Georgiev bei einem Vortrag in Athen am 7. 4. 1971 den Anker aus Tartaria zur späteren Datierung des ganzen Komplexes.

In räumlicher Nähe zu Tartaria liegt Turdaş (Tordos), wo vor der Nándorhöhle mit Vinča-Tordos-zeitlichem Fundstoff ein weiterer Anker gefunden wurde[23]. Etwas jünger ist nach Makkay das Exemplar aus Schicht II von Ariuşd (Erösd)[24]. Ein Tonanker der Coţofeni III-Kultur, die nach P. Roman mit FH I–II parallel zu setzen ist[25], wurde in Govorasat gefunden[26]. Er soll nach D. Berciu aus einem Fundkomplex mit kultischem Charakter stammen, was sich jedoch nicht überprüfen läßt.

In Bulgarien sind Anker an folgenden Orten belegt: Ein vollständig erhaltener Anker kommt aus der frühbronzezeitlichen Siedlung von Ezero[27] in der Nähe der Stadt Nova Zagora, in dem an die Ausläufer des Balkangebirges grenzenden Teil der Thrakischen Tiefebene. Dieses Exemplar besteht aus Stein, was singulär ist, und weist oben am Stiel eine

[21] Anker an beiden Armen fragmentiert; Stiel scheint oben beschädigt zu sein; vgl. N. Vlassa, Dacia 7, 1963, 485 ff. Abb. 6,5 (keine direkte Erwähnung im Text); Vladimir Milojčić, Germania 43, 1965, 264 f. Abb. 1,5 (im Text nicht direkt behandelt); Makkay a. O. 16 f. Taf. 2,3.

[22] Milojčić a. O. 264 ff.; A. Falkenstein ebenda 269 ff. (Datierung um 2800–2750 v. Chr.); Makkay a. O. 13 ff. mit ausführlicher Erörterung der Problematik dieses Fundkomplexes und der in der Literatur kontrovers beurteilten Verbindung der Tafeln mit dem Schriftsystem der Djemdet Nasr-Periode; ferner P. Charvát, Tartaria Tablets as a Problem of Communication, in: Archeologické Rozhledy 27, 1975, 182 ff.; D. G. Zanotti, AJA 87, 1983, 209 ff. Zu den Idolen s. auch O. Höckmann, Die menschengestaltige Figuralplastik der südosteuropäischen Jungsteinzeit und Steinkupferzeit (1968) 65 f. (Dat. in die Stufe Vinča C).

[23] Die Ankerarme sind fragmentiert; vgl. Makkay a. O. 16 Taf. 1,2.

[24] H 8 cm; ein Arm am Ansatz abgebrochen; vgl. Z.

Szekely, Apulum 9, 1971, 131 f. Abb. 2,2; Makkay a. O. 16 Taf. 2,4.

[25] P. Roman, PZ 1977, 196.

[26] Am Stiel abgebrochen, B 7,7 cm; vgl. D. Berciu, Dacia 6, 1962, 387 ff. Abb. 1,1; ders., Archeologické Rozhledy 15, 1963, 44 ff. Abb. 15,2 (gleiche Abbildung. Die Ergänzung des ebenda Abb. 15,1 [Dacia 6, 1962, 387 ff. Abb. 1,2] abgebildeten Fragmentes als Anker erscheint zweifelhaft, zumal die Verzierung mit Reihen eingedrückter runder Vertiefungen für einen Anker singulär wäre); P. Roman, Cultura Coţofeni (1976) 30. 98 Taf. 52,7.8 (Umzeichnung); ders., The Late Copper Age Coţofeni Culture of South-East Europe (1977) 35.51 Taf. 52,7.8; ders., PZ 52, 1977, 192.194 Taf. 39,19. Mit dem von Berciu, Dacia 6, 1962, 387 ff. Abb. 1,3 (Archeol. Rozhledy 15, 1963, 45 Abb. 15,3) mit den Ankern in Verbindung gebrachten Goldanhänger aus Gumelnitza besteht dagegen keine Übereinstimmung.

[27] G. Georgiev, Ezero (1979) 406 Abb. 203b 4 Tabelle 228 Nr. 13 (aus 'Horizont' VII des zentralen Grabungsgebietes; zur Stratigraphie vgl. ebenda S. 536 f.); S. 541.

125

Durchbohrung von der Front her auf. Es wurde in Schicht VII gefunden, der Übergangsperiode zwischen Ezero A und B, die mit dem frühen Troja I und mit der nachfolgend behandelten prähistorischen Siedlung Poliochni, Phase 'Blau', gleichgesetzt wird[28]. Aus Michalič stammen drei Anker und zwei Haken[29]. Die Kultur von Michalič entspricht nach J. Mellaart Troja I–II[30].

Ein aus der Hauptlinie der Verbreitung der Anker abzweigender 'Nebenstrang' ist zu beobachten, der sich in die heute immer stärker in den Blickpunkt tretende Verbindung zwischen Thrakien und Nordwestanatolien sowie der Troas einfügt[31], denn Anker und Haken sind auch aus Poliochni auf Lemnos, aus Troja sowie aus Thermi auf Lesbos bekannt[32] (s. die Karte, Abb. 25). In Poliochni wurden drei Anker, ein einfacher Haken sowie vier Fragmente, deren Identifizierung offenbleiben muß, gefunden. Alle diese Objekte kommen aus dem Siedlungsstratum 'Blau'. Letzteres entspricht nach L. Bernabò-Brea dem mittleren und späteren Teil von FH I[33]. Zwei Anker und ein Stielfragment wurden im Megaron 832 (Bau 2: Phase 'Blau' – früh) gefunden[34]. Aus dem Bereich der Südmauer von Poliochni-'Blau' stammen der dritte Anker[35] sowie der eine Haken und zwei Stielfragmente[36]. Am Nordrand der Siedlung ('Discarica Nord') fand sich schließlich ein 7,2 cm langes Armfragment[37].

Ein vollständig erhaltener Haken und vier Fragmente stammen aus Troja II–V[38] (Taf. 4b), während aus Thermi I ein vollständiger Haken und drei Fragmente bekannt sind[39]. Im ganzen fällt in dem eng begrenzten Raum der Troas mit den Inseln Lemnos und Lesbos die relative Häufigkeit von 17 behandelten Stücken auf. Zeitlich kommt dabei Lemnos, das der thrakischen Küste näher liegt, die Priorität zu.

[28] Ebenda 540. 542.

[29] V. Mikov, Razkopki i Proučvanija (Fouilles et Recherches) 1, 1948, 18. 24 Abb. 10a (li. Anker: ganz erh., H 9 cm, B 10 cm; am Stiel oben frontal durchbohrt – r. Anker: Spitze des r. Armes fehlt; H 9,7 cm, ergänzte B 10,4 cm; am Stiel oben frontal durchbohrt); Abb. 10c (li.: stark fragmentierter Anker, Stiel und r. Arm größtenteils weggebrochen. – Mitte und r.: zwei Haken, H 7,1 und 9 cm); V. G. Childe, AnatSt 6, 1956, 45f. Abb. 1 (Umzeichnung des ganz erh. Ankers und des größeren Hakens); C. Renfrew, PPS 35, 1969, 25 Abb. 5,5 Taf. 3 (Abb. des ganz erh. und des fragmentierten Ankers – mit ergänztem Arm – und der beiden Haken). Ein weiterer einfacher Tonhaken stammt aus Plovdiv, s. P. Detev, Archeologia 2, 1960, 50 Abb. 1.

[30] J. Mellaart, Antiquity 36, 1960, 273ff. Zustimmend: L. Bernabò-Brea, Poliochni I (1964) 699.

[31] Zu dieser Verbindung s. V. G. Childe, in: Acta Congressus Madvigiani I (1958) 306; J. Mellaart, Antiquity 34, 1960, 270ff.; P. Z. Spanos, Untersuchung über den bei Homer 'Depas amphikypellon' genannten Gefäßtypus, 6. Beih. IstMitt (1972) passim; Troja und Thrakien. Ausstellungskatalog Berlin (1981) passim.

[32] Bei einem Fragment aus Milet hat W. Voigtländer, IstMitt 32, 1982, 34f. Abb. 2, 10, die Zugehörigkeit zu einem Siebeinsatz bzw. Deckel oder zu einem Anker erwogen. Unseres Erachtens spricht für ersteres die leichte Wölbung im Profil.

[33] L. Bernabò-Brea, Poliochni I. Città Preistorica nell' Isola di Lemnos (1964) Tab. S. 706f.

[34] Ebenda 111f. Taf. 83a (stark fragmentierter Anker; Stiel und r. Arm nurmehr im Ansatz erh., li. Arm unversehrt). Taf. 83b (Anker mit oben frontal durchbohrtem ganz erh. Stiel; r. Arm sowie Spitze des li. fehlen). Taf. 83c (Stielfragment).

[35] Ebenda 169 Taf. 83d (erh. H 5,8 cm, erh. B 6,7 cm. Der Stiel ist oben frontal durchbohrt und an dieser Stelle abgebrochen; Arme ebenfalls fragmentiert).

[36] Ebenda 156. 169 Taf. 83f.h.i.

[37] Ebenda 265 Taf. 83e. Allgemeine Erwähnung der Anker bei F. Schachermeyr, AA 1962, 204.

[38] H. Schmidt, H. Schliemann's Sammlung trojanischer Altertümer (1902) 302f. Nr. 8831–8835 mit Abb. von Nr. 8835 (vollständig erhalten nur Nr. 8831, H: 13,2 cm); unsere Taf. 4b wird einer Neuaufnahme des Staatlichen Museums für Naturkunde und Vorgeschichte in Oldenburg verdankt, wo sich das Stück 1984 im Rahmen einer Schliemann-Ausstellung befand.

[39] W. Lamb, BSA 30, 1928–30, 49f. Abb. 18,6; ders., Excavations at Thermi in Lesbos (1936) 159ff. Taf. 23, Nr. 3051 (Stielfragment mit doppelter Durchbohrung); Taf. 24 Nr. 3178 (vollständiges Exemplar).

Ein deutlicher Schwerpunkt der Ankerfunde liegt im heute griechischen Teil Makedoniens (s. die Karte, Abb. 25). Drei stark fragmentierte Anker und drei einfache Haken wurden in Sitagroi (Photolivos) gefunden, und zwar in der Siedlung der Stufe Vb[40], die wohl mit Troja IV gleichzusetzen ist[41]. In Kastanas im Vardartal wurde ein fragmentierter Anker entdeckt[42]. Aus Saratse stammt ein Anker, den W. A. Heurtley nur allgemein in die Frühbronzezeit datierte[43]. Nach E. Hanschmann und V. Milojčić wurde Saratse erst zur Zeit von Kritsana IV gegründet[44], weshalb der Anker frühestens aus dem mittleren Teil von FH II stammen kann.

In Kritsana, an der Südwestküste der Chalkidike, wurden mehrere Anker gefunden, deren genaue Anzahl nicht genannt ist[45]: Nach den Angaben von W. A. Heurtley sind sie in Kritsana I sehr zahlreich, kommen dagegen in Schicht III, IV und VI nur selten vor. Die beiden untersten Schichten (I und II) lassen sich stratigraphisch jedoch kaum trennen; sie sind nach den Untersuchungen von Hanschmann und Milojčić der frühen Phase von FH II gleichzusetzen; Kritsana III und IV entsprechen danach der mittleren Phase von FH II, während Kritsana VI an den Übergang von FH II zu III zu setzen ist[46]. Ein einfaches Tonhakenfragment stammt aus Hagios Mamas[47] und ein stark fragmentierter Anker aus Armenochori[48], das vermutlich in einen späteren Abschnitt der Frühbronzezeit zu datieren ist[49]. Aus der Siedlung von Servia stammen 20 Anker (Abb. 27 a.b)[50]. Da genaue Fundangaben nicht vorliegen und die Stratigraphie unklar ist[51], läßt sich ihre Datierung innerhalb des FH nicht näher eingrenzen.

[40] M. Ervin, AJA 74, 1970, 274; C. Renfrew, PPS 36, 1970, 302 Taf. 43 (Abb. der drei Anker. li. Anker: H 6,3 cm, B 7,7 cm, li. Arm abgebrochen, Stiel gebrochen. Mitte: H 5,7 cm, B 7,7 cm, am Stiel und beiden Armen gebrochen. r.: H 5,4 cm, B 7,4 cm, Stiel und r. Arm gebrochen, li. fast ganz weggebrochen); ders., The Emergence of Civilisation (1972) passim. 120. 210; F. Schachermeyr, Die ägäische Frühzeit I (1976) 226; D. H. Trump, The Prehistory of the Mediterranean (1980) 132.

[41] Zu Einwänden gegen C. Renfrews Schichtendatierung vgl. u. a. Hanschmann – Milojčić, Argissa 198f. Anm. 839.

[42] H.-J. Weißhaar, AM 95, 1980, 37 Abb. 2,3 (Armenden abgebrochen; Stiel oben an der frontalen Durchbohrung abgebrochen).

[43] H 10,2 cm, B 6,3 cm; Stiel oben frontal durchbohrt; Armenden abgebrochen; vgl. W. A. Heurtley, BSA 30, 1928–30, 113ff. 143 Abb. 32,1; ders., Mac. 87 Abb. 67 j (Zeichnung mit ergänzten Armen; keine näheren Datierungsangaben).

[44] Hanschmann – Milojčić, Argissa 204ff.; dazu die Rezension von H.-G. Buchholz, Germania 61, 1983, 146ff.

[45] Heurtley, Mac. 17ff. 22 Tab. Abb. 21 (»in Kritsana I sehr häufig, in III, IV und VI selten«); S. 87 (»besonders häufig in Kritsana in den unteren Schichten« Abb. 67g (H 7 cm, erh. B 6,5 cm; an beiden Armen gebrochen, in Stielmitte quer durchbohrt). Abb. 67i (H 8 cm, erh. B 5,3 cm; von den Armen Ansatz erhalten, oben frontal durchbohrt); S. S. Weinberg, AJA 51, 1947, 168; J. L.

Caskey, in: CAH³ I 2 (1971) 774; Hanschmann – Milojčić, Argissa 94 Anm. 221; S. 197 Taf. 74,12.13 (Abb. der beiden von Heurtley publizierten Stücke); D. H. Trump. The Prehistory of the Mediterranean (1980) 132.

[46] Vgl. Hanschmann – Milojčić, Argissa 196ff. 213ff. Abb. 9 und 10 (vergleichende Schichtendatierung).

[47] W. A. Heurtley, BSA 29, 1927/28, 151 Abb. 28,10; ders., Mac. 87 Abb. 67k.

[48] Ebenda 87 Abb. 67h; Hammond, Hist. Mac. 239.

[49] Hanschmann – Milojčić, Argissa 211f.

[50] Heurtley, Mac. 87 Abb. 67f. (ganz erh.; H 7 cm, B 9,5 cm; oben frontal durchbohrt; danach: S. S. Weinberg, AJA 51, 1947, 165. 168f. Abb. 2a (im Text irrtümliche Angabe 'Kritsana'); V. G. Childe, The Dawn of European Civilization⁶ (1957) 71 Abb. 38 (irrtümliche Angabe 'Kritsana'); Hammond, Hist. Mac. 239; M. S. F. Hood, in: Br. Age Migr. Aegean 62 Taf. 10,3; Hammond, Migrations and Invasions in Greece and Adjacent Areas (1976) 109 Taf. 6a; obere Reihe r. (Abb. nach Hood). Zu dem oberen Stielfragment eines weiteren Ankers oder Hakens mit frontaler Durchbohrung, erh. H 4,3 cm, s. Heurtley, Mac. 191 Abb. 62i (im Text nicht erwähnt). Weitere vier Anker bei: C. Ridley – K. Rhomiopoulou, AAA 5, 1972, 33f. (nur allgemeine Angabe 'aus den FB-Schichten') Abb. 9 (danach, als Umzeichnung, unsere Abb. 27a.b; der li. abgebildete ist oben quer durchbohrt, der li. Arm ist fragmentiert; der r. abgebildete ist frontal durchbohrt, der r. Arm gebrochen).

[51] Vgl. dazu Hanschmann – Milojčić, Argissa 209ff.

Auch eine punktuelle Streuung in das albanische Gebiet hinein ist zu verzeichnen (s. Karte Abb. 25): In Maliq wurde eine nicht näher angegebene Anzahl mehrerer Exemplare in der Schicht II a (FH I/II)[52] sowie in der Schicht III a (FH III) gefunden[53]. An die albanischen Funde läßt sich der Anker von Pelikata auf Ithaka anbinden (Abb. 27c)[54], dem einzigen Fundort auf einer der westgriechischen Küste vorgelagerten Insel.

Im nördlichen Griechenland fällt das gehäufte Vorkommen der Anker in Thessalien auf (vgl. Karte Abb. 25): Auf der Argissa-Magoula – auch unter dem Namen Gremnos-Magoula bekannt – wurde in Schicht II B ein Fragment gefunden, bei dem offenbleiben muß, ob es nicht von einem einfachen Haken stammt[55]. Argissa II B entspricht nach den Untersuchungen von E. Hanschmann und V. Milojčić der Phase Frühthessalisch II B/FH II[56]. Weitere fünf fragmentierte Anker und ein Stielfragment stammen aus den Wohnschichten von Argissa III (Abb. 28b–d.f)[57], welche der Periode Frühthessalisch III/FH III entsprechen[58]. Außerdem kommen auf der Argissa-Magoula auch noch zwei Anker, die typenmäßig nicht weiter scheidbar sind, in der beginnenden Mittleren Bronzezeit vor (Abb. 28a.e)[59].

Aus Hagios Athanasios läßt sich ebenfalls ein Anker anführen[60], und fünf weitere Exemplare sind aus frühbronzezeitlichen Schichten der Periode IV in Sesklo bekannt. Davon

[52] F. Prendi, Studia Albanica 1, 1966, 257ff. Taf. 3f. (Abb. eines Ankers mit frontaler Durchbohrung am oberen Stielende; ein Arm am Ansatz abgebrochen, der andere ohne Spitze); danach Hammond, Hist. Mac. 241. 250 Abb. 4a (unrichtige Angabe 'Maliq IIb'; übernommen von E. J. Holmberg, OpAth 12, 1978, 7 mit Anm. 48); J. Makkay, MAInstUngAk 5, 1974/75, 16 Taf. 2,5; Hammond, Migrations and Invasions in Greece and Adjacent Areas (1976) 124 Anm. 42 (unrichtige Angabe 'Maliq IIb').

[53] Prendi a.O. 265; Hammond, Hist. Mac. 255; ders., Migrations and Invasions... 120; Prendi, L'Age du Bronze en Albanie, in: Iliria 7/8, 1977/78, 29f. (mit Parallelisierung von Maliq IIIa/b und Argissa III); Prendi, in: B. Hänsel, Südosteuropa zwischen 1600 und 1000 v. Chr. (1982) 208.

[54] Stiel mit gratigen Kanten, knapp unter der Spitze quer durchbohrt; beide Arme unterschiedlich stark fragmentiert, s. W. A. Heurtley, BSA 35, 1934/35, 35 Abb. 31, 154 (danach, als Umzeichnung, unsere Abb. 27c) Taf. 9,154.

[55] Hanschmann – Milojčić, Argissa 94f. Taf. 51,6 (Klassifizierung als Anker). Die Bestimmung des ebenda Taf. 51,7 abgebildeten Fragments als Rumpfteil erscheint angesichts seiner unregelmäßigen Form als zweifelhaft. Vgl. zu diesem Werk die Rezensionen von S. S. Weinberg, AJA 83, 1979, 108ff. und von H.-G. Buchholz, Germania 61, 1983, 146ff. (mit ergänzenden Bemerkungen zu den Ankern).

[56] Hanschmann – Milojčić, Argissa 142 Schema Abb. 4; 187ff. 223ff. Tab. Abb. 10. 11.

[57] V. Milojčić, AA 1956, 150ff. Abb. 8,2–4.6 (unsere Abb. 28a–f sind Ergänzungszeichnungen von H.-G. Buchholz nach Milojčić a.O. Abb. 8,1–6); F. Schachermeyr, AA 1962, 201; Hammond, Hist. Mac. 238 Anm. 3; M. S. F. Hood, in: Br. Age Migr. Aegean 62 Taf. 10,4 (links); Hanschmann – Milojčić, Argissa 94f. Taf. 51,37–42 (Umzeichnung der von Milojčić photographisch abgebildeten vier Anker mit Anordnung in geänderter Reihenfolge; das obere, frontal durchbohrte Stielfragment Taf. 51,41 und das Ankerfragment Taf. 51,42 noch nicht in der Erstpublikation). Nahezu vollständig – mit beschädigter Spitze – ist nur der 7 cm hohe Anker Taf. 51,37 (unsere Abb. 28b) mit quer durchbohrtem oberen Stielende. Beim 8,7 cm hohen Anker Taf. 51,38 (unsere Abb. 28f) sind die Arme gebrochen, der Stiel ist im oberen Teil frontal durchbohrt. Die übrigen drei Anker Taf. 51,39.40 (unsere Abb. 28c.d) Taf. 51,42 – erh. H 5 cm, 5,5 cm bzw. 3,4 cm – sind an Stiel und Armen fragmentiert. Der Anker auf unserer Abb. 28d hat gekanteten Stiel und ist oben quer durchbohrt.

[58] Ebenda 142 Abb. 4; S. 191ff. 223ff. Abb. 10 und 11.

[59] Milojčić, AA 1956, 151f. Abb. 8,1.5; Hood a.O. 62 Taf. 10,4 Mitte und r.; N. G. L. Hammond, Migrations and Invasions in Greece and Adjacent Areas (1976) 109 Taf. 6a untere Reihe (Abb. nach Hood); Hanschmann – Milojčić, Argissa 94. – H 8 cm, erh. B 6,4 cm bzw. H 7,5 cm, erh. B 8,8 cm; bei beiden jeweils ein Arm größtenteils weggebrochen; am Stiel oben bzw. in der Mitte frontale Durchbohrung.

[60] Hanschmann – Milojčić, Argissa 94 Anm. 221 (Zitat aus der unpublizierten Diss. von D. H. French).

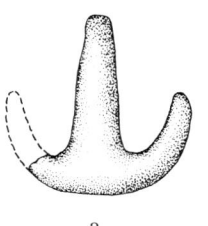 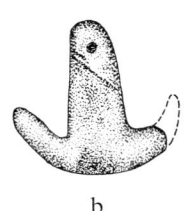 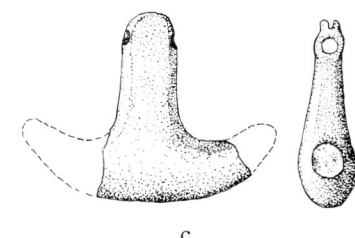

Abb. 27a–c. Anker aus (a.b) Servia, Nordgriechenland, und (c) Ithaka

a   b   c

sind nur drei publiziert worden (Abb. 28g–i)[61]. Einer dieser Anker (Abb. 28h) ist quer durchbohrt, sein Stiel zeigt gratige Kanten wie das oben erwähnte Stück aus Ithaka (Abb. 27c).

Ein im Raum Pevkakia, in der Nähe der mykenischen Kammergräber, gefundener, 7,5 cm hoher Anker wurde bereits im Jahre 1889 durch P. Wolters bekanntgemacht[62]. In den 70er Jahren haben dann die systematischen Ausgrabungen von V. Milojčić das Material um zwölf weitere Exemplare vergrößert, die aus Schichten des FH II und III kommen[63]. Bei der Ausgrabung der acht Wohnschichten der Tsani-Magoula wurde ein Anker gefunden[64], der nicht stratifiziert ist. Ein weiterer thessalischer Fundort eines stark fragmentierten Ankers ist Zerelia[65], das auf einem Hügel zwischen zwei kleinen Seen südwestlich von Halmiros in der Phthiotis liegt[66]. Diese Stätte weist nach J. L. Caskey in den oberen Schichten Parallelen zu Troja II–IV und zu FH II–III auf[67]. Schließlich sind noch drei fragmentierte graue Tonanker aus Thessalien in der Staatlichen Kunstsammlung in Kassel anzuführen; die näheren Fundumstände sind nicht bekannt, ein Ansatz im FH II bietet sich auf Grund zahlreicher Analogien an[68].

In Griechenland ist die Verbreitung der Anker keineswegs auf den Norden beschränkt, sondern erstreckt sich auch auf den mittleren und den südlichen Teil des Landes. Neben vereinzelten Fundorten in Aitolien und der Phokis ist ein Schwerpunkt in Boiotien festzustellen: Im Museum von Chaironeia befinden sich sechs z. T. fragmentierte Anker, die aus der Grabung von G. Soteriades auf der Magoula Balomenou am Kephissos in der Nähe von Chaironeia stammen[69]. Drei sind am Stiel oben quer durchbohrt; einer scheint nicht durchbohrt zu sein. Ohne nähere Angaben sind mehrere Tonanker aus Orchomenos ge-

[61] Chr. Tsountas, Die prähistorischen Akropolen von Dimini und Sesklo (neugriech., 1908) 346f. 383 Abb. 280–282 (danach, als Umzeichnung, unsere Abb. 28g–i); A. J. B. Wace – M. S. Thompson, Prehistoric Thessaly (1912) 73; S. S. Weinberg, AJA 51, 1947, 165. 168f. Abb. 2c.d; V. Milojčić, JdI 65/66, 1950/51, 62 Abb. 11,4.5 (irrtümliche Angabe 'Dimini'); Hammond, Hist. Mac. 266; Hanschmann – Milojčić, Argissa 125 Taf. 63,4–6. Athen, Nationalmuseum. H 5,7 cm, 6,7 cm bzw. 7,3 cm (Maße nach Hanschmann – Milojčić, Argissa 125).

[62] P. Wolters sah diesen oben quer durchbohrten Anker in Volos (Iolkos) in der Slg. P. A. Apostolides: P. Wolters, AM 14, 1889, 266; vgl. A. J. B. Wace – M. S. Thompson, Prehistoric Thessaly (1912) 73. 149. Da die genaue Fundlage nicht angegeben wurde, ist ein Zusammenhang mit den mykenischen Gräbern wohl auszuschließen. Zur geographischen Lage vgl. V. Milojčić,

Jahrbuch der Heidelberger Akademie der Wissenschaften 1972, Faltkarte 1 nach Taf. 18.

[63] V. Milojčić, AAA 7, 1974, 50; Hanschmann – Milojčić, Argissa 94 Anm. 221; S. 135; H.-J. Weißhaar, AM 95, 1980, 34 mit Anm. 7.8.11; S. 36ff. 45. 47 Abb. 2,5–7 (Stielfragmente mit doppelter Durchbohrung); Abb. 4b.

[64] Wace – Thompson a.O. 149.

[65] Nicht stratifiziert; erh. H 4,6 cm. Hanschmann – Milojčić, Argissa 94 Anm. 221; S. 138 Taf. 68,5.

[66] Wace – Thompson a.O. 150.

[67] J. L. Caskey, in: CAH³ I 2 (1971) 776.

[68] Unpubliziert; in der Ausstellung ohne Inv.-Nr.; die dort vorgeschlagene Datierung ins 4./3. Jt. erscheint zu hoch.

[69] Zu dieser Siedlungsgrabung s. G. Soteriades, AM 30, 1905, 120ff.; ders., Praktika 1909, 123ff.; ders., REG 25, 1912, 263ff.; Wace – Thompson a.O. 197ff.; L. Franz, Ipek 8, 1932/33, 39ff.

meldet worden[70]. Ein weiterer Anker von der Kastron-Magoula (früher Topolia, nördlich von Kopai in der Kopaïsebene) befindet sich in der Sammlung der British School in Athen. Nach Ausweis der Keramik bestand die Siedlung von Kastron bis ins FH II[71].

Sodann kommen aus Theben zwei Anker der Phase FH III, während das dortige Archäologische Museum zwei anscheinend vollständige Anker aus Lithares birgt[72]. Sie wurden bei der Freilegung dieser FH-Siedlung zusammen mit Urfirniswane, allerdings in einer gestörten Schicht, entdeckt, so daß offenbleiben muß, ob sie ins FH II oder III zu datieren sind. Fünf weitere Exemplare kommen aus Eutresis[73], und zwar nach H. Goldman aus Schichten des FH I und frühen FH II. Eine genauere Angabe wird nur für den zweiten Anker, vom Boden des Hauses I, mitgeteilt. Dieses Haus enthielt FH I-Keramik[74], was durch J. L. Caskeys Nachgrabung bestätigt worden ist[75]. Gegen die von H.-J. Weißhaar vorgeschlagene Datierung dieser Schicht ins FH II[76] ist darauf hinzuweisen, daß Goldman wie Caskey die Urfirnisfragmente und eine 'Saucière', auf deren Existenz die Umdatierung beruht, nicht für zugehörig hielten, sondern auf einen später eingetieften Bothros bezogen[77].

Aus der Phokis sind folgende Anker anzuführen: Zwei vollständig erhaltene Exemplare mit oben quer durchbohrtem Schaft fand G. Soteriades bei seiner Grabung am Hügel mit dem Denkmal des Megas an der Wegkreuzung Schiste, wo sich die Straßen Daulis–Antikyra und Lebadeia–Itea kreuzen[78]. Der Grabungsbefund weist nach C. Vatin auf eine Siedlung in den Phasen FH I–II hin[79]. Ein oder zwei Anker – in einem Fall ist auch die Herkunft aus Krisa möglich – stammen aus der FH-Siedlung von Kirrha[80]. Ein Anker-

[70] G. Soteriades, Ephemeris 1908, 91; Chr. Tsountas, Die prähistorischen Akropolen Dimini und Seskло (1908) 347 Anm. 1 (1 Anker); Wace – Thompson a.O. 237 (keine Angabe der genauen Zahl).

[71] Zu Kastron-Magoula s. S. Lauffer, Deltion 26, 1971, Chron 241 f.

[72] Der eine Anker aus Theben ist vollständig erhalten, der andere an beiden Armen gebrochen; s. K. Demakopoulou-Papantoniou, Deltion 31, 1976, Chron 125 Taf. 96 e. – Lithares: Th. G. Spyropoulos, Deltion 24, 1969, Mel 30 Taf. 32 a (s. Lagekarte ebenda S. 44 Abb. 14; zur Stratigraphie vgl. Abb. 3). Keine Angaben im Text, so daß offenbleiben muß, ob die beiden Anker quer durchbohrt sind. Nach dem Maßstab lassen sich für den Taf. 32 a li. abgebildeten H 7,5 cm, B 8,9 cm und für den r. abgebildeten H 7 cm, B 8 cm berechnen.

[73] Anker Nr. 1: H 4,5 cm, erh. B 7,9 cm; bis auf eine abgebrochene Ankerarmspitze vollständig erhalten; am Stiel oben frontal durchbohrt; vgl. H. Goldman, Excavations at Eutresis in Boeotia (1931) 196 f. Abb. 269,1 (kopfstehend abgebildet); S. S. Weinberg, AJA 51, 1947, 165. 168 Abb. 2 b; C. Renfrew, The Emergence of Civilisation (1972) 114. 210; M. S. F. Hood, in: Br. Age Migr. Aegean 62 Taf. 10,1; N. G. L. Hammond, Migrations and Invasions in Greece and Adjacent Areas (1976) 109 Taf. 6 a obere Reihe li. (Abb. nach Hood); Nr. 2: H 6,6 cm, erh. B 5,8 cm; Ankerarme nur z. T. bzw. am Ansatz erh.; am Stiel oben kreisrunde Vertiefung, vermutlich Ansatz einer nicht ausgeführten frontalen

Durchbohrung; vgl. Goldman a.O. 196 f. Abb. 269,3 (kopfstehend abgebildet); F. Schachermeyr, Die ältesten Kulturen Griechenlands (1955) 194 f. Abb. 62,5 (frei ergänzte Zeichnung des Fragments nach dem Beispiel von Nr. 1); die restlichen drei Exemplare nur allgemein bei Goldman a.O. 196 erwähnt. Zu den Ankern s. auch J. L. Caskey, in: CAH³ I 2 (1971) 780; O. T. P. K. Dickinson, The Origins of Mycenaean Civilisation, SIMA XLIX (1977) 34 mit Anm. 34.

[74] Goldman a.O. 93 ff.

[75] Goldmans »second meter of deposit« entspricht den Schichten III–V der Nachgrabung, vgl. J. L. und E. G. Caskey, Hesperia 29, 1960, 137 ff. 162 ff.

[76] H.-J. Weißhaar, AM 95, 1980, 38 f.

[77] Goldman a.O. 93; Caskey a.O. 148.

[78] Museum Chaironeia. G. Soteriades, Ephemeris 1908, 91 Taf. 2,6.9 (kopfstehend abgebildet); A. J. B. Wace – M. S. Thompson, Prehistoric Thessaly (1912) 202 Abb. 140 f. (nicht ganz genaue Zeichnung des Exemplars Taf. 2,9); Hammond, Hist. Mac. 263 f. Höchstwahrscheinlich ist der Anker bei G. Soteriades, REG 25, 1912, 253 Abb. 4 unten li. mit dem Ephemeris 1908, Taf. 2,9 identisch, entgegen Soteriades' summarischer Erwähnung unter den Funden aus Drachmani und Manese im Gebiet des antiken Elateia.

[79] C. Vatin, BCH 88, 1964, 568. Dagegen schien Hammond, Hist. Mac. 263 f. sie schon für mittelhelladisch zu halten.

[80] Delphi, Museum. Stiel oben quer durchbohrt; li. Arm

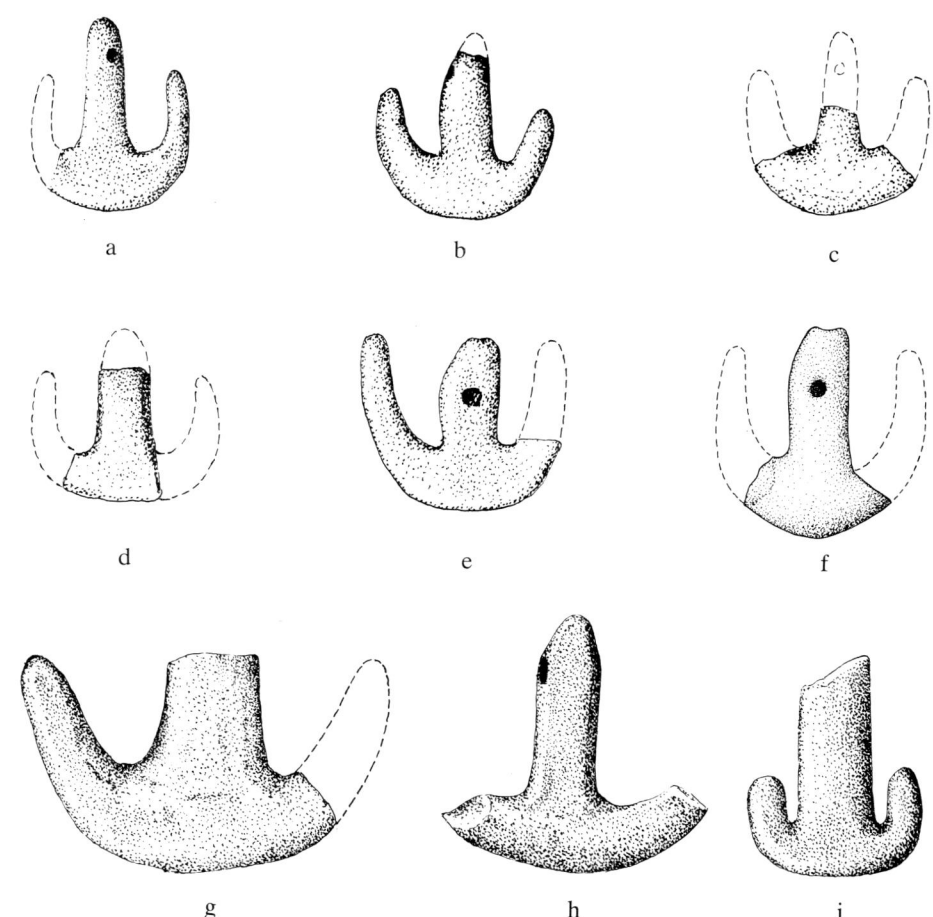

Abb. 28a–i. Anker aus Thessalien: (a–f) Argissa (Gremnos-Magoula) und (g–i) Sesklo

a   b   c

d   e   f

g   h   i

fragment mit gebrochenem Stiel, vollständigem rechten Arm und am Ansatz abgebrochenem linken Arm sowie ein Stielfragment mit Durchbohrung sind auch aus der FH I–II-Siedlung von Galaxidi bekannt[81]. Weiterhin weisen wir auf einen vollständig erhaltenen Anker aus Dervekistas in Aitolien hin[82].

In Attika kommt schließlich nur ein einziger Anker vor; er stammt aus der FH II-Siedlung von Araphena[83]. Auf Aigina brachten die jüngsten Ausgrabungen acht Anker zutage. Sieben davon wurden in den Häusern der Stadt V gefunden, die nach H. Walter und F. Felten von 2200 bis 2050 v. Chr. bestanden hat. Eines der Stücke steckte im Fußboden des Hauses 3 vom Beginn dieser Stadtphase[84]. Sechs weitere Anker sind jünger; sie stammen aus der späten Zeit der Stadt V und wurden auf dem Boden der Häuser 1 und 12 gefunden, bedeckt vom Schutt der Brandkatastrophe, welche diese Stadt zerstörte[85]. Es fällt auf, daß

gebrochen. Vgl. R. Demangel, CRAI 1938, 503; J. Jannoray, BCH 62, 1938, 469f. Abb. 26; E. P. Blegen, AJA 43, 1939, 132; L. Dor – J. Jannoray – H. und M. van Effenterre, Kirrha (1960) 106f. Taf. 62 Nr. 26. Leider wurden die genauen Fundzusammenhänge in den Publikationen nicht angegeben; vgl. auch die kritischen Einwände von J. L. Caskey, AJA 66, 1962, 211.
[81] C. Vatin, BCH 88, 1964, 559ff. bes. 565f. Abb. 4,5; 6,6.
[82] Thermos, Arch. Museum. K. A. Rhomaios, Deltion 4, 1918, 32ff. mit Abb. (kopfstehend abgebildet).

[83] H 5 cm, erh. B 6 cm. Stiel oben frontal durchbohrt; Armenden abgebrochen; vgl. D. R. Theochares, Praktika 1951, 91f. Abb. 19 (kopfstehend abgebildet). Zur Datierung der Siedlung vgl. Hanschmann – Milojčić, Argissa 169f.
[84] Erh. H 5 cm; Stielende und Armspitzen abgebrochen. Vgl. H. Walter – F. Felten, Alt-Ägina III 1 (1981) 28ff. 108. 143. 158 Nr. 177 Taf. 89.
[85] Ebenda 41f. 108. 114. 143f. 162 Nr. 245–250 Taf. 99; H. Walter, Die Leute im alten Ägina (1983) 79 Abb. 56. 57 (Nr. 247 und 248).

die vier Anker des Hauses 12 sich durch das gemeinsame Merkmal der Querdurchbohrung des Stiels sowie durch die nur grobe Glättung zusammenschließen[86] und von den beiden anderen Ankern aus dem Haus 1 unterscheiden, die eine polierte Oberfläche aufweisen und deren Stiel frontal durchbohrt ist[87].

Deutlich jünger ist das Exemplar, das auf dem Fußboden des 'Pithoshauses' der Stadt X lag und somit aus spätmittelhelladischer Zeit stammt[88]. Ungewöhnlich ist die vierkantige Form des Stieles. Daß sich daraus jedoch keine chronologischen Folgerungen ableiten lassen, zeigt der Vergleich mit den entsprechenden Stücken aus Ithaka (Abb. 27c), Argissa (Abb. 28d) und Sesklo (Abb. 28h)[89]. Ein neuntes Ankerfragment aus Aigina befindet sich im dortigen Museum und wurde bereits von H. Goldman in die wissenschaftliche Literatur eingeführt[90].

In größerer Fülle sind unsere Anker auch auf der Peloponnes vertreten (vgl. Karte Abb. 25): In Korinth wurden zwei Exemplare gefunden, das eine in einem mit Skeletten angefüllten Brunnen der Nekropole am Fuß des Hügels Cheliotomylos. Nach Ausweis der Keramik datierte F. O. Waage die Brunnenfüllung an den Anfang von FH III[91]. Der zweite Tonanker wurde von L. Walker Kosmopoulos bei ihren Grabungen in Korinth selbst entdeckt; sie wies ihn ihrer Periode V zu[92]. Ein Terminus ante quem für die Datierung des Ankers ist zumindest damit gewonnen, daß nach den späteren Grabungsergebnissen von H. S. Robinson und S. S. Weinberg die Phase FH III in Korinth nicht belegt ist[93].

Auffällig ist eine gewisse Massierung unserer archäologischen Objekte in der Argolis; denn aus der FH-Siedlung von Berbati stammen zwei fragmentierte Tonanker des FH III[94], und in Tiryns wurden weitere Stücke dieser Art gefunden, deren Anzahl nicht genannt wird[95]. Die genaue Datierung ist nicht bekannt: K. Müller orientierte sich bei seinem Ansatz ins FH I–II an denen aus Eutresis.

---

[86] Nr. 245–247 und 250: vollständig erhalten; H 8,8 cm, 8 cm, 8,4 cm bzw. 8,6 cm. Eine kleine Vertiefung am oberen Stielende von Nr. 245 weist nach Walter und Felten ebenfalls auf eine geplante Querdurchbohrung hin.

[87] Nr. 248 und 249: H 7,8 cm bzw. 4,8 cm. Nr. 248 hat unterschiedlich stark fragmentierte Ankerarme. Bei 249 ist zwar nur der Stiel erhalten, doch scheint die leichte Verbreiterung am unteren Rand vom Ansatz der beiden Ankerarme zu stammen.

[88] H 5,9 cm; r. Ankerarm größtenteils weggebrochen; Stiel oben frontal durchbohrt; Walter – Felten a.O. 136f. 147. 176 Nr. 453; 185 Anm. 199 Taf. 123.

[89] s. oben Anm. 54 und 61.

[90] H. Goldman, Excavations at Eutresis in Boeotia (1931) 196.

[91] r. Ankerarm größtenteils weggebrochen; Ritzlinien am Ansatz von Stiel und Armen; vgl. T. L. Shear, AJA 34, 1930, 404f.; F. O. Waage, in: Commemorative Studies in Honor of T. L. Shear, Hesperia Suppl. VIII (1949) 415ff. 421 Taf. 63; Walter – Felten a.O. 185 Anm. 199 (älter als die aus Aigina).

[92] Die Enden beider Ankerarme sowie der obere Teil des Stiels sind abgebrochen; gleiche Verzierung mit Ritzlinien wie bei dem vorigen Anker; vgl. L. Walker Kosmopoulos, The Prehistoric Inhabitation of Corinth (1948) 59f. Abb. 41a.b (kopfstehend abgebildet). Vgl. zu diesem Buch die Rezension von V. Milojčić, Gnomon 22, 1950, 18ff., der darauf hinwies, daß in Korinth keine systematische Flächengrabung erfolgte und daß die Periodeneinteilung wegen der gestörten Schichten problematisch ist.

[93] H. S. Robinson – S. S. Weinberg, Hesperia 29, 1960, 250.

[94] G. Säflund, Excavations at Berbati 1936–1937 (1965) 127 Nr. 28 und 29 (keine Maßangaben). Zur Fundlage vgl. ebenda Plan: G 5.

[95] K. Müller, Tiryns IV. Die Urfirniskeramik (1938) 64. 96 Taf. 25,3 (H etwas über 7 cm; r. Arm fast ganz abgebrochen, Spitze des li. fehlt; am Stiel oben in der doppelten frontalen Durchbohrung abgebrochen). – Ein weiteres unstratifiziertes Fragment bei H.-J. Weißhaar, AM 95, 1980, 49 Abb. 2,2. Hinzu kommt ein Arm eines Ankers oder einfachen Hakens aus einem FH II-Haus der Unterburg, s. K. Kilian, AA 1982, 424 Abb. 46c; H. W. Catling, ArchRep 1984/85, 21.

Auch in einer FH III-Schicht von Asine wurde ein Anker gefunden[96]. Aus Lerna kommen ebenfalls mehrere Beispiele, wovon vier im bisherigen Schrifttum behandelt sind[97]. Sie stammen aus den FH III-Schichten, die sich zeitlich den Resten des 'House of the Tiles' anschließen.

Aus der Grabung von E. Mastrokostas in Paralimni/Teichos Dymaion (Araxos) – im Nordwesten der Peloponnes – stammen zwei Anker, vermutlich des FH, die sich im Museum von Patras befinden[98]. Ferner wurden in Olympia und Umgebung mehrere FH-Anker und Ankerfragmente gefunden[99]. Schließlich ist noch auf ein Fragment aus einer FH III-Schicht in Asea in Arkadien zu verweisen[100] und als letztes auf zwei Belege aus Nichoria in Messenien, die W. A. McDonald in einer MH I-Schicht barg[101]. Nachdrücklich muß betont werden, daß auf Kreta keine Anker der hier besprochenen Art bekannt sind, weshalb sich die Verbreitung dieser Gattung zur Zeit so darstellt, wie auf unserer Karte angegeben (Abb. 25).

Eine beachtenswerte Ausdehnung des Vorkommens derartiger Anker erfolgte in den Westen, nach Malta und zum Liparischen Archipel. Auf der zuerst genannten Insel setzen die frühesten Belege vermutlich um 2000 v. Chr. ein, so daß – zumindest unter chronologischem Aspekt – einem genetischen Zusammenhang mit den ägäischen prinzipiell nichts im Wege steht. Ist das richtig, dann müssen, anders als auf dem Balkan und der Halbinsel von Hellas, die angesprochenen Objekte im zentralen Bereich des Mittelmeeres als Hinweis

---

[96] Nauplia, Arch. Museum. H 7,5 cm, B des Mittelteils 5,5 cm; am Stiel oben mit vier Löchern frontal durchbohrt; r. Arm fragmentiert; vgl. O. Frödin – A. W. Persson, Asine. Results of the Swedish Excavations 1922–1930 (1938) 250f. Abb. 177,1 (danach, als Umzeichnung, unsere Abb. 26a.b); J. D. Evans, PPS 22, 1956, 100; O. T. P. K. Dickinson, The Origins of Mycenaean Civilisation, SIMA XLIX (1977) 34 mit Anm. 34.

[97] J. L. Caskey, Hesperia 25, 1956, 162 Taf. 471 (H 5,1 cm; li. Arm größtenteils abgebrochen; Stiel oben dreifach frontal durchbohrt). Taf. 47 m. o. (bei diesen Fragmenten muß offenbleiben, ob sie nicht zu einfachen Haken gehörten). 47n (erh. H 4,5 cm; Stiel größtenteils abgebrochen; li. Arm nur am Ansatz erh.; Spitze des rechten fehlt). 47p (erh. H 4,8 cm; beide Armenden abgebrochen; Stiel oben an der frontalen Durchbohrung abgebrochen); ders., Hesperia 26, 1957, 152 Taf. 42e (H 8,2 cm, B 10,7 cm; ganz erh.); ders., Hesperia 27, 1958, 144; ders., Hesperia 29, 1960, 297; F. Schachermeyr, AA 1962, 196; S. S. Weinberg, in: R. W. Ehrich, Chronologies in Old World Archaeology (1965) 305 (Lerna IV: FH III); R. A. Higgins, Greek Terracottas (1967) 8. 138; Caskey, AJA 72, 1968, 314f.; ders. in: Lerna I (1969) S. III (allg. Erwähnung); ders. in: CAH³ I 2 (1971) 774. 786 Taf. 60c (Hesperia 26, 1957, Taf. 42e); C. Renfrew, The Emergence of Civilisation (1972) 115f.; M. S. F. Hood, in: Br. Age Migr. Aegean 62 Taf. 10,2 (Hesperia 25, 1956, Taf. 471); Hammond, Hist. Mac. 266; ders., Migrations and Invasions in

Greece and Adjacent Areas (1976) 109. 113 Taf. 6a obere Reihe, mittlere Abb. (nach Hood); Dickinson a.O. 34 mit Anm. 34; R. Wünsche, Studien zur äginetischen Keramik der frühen und mittleren Bronzezeit (1977) 18. 98; D. H. Trump, The Prehistory of the Mediterranean (1980) 131. Ein weiterer unpublizierter Anker im Museum von Argos weist am Stiel oben zwei übereinander angeordnete frontale Durchbohrungen auf. Die beiden Ankerenden sind gebrochen und geklebt.

[98] E. Mastrokostas, Praktika 1964, 67 (keine näheren Angaben; das Fundmaterial umfaßt neben Späthelladischem auch Früh- und Mittelhelladisches); Th. I. Papadopoulos, Mycenaean Achaea, SIMA LV 1 (1979) 159. 227 Nr. 186 (nur ein Anker erwähnt); F. Schachermeyr, AA 1971, 392f. (keine genaue Dat.).

[99] Olympia, Neues Museum; unpubliziert. Zu den beim Bau des Museums gefundenen Ankern s. F. Schachermeyr, AA 1971, 391.

[100] Erh. H 4,5 cm, erh. B 5,5 cm; Stiel an der frontalen Durchbohrung abgebrochen; beide Arme fragmentiert; E. J. Holmberg, The Swedish Excavations at Asea in Arcadia (1944) 117 Abb. 111,5. Vgl. die kritischen Einwände gegen Holmbergs Schichteneinteilung in Asea von V. Milojčić, JdI 65/66, 1950/51, 41f. – Fraglich ist die Bestimmung eines Fragments aus dem Heiligtum von Psophis in Arkadien als Anker, denn es sind nur die beiden 'Arme' erhalten; vgl. Chr. P. Kardara, AAA 4, 1971, 251ff. Abb. 1.

[101] W. A. McDonald, Hesperia 41, 1972, 258.

auf Seeverbindungen gewertet werden[102]. Die hier nicht behandelten bossierten Knochenplättchen aus Malta, Sizilien und Süditalien (s. die Karte, Abb. 25) sprechen ebenfalls für derartige frühe Verbindungen über See[103].

Die Gesamtzahl der auf Malta gefundenen Anker beträgt etwa 35 Stück; sie stammen von den Fundstellen Borg in-Nadur – aus dem sogenannten Kultkomplex[104] und aus der 100 m nordwestlich gelegenen Hüttensiedlung[105] –, ferner aus Bahrija[106] sowie aus In-Nuffara auf Gozo, der kleineren Nachbarinsel[107]. Es ist nicht auszuschließen, daß es weitere Fundorte gibt[108]. Der zeitliche Anschluß an die Ägäis ist, wie oben geäußert, deshalb anzunehmen, weil die Kultanlage von Borg in-Nadur[109] baugeschichtlich in den Tarxien-Horizont gehört, der seinerseits in Übereinstimmung mit J. D. Evans und D. H. Trump zwischen 2000 und 1600 v. Chr. angesetzt wird[110]. Die innerhalb der maltesischen Kultur offenbar über mehrere Jahrhunderte andauernde, in drei Unterabschnitte gegliederte Phase der Hüttensiedlung von Borg in-Nadur ist chronologisch jünger und wurde von 1450 bis 750 v. Chr. angesetzt[111]. Die Anker kommen in dieser Siedlung vereinzelt während des mittleren (1350–900) und häufiger im späten Abschnitt (900–750) vor. Dieser

[102] Zu weiteren Belegen für derartige Seeverbindungen s. O. Höckmann, oben S. 88.

[103] Zu den Knochenplättchen s. H.-G. Buchholz, unten S. 240 mit Anm. 16 (zahlreiche Nachweise) und Abb. 25 (Verbreitungskarte) sowie O. Höckmann, oben S. 89f. mit Anm. 260. 276.

[104] M. A. Murray, Excavations in Malta II (1925) 29 Taf. 17,11; III (1929) 2. 6. 18 Taf. 16,6.7.9.10; 28,1–9 (insgesamt acht fragmentierte Anker und Stielfragmente; sie sind oben quer durchbohrt, ein Stielfragment ist frontal durchbohrt); s. auch H. H. Brindley, The Mariner's Mirror 13, 1927, 5 Abb. 1; Evans, Prehist. Antiqu. 14. 18.

[105] J. D. Evans, PPS 22, 1956, 100; ders., Malta (1963) 158; ders., Prehist. Antiqu. 14ff. 226; V. G. Childe, The Dawn of European Civilization⁶ (1957) 257; D. H. Trump, Antiquity 34, 1960, 295 (keine Angabe der genauen Zahl); ders., PPS 27, 1961, 254ff. Abb. 1. 2 (Grundrisse).

[106] T. E. Peet, BSR 5, 1910, 141ff. Taf. 15,61.71 (zwei am Stiel abgebrochene, kopfstehend abgebildete Anker); Murray a.O. III 18f. Taf. 28,10–17 (zwei fragmentierte Anker und sechs Stiele mit frontaler oder Querdurchbohrung; Nr. 15 ist in beiden Richtungen durchbohrt); Trump, Antiquity 34, 1960, 295 (keine Angabe der genauen Zahl) Taf. 39c (der li. abgebildete ist vollständig erhalten; H 10 cm, B 8,3 cm; der r. abgebildete stark fragmentiert, von gleichem Maßstab. Beide Anker weisen gleichartige Ritzlinien am Ansatz von Stiel und Armen in Art einer 'Umschnürung' auf); ders., PPS 27, 1961, 257ff. Abb. 4 (Plan); S. 262; Evans, Prehist. Antiqu. 105f. 226ff. Taf. 65,7 (Abb. von drei weiteren leicht fragmentierten Ankern, deren oberer mit Murray a.O. III Taf. 28,11 identisch sein dürfte).

[107] Evans, Prehist. Antiqu. 171.

[108] C. Schuchhardt, AA 1916, 94f. (Erwähnung mehrerer Anker im Museum von La Valletta mit durchbohrtem Stielende, was zumindest eine Identität mit den von T. E. Peet gefundenen ausschließt).

[109] Die vorgetragenen Funde aus dem Kultbezirk könnten den Anschein erwecken, als ob unsere eingangs geäußerte Behauptung über Deutung und Verwendung der Anker nicht alle Funde einbeziehe, doch ist wohl der Hinweis auf das schon chronologisch sekundäre Auftreten auf Malta ausreichend, um keine Rückschlüsse auf das Gesamtbild zuzulassen. Die maltesischen Anlagen sind komplexer Natur, die partielle wirtschaftliche Nutzung ist nicht auszuschließen.

[110] Datierung aufgrund archäologischer Parallelen zu MM II–III: J. D. Evans, Antiquity 34, 1960, 219; D. H. Trump, PPS 27, 1961, 260; Evans, Prehist. Antiqu. 223f. Die Analyse einer einzigen C¹⁴-Probe – vgl. hierzu auch O. Höckmann, oben S. 48 Nr. 78 – bewog Trump später zu einem Ansatz in die 2. Hälfte des 3. Jts., wogegen Evans, Prehist. Antiqu. 223f. unseres Erachtens berechtigte Einwände erhob.

[111] Den hauptsächlichen Anhaltspunkt für den zeitlichen Ansatz bilden maltesische Vasen vom Beginn des mittleren Abschnitts, die in der Nekropole von Thapsos zusammen mit SH III A-Keramik gefunden wurden; das untere Ende der Kulturphase von Borg in-Nadur wird durch den Beginn der punischen Phase markiert; zum chronologischen Ansatz und zur Phaseneinteilung vgl. Trump, PPS 27, 1961, 261f.; Evans, Prehist. Antiqu. 226f. – Zu den zahlreichen Funden der mykenischen Keramik in den Gräbern von Thapsos vgl. H.-G. Buchholz, AA 1974, 343 Abb. 15 (ebenda 328f. Abb. 2: SH IIIB-Kylixscherbe aus Borg in-Nadur, die jedoch unstratifiziert ist) sowie in vorliegender Publikation, unten S. 237.

zeitlichen Verteilung entsprechen die Funde aus Bahrija, wo allerdings eine größere Anzahl von Ankern gefunden wurde, und die von Gozo.

Der Seeweg aus dem ägäischen Bereich in den Westen gabelte sich[112], so daß ein Zweig nach Malta führte, der andere in den Raum von Tarent, wo in dem eisenzeitlichen Material von Torre Castelluccia ein tönerner Miniaturanker enthalten ist[113], und weiter in das Gebiet der Liparischen Inseln. Dort wurden in den Hütten der zur Milazzese-Kultur gehörenden Siedlungen von Panarea und Filicudi (etwa 1400–1270 v. Chr.) zahlreiche Anker und Haken gefunden[114]; ein weiterer Anker stammt auch aus der Siedlung der Milazzese-Phase auf der Akropolis von Lipari (vgl. die Karte, Abb. 25)[115].

Der Aussagegehalt des hier vorgelegten Materials erschöpft sich nicht in der Aufzählung einer Vielzahl von Fundorten und Einzelfunden, vielmehr bieten die behandelten Anker in ihrer weiträumigen Verbreitung einen klaren Beleg für enge Verbindungen und intensive Kontakte. Dabei ergibt sich im balkanisch-ägäischen Bereich ein deutlich anderes Bild als im Westen: Ist die Ausbreitung der Anker auf dem Balkan und in Griechenland an Landwege gebunden, so erfolgte sie nach Malta und Süditalien, wie bereits betont, auf dem Seewege. Während die Anker auf dem Balkan und in Hellas eine Erscheinung der frühhelladischen Epoche darstellen und danach lediglich vereinzelt belegt sind, hielt sich die Form im Westen in erstaunlich langer Kontinuität bis ins 1. Jt. v. Chr. hinein. Dies ist wohl als Ausdruck eingeschränkter Kreativität der lokalen Kulturen zu werten, die zu einem früheren Zeitpunkt übernommene Formen lange beibehielten. Übernahme und Anverwandlung fremden Kulturguts sind weltweite Erscheinungen; doch während sie sich am Beispiel der bronzezeitlichen Bewohner von Hellas dynamisch abspielten und zur Einschmelzung balkanischer – und orientalischer – Anregungen in die eigene Kultur führten, verlief der entsprechende Prozeß im italischen Bereich an der Schwelle zur Geschichtlichkeit, zwar nicht ausschließlich, im ganzen aber doch stärker in Formen einer oberflächlichen Überfremdung.

Das Kartenbild (Abb. 25) läßt eine Ausdeutung im Sinne von Völkerverschiebungen und Wanderbewegungen nicht zu. Zwar ist in neuerer Zeit ein postuliertes 'Kurgan-Volk' mit unseren Ankern in Verbindung gebracht und seine Stoßrichtung an der Verbreitung des Materials abgelesen worden[116], aber dies muß ausgeschlossen erscheinen, denn ethnische

[112] Zu den ägäischen Einflüssen im süditalischen Bereich s. auch O. Höckmann, oben S. 91f.

[113] Evans, PPS 22, 1956, 99; Trump, Antiquity 34, 1960, 295.

[114] Auf Panarea zwei ganz erh. Anker, H 6,5 cm, B 9,5 cm bzw. H 6,3 cm, B 9,4 cm, die am Stiel oben seitlich durchbohrt sind, und zehn Haken. Vgl. L. Bernabò-Brea, BdA 36, 1951, 38f. Abb. 24; ders., BPI N. S. 10, 1956, 61f. Abb. 40f; ders., Alt-Sizilien (1958) 130 Abb. 22d; Bernabò-Brea – M. Cavalier, Meligunìs Lipára III (1968) 103. 204 Taf. 59,13–18; 60,16–21; vgl. auch Evans, PPS 22, 1956, 99; V. G. Childe, The Dawn of European Civilization⁶ (1957) 239; Trump, The Prehistory of the Mediterranean (1980) 212. Die Exemplare von Filicudi nur pauschal erwähnt von Bernabò-Brea – Cavalier a.O. 204. – Die Datierung der Milazzese-Kultur

basiert auf apenninischer sowie mykenischer Importkeramik des SH III A und frühen B, vgl. Bernabò-Brea, BdA 36, 1951, 31ff.; Bernabò-Brea – Cavalier a.O. 185ff.

[115] L. Bernabò-Brea – M. Cavalier, Il Castello di Lipari e il Museo Archeologico Eoliano (1958) 50. 103 Taf. 16,6.

[116] Zur Verbindung der Anker mit einem 'Kurgan-Volk' s. E. J. Holmberg, OpAth 12, 1978, 1ff. Abb. 4 (Wiedergabe der Anker nach Heurtley); der Begriff 'Kurgan-Volk' wurde von M. Gimbutas geprägt, vgl. Gimbutas, in: Br. Age Migr. Aegean 129ff. Zur Interpretation der Anker gewissermaßen als 'Wegweiser' für Wanderbewegungen vgl. auch: J. D. Evans, PPS 22, 1956, 100f. (Wanderung vom östlichen zum zentralen Mittelmeergebiet); Chr. P. Kardara, AAA 4, 1971,

Verbindungen zwischen Balkan und Malta ergeben sich aus den der Forschung zur Verfügung stehenden Indizien nicht. Wir meinen, auch wenn man Wanderungstheorien aus dem Spiel läßt, sind die vorgestellten Fundstücke allein schon deshalb interessant, weil sie Kontakte des praktischen Alltags und Handelsverbindungen bekunden, im Falle Maltas und des süditalischen Raumes unter Einbeziehung der bossierten Knochenplättchen doch wohl hauptsächlich mit einer nordostägäischen, nach Lemnos und Troja weisenden Komponente.

251 ff. (Einwanderung der Indogermanen); Hammond, Hist. Mac. 250. 266. 269. 419; ders., Migrations and Invasions in Greece and Adjacent Areas (1976) 109 Karte 22; 124 Anm. 42 (Verbindung mit einem 'Anchor-People'; dagegen wandte sich K. Branigan, ClRev 29, 1979, 99); M. B. Sakellariou, Peuples Préhelléniques d'Origine Indo-Européenne (1977) passim, bes. 139 ff. (Verbindung mit den Pelasgern). Vgl. zu diesem Buch die Rezension von B. Rutkowski, Gnomon 54, 1982, 404 ff.

DIE MINOER AUF KYTHERA

Von John N. Coldstream und George L. Huxley

Im Jahre 1973 gelangten die Ergebnisse der Grabungen der Universität Pennsylvania und der British School at Athens in Kastri, dem antiken Skandeia im Palaiopolis-Tal, auf der Insel Kythera zur Veröffentlichung[1]. Die Ausgräber waren der Überzeugung, daß der Befund in Kastri die Existenz einer minoischen Siedlung beweise, und sie erhoben für die kretische Hafenstadt in Kastri den Anspruch, sie sei die früheste bekannte Niederlassung der Minoer außerhalb Kretas gewesen. Ein Kritiker bemängelte jedoch, daß eine zusammenhängende Darlegung der Gründe für diese Annahme in dem Bericht nicht gegeben sei[2]; statt dessen werde es dem Leser überlassen, die Beweisführung aus der Fülle des Materials selbst nachzuvollziehen. Die vorliegenden Ausführungen sollen nun Abhilfe schaffen. Wir legen hier kurz gefaßt dar, warum die der frühhelladischen Besiedlung in der Nähe von Kastri folgende Siedlung als kretisch anzusehen ist. Der Begriff 'Kolonie' mit seinem Anklang an Einrichtungen der imperialen Blütezeit wird vermieden, da hier nicht der Ort ist, Art, Ausmaß und Dauer der Überseebesitzungen zu erörtern, wie sie den Griechen in klassischer Zeit als 'Thalassokratie' des Minos bekannt waren.

Der älteste prähistorische Fund auf Kythera überhaupt stammt vom Kastraki-Hügel nördlich von dem auf einem Felsplateau, dem 'Vorgebirge', gelegenen Kastri. Die Fundgruppe (Alpha)[3] von dieser Stelle trägt vor allem Festlandscharakter. Sie enthält Scherben, die der mittleren Stufe von FH I entstammen sowie andere, die man guten Gewissens als FH II datieren kann. Der zeitlich nächste Fundkomplex (Beta)[4] kommt von dem erwähnten Vorgebirge. Doch es besteht zwischen diesen Funden und der früheren Siedlung, von der der Fundkomplex Alpha stammt, keinerlei Beziehung. Die Keramik ähnelt mehr den heimischen FM II- und III-Produkten aus Knossos und der FM-Keramik Westkretas. Bestechende Ähnlichkeit mit Motiven auf FM-Keramik aus Chania und der Platyvola-Höhle[5] weisen die plastischen Wellenbänder und Kammpunktierungen auf. Da überdies der Fundkomplex Beta unmittelbar auf dem gewachsenen Boden des 'Vorgebirges' lag, besteht Berechtigung zu dem Schluß, daß die ersten überseeischen Siedler von Kreta, speziell von Westkreta, auf den noch jungfräulichen Boden an der Küste Kytheras kamen. Es gibt keinerlei Anzeichen für einen Austausch mit den vorhergehenden FH-Einwohnern, und es ist unwahrscheinlich, daß die beiden Gemeinschaften überhaupt gemeinsam auf solch eng begrenztem Raume lebten. Man darf also annehmen, daß die Kreter bei ihrer Ankunft die FH-Bevölkerung vertrieben haben. Wohl nur kurze Zeit nach der Ankunft der Kreter gelangte ein ägyptisches Exportstück auf die Insel (Abb. 29): eine kleine Steinschale mit Hieroglypheninschrift aus der Regierungszeit des Pharao Userkaf (etwa 2487–2478 v. Chr.), dem Gründer der 5. Dynastie. Dieses unscheinbare kleine Stück scheint eine

---

[1] Kythera. Excavations and Studies. Hrsg. J. N. Coldstream – G. L. Huxley (1972). Im folgenden unter der Bezeichnung 'Kythera' zitiert. Vgl. dazu die Rezension von L. Vagnetti, SMEA 17, 1976, 244 ff.

[2] P. M. Warren, Antiquity 47, 1973, 322.

[3] Kythera 77 ff. 272 ff.

[4] Kythera 83 ff. 275 ff.

[5] Vgl. Kythera 84 f. Nr. Beta 7–9.13–15 (Becherfragmente; weiße Kalkeinschlüsse und Glimmerpartikel); vgl. a. O. Abb. 36 Taf. 18, mit G. Tzedakis, Deltion 22, 1967, Chron 502 Taf. 375 e oben links, und Deltion 24, 1969, Chron 428 Taf. 435 d.

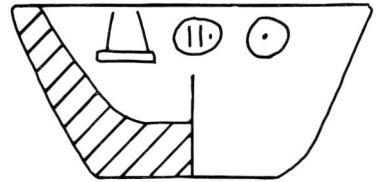

Abb. 29. Ägyptische Steinschale von Kythera mit Schriftzeichen, aus der Zeit des Pharao Userkaf

plötzliche Ausdehnung der auswärtigen Beziehungen der Insel anzudeuten, gerade zum Zeitpunkt ihrer Einbeziehung in den minoischen Einflußbereich[6].

Vor der Phase MM III B weist die Abfolge der Keramik auf Kythera Lücken auf. Aber das Material aus der Siedlung und den Gräbern des früheren, nur spärlich repräsentierten Abschnitts der Mittleren Bronzezeit (MM I A–III A)[7] ist kretischer Machart, wogegen MH-Festlandskeramik sehr selten vorkommt. Nicht weniger auffallend sind die äußerst spärlichen Importe aus Kreta; doch die einheimische Töpferei basiert vollständig auf kretischen Vorbildern. So ist zum Beispiel der mit einem hohen Fuß versehene MM I A-Kelch[8] sehr verbreitet, eine Gefäßform, die in unzähligen knossischen Fundzusammenhängen vorkommt; und später der Becher mit scharfem Umbruch[9], offenbar eine monochrome Kopie der feinen Tassen vom palatialen Typ der Eierschalen-Keramik, die die kretischen Töpfer in ihrer Heimat verschwenderisch im Kamares-Stil verzierten. Da die Töpfer von Kythera die Kenntnis kretischer Keramikformen nicht verloren, muß ein enger Kontakt der Insel mit der Heimat der einstigen Siedler bestanden haben. Wenn es in dem langen Zeitraum von FM zu MM noch zusätzlich zu Einwanderungen gekommen sein sollte, so ist anzunehmen, daß auch die neuen Siedler aus Kreta kamen, so daß der minoische Charakter der Niederlassung uneingeschränkt erhalten blieb und möglicherweise sogar erweitert wurde. In diesem Zusammenhang darf nicht übersehen werden, wie ganz anders die Situation in den beiden kykladischen Siedlungen von Hagia Irini auf Keos[10] und Phylakopi auf Melos[11] zu dieser Zeit war. Beide Orte wurden damals mit feiner Kamares-Ware aus Kreta beliefert, zugleich aber blieb die einheimische Keramik der bodenständigen Tradition treu. Auf diesen Inseln war der kretische Einfluß auf den Warenaustausch beschränkt; die Bewohner können deshalb nicht minoische Siedler gewesen sein, die – wie auf Kythera – ihre Besitztümer so gestaltet wissen wollten, wie sie es aus ihrer ursprünglichen Heimat gewohnt waren.

Reichlich gibt es in Kastri MM III B-Keramik, und die andauernde Abhängigkeit der Siedler vom Mutterland Kreta belegen die Versuche einheimischer Töpfer, das dekorative Riefel- oder Kamm-Muster – wenn auch nicht immer mit Erfolg – nachzuahmen (Abb. 30a.b)[12]. Bemerkenswert an der Geschichte der Keramik auf Kythera ist, daß besonders zu dieser Zeit als zusätzliche Farbe Purpur Verwendung fand. In den Fundstellen Delta und Epsilon, die die Zeit MM I B–MM III B umfassen, wurden Gefäße mit Purpurdekoration gefunden. Diese Fundstellen gelten auch als die frühesten, in denen die Gehäuse dreier in der Purpurmanufaktur verwendeter Schnecken – Murex brandaris, Murex trunculus und Purpur haematostoma – vorkamen. Die vorgefundene Anzahl der Schnek-

[6] Kythera 33. 218. 266 Nr. P 1 Abb. 95 (danach unsere Abb. 29) Taf. 86. s. W. Helck, Die Beziehungen Ägyptens und Vorderasiens zur Ägäis bis ins 7. Jh. v. Chr. (1979) 15. Zur weiteren Erörterung der Frühen Bronzezeit auf Kythera vgl. J. N. Coldstream in: Br. Age Migr. Aegean 33ff. Zu Beziehungen Kytheras mit dem Osten vgl. J. Yakar, Anatolia 4, 1971/72, 133ff.

[7] Kythera 91ff. 277ff. (Fundstätten Gamma und Delta).

[8] Kythera 92 Nr. Gamma 1–3 Abb. 37 Taf. 21.

[9] Kythera 94f. Nr. Delta 1–8 Abb. 38 Taf. 21.

[10] J. L. Caskey, Hesperia 41, 1972, 375ff.

[11] Vgl. jüngst A. C. Renfrew, The Emergence of Civilisation (1972) 198f.; R. Barber, BSA 69, 1974, 1ff., insbes. 50f.

[12] Kythera 249 Nr. E 44 Abb. 89 (danach unsere Abb. 30a); Nr. E 45 Abb. 90 (danach unsere Abb. 30b).

a   b

Abb. 30a und b. Lokale Krüge der Phase MM III aus Kastri, Kythera

kengehäuse spricht für das Vorhandensein einer lokalen Purpurmanufaktur. Ohne Zweifel wurde von dem Produkt das meiste exportiert, doch hatten die kretischen Siedler immer noch genügend Purpur zum Schmuck ihrer eigenen Gefäße in der charakteristischen lokalen Farbe. Wir dürfen in diesem Zusammenhang auch daran erinnern, daß nach Artistoteles einer der Namen Kytheras 'Porphyroussa' – also 'Purpurinsel' – war[13].
Die örtliche bemalte SM I A-Keramik besitzt ebenfalls kretischen Charakter und kommt der Stufe SM I A von Knossos recht nahe, die über ein Übergewicht an Riefel- bzw. Kamm- und Spiralmustern verfügt und gelegentlich auf einfachere Pflanzenornamente zurückgreift. Erst in der Schlußphase der kretischen Siedlung in SM I B gewann importierte Keramik vom griechischen Festland quantitativ an Bedeutung. Falsch wäre es jedoch, aufgrund der Menge dieser Importe anzunehmen, daß die Siedlung damit aufhörte, minoisch zu sein; tatsächlich wird nämlich diese Einfuhr immer noch von der großen Menge der aus Kreta importierten feinen SM I B-Ware weit übertroffen. Zusammengefaßt ist zu folgern: Form und Dekor der FM II–SM I B-Keramik beweisen die engen Beziehungen der Bewohner von Kastri mit Kreta und nicht mit dem griechischen Festland[14].
Großarchitektur wurde bei den Ausgrabungen in Kastri nicht gefunden, obwohl große, in tiefen Schichten zwischen dem 'Vorgebirge' und dem Kastraki-Hügel[15] gefundene Blöcke

[13] Kythera 36 Taf. 3e.
[14] Zu der engen Verbindung der Keramik Kytheras mit der kretischen in den Phasen SM I A und B vgl. jetzt

W.-D. Niemeier, JdI 95, 1980, 19–63, passim; s. ferner St. Hiller, unten S. 396f.
[15] Kythera 71f. Abb. 32–34 Taf. 14a–c.

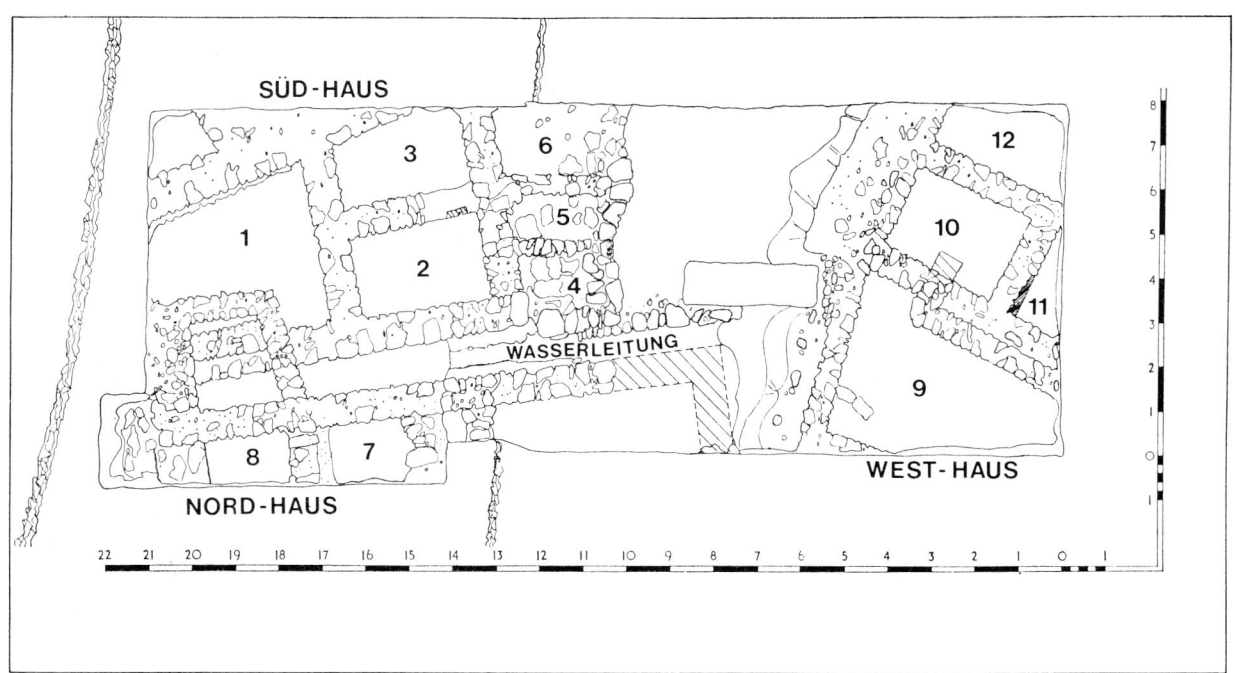

Abb. 31. Minoische Häuser auf dem Vorgebirge von Kastri

die Vermutung erlauben, daß etwas landeinwärts von Kastri zur Zeit des Gebrauchs von SM I A- und SM I B-Keramik einmal eine feste Residenz gestanden hat. Die Anordnung der Gebäude auf dem Vorhügel [16] darf dagegen als typisch minoisch angesehen werden. Festzustellen ist, daß es in den MM- und SM-Siedlungen anscheinend keinen Hinweis auf ein Megaron gibt, wie man es bei der Annahme einer helladischen, also festländischen Herkunft der Bewohner hätte erwarten können. Die weitläufigen Grundrisse der Häuser (Abb. 31) [17] erinnern sehr an die Anlage der Häuser in kretischen Städten, wie Mochlos, Pseira oder Gournia. Einige der Durchgänge in Kastri besitzen sorgfältig bearbeitete Türschwellen [18]; auch dies ist ein Merkmal, wie es an den Eingängen zu Privathäusern in Gournia oder sonstwo auf Kreta vorkommt. Höchst bedeutungsvoll zur Charakterisierung des minoischen Komforts ist eine städtische Wasserleitung [19]. In Kastri war diese Leitung schon seit MM I B in Gebrauch, da sie mit der Fundstelle delta in Zusammenhang gesehen werden kann. In einer MH-Stadt würde das Vorhandensein einer Wasserleitung überraschen, nicht dagegen in einer Niederlassung von Kretern, die entschlossen waren, ihre Lebensgewohnheiten beizubehalten.

Es gibt Anzeichen, daß die Siedler auf Kythera auch minoische Riten praktizierten. Sie pilgerten zur Höhle von Hagia Sophia im Südosten der Insel [20], ganz so, wie wir es bei Minoern erwarten würden, die chthonische Gottheiten verehrten; weitere Ausgrabungen in der Höhle sowie in ihrer Umgebung könnten diesbezügliche Erkenntnisse zeitigen. In Kastri selbst weisen die zahlreichen Rhytonfragmente (Abb. 32 a–c) auf ein Ritual des Besprengens und Reinigens hin, wie es vor minoischen Hausaltären üblich war [21]. Insofern von den

[16] Kythera 57ff. Abb. 9 und 17 Taf. 10–12.
[17] Kythera 56ff. Abb. 17 (danach unsere Abb. 31).
[18] Kythera 62 Abb. 26.
[19] Kythera 56 Abb. 22 Taf. 13c.

[20] S. Benton, BSA 32, 1931/32, 245; H. Waterhouse – R. Hope Simpson, BSA 56, 1961, 132.
[21] Kythera 117f. Nr. Eta 44. 47. 48. 51 Abb. 40 (danach unsere Abb. 32a–c).

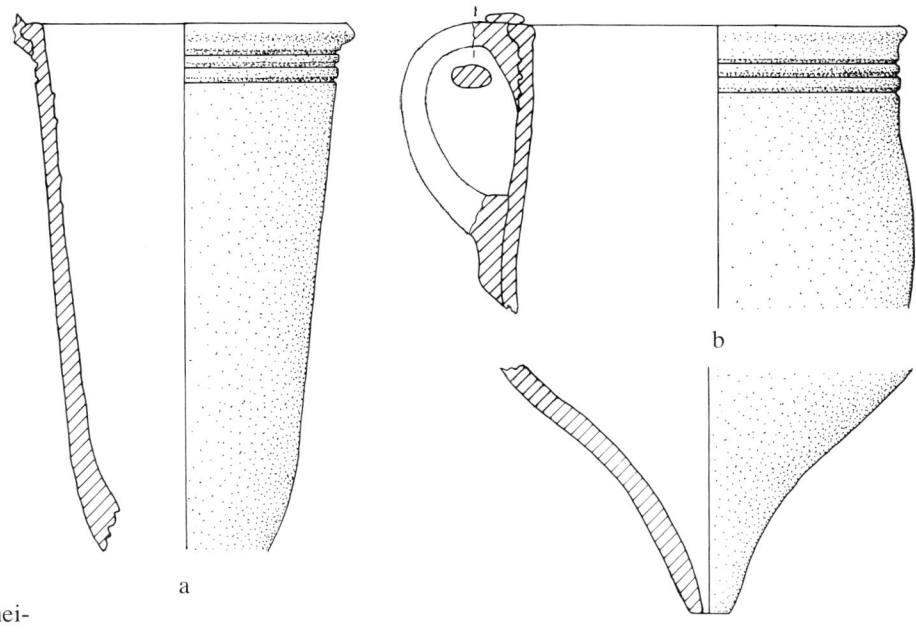

Abb. 32 a–c. Fragmente einheimischer Rhyta, SM I A, Kythera

aufgefundenen materiellen Resten auf minoische Kultbräuche geschlossen werden kann,
läßt sich also allgemein feststellen, daß die Bewohner von Kastri offensichtlich Minoer
waren.

Auch in der Art der Bestattung zeigen die Bewohner von Kastri in der Mittleren und Späten Bronzezeit bis in die Mitte des 15. vorchristlichen Jahrhunderts grundsätzlich kretische
Wesenszüge. Zuerst gab es Pithos-Bestattungen in kretischer Weise. Dies belegt ein 1970
im Zuge von Straßenarbeiten bei Kastri gemachter Gelegenheitsfund, der MM I A-Keramik enthielt [22]. Ein aus späterer Zeit stammendes einzelnes Schachtgrab, das innerhalb der
Siedlung von Kastri gefunden wurde, war möglicherweise vom Festland beeinflußt. Es
bildet auch eine Ausnahme vom allgemeinen Regelfall, demgemäß alle Bestattungen in
gemeinschaftlichen und außerhalb der Stadt gelegenen Kammergräbern vorgenommen
wurden. Diese Gräber sind in natürlichen Höhlen längs des pleistozänen Küstenstrichs von
Kastri angelegt worden.

Die Anordnung der zentralen und der Seitenkammern war jeweils bedingt durch die Anlage der ursprünglichen Höhle, die, soweit es möglich war, zu rechtwinkligen Räumen mit
Zugängen hergerichtet wurde. Die größte dieser ausgegrabenen Kammern, Grab E
(Abb. 33 a–c), besaß eine in den Hauptraum hinunterführende Treppe [23]. Sechs Seitenkammern zweigten von diesem Hauptraum ab; von diesen hatte jede einen in den Fels ge-
hauenen Zugang. Vom MM III B–SM I B war dieses Grab benutzt worden. Ein Kritiker
unseres Bandes »Kythera« hat behauptet, es seien die »bei weitem nächsten Parallelen zu
den Gräbern auf Kythera nicht diejenigen von Kreta, sondern die von Prosymna bei Mykene, von denen einige ebenfalls bereits in die spätere MH-Periode zu datieren sind« [24]. So

[22] Die unpublizierte Keramik aus dem Museum von
Chora auf Kythera enthält eine Schale, die der oben
Anm. 8 genannten entspricht, und Krugfragmente wie in
Kythera 258 Nr. L 1. 2 Taf. 82.

[23] Kythera 222 ff. Abb. 73–75 (danach unsere
Abb. 33 a–c).
[24] J. Walter Graham, AJA 77, 1973, 444 (hier Übersetzung des englischen Originalzitats).

bestimmt diese Behauptung klingt, besteht doch Grund zum Zweifel. In Prosymna sind nämlich die Gräber in den Fels oder harten Stein gehauen, in vielen Fällen durch eine Konglomeratschicht hindurch[25], wohingegen für die Gräber von Kastri die vorhandenen von der pleistozänen Meeresoberfläche geschaffenen Höhlen genutzt wurden. Als bemerkenswert stellt sich bei den meisten der Gräber von Prosymna die Länge der Dromoi heraus: Von den fünfzig ausgegrabenen Grabstätten erstrecken sich die Dromoi über eine Länge von 1,60 m bei Grab XI bis zu 18,80 m bei Grab XLIV; insgesamt weisen dreißig der Gräber Dromoi von über 4,00 m Länge auf[26]. Diese außerordentlichen Längen lassen sich durch die sanften Abhänge der Hügel erklären, in die die Dromoi eingeschnitten sind. Im Gegensatz dazu besitzen die Gräber auf Kythera in den jäh abfallenden Hängen der Täler von Palaiopolis und Vothonas nur sehr kurze oder gar keine Dromoi. In Prosymna gehören die Gräber XXV, XXVI und LII in die Übergangsphase der Perioden MH und SH. Die dort ausgegrabenen frühesten Gräber sind also später als die frühesten Funde aus den kytherischen Grabanlagen, die nicht später als MM III A datiert werden können[27]. Wenn nun auch die Grabkammern von Kastri und Prosymna von ihren rhomboiden, rechtwinkligen oder runden Grundrissen her – gleichgültig ob mit oder ohne Seitenkammern – Ähnlichkeit aufweisen, so ist diese doch nicht größer als die mit den Kammergräbern auf Kreta. Da die Entwicklung in Kastri früher begann als die in Prosymna, gibt es genügend Gründe zur Annahme, daß die Kenntnis kretischer Grabanlagen das griechische Festland über Kythera erreichte[28]. Die Verbindung von jäh abfallendem Hügel, kurzem Dromos und Mehrfachkammern, wie sie beispielsweise Grab E auf Kythera aufweist, entspricht dem Befund in der Mauro-Spelio-Nekropole oberhalb von Knossos, wo die zeitliche Abfolge der Funde bereits in der Periode MM II B beginnt[29].

Es erscheint demzufolge als sehr begründet, in bezug auf die Herkunft der Begräbnissitten auf Kythera in der Mittleren Bronzezeit mehr nach Kreta als auf das griechische Festland zu blicken. Kurzum, das Beweismaterial für das Vorkommen kretischer Siedler auf dem Vorgebirge von Kastri wird unterstützt durch die Eigenart ihrer Gräber im Hinterland der Hafenstadt. Tatsächlich kommt den Kammergräbern auf Kythera eine besondere Bedeutung zu, als sie die einzig bekannten Gräber rein minoischen Charakters außerhalb Kreta sind.

Auch die kretischen Schriftsysteme waren den minoischen Bewohnern von Kythera keineswegs unbekannt: Ein prismatisches Siegel, dessen genauer Fundort nicht bekannt ist, das aber sicherlich von der Insel stammt, zeigt kretische Hieroglyphen provinziellen Charakters[30]. In einer MM II B-Fundstätte wurde ein Tongewicht gefunden (Abb. 34 a.b)[31]: Auf einer der glatten Seiten ist es mit einer Ritzung versehen, dem 'Hand'-Zeichen (L 100) der Linear A-Schrift. Das Gewicht mit zwei Löchern zum Aufhängen ähnelt den be-

[25] Vgl. z. B. die Gräber der Gruppe IV: C. W. Blegen, Prosymna (1937) 72 ff.

[26] Ebenda 234.

[27] Z. B. Kythera 229 f. Nr. C 1–3 Taf. 68; 234 Nr. D 3 Abb. 84 Taf. 70; 241 f. Nr. D 68 Taf. 73; 242 f. Nr. D 69 und D 73–76 Abb. 86 Taf. 74.

[28] Vgl. I. Pini, Beiträge zur minoischen Gräberkunde (1968) 41.

[29] Evans, PM II 555 ff.; E. J. Forsdyke, BSA 28, 1926/27, 276 ff. (Mauro Spelio, Grab XVII).

[30] V. E. G. Kenna, CMS VII (1967) 67 f. Nr. 26; Kythera 270 Nr. R 1 Taf. 88.

[31] Kythera 205 f. Nr. Epsilon 110 Abb. 59 (danach unsere Abb. 34 a.b) Taf. 60; Thomas G. Palaima, Temple University Aegean Symposium 7, 1982, 15 ff. 22 Abb. J.

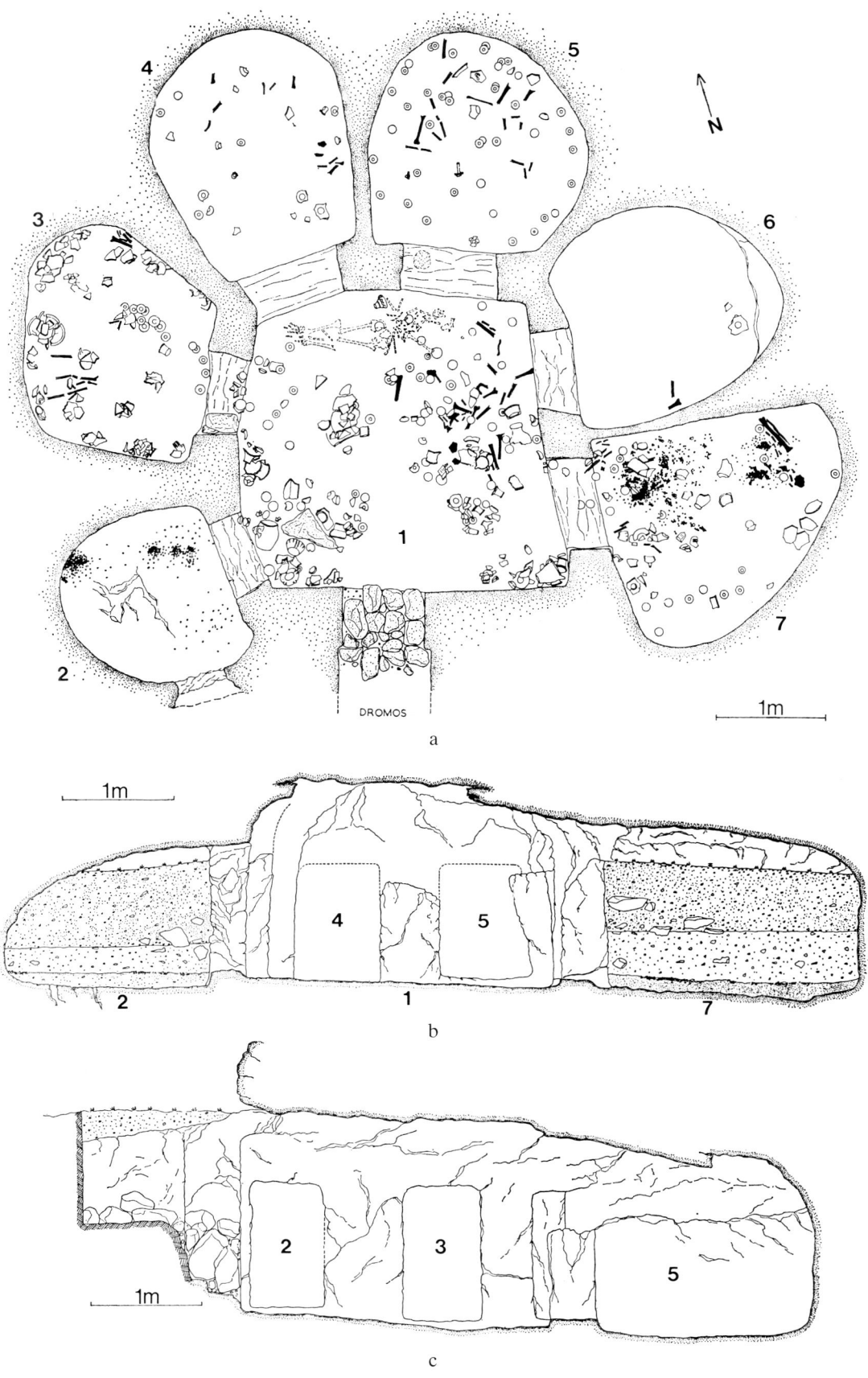

Abb. 33 a–c. Kythera, Grab E, (a) Grundriß, (b) Ost-West-Schnitt und (c) Nord-Süd-Schnitt

143

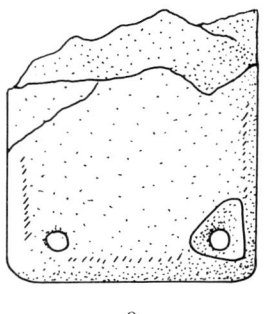 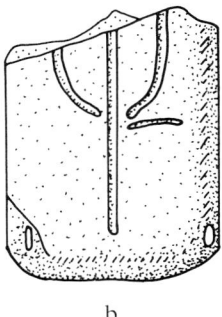

a   b

Abb. 34a und b. Kythera, Fragment eines Tongewichts (a.b), mit vor dem Brand eingeritztem Linear A-Zeichen (b)

schrifteten Tonbarren von Palaikastro und Mallia auf Kreta. Diese typisch minoischen Gegenstände erbringen weitere Beweise für die kretische Abkunft der Siedler des mittelminoischen Kastri.

Sowohl in den Gräbern als auch in der Siedlung von Kastri fand man zahlreiche Schalen aus Serpentin – teilweise ganz oder auch in Stücken. Diese beliebten Produkte kretischer Werkstätten wurden zur Zeit der kretischen Vorherrschaft zur See – etwa 1750–1500 v. Chr.[32] – in weite Teile der Ägäis exportiert, und verständlicherweise bestand auf Kythera eine große Nachfrage. In Gebrauch waren viele dieser Gefäße[33], außerdem gab es zahlreiche lokale Imitationen aus Ton, von denen einige sorgfältige Nachahmungen der Lilienblätter der Steinoriginale tragen[34]. Das Bestreben in der Keramik, die kretischen Originale anderen Materials genau wiederzugeben, führte sogar zur Übernahme von Metallgefäßnieten. Zum Beispiel besitzt ein ringhenkliges Becken aus einem Grabfund drei den Metallgefäßen zugehörige Bossen an der Verbindung mit dem Rand (Abb. 35b) und dürfte somit nach einer Vorlage geschaffen sein, die auf ein Bronzebecken zurückgeht[35]. Obwohl unter den Funden sich überhaupt keine Bronzeoriginale dieser oder anderer Form befinden, sollten wir nicht davon ausgehen, daß die Kytherer ein provinziell ärmliches Dasein gefristet hätten. Die Metallgefäße sind sicher nicht den Räubern entgangen, die in jedes von uns ausgegrabene Grab eingedrungen waren; doch wurde ein flaches Silbergefäß als kleinere Ausgabe der Beckenform in einer frühen SM I B-Schicht der Siedlung gefunden (Abb. 35a)[36], womit erwiesen wäre, daß Luxusgüter aus Metall den Bewohnern von Kastri nicht unbekannt waren. In einem maßgeblichen Überblick über die jüngsten Ausgrabungen in der Ägäis wurde gerade der Einfluß, den das Formengut kretischer Metallgefäße auf die frühe mykenische Keramik ausübte, besonders hervorgehoben[37]; man denke dabei vor allem an den gerippten 'Keftiu-Becher', eine Form, die mit ziemlicher Sicherheit auf dem Weg über Kythera in das Repertoire der peloponnesischen Töpfer gelangte[38]. Die

[32] P. M. Warren, PPS 33, 1967, 37ff.

[33] Kythera 210 Nr. Pi 37 Taf. 61; 208 Nr. Ny 61 Abb. 60 Taf. 62; 233 Nr. C 39 Abb. 84 Taf. 69; 259ff. Nr. L 6–16 Abb. 94 Taf. 82. 83.

[34] Kythera 286 Nr. E 20–24. J 16 Taf. 76. 81.

[35] Kythera 236 Nr. D 26 Abb. 85 (danach unsere Abb. 35b).

[36] Kythera 206 Nr. Iota 23 Abb. 59 (danach unsere Abb. 35a) Taf. 59. 60.

[37] F. Schachermeyr, Die ägäische Frühzeit II. Die mykenische Zeit und die Gesittung von Thera (1976) 222ff.

[38] Kythera 284f.; J. N. Coldstream in: Thera Aegean I 392ff. Abb. 6. Die Schichtenabfolge in Kastri weist eine lokale Entwicklung auf, innerhalb deren drei verschiedene Versionen des Keftiu-Bechers einander folgen: 1. schmal, mit abgeschrägtem Fuß, frühes SM I A, kommt auf dem Festland als Imitation nur in Lakonien und Messenien vor; 2. breit, spätes SM I A, erscheint über die ganze Peloponnes und auch darüber hinaus verbreitet; 3. trichterförmig, SM I A/B. Vgl. auch W.-D. Niemeier, JdI 95, 1980, 43ff. Abb. 22. 23, der sich unseren Ausführungen anschließt.

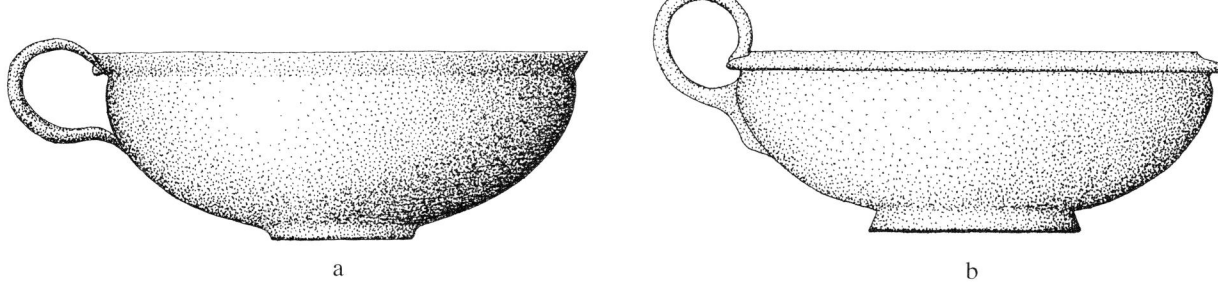

Abb. 35a und b. Kythera, (a) Rekonstruktionszeichnung einer Silbertasse, etwa 1:2, und (b) tönerne Nachbildung eines Bronzebeckens, etwa 1:5

Übermittlung hätte wohl kaum ohne die kytherische Kenntnis der Vorbilder aus Metall geschehen können.

Gegen Ende der Phase SM I B wurden die minoische Siedlung von Kastri und die benachbarten Kammergräber, nachdem sie über mehrere Generationen in Gebrauch waren, aufgegeben. Ein Gelehrter sieht den Grund dafür in einer natürlichen Ursache: dem Vulkanausbruch auf Thera und den damit verbundenen Erdbeben[39]. Doch veranlassen uns drei Überlegungen zu einer anderen Annahme: Erstens liegt die Insel 200 km westlich von Thera außerhalb der Reichweite des vulkanischen Niederschlags. Zweitens wurde Kythera von der ausgestoßenen weißen giftigen Tephra, die anderswo die Landkultivierung über Jahre hinweg verhinderte, nicht betroffen; Tiefseebohrungen haben nämlich ergeben, daß die Tephra von Thera nach Süden und Osten getrieben worden war[40], auch wurden keinerlei Spuren davon in Bodenproben der letzten minoischen Schicht von Kastri gefunden. Drittens schließlich führt uns die Keramik dieser Schicht in eine etwas spätere Zeit gegenüber den mit dem letzten Vulkanausbruch auf Thera in Zusammenhang gebrachten Zerstörungen in Ostkreta. Besonders reich vertreten ist in Kastri der 'Alternierende Stil', die Auflockerung des 'Meeres-' und 'Floral-Stils'[41], der der Phase SM I B zuzurechnen ist und später einsetzte als der 'Meeres-Stil' und in den Zerstörungshorizonten Ostkretas nur vereinzelt vorkommt. Neben der Art der Bemalung sind zwei Trinkgefäßformen, der glockenförmige Becher (Abb. 36c.d) sowie der bauchige Becher mit scharfgratigem Rand (Abb. 36a.b), für die erörterte Phase charakteristisch[42]. Die gleichen Formen tragen aber auch andere zeitgenössische, jedoch nicht alternierende Motive wie über die Fläche verstreute Wellenbänder (Abb. 36c) und Netzmuster[43], die nicht weniger typisch für unsere minoische Schlußphase in Kastri sind.

An einer kunsthistorischen Analyse sind wir in diesem Zusammenhang nicht interessiert,

[39] Sp. Marinatos in: Pepragmena tou II. Diethnous Kretologikou Synedriou I (1968) 212.

[40] D. Ninkovich – B. C. Heezen, Santorini Tephra, Colston Papers XVII (1965) 423ff. Abb. 162. Das Ausmaß eines möglichen Tephra-Niederschlags auf Kreta und ob ein solcher überhaupt erfolgte, wird kontrovers beurteilt, vgl. zuletzt V. Francaviglia, Volcanic Rocks from Thera (Santorini) Identified on Crete, in: ArchCl 31, 1979 (1981), 273ff. mit Literatur auf S. 274 und 281; vgl. außerdem R. Blong, The Possible Effects of Santorini Tephra Fall on Minoan Crete, in: Thera Aegean II 217ff.

[41] J. N. Coldstream, BICS 16, 1969, 150ff.; Kythera 302ff.

[42] Kythera 129 Nr. My 8. 9 Abb. 96 (danach unsere Abb. 36a); 253f. Nr. J 5. 10 Abb. 92 (danach unsere Abb. 36b.c); 143 Nr. Xi 86 Abb. 96 (danach unsere Abb. 36d); 133 Nr. My 48 Abb. 96 (danach unsere Abb. 36e).

[43] Kythera 236 Nr. D 22 Taf. 71; 254 Nr. J 9 Taf. 80.

uns beschäftigen die geschichtlichen Verflechtungen. Im Gegensatz zu einer blühenden lokalen Herstellung von SM I A-Ware wurde die dünnwandige SM I B-Ware beinahe ausschließlich importiert. Zu keinem anderen Zeitpunkt war der Prozentsatz an Importware in der Siedlung so hoch. Während der unmittelbaren Nachwirkungen der Katastrophe von Thera, zur Zeit der letzten minoischen Generation, erfreute sich das Gemeinwesen auf Kythera einer Nachblüte freien Handelsverkehrs und wirtschaftlichen Reichtums. Kastri, von Naturkatastrophen nicht berührt, könnte damals häufig Anlaufhafen für geflüchtete Kunsthandwerker aus Kreta gewesen sein, die von der Möglichkeit, ihrer Tätigkeit in sicheren Regionen nachgehen zu können, angezogen wurden. Dies traf besonders für die südliche Peloponnes zu.

Nach Lakonien werden diese Flüchtlinge dann Kunstfertigkeiten mitgebracht haben, deren Früchte die Goldbecher von Vapheio und die Bleifiguren von Kampos darstellen. Enge Verbindungen mit Kreta wurden erst unlängst vom Ausgräber des Menelaions für die SM I-Phase festgestellt[44], während chemische Analysen minoisierender Keramik die Anwesenheit kretischer Töpfer in Hagios Stephanos sogar schon vor dem Ende der Mittleren Bronzezeit anzeigen[45]. In Messenien ist kretischer Einfluß in Nichoria[46] besonders stark in den Phasen SM I B/SH II A vertreten, und das schöne Quadermauerwerk im Tholosgrab Nr. 1 von Peristeria (SH II A)[47] hätte einschließlich der Silbeninschrift ohne kretische Sachkenntnis nicht ausgeführt werden können. Kastri könnte also, kurz bevor es mit dem Expansionsstreben der Mykener konfrontiert wurde, durchaus eine wichtige Rolle in der minoischen Diaspora gespielt haben.

Der 'Alternierende Stil' des SM I B scheint in den Sog dieser Diaspora geraten zu sein. Außerhalb Kytheras kommt er in größerem Umfang auch in Nichoria[48], in Hagia Irini auf Keos[49] und in Phylakopi auf Melos[50] vor. Es fragt sich, ob wir in der Lage sind, seine Herkunft innerhalb Kretas genauer zu bestimmen. Ostkreta kann von vornherein ausgeschlossen werden, da aufgrund der Zerstörungen überall eine Fluchtbewegung einsetzte. Einige Becher dieses Stils sind uns von Knossos[51] bekannt, doch weisen sie Unterschiede im Detail auf: Das 'alternierende Verzierungsprinzip' erscheint kompakter, und die bauchige Becherform tendiert mehr zur Ausstattung mit Ausgußtülle als zur abgesetzten Randlippe. Die besten Gegenstücke zu den Beispielen aus Kastri wurden erst kürzlich in Chania-Kydonia auf Kreta gefunden. Die Zerstörungsschicht eines SM I B-Gebäudes enthielt bauchige Becher mit betont scharfem Rand[52]. Es wurden schließlich etwa zehn Beispiele gefunden, die dem 'Alternierenden Stil' Kytheras vergleichbar sind und von den Ausgräbern

[44] H. W. Catling, ArchRep 1977, 28ff. Abb. 7.

[45] J. B. und S. H. Rutter, The Transition to Mycenaean, a Stratified MH II to LH II A Pottery Sequence from Ayios Stephanos in Laconia (1976) 45. 63ff.; R. E. Jones – J. B. Rutter, Archaeometry 19, 1977, 211ff.

[46] W. A. McDonald, Hesperia 41, 1972, 259.

[47] Sp. Marinatos, Praktika 1961, 169ff.; vgl. J. N. Coldstream, in: Thera Aegean I 400 Anm. 5.

[48] z. B. McDonald a.O. 259 Taf. 49c, obere Reihe Nr. 2; zweite Reihe Nr. 4. 5.

[49] z. B. J. L. Caskey, Hesperia 31, 1962, 272 Taf. 96a; ders. a.O. 33, 1964, 324 Taf. 53b; ders. o.O. 35, 1966, 373 Taf. 85a; ders. a.O. 41, 1972, 396 Taf. 95, H 19. H 20.

[50] z. B. T. D. Atkinson u. a., Excavations at Phylakopi in Melos, JHS Suppl. IV (1904) 145ff. 173 Taf. 31,2.3.5; R. C. Bosanquet, JHS 24, 1904, 319f. Taf. 12a; R. M. Dawkins – J. P. Droop, BSA 17, 1910/11, 14f. Taf. 11,140. Zu einem der seltenen Exportstücke dieses Stils auf Zypern s. K. Nikolaou, ArchRep 1980/81, 56 Abb. 31.

[51] M. Popham, BSA 62, 1967, 341 Taf. 81e; A. Lebese, Praktika 1967, 203 Taf. 183 Mitte; P. M. Warren, AAA 9, 1976, 92f. Abb. 4; vgl. J. N. Coldstream in: Thera Aegean I 398 Abb. 9.

[52] E. Hallager–M. Vlasakis, AAA 9, 1976, 219 Abb. 4, untere Reihe Nr. 3.

a

b

c

d

Abb. 36 a–e. Kythera, aus
Kreta importierte Kera-
mik der Phase SM I B

e

als einheimisch angesehen werden[53]. Dieses erst unlängst entdeckte Material bestätigt die
Vermutung eines scharfsinnigen Kritikers unseres Bandes »Kythera«, der für diesen Stil
Westkreta als einzig mögliches Ursprungsgebiet annahm[54]. Dank des zügigen Fortschritts
archäologischer Entdeckungen in diesem Teil des minoischen Kernlandes wird sich künftig
der Eindruck verstärken, daß der Zusammenhang der Minoer von Kythera mit den Bewohnern Westkretas gegen Ende der Siedlung von Kastri ebenso eng war wie zu ihrer
Gründung.

[53] Unser Dank gilt Dr. E. Hallager sowie Dr. G. Tzedakis, den Leitern der griechisch-schwedischen Ausgrabungen in Chania, für die Erlaubnis, die unpublizierte
Keramik zu erwähnen, die sie J. N. Coldstream während

eines Besuches im August 1977 zeigten; vgl. dazu vorläufig G. Tzedakis – E. Hallager, AAA 11, 1978, 42 f. 46
Abb. 16.
[54] M. R. Popham, AntJ 54, 1974, 321.

Kehren wir noch einmal zur zentralen Frage dieser Studie zurück: Wie stark sind die Argumente für die kretische Abkunft der Bewohner von Kastri auf Kythera? Eine Beweiskette ist so stark wie ihr schwächstes Glied; und es könnte wieder behauptet werden, daß kein entscheidender Beweis erbracht worden sei. Aber da die frühesten Funde in der Vorgebirgs-Siedlung wie auch die frühesten Grabbeigaben rein minoischen Charakters sind, da ferner kretische Gegenstände aus Ton und Metall von den Siedlern offensichtlich sorgfältig nachgeahmt wurden, da schließlich die frühhelladischen Siedler nachweislich durch frühminoische verdrängt worden waren und Kastri keine Einfuhren auffallenden Ausmaßes vom griechischen Festland bis nach 1500 v. Chr. bezog, gereicht es durchaus wissenschaftlichen Ansprüchen, zu dem Schluß zu kommen, daß die in der Frühen Bronzezeit nach Skandeia gekommenen und das Vorgebirge besetzenden Siedler Kreter waren. Sie gründeten eine Stadt mit minoischem Charakter, die dann ungefähr tausend Jahre lang kretisch blieb[55].

[55] An dieser Stelle möchten die Autoren Frau Davina Huxley für ihre Mithilfe bei der Erstellung der Zeichnungen und Herrn M. Morkramer für einige Umzeichnungen in der deutschen Fassung danken.

AUSWÄRTIGE BEZIEHUNGEN DER ÄGÄISCHEN KULTUR SEIT DER MITTE DES 2. JAHRTAUSENDS V. CHR.

DAS WESEN DES MINOISCHEN HANDELS

Von Stylianos Alexiou

Noch immer unterscheiden sich die Meinungen über den Aufbau der minoischen Handelsstruktur. Häufig ist von 'Handelsunternehmungen', 'Kaufleuten' und der 'Erschließung von Märkten' die Rede. G. Glotz ging sogar weiter, von 'großen Import-' und 'Export-Häusern' und 'reichen Schiffseignern' in Zakro, Mochlos und Pseira zu sprechen[1]. Gibt es eine begründete Berechtigung, all diese modernen Begriffe auf den Bereich der prähistorischen Ägäis zu übertragen? Ziel dieses Beitrags ist es, den Nachweis zu erbringen, daß der minoische Handel mit dem heutigen nicht verglichen werden kann, dagegen aber dem bronzezeitlichen Handel im Vorderen Orient ähnelt.

Nach H. Frankfort galt in Sumer die Tempelgemeinschaft als wirtschaftliche Einheit. Jeder, ob Mann oder Frau, gehörte solch einer Gemeinschaft an, die sich aus Offizieren, Priestern, Hirten, Fischern, Wächtern, Handwerkern, Kaufleuten und Sklaven zusammensetzte. Die Kaufleute wirtschafteten ausschließlich im Interesse des Tempels. Sie machten ihre Reisen mit tempeleigenen Eseln und erhielten als Lohn Land, das dem Tempel gehörte. In Privathäusern gefundene Importwaren scheinen vom Tempel aus verteilt worden zu sein[2]. Später, zur Zeit der Lugals und Ensis und zur Zeit des Königs Hammurabi, veränderte sich natürlich vieles, und möglicherweise wurde damals ein System zugunsten privater Unternehmungen eingeführt[3].

Im alten Ägypten war freier Handel bis zum Ende des 8. Jhs. v. Chr. unbekannt. Handwerker dienten im Alten Reich immer nur einem Herrn. Auch unterstanden viele von ihnen unmittelbar dem König. Obwohl sie nicht den Status von Sklaven hatten, durften sie ihre Erzeugnisse nicht frei verkaufen. Ihren Lohn erhielten sie von ihrem Dienstherrn in Form von Waren. Als am Ende des Alten Reiches die Macht des Königs abnahm, wechselten die Handwerker ihren Besitzer. Von nun an standen sie im Dienst mächtiger Offiziere und gehörten somit zu großen selbständigen Wirtschaftseinheiten. In fünf bis zehn Mann starken Gruppen waren sie unter einem Meister vereint, der ihnen die vom Herrn bezogene Es-

[1] G. Glotz, La Civilisation Egéenne (1952) 215. – A. J. B. Wace – C. W. Blegen, Klio 32, 1939/40, 131f. und H. Kantor, The Aegean and the Orient in the 2nd Millennium B. C. (1947) 19, schienen auch einen freien Handel für die prähistorische Ägäis anzunehmen. R. S. Merrillees, Trade and Transcendence in the Bronze Age Levant, SIMA XXXIX (1974) 8, sah in den unabhängigen Unternehmern, den Kapitänen der Küstenschiffahrt, einen Handelsfaktor. Dagegen vertraten Chr. Tsountas und J. I. Manatt, The Mycenaean Age, a Study of the Monuments and Culture of Prehomeric Greece (1897) 355, den Standpunkt, die Fürsten hätten mit dem Handel zu tun gehabt. – Vgl. zu ägäischen Exporten allgemein H.-G. Buchholz, AA 1974, 325ff. Zum minoischen Handel: E. Fiandra, Cultura e Scambi Commerciali nella Civiltà Minoica, in: Le Scienze 30 (176), 1983, 30ff.

[2] H. Frankfort, The Birth of Civilization in the Near East (1954) 60ff.

[3] Ebenda 66.

sensration zuteilte. Alles, was die Beamten brauchten, erhielten sie als Ware, nicht in Form von Geld. Natürlich gab es auch einen eingeschränkten internen Handel. Es gab Märkte, auf denen Waren von geringerem Wert wie Früchte, Fische, Geflügel, Werkzeug, Sandalen, Kleidung oder Halsketten aus Glaspaste getauscht werden konnten.

Im Neuen Reich bestanden Beziehungen zu Syrien, von wo auf phoinikischen Schiffen Waren nach Ägypten gebracht wurden. Aber diese Art von Handel hielt sich immer in Grenzen. Waren eigener Herstellung wie importierte Güter wurden von den Kaufleuten nicht auf dem Markt verkauft, sondern auf individueller Basis gehandelt. In Ägypten betrieb nur der Pharao und manchmal die Tempelgemeinschaft Handel in größerem Umfang oder Außenhandel. Der Begriff 'Kaufmann' kam im 2. Jt. v. Chr. auf und bezog sich zunächst nur auf den mit dem Handelsprivileg versehenen Tempelaufseher. Einziger 'Großhandelskaufmann' war der Pharao, der das – ihm selbstverständlich keinen Gewinn erbringende – Außenhandelsmonopol besaß. Zudem wurden die meisten importierten Güter vom königlichen Hofe aus an die einzelnen Vertreter der Gruppen innerhalb der ägyptischen Hierarchie verteilt[4].

A. Aymard und J. Auboyer nahmen an, daß die ägyptische Staatsstruktur private Transaktionen nicht begünstigte. Die Bevölkerung erhielt alle lebensnotwendigen Dinge aus den königlichen Magazinen. Ausländische Kaufleute erschienen erstmalig am Ende des 8. Jhs. v. Chr. in Ägypten. Zuvor war Handel ausschließlich eine Angelegenheit des Königs; nur er verfügte über den Überschuß an Waren und kümmerte sich um ihren Transport und die Sicherheitsvorkehrungen, um Schiffe und um ihre militärische Begleitung[5].

Der Import von Rohstoffen wie Metallen, Holz, Weihrauch, Olivenöl, Wein, Elfenbein oder Edelsteinen geschah durch Expeditionen der königlichen Armee nach Nubien, der Sinai-Halbinsel, nach Punt (wohl in Somalia gelegen) und in den Libanon. Lag ein Herstellungsland nicht innerhalb des ägyptischen Einflußbereiches, wurden Geschenke des Pharaos an die ausländischen Fürsten exportiert. Die Importe aus diesen Ländern faßten die Ägypter als Tributleistungen an ihren König auf. So fand man ägyptischen Schmuck mit Namen der 12. Dynastie in Gräbern der ortsansässigen Fürsten von Byblos[6]. In Deir el-Bahari stellen die Reliefs am Tempel der Hatschepsut eine solche Handelskampagne nach Punt dar. Die Eingeborenen übergeben den Vertretern des Pharao Panther, Affen und Weihrauch und erhalten als Gegenleistung von den Ägyptern Schwerter, Äxte und Halsschmuck. Die Begleitinschrift auf den Reliefs bezeichnet den Weihrauch als »Tributleistung des Fürsten von Punt« und die ägyptischen Produkte als »Gaben an die Göttin von Punt«[7].

A. Aymard und J. Auboyer glaubten, daß die auf Darstellungen ägyptischer Gräber der 18. Dynastie erscheinenden Ägäer und Asiaten, die Produkte ihrer Länder nach Ägypten bringen, Kaufleute seien[8]. Einleuchtender erscheint es jedoch, in den Dargestellten einfach Leute zu sehen, die im Auftrag ihres Königs handeln.

Tatsächlich zeigen die Schrifttafeln von Tel-el-Amarna, daß der Handel zwischen Ägypten und dem Vorderen Orient auf dem Austausch von Geschenken zwischen dem Pharao und

[4] Ebenda 92 ff.
[5] A. Aymard – J. Auboyer, L'Orient et la Grèce Antique (1953) 43 f.
[6] Frankfort a.O. 98.

[7] A. Erman, L'Egypte des Pharaons (1952) 175. Zum Handel mit Punt im Alten Reich s. O. Höckmann, oben S. 58 f.
[8] Aymard – Auboyer a.O. 45.

den orientalischen Königen basierte. Der babylonische König Burraburiasch sandte Lapis-lazuli und Pferde und bat um Gold. Der König von Alašia (Zypern) wollte 500 Talente Kupfer gegen Silber, Tuch, Streitwagen und Möbel eintauschen[9].

Als in der Spätzeit des Neuen Reiches die Macht des Königs erneut abnahm, wurde der Außenhandel sogar von der Priesterschaft betrieben. Wenamun, ein Priester des Amun, zog selbst mit ägyptischen Erzeugnissen nach Byblos in der Erwartung, im Austausch dafür Holz für den Bau eines dem Gott geweihten Schiffes in Empfang nehmen zu können. Die Verhandlungen darüber führte der Priester nicht mit Kaufleuten, sondern mit dem Fürsten von Byblos persönlich. Dieser willigte schließlich ein, das Holz zu liefern, wenn er dafür Gold, Silber, Tuch und Papyrus erhielte[10].

Ein lebendiges Bild des königlichen Handels noch des 10. vorchristlichen Jahrhunderts zeichnet auch das Alte Testament. Hiram, König von Tyrus, sandte Salomo, dem König von Jerusalem, Zedern- und Tannenholz und erhielt dafür Weizen und Olivenöl (1. Kön 5,24–25; 2. Chr 2,1–15). Gold, Gewürze und Edelsteine schickte die Königin von Saba dem König Salomon (2. Chr 9,9; 1. Kön 10,2.10). Die Tarschisch-Schiffe des Königs kamen alle drei Jahre und brachten Gold, Silber, Elfenbein, Affen und Pfauen (2. Chr 9,21; 1. Kön 10,22)[11]. Die Erwähnung eines regelmäßigen Zeitintervalls zwischen den Schiffs-ankünften beweist, daß der Außenhandel eine ernsthaft betriebene, gut organisierte, aber nicht kontinuierlich durchgeführte Angelegenheit war. Entsprechende private Unterneh-men wären weder in der Lage gewesen noch hätten sie es, ohne als Piraten zu gelten, wagen können, an fremden Küsten zu landen.

Es ist sehr wahrscheinlich, daß auch im minoischen Kreta die Paläste mit ihren großen Lager-räumen die Wirtschafts- und Handelszentren waren. Wie in Ägypten gehörten auch in Kreta die Handwerker zu einem Palast und arbeiteten in seinem Auftrag. Im Palast von Knossos befand sich nördlich der königlichen Wohnungen die Steinschneidewerkstatt. Die Hauptwerkstatt lag im Obergeschoß. Im Erdgeschoß fand man noch eine große Menge spartanischen Basalts vor, der zu Gefäßen, Lampen oder Opfergabentischen verarbeitet werden sollte. Vom oberen Raum waren zwei Alabasteramphoren heruntergefallen, deren eine ohne Zweifel als unvollendet angesehen werden kann. A. Evans sagte darüber: »Wir haben hier ein gutes Beispiel für die Herstellung künstlerischer Objekte innerhalb des Palastbereiches, so wie wir es bereits im Falle der auserlesenen polychromen ›Eier-schalen-Ware‹ und der in einheimischer Fayence-Technik ausgeführten verschiedenen Objektgattungen annahmen«[12].

All diese Handwerker gingen ihrer Tätigkeit innerhalb des Palastes nach. Zweifellos traf das auch für die Goldschmiede und Elfenbeinschnitzer zu, denn nur der König importierte und besaß Gold und Elfenbein. Auch Siegelsteine von guter Qualität wurden im Palast ge-fertigt. Möglicherweise wurden Schmuck und Siegelsteine aus Halbedelstein vom König

[9] Erman a.O. 191 f.
[10] Ebenda 281 f. Zur Reise des Wenamun s. auch O. Höckmann, oben S. 60 f. und H.-G. Buchholz, unten S. 229 f.
[11] Einen weiteren Hinweis auf Handelsbeziehungen enthält 1 Kön 10, 28.29: »Und man brachte dem Salomo Pferde aus Ägypten und allerlei Ware; und die Kaufleute des Königs kauften die Ware und brachten's aus Ägypten heraus, je einen Wagen um sechshundert Silberlinge und ein Pferd um hundertundfünfzig. Also brachte man sie auch allen Königen der Hethiter und den Königen von Syrien durch ihre Hand.«
[12] Evans, PM IV 899 f. (hier Übersetzung des englischen Originalzitats).

an die höheren Offiziere und von diesen wiederum an Personen niedrigeren Ranges weitergegeben. Gerade für Siegelsteine haben wir in Mallia, in der von A. Dessenne ausgegrabenen und vermutlich zu einem MM II-Palastzentrum gehörenden Werkstatt, einen Beweis. Im Palast selbst gab es Kupfer- und Steinwerkstätten derselben Epoche[13].

Die Ausgrabungen von Doro Levi in Phaistos verdeutlichen die Eigenart der MM-Keramik des Kamares-Stils als 'palatial'[14]. Wird diese Art Keramik außerhalb Kretas gefunden, so ist sie wahrscheinlich durch eine königliche Expedition dorthin gelangt. Scherben aus den Ruinen der Arbeitersiedlungen für den Pyramidenbau der 12. Dynastie in Kahun zeigen, daß auf diese Weise auch Kamares-Ware an den ägyptischen Hof gelangt war[15]. Einige dieser Gefäße waren dann an beim Pyramidenbau eingesetzte Vorarbeiter verschenkt worden.

Auch andere Produkte kretischer Herkunft, die man in Ägypten fand, waren auf diesem Wege dorthin gelangt. So wissen wir, daß der kretische Gegenstände enthaltende Hortfund von Tôd dem dortigen Tempel von Amenophis II. gestiftet wurde[16].

Als sehr unwahrscheinlich erscheint es gerade in bezug auf die Kamares-Vasen, daß sie von kretischen Privatpersonen gewerbsmäßig exportiert wurden, denn diese Keramik ist ein charakteristisches Produkt der beiden großen Paläste Knossos und Phaistos und wurde fast ausschließlich dort entdeckt.

Mit der in Ägypten gefundenen SM II-Keramik vom 'Palast-Stil' verhält es sich gleichermaßen[17]. Man ist berechtigt, davon auszugehen, daß die in den Gräbern der Wesire Senmut, Weser-Amun und Rechmire aus der Regierungszeit von Hatschepsut und Thutmosis III. abgebildeten, sorgfältig bearbeiteten kretischen Metallgegenstände anläßlich offizieller Besuche von Knossos nach Ägypten gelangt sind. Die Inschriften im Grab des Rechmire informieren uns, daß die Überbringer der Geschenke »Fürsten von Keftiu und den Inseln« sind (Abb. 37)[18]. Zur gleichen Zeit erhielt der Pharao auch Geschenke der Könige von Zypern, Assur und der Hethiter[19].

Über das Wesen dieser Geschichte sind zuweilen merkwürdige Erklärungen abgegeben worden. J. Beloch hielt sie für eine Art primitiver Steuern an den ägyptischen König, erbracht »für die Erlaubnis freien Verkehrs«[20]. Für minoische Funde in Syrien vertrat C. F. A. Schaeffer die gleiche Ansicht[21]. Doch lehren die wirtschaftlichen Bedingungen in Ägypten und im Orient – wie wir es oben bereits gesehen haben –, in diesen Sendungen nicht eine Art Steuer für den Handel, sondern den Handel selbst zu erkennen. Der einzige bestehende Außenhandel war in der Tat auf den Austausch von Geschenken unter den

13 A. Dessenne, BCH 91, 1957, 693f.; zu den Siegeln vgl. J.-C. Poursat in: Pepragmena tou III. Diethnous Kretologikou Synhedriou (1973) 276; zur Verarbeitung von Kupfer und Steinen innerhalb des Palastes vgl. F. Chapouthier – R. Joly, Mallia, Deuxième Rapport, Et-Crét IV (1936) 41, und F. Chapouthier – P. Demargne, Mallia, Troisième Rapport, EtCrét VI (1942) 24 und 53. Für die vorpalatiale Periode dürfen wir annehmen, daß der Außenhandel – die Einfuhr von Obsidian von Melos usw. – von den Oberhäuptern der Volksstämme oder Dörfer vorgenommen wurde.

14 D. Levi, Festos e la Civiltà Minoica I 2 (1976) Taf. 8–84.

15 W. M. F. Petrie, JHS 11, 1890, 275f. Taf. 14,5–8.10. Vgl. Evans, PM I 266.

16 H. Kantor, The Aegean and the Orient in the 2nd Millennium B. C. (1947) 19.

17 Ebenda 33ff. Taf. 7. 8.

18 Evans, PM II 736f. 738 Abb. 471 (danach unsere Abb. 37); N. de Garis Davies – L. Bull – N. Scott, The Tomb of Rekh-mi-Rê[c] at Thebes I (1943) 20; vgl. St. Alexiou, KretChron 6, 1952, 9ff. Vgl. hierzu auch W. Helck, unten S. 220.

19 E. Meyer, Geschichte des Altertums II 1 (1928) 126ff.

20 K. J. Beloch, Griechische Geschichte I (1912) 117.

21 Ugaritica I 34f.

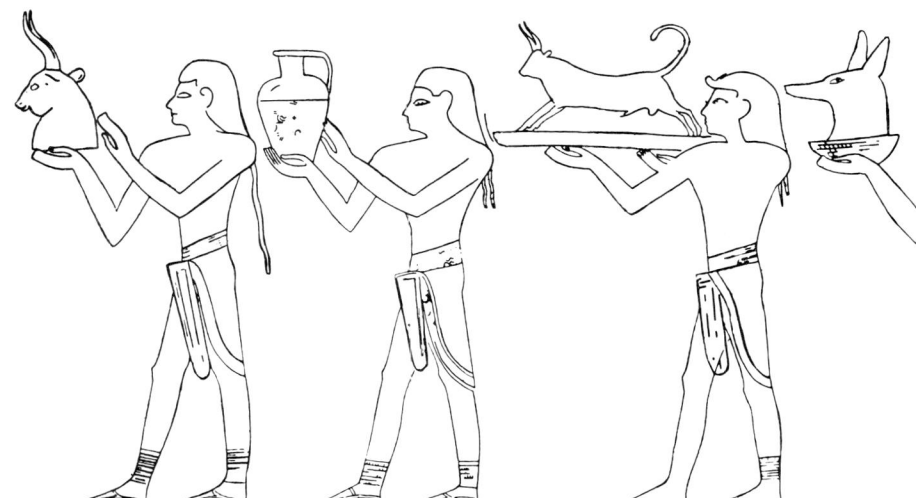

Abb. 37. Gesandte aus
Keftiu mit ihren Gaben am
Hofe des Pharao. Darstel-
lung im Grab des Weser-
Amun

Königen beschränkt. Seinerseits sandte der Pharao wahrscheinlich Gold, Elfenbein[22],
Stoffe, Parfüm und Affen nach Kreta.

Parfüm wurde in Steinkrügen aufbewahrt, und es ist deshalb auch kein Zufall, daß die meisten von diesen im Königsgrab von Isopata bei Knossos aufgefunden wurden[23]. Sie waren
vom ägyptischen König an den Hof von Knossos gesandt worden. Ebenso gelangten auch
Affen von Ägypten nach Kreta[24]. Die Schwarzen aus Nubien auf den Fresken von Knossos
waren von gleicher Herkunft und sicherlich keine 'Söldner', wie A. Evans dachte[25], sondern als Palastwachen eingesetzte Sklaven. Von den minoischen Palästen wurde im Austausch dafür landwirtschaftliche Produkte wie Wein, Öl und Safran[26] nach Ägypten und
auch nach anderen Ländern exportiert, denn der größte Teil des bewirtschafteten Landes
gehörte dem König.

Für eine Veränderung dieser zentralisierten minoischen Wirtschaft in später Zeit existieren Anzeichen: Seit MM III ist eine Entwicklung der 'kleinen Paläste' und der 'königlichen
Villen' zu beobachten, die zu einer »Vergrößerung der Macht der Adligen auf Kosten der
königlichen Macht« führte[27]. Diese neuen Zentren waren natürlich keine 'Sommerresi-
denzen' der Könige, wie man ursprünglich annahm[28], sondern Sitze der inzwischen mächtig und unabhängig gewordenen Lokalfürsten oder Vertreter des Königs. »An der Seite
der geschlossenen Siedlungen erheben sich vielfach regelrechte Villenbezirke, vor allem in
der Umgebung der Paläste. Die Villen sind augenscheinlich die Wohnsitze von begüterten
Bürgern, von Lehnsleuten und Funktionären der Herrscher[29].«

Diese Zentren funktionierten wie richtige Paläste, obwohl sie sich von diesen in Größe und
Ausstattung unterschieden. Wahrscheinlich verfügten auch sie über eigene landwirtschaftliche Produkte und eigene Manufakturen. Lagen sie in Meeresnähe, besaßen sie mög-

[22] Glaubhafter erscheint die syrische Herkunft des
Elfenbeins, vgl. N. Platon, Zakros (1971) 245.
[23] J. D. S. Pendlebury, Aegyptiaca (1930) 24f.
[24] Evans, PM II 448.
[25] Ebenda 756.
[26] A. Furumark, OpArch 6, 1950, 248.
[27] J. D. S. Pendlebury, A Handbook to the Palace of

Minos at Knossos (1930) 55 (hier Übersetzung des
englischen Originalzitats). Zu den kretischen Palästen
allgemein s. G. Cadogan, Palaces of Minoan Crete
(1980).
[28] Evans, PM II 64 (zu Archanes).
[29] H. Bengtson, Griechische Geschichte⁵, HAW III 4
(1977) 39.

153

licherweise eine kleine Außenhandelsflotte. In Hagia Triada lagerten die Kupferbarren, Importe aus Zypern, ganz nahe bei den fürstlichen Wohnungen[30]. Jüngere Ausgrabungen brachten an der Ostseite der Villa einen großen Brennofen für Töpferwaren oder einen Schmelzofen für Metall zutage[31]. Ähnliche Öfen besaßen die Paläste von Knossos und Phaistos sowie die Villa von Vathypetro[32]. In den Lagerräumen von Zakro wurden Kupferbarren und Elfenbeinzähne aus Zypern bzw. Syrien gefunden (Abb. 38)[33]. Ein Ofen[34] und Werkstätten, in denen Bergkristall lag[35], lassen erkennen, daß im Palast bedeutende Manufakturen blühten.

In Palaikastro, Pseira und Gournia gab es ähnliche Aktivitäten. Städte im Sinne der griechischen Polis sind diese Siedlungen nicht gewesen. Einer Korrektur bedarf auch der folgende Satz von H. Berve: »Im Osten der Insel finden sich Städte, welche über die in ihrer Mitte gelegenen Paläste das Übergewicht behaupten[36].« Die von A. Aymard und J. Auboyer auf Gournia angewandte Bezeichnung 'ville d'artisans' entspricht ebenfalls nicht ganz der Wirklichkeit[37]. Wahrscheinlicher ist, daß Handwerk und Handel in diesen Zentren im Auftrag der lokalen Fürsten ausgeübt wurden.

Für private Zwecke wurde Tauschhandel betrieben; aber auch beim Wiederverkauf von erworbenen Waren war eine Gewinnspanne durch einen höheren Preis unbekannt. Wie mir J. Chadwick vor einigen Jahren brieflich erklärte, erschwerte das Fehlen einer Währungseinheit im minoischen Kreta die Entwicklung von Transaktionen.

Mit Recht äußerte E. Kirsten Zweifel am Gebrauch des Terminus 'Polis' für die prähistorischen kretischen Siedlungen. Seines Erachtens entsprach die minoische Wirtschaft mit ihrem Palastgepräge eher der hellenistisch-orientalischen Idee des 'Königshauses' *(basilikos oikos)*[38]. Wie wir aber schon gesehen haben, ähnelte die minoische Wirtschaftsstruktur natürlich mehr der bronzezeitlichen orientalischen. Ebenso falsch ist es, in bezug auf einige Bereiche minoischer Siedlungen von 'Agora' zu reden. Der 'Mercato' von Hagia Triada unterscheidet sich nicht von den Lagerräumen der mykenischen Megara[39].

[30] L. Pernier – L. Banti, Guida degli Scavi Italiani in Creta (1947) 33 Abb. 45; vgl. Abb. 40 (Plan): Der die Kupferbarren enthaltende Raum hat die Nr. 7 in der Nähe des Megarons (Nr. 4). Zum Vorkommen von Kupferbarren im Mittelmeergebiet, besonders auf Zypern, vgl. H.-G. Buchholz in: Minoica. Festschrift zum 80. Geburtstag von J. Sundwall (1958) 92 ff.; ders., PZ 37, 1959, 1 ff.; ders., SchwMbll 16, 1966, 58 ff.

[31] D. Levi, ASAtene 1976, 318 f. Abb. 1. Der Ofen ist, wie die Scherben zeigen, nicht später als SM I zu datieren. Dies ist das Ergebnis eines Gespräches mit Prof. V. La Rosa (so auch der Ausgräber D. Levi); s. zuletzt N. Platon, Acts of the International Archaeological Symposium »The Relations between Cyprus and Crete«; Nikosia 1978 (1979) 101 ff.

[32] Zum Ofen in Knossos vgl. M. S. F. Hood, ArchRep 1957, 24 Abb. 6 b (Dat. in die letzte Palast-Periode); Platon a.O. (s. vorige Anm.) Taf. 10,1.2. – Zum Ofen von Phaistos: Pernier – Banti a.O. 61; Platon a.O. (s. vorige Anm.) Taf. 10,3.4. – Zu dem Ofen östlich des SM I-Megarons von Vathypetro, den Sp. Marinatos entdeckt hatte, vgl. Platon, Ein Schmelzofen in Zakros, Kreta

(neugriech.), in: Pepragmena tou IV. Diethnous Kretologikou Snyhedriou, Herakleion 29.8.–3.9. 1976, Bd. I (1980) 436 ff. (Erörterung im Zusammenhang mit den anderen kretisch-minoischen Öfen).

[33] N. Platon, Praktika 1962, 161 Taf. 160 a; 161 a.c; ders., Zakros (1971) 59 f. mit Abb. S. 61. Unsere Abb. 38 Umzeichnung von M. Morkramer, Gießen, nach Ausgrabungsfoto.

[34] Platon, Praktika 1975, 348 f. Abb. 1; ders. a.O. (s. oben Anm. 31) Taf. 11,1.2; 12,1.2: Der Ofen stammt aus dem frühen Palast von Zakro oder aus der Epoche MM III A.

[35] Ders., Zakros (1971) 210 f. 218 f.; ders., Praktika 1964, 146: Eine andere Werkstatt, als mögliche Einrichtung zum Färben erklärt.

[36] H. Berve, Griechische Geschichte I (1931) 25.

[37] Aymard – Auboyer a.O. (s. oben Anm. 5) 218.

[38] E. Kirsten, Die griechische Polis als historisch-geographisches Problem des Mittelmeerraumes (1956) 35. 40 f.

[39] Pernier – Banti a.O. 14. 37 Abb. 38 (Plan der Ausgrabung).

Problematischer verhält es sich bei der 'Agora' der vorpalatialen Zeit im Norden des Palastes von Mallia[40]. Der Ausgräber H. van Effenterre war der Ansicht, daß der große Platz für politische Versammlungen genutzt wurde, wogegen die 'Crypte', die in der Nähe entdeckt wurde – den Prytaneia griechischer Städte vergleichbar –, der Versammlung von Volksvertretern diente[41]. Die unleugbare Machtstellung der minoischen Paläste und auch das sehr frühe Stadium lassen es aber als unwahrscheinlich erscheinen, daß ein solches System zusammen mit dem Königtum hat existieren können. Die Bevölkerung hatte nicht viel Spielraum zur Wahrnehmung eigener, außerhalb des königlichen Einflußbereiches liegender Interessen.

Nicht immer klar erkennbar innerhalb der Ruinen minoischer Siedlungen ist der Sitz des Souveräns. R. B. Seager entdeckte in Pseira zwei Häuser, die reicher ausgestattet schienen als die übrigen; doch nahm er an, daß sie reichen 'Bürgern' gehörten. Den Sitz des Herrschers von Pseira vermutete er im Palast der Siedlung von Gournia[42]. Auch in Palaikastro wurde bislang noch kein Palast gefunden, was zur Annahme berechtigt, daß Palaikastro von Zakro aus wie Pseira von Gournia aus regiert wurde. Die Entdeckung des Palastes von Zakro hat deutlich gezeigt, daß die Organisation Ostkretas Mittelkreta entsprach. Auch in Ostkreta gab es keine Städte im eigentlichen Sinne, sondern Siedlungen, die jeweils von einem Palast aus regiert wurden.

Bezeichnend dafür ist auch das Beispiel von Pyrgos, das unlängst in der Nähe von Myrtos durch G. Cadogan ausgegraben wurde. Auf dem Hügel steht das herrschaftliche Haus des Souveräns, daneben gruppieren sich die ärmlichen Häuser der Untergebenen[43].

Die Siedlungen in Zentralkreta, Knossos, Phaistos, Mallia und Hagia Triada erstrecken sich ebenso wie in Ostkreta rund um die Paläste. Ein 'Handelszentrum' – entsprechenden Anlagen in Ostkreta vergleichbar – war die Hafenstadt von Knossos an der Kairatosmündung[44]. Das Phänomen von Komplexen reich ausgestatteter Häuser, die wie in Palaikastro und Pseira den Vornehmen gehörten, erscheint wieder in Tylissos. Wie zu erwarten war, gibt es in dieser Hinsicht keinen Unterschied zwischen Zentral- und Ostkreta: Die beiden hervorstechendsten Typen 'Palast oder herrschaftliches Haus eines Fürsten und zugehörige Siedlung' und 'alleinstehende Villa' kommen in beiden Gegenden der Insel vor. Freilich wurden in Zentralkreta, in den Ebenen von Herakleion, Mallia und in der Messara wesentlich größere Paläste gebaut als in Ostkreta.

Auch auf dem mykenischen Festland gibt es überzeugende Beweise für den königlichen Handel: A. D. Keramopoullos nahm sie in seinem Artikel »Die industrielle Produktion und der Handel des Kadmos« (neugriech.) für Theben in Anspruch[45]. Gestützt auf die Funde des mykenischen Palastes in Theben zog er den Schluß, daß der König ein industrieller Produzent und Händler gewesen sei. Werkstätten und Handwerker gehörten zum

[40] N. Platon in: Kernos. Festschrift G. Bakalakes (1972) 134ff.; die vermeintliche 'Agora' diente wohl Agonen mit Stieren.

[41] H. und M. van Effenterre, Mallia, Le Centre Politique I. L'Agora, EtCrét XVII (1969) 142f.; M. C. Amouretti, Mallia, Le Centre Politique II. La Crypte Hypostyle, Et-Crét XVIII (1970) 85; vgl. auch St. Alexiou, AA 1971, 316f.

[42] R. B. Seager, Excavations on the Island of Pseira (1910) 14.

[43] H. W. Catling, ArchRep 1973/74, 37f. (SM I-Häuser im östlichen Bereich).

[44] Evans, PM II 238. Vgl. auch die Ergebnisse meiner eigenen Ausgrabungen in dieser wichtigen Siedlung in: Praktika 1955, 314f.

[45] A. D. Keramopoullos, Ephemeris 1930, 29ff.

Palast als Ausgangspunkt für den Export[46]. Der König ließ Töpferarbeiten ausführen und betrieb Steinschneiderei sowie die Herstellung von Schmuck aus Glaspaste und Gold. Indem A. D. Keramopoullos seinen Schluß auf die gesamte mykenische Welt übertrug, fügte er hinzu, daß nur reiche und mächtige Könige zu solchen Unternehmungen in der Lage gewesen seien, denn nur sie hätten durch den Geschenkaustausch mit anderen Königen über die Rohstoffe verfügt, die sie auch an umherreisende freie Handwerker verteilen konnten, um von diesen die Gegenstände herstellen zu lassen[47]. Die Parallelen zu den minoischen Verhältnissen und denen des Vorderen Orients machen diese Ansicht in der Tat wahrscheinlich[48].

Wertvolle Informationen über den königlichen Handel verdanken wir Homer. Diese Informationen betreffen wahrscheinlich eher die mykenische Tradition als das 8. und 7. Jh. v. Chr. E. Mireaux behauptete, die einzige den Handel betreffende Stelle bei Homer sei diejenige in Od. XV 415 f., die sich auf die Phoiniker bezieht[49]. Dies entspricht aber nicht der Wahrheit; denn in Od. I 180 ff. erscheint Athena als Mentes, König der Taphier, und spricht:

> »... Ich steure mit meinen Genossen
> über das dunkle Meer zu unverständlichen Völkern,
> mir in Temesa Kupfer für blinkendes Eisen zu tauschen«[50].

Wir haben hier einen König, der sich wie die anderen orientalischen Fürsten persönlich mit Seefahrt und Handel befaßt. Athena lügt natürlich, doch was sie sagt, entspricht im Prinzip den tatsächlichen Verhältnissen der Vergangenheit.

Auch Paris-Alexander, der Prinz von Troja (Il. VI 290 f.), ist Kaufmann, der – natürlich nur zum persönlichen Gebrauch – Gewänder aus Phoinikien importiert. Und auch er ging sicherlich nicht mit leeren Händen dorthin.

Sehr wahrscheinlich gehören auch Gold, Silber und andere Geschenke, die Menelaos und Odysseus von ihren Fahrten nach Hause gebracht haben wollen (Od. IV 81 f. 125 f.; XIV 323 f.), zur gleichen Kategorie von Handelsgeschäften wie die der mykenischen Könige. Es ist kein Zufall, daß das Wort 'emporia' bei Homer nicht begegnet. Freier Handel wäre nicht vereinbar mit der Vorstellung vom Austausch von Geschenken unter Königen. In begrenztem Maße fanden natürlich auch Geschäftsbeziehungen unter Privatleuten statt, und es gab auch Märkte wie in Ägypten. Homer (Il. VII 467 f.) beschreibt einen solchen 'Markt': Von Lemnos sendet Euneos, wahrscheinlich der König der Insel, mit Wein beladene Schiffe zur kleinasiatischen Küste. Alle Achäer, nicht nur der König, empfangen den Wein und geben im Austausch dazu verschiedene Güter wie Kupfer, Eisen, Häute, Rinder und Sklaven.

Wie schon einmal erwähnt, gehörte der Handel unter Königen eher in die Tradition der Bronzezeit, obwohl er noch in frühgriechischer Zeit üblich war. Überhaupt begannen im

---

[46] Ebenda 34 f. – Zum mykenischen Handel vgl. auch J. C. Bermejo Barrera, Sobre la Función del Comercio en la Estructura Económica Micénica, in: MemHistAnt 3, 1979, 47 ff.

[47] Keramopoullos a.O. 38 f. Die Annahme der umherziehenden Handwerker basiert auf Homer, Od. XVII 382 f.

Als gesichert gilt dies aber erst für das 8. Jh. v. Chr., als sich freie Wirtschaft und Privathandel entwickelten.

[48] Vgl. oben S. 149. 151.

[49] E. Mireaux, La Vie Quotidienne aux Temps d'Homère (1954) 252.

[50] Übersetzung von J. H. Voß.

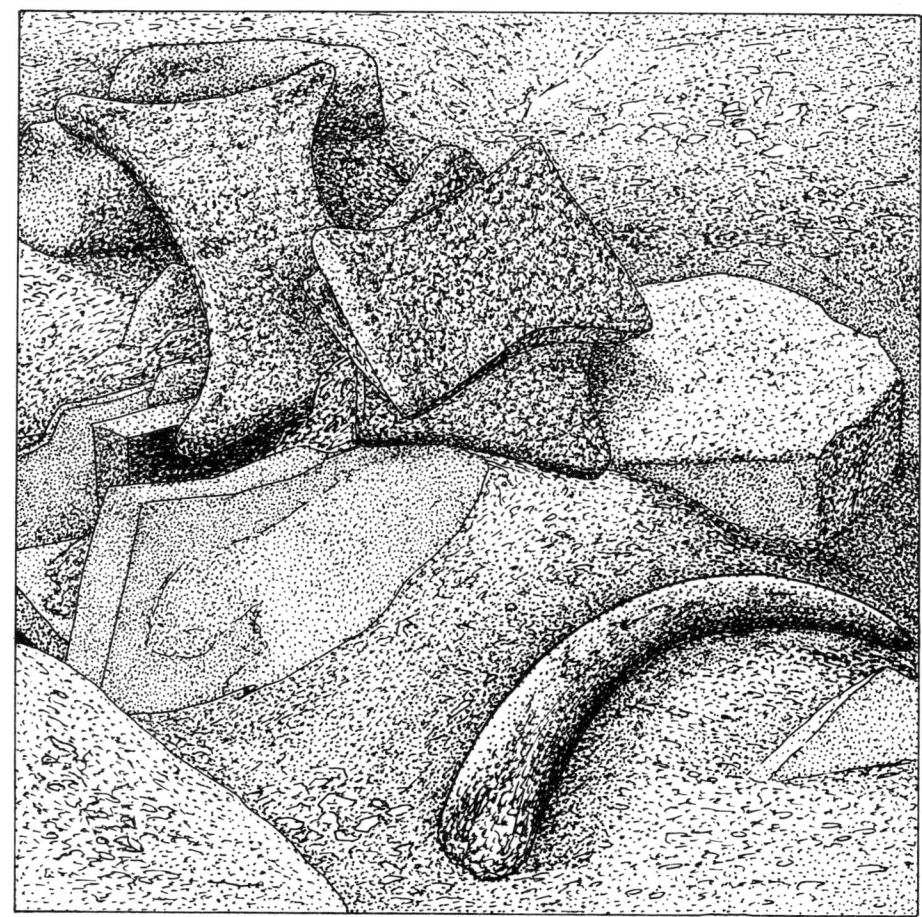

Abb. 38. Kupferbarren und Elfenbeinzahn in den Lagerräumen des Palastes von Zakro, Ostkreta; Umzeichnung nach Ausgrabungsphoto

8. Jh. in Griechenland freie Seefahrt und Privathandel. Hesiod spiegelt diese neue Ära wider, wenn er seinem Bruder Perses Ratschläge nicht nur über den Ackerbau, sondern auch über die Seefahrt gibt (Erga 641f.).

Die Ausgrabungen bestätigen, daß die mykenischen Paläste die Zentren von Manufaktur und Handel waren: In Mykene wohnten die Kunsthandwerker in unmittelbarer Nähe des Palastes. Nach A. Wace lagen rund um den Palast auf der Akropolis außer den Wohnungen der Offiziere und Diener auch die der wichtigsten Handwerker[51]. Auf den Linear B-Tafeln von Pylos sind einige Handwerker als 'königlich' charakterisiert: *gnafeus anakteros, kerameus anakteros, entesdomos anakteros*[52]. Mit E. M. Bennett, der die Ansicht vertrat, das Wort 'anakteros' bezeichne nur die hohe Stellung und den Rang des Handwerkers, stimme ich nicht überein[53]. Parallelen aus dem Vorderen Orient legen vielmehr die Vermutung nahe, daß die Handwerker wirklich dem König gehörten.

Homer (Od. III 432f.) beschreibt im Zusammenhang des Opfers, das Nestor von Pylos darbringt, wie ein Handwerker mit dem Gold, das der König gab, die Hörner des Rindes vergoldete. Eine materielle Entlohnung des Goldschmiedes bleibt unerwähnt. Nach E. Mireaux erhielt der Handwerker für seine Dienste ein Stück Land vom König: Er war

---

[51] A. Wace, Mycenae, an Archaeological History and Guide (1949) 22. Vgl. ferner die Literatur in E. Vermeule, Greece in the Bronze Age (1964) 371.

[52] M. G. F. Ventris – J. Chadwick, Documents in Mycenaean Greek (1956) 120.

[53] E. M. Bennett, AJA 60, 1956, 131.

'im öffentlichen Dienst' *(damiourgos),* arbeitete nur, handelte aber nicht[54]. Ein Schrifttäfelchen aus Pylos liefert den Beweis über die Zuteilung von Land an die Handwerker und andere Personen, die mit dem Kult zu tun hatten[55].

M. Ventris und J. Chadwick haben sich mit der Frage der Abhängigkeit des Handwerkers und des Handels vom mykenischen Palast auseinandergesetzt[56]. Für Ugarit, Alalach und das Großreich der Hethiter läßt sich eine freiere Art des Handels nachweisen. Dort gehörten die meisten Handwerker einer mehr oder weniger freien Mittelklasse an. Sie waren zu Zünften zusammengeschlossen und arbeiteten in städtischen 'Basaren'. Einige Handwerker arbeiteten ständig für den Palast, doch wurden auch Aufträge des Königs von gedungenen Leuten ausgeführt und mit Silber, Gegenständen der heimischen Manufaktur oder Importgütern aus fremden Ländern bezahlt. Nach M. Ventris und J. Chadwick gab es in den mykenischen Königreichen beide Arten von Handwerkern. Einige – besonders weibliche Sklaven – gehörten zum Palast, die anderen waren frei. Daß niemals von einer Bezahlung die Rede ist, wird mit der Hypothese erklärt, daß diese Leute immer wieder zu Dienstverpflichtungen für den König herangezogen wurden. Nur die Verteilung von Weizen und Früchten ist in den Linear B-Dokumenten erwähnt. Natürlich ist auch ein solches gemischtes System denkbar; aber es erscheint doch als ziemlich sicher, daß der Außenhandel in mykenischer Zeit nur von Königen betrieben wurde[57].

[54] Mireaux a.O. 155.
[55] Ventris – Chadwick a.O. 134.
[56] Ebenda 133 f.
[57] Der hier vorgelegten Studie liegt ein Artikel in neugriechischer Sprache zugrunde, s. Ephemeris 1953/54 (= Festschrift G. Oikonomos III [1961]) 135 ff. – Frau M. Buchholz danke ich für die Übersetzung meiner englischen Neufassung ins Deutsche, Herrn Prof. H.-G. Buchholz für die Aufnahme in den vorliegenden Band. Meine Beobachtungen wurden ausgewertet von F. Schachermeyr, Die minoische Kultur des alten Kreta (1964) 222 (Paläste als Wirtschaftszentren); N. Platon, Historia tou Hellenikou Ethnous I (1970) 193 ff.; ders., Zakros (1971) 243; P. Faure, La Vie Quotidienne en Crète au Temps de Minos (1973) 188. Vgl. auch S. Alexiou, Minoan Palaces as Centers of Trade and Manufacture, in: Proceedings of the 4th International Symposium at the Swedish Institute in Athens, 1984. Zu Fragen des altorientalischen Güteraustauschs vgl. neuerdings M. Heltzer, Goods, Prices and the Organization of Trade in Ugarit (1978); und A. Archi, Circulation of Goods in Non-Palatial Context in the Ancient East (1984).

THERA UND DAS ÖSTLICHE MITTELMEER

Von Hans-Günter Buchholz

Schiffe und Anker

Als karge vulkanische Insel war Thera – sobald von Menschen besiedelt – auf Seeverkehr angewiesen. Die auf den Wandmalereien von Akrotiri, Thera, dargestellten Kriegs- und sonstigen Schiffe müssen hervorragend seetüchtig gewesen sein, so daß sie gefahrvolle, lange Reisen zu bewältigen vermochten. Es handelt sich um die vollkommensten Seefahrzeuge, die aus der Bronzezeit bekannt sind (Abb. 81 Taf. 5 a.b; vgl. Abb. 55 a.b). Der Entdecker jener Wandmalereien, Sp. Marinatos, stellte mir bald nach der Restaurierung den Beitrag »Das Schiffsfresko von Thera« mit damals noch unbekannten Detailaufnahmen für die Archaeologia Homerica zur Verfügung und leitete damit eine bis heute andauernde Diskussion um die dargestellten Schiffe ein[1]. Unlängst ist daraus das Fazit in Gestalt einer zeichnerischen Rekonstruktionen des auf den Wandmalereien wiedergegebenen Schiffs-

---

[1] M. van Effenterre, Cretan Ships on Sealstones, in: Thera Aegean I 593 ff.; L. Morgan Brown, The Ship Procession in the Miniature Fresco, ebenda 629 ff.; beide mit umfangreicher Bibliographie; vgl. außerdem: L. Baumbach, A Fresco from Santorini, in: Akroterion 18, Heft 3/4, 1973, 26 f.; H. W. Catling, ArchRep 1972/73, 25 f. Abb. 51 ('Westhaus'). 52. 53 (Schiffsdarstellungen); Sp. Marinatos, Ein historisches Fresko aus Thera (neugriech.), in: PraktAkAth 48, 1974, 231 ff.; ders., in: H.-G. Buchholz, ArchHom, Kap. G (1974) G 141 ff.; L. Casson, Bronze Age Ships, the Evidence of the Thera Wall Paintings, in: IntJNautA 4, 1975, 3 ff.; T. C. Gillmer, The Thera Ship, in: Mariner's Mirror 61, 1975, 321 ff.; J. Rougé, La Marine dans l'Antiquité (1975) passim, mit den Rezensionen von J. Harmand, Latomus 35, 1976, 923 ff. und D. Wachsmuth, Gnomon 49, 1977, 214 ff.; F. Schachermeyr, Die ägäische Frühzeit II (1976) 76 ff. (Beobachtungen und Interpretationen zu den Thera-Fresken); A. F. Tilley – P. Johnstone, A Minoan Naval Triumph?, in: IntJNautA 5, 1976, 285 ff.; M. Benzi, Gli Affreschi dell' Ammiraglio a Thera, in: Prospettiva. Rivista d'Arte Antica e Moderna 10, 1977, 3 ff.; S. A. Immerwahr, Mycenaeans at Thera: Some Reflections on the Paintings from the West House, in: Greece and the Eastern Mediterranean in Ancient History and Prehistory. Studies Presented to Fritz Schachermeyr on the Occasion of his Eightieth Birthday (1977) 173 ff. bes. 176–182 Taf. A–D; A. Raban, Ships and Shipping in the Wall Paintings of Thera (hebräisch), in: Qadmoniot 10, 1977, 18 ff.; J. Schäfer, Zur kunstgeschichtlichen Interpretation altägäischer Wandmalerei, in: JdI 92, 1977, 1 ff. bes. 7 ff. Abb. 4; St. Hiller, Gnomon 49, 1977, 400. 403; L. Casson, The Thera Ships, in: IntJNautA 7, 1978, 232 f.; D. H. Kennedy, A Further Note on the Thera Ships, in: Mariner's Mirror 64, 1978, 135 ff.; C. G. Reynolds, The Thera Ships, in: Mariner's Mirror 64, 1978, 124; P. Warren, The Miniature Fresco from Thera, the West House at Akrotiri, Thera, and its Aegean Setting, in: JHS 99, 1979, 115 ff.; S. Wachsmann, The Thera Waterborne Procession Reconsidered, in: IntJNautA 9, 1980, 287 ff.; G. Säflund, in: Sanctuaries and Cults 193 ff. bes. 198 ff.; M. G. Prytulac, Weapons on the Thera Ships, in: IntJNautA 11, 1982, 3 ff.; A. Raban, The Thera Ships, another Interpretation, in: AJA 88, 1984, 11 ff. Vgl. auch Sp. Marinatos in vorliegender Publikation, unten S. 275 ff. Abb. 81 und Taf. 5 a.b. Zu Parallelen in der mykenischen Kunst bezüglich der an den Schiffen des 'Schiffsfreskos' dargestellten Löwen, Delphine, Vögel sowie Spiralmuster vgl.: J. L. Crowley, More on Mycenaeans at Thera; in: AJA 87, 1983, 83 ff.; R. Laffineur, Early Mycenaean Art: Some Evidence from the West House in Thera, in: BICS 30, 1983, 111 ff.; ders., Iconographie Mycénienne et Symbolisme Guerrier, in: Art et Fact, Revue des Historiens d'Art, Archéologues, Musicologues et Orientalistes de l'Université de Liège 2, 1983, 38 ff. Zu den wenigen erhaltenen Schiffs- bzw. Bootsmodellen des bronzezeitlichen Ägäisraums, die sich jedoch zu den in Thera dargestellten Schiffen nicht in direkte Beziehung setzen lassen, vgl. A. Göttlicher, Materialien für ein Corpus der Schiffsmodelle im Altertum (1978) 3. 60 ff. Nr. 311 bis 320 Taf. 24. Vgl. schließlich auch meine »Bemerkung zum Schiffsfresko von Thera«, in: Hellas ewig unsre Liebe. Freundesgabe für W. Zschietzschmann zu seinem 75. Geburtstag (1975) 5 ff.; dazu Wachsmuth a.O.

typus gezogen worden[2]. Die künstlerisch erfaßten technischen Details mögen demnach auf eine Konstruktion weisen, wie sie unsere Abb. 39 zeigt, die wir vergleichsweise einem rund 500 Jahre jüngeren griechischen Schiffstypus gegenübergestellt haben (Abb. 40). Bei letzterem handelt es sich um eins der Seefahrzeuge, mit denen Griechen zur Zeit Homers ihre großen Unternehmungen durchführten, die das koloniale Zeitalter einleiteten.

Wer Beobachtungen zu dem Seehandel der Mitte des 2. Jts. v. Chr. anstellt, wird kaum auf so zahlreiche Schiffswracks wie aus späteren Epochen hoffen dürfen. Im Jahre 1984 hat G. Bass die Untersuchung eines am Kap Ulu Burun bei Kaş gesunkenen und jetzt in Tiefen zwischen 42 und 52 Metern liegenden Schiffes aus der ersten Hälfte des 14. Jhs. v. Chr. begonnen. Mit wenigstens 150 Kupferbarren, etwas Zinn, Elfenbein, Dutzenden von Rohglas-Barren, 'Kanaanäischen Amphoren' und vielen anderen Gütern an Bord dürfte es sich um den handelsgeschichtlich bedeutendsten Fund dieser Region handeln. Die ersten Vorberichte sind in Kürze zu erwarten. Das bis dahin älteste, ebenfalls von G. Bass untersuchte Schiff gehört in die Zeit um 1200 v. Chr. und wurde am Kap Gelidonya an der Südküste Anatoliens in 28 Meter Tiefe als Wrack auf dem Meeresboden entdeckt. Wertvolle Hinweise auf Seewege und Schiffsverkehr der Bronzezeit geben aber dort, wo Schiffe unauffindbar sind, untergegangene bzw. in Tempeln als Weihegaben niedergelegte Ankersteine. Sie stellten ein unentbehrliches Schiffszubehör dar und sind auch aus Akrotiri auf Thera bekannt (Abb. 41a)[3]. Grundform und technische Zurichtung derartiger Steinanker des 2. Jts. v. Chr. waren überall im Mittelmeer mehr oder weniger gleich. Ihre Typologie ist von der größten Autorität für derartige Fragen, Frau H. Frost, London, in zahlreichen Studien erarbeitet worden. Tatsächlich lassen solche Ankersteine weitreichende internationale Zusammenhänge des Seewesens jener Zeit erkennen. Ihre Fundverteilung weist auf die Hauptseewege im Mittelmeer während der Bronzezeit hin (vgl. die Karte, Abb. 42, auf der die im vorliegenden Beitrag genannten Fundorte verzeichnet sind). Man hat Steinanker geradezu als 'Topfscherben der Unterwasserarchäologie' angesprochen[4].

[2] H.-E. Giesecke, IntJNautA 12, 1983, 123ff. Unsere Abb. 39 stellt nicht einfach die Übernahme seiner Abb. 4 (a.O. 137) dar, sondern beruht auf eingehender Auseinandersetzung mit seinen Beobachtungen und Überlegungen. Abb. 40 nach H.-G. Buchholz, ArchHom, Kap. G (1974) G 152 Abb. 29. Zum frühgriechischen Seewesen vgl. auch Chr. Kurt, Seemännische Fachausdrücke bei Homer (1979).

[3] Thera VI 19 Taf. 29a–c; Buchholz, in: Hellas ewig unsre Liebe (1975) 6 Abb. 2 (unsere Abb. 41a); Thera VII 12 Taf. 10a; D. E. McCaslin, Stone Anchors in Antiquity: Coastal Settlements and Maritime Trade-Routes in the Eastern Mediterranean ca. 1600–1050 B.C., SIMA LXI (1980) 30f. Abb. 17 (diese Studie hat den Charakter eines Überblicks über das bisher bekannte Material zu den Steinankern, ohne darüber hinaus zu wesentlichen neuen Erkenntnissen zu gelangen. Vgl. die Rezension von P. A. Gianfrotta, Gnomon 55, 1984, 336ff.).

[4] H. Frost, Stone-Anchors as Indications of Early Trade Routes, in: Sociétés et Compagnies de Commerce en Orient et dans l'Océan Indien. Actes du VIIIᵉ Colloque International d'Histoire Maritime, Beirut 1966. Hrsg. M. Mollat (1970) 55ff.; dies., Bronze Age Stone-Anchors from the Eastern Mediterranean, in: Mariner's Mirror 56, 1970, 377ff.; dies., Anchors, the Potsherds of Marine Archaeology: On the Recording of Pierced Stones from the Mediterranean, in: Marine Archaeology. Proceedings of the 23rd Symposium of the Colston Research Society, Bristol 1971. Hrsg. D. J. Blackman, Colston Papers XXIII (1973) 397ff. (mit Bibliographie); H.-G. Buchholz, AA 1974, 346f. 387; A. Nibbi, Egyptian Anchors, in: JEA 61, 1975, 38ff. Abb. 1–3; H. Frost, On a Sacred Anchor, in: Archéologie au Levant, Recueil à la Mémoire de R. Saidah (1982) 161ff. Die meisten der in Kition und Hala Sultan Tekke gefundenen Anker bestehen aus Kalkstein von der Südküste Zyperns und dem Gebiet um Paphos; zwei sind aus Syenit von der Sinaihalbinsel. Zu dem Steinanker im Tempel 5 von Kition vgl. V. Karageorghis, BCH 100, 1976, 877f. Abb. 71; ders., CRAI 1976, 241 Abb. 10. Im Meer vor Larnaka-Kap Kiti wurden im vergangenen Jahrzehnt insgesamt 26 Anker gefunden, vgl. dazu: K. Nikolaou, AJA 79, 1975, 129; P. Åström u. a., Hala Sultan Tekke I, SIMA XLV 1

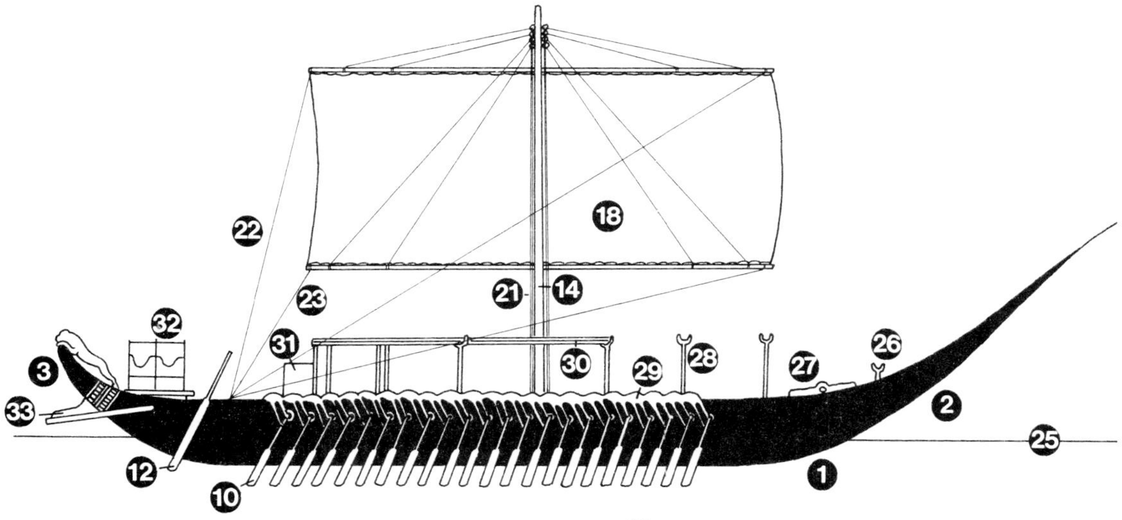

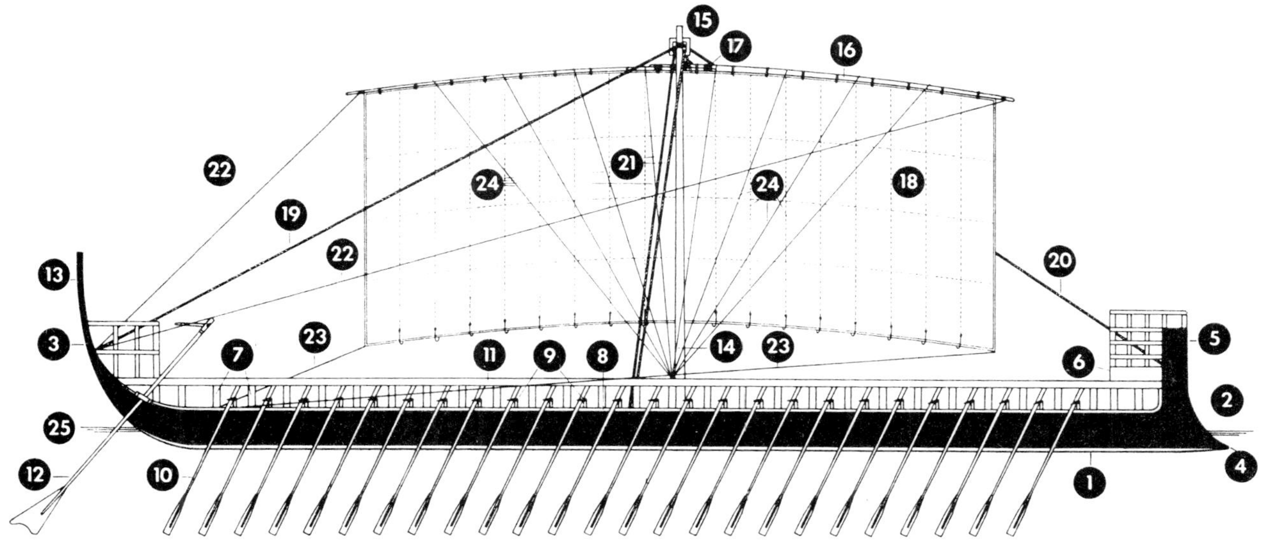

Abb. 39 und 40. Ägäisches Schiff der Mitte des 2. Jahrtausends v. Chr., zeichnerische Rekonstruktion nach den Schiffs-
fresken von Thera (vgl. Abb. 81), und frühgriechisches Schiff, zeichnerische Rekonstruktion nach geometrischen Vasenbildern. Nr. 1: Kiel, 2: Bug, 3: Heck, 4: Rammsporn, 5: Vordersteven, 6: Halbdeck, 7: Spanten, 8: Dollbord, 9: Dol-
len, 10: Riemen, 11: Reling, 12: Ruder, 13: Achtersteven, 14: Mast, umlegbar, 15: Masttopp, 16: Rah, 17: Rahzurring,
18: Segel, 19: Wanten, zur Befestigung des Mastes nach achtern, 20: Stag, zur Befestigung des Mastes nach vorn,
21: Taue zum Heißen der Rah, 22: Brassen zur Bewegung der Rah, 23: Schoten zum Halten der Unterkante des Segels,
24: Geitaue zum Reffen des Segels, 25: Wasserlinie, 26: Halterung für umgelegten Mast, 27: Ankerklüse, 28: Halterung
für heruntergelassene Rahen, 29: Befestigung der Riemen, 30: Sonnenschutz für Passagiere, 31: Luke, 32: Gangway, auf
See Kapitänskabine, 33: Vorrichtung zum Anlandziehen des Schiffes

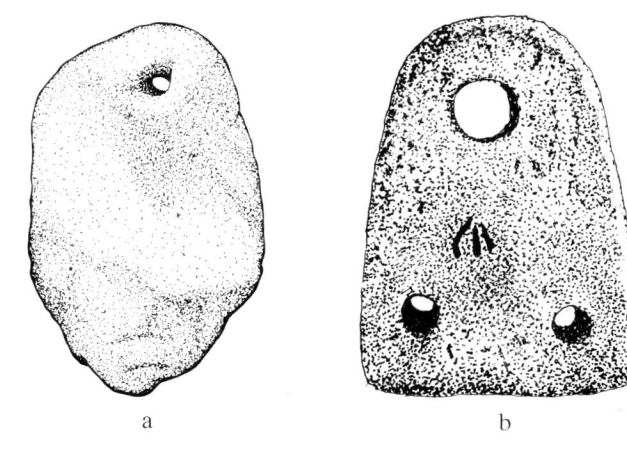

Abb. 41a und b.   (a) Steinanker aus Akrotiri, Thera,
und (b) dem Salzsee bei Larnaka, Zypern, mit kypro-
minoischer Schriftmarke; vgl. Abb. 79

a   b

161

Nachdem bisher nur wenige Steinanker an den Küsten Kretas gefunden wurden[5] und nachdem eine Konzentration von ihnen im östlichen Mittelmeerraum festgestellt wurde – auf und bei Zypern (Abb. 41b)[6], in Ras Schamra und Byblos, an der phoinikisch-palästinensischen Küste[7] –, steht fest, daß Thera mit diesem Bereich des Mittelmeers in Verbindung zu bringen ist. Der Hafen von Thera muß als einer der Hauptankerplätze der Ägäis angesehen werden. Steinanker der beschriebenen Art wurden sogar kürzlich an der bulgarischen Schwarzmeerküste entdeckt[8]. Sie bekunden die Verlängerung der ägäischen Seewege seit dem Beginn der Spätbronzezeit ins Schwarze Meer hinein. In Bulgarien wurden auch drei kretische Metallbarren gefunden, und zwar im Hafen von Sozopol (Cerkovo) – sie vertreten u. a. einen Typus, wie er aus Hagia Triada bekannt ist und den dortigen entsprechende Ritzzeichen aufweist –, in der Bucht von Burgas[9], am Kap Kaliakra (Bezirk Tolbuchin)[10] und in Karnobat[11]. Anker und Rohmetall datieren die Eröffnung der fraglichen Fernhandelsroute somit in die Mitte des 2. Jts. v. Chr. Dies ist der Höhepunkt der Seefahrt Theras vor der großen Katastrophe gewesen, die die Insel betroffen hat. Importierte Keramik läßt die Anwesenheit von Theräern oder kretischen Minoern in Poliochni auf Lemnos, also in der nördlichen Ägäis, sogar schon etwas früher erkennen[12].

(1976) X Abb. 10; O. T. Engvig – P. Åström, Hala Sultan Tekke II, SIMA XLV 2 (1975) 16 Abb. 15. 16. 20. 48. 49; D. E. McCaslin, in: G. Hult, Hala Sultan Tekke IV, SIMA XLV 4 (1978) 117ff. Abb. 215–218; McCaslin, Stone Anchors in Antiquity, SIMA LXI (1980) 21ff. Abb. 10. Zu den kyprischen Ankern insgesamt: ders. ebenda 21ff. Abb. 9–16. Zu den Ankern im westlichen Mittelmeergebiet s. H.-G. Buchholz, unten S. 251 mit Anm. 60 sowie F.-W. v. Hase, unten S. 272 Abb. 79. Die Verwendung eines durchbohrten Steines von etwa zwei Talenten Gewicht als Schleppanker der Nilbarken erwähnt Herodot II 96.

[5] S. Hood, The Minoans (1971) 128 Abb. 109, hat erkannt, daß A. Evans' 'Royal Standard Weight' aus Knossos ein Ankerstein ist, so wie Frau Frost und ich dies schon vor längerer Zeit darlegten. Der Fund eines weiteren Ankersteins mit einem Loch in Kommos auf Kreta wurde mir kürzlich von P. P. Betancourt mitgeteilt. Zu diesen und den übrigen drei Ankern aus Kreta vgl. auch D. E. McCaslin, Stone Anchors in Antiquity, SIMA LXI (1980) 33f. Abb. 19.

[6] Buchholz, AA 1974, 383. 387 Abb. 46 (hier unsere Abb. 41b); N. K. Sandars, The Sea Peoples (1978) 44. 148 Abb. 22.

[7] H. Frost, in: Ugaritica VI 235ff.; McCaslin, SIMA LXI (1980) 45ff. Abb. 24. 28 (Ras Schamra); E. Wein – R. Opificius, 7000 Jahre Byblos (1963) 38 Nr. 15 mit Abb. (Byblos, Weihgabe für den Gott Reschef, weißer Kalkstein, über 1 m hoch, Loch und Seilrinne; 19.–15. Jh. v. Chr.); zu diesem und den anderen Ankern aus Byblos: Frost, The Stone-Anchors of Byblos, in: MélBeyrouth 45, 1969, 425ff.; dies., Recueil de la Société Jean Bodin 32, 1974, 35ff.; McCaslin, SIMA LXI (1980) 44f. Abb. 24. 27; Sh. Wachsmann – K. Raveh, IEJ 28, 1978,

282 Taf. 56b–d (mehr als 50 Ankersteine von der israelischen Küste; viele davon wurden zwischen den Inseln Hopami und Tafat gefunden); vgl. auch McCaslin a.O. 39ff. Abb. 24–26 sowie oben Anm. 4.

[8] I. Karayotov, Sofia News 6. 7. 1977, 1 (Steinanker von Nesebar, Pomorie, Sozopol und Kiten).

[9] B. Dimitrov, IntJNautA 8, 1979, 70f. Abb. 3; J. D. Muhly – R. Maddin – T. S. Wheeler, RDAC 1980, 85 (Länge 58 cm, Dicke 4 cm, Gewicht 29 kg. Genauere Angaben zur Zeichenform sind der endgültigen Publikation zu entnehmen).

[10] Die Kenntnis dieses Barrens verdanke ich einer freundlichen Mitteilung von G. Tončeva, wofür ihr an dieser Stelle gedankt sei; vgl. dazu jetzt I. Panayotov, Thracia 5, 1980, 173ff. bes. 177f.

[11] Karnobat liegt etwa 50 km landeinwärts von Burgas. Über den dort neu gefundenen Barren sprach I. Karayotov auf der 22. Nationalen Archäologischen Konferenz Bulgariens 1977. Zu den Steinankern und Barren und den durch sie belegten Seeverbindungen mit den Schwarzmeerküsten vgl. jetzt ausführlich H.-G. Buchholz, Doppeläxte und die Frage der Balkanbeziehungen des ägäischen Kulturkreises, in: Ancient Bulgaria. Papers Presented to the International Symposium on the Ancient History and Archaeology of Bulgaria, University of Nottingham, 1981. Hrsg. A. G. Poulter, Bd. I (1983) 54 mit Anm. 47 Abb. 10 (Karte). 11 (Barren vom Kap Kaliakra). Vgl. auch D. H. French, Mycenaeans in the Black Sea?, in: Thracia Pontica I. Premier Symposium International, Sofia (1982) 19ff.; H. Frost, Stone Anchors as Clues to Bronze Age Trade Routes, ebenda 280ff.

[12] F. Schachermeyr, AA 1962, 304 (MH III/SH I); L. Bernabò-Brea, Poliochni II (1976) 335ff. (zur Fundsituation vgl. ebenda 18 Abb. 1).

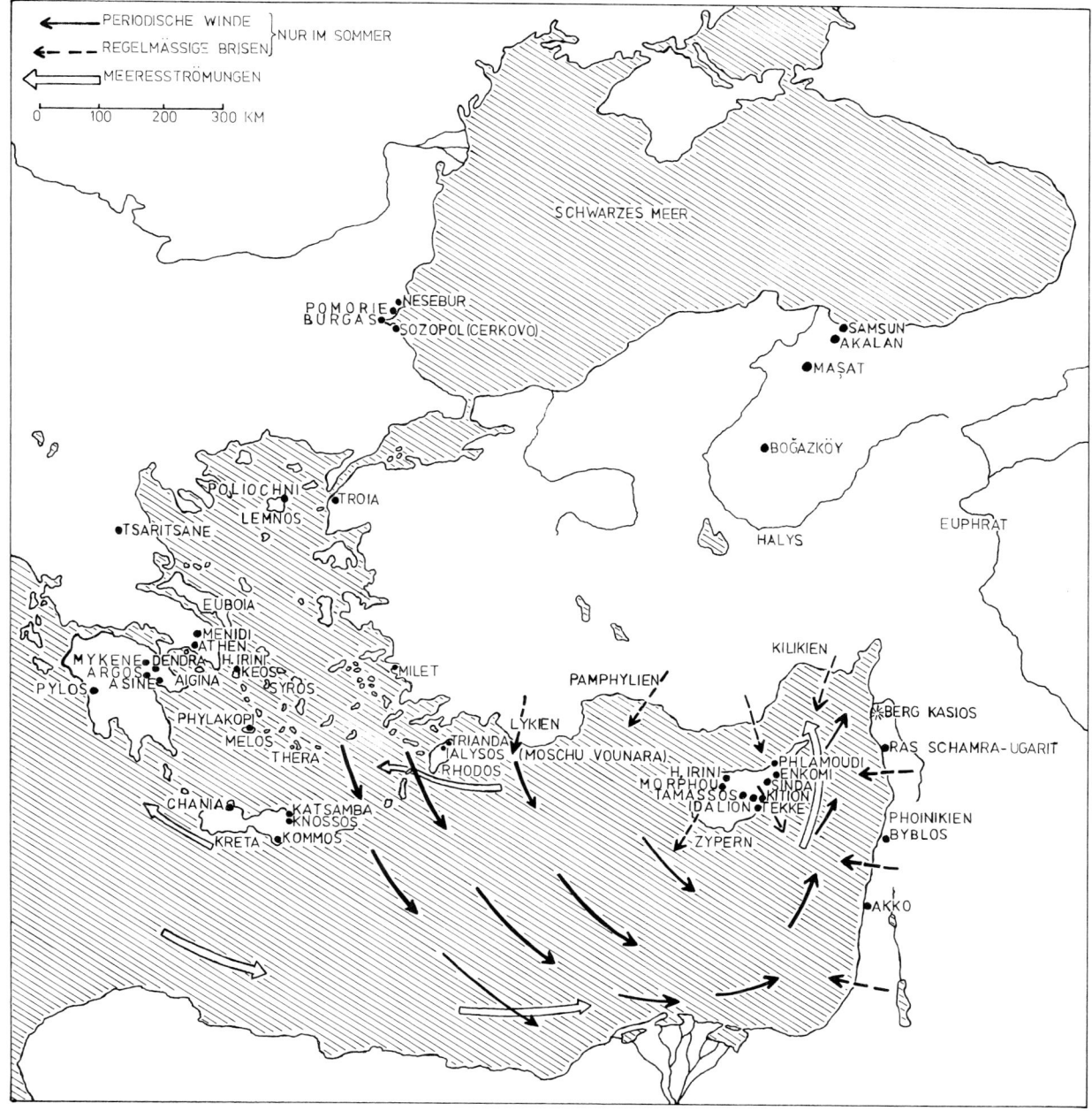

Abb. 42. Im Text genannte Fundorte; Meeresströmungen und Hauptwindrichtungen im östlichen Mittelmeer: Voraussetzungen des antiken Seeverkehrs, vgl. die Karten Abb. 9 a und b

Der damalige Schiffsverkehr war von den vorherrschenden Windrichtungen abhängig (s. Abb. 9 a.b und 42). Periodische Winde und konstante Meeresströmungen mußten von den Seeleuten, die Thera ansteuerten, ebenso berücksichtigt werden wie überall in der Ägäis. Was sich seit der Antike geändert hat, sind die Schiffe, nicht aber die nautischen Bedingungen in Ägäis und östlichem Mittelmeer. Die Richtung der Hauptströmungen verläuft nahe der libysch-ägyptischen Küste nach Osten, zwischen Syrien und Zypern nach Norden, zwischen Rhodos und Karpathos nach Westen. Wie bereits gesagt, waren auch die ständigen bzw. periodischen Winde von größter Bedeutung für die Seefahrt, die aus dem ägäischen Raum nach Südosten gerichtet war, ebenso die landnahen Brisen an der syri-

163

schen, kyprischen und südanatolischen Küste (Abb. 42)[13]. Aus der geographischen Lage Theras und den skizzierten Segelvoraussetzungen ist auf die beherrschende Rolle der Insel als Umschlagplatz für den Orienthandel zu schließen. Die Karte (Abb. 42) vermittelt einen Eindruck von der Weiträumigkeit der Handelsbeziehungen im östlichen Mittelmeer.

Keramik

P. Åström hat drei Tell-el-Yahudiyeh-Krüge der Nomikos-Sammlung in Thera veröffentlicht[14]. Sie zeigen bereits während der mittleren Bronzezeit Verbindungen zum Nahen Osten an. Diese Keramik wurde vor allem im Nildelta gefunden, woher sie ihren Namen hat, ferner auf Zypern und in Syrien-Palästina[15].
Eine Schale der kyprischen Gattung 'White Slip I' (Abb. 43 a)[16] wurde 1870 von H. Mamet und H. Gorceix auf Thera ausgegraben, entweder in Akrotiri oder an der Balos-Bucht (Abb. 44, Karte)[17]. Dies vereinzelte Importstück der spätkyprischen Phase I stellt sich zu ähnlich seltenen Funden gleicher Zeit und gleichen Ursprungs in Knossos und Kommos auf Kreta, in Phylakopi auf Melos sowie in Trianda, Moschou Vounara und Ialysos auf

[13] Zu ägäischen Verbindungen mit der nordafrikanischen Küste vgl. Sandars a.O. 114 f.; W. Helck, Die Beziehungen Ägyptens und Vorderasiens zur Ägäis bis ins 7. Jh. v. Chr. (1979) 38 f. und öfter. Weiteres über Strömungen und Windrichtungen bei P. J. Riis, Sukas I (1970) 165 Abb. 58 (Karte; in Anlehnung daran unsere Abb. 42); nochmals bei V. Hankey, in: Acts of the International Archaeological Symposium, Nikosia 1978 (1979) 304 f. Vgl. auch die beiden Karten mit den Strömungen und Windrichtungen im Juli und im Oktober bei B. J. Kemp – R. S. Merrillees, Minoan Pottery in Second Millennium Egypt (1980) 270 Abb. 78.

[14] P. Åström, in: Acta of the I. International Scientific Congress on the Volcano of Thera (1971) 415 ff. Zu einem kyprischen Gefäß der Zeit um 2000 v. Chr. aus Knossos vgl. H. W. Catling – J. A. MacGillivray, BSA 78, 1983, 1 ff.; zu einer kyprischen 'Whitepainted IV/V'-Scherbe aus Zakro s. M. Popham BSA 58, 1963, 89 ff. Abb. 1 Taf. 26 a.

[15] Als überholt gelten die Beobachtungen von H. Junker, Der nubische Ursprung der sogenannten Tell el-Jahudiye-Vasen (1921); vgl. R. Amiran, Ancient Pottery of the Holy Land (1969) 116 ff.; R. S. Merrillees, Some Notes on Tell El-Yahudiya Ware, in: Levant 6, 1974, 193 ff.; E. T. Vermeule – F. Z. Wolsky, RDAC 1977, 86; O. Negbi, Cypriote Imitations of Tell el-Yahudiyeh Ware from Toumba tou Skourou, in: AJA 82, 1978, 137 ff.; M. Artzy – F. Asaro, Origin of Tell el-Yahudiyah Ware Found in Cyprus, in: RDAC 1979, 135 ff.; M. Kaplan, The Origin and Distribution of Tell el Jahudiyeh Ware, SIMA LXII (1980).

[16] F. Fouqué, Santorin et ses Eruptions (1879) 127 Taf. 42,6 (keine direkte Erwähnung im Text; Abb. steht kopf. Die Form der Schale ist stark verzeichnet, die Ver-

zierung ungenau wiedergegeben und der Verlauf der Bruchkanten irrtümlich als Leiterverzierung dargestellt); A. Dumont – J. Chaplain, Les Céramiques de la Grèce Propre I (1881) 24. 38 Nr. 37 Taf. 2,23 (nur zeichnerische Abb. des Schalenstücks mit dem Leitermuster; der Verlauf der Bruchkanten und die Ornamentierung sind nicht exakt wiedergegeben); A. Furtwängler – G. Löschcke, Mykenische Vasen (1886) 22 Taf. 12,80 (exakte Wiedergabe; danach, als Umzeichnung, die M. Morkramer, Gießen, verdankt wird, unsere Abb. 43 a); E. Gjerstad, Studies on Prehistoric Cyprus (1926) 324; E. Sjöqvist, Problems of the Late Cypriote Bronze Age (1940) 82. 160. 162; M. R. Popham, BSA 58, 1963, 93 Anm. 16; G. Cadogan, Cypriot Objects in the Bronze Age Aegean and their Importance, in: Praktika tou I. Diethnous Kyprologikou Synhedriou, Nikosia 1969, Bd. I (1972) 5 f. Nr. 4; Åström a.O. 419 hat die Datierung überprüft, doch anders datiert jetzt O. Höckmann, Die Katastrophe von Thera, archäologische Gesichtspunkte, in: JbRGZM 21, 1974, 62 ff. Abb. 5 (Umzeichnung nach Fouqués Vorlage); dagegen W.-D. Niemeyer, JdI 95, 1980, 72 ff. Abb. 44 (Wiederholung der Abbildung von Furtwängler – Löschcke). Mir erscheint Höckmanns chronologische Einordnung der Schale etwas zu spät; an anderer Stelle werde ich mich dazu eingehend äußern.

[17] Zur topographischen Situation s. die Karten: Thera I Abb. 1; N. Platon, Zakros (1971) 271 (in Anlehnung daran, nach Entwurf von H.-G. Buchholz, unsere Karte, Abb. 44, die M. Morkramer, Gießen, gezeichnet hat). Die Ausgrabungen von H. Mamet und H. Gorceix erfolgten an drei Plätzen, und zwar oben auf der Höhe von Akrotiri, unterhalb am Hang und an der Balos-Bucht, vgl. Fouqué a.O. 107 ff.; Dumont – Chaplain a.O. 19 f.;

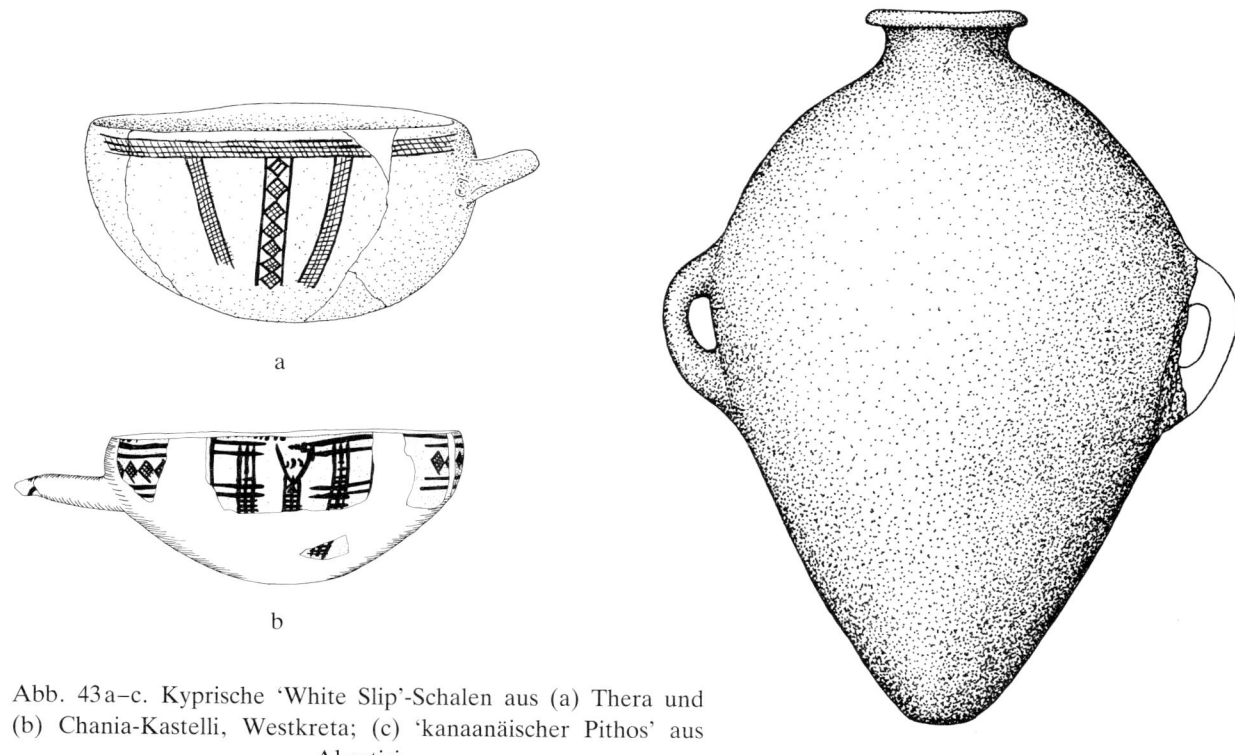

Abb. 43a–c. Kyprische 'White Slip'-Schalen aus (a) Thera und
(b) Chania-Kastelli, Westkreta; (c) 'kanaanäischer Pithos' aus
Akrotiri

Rhodos [18]. Während der spätkyprischen Phase II verstärkte sich der kyprische Keramikexport in die Ägäis. Es wurden Beispiele der Gattungen 'White Slip II' und 'Base-Ring II' in Rhodos, ferner in Kommos, Katsamba und Chania-Kastelli auf Kreta (Abb. 43b), auf den Inseln Aigina und Keos, sogar in Troja und Maşat, Anatolien, gefunden [19]. Kyprischen Ex-

Furtwängler – Löschcke a.O. 18f. (mit ungenauer Angabe, Mamet und Gorceix hätten an drei Stellen bei Akrotiri gegraben; ebenda Taf. 12,80 versehentlich 'Therasia' statt Thera). Zur Fundlage der 'White Slip I'-Schale wurden keine Angaben gemacht.

[18] M. Popham, BSA 58, 1963, 91ff. Abb. 2 Taf. 26b; Cadogan a.O. 5ff. 11ff.; H.-G. Buchholz, AA 1974, 396. Zu zwei neu gefundenen Scherben aus Kommos s. J. W. Shaw, Hesperia 48, 1979, 160 mit Anm. 37 Taf. 55a (Inv.-Nr. C 993). Catling, Bronzework 112 Anm. 5, führte einen 'White Slip I'-Schalenrand und scheibengedrehte rotpolierte 'Spindlebottle'-Scherben aus Haus I und II in Trianda sowie das Bodenfragment einer 'White Slip I'-Schale und zwei 'Base-Ring I'-Krüge aus der Nekropole von Moschou Vounara auf Rhodos an.

[19] Vgl. Cadogan a.O. 6; Buchholz a.O. 396f. (Bibliographie, besonders für Chania-Kastelli); zu dem Stück aus Chania s. bereits H.-G. Buchholz, APA 1, 1970, 139 mit Anm. 15; St. Alexiou, AA 1971, 343 Abb. 40 (danach, als Umzeichnung, die M. Morkramer, Gießen, verdankt wird, unsere Abb. 43b). Zu Kommos (Kreta) s. J. W. Shaw, Hesperia 47, 1978, 125. 128 Taf. 36e; ders., Temple University Aegean Symposium 3, 1978, 56; ders., Hesperia 48, 1979, 152 Anm. 10 Taf. 55a

(Inv.-Nr. C 1262). Weitere Funde belegen wechselseitige Verbindungen hauptsächlich zwischen West-Kreta und Zypern: zu einem vermutlich kyprischen Krater der Phase SM III B aus einem Grab bei Suda (West-Kreta) s. H. Drerup, in: F. Matz, Forschungen auf Kreta (1951) 82ff. Nr. 8 Taf. 3,2; 64,8; 65,4–6. Zu einem Teller aus Rethymnon mit kyprisch beeinflußtem Dekor s. K. Maurigiannakes, RDAC 1973, 87ff. Taf. 10,2.3; 11,2.3. Zu kyprischen Vasen auf Kreta s. auch S. Hood, The Minoans (1971) 125. 162 Anm. 21. Zu minoischem Import auf Zypern s. H. W. Catling – V. Karageorghis, BSA 55, 1960, 109ff. Zu Keos s. J. L. Caskey, Hesperia 41, 1972, 398 Taf. 96 Nr. J 12 und J 13; vgl. auch P. Åström in: SCE IV 1 D (1972) passim. Zu Maşat s. T. Özgüç, Maşat Höyük Kazilari (1978) 66; M. J. Mellink, AJA 85, 1981, 469f. (weitere Funde kyprischer Importkeramik; hier erwähnt, weil ich davon überzeugt bin, daß die Maşat-Funde nicht auf dem Landweg transportiert wurden, sondern Verbindungen über See spiegeln, über die Ägäis und durchs Marmarameer ins Schwarze Meer, vgl. hierzu Buchholz, in: Ancient Bulgaria 54f. Abb. 10 [s. oben Anm. 11]). Zu 'White Slip II'-Bechern s. zuletzt A. H. Kromholz, Cypriote White Slip II Hemispherical Bowls, Diss. Waltham, Mass. 1978.

port nach Hellas belegt ferner eine jüngst in der Unterburg von Tiryns gefundene 'Milk Bowl' aus der Phase SH III B 2[20]. Außerdem läßt sich an den sogenannten 'Wishbone'-Henkeln attisch-mykenischer Gefäße der Einfluß solchen Exportes ablesen[21]. Während des 13. Jhs. v. Chr. vermag man mithin die vermittelnde Rolle Zyperns im ostwestlichen Fernhandel gut zu greifen; denn auch nach Palästina wurde spätkyprische Keramik in größerem Umfang exportiert[22]. In diesem Zusammenhang ist der vereinzelte frühere Beleg aus Thera als ein Vorläufer zu betrachten (Abb. 43a). Die mehrfarbige Vasenmalerei Theras – auf stark saugendem Ton und mit kräftiger Betonung der Konturlinien in dunkler Farbe – wird man schwerlich aus heimischen Wurzeln erklären können. Es besteht Grund zu der Annahme, daß bichrome Maltechniken Syrien-Palästinas und Zyperns auf die Ägäis eingewirkt haben[23].

Als Hinweis auf Fernhandel mit Honig, Öl und Wein ist das Vorkommen eines 'kanaanäischen Pithos' (Abb. 43c)[24] in Akrotiri, Raum Delta 9/1, von größter Bedeutung, in einem Haus, das weitere Gegenstände aus der Fremde aufweist. Pithoi der genannten Art sind aus zahlreichen Orten in Hellas – aus Athen, Menidi, Mykene, Argos, Asine, Pylos, Theben, Tsaritsane und neuerdings aus Kato Zakro und Kommos – sowie aus Zypern bekannt[25]. Das Stück aus Thera ist jedoch typologisch gesehen bei weitem das

[20] K. Kilian, AA 1981, 170 Abb. 40,5; s. AJA 88, 1984, 51.

[21] Vgl. S. A. Immerwahr, The Neolithic and Bronze Ages, The Athenian Agora XIII (1971) 105. 200 Nr. XIII–1 Taf. 44,1 (Bronzeschale, SH III A/B); S. 131. 251 Nr. 432 Taf. 61. 75 (Tonschalenfragment, SH III A 2e). Zweigeteilt gearbeitete 'Wishbone'-Henkel an einer 'Base-Ring'-Vase erwähnte T. Dothan in einem Vortrag in Nikosia im Jahre 1978. Das Weiterleben dieser Form bis in protogeometrische Zeit belegen die Funde zweier 'Wishbone'-Henkel in Assiros, Makedonien (Schicht 1: 10. Jh. v. Chr.), vgl. K. A. Wardle, BSA 75, 1980, 256. 260f. Abb. 16 Nr. 38. 39 Taf. 21f.

[22] Vgl. dazu jetzt B. M. Gittlen, Studies in the Late Cypriote Pottery Found in Palestine, Diss. Philadelphia, Pennsylvania 1977 (Mikrofilm Nr. 78–6585).

[23] C. Epstein, Palestinian Bichrome Ware (1966) und R. Amiran, Ancient Pottery of the Holy Land (1969) passim; A. Artzy – L. Perlman – F. Asaro, Imported and Local Bichrome Ware in Megiddo, in: Levant 10, 1978, 99ff.

[24] Thera VII 30 Taf. 49b (danach, als Umzeichnung, die M. Morkramer, Gießen, verdankt wird, unsere Abb. 43c); W. Helck, Die Beziehungen Ägyptens und Vorderasiens zur Ägäis bis ins 7. Jh. v. Chr. (1979) 115f. Anm. 88–91 (Thera, Mykene, Athen, Menidi, gemäß ägyptischen Texten zum Handel mit Honig, Öl und Wein vorgesehen); O. Negbi, in: Temple University Aegean Symposium 6, 1981, 46f.; G. Säflund, in: Sanctuaries and Cults 195.

[25] Grundlegend: V. Grace, in: The Aegean and the Near East, Studies presented to H. Goldman (1956) 80ff. Bibliographie: H.-G. Buchholz, AA 1974, 436; Å. Åkerström, More Canaanite Jars from Greece, in: OpAth 11, 1975, 185ff. Abb. 1–13 (vollständige Fundliste, Nr. 10 aus Asine); F. Schachermeyr, Die ägäische Frühzeit II (1976) 30; W. Helck, Die Beziehungen Ägyptens und Vorderasiens zur Ägäis bis ins 7. Jh. v. Chr. (1979) 116. Zu dem Stück aus Athen vgl. auch: Buchholz – Karageorghis, Altägäis 73 Nr. 956 (mit Lit.; anstatt Ahiram lies: Amiran); S. A. Immerwahr, The Athenian Agora XIII (1971) 119. 164 Taf. 31,8; P. Åström – R. E. Jones, OpAth 14, 1982, 7ff. (gemäß Tonanalyse wohl aus dem palästinensischen Küstengebiet stammend; s. A. Raban, Jerusalem, Univ. Analysen-Nr. 151 W [noch nicht veröffentlicht]). Zu den vier Exemplaren aus Menidi: H. G. Lolling, Das Kuppelgrab bei Menidi (1880) 21. 23f. 32 Taf. 9,1–4; O. Montelius, La Grèce Préclassique I (1924) 164 Abb. 574; J. D. S. Pendlebury, Aegyptiaca (1930) 76 Nr. 153–156 mit Abb. (Athen, Nat.-Mus., Inv.-Nr. 2014–2017; H 50,5–55 cm; nicht entzifferte Zeichen auf Henkeln; 18. Dynastie). Aus Mykene sind mindestens sechs Stück bekannt: Außer den in Åkerströms Liste a.O. 191f. Nr. 5–8 aufgeführten vier noch die Frgte. weiterer Pithoi aus dem 'Haus des Ölhändlers', s. Åkerström ebenda 187 (nach Auskunft von E. Wace-French) sowie ein Henkelfrgt. aus dem 'Causeway Deposit', s. K. A. Wardle, BSA 68, 1973, 297ff. 331 Nr. 194 Abb. 18 Taf. 59d (mit nach dem Brand eingeritztem Zeichen: ↑); P. Åström in: Praktika tou II. Diethnous Synhedriou Peloponnesikon Spoudon II (1981/82) 142f. Bemerkenswert ist der Pithos mit aufgemaltem Schriftzeichen aus dem 'Zitadellen-Haus': E. L. Bennett, The Mycenae Tablets II (1958) 76f. Abb. 601; weitere Lit. bei Åkerström a.O. 191f. Nr. 8; Pylos, Tholosgrab III: Blegen, PN III 94 Abb. 174,4a.b

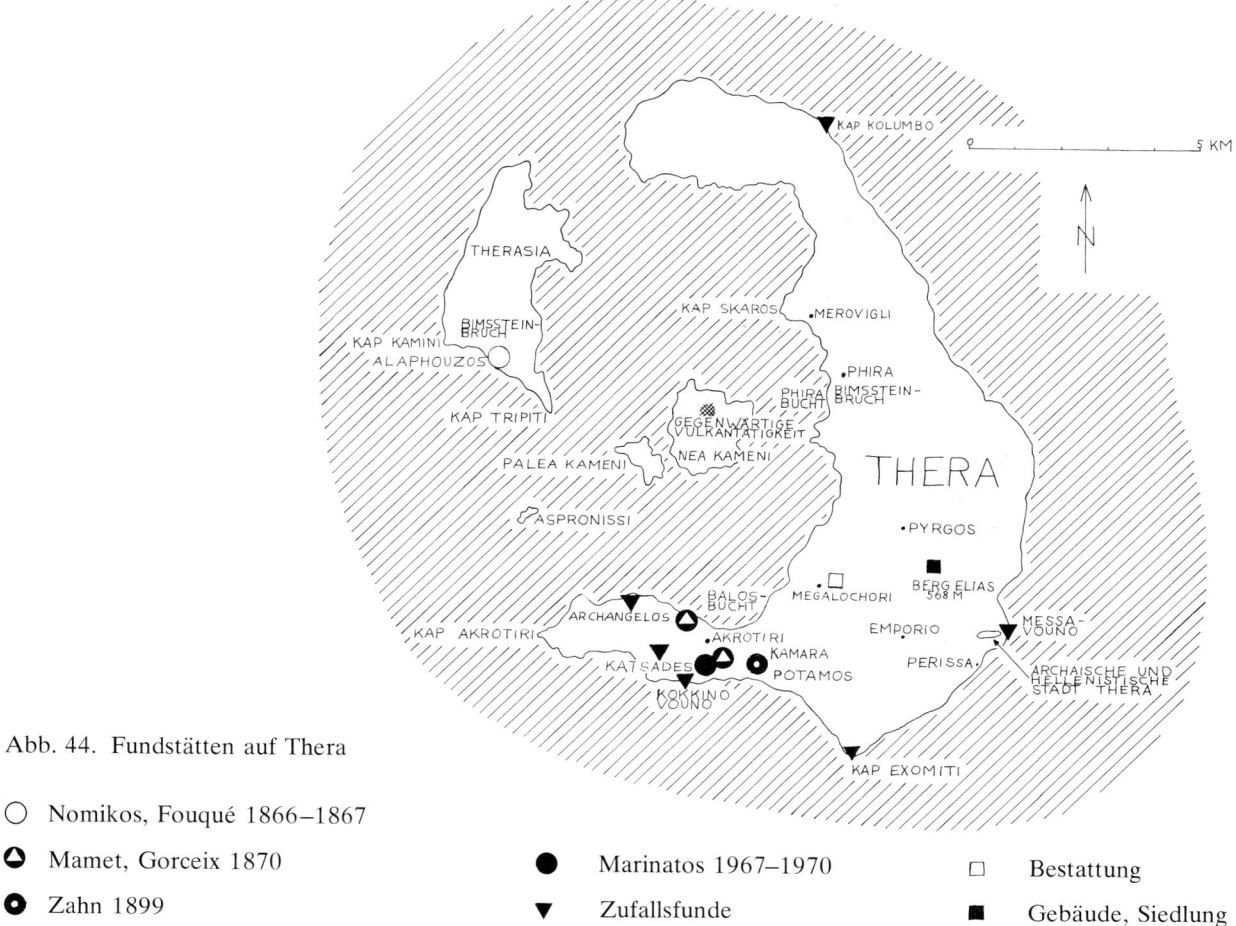

Abb. 44. Fundstätten auf Thera

○ Nomikos, Fouqué 1866–1867

◓ Mamet, Gorceix 1870   ● Marinatos 1967–1970   □ Bestattung

◉ Zahn 1899   ▼ Zufallsfunde   ■ Gebäude, Siedlung

älteste[26]. Es ist durch die ausladende ovale Form, die Eigenart der Basis und den tiefen Sitz der Vertikalhenkel als ein chronologisch altes Beispiel charakterisiert. Parallelen zu dem Gefäß aus Thera wurden in Ägypten gefunden. Sie gehören der Regierungszeit Thutmosis' II. und der Königin Hatschepsut an (1520–1457 v. Chr.)[27].

(Athen, Nat.-Mus., Inv.-Nr. 9138, mit vor dem Brand eingeritztem Zeichen: ⸮). Zu dem 'kanaanäischen Pithos' aus Theben s. P. M. Fraser, ArchRep 1968/69, 18. Der Pithos aus Tsaritsane-Hasan Magoula in Thessalien ist nicht ausreichend publiziert. Zum FO: R. Hope Simpson – O. T. P. K. Dickinson, A Gazetteer of Aegean Civilisation in the Bronze Age I (1979) 287 Nr. H 38. Dieser FO ist besonders interessant, weil er zeigt, daß Thessalien, wenigstens teilweise, in die internationalen Handelsbeziehungen der mykenischen Kultur einbezogen war. Mehrere Pithoi wurden jüngst in Kato Zakro gefunden: H. W. Catling, ArchRep 1981/82, 57 (ohne Angabe der genauen Anzahl). Der Pithos aus Kommos ist unveröffentlicht. Zu 'kanaanäischen Pithoi' aus Zypern (Enkomi, Sinda, Kalopsida, Pyla, Mosphilos, Morphou-Pigades u. a.): P. Åström, OpAth 5, 1965, 115 ff.; Enkomi I 245. 280; III Taf. 65,10; 77,22.23; 120,11.12; 125,4 (mit einem Zeichen auf der Schulter: ⊠); Alasia I 256 Abb. 95; W. Helck, Die Beziehungen Ägyptens und Vorderasiens zur Ägäis bis ins 7. Jh. v. Chr. (1979) 115 f. Anm. 94; V. Karageorghis – M. Demas, Pyla-Kokkinokremos (1984) 19 f. 25. 41 ff. 46. 48. 51. 67. 77. 99. Taf. 23. 37. 38. Zu dem Mittelkyprisch III-Pithos aus Mosphilos, Grab 1 A, s. auch: R. S. Merrillees, Trade and Transcendence in the Bronze Age Levant, SIMA XXXIX (1974) 45 Abb. 29,5; S. 54 Abb. 35; zu Hala Sultan Tekke s. Annual Report of the Director of the Department of Antiquities 1976, 28; zu Salamis s. M. Yon. Salamine de Chypre II (1971) 30 f. Nr. 60 Taf. 20,60.

26 Vgl. R. Amiran, Ancient Pottery of the Holy Land (1969) 138 ff. Taf. 43,1–13 (chronologische Zusammenstellung). Der fragliche Typus hat sich aus einer Vorform der Mittleren Bronzezeit entwickelt: ebenda 104 Taf. 32,6. Zu 'kanaanäischen Pithoi' aus Chirbet el-Mschasch im Negev s. V. Fritz – A. Kempinski, ZDPV 91, 1975, 111 ff. (mit Lit.) Taf. 5 d; 7 a.

27 P. J. Parr, The Origin of the Canaanite Jar, in: Archaeological Theory and Practice. Essays Presented to W. F.

Steinerne Dreifuß-Mörser

Als ich Dreifußschalen aus Trachyt in den ägäischen Ländern untersuchte, waren Gegenstände dieser Art aus Thera unbekannt[28]. Inzwischen hat der 1974 verstorbene Ausgräber von Akrotiri, Sp. Marinatos, einige schöne Beispiele veröffentlicht. Es handelt sich bei diesen höchstwahrscheinlich um Importe aus Syrien-Palästina. Neben der mit Füßen ausgestatteten Form (Abb. 45a.c)[29] wurde auch die mit einem Ausguß versehene fußlose Variante in Akrotiri gefunden[30], wie wir sie – mit und ohne Füße – zeitlich später aus dem 'Haus der Sphingen' in Mykene und aus dem Schiffswrack vom Kap Gelidonya kennen[31]. Wiederum beweisen diese Funde Verbindungen zwischen dem ägäischen Raum und dem Nahen Osten, Thera und Zypern eingeschlossen, wofür als ein Beleg unter vielen ein zerbrochener Dreifußmörser aus Boğazköy genannt werden soll (Abb. 46a.b)[32]. Auf Thera wurde allerdings auch eine steinerne Dreifußschale gefunden, die den ausländischen Stücken typologisch entspricht, sich aber durch reliefierte Spiralmuster als lokale Fertigung erweist (Abb. 45b.d)[33]. Einige dieser Mörser werden zum Zerkleinern von Malfarben benutzt worden sein. Ist das richtig, so weist auch diese Beobachtung nach Osten; denn aus Syrien und Palästina sind Mörser bekannt, in denen Farbenreste festgestellt werden konnten. Auf importierte Pigmente, die in der bronzezeitlichen Siedlung von Thera verwendet wurden, gehe ich unten ein.

Elfenbein

Aus Thera sind Stoßzähne von Elefanten nicht bekannt, wie beispielsweise aus dem Palast von Zakro, aus Palaikastro, Mykene und einem SH III-Tholosgrab in Kokla bei Argos[34]. Nur wenige Elfenbein-Gegenstände wurden bis jetzt aus Akrotiri veröffentlicht. Der Aus-

Grimes (1973) 173ff.; M. M. Ibrahim, The Collared-Rim Jar of the Early Iron Age, in: Archaeology of the Levant. Essays for K. Kenyon (1978) 116ff. Bereits R. J. Forbes, Studies in Ancient Technology[2] III (1965) 76 Abb. 18 (Ägyptische Darstellung: Magazin mit Gefäßen der hier behandelten Art).

[28] H.-G. Buchholz, Steinerne Dreifußschalen des ägäischen Kulturkreises und ihre Beziehungen zum Osten, in: JdI 78, 1963, 1ff. Ergänzungen: ders., Mörsersymbolik, in: APA 7/8, 1976/77, 249ff.; vgl. auch P. Warren, Minoan Stone Vases (1969) 115ff.; G. Cadogan, in: Praktika tou I. Diethnous Kyprologikou Synhedriou, Nikosia 1969, Bd. I (1972) 7f.; H.-G. Buchholz, AA 1974, 396 (Bibliographie).

[29] Thera I 31 Abb. 42; II 48 Abb. 36; V 8 Taf. 1a und 29; H.-G. Buchholz, APA 7/8, 1976/77, 250 Abb. 1. 2 (hier Abb. 45a.c, Umzeichnung von Frau K. Vischer, Berlin); P. M. Warren, Ephemeris 1979, 86f. 100. 104f. 108 Abb. 3 Nr. 174 Taf. 16e.st.

[30] Thera I 28f. Abb. 38; 43 Abb. 61; II 15f. Abb. 8; 48 Abb. 34. 35; III 61f. Taf. 57,3; ferner H.-G. Buchholz, APA 7/8, 1976/77, 256 Abb. 11. 12; Warren, Ephemeris 1979, 86 Abb. 2 Nr. 176 und 3709 Taf. 15 st.i; 16a–d.

[31] Vgl. meinen Aufsatz »Steinerne Dreifußschalen des ägäischen Kulturkreises und ihre Beziehungen zum Osten«, in: JdI 78, 1963, 1ff. bes. 7 Abb. 3d; 55 Abb. 16 (Verbreitungskarte). J. Makkay hat sich darauf bezogen in ActaArchScient Hungaricae 30, 1978, 13ff.

[32] R. M. Boehmer, Die Kleinfunde von Boğazköy (1972) 214 Nr. 2192 Taf. 84; H.-G. Buchholz, APA 7/8, 1976/77, 269 Abb. 33a.b (hier Abb. 46a.b).

[33] Thera I 57f. Abb. 84–88; Buchholz a.O. 250 Abb. 3a.b (hier Abb. 45b.d, Umzeichnung von Frau K. Vischer, Berlin).

[34] Zu den Elefantenzähnen aus Zakro s. N. Platon, Zakros (1971) 59f. mit Abb. S. 61; B. Kaiser, Untersuchungen zum minoischen Relief (1976) 195; s. auch St. Alexiou in vorliegender Publikation, oben S. 157. Stück eines Elefantenzahnes in Palaikastro, s. R. M. Dawkins, BSA 11, 1904/05, 284; Kaiser a.O. 295. Elefantenzahn aus Mykene: Buchholz – Karageorghis, Altägäis 106 Nr. 1272; J.-C. Poursat, Catalogue des Ivoires Mycéniens du Musée National d'Athènes (1977) 94f. Nr. 301 Taf. 30. 31; Rutkowski, Kultdarstellungen 66ff. Tholosgrab in Kokla, an der Straße nach Kephalovryson: Nestor 9, 1982, 1594.

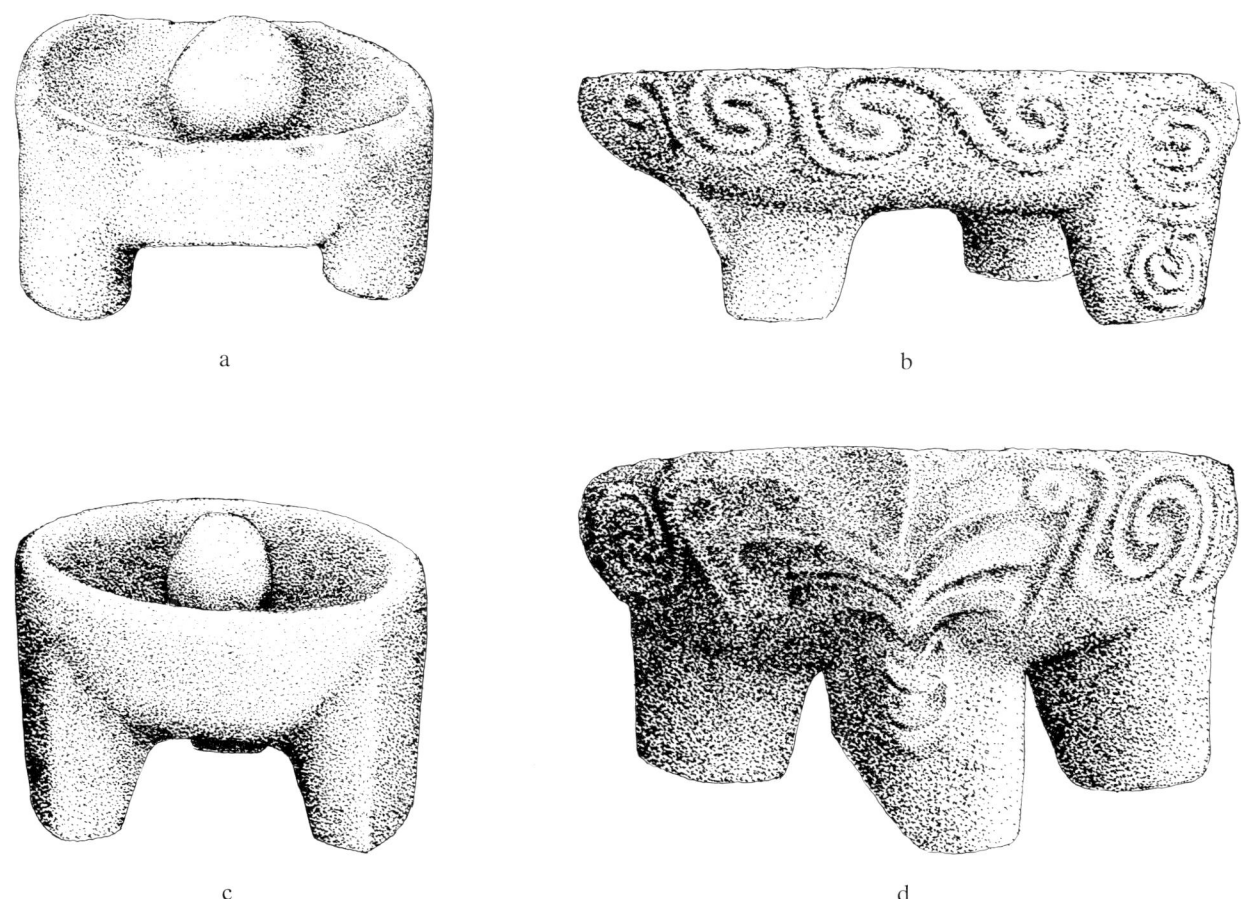

a

b

c

d

Abb. 45 a–d. Steinerne Dreifußmörser aus Akrotiri, Thera: (a.c) Schmucklose Trachytexemplare, Importe aus Nordsyrien; (b.d) reich verziertes Stück örtlicher Fertigung

gräber, Sp. Marinatos, nahm an, daß es der bronzezeitlichen Bevölkerung gelungen war, dem Unheil unter Mitnahme aller ihrer Habe zu entkommen. Das würde erklären, warum man bisher in Akrotiri so gut wie nichts aus Edelmetall und Elfenbein entdeckte.

Eine kleine Elfenbeinrosette[35] wird wohl als Importstück zu deuten sein, allenfalls als ein lokales Erzeugnis, das aus östlichem Rohmaterial gefertigt wurde. Obschon die Ausgrabungen konkrete Beweise aus den genannten Gründen nicht erbracht haben, muß daraus nicht notwendig auf das Fehlen eines theräischen Elfenbein-Handels geschlossen werden. Wo beispielsweise so typisch unägäische Objekte wie Straußeneier auftauchen (Abb. 47 b.c), sind Elefantenzähne ebenfalls zu erwarten. W. Helck wertete Elfenbein in Gestalt von Elefantenzähnen allerdings nicht als Indiz des hier besprochenen Handels, sondern als 'Landezoll', die Vergütung für dringend benötigtes Trinkwasser, beispielsweise in Zakro, Ostkreta[36].

Lange Zeit war in der Forschung strittig, ob den Trägern der ägäischen Kulturen Löwen aus eigener Anschauung bekannt sein konnten, sei es, weil es sie im Lande gab, sei es, daß man sie auf Expeditionen kennenlernte. Unklar war obendrein, ob die Darstellung von

---

[35] Thera VI 34 Taf. 84 c. Die Rosette besitzt zwölf Blätter; diese Anzahl ist nicht typisch ägäisch.

[36] W. Helck, Die Beziehungen Ägyptens und Vorderasiens zur Ägäis bis ins 7. Jh. v. Chr. (1979) 74. 116. 123.

Löwen für Kontakte mit dem Orient oder Nordafrika sprach[37]. Zum ersten Mal wurde 1978 ein einzelner Knochen eines Löwen aus der Zeit um 1230 v. Chr. in Tiryns ausgegraben; ein weiterer Löwenknochen fand sich dann 1980 in einer Füllschicht mit SH I-Material, ebenfalls in Tiryns[38]. Ein Löwenzahn, dessen endgültige Publikation noch nicht vorliegt, kam meines Wissens auch in Hagia Irini auf Keos ans Licht. Eine ungewöhnlich seltene mykenische Kleinplastik des 13. Jhs. v. Chr. aus Brauron in Attika stellt ebenfalls eine Raubkatze, vielleicht einen Leoparden, dar (Athen, Benaki-Mus., Ausstellungskatalog der Goulandris-Sammlung 1978, 178 Nr. 33). Für sich allein gesehen müßte offenbleiben, ob diese Funde nun für die Existenz von großen Raubkatzen, u. a. Löwen, in Griechenland während der Bronzezeit oder für die Einfuhr von lebenden Tieren oder etwa nur für die Einfuhr eines einzelnen Knochens, beispielsweise als Trophäe oder als ein Wunder wirkendes Amulett, sprechen. Angesichts der Erwähnung von Löwen in der griechischen Literatur[39] gewinnt allerdings die Vermutung an Wahrscheinlichkeit, daß es Löwen in Hellas während der Antike doch gab.

Straußeneier

Sp. Marinatos publizierte bei seinen Therafunden zwei Rhyta unterschiedlicher Größe (Abb. 47b.c), die aus Straußeneiern gefertigt und mit Fayenceteilen ergänzt sind, insbesondere mit angepaßten Mündungs- und Basisstücken. Diese Straußeneier-Gefäße wurden im Bezirk Delta, Raum 16, von Akrotiri ausgegraben[40]. In Delta 1–16 waren viele, teils fremdartige, stets kostbare Gegenstände gelagert. Entsprechende Straußeneier, die als Vasen Verwendung fanden, waren auch auf Kreta gefunden worden, außerdem in den Schachtgräbern von Mykene[41] und in einem Grab in Dendra[42]. Die originalen Straußeneier waren ohne Ausnahme gewiß östlicher Herkunft. Damit ist freilich noch nichts über die geographische Lage der verarbeitenden Industrien gesagt; denn H. Th. Bossert be-

[37] Zuletzt hierzu P. Haider, Grundsätzliches und Sachliches zur historischen Auswertung des bronzezeitlichen Miniaturfrieses auf Thera, in: Klio 61, 1979, 297 ff.

[38] J. Boessneck – A. von den Driesch, AA 1979, 447 ff. Abb. 1; Boessneck – von den Driesch, AA 1981, 257 f. Abb. 1; K. Kilian, AA 1982, 418.

[39] Vgl. G. E. Mylonas, The Lion in Mycenaean Times, in: AAA 3, 1970, 421 ff.; H.-G. Buchholz, Jagd und Fischfang, ArchHom, Kap. J (1973) 9 ff.; D. Rakatsanis, Antike Quellenzeugnisse zur Existenz des Löwen in Hellas, in: Forschungen und Funde, Festschrift B. Neutsch (1980) 367 ff.

[40] Sp. Marinatos, Praktika 1971, 211 f. Taf. 296–298; ders., Thera V 20 ff. 35 f. Taf. 36 b; 81–84 Farbtaf. B (nach Taf. 81 unsere Abb. 47b.c als Umzeichnung, die M. Morkramer, Gießen, verdankt wird); Marinatos, AAA 5, 1972, 14 Farbtaf. 2,1; ders. in: Acts of the International Archaeological Symposium »The Mycenaeans in the Eastern Mediterranean«, Nikosia 1972 (1973) 3 ff. Taf. 4,2; K. P. Foster, Aegean Faience of the Bronze Age, Diss. Yale Univ. (1976) Taf. 47,162.163; dies., Aegean Faience of the Bronze Age (1979) 151 f.

Abb. 104 Taf. 53. 54; Chr. Doumas, Thera (1983) 163 Taf.-Abb. 42 (Kat.-Nr. AKR 1854).

[41] Zu den Straußenei-Rhyta aus den Schachtgräbern IV und V, Athen, Nat.-Mus.: Evans, PM I 237 f. Abb. 436 b; II 224 f. Abb. 129,5; Karo, Schachtgräber 114 Nr. 552; S. 116 Nr. 567. 573; S. 125 Nr. 651; S. 139 Nr. 774; S. 146 Nr. 828; S. 147 Nr. 832; S. 238 f. Taf. 141. 142; H. Th. Bossert, Altkreta[3] (1937) Abb. 49; F. Schachermeyr, Ägäis und Orient (1967) 58 Taf. 55,204; K. P. Foster, Aegean Faience of the Bronze Age (1976) Taf. 39,134.135 (= Karo, Schachtgräber Nr. 552.774); Foster, Aegean Faience of the Bronze Age (1979) 130 ff. Abb. 87. 88 Taf. 41. 42; O. T. P. K. Dickinson, The Origins of Mycenaean Civilisation, SIMA XLIX (1977) 53 f. 81. 120 Anm. 39. Ein Straußenei aus Schachtgrab I: H. Schliemann, Mykenae (1878) 438; M. P. Nilsson, Opuscula Selecta I (1951) 5. Frgt. eines Straußeneis aus Palaikastro: R. M. Dawkins, BSA 10, 1903/04, 202.

[42] A. W. Persson, The Royal Tombs at Dendra near Midea (1931) 14. 37 Nr. 1; S. 54 Farbtaf. 3 Taf. 8 Mitte (Athen, Nat.-Mus., Inv.-Nr. 7337; H 20,3 cm, Dm 13,1 cm).

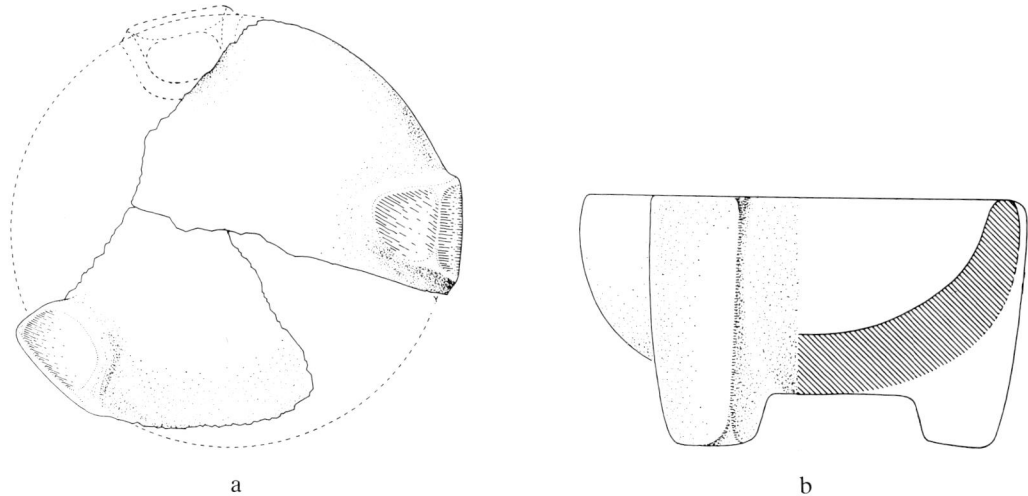

a   b

Abb. 46 a und b. Schmuckloser steinerner Dreifußmörser aus Boğazköy, Anatolien

zeichnete hethitische Nachrichten über Gefäße aus Straußeneiern als einen sicheren Hinweis auf eingeführte mykenische Produkte[43]. Doch angesichts der bronzezeitlichen Beispiele aus Zypern, die wir gleich nennen werden, muß das primäre Produktionsgebiet im Bereich des östlichen Mittelmeers gesucht werden. So ist die Verwendung von Gefäßen, die aus Straußeneiern hergerichtet worden waren, auch aus Ägypten bekannt[44]. Auf Zypern wurde eine größere Anzahl solcher Straußeneier in Spätkyprisch II-Gräbern, als Fragmente auch in Siedlungsschichten, von Enkomi, Sinda, Kition, Hala Sultan Tekke und Hagia Irini gefunden[45]. Außerdem wurden drei Straußeneier in Toumba tou Skourou bei Morphou ausgegraben. Eines dieser Exemplare ist mit dunkelroten linearen Ornamenten bemalt und ebenfalls als Grabbeigabe niedergelegt worden (Abb. 47 a)[46].
Derartige Straußeneier des ägäischen Kulturbereichs, einschließlich Theras, beweisen mithin Verbindungen zu Syrien und Ägypten unter Einschluß von Zypern.

[43] H. Th. Bossert, Ein hethitisches Königssiegel (1944) 262.

[44] Auf Belege und weitere Ausführungen wird hier verzichtet. Ich verweise auf eine Studie über die Verbreitung der Straußeneier in den antiken Kulturen und zur Eisymbolik, die ich vorbereite; vgl. zunächst A. Caubet, Les Œufs, d'Autruche au Proche Orient Ancien, in: RDAC 1983, 193 ff.

[45] Enkomi: J. L. Myres – M. Ohnefalsch-Richter, A Catalogue of the Cyprus Museum (1899) 185 (Straußenei aus Grab 76); E. Sjöqvist, in: SCE I (1934) 516 Nr. 22 Taf. 84,3; L. Åström, Studies on the Arts and Crafts of the Late Cypriote Bronze Age (1967) 85. 144 (Straußenei aus Grab 11; Stockholm, Medelhavsmus); SCE I 556 Nr. 36; Åström a.O. (Frgte. eines Straußeneis aus Grab 18). Kition: V. Karageorghis, RDAC 1963, 3; Åström a.O. (Frgte. von Straußeneiern aus dem Grab 4 + 5); Karageorghis, in: Studi Ciprioti e Rapporti di Scavo I

(1971) 220 (mehrere Eier aus Grab 9); ders., Excavations at Kition I (1974) 137 (nur allgemeine Erwähnung; ich studierte Straußeneierfragmente aus Areal II/1975 Nr. 1788. 3226. 4224). Hala Sultan Tekke: Karageorghis, RDAC 1968, 9; J. Leclant, Orientalia N. S. 39, 1970, 361 f.; P. Åström – D. M. Bailey – V. Karageorghis, Hala Sultan Tekke I, SIMA XLV 1 (1976) 76 f. Nr. 120 (Frgte. von einem oder mehreren Straußeneiern – widersprüchliche Angaben – aus Grab 1). Ganz erhaltenes bemaltes Straußenei aus Hagia Irini: P. E. Pecorella, in: Acts of the International Archaeological Symposium »The Mycenaeans in the Eastern Mediterranean« (1973) 23; K. Nikolaou, ArchRep 1975/76, 41.

[46] E. T. Vermeule, Toumba tou Skourou, the Harvard University Cyprus Archaeological Expedition 1971–1974 (1974) Abb. 63 (im Text nicht erwähnt; danach unsere Abb. 47a als Umzeichnung, die M. Morkramer, Gießen, verdankt wird).

Bleigewichte

Das Metall Blei ist aus zwei Gründen bemerkenswert. Erstens verdient es wegen seiner Häufigkeit Beachtung; denn Bronze und Edelmetalle sind unter den Funden aus Akrotiri sehr rar, ja, sie fehlen fast völlig. Die Meinung des Ausgräbers dazu habe ich bereits oben bei der Besprechung der Elfenbeinobjekte wiedergegeben. Das weniger wertvolle Material Blei wurde jedenfalls an Ort und Stelle belassen. Zweitens ist es eine Überlegung wert, weil es zu den Importen der Insel gehörte und deren Wirtschaft mit einer oder mehreren Bezugsquellen in der damaligen Welt verband. Das Metall selbst mag aus nahegelegenen Gebieten gekommen sein, zum Beispiel aus Attika oder von einer der Kykladen-Inseln[47]. Das Gewichtssystem dagegen, das die bleiernen Scheibengewichte von Thera repräsentieren, war ohne Zweifel eine Erfindung des Ostens. Das habe ich mit Hilfe der Untersuchung von Verbreitung und Datierung derartiger Bleigewichte wahrscheinlich gemacht[48].

Es gibt keinen Grund, die Bleischeiben aus Thera als ostmediterrane Importe anzusehen. Es sind nämlich vollständige Sätze solcher Gewichte vorhanden (Abb. 48a.b)[49], von denen einige Zeichen aufweisen (Abb. 48c)[50], welche durchaus mit Maßzeichen der ägäischen Linearschriften übereinstimmen. Das 'Delta' kehrt beispielsweise an einer altbekannten Bügelkanne aus Orchomenos wieder[51]. Insoweit muß das besprochene Gewichtssystem als innerägäisch betrachtet werden. Demgegenüber wurden allerdings die Einführung einer ausgeklügelten Ordnung von Bleigewichten sowie die Wahl dieses Metalls zu dem angegebenen Zweck, was eine zuvor nicht gekannte Genauigkeit ermöglichte, aus Ländern am östlichen Mittelmeer angeregt, wo es längst dergleichen gab. Ich erinnere daran, daß in Ägypten, Syrien, Anatolien und auf Zypern figürliche Bronzegewichte des zweiten Jahrtausends v. Chr. mit Hilfe einer Bleifüllung justiert, das heißt mit größter Sorgfalt auf das richtige Gewicht gebracht wurden[52], wodurch Voraussetzungen für den Handel auch kleinster Mengen kostbarer Materialien geschaffen waren. An derartigen merkantilen Entwicklungen nahm die Wirtschaft Theras nach Ausweis der dort ausgegrabenen Bleigewichte teil (Abb. 48a–c). Es liegt auf der Hand, daß ebenso Edelmetalle nach überregional

[47] Vgl. meine Abhandlungen: Das Blei in der mykenischen Kultur und in der bronzezeitlichen Metallurgie Zyperns, in: JdI 87, 1972, 1ff. und: Das Metall Blei in der ägäischen und ostmediterranen Bronzezeit, in: Acts of the International Archaeological Symposium »The Mycenaeans in the Eastern Mediterranean«, Nikosia 1972 (1973) 278ff. 408ff. Zur Analyse einer Bleiprobe aus Akrotiri: N. H. Gale, Lead Isotopes and Aegean Metallurgy, in: Thera Aegean I 529ff. (Beweis für die Herkunft des Metalls aus Laurion).

[48] Vgl. die vorige Anm.

[49] Sp. Marinatos, AAA 1, 1968, 220 Abb. 14; ders., Thera II 49 Abb. 37; ders., Praktika 1971, 209 Taf. 292a (aus Delta 16, Dm 16 cm); H.-G. Buchholz, JdI 87, 1972, 24 Abb. 5a.b (hier Abb. 48a.b, Zeichnung nach Thera IV Taf. 87b; 88a.b) und S. 34 Nr. 161ff.; Thera VI 34 Taf. 83d; H.-G. Buchholz, in: Hellas ewig unsre

Liebe, Freundesgabe für W. Zschietzschmann (1975) 7 Abb. 3. Wie mir der Ausgräber berichtete, fand er 1973 in Akrotiri, Delta 17, ein Bleigewicht mit Bronzegriff, Gesamtgewicht etwa 15 Kilo, die Hälfte eines *talanton*, vgl. Thera VII 32 Taf. 56a. Waagschalen: Thera V 33 Taf. 56a und 79. Ein Bronzegewicht, ein 'Talent' schwer, wurde im Brunnen 62 gefunden, s. Thera VII 32 Taf. 55c.

[50] Buchholz, JdI 87, 1972, 24 Abb. 5c (hier Abb. 48c).

[51] Buchholz – Karageorghis, Altägäis 121 Nr. 1412. Sp. Marinatos, Thera II 49f. Anm. 1, verwies auf das gleiche Delta-Zeichen auf einer kykladischen Vase aus Knossos.

[52] W. M. Flinders Petrie, Ancient Weights and Measures (1926; Nachdruck 1974) S. XLIIIff.; K. M. Petruso, Early Weights and Weighing in Egypt and the Indus Valley, in: BMusFA 79, 1981, 44ff.

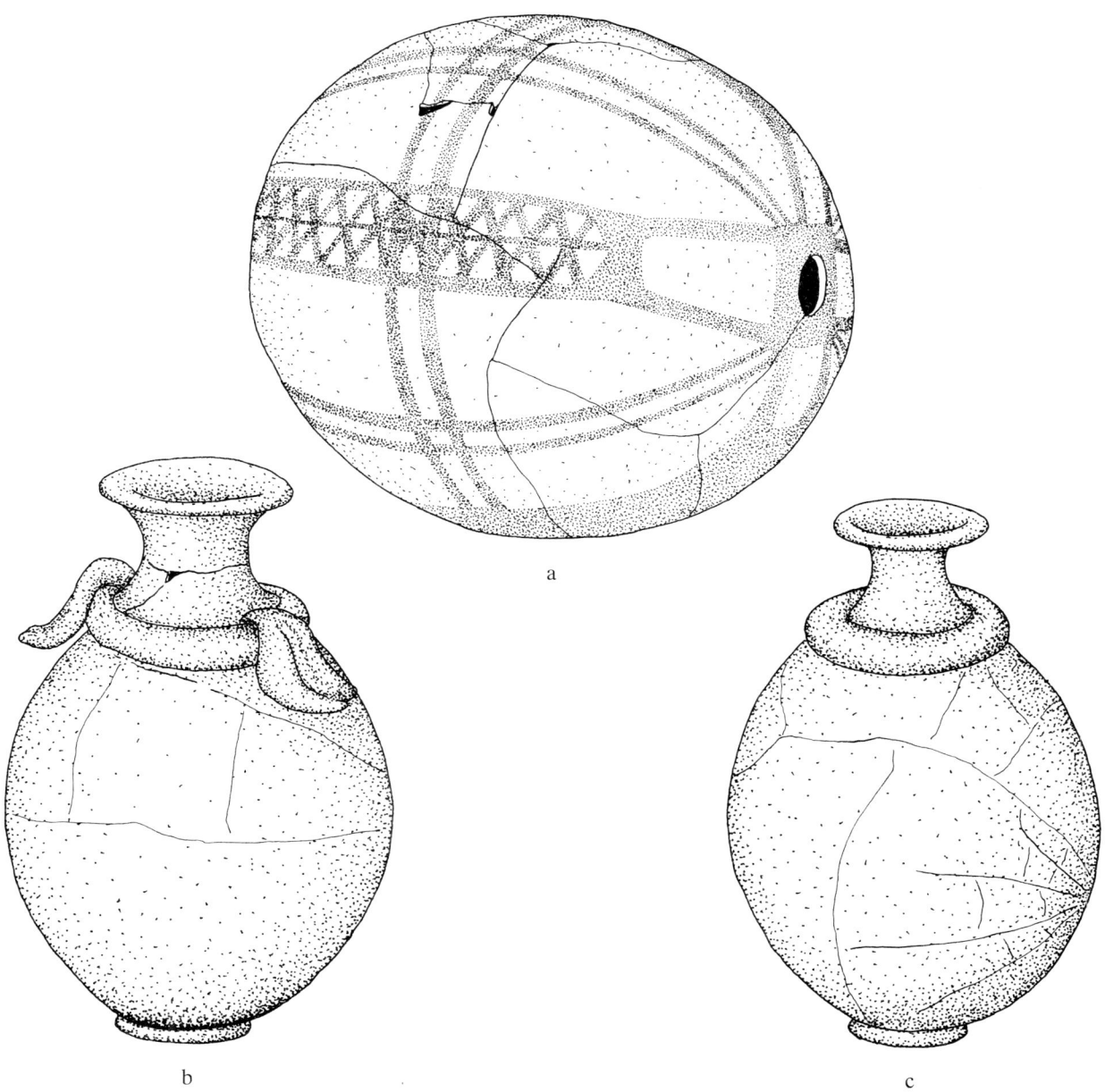

Abb. 47a–c. (a) Bemaltes Straußenei aus Morphou, Zypern; (b.c) aus Straußeneiern gefertigte Gefäße, Akrotiri, Thera

anerkannten Normen gewogen wurden. Wo Gewichte unter den archäologischen Funden noch zu fehlen scheinen, sind sie deshalb vorauszusetzen[53].

N. F. Parise nahm umgekehrt an, daß das ägäische Gewichtssystem gegen Ende der Bronzezeit von Hellas in den Orient übertragen worden sei. Den Beweis dafür glaubte er im prähistorischen Wrack vom Kap Gelidonya zu besitzen[54], indem er unterstellt, das Schiff sei von Westen nach Osten unterwegs gewesen. Doch die Fahrt kann sehr wohl entgegen-

[53] Vgl. M. G. Spratling, Weighing of Gold in Prehistoric Europe, in: W. A. Oddy, British Museum Occasional Papers 17, 1980, 179 ff.

[54] N. F. Parise, Un Unità Ponderale Egea a Capo Gelidonya, in: SMEA 14, 1971, 163 ff.; vgl. Buchholz, JdI 87, 1972, 38 mit Anm. 172. 176. 177; kürzlich: K. M. Petruso, Systems of Weight in the Bronze Age Aegean, Diss. Indiana University, Bloomington 1978 (1979); ders., Marks on some Minoan Balance Weights and their Interpretation, in: Kadmos 17, 1978, 26 ff.

gesetzt verlaufen sein. Es gibt viele Bleigewichte aus Ras Schamra in Nordsyrien[55], aus Enkomi, Phlamoudi, Idalion, Hala Sultan Tekke und Zypern[56] und aus Boğazköy in Anatolien[57]. Einige sind bedeutend älter als die aus dem Schiffswrack vom Kap Gelidonya[58], ja, sogar älter als die aus Thera. Besonders schwere Bronze-Gewichte aus Akrotiri auf Thera waren mit Griffen ausgestattet, und das war auch bei solchen aus Enkomi auf Zypern der Fall. Diese praktisch-technische Verbesserung verbindet wiederum die ägäische Insel Santorin mit dem Osten[59]. Von dort aus verbreiteten sich Handelsmethoden, die uns wenigstens teilweise durch das System der Gewichte verständlich geworden sind[60].

Wie schon gesagt, ermöglichte allein das Metall Blei eine genaue Gewichtsjustierung. Deshalb betrachtete man dieses Metall als das Eigentum von Gottheiten. Ischtar hatte neben anderen Beinamen den der 'Herrin des Bleis'[61]. Die Hethiter verwendeten Bleigewichte in Kulthandlungen. Es gibt einen Text aus Boğazköy, der folgendes sagt: ». . . der Priester nimmt die Waage und tritt auf den König zu. Er gibt dem König Blei (Gewichte) . . ., der König legt das Blei auf die Waage. Der Priester streckt die Waage dem Sonnengott entgegen . . .«[62]. Nichts Vergleichbares ist aus dem ägäischen Kulturkreis bekannt[63]. Ein berühmter mykenischer Krater aus Enkomi im Cyprus-Museum, Nikosia, zeigt allerdings eine männliche Gestalt, die manchmal 'Zeus' genannt wurde (Abb. 49)[64]. Diese Person hält eine Waage und erinnert insofern an das zitierte hethitische Ritual. P. Dikaios hat die Bilderwelt dieses Kraters einer neuen Untersuchung unterzogen und festgestellt, daß die Waagschalen keine Scheibengewichte bergen, sondern kleine Barren einer bestimmten Form ('Talanta', 'Ochsenhaut-Barren')[65]. Da dieser Barrentyp charakteristisch für Kreta und die übrige Ägäis ist, ergibt sich eine weitere starke Verbindung zwi-

---

[55] C. F. A. Schaeffer, Syria 13, 1932, 2; H. Th. Bossert, Ein hethitisches Königssiegel (1944) 173; Ugaritica IV 72 Abb. 60a.d; L. Åström, Studies on the Arts and Crafts of the Late Cypriote Bronze Age (1967) 87; Buchholz, JdI 87, 1972, 38.

[56] Zu diesen und weiteren kyprischen Fundorten von Gewichten der Späten Bronzezeit vgl. Buchholz a.O. 40ff. Für freundliche Hinweise danke ich P. Åström (Fund-Nr. HST 3; das 1978 gefundene Gewicht hat ein Loch in der Mitte und wiegt 128 g), vgl. Buchholz a.O. 44 Nr. 62. Eine Scheibe im Cyprus Museum, Inv.-Nr. Met. 2959 (Dm 6 cm, Datierung und Herkunft unbekannt) könnte zu diesen Gewichten gehören.

[57] R. M. Boehmer, Die Kleinfunde von Boğazköy (1972) 165 Nr. 1721. 1723. 1724 Taf. 79. Sie sind aus Alisar II und Kültepe Ib bekannt. Ich sah viele dieser Bleischeiben im National-Museum von Ankara, doch Herkunftsangabe und Datierung fehlen.

[58] Siehe oben Anm. 54 und G. Bass, Cape Gelidonya, a Bronze Age Shipwreck (1967) 131 Nr. L 22; K. M. Petruso. Balance Weights from the Cape Gelidonya Shipwreck, a Re-Examination, Vortrag auf dem 82. Jahrestreffen des Amerikanischen Archäologischen Instituts in New Orleans, Dez. 1980 (Kurzfassung in AJA 85, 1981, 211).

[59] J. Lagarce, in: Alasia I 420 Abb. 23a.b; 422 Abb. 24,2.

[60] M. Heltzer, Goods, Prices and the Organization of Trade in Ugarit (1978).

[61] K. Tallqvist, Akkadische Götterepitheta (1938) 262f. 398; H.-G. Buchholz, JdI 87, 1972, 5.

[62] H. Otten, Hethitische Totenrituale (1958) 132.

[63] P. Chantraine, Le Témoignage du Mycénien pour l'Étymologie Grecque: δαί, Κοπρεύς, Κυκλεύς, μολοβρός, μόλυβδος, in: Acta Mycenaea, Proceedings of the 5th Intern. Colloquium on Mycenaean Studies, Salamanca 30. 3.–3. 4. 1970, Hrsg. M. S. Ruipérez, Bd. II (1972) 197ff. Zu Blei des Altertums im Nahen Osten s. B. Landsberger, Tin and Lead, the Adventures of two Vocables, in: JNES 24, 1965, 285ff.; C. Zaccagnini, Note sulla Terminologia Metallurgica di Ugarit, in: OA 9, 1970, 315ff.

[64] Buchholz – Karageorghis, Altägäis 153 Nr. 1621; vgl. außerdem M. P. Nilsson, The Minoan-Mycenaean Religion and its Survival in Greek Religion[2] (1968) 34ff. Abb. 1; sowie J. C. Courtois in dieser Publikation, unten S. 195. Unsere Abb. 49 Umzeichnung von M. Morkramer, Gießen, nach Museumsphoto.

[65] Enkomi II 918ff. Taf. 301. 302; III Taf. 230,1; 231,1–4; vgl. E. Simon, RE Suppl. XV (1978) 1418f. s. v. Zeus; dies., Die Götter der Griechen[2] (1980) 26 (Zustimmung zu Dikaios' Interpretation).

Abb. 48a–c. Bleigewichte und andere Bleiobjekte aus Akrotiri

schen Zypern und Hellas. Anzeichen für Metallindustrie in Akrotiri auf Thera lassen sich ebenfalls im Sinne der Technikgeschichte als verbindende Analogie zu den kyprischen Schmelzeinrichtungen verstehen[66].

K. M. Petruso hat »vorläufige Untersuchungen« über »Bleigewichte von Akrotiri« vorgelegt, in denen wertvolle Einzelheiten über das hinaus mitgeteilt wurden, was Sp. Marinatos' Erstpublikation enthält[67]. Daß die Bleischeiben eine fremde Erfindung sind, wird allerdings nicht berücksichtigt; die Gewichtskontrollen lassen aber keinen Zweifel daran, daß das System von Thera nicht dem kretisch-minoischen Gewichtssystem entspricht[68].

Holz

Bis jetzt wurden noch keine Untersuchungen über das auf Thera in Akrotiri verwendete Holz angestellt. Doch viele der baulichen Details, wie Treppenaufgänge, Türen, Fenster und Fachwerk sowie die Gliederung von Fassaden waren aus Holz gefertigt, wie es auf den Fresken und in Resten im Grabungsbereich zu sehen ist[69] (Taf. 7b; 8a–c; 9a). Horizontale Balken wurden zur Stabilisierung der Wände verwendet und erinnern an ähnliche Mauer-Strukturen in Ugarit (Ras Schamra, Nordsyrien). Eine Bautechnik, die Holz und Stein geschickt kombiniert, war typisch für die Häuser in Akrotiri und gleichermaßen für Gebäude des 'Ägäischen Viertels' von Ugarit. Es mag sein, daß diese Art von Erdbebensiche-

[66] Thera VI 29f. Taf. 64a.

[67] K. M. Petruso, in: Thera Aegean I 547ff.

[68] Zu Bleigewichten aus Hagia Irini, Keos, s. J. L. Caskey, Deltion 24, 1969, Mel 95ff.; ders., Atti e Memorie del 1° Congresso Internazionale di Micenologia, Roma 1967 (1968) 68ff.; K. M. Petruso, Vortrag auf dem »Fourth International Colloquium on Aegean Prehistory Sheffield 1977« (noch nicht publiziert). Zu den von mir

aufgeführten Scheibengewichten aus Pylos (JdI 87, 1972, 33 Nr. 154) vgl. C. W. Blegen, in: PN III 31. 58. 82. Zu Bleischeibengewichten aus Naxos (JdI 87, 1972, 36 Nr. 231) s. auch CMS IV 2 (1975) 479.

[69] Vgl. hier S. 288ff.; Beitrag des Bauforschers St. Sinos, Athen. Zur Herkunft und Geschichte der Fachwerk-konstruktion s. R. Naumann, Architektur Kleinasiens² (1971) 91ff.

rung überhaupt ursprünglich in einem ebenso erdbeben- wie holzreichen Land, in Anatolien, entwickelt wurde und von dort sowohl die Ägäis als auch Nordsyrien erreichte. Es fällt schwer, die Bevölkerung der räumlich begrenzten, sicher auch in der Bronzezeit waldarmen Insel Thera als Urheberin einer auf Fachwerk-Stein-Kombination beruhenden Technik anzusehen.

Jedenfalls wurden große Mengen verschiedener Holzarten und -größen für die rege Bautätigkeit, für Möbel, Arbeitsgeräte, für alle möglichen gewerblichen Zwecke und vor allem für den Schiffbau, die starke Flotte dieser kleinen, aber dicht besiedelten Insel benötigt. Dies bedeutete zweifellos den regen Import von Hölzern aller Art, ohne daß jetzt schon im einzelnen zu sagen wäre, welches Liefergebiet vorherrschte: Kreta, Anatolien, Zypern oder Syrien. Künftige Untersuchungen könnten wohl mehr Licht in diese Fragen bringen. Schäftungen von Speeren mögen aus heimischen Holzarten bestanden haben [70]. In der kretischen Zeusgrotte wurden Stiele für Doppeläxte aus Holz der Libanon-Zeder (Cedrus Libani) festgestellt, die heute auf Kreta nicht vorkommt [71].

Da Thera nicht groß genug war, um die Konzentration volkreicher Siedlungen neben landwirtschaftlichen Anbauflächen und außerdem Waldungen zu tragen — auch vor dem gewaltigen Vulkanausbruch nicht, als die Insel größer war als heute —, war sie mit Sicherheit auf die beschriebenen Holzeinfuhren angewiesen.

Pigmente und fremde Motive der Wandmalerei

Papyruspflanzen könnten als Bildmotiv auf Thera und anderswo im ägäischen Kulturkreis eine Fremdform sein, ohne daß irgendeiner der einheimischen Künstler dieses Gewächs aus eigener Anschauung kannte. Dieses Problem hat kürzlich P. Warren untersucht [72]. Inzwischen stellte N. Lewis fest, daß »die Papyruspflanze im ägäischen Raum nicht wächst und dort nie gewachsen ist« [73]. Das 'Fresko mit Papyrusstauden' im 'Zimmer der Damen', Akrotiri, ist »nicht einfach eine Darstellung von Papyrus schlechthin, vielmehr gewiß das großartigste und naturnächste Beispiel der gesamten ägäischen Kunst« [74]. Jedenfalls zeigt dieses Kunstmotiv auswärtigen Einfluß.

Andere exotische Bildthemen mit Palmen, blauen Affen (Cercopithecus callitricus) [75], betenden Affen in religiösem Zusammenhang, Antilopen — einer Art von Oryx beissa mit Hörnern der Gazella granti oder Gazella thonsoni [76] — und Menschen, die Sp. Marinatos als

[70] Zu festgestellten Holzarten s. Höckmann, in: Kriegswesen S. E 295.

[71] F. Netolitzky, in: Bericht über den VI. Internationalen Kongreß für Archäologie, Berlin 1939 (1940) 155.

[72] P. Warren, AAA 9, 1976, 89 ff. Weiteres bei O. Negbi, in: Thera Aegean I 649 Anm. 10.

[73] N. Lewis, Papyrus in Classical Antiquity (1974) 11.

[74] P. Warren a.O. 91; Sp. Marinatos (Thera V 15. 38 f. Farbtaf. E und F; sowie: Kreta, Thera und das mykenische Hellas² [1973] 57) bezeichnete die fraglichen Gewächse als Seelilien; dazu auch O. Rackham, Plants in the Art of Akrotiri, in: Thera Aegean I 755 ff.; O. Höck-

mann, Theran Floral Style in Relation to that of Crete, ebenda 605 ff.; P. Haider, Klio 61, 1979, 301.

[75] Sp. Marinatos, Kreta, Thera und das mykenische Hellas² (1973) 56; ders., Die Ausgrabungen auf Thera und ihre Probleme, SBWien 287 Abh. 1 (1973) 22 Abb. 20 Farbtaf. 1. Weitere Affen-Darstellungen auf den Wandfresken von Akrotiri im ersten Haus links, wenn man vom Meer kommt. Diese Affen kämpfen mit Dolchen. Tiere, die sich menschlich verhalten, sind eine Eigenart orientalischer Kunst.

[76] Sp. Marinatos, Kreta, Thera und das mykenische Hellas² (1973) 57 Taf. 149. Tierzeichnungen mit verschie-

'Afrikaner, Libyer'[77] bezeichnet hat, beweisen, daß man auf Thera Kenntnis von übersee- ischen Ländern hatte. Bezüglich der Pflanzenwelt des 'Libyschen Freskos' hat O. Negbi auf die Tatsache hingewiesen, daß die Feuchtflora durchaus günstige Voraussetzungen in den Trocken- und Halbfeucht-Zonen des Mittelmeerraums findet. Mit anderen Worten sind derartige Pflanzen für mehr als ein einziges Gebiet typisch[78].

Die Wandfresken Theras konnten nicht ohne Pigmente gemalt werden – darunter solche größerer Seltenheit –, die von außerhalb beschafft werden mußten. Untersuchungen ha- ben ergeben, daß einer der roten Farbtöne Jarosit enthält[79], eine Substanz, die wir aus den kyprischen Bergbaugebieten kennen. Ich fand das Pigment Jarosit bei meinen Ausgrabun- gen in Tamassos[80]. Zypern scheint mit Thera in Handelsbeziehungen gestanden zu haben, wie sich dies auch aus den kyprischen Gefäßfunden auf der Kykladeninsel ergibt[81].

'Ägyptisch Blau' – ein Kupfer-Kalzium-Silikat – nennen wir ein bereits während der Bron- zezeit in Ägypten erfundenes künstliches Pigment. Die Ägypter hielten die chemische Zu- sammensetzung zunächst geheim und besaßen deshalb – mindestens zeitweise – ein Mo- nopol: War 'Ägyptisch Blau' auf dem internationalen Markt nicht zu haben, so konnte man in Thera und auf Kreta auf den bunten Wandfresken keinen Blauton anbringen, minde- stens nicht dieses schöne leuchtende Blau. Der Farbstoff muß aus den genannten Gründen knapp und sehr teuer gewesen sein. Darin läßt sich wohl der Grund dafür finden, daß gele- gentlich andere Blaupigmente verwendet wurden, nämlich Glaukophangestein ('Horn- blende'). Diese Mineralien standen in ausreichender Menge in der Nähe von Thera zur Verfügung. Es handelt sich um ein dunkleres, weniger leuchtendes Blau, also in der Tat um einen mäßigen Ersatzstoff für die prächtigere importierte Farbe. W. Noll analysierte Glaukophan aus Syros und machte die Identität dieses Rohstoffs mit der entsprechenden auf den Wandmalereien von Thera verwendeten Farbe wahrscheinlich[82]. In einigen Fällen

den starken Konturlinien erinnern an den kyprischen 'Rude Style' ebenso wie an 'steinbockähnliche Tiere' auf ägyptischen Ostraka in Oxford, Ashmolean Mus., Inv.-Nr. 1945,14 (N. de G. Davies, JEA 4, 1917, 240 Taf. 52,4).

[77] Sp. Marinatos, AAA 2, 1969, 374 Farbtaf. 1; ders., Thera II 53 Abb. 43 Farbtaf. B,3.4; ders., Die Ausgra- bungen auf Thera und ihre Probleme, SBWien 287 Abh. 1 (1973) 21f.; ders., Ethnic Problems Raised by Recent Discoveries on Thera, in: Br. Age Migr. Aegean 199ff. Farbtaf. 1; Thera VI 36ff.; ferner S. Stucchi, Il Giardino delle Esperidi e le Tappe della Conoscenza Greca della Costa Cirenaica, in: QuadALibia 8, 1976, 19ff. Demgegenüber wollte P. Warren, JHS 99, 1979, 121ff. Abb. 2 Farbtaf. A Taf. 6, die auf dem 'Libyschen Fresko' dargestellte Landschaft nunmehr in der Ägäis beheimatet wissen, was jedoch nicht überzeugen kann. In ähnlicher Weise sprach sich auch P. Haider, Grundsätzli- ches und Sachliches zur historischen Auswertung des bronzezeitlichen Miniaturfrieses auf Thera, in: Klio 61, 1979, 285ff., gegen die Lokalisierung des Miniaturfrie- ses in Libyen aus und vertrat die Auffassung, alle darge- stellten Einzelheiten seien im ägäischen Bereich des 2. Jts. beheimatet. Zuletzt vgl. zu diesem Problem A. B. Knapp, The Thera Frescoes and the Question of Aegean

Contact with Libya during the Late Bronze Age, in: Journal of Mediterranean Anthropology and Archaeo- logy 1, 1981, 249ff. Zu den Wandmalereien im 'West- haus' s. auch L. Morgan, BICS 28, 1981, 166.

[78] O. Negbi, in: Thera Aegean I 649 Anm. 10.

[79] Sp. Marinatos, New Advances in the Field of Ancient Pottery Technique, in: AAA 5, 1972, 293ff.; W. Noll – L. Born – R. Holm, Keramiken und Wandmalereien der Ausgrabungen von Thera, in: Die Naturwissenschaften 62, 1975, 93 Abb. 9; K. Asimenos, Observations on Thera Wall-Paintings, in: Thera Aegean I 571ff.; W. Noll, Neues Jahrbuch für Mineralogie, Abh. 133, 1978, 285f. (Jarosit); zuletzt ders., Chemie in unserer Zeit 14, 1980, Heft 2, 37ff. bes. 39 Tabelle 2; 41ff. Abb. 7.

[80] H.-G. Buchholz, AA 1973, 352; Noll – Born – Holm a.O.

[81] Vgl. oben S. 165 Abb. 43a.

[82] Noll – Born – Holm a.O. 92. Zu Glaukophanschiefer auf Syros vgl. auch J. E. Dixon, in: La Géologie des Ré- gions Égéennes, 5. Colloque International du Centre Na- tional de la Recherche Scientifique à Orsay 1975 (1976) 84; s. auch W. Schubert – E. Seidel, Zeitschrift der deut- schen geologischen Gesellschaft 123, 1972, 371ff. (hauptsächlich zu Glaukophangesteinen Westkretas).

wurden Glaukophangestein und 'Ägyptisch Blau' als Mischung verwendet, wie dies S. E. Philippakes nachgewiesen hat[83]. Man kann es natürlich auch so ausdrücken: Wenn der kostbare Farbstoff aus dem Osten knapp wurde, streckte man die Restbestände mit einheimischen Ersatzstoffen. Wir erkennen, in welchem Ausmaß die ägäischen – im konkreten Falle die theräischen – Handwerker und Künstler von auswärtigen Bezugsquellen abhängig waren[84]. In Ägypten hieß das fragliche Blaupigment *ḫsbd*, ebenso wie Lapislazuli, vielleicht entsprach ihm das griechische Wort *'kyanos'*. Ein Rundstab aus Tell Abu Hawam, Palästina (Brit. Mus., Inv.-Nr. 1276), zeigt an, in welcher Form der Farbstoff gehandelt wurde[85].

Zusammenfassung

Aus dem östlichen Mittelmeerraum ist nichts bekannt, das man als aus Thera stammend erkennen könnte. Aber es gibt mit Sicherheit Objekte aus dem Osten auf Thera: fremdländische Gefäße, hauptsächlich aus Zypern und Nordsyrien, zahlreiche steinerne Dreifußmörser, die sich zum Zerkleinern von Farben und anderen Ingredienzien eigneten; festgestellt wurden ferner kostbare ausländische Pigmente, Straußeneier und etwas Elfenbein. Diese Objekte gelangten teils als Rohmaterial, teils als Fertigprodukte nach Akrotiri auf

[83] S. E. Philippakes, in: Thera Aegean I 601 ff.; II 312 f. Ältere Literatur: L. Hodgson, Egyptian Blue Frit, in: Papers of the Society of Mural Decorators and Painters in Tempera 3, 1925–35, 36 ff.; A. P. Laurie, Pigments, Mediums and Technical Methods of Classical and Medieval Painters, in: Journal of Chemical Society 1937, 163 ff.; E. M. Jope – G. Huse, Examination of Egyptian Blue by X-Ray Powder Photography, in: Nature 146, 1940, 26 ff.; R. J. Forbes, Studies in Ancient Technology² III (1965) 223 ff. (mit umfassender Bibliographie zu antiken Pigmenten); W. T. Chase, Egyptian Blue as a Pigment on Ceramic Material, in: Science and Archaeology. Hrsg. R. Brill (1971) 80 ff.; W. Noll – K. Hangst, Zur Kenntnis der altägyptischen Blaupigmente, in: Neues Jahrbuch für Mineralogie, Monatshefte 1975, 209 ff. 529 ff.; W. Noll, Neues Jahrbuch für Mineralogie, Abh. 133, 1978, 283; G. Nauer – E. Kny, in: H. W. Hennicke, Mineralische Rohstoffe als kulturhistorische Informationsquelle, archäometrische Fachtagung, Heidelberg 1977 (1978) 206 ff. 208 (Ägypt. Blau, römisch); W. Noll, Neues Jahrbuch für Mineralogie, Monatshefte 1981, 416 ff. bes. 423 f. (seit der 4. Dynastie in Ägypten nachgewiesen. Hinweis auf Vorkommen in Tiryns, Mykene, Kreta und Thera). Chr. Doumas erwähnte auf dem Thera-Kongreß 1978, daß 'Ägyptisch Blau' bereits in frühkykladischen Fundzusammenhängen auftauche (um 2500 v. Chr.), s. Thera Aegean II 312 f.

[84] Zu weiteren technischen Fragen ägäischer Fresken s. S. Besques, La Peinture Murale de l'Epoque Préhellénique en Crète, in: Recherches et Inventions (1935) 359 ff.; P. Duell – R. J. Gettens, A Review of the Problem of Aegean Wall Painting, in: Technical Studies in

the Field of the Fine Arts 10, 1941/42, 179 ff.; S. Profi – L. Weiler – S. E. Philippakes, X-ray Analysis of Greek Bronze Age Pigment from Mykene, in: Studies in Conservation 19, 1974, 105 ff.; 21, 1976, 34 ff. (Knossos); S. E. Philippakes, Analysis of Black Pigment Sample from Hala Sultan Tekke, Trench 3, in: P. Åström, Hala Sultan Tekke I, SIMA XLV 1 (1976) 129 (mit Vergleichen aus Knossos, Mykene und Thera). Zu einer Analyse des in der Freskomalerei von Knossos verwendeten 'Ägyptisch Blau' vgl. M. A. S. Cameron – R. E. Jones – S. E. Philippakes, BSA 12, 1977, 167 ff. Analog liegen in Altamerika Probleme des Handels mit 'Maya blue' (D. E. Arnold – B. F. Bohor, Archaeologia 28, 1975, 23 ff. 29).

[85] Ergänzend wäre zu bemerken, daß 'Ägyptisch Blau' nicht nur für Wandfresken und keramische Erzeugnisse gebraucht wurde. Dieser Farbstoff kommt darüber hinaus auch bei der Bemalung von Elfenbeinschnitzereien vor, wie einige der Megiddo-Elfenbeine im Oriental Institute, Chicago, Inv.-Nr. A 22321/22215 und A 22269 zeigen. 'Ägyptisch Blau' wurde auch noch in späterer Zeit verwendet: Es kommt bei der sehr seltenen kypro-archaischen 'Polychrome Whitepainted'-Ware (Boston, Museum of Fine Arts, Inv.-Nr. 12784) vor. Auch die Bemalung eines hellenistischen Terrakotta-Figürchens aus Amathous weist dieses Pigment auf, vgl. L. Courtois – B. Velde, BCH 105, 1981, 1032 f. Besonders bemerkenswert sind in diesem Zusammenhang die Pigmentproben von 'Ägyptisch Blau' aus den Werkstattfunden von Olympia (s. W.-D. Heilmeyer, AA 1981, 448 f. 453 Nr. P 1–3 Tab. 1. 2), denn sie belegen die Verwendung dieses Farbstoffes auch im klassischen Griechenland.

der Insel Thera. Sie weisen auf Verbindungen hin, die als 'Handel' bezeichnet worden sind. Der erwähnte 'kanaanäische Pithos' (Abb. 43c) enthielt entweder Öl oder Wein aus einer Bezugsquelle der Levante; denn es steht außer Zweifel, daß man mit solchen Gefäßen nicht leer handelte.

Soviel mir bekannt ist, könnte wenigstens ein Teil der in der Ägäis und somit auch auf Thera gefundenen Anker und Bleigewichte aus einheimischer Produktion stammen; dennoch erweisen sie durch ihre bloße Existenz Fernhandelsverbindungen Theras, die Einbindung der Schiffahrt der Insel in ein internationales System sowie Zusammenhänge mit dem hochentwickelten östlichen Mittelmeerraum während der Mitte des zweiten Jahrtausends v. Chr.[86].

Einige der entdeckten Objekte ermöglichen es uns, die auf Grund anderer archäologischer Gegebenheiten entwickelte Chronologie zu prüfen und erforderlichenfalls zu berichtigen. Beispielsweise gehört der mehrfach erwähnte 'Kanaanäische Pithos' von Akrotiri (Abb. 43c) in die letzten Jahrzehnte des 16. oder an den Anfang des ersten Viertels des 15. Jhs. v. Chr.[87].

Das Bild vom Fernhandel Theras, das wir auf Grund der Funde zu entwerfen vermögen, weicht nicht von dem ab, was wir über die Kontakte Kretas mit dem Nahen Osten wissen. Fertigprodukte und Rohmaterialien aus Ägypten haben ihren Weg nach Thera – und ebenso nach Kreta – auf levantinischen Handelsrouten genommen[88]; jedenfalls weist das meiste in unserer Untersuchung vorkommende Importgut besonders eindringlich nach Zypern und Syrien. Dies gilt nicht zuletzt für die Holzimporte, denn Ägypten ist selber auf Holzeinfuhren angewiesen gewesen[89].

[86] Vgl. zu diesem G. Dossin, Syria 20, 1939, 109 ff. (111: Erwähnung von kretischen Pinzetten in den Mari-Texten; nichts über Objekte aus Thera); W. F. Leemans, Foreign Trade in the Old Babylonian Period as Revealed by the Texts from Southern Mesopotamia (1960); W. Helck, Die Beziehungen Ägyptens zu Vorderasien im 3. und 2. Jahrtausend v. Chr. (1962; 2. Aufl. 1971); W. Stevenson Smith, Interconnections in the Ancient Near East (1965); H.-V. Herrmann, Orientalischer Import im frühen Griechenland, in: RLA IV (1975) 303 ff. s. v. Hellas. Zu den internationalen Handelsbeziehungen im östlichen Mittelmeerraum vgl. auch D. E. McCaslin, Stone Anchors in Antiquity: Coastal Settlements and Maritime Trade-routes in the Eastern Mediterranean ca. 1600–1050 B. C., SIMA LXI (1980) 87 ff. (mit listenmäßiger Zusammenstellung von Importfunden in Tab. 5). Den Handelsbeziehungen im östlichen Mittelmeerraum war das North Carolina Symposium gewidmet, s. Archaeology 33, 1980, 70.

[87] Mit Problemen der Chronologie beschäftigen sich zahlreiche Beiträge in: Thera Aegean I und II (zu letzterem Bd. s. die Rezension von P. P. Betancourt, AJA 86, 1982, 452); zuletzt: H. Pichler – W. Schiering, Der spätbronzezeitliche Ausbruch des Thera-Vulkans und seine Auswirkungen auf Kreta, in: AA 1980, 1 ff.

[88] Die 1964 in Kom-el-Hetan gefundenen Listen Amenophis' III. sind als Quelle für die Kenntnis der Ägypter von ägäischen Häfen im 14. Jh. v. Chr. von außerordentlicher Wichtigkeit. Thera, das damals bereits vernichtet war, fehlt. Diese Listen spiegeln Reiserouten von Schiffen entlang der syrischen und anatolischen Küste bis Kreta und zur Peloponnes: E. Edel, Ortsnamenlisten aus dem Totentempel Amenophis' III. (1966); auch H.-G. Buchholz, AA 1974, 460 f. (mit Bibliographie und Karte); ferner R. Werner, Asiatische Studien 21, 1967, 86; P. Faure, Kadmos 7, 1968, 138 ff.; J. v. Beckerath, OLZ 64, 1969, 330 ff.; W. Helck, GGA 221, 1969, 72 ff.; H. Goedicke, WZKM 62, 1969, 285 f.; K. A. Kitchen, BiOr 26, 1969, 198 ff.; H.-G. Buchholz, APA 1, 1970, 137 ff. bes. 145; E. Winter, Beiträge zur Namensforschung 5, 1970, 64. Zu diesen Ortsnamenlisten s. auch W. Helck in dieser Publikation, unten S. 218.

[89] Vgl. für eine etwas spätere Zeit den Wen-Amun-Papyrus (zu diesem s. O. Höckmann, oben S. 60 f.; H.-G. Buchholz, unten S. 229 f.). Zu ägäisch-ägyptischen Beziehungen: R. B. Brown, A Provisional Catalogue of and Commentary on Egyptian and Egyptianizing Artefacts found on Greek Sites, Diss. Univ. of Minnesota (1975); neuerdings W. Helck, Die Beziehungen Ägyptens und Vorderasiens zur Ägäis bis ins 7. Jahrhundert v. Chr. (1979). Angesichts der regen Fernhandelsverbindungen zwischen Ägäisbereich und östlichem Mittelmeerraum ist damit zu rechnen, daß sich die Erwähnungen von Gegenständen in den Linear B-Tafeln nicht nur

Abb. 49. Mykenischer Krater aus Enkomi, Zypern, in Nikosia, Cyprus-Museum: Mann mit Waage vor einem Streitwagen, wohl 'Zeus mit der Schicksalswaage'

Zypern und Syrien scheinen die Haupthandelspartner der beiden ägäischen Inseln Kreta und Thera im 16.–15. Jh. v. Chr. gewesen zu sein[90]. Über die Rolle Anatoliens in so früher Zeit wissen wir noch wenig. Der Güteraustausch mit Ägypten dürfte sich im wesentlichen über Mittelsmänner in Hafenstädten der Levante – Akko, Byblos und Ugarit – vollzogen haben. Die Wandmalereien in Akrotiri zeigen eine wohlhabende einheimische Führungsschicht und mykenische Soldaten[91], sie geben Hinweise auf eine vorzüglich funktionierende Thalassokratie, jedoch nicht auf semitische Elemente in der Bevölkerung[92]. Meines Erachtens beweisen die Funde von Thera keineswegs besonders eindrucksvoll Handelsbeziehungen mit Nordafrika[93]. Die Insel Thera vermochte sicher nicht auf der Basis dessen, was das Land selber bot, zu Wohlstand zu gelangen; dieser beruhte allein auf ihrer Funktion als Handelszentrum. Daran muß man denken, wenn man die Frage beantworten will, ob unser vulkanisches Eiland 'Atlantis' gewesen ist oder nicht[94].

auf Objekte des eigenen Kulturkreises, sondern auch auf Importstücke beziehen, s. H.-G. Buchholz, in: A. Heubeck – G. Neumann, Res Mycenaeae, Akten des VII. Internationalen Mykeneologischen Colloquiums in Nürnberg vom 6.–10. April 1981 (1983) 250f.

[90] Im Vergleich dazu scheinen die Beziehungen zu Mykene eine mindere Rolle gespielt zu haben. Gegenüber der allzu geringen Bedeutung, die ihnen J. L. Davis, AJA 85, 1981, 69f. beimißt, sei auf die oben Anm. 1 zitierten Aufsätze von J. L. Crowley und von R. Laffineur über Parallelen in der mykenischen Kunst hingewiesen.

[91] Vgl. dazu P. Warren, JHS 99, 1979, 128f. Zu den auf dem 'Schiffsfresko' dargestellten Figuren vgl. auch S. A. Immerwahr, in: O. Krzyszkowska – L. Nixon (Hrsg.), Minoan Society, Proceedings of the Cambridge Colloquium 1981 (1983) 146ff.

[92] J. C. Billigmeier, Kadmos and the Possibility of a Semitic Presence in Helladic Greece, Diss. Univ. of Santa Barbara, California, 1976 (1977).

[93] Vgl. oben Anm. 76, bes. Thera VI 44ff.; S. Stucchi, QuadALibia 8, 1976, 19ff. Bereits A. W. Persson verfocht Theorien, die der 'libyschen Theorie' nahekamen, s. Mycenae and Egypt, Direct Contacts in Early and Middle Mycenaean Age, in: New Tombs at Dendra near Midea (1942) 176ff.; wesentlich zurückhaltender: J. Boardman, Bronze Age Greece and Libya, in: BSA 63, 1968, 41ff.

[94] Atlantis, Fact or Fiction? Hrsg. E. S. Ramage (1978); A. G. Galanopoulos, Concrete Evidence for the Occurrence of Events Described in the Story of Atlantis, in: EpetEtairKyklMel 1, 1974–78, 457ff.; G. Lanczkowski, Die Inseln der Seligen und verwandte Vorstellungen (1986).

Als Nachtrag zu den Bemerkungen über das Metall Blei möchte ich darauf hinweisen, daß in dem von J. Lagarce ausgegrabenen spätbronzezeitlichen Nordpalast von Ras Ibn Hani zwischen Lattaquie und Ras Schamra in Nordsyrien bis jetzt etwa sechs Zentner dieses Metalls zum Vorschein gekommen sind. Der Palast ist aber noch längst nicht vollständig ausgegraben, die endgültigen Mengen werden also weit größer sein[95].

Ich bin nicht mit gleicher Ausführlichkeit auf chronologische Probleme des Vulkanausbruchs von Thera und auch nicht auf die Frage eingegangen, ob es sich um einen oder mehrere gehandelt hat[96]. Von der Gewalt dieses Naturereignisses vermag man sich ohnehin nur unzulängliche Vorstellungen zu machen: »Bei der Eruption wurden dreizehn bis achtzehn Kubikkilometer Staub und Asche in die Atmosphäre geschleudert«[97]. Wie eine heutige Atomwolke trieben diese gewaltigen Massen mehr oder weniger festen Materials mit dem Wind und gelangten dann zurück ins Meer und auf die Erde. Unlängst wurden bei Bohrungen im Nildelta, rund 800 Kilometer von Thera entfernt, in fünf bis sieben Metern Tiefe Ascheteilchen, die nach 'geologischem Alter', ihrer Größe und chemischen Zusammensetzung mit Partikeln von unserer Vulkaninsel übereinstimmen, entdeckt[98]. Sp. Marinatos hat bereits in den dreißiger Jahren als einer der ersten die verheerenden Folgen des Ausbruchs des Theravulkans erkannt und damit, nämlich mit Auswirkungen der Flutwelle und des niedergehenden Ascheregens, Zerstörungen an minoischen Palästen auf Kreta in Verbindung gebracht. Auf Thera selbst besitzen wir jedenfalls mit den tief unter den Eruptionsmassen verschütteten Altertümern einen relativ datierenden Befund und mit dem Unglück den Abbruch einer Hochkultur.

Auf Zypern bezeugen prächtig bemalte Importgefäße aus den Jahrhunderten unmittelbar vor der Zerstörung Theras Kontakte zwischen West und Ost. Ich denke an die berühmte Kamarestasse aus dem 'Grab des Seefahrers' von Karmi, weiterhin an SM/SH I-Gefäße aus Hagia Irene, Toumba tou Skourou, Limassol und von anderen Orten der Insel im Cyprus Museum und in kyprischen Privatsammlungen[99].

Oben habe ich Zypern als Holzlieferanten bezeichnet. Zwar liegen noch immer nicht Holzbestimmungen der kyprischen Bronzezeit in größerer Zahl vor, ich konnte aber rund zweihundert Proben aus meinen Ausgrabungen in Tamassos bestimmen lassen, die archaisch und später zu datieren sind. In diesem beobachteten Zeitraum verschob sich das Verhältnis unwesentlich von zunächst rund 70 Prozent Eichenholz, siebzehn Prozent Terebinthe und dreizehn Prozent Pinie auf gut 60 Prozent Eiche und 40 Prozent Pinienholz. Der durch die Jahrhunderte vom 7. Jh. bis um Christi Geburt bemerkenswert hohe Anteil der Eiche berechtigt uns, auch und gerade in der Bronzezeit mit ausgeprägten Laubwäldern auf der Insel zu rechnen[100].

[95] J. Lagarce, APA 18/19, 1986/87 (im Druck).

[96] Dazu ausführlich: D. L. Page, The Santorini Volcano and the Desolation of Minoan Crete (1970); Thera Aegean I und II (1978/1980); O. Höckmann, JbRGZM 21, 1974, 46ff.; W.-D. Niemeier, Die Katastrophe von Thera und die spätminoische Chronologie, in: JdI 95, 1980, 1ff.

[97] D. Stanley–H. Sheng, Nature 320, 1986, 733ff.

[98] Stanley–Sheng a.O.

[99] H.-G. Buchholz, AA 1974, 368ff., bes. 381 Abb. 42a.b (Karmi); S. 388f. Abb. 51 (Tasse mit Doppelaxtdekor aus Hagia Irene).

[100] Unpubliziert. Bericht für die endgültige Tamassospublikation von Frau N. Liphschitz, Tel-Aviv, Universität, Inst. of Archaeology (10. 4. 1986). Ich danke auch an dieser Stelle für die vorzügliche Zusammenarbeit.

ENKOMI UND RAS SCHAMRA,
ZWEI AUSSENPOSTEN DER MYKENISCHEN KULTUR

Von Jacques-Claude Courtois

Seit einigen Jahren hat die Erforschung von Ausmaß und Intensität der mykenischen Kulturausbreitung auf die Länder des östlichen Mittelmeeres in der Spätbronzezeit zugenommen. Die archäologischen Publikationen wie die verschiedenen Monographien haben eine reiche Dokumentation ergeben, die es erlaubt, eine erste vorsichtige Synthese zu versuchen. Sie betrifft zwei der Hauptfundplätze, die zu den am besten erforschten gehören: Enkomi, in der Nähe von Famagusta an der Ostküste der Insel Zypern gelegen, und Ras Schamra bei Lattakie an der syrischen Küste, südlich des Bergmassivs des Djebel Aqra[1]. In dem vorliegenden Beitrag möchten wir einerseits die weitgehenden Ähnlichkeiten, andererseits aber auch die ausgeprägten Unterschiede aufzeigen, welche die Fundplätze in ihrer Lage gegenüber dem mykenischen Einflußbereich jeweils kennzeichnen.

Es ist bekannt, daß der Hauptanteil des archäologischen Fundmaterials an beiden Plätzen aus einer ansehnlichen Menge keramischer Vasenimporte, insbesondere aus dem 14. und 13. Jh. v. Chr. besteht, aus Vasen, die man sowohl in den Siedlungsschichten als auch unter den Ausstattungsgegenständen der Gräber fand. Aus Gründen der Übersichtlichkeit werden wir für jeden der beiden Fundplätze einzeln und nacheinander die Vasenserien aus den Wohngebieten und aus den Gräbern vorstellen. Anschließend wollen wir versuchen, interessante Gegenüberstellungen innerhalb des Materials dieser beiden großen Gruppen herauszuarbeiten; dies unter Berücksichtigung des Bildes, das sich bei den anderen Denkmälergattungen (Metallgefäße, Elfenbeinarbeiten usw.) in bezug auf mykenische Importe bzw. mykenischen Einfluß ergibt. Schließlich werden wir uns dem grundlegenden Problem zuwenden, das immer noch Gegenstand nachhaltiger Diskussionen unter Spezialisten ist, nämlich ob von einer wirklichen mykenischen Kolonisation an den Fundplätzen des östlichen Mittelmeers seit dem 14. Jh. die Rede sein kann oder nicht, wobei wir die Gesamtheit der durch die Archäologie und die Epigraphik gelieferten Hinweise (besonders

---

[1] Die wichtigsten Veröffentlichungen über Enkomi sind: A. S. Murray – A. H. Smith – H. B. Walters, Excavations in Cyprus (1900) 1–54 Taf. 1–12; E. Gjerstad u. a., The Swedish Cyprus Expedition – Finds and Results of the Excavations in Cyprus 1927–1931, I–IV (1934–1972); C. F. A. Schaeffer, Missions en Chypre 1932–1935 (1936); ders., Enkomi-Alasia I, Nouvelles Missions en Chypre 1946–1950 (1952); J.-C. Courtois, Enkomi-Alasia – Glanz und Macht einer kyprischen Stadt, in: AViva 3, 1969, 93 ff.; P. Dikaios, Enkomi Excavations 1948–1958, I–III (1969/1971); C. F. A. Schaeffer u. a., Alasia I (1971); J.-C. Courtois, Alasia II: Les Tombes d'Enkomi. Le Mobilier Funéraire (1981). Zu Ras Schamra:
C. F. A. Schaeffer, Rapports Préliminaires des Campagnes de Fouilles, in: Syria, ab Bd. 10, 1929; und in: AAS, ab Bd. 2, 1952; ders., Ugaritica I (1939); II (1949); III (1956); IV (1962); V (1968); VI (1969) und VII (1978); ders., Stratigraphie Comparée et Chronologie de l'Asie Occidentale, IIIe et IIe Millénaires (1948); F. H. Stubbings, Mycenaean Pottery from the Levant (1951); V. Hankey, Mycenaean Pottery in the Middle East, Notes on Finds since 1951, in: BSA 62, 1967, 107 ff.; J.-C. Courtois, Sur Divers Groupes de Vases Mycéniens en Méditerranée Orientale (1250–1150 av. J-C), in: Acts of the International Archaeological Symposium »The Mycenaeans in the Eastern Mediterranean«, Nikosia 1972 (1973) 137–165 Taf. 21; J. C. Courtois – L. Courtois, Corpus Céramique de Ras Shamra, Deuxième Partie, in: Ugaritica VII (1978) 191–370 mit 61 Abb. Im folgenden werden die Werke entsprechend dem Abkürzungsverzeichnis des vorliegenden Buches zitiert.

der orientalischen Keilschriftquellen) in Betracht ziehen. Während Anzahl und Vielfältigkeit der mykenischen Fundgegenstände beträchtlich anwachsen, neigt man in der Forschung paradoxerweise zunehmend dazu, der Frage einer ägäischen Kolonisation in der
Levante der Spätbronzezeit nur geringe Bedeutung beizumessen. Sollte es eine Kolonisation gegeben haben, so hätte sich diese erst seit dem Ende des 13. Jhs. v. Chr. entwickelt
und nicht, wie allgemein angenommen, seit der sog. Tell-el-Amarna-Zeit. Demnach wäre
die Überfülle an mykenischer Keramik im Orient einzig auf den Handel zurückzuführen,
und selbst dieser wäre im wesentlichen in den Händen syrisch-orientalischer Seeleute,
Reeder und Kaufleute gewesen. Für diese These gibt es, wenn auch nicht gerade zahlreiche, so doch solide und schwer widerlegbare Argumente.

Enkomi, Zypern

Dank der ausgedehnten systematischen und stratigraphischen Ausgrabungen weiter Gebiete der alten bronzezeitlichen Siedlung, die im Jahre 1934 von Claude F. A. Schaeffer an
der Stelle entdeckt wurde, wo frühere Missionen nur Gräber der darunterliegenden reichen Nekropole erkannt und ausgegraben hatten[2], ist es heute immerhin möglich, ein
ziemlich genaues und vollständiges Bild von der Entwicklung der mykenischen Importe im
Laufe der spätkyprischen Phasenabfolge zu geben.
Die ältesten Fragmente mykenischer Import-Keramik sind in Enkomi bereits in Schicht I
bezeugt, und zwar im Abschnitt III (Festung): Es handelt sich um zwei bemalte Tassenrän-
der aus dem SH I mit einer Reihe runder weißer Punkte, wie sie von Korakou und Prosymna her bekannt sind. Man hat ihnen auch minoische Herkunft zuschreiben wollen
(SM I A). Zwei andere Scherben gehörten zu Alabastren, deren eines mit Lilien im Stil
SH III A 1 bemalt war. Folglich ist der Import ägäischer Keramik stratigraphisch seit dem
15. Jh. v. Chr. in Enkomi nachgewiesen (zusammen mit kyprischer Keramik, hauptsächlich vom Typ 'White Slip I')[3].
In Schicht II A nimmt die Zahl der mykenischen Vasenfragmente zu, hält sich jedoch im
Vergleich zu der Menge der zeitgleichen kyprischen Töpferware in Grenzen. Es ist bemerkenswert, daß bisher keine einzige intakte Vase in den stratifizierten Schichten gefunden
wurde, immer sind es Scherben. Von diesen gehören die meisten zu Bechern und Tassen
der Phase SH III A 1 und III A 2[4], andere stammen von Kannen, Krügen und Bügelkannen. Es finden sich bereits auch die ersten Fragmente von amphorenartigen Krateren mit
bildhaftem Dekor, wie sie für SH III A 2 so charakteristisch sind. Manche sind mit Stieren
bemalt, andere mit dem bekannten Motiv des von Pferden gezogenen Wagens, auf dem
sich bekleidete Personen befinden, wieder andere mit Kraken und Pflanzenmotiven[5].
Zeitlich entsprechen sie dem ersten Viertel des 14. Jhs. und damit der Phase Spätkyprisch
II B, die durch das Aufkommen der in den Bergwerksregionen rund um das Troodos-

---

[2] Englische und schwedische Grabungen bis 1930. Die
von Schaeffer im Jahre 1934 begonnene Ausgrabung der
Stadt (vgl. Missions en Chypre [1936]) wurde ab 1948
von einer gemeinsamen französisch-kyprischen Mission
in großem Umfang fortgesetzt.

[3] Enkomi I 229f.; Enkomi III a Taf. 58,26–29.
[4] Ebenda 41. 237ff. Taf. 61. 111.
[5] Ebenda 238f. Zu einem weiteren Krater mit Stieren s.
Hans-Günter Buchholz – Vassos Karageorghis, Altägäis
153 Nr. 1620.

massiv hergestellten und von dort aus verbreiteten kyprischen sogenannten 'White Slip II-Ware' gekennzeichnet ist[6].

In der bedeutenden Schicht II B von Enkomi ist die mykenische Keramik in einer größeren Typenbreite vertreten: Außer Scherben der in der vorhergehenden Schicht entdeckten Typen grub man Fragmente mykenischer Kelche ('Stemmed Bowls', Kylikes) aus, einer Gefäßform, die in Zypern selten vorkommt und in die Phasen SH III A 2 und III B datiert wird[7]. Tatsächlich trat dann auch im weiteren Verlauf dieser Schicht in Enkomi wie anderswo in Zypern und der Levante der Stil SH III B auf, der sich fast das ganze 13. Jh. v. Chr. sehr großer Beliebtheit erfreute. Unter den wichtigsten Gefäßformen sind die tiefe Schale, der Glockenkrater ('Bell Crater'), der Becher mit hohem Fuß, die Hydria oder der Krug mit drei Henkeln und verschiedene Schalentypen hervorzuheben; hinzu kommt das Fragment eines Rhytons in Form eines Stierkopfes, als Gefäßtypus bekannt durch ein vollständiges Exemplar aus einem Grab und durch andere ähnliche Rhyta aus Ugarit in Syrien[8].

Nach P. Dikaios sind im Zuge der Schicht II B wichtige Veränderungen im Bereich der Architektur zu erkennen, und zwar in den beiden Abschnitten, die er systematisch ausgrub: In der Konzeption und in den Grundrissen der neuen Konstruktionen spiegeln sich Bauvorstellungen, die aus der kontinentalen mykenisch-griechischen Bauweise stammen; megaronähnliche Grundrisse erinnern an Vorbilder in den mykenischen Palästen von Tiryns und Pylos, das Vorhandensein von Höfen, die den Säulenhallen der Megara vorgebaut sind, ist nur denkbar in Anlehnung an eine analoge Disposition in den mykenischen Palästen, ebenso die Vielzahl der Baderäume. Kurzum, das Auftreten mykenischer Architekturmerkmale in Enkomi fällt mit dem Zustrom mykenischer III B-Keramik im Laufe des 13. Jhs. v. Chr. zusammen[9], ohne jedoch den zutiefst autochthonen und kyprischen Charakter all der anderen Aspekte der Inselkultur in der Phase Spätkyprisch II C zu verändern.

Neue Keramiktypen tauchten um die Mitte der Epoche der Schicht II B auf. Aus ihnen spricht ein progressives Verschmelzen der mykenischen Einflüsse mit der kyprischen Tradition: Wir sprechen von den Vasen des kypro-mykenischen 'Verwilderten Stils' ('Rude Style') und von einer Fülle an Schalen und Schüsseln mit nur geringer Vertiefung des SH III-B-Spät. Die meisten Spezialisten sind sich jetzt einig in der Annahme, daß es sich um eine lokale kyprische Produktion handelt, deren Entwicklung sich über das letzte Drittel des 13. Jhs. erstreckte, vielleicht in einem Augenblick, als der Vasenimport vom griechischen Festland eine Verzögerung erfahren hatte oder sogar zeitweilig aus Gründen schwerwiegender Ereignisse zum Stillstand gekommen war, die die mykenische Welt erschüttert hatten (darauf deuten die verheerenden Zerstörungen hin, die in den Brandschichten in Mykene und an anderen Orten Griechenlands während der Phase SH III B ihren Niederschlag gefunden haben).

Eines der wichtigsten und zugleich schwierigsten Probleme der Archäologie von Enkomi muß hier angesprochen werden: Es handelt sich um das genaue Datum der umwälzenden Neuerung in der Tradition der kyprischen Architektur am Ende des 13. Jhs. v. Chr., einer

---

[6] L. Courtois, Céramique et Métallurgie Anciennes: le Bol à Lait de Chypre, in: Bulletin Académie Lorraine des Sciences 16, 1977, 9ff.

[7] Enkomi I 245ff.; Enkomi IIIa Taf. 66,23; 67,20.

[8] Enkomi I 246ff.; IIIa Taf. 67,7; vgl. CVA London (1) Taf. 24,4; Ugaritica II 220 Abb. 92.

[9] Enkomi I 48. 250.

Neuerung, die sowohl in der Anlage des berühmten rechtwinklig angeordneten Straßennetzes beiderseits einer in Nord-Süd-Richtung verlaufenden zentralen Hauptstraße wie auch besonders in der fortschrittlichen Errichtung imposanter Bauten – erstmalig in Enkomi – mit regelmäßigem Mauerwerk aus sorgfältig zubehauenen Quadern ('Ashlar Buildings') zum Ausdruck kommt. Unter diesen bemerkenswerten Gebäuden, von denen die einen offensichtlich profanen, die anderen religiösen Zwecken dienten, bleibt das älteste und zugleich größte und eindrucksvollste – trotz äußerer Schäden – ohne Zweifel das berühmte 'Gebäude 18', das 1949–1950 von Claude Schaeffer in dem Viertel 5/West entdeckt und freigelegt wurde[10].

Dieses Gebäude liegt zwischen den Straßen 4 und 5; seine eindrucksvolle Südfassade aus behauenen Steinen von oft beträchtlichen Ausmaßen säumt über mehr als 40 m Länge die Straße 5, oder 'Straße der Residenz'. Der mittlere Teil des Gebäudes verlängert sich nach Ost und West mit Seitenflügeln, deren Mauern mit Ausnahme des Sockels und der Ecksteine aus groben Steinen ohne Mörtel gebaut sind. Alle Mauern des ursprünglichen Gebäudes einschließlich der Trennwände sitzen auf dem Felsen auf. Der Niveauunterschied zwischen Ost- und Westflügel der der Neigung des Felsbodens folgenden Ost-West-Achse wurde dadurch ausgeglichen, daß man den Fels an fünf Stellen abgearbeitet hat, so daß die Südfassade waagerecht auf der Fundamentierung aufsaß[11]. Die solide und prachtvolle Mauer der Südfassade ist noch in mehreren Schichten erhalten: Die erste liegt auf einer leicht vorspringenden, schwach bossierten Nivellierungs- oder Ausgleichsschicht. Von der zweiten Schicht an ist eine besondere Bautechnik zu beobachten: Hier besteht die Mauer aus zwei Steinplatten, die wie Orthostaten hochkant stehen und einen freien Raum zwischen sich lassen; sie sind in Einschnitte an der Oberkante der darunterliegenden Schicht eingepaßt. Die dritte Schicht bestand aus flachen Steinplatten, die auf der Oberseite der senkrechten Steinplatten der vorhergehenden Schicht auflagen. Der erfolgreiche Ausgräber hat nicht gezögert, diese einzigartige Architekturtechnik mit der wärmeregulierter und schalldämpfender Wände moderner Konstruktionen zu vergleichen[12].

Die Südfassade hatte mindestens vier Türen, 2,10 bis 2,40 m breit, und vier andere Öffnungen, die als Fenster gedient zu haben scheinen. Der Grundriß des ursprünglichen Gebäudes vermittelt deutlich den Eindruck einer unvollendeten Konstruktion. In der Mitte scheint das Gebäude durch eine ost-west-orientierte Mauer aus behauenen Steinen in zwei Teile geteilt gewesen zu sein, im Süden erstreckt sich der rechteckige Innenhof (15 m × 8 m). Zwei kleine Räume mit einem Steinplattenboden besaßen einen Schacht und könnten als Schatzkammern gedient haben. Überall in der Analyse und in der stratigraphischen Beschreibung des Gebäudes hat der schöne weiße kräftige Boden, der Originalboden, die Nummer V. Er war mit einer Schicht feiner graubeiger Asche bedeckt, die von der ersten Zerstörung des Gebäudes im Zusammenhang mit einem schweren Brand herrührte[13].

Für die Datierung der Entstehung des Gebäudes sind nicht viele Anhaltspunkte vorhanden. Nach Schaeffer stammen die Scherben aus den Schichten unter dem Boden V ohne Ausnahme aus den Perioden Spätkyprisch II oder III (begleitet von einem Flachbeil aus

[10] Enkomi-Alasia I 239–318 (»ein wichtiges Gebäude von Enkomi-Alasia, Sitz eines achäischen Anführers« [Originalzitat in Französisch]).

[11] Ebenda 241 f. 336.
[12] Ebenda 244 f.
[13] Ebenda 252.

Abb. 50. Enghalsiger Krug des 'Dichten Stils' mit seitlichem Siebausguß aus Gebäude 18 in Enkomi

Bronze). Die Errichtung des Gebäudes 18 hat somit im Laufe der letzten Phase der Bronzezeit (oder der ausgehenden mykenischen Periode) von Enkomi stattgefunden, nämlich im Laufe der Periode Spätkyprisch III (= Late Cypriot II C), und zwar eher in der Mitte als gegen Ende dieser Zeit[14]. Die Resultate der späteren, sowohl kyprischen als auch französischen Grabungen lassen allerdings auf ein Entstehungsdatum des Gebäudes 18 in der Endphase von Spätkyprisch II C (Spätkyprisch III nach Schaeffer) schließen, in einer Zeit, als die kyprische 'White Slip' II B-Keramik noch in Gebrauch war, der 'Rude Style' und die vielen Schalen ('Deep Bowls') vom Typ SH III B-Spät aber schon aufkamen. Zur Stütze dieser Datierung kann man weitere Argumente vorbringen:

1. Zunächst die wesentliche Bemerkung Schaeffers, der betont, daß in der Aschenanhäufung auf dem Boden V die charakteristische mykenische Keramik, die seit mehr als zwei Jahrhunderten auf der Insel in Gebrauch war, völlig fehle[15]; 2. die enge, von Schaeffer beobachtete Beziehung zwischen dem Gebäude 18 und dem Grab 18 der schwedischen Ausgrabungen[16]. So dürfen wir auf Grund dieser Analyse mit Recht annehmen, daß eine direkte Beziehung zwischen dem Gebäude 18 und zumindest der zweiten Benutzungsphase dieses Grabes bestand, das reich an Goldschmuck, Dreifußmörsern und – für Enkomi ganz ungewöhnlich – Bronzewaffen war. Daher sind wir versucht anzunehmen, daß der in Grab 18 bestattete Krieger wenn nicht der Erbauer so doch zumindest eine der führenden Persönlichkeiten gewesen ist, die die Residenz 18 bewohnten. Es ist die gleiche Epoche, in die das reiche Grab 9 in Kition bei Larnaka gehört[17]. Es ist zu erwägen, ob das Datum der Errichtung des Gebäudes 18 nicht sogar in die der ersten Benutzungsphase von Grab 18 entsprechende Periode hinaufzurücken ist, die sich durch den Reichtum dieses Grabes an Schmuck, Elfenbeinarbeiten und Vasen des SH III B-Spät – darunter etwa zehn Glockenkratere mit Bilddekor – so hervorhebt[18].

Für das Datum der Brandkatastrophe, welche das Gebäude zerstörte, verfügen wir über viele sichere Indizien, vor allem über den sehr schönen, auf der Töpferscheibe gefertigten, 24,8 cm hohen Krug mit abgeflachtem, birnenförmigem Bauch, einer mit einem Sieb versehenen Ausgußtülle und einem Dekor aus Spiralen und kurvilinearen Motiven

---

[14] Ebenda 251. 300f.
[15] Ebenda 303.
[16] SCE I (1934) 546ff. Taf. 88–90; Enkomi-Alasia I 318ff.

[17] V. Karageorghis, Excavations at Kition, the Tombs (1974) 42ff.
[18] Enkomi-Alasia I 320ff. Abb. 95–100; Karageorghis, Doc. Chypre 238f.

(Abb. 50). Stilistisch ist er dem sogenannten Dichten Stil ('Close Style') zuzuordnen, der auf Rhodos durch sehr schöne und zahlreiche Exemplare in den Gräbern von Ialysos vertreten ist und ganz an den Anfang der Periode SH III C datiert wird[19]. Dieser bemalte Krug wurde in der Aschenschicht, die den ursprünglichen Boden V zudeckte, in Scherben zerbrochen aufgefunden; dies zeigt deutlich, daß das Gebäude 18 durch einen Brand zerstört worden ist, der Enkomi zu Beginn jener Epoche verwüstete, die durch den Import der neuen SH III C-Ware gekennzeichnet ist – also um 1200 v. Chr. –, einer Ware, deren häufiges Vorkommen nach Meinung von P. Dikaios die Schicht III A von Enkomi charakterisiert[20].

Die Schicht III A in Enkomi

Diese Schicht ist von äußerster Wichtigkeit für Enkomi, denn sie entspricht einer grundlegenden und tiefgreifenden Veränderung in fast allen Bereichen: In der ganzen Stadt scheint es infolge der schrecklichen Vernichtung fast der gesamten Wohnhäuser und Monumente durch eine ungeheure Brandkatastrophe um 1220 oder 1210 v. Chr. zu großangelegten städtebaulichen Maßnahmen gekommen zu sein. Diese beinhalteten den endgültigen Ausbau des quadratischen Straßennetzes, was fast überall die Zuschüttung zahlreicher Gräber (die nicht wieder verwendet wurden) zur Folge hatte, ferner die Errichtung zahlreicher Bauten mit regelmäßigem Quaderwerk nach dem Modell des mächtigen Gebäudes 18, welches nach dem Brand gesäubert, wiederbenutzt und neu eingerichtet wurde. Unter den neu entstandenen Gebäuden hatten mehrere religiöse Funktion: eines davon ist das sogenannte 'Gebäude mit der Säule' und liegt im Abschnitt '6 Ost' am Schnittpunkt der Nord-Süd-Achse und der Straße 6; es weist in der Ost-West-Achse zwei monumentale Eingänge auf und besitzt einen weiten Hof, der mit einem dicken weißen Kalkestrichboden ausgelegt ist. Es scheint ein Stufenkapitell von der Art, wie sie von einem der Heiligtümer in Kition her bekannt sind[21], besessen zu haben. Da dieses Gebäude von Enkomi bisher nicht publiziert ist, kann man nicht mehr darüber sagen. Das gleiche gilt für die riesigen Ruinen, die unmittelbar im Norden der Straße 5 liegen, östlich des kleinen Platzes aus Steinplatten, der an der Kreuzung der großen Nord-Süd-Achse und der Straße 5 zutage trat: Die überdimensionalen Blöcke aus behauenem Stein, die zwei sich rechtwinkelig treffende Reihen bilden, sind auf Grund des Zustands der Ruinen – sie wurden in späteren Zeiten von Mauern aus kleinen Bruchsteinen überdeckt – schwer interpretierbar. Sie müssen zu irgendeinem großartigen Bau mit offensichtlich religiöser Bestimmung gehört haben (die Reste eines erhöht liegenden kreisrunden Herdes aus Basalt mit Mörtelbindung von ungewöhnlichem Durchmesser wurden in der Mitte eines weiten Hofes unter Massen von Asche und Schutt ans Licht gebracht). Genau östlich davon wurde später der berühmte Tempel 'des Gottes auf dem Barren' gefunden, der im wesentlichen den späteren Schichten angehört.

[19] Enkomi-Alasia I 271 Abb. 91 (danach unsere Abb. 50 als Umzeichnung, die M. Morkramer, Gießen, verdankt wird, mit richtiger Umkehrung des Schwarz-Weiß-Verhältnisses); S. 304 ff. (mit Bezug auf die Publikationen A. Maiuri und G. Jacopi im ASAtene); F. Schachermeyr, Die Levante im Zeitalter der Wanderungen (1982) 158 Abb. 32b (Abb. nach Enkomi-Alasia).

[20] Enkomi I 260 ff.

[21] V. Karageorghis, BCH 95, 1971, 386 mit Anm. 85 (Bezug auf das Kapitell von Enkomi).

Was die Schicht III A betrifft, so wurde das aufgrund der besonders guten Qualität seiner Architektur und durch seine Größe bedeutendste Monument im Abschnitt 4 W von P. Dikaios ausgegraben: Es handelt sich um eine großflächige Residenz von 32,50 m in Nord-Süd- und 28,50 m in West-Ost-Ausdehnung, deren Haupttor auf die Straße 4 im Norden führte. Durch einen Vorraum 21 gelangte man in eine große rechteckige Halle oder ein Megaron (Räume 10, 13, 14), das den Mittelpunkt des Gebäudes darstellte und mit einer quadratischen Herdstelle versehen war (Raum 14). Dieses große Megaron mit länglichem Grundriß war durch zwei massive Pfeiler unterteilt, die wie sämtliche andere Mauern aus Quadern errichtet waren. Nach Westen zu führte das zentrale Megaron auf zwei Höfe, einen im Norden, Hof 64, mit einer Westgalerie (Stoa), den anderen im Süden, Hof 45, mit einer rechteckigen Feuerstelle. Nach Osten zu mag eine Reihe von Zimmern (29, 15, 27) als Warteräume gedient haben, während der Raum 13 B mit einem Steinplattenboden und einem Brunnen wahrscheinlich der Baderaum des Hauses gewesen ist. Die Mauern sind nicht alle gleich gut erhalten; die besterhaltenen sind die des südlichen Teils des Megaron und seiner unmittelbaren Umgebung, gebaut in der bereits beim Gebäude 18 beschriebenen Technik mit einer wie Orthostaten aufgerichteten Steinschicht. Die darüberliegenden Schichten waren aus rohen roten Backsteinen errichtet. Der südliche Teil soll nach Dikaios ganz kurz nach der Vollendung des mittleren und nördlichen Komplexes von den gleichen Architekten unter Verwendung auch der gleichen Materialien und in der gleichen Mauertechnik errichtet worden sein[22]. Im ganzen sind nach Meinung des Ausgräbers diese Zusätze an den ursprünglichen Grundriß, die die Anlage der Residenz vervollständigten, Zeugen eines stärker mykenischen Einflusses, zumal der endgültige Grundriß dem mykenischer Palastanlagen entspricht, wie z. B. in Pylos[23].

Diese detaillierten Beobachtungen an der Architektur stimmen voll und ganz überein mit dem, was Dikaios so sorgfältig an dem keramischen Befund herausgearbeitet hat. Überall in dem ausgedehnten Quaderbau war SH III C 1 b-Keramik zu finden: unter dem schönen weißen Fußboden und in diesem selbst, auf dem Boden sowie in der Füllung der Gruben und Brunnen. Von den achäischen Flüchtlingen, die gekommen waren, um sich in Zypern niederzulassen und zusammen mit den Zyprioten einen Städtebau zu verwirklichen, wie ihn die Insel vorher nicht gekannt hatte, in großen Mengen importiert, erfreute sich die SH III C 1-Keramik im neuen Enkomi ganz besonderer Beliebtheit, und zwar ebenso in den Prachtbauten wie der von Dikaios ausgegrabenen Residenz als auch in den schlichteren Häusern und Läden der Handwerker, Bronzegießer und Weber. Die intensiven Grabungen durch die Franzosen zwischen 1958 und 1971 in ausgedehnten, sehr unterschiedlichen und weit voneinander entfernt gelegenen Bereichen haben den oft sehr hohen Prozentsatz mykenischer III C 1-Ware im Vergleich zu den gebräuchlichen eigenständigen kyprischen Keramikformen bestätigt, von welchen einige, die in der Kultur der SB I und II eine wichtige Rolle gespielt hatten, gänzlich verschwanden (so z. B. sämtliche 'Base-Ring'- und 'White Slip'-Ware).

An der Herdstelle von Hof 45 der Residenz des Bezirks 4 W hat man gleichzeitig das Fragment eines Kraters des 'Dichten Stils' ('Close Style') und SH III C 1 b-Scherben von

[22] Enkomi I 179. [23] Ebenda 180 mit Anm. 143.

a   b   c

Abb. 51 a—c. Mykenische Vasen aus Enkomi, Grab 69 der englischen Grabungen

Schalen gefunden[24]. Im ganzen paßt die Tatsache, daß nur wenig Keramik auf dem ursprünglichen Boden gefunden wurde, genau zu der Beobachtung, wie sie Schaeffer in seiner Publikation des Gebäudes 18 beschreibt: In beiden Quaderbauten scheinen systematische Räumungsarbeiten stattgefunden zu haben, und zwar unmittelbar nach dem Zerstörungsbrand. Auf Grund dieser beiden Beobachtungen kann man die Spuren zweier in kurzem Abstand aufeinander folgender Zerstörungen nachzeichnen.

Die häufigste Form in der SH III C 1b-Keramik ist die Glockenschale ('Bell-Shaped Bowl'), die gewöhnlich mit antithetischen Spiralen bemalt ist, gefolgt von der Schale mit scharfem Umbruch. Die Glockenkratere mit geometrischen Feldern im Dekor kommen allmählich auf, doch ihren quantitativen Aufschwung nehmen sie erst im Laufe der folgenden Periode. Zusammen mit der vorherrschenden III C 1-Ware fanden sich zahlreiche Fragmente von SH III B- und von 'Rude Style'-Vasen mit Vogeldekor, die ein Weiterbestehen vorangehender Typen belegen[25].

Das Studium der SH III C 1-Keramik zeigt, daß die von der Argolis importierten Modelle sehr bald nachgeahmt wurden, und zwar ebenso in Kilikien wie in Zypern, und daß man dazu überging, die überwiegende Mehrzahl der Vasen in den verschiedenen stark mykenisierten Städten der Insel herzustellen, in Kouklia, Kourion, Kition, Sinda und Enkomi. Es besteht nicht der geringste Zweifel an der lokalen Herstellung von Töpferware in reinem SH III C 1-Stil.

Außerhalb der Keramik offenbart sich der mykenische Einfluß in Enkomi an einigen Menschen- und Tierfigürchen aus bemalter Terrakotta (Stier, Schaf, Pferd) und an diversen Bronzegegenständen, besonders an Tüllenlanzenspitzen[26].

[24] Ebenda 183.
[25] Ebenda 271.

[26] Ebenda 275. 278. Zu Lanzenspitzen s. auch unten: O. Höckmann, S. 329 ff.

189

Nach der Zerstörung der Gebäude der Schicht III A vollzog sich der Wiederaufbau nach verschiedenen Prinzipien: Überall wurden die Ruinen wiederverwendet, indem man die älteren großen Bauten in kleinere aufteilte; überall baute man Mauern und Trennwände aus Bruchstein und Stampferde oder aus rohen Backsteinen, wodurch Kammern oder Zimmer von kleinerem Ausmaß entstanden. Dies gilt sowohl für die Residenz 4 W als auch für das alte Gebäude 18 des Nachbarbezirks 5 W, in dessen Ruinen man sogar einen Schmelzofen zum Schmelzen von Kupfer installierte.

Die Wiederbenutzung der Residenz 4 W fiel mit dem Aufkommen und der Entwicklung eines Kultes zusammen, der der Statue des großen bronzenen gehörnten Gottes galt, die Dikaios in der Südostecke von Raum 10 am äußersten südlichen Ende des Megaron der Schicht III A fand. Seitdem wird dieser Bereich als 'Heiligtum des großen gehörnten Gottes von Enkomi' bezeichnet, dessen Kult und Verehrung zur Zeit der Schichten III B und III C durch zahlreiche Funde und Weihgeschenke immer mehr erhellt wurde.

Der Eingang des Heiligtums befand sich im Süden, an der Straße 4. Ein Gang führt zum Westmegaron 45, auf dessen Boden Knochenreste und Schädel von Rindern bzw. Bukranien lagen, von Opfertieren also, die den amtierenden Priestern bei den Kulthandlungen als Masken dienten. Vom Megaron 45 aus erreichte man den Raum 9, dann den Raum 10, der die Statue des gehörnten Gottes beherbergte. Unter den Funden sind winzige Modelle von Hörnern aus Blattgold, eine sehr kleine Speerspitze aus Bronze und ein Deckel aus Elfenbein. Die verschiedenen Keramikfragmente stammen aus der Phase SH III C 1 c[27].

Im Raum 10, einer Art 'Allerheiligstem', kamen außer der Götterstatue erstaunliche Depotfunde von Kultgeschirr zum Vorschein, und zwar – auf drei verschiedenen Haufen – insgesamt 276 auf der Töpferscheibe gedrehte Schalen der Form mit spitzbogigem Henkel der traditionellen kyprischen 'Base-Ring'-Gattung[28]. In dem großen Haufen fanden sich gleichermaßen Scherben von Schalen der Phase SH III C 1 b und außerdem ein Krug aus Alabaster. Nicht weit davon, unter einer kleinen Trennwand, lag ein Bronzemesser[29]. Alles weist darauf hin, daß die Götterstatue mindestens aus der Periode des 3. Fußbodens stammt und daß der Kult zur Zeit der späteren Böden 2 und 1 (Niveau III C) im 11. Jh. v. Chr. seinen Fortgang nahm[30].

Es ist bekannt, daß es sich mit dem anderen großen Heiligtum von Enkomi fast ebenso verhält. Bei diesem handelt es sich um das Heiligtum des Gottes auf dem Barren und der doppelköpfigen Kentaurenfigürchen im Bezirk 5 im Osten des kleinen gepflasterten öffentlichen Platzes. Dieses Heiligtum entspricht ebenfalls den Perioden III B und III C nach dem Schema von Dikaios. Es wurde auf den Ruinen eines früheren kleinen Heiligtums aus der Zeit SB II C erbaut und nach einer Ost-West-Achse ausgerichtet. In der Nordostecke lag die Cella, in der sich die Bronzestatue des Barrengottes und einige, Kultzwecken dienende, Tongefäße befanden[31]. Wie im 'Heiligtum des gehörnten Gottes' um-

---

[27] Enkomi I 195. Zum Heiligtum und zur Statue des gehörnten Gottes s. auch Buchholz – Karageorghis, Altägäis 163 Nr. 1741; V. Karageorghis, AA 1974, 368 ff. Abb. 28.

[28] Enkomi I 196.

[29] Ebenda 197 Taf. 138,40; 171,53.

[30] Ebenda 198.

[31] J.-C. Courtois in: Alasia I 151–362 Plan Abb. 128; C. F. A. Schaeffer, Les Peuples de la Mer et leurs Sanctuaires à Enkomi-Alasia aux XIIe-XIe s. av. n. è.,

Abb. 52. Wagenszene auf einem mykenischen Krater aus Enkomi

faßte das Kultgeschirr auf der Scheibe gedrehte Schalen traditionellen 'Base-Ring'-Typs, zahlreiche ovoide Krüge mit zwei Henkeln aus grobem roten Ton von syropalästinensischer Art und verschiedene Gefäße vom Stil SH III C 1c und 'Proto-White Painted' mit geometrischem Dekor, in welchem die Wellenlinie vorherrscht ('Wavy Line Style'). Besonders hervorzuheben sind eine große Amphore und ein Kalathos[32]. Außer dem Barrengott gehörten zu den wichtigsten Funden die beiden auf der Drehscheibe hergestellten doppelköpfigen Kentauren aus bemaltem Ton in submykenischem Stil oder 'Proto-White Painted' mit unleugbar kretischen Anklängen[33] und die beiden monolithen Opferaltäre. Die auffallende Übereinstimmung zwischen den Heiligtümern bestätigt sich in dem Vorhandensein sehr zahlreicher tierischer Knochenreste, insbesondere von Bukranien, die als Masken gedient haben, aber auch von rätselhaften Schulterblättern mit parallelen Kerbschnitten[34], wie sie genauso aus den zeitgleichen kyprischen Heiligtümern von Myrtou-Pigades und von Kition bekannt sind[35].

Die bemalte Keramik von Enkomi aus den Schichten III B und III C als Ableger des mykenischen 'Close Style' ('Mycenaean and Derivative Styles')

Ein neuer Vasentyp, der zum ersten Mal auf dem ursprünglichen Boden der Residenz der Schicht III A aufgetaucht war, entwickelte sich in Enkomi während der folgenden beiden Phasen und besonders in der Periode Spätkyprisch III B: Es handelt sich um den Krater mit sogenanntem 'Panelled Style'-Dekor, der in großer Zahl bereits von Dikaios in seiner Enkomi-Publikation vorgestellt wurde und demnächst mit weiteren Exemplaren aus den französischen Ausgrabungsarealen von Enkomi in geplanten Keramik-Corpora belegt werden wird. Während der letzten Epoche der Stadt gab es ihn praktisch in allen Bezirken und fast in jedem Haus. Von diesen Krateren mit in Streifen angeordneten Verzierungen – so typisch als Gebrauchsgeschirr – fand sich erstaunlicherweise kein einziges Stück unter

ebenda 505–566; J.-C. Courtois, Le Sanctuaire du Dieu au Lingot d'Enkomi-Alasia (Chypre) et les Lieus de Culte Contemporains en Méditerranée Orientale, in: CRAI 1973, 223–246.

[32] Alasia I 261 Abb. 99a; 323 Abb. 140.

[33] Ebenda 287ff. Abb. 119–127.

[34] Ebenda 277ff. und 258 Abb. 97.

[35] Joan du Plat-Taylor, Myrtou-Pigadhes, a Late Bronze Age Sanctuary (1957) 21 und 111; Vassos Karageorghis, Kition, Chronique des Fouilles à Chypre en 1974, in: BCH 99, 1975, 831ff.; Jenifer Webb in: V. Karageorghis, Two Cypriote Sanctuaries of the End of the Cypro-Archaic Period (1977) 74.

a

b

Abb. 53 a und b. Stierdarstellungen auf der Vorder- und Rückseite eines mykenischen Kraters aus Enkomi

den Grabbeigaben. Dies erklärt, daß sie verhältnismäßig lange Zeit fast unbekannt blieben, so lange nämlich, als nur die Gräber ausgegraben waren.

Es gibt ausgezeichnete Vorläufer und Prototypen unserer Kratere von Enkomi unter dem reichen Material aus dem Brunnen der Akropolis von Athen[36], wo zahllose Fragmente von Krateren mit geometrischem Flächendekor gefunden wurden. In Enkomi sind die Ornamentmotive auf der Wandung der Kratere sehr verschiedenartig: Winkel, Schachbrettmuster, schraffierte oder gefüllte Dreiecke, Bänder aus Rhomben mit und ohne punktierte Konturen, Zickzackmuster, Reihen von konzentrischen Halbkreisen als vertikale oder horizontale Bänder, aneinanderstoßende Triglyphen, Spiralen usw.

Die vielfältigen Kombinationen von Motiven variieren von einem Krater zum anderen und lassen einen ausgesprochenen Hang zur überladenen Ornamentierung erkennen. Die Qualität des Dekors ist sehr unterschiedlich: Einige Muster sind sorgfältig gezeichnet, andere scheinen dagegen außerordentlich nachlässig aufgetragen zu sein, was besonders für die Schicht III C aus den letzten Jahren vor der Zerstörung der Stadt gilt.

Einige Vasen mit geometrischen Mustern tragen zusätzlich bildhafte Elemente, meistens kleine Vögel nach eindeutig ägäischem Vorbild, seltener sind Fische[37] und Stierprotome oder gar Igel[38].

Im allgemeinen zeugt diese bemalte Keramik von einer freizügigen Interpretation importierter SH III C 1b-Gefäße. Manche Gefäße lassen mehr den Einfluß des kretischen SM III B 2-Stils erkennen. Wieder andere verraten orientalische Vorbilder. Die Rolle anderer Kunstrichtungen, besonders der Elfenbeinarbeiten, wurde bereits erkannt.

Was vielleicht am meisten in Erstaunen setzt, wenn man das überreiche Material an kyprischer Keramik im Stil des SH III C betrachtet, ist seine durchgehende Beliebtheit. Tat-

[36] O. Broneer, A Mycenaean Fountain on the Athenian Acropolis, in: Hesperia 8, 1939, 352 ff.

[37] Enkomi II 848 ff. Taf. 308–310.

[38] Ebenda 851 (mit Hinweis auf Parallelen in Asine). Zu diesen sowie weiteren Parallelen s. H.-G. Buchholz, Echinos und Hystrix, Igel und Stachelschwein in Frühzeit und Antike, in: Berliner Jahrbuch für Vor- und Frühgeschichte 5, 1965, 77 ff. Abb. 4 f.g; 7. 8 Taf. 14,1.2; 15,1.2.

a

Abb. 54 a und b. Stier-
darstellungen auf myke-
nischen Krateren aus
Enkomi

b

sächlich scheint die Verbreitung dieser Keramik sich nicht nur über das ganze 12. Jh.
v. Chr. zu erstrecken, sondern auch über den größten Teil, wenn nicht sogar den gesamten
Verlauf des 11. Jhs., diese bedeutende Zeit in der Geschichte Zyperns, die ganz unter dem
Zeichen einer späten Mykenisierung, vielleicht sogar Hellenisierung stand. Gewiß waren
auch die Einflüsse des Vorderen Orients beträchtlich, weshalb z. B. Schaeffer mit Recht
für diese Periode die Bezeichnung 'Chypriote Fer I' vorschlug, die für die neue Kultur in
Zypern in gewisser Hinsicht besser zutrifft als 'Spätkyprisch III B', eine Benennung, die
– wie man weiß – von den angelsächsischen Archäologen im Anschluß an die schwedischen
Ausgrabungsarbeiten beibehalten wurde.

Wie dem auch sei, wichtig ist es, die lange Lebensdauer des mykenischen Stils in Enkomi
im Auge zu behalten, der weit in die Periode des protogeometrischen Stils ('Proto-White
Painted-Ware') hineinreichte: Man begegnet in der Tat immer mehr Bügelkannen dieses
Stils, nicht nur in Enkomi, sondern auch anderswo, von Alaas Gastria im Osten bis Kouklia
im Westen[39].

Die Gräber von Enkomi

Seit den ersten englischen Ausgrabungen des vorigen Jahrhunderts ist, wie man weiß, die
Nekropole der Spätbronzezeit von Enkomi berühmt wegen ihres Reichtums an Grab-
beigaben wie Goldschmuck, Elfenbeinschnitzereien, Tonvasen und sonstigen kostbaren
Gegenständen, wie z. B. Rollsiegeln[40]. Die schwedischen, französischen und kyprischen
Ausgrabungen haben in der Folgezeit die Zahl der bemerkenswerten Objekte erheblich

[39] V. Karageorghis, Alaas, a Protogeometric Necropolis
in Cyprus (1975) passim; ders., BCH 99, 1975, 821
Abb. 35 a.b; 835 Abb. 57. 58 ('White Painted I').

[40] Murray, Cyprus 1ff. Taf. 1–12. Elfenbein, Gold:
Buchholz–Karageorghis, Altägäis Nr. 1747. 1749. 1753.
1759. 1760. 1774. 1775. 1780. 1784. 1789. 1790.

vergrößert, darunter besonders die bemalten Vasen, unter denen ein ansehnliches Sortiment sehr schöner mykenischer Importe hervorsticht.

Die Gräber von Enkomi sind größtenteils in dem für den Ort charakteristischen felsigen Untergrund aus mürbem Kalkstein angelegt worden; diese Grabkammern mit im allgemeinen rundem Grundriß stehen in rein kyprischer Tradition und verdanken den architektonischen Tendenzen des mykenischen Griechenland nichts oder doch beinahe nichts. Dies gilt zumindest bis zum Zeitpunkt des endgültigen Endes der mykenischen Epoche, also bis zur Periode der 'Proto-White Painted-Ware'. Ausgenommen sind zwei Grabmonumente des Bezirks '5 Ost' von Enkomi: zwei 'Tholoi', die eine ganz aus Stein, die andere aus Stein und gebrannten Ziegeln; sie dürften bis in die Phase Spätkyprisch II A zurückreichen, wenn nicht sogar die eine bis Spätkyprisch I B[41]. Die Gräber von Enkomi wurden überwiegend unter dem Hof der Wohnbereiche ausgehoben und eingerichtet – ein Brauch, der viel eher orientalischen und einheimischen Gepflogenheiten entspricht als ägäischen. Manche Gräber sind eine lange Zeit hindurch benutzt worden. Man hat die Beobachtung gemacht, daß die meisten von denen, die in den Phasen Spätkyprisch I und II A–C in Gebrauch waren, von den Bauleuten und Städteplanern der Epoche der Schicht III A, den Trägern der mykenischen III C 1-Keramik, um 1200 v. Chr. verschlossen worden sind. Tatsächlich bedeckt der schöne weiße, solide 'Betonboden', der diese Periode charakterisiert, die Eingänge der Dromoi der früheren Gräber, von denen einige auf diese Weise bis in unsere Tage erhalten geblieben sind[42].

Unter den ältesten importierten mykenischen Vasen, die unbeschädigt in den Gräbern von Enkomi wiedergefunden wurden, kann man einige Alabastren aus der Zeit SH II B und III A 1 (Gräber 12 und 88 des British Museum) nennen, außerdem Pyxiden oder 'Tintenfässer' (= Furumarks 'Squat Jar with Angular Profile'), Pithoi, Krüge mit drei Henkeln (Grab 55), Kyliken ('Stemmed Cup'), geschmückt mit laufenden Spiralen (Abb. 51 a), und Alabastren (Abb. 51 c, Grab 69 des British Museum)[43]. Diese Vasen blieben bis zum Beginn des 14. Jhs. v. Chr. gering an Zahl.

Von ungefähr 1380 an änderte sich das Bild schnell, und die Beziehungen zwischen dem mykenischen Griechenland und Zypern erfuhren eine erstaunliche Entwicklung, die sich durch die Intensität der Nachfrage nach Kupfer seitens der ägäischen Welt erklärt. Tatsächlich mögen es die kyprischen Kupferexporte gewesen sein, die es den Zyprioten erlaubten, die schön bemalte Keramik aus den Werkstätten der Argolis zu erwerben. Gewisse Sorten von Vasen scheinen sogar auf Wunsch kyprischer (oder levantinischer) Auftraggeber von griechischen Werkstätten (z. B. in Berbati) angefertigt worden zu sein. Es ist in der Tat bekannt, daß man lange Zeit der Meinung war, die berühmten Wagenkratere, die auf Zypern und im Orient so häufig vorkommen, seien seit dem 14. Jh. auf Zypern angefertigt worden. Nunmehr scheint festzustehen, daß all diese großen Wagenkratere durchaus im mykenischen Griechenland hergestellt und von da nach den Märkten der orientalischen Küstenländer des Mittelmeers exportiert worden sind[44]. Übrigens stimmt

---

[41] J.-C. Courtois in: Chronique des Fouilles à Chypre en 1963, in: BCH 88, 1964, 355; ders. in: Chronique des Fouilles à Chypre en 1965, in: BCH 90, 1966, 345 (Grab 1432: geplünderte, leere Tholos); W. Johnstone, A Late Bronze Age Tholos Tomb at Enkomi, in: Alasia I 51 ff.

[42] Enkomi I 171. 357 ff.
[43] Murray, Cyprus 40 Abb. 68 Nr. 1092.1107 (danach, als Zeichnung von M. Morkramer, Gießen, unsere Abb. 51 a.c); Furumark, Myc. Pott. 597 f. 623. 629.
[44] Karageorghis, Doc. Chypre 220 ff.

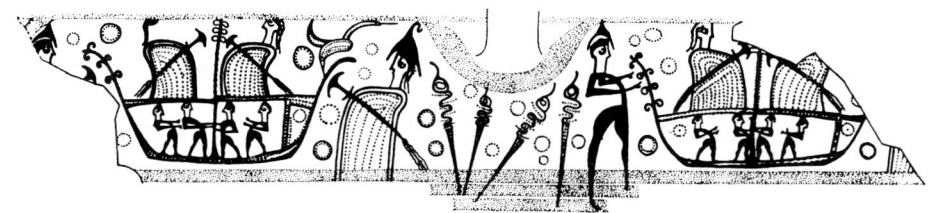

Abb. 55. Schiffsszenen auf einem mykenischen Krater aus Enkomi; Stockholm, Medelhavsmus.

man darin überein, die Prototypen dieser amphorenartigen Kratere in den spätminoischen Vasen zu suchen.

Die amphoroiden Kratere der Periode SH III A 2 verdienen unbestreitbar, daß man sich mit ihrer Qualität und ihrem Reiz befaßt. Allein die Gräber von Enkomi enthielten mindestens vierzig Stück; davon kommen sogar acht Exemplare aus einem einzigen Grab, und zwar aus Nr. 3 der schwedischen Grabungen; sie sind alle mit Wagenszenen geschmückt (Abb. 52)[45]. Einer der ältesten dürfte der Krater des Grabes 17 der schwedischen Grabungen sein, der sogenannte 'Zeus-Krater', der außer der Wagenszene mit den vier Personen noch zwei riesige Polypen und zwei Vögel als Verzierung aufweist (Abb. 49)[46]: Die Komposition wirkt zwar noch ein wenig komplex und ungeschickt, scheint aber von beachtlichem ikonographischem Wert zu sein. Die Darstellung von Szenen mit Wagen, die von Streitrössern gezogen werden, kam in der Folgezeit häufiger vor, und die Form des Kraters wurde um die Mitte des 14. Jhs. länglicher und birnenförmiger; die von Modellen aus Metall übernommenen Züge (Reliefringe an der Halsbasis, gerippte Henkel) verschwanden[47]. Erwähnenswert sind in diesem Zusammenhang die Wagenkratere der Gräber 12, 67 und 70 der englischen Grabungen[48]. Einer der jüngsten dürfte der aus Grab 68 eben dieser Grabungen sein, der schon an den Anfang des SH III B gehört[49].

Unter den amphorenartigen Krateren ohne Wagenmotiv des SH III A 2 müssen die aus den Gräbern 48 der englischen, 10 der kyprischen, 2 der französischen und 18 der schwedischen Grabungen erwähnt werden; sie sind mit großen gesprenkelten und gefleckten Stieren inmitten von Bergen und Blumen, manchmal in Begleitung von Personen, geschmückt (Abb. 53 a.b; 54 a.b)[50] oder mit großen schreitenden Vögeln, deren Körper mit Linienmustern, Schraffuren und Winkelmustern verziert sind[51].

Auf einem der amphoroiden Kratere aus dem bereits erwähnten reichen Grab 3 der schwedischen Ausgrabungen kann man zwei fast gleiche Szenen bewundern, die Krieger

[45] SCE I 481 ff. Taf. 77. 120,1; 121,1.2; C. F. A. Schaeffer, Stratigraphie Comparée et Chronologie de l'Asie Occidentale (1948) 383; Enkomi-Alasia I 362 Abb. 111 (danach, als Zeichnung von M. Morkramer, Gießen, unsere Abb. 52).

[46] E. Sjöqvist in: SCE I 543 Nr. 1 Taf. 120,3.4; Enkomi-Alasia I 121 Abb. 52; J. Wiesner, Die Hochzeit des Polypus, in: JdI 74, 1959, 35 ff. Abb. 1–6; Buchholz – Karageorghis, Altägäis 436 Nr. 1621; vgl. auch H.-G. Buchholz in dieser Publikation, oben S. 180 mit Abb. 49.

[47] Karageorghis, Doc. Chypre 222.

[48] Murray, Cyprus 37 Abb. 65 Nr. 1076; S. 39 Abb. 67; S. 49 Abb. 75 Nr. 1113; Furumark, Myc. Pott. 593 (Grab 83, Nr. 1147.1149.1151).

[49] Ebenda 593; CVA Nicosia 1 (1963) Taf. 8,1–4.

[50] Krater aus Grab 2: Enkomi-Alasia I 120 Abb. 51 (danach, als Zeichnung von M. Morkramer, Gießen, unsere Abb. 53 a.b) Taf. 17. 18. Krater aus Grab 18: E. Sjöqvist, Problems of the Late Cypriote Bronze Age (1940) 70 f. Abb. 21,2 (danach, als Zeichnung von M. Morkramer, unsere Abb. 54 b); Enkomi-Alasia I 330 Abb. 101 oben. Ein weiterer Krater aus diesem Grab: Sjöqvist a.O. 70 f. Abb. 21,1 (danach, als Zeichnung von M. Morkramer, unsere Abb. 54 a); Enkomi-Alasia I 330 Abb. 101 Mitte und unten. Krater Nr. 23 aus Grab 10: Enkomi III a Taf. 223,7; 224.

[51] Murray, Cyprus 48 Abb. 73 Nr. 937; Enkomi III a Taf. 223,12; 225 (Grab 10 Nr. 200).

und Seeleute an Bord von Schiffen zeigen (Abb. 55a.b)[52]. Auf jeder der beiden Seiten der Vase sind acht Personen zu sehen, die in unterschiedlichem Größenverhältnis dargestellt sind. Die größeren sind bewaffnet und tragen das vornehme, mit Punktmustern ausgefüllte Gewand; die vier kleineren stellen wahrscheinlich Ruderer dar. Ein Vogel vervollständigt die Szene.

Neben den amphorenartigen Krateren umfassen die am häufigsten im Grabinventar von Enkomi vertretenen Vasen dreihenkelige Hydrien (Abb. 56a–c), Tassen mit einem Vertikalhenkel (Abb. 56e), Pyxiden mit zylindrischem Bauch (Abb. 56f), Bügelkannen (Abb. 56d), kleine Krüge mit kugelförmigem Bauch, kugelige 'Feldflaschen' und schließlich konische Rhyta (Abb. 51b), die zwar seltener sind, aber, wie sich zeigen wird, an der syrischen Küste stärker verbreitet waren[53]. Grab 67 der englischen Grabungen hat das einzige in Enkomi bekannte Exemplar eines stierkopfförmigen Rhyton geliefert, und zwar aus bemaltem, gebranntem Ton, in vollendeter mykenischer Arbeit; die Augen sind als Relief modelliert und bemalt[54]. Hier ist es überdies das benachbarte Syrien, das die größte Zahl der vergleichbaren plastischen Vasen geliefert hat. Das Grab 67 barg außer dem Rhyton einen amphoroiden Krater mit stilisiertem Blumendekor, einen Krater mit konischem, birnenförmigem Rumpf, der geometrische Verzierungen aus Winkeln und Dreiecken aufweist, ein großes Fragment eines amphoroiden Kraters mit einem Wagen und vier Personen darauf, eine Pyxis, eine mit Spiralen verzierte Tasse und zwei kyprische Figürchen aus gebranntem Ton – Göttinnen mit Kind – in 'Base-Ring'-Technik. Die Gesamtheit der Gefäße und Figürchen liefert ein gutes Bild von dem hohen Lebensstandard, den die Bewohner der Stadt Enkomi im 14. Jh. v. Chr. erreicht hatten, also in der sogenannten Tell-el-Amarna-Epoche und kurz danach[55].

Die mykenische III B-Keramik in den Gräbern von Enkomi

Der Beginn der Periode SH III B wird um 1300 v. Chr. angesetzt; sie entspricht dem Spätkyprisch II C der kyprischen Chronologie und der Schicht II B des stratigraphischen Schemas von Enkomi nach P. Dikaios. Die Intensität der Handelsbeziehungen zwischen dem mykenischen Griechenland und Zypern vollzog sich wie in der vorhergehenden Epoche, doch entdeckt man fortschreitende Veränderungen hinsichtlich der regionalen Verteilung der Produktionsstätten der Importe: An die Stelle der immer gleichen Herkunft der Waren und der Vasenimporte aus der Argolis in der vorhergehenden Epoche (SH III-A 2) trat jetzt eine merkliche Differenzierung der Importquellen, da die Keramik des SH III B in mehreren Provinzen und Zentren hergestellt wurde, die manchmal ziemlich

---

[52] Sjöqvist a.O. (s. oben Anm. 50) 70f. Abb. 20,3; Enkomi-Alasia I 341 Abb. 106; D. Gray, Seewesen, in: H.-G. Buchholz, ArchHom, Kap. G (1974) G 46f. Abb. 10 (danach unsere Abb. 55a.b).

[53] Im Rahmen dieser Arbeit können die zahlreichen Belege für alle diese Typen nicht im einzelnen angeführt werden; es genügt, auf die oben in Anm. 1 genannten Publikationen hinzuweisen; unsere Abb. 56a–f, Zeichnung von M. Morkramer, nach Enkomi-Alasia I

Abb. 62,6.8.9.14.16.17. Für die konischen Rhyta vgl. Murray, Cyprus 6 Abb. 6 (Grab 53, BM Inv.-Nr. C602); S. 40 Abb. 68 (danach, als Zeichnung von M. Morkramer, unsere Abb. 51b; Grab 69 Nr. 1091); S. 49 Abb. 75 (Grab 70 Nr. 1114); Furumark, Myc. Pott. 618.

[54] Murray, Cyprus 37 Abb. 65 Nr. 1077; Karageorghis, Doc. Chypre 225 Taf. 21,3.4.

[55] Murray, Cyprus 37 Abb. 65. Vgl. auch die französische Enkomiliteratur.

Abb. 56a–f. Mykenische Keramik aus Enkomi, Grab 11 der französischen Ausgrabungen

a b c

d e f

weit voneinander entfernt lagen (Boiotien, die Kykladen, der Dodekanes und sogar Kreta). Diese Tendenz zur Vielfalt der 'regionalen Schulen' mykenischer Töpfer wurde zum Ende der Periode zu immer deutlicher. Auf Zypern selbst erlebte diese Zeit zum ersten Mal ein Aufblühen von Produktionszentren mit eigenem Stil, einem aus kyprischen und mykenischen Bildelementen zusammengesetzten Stil, den man abwertend einfach den 'Groben Stil' ('Rude Style') genannt hat, obwohl gewisse Arbeiten von echter künstlerischer Qualität zeugen, wie wir später noch sehen werden. Neben dieser Stilart kam es auf Zypern ab der Wende vom 13. zum 12. Jh. in großem Umfang zur Herstellung von ziemlich flachen Schalen und Tellern mit Bemalung im Stil SH III B-Spät. Diese Produktion griff übrigens unvermindert in die folgende Phase über, welche durch das massive Auftreten der SH III C 1-Keramik zur Zeit der ersten achäischen Welle gekennzeichnet ist. Unter den Serien von SH III B-Vasen aus den Gräbern von Enkomi muß man den schönen Glockenkrateren, deren Bilddekor – unter deutlicher Bevorzugung von Tierszenen – sich als recht abwechslungsreich erweist, einen ersten Platz einräumen. In Grab 48 (British Museum), das einen interessanten amphoroiden Krater aus Kreta sowie einen dem SH III-A 2 zugehörigen enthielt, fanden sich u. a. zwei Glockenkratere des SH III B: Der eine ist, wie die beiden oben genannten, mit Vögeln geschmückt, jedoch in einem stärker entwikkelten und ausgeprägten Stil; der andere zeigt einen Polypen mit ausgestreckten Fangarmen[56]. Ferner hebt sich in Grab 48 ein Glockenkrater durch die Originalität seiner Bild-

[56] Ebenda 48 Abb. 73 Nr. 965.966.

motive hervor: Auf der einen Seite sieht man Greifen, deren einer einen Wagen mit zwei Personen zieht, auf der anderen zwei Sphingen in antithetischer Anordnung um einen sehr schematisch dargestellten heiligen Baum[57]. Besondere Erwähnung verdient Grab 66 (British Museum), das während der französischen Grabung im Jahre 1965 wieder aufgefunden wurde[58]. Es handelt sich nämlich um eines der seltenen Gräber in Enkomi vom 'syrischen Typ', das aus Quadern gemauert ist. Genau im Planquadrat '4 Ost' gelegen, wo die Funde von Metallgegenständen einen rein 'ugaritischen' und nicht kyprischen Charakter aufweisen, wurde aus diesem Grab mit Kammer und Dromos seit 1896 sehr reiches Grabinventar ans Licht geholt: Goldschmuck, Zylinder mit orientalischen mythologischen Szenen, Fläschchen aus vielfarbigem Glas, Teller aus Glaspaste oder Fayence mit ägyptischem Dekor und zahlreiche tönerne Vasen teils kyprischer, teils mykenischer Herkunft; darunter ist ein Glockenkrater, der weidende Hirsche mit gesenkten Köpfen zeigt[59]; die kyprisch-mykenische Keramik bestand aus bemalten, mit zwei kleinen horizontalen Henkeln versehenen Tellern und einem Becher mit hohem, hohlem Fuß.

Ein Glockenkrater aus Grab 83 zeigt einen Vogel, der auf dem Hals eines Stieres mit gesenktem Kopf zu picken scheint. Tatsächlich sind die Darstellungen von Stieren mit dreiteiligen Körpern, deren Dekorfüllung von einem Feld zum anderen variiert, in der fortgeschrittenen SH III B-Epoche sehr zahlreich. Man findet sie nicht nur bei Glockenkrateren aus anderen Gräbern, z. B. aus Grab 89 und 91[60], sondern auch auf anderen SH III B-Vasenformen wie Krügen (Grab 18 der schwedischen Grabung), Schalen mit spitz zulaufendem Henkel (in Klavdia), Kyliken (in Kition, Grab 9, Nr. 66), um nur einige Beispiele zu nennen[61].

Der entwicklungsmäßige Übergang vom Glockenkrater zum bemalten Krater des 'Rude Style' kyprischer, unter mykenischem Einfluß stehender Fabrikation am Ende der Periode III B läßt sich sehr gut an Hand der bemerkenswerten Gruppe von Krateren zeigen, die aus dem berühmten Grab 18 der schwedischen Mission stammen: Es gibt dort in der Tat neben Glockenkrateren, verziert mit Vögeln oder Vierbeinern, die durch ein eigenartiges, im Schachbrettmuster schraffiertes Feld voneinander getrennt sind (Abb. 57 a.c)[62], einen Krater eigenständiger Form mit einem bikonischen, ziemlich abgeflachten Bauch, dessen Ausführung nicht mehr die der importierten Kratere, sondern die der Kratere des 'Verwilderten Stils' zu sein scheint, von denen er einer der ältesten sein dürfte (Abb. 57 b)[63]. Sein Bildschmuck deckt sich ebenfalls nicht mehr mit dem der rein mykenischen Exemplare: Man hat mit vollem Recht die charakteristischen Züge der Szene hervorgehoben, bei der man einen Löwen in einer bewaldeten Landschaft Ziegen verfolgen sieht. Es ist eine Zeichnung impressionistischer Art, wenig sorgfältig ausgeführt. Die Ziegen sind als Silhouetten dargestellt, die Gestalt des Löwen in Umrissen. Die Ziegen erinnern in ihrer

[57] Ebenda 8 Abb. 14. 45. 71 Nr. 927.

[58] Ebenda 35f. Abb. 63. 64 Taf. 9; J.-C. Courtois, Chronique des Fouilles à Chypre en 1965, in: BCH 90, 1966, 344.

[59] Murray, Cyprus 35 Abb. 63 Nr. 1038. Weitere mit Hirschen verzierte mykenische Vasen stammen aus den Gräbern 54 und 82, vgl. CVA Nicosia 1 (1963) Taf. 10,1–6.

[60] Murray, Cyprus 42 Abb. 70 (Grab 91 Nr. 1283); S. 48 Abb. 74 Nr. 1160; S. 49 Abb. 76 (Grab 89 Nr. 1262).

[61] V. Karageorghis, A Mycenaean Painter of Bulls and Bull Protomes, in: Alasia I 123 ff. Abb. 1–7.

[62] Enkomi-Alasia I 326 ff. Abb. 99. 100,9.11 (danach, als Zeichnung von M. Morkramer, unsere Abb. 57 a.c).

[63] Ebenda Abb. 100,12 (danach, als Zeichnung von M. Morkramer, unsere Abb. 57 b); Karageorghis, Doc. Chypre 238 f.

Abb. 57 a–c. (a.c.) Mykenische Glockenkratere und (b) kypro-helladischer Krater des 'Verwilderten Stils' aus Enkomi, Grab 18 der schwedischen Ausgrabungen

a   b   c

antithetischen Haltung mit dem zurückgeworfenen Kopf an vergleichbare Stellungen von Tieren, wie sie auf Elfenbeinarbeiten und Siegeln der gleichen Zeit zu sehen sind. So verrät der Stil einen starken Einfluß der Elfenbeingravierung[64].

Die kypro-mykenischen Kratere des 'Rude Style' sind in zahlreichen Gräbern von Enkomi vorhanden; man kann für das erste Stadium die Vase 66 aus Grab 19 der schwedischen Grabungen anführen: Auf einer Seite wendet eine Ziege den Kopf nach hinten, um ein Büschel Laubwerk abzuweiden, wobei sie den Stengel umbiegt; hinter ihr ein nach links schreitender Stier. Die Tiere sind teils in Konturen, teils als Silhouetten gezeichnet; sehr dünne Linien wurden für die Details am Kopf und vor allem im Gesicht verwendet. Auf der anderen Seite sind ein weiterer Stier und ein Busch zu erkennen, dessen Zweige aus dem Streifen, der das Feld neben dem Griff begrenzt, hervorbrechen. Es handelt sich dabei um das Werk eines Künstlers, der es verstanden hat, einem Bedürfnis nach Realismus und Naturalismus Ausdruck zu verleihen, indem er ein lebendiges und gut beobachtetes Bild schuf. Nach gründlicher Beschäftigung mit diesem interessanten Krater hat V. Karageorghis unterstrichen, daß zum ersten Mal in der Geschichte der bemalten mykenischen Vasen der Maler die Figur – nach heutigen Maßstäben – zeichnerisch wirklich erfaßt habe und mit feinen oder kräftigen Linien die anatomischen Einzelheiten genau und realistisch wiedergegeben habe[65].

Für die mittlere Phase des 'Verwilderten Stils' ist einer der interessantesten Kratere zweifellos der aus Grab 89 im British Museum (Inv.-Nr. C 417), auf dessen einer Seite zwei männliche Sphingen antithetisch um eine Palme mit aufrechtem, schlankem Stamm angeordnet sind; die mittlere und hintere Partie des Körpers wie auch die Flügel sind mit einem schuppenartigen Muster gefüllt; die rechte Sphinx trägt einen Kalathos, die übliche Kopfbedeckung der mykenischen Sphingen, und zwei Haarlocken auf jeder Seite des Halses. Alle diese ikonographischen Details sind von gleichartigen Darstellungen auf gravierten Elfenbeinen und Diademen oder ziselierten goldenen Stirnbändern inspiriert, die gleichfalls aus den Gräbern der mykenischen Epoche von Enkomi stammen[66].

Die Mehrzahl der Kratere im 'Verwilderten Stil' ist entweder mit Stieren, manchmal in nachlässiger Zeichnung (Gräber 45, 86, 88 im British Mus.), oder mit vorüberziehenden Vögeln (Grab 45, 96) verziert. Die Qualität der Bemalung ist in einigen Fäl-

[64] Ebenda 239.
[65] E. Sjöqvist, Problems of the Late Cypriote Bronze Age (1940) 70f. Abb. 21,3; Karageorghis, Doc. Chypre 235; vgl. auch SCE I Taf. 118. Literatur zu diesem Stil s. in Buchholz – Karageorghis, Altägäis 144.
[66] Murray, Cyprus 49 Abb. 76 Nr. 1260.

len ziemlich unterschiedlich; dies hat die Bezeichnung 'Rude Style' förmlich herausgefordert.

Einige gegen Ende der Epoche SH III B hergestellte kyprisch-mykenische Keramiktypen, die in großer Anzahl, um nicht zu sagen, in großen Serien gefertigt wurden, sind in den Gräbern von Enkomi reichlich vertreten: Das bekannteste Beispiel bleibt das Grab 18 der schwedischen Grabungen mit seinen 23 ziemlich flachen Schalen mit platten horizontalen Henkeln. Dies stellt jedoch keinen isolierten Einzelfall dar, wenn man an die vergleichbaren Serien aus Grab 9 von Kition[67] und aus Kouklia-Mantissa[68] denkt.

Eines der Rätsel der kyprischen Archäologie am Ende der Spätbronzezeit bleibt das nahezu völlige Fehlen von SH III C 1-Vasen im Grabinventar der Gräber von Enkomi und zeitgleicher Städte, wozu die Situation in den Wohnschichten, wie man weiter oben gesehen hat, in deutlichem Gegensatz steht.

Dieser auffallende Gegensatz in der Epoche der SH III C 1-Keramik scheint ebenso für die folgende Epoche zu gelten, die durch das Vorherrschen der dem 'Granary Style' verwandten Richtung gekennzeichnet ist und die Wellenlinie als Grundmotiv verwendet: Auch hier entspricht die Zahl der Grabfunde kaum dem überreichlichen Material aus den Wohnschichten. In den Gräbern sind es vielmehr der kyprische 'Bucchero'-Krug und die sogenannte 'Plain Ware'-Keramik, die man antrifft. Hier finden sich keine der in den Wohngebieten so verbreiteten Kratere mit 'Panelled Style'-Verzierung. Diese Gegensätze in der Aufteilung des keramischen Materials im 12. Jh. vor unserer Zeitrechnung ließen sich vielleicht zum Teil durch religiöse Gesichtspunkte erklären und durch den Erzkonservatismus der Zyprioten angesichts der Überflutung ihres täglichen Bedarfs mit unzähligen Töpferwaren, welche auf direktem Wege von den durch die achäischen Flüchtlinge importierten mykenischen Vorbildern inspiriert waren.

Bevor wir Zypern und Enkomi verlassen, muß noch ein Wort gesagt werden zu einigen wichtigen Funden der vorangehenden mykenischen Epoche, die weniger aus dem Siedlungsbereich als aus bestimmten Gräbern kommen.

Es handelt sich um Vasen aus Silber und um solche aus Fayence oder polychromer Glaspaste. Unter den Beigaben des Kammergrabes 66 der englischen Ausgrabungen befand sich eine Silberschüssel mit spitzem Henkel, hinter der sich offensichtlich der klassische Typ der 'White Slip II-Milchschale' verbarg[69]. Genau in dem Bezirk, wo sich dieses Grab befand, hat die französische Mission eine andere halbkugelförmige Schale aus Silber ans Licht gebracht, und zwar neben einer umgestürzten Tonplatte. Auf dem Schalenrand war eine kurze Inschrift aus kypro-minoischen Zeichen, gefolgt von einigen Zahlzeichen, eingeritzt[70]. Der kostbarste Fund bleibt indessen der unglaublich schöne, 277 Gramm schwere Becher mit spitz zulaufendem Henkel aus Silber mit Goldinkrustation in Niello-Technik aus dem von Schaeffer entdeckten Grab 2, aus der Periode Spätkyprisch II stammend[71]. Der Dekor besteht aus einem Fries von sechs Stierköpfen mit nach unten geneigten Hörnern und stilisierten Blumen in den Zwischenräumen. Der obere Rand des Bechers

[67] Buchholz – Karageorghis, Altägäis 154 Nr. 1640–1643; V. Karageorghis, Excavations at Kition I, the Tombs (1974) 59 Taf. 59–79.
[68] Karageorghis, Doc. Chypre 157 Abb. 39–45.
[69] Murray, Cyprus 18 Abb. 34.

[70] J.-C. Courtois – O. Masson, BCH 88, 1964, 356 mit Anm. 1.
[71] Enkomi-Alasia I 379ff. Abb. 116–119 Taf. 116 und Farbtaf. C. D; Buchholz – Karageorghis, Altägäis 158 Nr. 1684a–c Farbtaf. 4.

ist mit einem schwarzen Niello-Band verziert, in das kleine Goldscheiben eingelassen sind. Die Mitte des Bechers zeigt ein Ornament aus Bögen, die Rosetten umschließen. Dieser Becher von Enkomi erinnert lebhaft an den der Tholos von Dendra, nicht weit von Mykene in der Argolis, aus der 1. Hälfte des 14. Jhs. v. Chr.[72]. Nur zögernd würde man den schönen Becher von Enkomi einer kyprischen Werkstatt zuschreiben, eher handelt es sich um eine importierte mykenische Arbeit, von einem reichen Bewohner von Enkomi in Auftrag gegeben. Die Bügelkannen aus bunter Fayence stammen aus dem Kammergrab 5 (französische Grabung 1949); sie sind eindeutig Kopien mykenischer Modelle.

Ras Schamra-Ugarit, Syrien

Seit dem Beginn der systematischen archäologischen Erforschung des Fundplatzes im Hafenviertel von Ugarit, Minet-el-Beida, der weniger als einen Kilometer vom Hauptteil von Ras Schamra entfernt liegt und die imposanten Ruinen der Hauptstadt eines der blühendsten Königreiche Syriens des 2. Jts. v. Chr. birgt, hatte die französische Grabungsmission unter Leitung von C. Schaeffer das große Glück, schon im Laufe der ersten Kampagne im Jahre 1929 mehrere Gräber oder aus Quadern errichtete Kammergräber der SB 2 und 3 (14.–13. Jh. v. Chr.) ans Licht zu bringen; sie lagen gemäß orientalischer Sitte unter den Höfen der Wohnungen[73]. Unter den Resten der Grabbeigaben nahm dort auf den ersten Blick die mykenische Importkeramik neben lokaler Keramik, kyprischer Keramik und ägyptischen Alabastervasen einen wichtigen Raum ein. Man entdeckte dabei aber auch Vasen mykenischen Stils, deren mindere Herstellungsqualität im Vergleich zu der ägäischen Importware auf lokale Anfertigung deutete.

Die ausgedehnten Grabungen auf dem Tell von Ras Schamra bestätigten das Ausmaß der mykenischen Importwelle in Ugarit. Diese Importe waren, wie in Enkomi, keineswegs auf den Bereich der Gräber beschränkt; tatsächlich hat man im Laufe der Jahre mykenische Keramik in großer Menge in den Palästen, den Residenzen und Privathäusern gefunden und sogar in einfachen Hütten des Handwerkerviertels der Stadt. Man kann daraus schließen, daß die mykenischen Vasen in allen Schichten der ugaritischen Gesellschaft der Spätbronzezeit hochgeschätzt waren; wir werden sehen, daß gewisse Keramiktypen mit sowohl häuslichem als auch kultischem Verwendungszweck in Ugarit so beliebt waren wie kaum anderswo.

Die Beziehungen zwischen Ugarit und dem mykenischen Griechenland zur Zeit der Schachtgräber am Anfang der späthelladischen Zeit liegen noch immer im Dunkeln. Man hat versucht, die Architektur der Kammergräber von Ras Schamra mit der des Grabes Rho im Kreis B von Mykene[74] zu vergleichen in dem Bemühen, die umstrittene Frage nach dem Ursprung der Grabarchitektur von Spät-Ugaritisch 2 und 3 aufzuklären, die wegen ihrer Gewölbe aus schräg vorspringenden Schichten so typisch ist. Eine gewisse strukturelle Ähnlichkeit dieser Gräber untereinander ist sicher nicht zu leugnen, doch darf man nicht

[72] A. W. Persson, The Royal Tombs at Dendra near Midea (1931) 14. 38. 48ff. Taf. 1. 12–15.
[73] C. F. A. Schaeffer, Syria 10, 1929, 291ff.; ders., Syria 14, 1933, 100ff.; Ugaritica II 144ff. Zur Architektur der Wohnhäuser in Ugarit s. unsere Ausführungen in: UgaritF 11 1979, 105ff. Abb. 1–18.
[74] V. Hankey, BSA 62, 1967, 112; vgl. G. E. Mylonas, Ancient Mycenae (1957) 164.

vergessen, daß in Syrien selbst Prototypen von Kammergräbern schon seit dem 3. Jt. existieren; sogar in Ras Schamra sind Gewölbe der genannten Art schon seit der Mittleren Bronzezeit versucht worden[75]. So sollte man Vorsicht walten lassen bei der Frage nach den möglichen Einflüssen von Mykene auf Ras Schamra während des 16. Jhs.: Es bedürfte mehrerer Faktoren, um eine noch unsichere Theorie zu stützen. Man hat gemeint, daß bestimmte Bronzewaffen aus Ras Schamra, die an das äußerste Ende der Mittleren Bronzezeit oder in die SB 1 gehören, wegen der besonderen 'Hörner'-form der Schulter ihrer Klingen mit mykenischen Waffen in Zusammenhang gebracht werden könnten[76]. Dies ist nicht von vornherein auszuschließen; man muß jedoch betonen, daß dieser Waffentyp nur in zwei Exemplaren in Ugarit vertreten ist.

Die Handelsaktivität zwischen Mykene und Ugarit begann im Laufe des SH II wirksam zu werden, zunächst allerdings noch recht zaghaft. Für diese Epoche läßt sich nur sehr wenig Importmaterial nachweisen. Es handelt sich dabei um Gefäße des Alabastrontyps aus der Periode SH II B[77].

Vom zweiten Drittel des 14. Jhs. v. Chr. an war Ras Schamra wie Zypern an einem äußerst rapiden Handelsaufschwung beteiligt, der sich zwischen der mykenischen Welt und der syrischen Küste abspielte. Diese Entwicklung fiel in die Zeit der königlichen Dynastie von Ugarit, deren Archive mit politischen, diplomatischen, administrativen, ökonomischen bzw. kommerziellen Keilschrifttexten in extra dafür bestimmten Räumen innerhalb verschiedener Flügel des königlichen Palastes wiedergefunden wurden[78]. In der Tat ist es die lange Periode zwischen etwa 1365 und 1200, die glänzend belegt ist sowohl durch die Texte als auch durch die verschiedenen archäologischen Funde, unter denen die mykenische Keramik einen Platz ersten Ranges einnimmt.

Diese Keramik gehört ins SH III A 2 und III B, was grob gesprochen dem Ende von Spät-Ugaritisch 2 und vor allem fast der gesamten Phase des Spät-Ugaritisch 3 entspricht. Letzteres kann man in drei Abschnitte unterteilen, je nach Stratigraphie bestimmter Viertel, die mehrere Umbildungen erfuhren, ohne daß dadurch der Grundriß der meisten Gebäude, die als geschlossene Blocks die gewundenen Straßen und Sträßchen säumten, von Grund auf verändert wurde.

Späthelladische Importe

Bemalte mykenische Importkeramik, wie sie in den Ruinen der Gebäude in der Stadt Ugarit aufgefunden wurde, umfaßt hauptsächlich die folgenden Typen, deren Mehrzahl als levanto-helladisch angesehen wird: Schalen mit hohem Fuß, Kannen mit eckiger Schulter und Kleeblattmündung, Hydrien mit engem Hals, 'Feldflaschen', konische Schalen, am-

[75] Schaeffer, Syria 19, 1938, 229ff. (Grab 56, Unterstadt).

[76] Ebenda 238 Abb. 32 U; 241 Abb. 33.34. Das zweite im Jahre 1961 im Akropolis-Südviertel gefundene Exemplar ist noch unpubliziert.

[77] F. H. Stubbings, Mycenaean Pottery from the Levant (1951) 53 Abb. 9.

[78] J. Nougayrol, Textes Accadiens et Hourrites des Archives Est, Ouest et Centrales, PRU III (1955); C. Virolleaud, Textes Alphabétiques des Archives Est, Ouest et Centrales, PRU II (1957); J. Nougayrol, Textes Accadiens des Archives Sud (Archives Internationales), PRU IV (1956); C. Virolleaud, Textes Alphabétiques des Archives Sud, Sud-Ouest et du Petit Palais, PRU V (1965); J. Nougayrol, Textes Accadiens des Archives du Grand Palais et du Palais Sud d'Ugarit, PRU VI (1970).

phorenartige Kratere, zylindrische Humpen mit einem vertikalen Henkel, Tassen und Teller, schließlich Bügelkannen in großer Zahl, konische oder tierkopfförmige Rhyta bzw. solche in Ganztiergestalt (Igel, Fisch).

Die Kratere mit Wagenszenen wurden in Ugarit im 14. Jh. v. Chr. gewiß sehr geschätzt. Man fand etliche davon im Verlauf der Grabungen in den stratifizierten Schichten. Am bekanntesten ist das 1936 im Grabungsareal III in einer Tiefe von 3,25 m aufgefundene Stück (Abb. 58a–c); es lag nahe bei einer zweischaligen Gußform, die den Juwelieren zum Gießen von Diademen diente[79]. Dieser Krater aus gebranntem Ton ist mit einem sehr feinen beigen Überzug versehen; die Farbe seiner Bemalung ist ein in Rot übergehendes Braun mit leichtem Metallglanz; demgegenüber sind die Details an den Pferdegeschirren cremefarben gehalten. Die Zeichnung ist mit beachtlichem Geschick freihändig mit einem dünnen Pinsel ausgeführt. Der durch die Henkel in zwei Felder gegliederte Dekor weist beide Male eine Wagenszene auf (Abb. 58a.b). Die zweirädrigen Wagen besitzen einen zweiteiligen Kasten. In dem einen halten sich zwei Personen mit gewölbtem Oberkörper auf, bekleidet mit einem von Punkten übersäten Gewand. Dem Wagen und seinem Gespann voran geht eine aufrechte Gestalt, ein Pferdeführer, der in der nach hinten gebogenen Hand einen dünnen Stock hält. Auf der anderen Seite des Kraters befinden sich auf dem zweiten Wagen drei Personen, von denen eine, der Wagenlenker, vor dem Kasten über der Deichsel dargestellt ist, die vielleicht aus einem dicken Brett bestand. Vor dem Pferd ist ein großer Vogel mit langem Hals und gebogenem Schnabel als volle Silhouette gemalt; sein Leib ist in dem Feld unter dem Henkel angeordnet. Der Vogel trägt am Hals eine Leine oder Kette, die in gerader Linie, wie wenn sie gespannt

a

b

c

Abb. 58a–c. Mykenischer Krater mit Wagenszenen aus Ras Schamra-Ugarit, Nordsyrien; Abrollungen der (b) Hauptseite und (a) Rückseite

[79] C. F. A. Schaeffer, Syria 18, 1937, 152 Abb. 17; ders., Ugaritica II (1949) 214ff. (gemalte Schriftmarke unter dem Gefäßboden) Abb. 89. 90 (danach, als Zeichnung von M. Morkramer, unsere Abb. 58a–c).

Abb. 59. Wagenszene auf einem mykenischen Krater aus Ras Schamra-Ugarit; Grabung 1960

wäre, mit dem Boden verbunden ist, auf dem der Vogel ruht. Nach Meinung von C. Schaeffer könnte die Szene irgendeiner Sage entnommen sein, in der es um einen Kampf zwischen Helden und einem riesigen Vogel geht[80].

Auf einem anderen, vor dem Krieg in Ras Schamra gefundenen Krater sieht man an Stelle des Vogels ein anderes Tier, allem Anschein nach einen Hirsch[81]. Diesem Tier wird man später auf einer SH III B-Vase wiederbegegnen (s. unten S. 208).

Bei den 1960 in der Südhälfte der Stadt Ugarit vorgenommenen Ausgrabungen wurde ein anderer sehr interessanter SH III A 2-Krater ans Licht gebracht (Abb. 59)[82]. Er befand sich in situ in Stücke zerbrochen auf dem Boden eines Raumes in einem Privathaus, das aus Spät-Ugaritisch 2 oder dem Anfang von 3 stammt. Nach seiner Restaurierung im Museum von Damaskus zeigt dieser schöne Krater eine Wagenszene mit nicht weniger als sieben Personen, wovon alle mit einem langen, mit punktierten Linien verzierten Gewand bekleidet sind. Drei befinden sich im Wagenkasten, einer hinter dem Wagen, drei weitere schreiten in einer Reihe vor den beiden Pferden, die den Wagen ziehen; die stehenden Personen sind alle mit einem langen Schwert bewaffnet. Blumenmotive unter und über den Pferden sowie unter den beiden Henkeln der Vase dienen als Füllwerk. Aus diesem Grund wäre unser ugaritischer Krater von 1960 mit den Fragmenten eines kleinen Wagenkraters aus dem fortgeschrittenen SH III A zu vergleichen, der aus Grab 94 der englischen Enkomigrabung im Jahre 1896 stammt (Nikosia, Cyprus Museum, Inv.-Nr. A 2027)[83].

Außer den vollständig erhaltenen Krateren hat Ras Schamra mindestens zwanzig verschiedene Fragmente geliefert, die zu einem Dutzend verschiedener Vasen gehört haben könnten. Die vor 1939 gefundenen Fragmente sind in Ugaritica II veröffentlicht worden[84], diejenigen der späteren Kampagnen jetzt in Ugaritica VII[85]. Dieser Überfluß bestätigt – falls es noch nötig sein sollte – die große Popularität dieses Wagenkratertyps bei der syrischen Bevölkerung von Ugarit in der zweiten Hälfte des 2. Jts. Kein Zweifel, daß diese Vasen mit ihrem malerischen und wahrscheinlich mythologischen Dekor einen Ehrenplatz in den Häusern der wohlhabenden Bürger einnahmen. Sie waren sicher nicht allein ihres Inhalts wegen eingeführt worden, sondern vor allem wegen ihres künstlerischen Eigenwertes oder zur Verwendung bei feierlichen Anlässen oder Zeremonien.

Das gleiche mag für die große Gruppe konischer Rhyta in Ras Schamra mit ihrer so man-

[80] Schaeffer, Sur un Cratère Mycénien de Ras Shamra, in: BSA 37, 1936/37, 223 ff. (zitiert in Ugaritica II 216).
[81] J. Charbonneaux in: Préhistoire 5, 1932, 204 Abb. 7 (Paris, Musée du Louvre AO 11.724; nach einem Aquarell von G. Chenet).
[82] Schaeffer, CRAI 1961, 234 Abb. 2; ders., AAS 11/12, 1961/62, 187 Abb. 8. 9 (danach, als Zeichnung von M. Morkramer, unsere Abb. 59).
[83] CVA Nicosia 1 (1963) Taf. 6,1.
[84] Ugaritica II 216 Abb. 90,1; 224 Abb. 94 unten rechts.
[85] J.-C. Courtois in: Ugaritica VII 296 Abb. 34.

Abb. 60a–c. (a.b) Mykeni-
sche Rhyta des konischen
Typs und (c) bauchigen Typs
aus Ras Schamra-Ugarit

a   b   c

nigfaltigen Verzierung gegolten haben. Die mykenischen konischen Rhyta sind manchmal zusammen mit syrischen Rhyta lokaler Herstellung gefunden worden; diese kopieren immer die mykenischen Modelle besserer Qualität, deren Chronologie sowohl die Phase SH III A 2 wie auch III B abdeckt.

Von den Rhyta aus Ugarit, die bis ins SH III A 2 hinaufreichen, ist das mit einem Oktopus verzierte zu erwähnen (Abb. 60a.b) und das zusammen mit diesem gefundene eigenartige Rhyton in Gestalt eines Trichters mit annähernd kugeligem Bauch, dessen Hals eine Doppelwandung in Form eines zweiten kleineren Trichters aufweist, bemalt mit konzentrischen roten Streifen (Abb. 60c)[86]: Diese Vorrichtung diente dazu, den Trichter umkehren zu können und ihn auf den Hals zu stellen, ohne daß der flüssige Inhalt herauslief. Soweit wir wissen, ist dieser Typ aus der Ägäis kaum bekannt bis auf ein Exemplar von der Insel Karpathos zwischen Kreta und Rhodos, das sich jetzt im British Museum befindet. Womöglich stammt der Trichter von Ras Schamra von dieser griechischen Insel und nicht vom griechischen Festland?

Weitere Rhyta wurden im Hause des hurritischen Priesters mit den liturgischen und mythologischen ugaritischen Täfelchen und mit den beschrifteten Lebermodellen entdeckt, das 1961 an dem Hang der Akropolis von Ras Schamra freigelegt wurde. Eines der Rhyta war mit einem einfachen Schuppengeflecht mit punktierten Kreisen geschmückt, ein anderes mit stilisierten Blumen und ein vollständigeres drittes zeigt aufrechtstehende Krieger mit einer langen Waffe (Abb. 61a)[87]. Ein neben einem 1935 ausgegrabenen Depot von Objekten aus Glasmasse oder Fayence und von Rhyta in Form von Igeln und Wildschweinen gefundenes schönes mykenisches Rhyton zeigt – rot auf beigefarbenem Überzug gemalt – eine Reihe von fünf senkrechtstehenden Fischen mit nach oben gerichteten Köpfen

[86] C. F. A. Schaeffer, Ugaritica II (1949) 218ff. Abb. 91, 12.13; 93,1 (danach, als Zeichnung von M. Morkramer, unsere Abb. 60a–c).

[87] J.-C. Courtois in: Ugaritica VI 115ff. Abb. 15–17 (nach Abb. 16 rechts unsere Abb. 61a als Zeichnung von M. Morkramer); Buchholz, AA 1974, 403 Abb. 59.

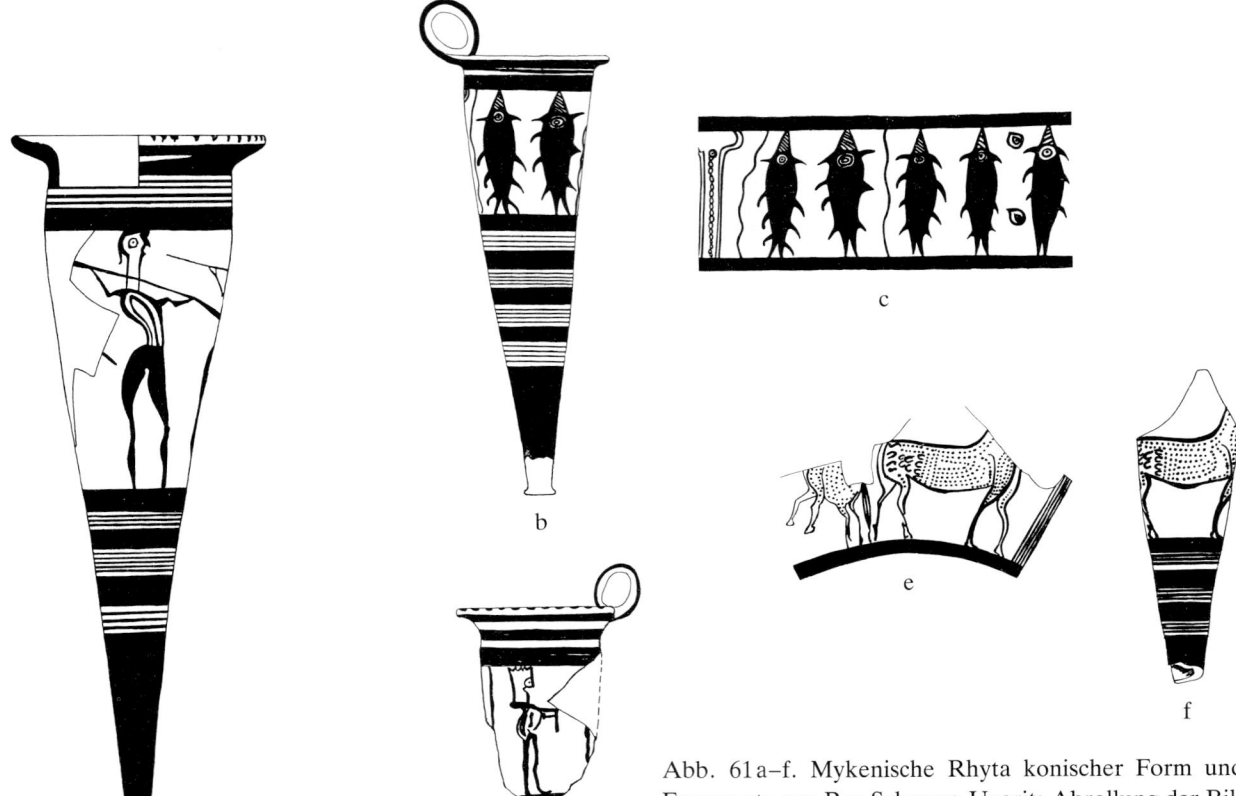

Abb. 61a–f. Mykenische Rhyta konischer Form und Fragmente aus Ras Schamra-Ugarit; Abrollung der Bilder (c vom Rhyton b, e vom Fragment f)

(Abb. 61b.c)[88]. Auf einem unvollständigen Rhyton, einem Fund aus Minet-el-Beida, sieht man eine Stute mit ihrem springenden Fohlen, beide weißgefleckt; hierbei handelt es sich um eine sehr seltene Darstellung. Allerdings ist es nicht sicher, daß das Gefäß aus einer mykenischen Werkstatt stammt, obgleich die Qualität seiner naturalistischen Zeichnung in diese Richtung weist (Abb. 61e.f)[89]. Die Darstellung auf einem anderen fragmentarischen Rhyton aus Minet-el-Beida ist ebenfalls außergewöhnlich hinsichtlich der Originalität ihres Stils: Eine aufrechtstehende Person mit dünnen Beinen und geblähtem Bauch hat einen unverhältnismäßig großen quadratischen Kopf, der anscheinend mit einer den Nacken bedeckenden Frisur herausgeputzt ist (Abb. 61d)[90].

Kürzlich wurden drei neue mykenische Rhyta in dem 'Haus der Alabastren' unmittelbar östlich vom königlichen Palast entdeckt. Zwei von diesen (Abb. 62a.b) waren mit Stieren im reinsten SH III B-Stil geschmückt, wie man ihn im allgemeinen auf Zypern von den zahlreichen Glockenkrateren her kennt. Das dritte Rhyton aus dem 'Haus der Alabastren' (Abb. 62c) war schließlich schlicht mit Muschelmotiven geschmückt, einem bereits durch frühere Funde aus Ugarit bekannten Muster[91].

[88] Ugaritica II 224 Abb. 94 unten (danach, als Zeichnung von M. Morkramer, unsere Abb. 61b.c).
[89] Ebenda 218 Abb. 91,5.16 (danach, als Zeichnung von M. Morkramer, unsere Abb. 61e.f).
[90] Ebenda 218 Abb. 91,8 (danach, als Zeichnung von M. Morkramer, unsere Abb. 61d).

[91] H. De Contenson – J.-C. Courtois – E. und J. Lagarce – R. Stucky, La XXIVe Campagne de Fouilles à Ras Shamra en 1975, in: Syria 51, 1974, 11f. Taf. 2,1a–c (danach, als Umzeichnung von M. Morkramer, unsere Abb. 62a–c).

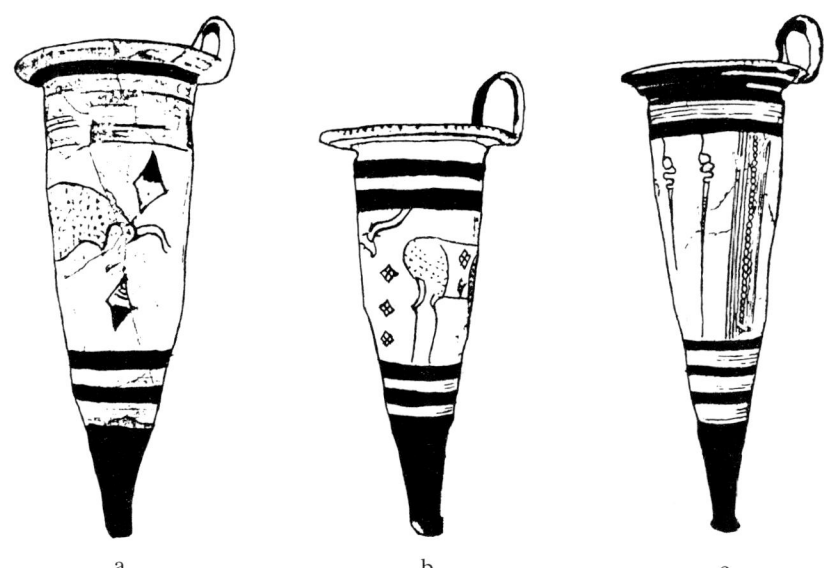

Abb. 62a–c. Mykenische Rhyta konischer Form aus Ras Schamra-Ugarit, 'Haus der Alabastren'

a   b   c

Das jüngste konische Rhyton aus Ras Schamra, das in die Endphase von SH III B zu datieren ist, dürfte das 1968 in einem Hause in dem sich nordöstlich vom Palast erstreckenden Bezirk gefundene sein; seine Verzierung besteht aus einer Gruppe von sieben Delphinen, drei kleinen als volle Silhouetten und vier großen in Umrissen dargestellten, deren Körperflächen mit unregelmäßig gezeichneten Wellenbändern ausgefüllt sind; das Ganze in glänzendem Braunrot auf chamoiscremefarbenem Grund[92]. Der Stil dieses Rhytons tritt bei bestimmten bemalten Erzeugnissen von Werkstätten der griechischen Inseln, besonders des Dodekanes, auf, wovon manche über die Phase SH III B hinaus bis ins fortgeschrittene SH III C 1 andauern.

Besonders charakteristisch für Ras Schamra ist außerdem die Gruppe der Rhyta in Gestalt von birnenförmigen Krügen oder Tierköpfen. Eines der letzteren aus gebranntem Ton, mit blankpoliertem chamoisfarbenem Überzug und mit hellem Rot bemalt, stellt offenbar den Kopf eines Steinbocks dar: Die Hörner und Augen sowie die Umrisse der Ohren sind in Relief modelliert; die breitgedrückte Schnauze hat zwei runde Vertiefungen, die die Nüstern darstellen, mit einem Loch in der Mitte, durch das der Inhalt des Rhytons abfließen konnte (Abb. 63a.b)[93]. Dieses vollständig mit Blüten- und Pflanzenmotiven bedeckte, im Jahre 1937 aufgefundene mykenische Rhyton hat den Töpfern von Ugarit als Modell dienen können, wie andere Rhyta von minderer Qualität zeigen: so das gröbere und weniger feine Rhyton aus gebranntem Ton, das einen Tierkopf mit Hörnern einer Rinderart darstellt, nach den gekrümmten Relief-Wülsten auf dem Bauch zu urteilen; ebenso auch die beiden Rhyta aus elfenbeinfarbenem, braun bemaltem Ton, die als Köpfe von Steinböcken geformt sind, mit plattgedrückter Schnauze wie bei einem Schwein und lediglich mit alternierenden Winkel- und V-Friesen geschmückt (Abb. 64b)[94]. Alle diese Rhyta syrischer Herkunft stammen aus dem 13. Jh. vor unserer Zeitrechnung.

[92] J.-C. Courtois in: Acts of the International Archaeological Symposium »The Mycenaeans in the Eastern Mediterranean«, Nikosia 1972 (1973) 163 Abb. 11; ders. in: Ugaritica VII 310 Abb. 37,12; 318 Abb. 41,6. Zur Darstellung von Fischen auf Rhyta s. auch oben Abb. 61b.

[93] Ugaritica II 222f. Abb. 93,5–7 (danach, als Zeichnung von M. Morkramer, unsere Abb. 63a.b).
[94] Ebenda 220. 222 Abb. 92a–h; 93,2.3 (nach Abb. 92b, als Zeichnung von M. Morkramer, unsere Abb. 64b).

Die Rhyta in Gestalt von Igeln waren in Ugarit gleichermaßen geschätzt; es gibt sie mehrfach[95], etliche von ihnen stammen aus Gräbern. Sie erscheinen in der Gestalt länglicher Vasen, die auf vier kleinen Füßen stehen; nur der Kopf ist deutlich der eines Igels. Oben an der Vase sitzt ein enger Hals; er ist mit einem vertikalen Griff versehen, der von der Öffnung bis zum Körper des Tieres reicht. Die Bemalung variiert zwischen vertikalen Wellenlinien, Spiralreihen und Schuppenmustern (Abb. 64a.c)[96].

Im Hafenviertel von Minet-el-Beida wurde ein Rhyton in der Gestalt eines Fisches gefunden (Abb. 64d)[97]. Die Augen sind in Relief modelliert, das Maul in der Mitte mit einem Loch versehen. Eine Rille trennt den Kopf vom übrigen Körper, der seinerseits in mehrere Felder aufgeteilt ist; diese sind mit linearen Mustern wie Rauten, Reihen von senkrechten parallelen Linien und laufenden Spiralen ausgefüllt; der abgebrochene Schwanz fehlt. Weitere Rhyta in Tiergestalt, die man in Ras Schamra gefunden hat, sind kürzlich in Ugaritica VII publiziert worden[98].

Von den in Minet-el-Beida aufgefundenen mykenischen Vasen sollte man die Schale mit spitz zulaufendem Henkel erwähnen, die in rotbraun auf cremefarbenem Überzug mit konzentrischen Streifen und einer Zickzackreihe unter dem Rand der Außenseite bemalt ist: Sie kann als die beste Imitation einer kyprischen 'White Slip II-Milk Bowl' gelten[99]. Grab 30 von Ras Schamra enthielt eine andere Schale, die in ihrer Art in der mykenischen Keramik einzig dasteht und die Form eines halbkugeligen Beckens mit abgerundeter Basis und zwei schrägen Henkeln aufweist. Nach Ansicht von V. Karageorghis läßt die Gestalt der Vase ganz allgemein wie auch der scharfe Grat des Randes an einen metallenen Prototyp für diese Form denken[100].

Ein besonders großes, aus mehreren Scherben zusammengefügtes Vasenfragment, dessen Bildschmuck schreitende Personen mit spitz zulaufendem Schädel zeigt, dürfte zu einer sehr großen 'Feldflasche' mit linsenförmigem Bauch gehören. Auf jeden Fall handelt es sich in Form und Stil, der dem SH III B zuzuordnen ist, um ein außergewöhnliches Stück (Abb. 65)[101].

Ein Privathaus des 'Akropolis-Südviertels' hat seit den Grabungen von 1964 mehrere bemerkenswerte, allerdings oft unvollständige mykenische Vasen beigesteuert. Unter diesen heben sich die Fragmente eines schönen bemalten Kraters der fortgeschrittenen Phase SH III B heraus. Trotz der fehlenden Stücke hat man – über die Gefäßschulter verteilt – zehn Tiere ausmachen können; davon sind acht vermutlich Katzen, Löwen, Löwinnen und junge Löwen und zwei große Hirsche in stolzer Haltung. Die Verbindung von Löwen und Hirschen in ein und derselben Jagdszene ist in der Bilderwelt der mykenischen Vasenmale-

---

[95] Ugaritica II 152 Abb. 58,4; 58A Taf. 37,2; H.-G. Buchholz, Berliner Jahrbuch für Vor- und Frühgeschichte 5, 1965, 77.98 Taf. 13,2 (zu SH III-Parallelen s. ebenda Taf. 13,1.3.4); Karageorghis, Doc. Chypre 228 Taf. 22,2 (danach, als Umzeichnung von M. Morkramer, unsere Abb. 64c). 4.5 (danach, als Umzeichnung von M. Morkramer, unsere Abb. 64a).

[96] Zu den jüngst in Ras Schamra entdeckten igelförmigen Rhyta s. J.-C. Courtois in: Ugaritica VII 324 Abb. 43,1.4.

[97] Ugaritica II 222 Abb. 93,4 (danach, als Zeichnung von

M. Morkramer, unsere Abb. 64d); Karageorghis, Doc. Chypre 226 Taf. 22,3 (Musée du Louvre, AO 14853).

[98] Ugaritica VII 218ff. Abb. 8 und 8A Nr. 1 (Ende der Mittelbronzezeit); 334f. Abb. 47,1.

[99] Ugaritica II 156 Abb. 60,2; Karageorghis, Doc. Chypre 207f. Abb. 48,7.

[100] Ebenda 213 Abb. 48,6.

[101] Schaeffer, AAS 13, 1963, 127 Abb. 18; unsere Abb. 65 kann dank der Bemühungen des Herausgebers, der zugleich der Ausgräber war, als neue Rekonstruktionsskizze dieses Dekors vorgelegt werden.

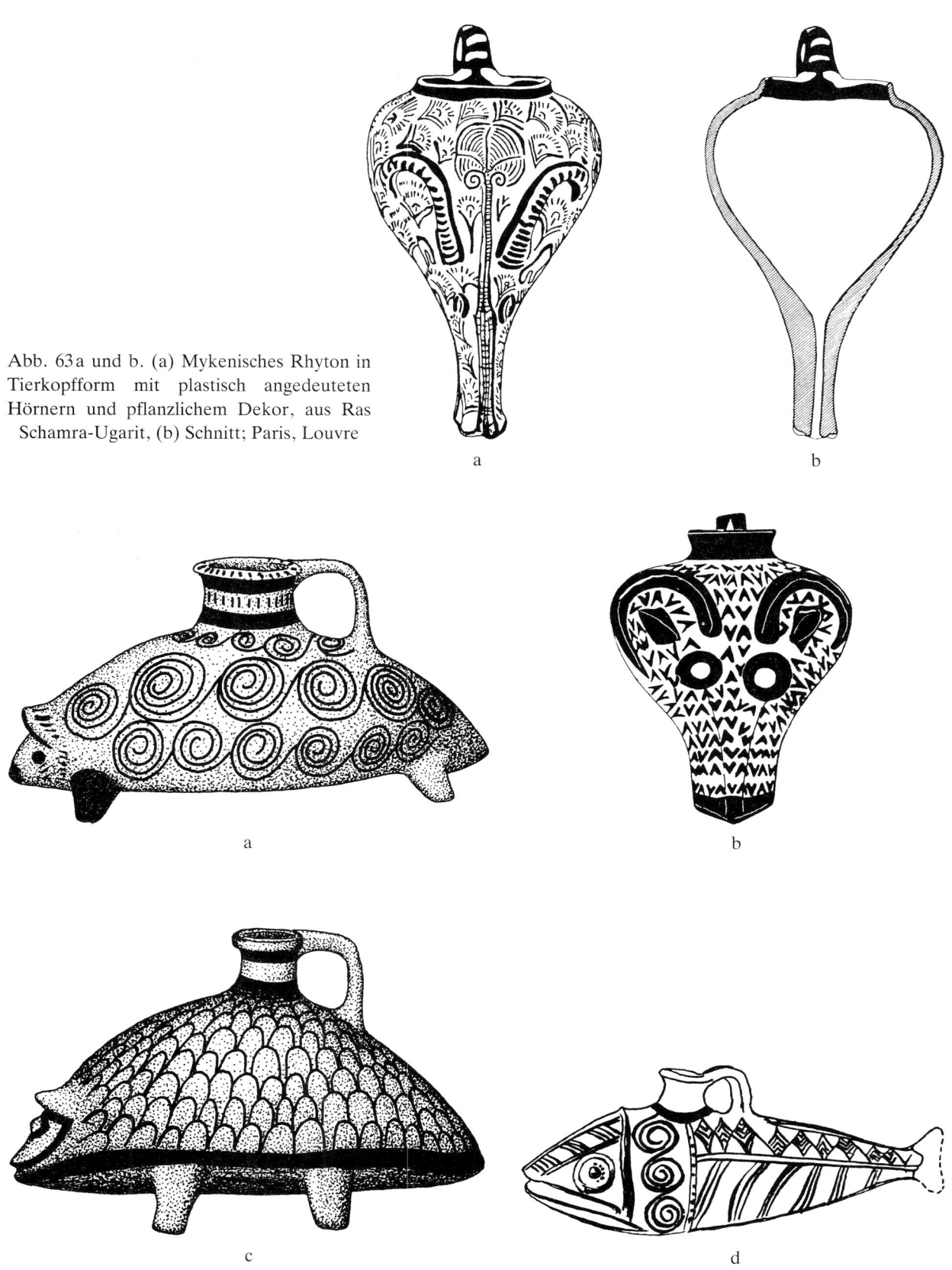

Abb. 63a und b. (a) Mykenisches Rhyton in Tierkopfform mit plastisch angedeuteten Hörnern und pflanzlichem Dekor, aus Ras Schamra-Ugarit, (b) Schnitt; Paris, Louvre

a

b

a

b

c

d

Abb. 64a–d. (a.c) Mykenische Rhyta in Igelgestalt und (b) Widderkopfform aus Ras Schamra-Ugarit; (d) fischgestaltiges Rhyton aus Minet-el-Beida, dem Hafenort Ugarits; Paris, Louvre

209

rei recht ungewöhnlich. Es wurde bereits früher erkannt, daß in ihr Löwendarstellungen selten sind. Die Raubtiere auf dem Krater aus Ras Schamra erinnern mit ihrem länglich-gestreckten Körper, auf dem Kreise unterschiedlichen Durchmessers aufgetragen sind, auffallend an Darstellungen auf einem amphoroiden Krater aus Schemischin bei Larnaka, der sich im Cyprus Museum, Nikosia, befindet [102].

Aus dem gewölbten Kammergrab des gleichen Hauses, einem bereits im Altertum geplünderten Grab, stammt eine interessante Scherbe eines mykenischen Glockenkraters, die mit einem großen, seltsamen Vogel geschmückt ist, der anscheinend zwei Köpfe hat, ein in der SH-Ikonographie bis jetzt einzig dastehender Typus [103].

Aus der Schicht der späten Wiederbesiedlung unmittelbar vor der endgültigen Stadtverwüstung stammen mehrere Fragmente von Krateren des kyprischen 'Rude Style', die auf dem spätesten Fußboden des sogenannten Patilu-wa-Hauses lagen. Auf diese Kratere sind – mit unterschiedlich starker Konturlinie – große Stiere gemalt, deren Körperfläche mit unregelmäßigen Farbflecken gefüllt ist [104]. Sie entsprechen ganz und gar den von zahlreichen Fundplätzen der SB 3 auf Zypern her bekannten Vasen [105].

An sehr entfernt gelegenen Punkten der weiten Fundstätte von Ras Schamra entdeckte man Fragmente von mykenischen amphorenartigen Krateren von ganz spezieller Form und mit einem originellen und spezifischen Dekor, die nicht wenige Fragen aufwerfen, selbst jetzt noch, wo ihre geographische Herkunft infolge der übereinstimmenden Ergebnisse typologischer, stilistischer und physikalisch-chemischer Untersuchungen bezüglich der Tonarten, die für ihre Herstellung verwendet wurden, als geklärt gelten kann [106]. Die neueste Entdeckung mykenischer Vasen aus Armenochori auf der Insel Astypaleia im Westen der Dodekanes ist geeignet, mehr und mehr die Existenz einer richtigen mykenischen 'Töpferschule' zu bestätigen, deren Blütezeit am Übergang von SH III B zu SH III-C 1 gelegen hat und die nicht nur die Inseln und die kleinasiatische Küste weitgehend versorgt haben dürfte, sondern ebenso die orientalischen Märkte, zu deren wichtigsten Ugarit gehörte.

Im 'Akropolis-Südviertel' wurden 1961 und 1962 verschiedene Scherben gefunden, die jenen neuen mykenischen Bildstil mit Figuren aufweisen, die Schnabelschuhe mit hochgezogener Spitze tragen und einen viereckigen Rumpf haben; in einer Hand halten sie einen Delphin, in der anderen eine Waffe mit spiralig gedrehtem Griff; sie wirken fast wie geometrische Triglyphenmuster. Das Ganze war schwer an etwas Gleichartiges in dem großen Spektrum der Bilderwelt mykenischer Vasen anzuknüpfen. Die Auffindung eines großen zerbrochenen, aber restaurierbaren amphoroiden Kraters auf dem Boden eines kellerartigen Raumes des Kleinen Südpalastes von Ugarit im Jahre 1964 lieferte ein Stück von be-

[102] Courtois in: Acts of the International Archaeological Symposium »The Mycenaeans in the Eastern Mediterranean«, Nikosia 1972 (1973) 142 ff. Abb. 2. 3; ders. in: Ugaritica VII 338 ff. Abb. 49–51,2. Zum Krater aus Schemischin s. CVA Nicosia 1 (1963) Taf. 10,4.5; Courtois, A Viva 3, 1969, 129 Farbtaf. 41; Buchholz – Karageorghis, Altägäis 153 Nr. 1630.
[103] Courtois in: Ugaritica VII 338 Abb. 49,1.
[104] Ebenda 324 Abb. 43,8.9.

[105] Karageorghis, Doc. Chypre 241 ff. Taf. 24; ders., Excavations at Kition I. The Tombs (1974) 46. 59. Taf. 55,40.
[106] L. Courtois, Description Physico-Chimique de la Céramique Ancienne: la Céramique de Chypre au Bronze Récent (1971) 154 ff. (dunkler, glimmerhaltiger Ton mit hellem Überzug aus einem Gebiet, das in jüngerer Zeit von Vulkantätigkeit gekennzeichnet ist); Courtois, Acts (s. oben Anm. 102) 149 ff. Abb. 5–10.

Abb. 65. Zeichnerische Ergänzung der Darstellungen auf einer mykenischen 'Feldflasche' aus glimmerhaltigem Ton; Grabung Südakropolis von Ras Schamra, Abschnitte 140 und 143/Ost in 2,50 m Tiefe (H.-G. Buchholz, 1961/63); Maßstab 1 : 2

achtlichem Wert, das dazu angetan war, die Spezialisten unmittelbar nach der Publikation des vorläufigen Ausgrabungsberichtes ein wenig zu verwirren[107]. In Wirklichkeit ist jedoch die Form von verschiedenen Krateren aus dem mykenischen Siedlungsbereich der Insel Kos her bekannt, nur waren diese bis dahin noch nicht ausreichend publiziert. Auch hatte man einen Vergleich mit den Produkten der Werkstätten von Milet in Kleinasien zu dem Zeitpunkt noch nicht vorgenommen.

[107] C. F. A. Schaeffer, AfO 21, 1966, 133 Abb. 17; V. Hankey, BSA 62, 1967, 112f.; Ugaritica V 765f. Taf. 3–7; H.-G. Buchholz, AA 1974, 402 Abb. 57a.b (danach unsere Abb. 66a.b).

Der Krater des Kleinen Palastes besteht aus dunkelmalvenfarbigem Ton, weißkörnig und mit zahllosen Glimmerteilchen durchsetzt, mit einem chamoiscremefarbenen Überzug, entsprechend der schönen traditionellen mykenischen Herstellungsweise. Auf diesen zarten Überzug war die Verzierung in leicht glänzendem Braunrot gemalt. Was die Form betrifft, so fällt auf, daß der birnenförmige Rumpf sehr abgeflacht und der fast senkrechte Hals außergewöhnlich breit ist. Der Krater hat bei einer Höhe von 43 cm einen maximalen Durchmesser an den Henkeln von 54 cm, am Mündungsrand von 43,5 cm; die Stärke der Wandung beträgt an der dicksten Stelle 0,8 cm (am Hals nur 0,4 cm).

Die breiten Szenen, die sich auf beiden Seiten über 75 cm erstrecken, zeigen das gleiche Zentralthema: Eine aufrechtstehende Person hält zwei Reitpferde am Maul, während sich große Delphine oberhalb dieser Tiere tummeln (Abb. 66a.b). Auf der Darstellung der einen Seite (Abb. 66b) sieht man zur Linken eine große Ziege oder einen Steinbock mit gebogenen Hörnern im Profil nach rechts, auf dessen Rücken ein Delphin stößt; daneben ein gefülltes Rautenmuster mit senkrechtem, gewelltem Stiel. Daran schließt sich die Szene mit dem 'Herrn der Pferde' an. Diese Pferde haben eine gesträubte Mähne und einen langen, fischgrätenartigen Schweif; ihr Körper ist mit Dreiecken, Winkelmustern und – auf dem Hinterteil – einer Kreuzschraffur geschmückt. Auf beiden Szenen ist die Figur in der Mitte gleich dargestellt, ausgenommen die Waffe in Form eines Regenschirmes mit spiralförmigem Ende an ihren Lenden in der Darstellung auf Abb. 66a. Die Figur trägt eine spitze Kopfbedeckung, die oben als Spirale ausläuft. Die Füße der Pferde reichen bis unter den ersten Streifen des um den Vasenbauch laufenden horizontalen Bandes. Der recht außergewöhnliche Charakter des zweimal auf diesem Krater vom Ende des 13. Jhs. v. Chr. aus dem Kleinen Palast von Ugarit dargestellten Themas wurde bereits an anderer Stelle erörtert. In der Tat erfreute sich das Thema des 'Herrn der Tiere' in Griechenland erst in der geometrischen Epoche einer gewissen Beliebtheit. Auf den wenigen mykenischen Vasen aus Griechenland, deren Verzierung Verwandtschaft mit dem Krater von Ugarit aufweist (Kratere von Kos, stamnosähnlicher Krug von Mykene usw.), fehlt die menschliche Gestalt. Man hat daraufhin die Hypothese aufgestellt, die späten Kratere von Ras Schamra seien im Auftrag reicher syrischer Bürger von Ugarit entstanden, die ihre Wünsche bezüglich des Themas der gemalten Szenen den mykenischen Töpfern vorgetragen hätten, die irgendwo auf der Dodekanes oder sogar in Milet saßen, wo erst kürzlich von der deutschen archäologischen Mission Werkstätten entdeckt wurden[108].

In den Gräbern von Minet-el-Beida wie auch in den Wohnschichten des Tells von Ras Schamra sind Bügelkannen die zahlenmäßig am stärksten vertretenen Gefäße unter den ägäischen Gattungen. Die typologisch jüngsten lassen sich mit Exemplaren der spätmykenischen Nekropole von Perati an der Ostküste Attikas vergleichen, welche ohne Ausnahme in das 12. Jh. v. Chr. gehört (s. unten Abb. 117f–k). Auch ein Amphoriskos und ein Krater von minderer Qualität aus Grab 5 in Minet-el-Beida gehören zu den Gefäßtypen, die sich mit der SH III C-Ware aus Perati vergleichen läßt[109].

Was das merkwürdige Fragment eines Kraters mit braunroter und schwarzer Bemalung auf cremefarbenem Überzug betrifft, die eine Reihe von Reitern auf Hengsten darstellt, so

[108] P. Hommel, AnatSt 24, 1974, 41f.; ders., in: M. Mellink, AJA 79, 1975, 207.

[109] Ugaritica II 152 Abb. 58,12.17.

Abb. 66a und b. Darstellung des 'Herrn der Pferde' auf einem späthelladischen Krater aus Ras Schamra-Ugarit

a

b

dürfte es sich nach Meinung des Ausgräbers eher um das Produkt einer ugaritischen Werkstatt als um einen Import handeln sowie um eine der ältesten zur Zeit bekannten Darstellungen von Männern auf Pferden[110]. Dieses rätselhafte Fragment stammt aus dem Grab 6 von Minet-el-Beida, das außerdem zahlreiche spätmykenische Schalen mit stark schematisierten Stier- oder Vogelprotomen (Abb. 67c.e), mit Fischdarstellungen (Abb. 67g) oder mit geometrischen bzw. stilisiertem pflanzlichen Dekor (Abb. 67a.b.d.f), außerdem kyprische Kratere des 'Rude Style' sowie bemalte mykenische Figürchen von Rindern und weibliche Idole des Psi-Typs enthielt[111].

Es ist in diesem Zusammenhang darauf hinzuweisen, daß sowohl die weiblichen wie auch die tiergestaltigen mykenischen Figürchen gleichfalls in den Wohnbereichen von Ras Schamra zu finden waren. Ihr Vorhandensein bleibt rätselhaft. Sind sie als Kultobjekte zu interpretieren, oder können sie als ein Indiz für das Vorhandensein einer mykenischen Kolonie in Ugarit gelten? Es ist sehr schwierig, diese delikate Frage richtig zu beantworten, die doch von so großer Bedeutung ist, da sie das Problem berührt, wie die mykenischen Funde grundsätzlich in das Bild der semitischen Stadt und des Königreiches von Ugarit einzuordnen sind.

Außer in der Keramik und den Terrakotta-Figuren manifestiert sich der mykenische Einfluß in Ugarit – nach einem Fund aus dem Jahre 1962 im 'Akropolis-Südviertel' zu urteilen, der in Ras Schamra einzig dasteht – auf dem Gebiet der Goldschmiedekunst: In einem Tonkrug fand sich zwischen lauter Gold-, Elektron- und Silbergegenständen ein vollständiges großes konisches Rhyton aus Elektron, das haargenau den mykenischen Vorbildern entspricht. Dieses Rhyton scheint am Ort von einem ugaritischen Goldschmied hergestellt zu sein[112]. Um so bemerkenswerter ist die Tatsache, daß unter der reichen Sammlung von

[110] Ebenda 158 Abb. 61a–c; J. Wiesner, Fahren und Reiten, ArchHom, Kap. F (1968) F 116f. Abb. 21a.b.
[111] Ugaritica II 154ff. Abb. 59. 60. 126 (eine Auswahl aus diesen Abb. als Zeichnung von M. Morkramer auf unserer Abb. 67a–g).
[112] Schaeffer, AfO 21, 1966, 131 Abb. 8. 9.

Waffen und Werkzeugen aus Bronze kein eindeutig ägäischer oder mykenischer Typ vertreten ist mit der einzigen Ausnahme eines noch unveröffentlichten einseitigen Schneidemessers, das im Fundinventar von Ugarit völlig singulär ist.

Die mykenischen Vasenimitationen

In der letzten Phase des Königreichs an der Küste Syriens sind Importe nicht mehr unbedingt gesichert, doch da die lokale Nachfrage anhielt, entwickelte sich eine Art Ersatzproduktion. Tatsächlich fanden sich syrische Kopien von mykenischen Vasen in großer Zahl in Ras Schamra, besonders unter den Beigaben einiger später Gräber aus der 2. Hälfte des 13. Jhs. v. Chr. Die meisten mykenischen Formen wurden imitiert, insbesondere jedoch die Hydrien mit drei Henkeln, die Bügelkannen, die Vasen oder Pyxiden in Tintenfaßform und seltener die Glockenkratere[113]. Alle diese Imitationen zeichnen sich aus durch ihre nur ungefähre Wiedergabe der Form, die recht minderwertige Qualität des Tons, das häufige Fehlen eines Überzugs, die Zerbrechlichkeit, die Unregelmäßigkeit der matten Bemalung, die oft infolge des Mangels an Haftvermögen abgebröckelt oder verwischt ist, und durch eine fast ausnahmslos sehr nachlässige und ungleichmäßige Zeichnung, die nur noch entfernt den Vorbildern entspricht. Diese Stücke zeugen auf jeden Fall von dem starken Einfluß der Kunst mykenischer Töpfer auf ihre syrischen Kollegen, deren Technik sich in der Phase SB 3 nicht mehr auf der Höhe der vorangehenden Epochen befand.

Das Problem, ob der Stil des SH III C 1 Ras Schamra vor der gewaltsamen Vernichtung der Stadt erreicht hatte oder nicht, ist heftig diskutiert worden. Die Mehrheit der Fachleute nimmt an, daß selbst die spätesten mykenischen Vasen noch der Phase SH III B zuzurechnen sind. Recht eindeutig dürften allerdings die berühmten Kratere mit weiter Mündung in die Übergangsphase III B/C 1 gehören; denn sie gehören einem Typus an, der in Kos und Milet stratigraphisch gut datiert ist. Dasselbe dürfte für einige Scherben von Glockenschalen mit Spiraldekor zutreffen. Dagegen weiß man erst seit jüngerer Zeit, daß in der Phase SH III C 1 mykenische Keramik – und vielleicht mit ihr auch Angehörige ägäischer Völkerschaften – Ras Ibn Hani erreichte, einen Ort, der etwa 5 Kilometer westlich der alten Hauptstadt Ugarit liegt[114]. Freilich handelt es sich keineswegs um große Mengen ägäischen Importguts; die Funde dürfen aber dennoch hohes Interesse beanspruchen, weil sie die historischen Bezüge zu den gleichzeitigen Fundstätten Zyperns und Kilikiens erhellen helfen. Ein Teil der keramischen Neufunde aus Ibn Hani scheint lokalen Werkstätten zu entstammen, womit die schon in Ras Schamra für die Epoche SH III B beobachtete Tradition der Imitation fremder Gefäßformen und Dekorationsweisen ihre Fortsetzung gefunden hätte. Die geschichtliche Bedeutung der Siedlung am Ras Ibn Hani läßt sich kaum überbewerten, beweist sie doch eine Neubesetzung der Küste im 12. Jh. v. Chr. nach dem endgültigen Untergang von Ugarit.

---

[113] Ugaritica II 156 Abb. 60,12; 180 Abb. 72,24; J.-C. Courtois in: Ugaritica VII 354ff. Abb. 56–58.
[114] A. Bounni – E. und J. Lagarce – N. Saliby, Rapport Préliminaire sur la Première Campagne de Fouilles (1975) à Ibn Hani (Syrie), in: Syria 53, 1976, 241 mit Anm. 2 Abb. 26,19–21.

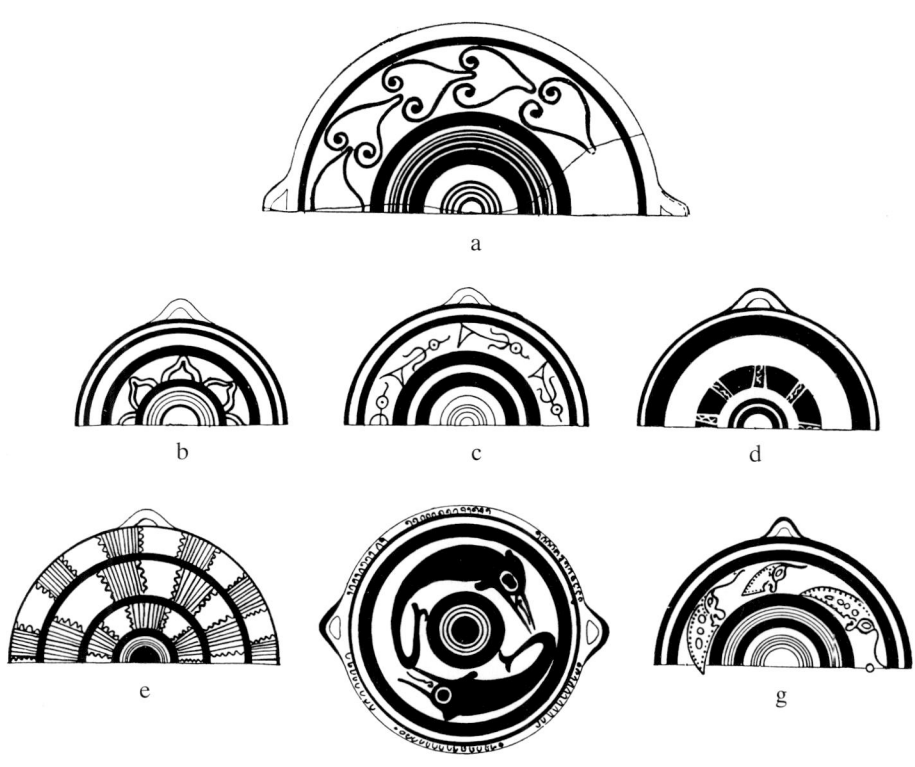

Abb. 67a–g. Innenzeich-
nung mykenischer Schalen
aus Minet-el-Beida, Grab 6

Bevor wir diesen kurzen Gesamtüberblick über die mykenischen und mykenisierenden
Funde in Ras Schamra und Minet-el-Beida abschließen, sollten wir noch einen Blick auf
ein Kunstwerk werfen, das bei der ersten Grabungskampagne durch C. Schaeffer im Grab 3
des Hafenviertels ans Licht gebracht wurde: den aus Elfenbein geschnitzten Pyxisdeckel,
auf dem die Göttin der Fruchtbarkeit zwischen zwei aufgerichteten Steinböcken sitzend
dargestellt ist[115]. Die genaue Datierung – 14. oder 13. Jh. – ist schwierig. Nach Meinung
von P. Demargne ist diese Elfenbeinarbeit ganz und gar mykenisch, zumal es eine zweite
fast gleiche in Mykene gibt. Die Göttin hat nackte Brüste und trägt ein prachtvolles Kleid
mit Volants; sie sitzt in Profilansicht auf einem Felsen; ihre Kopfbedeckung, eine Mütze,
von der eine Quaste herabhängt, könnte orientalisch sein. Daher läßt sich von einem mykenischen Kunstwerk mit leicht orientalisierender Prägung oder von einem mykenisierenden syrischen Kunstwerk von Ugarit sprechen[116]. Man hat auch ägäische Züge in der
Kunst der Goldgefäße, einer Schale und einer mit einer königlichen Wagenszene geschmückten Patera nachweisen wollen, was sehr wahrscheinlich ist, wenn auch viel weniger
offenkundig als in dem Fall der Elfenbeinpyxis.

[115] Ugaritica I Frontispiz und Taf. 11; Buchholz – Karageorghis, Altägäis 107 Nr. 1290.

[116] P. Demargne, La Naissance de l'Art Grec (1964)
258f.

Die geschichtliche Bedeutung der mykenischen Funde
aus Enkomi und Ras Schamra

Am Anfang unserer Studie wurde auf das Problem der richtigen Einschätzung der Rolle der Mykener in den genannten beiden blühenden Städten des östlichen Mittelmeers hingewiesen. Würde man nur die archäologischen Funde dieser beiden Plätze heranziehen, so wäre man versucht, sich denjenigen anzuschließen, die die Möglichkeit einer echten achäischen oder mykenischen Kolonisation seit Beginn des 14. Jhs. annehmen[117]. Man sollte sich jedoch in das Studium der gesamten archäologischen und epigraphischen Dokumentation vertiefen, um das Bild von der wahren Situation sowohl des kyprischen wie auch des syrischen Fundplatzes zu präzisieren. Mit Recht wurde bemerkt, daß, abgesehen von der Keramik, mykenisches Kulturgut tatsächlich bis zum Ende des 13. Jhs. völlig fehlte und von einer Kolonisation Zyperns erst mit Erreichen der ersten Welle achäischer Emigranten kurz vor 1200 v. Chr. die Rede sein kann[118]. Für Ugarit haben mehrere Autoren das Fehlen jeglicher Erwähnung von Achäern und Mykenern in den Wirtschaftsarchiven betont: Dort findet sich kein einziger Eigenname, keine Stammesbezeichnung aus dem Bereich der Ägäis[119]. Dagegen weiß man, daß der König von Ugarit den Bürgern dieser Stadt besondere Freiheiten einräumte, um ihnen die Handelsbeziehungen mit den ägäischen Ländern zu erleichtern: Unter der Herrschaft von Niqmepa und Ammistamru II (1. Hälfte des 13. Jhs.) wurde ein reicher Kaufmann von Ugarit, Sinaranu, Sohn des Siginu, mit einer Steuerbefreiung für sein Schiff, das aus *māt Kabtu-ri* (Kaphtor, Kreta) zurückkehrte, begünstigt[120]. Die Texte von Ugarit, die die Seefahrtsunternehmen des syrischen Hafens betreffen, fehlen nicht. Sie geben uns sogar Hinweise bezüglich der verschiedenen Schiffstypen, von denen einige 500 englische Tonnen verdrängen konnten, bezüglich der Mannschaften sowie auch der Zwischenstationen in Syrien – Phoinikien – Palästina und Zypern[121]. Von der Kriegsflotte weiß man durch einige diplomatische Texte, daß sie in Unruhezeiten auf See vor dem Land Lukka kreuzte (wahrscheinlich Lykien und Karien)[122]. Obwohl es sehr schwierig ist, festzustellen, unter welcher 'Flagge' das berühmte Schiff segelte, das auf den Klippen vom Kap Gelidonya an der lykischen Küste um 1200 v. Chr. Schiffbruch erlitt, erscheint es sehr einleuchtend, anzunehmen, daß es sich um ein syrisches Schiff gehandelt hat, womöglich um ein ugaritisches; nichtsdestotrotz sprechen einige Argumente zu-

[117] Ugaritica I 99 ff.; L. Woolley, A Forgotten Kingdom (1953) 151; T. B. L. Webster, From Mycenae to Homer (1958) 284 f.; Vermeule, Br. Age 255. 265.
[118] H. W. Catling, OpAth 4, 1963, 144; ders., Bronzework 35–54; ders., Cyprus in the Neolithic and Bronze Age Periods, in: CAH³ II (1966) 57.
[119] J. Sasson, Canaanite Maritime Involvement in the Second Millennium B. C., in: JAOS 86, 1966, 129 Anm. 13 (mit Bezug auf M. C. Astour, Semitic Names in the Greek World and Greek Names in the Semitic World, in: JNES 23, 1964, 194. – Sasson folgerte aus dem Fehlen achäischer Namen in Ugarit und Alalach, daß der mykenische Handel mit Syrien entweder in den Händen der Kanaanäer lag oder, was wahrscheinlicher ist, an Plätzen wie Rhodos und Zypern abgewickelt wurde);

M. C. Astour, Ugarit and the Aegean, a Brief Summary of Archaeological and Epigraphic Evidence, in: AOAT 22, 1973, 25 (Astour kam zu dem Schluß, daß Zypern als Umschlagplatz für den größten Teil der mykenischen Importware diente und daß in gewissem Umfang ugaritische Schiffe selbst die Waren in der Ägäis aufnahmen).
[120] Schaeffer, Syria 31, 1954, 38 f.; J. Nougayrol, PRU III (1955) 107 f. (akkadischer Text RS 16.238); M. C. Astour, The Merchant Class in Ugarit, in: Proceedings of the XVIII Rencontre Assyriologique Internationale, München 1970 (1972) 11 ff.; ders., AOAT 22, 1973, 25.
[121] J. Nougayrol, CRAI 1960, 165; C. Virolleaud, PRU V (1965) 81 ff. 90. 104. 109 f. 117. 129. 132.
[122] J. Nougayrol in: Ugaritica V 88; ders., Guerre et Paix à Ugarit, in: Iraq 25, 1963, 120 f.

gunsten eines kyprischen Schiffes aus dem Beginn des 12. Jhs.[123]. Wie dem auch sei, alle Indizien stimmen in dem Punkt überein, daß den Syrern, und in geringerem Maße auch den Kyprioten, ein sehr großer Anteil am Handelsgeschehen auf dem Meer zwischen der Ägäis und den Ländern der Levante zuzuschreiben ist, ohne daß daraus unbedingt die Annahme einer bedeutenden mykenischen Kolonisation in Ras Schamra und Enkomi vor 1210 v. Chr. abzuleiten wäre. Was man als wahrscheinlich annehmen kann, ist die Anwesenheit einiger Mykener in Ras Schamra und in Minet-el-Beida, die – nicht sehr zahlreich und vielleicht nur vorübergehend – gleichberechtigt neben den diplomatischen Vertretern und den hethitischen Kaufleuten aus der hethitischen Hauptstadt, aus Karkemisch und aus Ura in Kilikien im Lande lebten[124]. Die große Fülle an bemalten Vasen in Ugarit, die aus der mykenischen Welt importiert wurden, erklärt sich ohne weiteres durch die Qualität und die Vielfältigkeit ihrer Verzierung und wahrscheinlich auch durch den flüssigen Inhalt, den sie enthielten und den die Syrer des 2. Jts. aller Schichten der Bevölkerung zu schätzen wußten. Man muß betonen, daß in der Tat die schönen Gefäße wie die großen Wagenkratere in Ras Schamra ebenso in den bescheidenen Behausungen gefunden wurden wie in den Prachtbauten.

Wenn es auch schwer ist, die Hypothese einer echten Kolonisation der Mykener in Ugarit aufrechtzuerhalten, so gilt dagegen für Enkomi auf Zypern, daß tatsächlich eine solche Kolonisation die Stadt überrollt hat, und zwar im Zuge der großen ägäischen Wanderung um 1200. Nach dem Untergang von Ugarit erstand Enkomi aus seinen Ruinen und erlebte das ganze 12. Jh. über eine 'Renaissance', die man achäisch oder mykenisch (SH III C 1) nennen kann und während der sich eine fortschreitende Verschmelzung dreier Komponenten vollzog: der kyprischen, der orientalischen und der ägäischen.

---

[123] G. F. Bass, Cape Gelidonya, a Bronze Age Shipwreck (1967); M. C. Astour, AOAT 22, 1973, 26, hielt es für ein syrisches Schiff mit syrischer Besatzung, das eine Ladung kyprischer Kupferbarren an Bord gehabt habe und in Richtung Ägäis gesegelt sei, als der Schiffbruch geschah. Die im Wrack gefundenen Bronzewerkzeuge sprechen jedoch für ein kyprisches Schiff und für einen Schiffbruch eher im Laufe des 12. Jhs. als im 13. Jh.

[124] J. Nougayrol, PRU IV (1956) 103 (Text 17, 130: Brief von Hattušil III. an Niqmepa bezüglich des Status der Kaufleute aus Ura im Gebiet von Ugarit); S. 190 (Text 17,316: Akte eines internationalen Prozesses, mit vier Zeugen, die alle hethitische Kaufleute aus Ura sind); vgl. auch A. F. Rainey, Business Agents at Ugarit, in: IEJ 13, 1963, 313ff.; J. Sasson, JAOS 86, 1966, 135f. Vgl. ferner unten S. 234.

ZUR KEFTIU-, ALAŠIA- UND AḪḪIJAWA-FRAGE

Von Wolfgang Helck

Die zunächst aufgrund der Namensähnlichkeit vorgenommene Gleichsetzung des in ägyptischen Texten genannten Landes Kaftu[1] wie des akkadischen Kabturi und des Kaphtor des AT mit Kreta hat im Laufe der Zeit immer wieder Widerlegungen gefunden. Alle diese Hypothesen[2] brauchen jedoch nicht mehr ernsthaft diskutiert zu werden, nachdem E. Edel[3] die ägäische Namensliste auf einer der Basen aus dem Totentempel Amenophis' III. in Theben-West veröffentlicht hat. Vorher hatte bereits J. Vercoutter[4] die archäologischen Hinweise untersucht und war aufgrund dieser ebenfalls zu einer Gleichsetzung gekommen. Die von Edel E_N genannte Basis nennt auf der Vorderseite rechts (vom Beschauer) die beiden Ländernamen *Ka-f-tú* und *Ta-na-ju*, links vorn und an der linken Seite die Orte *ʾá-m-ni-ša* (= Amnisos)[5], *bi-ja-ša-?-ja* (= ?)[6], *ku-tu-na-ja* (Kydonia), *mu-k-ʾa-nu* (= Mykene)[7], *di-ga-e-z* (= Tegea?)[8], *mi-sa-n-e* (= Messene)[9], *nu-pi-ra-ji* (= ?)[10], *ku-ti-ra* (Kythera), *w-i-r/li-ja* (= Elaea)[11], *ku-nu-ša* (= Knossos), *ʾá-m-ni-ša*

[1] Die beiden häufigsten Schreibungen mit den Hieroglyphen *k-f-tj-w* und *k-f-tjw* weisen auf die Aussprache Kaftu hin.

[2] Gegen diese Gleichsetzung wandten sich G. A. Wainwright, JEA 47, 1961, 77; L. A. Christophe, REgypt 6, 1951, 111ff.; A. Furumark, OpArch 6, 1950, 243ff.; J. Strange, GöttMisz 8, 1975, 47 und neuestens in seinem Werk: Caphtor/Keftiu (1980). Vgl. dazu die Rezension von R. S. Merrillees, RDAC 1982, 244ff.

[3] E. Edel, Die Ortsnamenlisten aus dem Totentempel Amenophis' III. (1966) 38ff. Weiterführende Lit. zusammengefaßt bei H.-G. Buchholz, AA 1974, 460f. Abb. 91 und W. Helck, Die Beziehungen Ägyptens und Vorderasiens zur Ägäis bis ins 7. Jh. v. Chr. (1979) 26ff.

[4] J. Vercoutter, L'Egypte et le Monde Egéen Préhellénique (1956) 63f. 73. 114.

[5] Die drei Namen der linken Vorderseite sind später überschnitten worden und daher sehr schwer lesbar. Die hier gegebene Vokalisation der Namen aufgrund der Schreibung in sogenannter 'Gruppenschrift' geht von meinen Ausführungen in: Beziehungen Ägyptens zu Vorderasien[2] (1971) 505ff. aus. Es muß betont werden, daß dies nicht die Lesungen von Edel a. O. sind, der die 'Gruppenschrift' für zu ungenau hielt, als daß man die Vokalisation erkennen könnte.

[6] Edel las *bi-ja-ša-tá-ja*, P. Faure, Kadmos 7, 1969, 138ff. hingegen *bi-ja-sú-ḫa-ja*. Edel erkannte in diesem Namen vielleicht richtig Phaistos.

[7] Die von H. Goedicke, WZKM 62, 1969, 7ff. vorgeschlagene Gleichsetzung mit Mykonos ist unwahrscheinlich. Faure suchte alle genannten Orte auf Kreta und mußte daher unbekannte oder kaum erwähnte Orte annehmen. Man erwartet jedoch in einer solchen Namensliste auswärtiger Orte in Ägypten die Nennung wichtiger und bekannter Namen.

[8] Diese Identifikation nach K. A. Kitchen, JEA 55, 1969, 223 und Faure a. O.; die von M. C. Astour, AJA 70, 1966, 313ff. vorgenommene Gleichsetzung mit Dikte ist unwahrscheinlich. Aber auch die Identifikation mit Tegea erscheint recht unsicher, nicht nur wegen der Schreibung mit *-z* am Ende, sondern auch deshalb, weil es der einzige nicht in der Nähe des Meeres gelegene Ort wäre.

[9] Kitchen, Edel und Astour verwiesen auf ein *mezana* des Pylos-Täfelchens Cn 3, das mehrere Autoren, gefolgt von Astour, sicher mit Recht als den Vorläufer des 368 v. Chr. am Platz einer älteren Siedlung Zankle wiedergegründeten Messene identifizierten, das 720 v. Chr. von den Spartanern zerstört worden war.

[10] Gewöhnlich als Nauplia gedeutet, was jedoch nicht in eine anzunehmende Itinerarabfolge paßt. Zudem müßte ein Ortsname angenommen werden, der später griechisch umgedeutet worden wäre. Astours Hinweis auf ein *na-pe-re-wa* des Pylostäfelchens Cn 868, 4 gibt nichts für eine Identifizierung her. Gehen wir von der Annahme eines Itinerars aus, so liegt zwischen Messene und Kythera als einziger Landeplatz von Bedeutung nur der Hafen Asomato an der Ostspitze des Kaps Tainaron.

[11] Kitchens und Edels Gleichsetzung mit Ilion steht völlig außerhalb des Umkreises der hier genannten Orte. Astour verwies wieder auf ein Pylostäfelchen (Cn 1197), das einen Ort *wa-e-ro* nennt. Goedicke schlug Aulis vor; dies ist jedoch unwahrscheinlich. Faure hingegen verwies auf ein Ϝελεια, das Plinius, N. H. IV 59, 20 zwischen Phalasarna und Kissamos an der NW-Ecke Kretas als Elaea aufführt, und setzte es mit Selli westlich Kastelli Kissamou gleich. Diese Identifikation erscheint am wahr-

(= Amnisos), *r/li-ka-ta* (= Lyktos?)[12], *[ša]-ja-ta-[ja]* (Sitia?)[13], zwei Eintragungen fehlen.

Aus diesen Namen ergibt sich, daß die beiden Länder *Ka-f-tú* und *Ta-na-ju* nur Kreta und die Peloponnes sein können. Das Land *Ta-na-ju* erscheint bereits bei Thutmosis III. als *Ta-na-ja* in den Annalen, denen zufolge aus diesem Land ein »silberner *šawabdi-* Krug in kretischer Arbeit und vier Krüge aus Eisen mit Silberhenkeln« angeliefert werden[14]. Auch hier steht *Ta-na-ja* neben *Ka-f-tú*. Durch die Nennung ausschließlich peloponnesischer Orte wird klar, daß *Ta-na-ja* die ägyptische Schreibung für ein Land der Danaoi sein dürfte, die nach Pindars Pythischer Ode (4, 48) die Bewohner von Lakedaimonien, Mykene und der Argolis sind, während Pausanias (VII 1, 7) die Bewohner der Argolis so nennt. Da Homer diese Volksbezeichnung neben Achaioi als traditionelle zusammenfassende Bezeichnung der Griechen benutzt, kann gefolgert werden, daß es ein Reich der Danaoi auf der Peloponnes, eben *Ta-na-ja,* gegeben hat. Von diesem liegt keine jüngere Erwähnung als die auf der Statuenbasis Amenophis' III. vor, wobei jedoch zu bedenken ist, daß Basisinschriften häufig Übernahmen älterer Vorlagen darstellen; die einzige ʻlebendige' Nennung von *Ta-na-ja* liegt somit aus der Zeit Thutmosis' III. vor. Ähnlich verhält es sich mit *Ka-f-tú*: Auch bei dieser Bezeichnung liegt der Kreis der ʻlebendigen' Nennungen deutlich in der Zeit vor Amenophis II.: Abgesehen von der Erwähnung Kretas in den »Wehklagen eines ägyptischen Weisen«[15] findet sich die älteste Nennung im Papyrus Ebers, der zur Zeit des Hyksosherrschers Apophis geschrieben bzw. abgeschrieben wurde und in dem eine »kretische Bohne« genannt wird. Etwa gleichzeitig mag die Erwähnung eines »Spruches in der Sprache von *Ku-f-tu*« im Londoner medizinischen Papyrus 11, 4−6 sein, dessen Text *sa-n-ta ka-pu-pi wa-ja ʾa-ja-ma-n-tá ra-kú-ka-ra* sicher nicht griechisch ist, sondern anscheinend der Sprache von Linear A entspricht, da in den dortigen Weihinschriften das Wort *wa-ja* ebenfalls auftritt. Ähnlich lassen sich Verbindungen ziehen zwischen den Personennamen, die auf einer Schreibtafel anscheinend als Schüleraufgabe »Bilden von *ka-f-tú-* Namen« niedergeschrieben sind[16], und Personennamen der Linear A-Täfelchen[17]. Diese Schreibtafel ist aus paläographischen Gründen in die Zeit vor Thutmosis III. zu da-

scheinlichsten, da damit die Abfolge eines Itinerars gegeben ist.

[12] Mit Recht stieß sich Faure an der Lage dieses Ortes, des heutigen Chidas bei Kastelli, 12 km vom Meer entfernt im Inneren von Kreta. Möglicherweise liegt eine Ortsverlagerung vom Meer in die schützenden Berge vor. Ob an eine Bezeichnung von Mallia gedacht werden darf?

[13] Diese Ergänzung von Faure ist verlockend, aber natürlich gänzlich ungesichert.

[14] Urk. IV 733, 3.

[15] »Was können wir tun wegen des Koniferenholzes für unsere Toten, da man die Freien mit seinen Produkten zu begraben pflegte und die Beamten mit seinem *sft-* Öl salbte bis hin nach *Ka-f-tù*.« Die Datierung der Abfassung dieses erst aus der Ramessidenzeit überlieferten Textes ist umstritten. Deutlich ist aber, daß ein anscheinend aus der 1. Zwischenzeit stammender Kern des Textes in der Folgezeit immer mehr ausgeweitet wurde, so

daß unklar bleibt, wann diese Erwähnung von Kaftu anzusetzen ist. Ebensowenig läßt sich die Nennung von Anaku und Kaptara in einem Text des 8. Jhs. v. Chr., der sich als Abschrift einer Inschrift Sargons I. von Akkad (etwa 2340−2284 v. Chr.) erweist (KAV 92), chronologisch verwerten. Die frühesten eindeutigen Erwähnungen von Kaptara im mesopotamischen Raum finden sich erst im Archiv von Mari aus der Zeit Hammurabis von Babylon (G. Dossin, Syria 20, 1939, 111; ders., RAssyr 64, 1970, 97ff.). Hierzu vgl. die Schreibung *Kabtu (= DUGUD)-ri* in einem akkadischen Text aus Ugarit (J. Nougayrol, Textes Accadiens et Hourrites des Archives Est, Ouest et Centrales, PRU III [1955] 107 Z. 10 Taf. 69).

[16] T. E. Peet in: Essays in Aegean Archaeology (1927) 90ff.

[17] Ausführlicher zu den schriftlichen Erwähnungen Kretas W. Helck, Beziehungen Ägyptens und Vorderasiens zur Ägäis bis ins 7. Jahrhundert v. Chr. (1979) 26ff.

tieren. Aus der die ersten 20 Jahre seiner Herrschaft umfassenden Zeit der gemeinsamen Regierung mit Hatschepsut stammen die Darstellungen von Leuten aus *Ka-f-tú* in den Gräbern des *Sn-n-mwt,* des *Wsr*[18] und des *Rḫ-mj-Rᶜ*[19]. Bei den im Grab des letzteren dargestellten Kretern ist der typische kretische Schurz mit einem mykenischen Schurz übermalt worden. Dies bedeutet eindeutig[20], daß damals, am Ende der Regierung Thutmosis' III.[21], anstelle der gewohnten Kreter Mykener von Kreta nach Ägypten kamen. Dies ist mit der Eroberung von Knossos durch die Mykener zu verbinden.

Mit der Nennung eines *ḥzt n ka-f-tú,* wohl eines »Gefäßes aus Kaftu«, unter Amenophis II.[22] gehen diejenigen Erwähnungen von Kaftu zu Ende, die ein noch bestehendes Herrschaftsgebiet bezeichnen sollen. Später erscheinen nur noch stereotype traditionelle Nennungen in topographischen Aufzählungen, wie sie die ägyptischen Könige auf Statuenbasen oder Tempelwänden unter Verwendung oft schon lange obsolet gewordener Namen angebracht haben. Diese stereotypen Listen können nicht als Belege für das Weiterbestehen bestimmter Orts- oder Ländernamen herangezogen werden.

Man hat aus der Beischrift zu dem Bild mit den zu Mykenern umgemalten Kretern im Grab des *Rḫ-mj-Rᶜ* »Kommen in Frieden durch die Großen von Kaftu, den Inseln inmitten des Meeres...« durch Einfügen eines im Text nicht vorhandenen 'und' zwischen »Kaftu« und »Inseln« geschlossen, daß Kaftu nicht mit den »Inseln« identisch sein könne[23]. Mit diesen »Inseln« sei Griechenland gemeint, und es handele sich hier um die Darstellung von mykenischen Griechen. Dies zeigt deutliches Mißverstehen ägyptischer Vorstellungen: Der Begriff »Inseln inmitten des Meeres« ist kein echter topographischer Begriff, sondern ein

[18] H. Hall, BSA 10, 1903/04, 154ff. Abb. 1 (vollständigste Darstellung mit den jetzt verlorenen Teilen des Sen-mut-Bildes); Wreszinski, Atlas I Taf. 235. Zum Grab des *Wsr* (TT 131) s. Vercoutter a. O. (s. o. Anm. 4) passim, da noch nicht zusammenhängend veröffentlicht.

[19] Vgl. bes. Vercoutter a. O. passim.

[20] R. S. Merrillees, AJA 76, 1972, 289, bezeichnete die in den Gräbern dargestellten Kreter als Festlandbewohner: »Die Ägäer des *Sn-mwt*-Grabes kamen wahrscheinlich von den Inseln inmitten des Meeres, und da die Inseln erst unter Thutmosis III. genannt werden, besteht kein Zweifel, daß wir es mit Bronzezeit-Bewohnern Griechenlands und nicht Kretas zu tun haben.« Diese Ansicht ist aus folgenden Gründen abzulehnen: 1. Eine erste Nennung der »Inseln« hat nichts zu sagen, da vor Hatschepsut sowieso kaum Gräber in Theben vorhanden sind, die solche Szenen enthalten könnten. 2. Wie unten dargelegt, ist »Inseln inmitten des Meeres« kein geographischer, sondern ein mythologischer Begriff. 3. Es war Merrillees anscheinend nicht klar, daß zwischen den Darstellungen des Senmut und denen des Rechmire fast ein halbes Jahrhundert liegt. 4. Mir entgeht überhaupt die Logik des oben zitierten Satzes. Wenn Merrillees die Ummalung der Kreter im Grab des Rechmire in Mykener als möglichen Geschmackswandel des Grabinhabers oder Modewandel der Besucher herunterspielen wollte (ebenda 288), so ist das für Ägyptologen einfach indiskutabel. Der Geschmack des Grabinhabers hat keinen Einfluß auf die Grabausmalung, denn für diese liegen feste Vorschriften vor. Überdies ist es angesichts des 'Modewandels' von einer kretischen Tracht zu einer mykenischen naheliegend, in den älteren Figuren Kreter und in den darübergemalten Mykener zu sehen.

[21] *Rḫ-mj-Rᶜ* wurde kurz nach der Thronbesteigung Amenophis' II., die er in einem Zusatzbild in seinem Grab noch erwähnt, abgelöst. Er wird als Wesir zum ersten Mal im Jahr 34 Thutmosis' III. erwähnt, sein Vorgänger *Wsr* zum letzten Mal im Jahr 28. Thutmosis III. regierte knapp 54 Jahre, also nach üblicher Chronologie von 1490–1436, nach neuesten Untersuchungen, die das Basisdatum des Regierungsantrittes Ramses' II. 12 Jahre herabsetzen, 1479–1425, davon die letzten zwei Jahre und vier Monate in Mitregentschaft mit seinem Sohn Amenophis II. Die äußerst günstige Lage des Grabes von Rechmire (TT 100) spricht dafür, daß es erst in seiner Amtszeit als Wesir angelegt worden ist, also etwa nach dem Jahre 34. Als die Ummalung befohlen wurde, war es fertiggestellt und voll ausgemalt. Die Ummalung ist daher recht spät in der Regierung Thutmosis' III. anzusetzen, und zwar ungefähr in den Jahren um 1440 v. Chr. nach alter Rechnung bzw. 1430 nach neuer Chronologie. Die Besetzung von Knossos durch die Mykener gehört in die unmittelbar vorausgehende Zeit.

[22] Vercoutter a. O. (s. o. Anm. 4) 75.

[23] So schon Merrillees, AJA 76, 1972, 288f.; wiederaufgenommen von J. Strange, GöttMisz 8, 1975, 47ff.

mythischer. Für den Ägypter besteht die Welt aus Ägypten, an dessen Rand Libyer, Asiaten und Nubier angesiedelt sind. Um diese Welt in Form einer runden Scheibe kreist der Ozean *(wʾḏ-wr)*. Fremde, die von außerhalb, besonders von Norden, an der Küste dieser Welt auftauchen, können nur von »Inseln inmitten des Ozeans« bzw. »des Meeres *(jam)*« kommen. Dieser Begriff dient dem Ägypter als pauschale mythische Bezeichnung außerhalb seiner sichtbaren Welt im Norden anzunehmender Gebiete. Somit liegt im Grab des Rechmire auch kein Hinweis auf die ägäischen Inseln vor. Dies zeigt sich später dann unter Ramses II. und III. bei den ‘Seevölkern’: Auch diese kommen von den »Inseln inmitten des Ozeans«, ohne daß damit mehr gesagt werden soll, als daß sie von außen am »Rande der Welt« landen. Die wirkliche geographische Herkunft wird überhaupt nicht angesprochen und interessiert den Ägypter im Zusammenhang der betreffenden Texte auch nicht. Man kann hierzu etwa einen Satz wie »Süd und Nord, West und Ost, und die Inseln inmitten des Meeres« bei Ramses II.[24] anführen. Thutmosis I. wird bezeichnet als »der, dem die Inseln des Großen Wasserringes *(šn-wr)* dienen und die gesamte Erde unter seinen Sohlen ist«[25]. Parallel ist etwa die Gleichsetzung, die wir in der poetischen Stele Thutmosis' III. antreffen[26]: Dort werden Kaftu und ʾasija mit »Westen«, »die im Gottesland«, d. h. Punt mit »Osten«, »die in den Sumpflöchern« – ein alter mythologischer Begriff für die im Norden, und zwar ursprünglich in den Deltalagunen wohnenden Leute – mit »Mitanni« gleichgesetzt, also jeweils ein mythologischer mit einem echten geographischen Begriff verbunden. Diese Ausscheidung des Begriffs »Inseln inmitten des Meeres« aus der realen Geographie und seine Verweisung in die mythologische Geographie ist für die Klärung des Verhältnisses dieser »Inseln« zu »Kaftu« von eminenter Bedeutung: Beide Begriffe sind identisch; der eine ist allgemein in der mythologischen Ebene angesiedelt, der andere stellt eine konkrete geographische Bezeichnung dar. Damit entfällt ein Gegenargument gegen die Gleichsetzung Kaftu = Kreta.

Ein anderes Gegenargument, das gern angeführt wird, ist die Tatsache, daß die sogen. ‘Kreter’ besonders auf den Darstellungen in der späteren Gruppe der thebanischen Gräber, wie etwa in dem des *Mn-ḫpr-Rᶜ-snb*[27], in dem des *Jmn-m-ḥb*[28] oder dem des *Jmn-m-jpt*[29], manchmal Gegenstände in den Händen tragen, die man eher als syrisch denn als kretisch oder mykenisch bezeichnen würde. Bei der daraus gezogenen Folgerung, Kaftu müsse am Schnittpunkt kretischer und syrischer Kultureinflüsse, also etwa in Kilikien, an einem anderen Teil der südanatolischen Küste oder gar auf Zypern gelegen haben, wird wieder einmal die typisch ägyptische Art der Darstellungsweise übersehen. Wir können z. B. bei den Darstellungen der Hethiter erkennen, wie sich der Typus eines neu in den Gesichtskreis der Ägypter tretenden Fremdvolkes bildet: Zunächst wird der Vertreter dieses Volkes wie der eines schon bekannten der gleichen Himmelsrichtung dargestellt, im Fall der Hethiter also wie ein Asiat. Je enger der Kontakt wird und je stärker der Augenschein das Charakteristische dieses Volkes erkennen läßt, um so deutlicher prägt sich ein Typus aus. Die Einwohner von Kaftu treten uns bereits auf der Stufe des festgefügten Typs

[24] Vercoutter a. O. (s. o. Anm. 4) 138.
[25] Urk. IV 86,9.
[26] Urk. IV 616ff.
[27] Wreszinski, Atlas I Taf. 273–277; Vercoutter a. O. 356f. Taf. 60,450 (Grab TT 86).

[28] Wreszinski, Atlas I Taf. 4.
[29] TT 276, vgl. Vercoutter a. O. 224f. 286f. 356f. Taf. 11,111.112; 26, 189; 60,451.452. Vgl. auch die ebenda Taf. 60,453 abgebildete syrische Flasche gleichen Typs.

entgegen, weil aus der Zeit vor Hatschepsut, in der der Typ geschaffen worden sein muß, keine Grabbilder erhalten sind. Bricht aber die Verbindung ab und verliert der Augenschein seine Wirksamkeit, so verfällt der Typus wieder und gleicht sich besser bekannten und 'lebendig' gebliebenen, durch den direkten Kontakt immer wieder verifizierten Typen an. So erscheinen etwa unter Ramses III. die Philister als *š³sw*, d. h. als Beduinen der südpalästinensischen Wüste, und nicht mehr mit der charakteristischen Haartracht[30]. Auch die Kreter werden in dem Augenblick, in dem sie nicht mehr selbst am ägyptischen Hof auftreten und ihre charakteristischen Gaben überbringen, in der Darstellung den weiterhin erscheinenden, ebenfalls aus dem Norden kommenden Asiaten angeglichen, nehmen deren Kleidung und Aussehen an und bringen dann auch 'syrische' Gaben, vermischt mit einigen kretischen Dingen, die die Handwerker, die diese Bilder hergestellt haben, als 'typisch' kretisch noch in Erinnerung hatten. Es besteht somit ein unmittelbarer Zusammenhang zwischen dem Ende des Kontaktes zu kretischen Handelsgesandtschaften, gleich, ob diese nun Minoer oder Mykener waren, und dem 'Verfall' und der Verfremdung der Darstellungen. Aus Darstellungen von Kretern und ihren Gaben nach Ende der Beziehungen darf man nicht auf die Zeit vor dem Abbruch der Verbindungen rückschließen.

Der Verlust jeder Kenntnis über ein so sehr der Vergangenheit angehöriges Wort wie Kaftu wird darin deutlich, daß in ptolemäischer Zeit die ägyptischen Gelehrten Kaftu mit Phönizien gleichsetzten, den Namen also 'mythologisch' benutzten und mit geographischen Bezeichnungen der gleichen Himmelsrichtung verbanden. Daraus darf natürlich kein Schluß auf ältere Zeiten gezogen werden.

Die Ergebnisse zur Bedeutung des Wortes Kaftu lassen sich wie folgt zusammenfassen: Kaftu ist ein echter topographischer Begriff für ein Land, dessen mythologische Umschreibung »Inseln inmitten des Meeres« ist. Beide Bezeichnungen schließen sich nicht aus. Sie kommen in den Gräbern hoher Beamter der Zeit Hatschepsuts und Thutmosis' III. als Beischriften zu Darstellungen von Personen vor, die ihrer Haartracht und Bekleidung nach unzweideutig Kreter sind. Die Basisaufschrift aus dem Totentempel Amenophis' III. beweist durch Nennung der dazugehörigen Orte zweifelsfrei, daß Tanaja = Peloponnes und Kaftu = Kreta ist. Die Ummalung der Kreter in Mykener im Grab des Rechmire bezeugt die durch die Linear B-Täfelchen geforderte Besetzung zumindest von Knossos durch Mykener.

Auch der Begriff Alašia, in ägyptischen Texten *³a-la-sa*, im Ugaritischen *alṯy* geschrieben, ist in seiner Festlegung lange umstritten gewesen. Seit dem Fund der Amarna-Tafeln, unter denen mehrere eines Königs von Alašia genannt werden[31], hat man Alašia mit Zypern gleichgesetzt[32]. Dabei spielte eine große Rolle, daß Alašia als bedeutendes Kupferproduktionsland erscheint, wovon Zypern (Kypros) seinen Namen hat. Diese Bedeutung Alašias wurde durch spätere Textfunde noch betont: »alasisches Kupfer« oder solches »vom Berg Alašia« wird in Maritexten erwähnt[33]; in einem hethitischen Text kommt es vom »Berg Taggata auf Alašia«[34]; im ägyptischen Papyrus Anastasi IV 17,7 werden Kupfer- und

---

[30] H. H. Nelson, The Epigraphic Survey, Medinet Habu II. Later Historical Records of Ramses III, OIP IX (1932) Taf. 108 C.

[31] EA Nr. 33–39.

[32] J. D. Muhly, The Land of Alashija, in: Praktika tou I. Diethnous Kyprologikou Synhedriou, Nikosia 1969, Bd. I (1972) 201 ff.

[33] Nach unpublizierten Texten von J. D. Muhly ebenda 204 erwähnt.

[34] KBo IV 1,40.

Zinn-Barren aus ʾa-la-sa genannt. Der Fund einer Weihung an einen Apollon Alasiotas (τωι Ἀπόλλωνι τωι Ἀλασιωται) aus dem Jahre 373 v. Chr. in Tamassos, dem jetzigen Politiko südlich von Nikosia, einer uralten Kupferabbaustelle, zeigt die enge Verknüpfung der Bezeichnung Alašia mit Tamassos. Allein schon der Fund dieses Namens in Tamassos ist ein Beleg dafür, daß die Bezeichnung Alašia nach Zypern gehört. Vermutlich ist das in der Odyssee (1, 184) erwähnte Temesa, wo die als Mentes verwandelte Athena Kupfer eintauschen will, mit Tamassos gleichzusetzen, was ebenfalls auf dessen Bedeutung als Kupferabbauort hinweist.

Andererseits ist Alašia häufig mit dem Meer verbunden: Kaufleute aus Alašia handeln unmittelbar zu Schiff mit Ägypten (EA 39–40); Lukki-Seeräuber plündern die Küste von Alašia (EA 38), und Wenamun wird nach der Abfahrt aus Byblos dorthin getrieben. Daraus könnte man natürlich – dies ist auch erfolgt – auf eine Lage von Alašia an der nordsyrischen Küste schließen. Auch hier hat ein neugefundener Text eine Klärung herbeigeführt: Es handelt sich um eine Inschrift Šuppiluliumas II., des letzten bekannten Königs Groß-ḫattis[35], der von der Eroberung Alašias spricht. Ganz abgesehen von den Schwierigkeiten, die sich aus den dort geschilderten Ereignissen historisch ergeben, ist eindeutig, daß Šuppiluliuma nach drei Seeschlachten landete und die Feinde endlich zu Lande besiegte. Es ist völlig unwahrscheinlich, daß der Hethiterkönig, der in der gesamten Geschichte des Reiches nie als Kämpfer zur See erscheint, einen nordsyrischen Staat zu See angriff, den er viel gefahrloser und unmittelbarer zu Lande hätte angreifen können. Alašia kann demnach nur eine Insel und somit Zypern bedeuten. Wo könnte man außerdem an der nordsyrischen Küste in der Umgegend von Ugarit noch einen so mächtigen Staat unterbringen, dessen König mit dem Pharao von Ägypten als »Bruder« verkehrte, wie es der König von Alašia in den Amarnabriefen tut[36]?

Allein zwei Punkte müssen noch eine Erklärung finden, ohne daß sie allerdings die Gleichsetzung Alašia = Zypern in Frage stellen können: Es ist überraschend, daß ʾa-la-sa erst unter Amenophis IV. in der hieratischen Registraturnotiz auf dem Amarnabrief aus Alašia EA 39 erscheint. Dabei muß man sich jedoch klarmachen, daß die auswärtigen Mächte weitgehend nur in den stark zerstörten Annalen Thutmosis' III. auftreten. Dort mag Alašia in einer der zerstörten oder sogar ganz verlorengegangenen Eintragungen genannt gewesen sein. Wie zufällig der Erhaltungszustand ist, zeigt sich daran, daß Babylon (Sangarz), Alalaḫ und Tanaja nur einmal, Assur und Großḫatti zweimal, ʾas-ja aber dreimal belegt ist. Letzteres Land hat man manchmal mit Zypern zusammengebracht, da diese Gleichsetzung in einem ptolemäischen Text vorgenommen wird[37]. In einem anderen Text Thutmosis' III. wird es zusammen mit Kaftu als Vertreterin des Westens angeführt[38]. Von ʾas-ja als bestehendem 'Staat' gibt es dann keine Erwähnungen mehr. Der Name hält sich nur wie mancher andere vergangene Landesname in den sogenannten stereotypen Listen, die an Tempelwänden oder Statuenbasen vorkommen. Immerhin aber stehen in der Mineralienliste von Luxor[39] aus der Zeit Ramses' II. ʾa-la-sa und ʾas-ja nebeneinander, so daß man geneigt ist, darin zwei verschiedene Länder zu sehen. Die enge Verbindung mit Kreta

[35] H. Otten, MDOG 94, 1963, 1 ff.
[36] EA Nr. 33–40.
[37] Wilh. M. Müller, Asien und Europa (1893) 336.
[38] Urk. IV 616,2.
[39] Wilh. M. Müller, Egyptological Researches II (1910) 91.

einerseits und Alašia = Zypern andererseits könnte auf ein Land in Südwestkleinasien hinweisen; dies wäre dann das Asia der Römer. Es ist aber zusammen mit Tanaja verschwunden, gleichzeitig vielleicht mit dem Auftreten der Mykener in Knossos, das seinen Niederschlag in der angeführten Übermalung im Grab des Rechmire gefunden hat. Abgesehen davon ist zu beachten, daß beide Länderbezeichnungen, Alašia und ʾas-ja – weil gleichzeitig gebraucht –, bereits während der Regierung Hatschepsuts auseinandergehalten worden sind. In einer Flachsabrechnung der genannten Epoche ist nämlich eine Person belegt, die »Der von Alašia« heißt (S. R. K. Glanville, JEA 14, 1928, 311).

Ein weiteres Problem ist, daß Alašia noch bis zur Erwähnung bei Ramses III. immer als Land erscheint, und zwar in dem im Zusammenhang mit den Seevölkern stehenden bekannten Hinweis auf die zerstörten Länder Ḫatti, Qdj (= Kizzuwatna), Karkemisch, Arzawa, Alašia. Aus der Anordnung der Namen läßt sich allerdings nichts über die Lage erkennen. Vielleicht lag die Hauptstadt dieses die ganze Insel umfassenden Reiches in der Zeit vor den Seevölkern eben gerade bei Tamassos (Politiko), wo der Apollon Alasiotas genannt wird und wo auch eine hethitische Goldbulla gefunden worden ist[40]. Selbst Wenamun spricht nach den Umstürzen der Seevölkerzeit vom »Land Alašia« *(tʾn ʾá-la-sa)*[41]. Nichts aber zwingt uns, den Ort, wo Wenamun ans Land getrieben wurde, Alašia zu nennen, denn der Name wird nicht erwähnt: »Die aber vom Hafen kamen heraus, um mich zu töten. Da kämpfte ich mich durch bis dorthin, wo Ḥatab, die Fürstin des Ortes, war.« Der Hafenort, einer Fürstin unterstellt, ist ein Teil des Landes Alašia. Auf keinen Fall aber darf man Enkomi oder Kition oder irgendeine andere Stadt von vornherein als 'Alašia' in Anspruch nehmen. Sicherlich hat die Hauptstadt des Landes Alašia wie jetzt Nikosia im Landesinneren gelegen. Auch sonst nennen die Ägypter bei Flächenstaaten wie etwa Ḫatti oder Arzawa nicht den Namen der Hauptstadt, sondern den Landesnamen. Anders verhält es sich mit der Nennung z. B. von Karkemisch oder Ugarit, da es sich dabei um Stadtstaaten handelt.

Es sollte vielleicht auch bemerkt werden, daß man in dieser Zeit und in diesen Kulturen anscheinend die großen Inseln Kreta, Rhodos, Zypern nie als 'Inseln' bezeichnet hat, wenn wir von den oben erwähnten mythologischen »Inseln inmitten des Meeres« einmal absehen. Es sind eben, wie Wenamun ja sagt, 'Länder' wie die auf dem Festland auch.

Der topographische Begriff Aḫḫijawa, der in den hethitischen Texten etwa sechzehnmal vorkommt und dort eindeutig ein 'Reich' bezeichnet, ist in seiner geographischen Festlegung ebenfalls heftig diskutiert worden, seit F. Sommer in seinem Werk »Die Aḫḫijawa-

---

[40] M. S. Drower in: CAH³ II 1 (1973) 490; H.-G. Buchholz in: A. Heubeck-G. Neumann, Res Mycenaeae. Akten des VII. Internationalen Mykenologischen Colloquiums in Nürnberg, April 1981 (1983) 63 ff. Abb. 2 a. b.

[41] II 74 f. Versuche, Alašia an anderer Stelle als auf Zypern, meist an der nordsyrischen Küste nördlich bzw. südlich von Ugarit zu lokalisieren, begannen mit A. Jirku, PEQ 82, 1950, 40 ff. und ihm folgend C. F. A. Schaeffer, Syria 27, 1950, 62. Gegen R. de Langhe, Les Textes de Ras-Shamra-Ugarit et leurs Rapports avec le Milieu Biblique de L'Ancien Testament II, Diss. Löwen 1945, 28 wandte sich A. Alt, WO 2, 1954, 15 f. Erneut

wurde diese These aufgegriffen von Catling, Bronzework 299 ff. und von Merrillees in: Praktika tou I. Diethnous Kyprologikou Synhedriou (1972) 111 ff. ausgeführt. Dabei zeigt sich eindeutig die Unhaltbarkeit der Einwände, daß wegen Fehlens kypriotischer Keramik in Syrien etwa zur Mari-Zeit auch das Kupfer nicht aus Zypern kommen könne und angesichts der Benutzung des Babylonischen als Diplomatensprache das Fehlen von akkadischen Texten in Enkomi einer Identifizierung entgegenstehe. Die im gleichen Band durchgeführte Verteidigung der Gleichsetzung Alašia = Zypern durch Muhly (S. 201 ff.) widerlegte dies.

Urkunden« (1932) schwerwiegende Einwände gegen E. Forrers Gleichsetzung dieses Namens mit dem der Achäer geltend machen zu können glaubte. Mindestens die Hälfte der Texte, in denen Aḫḫijawa erwähnt wird, ist so stark zerstört, daß aus ihnen nichts über dieses Gebiet geschlossen werden kann. Die übrigen Texte lassen dagegen folgendes erkennen:

1. Sofern der sogenannte Madduwatta-Text in den Beginn des Neuen Hethitischen Reiches gehört, wie jetzt allgemein nach H. Otten angenommen wird[42], ist Aḫḫijā die älteste Namensform (genannt wird *Atarassija LÚ Aḫḫijā*).

2. Der König von Aḫḫijawa wird im sogenannten Tawakalawa-Brief vom hethitischen Großkönig sehr höflich behandelt[43] und an anderer Stelle als »Mein Bruder« bezeichnet[44], also als gleichrangig anerkannt; dies schlägt sich auch noch in dem Konzept für den Sausgamuwa-Vertrag KUB XXIII 1 nieder, wo Aḫḫijawa zunächst unter den Großreichen genannt, dann aber aus nicht erkennbaren Gründen wieder gestrichen worden war.

3. Die Stadt Milawanda – ohne Zweifel mit Milet gleichzusetzen – wird von einem Statthalter des Königs von Aḫḫijawa verwaltet, wie aus dem Tawakalawa-Brief hervorgeht. Mursilis II. wirft für den König von Aḫḫijawa den Aufstand eines Uḫḫazitis in Milet nieder[45] und überstellt ihm den gefangengenommenen Sohn des Uḫḫazitis[46], und zwar zu Schiff.

4. Der hethitische und der König von Aḫḫijawa kämpfen gemeinsam um das Gebiet des Seḫa-Flusses, wohl das Hermos-Tal[47].

5. Nach KUB XXVI 91 werden die Könige von Aḫḫijawa und Assuwa nebeneinander erwähnt. Assuwa vermutet man in der Nähe des Hellespontes.

6. Die unter Punkt 3 angeführte Bemerkung des hethitischen Großkönigs Musilis II., er habe den gefangenen Sohn des Usurpators Uḫḫazitis dem König von Aḫḫijawa per Schiff zugesandt, beweist die Lage dieses Landes an der See.

7. Weiterhin ergibt sich aus KUB IV 23 und XXIII 1 die Nähe von Aḫḫijawa zum Meer, denn Tudḫalija IV. trägt dem Sausgamuwa von Amurru bezüglich einer Handelsblokkade gegen Assur auf, daß »Vom Land Aḫḫijawa kein Schiff zu ihm (= Assur) fahren darf«.

Dieser Befehl des hethitischen Königs an seinen Vasallen in Amurru macht deutlich, daß der König von Aḫḫijawa nicht unter seiner Oberhoheit stand. Er mußte die Blockade an die Stelle verlegen, wo die Schiffe eines außerhalb seines Machtbereiches liegenden Landes anlanden mußten, wenn sie ihre Waren nach Assur umschlagen wollten. Daß Aḫḫijawa außerhalb des Ḫatti-Reiches lag, ergibt sich ferner oben aus Punkt 1 und 2. Es kann aber nicht, wie Sommer meinte[48], ein Land sein, »das nicht allzu weit von Amurru ablag« und dessen »Seeverkehr sich besonders in der Nachbarschaft von Amurru abspielte. Denkbar ist z. B. Kilikien«. Kilikien war jedoch fest in der Hand des hethitischen Königs, und dieser hätte irgendwelchen Handel mit dem Feind bereits an Ort und Stelle verhindern können.

[42] H. Otten, Sprachliche Stellung und Datierung des Madduwatta-Textes, StBoT XI (1969) 4. 30. 33.
[43] KUB XVIII 58.
[44] KUB XXIII 98.
[45] KUB I 23; XIV 15.
[46] KBo III 4; KUB XXIII 125; vgl. F. Sommer, Die Aḫḫijawa-Urkunden (1932) 309.
[47] KUB XXIII 13.
[48] Sommer a. O. 327.

Dem oben erwähnten Befehl Tudḫalijas IV. zufolge bildete Aḫḫijawa den einzigen bedeutenden Seehandelspartner Amurrus. Da zu dieser Zeit die Keramikeinfuhr aus der Ägäis an den Küsten des östlichen Mittelmeers sprunghaft anstieg[49], liegt eine Lokalisierung Aḫḫijawas in der Ägäis nahe. Die genaue Lage muß jedoch offenbleiben. Zu dieser Frage läßt sich lediglich folgendes sagen: Eine Lokalisierung auf dem kleinasiatischen Festland scheint von den Texten her nicht gefordert zu werden. Vielmehr vermittelt der Tawakalawa-Brief den Eindruck, als liege Aḫḫijawa ziemlich weit von seiner 'Kolonie' Milet entfernt. Die gemeinsame Nennung eines »Gottes von Aḫḫijawa oder von Lazpa«[50] trägt wohl nicht zur Klärung dieser Frage bei. Rhodos möchte ich deshalb ausschließen, weil es möglicherweise mit dem Arzawa-Land Wilusa identifiziert werden kann. Dafür spricht, daß dieser Name vermutlich mit Ialysos = Ƒιαλυσος zusammenhängt[51]. Daß Wilusa nie als Insel erwähnt wird, dürfte mit der oben gemachten Beobachtung zu erklären sein, wonach man größere Inseln nicht als solche bezeichnet hat. Vielleicht geben spätere Überlieferungen einen Hinweis auf die genaue Lage, wonach z. B. Erythrai und Kolophon von Kretern gegründet und nach Herodot die Lyker von Kreta gekommen sein sollen[52]. So könnte Aḫḫijawa die damalige, in Ḫatti verwendete Bezeichnung der Achäerherrschaft in Kreta gewesen sein, die sich bei Homer in der Gestalt des Idomeneus widerspiegelt. Zur Frage der Ableitung des Namens Aḫḫijawa sowie eines möglichen Zusammenhangs mit den ᵓaqajawaš der ägyptischen Texte soll hier keine Aussage gemacht werden, da dieses Problem für die Lokalisierung des Reiches Aḫḫijawa zweitrangig ist.

---

[49] Vgl. H.-G. Buchholz, AA 1974, 398 ff.
[50] KUB II 57 ff.; V 6. Mit Lazpa könnte wohl Lesbos gemeint sein.

[51] Zu den unterschiedlichen Lokalisierungsversuchen von Wilusa s. die Lit. bei H.-G. Buchholz, AA 1974, 364.
[52] Herodot I 173; IV 45.

ALASCHIA-ZYPERN (LITERATURBERICHT)

Von Hans-Günter Buchholz

Ich habe überlegt, ob in diesem Buch ein weiterer Beitrag zur 'Alaschia-Frage' zu rechtfertigen sei, nachdem W. Helck in präziser, knapper und doch umfassend informierender Weise das Nötige über den augenblicklichen Stand der Forschung gesagt hat (oben S. 218 ff.). Mir schien dann aber doch wenigstens eine Landkarte mit den erörterten Topoi (Abb. 68) und ein wenig mehr Information über die ältere und neuere Literatur nützlich zu sein. Es ist nämlich eine alte Tatsache, daß in unseren Wissenschaften 'alte Hüte für neu verkauft werden'. Viele der unter der Flagge der 'Überprüfung' in die Welt hinausgehenden Artikel bieten außer dem Erscheinungsjahr nichts oder fast nichts Neues, auch wenn sie sich glänzend 'aufpoliert' geben. So sollte es gelegentlich denjenigen, die Forschungsgeschichte für langweilig und überflüssig halten, doch reizvoll erscheinen zu erfahren, woher manche der neueren Zeitgenossen unter den Altertumsforschern ihre Weisheit beziehen, die sie sodann mit subjektiven Meinungen und Urteilen angereichert als die ihre verbreiten[1].

Unsere Wissenschaften waren so lange mit einer 'Alaschia-Frage' überhaupt nicht konfrontiert, solange ein solcher Name noch nicht aufgetaucht bzw. noch nicht gelesen worden war. Allerdings ist 'Elisa' (Elischa) in dieser Transkription durch die Lutherbibel als geographische Bezeichnung schon lange bekannt, und zwar in jenem Zusammenhang bei Hesekiel (27,7), in dem von den Handelsverbindungen der Phoinikerstadt Tyros gesprochen wird: »... Deine Decke von blauem und rotem Purpur aus den Inseln Elisa«[2]. Viel mehr als die Lage im Meer und die Existenz von Purpurfärberei bzw. Stoffherstellung ist dieser Nachricht nicht zu entnehmen. Theoretisch war also die Lage einer oder mehrerer Inseln namens Elischa überall dort möglich, wohin der Handel von Tyros reichte. Es bestand zunächst kein Anlaß, ähnlich klingende Ortsnamen Griechenlands zu bemühen[3]. Eine neue Situation trat erst ein, als M. Ohnefalsch-Richter während der Ausgrabungen zwischen dem 17. Oktober und 2. November 1885 in einem der Heiligtümer des Stadtstaates Tamassos, Zypern, auf eine zweisprachige Weihinschrift des 4. Jhs. v. Chr. stieß, die dem Apollon Alasiotas galt[4]. Kaum wesentlich später – ein merkwürdiger zeitlicher Zu-

[1] Hiermit sind natürlich nicht diejenigen Aufarbeitungen des jeweiligen Forschungsstandes gemeint, die sich schlicht als solche zu erkennen geben und über ihren dienenden Charakter hinaus keine Ansprüche erheben.

[2] H. Th. Bossert (Altkreta[3] [1937] 67) bietet folgende Übersetzungsvariante: »Blauer und roter Purpur von Elisas Gestaden war Deine Bedachung«; zur Stelle s. die Einheitsübersetzung der Heiligen Schrift (1. Aufl., 1980): »Die Stadt Elischa lag wohl in Zypern«, vgl. Jesaia 23, »Inseln der Kittäer« (nach der Stadt Kition auf Zypern benannt, s. unsere Karte, Abb. 68). Gleichsetzung des biblischen 'Elišah' mit Alaschia ausführlich bei G. Hüsing, OLZ 1907, 27 u. ö., bes. W. Brandenstein, in: Festschrift A. Debrunner (1954) 70 ff.; vgl. ferner R. Martin-Achard, Chypre des Origines au Moyen-Age,

Séminaire Interdisciplinaire, Universität Genf (1975) 88 f. Unzulänglich bei J. D. Muhly – R. Maddin – T. S. Wheeler, RDAC 1980, 87.

[3] Bereits 1886/87 entsprechende Hinweise bei W. Deecke, Berliner philologische Wochenschrift 1886, 1322 ff. und J. Euting, Sitzungsberichte der Deutschen Akademie der Wissenschaften zu Berlin, Klasse für Sprachen, Literatur und Kunst IX (1887) 119 ff. (Erstpublikation); M. Ohnefalsch-Richter, ZEthnol 31, 1899, Verhandlungen 33 f. Anm. 1; vgl. PraktikaAkAth 36, 1961, 5 ff. (neugriechisch mit deutscher Zusammenfassung zu Ἀλασία – Ἀλασυῆς). Zuletzt: W. Spoerri, in: Lexikon des Frühgriechischen Epos I (1955–1979) 479 s. v. Ἀλήσιον.

[4] Zur Lage s. unsere Abb. 68; vgl. W. Helck, oben S. 223,

sammenfall – wurden zunächst bei nicht planmäßigen Schürfungen im 'Briefbüro des Pharaos', ostwärts des sogenannten 'Kleinen Palastes' von Tell-el-Amarna, die ersten 'Amarnatafeln' gefunden und damit auch der hier erörterte Name entdeckt (1886 und 1887). In diesen beiden Jahren befaßten sich W. Deecke und J. Euting mit der Bilingue aus Tamassos und begründeten gewissermaßen die 'Alaschia-Frage'[5]. Im Jahre 1888 reagierte auch G. Maspero auf die neuen Funde aus dem Niltal und aus Zypern mit einer kurzen Notiz »Le Pays d'Alasia«[6]. Im darauffolgenden Jahr wurde u. a. eine der Tontafeln veröffentlicht, auf deren Rückseite als Aktennotiz in ägyptischer hieratischer Schrift steht: »Brief des Fürsten von Alaschia«[7].

In den Jahren danach hatte sich aber die Quellenlage nicht derart geändert, daß etwa C. Niebuhr wesentlich weiter führende Erkenntnisse hätte vortragen können: Man findet Aussagen über die maritime Lage von Alaschia und die Erörterung anderer Indizien, die geographisch mindestens Zypern nicht widersprechen[8]. Es bestand schon damals Anlaß, den Gott mit dem Beinamen Alasiotas samt seinem Kult für eine auf der großen Mittelmeerinsel fest verwurzelte Erscheinung zu halten und somit hier von bronze-eisenzeitlicher Kontinuität auszugehen.

Mit der Veröffentlichung des Teils der Schrifttafeln aus Amarna, der von den Berliner Museen angekauft worden war – ein anderer Teil gelangte in den Besitz des British Museum –, wurden im Jahre 1896 die Quellen für unser Problem vermehrt, auch teilweise erstmals zugänglich[9] und vor allem neue Auseinandersetzungen mit ihnen angeregt, wie das etwa der Artikel »Das Land Alasia« von W. M. Müller zeigt[10] und unabhängig davon eine Studie von P. Jensen, welche die Nennung von Kupferlieferungen aus dem Lande Alaschia in den Amarna-Briefen und das Vorkommen von Kupfererzen in der Region von Tamassos, dem Ort des Alasiotischen Gottes in der angeführten Bilingue, als weiteres Indiz für die Gleichung Alaschia-Zypern anführte[11].

Nach einer Dekade ohne Zuwachs an Quellen kam R. von Lichtenberg auf den Gedanken,

und die vorige Anm., ferner R. Dussaud, Identification d'Enkomi avec Alasia, in: C. F. A. Schaeffer, Enkomi-Alasia I (1952) 1 ff.; O. Masson, Inscriptions Chypriotes Syllabiques (1961) 226 ff. Nr. 216, mit Lit. (beachte auch die mir noch nicht zugängliche 2. Auflage); E. Gjerstad, RDAC 1979, 241 mit Hinweis auf P. Åström, SCE IV 1 B 277 Anm. 4 und 1 D 772 Anm. 4. Vgl. ferner M. K. Schretter, Alter Orient und Hellas, Fragen der Beeinflussung griechischen Gedankengutes aus altorientalischen Quellen, dargestellt an den Göttern Nergal, Rescheph, Apollon (1974). Der fragliche Inschriftenstein befindet sich im British Museum, London. Ich habe unlängst den größten Teil der Phrangissa-Funde im Royal Ontario Museum, Toronto, wiedergefunden und bereite die Publikation des gesamten Materials aus dem Heiligtum des Apollon Alasiotas vor.

[5] Siehe die beiden vorigen Anm.

[6] Recueil des Travaux Relatifs à la Philologie et à l'Archéologie Egyptiennes et Assyriennes 10, 1888, 209 f.

[7] Zeitschrift für ägyptische Sprache und Altertumskunde 27, 1889, 63; es handelt sich in der Edition von J. A. Knudtzon, Die El-Amarna-Tafeln (1915) um

S. 278 ff. Nr. 39; s. W. Helck, Die Beziehungen Ägyptens und Vorderasiens zur Ägäis bis ins 7. Jh. v. Chr. (1979) 268 Anm. 60; vgl. ferner zu den damaligen Neufunden: H. Winckler – L. Abel, Der Thontafelfund von El-Amarna (1889/90).

[8] Studien und Bemerkungen zur Geschichte des Alten Orients I (1894) 97 ff., u. a. auch Erörterung negativer Indizien: 'köstliches Öl' beweise nichts über das Herkunftsland, da der Austausch von parfümierten Salbölen eine allgemeine Praxis im Nahen Osten der Späten Bronzezeit darstellte und deshalb auf nahezu jedes Gebiet bezogen werden könne. (C. Niebuhr = K. Krug).

[9] H. Winckler, Die Thontafeln von Tell-el-Amarna, Keilinschriftliche Bibliothek V (1896). Zu den Londoner Tafeln s. C. Bezold – E. A. J. W. Budge, Tell el-Amarna Tablets in the British Museum (1892); Neubearbeitung unter Verwendung weiteren Materials: S. A. B. Mercer, The Tell El-Amarna Tablets I und II (1939).

[10] W. M. Müller, ZA 10, 1896, 257 ff., s. bereits ders., Asien und Europa nach altägyptischen Denkmälern (1893) 267 und 336.

[11] P. Jensen, ZA 10, 1896, 379 ff. Ferner E. Oberhum-

daß Alaschia nicht die Insel als Ganzes bezeichnet habe, sondern in dem heutigen Ortsnamen Alassos, nordöstlich von Kition-Larnaka, weiterlebe[12]. Damit war im Prinzip der Weg frei, je nach Neigung auch jedwede andere küstennahe Stadt Zyperns mit Alaschia zu identifizieren, z. B. Enkomi im Osten der Insel oder Pyla, Kition und Hala Sultan Tekke im Süden (vgl. die Karte, Abb. 68)[13]. Die anschließende erneute Diskussion wurde allerdings durch die Zäsur des Ersten Weltkrieges zu einer englischen Domäne, indem H. R. Hall in seinem Beitrag »The Land of Alashiya and the Relations of Egypt and Cyprus« die bereits bekannten Fakten und Kombinationen zusammenfassend referierte[14] und G. A. Wainwright mit nicht überzeugenden Argumenten Alaschia an der asiatischen Festlandsküste suchte[15], während E. Naville als Namen Zyperns 'Amasi' aus anderen ägyptischen Quellen erschloß[16]. Hierin wollte er die bronzezeitliche Vorläufersiedlung der Stadt Amathous erkennen (zur Lage s. unsere Karte, Abb. 68). Mit der revidierten Neuauflage der deutschen Übersetzung der Amarna-Tafeln im Jahre 1915 durch J. A. Knudtzon war schließlich der Zugang zu diesen Schriftzeugnissen sehr erleichtert[17]; auf der vorgegebenen Grundlage faßte F. Schachermeyr bald nach dem Ersten Weltkrieg den Stand der Forschung erneut zusammen und verteidigte die Identität der Insel mit Alaschia[18].

Im Jahre 1923 erschien die »Literatur der Ägypter« von A. Erman, womit vor allem im Hinblick auf unser Problem eine weitere Quelle stärker in den Blick trat, ein 1899 publizierter Papyrus der Sammlung Golenischeff aus dem 24. Regierungsjahr Ramses' XI. (um 1060 v. Chr.)[19]. Es handelt sich um den Bericht über die Fahrt des Beamten Wen-Amun vom Amuntempel in Karnak, der Holz zum Bau der Barke des Gottes aus dem Libanon beschaffen sollte: »... Der Wind trieb mich nach dem Lande Alaschia, und die Leute... kamen heraus, um mich zu töten. Ich wurde von ihnen zum Palast der Hatab geschleppt,

mer, Geographisches Jahrbuch 19, 1896, 356ff., ausführlicher ders., Die Insel Cypern (1903) 421ff. und ders., RE IV A 2 (1932) 2095ff. s. v. Tamassos.

[12] Beiträge zur ältesten Geschichte von Kypros, in: Mitteilungen der Vorderasiatisch-Aegyptischen Gesellschaft 11, 1906, Heft 2, 7ff.; E. Honigmann, RLA I (1928) 67. Zur Identität von Alaschia und Zypern in bezug auf Pferd und Wagen auch F. Studniczka, JdI 22, 1907, 161.

[13] Bezüglich Enkomi s. erstmals R. Dussaud, CRAI 1949, 20f. und C. F. A. Schaeffer, ebenda 89f. Daß an der ägyptischen Bezeichnung von Alaschia als Land, nicht Stadt, festzuhalten ist, hat W. Helck oben S. 222ff. betont.

[14] Journal of the Manchester Egyptian and Oriental Society 13, 1912, 33ff.

[15] »Alashia-Alasa and Asy«, in: Klio 14, 1914/15, 1ff. Gelegentlich fand die Wainwrightsche Argumentation Nachfolge (u. a. durch A. Jirku, H. W. Catling und R. S. Merrillees), wogegen sich W. Helck heftig wandte: »R. S. Merrillees' Versuch, Alašia irgendwo nördlich von Ugarit auf dem Festland zu suchen, ist ein Musterbeispiel der Überstrapazierung von *argumenta e silentio*« (Die Beziehungen Ägyptens und Vorderasiens zur Ägäis [1979] 268 Anm. 73 und oben S. 224 Anm. 41); oben S. 220.

[16] E. Naville, Some Geographical Names, in: JEA 4, 1917, 231ff.

[17] Die El-Amarna-Tafeln, 1. und 2. Ausgabe (1907–1915, Nachdruck 1964), von uns als EA zitiert. Dazu O. Weber – E. Ebeling, Die El-Amarna-Tafeln II, Anmerkungen und Register (1915, Nachdruck 1964).

[18] »Zum ältesten Namen von Kypros«, in: Klio 17, 1921, 230ff.; ders., RE XXII 2 (1954) 1543. Im übrigen ist durch Stephan von Byzanz und ein Scholion zu Lykrophon 'Sphekeia' als alter Name Zyperns überliefert, s. H. Frisk, Griechisches Etymologisches Wörterbuch II (1973) 831 s. v. Σφήξ.

[19] Siehe oben S. 224 in der Übersetzung von W. Helck; nachfolgend Auszug aus der Übersetzung von H. Grapow, in: H. Th. Bossert, Altkreta³ (1937) 60f.; zum Wenamun-Bericht auch St. Alexiou, oben S. 151 mit Anm. 10. Zuletzt: H. Goedicke, The Report of Wenamun (1975); s. auch Verf., Syrien und Zypern, Kreta, Griechenland, in: Land des Baal, Ausstellungskatalog Berlin (1982) 309ff. Sämtliche ägyptische Quellen zur Alaschia-Frage finden sich neuerdings tabellarisch zusammengefaßt bei E. Grzybek, Alasia dans les Textes Hieroglyphiques, in: Chypre des Origines au Moyen-Age, Séminaire Interdisciplinaire, Université Genf (1975) 28ff., mit Bibliographie.

der Fürstin der Stadt . . . Ich sagte . . .: 'Bis nach Theben, dem Wohnsitz des Amun, habe ich gehört, daß in jeder Stadt Unrecht geschieht, aber daß man im Lande Alaschia Gerechtigkeit übt . . .'«.

Wir erfahren, daß das betreffende Land während des 'Dunklen Zeitalters' – in einer ausgesprochenen Unruhephase, während große Ordnungsmächte untergingen oder stark gefährdet waren – offensichtlich als geordnetes Gemeinwesen mit durchsetzbarem Recht existierte, sofern Wen-Amun nicht schmeichelt, um Kopf und Kragen zu retten. Wir erfahren ferner, daß in Alaschia eine Frau wenn nicht die höchste, so doch überhaupt eine Machtposition besaß. Ferner liegt hier, was Alaschia angeht, einer der seltenen Fälle der Überlieferung eines Eigennamens vor (Hatab/Chatabi). Er ist weder als semitisch noch als griechisch zu bestimmen [20]. Schließlich besagt der geschilderte Schiffbruch, daß Alaschia in Reichweite von Byblos gesucht werden muß, denn Wen-Amun wurde bald nach der Ausfahrt aus dem Hafen der genannten Stadt verschlagen. Schon einer der Amarnabriefe, ein Schreiben des Rib-Addi von Byblos an den Pharao, belegt wenn nicht räumliche Nähe, so doch wirtschaftliche Zusammenhänge zwischen Byblos und Alaschia: »... Es ist wirklich Amanmascha fort. Frage ihn, ob ich ihn nicht von Alaschia an Dich gesandt habe« [21].

Ich spare mir die Aufzählung weiteren Schrifttums zur Alaschia-Frage der späten 20er und 30er Jahre. In dieser Zeit hat sich auch Eduard Meyer mit der Autorität des universellen Althistorikers nachdrücklich für die Identität Alaschia-Zypern eingesetzt [22]. Damals war dem Gewicht der Amarnatafeln schwer etwas Gleichgewichtiges an die Seite zu stellen. Von ihnen hatte H. Th. Bossert 1937 geschrieben: »Die Briefe aus der Amarna-Korrespondenz dürfen nicht fehlen, da sie bis jetzt die einzige übersetzbare Geschichtsquelle einer Mittelmeerinsel aus mykenischer Zeit darstellen« [23]. Im Jahre 1947 kam es zwar zur Edition weiterer Fragmente aus dem Amarnamaterial; für die Alaschiafrage waren sie unergiebig [24].

Der Zweite Weltkrieg stellte abermals einen mächtigen Einschnitt in der Forschung dar [25]. Teils durch die Aufarbeitung von Vorkriegsentdeckungen, teils durch Neufunde erhielt die Lösung der hier besprochenen Probleme weitere Impulse. Die Vermehrung der Quel-

[20] W. Helck, Die Beziehungen Ägyptens und Vorderasiens zur Ägäis bis ins 7. Jh. v. Chr. (1979) 143. Außer Alaschia selbst müßten etymologisch eingeordnet werden: Tamassos, der Berg Taggata und ein gewisser 'Eschuwara aus Alaschia'. 'Pidduri' ist die hethitische Wiedergabe eines der kyprischen Sprache zuzurechnenden Titels, etwa 'Wesir', 'Großwesir', s. G. Steiner, Kadmos 1, 1962, 135. Ihm entspricht der ugaritische Titel 'Sakinu', s. M. Heltzer, The Internal Organization of the Kingdom of Ugarit (1982) 143 f. Eine der Alaschia-Tafeln aus dem Amarna-Material (Nr. 37) weist sechs semitische Namen auf; in Alalach sollen an den Namen von Alaschia-Leuten u. a. hurritische Spracheigenheiten zu beobachten sein, s. unten Anm. 30. Doch, abgesehen von der Anwesenheit verschiedener Sprachelemente zu verschiedenen Zeiten (Zuwanderer, Sklaven, Kaufleute usw.), ist das Kyprische durch Namen wie 'Kinyras' charakterisiert. Das ist freilich nur dann von Bedeutung, wenn an der Gleichung Alaschia-Zypern festgehalten

wird, wozu m. E. ausreichend Grund besteht. Anders A. Jirku, Die Personennamen aus Alašiya, in: Zeitschrift der Deutschen Morgenländischen Gesellschaft 104, 1954, 352 ff.; M. C. Astour, Second Millennium B. C. Cypriot and Cretan Onomastica Reconsidered, in: JAOS 84, 1964, 240 ff.

[21] J. A. Knudtzon, Die El-Amarna-Tafeln (1915) 499 Nr. 114, 51–53; abgedruckt bei H. Th. Bossert, Altkreta³ (1937) 67 Nr. VIII.

[22] Geschichte des Altertums II² Teil 1, 139 Anm. 1 u. ö.

[23] Altkreta³ (1937) 63; ders., Asia: Schrift Nr. 2 des Forschungsinstituts für altvorderasiatische Kulturen, Universität Istanbul (1946) 15 und 177.

[24] C. H. Gordon, The New El Amarna Tablets, in: Orientalia 16, 1947, 1 ff.

[25] Vgl. u. a. die bibliographischen Hinweise, in: O. Masson, Les Inscriptions Chypriotes Syllabiques (1962) 228 mit Anm. 1–3; H.-G. Buchholz, AA 1974, 376; J.-C. Courtois, in: Florilegium Anatolicum (1979) 93 Anm. 71;

len erwies sich besonders im geographisch-räumlichen Sinne als beachtlich: Alaschia war – wie Keilschriftdokumente nunmehr ergaben – nach Osten hin bis Ebla[26], Mari[27] und Babylon bekannt[28]. *A-la-aš,* Kupfer, mithin das 'Metall von Alaschia', ist außerdem in den Nuzitexten nachzuweisen[29]. In Nordsyrien findet man den fraglichen Namen vor allem in Alalach (Tell Atschana)[30] und Ugarit (Ras Schamra) bezeugt[31], wie schließlich auf kleinasiatischem Boden in den Archiven einer der Großmächte der Bronzezeit, in der Hauptstadt des Hethiterreiches Hattuscha (Boğazköy); es ist das Verdienst von H. Otten, uns die Dokumente erschlossen zu haben[32].

Dieses verschiedenartige Quellenmaterial wurde während eines längeren Zeitraums und vor allem weit verstreut veröffentlicht oder doch wenigstens erwähnt. G. Steiner faßte es 1962/63 unter dem Titel »Neue Alašija-Texte« zusammen[33]. Es ergaben sich daraus »Neu gesehene Zusammenhänge im Ostmittelmeerraum des zweiten vorchristlichen Jahrtausends«[34].

Von dem runden Dutzend hethitischer Quellen, die Menschen oder Gegenstände aus dem Lande *a-la-si-ja* oder dieses selber nennen, ist ein kleiner Teil bereits seit den zwanziger Jahren bekannt: KBo II Nr. 9 gehört zu einer Liste geographischer Namen, ohne daß deren Ordnung eine Hilfe bei der Lokalisierung von Alaschia sein könnte[35]. Das trifft auf weitere geographische Reihungen ebenfalls zu[36]. KBo IV Nr. 1 (Vorderseite 39f.), ein Ritual zur Grundsteinlegung eines Gebäudes, spricht bei der Aufzählung der zu verwendenden Materialien von »Kupfer und Bronze aus Alasia, vom Berge Taggata« (s. unsere Karte, Abb. 68). Dieses altbekannte Dokument ist das einzige hethitische, das diejenigen aus Ägypten und dem Nahen Osten bestätigt, die Alaschia als ein kupfererzeugendes Land kennzeichnen[37]. Der für die Alaschia-Frage richtungweisende Aspekt hat sich aber durch

W. Helck a. O. 333 s. v. Alašia. Zu nennen sind etwa: O. Schröder, in: Ebert, RV I (1924) 82; E. Oberhummer, RE XII 1 (1924) 59f. 85ff. s. v. Kypros; E. Honigmann – E. Forrer, RLA I (1928) 67f. s.v. Alašia; F. Schachermeyr, Hethiter und Achäer (1935) 122f.; S. Casson, Ancient Cyprus (1937) 110ff.; E. Sjöqvist, Problems of the Late Cypriote Bronze Age (1940) 200.

[26] Unpubliziert; erwähnt u. a. bei R. Werner, Asiatische Studien 21, 1967, 82ff.

[27] »Kupfer vom Berge Alaschia« (18. Jh. v. Chr.); s. G. Dossin, Syria 20, 1939, 111; ders., CRAI 1965, 400ff.

[28] A. R. Millard, JCSt 25, 1973, 211ff.: »12 Minen reines Kupfer aus Alasia und Tilmun« (15. Regierungsjahr Samsu-Ilunas von Babylon, 1745/44 v. Chr.).

[29] SMN 2559, 4f., vgl. G. Dossin, Debir, in: Muséon 61, 1948, 38.

[30] Inv.-Nr. AT 188. 269. 298. 385 (18./17. und 15. Jh. v. Chr.), s. D. J. Wiseman, The Alalakh Tablets (1953) 8.13.154, Index; ders., JCSt 13, 1959, 28.53f.; A. Götze, BASOR 147, 1957, 25 Anm. 28; ders., JCSt 13, 1959, 37 und 98ff.; M. C. Astour, JAOS 84, 1964, 241f.; zur Schichtenzugehörigkeit der Tafeln auch J. D. Muhly, Praktika tou 1. Diethnous Kyprologikou Synhedriou, Nikosia 1969 (1972) 201ff., bes. 205; übersichtlich referierte F. Brüschweiler, in: Chypre des Origines au

Moyen-Age, Séminaire Interdisciplinaire, Universität Genf (1975) 12f.

[31] G. Dossin, Les Noms de l'Ile de Chypre, in: Académie Royale d'Archéologie de Belgique, Bulletin 35, 1949, 310ff. Weiteres unten zu den Ugarit-Tafeln.

[32] H. Otten, KBo XII (1964); vgl. bereits ders., Neue Quellen zum Ausklang des hethitischen Reichs, in: MDOG 94, 1963, 1ff., mit der Erstedition der einschlägigen Neufunde von 1961 in Boğazköy.

[33] Kadmos 1, 1962, 130ff.

[34] R. Werner, Asiatische Studien 21, 1967, 82ff.

[35] Dieser Text gehört mit KUB 35 zusammen; es handelt sich um ein Ritual für die Ischtar von Ninive, s. E. Laroche, Catalogue des Textes Hittites (1971) Nr. 716. Sämtliche hethitischen Quellen sind von F. Brüschweiler übersichtlich aufgelistet und mit bibliographischen Notizen versehen, in: Chypre des Origines au Moyen-Age, Séminaire Interdisciplinaire, Universität Genf (1975) 17ff.

[36] Vgl. KUB XV 14; Laroche a. O. Nr. 483; ferner KUB XLIV 63.

[37] Vgl. H.-G. Buchholz, in: Minoica, Festschrift zum 80. Geburtstag von J. Sundwall (1958) 115; ders., Keftiubarren und Erzhandel im zweiten vorchristl. Jt., in: PZ 37, 1959, 1ff., bes. 26; K. Bittel, Die Hethiter (1976) 8. Zu KBo IV Nr. 1 bereits E. Forrer, RLA I (1928) 68.

den Fund kyprischer Barrenfragmente in Boğazköy verstärkt[38]. In anderen Dokumenten scheint sich Alaschia auch als Liefergebiet von Kleidern und Toilettengegenständen darzustellen, beispielsweise in einer Liste, die den Tribut für eine hethitische Königin des 15. Jhs. v. Chr. zum Inhalt hat[39]. Alaschias Textilproduktion ließe sich mit der Bibelnachricht über Elischa vereinigen, die wir eingangs wiedergaben[40].

Die geschichtlich auswertbaren Texte sind nach gewissen Umdatierungen, die H. Otten in subtiler Analyse erarbeitet hat, überhaupt erst richtig einzuordnen[41]. Da ist vor allem die Anklageschrift des hethitischen Königs gegen den ungetreuen Vasallen Madduwatta (KUB XIV 1), einen Kleinasiaten, dessen Machtbereich einerseits an Arzawa grenzte, andererseits Berührung mit Achchija – das heißt mit einem Lande am offenen Meer – hatte. Obschon der Text die Insellage von Alaschia nicht ausdrücklich betont, ist nach Analogie mit anderen hethitischen und nichthethitischen Quellen auch in diesem Fall – und zwar bereits gegen Ende des 15. Jhs. v. Chr. – von Piratenüberfällen gegen Alaschia auszugehen. Auf die Beschwerde des hethitischen Großkönigs antwortet Madduwatta, weder jener noch sein Vater hätten ihm jemals mitgeteilt, daß das Reich Anspruch auf Alaschia erhebe. Somit ergibt sich gerade aus dieser Kontroverse das von den Hethitern vertretene Besitzrecht. Kaum eine Generation später gingen abermals Bedrohungen von der südwestanatolischen Küste aus, denn in einem Brief des Königs von Alaschia liest man: »Leute vom Lande Lukka nehmen Jahr für Jahr in meinem Lande eine kleine Stadt ein« (EA 38). Wenn Nachrichten über Alaschia als hethitischen Verbannungsort unter den Königen Chattuschil III. und Tudchalija IV. mit in Betracht gezogen werden[42], dann kann die Insellage sowenig bezweifelt werden wie die mehr oder weniger lockere Zugehörigkeit zur hethitischen Einflußsphäre wie schließlich die räumliche Nähe der Lukkaländer (Lykiens)[43]. Der hochverdiente Hethitologe H. G. Güterbock spürte ebenfalls in den 60er Jahren, daß die Zeit für die erneute Untersuchung des Verhältnisses der Hethiter zu Zypern reif war; seine inhaltsreiche Studie bleibt grundlegend[44].

K. Bittel hat den Kenntnisstand wie folgt zusammengefaßt: »Alaschia, die Insel Zypern oder ein Teil von ihr. Zuerst um 1400 v. Chr. (Arnuwanda I.) als hethitischer Besitz in An-

[38] A. Müller-Karpe, in: P. Neve, AA 1980, 303 f. Abb. 22.

[39] H. G. Güterbock, Istanbul Arkeoloji Müzelerinde bulunan Boğazköi Tabletlerinden seçme metinler I (1944) 31 f. 4; auch in: Laroche a. O. Nr. 241, 1. Vgl. ferner KBo XVIII 175.

[40] Vgl. oben S. 227.

[41] H. Otten, Sprachliche Stellung und Datierung des Madduwatta-Textes (1969).

[42] KUB XII 39 (Vertrag Tudchalijas IV. oder eines seiner Nachfolger mit Alaschia) und KUB XIV (Pestgebete Murschilis II., s. A. Götze, Kleinasiatische Forschungen I [1930] 167). Zur Alaschiafrage ders., CAH Lieferung 37 (1965) 34. Abgesehen davon, daß E. Forrer (a. O. 68) den betr. Text auf Tudchalija III. bezog, gab er auch eine andere historische Auswertung: »Eine Verbannung wurde im Ḫatti-Reich staatsrechtlich vollzogen, indem der Herr seinen Knecht bzw. seinen Untertan an einen anderen Landesherrn verschenkte, wodurch er seine

Staatsangehörigkeit wechselte. Alasija hat damals also nicht zum Ḫatti-Reich gehört . . .« Zu Alaschia als Verbannungsort der Königsdynastie von Ugarit (Ras Schamra) s. M. Heltzer, The Internal Organization of the Kingdom of Ugarit (1982) 183.

[43] H. Otten à. O. 33 f.; zum geographischen Ansatz vgl. T. R. Bryce, The Lukka Problem and a possible Solution, in: JNES 33, 1974, 395 ff.; E. Laroche, RA 1976, 15 ff. Geographisch richtig, historisch ein wenig phantasiereich hat E. Forrer über die 'Leute des Landes Lukki' geurteilt (Griechen!).

[44] H. G. Güterbock, The Hittite Conquest of Cyprus Reconsidered, in: JNES 26, 1967, 73 ff.; vgl. H. Georgiou, Relations between Cyprus and the Near East in the Middle and Late Bronze Age, in: Levant 11, 1979, 84 ff. und A. Knapp, KBo 1, 26, Alasiya and Hatti, in: JCSt 32, 1980, 43 ff. Einen besonderen Hinweis verdient: H. G. Güterbock – M. J. Mellink – E. Vermeule, The Hittites and the Aegean World, in: AJA 87, 1983, 133 ff.

Abb. 68. Bronzezeitliche Fundstätten auf Zypern-Alaschia

spruch genommen, als es von Madduwatta und Attarissija von Westanatolien aus angegriffen wurde. Später Lieferant für Kupfer, auch Verbannungsort. Besitzverhältnisse im einzelnen unklar. Šuppiluliuma II. (um 1200 v. Chr.) siegte dreimal zur See über die Schiffe von Alašija und hatte dann Kämpfe auf der Insel selbst gegen die 'Feinde von Alašija' zu bestehen; welcher Zugehörigkeit diese Feinde waren (Kontingente der 'Seevölker'?), ist nicht auszumachen. Funde echter hethitischer Art auf der Insel bisher selten«[45]. In diesem Zusammenhang scheint mir einem goldenen hethitischen Siegel des 13. Jhs. v. Chr., das aus Tamassos auf Zypern stammt, historische Bedeutung zuzukommen[46]; denn Tamassos ist das Gebiet, in dem auch der Apollon Alasiotas überliefert ist.

Schuppiluliuma II., der letzte nachweisbare Hethiterkönig, hatte – wie in K. Bittels Zusammenfassung bereits ausgeführt – Kämpfe in den Gewässern vor Alaschia und nach der Landung in Alaschia zu bestehen. Dies ergibt sich aus den 1961 in Boğazköy gefundenen Texten (KBo XII Nr. 38). Außerdem enthalten sie die Beute- und Tributliste, die von der Unterwerfung der Kupferinsel zeugt. Kupfertalente spielen unter den Abgaben eine Rolle. Aus dem Zusammenhang ist zu folgern, daß das den Hethitern in der Endphase ihrer Geschichte feindliche Land nur vom Meere aus zugänglich und die militärische Aktion als Flottenunternehmen geplant war. Mithin stützen die neuen Quellen die Gleichung Alaschia-Zypern wesentlich. In schöner Abstimmung aufeinander sind die Fakten nach den Boğazköy-Texten und den archäologischen Zeugnissen zum Ende des Hethiterreiches von H. Otten und K. Bittel vor wenigen Jahren interpretiert worden[47].

[45] K. Bittel, Die Hethiter (1976) 8.11.342. Zu H. Otten, KBo XII (1964) Nr. 38 III vgl. vor allem letzteren, Quellen zum Ausklang des hethitischen Reiches, in: MDOG 94, 1963, 1ff.; auch R. Werner, Neu gesehene Zusammenhänge im Ostmittelmeerraum des 2. vorchristl. Jts., in: Asiatische Studien 21, 1967, 89ff., bes. 92f., er faßte die 'Feinde von Alaschia' als 'Seevölkerhorden' auf. N. K. Sandars, The Sea Peoples (1978) 40.

[46] In Oxford, Ashmolean Mus., dazu zuletzt H.-G. Buchholz, in: A. Heubeck – G. Neumann, Res Mycenaeae, Akten des 7. Internationalen Mykenologischen Colloquiums in Nürnberg (1981) 66 Abb. 2a.b (mit weiteren Nachweisen).

[47] JberInstVgFrankf 1976 (1977) 22ff. (H. Otten), 36ff. (K. Bittel); vgl. noch O. Carruba, Festschrift für H. Otten (1973) 40ff.

Ein weiterer sensationeller Fortschritt in der Quellenlage ergab sich dadurch, daß zu den genannten Texten aus Boğazköy solche aus Ugarit (Ras Schamra, Nordsyrien) traten, in denen es teilweise um dieselbe historische Situation mit denselben Akteuren geht: In einem Schreiben eines Königs von Alaschia an den letzten König von Ugarit, Hammurapi – einen Zeitgenossen des genannten letzten Königs der Hethiter[48] – wird mitgeteilt, daß sieben feindliche Schiffe gesichtet worden seien. Hammurapi möge die Befestigungen seiner Stadt instand setzen und Truppen und Streitwagen bereithalten[49]. Wie eine Antwort muß uns ein königliches Schreiben aus Ugarit erscheinen: »Weiß mein Vater nicht, daß sich alle Truppen des Oberherren im Hethiterland und alle meine Schiffe im Lande Lukka befinden?«[50]. Möglicherweise war die Verflechtung enger, als wir wissen; denn M. Heltzer zog aus einem der Ras Schamra-Texte den Schluß, daß mindestens ein ugaritischer Stützpunkt auf Alaschia-Zypern existiert habe[51]. Nach ugaritischen Quellen hat es zuvor Handelsbeziehungen zwischen dieser Stadt und Alaschia gegeben, das sei am Rande vermerkt[52]. Die ersten Zeugnisse für den Namen Alaschia wurden übrigens erstmals 1940 aus Ugarit (Ras Schamra) bekannt und damals – in Ermangelung der Informationen späterer einschlägiger Tontafelfunde in akkadischer Silbenschrift und ugaritischer Alphabetschrift, deren Zahl sich jetzt auf achtzehn sichere und unsichere Alaschia-Belege beläuft – für eine Lokalisierung an der nordsyrischen Küste in Anspruch genommen[53].

In der Skizzierung der Entwicklung bezüglich des Quellenzuwachses, der jeweils beteiligten wissenschaftlichen Disziplinen (Altphilologie, Epigraphik, Ägyptologie, Alte Geschichte, Orientalistik, Archäologie) sowie seriöser Dokumentation und bloßer Aneignung sekundärer Argumentation fehlen noch zwei Bemühungen jüngerer Zeit: Die Befragung der mykenischen Linear B-Texte und der Einsatz naturwissenschaftlicher Methoden. Die Tatsache, daß schon länger *Ku-pi-ri-jo* (Kypros) in den helladischen Lineartexten gelesen wurde[54], mithin der bis heute gültige Name Zyperns bereits in der Bronzezeit belegt

[48] Siehe die vorige Anm.: H. Otten a. O. eingehend zur Chronologie der Quellen, auch G. A. Lehmann, Die Seevölker-Herrschaften an der Levanteküste, ebenda 78 ff. – Zusammenstellungen der Alaschia-Nennungen auf Tontafeln von Ugarit: G. Steiner, Kadmos 1, 1962, 130 Anm. 3; F. Brüschweiler, in: Chypre des Origines au Moyen-Age, Séminaire Interdisziplinaire Genf, 1975, 21 ff. 25 (Bibliographie). Vgl. noch die Kommentare zu diesen Tafeln von C. F. A. Schaeffer, Ugaritica V (1968) 694 ff. 731 ff.

[49] J. Nougayrol, Ugaritica V (1968) 79 ff.; auch H. Otten, MDOG 94, 1963, 9 (J. Nougayrol brieflich); R. Werner, Asiatische Studien 21, 1967, 82 ff. bes. 92 f.; mit Ergänzungen und Verbesserungen: P. R. Berger, Die Alasia-Briefe Nougayrol Nr. 22–24, in: Ugarit-Forschungen 1, 1969, 217 ff.

[50] Keilschrifttafel 'RS 20.238', berichtigte Lesung nach P. R. Berger, Ugarit-Forschungen 1, 1969, 220; s. J. Nougayrol, CRAI 1960, 165 f. und ders., Ugaritica V (1968) 87 ff. Nr. 24, S. 383. Dazu E. Laroche, RA 1976, 17; M. Heltzer, The Internal Organization of the Kingdom of Ugarit (1982) 130.

[51] M. Dietrich – O. Loretz – J. Sanmartin, Die keil-

alphabetischen Texte aus Ugarit I (1976) 4.102; M. Heltzer a.O. 118 mit Anm. 91 (zu kontroversen Interpretationen).

[52] M. Heltzer, Goods, Prices and the Organization of Trade in Ugarit (1978) 8.152 f., mit klarer Definition allen Alaschia-Handels als maritim. Zum Alaschia-Handel nach ägyptischen Quellen s. oben St. Alexiou, S. 151 mit Anm. 9. Zuletzt: A. B. Knapp, An Alashiyan Merchant at Ugarit, in: Tel Aviv 10, 1983, 38 ff.

[53] Ch. Virolleaud, Syria 21, 1940, 247 ff., bes. 267 ff. Dazu u. a. M. Liverani, Storia di Ugarit nell'Età degli Archivi Politici (1962) 92 ff.; W. Helck, Die Beziehungen Ägyptens und Vorderasiens zur Ägäis bis ins 7. Jh. v. Chr. (1979) 36. 268 Anm. 66. Zur Alaschia-Frage äußerten sich in den 50er und 60er Jahren u. a. auch O. Eissfeldt, Ugarit und Alaschia, in: Deutsche Literaturzeitung 74, 1953, 249 ff.; M. C. Astour, New Evidence on the Last Days of Ugarit, in: AJA 69, 1965, 253 ff.; H. W. Catling, CAH Fasz. 43² (1968) 58 ff.; Y. L. Holmes, The Foreign Relations of Cyprus during the Late Bronze Age, Diss. Brandeis University 1969.

[54] Nachweisbar in den Knossos- und Pylostexten, s. bereits M. Ventris – J. Chadwick, Documents in Myce-

zu sein schien, hat die Suche nach Alaschia in derselben Gattung von Dokumenten eher verhindert als gefördert. Es müßte im übrigen noch das Nebeneinander mehrerer Namen für die große Mittelmeerinsel auch in den ägyptischen Quellen erklärt werden. 'Jadnana' als assyrische Bezeichnung Zyperns käme hinzu. Es ist natürlich die Beantwortung der Frage, wann der heute gebräuchliche Name Kypros-Zypern, mit dem unser Wort für das Metall Kupfer zusammenhängt, erstmals nachweisbar ist, von besonderer Wichtigkeit. Andererseits würde das Vorkommen des Namens Alaschia in mykenischen Quellen des 13. Jhs. v. Chr. geographisch den Kreis rund um die Insel schließen. V. Bubenik hat mit seinem Aufsatz »Evidence for Alasija in Linear B Texts« diese Frage angepackt, nachdem Frau L. A. Stella fast eine Dekade zuvor bereits den Blick auf diese Möglichkeit gelenkt hatte[55].

Als kluge Idee ist es zu bezeichnen, wenn man sich der 'Alaschia-Briefe' unter den Amarna-Tafeln im Hinblick auf die Herkunft des Materials, des Tons, annahm. Wäre es gelungen, eindeutig die spezifische Kombination von Spurenelementen derselben mit kyprischen Tonvorkommen zu identifizieren – sei es im Vergleich mit bronzezeitlichen Scherben aus Zypern, sei es mit Hilfe der Analyse heutiger Tonvorkommen auf der Insel –, dann wäre ein nicht mehr wegzudiskutierendes Argument zu den an sich völlig ausreichenden Beweisen für die Identität Alaschia-Zypern hinzugewonnen. Der Aufgabe unterzogen sich M. Artzy, I. Perlman und F. Asaro an der Universität Jerusalem mittels einer Anlage, welche die Stiftung Volkswagenwerk finanziert hat. Den Analytikern standen Proben von zwei Tafeln im British Museum zur Verfügung (Inv.-Nr. 29 788 und 29 789), beides Briefe des Königs von Alaschia an den ägyptischen Pharao. Zum Vergleich wurden u. a. Vasenfragmente aus Enkomi, Kition, Kalopsida und Kouklia herangezogen. Der Versuch muß als gescheitert angesehen werden; die Materialanalysen stimmen in keinem der Fälle auch nur annähernd überein, lediglich die Kouklia-Proben stehen dem Ton der beiden Amarna-Briefe etwas näher als die übrigen[56].

Ich fasse zusammen: Die Alaschia-Frage darf als gelöst gelten. Dieser Name hat in der Bronzezeit Zypern bezeichnet. Eisenzeitliche Erinnerungen an ihn hat es nur noch kultisch gegeben, nämlich in dem Epitheton des Apollon Alasiotas von Tamassos – inschriftlich nachgewiesen in seiner Kultstätte 'Phrangissa' –, unlängst ein weiteres Mal außerhalb Zyperns in einem religiös-magischen Text aus Arslan Tasch erkannt[57]. Die Bemühung der Wissenschaft um diese Frage erfolgte im großen in zwei Phasen, einmal in den letzten bei-

naean Greek (1956) 398 Index; O. Landau, Mykenisch-griechische Personennamen (1958) 220; C. J. Ruijgh, Tabellae Mycenenses Selectae (1962) 67; A. Morpurgo, Mycenaeae Graecitatis Lexicon (1963) 169f.; L. A. Stella, La Civiltà Micenea nei Documenti Contemporanei (1965) 26. 38. 176. 195; R. W. Tucker, AJA 71, 1967, 179; L. Baumbach, Studies in Mycenaean Inscriptions and Dialect (1968) 185; L. Godart, *Kupirijo* dans les Textes Mycéniens, in: SIMA 5 (1968) 64ff.; H. Frisk, Griechisches Etymologisches Wörterbuch III (1972) 141 s. v. Κύπρος; H.-G. Buchholz, AA 1974, 395.

[55] L. A. Stella a. O. 27 Anm. 66 und S. 207f.; V. Bubenik, Phoenix 28, 1974, 245ff. und Nachvollzug durch J. D. Muhly, Historia 23, 1974, 139ff.; unabhängig L.

Hellbing, Alasia Problems, SIMA 57 (1979) 57. Zum Alasia-Problem in ägäischem Zusammenhang ferner: H. W. Catling, Cyprus and the West 1600–1050 B. C., Ian Sanders Memorial Lecture, University of Sheffield 1980, 30 mit Anm. 31–34; C. Baurain, Chypre et le Monde Egéen, in: BCH 104, 1980, 565ff.

[56] »Alašiya of the Amarna Letters«, in: JNES 35, 1976, 171ff.; vgl. L. Hellbing a. O. 71f. (dem Vernehmen nach haben Analysen zweier weiterer Tafeln aus den Berliner Beständen die Ergebnisse bestätigt).

[57] Phönikisch, 7. Jh. v. Chr., »une amulette portant une conjuration contre un démon«, s. A. Caquot, Syria 48, 1971, 391ff., bes. 401; O. Masson, A Propos de l'Ile d'Alasia, in: Kadmos 12, 1973, 98ff.

den Jahrzehnten des vorigen Jahrhunderts und dann hauptsächlich in den 60er Jahren dieses Jahrhunderts. Die große Menge dessen, was zwischenzeitlich an Bemühungen um das Thema vorliegt, hat rekapitulierenden Charakter. Die beiden Schwerpunkte in der Forschungsgeschichte beruhen auf der Quellenlage. Alles Wesentliche ist bereits im ersten Zugriff geleistet worden. Die neuen Dokumente stellen eine außerordentlich glückliche Ergänzung dar, was insbesondere die Lage des fraglichen Landes Alaschia 'inmitten des Meeres' angeht. Das geographisch-historische Kraftfeld, in dem Alaschia zu suchen ist – maritime Situation; Nähe der Lukkaländer; Lage im Netz der Haupthandelsrouten; Seeoperationen bei Alaschia, von denen direkt oder indirekt Ugarit und das Hethiterreich betroffen sind –, der Charakter der wenigen Sprachreste aus Alaschia, die unsemitisch sind und nicht an der libanesisch-nordsyrischen Küste lokalisiert werden können, sowie die Produkte des Landes weisen auf Zypern. Zugegeben, wohlriechendes Öl, Elfenbein, Stoffe und Edelmetall sind nicht spezifisch kyprisch, auch Hölzer zum Schiffsbau holte man, wie der Wenamun-Papyrus zeigt, im Libanon, doch muß unsere Insel im Altertum außerordentlich waldreich gewesen sein. Die Kupfergewinnung großen Stils wäre ohne gewaltige Mengen des benötigten Holzes in der Nähe nicht zu bewältigen gewesen. Das, was die meisten Quellen eint, ist gerade der Hinweis auf die Kupferproduktion von Alaschia, und dies kennzeichnet kein Land, wenn man die übrigen Aussagen mitbewertet, so sehr wie Zypern[58]: »Viele Barren von Rohkupfer und Stücke von dḥw-Metall sind auf den Schultern der Alaschiakinder als Gaben für Seine Majestät. Die Hörner, die sie in Händen halten, sind voll Öl aus (...). Schöne, in Sinear gezogene Pferde, beste Hengste aus Chatti, Kühe aus Alaschia, geführt von ihren Fürsten«[59].

---

[58] Darin sind sich die letzten Interpreten einig, vgl. die schon genannte detaillierte Zusammenfassung von L. Hellbing a. O. und die dort genannte Literatur, außerdem: G. A. Lehmann, Der Untergang des hethitischen Großreiches und die neuen Texte aus Ugarit, in: Ugarit-Forschungen 2, 1970, 39 ff.; Y. L. Holmes, The Location of Alashiya, in: JAOS 91, 1971, 426 ff.; I. Vincentelli, Alašia, per una Storia di Cipro nell'Età del Bronzo, in: Biblioteca die Antichità Cipriote 3, 1976, 9–49; C. Baurain, Chypre et la Méditerranée Orientale au Bronze Récent (1984) passim (s. Index).

[59] Papyrus Anastasi IV 17,7 (London, Brit. Mus.),

Sammlung von Musterbriefen, Ende des 13. Jhs. v. Chr.; Übersetzung von W. Helck, im übrigen nach H. Th. Bossert, Altkreta³ (1937) 51 Nr. 4; vgl. W. Helck, Die Beziehungen Ägyptens und Vorderasiens zur Ägäis bis ins 7. Jh. v. Chr. (1979) 119 und bereits H.-G. Buchholz, in: Minoica, Festschrift zum 80. Geburtstag von J. Sundwall (1958) 115. Einige der oben zitierten, verstreuten Quellen sind neu übersetzt und kommentiert von H. M. Kümmel (hethitisch), M. Dietrich und O. Loretz (ugaritisch), in: O. Kaiser, Texte aus der Umwelt des Alten Testaments I, Lieferung 5 (1985). Neue Literatur in: F. Schachermeyr, Griechische Frühgeschichte (1984) 123 ff.

SPÄTBRONZEZEITLICHE BEZIEHUNGEN
DER ÄGÄIS ZUM WESTEN

Von Hans-Günter Buchholz

Die folgende historische Auswertung archäologischer Funde der Späten Bronzezeit sollte vor dem Hintergrund zeitlich vorausgegangener ost-westlicher Kulturzusammenhänge gesehen werden[1], wie sie in dem Beitrag von O. Höckmann dargestellt sind (S. 53ff.), und solcher des 13. und 12. Jhs. v. Chr., die F.-W. von Hase auf meinen Wunsch für dieses Buch aus den einschlägigen Arbeiten anderer zusammengestellt hat (S. 257ff.). Der ägäische Fundstoff aus dem Beginn der Spätbronzezeit erweist sich – gemessen an den gleichzeitigen einheimischen Objekten Siziliens – als eine überaus bescheidene Größe, nahm aber seit dem 13. Jh. v. Chr. erheblich zu. Eine davon unabhängige Frage ist, wie hoch die helladisch-festländischen, mykenisch-rhodischen und kyprohelladischen oder gar die kretisch-minoischen Anteile anzusetzen sind. Im ganzen läuft unser Problem auf eine stärkere Beachtung und kritische Bewertung der mythisch-historischen Überlieferung hinaus.
Dabei muß zwar auf die Übereinstimmung der griechischen Sagentradition mit den Befunden der minoisch-mykenischen Archäologie oder das Fehlen einer solchen geachtet werden, doch darf dies nicht von vornherein in der Absicht erfolgen, die völlige Harmonie zwischen den beiden Quellenarten erzeugen zu wollen. Auszugehen ist immerhin von einem erheblichen Zuwachs an Wissen über ägäische Importe in die westliche Mittelmeerwelt – dies muß nicht notwendig minoische Importe bedeuten – oder über ägäischen Einfluß während der Epoche von 1600 bis 1400 v. Chr.
Die Bereicherung unserer Kenntnis während des archäologisch überaus aktiven zweiten Viertels unseres Jahrhunderts ergibt sich beispielsweise aus einem Vergleich der zweiten Ausgabe des Buches von Dietrich Fimmen »Die kretisch-mykenische Kultur« von 1924[2] mit Lord William Taylours »Mycenean Pottery in Italy and Adjacent Areas« von 1958. D. Fimmen leugnete unter anderem Kontakte zwischen der ägäischen Welt und Malta völlig. Er schrieb: »Ich erwähne die Insel, weil man in den steatopygen Statuetten, in der Spiraldekoration von Altären, Wänden und Decken, in Pfeilerräumen für Kultzwecke vormykenische Einflüsse gesehen hat, oder jetzt nach Umkehrung des Kulturwegs durch C. Schuchhardt mykenische Kulturelemente von Malta herleiten könnte«[3]. In der Tat ist bis heute außer einer späthelladischen Scherbe, die dem 13. Jh. v. Chr. zuzurechnen ist, nichts aufgetaucht, was Kontakte zwischen der Insel und Kreta um die Jahrtausendmitte beweisen würde[4].

[1] Mein hiermit vorgelegter Beitrag zur Frage der »Spätbronzezeitlichen Beziehungen der Ägäis mit dem Westen« fußt teilweise auf meinem 1980 in englischer Sprache gehaltenen Vortrag auf einem Symposium in Philadelphia, vgl. Temple University, Aegean Symposium 5, 1980, 45–60. Dr. P. Wagner, Gießen, schulde ich großen Dank für die sorgsame redaktionelle Betreuung meiner Studie; M. Morkramer, Gießen, verdanke ich die Zeichnung der Vorlagen zu den Abb. 69. 70 und 73a–c.
[2] D. Fimmen, Die kretisch-mykenische Kultur[2] (1924)

99f. 108ff. Zu Sizilien in diesem Zusammenhang: P. E. Arias, Vestigia dell' Arte Egeo-Micenea in Sicilia, in: BPI N. S. 1, 1936/37, 57ff.
[3] Belege: Fimmen a. O. 108 mit Anm. 1. 2.
[4] Für die einzelne mykenische Scherbe, die J. D. Evans unter den Beständen des Museums in La Valletta entdeckte, vgl. sein Buch »The Prehistoric Antiquities of the Maltese Islands« (1971) 17 Nr. BN/P 19 Abb. 42 Taf. 32,6; s. H.-G. Buchholz, AA 1974, 328 Abb. 2. Zu einer weiteren mykenischen Scherbe aus Ta Silġ s. Evans,

Andererseits könnte Fimmens Bemerkung über ». . . einige wenige mykenische und mehr mattbemalte Scherben der Äginagattung . . .«[5] im obersten Stratum von Coppa della Nevigata als Beweis für ägäische Kontakte mit der Ostküste Süditaliens bereits vor 1600 v. Chr. gewertet werden[6]. Aber was man für Keramik der Mittleren Bronzezeit hielt, erwies sich als viel später, als iapygisch-geometrisch[7].

Wir müssen uns demnach vor Augen halten, daß sich das Bild in den letzten sechzig Jahren stark gewandelt hat, teils durch neue Ausgrabungen, also durch das Anwachsen des archäologischen Fundstoffs, teils durch revidierte Interpretationen und Neudatierungen des bereits existierenden Materials. Solange man die 'minoisch-mykenische' Kultur als eine Einheit betrachtete, gab es keinen Grund, zwischen bronzezeitlich-kretischen Funden im Westen und solchen aus anderen ägäischen Regionen zu unterscheiden. Ein methodischer Ansatz, der auf die Aufhellung der mit König Minos verknüpften Sagen abzielt, sollte jedoch gerade diesen Punkt beachten, denn selbst das mögliche Vorkommen festländisch-mykenischer Objekte in bestimmten Regionen Siziliens berechtigt nicht dazu, in ihnen die Bestätigung der historischen Aussage der angesprochenen Mythen finden zu wollen.

Bereits im Jahre 1932, noch ehe A. Evans das 'Tempelgrab' in Knossos detailliert publiziert hatte, nahm C. F. Lehmann-Haupt diese Entdeckung zum Beweis für enge, mythisch bezeugte Beziehungen zwischen dem minoischen Kreta und Sizilien, da es sich um in Fels gehauene Architektur handelte, was mit Diodors Beschreibung des Minosgrabs in Sizilien genau übereinzustimmen schien[8]. Die Entdeckung des 'Tempelgrabes' sah auch T. J. Dunbabin als den überzeugenden Beweis für die Echtheit der literarischen Überlieferung einer minoischen Kolonie in Sizilien an[9]. E. Sjöqvist hat die Diskussion über den historischen Wert dieser Legende zusammengefaßt und die verschiedenen dazu vorgetragenen Meinungen sorgsam abgewogen[10]. Dunbabin, einer der Hauptvertreter positiver Einstellung

---

Prehist. Antiqu. 227 Anm. 1 (keine Datierungsangabe). Für wesentlich frühere Verbindungen als die hier erörterten s. J. D. Evans, A Marble Statuette Bought in Malta and its Implications, in: A P. Bosch-Gimpera en el Septuagésimo Aniversario de su Nacimiento (1963) 161ff.

[5] Fimmen a.O. 100.

[6] Unterschiedliche Meinungen bestehen über Datierung und Eigenart der Keramik aus Coppa della Nevigata-Manfredonia: Was Fimmen a. O. 100 Abb. 88a als mattbemalt ansah, wurde von F. Biancofiore, Civiltà Micenea nell' Italia Meridionale[2] (1967) 59 Nr. 286 Taf. 33; S. 79f. mit Anm. 158; S. 112f. als SH III C erkannt, vgl. aber die fast identische iapygisch-geometrische Scherbe bei Lord William Taylour, Myc. Pottery 157 Nr. 66 Taf. 15,21. Er wies allerdings seine Nr. 284 und 285 vom gleichen Fundort den Phasen SH III B bzw. SH III A 2 zu (a. O. Taf. 33,284.285; Nr. 285 ist identisch mit Fimmen a.O. Abb. 88b).

[7] Vgl. Lord William Taylour, Myc. Pottery 159ff. bes. 164. Er betonte das Fehlen mykenischer Keramik in Coppa della Nevigata und wies außerdem darauf hin, daß das mit dem mykenischen Motiv der laufenden Spirale verzierte Krugfragment Taf. 15,3 der Form nach von einem eisenzeitlich-italischen Gefäß stammt. Aus diesem Grunde muß ich meine Zuweisung (SH III C 2) in AA 1974, 337f. Abb. 10j, korrigieren. A. Blakeway sah die Scherben aus Coppa della Nevigata als griechisch-protogeometrische, möglicherweise aus Kreta stammende Importware an (BSA 33, 1932/33, 174f. Abb. 2); ähnlich: G. M. A. Hanfmann, AJA 45, 1941, 312; vgl. T. J. Dunbabin, Minos and Daidalos in Sicily, in: BSR 16, 1948, 10f. Meine Belege zu diesem Fundort sind zu ergänzen um: R. Pettazzoni, BPI 37, 1912, 159ff. und N. Valmin, Das adriatische Gebiet in Vor- und Frühbronzezeit (1939) 119ff.

[8] C. F. Lehmann-Haupt, Klio 25, 1932, 191f.; Evans, PM IV 959ff. (zu Diodors Überlieferung); ders. a.O. 962−987 (zum 'Tempelgrab'). Zu datierenden Fundstücken aus dem 'Tempelgrab' (MM III B − SM II und SM III A 2) s. I. Pini, Beiträge zur minoischen Gräberkunde (1968) 39f. 84 Nr. XVII Abb. 36 (ohne Erörterung, ob es sich um ein Grab handelt oder nicht); Buchholz − Karageorghis, Altägäis 40ff. Nr. 141.142 Abb. 16. Vgl. Diodorus Siculus IV 76−80, bes. 79.

[9] Dunbabin a.O. 8, vgl. ebenda 4. F.-W. von Hase (unten S. 271 Anm. 77) will sich dieser Meinung anschließen.

[10] E. Sjöqvist, Sicily and the Greeks (1973) 3ff. Vgl. schon Evans, PM I 21f.; IV 959ff.; G. Pugliese Carratelli,

238

zur Mythentradition, formulierte seine wissenschaftlichen Ergebnisse folgendermaßen: »Angesichts der Entdeckung minoischer oder mykenischer Importe genau an dem Teil der Südküste *(gemeint ist die Südküste Siziliens),* an den Minos hingekommen sein soll, ist es möglich, daß die Erinnerung daran seit der betreffenden Epoche dort beheimatet war«[11]. Unter dem Eindruck der Entzifferung von Linear B glaubte sogar M. P. Nilsson, daß der Mythos von der Expedition des Minos nach Sizilien und sein Tod in Kamikos auf ein tatsächliches Ereignis in prähistorischer Zeit zurückgehen könnte: »Dieses Ereignis muß im SM I (oder im frühen SM II) stattgefunden haben«[12].

Auf der anderen Seite versuchte G. Becatti zu zeigen, daß das sogenannte 'Tempelgrab' bei Knossos auf Kreta – das wichtigste Argument der Gegenseite – weder ein Tempel noch ein Grab gewesen sei, sondern eine fürstliche Residenz wie die 'Königliche Villa' und das 'House of the Chancel Screen', beide ebenfalls nahe bei Knossos gelegen[13]. Tatsächlich wurden enge Analogien zur 'Königlichen Villa' bereits von A. Evans selbst festgestellt. Er wunderte sich auch schon über das Fehlen jeglicher sterblichen Überreste, da Grabräuber sich ja normalerweise nicht für Knochen interessieren[14]. Überdies bemerkte Becatti, daß der Raum, den Evans als Grabkammer identifiziert hatte, mit einem komplizierten Mechanismus verschlossen werden konnte, der aber nur von innen zu bedienen war. Bestattungsräume müssen in aller Regel so beschaffen sein, daß sie von den Hinterbliebenen und nicht von den Toten zu verschließen sind. So ist jedenfalls eins der Hauptargumente Dunbabins zur Verteidigung der Historizität der oben besprochenen Legende hinfällig[15].

Es handelt sich bei meiner Bewertung der Sage von der Sizilienfahrt des Minos nicht um die Äußerung einer subjektiven Meinung, sondern um die Einordnung von Sachbeobachtungen in das vorhandene, archäologisch begründete Geschichtsbild. Die Überprüfung des Ausgrabungsbefunds in Knossos macht es unmöglich, das dortige 'Tempelgrab' als eine genaue Entsprechung des nur literarisch überlieferten Minosgrabes an der Südküste Siziliens zu bezeichnen. Es gibt zwar Übereinstimmungen, diese sind aber so allgemeiner Art, daß sie auch auf manche Grabanlage der mexikanischen Frühzeit bezogen werden könnten. Obendrein rücken mythische Westfahrten von vornherein in die Nähe von 'Jenseitsfahrten', besonders dann, wenn sie in ihrem mythologischen Zusammenhang zentral mit Tod und Beerdigung verknüpft sind. Wenn das Ergebnis einer solchen Reise nichts anderes als ein Grab in der Fremde ist, dann läßt sich das nur dann als 'Koloniegründung' deuten, wenn man den vorausgesetzten 'historischen Kern' derartiger Sagen auf Biegen und Brechen retten möchte.

Bevor wir klären, was dann eigentlich noch der Überprüfung standhält, mag in Erinnerung gerufen werden, daß der archäologische Fundstoff der Frühen Bronzezeit aus dem Westen, soweit er auf die ägäische Welt hinweist, normalerweise nichts mit Kreta zu tun hat:

Minos e Cocalos, in: Kokalos 2, 1956, 89 ff.; Sp. Marinatos, Kokalos 5, 1959, 6 f.; E. Manni, Minosse ed Eracle nella Sicilia dell'Età del Bronzo, in: Kokalos 8, 1962, 6 ff.; E. Sjöqvist, Heracles in Sicily, in: OpRom 4, 1962, 117 ff.; F. Schachermeyr, Die minoische Kultur des alten Kreta (1964) 312.

[11] Dunbabin a.O. 4 ff. (Zitat auf S. 5: »it is possible that this tradition is a genuine survival«); eine frühere Version des Mythos auch bei Herodot VII 169 f.

[12] M. P. Nilsson, The Historical Consequences of the Deciphering of the Mycenaean Script, in: Opuscula Selecta III (1960) 489 ff. bes. 505 ff.

[13] G. Becatti, La Leggenda di Dedalo, in: RM 60/61, 1953/54, 30 ff.

[14] Evans, PM IV 974. 977.

[15] Becattis Beobachtungen wurden von E. Sjöqvist, Sicily and the Greeks (1973) 6 Abb. 2–4 übernommen.

Mit Buckelreihen verzierte Knochenleisten aus Malta und Sizilien entsprechen formal und funktional Objekten aus Lerna, Mykene und Troja[16], ebenso weist Töpferware aus Gaudo bei Paestum Beziehungen zur nordwest-anatolischen monochromen Keramik auf[17]. Einige Formen und Verzierungen der Keramik aus Sardinien und anderen Gebieten des Westens sind kykladischen Ursprungs oder von kykladischen Prototypen abgeleitet[18]. Sogenannte Miniaturanker aus Terrakotta, die in Malta, Lipari und Süditalien gefunden wurden entsprechen ähnlichen Objekten frühhelladisch-trojanisch-balkanischen Ursprungs[19].

[16] J. D. Evans, Bossed Bone Plaques of the Second Millennium, in: Antiquity 30, 1956, 80ff. Abb. 1–6 Taf. 4 (10 solcher Objekte aus der syrakusanischen Gegend, und zwar aus Castelluccio, aus der Grotta Lazzaro und aus Santa Croce); 85f. Abb. 7 (Tarxien, Malta); 86f. Abb. 8 (Lerna); 87 Abb. 9 (Mykene); 87ff. Abb. 10 (Troja); L. Vagnetti, ArchCl 31, 1979, 391; zu den Beispielen aus Castelluccio s. auch Evans, PM I 21 Abb. 3; L. Bernabò-Brea, Ampurias 15/16, 1953/54, 174 Taf. 8,5; ders., Alt-Sizilien (1958) 116f. Taf. 41 (dazu Rezension von H. Riemann, Gnomon 32, 1960, 148f.); Bernabò-Brea, Museen und Kunstdenkmäler in Sizilien (1959) 20 mit Abb. (Syrakus, Museo Nazionale Archeologico; als Idole bezeichnet); A. M. Radmilli, La Preistoria d'Italia alle Luce delle Ultime Scoperte (1963) 318 mit Abb.; I Micenei in Italia, Taranto, Museo Nazionale (1967) 8 Taf. 5,19; M. Napoli, Civiltà della Magna Grecia (1969) 62 Taf. 7,3. Zu der Knochenplatte aus der Grotta Lazzaro s. auch P. Orsi, Ausonia 1, 1907, 5f. Abb. 1. Auch in Apulien wurde ein Beispiel dieser Art gefunden, und zwar in dem Grab von Casal Sabini bei Altamura, vgl. F. Biancofiore, Tomba di Tipo Siculo con Nuovo Osso a Globuli nel Territorio di Altamura (Bari), in: BPI 66 (N. F. 11), 1957, 153ff.; ders., La Necropoli Eneolitica di Laterza, in: Origini 1, 1967, 254 Abb. 53 (Rekonstruktion als Dolchgriff); R. Peroni, Archeologia della Puglia Preistorica (1967) 80 Abb. 16,6; Napoli a.O. 58; J. D. Muhly, JAOS 91, 1971, 328 (mit ungenauem Biancofiore-Zitat); F. Biancofiore, Puglia (o. J.) 133 Abb. oben. Zu der Knochenleiste aus Lerna s. auch J. L. Caskey, Hesperia 23, 1954, 22 Taf. 9g (MH I); zu denen aus Troja s. auch H. Schliemann, Ilios, Stadt und Land der Trojaner (1881) 573 Nr. 983; ders., Troja (1884) 125 Nr. 41; H. Schmidt, H. Schliemanns Sammlung trojanischer Altertümer (1902) 291 Nr. 7953.7954; W. Dörpfeld, Troja und Ilion I (1902) 391 Abb. 376; C. W. Blegen u. a., Troy I (1950) 363 Nr. 35–528 Abb. 365; das Material aus Troja behandelte detailliert K. Bittel, Die Knochenleisten von Troja, in: Marburger Studien (1938) 9ff. Taf. 5,1.2 (in Berlin). 3 (in Istanbul). Vgl. auch im vorliegenden Band unsere Verbreitungskarte, Abb. 25.

[17] H. Riemann sah sie als unabhängige lokale Erfindung an, in: Mélanges Mansel I (1974) 440ff. Vgl. R. R. Holloway, Gaudo and the East, in: JFieldA 3, 1976, 143ff.,

der Einflüsse östlicher Prototypen aus Metall festgestellt hat; ferner konsultiere man K. Branigan, Prehistoric Relations between Italy and the Aegean, in: BPI 75, 1966, 97ff.; C. Renfrew – R. Whitehouse, The Copper Age of Peninsular Italy and the Aegean, in: BSA 69, 1974, 343ff. Zu Beziehungen zwischen den neolithischen und frühbronzezeitlichen Kulturen Süditaliens und Siziliens mit der Ägäis siehe T. E. Peet, The Early Aegean Civilization in Italy, in: BSA 13, 1906/07, 405ff., der den ägäischen Ursprung der neolithischen Kulturen annahm. Einige Formen schienen ihm auf die Balkanhalbinsel hinzudeuten. Zu den Beziehungen zwischen Griechenland und dem Balkan sowie dem süditalisch-sizilischen Raum vgl. schließlich N. Valmin, Das Adriatische Gebiet in Vor- und Frühbronzezeit (1939) passim. Neuere Beobachtungen zu frühen Kontakten zwischen Balkan sowie Nordgriechenland und Italien bei S. P. Vinson, AJA 82, 1978, 449ff.; vgl. dazu A. Harding, Illyrians, Italians and Mycenaeans, Trans-Adriatic Contacts during the Late Bronze Age, in: Studia Albanica 9, 1972, 215ff. Diese Verbindungen bestanden auch in späterer Zeit: S. Batovic, Le Relazioni tra la Daunia e la Sponda Orientale dell'Adriatico nell'Età del Ferro, in: Atti del Colloquio Internazionale di Preistoria e Protostoria della Daunia (1975) 340ff.; Z. Andrea, I Contatti fra l'Albania del Sud e l'Italia Meridionale durante il Primo Ferro, ebenda 348ff. Umfassend zu den Verbindungen zwischen Griechenland und dem Balkan jetzt H.-G. Buchholz, Doppeläxte und die Frage der Balkanbeziehungen des ägäischen Kulturkreises, in: A. G. Poulter, Ancient Bulgaria, Papers presented to the International Symposium on the Ancient History and Archaeology of Bulgaria, University of Nottingham, 1981, Bd. I (1983) 43ff.; vgl. auch unten Anm. 31–34.

[18] Vgl. O. Höckmann, oben S. 93ff. und ders., Die Kykladen und das westliche Mittelmeer, in: J. Thimme, Kunst und Kultur der Kykladeninseln im 3. Jahrtausend v. Chr. Ausstellung des Badischen Landesmuseums Karlsruhe (1976) 168ff., bes. 173; und schon F. Schachermeyr, Die ältesten Kulturen Griechenlands (1955) 144f. 174f. Abb. 51.

[19] J. D. Evans, PPS 22, 1956, 99ff. Abb. 7, führte in seiner Zusammenstellung dieser ankerförmigen Gegenstände auch die Fundstücke aus dem Westen an; zu denen aus Malta vgl. ergänzend D. H. Trump, Antiqui-

Sowenig diese Dinge etwas mit Kreta zu tun haben, sowenig hat es die Masse der späteren bronzezeitlichen ägäischen Objekte, soweit sie im Westen gefunden wurden. Das meinte übrigens auch derselbe Dunbabin, den wir oben mit der entgegengesetzten Ansicht zitiert haben (Anm. 11): »Die aus der ägäischen Welt importierte Keramik bildet keine Stütze für die Hypothese einer minoischen Kolonisation, denn sie stammt nicht aus Kreta, sondern ist helladisch, wahrscheinlich aus der Argolis oder aus Rhodos«[20]. Schon J. G. Droysen konstatierte in ganz anderem Zusammenhang vor über 130 Jahren: »Es ist um vieles leichter, ein Urteil zu formulieren, als den Tatbestand festzustellen«.

Unter solchen Umständen muß es die Aufgabe des Archäologen sein, den Fundstoff des Westens zu überprüfen, soweit er aus den Phasen I und II der ägäischen Spätbronzezeit stammt. Es gilt, die geographische Verbreitung und gegebenenfalls die Herkunft aus Kreta oder anderen Bereichen des helladischen Kulturkreises zu ermitteln. Die Grundlage bildet hierfür das archäologische Material, das außer in der bereits genannten Literatur wie folgt verfügbar ist: Im Jahre 1967 fand der erste internationale Kongreß für Mykenologie in Rom statt; von ihm gingen neue Impulse zur Untersuchung der Bronzezeit in Süditalien und Sizilien aus[21]. Im Zusammenhang mit diesem Treffen der Fachwelt waren mykenische Funde aus den genannten Landesteilen Italiens in Tarent ausgestellt[22]. Die Kongreßakten sowie der Ausstellungskatalog machten neues Material bekannt. Neben den schon genannten Titeln sei noch auf weitere Beiträge der internationalen Forschung verwiesen[23].

ty 34, 1960, 295 Taf. 39c; ders., Antiquity 36, 1962, 224f. Für Panarea vgl. L. Bernabò-Brea – M. Cavalier, Meligunìs Lipára III (1968) 103. 204 Taf. 59,15.16. Ausführlicher zu diesen Objekten und zu den durch sie dokumentierten Beziehungen H.-G. Buchholz – P. Wagner, oben S. 121ff.

[20] T. J. Dunbabin, BSR 16, 1948, 9. Auch C. F. C. Hawkes, The Prehistoric Foundations of Europe to the Mycenean Age (1940) 151f. fand keine Anzeichen für Westhandel in der mittelminoischen Periode.

[21] Vgl. Atti e Memorie del 1° Congresso Internazionale di Micenologia, Roma 1967, I–III (1968). Zu unserem Thema vgl. besonders die Beiträge von F. Biancofiore (S. 1149ff.), A. M. Bisi (S. 1156ff.), G. Caputo (S. 1196ff.), F. G. Lo Porto (S. 1186ff.), B. Neutsch (S. 108ff.), E. De Miro (S. 73ff.) und V. Tusa (S. 1197ff.).

[22] Ausstellungskatalog: I Micenei in Italia, Taranto, Museo Nazionale (1967).

[23] J. Bérard, La Colonisation Grecque de l'Italie Méridionale et de la Sicile dans l'Antiquité² (1957) passim, bes. 492ff.; F. Biancofiore, La Ceramica Micenea del Sud-Est Italiano, in: Studi Salentini II (1956/57) 49ff.; G. Pugliese Caratelli, Per la Storia delle Relazioni Micenee con l'Italia, in: PP 13, 1958, 205ff.; L. A. Stella, La Scoperta del Greco Miceneo e la Preistoria della Sicilia, in: ArchCl 10, 1958, 279ff.; L. Bernabò-Brea, Malta and the Mediterranean, in: Antiquity 34, 1960, 132ff.; M. Cavalier, Les Cultures Préhistoriques des Iles Eoliennes et leur Rapport avec le Monde Egéen, in: BCH 84,

1960, 319ff.; Sp. Marinatos in: Atti del VI Congresso Internazionale delle Scienze Preistoriche e Protostoriche, Roma 1962 (1962) 161ff.; F. Schachermeyr, Die ägäischen Beziehungen zum Westen, in: AA 1962, 380ff.; F. Biancofiore, Civiltà Micenea nell'Italia Meridionale² (1967); R. A. Staccioli, I Micenei in Italia, in: Archaeologia 6 Nr. 42, 1967, 410ff.; J. Bouzek, Homerisches Griechenland im Lichte der archäologischen Quellen (1969) 80ff. (der mykenische Westen); F. Biancofiore, Recenti Dati sugli Influssi Micenei in Occidente, in: Studi in Onore di A. Corsano (1970) 95ff.; L. Vagnetti, I Micenei in Italia: La Documentazione Archeologica, in: PP 25, 1970, 359ff.; H.-G. Buchholz, Ägäische Funde und Kultureinflüsse in den Randgebieten des Mittelmeers, in: AA 1974, 325ff.; M. Marazzi, Il Problema dei Micenei in Italia, in: Romana Gens, Faszikel 6, 1974, 3ff. (mit Fundortliste und nach Zeitabschnitten unterteilten Fundortkarten); M. Marazzi – S. Tusa, I Micenei in Sicilia, in: SicA 26, 1974, 23ff.; dies., Interrelazioni dei Centri Siciliani e Peninsulari durante la Penetrazione Micenea, in: SicA 31, 1976, 49ff.; dies., La Penetrazione Egeo-micenea alle Luce degli Sviluppi che caratterizzano la Sicilia e la Penisola durante l'Età del Bronzo, ebenda 65ff. (mit Tabelle zur ägäischen Keramik); A. Cazzella – F. Giacinti – S. Tusa – M. Marazzi – M. Moscoloni, Die italischen und sizilischen Siedlungen im Mittelmeerraum, in: Mitteilungen des Deutschen Archäologen-Verbandes 7 (2), 1976, 78ff.; M. Marazzi, Egeo e Occidente alla Fine del II Millennio a. C. Considerazioni per l'Impostazione di uno Studio Storico sui Rapporti fra il

Unsere Tabelle (Abb. 69) soll einen Überblick davon vermitteln, wo die einschlägigen Fundstücke zutage traten[24]. Eine entsprechende Verbreitungskarte (unsere Abb. 70) legte unlängst K. Kilian vor[25]. Wenn wir die Mittlere Bronzezeit des ägäischen Raumes als den Auftakt des Handels mit dem Westen ansehen, so weisen die archäologischen Funde auf Tarent und Umgebung (25 kleine Scherben aus Porto Perone; drei Vasenfragmente aus Scoglio del Tonno), ferner in geringem Maße auf den Südosten Siziliens (ein Krug aus Monte Sallia) und auf die Aiolischen Inseln hin (ein Topffragment aus Filicudi; eine kleine Scherbe aus Lipari, deren Identifikation nicht gesichert ist). Besondere Beachtung verdient der Fund eines minyschen Schalenfußes in Viterbo, Latium, der erkennen läßt, daß auch Mittelitalien vom ägäischen Handel der Mittleren Bronzezeit berührt wurde[26]. Von der Übergangszeit MH/SH I bis zum Ende von SH II, einschließlich der Übergangszeit SH II/III, also von etwa 1600 v. Chr. bis zum letzten Viertel des 15. Jhs. v. Chr., änderte sich das Bild entscheidend: Sizilien wurde zu einem Gebiet fast ohne ägäische Importe, und in Scoglio del Tonno fand man lediglich drei Scherben der fraglichen Zeit. Die einschlägigen Funde erweisen überwiegend, wenn nicht sogar ausschließlich, die Aiolischen Inseln als Zentrum und Zielpunkt ägäischen Fernhandels: Auf ihnen wurde beispielsweise Importkeramik des 16.–13. Jhs. v. Chr. gefunden, die kykladischer Herkunft ist[27]. Ferner stammen aus Filicudi neun Vasenfragmente helladischen Ursprungs, aus Lipari 70, aus Panarea eines und aus Salina neun entsprechende Scherben sowie sieben weitere, die möglicherweise in die Übergangszeit SH II/III gehören. Bisher wurden nur wenige SH I-Scherben sowie ein SH I/II-Fragment auf der Insel Vivara gefunden, alle anderen sind später[28]. Auch eins der auf Ischia entdeckten Vasenfragmente gehört der Phase SH II oder

Mondo Egeo e l'Ambiente Italico e Siculo nei Secoli XIII–X a. C. (1976); M. Marazzi – S. Tusa, Die mykenische Penetration im westlichen Mittelmeerraum, in: Klio 61, 1979, 309 ff.; D. und F. R. Ridgway, Italy before the Romans (1979) 51 (Bibliographie der mykenischen Funde Italiens); R. R. Holloway, Italy and the Aegean 3000–700 B. C. (1981); vgl. dazu die Rezension von P. V. Jones, ClRev 33, 1983, 124 f.; Magna Grecia e Mondo Miceneo, Nuovi Documenti a Cura di L. Vagnetti, XXII Convegno di Studi sulla Magna Grecia, Taranto 7–11 Ottobre 1982 (1982); L. Vagnetti, I Micenei in Occidente, in: Modes de Contacts et Processus de Transformation dans les Sociétés Anciennes, Actes du Colloque de Cortone, 1981 (1983) 165 ff. – Die genannte Literatur z. T. benutzt in dem Beitrag von F. W. von Hase, unten S. 257 ff.

[24] In unserer Tabelle (Abb. 69) bezieht sich 'A' auf Lord William Taylour, Myc. Pottery; 'B' bedeutet F. Biancofiore, Civiltà Micenea nell'Italia Meridionale[2] (1967); 'C' steht für M. Marazzi – S. Tusa, PP 33, 1978, 216 Kat.-Nr. 1 Abb. 11,1; 'D' bezieht sich auf L. Bernabò-Brea, Alt-Sizilien (1958); 'E' steht für L. Bernabò-Brea – M. Cavalier, Meligunìs Lipára III (1968) und 'F' bezieht sich auf meinen Aufsatz im AA 1974. Bei Bernabò-Brea – Cavalier a.O. 98 f. 186 ff. Abb. 41 Taf. 31–33 sind alle Funde mykenischer Keramik aus Panarea aufgeführt; bei Lord William Taylour, Myc. Pottery sind weit

weniger genannt. Die Verbreitung mykenischer Keramik in Mittel- und Süditalien zeigen die Tabellen bei Fugazzola Delpino, Lazio 278 f.; vgl. ferner unsere Verbreitungskarte mykenischer Keramik in Italien Abb. 70.
[25] Entwurf unserer Karte Abb. 70: H.-G. Buchholz, in Anlehnung an K. Kilian, Nordgrenze des ägäischen Kulturkreises in mykenischer und nachmykenischer Zeit, in: JberInstVgFrankf 1976, 112 ff. 117 Abb. 5. Ebenda S. 127 Nachweis der Fundorte; unsere Ergänzungen: Vivara sowie Viterbo. Ausführung der Karte: M. Morkramer.
[26] R. Poggiani Keller, La Collezione di Grotta Nuova (Viterbo) al Museo Fiorentino di Preistoria, in: RivScPr 33, 1978, 216 f. Abb. 1 a.b; S. 230 ff. und 235. Zu mykenischer Keramik der Phasen SH I–III A 1 (etwa 1600–1400 v. Chr.) in Mittelitalien: Fugazzola Delpino, Lazio 278 f. und Peruzzi, Myc. Latium. Vgl. auch ders., Agricoltura Micenea nel Lazio, in: Minos 14, 1973, 164 ff.
[27] I Micenei in Italia (1967) Taf. 18,74–78; Buchholz, AA 1974, 351. Ägäische Importkeramik des 16. und 15. Jhs. v. Chr. führte Bernabò-Brea, Alt-Sizilien (1958) 105.110 Taf. 30, an; vgl. Buchholz a.O. Abb. 10 b.
[28] Zu den SH I-Scherben s. unten Anm. 33; zu dem SH I/II-Frgt. vgl. M. Marazzi – S. Tusa, PP 33, 1978, 215 f. Abb. 11,1. Die Gesamtzahl der bisher auf Vivara gefundenen mykenischen Scherben beläuft sich auf 170,

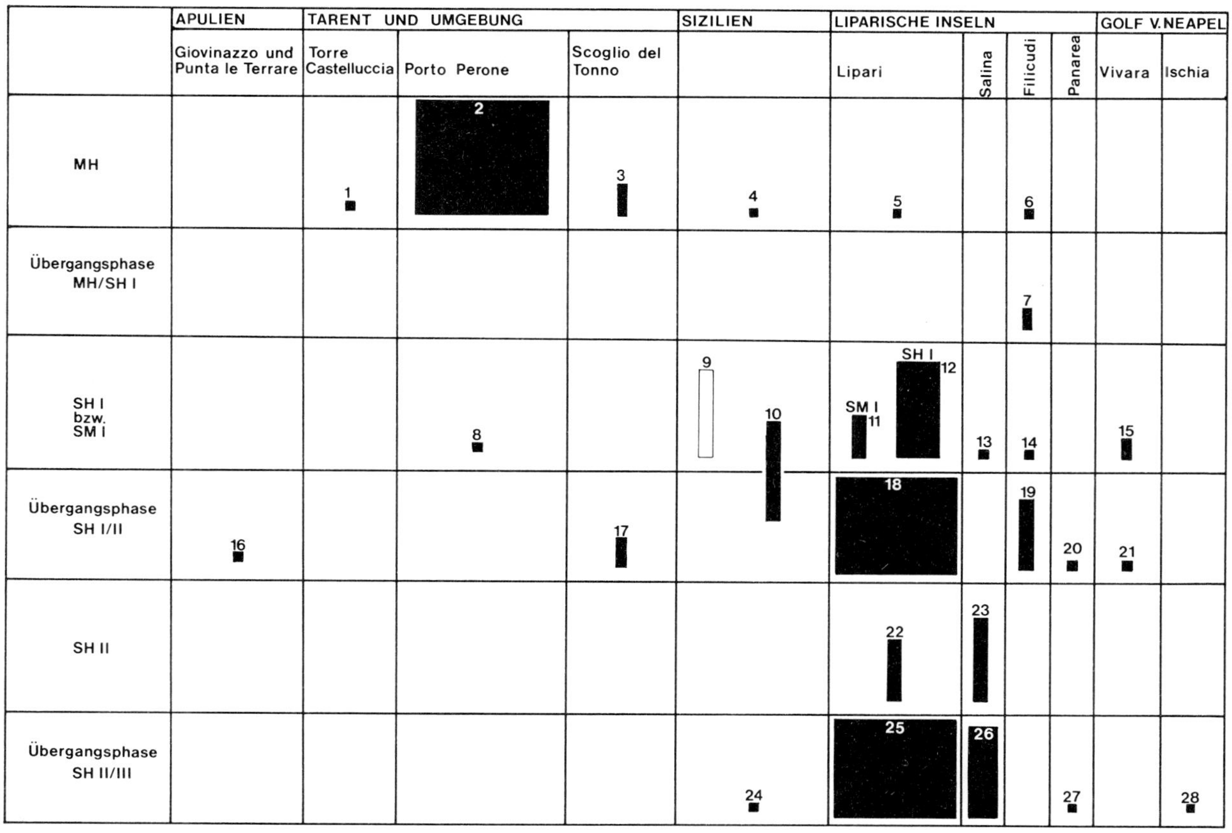

	APULIEN		TARENT UND UMGEBUNG		SIZILIEN	LIPARISCHE INSELN				GOLF V. NEAPEL	
	Giovinazzo und Punta le Terrare	Torre Castelluccia	Porto Perone	Scoglio del Tonno		Lipari	Salina	Filicudi	Panarea	Vivara	Ischia
MH		1	2	3	4	5		6			
Übergangsphase MH/SH I								7			
SH I bzw. SM I			8		9 / 10	SM I 11 / SH I 12	13	14		15	
Übergangsphase SH I/II	16			17		18		19	20	21	
SH II						22	23				
Übergangsphase SH II/III					24	25	26		27		28

Abb. 69. Tabellarische Übersicht über Ägäisches aus der Mitte des 2. Jts. v. Chr. (17.–15. Jh. v. Chr.) in Unteritalien und auf den benachbarten Inseln (Entwurf: H.-G. Buchholz, Ausführung: P. Wagner und M. Morkramer, Gießen), Erläuterungen: S. 242 Anm. 24.

1) M. Marazzi–S. Tusa, Klio 61, 1979;   2) F. G. Lo Porto, NSc 1963, 330 ff. Abb. 46–48; 'B' S. 41 Taf. 2 a.b.e–i.l (grauminysch);   3) 'B' S. 33. 37 Taf. 1 a–c (grauminysch);   4) 'A' S. 55 f. 65. 187 Taf. 16,1 = 'D' Taf. 29 (mattbemalt);   5) 'A' S. 16 Nr. 1 (mattbemalt; Datierung nicht ganz gesichert);   6) 'A' S. 13 Nr. 1 (mattbemalt);   7) 'A' S. 14 Nr. 2 und 3 (mattbemalt);   8) M. Marazzi–S. Tusa, Klio 61, 1979;   9) Lokale Bronze-Dolche und Schwerter nach SM/SH I-Prototypen;   10) 'A' S. 67 (Imitationen von 'Vapheio-Bechern');   11) 'A' S. 16 Nr. 2 und 3; S. 17 Nr. 4 und 5;   12) 'A' S. 18 Nr. 6–9 Taf. 2,8–12; 3,7; S. 19 Nr. 10 und 11; S. 20 Nr. 12 (= 'D' Taf. 30b). Nr. 13, 14; S. 21 Nr. 15–18;   13) 'E' S. 142. 188 Taf. 84,1 = 'F' S. 337 Abb. 10a;   14) 'A' S. 14 Nr. 4;   15) s. Anm. 33;   16) M. Marazzi–S. Tusa, Klio 61, 1979; 17) 'B' S. 41 Nr. 101 und 177 Taf. 2,98;   18) 'A' S. 21 f. Nr. 19–25; S. 23 ff. Nr. 26–40 (Nr. 28 = 'D' Taf. 30a und 'F' Abb. 10b);   19) 'A' S. 14 Nr. 5 (flaches Alabastron); S. 15 Nr. 6 (Alabastron). Nr. 7 (Becher mit Doppelaxt). Nr. 8 (Becher). Nr. 9; S. 16 Nr. 10 (Datierung nicht ganz gesichert);   20) M. Marazzi–S. Tusa, Klio 61, 1979;   21) 'C';   22) 'A' S. 26 f. Nr. 41.42 ('Vapheio-Becher'). 43–45;   23) 'E' S. 166 Taf. 84,11–17;   24) 'D' S. 143 (Alabastron, Ende des 15 Jhs. v. Chr.);   25) 'A' S. 27 Nr. 46; S. 28 ff. Nr. 47–67;   26) 'E' S. 142 f. Taf. 84,2–10 (Datierung nur bei den Scherben Taf. 84,5.7 gesichert);   27) 'A' S. 44 Taf. 7,1; = 'E' Taf. 31,1;   28) 'A' S. 8 f. Nr. 2, auch M. Marazzi–S. Tusa, Klio 61, 1979, 315 Abb. 2b

der Übergangzeit SH II/III an[29]. Der Ausgräber dieser wichtigen Zeugnisse für den See-handel über weite Entfernungen äußerte sich zusammenfassend dazu wie folgt: »Die äoli-schen Seefahrer, die einst viele Jahrhunderte alte Erfahrungen im Obsidianexport hinter sich hatten, verstanden es, aus der neuen Lage, die sich in Westeuropa herausgebildet hat-te, den größtmöglichen Nutzen zu ziehen. Sie schalteten sich zweifellos sehr aktiv in den ost-westlichen Handel ein, und möglicherweise hatten sie darin sogar eine Art von Mono-polstellung inne. Lipara, Filicudi, Salina und Panarea entwickelten sich zu Umschlag-plätzen des Mittelmeerhandels. Vielleicht waren sie überhaupt die entferntesten Ziele, die von den ägäischen Seefahrern noch erreicht wurden . . . Ein klarer Beweis für das Ausmaß des Handelsaustausches, der sich auf dem Weg über die äolischen Inseln abwickelte, ist die ägäische Keramik vom Ende der mittelhelladischen und aus der frühmykenischen Periode . . .«[30].

Hinsichtlich Siziliens ist – soweit es um ägäischen Einfluß während des 15. Jhs. v. Chr. geht – auf mehr als sieben tönerne Imitationen der Metallform des 'Vapheio-Bechertyps' hin-zuweisen. Sie stammen ausnahmslos aus dem Osten der Insel, aus Val Savoia, Castelluccio, Barriera, Monte Tabuto und Monte Sallia[31]. Dieser Gefäßtypus kam offensichtlich auf dem Wege über die Adria nach Italien und wurde aus uns unbekannten Gründen anderen Gefäßformen vorgezogen: Zusammen mit ägäischen Importen der ersten zwei Phasen der späthelladischen Bronzezeit wurden Exemplare dieser Becherform beispielsweise auch in Albanien entdeckt[32]. Die auf Vivara gefundenen Fragmente sind in die Phase SH I datiert worden[33]. Mindestens 13 Bruchstücke von 'Vapheio-Bechern' der Zeitstellung SH I und II wurden schließlich unter den Scherben aus Lipari festgestellt[34].

wie mir D. Ridgway im März 1980 freundlicherweise mitteilte. Vgl. auch Marazzi – Tusa, Nuove Testimo-nianze Micenee dall'Isola di Vivara, in: PP 31, 1976, 473 ff. und PP 33, 1978, 197 ff., mit Hinweisen auf frü-here Aktivitäten a.O. 1976, 473 f.; die Autoren bedan-ken sich freundlich für mein Interesse an den Ausgra-bungen: ebenda 482 Anm. 14. Ich möchte hinzufügen, daß mein damaliger Assistent, Dr. F.-W. von Hase (s. un-ten S. 257 ff.) zusammen mit mehreren Studenten der Universität Gießen an den Vivara-Ausgrabungen teil-nahm. J. W. Hayes, Spezialist für Keramik am Royal On-tario Museum in Toronto, der das Material gesehen hat, teilte mir mit, daß es aus 'normalem III B' bestehe, im-portiert aus der Peloponnes, sowie einigen weniger fei-nen mykenischen Scherben aus Werkstätten Ostsiziliens, vermischt mit lokalem Vivara-Material der Apennin-Kulturen. E. French in: Temple University Aegean Sym-posium 9, 1984, 31 f. läßt den Herstellungsort des größ-ten Teils dieser keramischen Funde offen. Zur mykeni-schen Keramik von Vivara s. auch die Zusammenfassung von D. Ridgway, ArchRep 1981/82, 82.

[29] Lord William Taylour, Myc. Pottery 8 f. Nr. 2 Taf. 8,1c. Zu den anderen Vasenscherben s. R. Horn, AA 1936, 502; Lord William Taylour, Myc. Pottery 7 ff. Nr. 1.3.4 Taf. 8,1 a.b.

[30] L. Bernabò-Brea, Alt-Sizilien (1958) 105.

[31] Lord William Taylour, Myc. Pottery 67 Anm. 6; vgl. H.-G. Buchholz, AA 1974, 342. 345.

[32] Belege bei F. Schachermeyr, AA 1971, 415 Abb. 94 und AA 1974, 18 sowie bei Buchholz, ebenda 334. Aus-führlich zu den 'Vapheio-Bechern' und den durch sie do-kumentierten engen Beziehungen zwischen Albanien und Griechenland vgl. H.-G. Buchholz, Doppeläxte und die Frage der Balkanbeziehungen des ägäischen Kultur-kreises, in: A. G. Poulter, Ancient Bulgaria, Papers pre-sented to the International Symposium on the Ancient History and Archaeology of Bulgaria, University of Not-tingham, 1981, Bd. I (1983) 47 Abb. 5 a–h. Vgl. bereits N. Valmin, Das adriatische Gebiet in Vor- und Früh-bronzezeit (1939) 78 f. Nr. 61 (ein gelblich-brauner, gut polierter Kantharos, den er 'lokal-minysch' nennt); K. A. Wardle, Godisnjak 15, 1977, 165 Abb. 3; S. 178 Abb. 10 (mykenische Keramik aus Thermos und Dodo-na). Unter 33 Fundorten in Epeiros, von denen mykeni-sche Objekte bekannt sind, fand sich lediglich in Strounio SH II/III-Material. Die Funde aus den anderen Orten sind späteren Datums und nehmen zum Ende der Bron-zezeit hin (SH III C) bemerkenswert zu, vgl. hierzu Th. I. Papadopoulos, unten S. 359 ff. 364 f. 369 f. 374 ff. 377 f.

[33] D. Ridgway, ArchRep 1981/82, 66 Abb. 3.

[34] Vgl. Lord William Taylour, Myc. Pottery 20 f. 23 f. 26 f. Taf. 2,17–19; 3,12–15.19–21; 4,2; 8,4.

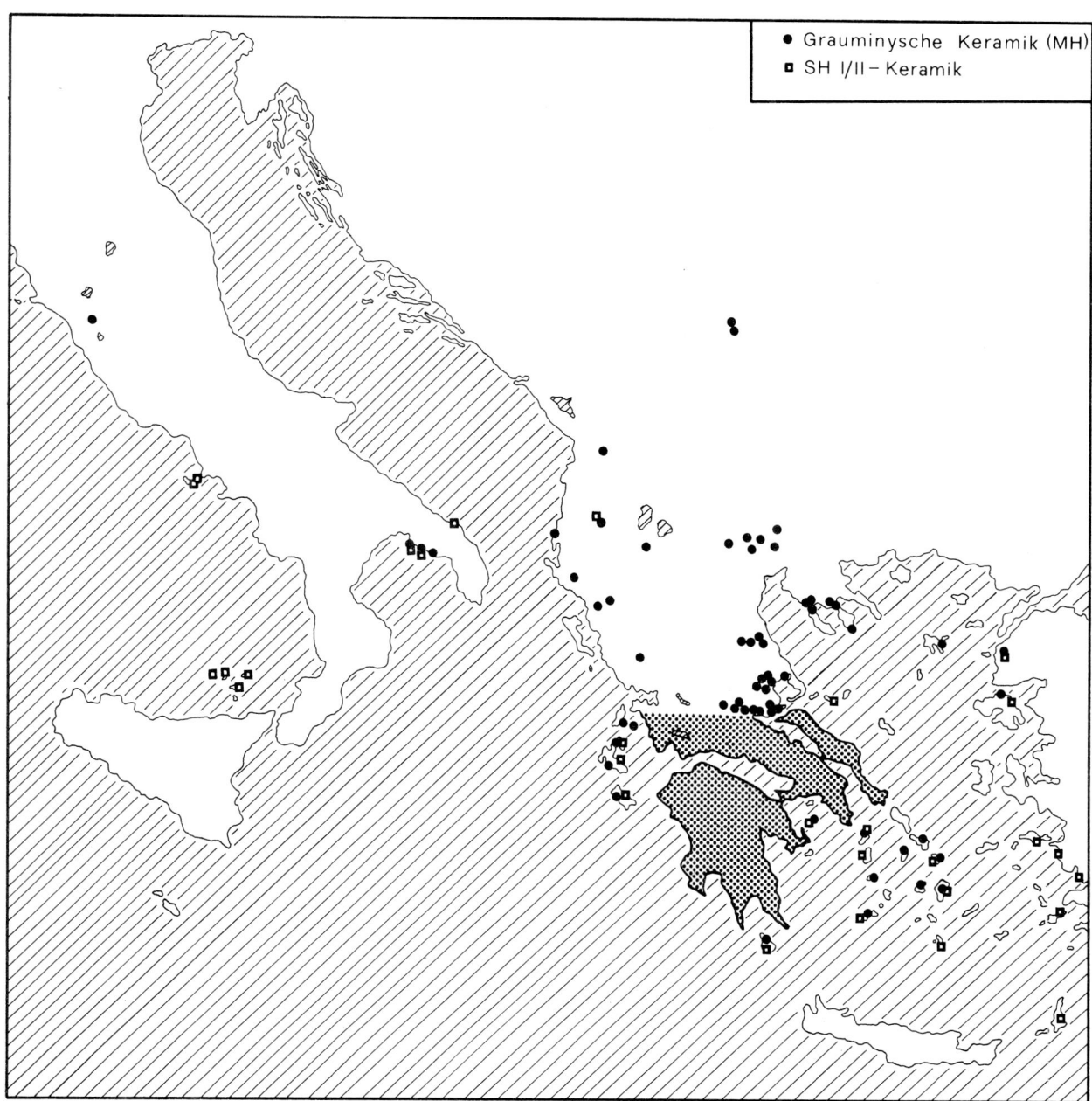

Abb. 70. Verbreitung grauminyscher und sonstiger MH-Ware sowie frühmykenischer Keramik

Lord William Taylour hat angenommen, daß einige Pithoi mit vier Henkeln aus Castelluccio und Monte Tabuto in Sizilien Kopien kretischer Vorbilder seien. Außerdem wies er zur Datierung des »gut bekannten Dolches aus Monteracello« auf Prototypen in den Schachtgräbern von Mykene hin[35]. Diese beiden die Fundsituation auf Sizilien betreffenden Beobachtungen bedeuten nicht viel im Vergleich mit der bemerkenswerten ägäischen Fundkonzentration auf Lipari. Immerhin müssen minoische oder griechisch-festländische Schwerter der Zeitphase SM/SH I in Sizilien bekannt gewesen sein, da lokale Varianten wie der 'Plemmyrion-Schwert-Typus' ihre Nachbildungen sind[36]. Die bis hierher herange-

[35] Ebenda 67.
[36] Letztere gehören nicht in die gleiche Epoche wie ihre

Vorbilder, wie bereits von J. Naue, Die vorrömischen Schwerter aus Kupfer, Bronze und Eisen (1903) 8 f., bezogenen bronzezeitlichen Funde dieser frühen Zeit, des 16. und 15. vorchristlichen Jahrhunderts, stammen somit nicht aus dem südlichen Teil Siziliens, dem Gebiet, in welchem der kretische König Minos gelandet sein soll. Der archäologische Befund steht demnach Dunbabins anders lautender Bewertung entgegen (vgl. Anm. 11).

Wohl aber waren die Aiolischen Inseln in der fraglichen Zeit der wichtigste Stützpunkt des ägäischen Westhandels. Die von manchen Gelehrten angeführte These, daß es der 'Liparit' war, welcher für die ägäische Seefahrt nach jenen Inseln ausschlaggebend war, beruht allerdings auf Irrtümern: Zwar ist 'Liparit' als geologisch-mineralogischer Begriff vom Namen der Insel Lipari abgeleitet; aber dies bedeutet weder, daß aller 'Liparit' von dort stammen muß, noch, daß jeder 'Obsidian' identisch mit 'Liparit' ist. Beide Ausdrücke dürfen nicht als Synonyme verstanden werden. Aus diesen Gründen ist die Behauptung falsch, daß 'Liparit', welcher angeblich an vielen Grabungsplätzen auf Kreta gefunden wurde, von den Aiolischen Inseln importiert worden sei. Soweit wissenschaftlich untersucht, konnte in keinem Fall die westmediterrane Herkunft des Materials auf Kreta gefundener Obsidianartefakte nachgewiesen werden[37].

Das Studium der ägäischen Importkeramik im Westen – kretischer, helladischer und Inselware – wurde von Lord William Taylour mit bewundernswerter Sachkenntnis durchgeführt. Wenn auch einige wenige minoische Scherben, also solche kretischen Ursprungs, nach Erscheinen seines Buches ans Licht gekommen sind, so bleiben seine Ergebnisse im wesentlichen dennoch unangefochten: Während der hier behandelten Zeitphase lassen sich keine minoischen Importe von Bedeutung feststellen. Unsere Tabelle (Abb. 69) macht deutlich, daß aus einem großen Gebiet, welches von Apulien, Tarent und Sizilien bis zu den Aiolischen Inseln und Vivara-Ischia reicht, über 200 Vasenbruchstücke helladischer Herkunft der erörterten Zeitstufen bekannt sind, dagegen nicht mehr als vier Fragmente kretisch-minoischen Ursprungs, letztere sämtlich aus L. Bernabò-Breas Grabung auf Lipari.

Da die grauminyschen und mattbemalten Keramikfragmente aus der Gegend um Tarent, aus dem Südosten Siziliens sowie von Lipari und Filicudi aus Zentralgriechenland und der Peloponnes stammen und Verbindungen mit dem Westen bereits vor dem Ende der ägäischen Mittleren Bronzezeit bekunden, besteht kein Grund, den spätmykenischen Westhandel als Fortsetzung kretisch-minoischer Handelsunternehmungen anzusehen. Die Insel des Minos war zu dieser Zeit ganz und gar in den Osthandel eingebunden (s. St. Alexiou, oben S. 149ff.). Die wenigen minoischen Scherben auf Lipari besitzen ihre besten Gegenstücke in Ostkreta, in jenem Teil der Insel, welcher zu dieser Zeit in engem Kontakt mit der östlichen Mittelmeerwelt, Südwestanatolien (Milet) und einigen nördlichen Gegenden der Ägäis (minoische und/oder theräische Importe in Poliochni auf Lemnos)

---

merkt; vgl. ferner A. Evans, The Prehistoric Tombs of Knossos, in: Archaeologia 59, 1905, 498f. 502 Anm. c; S. 503f. und ders. nochmals in: PM II 626f.; T. J. Dunbabin, BSR 16, 1948, 1; N. K. Sandars, AJA 65, 1961, 17ff. bes. 26f. V. Bianco Peroni, Die Schwerter in Italien, PBF IV 1 (1970) 24 Taf. 75C 1.2, hat die Schwerter aus Sizilien nur am Rande behandelt (im Register nicht aufgeführt; abgebildet sind ein Schwert und ein mykeni-

sches Gefäß aus Thapsos, Grab 37; zu letzterem vgl. auch Bernabò-Brea a. O. 142 Taf. 60; H.-G. Buchholz, AA 1974, 343 Abb. 15). Zu den Schwertern aus Sizilien vgl. auch V. Bianco Peroni in: H. Müller-Karpe, Beiträge zu italienischen und griechischen Bronzefunden, PBF XX 1 (1973) passim.

[37] Belege: Buchholz a.O. 330. 352; Buchholz – E. Althaus, Nisyros, Giali, Kos (1982) 25f.

stand. Schon um 1500 v. Chr. erschloß sich die ägäische Seefahrt wesentliche Teile des Schwarzen Meeres, was Funde von Steinankern und Metallbarren, von denen einer mit Ritzzeichen versehen ist, in Südbulgarien sowie bronzener Doppeläxte an der unteren Donau und in Südrußland belegen[38].

Ziehen wir die Bedeutung des nördlichen Teils der Ägäis (der Troas, Makedoniens, Thessaliens) im Hinblick auf seine Beziehungen zu Süditalien, den Liparischen Inseln, Sizilien und Malta während der ägäischen Frühen und Mittleren Bronzezeit in Betracht (oben S. 240f. mit Anm. 16–19), so ist die Feststellung, daß Kreta in den Phasen SM I und II nicht in intensiver Verbindung mit dem Westen stand, weniger überraschend. Aus diesem Grund paßt es auch in das historische Bild, daß Töpferstempel und schriftähnliche Symbole an prähistorischer Keramik der Aiolischen Inseln (Abb. 71) nicht, wie oft gesagt wurde, die Übernahme der Linear A-Schrift Kretas beweisen, sondern eher auf anatolisch-altägäische Prototypen zurückgehen. Die Rechteckform mancher Zeichen mit Zickzack- und Punktreihen im Repertoire von Lipari findet eine zwanglose Erklärung, wenn als Vorbilder Stempelsiegel angenommen werden, wie wir sie beispielsweise aus neolithischen Fundorten Thessaliens kennen. Aber einige der Zeichen der 'Lipari-Schrift' (Abb. 71, B 2. B 8. C 5–7. D 4.5) weisen große Übereinstimmungen mit Topfmarken der Bronzezeit Lykiens und sogar mit hethitischen Hieroglyphen auf (Abb. 72 a–d), worauf ich bereits an anderer Stelle verwiesen habe[39]. Gegen jedweden Zusammenhang der Lipari-Zeichen mit der kretischen Linear A-Schrift spricht schließlich, daß sie nie auf minoischer Import-Keramik vorkommen; sie finden sich vielmehr an einheimischen Gefäßen des 14. und 13. Jhs. v. Chr. Bereits M. Ventris äußerte Zweifel an ihrem kretischen Ursprung: ». . . Die komplizierteren Zeichen mögen mit irgendeinem ägäischen Schriftsystem zusammenhängen . . . Was er *(gemeint ist Bernabò-Brea)* als Zahlensystem interpretiert, steht in keinerlei Verbindung zu dem minoischen, wie er selbst darlegt«[40].

Die Beweisführung für Kontakte der ägäischen Kulturwelt mit dem Westen während der Zeitphasen SH I und II beruht fast ausschließlich auf keramischen Überresten. Die importierte Töpferware ist, wie wir gesehen haben, in ihrer Zahl begrenzt, ebenso sind es ihre Formen und Typen: In unserem Material sind Vorratsgefäße, besonders dreihenklige

---

[38] Buchholz, Die Doppelaxt, eine Leitform auswärtiger Beziehungen des ägäischen Kulturkreises?, in: PZ 38, 1960, 42f. Abb. 6f. und 7; ders., Doppeläxte und die Frage der Balkanbeziehungen des ägäischen Kulturkreises (s. oben Anm. 32). Vgl. I. Panayotov, Bronze Rapiers, Swords and Double Axes from Bulgaria, in: Thracia 5, 1980, 173ff. Zu Steinankern und Metallbarren vgl. Buchholz, oben S. 162.

[39] Buchholz in: Frühe Schriftzeugnisse der Menschheit, Vorträge, gehalten auf der Tagung der Joachim-Jungius-Gesellschaft der Wissenschaften, Hamburg 1969, 101ff. Abb. 12. 13 und ders., AA 1974, 352f. Abb. 20. Zu möglichen Vorbildern unter thessalischen Stempelsiegeln und Verwandtem s. jetzt: J. Makkay, Early Stamp Seals in South East Europe (1984) 127ff. Abb. 10,11 Nr. 226 und Abb. 28,11 Nr. 289. Unsere Abb. 72 a–d nach U. Seidl, Gefäßmarken von Boğazköy (1972) 35

Abb. 10, A 116; 61 Abb. 23 B 39; 51 Abb. 18, A 204; 61 Abb. 23, B 35.

[40] M. Ventris in: Lord William Taylour, Myc. Pottery 53. Zur 'Lipari-Schrift' vgl. besonders ihren Entdecker Bernabò-Brea, Archivo de Preistoria Levantina 3, 1952, 73; ders., Segni Grafici e Contrassegni sulle Ceramiche dell'Età del Bronzo delle Isole Eolie, in: Minos 2, 1952, 5ff. bes. 23–28 (nach ebenda Abb. 8 unsere Abb. 71); Bernabò-Brea – M. Cavalier, Contrassegni o Marche di Vasai sulle Ceramiche Eoliane dell' Età del Bronzo, in: Meligunìs Lipára III (1968) 219–279 (Funde aus sieben Orten). Zu Linear A außerhalb Kretas vgl. meinen Aufsatz »Zur Herkunft der kyprischen Silbenschrift«, in: Minos 3, 1954, 133ff. Zur kyprischen Silbenschrift s. ferner die Beiträge von O. Masson (S. 361ff.), E. Masson (S. 397ff.), P. Meriggi (S. 411ff.) und J. C. Billigmeier (S. 419ff.) in: Colloquium Mycenaeum, Actes du Si-

Töpfe, Alabastren, Krüge und in der Mehrzahl Trinkgefäße vertreten[41]. Möglicherweise hat der Handel mit Trinkgefäßen etwas mit der Einführung des Weines in diesem Teil der antiken Welt zu tun gehabt. Die mykenischen Vasentypen, die unter den Funden im Westen während späterer Perioden repräsentiert sind, ergeben ein differenzierteres, reicheres Bild[42].

Über Bronzewaffen der Zeitstufe SH I aus Sizilien habe ich oben berichtet. Die Metallurgie und ihre Erzeugnisse verbanden den Osten mit dem Westen erst gegen Ende der Bronzezeit zu einem großen Wirtschafts- und Handelsraum[43]: Davon legen für die Zeit um 1200 v. Chr. sowohl die Erschließung der Kupferbergwerke Sardiniens[44] als auch das Vorkommen von im östlichen Mittelmeergebiet und in Hellas üblichen Barrenformen Zeugnis ab[45]. Schließlich sind auch kyprische Stabdreifüße zu berücksichtigen, die en

xième Colloque International sur les Textes Mycéniens et Égéens tenu à Chaumont sur Neuchâtel du 7 au 13 Septembre 1975 (1976).

[41] Zum Typus des 'Vapheio-Bechers' s. oben S. 244 ff. mit Anm. 31–34.

[42] Vgl. F. Biancofiore, Civiltà Micenea nell'Italia Meridionale[2] (1967) 45 ff. (eine Liste von 286 Vasen und Fragmenten); und Lord William Taylour, Myc. Pottery, passim. Die Scherben sind für eine Zuweisung oft zu klein; so sagte mir beispielsweise R. R. Holloway, daß die Scherben von Morgantina aus späteren Depots kommen, und W. Childs, Princeton University, ist nicht sicher, ob sie nicht doch aus lokalen Werkstätten stammen. E. Sjöqvist wies zwei der drei in Morgantina gefundenen mykenischen Scherben einer Bügelkanne und einem ovoiden Krug der Phase SH III B zu: AJA 64, 1960, 134 Taf. 30,39 a.b; ders., Sicily and the Greeks (1973) 13 Abb. 7; M. P. Nilsson, Opuscula Selecta III (1960) 496 Anm. 13; Buchholz, AA 1974, 345. Zuletzt: R. Leighton, AJA 88, 1984, 389 ff. Für Keramikformen und -typen aus Thapsos sowie deren Datierung s. schon A. Furumark, The Chronology of Mycenaean Pottery (1940/41) 60. 64 (SH III A 2, 14. Jh. v. Chr.) und mein Resümee in AA 1974, 343; hinzuzufügen ist noch: G. Voza in: Atti della XIV Riunione Scientifica dell'Istituto Italiano di Preistoria e Protostoria (1972) 175 ff. und ders. a.O. XV (1973) 133 ff.; M. W. Frederiksen, ArchRep 1976/77, 67 ff.; R. J. A. Wilson, ArchRep 1981/82, 88.

[43] Vgl. hierzu umfassend: A. M. Bietti Sestieri, The Metal Industry of Continental Italy, 13th to the 11th Century BC, and its Connections with the Aegean, in: PPS 39, 1973, 383 ff.; H.-G. Buchholz in: J. Thimme, Kunst und Kultur Sardiniens vom Neolithikum bis zum Ende der Nuraghenzeit. Ausstellung Badisches Landesmuseum Karlsruhe (1980) 142 ff.; E. R. Eaton, Early Metallurgy in Italy, in: W. A. Oddy, Aspects of Early Metallurgy (1980) 159 ff.; vgl. auch L. Vagnetti, Il Bronzo Finale in Puglia nei suoi Rapporti con il Mediterraneo Orientale, in: Bronzo Finale 542 ff. Die historischen Auswirkungen dieser Kontakte hat A. M. Bietti Sestieri

auf dem Kolloquium »Relations between the Near East, the Mediterranean World and Europe, 3rd–1st Millennium B. C.« in Aarhus vom 17.–22. 8. 1980 in ihrem Beitrag »The Connections between Italy and the Aegean between the Late Bronze Age and the Early Iron Age, and their Effect on the Social and Economic Structure of the Italian Cultures« behandelt.

[44] Zum Kupfer aus Sardinien vgl. M. J. Becker, Sardinia and the Mediterranean Copper Trade: Political Development and Colonialism in the Bronze Age, in: Anthropology 4, 1980, 91 ff.; Buchholz in: J. Thimme, Kunst und Kultur Sardiniens vom Neolithikum bis zum Ende der Nuraghenzeit. Ausstellung Badisches Landesmuseum Karlsruhe (1980) 142 ff.; U. Zwicker – P. Virdis – M. L. Ceruti, Investigations on Copper Ore, Prehistoric Copper Slag and Copper Ingots from Sardinia, in: P. T. Craddock, Scientific Studies in Early Mining and Extractive Metallurgy (1980) 135 ff.; F. Lo Schiavo, Copper Metallurgy in Sardinia during the Late Bronze Age, Possible Aegean Connections, in: Archaeological Symposium on Early Metallurgy in Cyprus, 4000–500 B. C., Larnaca, Cyprus (1981) Abstracts 9 (Wiederholung der Forschungsergebnisse von Buchholz und Zwicker). Zu den reichhaltigen Funden mykenischer Keramik der Phasen SH III B/C, deren Vorkommen in Sardinien im Zusammenhang mit dem Kupferhandel zu sehen ist, vgl. F. Lo Schiavo – L. Vagnetti – M. L. Ceruti, Micenei in Sardegna?, in: RendLinc 35, 1980, 371 ff.; Zur Keramik außerdem M. L. Ceruti, Ceramica Micenea in Sardegna (Notizia Preliminare), in: RivScPr 34, 1979, 242 ff.; D. Ridgway, ArchRep 1981/82, 82 f.; Vagnetti, SMEA 23, 1982, 354.

[45] Vgl. H.-G. Buchholz, Der Kupferhandel des zweiten vorchristlichen Jahrtausends im Spiegel der Schriftforschung, in: Minoica, Festschrift zum 80. Geburtstag von Joh. Sundwall (1958) 92 ff.; ders., Keftiubarren und Erzhandel im zweiten vorchristlichen Jahrtausend, in: PZ 37, 1959, 1 ff.; ders., Talanta, Neues über Metallbarren der ostmediterranen Spätbronzezeit, in: SchwMbll 16, 1966, 58 ff. Auch im Schiffsfund vom Kap Gelidonya sind derartige Barren in großer Zahl vertreten, s. G. F. Bass, Cape Gelidonya, a Bronze Age Shipwreck (1967).

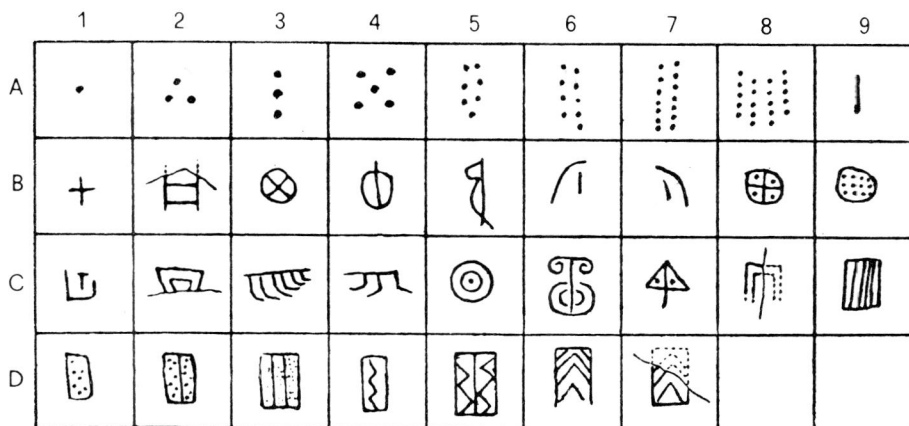

Abb. 71. Schriftähnliche Zeichen an prähistorischer Keramik der Liparischen Inseln

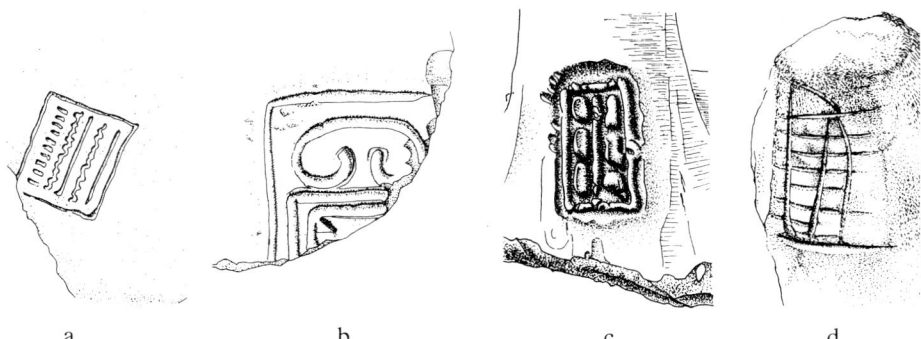

Abb. 72 a–d. Hethitische Hieroglyphen an Gefäßen aus Boğazköy, Anatolien (vgl. a mit Abb. 71 D 4–5, b mit Abb. 71 C 6, c und d mit Abb. 71 C 9, D 2 und 3)

a   b   c   d

miniature aus der Grotta Pirosu bei Santadi auf Sardinien (Abb. 73 b), in zwei größeren Fragmenten ebenso aus Contigliano und Piediluco in Umbrien (Abb. 73 a) stammen; sie entsprechen den aus Zypern bekannten Stabdreifüßen, wie der Vergleich mit dem aus Episkopi (Abb. 73 c) verdeutlicht[46]. Ferner ist in diesem Zusammenhang auf originale Importe und lokale Nachbildungen, nämlich Kessel, späthelladische Dolche, Speerspitzen,

---

[46] Zu dem Dreifuß aus Sardinien (Cagliari, Museo Nazionale) vgl. G. Lilliu, Tripode Bronzeo di Tradizione Cipriota dalla Grotta Pirosu-Su Benatzu di Santadi (Cagliari), in: Estudios Dedicados al Prof. Dr. Luis Pericot (1973) 283 ff. Taf. 1–3; D. Ridgway, ArchRep 1979/80, 61 Abb. 8 (danach als Umzeichnung unsere Abb. 73 b, die M. Morkramer, Gießen, verdankt wird); P. G. Warden, OpRom 14, 1983, 74 f. Abb. 6–8 (Dat. 9. Jh. v. Chr., ebenda Anm. 79 Erwähnung eines weiteren Exemplars in Florenz, Museo Archeologico). Abb. 73 a stellt in Ergänzung nach dem Stabdreifuß aus dem 'Tirynsschatz' das ursprüngliche Aussehen des Fragmentes aus Piediluco nach der Zeichnung in H. Müller-Karpe, Vom Anfang Roms, 5. Ergh. RM (1959) 58 f. 71 Taf. 29,4 dar. Zu den beiden Fragmenten aus Contigliano und Piediluco vgl. H. Müller-Karpe, Beiträge zur Chronologie der Urnenfelderzeit nördlich und südlich der Alpen, RGF XXII (1952) 74 Abb. 5; L. Ponzi Bonomi, BPI 79, 1970, 95 ff. bes. 136. 150 Abb. 14,7; 15; L. Vagnetti, PP 25, 1970, 379; Vagnetti, Contigliano 657 ff. Abb. 1; R. Peroni, JberInstVgFrankf 1975, 42 f.; vgl. auch die kurzen Erwähnungen von F.-W. von Hase, unten S. 267 Abb. 78 b.c. Nach Ponzi Bonomi, Vagnetti und Peroni spricht die gleichartige Ausprägung beider Fragmente dafür, daß sie zu ein und demselben Dreifuß gehörten. Zum Stabdreifuß aus dem 'Tirynsschatz' und den kyprischen Exemplaren dieses Typs s. Catling, Bronzework 190 ff. Taf. 28.29; H. Müller-Karpe, Handbuch der Vorgeschichte IV: Bronzezeit (1980) Taf. 190,3.5–8 (nach Taf. 190,8 unsere Abb. 73 c). Taf. 245,19. Zur Gattung dieser Dreifüße s. T. M. Cross, Bronze Tripods and Related Stands in the Eastern Mediterranean from the 12th through the 7th Centuries B. C., Diss. University of North-Carolina, Chapel Hill (1974).

Pfeilspitzen und Fibeln hinzuweisen[47], insbesondere auf mykenische Schwerter mit T-Griff aus Sizilien und aus dem villanovazeitlichen Tarquinia[48] sowie mykenische Bronzemesser aus Torre Santa Sabina und anderen Fundstätten in Italien[49].

Außer den Metallgegenständen spielte aber auch die Keramik eine bedeutende Rolle für die Verbindungen mit dem ägäischen Bereich gegen Ende der Bronzezeit, wie importierte helladische Töpferware der Phasen SH III A–C 2 aus Apulien, insbesondere aus Scoglio del Tonno[50] – daß dort eine mykenische Siedlung gelegen hat, darf als gesichert gelten – und aus Torre Castelluccia bezeugt[51]. Sodann ist auf die erstaunliche Menge von über 600 Scherben der Zeitstellung SH III B und III C 1–2 auf dem Hügel Termitito in beherrschender Lage am Unterlauf des Cavone, ungefähr auf halbem Wege zwischen Metapont und Herakleia, zu verweisen[52]. Die Forschungen über die Herkunft der hier auftretenden keramischen Gattungen sind noch im Gange; es scheinen sich Beziehungen nach Pylos, den Kykladen und dem östlichen Mittelmeer abzuzeichnen. Andererseits dürften Scherbenfunde aus Broglio di Trebisacce auf Verbindungen zu Westkreta hinweisen. Schließlich sind noch die späthelladischen Keramikimporte in Sizilien mit Schwerpunkt in Thapsos[53], auf den Aiolischen Inseln[54] und in Sardinien[55] anzuführen. Auch die mykenischen Scher-

[47] Zu einem mykenischen Dolchfrgt. aus Surbo in Apulien s. K. Branigan, PPS 38, 1972, 276ff.; N. K. Sandars, The Sea Peoples (1978) 98f. Abb. 57b. Zu kyprischen Dolchen mit umgebogener Griffangel aus Sardinien vgl. F. Lo Schiavo, in: Sardegna Centro-Orientale dal Neolitico alla Fine del Mondo Antico. Nuoro, Museo Civico Speleo-Archeologico. Mostra in Occasione della 22 Riunione Scientifica dell'Istituto Italiano di Preistoria e Protostoria (1978) 75ff. Taf. 23,1.2. Zu einer mykenischen Fibel aus der Nekropole von Fusco in Syrakus s. G. Patroni, BPI 1896, 30ff. Zu einer mykenischen Fibel von goldplattierter Bronze aus Peschiera s. R. Paribeni, BPI 30, 1904, 29f.; ders., BPI 35, 1909, 178 Abb. 31; Chr. Blinkenberg, Fibules Grecques et Orientales (1926) 39. 47 Nr. 2e.

[48] H. Hencken, Tarquinia and Etruscan Origins (1968) 117f. (er sprach sich gegen mykenische Ableitung aus).

[49] A. Harding, PPS 41, 1975, 195ff. (Zusammenstellung der mykenischen Bronzemesser aus Italien). Ich möchte diesem Kollegen für seinen Besuch an der Universität Gießen 1979 danken, bei dem er die einschlägigen Funde mit mir besprach. Ein Rasiermesser aus dem Hortfund von Contigliano (s. L. Ponzi Bonomi, BPI 79 (N. S. 21), 1970, 134f. Abb. 14,2) entspricht einem typusgleichen Stück aus Athen, zu diesem s. W. M. Flinders Petrie, Tools and Weapons (1917, Nachdruck 1974) 50 Taf. 60,61.

[50] G. Säflund, Punta del Tonno, eine vorgriechische Siedlung bei Tarent, in: Dragma M. P. Nilsson (1939) 458ff. bes. 466ff. Abb. 9–14; Civiltà del Ferro (o. J.) Typentaf. nach S. 456; Buchholz, AA 1974, 338f. Abb. 10c.i.k und 11 (mit Lit.; anstatt CVA Taranto 2, 1952, lies: 1942); J. M. Coles – A. F. Harding, The

Bronze Age in Europe (1979) 419 Abb. 147; Chr. Podzuweit, AA 1983, 366. 381. 384 mit Anm. 203; 390 mit Anm. 245; S. 399. Zum Keramikimport in Apulien in der ausgehenden Bronzezeit s. F. G. Lo Porto, Il Bronzo Finale nella Puglia Centro-Meridionale, in: Bronzo Finale 532ff.; Vagnetti, ebenda 537ff. 547; D. Ridgway, ArchRep 1981/82, 82; Podzuweit a.O. 378 mit Anm. 160 (mit ungenauem Zitat meines Forschungsberichts im Archäologischen Anzeiger); S. 381 und 386. Für die fragliche Zeit ist ein einziger Beleg für minoischen Import in Apulien anzuführen, und zwar eine SM III B-Bügelkanne aus San Cosimo, vgl. Lord William Taylour, Myc. Pottery 169 Nr. 1 Taf. 17,1; A. Kanta, The Late Minoan III Period in Crete, SIMA LVIII (1980) 307.

[51] Buchholz, AA 1974, 338 Abb. 10k (mit Lit.; die Schreibung 'Castellucio' ist zu korrigieren).

[52] D. Ridgway, ArchRep 1981/82, 77 Abb. 28; E. French in: Temple University Aegean Symposium 9, 1984, 31f. (auch zu dem hier nachfolgend genannten Broglio di Trebisacce; zur Lage der beiden Orte s. unsere Karte Abb. 74 Nr. 13a.b). Eine SH III B-Bügelkanne aus Metapont befindet sich in Bonn, Akademisches Kunstmuseum, Inv.-Nr. 1607, s. CVA Bonn 2, Taf. 34,1.2. Zu mykenischer Keramik von Fundstätten in Kalabrien s. Ridgway a.O. 82 sowie Podzuweit a.O. 376.

[53] Vgl. oben Anm. 42. Zur Imitation von mykenischen Vasen in Cassibile bei Syrakus s. J. L. Myres, AnnLiv 3, 1910, 144.

[54] L. Bernabò-Brea in: Bronzo Finale 576ff. 584. 590; Podzuweit a.O. 378 mit Anm. 160; 396ff.

[55] Vgl. oben Anm. 44.

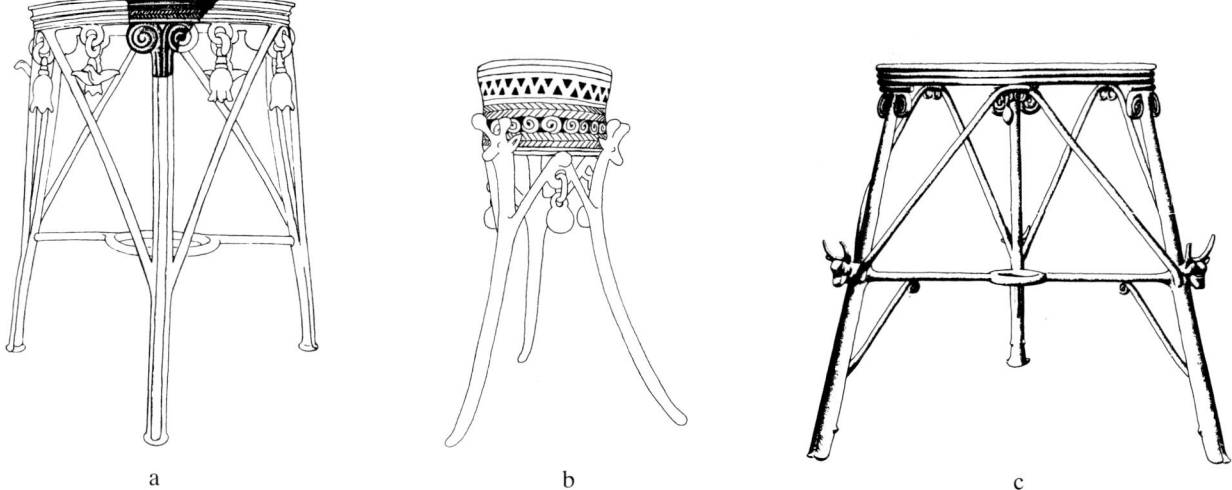

a   b   c

Abb. 73 a–c. Stabdreifüße: (a) Fragment aus Piediluco in Ergänzung nach dem Exemplar aus dem 'Tirynsschatz', (b) Miniatur-Nachbildung aus Sardinien, (c) Dreifuß aus Episkopi, Zypern

ben von Luni sul Mignone (SH III B/C 1), vom Monte Rovello[56] (SH III C) sowie aus San Giovenale[57] in Latium zeigen an, daß es sich nicht um Einzelerscheinungen, sondern um ein allgemeines Phänomen handelt. Aus Kampanien läßt sich ein SH III C 1c-Henkeltassenfragment aus der Grotta di Polla in den skizzierten Zusammenhang stellen[58]. Hinzu kommen einige wenige mykenische Siegelsteine aus Italien, einige späthelladische Terrakottastatuetten oder deren Kopien, die in Scoglio del Tonno, Palermo und Lipari ausgegraben worden sind[59], sowie bronzezeitliche Steinanker und andere Unterwasserfunde an den Küsten. Sie entsprechen einem Typus, der im östlichen Mittelmeerraum vorgebildet war[60]. Ein geschnitzter Elfenbeinkamm mit Spiralornament muß schließlich als besonders wertvolles Objekt unter den fremden Importen angesehen werden. Er ist eindeutig eine

[56] Die Scherben aus Luni sowie das Fragment vom Monte Rovello sind farbig abgebildet bei F. Biancofiore – O. Toti, Monte Rovello. Testimonianze dei Micenei nel Lazio (1973) 8f. Farbtaf. 1a–f. Zur Fundschicht der Scherbe vom Monte Rovello vgl. auch ebenda S. 20ff. 32 Abb. 3 Nr. a Taf. 7a; zu dieser Scherbe zuletzt L. Vagnetti, Precisazioni sulla Cronologia del Frammento Miceneo da Monte Rovello, in: SMEA 23, 1982, 297ff. Taf. 1; s. auch F.-W. von Hase, unten S. 263f. mit Anm. 27. 30.

[57] Anonymus, Tuscia Antiqua 3, 1972, 52; Etruscan Culture, Land and People (1972) 289ff.; R. Peroni, JberInstVgFrankf 1975, 33ff. bes. 41f.; B. Malcus, Un Frammento Miceneo di San Giovenale, in: DArch 1, 1979, 74ff.

[58] B. d'Agostino, DArch 6, 1972, 5ff. Abb. 3. 4.

[59] Säflund a.O. 460 mit Anm. 4. Ich habe betont (s. AA 1974, 339), daß mykenische Idole mehr sind als bloßer Keramikimport: Sie haben kultische Bedeutung und sind zusammen mit weiteren Indizien als Beleg für mykenische Niederlassungen anzusehen.

[60] Etwa 20 Anker aus Pozzuolituff stammen aus der Bucht von Pozzuoli (Puteoli). Ihr Material beweist, daß es sich um einheimische Produktion handelt. Ein Steinanker mit drei Löchern und einem Gewicht von fast 40 Pfund (Abb. 79) wurde bei Ostia südlich der Tibermündung, auf der Höhe von Lavinium, gefunden. Auch an der Adria wurden derartige Anker geborgen, beispielsweise sieben nahe Brindisi. Zu diesen sowie weiteren Ankern s. L. Quilici, ArchCl 23, 1971, 1ff. Abb. 1. 2 Taf. 1. 2; H.-G. Buchholz, AA 1974, 346. Außerdem sei noch ein Anker von Pantelleria angeführt, s. P. Orsi, MonAnt 9, 1899, 449ff. Abb. 13. 14. Zu den Ankern des westlichen Mittelmeergebiets s. auch V. Tusa in: D. J. Blackman, Marine Archaeology. Proceedings of the 23rd Symposium of the Colston Research Society, Bristol 1971, Colston Papers XXIII (1973) 411ff.; M. Perrone, Ancorae Antiquae, per una Cronologia Preliminare delle Ancore del Mediterraneo (1979). Zu den entsprechenden Funden aus dem Bereich des östlichen Mittelmeeres s. H.-G. Buchholz, oben S. 161 Abb. 41a.b.

mykenische Arbeit, aber wohl keinesfalls aus Phase I des SH oder der Phase II, wenn er nicht als Erbstück angesehen werden muß[61].

Importierte Glas- und Fayenceperlen reichen zeitlich in Sizilien und auf den Aiolischen Inseln bis zum Anfang der Späten Bronzezeit zurück[62], aber ihr Herkunftsgebiet ist noch nicht völlig gesichert. Es kommen Kreta und Orte der helladischen Welt in Frage, vielleicht aber stammt Schmuck dieser Art aus noch weiter östlich gelegenen Werkstätten, die auf Zypern oder in den levantinischen Küstengebieten zu suchen sind.

In der Tat erscheinen Importe aus Zypern spätestens vom 14. Jh. v. Chr. an, wie 'Base-Ring'- und 'White Slip'-Ware in Scoglio del Tonno[63] und in der Region um Syrakus[64]. Zwei in Paestum gefundene kyprische Scherben – das Fragment einer Henkelschale und ein Randbruchstück wohl einer Amphora – sind demgegenüber jünger und wurden der Phase SH III C 1 zugewiesen[65].

[61] L. Bernabò-Brea, Alt-Sizilen (1958) 143 Taf. 55; vgl. dazu auch den Katalog der Ausstellung I Micenei in Italia, Taranto, Museo Nazionale (1967) 19 f. Taf. 14,57; Buchholz, AA 1974, 351 f. Abb. 19 b. Ein weiteres Fragment eines Knochenkamms von Lipari ist zweifelsfrei norditalischen Ursprungs und stellt aus diesem Grund eine wichtige chronologische Verbindung zwischen beiden Gebieten und dem mykenischen Griechenland dar, vgl. Lord William Taylour, Myc. Pottery 43 f. Taf. 8,2 a.b; Buchholz a.O. Abb. 19 a. Zu diesen Kämmen vgl. jetzt in größerem Zusammenhang H.-G. Buchholz, APA 16/17, 1984/85, 91 ff.

[62] L. Bernabò-Brea – M. Cavalier, Meligunìs Lipára III (1968) 166 f. Taf. 85: Halsketten bzw. einzelne Perlen aus Salina; die Perlen der einen Kette bestehen aus Karneol (in AA 1974, 352, irrtümlich als Taf. 35 zitiert, lies ebenda Taf. 84,11–17 anstatt Taf. 34,11–17 für die mykenische Keramik, die zusammen mit den Perlen gefunden wurde, dazu unsere Tabelle Abb. 69); vgl. zu den Perlen aus Salina außerdem: I Micenei in Italia, Taranto, Museo Nazionale (1967) 23 Taf. 14,58, zu Fundorten solcher Glas- und Fayenceperlen in Sizilien: Buchholz a.O. 342 ff., dazu ergänzend: I Micenei in Italia (a.O.) 8. 19. Die Verbreitung von Fayenceperlen erstreckt sich über weite Gebiete, vgl. dazu: J. F. S. Stone – L. C. Thomas, The Use and Distribution of Faience in the Ancient East and Prehistoric Europe, in: PPS 22, 1956, 37 ff.; R. G. Newton – C. Renfrew, British Faience Beads Reconsidered, in: Antiquity 44, 1970, 199 ff.; H. McKerrell, On the Origins of British Faience Beads and some Aspects of the Wessex-Mycenae Relationship, in: PPS 38, 1972, 286 ff. In Frattesina bei Rovigo, Norditalien, wurde eine endbronzezeitliche Werkstatt für Glas und Bernstein ausgegraben (unter den Funden sind beispielsweise Perlen eines Typs wie in Tiryns und Kos), vgl. A. M. Bietti Sestieri, Padusa 11, 1975, 1 ff.; Bietti Sestieri – M. de Min in: Bronzo Finale 214; G. Bergonzi – G. Cateni, ebenda 260; J. M. Coles – A. F. Harding, The Bronze Age in Europe (1979) 417. Zu Bernsteinperlen des 'Tirynsschatz' vertretenen Typus in Italien s. F.

Rittatore Vonwiller, Manufatti d'Ambra della Tarda Età del Bronzo in Italia e nell' Area Micenea, in: PP 24, 1969, 383 ff.; N. Negroni Catacchio, Le Ambre Garganiche nel Quadro della Problematica dell'Ambra, in: Atti del Colloquio Internazionale di Preistoria e Protostoria della Daunia (1975) 316 f. Taf. 89 a (Vorkommen auch in Illyrien); Bergonzi-Cateni in: Bronzo Finale 260 f.; M. A. Fugazzola Delpino – F. Delpino, ebenda 282 Nr. 14; 308; E. M. de Juliis, ebenda 517; L. Vagnetti, ebenda 546. Zu einer Bernsteinperle des im Tirynsschatz vertretenen Typus aus Fondo Paviani südlich von Verona s. D. Ridgway, ArchRep 1981/82, 82. Zur Verbreitung in Italien, Griechenland und auf dem Balkan vgl. A. Harding – H. Hughes-Brock, Amber in the Mycenaean World, in: BSA 69, 1974, 155. 160. 166 ff.; vgl. auch F.-W. v. Hase, unten S. 269 mit Anm. 55. Die Verbreitung von Fayence- und von Bernsteinperlen erstreckt sich bis nach Irland; vgl. dazu S. P. Ó. Ríordáin, PPS 21, 1955, 170 ff. Taf. 23,1–4; bzw. 168 Taf. 23,5–8 (Funde in einem irischen Grab vom Beginn der 2. Hälfte des 2. Jts. v. Chr.). Zu den weiträumigen Handelsbeziehungen zwischen der mykenischen Kultur und dem übrigen Europa, wie sie sich besonders an den Fayenceperlen zeigen, s. J. M. Coles – A. F. Harding, The Bronze Age in Europe (1979) passim.

[63] F. Biancofiore, Civiltà Micenea nell'Italia Meridionale[2] (1967) 75. 82 Taf. 34 a.b; dazu auch Buchholz, AA 1974, 339. 396.

[64] Diese Information erhielt ich freundlicherweise von R. R. Holloway im November 1979.

[65] K. Kilian, RM 76, 1969, 346 ff. Abb. 6 Nr. 69. 70 Taf. 109,4.5. Vgl. ferner Fugazzola Delpino, Lazio 272 (mit ungenauem Kilian-Zitat). Ihr Buch hat kompilativen Charakter und bietet einen Überblick über den Forschungsstand zu den lokalen apenninischen Kulturen, wobei Importe aus dem ägäischen und ostmediterranen Raum nur am Rande erfaßt sind. Zu den Beziehungen Zyperns mit dem Westen vgl. umfassend H. W. Catling, Cyprus and the West 1600–1050 B. C. (1980).

Diese Hinweise beleuchten den großen Wandel, der sich in den Beziehungen zwischen den Kulturen des östlichen Mittelmeergebiets und dem altitalischen Westen seit der Jahrtausendmitte vollzogen hat[66]: Das Importgut ist zahlreicher und vielseitiger geworden, seine Herkunft reicht nach Osten beträchtlich über den ursprünglichen helladischen Lieferraum hinaus. Unser Überblick verfolgt die Absicht zu zeigen, wie gering die Möglichkeiten sind, der Sage von der Anwesenheit des König Minos auf Sizilien eine archäologische Bestätigung zu liefern; denn kretisch-minoische Erzeugnisse fehlen unter den Funden so gut wie völlig.

Ich kann mir an dieser Stelle einen Exkurs nicht versagen, der ebenfalls zu dem negativen Ergebnis führt, daß es auffallend enge Kontakte zwischen Kreta und dem Westen weder in der minoischen Palastzeit (SM I/II) noch später gegeben hat, wohl aber zwischen der mykenischen Welt und Italien. Ich greife von den importierten Metallprodukten ein einziges heraus, ein kleines symbolisches Rad aus Zinn – oder aber aus Blei, wie ich früher bemerkt habe – mit vier Gabelspeichen, das aus Porto Perone stammt[67]. Dieses Stück schließt sich an entsprechende weitere Beispiele – aus Bronze und Bein – aus Italien an, die ebenfalls vier eckig gegabelte Speichen aufweisen[68]. Insgesamt handelt es sich um acht Miniaturrädchen, die sich durch die Anzahl ihrer Gabelspeichen und die Form der Gabelung zu einer Gruppe zusammenschließen. Hinsichtlich ihrer Verwendung ist allerdings zwischen 'richtigen' Rädchen mit hohler Radnabe, die vielleicht als Nadelköpfe verwendet wurden, und Schmuckanhängern in Radform mit Öse zu unterscheiden. Zu ersteren zählen die Rädchen aus Porto Perone, aus der Grotta di Polla und Woytowitschs Nr. 37, zu letzteren die übrigen. Die Radanhänger weisen keine Radnabe auf, statt dessen kreuzen sich die Speichen in der Mitte. Der Anhänger Woytowitsch Nr. 38 besitzt dagegen in der Mitte einen Ring. Dies ist als Angleichung an die Rädchen mit Nabe in der Draufsicht zu verstehen und deutet darauf hin, daß die Verwendung der Radform mit Gabelspeichen als Anhänger sekundär ist[69].

A. M. Bietti Sestieri und L. Vagnetti nahmen für die Rädchen italische Herkunft an und

[66] Neuerdings O.-H. Frey, Zur Seefahrt im Mittelmeer während der Früheisenzeit (10.–8. Jh. v. Chr.), in: Kolloquien zur Allgemeinen und Vergleichenden Archäologie II (1982) 21 ff. mit Abb. 1 (Verbreitung mykenischer Keramik im Westmittelmeerbecken).

[67] F. G. Lo Porto, NSc 1963, 301 Abb. 24; J. Bouzek, Eirene 8, 1970, 99 f. Abb. 1,6; B. d'Agostino, DArch 6, 1972, 8; A. M. Bietti Sestieri, PPS 39, 1973, 416 Anm. 13; 419 Anm. 77; Buchholz, AA 1974, 341; E. Woytowitsch, Die Wagen der Bronze- und frühen Eisenzeit in Italien, PBF XVII 1 (1978) 116 Nr. 36 Taf. 51,36.

[68] G. Kossack, Studien zum Symbolgut der Urnenfelder- und Hallstattzeit Mitteleuropas (1954) 86 ff. Nr. A 26.55.135.169.186 Taf. 16,19; Woytowitsch a.O. 116 Nr. 37–39 Taf. 51,37–39 (Nr. 38 = Kossack a.O. Nr. A 169 und Bietti Sestieri a.O. 393 Abb. 7,10 sowie H. Müller-Karpe, Handbuch der Vorgeschichte IV: Bronzezeit [1980] 791 Taf. 277, A 18. – Woytowitsch a.O. Nr. 39 = Kossack a.O. Nr. A 55 [von Woytowitsch nicht zitiert] sowie Müller-Karpe a.O. 168. 791 Taf. 276, A 14). Hinzu kommt noch ein weiteres Exemplar aus der Grotta di Polla (SH III C 1): d'Agostino a.O. 8 f. Abb. 3; Bietti

Sestieri a.O. 419 Anm. 77 (ohne nähere Herkunftsangabe erwähnt); L. Vagnetti in: Bronzo Finale 544.

[69] Radanhänger bzw. Rädchen mit vier Gabelspeichen sind auch in Mitteleuropa belegt, was »italische Beziehungen verrät« (Kossack a.O. 29 f. 86 Nr. 50: ein Exemplar aus der Schweiz; ebenda 89 Nr. A 135a: eine Gußform aus Rötha-Geschwitz in Sachsen für ein Rädchen mit bogenförmigen Gabelungen; zur Symbolik des Radmotivs vgl. ebenda 20 ff. 81). In diesem Zusammenhang sei auch ein bronzener Radanhänger mit vier einfachen, nicht gegabelten Speichen der Urnenfelderkultur aus Innsbruck-Mühlau, Grab 20, im Ferdinandeum von Innsbruck, Inv.-Nr. 4739, erwähnt. Darüber hinaus gibt es einen zwölfspeichigen Radanhänger aus Châtillon-sur-Glâne bei Fribourg und achtspeichige aus Amordans im Schweizer Jura, s. H. Schwab, Germania 61, 1983, 452 mit Anm. 71 Abb. 29,1. Der Anhänger aus Châtillon stammt aus dem Gräberfeld der in die Zeit von etwa 550–450 v. Chr. datierten Siedlung. Die zahlreichen griechischen Importstücke legen die Vermutung nahe, daß der Radanhänger zumindest auf griechischen Einfluß zurückgeht.

meinten, die in Griechenland gefundenen Exemplare seien aus Italien importiert worden[70]. Um so größeres Gewicht ist demgegenüber einem genau entsprechenden bronzenen Exemplar der Phase SH III C 1 aus Argos-Deiras in Griechenland beizumessen[71]. Als älter muß die Ausprägung mit dreiteiliger Gabelung bezeichnet werden, wie sie ein vierspeichiges Elfenbeinrädchen mit Nabe aus einem der mykenischen Kammergräber aufweist[72]. Dies gibt uns Anlaß, die Stücke in Italien aus der mykenischen Welt abzuleiten. Im übrigen lassen sich unter den Tempelvotiven späterer Zeit in Griechenland solche Erscheinungen ebenfalls belegen. Beispielsweise verlaufen die Gabelungen eines vierspeichigen gegabelten Bronzerädchens mit Nabe aus Lindos im Unterschied zu denen der vorigen Gruppe bogenförmig[73]. Auch diese Form findet ihre Entsprechung bei einem – allerdings sechsspeichigen – Exemplar aus Italien[74].

Die Rädchen mit einfachen, nicht gegabelten Speichen sind in Hellas häufig. Besonders hervorzuheben ist, auch wegen des zeitlichen Anschlusses, ein sechsspeichiges Rädchen der Epoche SH III aus Teichos Dymaion, das aus Blei ist[75]. Im übrigen mag hier der Hinweis genügen auf drei vierspeichige Radfragmente der geometrischen Epoche aus Delphi[76], auf ein Bronzerädchen mit sechs nichtgegabelten Speichen, das auf der Akropolis von Kameiros, Rhodos, zusammen mit Votivgaben des 7.–5. Jhs. v. Chr. gefunden wurde[77], sowie ferner auf den Neufund zweier Bronzerädchen mit vier Speichen, die bei der Freilegung eines mykenischen Altars im Gebiet des Apollon Maleatas-Heiligtums von Epidauros zutage kamen[78]. Auch Rädchen dieser Form haben ihre Entsprechungen in Italien[79]. Das Motiv des vierspeichigen ungegabelten Rädchens findet sich darüber hinaus auch, bereichert mit Verzierungen oder leicht umgestaltet, im mykenischen Griechenland

[70] Die Belege hierfür s. oben Anm. 68.

[71] Zu diesem Stück s. bereits Dosborough, Mycen. 72; ferner J. Bouzek, Homerisches Griechenland (1969) 60f. 63 Abb. 23,3; ders., Eirene 8, 1970, 99f. Abb. 1,11; Buchholz, AA 1974, 341; H. Müller-Karpe, Handbuch der Vorgeschichte IV: Bronzezeit (1980) 170 Taf. 254 J.

[72] Athen, Nationalmuseum, Inv.-Nr. 2646. Zu diesem Stück s. auch J.-C. Poursat, Catalogue des Ivoires Mycéniens du Musée National d'Athènes (1977) 79 Nr. 262 Taf. 23,262.

[73] Chr. Blinkenberg, Lindos I (1931) 127 Nr. 321 Taf. 13,321.

[74] Aus Frattesina di Fratta Polesine; Rovigo, Museo Civico. Vgl. G. Fogolari, in: M. Pallottino, Popoli e Civiltà dell'Italia Antica IV (1975) Taf. 6,2; Woytowitsch a. O. 116 Nr. 40 Taf. 51,40.

[75] Vgl. E. Mastrokostas, Ergon 1966, 163; Th. I. Papadopoulos, Mycenaean Achaea, SIMA LV 1 (1979) 159. 227 Nr. 184.

[76] P. Amandry, BCH 62, 1938, 307 Anm. 4; S. 315 Nr. 20 Taf. 34,1 (aus dem westlichen Teil des Heiligtums, vgl. P. Lemerle, ebenda 463); zwei Exemplare aus einem Depot der geometrischen Zeit unter der Heiligen Straße in der Nähe des Weihgeschenks der Boioter: P. Lemerle, BCH 63, 1939, 309; P. Amandry, BCH 68/69, 1944/45, 36. 38.

[77] Vgl. G. Jacopi, ClRh VI/VII (1932/33) 356 Nr. 67 Abb. 83.

[78] Ergon 1978, 37ff. Abb. 46; G. Touchais, BCH 103, 1979, 559ff. Abb. 81; V. K. Lamprinoudakes, Praktika 1978, 120 Taf. 98a.

[79] Vgl. die Zusammenstellung von vierspeichigen, sechs- und sogar achtspeichigen Rädchen bei Woytowitsch a.O. 111ff. Nr. 1–35 Taf. 50,1–23; 51,24.25. Zu je einem weiteren sechsspeichigen Rädchen aus Coste del Marano und aus Frattesina di Fratta Polesine s. A. M. Bietti Sestieri, PPS 39, 1973, 392f. Abb. 7,9 bzw. S. 411f. Abb. 23,9; H. Müller-Karpe, Handbuch der Vorgeschichte IV: Bronzezeit (1980) 170. 791. Taf. 277, A 15. Zu zwei weiteren sechsspeichigen Rädchenanhängern s. D. Vitali, L'Età del Ferro nell'Emilia Occidentale, in: Studi sulla Città Antica – L'Emilia-Romagna, StA XXVII (1983) 164f. Anm. 94 Abb. 17,2 und S. 167f. Abb. 18. Zu einem weiteren achtspeichigen Anhänger aus Coste del Marano s. Müller-Karpe a.O. Taf. 277, A 19. Eigenartigerweise gibt es auch Rädchenanhänger mit sieben Speichen, s. Vitali, ebenda 134 Anm. 13 Abb. 12; S. 156 Abb. 17,1. Das erstzitierte Stück aus Marzabotto ist insofern bemerkenswert, als es die Übernahme dieser Form auch durch die Etrusker belegt (es handelt sich insgesamt um drei Exemplare aus Marzabotto; jedoch ist über die Speichenzahl der beiden anderen nichts ausgesagt); dazu unten S. 510.

in der Vasenornamentik und als Schmuckform sowie auf Vasen der geometrischen Zeit[80]. Die religiöse Absicht solcher zum praktischen Gebrauch ungeeigneten Bleirädchen ergibt sich unter anderem aus ihrer Analogie zu rund 25000 symbolischen Metallrädchen aus einem spätlatènezeitlichen und frührömischen Heiligtum bei Villeneuve-au-Chatelot, Dép. Aube, deren Hauptmenge ebenfalls aus Blei besteht. Eine Inschrift an einem entsprechenden Bronzerädchen aus dem Tempelbezirk von Matagne-la-Petite in Belgien erweist den Empfänger als eine dem römischen Jupiter entsprechende Gottheit[81].

Kehren wir zu unserem Ausgangspunkt, der Frage nach der Existenz kretisch-minoischen Einflusses um die Jahrtausendmitte (1500 v. Chr.) in Sizilien, zurück! Es versteht sich, daß wir auch die etwas späteren, ebenfalls bronzezeitlichen Ost-West-Kontakte einbezogen haben, weil sich dagegen die mehr als bescheidene Rolle Kretas deutlich abhebt. Es zeigt sich, daß man unter den importierten bronzezeitlichen Vasen rhodische, kyprische und Festlandsware unterscheiden kann. In Apulien war der sich in der Keramik spiegelnde Einfluß wohl hauptsächlich rhodisch, zu einem kleineren Teil kyprisch; selbstverständlich gehörte helladische Festlandsware in dieser Fundlandschaft ebenfalls zu den Importen[82]: Manche Ornamente der auf Lipari ausgegrabenen mykenischen Gefäßscherben entsprechen – wie Lord William Taylour feststellte – bevorzugten Zierelementen in Eleusis und Malthi, mithin dem Kulturraum von Athen bis Messenien. Auch der bereits mehrfach erwähnte mittelhelladische Becher aus Monte Sallia in Sizilien kommt keramischen Formen besonders nahe, wie sie in Korakou und Eleusis gefunden wurden[83]. Der Schlüssel zum Verständnis der historischen Zusammenhänge liegt meines Erachtens weniger in der Verbreitung keramischer Erzeugnisse als vielmehr im 'Metallhunger' der spätbronzezeitlichen Kulturen des östlichen Mittelmeergebietes, insbesondere Griechenlands. Zinn- und Kupfersuche führten nach teilweiser Erschöpfung oder Verschließung östlicher Ressourcen in den Westen, wo Etrurien, Sardinien und die Iberische Halbinsel wegen ihrer Bodenschätze die eigentlichen Fernziele darstellten[84]. Der mykenische Kulturkreis besaß auf Grund der

---

[80] Belege für die mykenische Zeit bei M. P. Nilsson, The Minoan-Mycenaean Religion and its Survival in Greek Religion[2] (1968) 417ff. Abb. 191–193 (nicht als Sonnensymbole gedeutet, sondern rein dekorativ). Zu dem von ihm angeführten Goldornament aus dem Schachtgrab III von Mykene s. auch Karo, Schachtgräber 50 Nr. 38; S. 189 Taf. 20,38 (sechs Glieder eines Gehänges). Beispiele der geometrischen Vasenmalerei bei J. Bouzek, Homerisches Griechenland (1969) 60 mit Anm. 148 Abb. 23,5 ('Sonnensymbole'); ferner V. K. Lamprinoudakes, Praktika 1980, 259f. Taf. 151c (geometrischer Scherbenfund aus Grotta auf Naxos mit Darstellung eines vierspeichigen Rädchens). Vgl. weiterhin I. Kilian-Dirlmeier in: H. Philipp, Bronzeschmuck aus Olympia, OF XIII (1981) 345ff. Nr. 1233–1244; S. 376 (Datierung) Taf. 24. 76. Von diesen spät-/subgeometrischen radförmigen Schmuckanhängern weisen allerdings nur drei (Nr. 1236. 1237. 1242) mit ihren vier ungegabelten Speichen eine sich direkt an die zuvor angeführten Rädchen anschließende Form auf. Daß solche Rädchen auch als Stempel verwendet wurden, belegt das Bruchstück eines spätgeometrischen Pithos aus Tiryns, auf dem sich die Abdrücke eines Rädchens mit acht ungegabelten Speichen finden, vgl. K. Kilian, AA 1978, 457 Abb. 13 (ebenda Anm. 16: Radstempel, Blei, aus Tiryns). Die Rädchenform mit vier eckig gegabelten Speichen ist ebenfalls in nachmykenischer Zeit belegt (Bronzeexemplar geometrischer Zeit aus Olympia, Basis eines Vogelfigürchens), s. W.-D. Heilmeyer, JdI 84,1969, 3 Abb. 3.

[81] A. Haffner in: J. Cüppers, Trier, Augustusstadt der Treverer (1984) 262f. Text zu Nr. 120 (mit weiterer Lit.). Vgl. M. Green, The Wheel as a Cult-Symbol in the Romano-Celtic World (1984).

[82] F. G. Lo Porto in: Bronzo Finale 532ff. vermutete für die importierte Keramik der Phasen SH III C 1l und SH III C 2 die Ionischen Inseln und die westliche Küste Griechenlands als Herkunftsgebiete.

[83] So Lord William Taylour, Mycenaean Pottery in Italy and Adjacent Areas 184. 187.

[84] Siehe Buchholz in: J. Thimme, Kunst und Kultur Sardiniens vom Neolithikum bis zum Ende der Nuraghenzeit, Ausstellung des Badischen Landesmuseums, Karlsruhe (1980) 142ff. und oben Anm. 43–45.

verkehrsgünstigen Lage vorzügliche Bedingungen für den Westhandel, jedenfalls günstigere als Kreta[85]. Die minoischen Kultur- und Handelszentren, Thera eingeschlossen, konzentrierten sich offensichtlich stärker auf den Osthandel. Die Frage nach minoischen Beziehungen mit dem Westen zu Anfang der Spätbronzezeit (16./15. Jh. v. Chr.) ist demnach negativ zu beantworten und ebenso die der Glaubwürdigkeit des Mythos von einer kretischen See-Expedition des Minos und seines Ablebens auf Sizilien. Jedenfalls reichen die archäologischen Indizien zur Bestätigung des historischen Wertes des Sagenkerns nicht aus: »Minos . . . landete im Akragantinischen an dem Ort, der nach ihm Minoa genannt wurde . . . Nachdem später die Stadt Akragas gegründet war (582 v. Chr.) und man entdeckt hatte, wo die Gebeine (des Minos) beigesetzt waren, wurde das Grab zerstört, die Gebeine aber den Kretern zurückgegeben, und zwar zu der Zeit, als Theron über die Akragantiner herrschte (488–472 v. Chr.)«[86].

[85] Vgl. hierzu auch M. Marazzi, La Società Micenea (1977) passim; ders., Die mykenische Gesellschaft im Licht der ägäischen Warenzirkulation im westlichen Mittelmeerraum, in: EthnogrAZ 21, 1980, 594 ff.

[86] Diodor IV 78 f., Übersetzung: K. Meister, Das griechische Sizilien (1969) 12. Anschließend erzählt Diodor, daß die Gefährten des Minos auf Sizilien blieben, wo sie die Städte Minoa und Engyon gründeten. Zur Weitertradierung mykenischen Guts in Sizilien s. V. La Rosa, CronAStorArt 8, 1969, 33 ff. F. Lo Schiavo, Copper Metallurgy in the Late Bronze Age, New Prospects on its Aegean Connections, in: Early Metallurgy in Cyprus, Acta of the International Archaeologial Symposium in Larnaca 1981 (1982) 271 ff.; B. Pålsson-Hallager, Crete and Italy in the Late Bronze Age III Period, in: AJA 89, 1985, 293 ff.; E. A. Fisher, The Trade Pattern of the Mycenaeans in Southern Italy, ebenda 330. Zu E. Peruzzi, Mycenaeans in Early Latium (1980) gibt es jetzt eine russische Rezension, s. Nestor S. 1827 Nr. 840573. Zuletzt: F. Lo Schiavo – E. Macnamara – L. Vagnetti, Late Cypriot Imports to Italy and their Influence on Local Bronzework, in: BSA 53, 1985, 3 ff.

DIE ÄGÄISCH-BRONZEZEITLICHEN IMPORTE
IN KAMPANIEN UND MITTELITALIEN
IM LICHT DER NEUEREN FORSCHUNG

Von Friedrich-Wilhelm von Hase

Das Problem der Ausstrahlung der ägäischen Kultur der Bronzezeit innerhalb des gesamten Mittelmeerbereichs hat die Forschung in den letzten Jahren auf Grund des stark angewachsenen Fundmaterials sowie des Versuchs einer systematischen Aufarbeitung und Interpretation in zunehmendem Maße beschäftigt[1].

Im folgenden soll aus diesem umfangreichen Fragenkomplex ein besonders für die italische Bronzezeitforschung wichtiger Teilbereich mit der damit verbundenen Problematik herausgegriffen werden, nämlich das Vorkommen ägäisch-mykenischer Importe in Kampanien, Mittelitalien sowie vereinzelt jetzt auch in der Poebene (vgl. die Karte, Abb. 74 Nr. 1–8.40.41). Zu Funden der Phasen MH/SH I–SH II/III ist für den Süden der Apenninhalbinsel unsere tabellarische Übersicht (Abb. 69) zu vergleichen.

Die spezielle Fundsituation in dem angesprochenen geographischen Bereich, die sich von der in Süditalien (Golf von Tarent), Sizilien, auf den Aiolischen Inseln und Sardinien mit ihrem stärker nachweisbaren ägäischen Einfluß deutlich unterscheidet[2], scheint die vorgenommene räumliche Einschränkung zu rechtfertigen. Hinzu kommt, daß die vor einigen Jahren auf der Insel Vivara im Golf von Neapel gemachten Neufunde unserer Problematik eine besondere Aktualität verliehen haben[3].

Die große Bedeutung, die die ägäischen Importe zunächst einmal für die Zeitbestimmung der Mittleren, Jüngeren und Endbronzezeit Mittelitaliens[4] und deren lokale Ausprägungen besitzen, ist von der Forschung seit dem Auftreten der ersten mykenischen Importe klar erkannt worden[5] (s. die Übersicht über die chronologischen Phasen: Abb. 80).

[1] H.-G. Buchholz, AA 1974, 325–462 (mit umfassenden Nachweisen); M. Marazzi, Egeo e Occidente alla Fine del II Millennio a. C. (1976) 15 ff. (mit neuerer Lit.). Vgl. auch K. Kilian, Nordgrenze des ägäischen Kulturbereiches in mykenischer und nachmykenischer Zeit, in: JberInstVgFrankf 1976 (1977) 112 ff.; M. Marazzi – S. Tusa, Die mykenische Penetration im westlichen Mittelmeerraum, in: Klio 61, 1979, 39 ff.; L. Vagnetti, BMusVerona 1979, 599 ff.; dies. in: Peruzzi, Myc. Latium 151 ff. Weitere Neufunde der jüngsten Zeit wurden in den Beiträgen auf dem letzten Tarentiner Kongreß bekanntgemacht, vgl. Magna Grecia e Mondo Miceneo. Nuovi Documenti a Cura di L. Vagnetti, XXII Convegno di Studi sulla Magna Grecia, Taranto 7–11 Ottobre 1982 (1982).

[2] Lord William Taylour, Myc. Pottery 9 f.; F. Biancofiore, Civiltà Micenea nell'Italia Meridionale², Incunabula Graeca XXII (1967); S. Tinè – L. Vagnetti in: I Micenei in Italia. Taranto, Museo Nazionale (1967) 17 ff.; L. Vagnetti, PP 25, 1970, 359 ff. Zu den Aiolischen Inseln vgl. Lord William Taylour, Aegean Sherds found at Lipari, in: L. Bernabò-Brea, Meligunìs Lipára IV (1980) 793 ff.

Zu Sardinien vgl. H.-G. Buchholz in dieser Publikation S. 248 f. (mit Lit.); vgl. ferner M. L. Ferrarese Ceruti, Ceramica Micenea in Sardegna (Nota Preliminare), in: RivScPr 34, 1979, 243 ff.

[3] Vgl. unten Anm. 15.

[4] Zu der hier gebrauchten Phaseneinteilung der italienischen Bronzezeit vgl. R. Peroni, MemAccLinc, Serie 13, Bd. 9, 1960, 3: Mittlere Bronzezeit = Apenninische Phase, etwa 16.–14. Jh. v. Chr.; Jüngere Bronzezeit = Subapenninische Phase, etwa 13.–12. Jh. v. Chr.; Endbronzezeit = Protovillanovazeit, etwa 12.–11. Jh. v. Chr.; vgl. ferner: ders., Zur Chronologie der Bronzezeit auf dem italienischen Festland, in: Actes du 7. Congrès International des Sciences Préhistoriques et Protohistoriques, Prag 1966, I (1970) 597 ff.; Fugazzola Delpino, Lazio 255 ff. mit Lit. Vgl. auch den überregionalen Gliederungsversuch durch H. Müller-Karpe, Beiträge zur Chronologie der Urnenfelderzeit nördlich und südlich der Alpen, RGF XXII (1959) 15 ff. 182 ff. Abb. 64 (synchron. Zeittabelle).

[5] So schon G. Buchner, BPI 1936/37, 39; zuletzt Fugazzola Delpino, Lazio 269 ff. mit Lit. Vgl. auch unsere An-

Darüber hinaus stellt sich mit jedem Neufund eindringlicher das Problem der Interpretation dieses an der tyrrhenischen Küste nachweisbaren Phänomens, für das zahlreichere Entsprechungen an der mittleren Adriaküste bisher fehlen, sieht man von einer noch unveröffentlichten Scherbe aus Trezzano am Tronto in der Provinz Ascoli Picenum einmal ab[6]. Ein Tatbestand, aus dem freilich keine vorschnellen Schlüsse abgeleitet werden dürfen. Denn hatten bereits die Funde an der südlichen Adriaküste die Vermutung aufkommen lassen, daß auch dieses Meer von ägäischen Seefahrern benutzt worden war, so erfuhr diese Annahme eine ungeahnte Bestätigung durch die Entdeckungen in der protovillanovazeitlichen Siedlung von Frattesina di Fratta Polesine bei Rovigo. Neben lokalen Fundstücken mit unzweifelhaft ägäischem Einfluß kam hier kürzlich auch eine wohl spätmykenische Scherbe der Zeitstellung SH III C zutage[7]. Eine weitere spätmykenische Scherbe gleicher Zeitstellung, von einer kleinen Amphore oder Kanne stammend, fand sich 1978 auf dem Fondo Paviani bei Torretta di Legnago zwischen Etsch und Tartaro zusammen mit Siedlungsmaterial der ausgehenden Bronzezeit[8].

Nicht unbemerkt blieb der Forschung die Tatsache, daß dieser früheste ägäische Einfluß sich primär in den gleichen geographischen Bereichen abspielte, die im Zuge der späteren sog. großgriechischen Kolonisation wieder eine besondere Rolle spielen sollten. Auch der Versuch der euböischen Griechen, ihren Handel über den Stützpunkt Pithekussai auf Ischia in nördlicher Richtung weiter nach Etrurien auszudehnen[9], ähnelt auffallend der um Jahrhunderte älteren Verteilung ägäischer Importe bis in die gleiche Gegend.

Angesichts dieser Übereinstimmung wurde nun die Frage aufgeworfen, ob zwischen den beiden durch etwa 300 Jahre zeitlich getrennten Vorgängen nicht doch ein gewisser Zusammenhang bestehen müsse. Erscheint zwar archäologisch eine Siedlungskontinuität bisher nur bei Tarent (Scoglio del Tonno) wahrscheinlich, so wurde doch von G. Pugliese Carratelli auf die literarische Tradition verwiesen, die – in ihrem Kern ernst genommen – für viele griechische Siedlungen und Kulte Siziliens und Süditaliens eine offenbar bis in die Bronzezeit zurückreichende Vergangenheit anzudeuten scheint[10].

gaben in Anm. 4. Unsere Tabelle (Abb. 80) mit kleinen Veränderungen nach M. Marazzi – S. Tusa, Klio 61, 1979, 326, Schema 3. Zugrunde liegen die in Anm. 4 zitierten Arbeiten. Zeichnung M. Morkramer, Gießen.

[6] Vgl. den Hinweis von L. Vagnetti in: Peruzzi, Myc. Latium 162 mit Anm. 40.

[7] Freundlicher Hinweis von A. M. Bietti Sestieri. Zu Frattesina di Fratta Polesine vgl. M. L. Nava, Osservazioni sui Problemi Sollevati dallo Stanziamento di Frattesina di Fratta Polesine, in: Padusa 9, 1973, 83 ff.; Bietti Sestieri, Elementi per lo Studio dell'Abitato Protostorico di Frattesina di Fratta Polesine (Rovigo), in: Padusa 1–4, 1975, 1 ff. mit Lit.; ferner Bietti Sestieri – M. De Min, I Ritrovamenti Protostorici di Montagnana: Elementi di Confronto con l'Abitato di Frattesina, in: Bronzo Finale 205 ff.; Bietti Sestieri in: Atti del XI Convegno di Studi Etruschi e Italici, Este-Padova 1976 (1980) 23 ff.; vgl. auch unten S. 269 mit Anm. 55. Zur Fundsituation im italienischen Adriagebiet vgl. Lord William Taylour, Myc. Pottery 170 ff. 185 f.; Desborough, Mycen. 57. 70. 215 ff.

Vgl. auch O. Höckmann, Frühe Schiffahrt im Adriatischen Meer, in: Atti e Memorie del 1° Congresso Internazionale di Micenologia, Roma 1967, Bd. III (1968) 1176 ff.; M. Guglielmi, PP 26, 1971, 428 f.; M. L. Nava, Padusa 8, 1972, 25. Zur Verbreitung mykenischer Keramik in Italien vgl. die Fundkarten bei H.-G. Buchholz, AA 1974, 331 Abb. 6, und bei M. Marazzi – S. Tusa, SicA 9 Nr. 31, 1976, 68 ff. Abb. 17–21 (nach Abb. 17, als Umzeichnung von N. Fritzius, Gießen, unsere hier vorgelegte Fundkarte Abb. 74, hinzugefügt wurden Nr. 3 a, Nr. 4, Nr. 13 a.b, Nr. 40 und Nr. 41).

[8] L. Vagnetti, Un Frammento di Ceramica Micenea da Fondo Paviani (Legnago), in: BMusVerona 1979, 599 ff. Abb. 1.2.

[9] T. J. Dunbabin, The Western Greeks (1948) 3 ff.; J. Boardman, The Greeks Overseas (1964) 180 ff. 210 ff. Vgl. auch unsere Anm. 81. Zum euböischen Handel mit Zentralitalien zuletzt E. La Rocca, DArch 8, 1974/75, 86 ff. (mit Lit.).

[10] G. Pugliese Carratelli in: Atti del Primo Convegno di

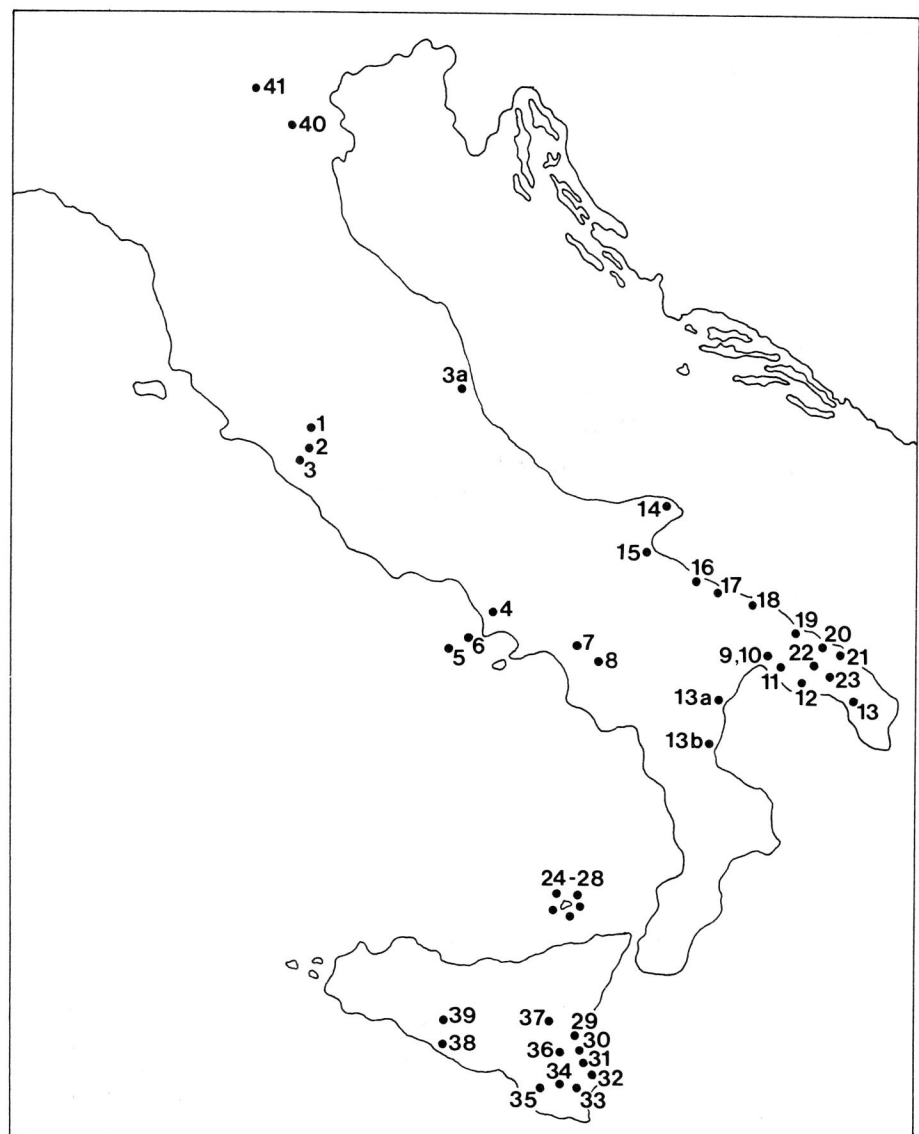

Abb. 74. Verbreitung mykenischer Keramik in Italien:

1 San Giovenale	13b Broglio di Trebisacce	27 Serro dei Cianfi auf Salina
2 Luni sul Mignone	14 Grotta Manaccore	28 Portella auf Salina
3 Monte Rovello	15 Coppa Nevigata	29 Molinello di Augusta
3a Trezzano am Tronto	16 S. Maria in Colonna (Trani)	30 Thapsos
4 Cumae	17 Giovinazzo	31 Floridia
5 Castiglione auf Ischia	18 Bari	32 Matrensa
6 Vivara	19 S. Sabina	33 Cozzo del Pantano
7 Paestum	20 Torre Guaceto	34 Buscemi
8 Grotta di Polla	21 Punta le Terrare (Brindisi)	35 Monte Sallia
9 Tarent, Altstadt	22 S. Cosimo (Oria)	36 Pantalica
10 Scoglio del Tonno bei Tarent	23 Avetrana	37 Serra Orlando
11 Porto Perone und Satyrion	24 Akropolis von Lipari	38 Agrigent
12 Torre Castelluccia	25 Milazzese auf Panarea	39 Milena
13 Porto Cesareo (Scala di Furno)	26 Montagnola di Capo Graziano	40 Frattesina di Fratta Polesine
13a Termitito	auf Filicudi	41 Torretta di Legnago

259

Gestützt auf die Sachquellen und die eigentlich historische Tradition, sieht die Mehrzahl der Forscher dennoch in dem ägäischen Vordringen nach Westen und der frühgriechischen Kolonisation zu Recht zwei getrennte Vorgänge.

Die aus dem hier untersuchten Gebiet bisher vereinzelt bekannten Funde des 11. und 10. Jhs. v. Chr. ägäischer Herkunft scheinen freilich anzudeuten, daß der Kontakt Italiens mit der Ägäis nie ganz abgebrochen ist und daß der eigentlich präkolonialen Phase ein größeres Gewicht zukommt, als zunächst angenommen wurde.

Die Aufdeckung der uns besonders interessierenden Fundgruppen in Kampanien und Latium ist jüngeren und jüngsten Datums und erfolgte, nachdem die Forschung längst Kenntnis der umfangreichen Zeugnisse bronzezeitlich ägäischer Kultureinflüsse in Süditalien, Sizilien und auf den Aiolischen Inseln hatte, durch erste Entdeckungen G. Buchners auf den einander benachbarten Inseln Ischia und Vivara im Golf von Neapel (Abb. 75 b.c.d)[11]. In den dreißiger Jahren unternahm dieser Forscher eine archäologische Untersuchung des durch Terrassierungsanlagen und Weinbau in seiner ursprünglichen Oberflächenstruktur stark veränderten Castiglione-Hügels bei Casamicciola auf Ischia. Beim Ausräumen noch unberührter Felsspalten, die mit prähistorischem Siedlungsschutt angefüllt waren, stieß er in apenninischem Kontext auf die bislang ersten von der tyrrhenischen Küste überhaupt bekannten mykenischen Scherben; von diesen wurden bisher nur vier veröffentlicht, die aus den Phasen SH III A und III A/B stammen (Abb. 75 c.d)[12]. Eine vergleichbare Situation traf G. Buchner auch bei seiner in denselben Jahren durchgeführten Grabung auf Vivara an. Zusammen mit apenninischer Keramik fand er dort zwei mykenische Scherben (Abb. 75 b) an der mit Punta Capitello bezeichneten Stelle im Norden der Insel (vgl. die Karte, Abb. 76)[13], die freilich erst Jahre später durch Lord William Taylour veröffentlicht und dem gleichen Zeithorizont zugewiesen wurden wie die Fragmente von Ischia[14].

Die wirkliche archäologische Bedeutung der kleinen Insel Vivara im Zusammenhang mit der uns hier beschäftigenden Frage haben freilich erst die systematischen, seit dem Jahre 1976 durchgeführten und in drei Vorberichten bisher veröffentlichten Untersuchungen von M. Marazzi und S. Tusa gezeigt (Abb. 76)[15]. Nachgewiesen wurde eine intensive bronzezeitliche Besiedlung an verschiedenen Stellen der Insel[16]. Besonders an der West-

Studi sulla Magna Grecia (1962) 137 ff.; ders. in: Atti del Quarto Convegno di Studi sulla Magna Grecia (1965) 20 f. 27 ff. (Erwiderung von G. Vallet ebenda 77 ff.); ferner J. Bouzek, Homerisches Griechenland (1969) 81. Zur Siedlungskontinuität im Golf von Tarent (Scoglio del Tonno) vgl. Lord William Taylour, Myc. Pottery 81 ff. 183 f.; Dunbabin a.O. 28 f., Müller-Karpe (s. Anm. 4) 33 mit Nachweisen; Buchholz a.O. 336 ff. 340 f. mit Lit.

[11] Vgl. den Grabungsbericht von G. Buchner, BPI N. S. 1, 1936/37, 65 ff. Eine endgültige Publikation steht noch aus.

[12] Buchner ebenda 78 f. Abb. 3. Lord William Taylour legte neben dieser Scherbe zwei weitere, bis dahin unveröffentlichte aus der gleichen Grabung auf Ischia vor; vgl. Lord William Taylour, Myc. Pottery 7 ff. Taf. 8,1 a–c (danach, als Umzeichnung von N. Fritzius, Gie-

ßen, unsere Abb. 75 c.d); vgl. auch Fugazzola Delpino, Lazio 271. Eine weitere aus dem alten Grabungsmaterial stammende Scherbe wurde von Buchner erst vor wenigen Jahren identifiziert und veröffentlicht: DArch 1969, 96 f. Abb. 25 c (SH III A/B).

[13] Vgl. Buchner, BPI 1936/37, 68 Anm. 1.

[14] Vgl. Lord William Taylour, Myc. Pottery 8 f. Nr. 1 und 2 Taf. 8,1 d.e (nach e unsere Abb. 75 b).

[15] Vgl. M. Marazzi – S. Tusa, PP 31, 1976, 473 ff. und 33, 1978, 197 ff. Abb. 1 (danach unsere Abb. 76, deren Zeichnung M. Morkramer, Gießen, verdankt wird); M. Marazzi – S. Tusa u. a., BPI 1975–80, 167 ff.

[16] Vgl. Marazzi – Tusa, PP 31, 1976, 476 ff. 481 Abb. 5; Marazzi – Tusa, PP 33, 1978, 202 ff.; A. Cazzella – F. di Gennaro, ebenda 226 ff. Abb. 14–18; A. Cazzella – J. Damiani – F. di Gennaro, BPI 82, 1975–80, 202 ff.

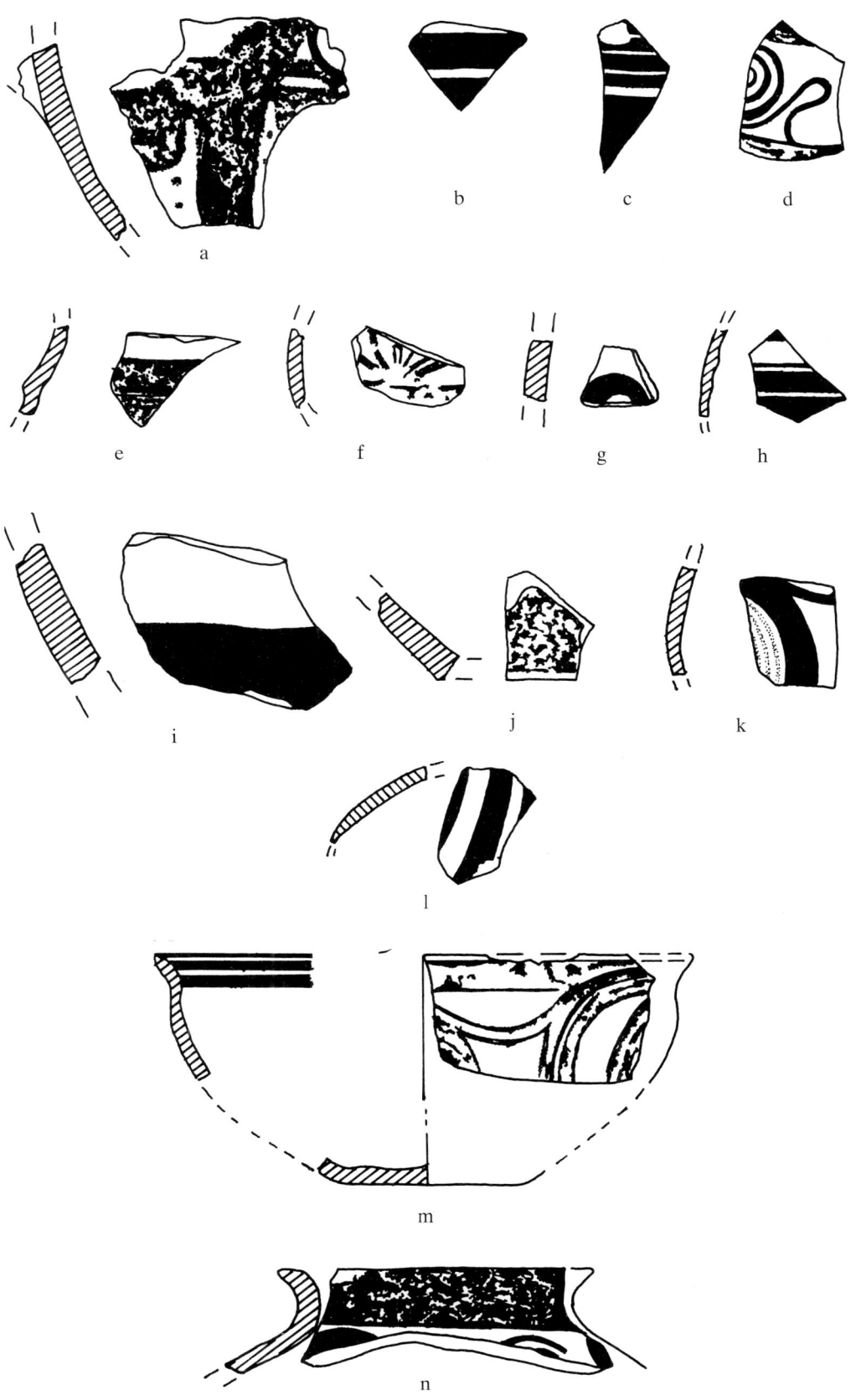

Abb. 75a–n. (a.b.e–n) Mykenische Keramik von Vivara und (c.d) Ischia. G. Buchners
Grabungen auf (b) Vivara und (c.d) Ischia

261

seite, einem mit Punta d'Alaca bezeichneten Platz[17], ergaben ein kurzer Suchschnitt von 4 m × 1,20 m sowie eine kleine, sich unmittelbar daran anschließende Flächengrabung von 4 m × 5 m beträchtliche bronzezeitliche Siedlungsreste[18], darunter – in stratigraphisch gut abgesicherter Fundlage – eine größere Anzahl von Scherben mykenischer Importgefäße unterschiedlichen Typs. Veröffentlicht wurden von diesen bisher 79 Stücke, und zwar das Material, das in den Grabungskampagnen 1976–78 zutage kam[19]. Soweit es den Ausgräbern gelang, eine Bestimmung dieser teilweise recht kleinen Bruchstücke durchzuführen, ergab sich für den größten Teil eine Datierung in die Stufe SH III B – etwa 1300–1230 v. Chr. (Abb. 75 a.e–n)[20].

Importe aus der vorangegangenen Zeit müssen freilich auch auf die Insel gelangt sein, wie die beiden Scherben aus der Buchnerschen Grabung vom Nordrand der Insel zeigen, von denen eine älter sein könnte[21]. Dazu gesellt sich noch eine erst kürzlich an der Oberfläche aufgesammelte Scherbe, die aufgrund ihres frühen Spiralmotivs nach Meinung der Ausgräber in die Zeit SH I/II gehören könnte (Abb. 75 k)[22].

Ließen sich auf Vivara oder Ischia bisher Scherben jüngerer Zeitstellung noch nicht identifizieren, so kann das durchaus zufallsbedingt sein. Zeigen doch zwei durch K. Kilian in die Phase SH III C 1 datierte Gefäßfragmente aus der Siedlungsgrabung in Paestum (Abb. 77 a.b)[23] sowie das von B. d'Agostino aus der Grotta di Polla vorgelegte und der Stufe SH III C 1 c (um 1075 v. Chr.) zugewiesene Henkeltassen-Stück (Abb. 77 d)[24], daß

[17] Zur Lage der Fundplätze auf der Insel vgl. den Plan in PP 33, 1978, 200 Abb. 1. Der mit 'Punta d'Alaca' bezeichnete Platz befindet sich auf einer für Siedlungszwecke gut geeigneten ebenen Fläche nur wenig unter dem obersten Plateau, an der steil abfallenden Westseite der Insel. Das oberste Plateau von Vivara, auf dem a priori die interessantesten Befunde zu vermuten wären, ist für eine archäologische Untersuchung ungeeignet, da größere Bautätigkeiten in historischer Zeit neben dem jetzt noch betriebenen Weinanbau eventuelle vorgeschichtliche Reste sicher stark gestört bzw. ganz vernichtet haben.

[18] Vgl. Marazzi – Tusa, PP 31, 1976, 476 ff. Abb. 2–5; Marazzi – Tusa, PP 33, 1978, 204 ff. Abb. 2–6.

[19] Vgl. Marazzi – Tusa, PP 31, 1976, 482 f. Abb. 6; das Material der beiden ersten Kampagnen jetzt PP 33, 1978, 216 ff. Abb. 11–13 (danach eine Auswahl auf unserer Abb. 75 a.e–n, deren Umzeichnung N. Fritzius, Gießen, verdankt wird); Nachtrag: Die Importkeramik aus Kampagne 1978 in BPI 1975–80, 188 ff. Abb. 12–14.

[20] Vgl. Marazzi – Tusa, PP 33, 1978, 215 f. Nach Ansicht der Ausgräber handelt es sich bei den Fragmenten um peloponnesische Importkeramik. Eine eingehendere Behandlung des Materials, das allein auf Grund der in den drei Vorberichten wiedergegebenen Dokumentation schwer zu beurteilen ist, bleibt noch abzuwarten.

[21] Lord William Taylour, Myc. Pottery 8 Nr. 1 Taf. 8,1 d.

[22] Vgl. Marazzi – Tusa, PP 33, 1978, 215 f. Nr. 1; 222

Abb. 11,1 (danach unsere Abb. 75 k). Es handelt sich um das Schulterstück eines Gefäßes mit braunem Dekor in Form einer laufenden Spirale in dunkelbrauner Farbe; eingefügt ist der innere Teil der Spirale durch feinere Linien in Hellorange. Der Fundort lag im Süden der Insel. Zum Motiv der Spirale mit nahezu horizontal ansetzender Tangente, breiterer Außenlinie und feiner Innenzeichnung vgl. Furumark, Myc. Pott. 352 ff. Abb. 59,10. Zu einer entsprechenden Scherbe in Heidelberg vgl. CVA Heidelberg, Universität (3) Taf. 92,1, von F. Canciani in die Phase SH I/II A datiert. Weitere in die Phase SH I zu setzende Scherben lieferte die Kampagne 1978 vgl. BPI 1975–80, 189 f. Anm. 8; s. D. Ridgway, ArchRep 1981/82, 66 Abb. 3.

[23] Vgl. K. Kilian, RM 76, 1969, 345 Abb. 6,69.70 (danach, als Umzeichnung von N. Fritzius, Gießen, unsere Abb. 77 a.b); S. 346 f. Taf. 109,4.5. Das eine Fragment gehört nach Meinung des Ausgräbers zu einer Henkelschale kyprischer Herkunft, das andere könnte ein Randstück einer kyprischen Amphora sein. Obwohl die beiden Gefäßfragmente aus gestörten Schichten stammen, ist allein aufgrund ihrer Zeitstellung in SH III C 1 eine Zugehörigkeit zur subapenninischen Siedlung, deren Reste sich bei der gleichen Grabung fanden, wahrscheinlich. Zu den beiden Scherben vgl. auch K. Kilian in: Atti dell'Ottavo Convegno di Studi sulla Magna Grecia (1969) 277 f. Abb. 1; Vagnetti, Contigliano 666; Fugazzola Delpino, Lazio 272.

[24] Vgl. B. d'Agostino, DArch 6, 1972, 9 Abb. 3. 4 (nach Abb. 3 unsere Abb. 77 d, Umzeichnung von N. Fritzius,

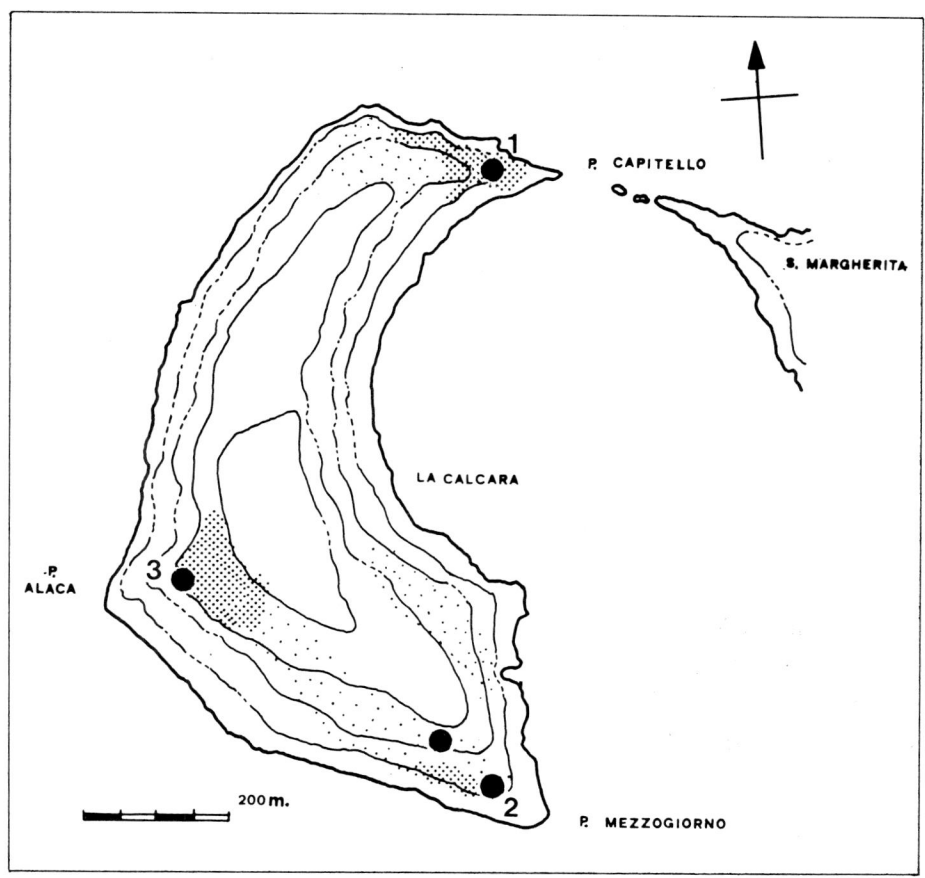

Abb. 76. Vivara: 1) Punta Capitello 2) Punta Mezzogiorno 3) Punta Alaca

noch bis ins frühe 11. Jh. v. Chr. ägäische Importe nach Kampanien gelangt sein müssen. Hierauf würde ja auch eine Bügelkanne im Louvre hindeuten, wenn die angeblich kampanische Herkunft als gesichert anzusehen wäre [25]. Verstärkt wird diese Vorstellung natürlich auch durch den Fund einer spätmykenischen Scherbe in San Giovenale bei Blera, die entsprechend Furumarks Einteilung der Phase SH III B 2 angehört [26], und einer schwer bestimmbaren, wohl submykenischen Scherbe am Monte Rovello bei Civitavecchia, ebenfalls in Latium [27]. Bei dem gegenwärtigen Stand der Forschung wäre es freilich noch ver-

Gießen). Es handelt sich bei der Scherbe um das Fragment einer tiefen Henkeltasse mit engem Wellenband außen und Streifendekor auf der Innenseite. Zum Typus vgl. Furumark, Myc. Pott. 49 Abb. 14 Nr. 216; zum Motiv ebenda 373 Abb. 65 Motiv 53 Nr. 18. Zu diesem Scherbenfund vgl. auch Vagnetti, Contigliano 666. 668; Fugazzola Delpino, Lazio 272.

[25] Lord William Taylour, Myc. Pottery 174 Nr. 2 Taf. 17,3; T. J. Dunbabin sah eine mykenische Scherbe aus Cumae, die am Strand zufällig von Mrs. Bertha Tilley aufgelesen worden war; vom Verbleib der Scherbe ist leider nichts bekannt; vgl. E. D. Philipps, JHS 73, 1953, 64 Anm. 115 sowie ders., Antiquity 30, 1956, 208 Anm. 30.

[26] Vgl. La Tuscia Antiqua 3, 1972, 52; Buchholz, AA 1974, 354; Fugazzola Delpino, Lazio 270 Anm. 201; Fugazzola Delpino – F. Delpino in: Bronzo Finale 289 Nr. 47a (spätes SH III B oder submykenisch); B. Malcus, DArch N. S. 1, 1979, 74ff; Vagnetti in: Peruzzi, Myc. Latium 151 Taf. 1,6; dies. in: Enea nel Lazio. Archeologia e Mito, Ausstellung Rom 1981 (o. J.) 106 Abb. B 85.

[27] Vgl. F. Biancofiore – O. Toti, Monte Rovello. Testimonianze dei Micenei nel Lazio, Incunabula Graeca LIII (1973) 9 Farbtaf. 1f; zur Fundlage (Schicht 9) vgl. ebenda 20ff. 32 Abb. 3 Nr. a Taf. 7a; Fugazzola Delpino, Lazio 270; Vagnetti, Contigliano 663; M. A. Fugazzola Delpino – F. Delpino in: Bronzo Finale 289f. Nr. 52; Vagnetti in: Peruzzi, Myc. Latium 152; dies. in: Enea nel Lazio (s. vorige Anm.) 106f. Abb. B 86.

263

früht, über die Siedlungeschichte Vivaras und des unmittelbaren geographischen Umfeldes, nämlich der Phlegräischen Inseln, detailliertere Aussagen machen zu wollen[28].

Allein der oben erwähnte Befund vom Castiglione-Hügel auf Ischia zeigt, daß die in Vivara sich abzeichnende Situation in diesem Gebiet wohl kein vereinzeltes Phänomen ist. Das Auftreten mykenischer Importkeramik auf engstem Raum deutet dabei auf eine Handelsintensität in spätmykenischer Zeit hin, wie sie die Forschung aufgrund der ihr zunächst nur durch Buchners Grabungen zur Verfügung stehenden Funde noch vor wenigen Jahren nicht vermutet hätte. Mit Sicherheit war die Insel Vivara, die allein wegen ihrer besonderen geologischen Formation als altes Kratergebilde[29] einen idealen natürlichen Hafen abgeben mußte (Abb. 76) und dazu noch einen leicht zu verteidigenden Siedlungsplatz, nicht der Endpunkt, sondern nur eine Zwischenstation eines weiter nach Norden gerichteten Fernhandels, dessen nun bis nach Latium zu verfolgende Route die Neufunde der letzten Jahre immer deutlicher erkennen lassen (Abb. 74, Karte).

Die aufschlußreichste Fundstelle in Mittelitalien stellt immer noch Luni sul Mignone dar, wo ebenfalls in einem lokalen apenninischen und subapenninischen Siedlungskontext bisher fünf Scherben gefunden wurden, die sich auf die Stufen SH III A 2 bis SH III C verteilen (Abb. 77c.e–h)[30]. Hinzu kommen in Latium noch die oben Anm. 26 erwähnte Scherbe von San Giovenale, die der Stufe SH III B 2 angehört, sowie das oben Anm. 27 behandelte Scherbenfragment vom Monte Rovello. Die angeblich mykenischen Gefäßfragmente von San Omobono in Rom, die zunächst beträchtliches Aufsehen in der Forschung erregten[31], haben sich bei genauerer Überprüfung freilich als griechisch-geometrische Ware herausgestellt[32].

Die hier genannten Scherben mittelitalischer Provenienz, deren Anzahl sich bei systematischen bronzezeitlichen Siedlungsgrabungen sicher noch vergrößern wird, erfahren durch vereinzelte Funde aus anderen Denkmälergattungen, besonders den Bronzen, eine wertvolle Ergänzung. Zu nennen wäre für den kampanischen Raum das längst bekannte Bronzemesser aus der in der Nähe der Grotta di Polla gelegenen Pertosa-Höhle (Abb. 78a)[33].

---

[28] Vgl. zu diesem Problem B. d'Agostino, La Campania nell' Età del Bronzo e del Ferro, in: Atti della XVII Riunione Scientifica dell' Istituto Italiano di Preistoria e Protostoria (1975) 85ff. Auch die lokalen bronzezeitlichen Siedlungsfunde Vivaras, die bisher nur in den oben Anm. 16 und 18 zitierten Vorberichten vorgelegt wurden, bedürfen noch einer eingehenderen Behandlung.

[29] Vgl. M. Marazzi – S. Tusa, PP 33, 1978, 199f. Abb. 1.

[30] Zu den mykenischen Scherben in Luni vgl. C. E. Östenberg, Luni sul Mignone e Problemi della Preistoria d'Italia (1967) 128ff. 245ff. Abb. 31,1–5; 32,1–5 (danach, als Umzeichnung von N. Fritzius, Gießen, unsere Abb. 77c.e–h). Zur stratigraphischen Situation in Luni vgl. die kritische Stellungnahme durch R. Peroni, Per una Revisione Critica della Stratigrafia di Luni sul Mignone, in: Atti del Primo Simposio Internazionale di Protostoria Italiana, Orvieto, 21–24 Settembre 1967 (1969) 167ff. Zu den mykenischen Scherben vgl. ferner Biancofiore – Toti a. O. 8ff. Farbtaf. 1a–e; Buchholz,

AA 1974, 354; Vagnetti, Contigliano 663; Fugazzola Delpino, Lazio 270; Fugazzola Delpino – F. Delpino in: Bronzo Finale 288 Nr. 46; Vagnetti in: Peruzzi, Myc. Latium 151f. Abb. 10,1–5 Taf. 1,1–5; dies. in: Enea nel Lazio, Ausstellung Rom 1981 (o.J.) 106f. Abb. B 80–84.

[31] Vgl. G. Joppolo, RendPontAcc 44, 1971/72, 17 Anm. 19; Vagnetti, Contigliano 664.

[32] E. La Rocca, DArch 8, 1974/75, 90ff. Abb. A,1–6; R. Peroni, JberInstVgFrankf 1975 (1976) 41ff. Die antike Überlieferung berichtet von einer mykenischen Kolonie auf dem Palatin. Die diesbezüglichen Quellen hat E. Peruzzi, I Micenei sul Palatino, in: PP 29, 1974, 309ff. ausgewertet.

[33] Messerklinge, stark abgewetzt; L 19,2 cm, vgl. U. Rellini, MontAnt 24, 1918, 548ff. Taf. 1,4; J. Deshayes, Les Outils de Bronze de l'Indus au Danube (1960) 320f. Nr. 2587 Taf. 43,11, mit irrtümlicher Fundortangabe Latronico; B. d'Agostino, DArch 6, 1972, 10 Anm. 14; A. M. Bietti Sestieri, PPS 39, 1973, 386. 409. 422 Anm. 147; Vagnetti, Contigliano 667; A. Harding,

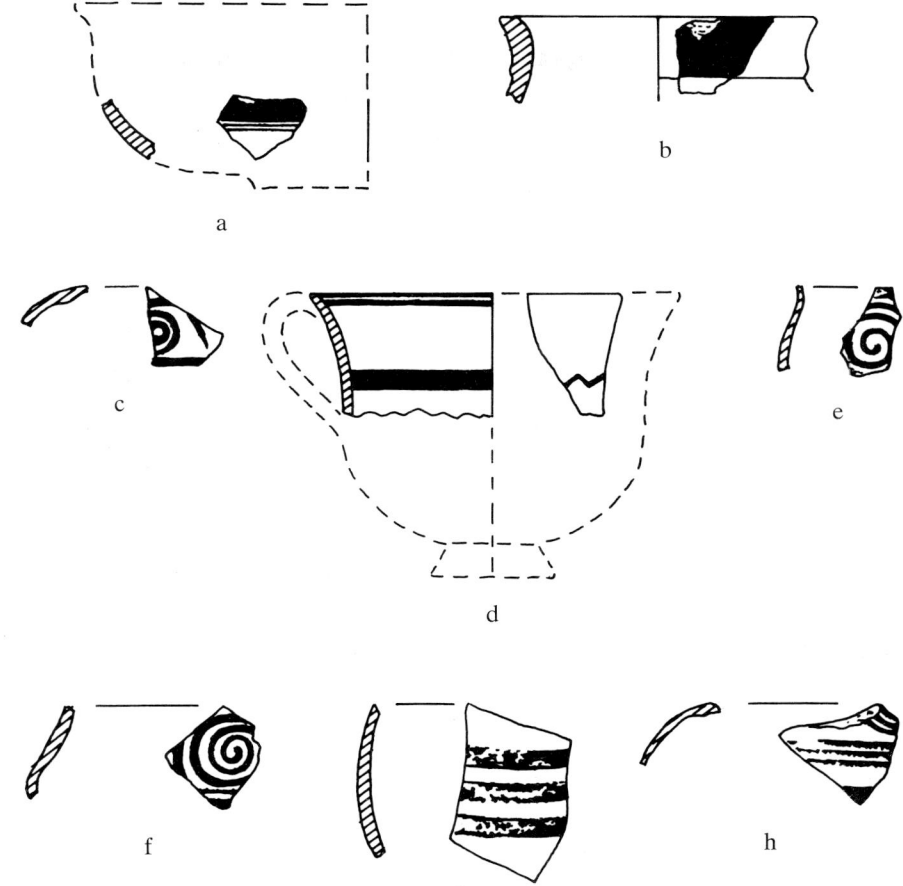

Abb. 77 a–h. (a.b) Mykenische Scherben aus Paestum, (c.e–h) Luni und (d) zeichnerische Rekonstruktion der mykenischen Tasse aus der Grotta di Polla (SH III C, Furumarks Typ 215–217)

Bei diesem Messer handelt es sich um ein Exemplar, das durch eine lange gerade Griffplatte mit V-förmigem Ausschnitt am Ende und drei Nietlöcher sowie eine einschneidige, sich zum Ende leicht verjüngende Klinge charakterisiert wird. Da dieser mykenische Typus im ägäischen und levantinischen Bereich verbreitet war[34], haben einige Forscher die Vermutung geäußert, daß es sich auch bei unserem kampanischen Fund um ein Importstück handele, ohne freilich den genaueren Herkunftsort festlegen zu können[35]. Nicht ohne Interesse für die kulturgeschichtliche Ausdeutung des gesamten Pertosa-Fundes ist die Tatsache, daß die Bronzen dieses wohl aus kultischem Anlaß niedergelegten Hortes auf Grund ihres Typus in ganz unterschiedliche Richtungen weisen, teils weit nach Norden in den Peschiera-Bereich, teils aber auch nach Süden bis nach Sizilien[36]. Sie geben uns somit neben den anderen hier erwähnten Funden einen guten Hinweis auf die in der ausgehenden Bronzezeit existierenden wechselseitigen Fernverbindungen zwischen Süden und Norden auf der Apenninhalbinsel[37].

PPS 41, 1975, 196 Abb. 4,1; V. Bianco Peroni, Die Messer in Italien, PBF VII 2 (1976) 14 Nr. 17 Taf. 2,17 (danach, als Umzeichnung von N. Fritzius, Gießen, unsere Abb. 78 a).

[34] Vgl. V. Milojčić, JbRGZM 2, 1955, 155 ff. Abb. 1; Deshayes a. O. 135 f. 320 f.; J. Boardman, The Cretan Collection in Oxford (1961) 17 f. 22 Abb. 6 e.f Taf. 10,63.65; Bianco Peroni a. O. 15; Catling, Bronzework 103 Abb. 10,13 Taf. 11 d; vgl. auch die Zusammenstellung der einschneidigen Bronzemesser durch N. K. Sandars, PPS 21, 1955, 174 ff.

[35] Vgl. d'Agostino a. O. 10 Anm. 14; Bietti Sestieri a. O. 386; Vagnetti, Contigliano 667.

[36] Vgl. Bietti Sestieri a. O. 386.

[37] Lord William Taylour, Myc. Pottery 186; Bietti Sestieri a. O. 409. 422 Anm. 147.

Die zunächst von A. M. Bietti Sestieri publizierte, auf einem Hinweis von A. Harding beruhende Nachricht, daß auf Elba angeblich eine spätmykenische Speerspitze des Mouliana-Typus gefunden worden sei, erwies sich bei einer nachträglich von dieser Forscherin vorgenommenen Überprüfung an Ort und Stelle leider als doch nicht stichhaltig[38].

Von besonderer Bedeutung im Zusammenhang mit der uns hier beschäftigenden Problematik sind dagegen zwei sicher ägäische Bronzefragmente aus dem sogenannten Depotfund von Contigliano bei Rieti (9. Jh. v. Chr.), auf die unlängst erst wieder L. Vagnetti eingegangen ist (Abb. 78b und c)[39]: Das qualitätvolle Fragment eines kleinen, im Gußverfahren hergestellten Dreifußes mit charakteristischem Zopfbanddekor am oberen Rand sowie Volutenzier am oberen Fußende (Abb. 78c)[40], dem ein Fragment aus dem Hortfund von Piediluco entspricht (Abb. 78b)[41], wurde von L. Ponzi Bonomi und L. Vagnetti auf Grund einer Anzahl guter Entsprechungen des 12. und 11. Jhs. v. Chr. im ostmediterranen Bereich – so aus dem bronzezeitlichen Schiffswrack vom Kap Gelidonya an der türkischen Südküste sowie aus Beth Schan, Enkomi, Kourion und Tiryns[42] – der kyprischen Toreutik zugewiesen.

Für das erhaltene Bronzeblechrandstück aus dem gleichen Contigliano-Hort mit seinem angenieteten, über den Rand senkrecht herausstehenden Ringhenkel, das zu einem großen Kessel gehört haben muß (Abb. 78e.f), lassen sich zwar entsprechende Vorläufer aus Zapher Papoura und Archanes auf Kreta sowie besonders aus dem Schatzfund von Tiryns anführen, deren Zeitstellung das 14.–12. Jh. v. Chr. umfaßt[43]; wahrscheinlicher erscheint

---

[38] Mündlicher Hinweis, August 1979, für den wir bestens danken. Zu der zunächst veröffentlichten Fundnotiz vgl. Bietti Sestieri a. O. 422 Anm. 150.

[39] Zu diesem Depotfund vgl. L. Ponzi Bonomi, BPI 79, N. S. 21, 1970, 95–156 (mit Lit.); Vagnetti, Contigliano 657 ff. Abb. 1–4. Dieser Hort stammt jedoch höchstwahrscheinlich aus dem etwa 30 km entfernten Piediluco, allerdings nicht aus dem berühmten Depotfund von Piediluco, sondern aus einem separaten Fund, vgl. Ponzi Bonomi a. O. 96 f.; Vagnetti, Contigliano 658 f. Anm. 3; R. Peroni, JberInstVgFrankf 1975 (1976) 42 f.

[40] Zu diesem Fragment vgl. Ponzi Bonomi a. O. 136 f. Nr. 116; S. 135 Abb. 14,17; S. 137 Abb. 5 (danach, als Umzeichnung von N. Fritzius, Gießen, unsere Abb. 78c); Vagnetti Contigliano 658 ff. Abb. 1 (mit Nachweisen); Peroni a. O.; Vagnetti in: Peruzzi, Myc. Latium 152 f. Taf. 12,1.3.4; dies. in: Enea nel Lazio, Ausstellung Rom 1981 (o. J.) 106 Abb. B 88.

[41] Zu diesem Fragment vgl. H. M. R. Leopold, Meded Rom 2. Reihe 7, 1937, 14 f. Taf. 2,2; ders., BPI N. S. 3, 1939, 155 Abb. 2,2; H. Müller-Karpe, Beiträge zur Chronologie der Urnenfelderzeit nördlich und südlich der Alpen, RGF XXII (1959) 74 Abb. 5 (danach, als Umzeichnung von N. Fritzius, Gießen, unsere Abb. 78b); Müller-Karpe, Vom Anfang Roms, RM 5. Ergh. (1959) 59. 71 Taf. 29,4; Ponzi Bonomi a. O. 136; Vagnetti, Contigliano 658; Peroni a. O. 43; Vagnetti in: Enea nel Lazio, Ausstellung Rom 1981 (o. J.) 106 Abb. B 87 (Zusatz der Redaktion: Die gleichartige Aus-

prägung beider Fragmente spricht nach Ponzi Bonomi, Vagnetti und Peroni dafür, daß sie zu ein und demselben Dreifuß gehörten, s. oben S. 249 Anm. 46).

[42] Zum Fund von Kap Gelidonya: Catling, Bronzework 196 Nr. 12 Taf. 28g (1. Hälfte des 12. Jhs. v. Chr.); Beth Schan: Catling, Bronzework 196 Nr. 13 Taf. 29b (1. Hälfte des 12. Jhs. v. Chr.); Enkomi: J. Lagarce in: Alasia I 415 Nr. 22; S. 423 Abb. 23d (aus einem Hortfund vom Beginn des 12. Jhs. v. Chr.; zur Dat. vgl. ebenda S. 425 ff.); Kourion-Episkopi, Kaloriziki, Grab 39: Catling, Bronzework 195 f. Nr. 11 Taf. 29a (kurz nach 1050 v. Chr.); Tiryns, Schatzfund: G. Karo, AM 55, 1930, 131 ff. Abb. 4 Taf. 33 (11. Jh. v. Chr.); Catling, Bronzework 195 Nr. 10 Taf. 28b (nach Catling mit dem unten Anm. 43 erwähnten Kessel aus dem Schatzfund höchstwahrscheinlich zusammengehörig; daher wohl ebenfalls Datierung in die Phase SH III C).

[43] Ponzi Bonomi a. O. 135 Abb. 14,3.5 (danach, als Umzeichnung von N. Fritzius, Gießen, unsere Abb. 78e.f); S. 136 Nr. 115; S. 150; Vagnetti, Contigliano 661 ff. Abb. 3; dies. in: Peruzzi, Myc. Latium 152 f. Taf. 12,1.3.4; vgl. zu dem Vergleichsstück aus Zapher Papoura: Vagnetti, Contigliano 662 Abb. 4; H. Matthäus, Die Bronzegefäße der kretisch-mykenischen Kultur, PBF II 1 (1980) 108 Nr. 72 Taf. 10,72; vgl. zu dem Vergleichsstück aus Archanes: G. Sakellarakes, PZ 45, 1970, 152 ff. Abb. 5,1; Matthäus a. O. 108 Nr. 71; ferner Mykene, Grabung Schliemann: Matthäus a. O. 111 Nr. 88 Taf. 12,88. Am nächsten kommt unse-

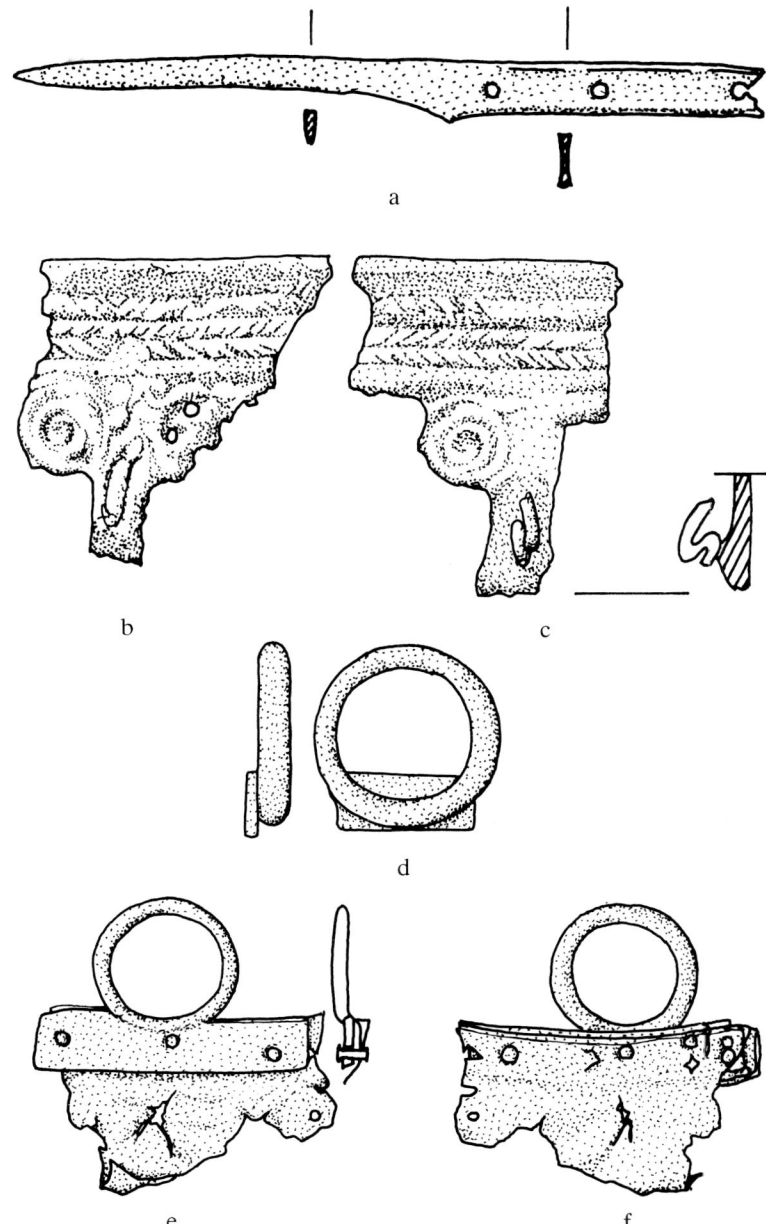

Abb. 78a–f. (a) Messer aus dem Bronzevotivfund der Pertosa-Grotte, (b) bronzene Dreifußfragmente aus Piediluco/Rieti und (c) aus dem sogenannten Depotfund von Contigliano/Rieti, (d) bronzene Ringhenkelattaschen aus Piediluco/Rieti und (e.f) aus dem sogenannten Contigliano-Hort/Rieti

uns freilich für dieses einem langlebigen Typus angehörende Fundstück eine Datierung in frühgeometrische – also noch präkoloniale – Zeit. Dem gleichen für unsere Untersuchung so aufschlußreichen präkolonialen Horizont dürfte auch ein ähnlicher Ringhenkel aus dem Piediluco-Hort angehören (Abb. 78d)[44]. Demgegenüber ist das von L. Ponzi Bonomi und L. Vagnetti ebenfalls mit kyprischen Beispielen in Verbindung gebrachte vierspeichige Bronzeradfragment aus dem Contigliano-Hort doch eher in einem urnenfelderzeitlichen Zusammenhang einzuordnen[45].

rem Fund der Kessel aus dem Schatzfund von Tiryns: Karo a. O. 133 Abb. 4; Catling, Bronzework 173 Nr. 11 Abb. 19,6 (Datierung SH III C); auch Matthäus a. O. 95 Nr. 28 Taf. 4,28.

[44] H. M. R. Leopold, BPI N. S. 3, 1939, 149 Abb. 2,3;

Müller-Karpe, RGF XXII (1959) 10. 29. 74 Taf. 52 A 1 (danach unsere Abb. 78d); Ponzi Bonomi a. O. 136. 149 mit Hinweisen.

[45] Ebenda 134 Nr. 110 Abb. 13,2; S. 135 Abb. 14,8; S. 149f.; Vagnetti, Contigliano 660f. Abb. 2; E. Woyto-

Die Tatsache, daß die hier behandelten Bronzen nur als Bruchstücke auf uns gekommen sind und noch dazu in einem Kontext, der schon früheisenzeitlich ist und aus dem Landesinneren stammt[46], braucht nicht zu verwundern, wenn wir das vorliegende Ensemble gemäß dem Stand der Forschung als Verwahrfund eines Bronzegießers ansehen[47]. Zu einem uns nicht näher faßbaren Zeitpunkt gegen Ende des 2. Jts. oder im frühen 1. Jt. v. Chr. müssen diese Bronzen – zunächst wohl als Fertigprodukte – nach Mittelitalien gelangt sein, um dann schließlich, wie zweifellos viele einmal zerbrochene Bronzegegenstände, als willkommenes Rohmaterial in den Händen eines Bronzegießers zu enden.

Die hier zitierten, nur durch einen Zufall uns erhaltenen Bronzen lassen auf einen ägäischen Importstrom nach Mittelitalien rückschließen, der auch vom Charakter der Waren her einen größeren Umfang gehabt haben muß, als die von uns zunächst vorgestellten Scherben allein es ahnen lassen konnten. Durch die umrissene Zeitstellung gehören diese Fragmente zu den höchst willkommenen Funden, die auf ägäische Kontakte in der spätmykenischen, aber auch in der folgenden, noch eindeutig vorkolonialen Zeit hinweisen[48]. Wenn wir in dem hier untersuchten Gebiet bisher nur so wenige direkte Importbronzen aus dem ägäischen Bereich haben, so mag das an der besonderen Fundüberlieferung liegen. Die Verbindungen zwischen den einzelnen auch weit voneinander entfernten Produktionszentren der toreutischen Industrie scheinen jedoch recht eng gewesen zu sein, wofür es einige Hinweise gibt. So hat A. M. Bietti Sestieri bei der Untersuchung des Inventars endbronzezeitlicher, und zwar protovillanovazeitlicher Horte und Bronzeensembles Mittelitaliens – wie dem von Gualdo Tadino in Umbrien, Ortucchio und Fucino in den Abruzzen sowie Coste del Merano in Latium – im Detail herausgearbeitet, in welch großräumigem, bis in die Ägäis weisenden Zusammenhang eine Reihe von Bronzen gesehen werden müssen, die zumindest vom Typus her sicher italischer Fertigung sind[49]. Wir verweisen hier nur auf die bekannte Problematik der Violinbogenfibeln[50], auf die Verbreitung der Griffzungendolche vom Typ Peschiera über Mittel- und Süditalien bis nach Mitteleuropa und sogar Kreta[51], auf die Verbreitung der Naue II-Schwerter[52] sowie schließlich auf die vereinzelt in Griechenland selbst identifizierten unterschiedlichen Importe italisch-bronzezeitlicher Provenienz[53].

witsch, Die Wagen der Bronze- und frühen Eisenzeit in Italien, PBF XVII 1 (1978) 5. 21. 79 Taf. 42,197. Zu entsprechenden vierspeichigen Rädern aus dem urnenfelderzeitlichen Bereich vgl. Ch. Pescheck, Germania 50, 1972, 50ff. Taf. 3–5; ders., Das Kultwagengrab von Acholshausen, in: Wegweiser zu den vor- und frühgeschichtlichen Stätten Mainfrankens, Heft 3, 1971, 3ff. Abb. 2,1–6 Taf. 1.

[46] Zur Datierung des Hortfundes von Contigliano: Müller-Karpe, RGF XXII (1959) 73f. (9. Jh. v. Chr.); Ponzi Bonomi a. O. 152f. (1. Hälfte des 9. Jhs. v. Chr.).

[47] Ebenda 153; Vagnetti, Contigliano 663.

[48] Ponzi Bonomi a. O. 153; vgl. für Süditalien auch unsere Anm. 10.

[49] A. M. Bietti Sestieri, PPS 39, 1973, 383ff.

[50] Zur vieldiskutierten Problematik der Violinbogenfibeln vgl. Müller-Karpe a. O. 34. 90f. (mit Lit.); ders., RM 5. Ergh. (1959) 29f.; Desborough, Mycen. 56f.;

J. Bouzek, Homerisches Griechenland (1969) 37 Abb. 11 (Verbreitungskarte der Violinbogenfibeln); Bietti Sestieri a. O. 385. 389f. 402f. 417 Anm. 40 (mit ausführlichen Nachweisen für Italien und Griechenland). Zu den Violinbogenfibeln aus Italien jetzt zusammenfassend H. Riemann, RM 86, 1979, 5ff.

[51] Vgl. dazu V. Milojčić, JbRGZM 2, 1955, 157f. Abb. 2,1–6; R. Peroni, Badische Fundberichte 20, 1956, 69ff.; Lord William Taylour, Myc. Pottery 172f.; J. Boardman, The Cretan Collection in Oxford (1961) 13ff.; Desborough, Mycen. 67. 69; Bietti Sestieri a. O. 385f. 406 (mit Nachweisen).

[52] Vgl. Milojčić a. O. 159f. Abb. 3,1.4.21; H. Müller-Karpe, Germania 40, 1962, 259ff.; Desborough, Mycen. 67ff. (mit Lit.); Bietti Sestieri a. O. 385f. 406 (mit Nachweisen).

[53] Zu den italisch bronzezeitlichen Importen in Griechenland vgl. die Hinweise in den beiden vorigen

Gerade die jüngste Forschung hat im übrigen die Abhängigkeit charakteristischer Motive des protovillanovazeitlichen Symbolgutes (Doppelaxtmotiv, S-Spirale mit Vogelkopf) von ägäischen Vorbildern darzulegen versucht[54]. In diesem Zusammenhang sei auch das Vorkommen profilierter Bernsteinperlen in protovillanovazeitlichen Siedlungen Ober- und Mittelitaliens, insbesondere in Frattesina di Fratta Polesine im Po-Delta hervorgehoben, da sie ägäischen Bernsteinperlen der Zeitstellung SH III B vom Typ des Schatzfundes von Tiryns und vom Allumiere-Typ entsprechen[55].

Unsere Einzelbeobachtungen weisen zweifelsohne auf recht intensive Beziehungen zwischen der Apenninhalbinsel und dem mykenischen Festland hin, die offenbar in beiden Richtungen verlaufen sein müssen[56]. Im Gegensatz zu Sizilien, dem Golf von Tarent und den Aiolischen Inseln, wo sich erste, freilich noch schwach belegte Kontakte mit der ägäischen Welt schon in mittelhelladischer Zeit[57] und verstärkt dann in SH I/II abzeichnen und wo sich neben Importen unterschiedlicher Art sogar direkte Einflüsse auf die bodenständige Kultur nachweisen lassen[58], setzte der bisher faßbare ägäische Import in Mittelitalien – mit Ausnahme der oben S. 260ff. mit Anm. 21 und 22 zitierten Scherbenfunde aus Vivara – deutlich später, nämlich in der Phase SH III A, ein[59], hier jedoch ohne die so un-

Anm.; zur Gußform eines protovillanovazeitlichen Lappenbeils im 'Haus des Ölkaufmanns' in Mykene in einem späten SH III B 1-Kontext (spätes 13. Jh. v. Chr.) vgl. A. J. B. Wace, BSA 48, 1953, 9ff. 15 Taf. 9b; F. H. Stubbings, BSA 49, 1954, 297ff.; H. Müller-Karpe, Beiträge zur Chronologie der Urnenfelderzeit nördlich und südlich der Alpen, RGF XXII (1959) 34. 93 Abb. 9; Bietti Sestieri a. O. 390. 399f. Abb. 15,2; H.-G. Buchholz, AA 1974, 332 Abb. 7 (mit Lit.); A. Harding, PPS 41, 1975, 187f. Zu der in einem SH III C-Kontext in Lefkandi auf Euboia gefundenen einhenkligen 10,5 cm hohen Tasse subapenninischen Typs süditalischer – vielleicht sogar kampanischer – Herkunft vgl.: A. H. S. Megaw, ArchRep 1965/66, 11f. Abb. 17; L. H. Sacket – M. R. Popham, Archaeology 25, 1972, 15 mit Abb.; G. Daux, BCH 90, 1966, 903 Abb. 13; J. Bouzek, OpAth 9, 1969, 43 Abb. 2 D 3.

[54] Vgl. A. Jockenhövel in: Beiträge zu italienischen und griechischen Bronzefunden, Hrsg. H. Müller-Karpe, PBF XX 1 (1974) 81ff.; vgl. hierzu die etwas einschränkenden Bemerkungen des Autors in PZ 53, 1978, 288. Zum Problem der S-Spiralen mit Vogelornamentik bringt neues, die ägäische Komponente stützendes Material H. Matthäus, Die Bronzegefäße der kretisch-mykenischen Kultur, PBF II 1 (1979) 292ff. Nr. 446 Taf. 51,446; ders., JdI 95, 1980, 134ff. Abb. 23.

[55] Vgl. hierzu Bietti Sestieri a. O. 410f. Abb. 23,1–4; F. Rittatore Vonwiller, Manufatti d'Ambra della Tarda Età del Bronzo in Italia e nell'Area Micenea, in: PP 24, 1969, 383ff.; Fugazzola Delpino, Lazio 271 (mit Lit.); A. Harding – H. Hughes-Brock, BSA 69, 1974, 145ff.; N. Negroni Catacchio, Antichità Altoadriatiche 9, 1976, 46f. Taf. 4; L. Vagnetti in: Bronzo Finale 546.

[56] Vgl. H. Müller-Karpe, Germania 40, 1962, 255ff.

280f.; A. Harding, PPS 41, 1975, 183ff. (mit Nachweisen zur Bronzeindustrie).

[57] Zu den ersten, freilich noch schwach belegten Kontakten in mittelhelladischer Zeit zwischen der Ägäis und Apulien (Porto Perone und Satyrion bei Tarent), den Liparischen Inseln und Sizilien (Monte Sallia) vgl. Lord William Taylour, Myc. Pottery 13f. 16. 54f. 182f.; S. Tinè – L. Vagnetti in: I Micenei in Italia. Taranto, Museo Nazionale (1967) 8f. 18. 20. 22f. Taf. 3. 4. 5,21; F. G. Lo Porto, NSc 1963, 329ff.

[58] Zu den ägäischen Einflüssen auf die lokalen bronzezeitlichen Kulturen in Sizilien (Castelluccio, Thapsos, Pantalica), auf den Aiolischen Inseln und in Apulien (Porto Perone) vgl. auch Lord William Taylour, Myc. Pottery 183; Tinè – Vagnetti a. O. 11. 19f. 22 Taf. 5. 9. 15. 26; ferner die umfangreichen Angaben bei H.-G. Buchholz, AA 1974, 342ff. Besonders für die Einflüsse auf das Siedlungswesen vgl. jetzt die Zusammenstellung bei M. Marazzi – S. Tusa, SicA 9, 1976, 49ff. Umfassend zu den ägäischen Kontakten mit Süditalien und Sizilien in der Mittleren Bronzezeit und im SH I/II: H.-G. Buchholz, oben S. 237ff. Ägäische Einflüsse auf die lokalen Kulturen sind auch in der Endbronzezeit belegt: Beispielsweise geht die in der Keramik der Subapennin-Facies verbreitete Buckelbarbotinezier auf Beziehungen zur nordwestgriechischen Keramik zurück, vgl. K. Kilian, Nordwestgriechische Keramik aus der Argolis und ihre Entsprechung in der Subapennin-Facies, in: Atti della XX Riunione Scientifica dell' Istituto Italiano di Preistoria e Protostoria (1978) 311ff. bes. 314f.

[59] Vgl. dazu unsere Anm. 12. 14. 20 und 30. Zu Erscheinungsformen der lokalen Kulturen, die auf ägäische Einflüsse zurückgehen, vgl. unten S. 273 mit Anm. 82.

mittelbar ins Auge springenden Auswirkungen auf die einheimische Kultur. Zur zeitlichen Stellung der mykenischen Keramikimporte und ihrer regionalen Streuung auf der Apenninhalbinsel und Sizilien ist eine Tabelle zu vergleichen, die M. Marazzi und S. Tusa entworfen haben[60].

Die bisher unternommenen Versuche einer genaueren Herkunftsbestimmung der in Latium und Kampanien zutage gekommenen Importkeramik ergeben noch kein klares Bild. Bei den Funden aus Luni (Abb. 77c.e–h) variieren die Ansichten zwischen einer Herkunft aus Süditalien – vielleicht dem Golf von Tarent[61] – und einer Herkunft aus dem Gebiet der Levante[62]. Das Fragment aus der Siedlung von Monte Rovello ist überhaupt nicht näher bestimmbar[63]. Die Neufunde von Vivara (Abb. 75a.e–n) wurden von den Ausgräbern in den Vorberichten mit einer gewissen Vorsicht dem peloponnesischen Raum zugeschrieben[64], während die beiden Scherben aus Paestum (Abb. 77a.b)[65] sowie die zwei Dreifußfragmente aus Piediluco und dem sogenannten Contigliano-Hort (Abb. 78b.c)[66] kyprischer Herkunft sein könnten. Die bereits geäußerte Vermutung, daß der archäologische Fundbestand im Sinne einer zum Ende des 2. Jts. erkennbaren aktiven kyprischen Komponente auch in dem hier behandelten Gebiet zu interpretieren sei[67], bedarf bei der augenblicklichen Fundsituation noch einer Absicherung durch weitere Funde. Freilich dürfte sie angesichts der Importvorkommen im Süden Italiens und der Kupferbarrenfunde auf Sardinien und deren Zusammenhang mit den kyprischen nicht unwahrscheinlich sein[68], wie überhaupt der spätmykenische Einfluß auf Sardinien durch die Scherbenfunde von Orosei, besonders aber durch die sensationellen Funde in der Nuraghe von Antigori bei Sarroch (Cagliari), wo in einheimischem Kontext über 100 spätmykenische Stücke unter-

[60] Vgl. M. Marazzi – S. Tusa, Klio 61, 1979, 315 Abb. 2b. Hinzuzufügen sind die Funde aus Trezzano am Tronto (s. oben Anm. 6), aus Cumae (s. oben Anm. 25), aus Termitito, aus Broglio di Trebisacce und aus Torretta di Legnago (s. oben Anm. 8; vgl. auch die Verbreitungskarte, Abb. 74: Nr. 3a; 4. 13a.b und 41).

[61] Zur mykenischen Keramik in Luni vgl. C. E. Östenberg, Luni sul Mignone e Problemi della Preistoria d'Italia (1967) 128ff. 245ff.; zur möglichen Herkunft vgl. ebenda 128. 145. 245ff.

[62] F. Biancofiore (in: F. Biancofiore – O. Toti, Monte Rovello, Testimonianze dei Micenei nel Lazio [1973] 10) spricht sehr allgemein von einer »Handelsverbindung, in die sie einzuordnen sind. Sie könnte rhodisch oder allgemein levantinisch-mediterran sein«.

[63] Vgl. Biancofiore – Toti a. O. 9.

[64] Vgl. M. Marazzi – S. Tusa, PP 31, 1976, 482f. und PP 33, 1978, 215.

[65] Vgl. K. Kilian, RM 76, 1969, 348.

[66] Vgl. oben Anm. 40 und 41.

[67] Vgl. Vagnetti, Contigliano 670; für das übrige Italien vgl. auch die Hinweise bei Lord William Taylour, Myc. Pottery 131. 184. 186f.; A. Harding, PPS 41, 1975, 200; G. Voza in: Atti della XIV Riunione Scientifica dell' Istituto Italiano di Preistoria e Protostoria 1970 (1972) 175ff.

[68] Zu den späten Beziehungen im 12. Jh. v. Chr. zwi-

schen Zypern und Sardinien, wie sie im Lichte neuer Beobachtungen an den Kupferbarren Sardiniens sowie den von dort stammenden Bronzeobjekten erscheinen, vgl. H.-G. Buchholz in dieser Publikation, oben S. 248ff. mit Anm. 43–47; die Zusammenstellung des älteren bekannten Materials und der Lit. bei Buchholz, AA 1974, 331 Abb. 5; 355f. 360. Auflistung der Kupferbarren kretisch-kyprischen Typs auch bei F. Lo Schiavo, I Lingotti di Rame: Bibliografia ed Analisi Critica, in: RendLinc 35, 1980, 379ff.

Zu den Materialanalysen, denen zufolge die sardischen Kupferbarren trotz der formalen Abhängigkeit von den kypro-ägäischen doch lokaler Herstellung sein dürften, vgl. M. S. Balmuth – R. F. Tylecote, Ancient Copper and Bronze in Sardinia: Excavation and Analysis, in: JFieldA 3, 1976, 195ff.; vor allem U. Zwicker – P. Virdis – M. L. Ceruti, Investigations on Copper Ore, Prehistoric Copper Slag and Copper Ingots from Sardinia, British Museum Occasional Paper Nr. 12 (1980) 135f. Eine entsprechende Problematik gilt auch für zwei bronzene 'Dolchklingen' mit gebogener Griffangel, vgl. F. Lo Schiavo, Wessex, Sardegna, Cipro: Nuovi Elementi di Discussione, in: Istituto Italiano di Preistoria e Protostoria. Atti della XXII Riunione Scientifica nella Sardegna Centro-Settentrionale 21–27 Ottobre 1978 (1980) 341ff. Abb. 1,1.2; 2,1.2; S. 353f.; vgl. auch F. Lo Schiavo – L. Vagnetti, RendLinc 35, 1980, 390.

schiedlicher Form der Zeitstellung SH III B–C 1 gefunden wurden[69], jetzt in ganz neuem Licht erscheint. Die Kartierung der Fundplätze mit ägäischer Importkeramik zeigt deutlich, daß diese größtenteils in Küstennähe oder aber im unmittelbaren Küstenstreifen nur wenige Kilometer landeinwärts liegen (Abb. 74)[70].

Dieser mit dem ersten Importhorizont im Zeitalter der großgriechischen Kolonisation durchaus vergleichbare Sachverhalt spiegelt den Vorgang der Ausbreitung ägäischen Einflusses mit Hilfe einer sich an den Küsten orientierenden Seefahrt wider und weist darüber hinaus auch auf Kontakte mit der in Küstennähe wohnenden Bevölkerung hin, über deren Abwicklung wir im einzelnen freilich keine genaueren Vorstellungen haben[71]. Als aufschlußreiche Belege für diese frühe Schiffahrt hat zuletzt R. Peroni zu Recht die vor einigen Jahren bereits von L. Quilici publizierten, an vielen Stellen aufgefundenen Ankersteine gewertet, deren Kenntnis wir den überall an den italienischen Küsten tätigen Sporttauchern verdanken[72]. Von speziellem Interesse sind für uns hier die bisher an der tyrrhenischen Küste nachgewiesenen Stücke. So wurden allein im Golf von Pozzuoli bei Neapel über zwanzig Exemplare gefunden. Ein weiteres stammt aus den Küstengewässern unmittelbar südlich der Tibermündung bei Ostia (Abb. 79)[73]. Die bisher nördlichsten Funde kamen in der Höhe von Grosseto zutage.

Sind diese Steinanker auch im einzelnen nicht näher datierbar, so geht doch ihr Typus – charakterisiert durch eine dreieckige Form mit leicht gerundeten Ecken sowie dreifacher Durchbohrung – ohne Zweifel auf ägäisch-bronzezeitliche Vorbilder zurück[74]. Bezeichnenderweise liegen u. a. wieder eine ganze Reihe entsprechend gearbeiteter Exemplare aus Zypern vor[75]. Daß es sich bei diesen Ankersteinen jedoch nicht um direkte Importe zu handeln braucht, sondern daß durchaus auch mit der lokalen Fertigung dieses einmal eingeführten Typs gerechnet werden kann, beweist der schon genannte Fund von Ostia, der aus phlegräischem Tuff, also einer in Kampanien anstehenden Gesteinsart, hergestellt wurde[76].

Kann man in Süditalien, wie in Scoglio del Tonno bei Tarent, mit einer direkten Siedlungstätigkeit spätbronzezeitlicher Griechen rechnen[77], so deutet für den hier untersuchten Raum der archäologische Fundbestand lediglich auf einen Kontakt mit der ägäischen Welt

[69] Vgl. M. L. Ferrarese Ceruti, RivScPr 34, 1979, 243 ff.; dies., RendLinc 35, 1980, 391 ff. Taf. 2,1–8.

[70] Vgl. hierzu auch die Ausführungen von Östenberg a.O. (s. oben Anm. 61) 245; B. d'Agostino, DArch 6, 1972, 6 f.

[71] Vgl. hierzu Östenberg a. O. 245. 247 ff.; vgl. auch G. Guglielmini, PP 26, 1971, 418 ff.; vgl. auch die Hinweise unten Anm. 78. Zur Organisation des Handels vgl. St. Alexiou, Minoische Handelsbeziehungen, im vorliegenden Band oben S. 149 ff.

[72] L. Quilici, ArchCl 23, 1971, 1 ff.; R. Peroni, JberInstVgFrankf 1975, 42; vgl. hierzu auch H.-G. Buchholz in: Kunst und Kultur Sardiniens vom Neolithikum bis zum Ende der Nuraghenzeit. Ausstellung Badisches Landesmuseum Karlsruhe, Hrsg. J. Thimme (1980) 148.

[73] Quilici a. O. 2 f. 6 Abb. 1 Taf. 1 (danach, als Umzeichnung von N. Fritzius, Gießen, unsere Abb. 79).

[74] Vgl. ebenda 4 ff. mit ausführlichen Nachweisen. Eine umfangreiche Zusammenstellung der Lit. bei H.-G. Buchholz, AA 1974, 346 f.; zur Verbreitung der Anker im ägäischen Raum vgl. auch Buchholz, oben S. 160 ff.

[75] Hierzu H. Frost, Some Cypriot Stone-Anchors from Land Sites and from the Sea, in: RDAC 1970, 14 ff.

[76] Vgl. Quilici a. O. 2. 10.

[77] Zur Frage der direkten Siedlungstätigkeit der Griechen vgl. unsere Anm. 10. Nicht unberücksichtigt bleiben darf in diesem Zusammenhang auch das früheste Sagengut – so z. B. die Geschichte um Daidalos, seine Flucht von Kreta nach Sizilien zu König Kokalos und die sich daran anschließende Strafexpedition der Kreter nach Sizilien; vgl. T. J. Dunbabin, BSR 16, 1948, 1 ff. und die Zusammenstellung der frühen Mythen bei J. Bérard, La Colonisation Grècque de l'Italie Méridionale et de la Sicile dans l'Antiquité² (1957) 417 ff.; H.-G. Buchholz, oben S. 237 ff.

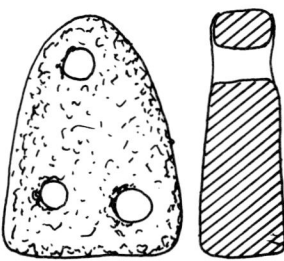

Abb. 79. Ankerstein aus
Ostia (vgl. zu derartigen
Ankern oben Abb. 41a
und b)

über einen ausgeprägten Fernhandel hin,
bei dessen Durchführung der Süden der
Apenninhalbinsel und wohl auch die Aiolischen Inseln eine uns in den Einzelheiten
freilich noch nicht näher bekannte Rolle
gespielt haben müssen[78]. Die Frage nach
dem Anlaß, der die ägäischen Händler zu
einem so weiten Vordringen nach Norden

bewogen haben könnte, beinhaltet die Frage nach der Natur der gehandelten Güter, ein
Problem, das von der Forschung im Zuge des sich mehrenden Bestandes ägäischer Importe immer wieder aufgeworfen worden ist.

Die Überlegung, daß ein Fernhandel in so früher Zeit bei den bestehenden Gefahren und
Transportschwierigkeiten nur dann in Gang kommen konnte, wenn er für die Beschaffung
nicht oder nur in unzureichender Menge vorhandener lebensnotwendiger und kostbarer
Güter unabdingbar war, hat dazu geführt, die Metalle und vielleicht auch Alaunvorkom-
men des oberen Latium und der Toskana als Ziel dieser Handelsreisen anzusehen[79]. Sollte
diese Hypothese stichhaltig sein[80], so wären die ersten Vorstöße der ägäischen Griechen
durch das Tyrrhenische Meer nach Norden aus den gleichen Gründen erfolgt, wie nach allgemeiner Ansicht die entsprechenden Unternehmungen der Euboier seit dem frühen
8. Jh. v. Chr. zu Beginn der großgriechischen Kolonisation, auf die zu Anfang bereits verwiesen wurde[81]. Die Fahrten entlang der Adria bis zum unteren Po-Gebiet, gekennzeichnet durch die Funde in Frattesina di Fratta Polesine und Torretta di Legnago, wären dagegen mit dem Bestreben zu erklären, sich irgendwelche Güter aus dem Norden, vielleicht
sogar von jenseits der Alpen zu verschaffen, eine Aufgabe, die später Spina zufallen sollte.

Ein unmittelbarer Zusammenhang zwischen dem ägäischen Fernhandel und den einige
Jahrhunderte später erfolgten Vorstößen der Euboier ist noch nicht erkennbar; denn es
können ja auch rein naturräumliche Gegebenheiten sein, die es bei der Benutzung der entsprechenden Fahrtrouten nahelegten, Stützpunkte in den gleichen Gebieten anzulaufen,

[78] Unklar ist freilich die Frage, in wessen Händen die
Übermittlung der hier untersuchten Importe lag, ob
diese wirklich als Zeugnisse direkter Kontakte mit der
Ägäis gewertet werden dürfen – eine Meinung, die auch
der Autor vertritt –, oder ob es sich hierbei nur um Zeugnisse eines indirekten Kontaktes mit der Ägäis handelt,
der nur von Süditalien ausgegangen sein könnte. Vgl.
hierzu C. E. Östenberg, Luni sul Mignone e Problemi
della Preistoria d'Italia (1967) 245ff.; R. Peroni,
DArch 3, 1969, 161f.; Vagnetti, Contigliano 667f. (mit
Lit.). Zum Problem des Handels vgl. schon A. J. B. Wace
– C. W. Blegen, Klio 32, 1939, 131ff.

[79] E. D. Phillips, JHS 73, 1953, 64; Lord William Taylour, Myc. Pottery 9 Anm. 1; 182f.; G. Pugliese Carratelli in: Atti del Primo Convegno di Studi sulla Magna
Grecia, Taranto 1961 (1962) 146; A. M. Bietti Sestieri,
PPS 39, 1973, 410. Zur Möglichkeit des Handels mit
Alaun, einem Rohstoff zum Gerben von Fellen, vgl. Pugliese Carratelli a. O. 144ff.; ders., PP 17, 1962, 5ff.;

Östenberg a. O. 251f.; vgl. auch A. M. Bietti Sestieri,
DArch 9/10, 1976/77, 224f. 233.

[80] Es fehlt freilich bisher noch der archäologische Nachweis, der durch die Aufdeckung bronzezeitlicher Abbau-
und Verhüttungsplätze in den metallreichen Gebieten
der Toskana und des oberen Latium (Monti della Tolfa)
erbracht werden könnte. Da entsprechende moderne
Untersuchungen in diesen Gebieten noch nicht durchgeführt wurden, ist unsere Kenntnislücke primär auf den
ungenügenden Forschungsstand zurückzuführen; ausführliche Hinweise durch den Verf., RM 79, 1972, 159ff.
163 Abb. 1 (Verbreitungskarte der natürlichen Metall-
vorkommen in Italien). Zur allgemeinen Problematik s.
den Beitrag von H.-G. Buchholz, oben S. 248.

[81] Vgl. T. J. Dunbabin, The Western Greeks (1948)
3ff.; J. Klein, A Greek Metalworking Quarter: Eighth
Century Excavations on Ischia, in: Expedition 14 (2),
1972, 34ff.; Verf., HambBeitrA 5 (2), 1975, 143f. (mit
Nachweisen).

Absolute Chronologie	Relative Chronologie	Mittleres Norditalien	Mittel- und Süditalien	Aiolische Inseln	Südöstliches Sizilien	Mykenische Keramik
18.-17. Jh.	Frühe Bronzezeit	Polada	Verschiedene Facies	C.Graziano I	Castelluccio	
		Terramaren		C.Graziano II		Mattmalerei (1600-1550)
16.-14. Jh.	Mittlere Bronzezeit		Apenninisch			SH I (1550-1500) / SH II (1500-1425)
					Thapsos	
		Peschiera		Milazzese di Panarea		SH III A (1425-1300)
13.-12.Jh.	Jüngere Bronzezeit		Subapenninisch	Ausonisch I	Pantalica I	SH III B (1300-1230)
						SH III C1 (1230-1075)
12.-11. Jh.	End-Bronzezeit		Protovillanova	Ausonisch II	? Pantalica II	SH III C2 (1075-1025)

Abb. 80. Gliederung der Bronzezeit in Sizilien, Süd- und Mittelitalien

wie dies am Beispiel von Vivara und Ischia im Golf von Neapel besonders deutlich wird. Der sich in der Jüngeren Bronzezeit immer deutlicher abzeichnende ägäische Importhorizont in dem hier behandelten Gebiet läßt die Frage berechtigt erscheinen, ob mögliche Auswirkungen dieser Kontakte über die bereits herausgearbeiteten Beziehungen im handwerklichen Bereich hinaus etwa auch auf andere Bereiche der lokalen Kulturen stattgefunden haben könnten.

R. Peroni sprach in diesem Zusammenhang erst kürzlich die Vermutung aus, daß die in der subapenninischen bzw. protovillanovazeitlichen Phase (vgl. die Tabelle, Abb. 80) im westlichen Mittelitalien in Luni, im Tolfagebiet und im Fioratal erstmals erkennbaren Ansätze zu einer Monumentalität im Siedlungswesen (akropolisartige Siedlungsanlagen, kyklopische Befestigungsmauern) und im Grabbau (Tumulusgräber, Kammergräber) primär mit ägäischen Einflüssen im Zusammenhang stünden[82]. Gerade im Hinblick auf die Nachbarschaft der genannten Fundorte zu den erzführenden Gebieten Mittelitaliens erhält diese Vorstellung ihre Suggestivkraft, die im übrigen von den analogen, durch die Forschung in Sizilien und Süditalien beobachteten Phänomenen beeinflußt wurde. Bei dem augenblicklichen Erkenntnisstand wird es freilich noch einer Reihe von Detailuntersuchungen bedürfen, um die These, die hier aufgezeigten ostmittelmeerischen Kontakte hätten so weitreichende Folgen auch für die kulturelle Entwicklung Mittelitaliens gehabt, im einzelnen belegen zu können. Während der Drucklegung dieses Beitrags haben F. Lo Schiavo, E. Macnamara und L. Vagnetti mit einer Studie »Late Cypriot Imports to Italy and their Influence on Local Bronzework« nicht nur Stellung zu einigen der oben besprochenen Objekte genommen, sondern auch neues Material vorgelegt[83].

[82] Vgl. in diesem Zusammenhang R. Peroni, JberInstVgFrankf 1975, 43; ders., PP 24, 1969, 154; A. M. Bietti Sestieri, Padusa 1-4, 1975, 11f.; dies., DArch 9/10, 1976/77, 235f.

[83] BSA 53, 1985, 3ff. mit Taf. 1-3 und umfassender Bibliographie: 65ff.; Lo Schiavo, in: Acta of the Int. Archaeol. Symposium ›Early Metallurgy‹, Larnaka 1981, 271ff.

DIE SPÄTE BRONZEZEIT IM LICHTE EINZELNER DENKMÄLERGRUPPEN UND IHRER RÄUMLICHEN VERBREITUNG

THERA, EIN NEUES ZENTRUM DER ÄGÄISCHEN KULTUR

Von Spyridon Marinatos †

Die Ausgrabungen und ihre Voraussetzungen

Im Jahre 1939 wurde erstmals die Theorie aufgestellt, daß der Untergang der minoischen Kultur durch einen gewaltigen Vulkanausbruch verursacht worden sei. Die zum Beweis notwendigen Ausgrabungen auf der Insel Thera wurden zunächst durch den Zweiten Weltkrieg und durch Schwierigkeiten in Griechenland selbst verhindert. Erst 1967 war es möglich, mit Ausgrabungen auf Thera zu beginnen[1]. Mehrere Gründe sprachen dafür, Akrotiri an der Südküste der Insel als Ausgangspunkt für die Grabungen zu wählen. Zum einen waren dort die durch die Vulkanasche verursachten Verschüttungen durch Erosion teilweise abgetragen, zum anderen wußte man, daß die Franzosen F. Fouqué und H. Mamet vor mehr als hundert Jahren bronzezeitliche Spuren festgestellt und ihre Resultate mit Plänen der Architekturreste auch kurz publiziert hatten. Der genaue Ort jener Grabungen konnte jedoch bis jetzt noch nicht gefunden werden. Seit 1967 werden die Ausgrabungen 600 m südlich des Dorfes Akrotiri ständig fortgesetzt und die Resultate jeweils am Jahresende veröffentlicht[2].

Um die Gründe, die zu der großen Katastrophe auf Thera und Kreta geführt haben, zu klären, wurde im dritten Grabungsjahr, 1969, ein internationaler Kongreß auf Thera abgehalten, an dem Archäologen, Philologen, Vulkanologen, Geologen, Seismologen, Historiker und Botaniker teilnahmen, um erstmals ein wissenschaftliches Problem gleichzeitig von den verschiedenen Disziplinen her in Angriff zu nehmen[3]. Danach zeichnet sich folgendes Bild ab: Zwischen den Katastrophen auf Thera und Kreta liegt ein Zeitraum von ungefähr einer Generation, wie die stilkritische Betrachtung der Keramik aus dem Palast

[1] Bei dem vorliegenden Beitrag handelt es sich um einen Wiederabdruck aus Sp. Marinatos – M. Hirmer, Kreta, Thera und das mykenische Hellas² (1973) 53–62. Der Hrsg. sagt dem Hirmer-Verlag, München, verbindlichsten Dank für die Freigabe des Beitrags zur Aufnahme in den vorliegenden Sammelband. Er wird hier geringfügig gekürzt und, wo Bezug auf Bilder genommen ist, die wir in anderer Form oder gar nicht übernommen haben, vereinfacht vorgelegt. Insbesondere die Anmerkungen sind stark gekürzt. Von den Abbildungen bringen wir nur eine (Abb. 81); sie ist in dem genannten Werk von Marinatos auf Taf. XLI farbig abgebildet und erscheint hier in der Umzeichnung nach Sp. Marinatos in: H.-G. Buchholz,

ArchHom, Kap. G (1974) G 140 Abb. 26. Zu den von Marinatos durchgeführten Ausgrabungen s. Thera I–VII. Inzwischen ist in Thera weitergearbeitet worden, s. die umfassende Lit. in den Bänden der beiden Thera-Kongresse (Thera Aegean I–II) und dort insbesondere die Beiträge von Chr. Doumas. Vgl. auch den Beitrag über Thera von H.-G. Buchholz in dieser Publikation, S. 159 ff., mit neuer Literatur.

[2] Zur Lokalisierung der verschiedenen Grabungen auf Thera vgl. die Karte, Abb. 44.

[3] Zu diesem Kongreß s. Acta of the 1st International Scientific Congress on the Volcano of Thera (1971). Vgl. diesbezüglich auch Thera Aegean II passim.

von Zakro ergibt, der ja unberührt durch Menschenhand im Zustand der Zerstörung auf uns gekommen ist. Die in Zakro gefundene Keramik zeigt den Stil zum Zeitpunkt der Katastrophe von Thera und die fortgeschrittenste Stufe des ostkretischen 'Meeresstils'. Die Grabungen in Akrotiri haben Tausende von Gefäßen erbracht, unter ihnen auch eine größere Anzahl von importierten minoischen und mykenischen. Alle sind spätminoisch (SM I A), was wir heute um 1500 v. Chr., mit einem Spielraum von etwa zehn Jahren früher oder später, datieren. Der 'Meeresstil' ist auf Thera nicht unbekannt – vgl. den 1971 gefundenen Opfertisch –, aber nur in seiner frühen Stufe vertreten. Die Darstellung der Delphine und korallenartigen Gebilde auf den Gefäßen ist, verglichen mit denen des entwickelten 'Meeresstils' von Ostkreta, höchstens eine Generation älter.

Meine 1939 zu dieser Beobachtung gegebene Erklärung, daß die Kunstgeschichte genügend Beispiele dafür bietet, daß sich die stilistische Entwicklung in verschiedenen Gebieten nicht gleichzeitig vollziehen muß, ist nicht ausreichend, noch dazu bei der geringen Entfernung der beiden Inseln voneinander. Die Geologen müssen bei der Lösung helfen. Einige der Kongreßteilnehmer glaubten, die riesige Kaldera, der Krater von Thera, sei in der Folge verschiedener, zeitlich getrennter Vulkanausbrüche entstanden; die Mehrzahl von ihnen war jedoch der Auffassung, der große Ausbruch sei mit einem Male, innerhalb eines sehr kurzen Zeitraumes erfolgt. Der Ausbruch des Krakatau hat sich 1883 in zwei Tagen vollzogen. Der Krakatau war aber ein Vulkan, der ständig in Tätigkeit gewesen war, während Thera aus mindestens acht Vulkanen bestand, die seit Jahrtausenden geruht hatten. Es wäre möglich, daß einer der Vulkane erst eine Generation nach dem großen Ausbruch tätig geworden ist oder daß ein anderes vulkanisches Ereignis ein gewaltiges Erdbeben mit Flutwellen ausgelöst hat, das dann die Katastrophe über Kreta hereinbrechen ließ. Bei den Ausgrabungen auf Thera wurde die Beobachtung gemacht, daß das ganze Gelände nach Südosten abgesunken ist. Die Südseite der Insel zeigt diese Senkung, und die ausgegrabenen Gebäude weisen eine deutliche Neigung nach Südosten auf. Sie stehen zwar noch alle aufrecht, aber nur, weil sie von Bimsstein umgeben und bedeckt sind. Das Absinken des Bodens muß also auf Thera nach dem großen Ausbruch von 1500 v. Chr. erfolgt sein; diese Senkung könnte für Kreta die zerstörende Flutwelle verursacht haben.

Der Umfang der bisherigen Ausgrabungen scheint über den einer Siedlung hinauszugehen; vielleicht kann man von einer Stadt sprechen, die sich in einer Entfernung von etwa 200 m vom heutigen Südufer längs eines kleinen Baches nach Norden dehnte. Im Norden hinter Akrotiri öffnet sich heute die fruchtbare Kaldera; aus den Fumarolen der in ihrem Mittelpunkt gelegenen Kammeneninseln steigen heiße Luft und von Zeit zu Zeit Rauchwolken auf. Ehemals erhob sich hier der imposanteste Vulkan der Insel mit 1800 m Höhe, an dessen Südhang die Stadt lag. Vielleicht erstreckte sich die Stadt entlang einer oder auch zweier von Norden nach Süden verlaufender Hauptstraßen. In der Breite scheint ihre Ausdehnung nur in geringem Maße über die Bachufer hinausgegangen zu sein.

Der nördlich von Akrotiri gelegene Stadtteil ist in den Abgrund der Kaldera, die mit 300 m dort die größte Tiefe aufweist, verschwunden. Eine nordwestlich von Akrotiri gefundene dreifüßige, reliefierte Steinschale (im Museum von Thera) läßt auf ein vornehmes Stadtviertel schließen.

Vom südlichen Teil der Stadt, der zur Zeit ausgegraben wird, ist bisher ein Stück von etwa 150 m Länge bei einer höchsten Breite von 35–40 m freigelegt. Es hat sich gezeigt, daß

dieses Gelände schon in frühkykladischer Zeit besiedelt war, selbst spätneolithische Artefakte kamen zutage. Aus mittelkykladischer – etwa der mittelminoischen entsprechenden
– Zeit fand sich aus Kreta eingeführte echte Kamaresware. Gegen Ende dieser Periode,
etwa um 1560–1500 v. Chr., wurde die Siedlung durch ein starkes Erdbeben zerstört. Die
Bewohner haben zum Teil die Verschüttungen eingeebnet, auf älteren Mauern wieder
aufgebaut, beschädigte Wände durch eine Parallelwand gefestigt, sogar einige Gebäude
neu errichtet. Für die neue Stadt, die jetzt ausgegraben wird, gibt es Hinweise, daß in ihr
nach 50 Jahren, etwa um 1500 v. Chr., noch rege Bautätigkeit herrschte und manche Häuser nach Entfernung älterer Wandmalereien neu mit Fresken geschmückt wurden.
Da kam plötzlich die endgültige Katastrophe. Sie muß mit Erdbeben begonnen haben. Die
Bewohner konnten offenbar noch ihre Häuser verlassen, da sich keine Skelette in den Ruinen gefunden haben. Sicher ist, daß viele zu den zerstörten Häusern zurückkehrten, um
Wertgegenstände und Nahrungsmittel zu bergen. Sie hatten sogar begonnen, den Schutt
von einigen Straßen und Höfen zu entfernen. Nach kurzer Zeit muß der Vulkanausbruch
erfolgt sein, denn alle Ruinen sind in einer Höhe bis zu 3 m von Bimsstein bedeckt. Die
Bewohner haben die Stadt und vielleicht die Insel für immer verlassen. Ob und wie ihre
Rettung erfolgt ist, entzieht sich unserer Kenntnis. Sofern der Vulkanausbruch langsam
erfolgte, ist es vorstellbar, daß sich die Bewohner mit eigenen Schiffen und denen von
benachbarten Inseln, selbst solchen von Kreta, retten konnten. War der Ausbruch von
absteigenden Glutwolken begleitet, so kann die Auswirkung sich wie bei dem Ausbruch des
Mont Pelée auf Martinique am 8. Mai 1902 vollzogen haben. Die dort im Hafen auf Schiffe
wartenden 32 000 Einwohner wurden von den plötzlich ausgestoßenen heißen Gasen des
Vulkans innerhalb von drei Minuten getötet. Wenn sich auf Thera ähnliches ereignet hat,
werden wir bei den Grabungen eines Tages vielleicht auf eine große Menge der getöteten,
unter Bimsstein begrabenen Bewohner stoßen.
Die Ausgrabungen haben klar gezeigt, daß zunächst ein Erdbeben die Stadt zerstört hat
und anschließend ein Vulkanausbruch die Trümmer mit einem Bimssteinregen von 2–3 m
Höhe zudeckte, auf dem eine Schicht pulverartiger vulkanischer Asche liegt, die chemisch
aus winzigen Kristallen reinen Glases besteht.
Es gilt hier nur, eine allgemeine Beschreibung der Ruinen und von dem jähen Ende des
Lebens auf Thera zu geben. Es mutet uns an wie ein zweites Pompeji, allerdings um 1600
Jahre älter. Daß die Erdstöße nicht sehr stark gewesen sein können, beweist die Tatsache,
daß einige Gebäude noch bis zum dritten Stockwerk aufrechtstehen. Teile derselben
Gebäude sind aber fast bis zum Erdboden abgetragen, was bedeutet, daß sich bei dem
Vulkanausbruch weitere Begleiterscheinungen – wie horizontale Ausbruchswolken, Aus-
würflinge, Ausfluß von Sand und Kieseln, sintflutartige Regengüsse – ausgewirkt haben
müssen. Beobachtungen bei der Grabung haben ergeben, daß über einigen Räumen der
Erdgeschosse trotz des Erdbebens die Decken erhalten geblieben sind. In diesen Zimmern
hatten Bewohner, die davongekommen waren, alles aufgespeichert, was sie in den Ruinen
hatten sammeln können: ganze und zerbrochene Vorratsgefäße, Werkzeuge, Geräte aus
Metall, Rohmaterialien und kostbare Gegenstände wie kunstvolle Stein- und Metallgefäße. Auch zwei Rhyta aus Straußeneiern wurden in Zimmer Delta 16 gefunden.
Funde organischer Reste sind in Akrotiri selten. Das Holz war buchstäblich verdampft.
Einige Gefäße zeigen viele charakteristische Risse, wie sie bei sehr großer Hitze entstehen,

die wir bei dem Vulkanausbruch annehmen müssen. Verkohlte Gerste, Erbsen, Pflanzensamen und Gerstenmehl wurden in Gefäßen, jedoch in kleinen Mengen, gefunden. Es war zur Zeit des Vulkanausbruchs offenbar keine Erntezeit. Schnecken- und Seeigelschalen und andere Reste von Mahlzeiten sind nicht selten.

Nach dem bisherigen Stand der Grabungen liegt die Südgrenze der Stadt im Bereich der derzeitigen Grabungen. Eine, wahrscheinlich zwei weitere ziemlich parallel verlaufende Straßen führen zu den nördlichen, höher gelegenen Stadtteilen. Die in ihrem Verlauf gesicherte Mittelstraße liegt (s. Plan, Abb. 82, auf dem die Sektoren mit griechischen Buchstaben bezeichnet sind) zwischen den Sektoren Beta (rechts) und Gamma (links). Die sie flankierenden Hauswände haben noch erhaltene Türen und Fenster. Da einige anliegende Räume nachweislich als Werkstätten gedient haben, wurde die Straße vom Ausgräber nach den Telchinen des Mythos – kunstfertigen Schmieden und Söhnen des Hephaistos – Telchinenstraße benannt. Städtebaulich interessant ist, daß sie sich in Abständen von 25 m weitet, zunächst zu einem viereckigen Platz. Da versammelten sich die Handwerker, um ihre Tagesrationen zu empfangen. Eine unzerstörte Mühle wurde dort gefunden mit den Meßgefäßen für Mehl, Wein oder Öl. Nach weiteren 25 m verbreitert sich die Telchinenstraße zu einem dreieckigen Platz. Hier muß ein Verkehrsmittelpunkt gewesen sein. Rechts liegt der Sektor Delta mit einem monumentalen Eingang, der wegen seiner schlechten Erhaltung noch nicht freigelegt wurde. Links steht das 'Westhaus'; seine Tür, drei ungleiche Fenster im Erdgeschoß sowie zwei von drei Öffnungen des Obergeschosses sind auf der Fassade sichtbar (Taf. 9a). Dieses Haus barg kostbare Fresken, darunter das Miniaturfresko mit der ägäischen Flotte. Der erwähnte Sektor Delta rechts vom Platz ist der größte bisher ausgegrabene Gebäudekomplex. Das Fenster gehört zu einem Polythyron, dessen Obergeschoß bereits freigelegt wurde (Delta 1). Bei der Versuchsgrabung 1967 kam hier zum ersten Mal eine Einheit aus behauenen Steinen zutage.

Es mag seltsam erscheinen, aber die gesamten Ausgrabungen von Thera befinden sich auf dem Niveau der Obergeschosse. Nur in wenigen Fällen haben die Grabungen den Fußboden des Erdgeschosses erreichen können, da dies mit überaus komplizierten Restaurierungsfragen verbunden wäre. Die Fußböden vom Obergeschoß sind oft eine schwere Konstruktion von großen und kleinen Balken, auf denen Laub, Erde und große Steinplatten liegen. Ein derartiges Beispiel ist in Raum Beta 2 am Anfang der Telchinenstraße rechts erhalten. Unter dem Plattenfußboden mit der in der Zimmermitte sichtbaren Säulenbasis liegt das Erdgeschoß noch unberührt.

Der bisher ausgegrabene Teil der Stadt hat vier Einheiten aus behauenen Steinen erbracht, von Einheit 2 sind drei, von den übrigen je zwei Stockwerke erhalten. Einheit 3 hat Innenräume mit reicher Wandmalerei. Die Wände eines Korridors zeigen Bergspitzen mit karger Vegetation, die an japanische Malereien erinnern. An anderen Stellen kamen bei vorläufigen Arbeiten Schilfrohre, vornehme Frauen und offenbar im Netz gefangene Vögel zutage. Die übrigen Bauten sind in gewöhnlicher Steinbauart errichtet, die Innenwände aber überwiegend aus Lehmziegelplatten gebaut. In den meisten Räumen standen Keramik und größere Vorratspithoi. In den Magazinen 1–3 des Sektors A im nördlichen Teil des Grabungsfeldes fanden sich nicht weniger als vierzig Vorratsgefäße.

Abb. 81. Umzeichnung des Schiffes A aus dem Miniaturfries im 'Westhaus' von Thera, Akrotiri

Fresken (s. Abb. 81.84.86a; Taf. 4a; 5a.b; 11b.d)

Die künstlerisch interessantesten Resultate der Ausgrabungen sind die außerordentlichen Freskenfunde. Mit Ausnahme des 'Frühlings-' oder 'Lilienfreskos', das zu einem kleinen Erdgeschoßzimmer zu gehören scheint, stammen die übrigen Fresken aus den einstigen Obergeschossen und fast ausschließlich aus sakralen Räumen, wie aus den Funden von Schatzkammern, Opfertischen und Rhyta hervorgeht.

Das Fresko der blauen Affen

In dem architektonisch unbedeutenden Raum Beta 6 des Südostsektors Beta wurden Fragmente dieser großen Komposition entdeckt, die aus dem darüber befindlichen Stockwerk herabgestürzt waren. Eingehende Studien über mehrere Jahre hinweg ergaben, daß die Darstellung sich über mindestens drei Wände erstreckt haben muß. Eine Ecke konnte rekonstruiert werden, und von dort stammen die besterhaltenen Affen. Eine Herde von blaugrünen Affen (Cercopithecus callitrichus) klettert auf rote Felsen hinauf. In der psychologischen Erfassung der Tiere und in der Kraft der Bewegungen sind sie meisterhaft wiedergegeben. Leider fehlt uns die Kenntnis vom Anlaß des Geschehens. Köpfe von kleineren Tieren und Reste von Füßen haben zu dem Schluß geführt, die Affen würden von Hunden oder Raubtieren gehetzt. Auf der dritten Wand war wohl eine Darstellung einer Berglandschaft mit Krokusbüscheln. Ein schöner Fries mit Spiralen schloß die ganze Komposition nach oben ab.

Der 'Afrikaner'

Die dürftigen Reste dieses Freskos wurden auf dem Fußboden eines Korridors und eines Zimmers in Sektor A gefunden, wo die Baureste nur bis zu 1 m Höhe erhalten sind. Das Hauptthema war ein Bergheiligtum; Altar und Doppelhörner sind gut erhalten. Säulenartige Motive mit einer Bekrönung von Meereslilien (Pancratium maritimum) sind zu

279

erkennen sowie adorierende Affen. Auf dem Hauptfragment ist ein interessantes, nach links gewandtes Profil eines Mannes zu sehen, vor ihm Reste einer Palme. Die Gesichtszüge, das Haar (mit zwei federartigen blauen Gebilden) und ein sehr großer goldener Ohrring zeigen, daß es sich nicht um einen Minoer handelt. Er wird hier 'Afrikaner' genannt.

Das 'Frühlingsfresko'

Das Jahr 1970 war für die Ausgrabungen entscheidend. Obwohl die Freskenfunde schon erfreulich waren, konnte man nicht ahnen, daß ein völlig ausgemaltes Zimmer unberührt gefunden würde. Es war Zimmer Delta 2 des Sektors Delta, das, wie schon gesagt, im Erdgeschoß zu sein scheint. Ursprünglich war es größer, seine heutigen Dimensionen sind ungefähr 2,50 × 2,40 m. Die Ostwand, die als Fassade diente und Tür, Fenster und Nische aufweist, war nicht bemalt. Über die anderen drei Wände lief vom Fußboden an eine einheitliche Darstellung; sie schloß oben mit einer breiten roten Zone ab, unter der auf der südlichen, westlichen und einem Teil der nördlichen Wand ein Wandbrett umlief. Dieses sowie das Zimmer waren mit vielen kleinen Gefäßen, mancherlei Kupfergeschirr gefüllt; dazu standen zwei große und einige mittelgroße Vorratsgefäße, ein Holzbett und ein hölzerner Schemel in dem Raum.

Das Fresko, das den vollentfalteten Frühling des Mittelmeergebietes darstellt, ist ein Meisterwerk. Die Landschaft zeigt schroffe Gegensätze. Erschreckend kahl wirken die spitzen, seltsam geformten Felsen der vulkanischen Insel in ihrer farbigen Eigenart. Der wilde Eindruck wird gemildert durch die auf den Felsen wachsenden schönen und beliebten Blumen, die edel duftenden Madonnenlilien. Überall wachsen die Liliengruppen auf den Felsengipfeln und an den Hängen, tief in den Schluchten. Sie stehen nicht steif, sie wirken belebt und wie von der auf der Insel nie fehlenden Brise bewegt. Die Schwalben sind bereits gekommen, einzeln oder zu Paaren fliegen sie durch die duftende Frühlingsluft, zwitschern und kokettieren, die Zeit des Nestbaues ist da.

Es ist ohne Zweifel ein religiöses Bild, das der allmächtigen Göttin, die die Wiedergeburt der Natur bewirkt, dargebracht wird, um ihren Segen für die Belebung der trockenen Insel zu erbitten.

'Kinder-' und 'Antilopenfresko'

Das Zimmer Beta 1 des Sektors Beta, das durch ein großes Fenster sein Licht von dem erwähnten Platz mit der Mühle bekam, ist ein sakraler Raum. Sein südlicher Teil war in eine Schatzkammer verwandelt, in deren durch Lehmplatten abgeteilten vier Raumabschnitten die heiligen Geräte, unter ihnen zwei Opfertische, aufbewahrt wurden. An dem von einer Lehmwand abgeteilten westlichen Abschnitt der Nordwand hatte vielleicht eine Treppe ins Erdgeschoß heruntergeführt. Der verbliebene Raum war mit kostbaren Fresken geschmückt. Die Nordwand zeigte je eine Antilope zu beiden Seiten des Fensters; Ost- und Westwand waren mit je zwei Antilopen bemalt; das kleine freigebliebene Stück der Südwand zeigt zwei sich im Faustkampf gegenüberstehende Kinder. Die Fundumstände waren leider nicht so günstig wie im 'Lilienzimmer'. Mit Ausnahme der Antilope ohne Kopf an der Nordwand waren die übrigen Fresken mit den Innenwänden auf den Steinplattenboden gefallen. Glücklicherweise ist nur wenig endgültig verloren. In mühsamer dreiwöchiger Arbeit konnten die Fundstücke mit den Mitteln moderner Technik in gesicherter Form zusammengesetzt werden.

Auch diese Fresken sind meisterhaft gemalt. Obwohl die Antilopen – vielleicht eine Abart der Oryx beisa mit Hörnern, die wohl eher zu Gazella granti oder Gazella thonsoni gehört – nur im Umriß festgehalten sind, wirken sie sehr lebendig und naturgetreu. Die Darstellung ist tierpsychologisch ausgezeichnet getroffen.

Die Kinderszene ist in der Geschichte der Kunst das erste künstlerische Bild zarter, junger Kindergestalten, die miteinander spielen. Die Körper sind nur mit einem Schurz aus leichtem, netzartigem Stoff, vielleicht mit Leder kombiniert, bekleidet. Ihre rechten Hände stecken in Fausthandschuhen. Der Gesichtsausdruck des rechten Kindes zeigt wache Intelligenz, gepaart mit Angriffslust. Das linke Kind scheint etwas älter zu sein, die Gesichtsfarbe ist von hellerem Ton. Bei den Ägyptern war es üblich, die Frauenköpfe durch hellere Farbgebung zu kennzeichnen. Anscheinend ist auch hier ein Mädchen dargestellt, vielleicht die Schwester des Knaben. Zu einem Mädchen würde es auch passen, daß es Schmuck trägt, Ohrringe, Halskette und Armbänder und einen Ring über dem Fußgelenk. Sein Gesichtsausdruck ist ernst, fast möchte man sagen: melancholisch. Eigenartig ist die Haartracht beider Kinder. Die zunächst gegebene Erklärung, die Kinder trügen blaue Kappen, auf denen einige Haarlocken befestigt seien, dürfte nicht stichhaltig sein. Richtiger ist es vielleicht, an eine ausrasierte, blaugefärbte Kopfhaut zu denken, auf der nur einzelne Locken stehengelassen wurden. Jedenfalls ist diese Kinderszene ein kunst- und kulturhistorisch wertvolles Dokument und wohl eine der reizendsten Kinderszenen, die wir in der Kunst der Welt besitzen.

Das Fresko der Frauen bei einer Kulthandlung

Zwischen den Sektoren Alpha und Delta ist ein isoliertes Gebäude zum Teil freigelegt (s. Plan, Abb. 82). Es hat den Namen 'Haus der Damen' bekommen, da im Zimmer 1 ein Fresko mit beinahe lebensgroßen Frauen gefunden wurde. Leider ist dieses Fresko fragmentarisch. Daß das Zimmer der Kultraum des Hauses war, beweisen die vier aus Lehmplatten gemachten Schatzgruben, die das religiöse Geschirr enthielten. Die schöne farbige Vogelkanne gehört hierher. Das kleine Zimmer (1), das auch hier dem Obergeschoß angehört, hat den nur leicht eingesunkenen Fußboden erhalten. Die Ausgräber haben es von Osten her betreten, wo vielleicht auch der einstige Eingang lag. Die gegenüberliegende West- und ein Teil der Südwand waren mit überlebensgroßen Meereslilien (Pancratium maritimum) in Gruppen von je drei bemalt. An dem anderen Teil der Südwand war noch der nach links schreitende Unterkörper einer Frau in situ erhalten. Die weiteren zugehörigen Funde ergaben die vornehme Gestalt einer Dame in minoischer Tracht mit schönem Kopf, einem großen goldenen Ohrring und nur spärlich aufgetragenem Rot auf der Wange und den Lippen. Ihr Mund ist leicht geöffnet, als würde sie singen oder Gebete sprechen. In ihren Händen trug sie Opfergaben, in der rechten am wahrscheinlichsten Blumen. Die vornehme Haltung, der edle, etwas melancholische Ausdruck des Gesichtes und die ganze aristokratische Erscheinung sind eine meisterhafte Leistung der ägäischen Malerei[4].

Die Fragmente von zwei weiteren Frauengestalten gehören zu dem Fresko der Nordwand. Von der vorderen, die scheinbar etwas kleiner war, ist nur die Hälfte des Rockes des Unterkörpers erhalten. Beide Frauen schreiten in leicht vorgebeugter Haltung nach rechts. Die vollständiger erhaltene größere Gestalt trägt über einem leichten Rock einen zweiten farbigen Überrock und die minoische Jacke, die ihre üppige, realistisch wiedergegebene große Brust freiläßt. Vielleicht sollten mit dieser kräftigen und der kleineren Gestalt Mutter und Tochter dargestellt werden. Die mütterliche Frau, deren Gesicht leider nicht erhalten ist, brachte offenbar der Gottheit ein heiliges Gewand dar. Die übrigen dürftigen Spuren sind nicht mit Sicherheit zu deuten. Doch ist es klar, daß sie eine religiöse Zeremonie wiedergeben. Ob die wellige Doppellinie des Hintergrundes den 'Himmel' und das Flächenmuster die 'Sterne' andeuten sollen und damit einen Hinweis geben auf eine nächtliche Kulthandlung, muß Vermutung bleiben.

Die Fresken des 'Westhauses'

Dieses Haus, das mit seiner Fassade, wie bereits gesagt, zum Dreieckplatz liegt, ist nicht so groß und vornehm gebaut wie die übrigen. Die in ihm gefundenen Fresken waren für uns eine Überraschung. 1971, beim Anlegen eines Schachtes für die Fundamente der Dachstützen, wurde zunächst die 'Junge Priesterin', dann das sogenannte Labarum gefunden. Die Ausgrabung von 1972 wurde vollendet mit dem Resultat, daß in Zimmer 4 das sogenannte Labarum siebenmal gemalt war. Zugleich war das Fenster dieses Raumes in seinen beiden Pfosten mit je einer großen Blumenvase, aus der Lilien emporsteigen, bemalt. Zimmer 5 hatte einen kostbaren Miniaturfries, die 'Priesterin' und zwei etwas unterlebensgroße Fischer.

Es wurde klar, daß das 'Labarum' nichts anderes als die Seitenansicht der Kajüte war, die alle Kriegsschiffe auf dem Miniaturfries tragen. Die 'Priesterin' war zusammen mit den zwei Fischern auf die drei Ecken des Zimmers 5 mit dem Miniaturfries gemalt. Sie ist mit einem gelben Schleier bedeckt, der über einer mit Kreuzmustern geschmückten blauen Jacke liegt. Den Kopf haben wir uns wieder ausrasiert mit ausgesparten Locken zu denken. Rot sind die Lippen und auch das Ohr, an dem ein großer Ohrring hängt. In der linken Hand hält sie eine Metallvase mit hornartigem Griff. Die Vase enthält die Opfergabe, einen roten Kuchen, den die 'Priesterin' mit einem Gewürz – wohl Krokus – bestreut. Von den Fischern ist einer bis auf eine kleine Verletzung an den Füßen intakt erhalten. Er ist etwa 1,15 m hoch. Das Bild kann als das älteste selbständige Gemälde gelten. Eine Lehmziegelplatte wurde mit Kalk bestrichen, und die Bemalung wurde in der Werkstatt ausgeführt. Das Gemälde wurde dann an der entsprechenden Stelle des Zimmers befestigt. Durch das Erdbeben hat es sich von der Wand gelöst und stand bei der Entdeckung fast senkrecht an sie gelehnt.

---

[4] Verwandte Frauendarstellungen finden sich auf dem Fresko mit den 'Krokuspflückerinnen' (Taf. 4a).

Im Fischer haben wir zum erstenmal einen ägäischen Epheben dargestellt. Er ist vollkommen nackt. Die Genitalien sind deutlich gemalt. Auf dem ausrasierten Kopfe sehen wir hier ganz klar zwei ausgesparte Locken. In den erhobenen Händen trägt der Jüngling zwei Bündel von Makrelen; ein bescheidenes Halsband ist sein einziger Schmuck. Die Klarheit seiner Gesichtszüge ist von solcher Erhabenheit, daß er mit den athenischen Epheben des frühen rotfigurigen Stils verglichen werden kann. Der andere Fischer stand offenbar künstlerisch noch höher, ist jedoch nur in sehr brüchigem Zustand auf uns gekommen.

Der Miniaturfries

Der Miniaturfries ist als Komposition und als Durchführung ein einziges Meisterwerk und zugleich ein historisches Dokument von hervorragender Bedeutung. Falls alle vier Wände des Zimmers in dieser Weise bemalt waren, dann hätte der Fries, der über Fensterhöhe gemalt war, eine Länge von 16 m gehabt. Wir wissen aber noch nicht, ob die Westwand des Zimmers bemalt war. Die übrigen drei Wände waren sicher mit Darstellungen geschmückt, so daß die Länge des Frieses mindestens 12 m betragen hat. Erhalten sind davon nur 6–7 m, aber die Lücken verteilen sich so, daß der Fries ohne weiteres verständlich ist. Es handelt sich um eine Flotte im Seegefecht (oder möglicherweise Schiffbruch) und drei hintereinander gemalte Städte oder Siedlungen, zwischen denen eine subtropische Landschaft und eine Flotte von sieben bis acht großen Kriegsschiffen eingeschoben sind. Das Ganze spielt sich in der Fremde ab.

Die Fragmente wurden im Innern des Hauses und längs der Nord-, Ost- und Südwand des Zimmers gefunden. Inhaltlich besteht der erhaltene Teil der großen Flotte aus mindestens acht großen und mindestens sechs kleineren Schiffen, mehr als 80 Personen, zahlreichen Gebäuden, dazu Vieh, wilden Tieren und Vögeln. Die Szene spielt sich zum Teil im Meere ab, das meiste jedoch in subtropischer Landschaft mit Bach, Palmbäumen und kleineren Wasserströmen und in einem Hochland mit Mittelmeervegetation, wo Löwen und Hirsche zu sehen sind.

Die Erzählung fängt nach dem jetzigen Stand in der Westecke der Nordwand des Zimmers 5 an und entwickelt sich nach rechts hin. Der Anfang ist sehr lückenhaft. Klar ist ein steiler Hügel, auf dessen Gipfel viele Leute in reger Handlung zu sehen sind. Sie tragen lange Mäntel. An den Steilseiten des Hügels klettern junge Leute im minoischen Schurz nach oben. Einige haben schon den Gipfel erreicht. Anscheinend nicht weit vom Fuß des Hügels sieht man das Meer, felsige Ufer mit Häusern, Schiffe und ertrunkene Leute, die zeichnerisch kostbare Meisterwerke sind (Taf. 11b). Man sieht ferner 'mykenische' Krieger, die in kriegerischer Ordnung vor den Häusern dahinschreiten. Sie sind mit Turmschilden, Eberzahnhelmen, Lanzen und Schwertern bewaffnet (Abb. 86a). Auf den Dächern stehen Männer und Frauen in nicht recht verständlichen Handlungen. Ziegenböcke, Mähnenschafe und Ochsen (sehr lückenhaft) erscheinen samt den Hirten, aber wir wissen noch nicht, ob sie weggeführt werden sollen. Das alles geht aus den spärlichen Fragmenten hervor, die – der erwähnten Reihe nach – längs der Nordwand gefunden wurden. Die Höhe des Frieses ist hier und sonst 40 cm.

Auf der Ostwand, die wir jetzt betrachten, ist die Höhe nur 20 cm. Das Thema ist ein langer, aber nicht breiter Wasserstrom, an dessen Felsenufern rechts und links windgepeitschte Palmbäume verschiedener Art und weitere subtropische Pflanzen dicht beieinander wachsen (Taf. 11d). Die Landschaft ist belebt: Wildenten, Panther, Flamingos und ein riesiger Greif, der mit ausgebreiteten Flügeln sich davonmacht. Wenn wir uns weiter nach rechts wenden, ändert sich die Landschaft zu einem Hochland. Zwischen einer anderen Art von Waldbäumen verfolgt ein Löwe zwei Hirsche, die voller Schrecken fliehen. Die Zeichnung dieser Tiere ist meisterhaft.

Nach dieser Szene verbreitert sich der Fries wieder auf 40 cm Höhe. Zugleich erscheinen die ersten Häuser einer Siedlung. Es ist sicher, daß hier der schmale Ostfries sich mit dem südlichen höheren im rechten Winkel berührte. Damit haben wir die Südostecke des Zimmers erreicht, und mit der Siedlung beginnt die Südwand. An der anderen Ecke (Südwestecke) dieser Wand haben wir eine andere Siedlung, und dazwischen liegt die Flotte von acht großen Kriegsschiffen. De facto haben wir hier den ganzen Fries erhalten; seine Länge beträgt genau 3,90 m (Taf. 5a.b). Aus der vorderen Siedlung ist so viel klar, daß der Wasserstrom sich hier spaltet und daß eine Mündung neben dem Meere in einem Ufer voller Binsen verschwindet. Da haben wir eine 'Szene am Bach'. Zwei mit Fellmänteln bekleidete Gestalten, die eine stehend, die andere sitzend, befinden sich in friedlicher Plauderei. Links vereinzelte Landhäuser im Felde. Rechts die Hauptsiedlung auf den Felsen. Man sieht übereinanderliegende Häuser mit sehr kleinen Fenstern und mit horizontalen oder senkrechten Schlitzen. Auf den Dächern in friedlicher Unterhaltung Männergruppen. Unten am Hafen rudern die Schiffe dem Meere zu, wo die große Flotte sich nach rechts in Bewegung setzt. Das weiteste Schiff hat schon die andere Stadt erreicht, während das erste hier mit der Landebrücke noch den Uferfelsen berührt.

Von den Schiffen ist eines ganz erhalten. Alle gehören, mit nur kleinen Abweichungen, demselben Typ an (Abb. 81, vgl. Abb. 39). Der Bug endet in ein dünnes und merkwürdig langes Ende, das mit Symbolen (Schmetterling, Blume) geschmückt ist. Das Heck endet in Löwen- oder Greifenkopf; sonst sind auf den Seiten der Schiffe Löwen, Tauben, Delphine und noch weiteres gemalt. Die Schiffe fahren in zwei parellelen Reihen; alle haben einen Mast; aus künstlerischen Gründen sind bei der unteren Reihe der Schiffe die Masten niederer gezeichnet. Ein einziges Schiff ist ohne Ruderer und mit ausgebreiteten Segeln dargestellt.

Jedes Schiff zeigt am Heck eine Kajüte, die aus Holzstangen und Ochsenfellen besteht. In der Mitte hat jedes Schiff ein geräumiges Zeltdach, möglicherweise von dem Segel gedeckt. Bewundernswerte Militärdisziplin herrscht auf den Schiffen. Innerhalb der Kajüte sitzt der Kommandant, draußen der Schiffsjunge. Stolz und steif hält der Steuermann das außerordentlich große Steuerruder mit beiden Händen. Vor ihm steht manchmal der Antreiber, um die Ruderer in Takt zu halten. Diese arbeiten wie Maschinen. Seetechnisch betrachtet kann man sagen, daß die Ruderer ganz kurze Ruder benutzen, weshalb sie mit den Gesichtern zum Schiffsbug sitzen und paddeln. Aus manchen Einzelheiten der Malerei kann man mit Wahrscheinlichkeit schließen, daß die Flotte in seichten Gewässern fuhr. Unter den Zelten sitzen paarweise ungewöhnlich aussehende Leute, die mit langen Mänteln bekleidet sind, während die Mannschaft die üblichen leichten Kleider trägt, die aus der ägäischen Welt bekannt sind. Hier und da, auch über den Kajüten, sieht man die Helme der Krieger, die nunmehr in den Schiffen ausruhen. Den Ton des siegreichen Einzugs gibt das in der Mitte stehende 'Admiralsschiff', das girlandengeschmückt segelt, an. Schwärme von spielenden, prachtvoll gemalten Delphinen machen die Freude noch mehr fühlbar. Ganz am Ende ist die dritte und bedeutendste Stadt dargestellt. Minoisch aussehende Frauen begrüßen die Ankommenden. Doppelhörner sind auf den Gebäuden sichtbar. Doch gibt es auch Fellmantelträger, und auch diese Siedlung muß in der Fremde sein. Es besteht kaum ein Zweifel, daß wir hier die Erzählung einer historischen Episode vor uns haben, als deren Gegenbeispiel die ziemlich gleichzeitige Expedition der Königin Hatschepsut nach dem Lande Punt, die in Theben im Tempel von Deir el-Bahari dargestellt ist, gelten darf. Wir haben uns deshalb nach einem Lande umzusehen, wo die Szenen der theräischen Miniaturen sich am wahrscheinlichsten haben abspielen können. Ägypten kann das nicht sein, und fast sicher nicht die syrische oder die kleinasiatische Küste, deren Länder wir verhältnismäßig gut kennen. Es kommt nur Libyen in Frage; und in der Tat, klimatologische und schon bekannte andere Gründe haben die Gelehrten dazu geführt, schon in frühbronzezeitlichen Perioden Beziehungen zwischen der Ägäis und Libyen vorauszusetzen.

Wir können hier nicht im einzelnen alle Gründe aufführen, die für Libyen sprechen. Es sei nur erwähnt, daß Kleidung, Haarfrisur, Gesichtszüge der Menschen, Flora und Fauna (Mähnenschaf) für Libyen sprechen. Der merkwürdige Gegenstand, den einer von den ertrinkenden Kriegern um den Hals trägt, wird durch Herodots Nachricht gedeutet, daß libysche und andere Stämme mit Häuten von Straußen oder Kranichen als Schutzwehr kämpfen. Herodot beschreibt auch einen beträchtlichen Fluß in Libyen. Heute gibt es einen solchen Fluß nicht mehr, aber moderne Forscher haben Herodots Nachricht verteidigt, und sicher gab es damals auch weitere kleine Flüsse oder Bäche. Stimmt die Vermutung, Libyen sei das dargestellte Land, so bekommt die Überlieferung des Mythos von Aigyptos, dem Enkel des Poseidon und der Libya, und seinem Bruder Danaos, der aus Furcht vor der Übermacht seines Bruders von Ägypten nach Argos floh, besondere Bedeutung. Wir haben bereits das mit Girlanden geschmückte, die Fahrt anführende 'Admiralsschiff' erwähnt. Seine Kajüte ist als einzige mit dem Was-Lilien-Symbol (für Blühen und Gedeihen) ausgezeichnet, das auch an den Girlanden hängt. Diese mit dem ägyptischen Symbol versehene Kajüte hatten wir siebenmal in Zimmer 4 des 'Westhauses' gemalt gefunden. Es liegt nun nahe, in dem Besitzer dieses Hauses den Kommandanten der Expedition zu sehen, deren Ablauf er auf dem Miniaturfresko in seinem Hause malen ließ. Der Kopf dieses Mannes ist in seiner Kajüte gut zu sehen. Er trägt am Hinterkopf kurzgeschnittenes Haar und eine Stirnlocke sowie kurzen Bart. Er ähnelt dem Bild eines Mykeners von einem im Gräberrund B von Mykene gefundenen Siegelstein. Sein Kopf ist der einzige in der Bilderfolge, bei dem man von einem 'Mykener' oder besser gesagt 'Ägäer' sprechen kann.

Keramik

Keramikfunde sind bei Grabungen stets von besonderer Wichtigkeit, da sie eine große Hilfe für die Datierung bedeuten. Die Keramik von Thera zeichnet sich obendrein durch besondere Schönheit und gute Erhaltung aus. Zwei Hauptarten sind zu unterscheiden: die mattbemalte und die importierte 'firnisbemalte' Keramik. Jede von diesen Klassen ist wieder zweigeteilt in lokale oder importierte Keramik mit Mattmalerei und minoische oder mykenische importierte mit Firnismalerei. Beide Arten sind aus der Zeit etwa 1560–1500 v. Chr., da größere Vasen zwei oder mehr Generationen leicht überdauern können.

Die lokale Keramik von Thera zeigt einen eigenartigen Stil, der dem der Insel Melos nahesteht, aber noch ausgeprägter ist. Neben geometrischem Dekor, allerlei Spiralenkombinationen und pflanzlichen Mustern ist ein echter Floralstil entwickelt mit Motiven von Schilf oder Gras, Hülsenfrüchten, Getreideähren und komplizierteren Kombinationen. Besonders beliebte Motive waren Lilie und Krokus, letzterer oft als zusätzlicher Dekor verwendet wie bei einer Seiherpyxis. Interessant ist ein Krug, auf dessen Schultern Weintrauben gemalt sind; es ist die erste Darstellung der Weintraube in der ägäischen Kunst.

In der minoischen und mykenischen Kunst dieser Stufe waren Tierdarstellungen noch nicht beliebt; auf Thera waren sie – mehr noch als auf Melos – üblich. Vasenscherben (die aber gerade deshalb aus einer etwas älteren Periode stammen müssen) zeigen Bilder von Vögeln, Vierfüßlern, selbst von Menschen, und viele erhaltene Gefäße, die – zufolge ihrer Aufbewahrung auf dem Fußboden – nicht herabstürzten, sind mit Delphinen, Vögeln, besonders mit Schwalben, bemalt. Gefäße mit ein- und mehrfarbigem Schwalbendekor sind auf Thera im Gegensatz zu anderen Orten so häufig, daß sie theräisch genannt werden können. Eine im Gräberrund B in Mykene gefundene Kanne und eine Scherbe aus Melos können aufgrund ihrer Form auch theräisch sein.

Eine Gruppe mattbemalter Gefäße mit 'Drahtspiralen' und vier Becher, die nur auf der Vorderseite bemalt sind, dürften nach der Tonqualität zu schließen nicht theräisch sein; sie werden entweder auf einer anderen Kykladeninsel oder in der Argolis hergestellt worden sein. Die niedere ovale Schüssel, 'Kymbe', und eine eigenartige Seiherpyxis scheinen charakteristisch für Thera zu sein. An erhaltenen plastischen Gefäßen sind bisher auf Thera lediglich drei tönerne Rhyta, ein Stierkopf und zwei Löwenköpfe, gefunden worden. Es gibt aber Bruchstücke, deren eines beweist, daß es einen Stierkopf von natürlicher Größe gab. Ob es sich um ein Rhyton oder ein Relief handelt, bleibt ungewiß.

Bei trichterförmigen Rhyta handelt es sich offenbar auch um eine typisch theräische Form. Manche von ihnen sind nicht symmetrisch gearbeitet; die eine Seite ist konvex, die andere aber gerade oder leicht konkav in ihrem Verlauf, ein Beweis, daß diese Trichterrhyta ursprünglich eine Nachahmung des Stierhorns waren.

Die Fundzahl der importierten Keramik wächst von Jahr zu Jahr. Es sind in erster Linie kleine Becher, Askoi und Tassen, aber auch mittelgroße Gefäße. Häufig sind auch importierte Ausgußkannen, die meistens echt minoisch sind, manchmal auch mit anscheinend beabsichtigter rotbrauner Farbigkeit.

Wie bereits gesagt, ist die ganze auf Thera gefundene Keramik, gleichgültig ob lokaler Herkunft oder importiert, an das Ende von SM I A oder von SH I, also um 1500 v. Chr., zu datieren. Daß auf Kreta 'Meeresstil'-Keramik im Horizont der Schichten vom Zeitpunkt der Zerstörung der minoischen Kultur gefunden wurde, auf Thera aber nahezu fehlt, ist ein Beweis für zwei aufeinanderfolgende Katastrophen. Der zeitliche Abstand scheint nach dem Fund des schönen und guterhaltenen Opfertisches in mehrfarbigem frühen 'Meeresstil' kürzer zu sein als zunächst angenommen [5]. Die Fundumstände sind sehr lehrreich. Der

[5] Zu dem Opfertisch s. auch den Beitrag von W. Schiering, unten S. 326.

Opfertisch wurde im Obergeschoß des 'Westhauses' auf der Fensterbank des kleinen Zimmers gefunden, in dem die Handwerker bei ihrer Arbeit an ihm offensichtlich vom Erdbeben überrascht wurden. Auf dem Fußboden des gleichen Raumes fanden sich zwei Tonnen, gefüllt mit gelöschtem Kalk, daneben Reibsteine zum Polieren des Kalkestrichs, und eine kleine Tasse, noch zur Hälfte mit roter Farbe gefüllt.

Der Opfertisch besteht aus Kalkmischung (Stucco), auf deren polierte Oberfläche eine Meereslandschaft frisch aufgetragen war. Delphine schwimmen oder kreisen, und der Raum zwischen ihnen ist von Bläschen und Schaum gefüllt. Korallen und Algen beleben die Seelandschaft oben, unten und an den Seiten. Der Künstler hat in ein Felsloch einen Seeigel gemalt. Vielleicht war die letzte Hand noch nicht überall angelegt und der Opfertisch war mit einem zum Schutz darübergestülpten Topf zum Trocknen ans Fenster gelegt worden.

Dieser Fund gibt uns wirklich Zeugnis von der letzten Stunde vor dem Untergang und beweist, daß zu jener Zeit der 'Meeresstil' Thera schon erreicht hatte. Dieser Stil ist zwar schon reich angelegt, aber noch im Anfangsstadium. Noch gibt es weder Oktopus noch Nautilus, noch Purpurschnecke und Seestern, die in der letzten Phase dieses Stils von Ostkreta erscheinen. Der Untergang von Thera und der minoischen Kultur auf Kreta sind nur durch die kurze Zeitspanne innerhalb dieser Stilentwicklung getrennt.

Der eben beschriebene Opfertisch und das Fresko mit den fliegenden Fischen von Phylakopi auf Melos (Abb. 85) sind für das Wesen der minoischen oder besser der ägäischen Kultur, zusammen mit der übrigen Keramik, äußerst charakteristisch. Man braucht nur einen Vergleich mit der griechischen Keramik anzustellen, um sich den Unterschied klarzumachen: dort Krieger, Heldentaten, Landkämpfe, Seegefechte und Szenen des täglichen Lebens, hier die Welt des Goldenen Zeitalters der Ägäis. Sie lebt mit dem Sinn der prächtigen Farben, mit dem Reiz der geometrischen Schönheit, mit der Zartheit der Pflanze, mit dem Blumenrausch und mit der Märchenwelt des Meeresbodens [6].

Man sieht jetzt mit Erstaunen, daß selbst eine winzige Insel, wie es Thera ist, eine hohe Kultur der 'Seligkeit' entwickeln konnte, die weder minoisch noch mykenisch, aber eben theräisch ist. Vergleicht man diese Kulturstufe mit der gleichzeitigen irgendeiner Landschaft des festländischen Hellas – von Mykene und einigen großen mykenischen Zentren abgesehen –, so wird man begreifen, warum die größten Helden des griechischen Mythos gewürdigt werden, auf den Inseln der Seligen ein ewiges Leben zu genießen.

[6] Vgl. die folgenden Beiträge »Beobachtungen zur Siedlung von Akrotiri . . .« (S. 288ff.) und »Stein- und Geländemotive . . . auf Thera« (S. 314ff.). Die Tochter des Ausgräbers, Frau Nanno Marinatos, hat ihrem Vater und seinen theräischen Entdeckungen mit ihrem neuen Buch ein Denkmal gesetzt: »Art and Religion in Thera; Reconstructing a Bronze Age Society« (1984).

BEOBACHTUNGEN ZUR SIEDLUNG VON AKROTIRI AUF THERA UND IHRER ARCHITEKTUR

Von Stefan Sinos

Eine der größten Entdeckungen der Archäologie im ägäischen Raum erfolgte sicherlich durch die Freilegung eines Teiles der MB III-SB I-Siedlung von Akrotiri auf der Insel Thera. Seitdem wurde die Welt, mit dem Fortgang der Ausgrabungen in den letzten zehn Jahren, um wertvolle Kunstwerke und historische Erkenntnisse bereichert[1]. Die großen Wandmalereien von Thera wurden in der Zwischenzeit überall besprochen und wegen ihrer Darstellungskraft, ihrer Thematik und ihrer Farbigkeit bewundert. Auch die mehr oder weniger reichen Formen der Gebrauchsgegenstände und die Funde an Mobiliar und Geräten versprachen genügend Material für die genauere Erkenntnis der damaligen Lebensform in ökonomischer, sozialer und politischer Hinsicht zu bilden. Die Basis jedoch, auf die sich eine solche Betrachtung stützen müßte, ist die Analyse der Siedlung selbst und ihrer Bauelemente, welcher die Beobachtung an den einzelnen Objekten hinzugefügt werden sollte. Nur somit ließen sich ein Gesamtbild der Siedlungszivilisation sowie allgemeine Schlüsse für die ägäische Kultur gewinnen. Diese Betrachtung leidet jedoch bis heute an den mangelnden Ausgrabungsuntersuchungen der Bausubstanz und an der angewandten Ausgrabungstechnik selbst. Es ist in der Tat so, daß die eigentliche Sensation der Entdeckung dieser Siedlung auf Thera der Erhaltungszustand der Bauten darstellt, welche, von Vulkanmassen zugedeckt, noch immer ihren Gesamtaufbau bis zu drei Stockwerken aufweisen. Die Siedlung versprach also von Anfang an, ein neues Pompeji für die Nachwelt zu werden, ja man redete sogar schon gleich nach den ersten Freilegungen davon. Dennoch wurde, obwohl schon ein großer Siedlungsbereich ausgegraben ist, bisher kein einzelnes Haus in seiner Gesamtheit freigelegt bzw. untersucht. Der schnelle Fortgang der Arbeiten ließ dies nicht zu, und die schwierigen Restaurierungs- und Sicherungsmaßnahmen, welche bei einer solchen Untersuchung getroffen werden müßten, wurden nicht gelöst. So beschränkte man sich in den meisten Fällen auf die Klärung einiger Räume und das Stützen einiger Fassaden, wobei wiederum durch die nicht immer glückliche Anwendung von Beton – oft in ganz freier Weise – die spätere Bauuntersuchung nur erschwert wurde. Es muß also festgestellt werden, daß Akrotiri – hoffentlich nur vorläufig – weit davon entfernt ist, einen pompejiähnlichen Eindruck zu vermitteln, obwohl die notwendige Substanz dazu hier wie dort vorhanden ist.

Diese Feststellungen mindern allerdings nur in geringem Maße das große Verdienst des

---

[1] Zu den Ausgrabungen von Thera vgl. hauptsächlich Sp. Marinatos, oben S. 275 ff.; ders., Excavations at Thera I–VII (1968–1976), im folgenden abgekürzt als Thera I–VII; auch ders., Praktika 1967, 124 ff.; 1968, 87 ff.; 1969, 147 ff.; 1970, 156 ff.; 1971, 181 ff.; 1972, 156 ff.; 1973, 119 ff. Eine Zusammenfassung der vom Ausgräber vertretenen Ansichten bietet: Sp. Marinatos, Life and Art in Prehistoric Thera, in: Proceedings of the British Academy 57, 1971 (1973), 350 ff.; s. auch ders., Treasures of Thera (1972); ders., Die Ausgrabungen auf Thera und ihre Probleme, SBWien 287 (1973) Abb. 1. Der Plan, unsere Abb. 82, wurde von M. Morkramer, Gießen, nach der Vorlage in Thera VII Plan B umgezeichnet, vereinfacht und mit deutschen Erläuterungen versehen. Zu Akrotiri vgl. in dem vorliegenden Band die Beiträge von Sp. Marinatos (S. 275 ff.), H.-G. Buchholz (S. 159 ff.) und W. Schiering (S. 314 ff.); zur Interpretation der Fresken jüngst N. Marinatos, Art and Religion in Thera (1984). Das Manuskript der vorliegenden Arbeit wurde 1979 abgeschlossen.

Ausgräbers, eine Siedlung wie Akrotiri entdeckt zu haben. Auch ist die Eile, mit der er seine Arbeit fortführte, in gewissem Sinne verständlich. Sie sind jedoch für das Erkennen der Problematik einer Siedlungs- und Architekturbetrachtung unter den heutigen Gegebenheiten von Thera notwendig; auch dafür, die Methode bei der Durchführung der künftigen Arbeiten eventuell neu zu überlegen. So müssen wir uns bei den folgenden Beobachtungen auf die sichtbaren Reste beschränken und können nur zögernd größere Hypothesen stellen. Auch muß hier festgehalten werden, daß zu den Hauptfragen der Siedlungsstruktur und Architekturzusammenhänge nur wenige gesicherte Aussagen möglich sind. Dennoch wird hier versucht, die heutigen Erkenntnisse zusammenzufassen und manche offenen Fragen, deren Beantwortung für die weitere Erforschung des Ortes wichtig wäre, zu unterstreichen.

Siedlung

Das Bild, welches uns die Siedlung von Akrotiri vorläufig gibt, kann nicht als geschlossen gelten. Es fehlt noch die große Fläche, die zu sicheren Folgerungen über die gesamte Siedlungsstruktur führen könnte[2]. Der schon ausgegrabene Bereich zeigt eine Siedlung, welche den lokalen topographischen Gegebenheiten angepaßt war und hier inmitten der kleinhügeligen Landschaft entwickelt worden ist. Schmale Gassen bilden zwischen den Siedlungsinseln und Häusern den offenen Raum, dem die Fenster der Wohnbauten zugewandt sind. Somit sind die Verkehrswege der Siedlung zugleich diejenigen Räume, die den Häusern hauptsächlich Luft und Licht gaben. Dies war ein Ergebnis der großen Bebauungsdichte, die wiederum zu einem hohen Aufbau der einzelnen Häuser führte. Nur an einzelnen Stellen, vielleicht an den Kreuzungen zweier Gassen oder an sonst wichtigen Punkten der Siedlung, sehen wir schmale Verbreiterungen der Wege, die so kleine, organisch geformte Plätze bilden. Solche, mit unregelmäßigem Umriß, sind im Westen der Stadtbereiche Delta und Beta zu finden, auf die jeweils der Verkehrsweg mündet (Abb. 82). Es sind keinesfalls Höfe im engeren Sinne des Wortes, wie irrtümlich in den ersten Ausgrabungsplänen notiert wurde, sondern öffentliche Plätze, die zugleich als Höfe für die hier liegenden Wohnbauten dienten. Da die Häuser selbst keine Innenhöfe zu haben scheinen, muß man vorläufig annehmen, daß die Siedlung – zumindest zum größten Teil – aus dicht aneinandergereihten Häusern mit schmalen Gassen bestand, die um einzelne oder mehrere Wohnbauten herumführten und auf denen sich das Leben im Freien abspielte.

Wir wissen, daß auch einzelne Häuser in dieser Siedlung eine ganze insula in Anspruch nehmen könnten, so wie es bei manchen kretischen Städten wie z. B. Knossos, Tylissos, Zakro der Fall ist[3]. Dabei handelt es sich jeweils um größere Häuser mit regelmäßigerem Grundriß, bei welchen das Studium der Raumdisposition im allgemeinen leichter ist. Obwohl solche Häuser auch in Akrotiri gesichert sind, ist ihre Freilegung noch nicht beendet

[2] Zur Siedlungsform von Akrotiri vgl. auch die wichtigen Bemerkungen von J. W. Shaw, Consideration of the Site of Akrotiri as a Minoan Settlement, in: Thera Aegean I 429ff.; sowie Chr. Doumas, Town Planning and Architecture in Bronze Age Thera, in: 150 Jahre Deutsches Archäologisches Institut 1829–1979, Festveranstaltungen und internationales Kolloquium 17.–22. April 1979 in Berlin, Hrsg. Deutsches Archäologisches Institut, Berlin (1982) 95ff.

[3] Vgl. Shaw a.O. 431f.

bzw. besitzen wir noch immer keine genauen Pläne, um ihre Hauptformen detailliert besprechen zu können. So müssen wir uns vorläufig mit der Feststellung begnügen, daß die Siedlung sowohl aus unregelmäßigen insulae, die mehrere kleinere Häuser enthielten, als auch aus regelmäßigeren, die von größeren, eventuell einzelnen Wohnkomplexen gebildet waren, bestand.

Diese Tatsache zeigt uns schon die Vielschichtigkeit der sozialen Struktur der Einwohner. Wenn wir noch die differenzierte Form und Größe der Häuser innerhalb der unregelmäßigen insulae in Betracht ziehen, dann wird dies Bild von der sozialen Struktur der Siedlung verstärkt. Wir treffen hier nämlich schon größere Wohneinheiten, hauptsächlich zwei-, aber auch dreistöckige, die oft mit ausgedehnten Wandmalereien geschmückt waren und nicht nur das Kulturniveau der Einwohner, sondern auch ihre wirtschaftliche Kraft bezeugen. Es scheint, als ob die meisten dieser Häuser Händlern oder Gewerbetreibenden gehörten, die natürlich nebenbei auch in der begrenzten Agrarwirtschaft der Insel tätig gewesen sein könnten. Neben diesen Häusern sind dann noch kleinere zu sehen, mit schlichter Ausstattung, so daß mit großer Wahrscheinlichkeit von einer wirtschaftlich gemischten Bevölkerungsstruktur der Siedlung gesprochen werden darf, vor allem wenn man dazu die schon erwähnten selbständigen Wohnkomplexe, die eine ganze insula in Anspruch nehmen, berücksichtigt[4].

In diesem Zusammenhang muß bemerkt werden, daß zumindest die Bebauung der unregelmäßigen insulae mehrere Bauphasen aufweist, welche leider während der Ausgrabung nicht genügend untersucht wurden, so daß heute ihre Analyse größere Probleme aufweist[5]. So ist die auch unregelmäßige Form der hier liegenden Häuser ohne diese Untersuchung schwer zu besprechen oder ihre Organisation zu verstehen. Somit fällt uns überhaupt der Nachweis der organischen Entwicklung der Siedlung und der Entstehung ihrer letzten Bauform schwer. Immerhin kann als gesichert gelten, daß der Ort schon im 3. Jt. besiedelt war und daß er ohne Unterbrechung von der Frühbronze- bis zur Spätbronzezeit weiterbestand. Da wahrscheinlich genügend Reste aus den verschiedenen Bauepochen vorhanden sind, die es bei einer sorgfältigen Ausgrabung ermöglichten, den Charakter der älteren Siedlungsformen erkennen zu können, wäre dies ein wichtiges Problem, das die folgenden Arbeiten zu lösen hätten[6]. Bei einer solchen Untersuchung wäre dann vielleicht die Entwicklung einer kleineren Siedlung mit gleichmäßiger wirtschaftlicher und sozialer Struktur zu einer differenzierten Lebens- und Bebauungsform mit mehr städtischem Charakter zu ermitteln. Der Nachweis einer solchen hier nur vermutungsweise ausgesprochenen Entwicklung innerhalb derselben Siedlung wäre von großer Bedeutung für die Siedlungsgeschichte der ägäischen und kretischen Kultur und würde die wirtschaftlichen, sozialen und bis zu einem gewissen Grad politischen Zusammenhänge der Mittel- und Spätbronzezeit in diesem Gebiet verständlicher machen. Da vorläufig solche genügend begründeten Ergebnisse auch auf Kreta selbst fehlen, wo wir zwar das Vorhandensein von mehr ländlichen und mehr städtischen Ballungen in derselben Zeit feststellen, die Entste-

---

[4] Zur sozialen Struktur der Siedlung s. auch F. Schachermeyr, Akrotiri – First Maritime Republic?, in: Thera Aegean I 423 ff.

[5] Den einzigen Versuch einer solchen Analyse stellt die Arbeit von Chr. Doumas für den Häuserkomplex Delta

1–16 dar, welche leider nicht begründet ist, jedoch den richtigen Weg für die weitere Erforschung der Siedlung zeigt: Chr. Doumas, Ephemeris 1974, 200 Abb. 1.

[6] Vgl. ders., The Stratigraphy of Akrotiri, in: Thera Aegean I 777 ff.

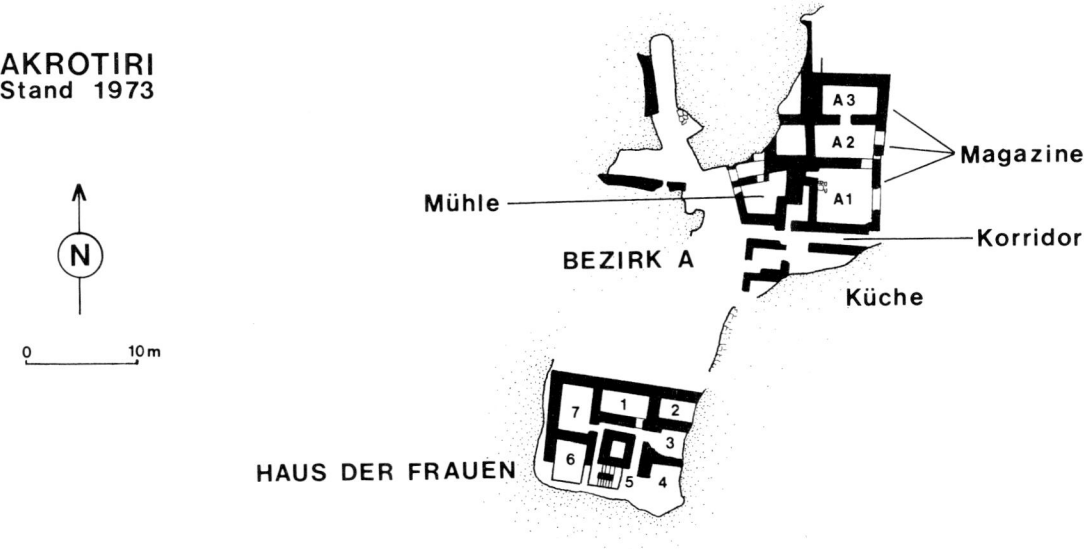

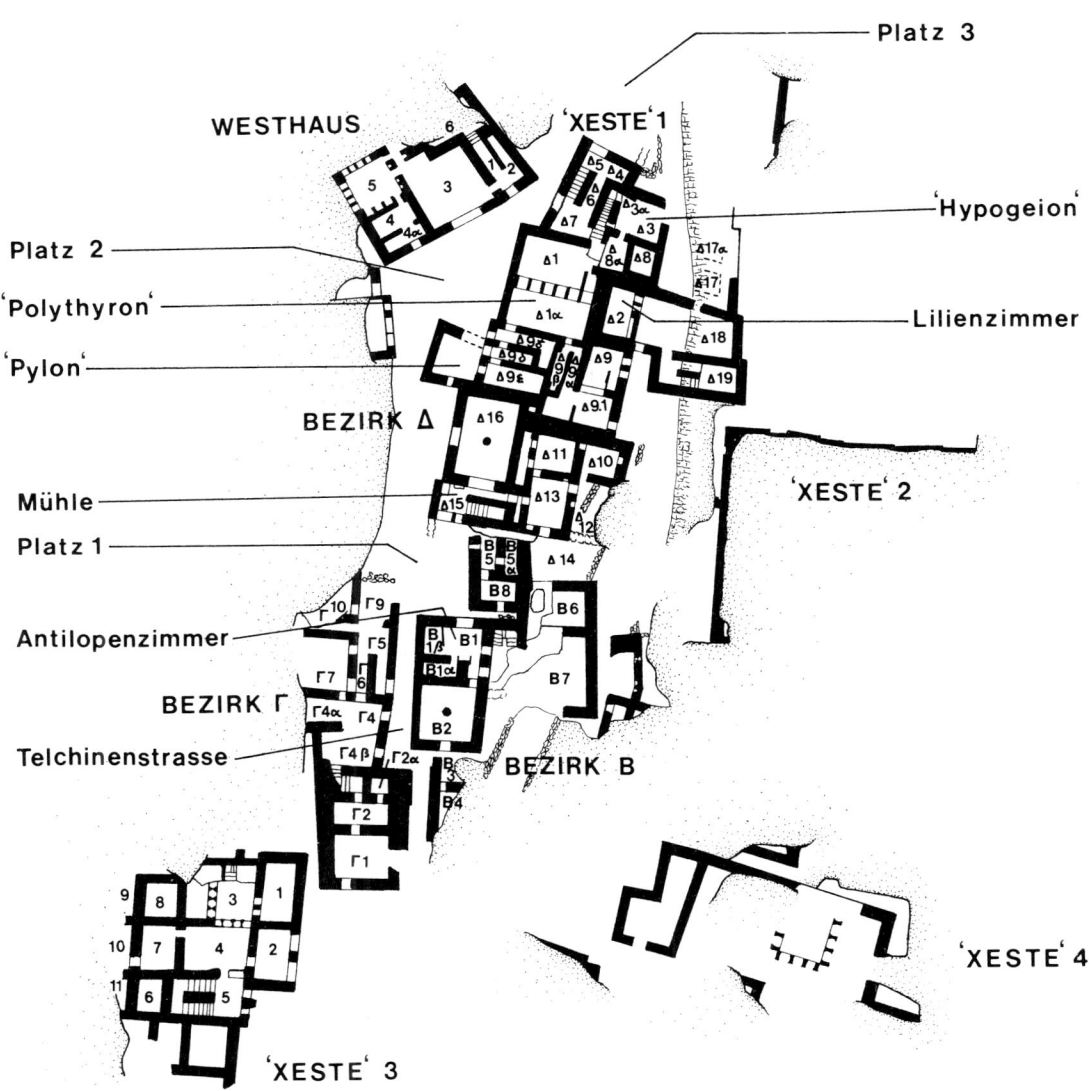

Abb. 82. Ausgrabungsplan der Siedlung von Akrotiri auf Thera, Bezirk Alpha-Delta (Stand 1973)

291

hungsfolge der letzteren jedoch noch nicht erfassen können, bildet vielleicht die Siedlung von Akrotiri eine einmalige Chance, dieses Problem zu klären.

Weiterhin stellt sich die Frage nach dem Grund der schon erwähnten hohen Bebauungsdichte; ihre Beantwortung wäre zwar wichtig, kann jedoch noch nicht abschließend gegeben werden. Die Ergebnisse dieser dichten Bauweise sind nämlich nicht nur die enge Bauart der einzelnen Wohnkomplexe zueinander, die maximale Ausnützung der Bodenfläche im horizontalen Sinne und das Freilassen von nur schmalen Gassen und kleinen Plätzen, welche der in der neueren Zeit üblichen Bauweise der kykladischen Siedlungen entsprechen. Es ist vor allem die Mehrgeschossigkeit der Häuser mit ihren zwei- und dreistöckigen Fassaden an den schmalen Gassen, die uns zugleich den Eindruck eines Zwangs gibt, nach dem eine begrenzte Bebauungsfläche für eine große Bewohnerzahl ausgenutzt werden mußte. Da es hier keinesfalls an bebaubarem Boden fehlen dürfte, müssen die Gründe hierfür woanders liegen.

Wenn man annehmen könnte, daß wir es mit einer großen Stadt zu tun hätten, welche die zu ihrer Organisation notwendigen zentralen Einrichtungen enthielt, dann wäre es städtebaulich denkbar, daß wir uns in einem Stadtbereich befinden, wo die Wohnlage sehr gesucht war. Die Mischbauweise von selbständigen einzelnen Wohnkomplexen und aneinandergereihten Häusern könnte diese Annahme sogar stützen; zugleich könnte sie auf eine ökonomische Lebensform freiwirtschaftlichen Charakters deuten. Sofern wir uns in dem zentralen Bereich einer größeren Stadt befinden, die sich – falls die schon geäußerte Vermutung stimmen würde – bis zu dieser größten Dichte vor dem Vulkanausbruch organisch entwickelt hat, wäre es auch denkbar, daß das Vorhandensein eines Bodeneigentumsrechts zu einer großen Ausnutzung der zentraleren Grundstücke führte. Diese Annahmen sind jedoch, wie bereits gesagt, hauptsächlich dann aufrechtzuerhalten, wenn die ausgegrabenen Siedlungsreste von Akrotiri nur einen kleinen Teil einer größeren Stadt darstellen. Wäre dies nicht der Fall, müßten andere Gründe für die auftretende Bebauungsdichte gesucht werden.

Vor allem müßte die Möglichkeit, daß die Siedlung ummauert war, untersucht werden. Wir wissen aus den Ausgrabungen von Phylakopi auf Melos[7] und von Hagia Irini auf Keos[8], daß, im Gegensatz zu kretischen Siedlungen der Mittel- und Spätbronzezeit, auf den Kykladen durchaus solche mit richtigen Umfassungsmauern auftreten können. Auch scheint, nach den gerade in Akrotiri entdeckten Malereiresten zu urteilen, den Siedlungsbewohnern die Umfassungsmauertechnik sehr gut bekannt gewesen zu sein. Auf dem Miniaturfries des Raumes 5 des 'Westhauses', und vor allem an dem heute im Nationalmuseum in Athen ausgestellten restaurierten Friesteil der Südwand, ist die dargestellte rechte Stadt, zu der die Flotte hinzieht, deutlich von einer mächtigen Umfassungsmauer umschlossen[9]. Es handelt sich dabei um die Friesreste der dritten uns erhaltenen Stadtdarstellung des Miniaturfrieses dieses Hauses (Taf. 5b). Sie ist thematisch eng mit der zweiten, im linken Teil derselben Wandfläche des Frieses sichtbaren Stadt verbunden, wobei auch der Vergleich und die leicht zu sehenden Unterschiede sicher gewollt waren (Taf. 5a).

[7] Vgl. R. M. Dawkins – J. P. Droop, BSA 17, 1910/11, 1 ff.
[8] Vgl. J. L. Caskey, Hesperia 40, 1971, 360 ff.
[9] Vgl. außer dem Bericht von Marinatos in Thera VI 38 ff. auch ders., Das Schiffsfresko von Akrotiri, Thera, in: D. Gray, Seewesen, ArchHom, Kap. G (1974) G 140 ff.

Auf dem hier besprochenen Friesteil wird nämlich zwischen den beiden Städten eine aus größeren Schiffen bestehende Flotte dargestellt, die an der zweiten Stadt vorbeizieht bzw. von dieser wegfährt und auf die dritte hin Kurs hält. Entsprechend werden an der zweiten Stadt einige wenige Menschen, die in die Fahrtrichtung der Flotte blicken, gezeigt, wogegen bei der dritten Stadt die eigentliche Stadtbevölkerung, in Erwartung der Flotte, sowohl in den verschiedenen Stadtbauten als auch hinten in den Bergen und vorne an der Küste dargestellt ist. Somit wird die mehr oder weniger vorhandene Uninteressiertheit der Einwohner der zweiten Stadt der gespannten Erwartung derjenigen der dritten gegenübergestellt. Mit großer Wahrscheinlichkeit kann also von der Darstellung der Heimkehr einer Flotte gesprochen werden. Die dritte Stadt erscheint somit als Endziel des Geschehens, vielleicht aber zugleich auch als Ausgangspunkt der ganzen Handlung.

Wenn wir noch berücksichtigen, daß an den anderen Wänden des Raumes, an denen der Miniaturfries sich befand, afrikanische Landschaften abgebildet waren, was Sp. Marinatos dazu führte, von einem 'libyschen Fresko' zu sprechen, so wird die Bedeutung der die Flotte aufnehmenden Stadt als Kern der Betrachtung des ganzen Zyklus verstärkt, ob nun eine Reise, ein Kriegszug, eine Schiffsprozession oder mehrere dieser Themen gleichzeitig an den vier Wänden des Raumes dargestellt waren. Es wäre also durchaus möglich, daß Marinatos mit seiner vorsichtig geäußerten Vermutung, daß hier die Stadt Akrotiri selbst gemeint sei, recht hätte.

Von noch größerer Bedeutung für unsere Betrachtung ist allerdings der Vergleich zwischen den zwei schon erwähnten Stadtzeichnungen. Die zweite Stadt liegt zwar am Meer, ist jedoch auf der Rückseite von einem Fluß umgeben. Sie zeigt den Aufbau von ein- bis dreistöckigen Häusern, die zum Teil Wände aus Quadern aufweisen. Die Stadt ist zwar in ihrem Hauptteil dicht bebaut, daran schließen sich jedoch eine Reihe von selbständigen Bauten an, die wohl Landhäuser darstellen. Die Stadt weist sonst keine Umfassung auf, und durch das Nebeneinanderstellen zweier Bebauungsarten wird ihre freie, organische Form unterstrichen.

Ganz anders ist bei der Darstellung der dritten Stadt verfahren. Hier wird vor allem die Umfassungsmauer in der Zeichnung betont, wobei die Häusermassen versteckt gehalten sind. Nur ihr oberer Teil ist gemalt, und am detailliertesten ist ein Bauwerk, das wahrscheinlich ein Stadttor darstellt, gezeichnet. Auch außerhalb der Stadt sind keine frei in der Landschaft liegenden Häuser gezeigt; lediglich an ihrer linken Seite ist ein Bergheiligtum dargestellt, unter dem sich ein sonderbares, mächtiges Bauwerk mit kleinen dreieckigen Öffnungen befindet, welches auch Verteidigungszwecken gedient haben könnte. Es wird also deutlich, daß es dem Maler bei diesem Friesteil darum ging, die wesentlichen Merkmale einer offenen und einer umschlossenen Stadtform zu zeigen, wobei er letztere der Siedlung, zu der die Flotte hinzieht, vorbehielt.

Die einzelnen Details des rechten Stadtbildes sind sonst wohl als kretisch zu bezeichnen. Es ist nicht nur das Vorhandensein der an der rechten Seite des Tors und an dem linken Stadtturm aufgestellten Doppelhörner, die auch im mykenischen Bereich zu finden wären, es ist vor allem die Form des Tores, die eine engere Beziehung der dargestellten Stadt zur mykenischen Welt vorläufig auszuschließen scheint. Es handelt sich um ein breites Tor mit einem Oberbau, der wohl kretische Konstruktionsmerkmale aufweist. Der Zusammenhang der hohen Öffnung an der rechten Seite des Tores zu letzterem ist nicht so eindeutig.

Denkbar wäre vielleicht, daß sie mit einer Architektur hinter der Umfassungsmauer und dem Tor zu tun hätte und hier in eine vorgerückte Raumebene gezeichnet wurde, um trotz der Umfassungsmauer die Ansicht einer größeren Stadtanlage zeigen zu können. Bei den Außentüren der Häuser von Akrotiri treten auf jeden Fall solche Fenster auf, die vom Ausgräber richtig 'parathyris' genannt wurden.

Wir sehen also, daß hier eine Stadt am Meer dargestellt wird, die wohl in ihrer Architektur kretische Züge zeigt, deren Umfassungsmauer jedoch ihr äußeres Bild prägt. Eine solche Stadt kann nach unseren heutigen Kenntnissen nur auf den Kykladen in der Ägäis gelegen haben. Die Beispiele der Siedlungen von Phylakopi auf Melos und von Hagia Irini auf Keos sprechen dafür, daß bis zur Frühzeit der Spätkykladischen Epoche die alte befestigte Siedlungsform des Gebietes noch weithin verbreitet war. Eine solche Form wäre also auch für die Siedlung von Akrotiri zu erwarten und würde die dichte Bebauungsweise weit besser erklären, die hier anzutreffen ist. So ist es eine Aufgabe der nächsten Ausgrabungen, auch diese Frage zu klären.

Wir haben bis jetzt festgestellt, daß die Siedlung von Akrotiri eine organisch entwickelte Stadtform mit engen Gassen und unregelmäßigen öffentlichen Raumbildungen und eine dichte Bebauung mit mehrgeschossigen Wohnhäusern aufweist. Diese Stadtform muß als Ergebnis einer längeren Baukontinuität an dieser Stelle angesehen werden, die auf eine alte Siedlungsgeschichte des Ortes zurückgreift. Zugleich deutet die starke Bebauungsdichte der ausgegrabenen Fläche auf den Siedlungscharakter eines zentralgelegenen Stadtbereichs, vielleicht auch auf eine Begrenzung des städtischen Bodens durch eine vorhandene Umfassung, die zur Verteidigung angelegt war. Wie dem auch sein mag, es ist sichtbar, daß wir es nicht mit einer kleinen Siedlung von Bauern und Fischern zu tun haben, sondern mit einer richtigen Händlerstadt, die wohl auch Einwohner aus diesen beiden Berufsgruppen beherbergen könnte. Zu dieser Schlußfolgerung führten nicht nur die hier gefundenen importierten Waren, sondern auch, daß in Zusammenhang mit Größe und Organisation der Häuser selbst ein Bodeneigentumsrecht festzustellen wäre.

Es stellt sich also zusätzlich die Frage, in welchem Verhältnis eine solche Siedlung zu den anderen auf Thera und in der Ägäis stand. Auch diese Frage läßt sich vorläufig nicht mit Sicherheit beantworten. Dennoch sind Indizien vorhanden, daß Thera vor dem großen Vulkanausbruch um 1500 v. Chr., der die letzte Siedlung von Akrotiri zerstört hat[10], an mehreren Orten besiedelt war. Zusammenfassend sind bis jetzt elf Stellen vorhanden, an denen entweder Siedlungen oder sonstige Häuser- und Gräberspuren erkannt wurden[11]. Diese Siedlungsspuren gehören einer Zeit vor dem Absinken des Kraters ins Meer an und lagen demnach alle in der Peripherie des damaligen Umfangs von Thera. Natürlich ist es für eine Inselbevölkerung naheliegend, nicht weit vom Meer entfernt zu wohnen. Diese Tendenz verstärkt sich, wenn die Insel aus dem Krater eines Vulkans gebildet ist. Dennoch ist die Fläche des versunkenen Teils groß genug, um uns Siedlungen auch in diesem Gebiet als möglich erscheinen zu lassen. So scheint Thera doch relativ dicht besiedelt gewesen zu sein.

---

[10] Zur Datierung des Vulkanausbruchs und zum Ablauf der Katastrophe liegen jetzt neue Ergebnisse vor, vgl. W.-D. Niemeier, JdI 95, 1980, 1–76; und H. Pichler – W. Schiering, AA 1980, 1–15. 21. 31 f. Abb. 1–9. 13.

[11] Vgl. dazu J. W. Sperling, Thera und Therasia, Ancient Greek Cities XXII (1973) 48 Abb. 10 a.b; J. M. Wagstaff, The Reconstruction of Settlement Patterns on Thera in Relation to the Cyclades, in: Thera Aegean I 449 ff.

Eine besondere Massierung archäologischer Reste ist an der Halbinsel von Akrotiri zu beobachten[12]. Dies kann zwar ein Zufallsergebnis der neuzeitlichen Entdeckungen sein, man kann aber durchaus annehmen, daß gerade dieses Gebiet im Süden der Insel für eine größere Siedlung am besten geeignet war. Die hügelige Landschaft, die Orientierung gegen das offene Meer im Süden und die kleinen hier vorhandenen Buchten, die wegen der allgemeinen Morphologie des Bodens dieser Halbinsel – auch wenn die damalige Küste weit in das Meer hineinliegt[13] – in ihren Grundzügen nicht viel anders als heute ausgesehen haben mögen, boten ein sehr gutes Gelände für eine Siedlungsballung mit Hafenanlagen. Die Stelle war vor dem Nordwind geschützt und blickte direkt zur Südägäis und nach Kreta hin, war also, von Süden her gesehen, der erste natürliche Landeplatz für die Schiffahrt und den Handel von Kreta nach Norden bzw. die südlichste Station vor Kreta für aus dem Norden kommende Schiffe. Aber auch für den Seehandel mit dem östlichen Mittelmeergebiet und dem griechischen Festland war die Lage von Akrotiri wohl die günstigste Zwischenlandestelle in der Ägäis. Zugleich lag die Stelle nicht weit von dem kultivierbaren Ostteil der Insel entfernt, und die hügelige Bodenformation bot bessere Verteidigungsmöglichkeiten.

Demnach kann man mit guten Gründen annehmen, daß hier die Hauptstadt von Thera gebaut war und daß diese während der Phasen MB III – SB I wahrscheinlich die von Marinatos ausgegrabene Siedlung ist. Vorhandene Siedlungsreste dieser Zeit auch an anderen Stellen der Insel können uns zugleich die Besiedlungsverteilung deutlicher machen, wenn wir davon ausgehen, daß wir in Akrotiri hauptsächlich eine Handelsstadt haben, die von sicherlich auch auf dieser Insel notwendigen Siedlungen mehr agrarischer Natur umgeben war.

Somit ergänzt sich das Bild über die mögliche Struktur und die Rolle, welche die Siedlung von Akrotiri in der Ägäis besaß. Wir sehen jetzt, wie sie an einer günstigen topographischen Stelle von Thera und am Kreuzpunkt zweier wichtiger Schiffshandelsstraßen entstanden ist, an einem Ort also, der für eine die Südägäis beherrschende Handelsstadt geradezu prädestiniert war. Wenn wir noch berücksichtigen, daß in der 1. Hälfte des 2. Jts. v. Chr. der Handel zwischen dem griechischen Festland und dem südöstlichen Mittelmeerbereich, also zwischen Griechenland und den großen Kulturen des Vorderen Orients, in reger Weise betrieben wurde, dann wird es verständlicher, warum wir in Akrotiri die Wohnverhältnisse einer großen städtischen Lebensform und Zivilisation vorfinden. Wir sind beim Betreten der Ausgrabungen von Akrotiri demnach mit großer Wahrscheinlichkeit im Bereich der größten kykladischen Stadt der damaligen Zeit und wohl einer der bedeutendsten des östlichen Mittelmeerraumes. Ob befestigt oder nicht, eine solche Stadt im Zentrum der Südägäis mußte zwar in manchem einer lokalen kykladischen Tradition folgen, sie war aber zugleich Einflüssen sowohl aus Kreta als auch aus Griechenland und dem Osten offen. Es scheint also richtig, hier nicht nur Kulturformen aus Kreta, sondern auch aus anderen Gebieten zu suchen, wie auch solche, die einer kykladischen Tradition entsprechen. Vor allem muß man die letzteren zu unterscheiden suchen, da wir auf jeden Fall in der Archäologie vor dem Erkennen einer neuen großen Zivilisation stehen, welche die nächsten Jahrzehnte die Wissenschaft beschäftigen wird, nämlich die kykladische.

---

[12] Vgl. Sperling a.O. Taf. 10b; Wagstaff a.O. 450 Abb. 1.
[13] Vgl. Thera IV 6f. und dazu G. Rapp – J. C. Kraft, Aegean Sea Level Changes in the Bronze Age, in: Thera Aegean I 182ff.

War also die Siedlung von Akrotiri auf Thera eine Stadt, deren Rolle in der Ägäis viel später von Delos übernommen wurde? Der Vergleich liegt nahe. Auch ist der Wechsel des geographischen Ortes in der archaischen und klassischen Zeit gut zu verstehen, in einer Zeit also, wo die große Handelsroute, welche die Ägäis kreuzte, weiter nördlich lag, da der Handel hauptsächlich zwischen Griechenland und Kleinasien in diesem Mittelmeerbereich stattgefunden hat. Überhaupt ist die Rolle der Kykladen für den Handel in der Geschichte unterschätzt worden. Man neigt gelegentlich zu der Meinung, sie seien nur als Piratenstützpunkte gut geeignet gewesen. Dies trifft jedoch keinesfalls zu. Gerade das neuzeitliche Beispiel der Stadt Ermoupolis auf Syros, die erst nach den griechischen Befreiungskriegen im neunzehnten Jahrhundert entstanden ist, bezeichnenderweise den Namen einer 'Handelsstadt' schlechthin bekam und die größte Hafenstadt Griechenlands zu dieser Zeit wurde, beweist, wie wichtig die Inseln inmitten der Ägäis für den Schiffshandel waren. Erst nach dem Bau der großen Überseedampfer verloren sie diese Rolle. Für die alten Segelschiffe waren Zwischenlandeplätze hier notwendig, und in Zeiten, in denen der Handel in diesem Bereich blühte, entstanden Städte mit großer Bevölkerung und von einzigartigem Charakter. Hier mischten sich mehrere Kulturen zusammen, und dies wurde nicht nur in den Gebrauchsgegenständen sichtbar, sondern auch in Bauweise und architektonischen Details. Allem Anschein nach stellt also die Siedlung von Akrotiri eine solche Stadt der Spätbronzezeit dar. Es bleibt demnach den nächsten Ausgrabungen vorbehalten, all dies, aus verschiedenen Indizien zusammengenommen und als Vermutung aufgestellt, in den folgenden Jahren zu beweisen.

Häuser

Bei der Betrachtung der Wohnbauten der Siedlung wird zuerst versucht, die Ausbildung der einzelnen Hauseinheiten zu besprechen, um dann die allgemeinen Charakteristika der Bauten, soweit dies heute schon möglich ist, feststellen zu können. Leider muß im vorhinein festgehalten werden, daß die unsichere Beobachtung der ausgegrabenen Bausubstanz bei den meisten Häusern, vor allem der Gruppen Beta, Gamma und Delta, nicht einmal erlaubt, die einzelnen Wohneinheiten bestimmt voneinander zu unterscheiden, so daß sich unsere Betrachtung vorläufig nur auf sehr allgemeine Formen des Hauswesens beschränken muß. Bei unserer Untersuchung werden wir dem Ausgrabungsplan folgen (Abb. 82), auf dem unglücklicherweise von einigen Häusern das Erdgeschoß, von anderen das Obergeschoß nebeneinander gezeichnet ist. So wird hier jeweils nach Gebrauch erwähnt werden müssen, welcher Bauzustand im einzelnen Fall zeichnerisch festgehalten wurde.
Wenn wir zunächst die schon erwähnten Baugruppen Beta, Gamma und Delta untersuchen, dann fällt auf, daß sich innerhalb der konglomeratartigen Zusammensetzung der Räume der Häuser bestimmte Einheiten wiederholen. Dabei handelt es sich um Einheiten von etwa gleicher Größe, welche alle eine deutliche Unterteilung in einen Hauptraum und einen oder mehrere Nebenräume aufweisen. Da jedoch manche dieser Räume Erdgeschoßzimmer sind, brauchen die oberen Haupträume keinesfalls als Wohnräume gedient zu haben. Meist unterscheiden sich die Erdgeschoßgrundrisse in ihren Hauptzügen nicht stark von denen des Obergeschosses, weil die Konstruktion der beiden voneinander abhängig ist. Daher kann man auch bei diesen Beispielen annehmen, daß die Gruppierung der

Obergeschoßräume ähnlich wie im Erdgeschoß ausgesehen hat. Die in diesem Zusammenhang in Frage kommenden Einheiten sind vor allem Gamma 1 + Gamma 2 + Gamma 2alpha, Beta 1 + Beta 1alpha + Beta 1beta + Beta 2, Delta 15 + Delta 16, Delta 1 + Delta 1alpha + Delta 9gamma – Delta 9epsilon, vielleicht noch Beta 5 + Beta 5alpha + Beta 8 und Delta 3 + Delta 8 + Delta 8alpha.

Der Raumkomplex Gamma 1 + Gamma 2 + Gamma 2alpha, mit der kleinen Treppe, welche zu Gamma 4beta führt, weist mehrere Bauphasen auf, welche von dem Ausgräber erkannt und in seinem Bericht erwähnt wurden. Darin ist vor allem die Wiederbenutzung des Komplexes nach seiner Zerstörung durch das große Erdbeben vor dem Vulkanausbruch besprochen[14]. Die zurückgekehrten Siedlungsbewohner machten diese durch die Errichtung einiger Stützmauern und innerer Trennwände möglich, die der Ausgräber bezeichnenderweise 'squatters' nannte. Auch der Südeingang zu Gamma 1 gehört zu dieser Bauphase. Wenn wir diese Zutaten wegdenken, dann haben wir eine typische Zweibereich- bzw. Zweiraumeinheit vor uns, die sich im Obergeschoß wiederholen könnte. Die Räume Gamma 1–Gamma 2 dienten wahrscheinlich vor dem Erdbeben als Werkstatt eines Kupferschmieds und waren mit dem größeren Hauskomplex Gamma 4–Gamma 10 verbunden.

Wenn wir bei der oben besprochenen Einheit keine deutlichen Wohnspuren angetroffen haben, dann bietet der Komplex Beta 1–Beta 2 ein ausgezeichnetes Beispiel der Hausorganisation einer Zweibereich-Einheit. Der Grundriß im Gesamtplan der Ausgrabungen stellt den Bestand des Obergeschosses dar. Es ist hier ein Wohngeschoß mit einem Hauptraum Beta 2 und einigen Nebenräumen, welche durch Unterteilung von Beta 1 entstanden sind, zu sehen. Der Raum Beta 2 wies eine sehr regelmäßige Steinpflasterung und in seiner Mitte eine gesonderte steinerne Säulenbasis auf[15]. Die Wände waren mit Fresken geschmückt, ebenso auch diejenigen des Vorraumes Beta 1, wo die Antilopendarstellung gefunden wurde. In diesem Bereich von Beta 1 sind durch Errichtung von leichten Trennwänden aus ungebrannten Ziegeln kleine Räume geschaffen, die vom Ausgräber 'sacred apartment' genannt wurden[16]. Beta 1alpha ist jedoch schon von stärkeren Steinwänden umgeben, und leider ist außerdem noch nicht beschrieben worden, wie sich die Ost- und Nordwand dieses Raumes im Untergeschoß fortsetzen. Dort nämlich herrschen andere Verhältnisse. Eine Wand ist im Nordbereich von Beta 2, vor der Trennwand von Beta 1–Beta 2, errichtet worden, so daß Raum Beta 2 schmäler wurde und dessen mittlere Säule nicht mehr im Zentrum des Raumes stand. Gleichzeitig muß man annehmen, daß auf diese Weise zwischen den beiden Räumen Quergänge entstanden sind, die von Osten her zu betreten waren. Wir haben in diesem Fall ein richtiges Kellergeschoß vor uns, das zur Aufbewahrung von Gütern diente. Die beiden Geschosse waren wahrscheinlich durch die an der Nordostecke der Einheit befindliche Treppe miteinander verbunden.

Die Frage, ob diese Einheit ein selbständiges Haus bildete oder nur einen Teil eines größeren Komplexes darstellt, zu dem auch noch die Räume Beta 3, Beta 4, Beta 6 und Beta 7

---

[14] Vgl. Sp. Marinatos, Thera III 43ff.; dazu Pichler – Schiering a.O. 11ff. Jedoch auch nach dem Vulkanausbruch bestand die Siedlung von Akrotiri in gewissem Umfang weiter, vgl. dazu Chr. Doumas – P. Warren, Thera, a Late Cycladic III Settlement, in: AAA 12, 1979, 233 Abb. 1. Einen Hinweis auf Besiedlung auch in Monolithos geben dort gefundene Keramikfragmente, vgl. Sperling a.O. 27f. 61.

[15] Vgl. Thera III 34.

[16] Vgl. Thera IV 29.

gehörten, und ob sie während derselben Bauphase errichtet wurden, muß noch offenbleiben. Da jedoch die Einheit B 1–2 zur westlichen Straße hin keine direkte Außentür ausweist, kann zumindest angenommen werden, daß sie in der letzten Bauphase der Siedlung vor ihrer Zerstörung in einem größeren Komplex eingeschlossen war. Wie dies auch sein mag, wir haben hier eine in ihrer Konzeption selbständige rechteckige Einheit vor uns, die im Obergeschoß in zwei Hauptbereiche unterteilt war und im Untergeschoß auf jeden Fall zwei größere Kellerräume besaß. Wir sehen also, daß die Hauptbereiche solcher Einheiten je nach Erfordernis weiter in kleinere Kompartimente unterteilt werden konnten, und zwar sowohl mit Steinmauern als auch im Obergeschoß, wo die Konstruktion oder die Raumenge es nicht anders ermöglichten, mit dünnen Wänden aus ungebrannten Ziegeln. Auch durch diese weitere Unterteilung der einzelnen Bereiche geht der zweiteilige Charakter des Ganzen nicht verloren, ja die Funktionstrennung der Bereiche wird damit sogar eher unterstrichen. Es muß hier noch bemerkt werden, daß bei diesen Zweibereich-Einheiten sich im Wohngeschoß der Hauptraum in Größe und Form hervorhebt, wodurch der weitere Bereich deutlich als Nebenraum bzw. Nebenräumeeinheit ausgewiesen ist. Die erforderliche Größe für einen Hauptraum führte außerdem oft dazu, daß zur Stützung des Daches eine Säule in der Raummitte aufgestellt wurde, wie es z. B. bei Beta 2 der Fall ist, oder, der Raumorganisation entsprechend, ein Polythyron angelegt wurde.

Eine Variation des Typus stellt das weiter nördlich befindliche Beispiel Delta 15 und Delta 16 dar. Diese scheinen verschiedenen Bauphasen anzugehören; auch könnte die Annahme richtig sein[17], daß beide in einer späteren Bauphase als die Raumgruppe Delta 10–12 errichtet worden sind. Die letzte Gruppe besteht aus vier Zimmern, die so gruppiert sind, daß jeweils ein längeres nach Süden und ein kleineres, fast quadratisches, nach Norden angelegt ist. Somit bilden sich zwei Zweiraum-Einheiten, welchen nach Westen ein längerer Nord- und ein schmalerer Südraum (Delta 11alpha und Delta 15) angeschlossen waren, deren ursprüngliche Größe und Form nicht bekannt ist. An ihrer Stelle wurden später die heute sichtbaren Bauteile Delta 16 und Delta 15, mit der Treppe zum Obergeschoß, errichtet. Delta 15 diente als Mühle[18], und somit sehen wir hier die Möglichkeit, einen Hauptraum mit einer Treppe und einer Werkstatt auf eine freiere organische Weise – da die beiden Teile, wie bereits bemerkt, auf älteren Hausbereichen und nacheinander errichtet sind – in eine Zweibereich-Einheit zu kombinieren, verwirklicht. Das gleiche geschah bei Baugruppe Delta 1 – 1alpha, Delta 9alpha-epsilon. Hier weist der Hauptraum in seiner Mitte ein Polythron auf und wird somit in zwei Raumteile getrennt[19]. Wir befinden uns im Obergeschoß und Delta 1 wird nach Süden mit den schmalen Räumen Delta 9beta-epsilon verbunden, welche, mindestens zum Teil, wahrscheinlich für den Aufbau einer Treppe dienten, die zum Untergeschoß der Polythyroneinheit geführt haben könnte[20]. Dieses Untergeschoß besitzt zwei Fenster zum dreieckigen Platz hin. Da die Außenwände der Polythyroneinheit im Obergeschoß dagegen keine Fenster aufweisen, müßte man annehmen, daß entweder Delta 9gamma oder Delta 9beta offene Bauteile waren, die als Lichtschächte gedient haben, oder daß der eine Teil des Polythyronraums zwar von einem Überbau mit offenem Fenster überdeckt war, jedoch das nötige Oberlicht für Luft- und

[17] Vgl. oben Anm. 5.
[18] Vgl. Thera V 22ff.

[19] Vgl. Thera IV 18f. und Thera V 16f.
[20] Vgl. Thera VII 16 Taf. 21b.

Lichtzufuhr besaß. In beiden Fällen wäre dann die Anbringung des Polythyron in diesem Raum verständlicher.

Bei den Komplexen Delta 16, Delta 15 und Delta 1 – 1alpha, Delta 9alpha-epsilon haben wir gesehen, wie Haupträume mit kleinen Nebeneinheiten und Treppenhäuser in einer freieren organischen Art zusammengekoppelt und somit zwei gesonderte Hauseinheiten verbunden werden konnten. Die Verbindungsstelle in beiden Beispielen wurde durch einen Sprung in der Westfassade der Anlagen sichtbar. Wenn jedoch die Differenzierung in zwei Bereiche hier durch Anbauten an einen älteren Hausteil entstanden sein kann, dann ist aber auch innerhalb der Haupteinheiten dieser Beispiele eine zweite Teilung zu beobachten. Bei Delta 16 war sie vor allem im Untergeschoß zu sehen, da die Mittelsäule im Obergeschoß zu keiner richtigen Raumteilung führt. Bei Delta 1 – 1alpha dagegen ist durch die Errichtung des Polythyron eine starke räumliche Trennung in zwei Bereiche vorhanden. Sie scheint auch sonst im funktionalen Sinne notwendig gewesen zu sein, wie die kleinen Unterteilungen im Osten von Delta 1 zeigen. Eine ähnliche Teilung im Untergeschoß ist übrigens aus rein konstruktiven Gründen mit großer Wahrscheinlichkeit anzunehmen.

Bei genauerer Betrachtung ist auch bei den Raumgruppen Delta 3, Delta 8 und Beta 5, Beta 8 eine ähnliche Teilung in zwei Hauptbereiche vorhanden. Auch hier ist ein äußeres Rechteck in Querrichtung mit einer durchgehenden Wand in zwei Teile getrennt und dann einer der jeweils so entstandenen Bereiche in Längsrichtung in zwei weitere kleine Räume geteilt. Es läßt sich also allgemein feststellen, daß sich bei dem sonst additiven Vorgehen bei der Siedlungsbildung rechteckige Einheiten wiederholen, deren Grundrißorganisation durch Zweier-Hauptteilungen gekennzeichnet ist. Wenn kleinere Nebenräume notwendig wurden, wurde der eine Raumbereich weiter unterteilt, oder es wurden an einer der Schmalseiten des äußeren Rechtecks zusätzliche Bauglieder angeordnet. Diese Tendenz der hier auftretenden Bauweise tritt auch bei der Organisation der Hauptraumgruppe auf, wo wir deutliche Zweibereich-Einheiten vorfanden. Auch hier konnte der eine Teil der Einheit weiter in kleinere Kompartimente geteilt werden, um den gewünschten Organisationserfordernissen gerecht zu werden. Dies verstärkte dann zugleich den Charakter des Hauptraumes bei dem ungeteilten Bereich, und in einem solchen Fall ist auch das Planungsschema der Zweibereich- bzw. Zweiraum-Einheiten gut erkennbar. Es scheint, daß dieses Schema – zugleich konstruktions- wie organisationsbedingt – für die Siedlungsform typisch war und den Bedürfnissen der Einwohner entsprach. Den Beweis dafür liefert uns die Tatsache, daß auch bei den größeren Komplexen immer wieder diese Zweibereich-Einheiten auftauchen. Dies haben wir schon bei dem Hauskomplex Delta 10–16, der allerdings aus mehreren Bauphasen bestand, gesehen; das beste Beispiel dafür ist jedoch das sogenannte 'Westhaus' im Nordwesten des dreieckigen Platzes 2[21].

Es handelt sich hier um eine ausgedehnte Hausanlage, die mindestens zum größten Teil von öffentlichen Räumen umgeben war, wahrscheinlich sogar frei gestanden hat. Das letztere müßte jedoch die weitere Ausgrabung nach Norden beweisen. Der freigelegte Hausteil besteht im Obergeschoß aus einem mittleren großen Raum (3), der nach Nordosten

---

[21] Vgl. Thera V 17ff.; Thera VI 19ff. Zur Funktion des 'Westhauses' als Kultzentrum s. jetzt N. Marinatos-Hägg, AM 98, 1983, 1ff.

mit einem Treppenhaus (1,2) verbunden ist und nach Südwesten von einer typischen rechteckigen Zweibereich-Einheit flankiert wird (4,5). Zum mittleren Raum gelangte man, vom dreieckigen Platz aus, durch eine Außentür, welche gegenüber dem Treppenhaus (1) angelegt und an deren Ostseite noch ein Fenster angebracht war (Taf. 9a). Die Treppe zum Obergeschoß war also in direkter Verbindung mit der Außentür angeordnet, so wie es bei den Komplexen Delta 4–7 (Tür vor Delta 5), Delta 10–15 (Tür vor Delta 15), Haus in Xeste 3 (Tür vor 5) und wahrscheinlich Delta 1-1alpha, Delta 9alpha-epsilon (Tür vor Delta 9epsilon), Gamma 4–10 (Tür vor Gamma 5) der Fall war. Es erweist sich also als eine weitere typische Grundrißdisposition der Siedlungshäuser von Akrotiri, daß die Treppen unmittelbar an den Außentüren angeordnet waren, um den Eintretenden direkt nach oben zu führen[22]. So liegen die Erdgeschoßräume abgesondert von dem Hauptverkehrsweg zu dem eigentlichen Wohnzimmer des Obergeschosses, und damit wird auch die eigenständige Funktion der Erdgeschoßräume als Werkstätten oder Keller unterstrichen oder sogar das Vorhandensein einer abgesonderten Wohneinheit in diesem Bereich ermöglicht.

Im Erdgeschoß des 'Westhauses' lag unterhalb der Räume 4-4alpha vermutlich eine Küche, welche zugleich als Metallwerkstatt diente. Ihr Boden lag tiefer als der des Erdgeschosses von 5, und somit bildete dieser Raum einen richtigen Keller, der durch ein schmales, zum Platz 2 hin sich öffnendes Fenster beleuchtet wurde. Im Obergeschoß dieses Hausteils ist vor allem die genaue Organisation einer Zweibereich-Einheit zu beobachten. Dem prunkvoll ausgestatteten Raum 5, der einen fast quadratischen Grundriß aufweist und wohl als Aufenthaltsraum gedient hat, folgt nach Südosten ein wiederum fast quadratischer Bereich, der durch eine leichte Trennwand in einen Schlafraum 4 und eine Küche 4alpha, in der sich auch eine Bad- bzw. Abortanlage befand, zweigeteilt war. Wir sehen also, daß die rechteckige längliche Zweibereich-Einheit in der Mitte in zwei fast quadratische Bereiche geteilt war, von denen einer den Hauptraum und der andere die Nebenräume des Komplexes enthielt. Der Hauptraum weist an seinen Außenwänden zwei breite Fenster mit jeweils vier Öffnungen auf, deren Postamente eine Marmorierung zeigen, die eine waagrechte Teilung ähnlich wie bei den späteren Metopen-Triglyphen-Friesen aufweist und so angebracht ist, daß jeweils ein schmaleres Feld unterhalb der Fensterpfosten erscheint. Ein altes Gliederungsschema einer Fassade wird also hier verwendet, sicher auch an der ursprünglichen Entstehungsstelle der Bauform, nämlich im unteren Wandbereich als Postament oder Basis, eine Orthostatenschicht imitierend.

Obwohl auch dieses Haus noch nicht ganz ausgegraben ist, kann man schon an diesem Beispiel erkennen, wie die besprochenen Zweibereich-Einheiten mit den übrigen Räumen zu einer größeren Wohnanlage zusammengefügt sind. Die Kombinierung einer solchen Einheit mit anderen Wohnräumen führte dazu, daß ihr eigentlicher Hauptbereich zu einem abgeschlossenen internen Aufenthaltsraum wurde, der zugleich als Vorraum zu den

---

[22] Daß auch bei vielen Häusern des minoischen Kreta Ähnliches zu finden ist, stellt einen weiteren Beweis für die engen Beziehungen zwischen der Architektur beider Inseln während dieser Zeit dar. Jedoch muß hier bemerkt werden, daß diese unmittelbare Verbindung der Außentür zur Treppe auf Kreta keinesfalls die Regel ist, wie es in Akrotiri der Fall zu sein scheint. Zu den kretischen Häusern allgemein s. J. W. Graham, The Palaces of Crete (1962) und St. Sinos, Die vorklassischen Hausformen in der Ägäis (1971) 41 ff.; vgl. auch G. Cadogan, Palaces of Minoan Crete (1980) passim.

Schlafgemächern und den innersten Sanitäranlagen diente. Die Zweibereich-Einheit wurde mit einem großen Empfangs- und Aufenthaltsraum gekoppelt, so daß ihr Hauptraum durch eine Tür mit diesen verbunden ist, ihr innerster Bereich jedoch nur durch den Hauptraum der Einheit zu betreten war. Wir sehen also, daß auch bei mehrräumigen Wohnungsgrundrissen die Zweibereich-Einheit ihren selbständigen Charakter weiter behält und daß sie, falls das Haus gesonderte Empfangs- oder Aufenthaltsräume enthält, die innersten Gemächer der Anlage bildet.

Es kann demnach zusammenfassend hier gesagt werden, daß die besterkennbaren Zweibereich-Einheiten des ausgegrabenen Siedlungsteils von Akrotiri diejenigen des 'Westhauses' und der Gruppe Beta 1, Beta 2 sind. In beiden Beispielen sind die besprochenen einzelnen Elemente der Zweibereich-Einheiten am klarsten zu beobachten, auch die Wiederholung des Schemas in zwei Stockwerken und die Unterbringung der Wohnräume im Obergeschoß, welches im Ausgrabungsplan bei beiden Hausgruppen eingezeichnet ist. Bei den anderen erwähnten Beispielen war der Typus, bedingt durch das organische Nacheinanderbauen der verschiedenen Raumgruppen der Häuser, nicht immer in klarer Form zu erkennen.

Die Zweibereich-Einheit stellt eine sehr alte Wohnform in der Ägäis dar und ist prinzipiell sowohl auf Kreta als auch auf dem Festland vertreten. Dahinter steht natürlich der einfache Baugedanke, eine rechteckige Konstruktion nach den Erfordernissen der Bewohner in zwei aufzuteilen, in einen Bereich des täglichen Lebens und einen anderen für die Nebenfunktionen des Hauses. Der Typus stellt zugleich eine unmittelbar der primitiven Lebensform in einem Einraumhaus folgende Entwicklung zu einer differenzierten Wohnorganisation unter Beibehaltung der ursprünglichen Umrißform des klaren rechteckigen Bauwerks mit den damit verbundenen Vorteilen der einfachen Konstruktionsweise dar. Selbstverständlich konnte dieses Schema in mehreren Variationen, vor allem bei der Dachkonstruktion, der Orientierung der einzelnen Räume, der Lage des Eingangs und der Innentüren, dem Vorhandensein eines Vorraums oder nicht usw., je nach den herrschenden geographischen, wirtschaftlichen, sozialen und kulturellen Verhältnissen des Bauortes und der Einwohner selbst angewandt werden. Der Grundgedanke bleibt allerdings bei allen möglichen Varianten der gleiche. Gerade bei der Siedlung von Akrotiri sehen wir, daß die Menschen diesem Gedanken, der einer bestimmten Lebensform und Geisteshaltung entspricht, so stark verhaftet waren, daß, auch wenn größere Hauskomplexe errichtet werden sollten, die aus dem einfachen Wohnbau entwickelte Form der Zweibereich-Einheit immer noch in selbständiger Weise ins Ganze eingegliedert wurde. Gleichzeitig bildete sie den funktionalen Kern des Hauses, gleichgültig, ob die dazukommenden Empfangs- und Aufenthaltsräume oder Heiligtümer, Keller und Werkstätten eine viel größere Fläche als diese in Anspruch nahmen und ob sie sich im Obergeschoß eines Komplexes befand. Alle diese Räume wurden eher dieser Einheit angeschlossen, wodurch sie, auch bei großen Häusern, ihre Selbständigkeit bewahrte.

Bei der Besprechung der Hausgrundrisse der Siedlung wurde bisher versucht, die Hauptelemente der Wohnung, ihre Lage und ihre Verbindung nach außen hin zu klären. Es sind hier aber auch andere Elemente und Raumarten zu beobachten, die vielleicht nicht alle von primärer Bedeutung für die Organisation der Häuser im allgemeinen waren, die jedoch bei den großen Komplexen eine nicht mindere Rolle gespielt zu haben scheinen. Es sind dies zuerst Raumelemente, welche für die Grundrißdisposition der einzelnen Funktionen bestimmend gewirkt haben, wie z. B. der zentrale Raum im sogenannten 'Haus der Damen' im Norden des 'Westhauses'.

Der hier nicht ganz ausgegrabene Komplex[23] wies in Raum 1 ein Heiligtum auf, zu dem im Obergeschoß der Raum 2 in einer noch nicht näher definierten Bauphase als Vorraum gedient hat. Auf der Ostseite dieses Raumes liegt eine Reihe von Zimmern (2–4), die nicht in ihrem vollen Umfang gereinigt worden sind, und auf seiner Westseite die Raumgruppe 6–7. Die letzte Raumgruppe ist zum Teil bis zum Boden des Erdgeschosses ausgegraben. Sowohl das Ober- als auch das Untergeschoß zeigten eine Plattenpflasterung, und Raum 7 wies eindeutig in beiden Stockwerken keine Fenster auf. Im Süden des Heiligtums ist ein geschlossener Raum vorhanden, an den noch südlicher eine Treppe anschließt. Der gesamte Komplex weist nach dieser knappen Beschreibung einige Eigentümlichkeiten auf, die ihn zu den interessantesten Anlagen der freigelegten Siedlung machen. Wir haben vor uns einen Komplex, der vielleicht einen rechteckigen Umriß besaß und um einen zentralen quadratischen Raum entwickelt ist. Der Bau besaß, mindestens zum größten Teil seines Umrisses, keine Fenster nach außen, und dies wahrscheinlich sowohl im Erd- als auch im Obergeschoß. Wohl aus diesen Gründen äußerte der Ausgräber – allerdings nur zögernd – die Hypothese, daß der mittlere Raum ein Lichthof gewesen sein könnte. Dies scheint zwar dem Tatbestand der Grundrißkonzeption nach eine logische Folgerung zu sein, sie müßte jedoch auf das eventuelle Vorhandensein von Resten der Fensteröffnungen an den Wänden des mittleren quadratischen Raums in beiden Geschossen überprüft werden. Sicherlich würde das Ganze, falls nirgends Außenfenster angebracht waren, einen Luftschacht in der Mitte brauchen. Die Lichtzufuhr könnte jedoch nicht, auch wenn der mittlere Raum einen Lichtschacht darstellte, für die umliegenden Räume ausreichend gewesen sein, die zum Gang um den Schacht herum nur schmale Türöffnungen besitzen. Eine endgültige Lösung kann nur die ganze Freilegung des Komplexes bringen, man sollte jedoch schon jetzt einige Ähnlichkeiten mit kretischen Anlagen dieser Art in Betracht ziehen.

Es sind vor allem zwei Anlagen auf Kreta, die eine ähnliche Grundrißproblematik zeigen, das sogenannte Chamaizi-Haus und das Haus Beta von Tylissos. Daß das erste ein sakrales Bauwerk war, ist jetzt erwiesen, manche Gründe sprechen auch dafür, daß auch das zweite eine ähnliche Funktion hatte. In beiden Fällen sind die Räume um einen mittleren Licht- bzw. Luftschacht gruppiert, beide zeigen auch einen regelmäßigen Umriß, der sonst selten bei den kretischen Häusern gewesen zu sein scheint. Auch in Akrotiri ergibt sich aus den archäologischen Resten eindeutig, daß zumindest einige Räume des Komplexes sakralen Zwecken gedient haben. Sind wir also vielleicht vor dem Nachweis eines festen Bautyps einer sakralen Anlage der kretischen Kultur? Auch diese Frage muß noch offenbleiben; jedoch spricht, wie wir gesehen haben, manches dafür, und die Gelegenheit ist noch gegeben, bei einer vorsichtigen weiteren Grabung eine begründete Antwort zu bekommen. Größere Ähnlichkeiten mit kretischen Anlagen zeigt auch das große Haus in Xeste 3[24]. Das Haus wird von Raum 5 aus betreten, also, wie bei den meisten Komplexen von Akro-

---

[23] Vgl. Sp. Marinatos, Thera VI 8 ff.; auch für das sogenannte Haus der Damen: Thera V 11 ff. Zu den Fresken vgl. im vorliegenden Band die Beiträge von Sp. Marinatos, oben S. 281 f. und W. Schiering, unten S. 321 Anm. 35 und 37.
[24] Vgl. Thera VI 15 ff.; Thera VII 22 ff.

tiri, vor der Treppe, welche zum Obergeschoß führte (Taf. 8b). Vor dem Eingang ist, an der südlichen Außenwand von 2, eine Bank vorhanden, ein Element, das sich auch in Vorraum 5 wiederholt und das wir auch sonst von kretischen Häusern gut kennen. Von diesem Vorraum aus ist im Erdgeschoß der mittlere Raum 4 zu betreten, der sich im Obergeschoß wiederholt und sich dort durch ein Polythyron zu Raum 3 öffnet. Der Raum 2 (vielleicht auch der Raum 7) ist im Erdgeschoß von diesem mittleren Raum erreichbar, und somit bildet der letztere eine zentrale Halle, um die die übrigen Räume gruppiert sind. Raum 2 weist zur Straße hin zwei große Fensteröffnungen auf, die bis zu seiner Nord- bzw. Südwand reichen und ihm somit den Charakter einer Loggia mit einer mittleren Stütze geben. Unterhalb des Obergeschoßraumes 3 mit dem Polythyron lag eine sogenannte sakrale Badeanlage, die wir sehr gut aus Kreta kennen, die sonst aber außerhalb dieser Insel noch nicht entdeckt wurde. Aus architektonischer Sicht ist jedoch in diesem Hause der Polythyronraum im Obergeschoß von größerem Interesse. Der Boden des Raumes 3 war hier mit Steinplatten gelegt, und es scheint, daß um einen Teil des Raumes, unmittelbar im Norden des Polythyron zwischen Räumen 3 und 4, auch von Osten und Westen Polythyra angebracht waren. Bei einem weiteren parallel zum ersten liegenden Polythyron ist auf Abb. 37b in Thera VII zu sehen, daß es auf der Südwand des darunter befindlichen sakralen Bades saß. Im Ausgrabungsplan ist es jedoch nicht eingezeichnet und mit dem Fortgang der Arbeiten scheint es beseitigt worden zu sein, wie aus der nächsten Abbildung (38) in Thera VII hervorgeht. Es liegt demnach nahe, an dieser Stelle einen Lichtschacht oder einen Oberbau mit Fensteröffnungen zur Beleuchtung und Belüftung der umliegenden Räume anzunehmen. Wir haben in den Bereichen der Wohnräume dieses Hauses also auch ein anderes typisch kretisches Element vor uns.

Daß an drei Seiten von Polythyra umgebene Räume in der Siedlung von Akrotiri nicht selten waren, beweist die angefangene Grabung des großen Komplexes in Xeste 4[25]. Dieser Komplex scheint einen ausgedehnten, von drei Polythyra gesäumten Raum besessen zu haben. So wird ersichtlich, daß bei den herrschaftlichen Häusern im Bereich der Wohn- und Empfangsräume offene oder auch überdachte Flächen, umgeben von Polythyra, für die Licht- und Luftzufuhr sorgten, genau wie auf Kreta, und zur Schaffung eines monumentaleren Charakters der Innengestaltung dieser Anlagen beitrugen.

Bei der Betrachtung der Haustypen der Siedlung von Akrotiri haben wir gesehen, wie neben den kleineren Anlagen mit mehreren Bauphasen, also denjenigen, die durch ständige Erweiterungen und Umbauten entstanden sind, auch solche auftreten, die eine einheitliche Planung zeigen. Diese letzteren sind im allgemeinen an größeren Häusern zu beobachten, mit einer regelmäßigeren Grundrißdisposition der einzelnen Räume und Bereiche. Die Ähnlichkeiten dieser Häuser mit kretischen Beispielen waren deutlich sichtbar und beweisen den großen Einfluß, den Kreta damals in der Ägäis ausgeübt hat. Dennoch waren bei den kleineren Wohnkomplexen Bautypen vertreten, die durchaus aus einer selbständigen lokalen kykladischen Tradition entwickelt gewesen sein könnten.

Bei fast allen Häusern zeigte sich die Tendenz, die Hauptwohnräume im Obergeschoß anzulegen. In den Untergeschossen, die entweder als Erd- oder Kellergeschosse ausgebildet waren, wurden hauptsächlich Werkstätten, Abstellräume und Hausheiligtümer unterge-

---

[25] Vgl. Thera VII 21f.

bracht; seltener fanden wir auch hier Küchen und Wohnräume. Die Treppe zum Obergeschoß war stets in direkter Verbindung mit der Außentür des Hauses angeordnet, ein kleiner Vorraum zwischen Treppe und Außentür diente meist auch als Vorplatz zu den Erdge-
schoßräumen und ist damit als richtige Hausdiele zu bezeichnen. Sowohl bei den kleineren
als auch den größeren Komplexen war eine rechteckige Zweiraum- oder Zweibereich-
Einheit, welche durchgehend in allen Geschossen ausgebaut war, zu beobachten. Im
Obergeschoß waren in dieser Einheit die inneren Wohnbereiche, im Untergeschoß dagegen die sonstigen Nebenräume der Wohnung untergebracht. Der Wohnteil dieser Einheiten war zweigeteilt, ein fast quadratischer Wohnraum und ein Bereich mit Nebenräumen
wie Schlafraum, Küche, Bad. Der eigentliche Wohnraum dieser Einheiten konnte mit
einem Polythyron unterteilt vorgefunden werden, wobei die eine Hälfte des somit abgeschnittenen Raums vom Dach belüftet und belichtet werden konnte. Sobald die Häuser
eine weitere Ausdehnung bekommen haben, weisen sie im Obergeschoß, außer dieser
Einheit, mehrere größere Empfangs- und Haupträume auf, welche zwischen der von der
Außentür zum Obergeschoß führenden Treppe und dem Wohnraum der Zweibereich-
Einheit angelegt und mit diesen verbunden waren. Diese Haupträume konnten zur Straße
hin breite Fenster besitzen, welche wiederum meist in mehrere Öffnungen unterteilt waren. Außerdem konnten sie bei den großen Häusern durch Polythyra miteinander verbunden sein bzw. öffneten sich damit zu Räumen hin, welche eine Dachöffnung besaßen und
als Licht- und Luftquelle gedient haben. Es scheint jedoch überhaupt, daß der Straßen-
raum die hauptsächliche Licht- und Luftquelle bildete. Entsprechend waren die Außenfenster breit, man konnte sogar die Ausbildung einer Loggia zur Straße hin beobachten.
Das Verhältnis der Fenster zur Mauerfläche der Wohnräume entsprach damals also nicht
dem der neuzeitlichen Kykladenhäuser, bei denen sich die Einwohner vor dem starken
Licht und dem Wind schützen und nur kleine Fensteröffnungen an ihren Bauten anbringen. Dennoch haben beide Siedlungskulturen die Verwendung des Straßenraums als
lebendigen Mehrzweckraum gemeinsam.
Die Läden und Werkstätten, die Loggien und die großen Fensteröffnungen, die kleinen
Straßenverbreiterungen, die somit unregelmäßige intime Plätze bilden, und die Vielfältig-
keit der Hausgrößen und -formen haben eine gebaute Umwelt geschaffen, deren Cha-
rakter nicht weit entfernt von demjenigen der neuzeitlichen Mittelmeersiedlungen liegt.
Allerdings zeigt die Siedlung von Akrotiri zugleich eine hohe Wohnkultur, die an ihren
Häusertypen sowie deren Ausstattung mit dem großen Reichtum und der bedeutenden
Qualität der Wandmalereien abzulesen ist. Diese Wohnkultur zeigt zwar stark kretische
Züge, man kann sie jedoch ohne eine lokale kykladische Tradition, welche zu einer Reife
im Siedlungswesen geführt hatte, so daß großstädtische Formen auch hier aufgenommen
werden konnten, nicht verstehen. So möchte ich, solange dies von der weiteren Forschung
nicht widerlegt wird, diese Siedlung als Erzeugnis einer kykladischen Kultur sehen, welche
in jener Zeit zwar zwischen manchen anderen Großkulturen gestanden hat und dadurch
manchen Einflüssen ausgesetzt war, ihre Selbständigkeit jedoch bewahren konnte.

Baukonstruktion

Bei der Beschreibung der Häuser von Akrotiri haben wir schon einige Elemente der Baukonstruktion erwähnt. Hier wird der Versuch unternommen, die Grundzüge der angewandten Bauweise zu unterstreichen und die bisherigen Kenntnisse zusammenzufassen [26]. Der Besucher der Ausgrabungen dieser Siedlung wird sogleich überwältigt von der großen Menge an Trümmern von geschichtetem und vor allem von ungeschichtetem Steinmauerwerk mit dickem Mörtelverband (Taf. 8a). Die meisten tragenden Wände der Häuser wurden nämlich auf diese Art errichtet. Dabei verwendete man mittelgroße und kleine Steine, die größeren bei der äußeren Schale der Mauern, die kleineren als Füllung. Die Wände wurden jeweils in zwei Reihen von größeren Steinen gemauert, welche die schon erwähnte äußere Mauerschale bildeten. Der Zwischenraum wurde mit kleinen Steinen und vor allem mit Mörtel gefüllt, welcher auch zwischen den größeren Steinen in vertikalem und horizontalem Sinn verlegt wurde. Der so entstandene Verband wurde dann verputzt und konnte sowohl bei den Außen- als auch bei den Innenwänden angewandt werden, solange diese tragende Scheiben bildeten [27]. Wenn es die zur Verfügung stehenden Steine erlaubten, wurde versucht, in regelmäßigeren Schichten zu mauern, indem man Steine etwa gleicher Größe für die einzelnen Schichten verwendete. Dieser Mauerverband war zwar leicht und billig zu bauen, da man dafür beliebige Steine verwenden konnte, seine Stabilität war jedoch, bei der mehrgeschossigen Bauweise der Häuser von Akrotiri, keinesfalls ideal, vor allem wegen des fehlenden durchgehenden Verbandes zwischen den beiden Außenschalen der Wände. Um der Gefahr einer Wandspaltung in zwei Scheiben entgegenzuwirken, verwendete man Holzbalken, die zugleich in der Horizontalen einen besseren Ausgleich der Steinschichtung ermöglichten. Diese Holzbalken konnten sowohl in horizontaler Richtung, parallel oder senkrecht zu den Außenflächen der Wände, als auch vertikal (Taf. 8b) angebracht werden [28].

Während bei den kleineren Häusern die Verwendung von Holzbalken im Mauerverband nur stellenweise zu beobachten ist, verhält es sich damit bei den großen Komplexen anders. Diese Tatsache ist aber nicht allein das Ergebnis eines anderen Konstruktionsmaßstabes, sondern vor allem der Verwendung des Quadermauerwerks bei der Außenflächenbehandlung dieser Bauten [29]. Schon bei den Fassaden der Häuser im Osten der ausgegrabenen Straße sind zum Teil Quaderkonstruktionen zu sehen. Sie wurden hier jedoch sparsam verwendet, so meist an Hausecken, Toren oder als Abschlußgesimse der aufgehenden Wände. Bei den Hausecken wurden oft Quadern verwandt, die dann für einen sauberen Eckabschluß und zugleich für eine bessere Stützung des Mauerwerks sorgten. Da auch bei den Eckausbildungen die Quadern oft nur bei der äußeren Mauerschale angebracht waren und an jeder Wandseite den Aufbau von ein bis zwei Steinen aufweisen, wurde auch hier mit Holzbalken verstärkt.

---

[26] Zur Baukonstruktion der Häuser von Thera fehlte bisher eine auf die Details eingehende, zusammenfassende Untersuchung, vgl. außer den Berichten von Sp. Marinatos in den Thera-Bänden auch Chr. Doumas, Ephemeris 1974, 199ff.

[27] Für die Verwendung von ungeschichtetem Steinmauerwerk in der kretischen Architektur vgl. J. W. Shaw, ASAtene 49, 1971 (1973), 77ff.

[28] Vgl. Shaw a.O. 138ff.

[29] Auch für die Verwendung von Quadermauerwerk in der kretischen Architektur vgl. ebenda 83ff. (mit ausführlicher Bibliographie).

Bei der Nordwestecke der Mühle Delta 15 (auf Taf. 6a vorn zu sehen) sieht man, wie bei einer Eckausbildung nur die eine Wandschale mit Quadersteinen ausgebildet wird, wodurch kein Eckverband zustande kommt. Besser wurde die Südwestecke desselben Baues gemauert. Hier wurde versucht, einen richtigen Eckverband, mit Binder- und Läuferschichten (auf Taf. 6a rechts zu sehen), herzustellen. Bei den Ecken, wo die Quadern nur an der Außenmauerschale angewandt wurden, sind sie oft in senkrechter Form, also mit ihrer schmalen Seite als Widerlagerfläche, angeordnet. Sie werden demnach so wie Orthostatenplatten, allerdings in verschiedener Bauhöhe (Taf. 7b und Taf. 6a links), angebracht. Wie wir gesehen haben, wurde also doch versucht, die Mauerecken sorgfältiger zu bauen als die sonstige Mauermasse. Man ist bei den einfachen Häusern jedoch – sicherlich auf Kosten einer besseren Konstruktion – sehr sparsam in der Verwendung von Quadern gewesen, die oft nur an den Türen und Fenstern vorkommen.

In einigen Fällen versuchte man, die ungenügende Standsicherheit der Eckverbände mit Hilfe von Holzbalken zu erhöhen. Dabei legte man etwa auf halber Wandhöhe eine Lage von Holzbalken, die über Eck verbunden waren. Somit ergab sich der Eindruck einer Sicherung des Eckverbandes (Taf. 7b). Da diese Holzbalken in Wirklichkeit wenig im statischen Sinne positiv gewirkt haben, konnte ihre Funktion nur darin bestehen, eine Verankerung für die Ecke selbst zu bilden. Dies erfolgte, indem sie weiter als die Eckquader in die Mauerfläche jenseits der Ecke reichten und, bei vorspringenden Bauteilen, indem sie die vorliegende Ecke an der rückwärtigen Wand verankerten (Taf. 7b). Es dreht sich also auch bei dieser Anwendung von Holzbalken um eine Verbindungs- und Absicherungskonstruktion von zweischalig und teilweise in verschiedenen Techniken errichteten Wänden. Quadern dienten gelegentlich auch als Abschlußgesimse der Wände, als leicht vorspringende Mauerkronen, hinter denen die Dachkonstruktion verborgen blieb (Taf. 6a). Überhaupt scheint die aus einer Reihe von Quadern bestehende Gesimskonstruktion auch als Gliederungselement der einzelnen Stockwerke bei mehrstöckigen Bauten sehr verbreitet gewesen zu sein. Wir treffen sie nämlich sowohl über Türen (Taf. 6b) als auch über Fenstern und geschlossenen Wandflächen in zwei- oder dreigeschossigen Fassaden angebracht. Im letzteren Falle (Taf. 8c) entsteht durch die doppelte Wiederholung dieser horizontalen Gesimse eine starke Gliederung der Fassade, welche von den verfeinerten architektonischen Überlegungen des Baumeisters jener Zeit zeugt.

Die ausgegrabene dreistöckige Fassade der Xeste 2 zeigt uns jedoch auch andere Konstruktions- und Gestaltungselemente der Außenwände, welche nicht übersehen werden sollten. Zunächst weist die besprochene Fassade drei Rücksprünge auf, wodurch sie eine abgestufte Fläche bekommen hat. Natürlich sind aus Kreta Vor- und Rücksprünge an den Fassaden von Häusern und Palästen bekannt[30], dennoch ist eine richtige Abstufung einer Wandfront bisher noch nicht entdeckt worden. Wir haben hier nicht die Rücksprünge von ganzen Bauteilen gegenüber anderen, die somit nischenartige Bereiche bilden und Baukörper als vorspringend erscheinen lassen, sondern eine geregelte Abstufung, als ob die Fassade, unter Beibehaltung einer festgelegten Richtung der Wände, einer dazu leicht schräg liegenden Straßenführung folgen sollte. Dies scheint aber bei genauer Betrachtung

---

[30] Vgl. dazu Graham a.O. 162f.; auch J. W. Shaw, Consideration of the Site of Akrotiri as a Minoan Settlement, in: Thera Aegean I 434.

nicht der Fall zu sein, da der östliche Teil der Fassade gegenüber dem westlichen nicht weit zurückliegt und die Front eine konkave Grundrißlinie zeigt. Es muß auch noch bemerkt werden, daß, außer dem ersten westlichen Fassadenteil, dessen Mauern senkrecht zu sein scheinen, alle anderen eine leichte Neigung nach dem Inneren des Baus aufweisen. Außerdem muß noch hinzugefügt werden, daß bei der Restaurierung dieser Front sehr viel mit Zement geschmiert wurde, so daß manche Indizien zum Mauerbefund wahrscheinlich verlorengegangen sind. Aus diesem Grund werden wir bei unseren nächsten Beobachtungen mit großer Vorsicht von dem heutigen Aussehen der Fassade ausgehen.

Was sofort an dieser Fassade auffällt, ist die rekonstruierte breite Anwendung von Holzbalken und -pfosten. Nach dem westlichen, aus Quadermauerwerk errichteten Bauteil (auf Taf. 8c rechts), der im Untergeschoß deutlich auch Spuren von Holzbalken und -pfosten, vor allem um das Fenster und an den Ecken, zeigt, springt die Frontmauer zurück, ebenso auch das Quadergesims über dem Untergeschoß. Der bis zum westlichen Fensteransatz erhaltene Teil des Gesimses über dem ersten Stockwerk scheint dagegen diesem Rücksprung nicht zu folgen. So entsteht nach der Restaurierung der Eindruck, als ob die Wand in den unteren beiden Geschossen nur zum Teil dem Rücksprung folgt und daß sie sich im zweiten Obergeschoß auf der gleichen Flucht mit dem westlichen Frontbereich befindet. Übrigens ist gut zu sehen, daß der östliche Abschluß des Gesimses über dem Untergeschoß etwa in gleicher Flucht mit demjenigen des ersten westlichen Quaderteils der Fassade steht und daß das Gesims selbst gegenüber seiner Fortsetzung über den Knick nach Westen hin schräg läuft.

Wenn wir die zwei weiteren Rücksprünge bzw. Knicke der Fassade betrachten, dann sind folgende Eigentümlichkeiten nicht zu übersehen. Erstens sind bei jedem Knick senkrechte Pfosten angebracht, die heute natürlich in Beton nachgegossen sind, so daß über ihre Form und Größe nichts Genaueres gesagt werden kann, und zweitens sitzt im östlichen Feld (auf Taf. 8c links) das Quadergesims nicht auf der gleichen Höhe mit demjenigen, welches seine Fortsetzung nach Westen bilden sollte. Außerdem unterbrechen die senkrechten Pfosten an den Knicken die Gesimse und scheinen an ihrem oberen Abschluß jeweils Binderquader zu stützen, die somit aus der Flucht der unteren Mauerkonstruktion herausragen, deren Oberbau jedoch ihre neue Außenflucht übernimmt, wie aus dem westlichen Teil hervorgeht.

Der Wechsel von Flucht und Niveau der Quadergesimse, die Unterbrechung ihrer Kontinuität durch die durchgehenden Holzpfosten, deren Verbindung miteinander an den einzelnen Stockwerken vor den horizontalen Balken konstruktiv unmöglich ist, und die Stützung von Quadermauerteilen über diese Pfosten an einer anderen Front als derjenigen der darunterliegenden Mauer können zu keinen logischen Schlußfolgerungen über den Zweck der Konstruktion, wie sie heute an dieser Fassade restauriert ist, führen. Konstruktiv richtig wäre z. B., daß die Gesimse über die Rücksprünge weiterlaufen und nicht durch Holzpfosten unterbrochen werden; auch daß sie auf einheitlicher Front und auf gleichem Niveau bei den einzelnen zurückgesetzten Bauteilen durchlaufen. Bei unserer Fassade geschieht allerdings das Gegenteil. Da die älteren Baumeister, auch wenn sie die Theorie der statischen Berechnung nicht kannten, keinesfalls in ihren Baumethoden unterschätzt werden sollten, müßte man vielleicht hier eine Erklärung des Bestands suchen, welche nicht mit den konstruktiven Baugedanken der Errichtungszeit der Mauer zu tun hat.

Demnach neige ich dazu, an diesem Beispiel nur den zerstörten und vielleicht reparierten Zustand der Fassade nach dem großen Erdbeben vor dem Vulkanausbruch zu erkennen und nicht an den besprochenen Details der Ausbildung die ursprüngliche Gestaltung zu sehen. Es scheint glaubhafter, daß nach dem erwähnten Erdbeben die Nordmauer der Anlage eine abgestufte Setzung nach innen bekommen hat, deren Knicke von der Lage der zu ihr senkrecht stehenden Innenwände abhing. Da die äußersten Bereiche der Fassade an ihren Ecken nicht verformt wurden, entstand auf diese Weise die konkave Grundrißlinie der Front. Somit wären zugleich die Unregelmäßigkeiten bei der Ausbildung der verschiedenen Fluchten und Niveaus zu deuten und man könnte in diesem Fall in Erwägung ziehen, daß die beim zweiten und dritten Knick von Westen her auftretenden durchgehenden Holzpfosten bei der Reparaturphase des Komplexes angebracht wurden, um die beschädigte Front an den Knickstellen abzusichern und die vorspringenden Mauerteile zu stützen. Allerdings erscheint mir eher möglich, daß die heutige Ansicht der Holzbalken und Pfosten auch nur ein Zufallsergebnis des Erdbebens und der Restaurierung ist. Wenn diese Annahme zutreffen sollte, dann wäre diese Front durchaus in einer Ebene konzipiert. Eine sorgfältige Reinigung der Fassadensüdfront unter Berücksichtigung der hier geäußerten Vermutungen könnte zur Klärung dieser Frage beitragen.

Die ursprünglichen Gestaltungsprinzipien der Fassade konnten anhand des Befundes im zweiten Feld von Westen her rekonstruiert werden. In der Mitte des Feldes stützt ein senkrechter Pfosten den horizontalen Balken unterhalb des Gesimses. Zugleich bildet er das linke Gewände eines Fensters. Der Pfosten ist im unteren Fensterabschluß mit einem anderen horizontalen Balken verbunden, der die Fensterbank bildete und dessen westlicher Abschluß nicht mehr abzulesen ist. Wenn wir jetzt den weiteren Aufbau der Holzpfosten im Osten in Betracht ziehen, dann wird ersichtlich, daß die Fassade durch zwei Bänder von Gesimsen, die auf Holzbalken lagen, unterteilt und von Pfosten, die diese Balken stützten und in regelmäßigen Abständen angebracht waren, gegliedert wurde. Wenn ein Fenster anzuordnen war, ist an der Höhe der Fensterbank ein weiterer Balken, verbunden mit den senkrechten Pfosten, eingesetzt worden. Im Gegensatz zu der sparsamen Verwendung des Holzes bei den schon betrachteten kleineren Häusern ist also hier eine richtige Mischbauweise einer mit einem Holzfachwerk ausgesteiften Steinmauer anzutreffen. Das Vorhandensein einer solchen Konstruktion[31] ist bisher übersehen worden und bildet wegen der ausgereiften Form der Ausführung eine Überraschung. Sie zeigt zugleich die fortgeschrittene Bautechnik dieser Kultur, mit der man, auch bei hohen Gebäuden, Konstruktionen auszuführen vermochte, welche gegen starken horizontalen Schub widerstandsfähig, also erdbebensicher, sein sollten. Den Beweis dafür liefert uns der heutige Erhaltungszustand der dreistöckigen Fassade selbst.

Bei der Beschreibung der Hausgrundrisse der Siedlung haben wir gesehen, daß als Zwischenwände vor allem in den Obergeschoßräumen oft dünne, leichte Trennwände aus ungebrannten Lehmziegeln oder aus hölzernen Rahmen, mit Lehm gefüllt[32], verwendet

[31] Zahlreiche Beispiele für diese Konstruktionsart finden sich in der mykenischen, der kretisch-minoischen sowie in der kleinasiatischen Architektur, vgl. P. Haider, Klio 61, 1979, 295f. Zusätzlich zu den dort genannten Belegen kann auf die neuentdeckten Reste eines Fach-

werkhauses der Phase SH III C in Aigeira hingewiesen werden, vgl. W. Alzinger, AAA 11, 1978, 149 Abb. 2; H. W. Catling, ArchRep 1978, 35.
[32] Vgl. Thera IV 15; auch Doumas, Ephemeris 1974, 206. Bei einigen dieser Mauern scheinen großformatige,

wurden. Diese Konstruktionsweise konnte in den meisten Fällen ohne besondere Hilfsmittel unmittelbar auf der Holzdecke des darunterliegenden Geschosses errichtet werden. Eine unterstützende Konstruktion der Decken war jedoch bei den breiteren Räumen, wie wir gesehen haben, in mehreren Fällen erforderlich. Dazu dienten hölzerne Stützen, welche meist auf einer Steinbasis standen. Da diese Basen eine runde Oberfläche besitzen, nimmt man wohl zu Recht an, daß auch die Stützen einen kreisförmigen Querschnitt hatten. Solche Stützen waren sowohl in den Erd- als auch Obergeschossen zu finden[33]. Bei den im Obergeschoß der Gebäude angebrachten Stützen saß im Untergeschoß unterhalb ihrer Basis eine weitere Stütze oder eine tragende Steinwand. Es sind also keine bei beiden Geschossen durchgehenden Stützen gefunden worden, da natürlich nicht nur die Decke des Obergeschosses, sondern auch diejenige der ebenerdigen Räume zugleich gestützt werden sollte. Über der Stütze muß man nämlich einen starken Querbalken, von dieser in seiner Mitte gestützt, annehmen, welcher die Spannweite der Deckenbalken halbierte. Die letzteren waren somit senkrecht zum Querbalken angeordnet und lagen auf diesem und der parallel zu ihm stehenden Wand[34]. An manchen Stellen sind die Wandlöcher der Deckenbalken noch zu sehen. Sie weisen durchweg einen runden Querschnitt auf, woraus die übliche Benutzung von nur grob behauenen Baumstämmen abzulesen ist.

Über diesen Deckenbalken wurden dann kleinere Äste oder Schilf verlegt, die zur Aufnahme einer Lehmschicht dienten. Oft wurden die dadurch entstandenen und die auf der Erde liegenden Böden mit Steinplatten, seltener mit Terrazzo verlegt[35]. Bei den meisten Nebenräumen diente jedoch eine gestampfte Lehmschicht als Bodenbelag. Die Steinböden wurden mit rechteckig geschnittenen Schieferplatten gebildet, welche oft eine beträchtliche Größe besaßen (Taf. 9b). Von woher diese Platten nach Akrotiri gebracht worden sind, ist noch nicht bekannt.

Die Verbindung zwischen den einzelnen Stockwerken wurde mit Hilfe von ein- bis dreiläufigen meist steinernen Treppen hergestellt; es ist jedoch mit Sicherheit anzunehmen, daß auch Holztreppen benutzt wurden[36]. Aus diesem Grund muß bei den nächsten Ausgrabungen in Räumen, welche einen Sottoscala-Bereich gebildet haben können und bei denen keine Steinstufen zu finden sind, nach Resten einer Holztreppenkonstruktion gesucht werden. Die Steintreppen selbst zeigen eine interessante Bauweise, die auch eine Mischkonstruktion von Holz und Stein darstellt. Dabei werden die Stufen aus Steinblöcken, deren Länge gleich der Treppenraumbreite ist, gebildet (Taf. 7a). So werden sie nicht etwa in die Treppenmauer eingespannt oder eingemauert, sondern auf Holzbalken aufgelagert, welche der Treppenneigung folgend aufgestellt gewesen zu sein scheinen. Natürlich konnten die Treppen zu den Kellerräumen auch auf einer Erdböschung angelegt werden. So wurde meist zuerst die Treppenneigung mit abgestuft gesetzten, in die seitliche Treppenmauer beiderseits eingespannten Holzbalken gebildet, auf denen dann in ähnlicher Weise

gebrannte oder ungebrannte Ziegel (von Doumas [ebenda 206 Anm. 5] 'Platten' genannt) verwendet worden zu sein; vgl. Thera IV 29.

[33] Eine Liste der gefundenen Steinbasen bei Doumas a.O. 206 Anm. 2.

[34] Vgl. dazu den im Prinzip richtigen Rekonstruktionsvorschlag Thera VII 19 Abb. 2.

[35] Eine Liste der mit Steinplatten belegten Räume bei Doumas a.O. 204 Anm. 2; für die hier gefundenen Reste von Terrazzofußböden s. auch Thera IV 16; Thera VI 21. Zur Verwendung von Terrazzofußböden in der kretischen Architektur vgl. J. W. Shaw, ASAtene 49, 1971, 218ff.

[36] Vgl. auch Doumas a.O. 205 mit Anm. 4.

wie bei der Deckenbildung eine dicke Lehmschicht aufgetragen wurde. Auf dieser Lehmschicht sind dann die Steinstufen, von unten nach oben, eingelegt, so daß jeweils der vordere Bereich der einen auf der hinteren Fläche der darunterliegenden saß[37]. Somit ist die Bauweise der Steintreppen von Akrotiri als eine geneigte und oben abgestufte Ausbildung einer für die Siedlung typischen Deckenkonstruktion anzusehen.

Wenn wir bisher die wichtigsten Merkmale der Hauptkonstruktion betrachtet haben, nämlich die tragenden und getragenen Hauptteile der Bausubstanz, so sind die schon erwähnten Ausführungen der Wandöffnungen, also der Türen und Fenster, von nicht minderem Interesse. Sicherlich wäre es auch wichtig, über die Dachöffnungen Genaueres zu wissen, vorläufig ist jedoch darüber nichts Bestimmtes auszusagen.

Sowohl bei den Außentüren wie auch bei den Fenstern wurden Holzumrahmungen angebracht. Diese Umrahmungen sind jedoch keinesfalls einfache Tür- bzw. Fensterrahmen, sondern sturztragende Konstruktionen, welche jeweils aus mehreren Stützen und Balken bestehen. Bei den Türen waren meist vier rechteckige Holzstützen an den Mauerecken der Türöffnung angebracht, die auf einer Steinschwelle saßen. Sie wurden in Einsparungen an den Ecken der Wände eingeordnet und waren oben, um die Sturzkonstruktion tragen zu können, durch vier Balken miteinander verbunden. Sehr oft ist neben der Außentür ein Fenster geöffnet (Taf. 6b; 8a; 9a). Diese Anordnung scheint typisch für die Häuser der Siedlung gewesen zu sein und, wie wir gesehen haben, erscheint sie auch bei der Darstellung der dritten Stadt des Miniaturfrieses (Taf. 5b). Die Fensterbank wurde auch meist von einer Lage aus Quadern, auf der die unteren horizontalen Balken der Fensterrahmen lagen, gebildet (Taf. 5c und 9a). Bei den Fenstern waren die Rahmen durch Anbringen von Holz an allen vier Seiten der Öffnung geschlossen. Auch hier wurde das Holz in Wandeinsparungen an der Öffnungsecke eingelegt. Da man solche Rahmen sowohl an der Außen- als auch an der Innenseite der Mauern setzte und diese zumindest an den vier Fensterecken durch Balken miteinander verband, entstand eine kräftige räumliche Holzgitterkonstruktion, die, durch die Seitenwände der Fenster ausgesteift, fähig war, den Sturzaufbau von Öffnungen mit bereits längeren Spannweiten als den üblichen zu tragen. Diese Bauweise erlaubte somit nicht nur, breitere Fenster zu öffnen, sie wirkte zugleich als Bindekonstruktion der Mauerschalen an deren Abschlüssen und ermöglichte beim mehrgeschossigen Hausbau durch die bessere Sicherung der Stürze eine Anordnung der Obergeschoßfenster, die von der Lage derselben in den unteren Geschossen unabhängig war. Mit anderen Worten, man konnte dadurch leichter einen mehrstöckigen Wandaufbau über einem Fenster des Keller- bzw. des Erdgeschosses errichten, ohne darauf achten zu müssen, daß die Öffnungen in den verschiedenen Geschossen, um die Stürze der unteren Fenster nicht zu gefährden, gleich breit sein und auf derselben vertikalen Achse liegen sollten.

Um eine zusätzliche Sicherung einiger breiter Fenster zu gewährleisten, wurden auch Zwischenpfosten aus Stein und Holz angebracht, womit eine Teilung der Öffnung geschaffen wurde (Taf. 5c). Es ist richtig bemerkt worden, daß diese Teilungen nicht in der Mitte der Öffnungen erfolgen, sondern so, daß ein kleineres, fast quadratisches und ein längliches Fenster entsteht[38]. Dies könnte wahrscheinlich zugleich eine grundsätzliche Unterscheidung der Fensterfläche in eine Licht- und eine Luftöffnung bedeuten.

---

[37] Thera VI 20f. Taf. 33a; Doumas a.O. 205 Anm. 5.   [38] Vgl. auch Doumas ebenda 202 mit Anm. 7. 8.

Eine andere Konstruktion, mit welcher eine ganze Wandfläche mit Türen oder Fenstern durchbrochen werden konnte, ist schon mehrmals erwähnt worden. Es ist die Polythyron-Konstruktion der Türen, welche die typischen kretischen Formen zeigt[39] und hier auch vorkommt, allerdings bei Fensteröffnungen mit Zwischenpfosten anderen Querschnitts[40]. Überhaupt scheinen jedoch in kleinere Öffnungen unterteilte Fenster vorgekommen zu sein. Den Hinweis darauf gibt uns wiederum der Miniaturfries. Dort sind nämlich sowohl bei der zweiten als auch der dritten Stadtdarstellung Wandöffnungen gezeichnet, die mit einem Holzgitter geschlossen sind (Taf. 5a und b). Diese Holzgitterfenster, die in späteren Zeiten vor allem in der islamischen Architektur eine große Verbreitung fanden, werden somit auch für die Ägäis hier nachgewiesen[41]. Sie sind bei diesen Darstellungen in Öffnungen angebracht, die im Gegensatz zu den dargestellten Fenstern mit den größeren offenen Flächen, die ein stehendes Format zeigen, alle in liegender Rechteckform gezeichnet werden.

Es handelt sich also um einen Fenstertyp, der eine feste Form hat und in Zusammenhang mit der Breite der Öffnung steht, welche stets größer als ihre Höhe war. Dieser Typ bot, wie schon besprochen, den Vorteil, mit der Anordnung von Zwischenpfosten eine konstruktiv sichere Lösung für die Öffnung breiterer Wandflächen zu ermöglichen und zugleich durch die Unterteilung dieser Wandöffnung in kleinere Fenster dem Wind und der Sicht ins Innere entgegenzuwirken. Sicher erlaubte diese Konstruktion auch die Füllung der kleinen Öffnungen mit den damals vorhandenen lichtdurchlässigen Materialien wie Alabasterplatten usw. Dies wäre ein wichtiger Grund gewesen, um Holzgitterfenster anzubringen; bis jetzt sind jedoch keine Spuren solcher Materialien in Akrotiri gefunden worden. Da der Ausgrabungsnachweis einer Holzgitterkonstruktion wohl schwerfallen wird, weil nur ihr äußerer Rahmen am Bau deutliche Spuren hinterläßt und nur in den horizontalen Bodenschichten die Reste der übrigen Hölzer zu finden wären, wird man noch bis zum endgültigen Beweis ihrer Verwendung in Akrotiri warten müssen. Bis dahin, oder bis meiner Vermutung begründet widersprochen würde, möchte ich die Annahme aufrechterhalten, daß auch hier die großen Fenster von ähnlichem Format durch Holzgitter geschlossen waren. Bei den Fenstergewänden aus Quadern wurden sonst die Holzpfosten der Rahmen mit Hilfe von Dübeln, deren Löcher an den Quadersteinen zu sehen sind, befestigt. Bei einigen Türschwellen sind außerdem auch die Angellöcher zu beobachten (Taf. 7a).

Die Wände wurden sowohl außen wie auch innen meist mit Lehm verputzt. An bestimmten Wandteilen wie z. B. an den Stirnflächen von Mauern könnte, wie die Dübellöcher am Boden zeigen, zusätzlich auch eine Holzverkleidung angebracht gewesen sein (Taf. 7a). Die ungeschichteten Mauerwerke wurden im allgemeinen mit einer dickeren unteren Lehmschicht verputzt, auf der dann eine obere, dünnere Kalkschicht aufgetragen wurde.

---

[39] Zu den kretischen Polythyra vgl. Shaw, ASAtene 49, 1971, 149 ff.

[40] Es handelt sich um die Fenster des Raumes 5 des 'Westhauses'; vgl. Thera VI 22 Taf. 39a.

[41] A. Lebese bemerkte richtig, daß beim Hausmodell von Archanes ein Holzgitter an dem Fenster des Hauptraumes dargestellt ist (Ephemeris 1976, 21 Abb. 7), und verglich es treffend mit einer Fensterkonstruktion des Miniaturfrieses von Akrotiri (ebenda 28 Anm. 3). Jedoch dürfen nicht schon in der Andeutung einer einfachen oder kreuzförmigen Unterteilung von Fensteröffnungen Holzgitter vermutet werden (Lebese ebenda 28). Zum Hausmodell von Archanes (H 23,5 cm) vgl. P. Warren, The Aegean Civilizations (1975) 94 mit Abb.; G. Säflund in: Sanctuaries and Cults 195 ff. Abb. 9.

Der Lehmputz war mit Stroh gemischt. Bei den Außenwänden waren oft zwei Schichten von Kalkputz angebracht; bei diesen sind Haarreste beobachtet worden. Auf dem Kalkputz wurden im Inneren mit klaren und kräftigen Farben[42] Fresken angebracht. Dabei sind außer den bekannten Darstellungen, die schon oft besprochen wurden, die rein dekorativen Motive von besonderem Interesse. Sie dienten als Rahmen für die dargestellten Szenen der Hauptmalerei der Räume oder sollten die Architekturelemente und -details unterstreichen. Die Malereidekoration der Häuser spielte eine wichtige Rolle bei deren Gestaltung; es würde jedoch den Rahmen dieser Betrachtung überschreiten, im einzelnen darüber berichten zu wollen, vor allem da viele der rein dekorativen Freskenteile von Akrotiri noch nicht beschrieben und ausgearbeitet sind. Es muß jedoch festgehalten werden, daß, genau wie auf Kreta, das Verständnis der Innenraumgestaltung der Häuser ohne Berücksichtigung der Wandmalerei nicht vollständig genannt werden kann.

Somit zeigt die Baukonstruktion ein reiches Vokabular und eine gekonnte Anwendung der damals bekannten Materialien und Gestaltungsmittel, die es den Einwohnern von Thera ermöglichte, ihre Bauten in den Dimensionen und in der Ausstattung der uns bekannten Häuser von Akrotiri zu errichten. Natürlich zeigt diese Architektur in bestimmten Details und Ausführungen nicht etwa die reifen Formen einer klassischen Zeit der Ägäis. So sind überall Mischkonstruktionen zur Einsparung kostspieliger Baustoffe und aus Gründen der Arbeitsersparnis sichtbar, obwohl gestalterisch eine materialgerechtere Lösung sicherlich bevorzugt wurde. Es wird z. B. spürbar, daß sie die Quaderbauweise sowohl aus konstruktiven als auch aus gestalterischen Gründen bereits einer sonstigen Mauerwerkstechnik vorzogen. Trotz der zu ihrer Verfügung stehenden Mittel wendeten sie die gewünschte Konstruktion oft nur stellenweise an. Hinter einer solchen Handlung steht allerdings immer der Gedanke und Wunsch, den Bauten die technisch und ästhetisch reichste und beste Form zu geben. Die hier angewandten Konstruktionen zeigen dadurch zugleich, daß die Baumeister von Akrotiri sehr wohl von einer sicheren und richtigen Material- und Konstruktionsvorstellung ausgingen und je nach ihren Mitteln ihren Bauten einen entsprechenden gestalterischen Ausdruck zu geben suchten.

Die Siedlung von Akrotiri und ihre Architektur erbrachte ganz neue Aspekte über die bronzezeitliche Stadtstruktur und deren Bauformen auf den Kykladen. Wir wissen jetzt und haben es hier in kurzem zu zeigen versucht, daß am Ende der Mittel- und Anfang der Spätbronzezeit eine hohe städtische Kultur in diesem ägäischen Bereich verbreitet gewesen war. Diese hohe Kultur, welche schon die älteren Ausgrabungen auf Keos und Melos vermuten ließen, ist durch die Forschungen auf Thera eindeutig nachgewiesen. In architektonischer Hinsicht zeigt sie, wie auch im allgemeinen, manche gemeinsame Züge mit derjenigen der Insel Kreta[43].

Viele Indizien weisen darauf hin, daß die Stadtkultur von Akrotiri keinesfalls eine Nachwirkung der kretischen darstellt, sondern innerhalb des ägäischen Kulturbereichs eine

---

[42] Allgemein zu den verwendeten Verputzarten vgl. Doumas a.O. 207 ff. und K. Asimenos, Technological Observations on the Thera Wall-Paintings, in: Thera Aegean I 573.

[43] Mykenischer Einfluß spielt bei der Architektur Theras kaum eine Rolle; zur mykenischen Architektur vgl.

Chr. Sophianou, Mykenische und homerische Paläste (neugriechisch), in: Deltion Epistimonikon kai Philologikon Syllogou Ammochostou 1968, 39 ff.; sowie I. Mylonas-Shear, Mycenaean Domestic Architecture, Diss. 1968 (University Microfilms International, Ann Arbor 1980).

selbständige Einheit bildete. Diesbezüglich scheint bei der Bauforschung also eine neue Ära angefangen zu haben, welche das bisherige Bild über die Geschichte und die Entwicklung der Architektur im östlichen Mittelmeerraum zu ändern und zu vervollständigen verspricht. Wenn wir demnach hier bei manchen Betrachtungen vorläufig nur Andeutungen und Hypothesen zur Lösung der allgemeinen neuen Probleme stellen konnten, so ist zu erwarten, daß die Fortsetzung der Ausgrabungs- und Forschungsarbeiten sichere Antworten mit einer weiten Gültigkeit für die Ägäis bringen und zur Klärung der Ausstrahlungskraft dieser Kultur beitragen wird.

STEIN- UND GELÄNDEMOTIVE
IN DER MINOISCHEN WANDMALEREI
AUF KRETA UND THERA

Von Wolfgang Schiering

»Scheute man sich doch nicht, . . . die Linienführung von Pflanzen, Erdboden, Felsen und dgl. in Kurven darzubieten, die man mitunter der Steinmaserung ablauschte.« Mit dieser Aussage bezog sich F. Schachermeyr auf einen Versuch des Verfassers, der Einwirkung bestimmter Steine auf die minoische Malerei nachzugehen[1]. Auch J. Schäfer ist von der dort gegebenen Interpretation ausgegangen, als er schrieb: »Bekanntlich ist es die Struktur des geschliffenen oder gesägten Steines, vorzugsweise des Alabasters, die den künstlichen Charakter dieser Gebilde« (ergänze: »ein Teil der Felsen- und Terrainformen«) »weitgehend beeinflußt«[2]. Bekannt oder nicht[3], allein die Funde von Thera sind Anlaß genug für eine diesbezügliche Überprüfung der alten und dieser reichen neuen Zeugnisse.

Der Stein, dessen Maserungen m. E. ein Geländemotiv der minoischen Malerei angeregt haben, ist der in Knossos, Hagia Triada und bei Myrthos von den Minoern gebrochene Gipsstein (Alabaster)[4]. In der Umgebung dieser Brüche, und fast ausschließlich dort, wurde er trotz seiner geringen Härte und seiner Wasserempfindlichkeit[5] für Schwellen, Fußboden- und ungefähr 2 m hohe Wandplatten, aber auch für mächtige Fundamentquader benutzt. Eine Vorstellung davon, wie stark die Maserung der Wandplatten den Gesamteindruck eines Raumes bestimmt hat, gibt die lang bekannte Rekonstruktion auf Abb. 83[6]. Diese Zeichnung vermittelt auch eine gewisse Vorstellung von der Vielfalt der Gipssteinmaserungen. Zur genaueren Veranschaulichung zeigen die Abbildungen Taf. 10a.b zwei reich gemaserte und auch farblich nuancenreiche Fragmente von originalen Bodenplatten in der Palastruine von Phaistos[7].

Imitierte Wandinkrustation

Die minoische Wandmalerei scheint von der freien Nachahmung schön gemaserter Gipssteinplatten ihren Ausgang genommen zu haben[8]. Bis ans Ende der kretisch-mykenischen Kunst hat — wie später etwa in Wanddekorationen des 1. und 2. Pompejanischen Stils — die künstliche, im ägäischen Bereich freilich stark stilisierte 'Marmorierung' als Sockel- oder Rahmenmotiv eine wichtige Rolle gespielt[9]. Fresken von Akrotiri auf Thera überliefern

---

[1] F. Schachermeyr, Die minoische Kultur des alten Kreta (1964) 205; vgl. ebenda 179 Anm. 1.

[2] J. Schäfer, JdI 92, 1977, 18. Zur dortigen Anm. 41 s: hier S. 316 mit Anm. 16. Vgl. auch Verf., AntK 8, 1965, 3 ff. und: Funde auf Kreta (1976) 51 ff. 119 ff. 164 ff.

[3] In der angelsächsischen Literatur fand sich eine Resonanz (mit Hinweis auf zwei englische Schriften von 1929) erstmals in dem 1978 erschienenen Buch von S. Hood, The Arts in Prehistoric Greece, 50 mit Anm. 32.

[4] Ein großes Vorkommen gibt es auch oberhalb von Mochlos.

[5] Hier glaubte der Geologe H. G. Wunderlich den Ansatz für seine Theorie gefunden zu haben; dazu Verf., Funde auf Kreta 233 ff.

[6] Evans, PM II 394 Abb. 225 (danach unsere Abb. 83); Verf., JdI 75, 1960, 26 Abb. 18.

[7] Ebenda 29 f. Abb. 19a.b; 21 (Aufnahmen des Verf.; danach unsere Taf. 10a.b).

[8] Evans, PM I 356 Abb. 255; vgl. dazu auch ebenda S. 539.

[9] Als bekannteste kretische Beispiele seien das Stierspringer- und das Greifenfresko aus Knossos erwähnt:

Abb. 83. Rekonstruktionszeichnung des Hauptraumes im 'House of Chancel Screen' bei Knossos

dieses Motiv besonders reich und sehr anschaulich in bezug auf seine Selbständigkeit gegenüber echten Steininkrustationen.

Im 'Westhaus' von Akrotiri begegnet das Steinplattenmotiv in Nachahmung einer Fußbodenplatte sowie von niedrigen Wandsockeln und von höheren Postamenten, auf denen Blumenvasen dargestellt sind[10]. Die nachgemalten Wandsockel sind in mehr oder weniger gleichbreite 'Platten' aufgeteilt, deren Maserung ganz bewußt wechselt. Die Muster gehen meist auf einfache geometrische Grundformen wie Dreieck und Raute zurück, auf Formen also, die man bei natürlichen Steinen so nicht finden wird. Allein ein Motiv mit unregelmäßigen konzentrischen Kreisen erinnert etwas an das Geländemotiv, mit dem wir uns unten beschäftigen werden[11].

Das Künstliche der Maserung der als Imitationen von wirklichen Steinplatten verstandenen Sockelabschnitte usw. wird noch deutlicher, wenn man auch die schon erwähnten gemalten Blumenvasen einbezieht[12]. Die Verwendung der gleichen Farben – Rot, Braun und Blau – läßt beim heutigen Betrachter zunächst den Eindruck entstehen, als handle es sich bei den vom Maler nachgeahmten Gefäßen gleichfalls um Stein, also um Beispiele jener schönen minoischen, besonders reich in Kato Zakro zutage gekommenen Steinvasen[13]. Bei näherem Betrachten des Dekors kann jedoch kein Zweifel daran bleiben, daß nicht

Schachermeyr a.O. 138. 197f. 201 Taf. 27; S. 274. 292 Taf. 61. Vgl. auch den etwa gleichzeitigen Sarkophag von Hagia Triada: ebenda 170 ff. Taf. 35. 37 a.b. Zu festländischen Beispielen vgl. etwa: G. Rodenwaldt, Die Fresken des Palastes, Tiryns II (1912) 23 Abb. 2. 3; S. 62 Abb. 24. Vgl. ferner Furumark, Myc.Pott. 327 Abb. 55,34.

[10] Thera VI Tafelband, Taf. 3–5.
[11] Ebenda Taf. 4 links.
[12] Ebenda Taf. 3. 5.
[13] Sp. Marinatos – M. Hirmer, Kreta, Thera und das mykenische Hellas (1973) 40. 146 Taf. 111 und Farbtafel 29.

Steinvasen, sondern bemalte Tongefäße derselben Art vorbildlich waren, wie wir sie aus den Grabungen von Akrotiri kennen[14]. Diese vom Wandmaler wiedergegebenen Vasen sind in Wirklichkeit meist zweifarbig, nämlich schwarzbraun auf hellem Grund bemalt. Die Art, wie der geometrische Dekor formal und farblich der Umgebung im Bild, vor allem dem 'marmorierten' Podest angeglichen wurde, wirft ein sehr bezeichnendes Licht auf das Verhältnis des Malers zu der ihn umgebenden Realität. Wenn er für die Wiedergabe einer schwarzbraun – einmal mit einem großzügigen Spiralmotiv und einmal mit horizontalen Streifen und Wellenlinien – bemalten Tonvase die gleichen unruhigen Pinselstriche und dieselben Farben verwendet hat wie für die 'Marmorierung' des zweifellos aus Stein ge-dachten Podestes, so sind wir jedenfalls auch für das Aussehen des steinernen Vorbildes weitgehend frei: Es kann sowohl in den Farben als auch in den Formen der Maserung durchaus anders gewesen sein. Dabei muß man sich auch noch fragen, ob marmorierte Steine in der Architektur von Akrotiri überhaupt verwendet worden sind; m. W. sind dort nämlich keine Proben charakteristisch gemaserter Steine gefunden worden[15]. Auf Thera selbst gab es auch vor dem Ausbruch des Vulkans, also in der Zeit der wohlhabenden Sied-lung von Akrotiri, nur vulkanisches und sedimentäres Gestein. Feinere marmorierte Steine hätten importiert werden müssen. Nicht zuletzt die viel mehr geometrisch als natür-lich aussehenden Muster auf den Fresken selbst zeigen jedenfalls, wie weit die Maler davon entfernt waren, ihre Maserungen 'nach der Natur' zu zeichnen. Es kann also keineswegs überzeugen, wenn man die Vertrautheit der minoischen Maler mit den Maserungen gesäg-ter Gipssteinplatten ausgerechnet anhand der vom natürlichen Vorbild derart unabhängig gemalten 'Inkrustationen' in Akrotiri belegen möchte[16].

Interessanterweise zeigt aber auch die 'Marmorierung' von Sockelzonen und Rahmenlei-sten auf minoischen Fresken in Kreta unnatürliche, gleichmäßig ornamentale Maserungen und – mit der Natur verglichen – sehr willkürlich gewählte Farben. Diese Tatsache ist gewiß nicht nur mit der späten Entstehung der Mehrzahl dieser kretischen Malereien zu erklären, sondern viel eher – wie auf Thera – aus der rein dekorativen, rahmenden Auf-gabe dieser Elemente[17]. In einer entsprechenden ornamentalen Form ist die stilisierte Steinimitation dann auch in die festländische mykenische Wandmalerei übernommen worden[18].

Steinmaserungen als Geländemotiv in der kretischen Wandmalerei

Von der farblich wie motivisch also meist ausdrücklich frei gestalteten Nachahmung gema-serter Steine bzw. Steinplatten in untergeordneter, dekorativer Funktion unterscheidet sich deutlich das Geländemotiv der minoischen 'Landschaftsmalerei', von dem wir ausge-

[14] Zur Form vgl. etwa: Thera V 25 Taf. 45 links; zum Spiraldekor z. B. Thera II 36 Taf. 34; Thera IV 34 Taf. 65a; Thera V 30 Taf. 60b; zum Horizontal- und Wellenbanddekor z. B. Thera II 15 Taf. 10,2; Thera III 60f. Taf. 50,3; Thera VII 29f. Taf. 48. 49.

[15] Nach mündlicher Mitteilung von H.-C. Einfalt sind bei den Grabungen in Akrotiri ein oder zwei Proben von Gipsstein gefunden worden.

[16] J. Schäfer, JdI 92, 1977, 18 Anm. 41.

[17] Nach einer älteren Rekonstruktionszeichnung ge-hörte auch schon zum Gartenfresko aus der 'Lilienvilla' in Amnisos ein Sockelstreifen mit stark stilisierter 'Mar-morierung': F. Schachermeyr, Die minoische Kultur des alten Kreta (1964) 191. 209 Taf. 47a. M. Cameron hat dieses Motiv in seine Rekonstruktion der betreffenden Wand freilich nicht übernommen: Thera Aegean I 581 Taf. 1.

[18] Vgl. oben Anm. 9.

gangen sind und von dem im folgenden wieder die Rede sein soll. Musterbeispiele aus Kreta sind das 'Affenfresko' aus dem 'Haus der Fresken' in Knossos und das 'Katzenfresko' aus Hagia Triada (Details: Taf. 10c.d)[19]. Besonders anschaulich wird die Abhängigkeit des Geländemotivs von den irrationalen Maserungslinien der gesägten Gipssteinplatten auf dem 'Affenfresko' (Taf. 10c). Dort hat man – ganz im Gegensatz zur dekorativen Imitation der Steinmaserung – den Eindruck, als habe der Maler dieses Motiv dem natürlichen Vorbild so getreu wie möglich nachgeahmt. Die Anlehnung an das natürliche Schichtungsbild des Gipssteines zeigt die Binnenzeichnung mit ihren unregelmäßigen, meist ovalen, zum Zentrum hin sich wiederholenden Umrissen. Hier lassen sich – ähnlich wie originale Gipssteinplatten – nun auch liebevoll gemalte Steinplatten-Imitationen des 1. und 2. Pompejanischen Stils vergleichen[20].

Wenn die Geländenasen auf dem Ausschnitt des 'Katzenfreskos' von Hagia Triada, der in einem häufig abgebildeten Aquarell (s. Anm. 19) wiedergegeben ist, eine etwas undeutlichere Ausführung der Binnenzeichnung zu haben scheinen, so liegt das – wie an anderen, besser erhaltenen Stellen desselben Freskos deutlich zu sehen ist (Taf. 10d) – an der Brandeinwirkung. Tatsächlich aber bleibt, wie bei den Blumenmotiven, so auch in der Darstellung des Geländes die Zeichnung des 'Affenfreskos' (Taf. 10c) etwas härter und damit auch deutlicher als bei dem qualitativ unübertroffenen 'Katzenfresko' (Taf. 10d), dem man der ungemein natürlich wirkenden Pflanzenformen wegen auch eine gewisse zeitliche Priorität einräumen möchte.

Zeitlich wohl noch früher ist der 'Krokuspflücker' anzusetzen[21]. Die Überreste des Geländemotivs sind auf diesem kleinformatigen Fresko zwar minimal, doch sind die weiß wiedergegebenen bogenförmigen Umrisse an einigen Stellen sicher überliefert, ebenso dunkle Linien, die diese Bögen auf der Innenseite begleiten, und die Enden gleichfalls schwarz wiedergegebener, von unten nach oben züngelnder Striche. Insgesamt wird das Geländemotiv beim 'Krokuspflücker' gewiß nicht so gleichförmig ausgesehen haben wie in der heutigen Rekonstruktion. Doch selbst wenn es die in sich geschlossenen, bei den zwei anderen Fresken und bei theräischen Wandbildern überlieferten Elemente der Binnenzeichnung gehabt hätte, die für die Gipssteinmaserung so charakteristisch sind, würden schon die unruhigen weißen Konturlinien dagegen sprechen, das Geländemotiv hier ähnlich eng mit dem natürlichen Vorbild der Gipssteinmaserung zu verbinden wie beim 'Affen-' und 'Katzenfresko'. Von einer Entwicklung des Motivs kann man also – wenigstens vorläufig – kaum sprechen. In der ersten Phase der spätminoischen Periode hat es jedenfalls Formen der Binnenzeichnung erhalten, die Gipssteinmaserungen fast wörtlich gleichen. Schon im Rebhuhnfries der 'Karawanserei'[22] hat dieser merkwürdige 'Naturalismus' dann aber je-

---

[19] 'Affenfresko': Buchholz – Karageorghis, Altägäis 78ff. Nr. 1046 (unsere Taf. 10c nach Aufnahme des Archäologischen Museums in Herakleion); vgl. dazu auch den 'blauen Vogel' von der gleichen Fundstelle: ebenda Nr. 1047; 'Katzenfresko': Verf., AntK 8, 1965, 3. 10 Taf. 1,1 (nach Photo); Buchholz – Karageorghis, Altägäis 78ff. Nr. 1043. 1045 (nach Aquarell; unsere Taf. 10d Ausschnitt aus einem Photo von G. Badura). Von den Geländedarstellungen der bisher bekannten

theräischen Wandbilder scheint dieser Form am ehesten das Gelände auf dem Fresko Thera VII Farbtaf. C–E angenähert zu sein.
[20] Etwa 'Casa dei Grifi': Th. Kraus, Das römische Weltreich, PropKg II (1967) 205 Taf. 118.
[21] Verf., Funde auf Kreta (1976) 48 Abb. 11. Alte Ergänzung: A. Evans, Knossos Fresco Atlas (1967) Taf. 1 (farbig).
[22] Buchholz – Karageorghis, Altägäis 78. 80 Nr. 1050.

ner vereinfachten Form Platz gemacht, die sich über die Vasenmalerei der Periode SM I B und die zeitlich nachfolgenden Tonsarkophage im Motiv der konzentrischen Halbkreise bis in die jüngste Phase der bronzezeitlichen Vasenmalerei verfolgen läßt[23].

Nachahmung hoher Gipsstein-Wandplatten im knossischen 'Prozessionsfresko'

Als Geländemotiv wurde auch der Hintergrund im 'Prozessionsfresko' von Knossos angesprochen[24]. Die vermeintlichen Geländeangaben erheben sich dort aber nicht auf der Grundlinie des Frieses, sondern sie sind als breite, wellige Bänder in der Mitte und oben wiedergegeben. Diese Beobachtung spricht m. E. ebenso wie die Charakterisierung der Ränder dieses Motivs durch parallel verlaufende Wellenlinien (Schichtungen) dafür, daß wir es hier nicht mit einer stilisierten Landschaft, sondern mit einer Stilisierung der etwa 2 m hohen gesägten Gipssteinplatten zu tun haben, die in vielen Räumen der Palastruine von Knossos zu finden sind (vgl. Abb. 83). Für die Erklärung des Bandmotivs im 'Prozessionsfresko' als Nachahmung einer konkreten Wand des Palastes spricht selbstverständlich auch die Überlegung, daß sich der Betrachter die dargestellte feierliche Prozession kaum draußen in der Landschaft, sondern im Palast, ja eben an dem Ort vorstellen sollte, an dem die Wand die Darstellung der annähernd lebensgroßen Gestalten trug.

Mit den oben besprochenen Nachahmungen von Wandinkrustationen, die ja auch farblich und formal ganz anders gestaltet sind, haben die im 'Prozessionsfresko' über eine breite Fläche laufenden Bänder nichts zu tun. Beiden Motiven kommt zwar einerseits eine untergeordnete, andererseits eine konkrete, ortsbezogene Funktion zu. In dem einen Falle ist die betreffende Formel aber unabhängig von der übrigen eigentlichen, nämlich figürlichen Bemalung der Wand nur ein rahmendes oder gliederndes Motiv, im anderen Falle aber als Hintergrund der figürlichen Darstellung ein integrierender Bestandteil des Bildes.

Diese Deutung erhält durch einen jüngsten Rekonstruktionsversuch M. Camerons noch mehr Wahrscheinlichkeit[25]. Dort wurde eine Ergänzung von Fragmenten vorgeschlagen, die wahrscheinlich zu einer ins 16. Jh. v. Chr. zu datierenden Wanddekoration des 'Großen Treppenhauses' in Knossos gehört haben. Cameron ließ nun die in einer Prozession dargestellten Männer vor einem nur summarisch wiedergegebenen Wellenband-Hintergrund sogar die Stufen des 'Großen Treppenhauses' benutzen. Dieses letztere Motiv, das wie ein kühner Vorgriff auf den Pergamonfries anmutet, ist zwar Rekonstruktion, doch auch m. E. eine unausweichliche Konsequenz für eine Prozessionsdarstellung auf den mit den Treppen steil ansteigenden Innenwänden dieses Treppenhauses. Wenn sich die Er-

[23] SM I B: vgl. z. B. ebenda 70 Abb. 902 oder H. Th. Bossert, Altkreta[2] (1923) 25 Nr. 166 mit Abb.; Tonsarkophage: z. B. F. Schachermeyr, Die minoische Kultur des alten Kreta (1964) 288 Abb. 155 oben; konzentrische Halbkreise in der spätmykenischen Vasenmalerei: Furumark, Myc.Pott. 343 Abb. 57,43.

[24] Verf., JdI 75, 1960, 31 f. Abb. 23. 24. Die betreffenden Wellenbänder wurden von F. Matz, Kreta, Mykene, Troja[5] (1965) 90, rein dekorativ (zur Vereinheitlichung

des Frieses) verstanden. Der Deutung des Verfassers zustimmend: J. Schäfer, JdI 92, 1977, 22 Anm. 52. Hierzu muß allerdings bemerkt werden, daß ich nicht nur das späte 'Prozessionsfresko' als zweischichtig verstehe, sondern auch das frühe Lilienfresko aus Amnisos: s. Verf., AntK 8, 1965, 10 und Funde auf Kreta (1976) 120 f. Die zweischichtige Darstellungsweise bietet m. E. also an sich noch keinen Anhaltspunkt für die Chronologie.

[25] M. Cameron, in: Thera Aegean I 587 Taf. 4.

gänzung sichern ließe, dann würde noch deutlicher werden, daß die minoische Wandmalerei u. a. auch eine Form der Darstellung kannte, die das wiedergegebene Geschehen durch eine leicht verständliche Charakterisierung der realen Umgebung (Gipsstein-Wandplatten, Stufen) örtlich mit dem Platz der Darstellung identifiziert hat [26].

Geländemotive in der theräischen Wandmalerei

Eine eingehende Beschäftigung verdienen die Geländemotive auf den bisher geborgenen Wandmalereien von Akrotiri [27]. Was dort im Vergleich mit den kretischen Fresken ins Auge springt, sind die Unterschiede nicht nur von der einen zur anderen Darstellung, sondern sogar auf ein und demselben Bild. Auch in Form und Verwendung der Geländemotive zeigen die theräischen Wandbilder deutlich eine stilistische Selbständigkeit [28].

Der sogenannte libysche Fries
in Raum 5 des 'Westhauses' von Akrotiri

Für sich stehen unter den betreffenden theräischen Motiven die vorwiegend eiförmigen, ein- oder mehrfarbigen Gebilde auf dem 'libyschen Fries' aus dem Westhaus (Taf. 11 d) [29]. Die betreffenden 'Formeln', die auf beiden Seiten des Flusses dargestellt sind, haben meist eine aus mehreren gleichgerichteten, bogenförmigen Linien bestehende Binnenzeichnung. Ein Vergleich mit dem bekannten Fresko aus Phylakopi (Abb. 85), auf dem ähnlich wiedergegebene, mit stilisierten Schwämmen abwechselnde Gebilde vor dem 'Fels-Korallenmotiv' (vgl. unten S. 326 mit Anm. 57) als Meereskiesel zu deuten sind, legt es zunächst nahe, die betreffenden, den 'libyschen' Fluß begleitenden Motive gleichfalls als Kiesel oder jedenfalls als Steine bzw. als die Angabe von steinigem Gelände zu verstehen [30]. Steine aber passen ganz und gar nicht zu der dargestellten exotischen Landschaft. Sehr gut schien mir dagegen der von einem unbefangenen Betrachter vor dem Original gemachte Vorschlag zu sein, die betreffenden Gegenstände als Kürbisse oder Melonen anzusprechen. Nicht nur die bogenförmigen Linien der Binnenzeichnung, sondern auch flaschenförmige oder verdoppelte Beispiele auf dieser Darstellung bestätigen jene Deutung ganz offensichtlich [31]. Neben den eindeutigen Kieseln auf dem melischen Fresko mit den fliegenden Fischen (Abb. 85) geben die motivisch zum Verwechseln ähnlichen Melonen oder Kürbisse des 'libyschen Frieses' von Akrotiri einen höchst interessanten Hinweis auf die

[26] Vgl. oben S. 318 mit Anm. 24.
[27] Abbildungen s. in Thera VI Tafelband.
[28] Schäfer a. O. 2 glaubte die theräischen Malereien vorläufig noch nicht als eine besondere Stilgruppe von der minoischen Malerei trennen zu können. Dagegen F. Schachermeyr, Die ägäische Frühzeit II (1976) 72 f. 80.
[29] Thera VI Tafelband, Taf. 8. Zu den Fresken im Raum 5 des 'Westhauses' vgl. zuletzt P. Warren, JHS 99, 1979, 115 ff. Abb. 1–5 Farbtaf. A. B Taf. 6 (unsere Taf. 11 d nach Aufnahme des Nationalmuseums in Athen).

[30] Kiesel vgl. A. Evans, PM II 450 Abb. 264; S. 464 Abb. 275 A; Thera IV 42: 'Felsen'; Schäfer a. O. 11: 'buntgestreifte Felsbrocken'; ganz anders Schachermeyr, Die ägäische Frühzeit II: Die mykenische Zeit und die Gesittung von Thera (1976) 76: »kugelige Gebilde, bei denen es sich vielleicht um Rundhütten von Eingeborenen handeln könnte«.
[31] Entsprechende bogenförmige Linien finden sich bei Melonen als vertiefte Einschnitte oder als farbig wechselnde Streifen.

Austauschbarkeit einmal gefundener Formeln. Die verschiedenartige Verwendungsmöglichkeit des 'Fels-Korallenmotivs', die schon in der Bezeichnung festgehalten wurde, ist nur eine andere Parallele für dieses Phänomen (s. unten S. 325 ff.).

Das sogenannte Frühlingsfresko von Akrotiri

Ganz anders ist das Geländemotiv im 'Frühlingsfresko'[32]. Nur auf den ersten Blick scheint es dem Gelände der oben S. 317 erwähnten kretischen Fresken (Taf. 10c.d) zu entsprechen. Bei genauerem Vergleich fallen dann aber nicht nur die kräftigeren, ausgesprocheneren Farben der theräischen Wandmalerei auf (Rot, Blaugrau, Braun), sondern vor allem auch die harten, senkrechten Zäsuren zwischen den einzelnen Farbflächen. Man hat gefragt, ob sich diese die Wandflächen rhythmisierende und damit das Gesamtbild der Wände des kleinen Raumes wesentlich mitbestimmende Eigenart mit den oben S. 314 ff. angesprochenen gemalten Imitationen farbiger Wandverkleidungen in Verbindung bringen läßt[33]. Bei den 'marmorierenden' Dekorationen springen die senkrechten Fugen der stilisierten Steinplatten tatsächlich in die Augen; doch tun sie dies nicht mehr als die horizontalen Fugen, zu denen es im Geländemotiv des 'Frühlingsfreskos' nichts Vergleichbares gibt. Außerdem wechselt bei der imitierten Wandinkrustation nicht die Farbe, sondern nur die das natürliche Vorbild – wie wir beobachtet haben – frei und ornamental nachahmende Musterung. Sehr viel überzeugender ist es deshalb, das Vorbild für die dominierenden Farben Rot und Blaugrau sowie für die schroffen senkrechten Übergänge von der einen zur anderen Farbe im natürlichen Aussehen des unweit östlich von Akrotiri ansteigenden Gavrilos-Berges zu erkennen[34]. Bei diesem Felsen, der vor der großen Eruption noch schärfer als heute nach Westen, also nach Akrotiri hin abbrach, handelt es sich nicht um ein vulkanisches, sondern um ein sedimentäres blaugraues (teils auch weißliches) Gestein mit Roterde-Verwitterungen. Blaugrau und Rot wechseln dort in ungleich breiten, jedoch auffallenderweise mehr oder weniger senkrecht begrenzten Abschnitten miteinander ab.

Auch bei der berechtigten Annahme, daß der Maler eine entscheidende Anregung von den rot-blaugrauen Felsen des Gavrilos erhalten hat, bleibt im 'Frühlingsfresko' das Verhältnis des Geländemotivs zur Natur freilich prinzipiell ebenso abstrakt wie bei dem Fresko mit den Affen in Knossos oder beim 'Katzenfresko' von Hagia Triada (Taf. 10c.d). Nur waren die roten und blaugrauen Partien des Gavrilos im Format ungleich größer als die Gipssteinmaserungen, von denen die kretischen Maler in Knossos und Hagia Triada angeregt worden sind. Auch die bizarr überkragenden Konturen der Felsnasen und die ganze lebhaft wellenförmige Bewegung des Geländes im 'Frühlingsfresko' lassen sich nur oberflächlich mit dem farbigen Erscheinungsbild solcher Felsen, nicht aber mit ihrem tatsächlichen Aussehen vergleichen (dazu auch unten S. 326). Der theräische Künstler hat in der Natur kein Landschaftsbild, auch nicht den Ausschnitt eines solchen, aufgenommen, sondern dort nur Detailformen und bestimmte Farbeindrücke gesammelt. Diese hat er dann auf eine völlig selbständige Weise farblich und formal in seiner Darstellung verwendet.

[32] Thera IV 22. 49 ff. Farbtaf. A–C und Taf. 121–126.
[33] Schäfer a.O. 18.
[34] Den Hinweis verdanke ich Frau F. Hofmann, alle geologisch-vulkanischen Auskünfte H. Pichler, dessen geologische Karte von Thera inzwischen erschienen ist: Thera Aegean II (Beilage).

Gerade wenn man akzeptieren will, daß in diesem Falle bestimmte optische Eindrücke von draußen, 'makroskopische' Bilder also verglichen mit den 'mikroskopischen' der Gipssteinmaserungen, eine Rolle bei der Gestaltung des Geländemotivs gespielt haben, dann erklären die Formen der Binnenzeichnung vollends, wie künstlich dieses Verhältnis zur Natur war: Die betreffenden Formen wird man nämlich so oder auch nur ähnlich auf den Felsen des Gavrilos-Berges vergeblich suchen. Sie sind vielmehr, weitgehend unabhängig von den oberen Konturen und von den senkrechten Zäsuren der Farbkompartimente, ähnlich wiedergegeben wie in dem oben erwähnten, von den 'mikroskopischen' Maserungsstrukturen des Gipssteines angeregten Geländemotiv kretischer Darstellungen (Taf. 10c.d).

Wenn man die derart zusammengesetzte Künstlichkeit des Geländemotivs im 'Frühlingszimmer' von Thera erkannt hat und damit die Distanz zur Natur, in der ja auch die Lilien nicht unmittelbar auf Felsen, sondern in sandiger Erde und nicht mit braunen Stengeln und Blättern wachsen (auch dürften statt der mit Rücksicht auf den weißen Hintergrund rot gemalten eher weiße Lilien gemeint sein), dann wird man den Begriff 'Landschaftsbild' nur mit deutlichen Vorbehalten akzeptieren und doppelt zur Vorsicht mahnen, wenn man liest, daß diese Felsen eine »impressionistische Erinnerung an die vulkanischen Felsen von Thera« sind, ein »Schimmer vom Aussehen Theras vor der Eruption«[35]. Kein Zweifel, daß dennoch Natur in einer ganz eigenen Deutung von dem, was wir als Landschaft bezeichnen, gemeint ist.

J. Schäfer hat beim 'Frühlingsfresko' die sich aus diesem Schluß ergebende Frage nach dem illusionistischen Charakter des 'Frühlingszimmers' angeschnitten[36]. M. E. darf man wenigstens so weit gehen, dort eher einen Zug in diese Richtung zu erkennen als bei den meisten uns bisher bekannten kretischen Wandmalereien. Das kompositionell und farblich große Gewicht des Geländes, vor allem aber der relativ hohe, weiß wiedergegebene Luftraum[37] unterscheidet die Wände des theräischen 'Frühlingszimmers' jedenfalls entschieden von den eigentümlich verwobenen kretischen Wandbildern, bei denen F. Matz an Durchblicke gedacht hat[38]. Eine kretische Vorstufe für die Malerei des 'Frühlingszimmers' scheint es allerdings an Wänden der 'Lilienvilla' in Amnisos gegeben zu haben[39].

[35] Thera IV 50. Vgl. auch ebenda 46 zu den Felsen des theräischen 'Affenfreskos' (hier S. 327). Die vulkanische Schicht verläuft bei den 1 000 000 wie bei den 20 000 Jahre alten unteren Bimsschichten, die man im 16. Jh. v. Chr. aber wahrscheinlich gar nicht sehen konnte, prinzipiell horizontal. Horizontal ist die Schichtung des Geländes in der theräischen Wandmalerei aber nur beim Blumenfresko im 'Room of the Ladies' (vgl. unten Anm. 37) und evtl. beim 'Affenfresko'.

[36] Schäfer a.O. 11. Allzu spekulativ erscheinen mir die Äußerungen ebenda 12.

[37] Einen durchgehend niedrigen 'Luftraum' gibt es auch auf einem anderen theräischen Blumenfresko: Thera V 38 f. Farbtaf. E. F.

[38] Vgl. Verf., AntK 8, 1965, 11; Schäfer a.O. 11 Anm. 29.

[39] M. Cameron, in: Thera Aegean I 581 Taf. 1. Wenn die Gewichtung zwischen der unteren und der oberen Wandhälfte durch die architektonischen Elemente in der künstlichen Gartenlandschaft in Amnisos auch anders ist als in der 'freien' Landschaft des 'Frühlingszimmers', so bleibt doch – unter der Voraussetzung, daß die Rekonstruktion der oberen Wandhälfte richtig ist – hier und dort das gleiche Verhältnis der Pflanzen zum 'Luftraum'. Vgl. auch das oben Anm. 37 zitierte theräische Fresko.

Der Fries von der Südwand
in Raum 5 des 'Westhauses' von Akrotiri

Von besonderem Interesse sind die Geländemotive auf demjenigen theräischen Wandbild, das uns die meisten und die unterschiedlichsten Fragen aufgibt: dem Fries von der Südwand in Raum 5 des 'Westhauses'[40]. Dort sieht man zwei ganz verschiedenartige Geländeformeln.

1. Das Gelände im Umkreis der ersten Stadt (auf der linken Seite des ergänzten Frieses): Da ist zunächst das wellig verlaufende, unregelmäßig breite blaue Band als oberer Geländeabschluß zu erwähnen. Die blaue Farbe und die über dem Band dargestellte, an den 'libyschen Fries' (vgl. oben S. 319f.) erinnernde Tierjagd lassen zunächst auch hier an einen Fluß denken[41]. Gegen diese Deutung spricht aber a) die ungleichmäßige Breite des blauen Bandes, b) die Tatsache, daß der obere Geländesaum auch über der zweiten Stadt am rechten Ende des restaurierten Frieses als ein Band wiedergegeben ist, bei dem Blau dominiert (s. unten im Anschluß) und c) die Binnenzeichnung, die sich von der des 'libyschen' Flusses auf der Ostwand desselben Raumes, aber auch von der des die erste Stadt umgebenden Flusses klar unterscheidet[42]. Die eindeutigen Flüsse zeigen als eine auffällige Formel nämlich kleine T-förmige Elemente, die in dichten Abständen von beiden Ufern ins Wasser ragen (Taf. 11 d). Statt dieses Motivs geben die dunklen Eintragungen in dem oben verlaufenden blauen Band über der ersten Stadt eine Kursive aus unregelmäßigen bogenförmigen Elementen wieder, die vorwiegend vom oberen Kontur in das Blau hineinführen. Wahrscheinlich ist in diesem blauen Band die Darstellung einer Bergkette zu sehen[43]. In gleichfalls nach unten geöffneten Bögen sind auch alle anderen Geländesignaturen auf dem Terrain um die erste Stadt wiedergegeben. Die allenthalben kursiv aneinandergereihten Bögen sind nur unterschiedlich groß und bald dichter, bald weiter geführt. Besonders groß und auch in der unruhigen Strichführung besonders eigenwillig sind die Bögen, die ganz links einzelne Vorstadthäuser umgeben. Eine Besonderheit ist aber auch noch über der Verzweigung des Flusses zu beobachten, wo drei viel kürzere Bögen an der Stelle ihres Zusammentreffens kleine gegabelte 'Zweigchen' nach unten entsenden (Abb. 84)[44]. Wie am Saum der im folgenden zu betrachtenden bunten Felsen soll dieses Motiv anscheinend auch hier die Nähe von Wasser (Fluß) anzeigen. Es ist zweifellos verwandt mit den oben erwähnten, zur Charakterisierung der Flüsse verwendeten T-förmigen Elementen, unterscheidet sich aber doch durch ein eher V- als T-förmiges Aussehen und eine mehr oder weniger auffallende Verdickung an beiden Enden. Auf dieses wichtige Motiv ist unten noch näher einzugehen (S. 325).

2. Die Felsen im Umkreis der zweiten Stadt (auf der rechten Seite des ergänzten Frieses): In diesem Abschnitt fällt im Gelände vor allem die bunte Partie auf, die links neben einer ersten Hafenbucht offensichtlich ein felsiges Kap darstellen soll. Die Hauptfarben sind dort Blau, Gelbbraun und Rot. Die annähernd ovalen, dicht aneinandergedrängten Formen

---

[40] Thera VI Tafelband, Taf. 9.

[41] F. Schachermeyr, Die ägäische Frühzeit II (1976) 77.

[42] Daß dieser Fluß – wie in der jetzigen Rekonstruktion – auch die rechte Seite der ersten Stadt begrenzt hat, ist zumindest fraglich. Er könnte genausogut geradeaus nach rechts in Richtung auf den ergänzten Delphin geführt haben.

[43] Vgl. P. Warren, JHS 99, 1979, 118.

[44] Thera VI Tafelband, Taf. 9 (danach Detailwiedergabe unserer Abb. 84).

Abb. 84. Detail aus dem Südfries in Raum 5 des 'Westhauses' von Akrotiri auf Thera

sind unterschiedlich groß und variieren in ihren Umrissen. Die Ergänzungen sind insgesamt überzeugend. An das Gelände im 'Frühlingszimmer' erinnert die betonte Farbigkeit, für das Blaugrau dort steht hier ein helles Blau. Formal lassen sich die einzelnen Kompartimente mit den oben erwähnten ovalen Binnenformen des felsigen Geländes im 'Frühlingszimmer' vergleichen. Doch muß zu diesem Vergleich bemerkt werden, daß die betreffenden Formen in unserem Friesabschnitt mit den farbigen Einheiten identisch sind, während beim 'Frühlingsfresko' die konzentrisch umschriebenen Ovale meist innerhalb der verschiedenen, formal unabhängigen größeren Farbflächen ein eigenes, selbständiges Dekorationssystem bilden. Im Hinblick auf das Verhältnis von Farben und Formen steht das Motiv, von dem eben die Rede ist, der Geländeformel des 'Affenfreskos' aus dem 'Haus der Fresken' in Knossos (Taf. 10c) und damit den Gipssteinmaserungen also näher als dem Geländemotiv des 'Frühlingszimmers'. Es ist nur weniger differenziert und weniger phantasievoll als dort.

Während man das Geländemotiv aus unterschiedlich großen, kursiv geschriebenen Bogenketten im Bereich der zweiten Stadt nicht findet, begegnet die bunte 'Marmorierung' in der Art der Wiedergabe des Kaps noch mehrmals auf der rechten Seite, und zwar in Partien, die landschaftlich offenbar im Zusammenhang mit den Felsen des Kaps zu verstehen sind: rechts anschließend direkt über und rechts unter dem großen rechteckigen Gebäude sowie in dem oben folgenden, streckenweise ergänzten Abschlußstreifen des bergigen Geländes über der zweiten Stadt. In der Ergänzung dieses Streifens dominiert das Blau freilich offenbar zu stark. Dadurch wird diese Partie jetzt auch dem entsprechenden, tatsächlich durchgehend blauen Konturband über der ersten Stadt ähnlicher als ursprünglich. Auf den erhaltenen Fragmenten tauchen jedenfalls neben den blauen auch immer wieder die gelbbraunen 'Signaturen' auf. Die Geländeformel besteht also in diesem Streifen, der die Bewegung eines welligen Bergsaumes im Hintergrund wiedergeben soll, gleichfalls aus dicht aneinander gerückten, formal selbständigen und farblich gegeneinander abgesetzten Elementen, die man ebenso wie die zunächst betrachteten, auf größere Flächen verteilten farbigen Einheiten grob als 'Ovale' ansprechen kann. Von den bereits erwähnten kurzen V-förmigen Elementen am unteren Saum des 'Felsenkaps' soll unten noch ausführlicher die Rede sein (S. 325).

Wir schließen unseren Versuch einer Analyse der Geländeformeln in dem als zusammengehörig ergänzten Fries von der Südwand in Raum 5 des 'Westhauses' mit der Feststellung,

323

daß das Gelände im Umkreis der ersten Stadt völlig anders, nämlich durch verschiedenartige Bogenketten auf farblich variierendem Grund, charakterisiert ist als im Umkreis der
zweiten Stadt. Da dieser Unterschied kein Zufall sein kann, kommen zur Erklärung m. E.
drei Möglichkeiten in Betracht:

a) ein und derselbe Maler wollte die beiden Landschaften deutlich voneinander abheben,
b) die linke Seite des Frieses stammt von einem anderen Maler als die rechte (beide Maler
   hatten eigene Geländeformeln) oder
c) der Fries gehört gar nicht so zusammen, wie es die heutige Ergänzung zeigt.

Obwohl der rekonstruierte Zusammenhang des Frieses nicht durch aneinanderpassende
Stuckfragmente gesichert ist[45] und obwohl das Meer in der linken Hälfte des Frieses deutlich blau, auf der rechten Seite heute aber eher weiß oder grau aussieht (was angesichts der
gut erhaltenen blauen Partien auf derselben Seite wundernimmt), möchte man die dritte
Möglichkeit doch ausschließen. Eher denkbar wäre angesichts der Länge des Frieses die
Beteiligung von zwei Malern. Die erste Erklärung aber hat schon deshalb am meisten für
sich, weil die Landschaft links auch in der Vegetation, durch die Tiere und den Fluß anders
charakterisiert ist als die Umgebung der rechten Stadt. Nur architektonisch sind die beiden
Städte m. E. nicht wesentlich voneinander zu unterscheiden (zur Interpretation ihrer
Architektur s. den Beitrag von St. Sinos in dieser Publikation, oben S. 288ff., bes. 292f.).
Einer kleinen Stadt in fruchtbarer, ja üppiger Landschaft sollte mit der Stadt, in der die
Schiffe erwartet werden, eine deutlich größere, wohlhabendere und volkreichere Siedlung
auf einer felsigen Insel mit einer an Hafenbuchten reichen Küste gegenübergestellt wer-
den. In der rechten Stadt die minoische Siedlung von Akrotiri zu erkennen, steht nichts im
Wege. Das Felsenkap, die gleichfalls felsigen Berge und selbst die leuchtenden Farben der
Felsen lassen sich mit dem Thera vor der verheerenden bronzezeitlichen Vulkaneruption
durchaus in Verbindung bringen. Wir kennen die dunklen, fast schwarzen, daneben aber
auch in roten Farbtönen leuchtenden Felsen wie den Mavrorachidi unmittelbar östlich der
Grabung, die als Zeugnisse der seit etwa einer Million Jahren immer wieder auflebenden
ältesten Vulkantätigkeit zusammen mit Kalksteinbergen wie dem erwähnten Gavrilos und
dem viel höheren Hagios Ilias das Bild der Insel im 16. Jh. v. Chr. bestimmt haben. Wenn
die Farben, die für die Felsen der vermutlich als Thera zu bezeichnenden Landschaft auf
der rechten Seite des Frieses vor allem in den hellen Tönen unnatürlich sind, und die Formeln für Fels zwar nicht in den Farben, doch in Umrissen und Binnenzeichnung mehr am
Maserungsbild des Gipssteins und damit an kretischen Vorbildern orientiert sind als an der
realen theräischen Landschaft, so stimmen diese Beobachtungen wesentlich mit dem
überein, was wir oben über die in der Farbgebung verwandten, in Aufbau und Gliederung
aber andersartigen Geländeformeln im 'Frühlingsfresko' festgehalten haben.

[45] In der heutigen Ergänzung des Frieses im Athener Nationalmuseum ist der Zusammenhang der erhaltenen Fragmente zwischen der ersten und zweiten Stadt wenigstens einmal (zwischen dem Segelschiff und den beiden rechten Ruderschiffen) unterbrochen.

Die Bruchstücke vom Fries der Nordwand in Raum 5 des 'Westhauses'

Von der Nordwand sind noch zwei jeweils zusammenhängende Komplexe von Fresko-fragmenten des dortigen Friesabschnittes anzuführen[46]:

a) eine Partie mit einer Prozession auf einen Berggipfel und

b) Bruchstücke, die in einem gesicherten Zusammenhang von unten nach oben eine Szene mit Ertrinkenden, eine Reihe mit großen Schilden, Schwertern, Lanzen und Eber-zahnhelmen gerüsteter, einander folgender Krieger und schließlich einen Tierpferch oder ein Baumheiligtum zeigen.

Auf dem ersten, nur sehr undeutlich erhaltenen Ausschnitt kommt anscheinend nur ein Geländemotiv vor, das auf der zweiten Partie (oben links) sehr viel besser erhalten ist und das wie eine ausgesprochen bunte 'Marmorierung' in Farben und Formen auch den zuletzt besprochenen Felsmotiven auf der rechten Seite des Südfrieses weitgehend entspricht. Dieses Motiv meint also wahrscheinlich auch auf den eben erwähnten Ausschnitten des Nordfrieses 'felsige Anhöhen'[47].

Das 'Fels-Korallenmotiv'[48]

Ein eigenes, für uns neues Zeichen für 'Fels' findet sich aber auf dem zweiten Ausschnitt, und zwar über den im Meer offenbar hilflos treibenden Männern (Taf. 11b)[49]. Die betref-fende, relativ große Partie ist blau gefärbt, während das Meer die weißliche, auch sonst verwendete Grundfarbe zeigt. Die mit dunkler, hier fast schwarzer Farbe wiedergegebe-nen Konturen bestehen aus C-förmigen, unterschiedlich weiten Bögen, die an ihren Enden V-förmig verzweigt und verdickt sind. Die Binnenzeichnung dieser bizarr umrissenen blauen Fläche zeigt eine unregelmäßige Unterteilung.

Für die C-förmigen Konturen, die so individuell wirken und doch bereits zur Formulierung des bekannten, zu vielfältigen Geländeaussagen benutzten 'Fels-Korallenmotivs' gehören, gibt es vergleichbare Formen auch im Südfries desselben Raumes. Gemeint sind die drei oben erwähnten Bögen der Geländewiedergabe über der Flußgabelung auf der linken Seite (Abb. 84) und die ebenfalls von uns schon mit diesem Motiv verglichenen unteren Konturen des bunt 'marmorierten' felsigen Kaps auf der rechten Seite[50]. Alle diese For-meln zeigen unterschiedlich große C-förmige Bögen mit kurzen V-förmigen und an den Enden punktartig verdickten Fortsätzen. Wir haben oben (S. 322) schon darauf hingewie-sen, daß diese Fortsätze als Signatur für Wasser (oder Feuchte) offenbar mit den ähnlichen T-förmigen Zeichen zusammenhängen, die auf dem Ost- und Südfries von Raum 5 zur Charakterisierung von Flußdarstellungen verwendet worden sind (Taf. 11d).

Die Zusammenhänge zwischen Form und Inhalt dieser Motive, die wir als Formeln (Signa-

---

[46] Thera VI Tafelband, Taf. 7.

[47] Die blaue Farbe auf dem vermutlichen Berggipfel wollte B. Rutkowski wohl zu Unrecht als Wasser eines Quellheiligtums deuten: Thera Aegean I 662f.

[48] Diese Bezeichnung übernehme ich aus der erweiter-ten Diss. von W.-D. Niemeier, Die Palaststilkeramik von Knossos (1985). Bei Furumark, Myc.Pott. 315 Abb. 53, heißt dasselbe Motiv 'Rock-work'. Das m. E.

zugehörige Motiv auf dem melischen Fresko mit den fliegenden Fischen ist bei Furumark zu dem andersarti-gen 'Rock-Pattern I' (323 Abb. 54) gekommen, das ebenso wie 'Rock-Pattern III' (327 Abb. 55) teilweise zu den von Gipssteinmaserungen angeregten Motiven gehört.

[49] Taf. 11b nach Postkarte des Nat.-Mus., Athen.

[50] Thera VI Tafelband, Taf. 9.

turen oder Chiffren) für 'Gelände am Fluß', 'Felsen am Meer' und 'Felsen (Korallen?) im Meer' schließlich aber auch 'Felsen' schlechthin bezeichnen können, sind auf den erhaltenen Friesteilen von Raum 5 von besonderem Interesse: Sie zeigen – am deutlichsten in der winzigen Ausführung unter dem Felsenkap vor der zweiten Stadt –, daß die betreffenden Formen nicht von einem bereits in der Malerei entwickelten Motiv 'abgeschrieben' wurden, sondern selbständig an bestimmten Stellen 'gewachsen' sind. Gleichzeitig veranschaulichen sie, wie diese Formulierungen von Anfang an für die verschiedenen Inhalte eingesetzt werden konnten. Aufgrund dieser Eigenschaft, von der das 'Fels-Korallenmotiv' im minoischen Relief noch mehr Gebrauch gemacht hat als in der Malerei[51], haben wir das Motiv schon oben S. 319f. mit dem 'Kieselmotiv' verglichen, das auf dem melischen Fresko mit den fliegenden Fischen tatsächlich Meereskiesel, auf dem theräischen Fries mit dem 'libyschen' Fluß aber Kürbisse oder Melonen meint.

In der Entstehungsgeschichte des 'Fels-Korallenmotivs' hatte die Reliefkunst also m. E. einen Vorsprung vor der Malerei[52]. Dieses Motiv, das man in der Natur an felsigen Küsten im großen, und im kleinen an zerklüfteten, vom Wasser umspülten Felssteinen (Taf. 11a)[53] oder vielleicht auch an Korallenstöcken beobachten kann, ist im dreidimensionalen Relief ebenso ursprünglich beheimatet wie das zweidimensionale Lineament 'marmorierter' Platten in der Malerei. Das knossische Steatitfragment mit dem Oktopus gibt eine ausgezeichnete Vorstellung von der Gestaltung des Motivs im Relief[54].

Unter den Darstellungen der ägäischen Wandmalerei zeigen die von uns herangezogenen Beispiele aus dem 'Westhaus' in Akrotiri (Taf. 11b) deutlich eine frühe Formulierung des 'Fels-Korallenmotivs'[55]. Die ausgeprägten Formen in der Vasenmalerei des sog. Meeresstiles (Taf. 11c) sind in ihrer unterschiedlichen Stilisierung (s. unten S. 328) zweifellos jüngerer Entstehung. Etwas freier, 'naturalistischer' als im 'Westhaus', aber auch durchaus anders als im 'Meeresstil' ist die Gestaltung derselben Formel auf dem in der Technik der Wandmalerei verzierten theräischen Kalksteindreifuß mit Delphinen[56]. Vor allem dort, wo das Motiv vom oberen Rand nach unten gerichtet ist, hat der Maler das Ende der C-förmigen Bögen oft nicht bloß durch eine doppelte Verdickung wiedergegeben, sondern durch teils recht große, knaufartige Vorsprünge, aus denen auch Blattbüschel wachsen. Durch das Nebeneinander der einfachen, von den 'Westhaus-Friesen' bekannten Formel und dieser 'naturalistischen' Ausführung auf ein und demselben Dreifuß wird die motivische Zusammengehörigkeit beider Varianten gesichert. Deshalb ist hier auch das entsprechende Motiv des melischen Freskos mit den fliegenden Fischen anzuschließen (Abb. 85)[57]. Dort

[51] Vgl. das Motiv auf dem Frgt. eines Steatit-Rhytons mit Oktopus aus Knossos (Verf., AntK 8, 1965, 7f. Taf. 3,3), auf dem Elfenbeinplättchen mit dem 'Wundervogel' aus Palaikastro (Marinatos – Hirmer a.O. [s. oben Anm. 13] 146 Taf. 113 oben) und auf dem Steatit-Rhyton mit dem Bergheiligtum aus Kato Zakro (ebenda 44. 145f. Abb. 20 Taf. 108. 109).

[52] Relativ frühes Erscheinen des Motivs in der Siegelkunst: F. Matz, Kreta, Mykene, Troja[5] (1965) Taf. 54 unten Mitte (Knossos, 'Hieroglyphic Deposit'). Vgl. auch Evans, PM I 520 Abb. 379 (MM III; Fayence) und ebenda III 366 Abb. 243 (roter Stein).

[53] Unsere Taf. 11a nach Photo des Verf.

[54] Siehe oben Anm. 51.

[55] Zu einem Fresko aus Knossos mit dem 'Fels-Korallenmotiv' s. W.-D. Niemeier, JdI 95, 1980, 69 Abb. 42.

[56] Sp. Marinatos, Thera V 43f. Farbtaf. C und Taf. 102; Niemeier a.O. 65ff. Abb. 38; auch Sp. Marinatos, oben S. 286.

[57] F. Matz, Kreta, Mykene, Troja[5] (1965) · 92f. Taf. 49a; Verf., AntK 8, 1965, 4. 8. 11 Taf. 1,3 (danach unsere Umzeichnung, Abb. 85); Niemeier a.O. 68 Abb. 41; vgl. auch oben Anm. 48.

Abb. 85. Detail einer Wandmalerei aus Phylakopi auf Melos

findet sich zwar ausschließlich die 'naturalistische' Variante, doch erinnern auch hier die zweifachen Erhöhungen der Vorsprünge an die einfachere Version. Wieder ist es interessant, die m. E. für die Maler vorbildliche Reliefkunst zum Vergleich heranzuziehen, weil dort gleichfalls die knappe und die erweiterte Form der in der Regel verdoppelten Vorsprünge nebeneinander vorkommt[58].

Eigene Beachtung verdient die Verwendung unseres Motivs als Geländeformel im 'Affenfresko' von Thera[59]. Trotz des ungleich größeren Formates und der auffallenden senkrechten Farbzäsuren, die an das 'Frühlingszimmer' erinnern (s. oben S. 320f.), zeigen die C-Bögen und die zwischen ihnen vorspringenden Elemente doch eindeutig die Zugehörigkeit auch dieser Geländeformel zum 'Fels-Korallenmotiv'. Eigenwillig – wie Format und Farbenwechsel – ist freilich auch die Gestaltung der Vorsprünge, die zwar meist im Sinne der Formel verzweigt ist, doch hart und kantig in der Umrißführung. Eben diese scharfen, scherenschnittartigen Umrisse aber bestimmen zusammen mit dem abrupten Farbenwechsel die Eigenart des 'Affenfreskos'. Das Gelände reichte offenbar auch oben bis zum Rand des Bildes. Ähnlich wie auf den Wänden mit den Boxern und den Antilopen[60] gab es also auch hier nicht den 'Luftraum' des 'Frühlingszimmers', sondern – in der Art der oben Anm. 38 besprochenen kretischen Fresken – nur Durchblicke. Ein Vergleich mit dem 'Frühlingsfresko' ist aber auch deshalb aufschlußreich, weil man nun dort – von den ähnlichen senkrechten Farbzäsuren abgesehen – gleichfalls einige Anklänge an unser Motiv zu erkennen glaubt. Wenn wir uns mit diesen Anklängen ein gutes Stück von der Grundformel unseres Motivs entfernt sehen, so fällt von hier aus doch noch ein Licht mehr auf das

[58] Vgl. die Darstellung auf dem oben Anm. 51 erwähnten Oktopus-Rhyton.

[59] Thera V 38 Farbtaf. D und Taf. 92. 93; s. auch F. Schachermeyr, Die ägäische Frühzeit II (1976) 73 Farbtaf. 6 und Taf. 14.

[60] Thera IV 46ff. Abb. 3 Farbtaf. D und Taf. 117–119. Interessant ist beim 'Affenfresko' auch die Frage nach der Benennbarkeit des blauen Bandes unter den Felsen, das Marinatos zunächst als 'Wasserläufe' bezeichnet hat (Thera IV 46). Auf der Farbtaf. D in Thera V glaubt man im oberen blauen Rand (und auch noch darüber) deutlich jene kleinen T- oder V-förmigen Zweigchen erkennen zu können, in denen wir oben (S. 322) Zeichen für 'Fluß', 'Meer' oder 'Nähe von Wasser' angesprochen haben. Das scheint für den ersten Vorschlag von Marinatos zu sprechen.

Phänomen der Austauschbarkeit und der Übergangsmöglichkeiten zwischen einmal gefundenen Formeln.

Verfolgt man nun das 'Fels-Korallenmotiv' in den sog. Meeresstil der spätminoischen Vasenmalerei, so lassen sich dort Hand in Hand mit der bereits erwähnten zunehmenden Stilisierung einerseits eine noch größere Variationsbreite, andererseits – offenbar am Ende der Stilphase SM I B – auch deutliche Vereinfachungen beobachten[61]. Die veränderten und vereinfachten Formen zeigen dann – etwa auf der Schulter der bekannten Marseiller Kanne[62] – statt der feinteiligen Ausführung des 'blauen Riffs' auf dem zuletzt angeführten Friesabschnitt des theräischen 'Westhauses' (Taf. 11b) nur noch einen großzügigen Wechsel zwischen relativ kleinen C-Bögen und breiten Vorsprüngen mit regelmäßiger, mehr schuppen- als wabenartiger Füllung und einem Saum, bei dem die gleichen Schuppenelemente einfach mit Firnis ausgefüllt werden konnten. Die kleinen C-Bögen, die für die Gesamtform des 'blauen Riffs' (Taf. 11b) ebenso wichtig waren wie für die des 'Fels-Korallenmotivs' auf dem knossischen Steatitfragment mit Oktopus (s. hier Anm. 51), spielen in dem betreffenden Dekor der Marseiller Kanne allenfalls noch eine rudimentäre Rolle. Anders als auf dieser Kanne, doch ebenso weitgehend sind die Vereinfachungen in dem ornamental vollendeten Dekor eines Rhytons aus Palaikastro (Taf. 11c)[63]. Hier kam es dem Maler ganz auf eine feine Rhythmisierung der beiden Hauptelemente (C-Bogen und Vorsprung) an, von der bei dem vergleichsweise natürlich wirkenden 'blauen Riff' (vgl. Taf. 11a und b) noch nichts zu spüren ist. So ist eine Gegenüberstellung unseres Motivs auf den erwähnten Friesen des theräischen 'Westhauses' einerseits und auf der Marseiller Kanne andererseits denkbar gut geeignet, seine Veränderungen während einer längeren Entwicklung der ägäischen Kunst aufzuzeigen[64]. Daß die Stilisierung im Relief, wo das 'Fels-Korallenmotiv' offenbar beheimatet war, einen anderen Weg gegangen ist als in der Malerei, zeigt sehr anschaulich die regelmäßige, pflanzlich umgestaltete Formulierung auf einer Goldschale aus Midea in der Argolis[65].

Unsere Darstellung sollte für eine Reihe von Stein- und Geländemotiven in der minoischen Wandmalerei auf Kreta und Thera hauptsächlich zweierlei Gesichtspunkte veranschaulichen: 1. die unterschiedliche Herkunft der Motive von mehreren in ihrem optischen oder haptischen Charakter durchaus eigenen natürlichen Anregungsbildern, wie gesägten Gipssteinplatten (Taf. 10a.b), 'bunten' Felsen, farbig gestreiften Kieselsteinen (bzw. Melonen) oder vom Meer ausgespülten Felsstücken (Taf. 11a); und 2. die Entstehung, Veränderungen sowie die Austauschbarkeit der betreffenden Formeln in Malerei und Relief.

[61] Zur stilistischen Entwicklung des Meeresstils vgl. Verf., AA 1980, 1 mit Anm. 4; Niemeier a.O. 65f. Abb. 39. 40 und Walter Müller, Kretische Tongefäße mit Meeresdekor, ihre Stellung und Entwicklung innerhalb der feinen Keramik (Diss. Mannheim 1985).

[62] Buchholz – Karageorghis, Altägäis 70 Nr. 900.

[63] Herakleion, Archäologisches Museum, Inv.-Nr. 3396: R. C. Bosanquet – R. M. Dawkins, The Unpublished Objects from the Palaikastro Excavations 1902–1906, BSA Suppl. I (1923) 52ff. Taf. 21 (unsere Taf. 11c nach Photo des DAI Athen, Neg.-Nr. 73/910).

[64] Zu den frühen Formulierungen des Motivs gehört auch der Dekor eines angeblich auf Thera gefundenen und im dortigen Museumsmagazin aufbewahrten Gefäßes: Buchholz – Karageorghis, Altägäis 73 Nr. 948. Das Ornament zeigt in fünf Zeilen horizontal angeordnet C-Bögen mit doppelt verdickten, knaufartigen Enden. Es erinnert in dieser Form vor allem an die entsprechenden Motive im Südfries von Raum 5 des 'Westhauses' (Abb. 84). Das gleiche Prinzip der Reihung von C-Bögen, wenn auch in wechselnder Richtung, zeigt aber auch schon das in Kamarestechnik bemalte Dreifußtischchen Thera VII 30 Taf. 51; vgl. dazu Niemeier a.O. 72.

[65] Sp. Marinatos – M. Hirmer, Kreta, Thera und das mykenische Hellas (1973) 77. 176 Taf. 219; Furumark, Myc. Pott. 327 Abb. 55,33.

LANZEN UND SPEERE DER ÄGÄISCHEN BRONZEZEIT UND DES ÜBERGANGS ZUR EISENZEIT

Von Olaf Höckmann

In der Ilias und der Odyssee sind die (Stoß-)Lanze, eine andere Waffe, die wahlweise zum Stoß und zum Wurf verwendet wurde – wir wollen sie als 'Speerlanze' bezeichnen –, und der (Wurf-)Speer die wichtigsten Angriffswaffen sowohl der Achäer als auch der Trojaner und ihrer Bundesgenossen. 'Speerkämpfer' (αἰχμητής) kann geradezu für den Krieger schlechthin stehen[1], eine Verallgemeinerung, die weder für den Schwertkämpfer noch für den Bogenschützen gilt.

Daß die Ilias einen historischen Kern enthält, ein Wissen um eine in mykenischer Zeit erfolgte Auseinandersetzung zwischen achäischen Griechen und nordwestkleinasiatischen Völkerschaften, ist heute unangefochtenes Allgemeingut der Wissenschaft[2]. Dies berechtigt dazu, auch Homers Nennungen von Lanze und Speer als Quellen zu betrachten und sie – wie den Krieg zwischen Achäern und Trojanern – auf die mykenische Periode zu beziehen.

Wie die mit Akribie durchgeführte philologische Untersuchung H. Trümpys[3] gezeigt hat, wäre es jedoch verfehlt, die Angaben Homers einheitlich mit einer einzigen Entwicklungsstufe der Kriegskunst in der bronzezeitlichen Ägäis zu verbinden. Sowohl in den Benennungen der Waffen als auch in ihrer Verwendungsweise zeichnen sich zwei Komplexe ab – ein Hinweis darauf, daß Homer ältere Dichtungen[4] aus verschiedenen Zeitaltern zu einer neuen Einheit verschmolzen hat, ohne die unterschiedlichen Quellen konsequent zu vereinheitlichen. Wir wollen im folgenden untersuchen, welche Anhaltspunkte zur Beschaffenheit und Verwendungsweise der Waffen in den beiden Phasen sich aus den homerischen Epen selbst ergeben, wie sie sich zu den archäologischen Quellen verhalten und ob die letzteren eine genauere Datierung im Rahmen der Spätbronzezeit bzw. – unter Umständen – der folgenden Früheisenzeit zulassen.

Wie für den Schild kennt Homer auch für die Lanze und die Speerlanze zwei annähernd gleich häufig verwendete 'zentrale' Bezeichnungen (δόρυ und ἔγχος), die von einigen selteneren 'Trabantenwörtern' (αἰγανέη, αἰχμή, ἄκων, ἐγχείη, μελίη und ξυστόν) umrahmt werden[5]. Das erste 'Zentralwort' δόρυ bedeutet ursprünglich soviel wie 'Holzstück'[6], bezieht sich also auf das Material des Lanzenschaftes. Auch die häufigen Epitheta ὀξυόεν 'aus Buchenholz'[7] und μείλινον 'aus Eschenholz' beschreiben das Material des Schaftes,

[1] H. Trümpy, Kriegerische Fachausdrücke im griechischen Epos (1950) 176.

[2] Vgl. F. H. Stubbings in: CAH[3] II 2 (1975) 342ff.

[3] Trümpy a. O. 52ff.

[4] M. P. Nilsson, Homer and Mycenae (1933) 137ff.; C. H. Whitman, Homer and the Heroic Tradition (1958) bes. 77ff.; T. B. L. Webster, From Mycenae to Homer (1960) 101ff.; G. S. Kirk, The Songs of Homer (1962) 187ff.; ders. in: Problèmes de la Guerre en Grèce Ancienne, Hrsg. J.-P. Vernant (1968) 114ff.; vgl. ferner unten Anm. 150.

[5] Trümpy a. O. 52ff.

[6] Vgl. zu altindisch *dāru*, δρύς usw. Trümpy a. O. 52.

[7] So Liddell-Scott 1236 s. v. ὀξυόεις. H. Ebeling, Lexicon Homericum II (1886) 61 s. v. übersetzte 'scharf', ließ aber auch die andere Deutung als schon in der antiken Homerforschung nachweisbar gelten. Da die Buche heute und gewiß auch in der Antike nur in einzelnen Hochgebirgslagen Nordgriechenlands gedieh (I. Horvat–V. Glavač–H. Ellenberg, Vegetation Südosteuropas [1974] 499 Abb. 315, Karte), mußte das Holz vermutlich durch Handel bezogen werden.

wie das nur wenig seltenere χάλκεον 'aus Erz' jenes der Lanzenspitze. Fast ebenso häufig sind Epitheta aus dem Begriffsfeld 'groß, lang' (μακρόν, δόλιχον, μέγα). In der Odyssee überwiegt χάλκεον als einziges 'Material'-Wort eindeutig gegenüber δόλιχον.

Ein auffallender Unterschied zwischen Ilias und Odyssee zeigt sich auch darin, daß in der Ilias δόρυ zumeist (168mal)[8] im Singular genannt wird (Plural bzw. Dual: 30mal), während in der Odyssee sechs δοῦρε-Paare eines einzigen Kriegers und fünf andere Pluralformen nur sechzehn Nennungen im Singular gegenüberstehen[9]. Ein ähnlich mehrdeutiges Bild ergibt sich aus den Aktionsverba zu δόρυ. Einer Gruppe (οὐτάζω, τύπτω, νύσσω), für die Trümpy die Bedeutung 'stechen' – also eine Verwendung im Nahkampf – erschloß[10], steht eine andere (βάλλω, ἀκοντίζω) 'werfen, bewerfen mit, als Wurfspeer abschleudern'[11] gegenüber, die sich auf den Fernkampf bezieht. Da sich stellenweise Verba der beiden Gruppen auf dieselbe Waffe beziehen, kann kein Zweifel daran bestehen, daß manches δόρυ zugleich eine Stoß- und Wurfwaffe war, nach unserer Definition eine Speerlanze. Hierdurch erklärt sich die zumal in der Odyssee häufige Ausrüstung des Kriegers mit zwei δοῦρε, die geradezu als kennzeichnend für die Speerlanze gelten kann: Das erste δόρυ konnte zu Beginn des Kampfes als Wurfspeer verschossen werden, während das zweite in der folgenden entscheidenden Nahkampfphase der Schlacht als Lanze diente. Es verdient Beachtung, daß dieser ambivalente Charakter des δόρυ in der Odyssee deutlicher wird als in der Ilias, wo es öfters als Einzelwaffe des Kriegers erscheint, also wohl als Lanze. Homer verwendet die Aktionsverba nicht konsequent[12], so daß es zu Fehlschlüssen führen könnte, wenn Einzelnennungen zu großes Gewicht beigemessen würde. Dennoch fallen einige Ilias-Stellen auf, wo ein δόρυ aus nächster Nähe geschleudert wird, obgleich der Abstand vom Gegner anscheinend auch den Lanzenstoß zugelassen hätte[13]. Noch eigenartiger ist die Situation, als (Il. XVI 805ff. 814) Euphorbos den Patroklos anspringt und ihn mit seinem 'Wurfgeschoß' (βέλος) aus nächster Nähe tödlich verwundet, die Waffe – jetzt ein μείλινον δόρυ – aber wieder mitführt, als er sich zu den Seinen zurückzieht. Dies alles läßt vermuten, daß sich unter den einzeln geführten δοῦρε auch eine spezielle Nahkampf-Wurfwaffe verbirgt, für die Homer keine eigene Benennung verwendet und die daher nur aus dem Zusammenhang erschlossen werden kann. Es erscheint erwägenswert, einen aus Darstellungen und Funden (s. unten S. 343f.) bekannten – offenbar für den Nahkampf bestimmten – schweren Kurzspeer mit diesem speziellen δόρυ zu identifizieren. Insgesamt ist das δόρυ also eine vielseitige Waffe. Die Benennung wird für Lanzen, Fern- und Nahkampfspeere verwendet. 'Größe' ist eine wichtige Eigenschaft, doch nicht die allein hervorstechende.

[8] Auszählungen nach G. L. Prendergast, A Complete Concordance to the Iliad of Homer (1962) bzw. H. Dunbar, A Complete Concordance to the Odyssey of Homer (1962).

[9] S. E. Bassett, ClJ 18, 1922, 104ff.; Trümpy a. O. 54; H.-G. Buchholz–G. Jöhrens–I. Maull, Jagd und Fischfang, ArchHom, Kap. J (1973) J 82f.

[10] Trümpy a. O. 92. 101. 103; J. Latacz, Kampfparänese, Kampfdarstellung und Kampfwirklichkeit in der Ilias, bei Kallinos und Tyrtaios, Zetemata LXVI (1977) 192f. 205.

[11] Trümpy a. O. 106ff.; Latacz a. O.

[12] Trümpy a. O. 103ff.; Latacz a. O. bes. 188. 192; letzterer versuchte dieses Problem zu umgehen, indem er eine gleichartige Beschaffenheit von ἔγχος und δόρυ annahm und auf eine unterschiedliche Verwendung derselben Waffe (im Sinne unserer 'Speerlanze') je nach Kampfstadium schloß. Während diese Auffassung für das δόρυ zutrifft, steht ihr im Falle des ἔγχος m. E. dessen 'Größe' entgegen (vgl. unten Anm. 18), die es für eine planmäßige Verwendung als Wurfgeschoß wenig geeignet erscheinen läßt.

[13] Il. IV 496f.; V 611f.; XIII 402f.; XVII 347f.

Das zweite 'Zentralwort' ἔγχος ist kaum weniger häufig. Seine ursprüngliche Bedeutung ist unklar[14]. Da das Wort jedoch schon in den Arsenalakten in Linear B-Schrift in Knossos (s. unten S. 334) bezeugt ist, läßt sich u. U. ein vorgriechischer Ursprung erwägen. Daß es einer frühen Sprachschicht angehört, ist jedenfalls sicher und wurde bereits vor der Entzifferung der Linear B-Schrift von Trümpy erkannt[15]. Er bemerkte auch, daß unter den Hauptpersonen der Ilias nur Achill und Aias – die beide mit dem frühmykenischen Turmschild (σάκος) gewappnet sind –, Ares und Athena häufiger das ἔγχος als das δόρυ tragen[16], während bei allen anderen Helden das δόρυ überwiegt.

Die Begriffsgruppe 'groß, lang, tüchtig' stellt in der Ilias den Großteil der Epitheta (δόλιχον, μακρόν, μέγα; ὄβριμον, ἄλκιμον), gefolgt von Materialangaben zum Schaft (ὀξυόεν, μείλινον) bzw. zur Spitze (χάλκεον). In der Odyssee ist χάλκεον das häufigste Epitheton, dem als Material-Wort nur ὀξυόεν gegenübersteht. Das ἔγχος ist die einzige Lanze, deren Aussehen beschrieben wird: ihre Spitze ist »beidseitig geschwungen« (ἀμφίγυον)[17]; Hektors ἔγχος (Il. VI 318f.; VIII 494f.) ist »elf Ellen lang« (= 5,08 m), »mit goldenem Ring (πόρκης) um die Spitze«[18]. Das ἔγχος ist also eine sehr 'große' Waffe, die gerade einige kriegerische Gottheiten und besonders berühmte Vorkämpfer der Achäer und Trojaner auszeichnet, die stets oder zumeist den – archäologisch für spätmykenische Zeit nicht mehr nachweisbaren – Turmschild (σάκος) tragen.

Sichere ἔγχος-Paare fehlen in der Ilias ganz; auch in der Odyssee läßt sich nur eines aus dem Zusammenhang erschließen (Od. XXII 271). Als Aktionsverba herrschen νύσσω, οὐτάζω und τύπτω 'stechen' eindeutig vor. Sie entstammen sämtlich der Nahkampf-Situation, wie auch das einmal bezeugte, für eine Lanze ungewöhnliche ἐλαύνω[19]. Das Verbum βάλλω im Sinne von 'treffen mit' erscheint viel seltener als im Zusammenhang mit δόρυ; es ist für das ἔγχος untypisch und dürfte auf Wortverwechslungen oder -vertauschungen mit δόρυ zurückgehen wie auch die (ohnehin nicht wörtlich ausgesprochene) Nennung des ἔγχος-Paars in der Odyssee.

Insgesamt entstammen die beiden 'Zentralwörter' unterschiedlichen Entwicklungsstufen der Kriegskunst. Das ἔγχος war die Hauptwaffe einer Zeit, in der als Schild der σάκος herrschte, der schwere Turmschild. Beachtung verdient, daß das ἔγχος auch an der einzigen Stelle als Waffe genannt wird (Il. IV 296ff.), wo Homer unzweideutig den Kampf vom fahrenden Wagen aus erwähnt: Nestor gebietet den pylischen Wagentruppen, in geordneter Formation diszipliniert zur Attacke mit dem ἔγχος zu fahren, »wie die Ahnen (πρότε-

---

[14] H. Trümpy erwog Zusammenhänge mit dem germanischen Stammesnamen der Inguaeones oder mit ἀκαχμένος 'zugespitzt, scharf' (a. O. 53), bzw. mit ὄγχνη 'Birnbaum' (a. O. 58). Keiner dieser Vorschläge vermag zu überzeugen; auch Birnbaumholz ist für einen Lanzenschaft wenig geeignet.

[15] Trümpy a. O. 58.

[16] Trümpy a. O. 53; vgl. auch N. Gialoures, AM 75, 1960, 66.

[17] Trümpy a. O. 106.

[18] Trümpy a. O. 52. Vgl. auch A. Evans, The Shaft Graves and Beehive Tombs of Mycenae and their Interrelation (1929) 39f.; Lorimer, Homer 255.

[19] In ArchHom, Kap. E (1980) 314, habe ich – irrtümlicherweise ohne Nachweis der Quelle (Trümpy a. O. 95) – hierfür die Deutung 'hauen' übernommen, die es in Verbindung mit Schwertern hat (so auch J. Latacz, Kampfparänese, Kampfdarstellung und Kampfwirklichkeit in der Ilias, bei Kallinos und Tyrtaios [1977] 205). Die einzige Nennung von ελαύνω im Zusammenhang mit einem ἔγχος (Il. XXII 326) kann aber nur etwas wie 'durchbohren' bedeuten: Achill trifft (ἔλασε) den Hektor mit der Lanze (ἔλχει) zwischen den Schlüsselbeinen, so daß die Lanzenspitze in dessen Nacken herauskommt.

ϱοι) es taten« und der greise Nestor selbst es in seiner Jugend noch gelernt hat[20]. Durch diese Bemerkung wird sichergestellt, daß es sich um eine frühzeitliche Taktik handelt – ein weiteres Argument dafür, der 'ἔγχος-σάκος-Phase' der Ilias, zu deren Elementen auch der Lanzenkampf vom Wagen aus gehört, ein hohes Alter zuzumessen.

Das δόϱυ ist zwar in der Ilias vielfach noch eine Einzelwaffe, doch zeigen die Verhältnisse in der Odyssee, daß es je später desto mehr zur paarweise geführten, für Stoß und Wurf gleich brauchbaren Speerlanze geworden ist. Die zugehörige Schutzwaffe ist dann nicht der σάκος, sondern der leichtere Rundschild (ἀσπίς). Die Krieger mit δόϱυ und ἀσπίς attackieren nicht mehr im Wagen, sondern benutzen diesen nur zum schnellen Ortswechsel. Der Kampf selbst wird zu Fuß von Apobaten ausgefochten. Aus diesem Einsatz der Wagen wie auch aus der Bedeutung des δόϱυ als Wurfwaffe im Fernkampf ist auf eine bewegte, schwerlich sehr disziplinierte Kampfesweise zu schließen[21].

Von den 'Trabantenwörtern' lassen sich ἐγχείη, μελίη und ξυστόν auf Lanzen beziehen. Das Wort ἐγχείη[22] ist von ἔγχος abgeleitet und muß jünger sein als das Stammwort. Eine reine Materialbezeichnung ist μελίη 'Esche'[23]. Da mehrfach die ungeheuer schwere Lanze Achills mit diesem Wort benannt wird, dürfte es der frühen Sprachschicht angehören. Das letzte Lanzenwort ξυστόν[24] schließlich geht auf ξέω 'glätten' zurück, bedeutet ursprünglich also wieder den – geglätteten – Schaft der Waffe. Für das spezielle ξυστόν ναύμαχον, die Lanze für den Schiffskampf, wird die erstaunliche Länge von »22 Ellen« (= 10,02 m) angegeben (Il. XV 677f.).

Unter den Speerwörtern bezeichnet das häufigste, αἰχμή[25], eigentlich nur die Spitze der Waffe. Daß es sich um einen Wurfspeer handelt, beweist das Aktionsverbum ἀκοντίζω[26]. Das Fehlen der αἰχμή in der Odyssee spricht für ein relativ hohes Alter; doch kann die Ableitung αἰχμητής 'Krieger' (s. Anm. 1) erst in der δόϱυ-ἀσπίς-Phase entstanden sein, als der Fernkampf mit Speer oder Speerlanze als ebenso wichtig und ehrenvoll galt wie zuvor der Nahkampf mit der Lanze. Das nächsthäufige, auch in der Odyssee verwendete Wort ἄκων[27], der Wurfspeer κατ' ἐξοχήν und in Ableitungen wie ἀκόντιον oder ἀκοντίζω (s. Anm. 26) auch in nachhomerischer Zeit lebendig, dürfte nach Trümpy später entstanden sein als αἰχμή, ist aber in den Linear B-Texten aus Pylos (s. unten S. 334) bekannt; es gehört demnach möglicherweise ebenfalls der mykenischen Sprachschicht an.

Seltener, und besonders selten als Kriegswaffe, wird die αἰγανέη[28] – der 'Ziegenspeer' –

[20] Zu dieser Taktik: Lorimer, Homer 324f.; T. B. L. Webster, From Mycenae to Homer (1960) 104; G. S. Kirk, The Songs of Homer (1962) 189; ders. in: Problèmes de la Guerre en Grèce Ancienne (1968) 111ff.; A. Heubeck, Aus der Welt der frühgriechischen Lineartafeln (1966) 84; J. Wiesner, Fahren und Reiten, in: ArchHom, Kap. F (1968) F 26f. 62; P. A. L. Greenhalgh, Early Greek Warfare (1973) 7. 10ff.; J. V. Luce, Homer and the Heroic Age (1975) 114f.; Latacz a. O. 207. 216f.

[21] Nach Latacz a. O. 212ff., der die Einheitlichkeit der Kampfschilderungen in allen Schlachten der Ilias betonte und sie auf die Realität im 8. Jh. v. Chr. bezog, erfolgte der Angriff und Nahkampf ('1. Phase') allerdings stets in geordneten Schlachtreihen (dazu unten Anm. 151); Regellosigkeit kennzeichne allein die '2. Phase', nämlich Auflösung und Flucht des Unterliegenden.

[22] H. Trümpy, Kriegerische Fachausdrücke im griechischen Epos (1950) 58.

[23. 24] Trümpy a. O. 57.

[25] Trümpy a. O. 54ff.

[26] Trümpy a. O. 103.

[27] Trümpy a. O. 55.

[28] Trümpy a. O. 57f.; Lorimer, Homer 244; H.-G. Buchholz–V. Karageorghis, AAA 3, 1970, 286ff.; L. J. D. Richardson, AAA 4, 1971, 262f.; H.-G. Buchholz–G. Jöhrens–I. Maull, Jagd und Fischfang, ArchHom, Kap. J (1973) J 90ff. Es handelt sich um einen Speertypus, bei dem große Weiten mittels eines Wurfriemens am Schaft erreicht wurden.

genannt, vorwiegend wohl eine Jagd- und Sportwaffe. Andere seltene Bezeichnungen wie χαλκός »Erz« oder βέλος (s. oben S. 330) sind zu ungenau, um weiterführende Schlüsse zuzulassen.

Von den Speerwörtern läßt sich keines zuverlässig mit der ἔγχος-σάκος-Phase der Kriegskunst verbinden. Dies überrascht ein wenig, da Speere (s. unten S. 348ff. mit Anm. 116. 119) schon für frühmykenische Zeit archäologisch bezeugt sind. Vielleicht dienten sie in der Frühzeit vorwiegend zu Jagd und Sport, während der heroische Kampf in der Schlacht als allein des Epos würdiges Thema nur mit der Lanze ausgefochten wurde.

Hier zeigen sich die Grenzen des historischen Quellenwertes der homerischen Epen (und ihrer vorausgesetzten Vorgänger): Sie folgen nicht den Gesetzen der Geschichtsschreibung, sondern denen der Dichtung. Wie andere wichtige, doch 'unheroische' Bereiche des mykenischen Alltagslebens – vor allem das bürokratische Verwaltungswesen mit seinen Aktenarchiven in Linear B-Schrift – können auch einzelne wesentliche Aspekte des Kriegswesen in der Ilias und der Odyssee ungenannt geblieben sein.

Wir wollen daher den aus der Dichtung gewonnenen Andeutungen zur Entwicklung der spätbronzezeitlichen Kriegskunst Griechenlands die Aussagen der zeitgenössischen Quellen aus spätminoischer und mykenischer Zeit gegenüberstellen: der Tontafelarchive, der Darstellungen und der Fundstücke selbst.

Beginnen wir mit einer knappen Durchsicht dessen, was die Archive in Knossos (SM II/III-A 1) und Pylos (SH III B) zu Lanze und Speer erschließen lassen. Auch diese Quellen dürfen nicht überbewertet werden. Sie sind nur Sammlungen von 'Aktennotizen' zum Waffenbestand in den Arsenalen bzw. (Pylos) zu Rüstungsmaßnahmen aus den letzten Monaten und Wochen der Existenz dieser Paläste, mit J. Chadwicks Worten »der Inhalt einiger Papierkörbe«, höchst unvollständig und einseitig[29]; selbst so wichtige Angaben wie Namen und Herkunft jener gefährlichen Feinde, gegen die Pylos mit Anspannung aller Kräfte rüstete, werden kein einziges Mal genannt. Dennoch stellen die nüchternen Aufzählungen vorhandener oder herzustellender Waffen unentbehrliche Primärquellen dar. Besonders wichtig erscheint, daß das Archiv in Knossos die Verhältnisse in einer wesentlich früheren Zeit widerspiegelt als das spätmykenische Archiv in Pylos. Wenn unsere Rekonstruktion einer frühen ἔγχος-σάκος-Phase und einer späteren δόρυ-ἀσπίς-Phase der ägäischen Kriegskunst nicht ganz gegenstandslos ist, könnte das Archiv von Knossos in die erstere, jenes von Pylos in die letztere Periode fallen.

Über die Schilde schweigen beide Archive (s. Anm. 29), und in Knossos wird zwar (Tafeln der S-Serie) über Hunderte von Streitwagen mit Rüstungen und Helmen für deren Besatzung berichtet[30], nicht aber über die Angriffswaffen[31]. An anderer Stelle[32] sind in Knossos

---

[29] Lejeune (Problèmes de la Guerre en Grèce Ancienne [1968] 32) u. Chadwick (The Mycenaean World [1976] 163f.) wiesen auf das Fehlen von Schilden hin.

[30] M. Ventris–J. Chadwick, Documents in Mycenaean Greek (1956) 361ff. Aufgrund einiger Ungereimtheiten sah Chadwick (The Mycenaean World 169) in der S-Serie nunmehr Übungsarbeiten einer Schreiberschule. Auch die Anzahl der Wagen, größer als im gleichzeitigen hethitischen (s. unten Anm. 69) oder mesopotamischen Reich, gibt zur Skepsis Veranlassung. Doch werden die

Lehrbeispiele grundsätzlich wohl der SM II-zeitlichen Wirklichkeit in Knossos entnommen sein.

[31] Da in gleichzeitigen Kriegergräbern von Knossos (M. S. F. Hood–P. de Jong, BSA 47, 1952, 243ff.; Hood, BSA 51, 1956, 81ff.) den Toten Lanzen und Schwerter beigegeben sind, dürften diese Waffen persönlicher Besitz gewesen sein, über den die Arsenale nicht Buch führten.

[32] Tafel R O 481 bis: Evans, PM IV 840 Abb. 819; Ventris–Chadwick a. O. 392.

333

aber *ekea kakarea* (mit Lanzen-Determinativzeichen) bezeugt, d. h. – unter Verwendung des 'frühen' homerischen Worts – ἔγχεα χάλκεα 'erzene Lanzen'. Die übrigen Lanzen-Wörter kommen nicht vor. Speere sind in Knossos anscheinend bisher nicht zuverlässig bezeugt; das Wort *pataja* (παλταῖα 'Geschosse') bezeichnet wahrscheinlich nicht Wurf-speere[33], sondern Pfeile.

In Pylos sind ebenfalls *ekea* (ἔγχεα) aktenkundig, doch außerdem *ekeija* (homerisch: ἐγ-χεῖαι), und hier erscheinen noch gesondert *[ekeija] pedijewija*. Lejeune sah in den *ekeija* Waffen von Wagenkämpfern[34], während die letzteren eindeutig als Lanzen von Fußsolda-ten (πεδιῆϝες) gekennzeichnet sind. Vermutlich wird die Kurzlanze in einem pylischen Fresko (Abb. 90; s. unten Anm. 92) eine solche 'Fußkämpferlanze' sein. Wichtig ist eine andere Angabe: Im Zuge der Rüstungsmaßnahmen in der Endphase des pylischen Reiches wurde einerseits im Lande Bronze eingezogen[35], andererseits den zahlreichen Bronze-arbeitern Rohmaterial für die Herstellung von *ekea* und *pataja,* also von Lanzen und Pfei-len, zugewiesen[36]. Die Materialmenge reichte, wie M. Ventris und J. Chadwick berechne-ten, für ungefähr 534000 Pfeilspitzen oder etwa 2300 große Lanzenspitzen aus. Auch wenn das angestrebte Mengenverhältnis der beiden Waffen unbekannt bleibt, ist doch an der zentralen Bedeutung von Lanze und Bogen für die pylische Armee kein Zweifel mög-lich. Die Darstellungen (s. unten S. 342 ff.) werden ein anderes Bild bieten, doch haben die Arsenaltexte den höheren Quellenwert.

Ferner lassen sich in Pylos die homerischen Speer-Wörter ἄκων[37] und βέλεμνον 'Wurf-geschoß'[38] indirekt aus Eigennamen erschließen. Wie diese Waffen beschaffen waren und welche Bedeutung sie für das pylische Kriegswesen hatten, läßt sich nicht beurteilen. Als wichtige Kriegswaffen scheinen sie wegen ihres Fehlens in den Rüstungsanweisungen (s. Anm. 36) in Pylos nicht gegolten zu haben.

Stellen wir die Angaben der beiden Arsenalarchive denen in Ilias und Odyssee gegenüber, so fällt das Fehlen des bei Homer zentral wichtigen Wortes δόρυ in den Arsenaltexten auf. Dies könnte dahingehend ausgelegt werden, daß das Wort – und die Waffe – erst in nach-mykenischer Zeit in Griechenland aufgekommen wäre. Ausschließen läßt sich dies nicht ganz. Doch es muß berücksichtigt werden, daß das Pylos-Archiv die Verhältnisse im spä-ten SH III B erfaßt, während aus den Darstellungen im frühen SH III C (s. unten S. 345) auf Änderungen im mykenischen Kriegswesen geschlossen werden kann, die wahrscheinlich erst an der Wende zu dieser Stufe eingetreten sind. Die paarweise geführte Speerlanze, die wir besonders für die Odyssee mit dem δόρυ identifizieren konnten, ist in den endmykeni-schen Darstellungen bezeugt – vielleicht ein Hinweis, daß auch das Wort δόρυ zu dieser Zeit auf der Peloponnes bekannt wurde. Es wäre verlockend, sein Erscheinen im Zusam-

---

[33] So jetzt Chadwick (s. oben Anm. 29) 172. Sein Ar-gument war, ein Determinativzeichen im *pataja*-Kontext unterscheide sich von der Normalform des 'Pfeil'-De-terminativs. Doch wurde die fragliche *pataja*-Inschrift in eindeutigem Zusammenhang mit einem großen Vorrat bronzener und steinerner Pfeilspitzen angetroffen (Evans, BSA 10, 1903/04, 59f.; H.-G. Buchholz, JdI 77, 1962, 2 ff.) und daher anfangs (Ventris–Chadwick a. O. 361 Nr. 264; S. 404) auch als 'Pfeile' übersetzt. M. E. ist die ursprüngliche Deutung weiterhin gültig.

[34] Lejeune (s. oben Anm. 29) 41. 47.

[35] Ventris–Chadwick a. O. 356; St. Hiller, SMEA 15, 1972, 51 ff. bes. 62; Chadwick (s. oben Anm. 29) 140 ff. 178.

[36] Ventris–Chadwick a. O. 357 Nr. 257.

[37] L. A. Stella, La Civiltà Micenea nei Documenti Con-temporanei (1965) 89 Anm. 72: *akotowo* und *akoteu*.

[38] Lejeune (s. oben Anm. 29) 47, mit Vorbehalt: *qere-meneu.* Vgl. auch H. Trümpy, Kriegerische Fachaus-drücke im griechischen Epos (1950) 107.

menhang mit einer begrenzten Einwanderung epeirotischer Griechen zu sehen, die sich neuerdings an Keramikfunden in Theben (Boiotien) für SH III B und in der Argolis[39] für die Wende SH III B/C nachweisen läßt. Obgleich die wohl nicht sehr zahlreichen Ankömmlinge in Tiryns kulturell schnell assimiliert wurden – die Fremdkeramik beschränkt sich auf einen kurzen Zeitraum –, könnten sie doch das Wort δόρυ in der Peloponnes eingeführt haben, so daß die δόρυ-ἀσπίς-Phase der homerischen Bewaffnung u. U. mit der Stufe SH III C parallelisiert werden darf. Allerdings hat sich die Bewaffnung und Kampfesweise in Griechenland von dieser Schlußphase der mykenischen Kultur bis in geometrische Zeit nicht mehr grundsätzlich geändert, so daß sich Homer auch auf nachmykenische Verhältnisse beziehen könnte.

Die ausschließliche Nennung von ἔγχεα in Knossos und ihre große Bedeutung, die sie nur mit der ἐγχείη teilen, noch in Pylos spricht jedenfalls für die Richtigkeit der Vermutung, daß die ἔγχος-σάκος-Phase der Ilias einen Zustand widerspiegelt, der dem frühmykenischen Kriegswesen entspricht.

Die Darstellungen stützen, wie bereits angedeutet wurde, diese Auffassung. Allerdings erscheint es angesichts recht weitgehender Unterschiede zwischen den kretischen und den festländischen Bilddokumenten geboten, beide Bereiche gesondert zu betrachten. Wir beginnen mit der Minosinsel.

In Kreta waren – nach Siegelbildern aus mittelminoischer Zeit[40] zu urteilen – ursprünglich Langspeere (oder, weniger wahrscheinlich, Kurzlanzen) eine wichtige Waffe. Vom 17. Jh. v. Chr. an (MM III) kamen leichte Kurzspeere hinzu[41], die nun auch von Gottheiten getragen wurden[42]. Eine besondere Art dieses Kurzspeers[43] weist einen geperlten bzw. mit Knäufen versehenen Schaft auf, der am Ende stark verjüngt ist. Spätere Darstellungen und ein Originalfund aus Vapheio (s. unten S. 342) lassen vermuten, daß diese kretischen Perlschaftspeere Nahkampf-Wurfwaffen sind.

Eine entscheidend wichtige Neuerung ist ebenfalls erstmals im MM III B durch Darstellungen sicher bezeugt: die Lanze. Ein Freskenbruchstück aus Knossos[44] und ein Steinge-

[39] Theben: A. H. S. Megaw, ArchRep 1965/66, 11 Abb. 17; Tiryns: K. Kilian, AA 1978, 451; ders., AA 1979, 404 Abb. 31, 3. 5. 6. Allerdings wurde nichtmykenische handgemachte Keramik derselben Zeit von anderen Fundstellen Südgriechenlands aus dem Südostbalkan (mit Troja VIIb) hergeleitet (J. B. Rutter, AJA 79, 1975, 17ff.; ders., AJA 80, 1976, 187f.; J. B. Rutter – E. French, AJA 81, 1977, 111f.) bzw. – direkt oder indirekt – mit der frühen Urnenfelderkultur im südöstlichen Mitteleuropa verbunden (S. Deger-Jalkotzy, Fremde Zuwanderer im spätmykenischen Griechenland, SBWien 326 [1977] bes. 83ff.), mit der auch Parallelerscheinungen in Unteritalien (ebenda 42ff.), Albanien (ebenda 48) und Troja (ebenda 52) letztlich zusammenhingen. Der Versuch G. Walbergs, AJA 80, 1976, 186f., diese Art handgemachter Keramik als einheimisch-mykenisch zu deuten, kann als gescheitert gelten. Zur literarischen Tradition über Einwanderungen aus dem Epeiros: N. G. L. Hammond, Migrations and Invasions in Greece and Adjacent Areas (1976) bes. 133.

[40] CMS XII (1972) Nr. 68; ähnlich: Nr. 46c. Die Deutung als Speer ist für eine Waffe ähnlicher Größe, deren Spitze mit Widerhaken versehen ist, auf einem Siegelabdruck aus Knossos (Evans, PM II 341 Abb. 194e; PM III 313 Abb. 205) gesichert.

[41] Evans, PM III 81 ff. Abb. 45a.b. Die Deutung als Speerwerfer wohl in einer Belagerungsszene wurde von T. B. L. Webster, From Mycenae to Homer (1960) 58 angezweifelt, der in den Männern Schleuderer sah. Die Wurfhaltung ist auffallend. Der Zustand der Malerei hat sich aber offenbar seit der Auffindung verändert: M. Cameron – S. Hood in: A. Evans, Knossos Fresco Atlas (1967) 28 Taf. 4, 1. 2.

[42] M. P. Nilsson, Geschichte der griechischen Religion I[3] (1967) Taf. 13, 4; 18, 2. 6.

[43] Evans, PM II 33 Abb. 15; Sp. Marinatos, BSA 37, 1936/37, 189 Abb. 3a.b. In Jagdszene: CMS VII (1967) Nr. 42.

[44] Evans, PM III 83 Abb. 46; ders., Knossos Fresco Atlas (1967) Taf. 4,3.

fäß (SM I)[45] aus Hagia Triada sind die ersten Belege für diese in der Folgezeit so häufige Waffe. In beiden Fällen bleibt die Länge des Lanzenschafts unklar[46], doch ein etwas späteres Fresko aus Thera (Abb. 86a)[47], das kulturell und wahrscheinlich auch politisch zu Kreta gehörte[48], läßt auch für die anderen beiden Darstellungen große Lanzen von ungefähr 3 m Länge vermuten. Die diszipliniert in einer Reihe marschierenden[49] Krieger mit dem langen ἔγχος, dem umgehängten Schwert, dem Turmschild (σάκος) und dem Eberzahnhelm vereinigen alle Merkmale auf sich, die wir für die ἔγχος-σάκος-Phase der ägäischen Kriegskunst aus Homer rekonstruierten, und können als Beweis für deren Existenz und ihre Datierung in ältermykenische Zeit gelten.

Insofern wirkt das Fresko des 'Hauptmanns der Schwarzen'[50] aus Knossos, das einen – wie auf den frühen Lanzenbildern – nur mit dem leichten Schurz bekleideten Offizier einer Negertruppe mit zwei wohl mittellang zu denkenden Speeren zeigt, recht altertümlich. Wenn die vorgeschlagene Datierung ins SM II/III A 1 nicht zu spät ist, müßte es für den Wachdienst im Palast noch während der achäischen Periode von Knossos (s. Anm. 48) eine 'Theatertruppe' von geringem Kampfwert gegeben haben. Daß ein Zeitansatz dieses leichtgeschürzten Kriegers in vorachäische Zeit (also ins SM I B) wahrscheinlicher ist, geht auch aus einem SM II-zeitlichen Siegelbild hervor[51], das den Zweikampf eines mit Lanze, Helm und Turmschild bewaffneten Kriegers mit einem energisch angreifenden ungeschützten Schwertkämpfer zeigt. Sowohl die Ausrüstung des Unterliegenden als auch die Rollenverteilung, die den ungeschützten Schwertkämpfer als Sieger erscheinen läßt, entspricht Siegeln aus den Schachtgräbern von Mykene (s. unten) so weitgehend, daß mit nachhaltigen achäisch-festländischen Einflüssen auf das Kriegswesen von Knossos während SM II/III A 1 gerechnet werden muß. Das Siegelbild ist als späteste datierbare Darstellung des Turmschildes besonders bemerkenswert. Es dürfte einen Terminus post quem non für die ἔγχος-σάκος-Phase angeben.

Erwähnung verdient, daß aus Kreta keine einzige Darstellung eines Wagens mit Bewaffneten bekannt zu sein scheint. Das Fehlen dieses Motivs steht im Gegensatz zu den Nennungen so überraschend zahlreicher Streitwagen in den Arsenalakten von Knossos (s. Anm. 30).

Im Festlandsbereich gibt die einzige mittelhelladische Darstellung (Abb. 86b)[52] Krieger zu Schiff wieder, die mittellange Lanzen mit dreieckigem Blatt, wie es durch einen Origi-

[45] Ders., PM III 791 Abb. 516; H. Th. Bossert, Altkreta³ (1937) Abb. 269. 270; Buchholz–Karageorghis, Altägäis 94 Nr. 1166.

[46] Ebenso bei dem Siegelbild einer Gottheit aus etwa dieser Zeit: Nilsson a. O. Taf. 18,4.

[47] Sp. Marinatos, AAA 6, 1973, 494f. Abb. 1. 2 (danach, als Umzeichnung, unsere Abb. 86a).

[48] Insofern fällt auf, daß das Fresko festländisch-achäische Elemente enthält. Die dramatische Wiedergabe eines kriegerischen Geschehens, die in dem Detail Abb. 86a nicht deutlich werden kann, ist typisch für die Schachtgrabkunst von Mykene. Dasselbe gilt für die schwere Bewaffnung der marschierenden Krieger, die daher schon von Marinatos als Achäer bezeichnet wurden. Ein so starker festländischer Einfluß ist im kretischen Herrschaftsgebiet eigentlich nur in SM II denkbar, als in Knossos Achäer herrschten.

[49] Homer kennt ein Verbum στιχάομαι 'in Reihe marschieren' (Il. II 92; IV 432). Zur Beziehung zwischen der Lanzenbewaffnung und einer disziplinierten Kampfesweise in phalanxartiger Formation schon Karo, Schachtgräber 336.

[50] Evans, PM II 755ff. Taf. 13; ders., PM III 886 Abb. 869; H. Th. Bossert, Altkreta³ (1937) Abb. 228; Buchholz–Karageorghis, Altägäis 80f. Nr. 1051.

[51] CMS VII (1967) Nr. 129.

[52] H. Walter, Jahrbuch der Universität Salzburg 1975–77, 85 Abb. 5 (danach, als Umzeichnung, unsere Abb. 86b).

Abb. 86a und b. (a) Krieger mit Langlanze, Eberzahnhelm, Turmschild und Schwert; Ausschnitt aus
dem Fresko des Miniaturfrieses im 'Westhaus' von
Akrotiri, Thera. Athen, Nat.-Mus.; (b) Männer
mit Kurzlanzen in einem Schiff. Pithos-Scherbe
(MH) aus Aigina. Aigina, Depot der deutschen
Aigina-Ausgrabung

a   b

nalfund belegt ist (Abb. 91g)[53], mitführen. Häufiger wurden Kriegerdarstellungen erst in
der Schachtgrabzeit, also an der Wende von MH III zu SH I – zu einer Zeit, als in Kreta die
Langlanze bereits bekannt war. Insofern überrascht es nicht, daß diese hochmoderne
Waffe – deren Kenntnis zu der ungewöhnlichen Machtfülle der frühen Herren von Mykene beigetragen haben wird[54] – im schachtgrabzeitlichen Mykene nicht nur bekannt,
sondern sogar die am häufigsten dargestellte Waffe ist, allein vom langen Schwert annähernd erreicht. Ein grundsätzlicher Unterschied zwischen festländischen und kretischen
Darstellungen wurde bereits erwähnt: Die Kriegerbilder aus Mykene sind nicht statua-
risch, sondern in dramatische Kampfszenen einbezogen. Die kriegerische Wesensart der
frühen Achäer wird an dieser Bildauffassung überzeugend deutlich.

Als bestes Beispiel sei ein Silbergefäß aus Schachtgrab IV (Abb. 87) genannt[55]: Zwei
Gruppen von Kriegern treffen in offener Feldschlacht aufeinander. Sie haben die großen
Schilde am Tragriemen (τελαμών) über die Schulter geworfen und schwingen die – wie in
Thera – etwa 3 m langen Lanzen mit beiden Händen in Brusthöhe. Auf beiden Seiten greifen auch Bogenschützen ins Gefecht ein. Dieselbe Art, die lange Lanze zu führen, ist auch
in anderen Darstellungen aus den Schachtgräbern wiedergegeben[56]. Bei Zweikampfsze-
nen wird der schwergewappnete Lanzenträger stets als in der Defensive gegenüber einem
ungestüm angreifenden, ungeschützten Schwertkämpfer charakterisiert. Bei zwei derarti-

---

[53] Vgl. O. Montelius, La Grèce Préclassique I (1924)
Taf. 15, 24 (danach, als Umzeichnung, unsere Abb. 91g).
Maße, Herkunft und Verbleib des Stückes – es ist bei
Montelius im Text nicht erwähnt – ließen sich nicht
ermitteln.

[54] Hierzu: O. P. T. K. Dickinson, The Origins of Mycenaean Civilization (1977) 67f.

[55] Karo, Schachtgräber 119f. 212. 218f. 307 Taf.

129–131. Rekonstruktion: A. Sakellariou, AntK 17,
1974, 5 Abb. 1 (danach, als vereinfachte und ergänzte
Umzeichnung, unsere Abb. 87).

[56] Etwa in der Löwenjagdszene auf einem Dolch aus
Grab IV: Karo, Schachtgräber 95f. Nr. 394 Abb. 26. 27
Taf. 93. 94; Buchholz–Karageorghis, Altägäis 56 Nr.
682. Gleiches Thema auf 'dubiosem' Siegel: CMS IX
(1972) Nr. 7 D.

337

gen Siegelbildern (Abb. 88a)[57] ist am Ansatz der Lanzenspitze eine wellig herabhängende Zier zu erkennen, die wie ein Roßhaarbüschel wirkt, und der – vorn auffallend dicke – Schaft trägt drei bisher nicht gedeutete Querzeichnungen, die vielleicht als um den Schaft geknotete kurze Riemen gedeutet werden könnten.

Neben der Langlanze sind in der Schachtgrabkunst auch Kurzlanzen von Mannslänge (etwa 1,60–1,80 m) dargestellt. In der Schlachtszene vor einer Stadt am Meer auf dem zweiten Silberrhyton aus Grab IV[58] halten die beiden Anführer der sonst nur mit Bogen oder Schleuder kämpfenden Verteidiger[59] je eine solche Waffe. Eine ähnliche Kurzlanze richtet der Fußkämpfer auf Grabstele 1429 von Grab V gegen den heranpreschenden Wagen[60].

Dem Relief auf Stele 1429 kommt aus einem anderen Grunde noch größere Bedeutung zu: Hier ist mit an Sicherheit grenzender Wahrscheinlichkeit die Lanzenattacke eines Wagenkämpfers dargestellt[61]. Die Überprüfung des Originals im Athener Nationalmuseum ergab, daß ein gerader Reliefansatz direkt unter der Bruchkante, zwischen den gesenkten Zügeln und dem Körper des Mannes im Wagen und fast genau auf die Lanze des Fußkämpfers vor dem Wagen gerichtet, wahrscheinlich das Stück eines Lanzenschafts ist. Diese Darstellung und vielleicht eine andere auf dem Bruchstück einer weiteren Stele von Grab V[62] – eine große Lanzenspitze vom Schachtgrabtyp liegt unter den Hufen der Pferde, es muß sich um eine Kampfszene handeln – sind die einzigen Zeugnisse aus der minoisch-mykenischen Kunst, die auf die Verwendung der Lanze im Wagenkampf hinweisen. Ein etwas späteres Siegelbild aus Vapheio (Abb. 88c)[63] mit einzelnem (!) Fahrer läßt offen, ob die Waffe vom fahrenden Wagen aus eingesetzt werden sollte, und dasselbe gilt für die häufigeren Darstellungen aus endmykenischer Zeit (s. unten S. 344f.). Die beiden Kampfbilder auf den Stelen werfen ein Problem auf, das für das Kriegswesen der Ägäis nicht ohne Bedeutung ist: Wo ist die Lanzenattacke vom Wagen aus entwickelt worden? Der Streitwagen ist mit Sicherheit nicht in der Ägäis entstanden. Als schweres, ungelenkes zweiachsiges Gefährt mit Onagerbespannung ist er schon für das frühe Sumer bezeugt[64],

---

[57] Siegel aus Grab IV: Karo, Schachtgräber 74 Taf. 24 Nr. 241; CMS I (1964) Nr. 16; V. Stürmer, Zur Ikonographie des Kampfes auf dem Siegelring CMS I, Nr. 16, in: OpAth 14, 1982, 111ff. (unsere Abb. 88a gibt die Szene in einer Umzeichnung seitenrichtig nach dem Original wieder); Goldblech aus Grab III: Karo, Schachtgräber 49 Taf. 24 Nr. 35; CMS I, Nr. 11.

[58] Karo, Schachtgräber 107 Abb. 35 Taf. 122 Nr. 481.

[59] Die Ähnlichkeit der auffallend kleinen Schilde der Anführer (von Karo ebenda 107 als 'steife Mäntel' gedeutet) mit dem Schild auf einem kretischen Siegelbild (M. P. Nilsson, Geschichte der griechischen Religion I³ [1967] Taf. 18, 2) könnte vermuten lassen, daß als Verteidiger Kreter gemeint sind.

[60] Karo, Schachtgräber 33. 169 Taf. 6 Nr. 1429.

[61] So schon Karo, Schachtgräber 33f. 169; Lorimer, Homer 256; Lord William Taylour, The Mycenaeans (1964) 145; P. A. L. Greenhalgh, Early Greek Warfare (1973) 11. Die Deutung wurde von G. E. Mylonas, AJA 55, 1951, 134ff.; ders., Mycenae and the Mycenaean Age (1966) 94; sowie Hooker, Myc. Gr. 90, bestritten: Ein einzelner Mann könne nicht zugleich den Wagen lenken und kämpfen; die Szene könne daher nur ein Wagenrennen darstellen. Doch zeigen ägyptische und mesopotamische Darstellungen, daß dort Wagenfahrer – die Zügel um den Leib geschlungen – ohne Lenker kämpfen. Vielleicht ist dies nur ein 'heroischer' Bildtypus ohne realen Quellenwert; doch dasselbe kann – u. U. sogar in Anlehnung an östliche Vorbilder – auch für die Stele in Mykene gelten.

[62] Karo, Schachtgräber 33 Abb. 12a.

[63] CMS I Nr. 229. – J. Wiesner, Fahren und Reiten, ArchHom, Kap. F (1968) F 60, wollte die Lanze von einer zweiten Figur geschleudert sehen; es handelt sich jedoch hierbei um ein Zierbüschel an der Spitze der Lanze, die der Wagenfahrer geschultert (mit im Rücken leicht gesenkter Spitze) trägt (so auch Greenhalgh a. O. 12). Abb. 88c: Umzeichnung nach modernem Abdruck.

[64] Y. Yadin, The Art of Warfare in Biblical Lands (1963) 37ff.

Abb. 87. Nahkampf zwischen schwergerüsteten Langlanzenträgern; ergänzte Umzeichnung des Reliefs auf einem Silbergefäß aus Schachtgrab IV von Mykene. Athen, Nat.-Mus.

Abb. 88a–d. Darstellungen auf späthelladischen Siegeln und Ringen: (a) Nahkampf zwischen schwergerüstetem Lanzen- und Schwertträger auf einem goldenen Siegelring aus Schachtgrab IV von Mykene; Athen, Nat.-Mus.; Umzeichnung seitenrichtig nach dem Original. (b) Jugendlicher Dedikant oder Gott mit Kurzlanze auf einem SH III C-Steinsiegel aus Aplomata, Naxos; Naxos, Arch. Mus. (c) Wagenfahrer mit Kurzlanze auf SH II-Siegel aus Vapheio, nach modernem Abdruck; Athen, Nat.-Mus. (d) Nahkampf mit schwerem Kurzspeer auf SH III A-Siegel aus Tragana, nach modernem Abdruck; Athen, Nat.-Mus.

a

b

c

d

und im frühen 2. Jt. v. Chr. ist daraus – wohl ebenfalls in Mesopotamien[65] – jener wendige einachsige Wagen mit Pferdebespannung geworden, der im späteren 2. Jt. eine Hauptwaffe der orientalischen Reiche, Ägyptens und der Hethiter dargestellt hat. Aus dem Osten muß er auch nach Mykene gekommen sein[66].

Bereits N. K. Sandars bemerkte[67], daß die Ausbreitung des Streitwagens in dieselbe Zeit fällt wie das Aufkommen der schweren bronzenen Tüllenlanzenspitze (s. unten S. 350); ein ursächlicher Zusammenhang zwischen beiden Phänomenen erscheint daher zumindest möglich. Es stellt sich die Frage, von welchem östlichen Reich die Achäer den Wagen, die Lanze und die Lanzentaktik übernommen haben.

Die größte Wahrscheinlichkeit spricht m. E. für die Hethiter. Ihre Wagentruppen waren im späteren 2. Jt. berühmt und bildeten etwa von 1380 v. Chr. an einen eigenen Teil des Gesamtheeres[68]. Für die Frühzeit des Reiches kann hingegen nur mit kleinen Formationen oder Einzelwagen der Fürsten gerechnet werden[69]. Von Bedeutung scheint mir zu sein, daß die frühhethitischen Wagen wahrscheinlich mit der Lanze attackiert haben. Noch in der Entscheidungsschlacht gegen Ramses II. bei Qadeš (1285 v. Chr.)[70] kämpften Teile des Wagenheeres der Hethiter und ihrer Verbündeten mit langen Lanzen gegen die ägyptischen Streitwagen, die mit Bogenschützen bemannt waren[71] – eine aussichtslose Taktik, die angesichts der zweifellos nur negativen Erfahrungen bei den langdauernden vorangegangenen Auseinandersetzungen mit ägyptischen Wagentruppen gewiß nicht erst in späthethitischer Zeit eingeführt worden ist[72]. Hingegen spricht alle Wahrscheinlichkeit für die Annahme, daß die Lanzentaktik die ursprüngliche Kampfesweise der frühhethitischen Wagentruppen darstellt.

Vielleicht haben die Hethiter sie ihrerseits von den Wagenrittern (Mariannu) des Mitanni-Reichs übernommen. In Syrien haben große Tüllenlanzenspitzen, die möglicherweise zu Wagenlanzen gehört haben (s. unten), eine sehr lange Tradition, und die Hethiter waren noch in der Großreichszeit bestrebt, von den Erfahrungen der wagenkundigen Mitannäer zu lernen[73]. Beziehungen zum syrischen Raum zeichnen sich an frühen ägäischen Tüllenlanzenspitzen ab; es läßt sich nicht ausschließen, daß auch die Achäer den Wagen und die Lanzenkampfweise durch mitannische Vermittlung kennenlernten. Da jedoch Beziehungen zum Hethiterreich bereits an einem Silberrhyton aus Schachtgrab IV in Mykene deutlich werden[74] und noch in spätmykenischer Zeit anscheinend achäische Prinzen die Wagenkunde bei Hethitern erlernten[75], möchte ich es für wahrscheinlicher halten, daß

[65] A. Kammenhuber, Hippologia Hethitica (1961) 9f.; Yadin a. O. 74ff.; Wiesner a. O. F 86ff.

[66] Ein Fresko aus Knossos (St. Alexiou, AA 1964, 787ff. Abb. 1–4) bezeugt den einachsigen Wagen für SM I. Der Fahrer ist aber festlich gekleidet und waffenlos; der Wagen scheint kein Kriegsfahrzeug zu sein und eignet sich daher kaum als Vorbild der Streitwagen in Mykene (so erwogen von Alexiou ebenda 802). Die Wagen-Nennungen der Arsenalakten von Knossos sind erst während der achäischen Phase (SM II/III A 1) entstanden.

[67] N. K. Sandars, AJA 67, 1963, 128.

[68] Kammenhuber a. O. 23. 33.

[69] Kammenhuber a. O. 28. 33.

[70] Hierzu: Yadin a. O. 103ff.

[71] Wreszinski, Atlas II Taf. 21. Zur Taktik vgl. Lorimer, Homer 313 Abb. 42; Kammenhuber a. O. 10; Greenhalgh a. O. 9.

[72] Wohl aufgrund dieser Erfahrungen setzten die Hethiter bei Qadesch auch Wagen mit Bogenschützen ein.

[73] Vgl. das 'Handbuch des Pferdetrainings' des mitannischen Stallmeisters Kikkuli in der Palastbibliothek zu Ḫattuša: Kammenhuber a. O. passim.

[74] Karo, Schachtgräber 300 Taf. 115. 116.

[75] In diesem Sinne wurde eine Stelle des späthethitischen Tavagalavas-Briefs (F. Sommer, Die Ahhijava-Urkun-

schon während der Schachtgrabperiode Hethiter die Lehrmeister der Achäer gewesen sind.

Jedenfalls darf angenommen werden, daß die schachtgrabzeitlichen Fürsten von Mykene ihr Heer durch einzelne Streitwagen oder kleine Formationen von Wagen verstärkt haben und, begünstigt durch das zum Wagenkampf und -training geeignete Gelände der Argolis[76], dadurch eine zunächst unüberwindliche Überlegenheit über ihre Nachbarn gewonnen haben, die den einmaligen Reichtum der Schachtgräber zumindest teilweise erklärt. Vermutlich dienten anfangs dieselben Langlanzen (Abb. 86a; 87) zur Wagenattacke wie zum Gefecht zu Fuß.

In SH II–III A wurden Kampfdarstellungen selten. Außer dem in seiner Deutung unklaren Siegel von Vapheio (Abb. 88c; s. Anm. 63) und dem – mit Vorbehalt auf Achäer (s. Anm. 48) bezogenen – Fresko aus Thera (Abb. 86a) läßt sich ein reliefiertes Steingefäßbruchstück aus Epidauros[77] nennen, das eine Landungsoperation an feindlicher Küste darstellt wie das theräische Fresko: Im delphingeschmückten Heck eines Schiffes steht in dem offenen Kommandostand mit geschwungener Brüstung, der aus anderen Fresken in Thera bekannt ist[78], ein Krieger, der anscheinend mit einer stark gesenkten Lanze die von links her auf dem Strand anrückenden Gegner bedroht. Die Deutung ist wegen der starken Beschädigungen gerade im Bereich dieser Szene nicht restlos sicher, doch wahrscheinlich.

Eine andere Waffe wird auf einem Siegel aus Tragana bei Pylos in Aktion gezeigt (Abb. 88d)[79]. Ein ungepanzerter Mann hat mit einem ganz kurzen, im letzten Drittel des Schafts gehaltenen 'Speer' zwei Gegner getötet, von denen einer – mit Helm – wohl als gewappnet vorzustellen ist. Ein kräftiger Knauf im vorderen Drittel des 'Speers' macht diesen zum Wurf untauglich: Es handelt sich offensichtlich um denselben schweren Kurzspeer, der bereits in frühen kretischen Siegelbildern erschien (s. Anm. 43). Trotz zeitlichen Vorgriffs sollen hier auch zwei Darstellungen aus SH III C bereits genannt werden, die diese Waffe zeigen. Sie finden sich auf einer Grabstele aus Mykene mit schlecht erhaltener Malerei[80] bzw. auf der Rückseite der 'Kriegervase' vom selben Fundort[81]. Beide sind einander so ähnlich, daß das Vasenbild von der Stele abhängig sein kann oder beide von einem dritten Werk. Die marschierenden Krieger halten in der hocherhobenen Rechten, dicht über der Spitze zufassend, Kurzspeere mit dünnem Schaftende; die Spitzen sind gesenkt. Jeder Krieger ist nur mit einem 'Speer' bewaffnet, während die spätmykenischen Darstellungen sonst Speerpaare zeigen, die anders gehalten werden. Offenbar ist in allen drei Darstellungen dieselbe Waffe gemeint.

Das Siegelbild aus Tragana kennzeichnet ihre Beschaffenheit und Anwendung aufs beste.

den [1932] 11 Z. 59ff.) gedeutet: Lorimer, Homer 323; O. R. Gurney, The Hittites² (1964) 49.

[76] Die Behauptung von J. Chadwick, The Mycenaean World (1976) 164, sowie Hooker, Myc. Gr. 90, der Wagenkampf sei in ganz Griechenland unmöglich gewesen, trifft für weite Landesteile nicht zu.

[77] A. Sakellariou, RA 1971, 3ff. Abb. 1–3.

[78] Thera VI 26 Taf. 56. 57; S. 49ff. Abb. 5 Taf. 104. 108 Farbtaf. 9; Sp. Marinatos, Das Schiffsfresko von Akrotiri, Thera, in: H.-G. Buchholz, ArchHom, Kap. G (1974) G 140 Abb. 26 Taf. G 13. 14. 16. 17; vgl. unsere Abb. 81.

[79] CMS I Nr. 263 (danach unsere Abb. 88d, Umzeichnung nach modernem Abdruck).

[80] Chr. Tsountas, Ephemeris 1896, 1ff. Taf. 1. 2,2; Buchholz–Karageorghis, Altägäis 84 Nr. 1071.

[81] Seite A: J. Bouzek, Homerisches Griechenland (1969) 42 Abb. 14a; Buchholz–Karageorghis, Altägäis 76f. Nr. 1025. Seite B: Tsountas a. O. Taf. 2, 1; G. Becatti in: Studi in Onore di Luisa Banti, Hrsg. G. Becatti u. a. (1965) 38f. Taf. 12b (zur Vase insgesamt: ebenda 33ff. Taf. 11–13); Bouzek a. O. 42 Abb. 14b. Auch H. Müller-Karpe, Germania 40, 1962, 255ff.

Der Knauf am Vorderteil läßt diesen 'Speer' kopflastig werden, verleiht ihm aber beim Wurf von oben – steil über den Schildrand des Gegners hinweg – große Durchschlagskraft, die vielleicht sogar zum Durchschlagen eines Bronzepanzers ausreicht. Dieselben Gegebenheiten können für das Stelen- und das Vasenbild vorausgesetzt werden, wo die Ausfallstellung mit hoch erhobenem Arm und die gesenkte Spitze – wie auch die Führung dicht an derselben, die für den Weitwurf ungünstig wäre – als Hinweis auf diese Taktik des Wurfs von oben auf kürzeste Distanz verstanden werden dürfen. Zu fragen bleibt, warum der Kämpfer auf dem Siegel seine Waffe, mit der er eben den Gegner in den Rücken getroffen hat, am hinteren Teil des Schaftes hält und nicht nahe der Spitze wie die Krieger auf der Stele und auf der Vase. Dies findet eine ebenso plausible Erklärung wie die übrigen Beobachtungen, wenn wir für diesen 'Speer' eine Verwendungsweise annehmen, die H. Bonnet für das alte Ägypten aufgezeigt hat[82]: er wurde wahrscheinlich auf kürzeste Distanz geschleudert, der Schaft glitt durch die Hand und wurde am Ende wieder ergriffen und zurückgerissen. Das Siegelbild zeigt die letzte Phase dieses Ablaufs nach dem gelungenen Treffer. Da dieser 'Nahkampfspeer', anders als eine Wurfwaffe, nach jedem 'Wurf-Stoß' gleich wieder zur Hand war, reichte die Ausrüstung mit einer einzigen Waffe aus.

Wie oben (S. 330 mit Anm. 13) angedeutet, stellen möglicherweise einige im Nahkampf verwendete δοῦρε der Ilias und besonders der βέλος des Euphorbos solche Nahkampfspeere dar. Es wäre verlockend, in ihnen eine Neuerung des δόρυ-ἀσπίς-Komplexes zu sehen; doch zeigt ein Originalfund, ein 1,03 m langer 'Speer' aus Vapheio mit geperlter Bronzeblechhülle für den Schaft (Abb. 91a)[83] – in frühes SH II datiert –, daß wohl kein Hiatus zwischen den frühen kretischen und den spätmykenischen Belegen vom Festland besteht.

Wie ein jüngst in der Unterburg von Tiryns gefundenes Becherfragment belegt[84], erscheint in der Phase SH III A 1 erstmals die Darstellung marschierender, lanzentragender Krieger, ein Thema, das dann erst in SH III C größere Verbreitung fand (s. unten S. 344). Aus dem jüngeren Teil von SH III A und dem älteren von SH III B sind kaum Kriegerdarstellungen bekannt, so daß H. W. Catling von einer Ära der 'Pax Mycenaica' sprechen konnte[85], einer friedlichen Periode im Zeichen von Handel und Gewerbefleiß. Der Krieger auf einem elfenbeinernen Möbelbeschlag aus Delos[86], der in dieser Zeit entstanden ist, scheint eher einen sehr langen Speer mit unten verjüngtem Schaft als eine Kurzlanze zu halten, und je zwei Speere kleineren Formats sind auch die Waffen der elegant gekleideten Jäger auf einem Freskenrest vom älteren Palast in Tiryns (Abb. 89)[87] und einem anderen aus dem jüngeren Palast[88]. Das ältere der beiden Bilder (Abb. 89) verdient insofern Beachtung, als die Speerspitzen auf eine sehr altertümliche Weise geschäftet sind (s. unten S. 348). Aus dem älteren Palast stammen auch zwei Freskenbruchstücke mit Lanzenträgern

[82] H. Bonnet, Die Waffen der Völker des Alten Orients (1926) 107.

[83] Sp. Marinatos, BSA 37, 1936/37, 188 Abb. 1b und 2; danach, als Umzeichnung des Verfassers, in: Kriegswesen, Teil 2, ArchHom, Kap. E (1980) 277 Abb. 59 sowie hier Abb. 91a.

[84] K. Kilian, AA 1981, 182 Abb. 38.

[85] H. W. Catling, AJA 72, 1968, 46.

[86] Buchholz–Karageorghis, Altägäis 107 Nr. 1289. Eine ähnliche Waffe wird von dem Krieger auf einem Siegel aus Naxos (F. Schachermeyr, JdI 77, 1962, 303 Abb. 60) 'präsentiert'.

[87] G. Rodenwaldt, Tiryns II (1912) 5ff. Taf. 1,6; danach, als Umzeichnung des Verf.: ArchHom, Kap. E 289 Abb. 74a sowie hier Abb. 89.

[88] Rodenwaldt a. O. 116ff. Abb. 49 Taf. 11,5.

Abb. 89. Jäger mit zwei Speeren auf einem Wand-fresko aus dem älteren Palast von Tiryns. Athen, Nationalmuseum

Abb. 90. Ausschnitt aus einem SH III B-Fresko aus Pylos: Kurzlanzenträger stößt unbewaffneten 'Wilden' nieder. Chora Triphylias, Arch. Mus.

im Wagen[89]. Beides scheinen Langlanzen zu sein, und daß einmal der Schaft mit dem – sonst nur aus frühen Darstellungen bekannten – Roßhaarbüschel geschmückt ist, spricht besonders dafür, in diesen Fresken Wiederholungen älterer Vorbilder zu sehen.

Die wichtigsten Lanzen- und Speerdarstellungen aus dem jüngeren SH III B wurden im Palast von Pylos gefunden. Auf zwei Freskofragmenten[90] ist wohl noch die Langlanze dar-gestellt, was ebenfalls mit einer Bildtradition aus älterer Zeit zusammenhängen kann[91]. Demgegenüber dürfte eine Kampfszene (Abb. 90)[92], in der eine zuvor nicht dargestellte einhändig geführte Kurzlanze – vielleicht die *ekeija pedijewija* der Arsenaltexte[93] – er-scheint, zeitgenössische Verhältnisse widerspiegeln. Allerdings fällt auf, daß auf den Fres-ken Dolche bei weitem die häufigsten Waffen sind, während sie in den 'Rüstungsanwei-sungen' der vorhandenen Linear B-Texte gar nicht erwähnt werden; dort sind Lanzen und Pfeile die wichtigsten Waffen. Eine ähnliche Kurzlanze erscheint auf einem Siegelbild aus Aplomata auf Naxos (Abb. 88b)[94], von einem Dedikanten oder jugendlichen Gott vor einem Opfertisch mit aufgepflanztem Schwert und Gefäßen präsentiert. Angesichts des

[89] Rodenwaldt a. O. 9f. Taf. 1, 4 (ähnlich, ohne Büschel: Taf. 1, 3).

[90] PN II 72 Nr. 23 H 64 Taf. 17; S. 74 Nr. 29 H 64 Taf. 21. 124 (Kampfszenen).

[91] Ebenda 221ff. Hierzu auch T. B. L. Webster, From Mycenae to Homer (1960) 39. 59. 61.

[92] PN II 71f. Nr. 22 H 64 Taf. 16. 117 Farbtaf. M; da-nach, als Umzeichnung des Verf.: ArchHom, Kap. E 289 Abb. 74a sowie hier Abb. 90. Zum Fehlen der Schilde, das als reines Kunstmittel gedeutet wird, s. PN II 46f.

[93] Allerdings wird eine solche Kurzlanze auch von einem

Krieger getragen, der hinter einem Wagen hermarschiert (PN II 73 Nr. 26 H 64 Taf. 18. 123). Da im Wagen nur der Lenker steht, kann es sich um den (ausgestiegenen) Kämpfer handeln, der dann wegen seiner nur zum Nah-kampf geeigneten Kurzwaffe als Apobat zu gelten hätte. Ebenso mehrdeutig ist ein Fresko aus Mykene (W. Lamb, BSA 25, 1921–23, 164f. Taf. 27), das einen Krie-ger mit aufgestützter Kurzlanze hinter einem Pferd zeigt.

[94] Chr. Kardara, Aplomata Naxou (neugriech., 1977) 6f. Nr. 980 Taf. 6 (danach, als Umzeichnung, unsere Abb. 88b).

oftmals retardierenden Charakters kultbezogener Darstellungen besteht allerdings die Möglichkeit, daß das Siegelbild auf die Realität einer längst vergangenen Zeit bezogen ist[95]. Immerhin läßt sich aber nicht ausschließen, daß wirklich ein Lanzentyp aus spät-mykenischer Zeit (SH III C) wiedergegeben ist.

Waffen vom gleichen Aussehen wie die Kurzlanzen in Abb. 88b und 90 erscheinen – hier wohl eher als Wurfgeschosse zu verstehen – in Jagdszenen[96]. Dies läßt erwägen, daß vielleicht schon im späten SH III B keine klare Unterscheidung zwischen Lanze und Speer mehr möglich war. Möglicherweise war schon jetzt jene Mehrzweckwaffe im Gebrauch, die wir eingangs als Speerlanze bezeichneten und – besonders für die Odyssee – mit dem homerischen δόρυ identifizierten. So zeigen sich gegenüber der Zeit vor der 'Pax Mycenaica', die offenbar manche Traditionen im Kriegswesen abreißen ließ, wesentliche Unterschiede. Es läßt sich vorerst nur vermuten, daß eingewanderte oder als Söldner ins Land gerufene Nordwestgriechen (s. Anm. 39. 40) mindestens zum Teil für diese Änderungen verantwortlich waren.

Trotz aller angespannten und umsichtigen Rüstungsmaßnahmen (s. Anm. 35 und 36) ging der Palast von Pylos – und mehr oder minder gleichzeitig fast alle anderen Zentren der mykenischen Kultur – in der Endphase von SH III B in Flammen auf und verödete. Aus der folgenden Periode SH III C sind keine Fresken mehr bekannt. Dafür wurden Krieger zu Fuß und zu Wagen jetzt Themen der Vasenmalerei.

Das berühmteste Beispiel sind die marschierenden Krieger auf Seite A der 'Kriegervase' von Mykene[97]. Sie tragen nicht Nahkampfspeere wie ihre Gegner auf Seite B, sondern wieder Kurzlanzen[98] wie der Krieger auf dem pylischen Fresko (Abb. 90); die weiden-blattförmigen Spitzen, kleine Säckchen am Schaft – wohl ein leichtes Marschgepäck[99] – und einmal anscheinend ein Lanzenschuh sind angegeben. Die runden, an einer Seite bogenförmig abgeschnittenen Schilde sind neuartig; sie leiten zum echten Rundschild, der ἀσπίς, über.

Solche Rundschilde erscheinen in Vasenbildern von Wagenkriegern. Eines aus Tiryns[100], ein Meisterwerk der spätmykenischen Malerei, zeigt eine einzelne Kurzlanze als Angriffs-waffe[101] – sie ist für die Attacke im Wagen zu kurz und weist somit darauf hin, daß der Krieger nur mit dem Wagen zum Kampfplatz fuhr, um dann abzuspringen und zu Fuß als Apobat zu fechten. Auf einer anderen Scherbe aus Tiryns[102] ist der Krieger im Wagen mit zwei Speeren oder Speerlanzen bewaffnet, eine Ausrüstung, die auch einmal für Krieger zu

[95] Die Ähnlichkeit mit minoischen Siegelbildern von Gottheiten mit präsentierter Stabwaffe (z. B. M. P. Nilsson, Geschichte der griechischen Religion I³ [1967] Taf. 18, 1. 4) ist auffallend. Auch die pompöse Haltung des Mannes in Abb. 88b und seine Schurztracht könnten für einen Zusammenhang mit viel älteren Siegeln von Kreta sprechen.

[96] PN II 69f. Nr. 17. 19. 20 H 43 Taf. 13. 14 Farbtaf. B und M.

[97] Vgl. oben Anm. 81 und bes. Becatti a. O. 33ff.

[98] Ebenso Darstellungen auf Scherben aus Iolkos (A. K. Orlandos, Ergon 1960, 60 Abb. 73a) und Lefkandi (M. R. Popham–L. H. Sackett, Excavations at Lefkandi, Euboea 1964–66 [1968] 20 Abb. 40).

[99] Chr. Tsountas–J. I. Manatt, The Mycenaean Age (1897) 204.

[100] E. Slenczka, Tiryns VII (1974) 52ff. Taf. 2, 1 Beil. 1. Vgl. auch ebenda 48 Taf. 1,2 (Kurzlanzenträger vor Pferdebeinen) und vielleicht H. Schliemann, Tiryns (1886) 409 Abb. 155; H. W. Catling, AJA 72, 1968, 47 Taf. 23, 22.

[101] Kurzlanzenträger vor Wagenpferden sind auch auf zwei Scherben aus Mykene zu erkennen, vgl. A. Furt-wängler–G. Löschcke, Mykenische Vasen (1886) 66 Taf. 38 Nr. 394. 395.

[102] E. Jastrow, AA 1927, 251 Abb. 1; Catling a. O. Taf. 23, 21 (hier irrtümlich Angabe eines einzigen unmäßig dicken Lanzenschaftes).

Fuß bezeugt ist[103] und für Apobaten wie für Fußkämpfer in Vasenbildern aus geometrischer Zeit die Regel sein wird. Die Speerlanzen- oder Speerpaarbewaffnung steht also jener der Folgezeit nahe, nicht mehr jener der frühmykenischen Zeit, und allein ein Vasenbild aus Mykene[104] läßt sich vielleicht als Hinweis auf die Existenz der Langlanze noch in SH III C verstehen.

Alles in allem bekräftigen die Darstellungen unsere Vermutung, daß sich im mykenischen Kriegswesen eine (frühe) ἔγχος-σάκος-Phase von einer (späteren) δόρυ-ἀσπίς-Phase unterscheiden läßt. Die erstere wird durch die Darstellungen eindeutig ins SH I–II datiert[105], während Elemente der letzteren erstmals im SH III B erscheinen, um im SH III C ältere Kampfesformen weitgehend zu verdrängen.

Es bleibt zu fragen, ob sich die zahlreichen Originalfunde minoischer und mykenischer Lanzen- und Speerspitzen diesem Bild einfügen oder ob sie es modifizieren. Bei dem folgenden Überblick kann auf Einzelheiten[106] weitgehend verzichtet werden; es reicht aus, hier nur die Hauptlinien der Entwicklung zu umreißen[107].

In der Frühen und Mittleren Bronzezeit waren in der Ägäis Lanzen- oder Langspeerspitzen üblich (vgl. oben S. 335 mit Anm. 40), die mittels eines dorn- oder zungenartigen Blattfortsatzes in das gespaltene Ende des Holzschaftes geklemmt und dort – manchmal durch Schlitze im Blatt – verschnürt wurden (Gruppe A; Abb. 91b)[108]; die Befestigung mittels durch den Schaft und die Schaftzunge getriebener Stifte oder Nieten (wie bei der Spitze Abb. 91g; s. oben Anm. 53) ist die Ausnahme. Diese primitive Schäftungsweise wird in dem spätmykenischen Fresko Abb. 89 gezeigt und läßt sich an einem vereinzelten Fundstück aus Pylos (Abb. 91h)[109] konkret für diese Zeit nachweisen. Da dieser Typ einfach und materialsparend herzustellen ist, wurde er – anscheinend als Notmaßnahme – von den pylischen Bronzegießern im Rahmen der oben S. 334 mit Anm. 35 erwähnten Rüstungsmaßnahmen wiederaufgegriffen. Sonst ist er als Kriegswaffe für die Späte Bronzezeit der Ägäis nicht mehr bezeugt.

Auf dem Festland erschien im späten MH eine Variante dieses Typs (Gruppe B; Abb. 91c)[110], bei der dem flachen Blatt auf jeder Seite ein halbrunder hohler 'Schaftschuh' auf-

---

[103] Scherbe aus Lefkandi: Popham–Sackett a. O. 43 Abb. 43. Vgl. schon die Jäger auf den Fresken von Tiryns, hier Abb. 89 und Anm. 87. 88.

[104] Furtwängler–Löschcke a. O. 68 Taf. 41 Nr. 427; Catling a. O. Taf. 23, 19 (hier mit einer anderen Scherbe – A. J. B. Wace, Mycenae [1949] Taf. 71, 1 – als zusammengehörig betrachtet).

[105] So auch N. Gialoures, AM 75, 1960, 66.

[106] Vgl. hierzu LuS passim. In LuS hat sich die Numerierung gegenüber der in der ArchHom verschoben. Zum Fundgut siehe jetzt auch: R. A. J. Avila, Bronzene Lanzen- und Pfeilspitzen der griechischen Spätbronzezeit, PBF V 1 (1983).

[107] Zu Lanze und Speer allgemein: Lorimer, Homer 254 ff.; M. Koustourou, AAA 5, 1972, 331 ff. Zu einzelnen Fundgruppen bzw. Zeitabschnitten: A. Evans, The Shaft Graves and Beehive Tombs of Mycenae and their Interrelation (1929) 37 ff.; Karo, Schachtgräber 206 f. (MH III/SH I); Evans, PM IV 841 f. (MM III/SM I);

M. S. F. Hood–P. de Jong, BSA 47, 1952, 255f. (SM II–III A 1); N. K. Sandars, AJA 67, 1963, 121. 142 f.; dies., Antiquity 38, 1964, 258 ff.; Catling, Bronzework 117 ff.; ders., BSA 63, 1968, 105 ff.; Desborough, Mycen. 66 f.; Snodgrass, EGAW 115 ff.; Hammond, Epirus 337 ff.; J. Bouzek, Homerisches Griechenland (1969) 35 f.

[108] Verf. in: ArchHom, Kap. E (1980) 295 Abb. 76a (danach unsere Abb. 91b); LuS 14 ff. 130 f. Abb. 1 (Gruppe A).

[109] PN I 94 Abb. 274, 3; danach, als Umzeichnung des Verf.: ArchHom, Kap. E (1980) 297 Abb. 76c sowie hier Abb. 91h.

[110] Chr. Tsountas, Die prähistorischen Akropolen von Dimini und Sesklo (neugriech., 1908) 354 Taf. 4, 10; danach, als Umzeichnung des Verf.: ArchHom, Kap. E 297 Abb. 76b sowie hier Abb. 91c. Der Neufund eines Gußformbruchstücks für eine Schaftschuhspitze in Kreta (G. Cadogan, ArchRep 1977/78, 74) stammt aus zu

gesetzt ist; die beiden Enden des (nach wie vor gespaltenen) Holzschaftes finden in diesen 'Schuhen' festeren Halt als bei der Zungen- oder Dornschäftung. Da gleichzeitig in der Ägäis vereinzelt die ersten Lanzenspitzen mit Schafttülle auftraten (s. unten), möchte ich annehmen, daß die umständlich herzustellenden Schaftschuhspitzen eine Reaktion der ägäischen Bronzegießer auf diese fremden Vorbilder darstellen. Gerade deren wichtigster Vorteil wurde aber nicht verstanden oder aus Gründen der Gewohnheit nicht akzeptiert: daß nämlich bei der Tüllenschäftung der Holzschaft an der besonders bruchgefährdeten Spitze nicht gespalten zu werden braucht.

Kreta ist in mittelminoischer Zeit von der Schaftzungen- und Schaftschuhspitze direkt zur Tüllenspitze übergegangen, die als zeitlose Optimalform von nun an ausschließlich verwendet wurde. Sie ist keine kretische Erfindung, sondern hatte zur fraglichen Zeit in Vorderasien schon eine lange Tradition[111]. Da die Hauptmerkmale der ersten kretischen und (vereinzelten) peloponnesischen Tüllenspitzen im Orient, zumal im syrischen Raum, geläufig waren, kann der Typ von dort hergeleitet werden. Allerdings zeigte sich in Kreta vorübergehend ein Ansatz zu Sonderentwicklungen (nicht geschlitzte Tüllen, z. T. mit viereckigem Querschnitt)[112].

Während in der Form des Blattes (die den folgenden 'Gruppen' als Kriterium zugrunde liegt) und der Mittelrippe Unterschiede bestehen, ist dem Großteil der ägäischen Tüllenspitzen wie auch ihren orientalischen Vorbildern ein Merkmal gemeinsam: die Tülle ist nicht als rundum geschlossene Röhre gegossen[113], sondern weist an einer Seite einen langen Schlitz auf. Nur eine kleine – wie es scheint, mittelminoische – Gruppe kretischer Fundstücke (Anm. 112) besitzt massiv röhrenförmige Tüllen. Dieser Typ ist eigentlich für die Lanzen- und Speerspitzen im Balkanraum, Italien und Mitteleuropa kennzeichnend,

---

spätem Kontext (SM I B) und ist vorerst zu vereinzelt, um allgemein ein längeres Nachleben des Typs zu beweisen. Daß er eher in Kreta als auf dem Festland entstanden sein dürfte, zeigen jetzt zwei mittelminoische Funde aus Mallia: B. Detournay–J.-C. Poursat–F. Vandenabeele, Fouilles Exécutées à Mallia, le Quartier My (II). EtCrét XXVI (1980) 152 ff. Nr. 227. 228 mit Abb. 227. 228, s. LuS 17.131 B 8. B 9.

[111] A. de Maigret, Le Lance nell'Asia Anteriore nell'Età del Bronzo (1976) 96 ff.

[112] Vgl. Fundstücke aus Pseira (Herakleion, Archäologisches Museum, Inv.-Nr. 1588: LuS 38. 41 f. 95. 100. 141 F 27 Taf. 4), Phaistos (L. Pernier, Festòs I [1935] 366 Abb. 218 links; LuS 125 f. 151 M 3 Abb. 19) und von

unbekannten kretischen Fundstellen (Herakleion, Archäol. Mus., Slg. Giamalakes Nr. 509: A. Xenake, KretChron 4, 1950, 113 f. Taf. 4 Nr. 509; LuS 47. 49. 88 f. 100. 143 G 29 Abb. 10; Slg. Giamalakes Nr. 680: LuS 38. 40 f. 78. 100. 141 F 25 Taf. 4).

[113] Es ist angenommen worden, diese Tüllen seien aus einem flachen Blattfortsatz zusammengebogen worden. Solche primitiven Frühformen sind aber nur aus dem Orient (in der Ägäis erst aus nachmykenischer Zeit, vgl. Verf. in: ArchHom, Kap. E [1980] 306 Anm. 1809) bekannt, wo sie schon zu Beginn des 2. Jts. v. Chr. außer Gebrauch kamen. Bei den späteren orientalischen und den spätminoischen wie mykenischen Spitzen ist die Tülle annähernd in der endgültigen Form gegossen.

Abb. 91 a–k. (a) Schwerer Kurzspeer aus Vapheio (SH II) mit geperlter Schaftverkleidung aus Bronzeblech; Athen, Nat.-Mus. (b) Frühkykladische Schaftzungenspitze aus Chalandriani, Syros; Athen, Nat.-Mus. (c) Mittelhelladische Schaftschuhspitze der Gruppe B aus Sesklo; Athen, Nat.-Mus. (d) Langtüllenspitze der Gruppe C aus Mykene; Athen, Nat.-Mus. (e) Kurztüllenspitze mit Ansatz zu eckigen Schneidenenden aus Mykene; Athen, Nat.-Mus. (f) Kurztüllenspitze der Gruppe D aus Kreta; Herakleion, Arch.-Mus. (g) Lanzenspitze mit dreieckigem Blatt und Schaftzunge, wohl MH; Verbleib unbekannt. (h) Spätmykenische Flachspitze der Gruppe A ohne Tülle und zugehöriges Schäftungsblech aus Pylos; Chora Triphylias, Arch. Mus. (i) Lanzen- oder Speerspitze der Gruppe I aus Mallia; Herakleion, Arch. Mus. (j) Speerspitze mit kurzer Tülle und runder Blattspitze aus Mykene; Athen, Nat.-Mus. (k) Lanzen- oder Speerspitze der Gruppe K (Mouliana-Variante) aus Kreta; Oxford, Ashmolean Mus.

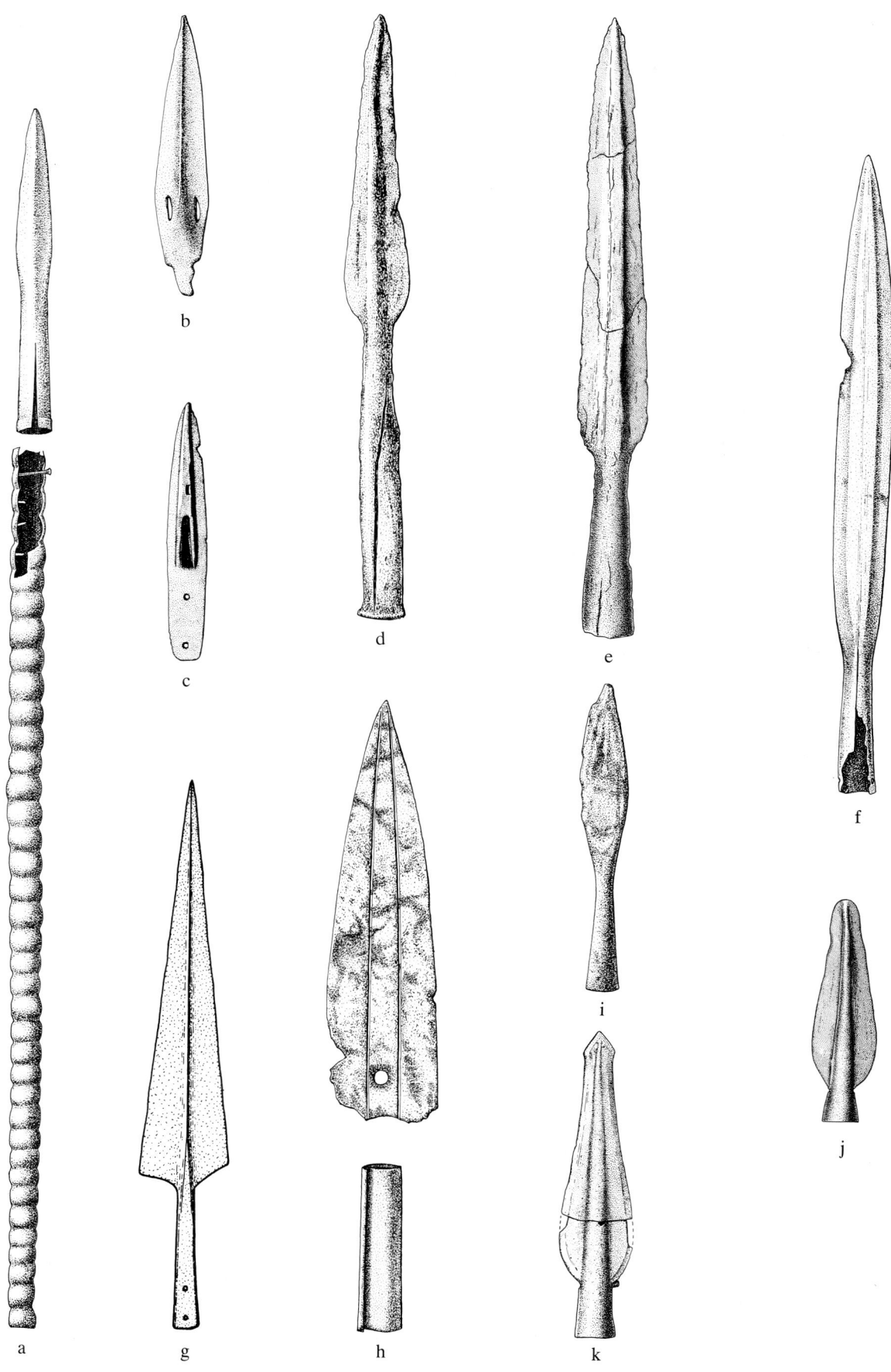

a   g   h   k

347

doch gehen ihnen die kretischen Belege nicht nur zeitlich voraus, sondern unterscheiden sich auch in der Ausführung der Tülle wesentlich. Sie müssen als eine auf Kreta beschränkte autochthone Experimentalform gelten, die sich offenbar nicht recht bewährt hat: sie wurden bald von Schlitztüllen abgelöst. Da die Schlitztülle bis in spätmykenische Zeit beibehalten worden ist, muß sie gegenüber der Röhrentülle Vorteile geboten haben. Vermutlich ließ sie sich durch leichtes Nachschmieden der Tülle der Form des Schaftendes besonders gut anpassen und war elastischer – d. h. weniger bruchgefährdet – als die Röhrentülle. Auf dem Schaft wurde sie durch einen aufgeschobenen oder heiß aufgeschrumpften Ring (πόρκης), der später durch eine Manschette aus Blech ersetzt werden oder sogar fehlen konnte, verklammert und zusätzlich durch einen Stift gesichert, der durch Löcher in der Tüllenwandung und im Holzschaft gesteckt wurde.

Die frühesten durch Beifunde datierten Tüllenspitzen Kretas (aus Mochlos) verteilen sich auf drei Formengruppen: die in den Schachtgräbern von Mykene vorherrschende Gruppe C (s. unten), Gruppe F (Abb. 92c)[114] – mit langer Tülle und keilförmigem Blatt, dessen Schneidenenden leicht ausladen – und Gruppe G (Abb. 92d)[115], von ähnlicher Grundform wie F, doch mit konvex geschwungenen Schneiden. Alle drei Spitzen sind ungefähr 0,30 m lang und dürfen als Kurzlanzenspitzen gedeutet werden. Das älteste Fundstück vom Festland[116], zu Gruppe D gehörig (s. unten), kann demgegenüber wegen seiner Länge von nicht mehr als 0,14 m nur zu einem Wurfspeer gehört haben.

Die zahlreichsten Funde der Frühzeit stammen nicht von Kreta, sondern aus den Schachtgräbern von Mykene, die an die Wende vom MH III zum SH I datiert sind. Die Fülle der Waffenbeigaben, unter denen Lanzenspitzen am zahlreichsten sind, spricht überzeugend für den kriegerischen Charakter dieser frühen Herren der Argolis. Die Lanzenspitzen – mit Ausnahme einer verspäteten Schaftschuhspitze nur Tüllenspitzen – gehören zwei Typen an: den Gruppen C (Abb. 91d)[117] und D (Abb. 91f)[118].

Gruppe C umfaßt Spitzen mit ungewöhnlich langer Tülle und vergleichsweise kleinem, spitz-tropfenförmigem Blatt. Vorbilder sind aus dem Orient und auch aus Anatolien bekannt. Es fällt auf, daß sich ein Teil dieser Spitzen durch ungewöhnliche Größe (Länge bis 0,60 m) von einer anderen Gruppe mit einer Länge von etwa 0,30–0,40 m abhebt. Dermaßen lange Spitzen sind zwar aus dem Orient, nicht aber aus Kreta oder von anderen Fundstellen des Festlandes bekannt. Vermutlich handelt es sich um Spezialwaffen für eine bestimmte Kampfesweise. Jedenfalls müssen diese Langspitzen zu besonders großen Lanzen gehört haben. Die kürzeren Spitzen aus Gruppe C entsprechen in ihrer Länge denen der

[114] LuS 38ff. 42ff. 85f. 91f. 139 Abb. 7 Taf. 3 (Gruppe F Varianten I und III; F 2: Knossos, auf unserer Abb. 92c als Umzeichnung nach M. S. F. Hood–P. de Jong, BSA 47, 1952, 256. 261f. Nr. 3 Abb. 8, wiedergegeben; vgl. auch ArchHom, Kap. E 299 Abb. 77b; F 6: Mochlos).

[115] LuS 47ff. 88f. 100. 141 Abb. 9 Taf. 4 (Gruppe G: 3: Mochlos; G 4: Ialysos, auf unserer Abb. 92d als Umzeichnung nach A. Furtwängler – G. Löschcke, Mykenische Vasen [1886] 8 Taf. D 16, wiedergegeben; vgl. auch O. Höckmann in: ArchHom, Kap. E 299 Abb. 77c).

[116] Malthi: Natan Valmin, The Swedish Messenia Expedition (1938) 367 Taf. 30, 2; LuS 25, 134 D 10 Abb. 4.

[117] LuS 22f. 78. 80. 82. 84. 91f. 100f. 132 C 1–10 Abb. 2 (C 4: Mykene, Schachtgrab VI, auf unserer Abb. 91d als Umzeichnung nach Karo, Schachtgräber 162 Taf. 96 Nr. 933, wiedergegeben; vgl. auch Höckmann in: ArchHom, Kap. E 297 Abb. 76e).

[118] LuS 25ff. 79. 100f. 133 D 1–3 Abb. 4 (ebenda 30. 135 D 25 Abb. 5: kretische Spitze, auf unserer Abb. 91f als Umzeichnung nach H. W. Catling, BSA 63, 1968, 92 Nr. 6 Abb. 2 Taf. 23d, wiedergegeben; vgl. auch Höckmann in: ArchHom, Kap. E 297 Abb. 76d).

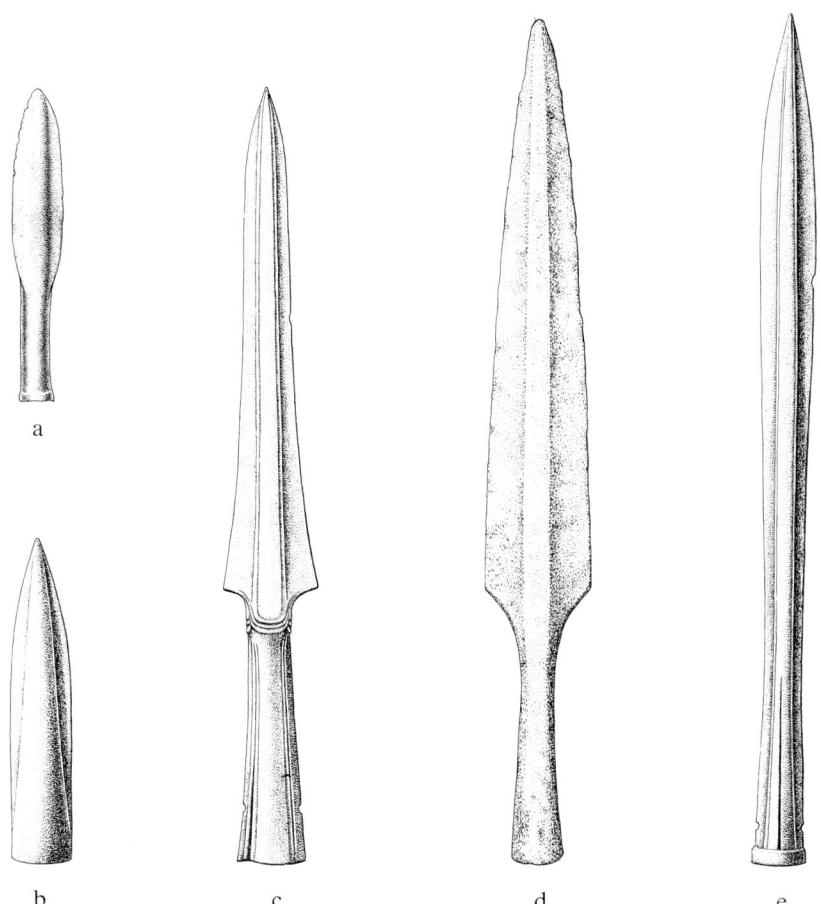

Abb. 92 a–e. (a) Zungenförmige Lanzen- oder Speerspitze der Gruppe E aus
Mazaraki; Iohannina, Arch. Mus. (b) Kurze Bajonettlanzenspitze der Gruppe H
aus Iolkos; Volos, Arch. Mus. (c) Lanzenspitze der Gruppe F mit keilförmigem
Blatt und eckigen Schneidenenden aus Knossos; Herakleion, Arch. Mus.
(d) Lanzenspitze der Gruppe G mit konvex geschwungenen Schneiden und eckigen Schneidenenden aus Ialysos, Verbleib unbekannt. (e) Lange Bajonettlanzenspitze der Gruppe H aus Knossos; Herakleion, Arch. Mus.

Gruppe D (Abb. 91 f), für die ein relativ längeres, ebenfalls tropfenförmiges Blatt und eine
höchstens ebenso lange Tülle kennzeichnend sind. Gruppe D kann als Normalform der mykenischen Lanzenspitze gelten, die mit einigen Abwandlungen bis SH III verwendet wurde.
Welchem Lanzentyp der frühen Darstellungen diese Spitzen zuzuweisen sind, läßt sich nur
vermutungsweise entscheiden. Wenn die Langspitzen zu etwa 3 m langen Waffen (Abb.
86a; 87) gehört haben sollten, ließen sich die kleineren wohl auf den Typ der Kurzlanze
beziehen, wie sie der Fußkämpfer auf der S. 338 mit Anm. 60 erwähnten Stelendarstellung
trägt. Das Übergewicht der Langspitzen in den Gräbern von Mykene läßt jedenfalls vermuten, daß sie für eine besondere, den Fürsten vorbehaltene 'heroische' Art des Kampfes
bestimmt waren. Obgleich die Langlanzen in Abb. 86a und 87 im Gefecht zu Fuß gezeigt
werden, möchte ich eine Deutung als Streitwagenlanze erwägen. Der Wagenkampf darf
für die Schachtgrabzeit ja angenommen werden, wie die oben S. 338 mit Anm. 61 und 62
angeführten Darstellungen belegen, und für diese Form der Attacke waren besonders
lange Lanzen notwendig.

Speere – auf der Peloponnes früher bezeugt als Lanzen mit Tüllenspitze (Anm. 116) – waren für die Herren von Mykene unwichtig. Ein ungewöhnlich kleines Exemplar aus Gruppe C[119] mag ein Jagdspeer gewesen sein.

Die Vorbilder für die Gruppen C und D sind im Orient zu suchen, doch zeigen sich erste Ansätze zu einer selbständigen Eigenentwicklung in Mykene bereits zur Schachtgrabzeit. Eine spitz-flammenförmige Kurzlanzenspitze mit grob kannelierter Tülle[120] hat – soweit ich sehe – weder in Kreta noch in der Levante Parallelen. Dasselbe gilt für Spitzen, deren Mittelrippe seitlich von feinen Parallelrippen begleitet wird, und wahrscheinlich auch für Fundstücke mit geraden Schneiden (Abb. 91e)[121]. Zwar sind Lanzenspitzen mit geraden Schneiden auch im Osten bekannt[122], doch ist die Ähnlichkeit der mykenischen Funde mit den orientalischen m. E. nicht groß genug, um Zusammenhänge annehmen zu lassen. Das argivische Waffenschmiedewesen wurde offenbar eher von auswärtigen Vorbildern unabhängig als etwa die mykenische Kunst.

In SM/SH II gehen die Fundzahlen auf dem Festland schlagartig auf nur insgesamt vier Exemplare – sämtlich aus der Peloponnes – zurück, während nun Knossos mit 17 Funden einen noch deutlicheren Schwerpunkt bildet als zuvor Mykene.

Dieses Phänomen sollte vor dem Hintergrund gesehen werden, daß sich zu Beginn von SM II (oder u. U. im späten SM I B) Achäer auf noch unbekannte Weise der Herrschaft in Knossos bemächtigt haben[123]. Darauf wiesen schon früh Stilelemente der Keramik hin, und den Beweis brachten nach Entzifferung der Linear B-Schrift die in mykenischem Griechisch abgefaßten Archivtexte aus Knossos; die Sprache der älteren, in Linear A-Schrift geschriebenen Texte hingegen ist ungriechisch und gegenwärtig noch unverständlich.

Angesichts dieser Situation braucht der – sich aus dem Fundbild ergebende – Eindruck, die achäische Dynastie von Mykene sei gewissermaßen nach Knossos 'umgezogen', nicht gänzlich falsch zu sein[124]. Hierfür sprechen auch einige Beobachtungen an Lanzenspitzen. So erschien etwa die auf dem Festland schon zuvor wichtige, in SH II dort fast ausschließlich herrschende Gruppe D jetzt erstmals in Kreta[125], und für noch wesentlicher möchte ich Zusammenhänge zwischen den jetzt in Knossos neu entwickelten Spitzen der Gruppe H (Abb. 92e)[126] und schachtgrabzeitlichen Funden aus Mykene halten.

[119] Karo, Schachtgräber 104 Taf. 97 Nr. 448; LuS 132 C 10 Abb. 2.

[120] Schachtgrab Lambda: G. E. Mylonas, Der Gräberkreis B von Mykene (neugriech., 1973) 140 Taf. 123b; LuS 23. 80. 100f. 132 C 8 Abb. 2.

[121] Schachtgrab VI: Karo, Schachtgräber 160 Taf. 96 Nr. 902 (danach, als Umzeichnung, unsere Abb. 91e); LuS 27. 80. 100f. 133 D 2 Abb. 4.

[122] De Maigret (s. oben Anm. 111) 97ff. Typ b 1, b 2, b 3 i Abb. 22–24.

[123] F. Schachermeyr, Die minoische Kultur des alten Kreta (1964) 116ff.

[124] Allerdings muß – neben anderen Unterschieden – berücksichtigt werden, daß sich die Kriegergräber von Knossos nicht mit den Fürstengräbern von Mykene an Reichtum der Ausstattung messen können; sie dürften eher Gefolgsleuten der neuen Dynastie als deren Herrschern gehört haben.

[125] Knossos: N. K. Sandars, AJA 67, 1963, Taf. 23, 14; LuS 27. 94. 102f. 134 D 12 Abb. 4 (Akropolis-Grab); M. S. F. Hood–P. de Jong, BSA 47, 1952, Taf. 53b; LuS 27. 94. 102f. 134 D 13 Abb. 4 (Sanatorium-Grab I); Hood, BSA 51, 1956, 91 Abb. 4, 11; LuS 27. 83f. 102f. 136 D 33 Abb. 5 (Hagios Iohannes).

[126] Zu den SM-zeitlichen Spitzen der Gruppe H aus Knossos s. LuS 56ff. 85ff. 102. 144f. H 3. 6. 7. 20. 21 Abb. 11–13. Von diesen ist H 20 auf unserer Abb. 92e als Umzeichnung nach M. S. F. Hood–P. de Jong, BSA 47, 1952, 271 Nr. III 14 Abb. 12 Taf. 53b, wiedergegeben; vgl. auch O. Höckmann in: ArchHom, Kap. E 299 Abb. 77d. Zur Gruppe H insgesamt s. LuS 55ff. 144ff. H 1–37 Abb. 11–13.

Die Spitzen aus Gruppe H haben m. W. nirgendwo sonst Vorbilder oder Parallelen. Ihr Blatt ist bajonettartig schlank, und die Schneiden sind ohne jeden Absatz bis zum Tüllenmund herabgezogen. Die frühen Belege aus Knossos sind durchweg sehr groß, mit Längen z. T. über 0,50 m. Dies läßt vermuten, daß sie funktionell den langen Schachtgrabspitzen aus Gruppe C entsprechen, die in SM/SH II nicht mehr belegt sind. Für diese wurde eine Deutung als Streitwagenwaffe im Sinne hethitischer Taktik (s. Anm. 71) erwogen: Die Stelenbilder (s. Anm. 61. 62) sichern die Lanzenbewaffnung der Wagen im frühen Mykene, und nach den Gegebenheiten müssen diese Lanzen sehr lang gewesen sein.

Ich möchte für die ebenfalls auffallend langen Spitzen aus Gruppe H eine entsprechende Verwendung annehmen, obgleich in den knossischen Arsenaltexten der S-Serie (Anm. 30) die Angriffswaffen der aufgelisteten Wagen nicht genannt werden. Hierfür spricht außer ihrer Länge auch die eigenartige Form dieser schlanken, kräftigen Spitzen, die sie zum Durchstoßen von Metallpanzern besonders geeignet macht. Nun gehören Panzer in den Arsenalakten zur normalen Ausrüstung der Wagenkrieger, und ein gleichzeitiger Bronzepanzer aus Dendra [127] ist so schwer und starr, daß ein Gefecht zu Fuß in dieser Rüstung kaum vorstellbar ist. Auch dieser Panzer wird einem Wagenkämpfer gehört haben, und er gibt eine Vorstellung davon, wie leistungsfähig die Angriffswaffen sein mußten, um einer so schweren Panzerung [128] Herr zu werden. Die 'Bajonettlanzenspitzen' der Gruppe H wären dieser Aufgabe gewachsen. Ihre schlanke Form konzentriert die Wucht des Stoßes auf eine kleine Fläche; die Länge würde ein Eindringen des Tüllenrandes in Panzer und Körper des Getroffenen auch beim besonders kräftigen, doch schwer dosierbaren Stoß vom fahrenden Wagen aus unwahrscheinlich machen und – ebenso wie die glatte Form der Schneidenenden – die Gefahr des Verhakens der Spitze beim Zurückziehen der Waffe (das im fahrenden Wagen akrobatische Geschicklichkeit erfordert haben dürfte) vermindern.

Berücksichtigen wir, daß die knossischen 'Bajonettlanzenspitzen' an der feinen Profilierung von Mittelrippe und Tülle argivischen Einfluß erkennen lassen (vgl. die grobe Kannelierung der in Anm. 120 zitierten älteren Spitze), so erscheint die Vermutung vertretbar, daß die Langspitzen aus Gruppe H verbesserte und jetzt eindeutig für den Wagenkampf spezialisierte Nachfolger der frühmykenischen Langspitzen aus Gruppe C darstellen. Nach ihrer den derben, nur funktionellen Waffen vom Festland weit überlegenen handwerklichen und auch ästhetischen Qualität zu urteilen, sind die 'Bajonettlanzenspitzen' von kretischen Palasthandwerkern für die Erfordernisse der neuen achäischen Herren von Knossos entwickelt worden. Vielleicht ist diese Verbesserung der Wagenlanze durch die Einführung des Körperpanzers bei den Wagentruppen (s. Anm. 128) im SM II notwendig geworden.

Andere Lanzenspitzen aus den Kriegergräbern von Knossos, die bei unverändertem Typenspektrum auch noch in die Frühzeit von SM III A hineinreichen, sind von argivischen Einflüssen frei. Die Gruppen F und G waren bereits in dem frühen Grabverband von Mochlos bezeugt, während sie anfangs auf dem Festland fehlten: sie dürfen als kretische

---

[127] Buchholz–Karageorghis, Altägäis 58 Nr. 712.

[128] Da die Besatzung der mykenischen Wagen nur aus Lenker und Kämpfer bestand – ohne den zusätzlichen Schildträger der hethitischen Wagentruppen –, war schwere Panzerung für die achäischen Wagenkrieger wohl besonders wichtig – zumal wenn angenommen werden müßte, sie wären in der Frühzeit nicht mit Schilden ausgerüstet gewesen (s. oben Anm. 29).

351

Formen gelten. Auch Gruppe E (Abb. 92a)[129] ist offenbar in dieser Blütezeit des kretischen Waffenhandwerks in Knossos entstanden. Sie umfaßt zungenförmige Spitzen, die nach ihrer relativ geringen Größe wohl zu Langspeeren wie etwa jenen des 'Hauptmanns der Schwarzen' (s. Anm. 50) gehört haben – nach Ausweis der frühen Darstellungen (s. Anm. 40) wohl eine für Kreta typische Waffe. Der älteste, SM II-zeitliche Beleg für Gruppe E läßt an den ganz weich in die Tülle einmündenden Schneiden deutlich den Einfluß von 'Bajonettlanzenspitzen' erkennen.

Auf dem Festland ist in SH II A erstmals der kretische Nahkampfspeer, der schwere Kurzspeer (Abb. 91a; s. oben S. 342), erwiesen. Die Spitze dieser Waffe gehört zur Gruppe D; wäre nicht die kurze bronzene Schaftverkleidung, würde sie als Kurzlanze bezeichnet werden müssen.

Probleme ergeben sich im Zusammenhang mit einer Speerspitze aus dem Tholosgrab 'Epano Phournos' in Mykene (Abb. 91j)[130], die der Gruppe K angehört[131]. Diese Spitzen weisen zwar ein tropfenförmiges Blatt auf wie jene aus den Gruppen C und D, doch ist die Tülle sehr kurz und stets röhrenförmig ohne Schlitz gegossen – ein Merkmal der balkanischen und mitteleuropäischen Lanzen- und Speerspitzen. Überhaupt stimmt der Großteil von Gruppe K, der aus Fundverbänden des SH III B–C stammt, mit 'nördlichem' Formengut so weitgehend überein, daß er mit eingewanderten (oder als Söldner angeworbenen) barbarischen Kriegern verbunden werden darf. Insofern ist es verständlich, daß auch das Fundstück aus Mykene verschiedentlich dieser spätmykenischen Gruppe zugewiesen wurde. Die Fundsituation spricht aber für eine Datierung in SH II A, und außerdem gehört es zu einer Variante, die sich vom Normaltyp der Gruppe K durch die breit-gerundete Blattspitze unterscheidet. Da dieses Merkmal zuvor schon an mittelminoischen Speerspitzen der Sondergruppe mit Röhrentülle (s. Anm. 112) bezeugt ist, darf vielleicht erwogen werden, daß das Fundstück aus Mykene in der Tradition dieser kretischen Spitzen steht.

In SM III klingt die Bedeutung von Knossos für die Lanzen- und Speerproduktion aus, und nach der Zerstörung des Neuen Palastes wohl im späteren SM III A sind Waffen nach Art der 'Palastwerkstatt' in ganz Kreta nur noch selten bezeugt. Bemerkenswert erscheint, daß im SM III B–C Speerspitzen (Abb. 91k)[132], die teils dem oben diskutierten Fundstück aus Mykene, teils den balkanischen Spitzen der Gruppe K nahestehen, unter den kretischen Funden die größte Gruppe bilden.

Vom Festland liegen demgegenüber aus SH III mindestens 77 Lanzen- und Speerspitzen vor, und ein zweites Zentrum zeichnet sich im Dodekanes mit 23 Funden (größtenteils aus den Gräbern von Ialysos auf Rhodos) ab.

[129] LuS 36ff. 88ff. 138f. Abb. 6 Taf. 3 (Gruppe E; E 3: Spitze aus Mazaraki, die auf unserer Abb. 92a als Umzeichnung nach I. P. Vokotopoulou, Ephemeris 1969, 195 Nr. 5 Abb. 6a Taf. 27b, wiedergegeben ist).

[130] M. S. F. Hood, BSA 48, 1953, 78 Abb. 45, 7; S. 79 Abb. 46 (danach, als Umzeichnung, unsere Abb. 91j. Zur Fundsituation: ebenda 78f.); LuS 71ff. 80. 101f. 149 K 20 Abb. 15. Ohne Rücksicht auf die Fundsituation spätmykenische Datierung: J. Bouzek, Homerisches Griechenland (1969) 39 Abb. 12, 9. Auch K. Kilian, Fibeln in Thessalien von der mykenischen bis zur archai-

schen Zeit (1975) 13 Taf. 95 B 3, wies für ein ähnliches Exemplar aus Kierion nur Parallelen aus SH III B nach.

[131] LuS 67ff. 147ff. Abb. 15 Taf. 6 (Gruppe K).

[132] Stamnia: N. Platon, Ergon 1952, 627 Abb. 7; LuS 68f. 88. 108. 148 K 10 Abb. 15; Mouliana: S. A. Xanthoudides, Ephemeris 1904, 45f. Abb. 11 oben Mitte; LuS 68ff. 74f. 79f. 108. 150 K 27 Abb. 15; der genaue FO der folgenden Spitze auf Kreta ist nicht überliefert: H. W. Catling, BSA 63, 1968, 93f. Abb. 2, 8 Taf. 23e (danach, als Umzeichnung, unsere Abb. 91k); LuS 68ff. 73ff. 79f. 110. 150 K 28 Abb. 15.

Für SH III A lassen sich erstmals Lanzen- und Speerfunde aus anderen Landschaften (Thessalien, Euboia) des Festlands als der Peloponnes nachweisen; doch behielt dieses alte Kernland der mykenischen Kultur noch eine unangefochtene Spitzenstellung. Ein Teil der Funde vertritt den mykenischen 'Normaltyp' Gruppe D [133]. Das Blatt dieser Spitzen ist aber schlanker als zuvor, die Schneidenenden sind weicher geschwungen: beides Neuerungen, die wohl auf das Vorbild der kretischen 'Bajonettlanzenspitzen' (Gruppe H) zurückgehen. Diese sind in einer auch in Knossos vorhandenen, für SM/SH III A 1 typischen schilfblattförmigen Variante auch in der Peloponnes nachgewiesen [134]. Die hochmoderne, leistungsfähige Spezialwaffe hat, wie die Veränderungen an den D-Spitzen zeigen, das achäische Waffenhandwerk offenbar tief beeindruckt. Sie wurde in SH III A auf dem Festland auch modifiziert, wie einerseits eine über 0,60 m lange Spitze von ungewöhnlicher Form aus Athen [135], andererseits eine gedrungene Kurzspitze aus Thessalien [136] erkennen läßt. Außerdem werden jetzt erstmals auf dem Festland Kurzlanzenspitzen der kretischen Gruppen F und G nachweisbar, beide Exemplare in der Peloponnes [137], deren Beziehungen zu Kreta zu allen Zeiten besonders eng gewesen sind. Speere sind durch zwei Exemplare der ebenfalls kretischen Gruppe D Variante VI [138] und ein weiteres [139] bezeugt, das der hauptsächlich in späterer Zeit verbreiteten Gruppe I (Abb. 91i) [140] nahesteht. Die Spitzen der Gruppe I weisen ein gedrungen lanzettförmiges Blatt auf; die Länge der Tülle entspricht der Blattlänge. Dem Umriß nach könnten sie als Variante von Gruppe D betrachtet werden; doch weist die – anscheinend regelmäßig vorhandene – Röhrentülle auf eine 'balkanische' Komponente hin, die bei Gruppe D fehlt. Insofern erscheint es nicht bedeutungslos, daß das frühe Fundstück in verschiedener Hinsicht frühbronzezeitlichen Lanzen- oder Speerspitzen aus Ungarn nahesteht: Vielleicht ist dies ein Fremdling aus dem Norden, der den Anstoß zur Entstehung von Gruppe I gegeben haben könnte.

Unter den ostägäischen Funden ist die kretische Komponente (Gruppen F, G, H) stark vertreten. Festländisch wirken demgegenüber einige relativ kleine Spitzen, die den schachtgrabzeitlichen Kurzspitzen der Gruppe C sehr ähnlich sind. Der große Zeitabstand zu diesen läßt sich aber gegenwärtig noch nicht durch Funde überbrücken. Eindeutige Kurzspeerspitzen fehlen in der Ostägäis – auch in den folgenden Stufen von SH III – gänzlich.

Insgesamt erscheint wesentlich, daß überall in SH III A die Lanzenspitzen erheblich zahlreicher sind als die Speerspitzen. Die Kampfesweise entspricht also noch jener der Frühzeit.

[133] Dendra, Grab 2: A. W. Persson, The Royal Tombs at Dendra near Midea (1931) 97 Taf. 33, 4; LuS 30. 80. 134 D 15 Abb. 4; Mykene: ebenda 30. 32. 80. 136 D 35 (Athen, Nationalmuseum, Inv.-Nr. 3133); Tragana: Sp. Marinatos, Praktika 1955, 248 Taf. 94a; LuS 30. 32. 95f. 136 D 38 und 39.

[134] Dendra, Grab 1: Persson a. O. 36f. Taf. 20, 6–9; LuS 61. 80. 83. 145 H 14–17 Taf. 5. Es handelt sich, wie bei den Schachtgräbern von Mykene, um ein reich ausgestattetes Fürstengrab.

[135] E. Vermeule–J. Travlos, Hesperia 35, 1966, 64 Abb. 3 Taf. 20d; 24c; LuS 56ff. 84. 105. 144 H 1 Abb. 11.

[136] Iolkos: D. R. und M. Theochares, AAA 3, 1970, 200 Abb. 6 links; LuS 62. 80. 105. 146 H 33 Abb. 13.

[137] Pylos: LuS 38. 43f. 80. 139 F 1 Taf. 3; Nauplia: ebenda 47. 80. 105. 141 G 1 Taf. 4 (Athen, Nationalmuseum, Inv.-Nr. 8358 und 3543).

[138] Prosymna: H.-G. Buchholz – V. Karageorghis, Altägäis 53 Nr. 596; LuS 33. 92. 136 D 42 Abb. 6; Iolkos: D. R. und M. Theochares a. O. 201 Abb. 8; LuS 32f. 82. 136 D 43 Abb. 6.

[139] Vromousa: V. Hankey, BSA 47, 1952, 93 Abb. 9 Nr. 410; LuS 66. 79. 147 I 5 Abb. 14.

[140] LuS 64ff. 147 Abb. 14 Taf. 6 (Gruppe I; I 8: Spitze aus Mallia, die auf unserer Abb. 91i als Umzeichnung nach einem Photo bei J. Deshayes – A. Dessenne, Mallia, EtCrét XI [1959] 143f. Nr. 1 Taf. 50, 7, wiedergegeben ist).

In SH III B gehen die Fundzahlen in allen Teilen der mykenischen Welt zurück – wohl eine Auswirkung der 'Pax Mycenaica' (s. Anm. 85). Die vorhandenen Waffen dürften weitgehend dem jüngeren Teil dieser Periode angehören, als auf dem Festland wieder kriegerische Auseinandersetzungen um sich griffen. Im Typenvorrat zeichnete sich eine wesentliche Änderung ab: Die Streitwagenlanzen der Gruppe H fehlten jetzt sowohl auf dem Festland als auch in Kreta gänzlich[141]. Die von Nestor empfohlene Lanzenattacke im Wagen war offensichtlich außer Gebrauch gekommen.

In SH III B schloß sich der Epeiros in gewissem Grade der mykenischen Kultur an, und nun erschienen hier auch vereinzelt Lanzenspitzen der Gruppen D und E. Gleichzeitig blieb Nordwestgriechenland aber auch Teil der balkanischen Waffenprovinz. Dies zeigt sich an Speer- oder Speerlanzenspitzen der Gruppe K[142] und besonders an einem Typus von Kurz- oder Speerlanzenspitzen mit flammenförmigem Blatt (Abb. 97d), den A. Snodgrass als 'Typ B' bezeichnete[143]. Er ist im ganzen Balkangebiet vielfach bezeugt. Da sich zwei epeirotische Fundstücke dieser Art, bei denen der Umriß eckig gegliedert ist[144], speziell mit Ungarn verbinden lassen, kann mit weitreichenden Verbindungen und wohl auch Wanderungsbewegungen im balkanischen und nordwestgriechischen Raum gerechnet werden[145]. In diesem Zusammenhang ist eine Speerspitze der Gruppe K aus dem 'Akropolis-Hort' in Mykene (Ende SH III B) zu sehen[146]. Dieser Hinweis auf die Ausbreitung fremder Waffentypen bis in die Argolis ergänzt das Bild, das sich aus den Funden nicht-mykenischer handgemachter Keramik ergibt (s. Anm. 39 und 145). Daß in dieser Zeit allgemeiner Unruhen und Wirren der uralte Typus der tüllenlosen Lanzenspitze in Pylos wiederauflebte (Abb. 91h), wurde bereits erwähnt (s. oben S. 345).

In der Schlußphase der mykenischen Kultur, im SH III C, wurde unter den einheimisch-achäischen Lanzenspitzen Gruppe G führend, gefolgt von der traditionsreichen Gruppe D (E und H sind nur noch durch Einzelstücke belegt). Die einheimische Typengruppe wird aber an Zahl von Speerlanzen- oder Speerspitzen mit 'balkanischer' Röhrentülle (Gruppen I und besonders K) übertroffen, die jetzt auch die südlichen Teile des Festlands voll erreichten. Im selben Zusammenhang ist ein Siegelbild aus Tiryns zu sehen[147], das m. E. eine 'geflammte' Spitze vom 'Snodgrass-Typ B' wiedergibt, die – hier als Jagdwaffe verwendet –

---

[141] Einziger Beleg: A. Maiuri, ASAtene 1923/24, 230 Abb. 147 rechts; LuS 62. 83. 145 H 22 Abb. 13 (Ialysos, Grab LIX).

[142] In der Peloponnes ist sie zu dieser Zeit nur einmal, in der kretisch-orientalisierenden Variante bezeugt, und zwar in Mitopolis (E. Mastrokostas, Deltion 17, 1961/62, Chron 129f. Taf. 153d; LuS 73f. 81. 149f. K 26 Abb. 15). Diese Spitze ist erheblich größer als die epeirotischen Funde – sie gehört als einzige in Gruppe K eindeutig zu einer Lanze.

[143] Snodgrass, EGAW 119; LuS 107f. 110f. 118ff. Abb. 18, 1–11; identisch mit Catlings 'Kephallenia-Typ' (Bronzework 106) und Bouzeks 'zweitem Typ' (J. Bouzek, Homerisches Griechenland [1969] 35f.). Ähnliche Zusammenhänge gelten später für den albanischen 'Typ Pazhok' (K. Kilian, JberInstVgFrankf 1976, 128 Abb. 7), der aber nur Nordwestgriechenland erreichte. Eine

geflammte Spitze dieses Typs aus Gribiane ist auf Abb. 97d wiedergegeben (Th. I. Papadopoulos unten S. 375); vgl. S. I. Dakares, Ephemeris 1956, 131 Abb. 5; Snodgrass, EGAW 119 B 5 Abb. 7b; Th. I. Papadopoulos, Dodone 5, 1976, 332f. Taf. 20 Nr. 3325; LuS 118f. Nr. 4 Abb. 18, 4.

[144] Papadopoulos a. O. 332f. Taf. 20 Nr. 3324; LuS 118ff. Nr. 11 Abb. 18, 11 (aus Konitsa; Iohannina, Archäologisches Museum); ebenda 118 Nr. 12 (FO unbekannt).

[145] Vgl. hierzu S. Deger-Jalkotzy, Fremde Zuwanderer im spätmykenischen Griechenland (1977) Kap. 6 (62ff.).

[146] N. K. Sandars, AJA 67, 1963, Taf. 25, 37; LuS 70. 78ff. 149 K 18 Abb. 15.

[147] K. Kilian, AA 1979, 384 Abb. 4.

im Rücken eines Steinbocks steckt. Die relativ kleinen Spitzen aus Gruppe K lassen deutlich werden, daß in dieser Endphase der mykenischen Kultur die reine Stoßlanze nicht mehr die Hauptwaffe war. Die Funde ergeben dasselbe Bild wie die Darstellungen, die in SH III C eine zunehmende Bedeutung von paarweise geführten Speerlanzen und Speeren, aber auch von einzeln geführten Nahkampfspeeren erkennen ließen. In diesem Sinne liegt ebenfalls, daß die Größe auch der Spitzen achäischer Typen jetzt im Mittel geringer ist als zuvor. Offenbar wurden die Waffen insgesamt leichter und handlicher gestaltet, um im Bedarfsfall auch als Speer dienen zu können. Damit war waffentechnisch ein Stadium erreicht, das ohne Bruch zum folgenden 'Dunklen Zeitalter' – der submykenischen und protogeometrischen Epoche – und zur geometrischen Periode überleitete.

In den Darstellungen auf geometrischer Keramik und z. T. auch den Grabfunden ist die Normalbewaffnung des Kriegers ein Speerlanzen- oder Speerpaar, und solche Paare sind durch die Darstellungen (Abb. 89; s. oben S. 342ff. mit Anm. 87. 88. 102. 103) ja bereits für SH III B–C bezeugt. Es ist zu prüfen, ob sie sich auch an Originalfunden in spätmykenischen Grabverbänden nachweisen lassen.

Ein Teil der Waffengräber, darunter die Schachtgräber in Mykene, soll wegen ihrer komplizierten Belegungsgeschichte bzw. wegen Unklarheiten des Grabungsbefundes oder der Dokumentation nicht berücksichtigt werden. Gerade für die Ansammlungen von Wagenlanzen (so auch in Dendra) läßt sich nicht ausschließen, daß sie dem Toten als erbeutete Trophäen ins Grab gelegt worden sind.

Die Grabverbände, deren Inhalt als Ausstattung eines einzigen Toten betrachtet werden kann[148], ergeben ein überraschendes Bild: Sie bezeugen Zweier- bzw. Dreiergruppen, die sich in der Frühzeit meist aus einer oder zwei größeren und einer kleineren Spitze (in Vapheio aus einer Kurzlanze und einem Nahkampfspeer) zusammensetzen, bereits für drei Gräber aus SM II in Knossos und eines aus SH II A in Vapheio. Eine solche gemischte Ausrüstung ließ sich aus den Darstellungen nicht erschließen; der 'Hauptmann der Schwarzen' trägt zwar zwei Waffen, doch sind es Speere von gleicher Größe (s. Anm. 50). Aus SH III A liegt ein Beleg (Ialysos, Grab XIX) für gemischte Ausrüstung vor, und drei weitere nur allgemein in SH III datierbare Grabverbände (Ialysos, Altes Grab 4; Prosymna, Grab X; Grab bei Gortynia) mit ähnlicher Ausstattung werden angeschlossen werden dürfen. Ihnen stehen zwei Gräber mit Paaren gleichartiger Waffen gegenüber, eines mit zwei völlig gleichen, sehr qualitätvollen großen Lanzenspitzen (Tragana), das andere (Iolkos, Grab 6) mit zwei relativ kleinen Spitzen von gleicher Größe, doch verschiedener Typen, deren eine (Abb. 92b)[149] der festländischen Variante der 'Bajonettlanzenspitzen' Gruppe H angehört (s. Abb. 92e und Anm. 126). Während die beiden Lanzen aus Tragana für eine Verwendung als Speer zu groß und zu kostbar erscheinen und sich dieses Ensemble einer überzeugenden Deutung entzieht, darf der Befund in Iolkos als Beweis für die Speerlanzenausrüstung bereits in SH III A gewertet werden.

Dies könnte den Eindruck entstehen lassen, die mykenischen Künstler – die die Speerlanzenbewaffnung erst in SH III C 1 darstellten – hätten ihre Motive nicht dem zeitgenössischen Kriegswesen, sondern einer ('heroischen') Vergangenheit entnommen. Ausschlie-

---

[148] Snodgrass, EGAW 136f.; LuS 112ff.
[149] D. R. und M. Theochares, AAA 3, 1970, 202 Abb. 6a; danach, als Umzeichnung des Verf.: ArchHom,

Kap. E (1980) 299 Abb. 77e sowie hier Abb. 92b; ferner LuS 62f. 79f. 113f. Tab. 15 Nr. 8; S. 146 H 33 Abb. 13.

ßen läßt sich das nicht, und es wäre verlockend, einen Zusammenhang mit der vermuteten Existenz mykenischer (später in die Ilias eingeflossener) Heldenepen zu sehen. Doch möchte ich für wahrscheinlicher halten, daß das Fehlen von Speerlanzendarstellungen aus der Ära der 'Pax Mycenaica' mit der vergleichsweise geringen Bedeutung des Kriegswesens in der Kunst dieser Zeit zu erklären ist. Einen Grund zu pauschalen Bedenken gegenüber der Glaubwürdigkeit mykenischer Waffendarstellungen möchte ich in diesem Phänomen jedenfalls nicht sehen.

In SH III B weisen zwei Gräber Gruppen von zwei (Theben, Pelopidou-Str. 28) bzw. drei (Mazaraki) gleich großen Kurzlanzenspitzen auf, ein drittes (Mouliana, Grab B) zwei Speerspitzen ungleicher Größe. In dem SH III C-Grab A von Metaxata sind beide Spitzen gleich groß. Von vier nur allgemein in SH III datierten Gräbern dürften mindestens drei (Mykene, Grab 47; Mykene, Grab-Nr. unbekannt; Theben, Grab-Nr. unbekannt) mit gleich großen Kurzspitzen ebenfalls in SH III B–C anzusetzen sein.

Die gemischte Ausrüstung ist offenbar für SM/SH II typisch; sie konzentriert sich fast ganz auf Kreta und die Ostägäis, wo sie auch später noch stärker nachlebte als auf dem Festland. Demgegenüber ist die Ausrüstung mit mehreren gleich großen Waffen, die wir als Hinweis auf die Speerlanzentaktik deuten zu können meinen, von SH III A an hauptsächlich auf dem Festland bezeugt. Diese Bewaffnung, die in protogeometrischer und geometrischer Zeit die Regel war, ist demnach wohl zuerst auf dem Festland eingeführt worden. Ihre Anfänge reichen nach Ausweis der Grabfunde weiter – bis in die Zeit der 'Pax Mycenaica' – zurück, als sich aus den Darstellungen ergab.

Insgesamt bekräftigen auch die Originalfunde von Lanzen- und Speerspitzen unsere auf die Ilias gestützte Vermutung, daß zwischen früh- und spätmykenischer Bewaffnung wesentliche Unterschiede bestehen. In SM/SH I (unter orientalischem Einfluß in MM/MH III beginnend) waren große Lanzen die wichtigste Angriffswaffe, die in zwei Sonderausführungen sogar mit der ursprünglich hethitischen Kampfesweise zu Wagen verbunden werden können. Die Arsenaltexte aus Knossos lassen keinen Zweifel daran, daß die Lanzen in SM II/III A 1 mit dem Wort ἔγχος bezeichnet wurden, und die Darstellungen beweisen, daß in der Argolis diese Langlanzen während der Schachtgrabperiode mit dem Turmschild (σάκος) als Schutzwaffe kombiniert eingesetzt wurden. Weitere Elemente der ägäischen Kriegskunst dieser Zeit sind die Lanzenattacke zu Wagen und eine disziplinierte Kampfesweise in geordneter Formation. Die ἔγχος-σάκος-Phase der Ilias wird also durch die archäologischen Quellen nicht nur grundsätzlich bestätigt, sondern konkret in SM/SH I–II datiert. Die Grabverbände zeigen außerdem, daß die Lanzen dann und wann mit leichteren (vermutlich Jagd-)Speeren kombiniert wurden.

Diese frühe Bewaffnungsweise scheint in der unkriegerischen Ära der 'Pax Mycenaica' (SH III A 2/B 1) außer Gebrauch gekommen zu sein. In der Folgezeit herrschten Waffen kleineren Formats vor, die zumal auf dem Festland mehrfach zu zweit oder zu dritt ins Grab gelegt wurden (erstmals, als Ausnahme, bereits in SH III A). Die Linear B-Texte aus Pylos (SH III B 2) zeigen zwar, daß zu dieser Zeit ἔγχεα und mehrere Arten von ἐγχεῖαι die wichtigsten Angriffswaffen waren, geben aber keine Anhaltspunkte für die Identifikation dieser Bezeichnungen mit bestimmten Arten der aus Funden oder Darstellungen bekannten, überwiegend recht kleinformatigen Waffen. Ein Problem liegt in dem Umstand, daß die Bezeichnung der homerischen Kurz- bzw. Speerlanze – δόρυ – in den Pylostexten nicht

erscheint. Es ist zu vermuten, daß das Wort erst nach der Zerstörung von Pylos im südlichen Griechenland bekannt wurde. Dies braucht aber nicht erst in protogeometrischer
oder gar geometrischer Zeit erfolgt zu sein, sondern kann bereits im Zusammenhang mit
der sporadisch nachweisbaren Südwanderung epeirotisch-griechischer Stämme stehen, die
am Ende von SH III B die Argolis erreichten. Die bei Homer für das δόρυ bezeugte Ausrüstung mit zwei Waffen ist demgegenüber durch Darstellungen und Grabverbände erstmals
bereits für SH III A gesichert, also wohl ursprünglich von der Waffenbezeichnung δόρυ
unabhängig. Da der Rundschild (ἀσπίς) in Darstellungen aus SH III C erscheint, kann die
δόρυ-ἀσπίς-Phase der homerischen Epen mit der endmykenischen Zeit zusammenhängen.

Der Nachweis von Rundschilden und Speerlanzenpaaren für SH III C zeigt jedenfalls, daß
diese Waffen keine Neuerungen des 'Dunklen Zeitalters' oder gar der geometrischen
Periode darstellen. Die δόρυ-ἀσπίς-Bewaffnung, die in der Ilias neben der ἔγχος-
σάχος-Ausrüstung erscheint, läßt sich daher nicht a priori zwangsläufig auf die Kampfwirklichkeit zur Zeit des Dichters beziehen, der in der 2. Hälfte des 8. Jhs. v. Chr. hete-
rogene durch 'oral poetry' tradierte Elemente zum Großepos Ilias vereinigte[150], sondern
kann nach dem archäologischen Befund auch die Verhältnisse in der Endphase der mykenischen Zeit widerspiegeln. Welcher Zeitstufe die größere Wahrscheinlichkeit zukommt,
wird – unter Berücksichtigung der Denkmäler – von der philologischen Forschung zu klären
sein.

Schon jetzt festzustehen scheint mir demgegenüber, daß einige der berühmtesten Einzel-
kämpfer der Ilias mit einer nahezu stereotypen Bewaffnung aus Turmschild (σάχος) und
einzelner, angesichts ihrer Größe gewiß nicht als Wurfwaffe konzipierten Lanze (ἔγχος)
– der Aussage der Darstellungen und Funde zufolge – einzig und allein aus mykenischer
Tradition hergeleitet werden können. Diese Waffen sind für spätere Zeit archäologisch
nicht mehr nachzuweisen, ja sie kennzeichnen sogar – ebenso wie die undeutlichen Erinnerungen der Ilias an den Kampf von Wagengeschwadern – ein Milieu, dessen archäologische Zeugnisse sich auf den älteren Teil der mykenischen Periode beschränken.

Vielleicht verdient in diesem Zusammenhang noch eine weitere Erwägung angeschlossen
zu werden. Es ist das Verdienst von J. Latacz, in seinem erschöpfenden – doch rein philologischen – Werk die Bedeutung disziplinierter Schlachtreihen (φάλαγγες, στίχες) als
Grundelement der homerischen Massenkämpfe herausgestellt zu haben[151]. Er leitete ihre
Nennungen aus der Kampfwirklichkeit des Iliasdichters her und schloß aus gleichartigen
Aktionsverben, beide Bezeichnungen seien Synonyma für einen inhaltlich und chronologisch einheitlichen Begriff: die Schlachtordnung der Fußkämpfer, wie sie für die spätgeo-
metrische Zeit vorausgesetzt werden kann. Doch Darstellungen wie das Fresko aus Thera
(Abb. 86a) und das Relief auf dem Silberrhyton aus Mykene (Abb. 87) zeigen, daß ähnliche Schlachtreihen bereits in früh- und ältermykenischer Zeit bekannt waren[152]. Läßt

---

[150] J. Latacz, Kampfparänese, Kampfdarstellung und
Kampfwirklichkeit in der Ilias, bei Kallinos und Tyrtaios
(1977) 90. 111. 190f. Zu Streitwagen als Kampfmittel
(»ein altes Element«): ebenda 207 und 216f.
[151] Ebenda 45ff. 47ff. Zur Übernahme durch den Ilias-
dichter: ebenda 94.

[152] Ebenda 63ff. Ich habe in ArchHom, Kap. E 315f.
das Zusammenrücken der Phalanxfront zwar als Sonderfall erkannt, doch ist mir – nicht anders als den von Latacz kritisierten anderen Bearbeitern – die Entsprechung
dieses Vorganges zum συνασπισμός im Kriegswesen der
klassischen Zeit entgangen.

sich mit Bestimmtheit ausschließen, daß Erinnerungen an diese Kampfesweise der frühen ἔγχος-σάκος-Krieger in die Ilias eingeflossen sind?

Ich möchte betonen, daß mir philologische Sachkenntnisse nicht zu Gebote stehen; den Aussagewert der folgenden Beobachtung kann ich daher nicht beurteilen: Die Durchsicht der Nennungen von φάλαγγες und στίχες in der Ilias zeigt in der Tat, daß ihr Großteil – wie J. Latacz (Anm. 151) meinte – keine Hinweise auf einen differenzierbaren Bedeutungsgehalt erschließen läßt. Berücksichtigen wir aber nur jene Nennungen, wo (im Zusammenhang einzelner, möglicherweise heterogener 'oral poetry'-Elemente?) in unmittelbarer Nachbarschaft zu den Schlachtreihen-Bezeichnungen auch Lanzen-Wörter erscheinen, so zeigen sich Unterschiede in den Wortkombinationen und im Handlungszusammenhang, die m. E. vielleicht nicht zufällig sind. Während φάλαγγες überwiegend mit δόρυ bzw. δοῦρα zusammen erscheinen [153], überwiegt im στίχες-Zusammenhang deutlich das ἔγχος bzw. allgemein die Einzel-Lanze [154]. Überdies ist auffallend oft der klassische ἔγχος-σάκος-Kämpfer Hektor nicht fern, wenn von στίχες die Rede ist [155], während φάλαγγες keine Beziehung zu bestimmten Helden erkennen lassen.

Ist dies Zufall oder darf erwogen werden, daß die Herausbildung des militärischen Fachausdrucks φάλαγγες aus dem Sammelbegriff στίχες [156] auch chronologisch zu einem späteren Milieu gehört und sich u. U. auch die von Hektor geführten oder bekämpften στίχες als Spuren von Erinnerungen an das Kriegswesen einer Zeit verstehen lassen, als mit ἔγχος und σάκος gekämpft wurde? Sollte dies zulässig sein, so ergäbe sich eine weitere Querverbindung zwischen den archäologischen Denkmälern der früh- bis ältermykenischen Zeit und der Ilias.

Daß die Epen Homers überhaupt Elemente aus mykenischer Zeit enthalten – wie weithin anerkannt wird –, ist bedeutsam genug. Die Möglichkeit, aus zeitgenössischen (wenngleich durch die jahrhundertelange mündliche Weitergabe und dann durch die Redaktion des Iliasdichters u. U. verfremdeten) Schilderungen Näheres über die Bezeichnungen von spätbronzezeitlichen Waffen der Ägäis, ihre Verwendungsweise und Wertschätzung zu erfahren, ist für das vorgeschichtliche Europa einmalig.

---

[153] Mit einzelnem δόρυ: Il. III 77f.; VII 55f. 140f.; XV 408. 410; XVI 280. 284. 394. 399. Mit δοῦρε/δοῦρα: Il. VI 3. 6; XI 567. 571; XIII 715. 718. Zusammen mit ἔγχος: Il. V 591. 594; XI 344. 349. 503; XIX 152. Mit ἔγχεα: Il. IV 281f.; XIII 145ff.; XVII 276. 285.

[154] Mit einzelnem ἔγχος: Il. V 589. 745f.; XI 264f. 412. 435. 540f.; XIII 408; XVII 510. 516. Mit einzelnem δόρυ: Il. XI 188. 191; XV 353. 358; XVI 820. Dem-

gegenüber mit ἔγχεα nur: Il. VII 61f.; XV 278f.; XVII 107. 111. Mit αἰχμαί: Il. XII 45. 48. Zu δοῦρε kein Beleg.

[155] Il. XI 540; XII 45; XIII 680; XV 279. 358. 615; XVI 820; XVII 84. 107. 505. Demgegenüber φάλαγγες im Hektor- und Lanzen-Kontext nur: Il. XI 503; XIII 806; XV 448.

[156] Latacz a. O. 49.

ZUM STAND DER BRONZEZEITFORSCHUNG IN EPEIROS

Von Thanasis I. Papadopoulos

Die folgende Untersuchung bezieht sich auf ganz Epeiros innerhalb seiner heutigen Grenzen mit Albanien im Norden und Aitoloakarnanien im Süden. Der größte Teil von Epeiros ist entweder bergiges oder hügeliges Land. Da weite Teile für den Ackerbau ungeeignet sind, nimmt es nicht wunder, daß schon in vorgeschichtlicher Zeit die Menschen hauptsächlich in den Gebieten lebten, die auch in der Folgezeit am dichtesten besiedelt waren. Bis vor kurzem war die Verbreitung vorgeschichtlicher Fundstätten in Epeiros kaum bekannt und nur wenige Funde wurden veröffentlicht[1]. Hier soll nun der Versuch gemacht werden, publiziertes wie auch einiges unpubliziertes Fundmaterial vorzustellen, das aus allen bekannten bronzezeitlichen Fundorten dieses Gebietes stammt. Frühere Auslegungen werden dabei – soweit notwendig – unter Berücksichtigung zeitgleicher Neufunde aus anderen Gebieten revidiert. Im Museum von Iohannina wurde unveröffentlichtes Material studiert; neue Fundplätze wurden festgestellt und weitere Funde gemacht, aus denen sich zusätzliche Erkenntnisse gewinnen ließen.

Bevor jedoch dieses Material einer Betrachtung unterzogen wird, muß auf die Schwierigkeit einer genauen Festsetzung des zeitlichen Rahmens der Bronzezeit in Epeiros hingewiesen werden. Man orientiert sich an der für das übrige Griechenland gültigen zeitlichen Einteilung, also etwa 2500–1200/1100 v. Chr.

Von 65 Plätzen sind bronzezeitliche Funde bekannt, wovon die meisten – 33 – in die Spätbronzezeit gehören, wogegen die Früh- und Mittelbronzezeit nur an sieben bzw. sechs Fundorten vertreten ist. Die übrigen 28 Fundstellen werden nur allgemein in die Bronzezeit datiert, da noch keine ausreichenden Anhaltspunkte für einen genaueren Ansatz innerhalb einer der drei genannten Perioden vorliegen.

Frühe Bronzezeit (etwa 2500–2100/1900 v. Chr.)

Von nur sieben Stellen stammen die Funde dieses frühesten Zeitabschnitts der Bronzezeit: aus Aetos, Dodona, Ephyra, Kastritsa, Koutselio, Megale Goritsa und Skala-Philiaton. Sie bestehen aus Scherben der für diese Zeit in Epeiros charakteristischen handgefertigten Keramik mit plastischer Verzierung (K. II). Einige monochrome schwarze Scherben des minyschen Typs (K. III)[2] erschienen gegen Ende dieser Epoche gewissermaßen als Ankündigung der nachfolgenden Mittleren Bronzezeit.

[1] Siehe K. Karapanos, Dodone et ses Ruines (1878) 136ff.; Epeirotika Chronika 10, 1935, 192ff.; Dakares, Gräber 114ff.; E. Lepore, Ricerche sull'Antico Epiro (1962) 74ff.; Dakares, Die Stammesmythen der Molosser (neugriech., 1964) 1ff.; Hammond, Epirus 289ff.; I. P. Vokotopoulou, Ephemeris 1969, 179ff. Zusätzliche Abk. zu den in vorliegendem Buch verwendeten: A/A = Katalognr. in meiner Veröffentlichung der Funde in: Dodone 5, 1976, 326f.; MI = Museum Iohannina, Inventarnr.

Die den Abbildungen des vorliegenden Beitrags zugrundeliegenden Umzeichnungen werden L. Papadopoulou-Kontorli und G. Diamantopoulos verdankt, während die auf Taf. 12 und 13 wiedergegebenen Fotos vom Verfasser stammen.
[2] Klassifizierung der handgemachten epeirotischen Keramik nach S. I. Dakares, Praktika 1951, 177ff.; ders., Praktika 1952, 368ff. K. II, K. III und K. IVa–b umfassen die Hauptgruppen ('Kategorien').

Mittlere Bronzezeit (etwa 2100/1900–1600 v. Chr.)

Bisher haben nur sechs Fundstellen Material aus diesem Zeitabschnitt geliefert: Gianniotio, Dodona, Ephyra, Kastritsa, Koutselio und Rhiziane. Abgesehen von acht Bronzemessern aus Dodona (MI 191a, 191c, 582, 656, 2548, 2551, 2793; A/A 67)[3] und dem Inhalt eines Kistengrabes von Gianniotio, einem einschneidigen Bronzemesser (A/A 69) und zwei Keramikfragmenten, sind alle anderen Funde handgetöpferte Fragmente der Klasse K. III, bezeichnend für diese Zeit in diesem Gebiet.

Späte Bronzezeit (etwa 1600–1200/1100 v. Chr.)

Dieser Zeitabschnitt ist, wie oben dargelegt, durch Funde von 33 Fundorten, von denen vier schon in der Frühen und vielleicht einer in der Mittleren Bronzezeit besiedelt waren, weitaus besser vertreten. Zu ihrer chronologischen Verteilung ist folgendes zu bemerken: Einer, nämlich Strounio, gehört in die Periode SH II/III A, vier, und zwar Ephyra, Kipere, Mesogephyra-Konitses und Paramythia-Tsardakia, in die Zeit SH III A/B, fünf (Gribiane, Kakousioi, Kalbaki, Kalyvia-Elaphotopou und Mazaraki-Zitsas) ins SH III B, fünfzehn (Hagia Kyriake, Anthochori, Arta, Gardiki, Dodona, Elaphotopos, Zeravina, Kastritsa, Katamache, Mesopotamos-Lykouresi, Iohannina, Pesta-Sklivane, Siroupolis, Terrovo und Tsergiane) in die Phase SH III B/C, zwei (Lachanokastro, Pramanda) ins SH III C; die übrigen vier sind nur allgemein in die Späte Bronzezeit (Rhiziane und vielleicht auch Cheimerio-Kioteti) oder ins SH III (Nekromanteion, Neochoropoulon) datiert. Die Funde der Spätbronzezeit lassen sich in vier Hauptgruppen teilen: 1. Architektonische Siedlungsreste; 2. Gräber; 3. Keramik; 4. Kleinfunde.

Architektonische Siedlungsreste

Durch architektonische Funde gesichert ist das Vorhandensein einer Siedlung an vier Orten (Ephyra, Thesprotiko, Kipere und Dodona), wogegen dies an 17 anderen Plätzen entweder wahrscheinlich ist, wie im Falle von Vrachanas, Dragane, Kastritsa, Paramythia-Tsardakia, Rhiziane und Cheimerio-Kioteti, oder hypothetisch, wie in Asprochaliko, Vouchetio, Elaphos, Kastri, Katamache, Kokkinopilos, Paliorophoro, Toskesi, Trikastro, Kassope und Koutselio. Zwei Grundformen von Siedlungen lassen sich unterscheiden: ein offener und ein geschlossener (ummauerter oder befestigter) Typus.
Der offene Typus ist an fünf Orten vertreten, und zwar in Thesprotiko, Dodona, Dragane, Kastritsa und Koutselio, von denen aber erst zwei kürzlich von S. I. Dakares ausgegraben und untersucht wurden: Thesprotiko besteht aus kleinen runden oder rechteckigen Hütten, deren Zahl nicht exakt festgestellt werden konnte. Sie erreichen einen Durchmesser von etwa sechs Metern. Die einzigen Funde bilden handgemachte Keramik und das Fragment einer bronzezeitlichen Steinaxt. Die zweite untersuchte Siedlung Dodona – sie läßt

---

[3] Th. I. Papadopoulos, Dodone 5, 1976, 273 Anm. 1.

sich in die Periode SH III B datieren – weist ein Heiligtum und mehrere runde und rechteckige Bauten mit 'Bothroi' auf.

Zum zweiten, geschlossenen Siedlungstypus gehört mit Bestimmtheit die Siedlung Ephyra; von Kipere-Pargas wird dies vermutet. Die vorgeschichtliche Akropolis von Ephyra liegt nördlich bei dem heutigen Dorf Mesopotamos auf der Anhöhe Xylokastron, etwa 83 m über dem Meeresspiegel. Sie besteht aus drei aufeinander folgenden kyklopischen Peribolmauern (Taf. 13a), deren äußere einen Umfang von 1120 m aufweist. Gegen Süden sind Reste vom 2,30 m breiten Haupttor erkennbar, die aber nicht genau datiert werden können. Auf der Akropolis fand man 1958 Kinderbestattungen in großen handgefertigten Gefäßen[4] sowie insgesamt sechs Erwachsenengräber – fünf in situ und eines in gestörter Fundlage – in zwei einzigartigen, vom Verfasser in den Jahren 1975 bis 1978 ausgegrabenen Tumuli (Taf. 13c)[5]. Außerdem wurden lokale handgefertigte Keramik vom Typus K. II und K. III, mykenische Scherben der Periode SH III A/B, eine auf der Töpferscheibe gefertigte tiefe SH III C-Schale[6], eine Bernsteinperle, Ton- und Steatitknöpfe und das Fragment einer Bronzenadel gefunden. Anhand dieses Materials kann die Siedlung in die frühhelladische Zeit datiert werden; sie weist eine ununterbrochene Besiedlung bis in die spätmykenische Zeit und die Frühe Eisenzeit auf.

Die einzigen Reste einer weiteren Siedlung sind wenige Spuren einer Mauer in Kipere, östlich eines mykenischen Tholos-Grabes, die aber bislang undatiert blieben. Möglicherweise gehören sie der Epoche SH III an.

Im allgemeinen sind ummauerte Siedlungen in Epeiros nicht vor SH III bekannt. Deshalb hat man Grund anzunehmen, daß sie vermutlich auf das Eindringen mykenischen Einflusses in dieses Gebiet zurückzuführen sind[7].

Gräber

21 späthelladische Gräber sind in diesem Gebiet aus 13 Orten bekannt: Anthochori, Gribiane, Elaphotopos, Kalbaki, Kastritsa, Kipere, Mazaraki, Mesogephyra, Nekromanteion, Ephyra, Neochoropoulo, Paramythia und Zeravina. Der Bestand läßt sich drei Grundtypen zuordnen: 1. Kisten-Gräber, 2. Tholos-Gräber und 3. Grab-Tumuli.

Der erste Typ, das Kisten-Grab, ist fast auf allen späthelladischen Friedhöfen von Epeiros vertreten – insgesamt auf 18 – und stellt den überwiegenden und charakteristischen Typ dar. Vom zweiten Typ ist bisher nur ein Beispiel in Kipere-Pargas bekannt. Diese Tholos ist als fremdes, mykenisches Element anzusehen. Der dritte Typ, der Tumulus, wird durch die beiden kürzlich in Ephyra gefundenen Beispiele repräsentiert.

Im allgemeinen sind die Kisten-Gräber von rechteckiger Form (Taf. 13b) und unterschiedlichen Ausmaßen, 0,96 × 0,45 × 0,55 m bis zu 1,95 × 0,47 × 0,50 m. Die Anzahl der Bestattungen in den einzelnen Gräbern variiert zwischen einer und drei. Die Toten ruhten zusammengekauert, halb sitzend oder in antithetischer Strecklage und waren im

[4] S. I. Dakares, Praktika 1958, 107ff.; A. K. Orlandos, Ergon 1958, 95ff.

[5] Ders., Ergon 1975, 88ff.

[6] Ebenda Abb. 84; vgl. E. I. Mastrokostas, Deltion 19,

1964, Chron 298 Taf. 337c (Aitolien, Hagios Elias-Marathia).

[7] Vgl. Dakares, Thesprotia (1972) 62.

allgemeinen mit einfachen Beigaben wie lokalen handgefertigten Vasen, Bronzewaffen und -geräten sowie einfachem Schmuck ausgestattet.

Das Tholosgrab in Kipere-Pargas wurde ausgeraubt und zerstört vorgefunden: Dach, Sturz und die oberen Teile vom Mauerwerk des Dromos fehlen (Taf. 12 a.b). Die Tholos hat einen Durchmesser von 3,90–4,05 m und ist bis zu einer Höhe von etwa 2 m erhalten; der Dromos ist etwa 5 m lang, während seine Breite von 0,76–1,20 m variiert. Grabraum und Dromos sind von Ost nach West ausgerichtet. Bemerkenswert ist die sorgfältige Konstruktion aus kleinen, 8–10 cm hohen plattenförmigen, unbearbeiteten, aber grob symmetrischen Steinen, die vermutlich von der kleinen Insel Paxoi für diese spezielle Verwendung herbeigeschafft worden waren. Der Boden des Rundgrabes und des Dromos ist mit Seekieseln gepflastert; Seitenkammern oder Gruben befinden sich weder im Dromos noch im Grab selbst. Das Grab von Kipere-Pargas vertritt einen lokalen Tholostyp; die einzigen mir bekannten Parallelen sind die Tholosgräber von Hagios Elias-Ithorias in Aitolien[8]. Außer einigen dürftigen Resten eines wahrscheinlich weiblichen Skeletts und Scherben lokaler handgefertigter sowie mykenischer Keramik wurde keine unversehrte Bestattung gefunden. Auf Grund dieser Funde ist das Grab in die Periode SH III A/B zu datieren[9]. Auch die auf der Akropolis von Ephyra gefundenen Tumuli sind in schlechtem Zustand. Die Umfassungsmauer des Grabhügels A (Taf. 13c) ist 2,00–2,70 m stark, mißt im Durchmesser etwa 13,50 m und ist aus groben, unbearbeiteten Steinen verschiedener Größe in zwei Reihen erbaut. Der Zwischenraum der beiden Schalen ist mit Erdreich, Scherben und kleinen Steinen gefüllt. In ihrem erhaltenen nördlichen Teil ist diese Stützmauer noch etwa 0,27 m hoch. Ihre Aufgabe war es, das Erdreich des niedrigen Tumulus zu stützen. Der westliche Teil wurde durch eine speziell zu diesem Zweck errichtete kyklopische Mauer gestützt. Dieser Tumulus barg vier Bestattungen; drei davon befanden sich in situ und eine (C) war zur Seite geräumt. Die Toten lagen in ausgestreckter (A und B) oder in zusammengezogener Haltung (D). Bei den Bestattungen C und D wurden keine Grabbeigaben gefunden, doch waren die beiden anderen mit Beigaben verschiedener Art wie handgemachter Keramik, einer tiefen Schale, Steatit-Knöpfen und einer Bronzenadel ausgestattet, die es erlauben, das Grab in die Endphase der Spätbronzezeit zu datieren. In den Jahren 1977 und 1978 brachten ergänzende Ausgrabungen zwei weitere Bestattungen in situ sowie einen Teil der Umfassungsmauer eines zweiten Tumulus (B) zutage, der in einer Entfernung von etwa 13,50 m östlich des Tumulus A angelegt war.

Keramik

Spätbronzezeitliche Keramik (Abb. 93 a–f) stammt aus elf Orten. Vorwiegend wurde sie in den Gräbern gefunden, und zwar in Elaphotopos, Mazaraki, Neochoropoulo, Kalbaki, Nekromanteion, Kipere und Kastritsa, weniger häufig in den Siedlungen, wie es in Ephyra, Kastritsa, Nekromanteion und Dodona der Fall ist. Es stehen der Forschung 26 vollständig

[8] Mastrokostas, Praktika 1963, 204 Taf. 176–184.
[9] Zu den Vorberichten über die Ausgrabung des Tholosgrabes von Kipere-Pargas s. Dakares, Praktika 1960, 123ff.; ders., Ergon 1960, 110f. Das Grab ist von mir publiziert worden, s. AM 96, 1981, 7ff. Die Untersuchung der mykenischen Scherben veranlaßte mich zur Korrektur der Datierung von Dakares (SH III B) in den Vorberichten.

erhaltene Vasen und zahlreiche Scherben zur Verfügung. Vier weitere Vasen aus Kalbaki, deren Formen unbekannt sind, gingen verloren[10].

Auf Grund der Technik bei der Herstellung unterscheidet man zwei Grundtypen: die handgefertigte und die auf der Töpferscheibe hergestellte Keramik. In ihrer großen Mehrzahl – 24 Vasen und die vier verlorenen – sind die Funde aus Epeiros handgefertigt. Nur zwei Vasen und eine geringe Anzahl von Scherben sind auf der Töpferscheibe entstanden. Die handgefertigten Stücke aus grobem, sandigem Ton von rosa bis dunkelgrauer Färbung sind nachlässig gebrannt. Zur Typologie wäre zu bemerken, daß bis jetzt elf Formen unterschieden werden können, unter denen der halbkugelige Napf mit hochgezogenem Henkel vorherrscht und mit 13 Exemplaren mehr als die Hälfte der Vasen ausmacht (MI 3323: Abb. 93c). Von vier weiteren Formen sind Becher und Kantharos jeweils durch drei, Amphore und Phiale jeweils durch zwei Beispiele vertreten, während die verbleibenden sechs

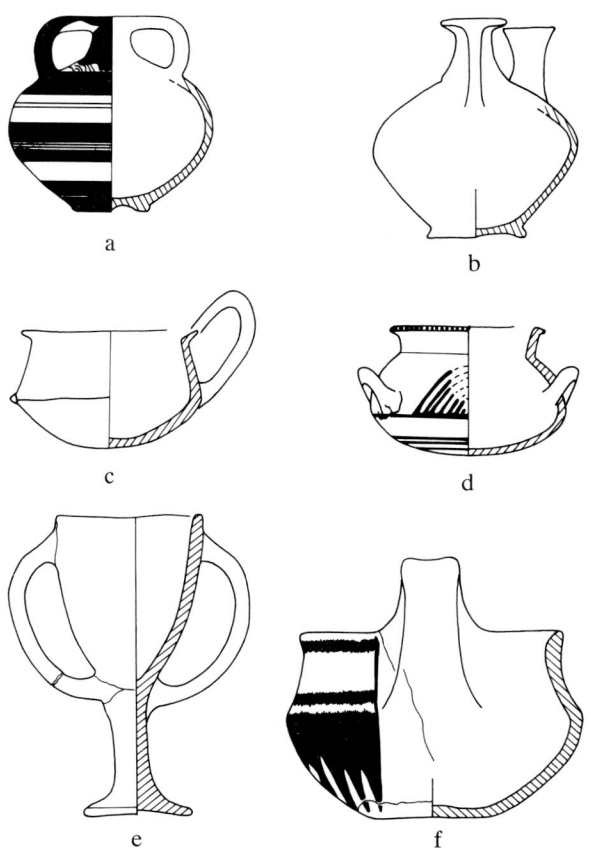

Abb. 93a–f. Keramik der Periode SH III aus Epeiros: (a.b) Bügelkannen; (c) Henkeltasse; (d) gedrücktes Alabastron; (e) Henkelbecher auf hohem Fuß; (f) 'mattbemaltes' Gefäß mit hochgezogenem Henkel

Formen – Krug, gerundetes Alabastron, flache Schale mit erhöhtem Henkel, henkelloses Gefäß, Kalathos und Kylix – jeweils nur durch ein Stück repräsentiert werden. Die Gattung des halbkugelförmigen Napfes mit hochgezogenem Henkel ist bereits, wenn auch mit geringen Abweichungen in Technik und Form, von anderen griechischen Grabungsstellen bekannt[11]. Dieser Typ kommt auch in der Adria-Region vor und wird von dort hergeleitet[12].

Mykenischer Einfluß ist an wenigstens fünf Vasen aus Epeiros zu erkennen: Ein Alabastron (MI 3321: Abb. 93d), ein Becher mit hochgezogenem Henkel, ein henkelloses Gefäß, eine Schale und eine Kylix (MI 3692: Abb. 93e) aus Mazaraki und Dodona ahmen mehr oder weniger erfolgreich mykenische Prototypen der Periode SH III B/C nach.

Insgesamt blieben zehn Vasen und eine Anzahl Scherben unbemalt; acht zeigen plastische Verzierungen in Form von brustwarzenartigen Gebilden oder Ketten und Würfeln. Eine Schale hat eine eingepreßte Punktmusterung, und das Alabastron ist mit konzentrischen Halbbögen – diese entsprechen FM 43 – bemalt (Abb. 93d).

[10] Dakares, Gräber 115f.
[11] Vgl. I. P. Vokotopoulou, Ephemeris 1969, 183 mit Anm. 2–7. Außer Epeiros umfaßt die Verbreitung Kerkyra, Makedonien, Thessalien (Sesklo) und Achaia (Chalandritsa).
[12] Ebenda 184 mit Anm. 3–5.

Handgefertigte Keramik mit plastischem Schmuck (K. II) setzte in Epeiros die neolithische Tradition fort und blieb auch während der Bronzezeit in Gebrauch. Parallelen dazu finden sich auch im übrigen Griechenland und über Europa verstreut, gehäuft dagegen nur in Makedonien und in Kalabrien[13]. Monochrome schwarze, grauschwarze und schwarzbraune Vasen der Klasse K. III aus Elaphotopos, Dodona, Mazaraki, Neochoropoulo, Kipere und Ephyra führten die vormykenische Tradition der Perioden FH bis MH weiter. Schließlich gibt es noch die 'mattbemalte' Keramik der Klasse K. IVa und b, deren Verzierungen aus geometrischen Mustern wie z. B. Dreiecken, Spiralen, Rauten und senkrechten Linien bestehen (Abb. 93f). Diese Keramik erfreute sich offensichtlich einer besonderen Vorliebe in Nordwestgriechenland und ist an fast allen Orten in Epeiros durch Vasen und Scherben repräsentiert; nur in Elaphotopos und Mazaraki wurden keine gefunden[14]. Diese Vasengattung ist in die Periode SH III zu datieren: Parallelen sind aus Albanien und von anderen griechischen Fundorten, vor allem aus Westmakedonien, dem wahrscheinlichen Herkunftsgebiet dieser Gattung, bekannt[15].

Für die auf der Töpferscheibe gefertigten Vasen (und Scherben solcher Vasen), die wahrscheinlich Importe aus Südgriechenland und von den Ionischen Inseln sind, ist ein ledergelber, gut geglätteter und gebrannter Ton kennzeichnend. Die Farbe ihrer Verzierungen wechselt von matten oder glänzend schwarzen bis braunrötlichen Tönen. Eine Bügelkanne aus Kastritsa (MI 3339: Abb. 93b) blieb unverziert.

Unter den bislang gefundenen Gefäßen lassen sich nur sechs Formen feststellen: Bügelkanne, Amphore, Kylix, Becher, Alabastron und Krater. Mit Ausnahme zweier unbeschädigter Bügelkannen aus Mazaraki und Kastritsa und einiger Scherben aus Kipere sind alle übrigen Formen einzig durch Scherben aus Ephyra, Kipere, Nekromanteion und Dodona vertreten. Die beiden Bügelkannen (MI 3320; 3339: Abb. 93a.b) sind von kugeliger bzw. bikonischer Gestalt (FS 178 und 179); die erste weist auf der Schulter ein Winkelreihenmuster auf (FM 19, 17 oder 25); die Scheibe des Bügelknaufs ist oben mit zwei konzentrischen Kreisen bemalt, während den Vasenkörper breite und feinere Linien umziehen. Das Stück gehört in die Periode SH III A 2/B. Die in SH III B/C zu datierende zweite Bügelkanne beließ man, wie schon erwähnt, unbemalt. Zu beiden lassen sich Parallelen auch anderenorts in Griechenland finden[16].

Die Verzierung aller anderen bis jetzt bekannten Formen besteht aus typisch mykenischen Motiven wie Winkelmustern (FM 58), Spiralen (FM 46), Wellenlinien (FM 53), Zickzacklinien (FM 61) oder Spiralmuschelmotiven (FM 23) aus der Periode SH III A bis C. Die überwiegende Zahl der mykenischen Scherben gehört der Periode SH III A/B an. Einzige Ausnahmen sind das der Phase SH III C zugehörende Kylixfragment aus Mazaraki sowie einige SH III B/C-Scherben aus Dodona[17].

Das Vorkommen mykenischer Keramik – wenn auch in geringer Anzahl – weist auf eine Verbindung von Epeiros zur mykenischen Welt hin.

---

[13] Ebenda 190f.; N. G. L. Hammond, Studies in Greek History (1973) 40 (Buckelkeramik).
[14] Vokotopoulou a.O. 203.
[15] Dies., Praktika 1952, 385; Hammond, Epirus 296. 313; s. dagegen Vokotopoulou, Ephemeris 1969, 203.
[16] Furumark, Myc. Pott 614 FS 179 Nr. 4–6; Vokoto-

poulou, Ephemeris 1969, 199 mit Anm. 6–10; Th. I. Papadopoulos, Mycenaean Achaea, SIMA LV 1.2 (1978/79) 71ff. 77 Abb. 201. 204a.c; 209g.
[17] Siehe oben Anm. 7 sowie Dakares, Praktika 1967, 40; ders., PPS 33, 1967, 31f.; ders., Praktika 1972, 97 Taf. 69b.

Kleinfunde

Gegenstände für den persönlichen Gebrauch und Schmuck

Mehr als 39 spindelwirtelartige Knöpfe aus Gräbern und Siedlungen sind bekannt (MI 66a, 3278, 3291, 3314; A/A 4, 5, 7, 8). Bis auf zwei aus Steatit sind alle übrigen aus Ton. Die Variationsbreite der vertretenen Typen ist beträchtlich: 16 Stück sind ellipsenartig-halbrund, 14 sind bikonisch; demgegenüber sind nur fünf konisch-kelchartig und drei konisch. Außerdem existiert noch ein stumpf geformtes Stück. Ein Steatitknopf aus Nekromanteion ist mit eingravierten Zickzacklinien versehen. Die ellipsenartig-halbrunden sowie die konisch-kelchförmigen aus Dodona scheinen kennzeichnend für Epeiros zu sein und werden vermutungsweise in die Späte Bronzezeit datiert; die übrigen gehören in die Phase SH III.

An Pinzetten sind uns nur zwei bronzene Exemplare aus dem Grab D in Kalbaki erhalten (MI 63a,b), die in Form und Abmessungen fast gleich sind. Sie wurden gemeinsam mit SH III B-Gegenständen gefunden und gehören einem im Ägäisraum verbreiteten SH III-Typ an[18]. Wahrscheinlich handelt es sich um lokale Erzeugnisse, die von mykenischen oder mitteleuropäischen Vorbildern mit punktierter Verzierung beeinflußt sind.

15 Bronzeringe gibt es insgesamt (MI 3296–3298, 3315), und zwar aus den Gräbern 1 und 3 in Elaphotopos und aus einem in Mazaraki[19]. Neun davon waren unversehrt, von den übrigen fand man nur Fragmente. Ihr Durchmesser beläuft sich auf 17–25 mm. Es sind einfache Ringe, verziert mit geraden Rillen oder eingeritzten Linien. Die einzige Ausnahme bildet ein Ring aus Elaphotopos (MI 3298), dessen Enden in gegenläufige Spiralen in Achteranordnung auslaufen (Abb. 94b). Dieser Ring wird als Import aus dem Norden angesehen; er hat im Ägäisraum nur wenige Parallelen, die alle später sind. Mindestens zwei der Stücke wurden noch an ihren Besitzern gefunden. Chronologisch sind die Ringe aus Mazaraki früher (SH III B) als die aus Elaphotopos (SH III C).

Sechs Armreifen aus Bronze kamen in den Gräbern von Kalbaki, Elaphotopos und Mazaraki zutage (MI 61, 62, 3293–3295, 3315)[20], wovon nur einer vollständig erhalten ist (MI 61: Abb. 94c). An ihren beiden Enden besitzen die Reifen je eine spiralförmige Scheibe. Die Anzahl der Spiralwindungen variiert zwischen sieben und sechzehn in jeder Scheibe und der Durchmesser der Scheiben von 1,3 bis 4,5 cm. In der mykenischen Welt sind solche Armreifen unbekannt, in Mitteleuropa dagegen seit dem 17. Jh. v. Chr. sehr häufig. Daher sind die Funde in Epeiros vermutlich gegen Ende der Bronzezeit (SH III-B/C) von dort importiert worden[21].

[18] Beispiele bei: A. W. Persson, The Royal Tombs at Dendra near Midea (1931) 89f. Nr. 1–4 Abb. 62; A. J. B. Wace, Chamber Tombs at Mycenae, in: Archaeologia 82, 1932, 191 mit Anm. 1–3; C. W. Blegen, Prosymna (1937) 349f. Abb. 180,8; 244,2; 377,3.4; 512,2; J. Boardman, The Cretan Collection in Oxford (1961) 31; Catling, Bronzework 68. 228 Abb. 5,9.10; 22,3; Sp. Marinatos, Haar- und Barttracht, ArchHom I B (1967) 34ff.; G. E. Mylonas, Der Gräberkreis B von Mykene (neugriech., 1972) 327 Taf. 101 a; Spyropoulos, Schätze

38ff. Abb. 72–76 Taf. 14a–e; W. Rudolph, Tiryns VI (1973) 54 Nr. 17; S. 122 Taf. 29,1,17; Mylonas, Die westliche Nekropole von Eleusis II (neugriech., 1975) 247 Taf. 51a; 102a.

[19] I. P. Vokotopoulou, Ephemeris 1969, 187f. Taf. 24a, obere und mittlere Reihe; S. 202 Taf. 30b, a.

[20] Dakares, Gräber 116 Abb. 2; Vokotopoulou, Ephemeris 1969, 202 Taf. 30b1; S. 187 Taf. 24a, untere Reihe.

[21] Dakares, Gräber 124f.; vgl. auch Hammond, Epirus 353; Vokotopoulou, Ephemeris 1969, 187; Perati II 293.

Es gibt nur ein einziges Beispiel einer Bronzenadel, und zwar aus Pramanda (A/A 22). N. G. L. Hammond wies sie der Phase SH III C zu, gab aber keine Maße an[22]. Die zerbrochen aufgefundene Nadel besteht aus einem kurzen runden Schaft mit stumpfem Ende. Der obere Teil weist drei unterschiedlich große Verdickungen auf; am äußersten Ende befindet sich eine Zickzackverzierung. Bekannt sind ähnliche Bronze- und Eisennadeln aus SH III C-Gräbern in Albanien. Etwa 25 bis 30 Exemplare stammen aus Vajze, Leskoviq und Vodhine. Die 30 bis 40 griechischen Stücke werden alle später datiert, und zwar in submykenische bis protogeometrische Zeit. Demzufolge bezeichnete Hammond die in Epeiros gefundene Nadel als Import aus dem Norden[23].

Ein Ohrring, ein in der Deutung problematisches Stück aus Mazaraki (MI 3315), wird auf Grund des Fundzusammenhangs in die Phase SH III B datiert.

Aus den hier erfaßten Grabungen sind wenigstens 131 Perlen bekannt (MI 65, 66, 3300, 3301, 3303, 3311–3313, 3316; A/A 33, 34). Mit Ausnahme eines Beispiels von der Akropolis von Ephyra stammen alle anderen aus den Gräbern von Kalbaki, Elaphotopos, Mazaraki und Nekromanteion; sie gehörten zu Halsketten der Bestatteten. Die meisten Perlen sind aus Bronze (49) und Chalzedon (44), 16 sind aus Fayence, 12 aus Bernstein, 7 aus Bergkristall und 3 aus Chalazias. 58 Perlen sind spindelförmig, 38 scheibenförmig und 14 kugelförmig. Unter den restlichen Perlen sind noch weitere sechs Formen vertreten. Bemerkenswert ist im Gegensatz zu anderen ägäischen Fundgebieten die Häufigkeit der Bronze- und Bernsteinperlen. Dies kann kein Zufall sein. Wenn wir die verhältnismäßig große Anzahl von Bronzewaffen und Schmuckgegenständen nördlicher Herkunft in Betracht ziehen, so erhärtet sich die Annahme ziemlich reger Kontakte zwischen Epeiros und dem Norden während der Spätbronzezeit[24]. In Griechenland sind Bronzeperlen zwar seit mittelhelladischer Zeit bekannt, doch kommen sie nur in kleinen Mengen vor. Bernsteinperlen – vermutlich aus dem Baltikum[25] – sind dagegen viel stärker für den frühen Abschnitt der mykenischen Zeit charakteristisch (SH I/II) als für ihre späteren Phasen (SH III).

Perlen aus Chalzedon sind seit dem Frühhelladikum vom Festland wie von Kreta bekannt; in mykenischer Zeit kommen sie dagegen selten vor. An ihrem relativ häufigen Vorkommen in den Gräbern von Epeiros erweist sich eine lokale Bevorzugung dieses Materials. In anderen Teilen Griechenlands, z. B. in Mykene, fand Chalzedon insbesondere bei der Herstellung von Siegeln Verwendung[26].

Perlen aus Fayence, Bergkristall und Chalazias sind auch von anderen griechischen Ausgrabungen bekannt[27]. Das völlige Fehlen von Glasperlen in Epeiros ist erstaunlich, da sie

[22] Hammond, Epirus 178. 355. 359f. Abb. 25,2.
[23] Vgl. auch W. Kraiker – K. Kübler, Kerameikos I. Die Nekropolen des 12. bis 10. Jahrhunderts (1939) 82; P. Jacobsthal, Greek Pins and their Connexions with Europe and Asia (1956) 181; Desborough, Mycen. 54; s. jedoch N. K. Sandars, BSA 53/54, 1958/59, 237; Deshayes, Argos 205, vermutete kretisch-mykenische oder asiatische Herkunft.
[24] Dakares, Gräber 127f. mit Anm. 1–3; Hammond, Epirus 331; Vokotopoulou a.O. 206; Hammond, Studies in Greek History (1973) 39.

[25] C. W. Blegen, Prosymna (1937) 286; Dakares, Gräber 127f.; Sandars a.O. 237ff.; R. A. Higgins, Greek and Roman Jewellery (1961) 38; C. W. Beck, Archaeology 23, 1970, 7ff.; Perati II 384; G. E. Mylonas, Der Gräberkreis B von Mykene (neugriech., 1972) 351; Hammond a.O. Studies 30; Lord William Taylour in: PN III 129; A. Harding – H. Hughes-Brock, BSA 69, 1974, 145ff.
[26] Vgl. Perati II 387 mit Anm. 1.2.
[27] s. die angeführten Beispiele bei Higgins a.O. 40. 44f.; Dakares, Gräber 129f. mit Anm. 3–6; Perati II 379f.

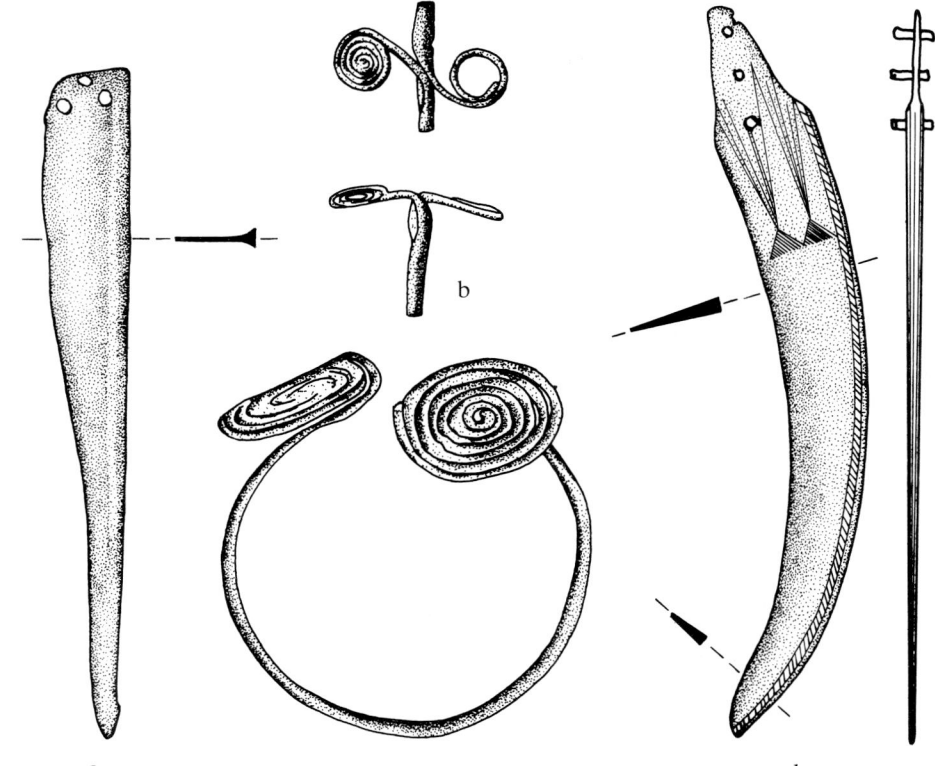

Abb. 94 a–d. Epeiros, späthelladische Schmuckstücke und Werkzeuge aus Bronze: (a) Messer mit geradem Rücken; (b) SH III C-Ring aus Elaphotopos, vgl. Abb. 119a; (c) Armreif, Import aus Mitteleuropa; (d) sichelförmiges Messer mit ziseliertem Dekor

a   c   d

in anderen Regionen häufig als billiger Ersatz für Metall oder Edelstein Verwendung fanden. Die Perlen von Epeiros sind in die Phasen SH III B und C zu datieren. Die aus Nekromanteion gehören vielleicht ins SH III, diejenigen aus Ephyra ins SH III A/B.
Ein Streifen aus Gold (MI 3299) und einer aus Bronze (A/A 36) fanden sich in Grab 1 von Elaphotopos bzw. in dem von Mazaraki; es handelt sich um Bestandteile eines Schmucks. Der aus Gold besteht aus einem dünnen elliptischen Streifen, der in der Mitte und entlang des Randes mit einer eingeritzten Linie verziert ist; der andere hat unregelmäßige Kreisform und ist unverziert. Das verzierte goldene Band diente vermutlich als Haar- oder Gewandschmuck, während der Verwendungszweck des bronzenen unbekannt ist. Entsprechend den Fundzusammenhängen gehören sie in die Zeit SH III B/C.

Werkzeuge

Mehr als 18 Steinäxte – MI 201, 202, 260–262, 3550, 3694a–b; A/A 37, 48–54 –, von denen allerdings nur vier vollständig sind, stammen aus Konitsa, Dodona, Arta, Toskesi, Kastri, Thesprotiko, Kassope, Graikiko und Lelovo. Abgesehen von denen aus Kastri, Graikiko, Lelovo und Kassope, deren Form unbekannt ist, handelt es sich bei den übrigen um dreieckige, durchbohrte, einschneidige Äxte mit dickem, konvexem Blatt. Das Material ist ein lokaler Granit oder grüner Ophit; die Größe variiert von 6,5 × 4,5 cm bis zu 13 × 6,5 cm. Die Äxte aus Konitsa, Dodona und Arta wurden von N. G. L. Hammond[28]

[28] Hammond, Epirus 315.

dem Typ E von A. J. B. Wace und M. S. Thompson[29] zugeschrieben. Sie sind somit bronzezeitlich, während die Datierung der Äxte aus Toskesi, Lelovo und Kassope ungeklärt ist. Steinäxte oder axtähnliche Werkzeuge der Bronzezeit sind, wenngleich in geringer Zahl, auch aus anderen Gebieten Griechenlands bekannt[30].

Das Grab in Mazaraki erbrachte einen vierseitig-pyramidalen Wetzstein (MI 3317; 8 × 15 cm) aus weißlichem Kalkstein, der an seinem breiten Ende durchbohrt ist und offensichtlich am Gürtel des Benutzers hing. Solche zum Schärfen von Werkzeugen und Waffen wie z. B. Messern und Schwertern verwendeten Wetzsteine bestanden aus hartem Gestein, waren entweder unbearbeitet oder grob rechteckig zugehauen mit mindestens einer flachen, glatten Seite. Nichtdurchbohrte Stücke sind in Griechenland selten, durchbohrte dagegen weitaus häufiger und weit verbreitet[31]. Auf Grund der Beifunde kann unser Stück in die Zeit SH III B datiert werden.

Sieben Bronzemesser (MI 89, 3292: Abb. 94a.d; A/A 56, 57, 68; MI 64, 191b) wurden in Dodona, Kalbaki und Elaphotopos gefunden. Bis auf das Fragment A/A 68 sind sie ganz erhalten; ihre Länge beträgt zwischen 6,85 und 22,7 cm. Alle Stücke sind einschneidig und nach der Form ihrer Griffe und Klingen in drei Gruppen einzuteilen: 1. Messer mit geradem Klingenrücken, 2. mit sichelförmig gebogener Klinge, 3. Messer mit T- oder kreuzförmigem Griff.

Zum ersten Typ gehören vier Messer aus Dodona (A/A 56, 57; MI 89, 191b) mit schlanker, spitz zulaufender Klinge. Ein Messer (MI 89; Abb. 94a) – vielleicht noch ein zweites (MI 191b) – hat eine schnabelförmige Klingenspitze. Die Griffplatten waren aus Holz oder Knochen gefertigt und mit drei Nieten in Dreiecksanordnung befestigt, oder die Nietung folgte der Hauptachse des Hefts.

Das Messer MI 89 hat N. K. Sandars in ihrer typologischen Einteilung als Typ 6b erfaßt[32], während sie die anderen Stücke nicht erwähnte. Das Messer MI 191b mag ebenfalls ihrem Typ 6b zuzuordnen sein; dazu oder zu Typ 6a gehören die Messer A/A 56, 57. Parallelen sind von anderen griechischen Orten bekannt[33]. Herkunft und Datierung des Messers MI 89 (Abb. 94a) sind noch strittig; eine Datierung in späthelladische Zeit ist aber wahrscheinlich (ebenso auch für MI 191b)[34]. Die anderen beiden Messer wurden von N. G. L. Hammond[35] der Periode SH II/III zugewiesen; eine Datierung in mittelhelladische Zeit ist aber m. E. wahrscheinlicher.

[29] A. J. B. Wace – M. S. Thompson, Prehistoric Thessaly (1912) 23.

[30] Chr. Tsountas, Die Prähistorischen Akropolen von Dimini und von Sesklo (neugriech., 1908) 319 ff.; Wace – Thompson a.O. 23 ff.; C. W. Blegen, Korakou (1921) 109 Abb. 133,7; W. A. Heurtley – R. W. Hutchinson, BSA 27, 1925/26, 32 Abb. 16.17 (Makedonien); O. Frödin – A. W. Persson, Asine (1938) 299 Abb. 206; N. Valmin, The Swedish Messenia Expedition (1938) 344 ff. Abb. 73; Perati II 337 f. Taf. 63 d; Blegen in: PN III 31 Abb. 112.

[31] A. Maiuri, ASAtene 6/7, 1923/24, 112 f. 246 (Rhodos); Karo, Schachtgräber 110. 118. 149. 162. 223 f.; Sp. Marinatos, Ephemeris 1932, 42 Taf. 14. 15; Heurtley, Mac. 230 Abb. 103 d–f; A. W. Persson, New Tombs at Dendra near Midea (1942) 48 Abb. 49,2; V. Hankey

BSA 47, 1952, 95; L. Morricone, ASAtene N. S. 27/28, 1965/66, 176. 201 (Kos); M. Andronikos, Vergina I. Die Grabhügelnekropole (neugriech., 1969) 260 Taf. 106 Phi beta; Blegen in: PN III 161 Abb. 232,2; Th. I. Papadopoulos, Mycenaean Achaea (1978/79) 160 Abb. 311a und 346.

[32] N. K. Sandars, PPS 21, 1955, 183. 196 Abb. 4,4.

[33] Zu Sandars' Liste der Funde von Leukas, Ithaka und Boiotien sind einige weitere Funde aus Messenien und Albanien hinzuzufügen; vgl. A. Harding – H. Hughes-Brock, BSA 69, 1974, 141 ff. Abb. 4; N. G. L. Hammond, Studies in Greek History (1973) 23; Buletin për Shkencat Shogërore 1955, 1 Taf 2,5 (Mati-Tal); vgl. auch Foltiny, Schwert 272 ff. Abb. 58.

[34] Vgl. Dakares, Gräber 123.

[35] Hammond, Epirus 329.

Dem sichelförmigen Typus gehören zwei Stücke an (MI 3292: Abb. 94d; MI 64), die von S. I. Dakares und I. P. Vokotopoulou veröffentlicht wurden[36]. Beide waren sich darin einig, daß dieser Typ aus dem Norden stammt und in die Phase SH III B/frühes SH III C gehört.

Zum T-förmigen Typus gehört das erwähnte Fragment aus Dodona (A/A 68). Auf Grund seines fragmentierten Erhaltungszustandes mag eine Zuweisung an Sandars' Typ 3a oder b nur unter großem Vorbehalt vorgenommen werden[37]. Ähnliche Messer sind in geringer Zahl auch aus anderen griechischen Fundorten bekannt[38]. Die Herkunft der Messer mit T-förmigem Griff ist wohl bei zweischneidigen Messertypen des Nahen Ostens zu suchen[39]. Unser Stück gehört in die Phase SH III B und kann als kretisch-mykenischer Import bezeichnet werden.

Aus dem Katamache-Schatz stammt ein kleiner pyramidenförmiger Amboß (MI 4984) mit kleiner Aufschlagfläche, einem unregelmäßigen Schaftloch und einer konvexen Basis. Vokotopoulou datierte ihn SH III B/C[40]. Solche Ambosse wurden vermutlich bei der Bearbeitung von Bronzekesseln, Werkzeugen und Waffen verwendet oder dienten, wie Dakares meinte, als Zimmermannskeil. Parallelen sind mir keine bekannt. Es gibt lediglich einige wenige undatierte, nach Material, Größe und Gestalt sehr unterschiedliche Ambosse von der Akropolis in Athen, aus Sampa-Pediados und Hagia Triada auf Kreta sowie aus dem Wrack vom Kap Gelidonya[41].

Ebenfalls aus dem Katamache-Schatz stammt ein kleiner Bronzemeißel mit konkavem Schaft und gerundeter Schneide (MI 4985). Die Schaftbasis ist mit Relief-Dreiecken verziert. I. P. Vokotopoulou datierte ihn SH III B/C[42] und verglich ihn mit Fundstücken aus Zypern, Kreta und dem Gelidonya-Wrack[43]. H. W. Catling verwies auf die nahöstliche Herkunft dieses Werkzeugtyps[44].

Insgesamt 22 Bronzeäxte sind aus den acht Orten Katamache, Dodona, Rhiziane, Terrovo, Pramanda, Tsergiane, Siroupolis und Arta bekannt; in zwei Fällen steht die Herkunft nicht fest (A/A 82 und 91). Mit Ausnahme des Fragments A/A 92 aus Dodona sind alle Stücke in gutem Zustand. Man unterscheidet drei Haupttypen: 1. Schaftlochäxte, 2. Doppeläxte und 3. Ärmchenbeile.

Zum Typ der Schaftlochaxt gehören vier Exemplare (MI 113, 114: Abb. 95a.b; A/A 87, 90), die zwischen 16,5 und 19,5 cm lang sind. Mit Ausnahme eines typologisch abweichenden Stücks (A/A 87) haben sie gleiche Form: Sie besitzen einen geraden gratigen Nacken, rundes Schaftloch, breites geschwungenes Blatt, das im Schnitt dreieckig ist, und leicht gerundete Schneide. Die Schmalseiten zeigen Reste von Gußnähten. Zu Verwen-

[36] Dakares, Gräber 125f. Abb. 2,4; I. P. Vokotopoulou, Ephemeris 1969, 184ff. Abb. 2. 3 Taf. 24c.d.

[37] N. K. Sandars, PPS 21, 1955, 179f.

[38] Sandars a.O. 194: Beispiele aus Mykene, Dendra, Gypsades, Stamnioi-Pediados und in Oxford, Ashmolean Museum. Ein Stück aus Kreta ist hinzuzufügen; vgl. H. W. Catling, BSA 63, 1968, 95. 107 Abb. 3,10 Taf. 23g.

[39] Sandars a.O. 194.

[40] I. P. Vokotopoulou, AAA 5, 1972, 115. 119 Abb. 2f und 3.

[41] O. Montelius, La Grèce Préclassique (1924) Abb. 497; J. Deshayes, Les Outils de Bronze, de l'Indus au Danube (IVᵉ au IIᵉ Millénaire) I (1960) 298f. Nr. 2321; II (1960) 122 Taf. 40,3; 63,1 bzw. I 300 Nr. 2323; II 122 Taf. 40,1; 63,4; Catling, Bronzework 100. 107f. 292; Spyropoulos, Schätze 78. 100f. Taf. 18.

[42] I. P. Vokotopoulou, AAA 5, 1972, 115. 119 Abb. 2n; 4.

[43] Catling, Bronzework 98.

[44] Ebenda 98 mit Anm. 8–10.

dung, Herkunft und Datierung äußerte sich N. G. L. Hammond[45]. Er ist der Meinung, daß es sich um Streitäxte nördlichen Ursprungs handele, die etwa um 1250–1150 v. Chr. nach Epeiros gelangt seien. Daß sie aus lokaler Produktion stammen und eine handwerkliche Bestimmung hatten, kann indessen nicht ausgeschlossen werden.

Doppeläxte sind unter den epeirotischen Funden häufig. Von den 17 bekannten Stücken (MI 115, 942, 116, 439: Abb. 95 c–f; MI 1853, 4979–4983; A/A 82, 83, 86, 90, 92–94) wurde der größte Teil bereits von O. Montelius[46], N. G. L. Hammond[47], I. P. Vokotopoulou[48] und H.-G. Buchholz[49] publiziert; die Stücke A/A 93 und MI 1853 wurden von D. E. Evangelides und S. I. Dakares[50] beschrieben und abgebildet, A/A 94 und MI 116 von Dakares und Vokotopoulou erwähnt[51]. Die Länge dieser Doppeläxte variiert zwischen 16,5 und 28 cm. Alle besitzen ein ovales Schaftloch; Gußnähte fehlen fast ganz. Bezüglich der Form ihrer Schneiden gehören sie zwei Gruppen an, und zwar den Typen III und IV der Einteilung von Buchholz[52].

Zu seinem Typ III mit leicht gerundeten Schneiden sind fünf Doppeläxte zu rechnen (A/A 86, 94; MI 116, 439, 1853), zu Typ IV mit stark ausladenden halbrunden Schneiden gehören die übrigen zwölf Stücke. Zwei von diesen weisen Wulstränder an beiden Seiten (A/A 83) oder nur an einer Seite des Schaftloches auf (MI 942: Abb. 95 d). Hammond verwies auf Grund der Schneidenform und der Wulste am Schaftloch auf Mitteleuropa (Ungarn) als Herkunftsland dieser Äxte, die etwa zwischen 1250 und 1150 v. Chr. in Epeiros auftauchten[53]. Mit Ausnahme einer mit linearer Ritzverzierung versehenen Doppelaxt sind alle anderen Stücke schmucklos. Die massiv gegossenen, schweren Doppeläxte aus Epeiros waren als Werkzeuge des Zimmermannshandwerks ebenso geeignet wie als Waffe. Aus anderen Fundgebieten sind Parallelen bekannt[54]. Sie gehören zum helladischen Typ, der durch ein ovales Loch gekennzeichnet ist und aus der Periode SH III B/C stammt[55]. Es fehlt in Nordwestgriechenland der blechdünne, nur kultisch verwendete minoische Typus. Mit Unterschieden und Ähnlichkeiten in der Nutzung bronzener Doppeläxte hat sich unlängst H.-G. Buchholz in seiner Studie »Doppeläxte und die Frage der Balkanbeziehungen des ägäischen Kulturkreises« auseinandergesetzt (s. Anm. 49).

[45] Hammond, Epirus 331 ff. 336 Abb. 22 b,1–4 Taf. 21 b2; s. auch ders., Studies in Greek History (1973) 42 Abb. 3 j.k.l.

[46] O. Montelius, Archiv für Anthropologie 25, 1898, 459 Abb. 40.

[47] Hammond, Epirus 333 ff. Nr. C 1–3. D 1.2 Abb. 22,C2.C3.D1.

[48] Vokotopoulou, AAA 5, 1972, 113 ff. Abb. 2 Zeichnung 1–3.

[49] H.-G. Buchholz, Zur Herkunft der kretischen Doppelaxt (1959) 47 Nr. 7.8 Taf. 9 f.; zu den epeirotischen Exemplaren jetzt ausführlich und in größerem Zusammenhang: ders., Doppeläxte und die Frage der Balkanbeziehungen des ägäischen Kulturkreises, in: Ancient Bulgaria, Papers presented to the International Symposium on the Ancient History and Archaeology of Bulgaria, University of Nottingham, 1981, Hrsg. A. G. Poulter, Bd. I (1983) 53 f. 72 ff. 85 f. Abb. 19. 20 a–c; 21 c–e; 23 b.

[50] D. E. Evangelides, Praktika 1952, 290 Abb. 12; S. I. Dakares, Praktika 1968, 57 Taf. 38 c; A. K. Orlandos, Ergon 1968, 43 Abb. 47.

[51] Dakares, Deltion 17, 1961/62, Chron 196 Anm. 39; Vokotopoulou, AAA 5, 1972, 116.

[52] Buchholz, Zur Herkunft der kretischen Doppelaxt (1959) 8 Abb. 1; J. Deshayes, Les Outils de Bronze, de l'Indus au Danube (IVe au IIe Millénaire) I (1960) 257 (Typ B und Untergruppen).

[53] Hammond, Epirus 333 f.; hierzu Buchholz in: Ancient Bulgaria (s. oben Anm. 49) 53 f. 72 ff. 85 f.

[54] Vgl. G. Loud, Megiddo II (1948) Taf. 183,14.15 (Schicht VI); Buchholz, Zur Herkunft der kretischen Doppelaxt (1959) 46 ff.; Deshayes a.O. II 107; Bass, AJA 65, 1961, 273 Taf. 88,24; Catling, Bronzework 89 Anm. 5; Hammond, Epirus 335 f.; K. Davaras, AAA 3, 1970, 312 f. Abb. 1–4; Spyropoulos, Schätze 134 f.

[55] Hammond, Epirus 336 f.; Vokotopoulou, AAA 5, 1972, 118.

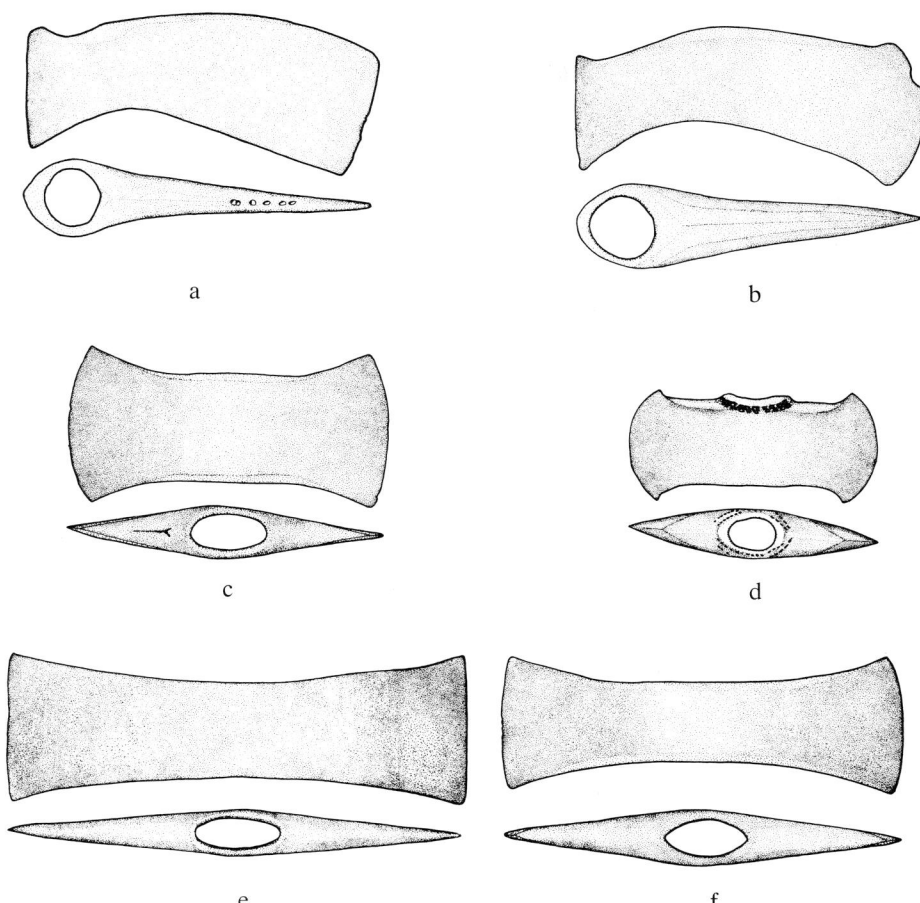

Abb. 95a–f. Bronzeäxte der ausgehenden Bronzezeit aus Epeiros: (a.b) Schaftlochtypus; (c–f) ägäischer doppelschneidiger Typus

Die beiden Stücke A/A 95 und 96, zwei Ärmchenbeile, sind wegen ihrer Maße (12 und 14,2 cm) vermutlich für zeremonielle Zwecke geschaffen worden, obwohl bei letzterem eine praktische Verwendung nicht ausgeschlossen werden kann. Die Gattung der Ärmchenbeile ist von mehreren Autoren behandelt worden[56], ohne daß bisher hinsichtlich ihrer Herkunft[57], Klassifizierung[58] und Verwendung[59] Übereinkunft erzielt wurde. Unsere Exemplare gelangten möglicherweise aus Troja nach Epeiros[60].

Schließlich wurden noch Spulen an drei Orten gefunden: mehrere in Nekromanteion, drei aus Ton in Dodona (A/A 97, 98; MI 277) und eine weitere in Ephyra, deren Maße und Form unbekannt sind. Das Problem ihrer Datierung ist noch nicht endgültig gelöst, auch wenn Dakares und Hammond die Spulen von Nekromanteion und Dodona der 'prähistorischen Epoche' und die aus Ephyra dem Übergang vom Späthelladikum zur Eisenzeit zuwiesen[61].

[56] R. Maxwell-Hyslop, Iraq 15, 1953, 69 ff.; Deshayes a.O. I 113 ff.; Catling, Bronzework 87 f.; Hammond, Epirus 407 ff. Abb. 28.

[57] Maxwell-Hyslop and Deshayes verwiesen auf die kaspische Herkunft, während Catling und Hammond diese im Nahen Osten vermuteten.

[58] Zur Problematik s. Maxwell-Hyslop a. O. 74; Deshayes a. O. I 114.

[59] Catling, Bronzework 85 ff. ('Zimmermannswerkzeug'); Deshayes a.O. I 113 ('Ärmchenbeile'); H. Maryon, AntJ 18, 1938, 243 ff. Abb. 18. 19 ('Ambosse oder Pflöcke der Metallbearbeitung').

[60] Vgl. Hammond, Epirus 409.

[61] S. I. Dakares, Praktika 1958, 112; ders., Praktika 1963, 91; Hammond, Epirus 301.

Neun Bronzedolche des 2. Jts. v. Chr. sind aus Epeiros bekannt; sie stammen aus Kalbaki, Mazaraki, Dodona, Mesopotamos-Lykouresi, Paramythia, Kastritsa und Kalyvia-Elaphotopou. Vier der Dolche sind vollständig erhalten (MI 3305, 3331, 3332; A/A 104); die restlichen (MI 59, 3216, 3306, 3307, 3333) zerbrochen. Die Dolche lassen sich zwei Haupttypen zuordnen: 1. Dolche mit Griffzunge und zweischneidiger Klinge; 2. mit T-förmigem oder kreuzförmigem Griff.

Zum ersten Typ gehören drei Stücke aus Mazaraki (MI 3305–3307). Die Griffzunge weist drei Nietlöcher in einer Linie auf, die zur Befestigung der Griffplatten dienten. Sie stimmen typologisch mit Dolchen aus Zypern überein[62] und sind daher in die Periode SH III B zu datieren.

Der zweite Typ ist durch die restlichen sechs Dolche (MI 3331–3333, 59, 3216: Abb. 96 a–e; A/A 104) repräsentiert. Ihre Länge beläuft sich auf 28,8 bis etwa 40 cm. Die T-förmige Griffzunge ist gewöhnlich mit ausgeprägten Randleisten versehen; fünf Nieten dienten zur Befestigung des Hefts; von diesen waren meistens drei auf der Zunge in einer Linie und zwei rechtwinklig dazu an der Schulter angebracht. Manchmal sind sogar alle fünf Nieten in einer Linie auf der Griffzunge plaziert. Die spitze Klinge ist flach oder mit einer Mittelrippe versehen. Drei Dolche zeigen eingeritzte Verzierungen entweder an der Klinge (MI 59: Abb. 96d) oder an den Randleisten (MI 3332: Abb. 96b; A/A 104). Typologisch entsprechen sie A. Furumarks Form b[63]. Parallelen, die gegen Ende des 15. Jhs. v. Chr. einsetzen, sind von anderen Fundorten bekannt[64]; doch gehören die meisten in das 12. vorchristliche Jahrhundert[65]. Mit Ausnahme des Stücks MI 3216 (Abb. 96e), welches in die Periode SH III A datiert ist, stammen alle übrigen epeirotischen Dolche aus späterer Zeit: MI 59, 3331 und 3333 aus der Phase SH III B; MI 3332 und A/A 104 aus SH III-B/C. Dakares und Hammond vermuteten, daß es sich um mykenische Importe handelt; dieser Meinung schloß sich Foltiny an[66]. Die Möglichkeit einer thessalischen oder lokal-epeirotischen Herstellung kann jedoch nicht ausgeschlossen werden.

Sieben Bronzeschwerter sind aus Dodona, Mesogephyra-Konitses, Strounio oder Perama, Zeravina und Mazaraki bekannt. Drei davon sind vollständig erhalten (MI 206b, 3304; A/A 114), zwei zerbrochen (MI 206a; A/A 109), von den zwei verbleibenden Stücken fehlt jede Kenntnis (A/A 112 und 113). Auf Grund der Form der Griffzunge unterscheidet man wie bei den Dolchen drei Typen: 1. die Kreuzform, 2. den gehörnten Typus und 3. Schwerter vom Typ Naue II.

[62] Catling, Bronzework 127 Taf. 15c–f (Dolche mit langer, zungenförmiger Spitze; Taf. 15d aus Hala Sultan Tekke, Grab 6: SH III B).

[63] A. Furumark, The Chronology of Mycenaean Pottery (1941) 94 Abb. 4.

[64] Beispiele bei N. K. Sandars, AJA 67, 1963, 149ff. und in Perati II 362f.; vgl. auch D. R. Theochares, AAA 1, 1968, 292; D. R. und M. Theochares, AAA 3, 1970, 201f. Abb. 8 (Thessalien); M. R. Popham, ArchRep 1972/73, 58 Abb. 35 (Kreta); Blegen in: PN III 188 Abb. 243,6 (Messenien); E. A. und H. W. Catling,

BSA 69, 1974, 229. 244 Abb. 16,3 Taf. 40a (Sellopoulo bei Knossos); G. E. Mylonas, Die westliche Nekropole von Eleusis I (neugriech., 1975) 69. 310; III Taf. 12c3; 68a13; Th. I. Papadopoulos, Mycenaean Achaea (1978/79) 167 Abb. 322a.b (Achaia); Foltiny, Schwert 257ff. Abb. 50c–h.

[65] Vgl. S. Benton, PPS 18, 1952, 237f.; D. R. Theochares, AAA 1, 1968, 292f.; Perati II 363.

[66] Dakares, Gräber 119. 121; ders., PPS 33, 1967, 34; Hammond, Epirus 323; s. auch I. P. Vokotopoulou, Ephemeris 1969, 194; Foltiny, Schwert 258.

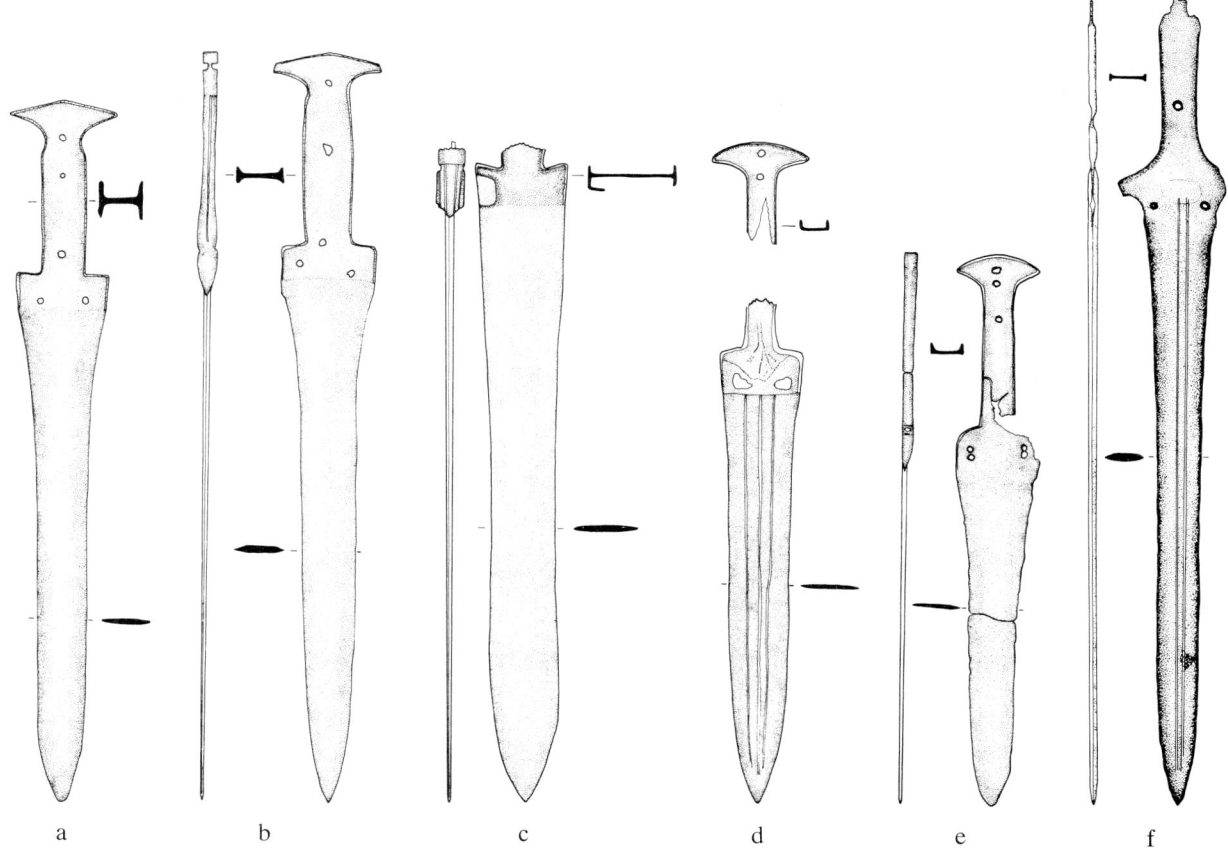

a   b   c   d   e   f

Abb. 96a–f. (a–e) Bronzedolche mit T-förmigem Griff und (f) Bronzeschwert mit Griffzunge und ausgeprägter Parierstange, aus Epeiros

Zum Typ mit kreuzförmig gebildeter Zunge gehört das von Vokotopoulou veröffentlichte Kurzschwert aus Mazaraki (MI 3304: Abb. 96f)[67]. Es läßt sich zwischen Sandars' Typen D 1 und 2 einordnen[68] und aufgrund von Parallelen der Endphase der Periode SH III B zurechnen[69]. Die Klinge weist eingravierte Verzierungen auf.
Vom gehörnten Typ besitzen wir fünf Beispiele (MI 206a.b; A/A 109, 112 und 113). Mit Ausnahme der zwei in Verlust geratenen Schwerter aus Strounio (A/A 112, 113), von denen Hammond behauptete, sie seien denen von Mesogephyra ähnlich, wurden alle anderen von K. Karapanos, I. Undset, S. I. Dakares, N. K. Sandars und N. G. L. Hammond publiziert[70]. Sie sind an den Griffleisten und an der Klinge mit eingravierten Parallel-Linien verziert. Typologisch sind sie Sandars' Form C 1 zuzuordnen, die ab dem 15. Jh. v. Chr. in der ägäischen Welt vorkommt[71]. Die Beispiele aus Epeiros, die nach Hammonds Meinung Importe aus Südgriechenland sind, nach Dakares aus Kreta oder Thessalien

[67] Vokotopoulou a.O. 192ff. Abb. 4 Taf. 27b.e.
[68] N. K. Sandars, AJA 67, 1963, 123ff. 146ff.; Vokotopoulou a.O. 193 (Furumarks Typ a 2).
[69] Sp. Marinatos, Ephemeris 1932, 39 Taf. 16a (Kephallenia); Sandars a.O. 147 Taf. 24,19 (Zapher Papoura); vgl. auch Foltiny, Schwert, Dolch und Messer, in: ArchHom, Lieferung E 2 (1980) 256f. Abb. 49g; 50a.

[70] K. Karapanos, Dodone et ses Ruines (1878) 102 Taf. 57,1; I. Undset, ZEthnol 22, 1890, 14 Abb. 21; Dakares, Gräber 131ff. Abb. 6. 7; Sandars a.O. 145 Taf. 21,3.4; Hammond, Epirus 318f. 321f. mit Anm. 1 Abb. 19a.b.e Taf. 21a.
[71] Sandars a.O. 119ff. 144ff.; Foltiny, Schwert 254ff. Abb. 49c–e.

kommen und von Sandars für einheimische Produkte angesehen werden, können in die Perioden SH II bis III A datiert werden[72].

Zur dritten Form, den Schwertern vom Typ Naue II, gehört das verlorene Stück aus Zeravina (A/A 114), das von Hammond veröffentlich wurde[73]. Er betonte die formalen Besonderheiten, nahm eine mitteleuropäische Herkunft an und wies dies Schwert der Zeit SH III B/C zu[74]. Später haben sich mit dieser Sonderform J. D. Cowen, H. W. Catling, V. R. d'A. Desborough und andere auseinandergesetzt[75], doch bis jetzt ist noch keine wirkliche Lösung der Herkunftsfrage gefunden worden, wenn auch H. W. Catlings Rückführung auf Mitteleuropa viel für sich hat[76]. Der Typ kam gegen Ende von SH III B auf, blieb während SH III C in Verwendung und hielt sich – aus Eisen gefertigt – bis in die historischen Zeiten[77].

Ferner gibt es 22 Speerspitzen aus Epeiros. Davon stammen 18 aus Kalbaki, Gribiane, Kipere, Hagia Kyriake, Dodona, Anthochori, Lachanokastro, Kakousioi, Paramythia, Konitsa, Gardiki, Pesta-Sklivane, Mazaraki und vermutlich auch aus Bizani. Bei einer beschlagnahmten und den restlichen drei Spitzen ist die Herkunft unbekannt. Sie sind aus Bronze gefertigt und beinahe alle in gutem Erhaltungszustand. Ihre Länge variiert von 10,5 bis 30 cm. Diese Speerspitzen lassen sich in zwei Gruppen einteilen: in blattförmige und in lanzettförmige. Blattform haben dreizehn Speerspitzen (A/A 121; MI 3127, 3326, 3308, 3309: Abb. 97f–j; MI 221, 704, 910, 4076, 4375; A/A 123–125). Mit Ausnahme von dreien (MI 910, 4076 und 4375) wurden sie alle bereits von Dakares, Hammond und Vokotopoulou veröffentlicht[78].

Bemerkenswert ist das fast völlige Fehlen geschlitzter und beringter Tüllen – eine lokale Besonderheit der epeirotischen Exemplare –, was den Guß in einem Stück verrät. Nur ein Beispiel, aus Mazaraki (MI 3309: Abb. 97j), ist mit einem kurvilinearen Muster verziert. Typologisch gehören diese Spitzen zu Snodgrass' Typen A und C[79]; sie besitzen in Griechenland zahlreiche Parallelen[80]. Das verzierte Stück (MI 3309) könnte mitteleuropäischer Herkunft sein[81].

[72] Sie entsprechen anderen, von Sandars a.O. erwähnten Parallelen aus Kreta und vom griechischen Festland. Vgl. Dakares, Gräber passim und auch Hammond, Epirus 322 (1450–1350 v. Chr.).

[73] Hammond, Epirus 319. 323f. Abb. 19c Taf. 21c.

[74] Hammond, Epirus 323f. 351; auch ders., Studies in Greek History (1973) 43 Anm. 2.

[75] J. D. Cowen, BerRGK 36, 1955, 52ff. (alles europäische Beispiele); H. W. Catling, PPS 22, 1956, 102ff.; ders., Antiquity 35, 1961, 115ff. Abb. 2; ders., Bronzework 113ff. (alles ägäische Beispiele); Desborough, Mycen. 67f.; Cowen, PPS 32, 1966, 292ff.; Spyropoulos, Schätze 163ff. und Anmerkungen; Foltiny, Schwert 264ff. Abb. 54.

[76] Catling, Bronzework 113ff.; vgl. auch C. F. C. Hawkes, StEtr 27, 1959, 369f. Dagegen nahmen V. G. Childe, C. F. A. Schaeffer und E. Vermeule die Herkunft aus dem Nahen Osten an, s. V. G. Childe, PPS 14, 1948, 183ff.; C. F. A. Schaeffer, Ugaritica III (1956) 169ff.; Vermeule, Br. Age 279. Außer zentraleuropäischer und

orientalischer ist auch mykenischer Ursprung vermutet worden: Spyropoulos, Schätze 168f.

[77] H. W. Catling, Antiquity 35, 1961, 122; ders., Bronzework 116; Lorimer, Homer 267ff.; Desborough, Mycen. 68; Snodgrass, EGAW 106 (Typ I).

[78] S. I. Dakares, Deltion 20, 1965, Chron 350f. Anm. 26 Taf. 415d.e; ders., PPS 33, 1967, 33 Abb. 2 Taf. 1,6; Hammond, Epirus 340 Abb. 23h.j.l Taf. 21c; I. P. Vokotopoulou, Ephemeris 1969, 195ff. Abb. 6a.b; 7, 2. von li.; 8 li. Taf. 27b, 4. von li. und 2. von r.; Taf. 28a, obere Reihe li.; Taf. 28b, li.

[79] Snodgrass, EGAW 116. 120 Abb. 7a.c.

[80] Zu den Beispielen bei Snodgrass aus Kallithea, Perati, Delphi, Tiryns und Mouliana müssen noch weitere 13 aus Achaia hinzugefügt werden (s. Th. I. Papadopoulos, Mycenaean Achaea [1978/79] 163f. Abb. 316. 317a; 349–352) sowie mehr als 20 aus Mykene, Prosymna, Dorion, Vapheio, der Dodekanes, aus Kreta und von Zypern (s. Perati II 357ff.).

[81] Vokotopoulou a.O. 196 Anm. 1.

374

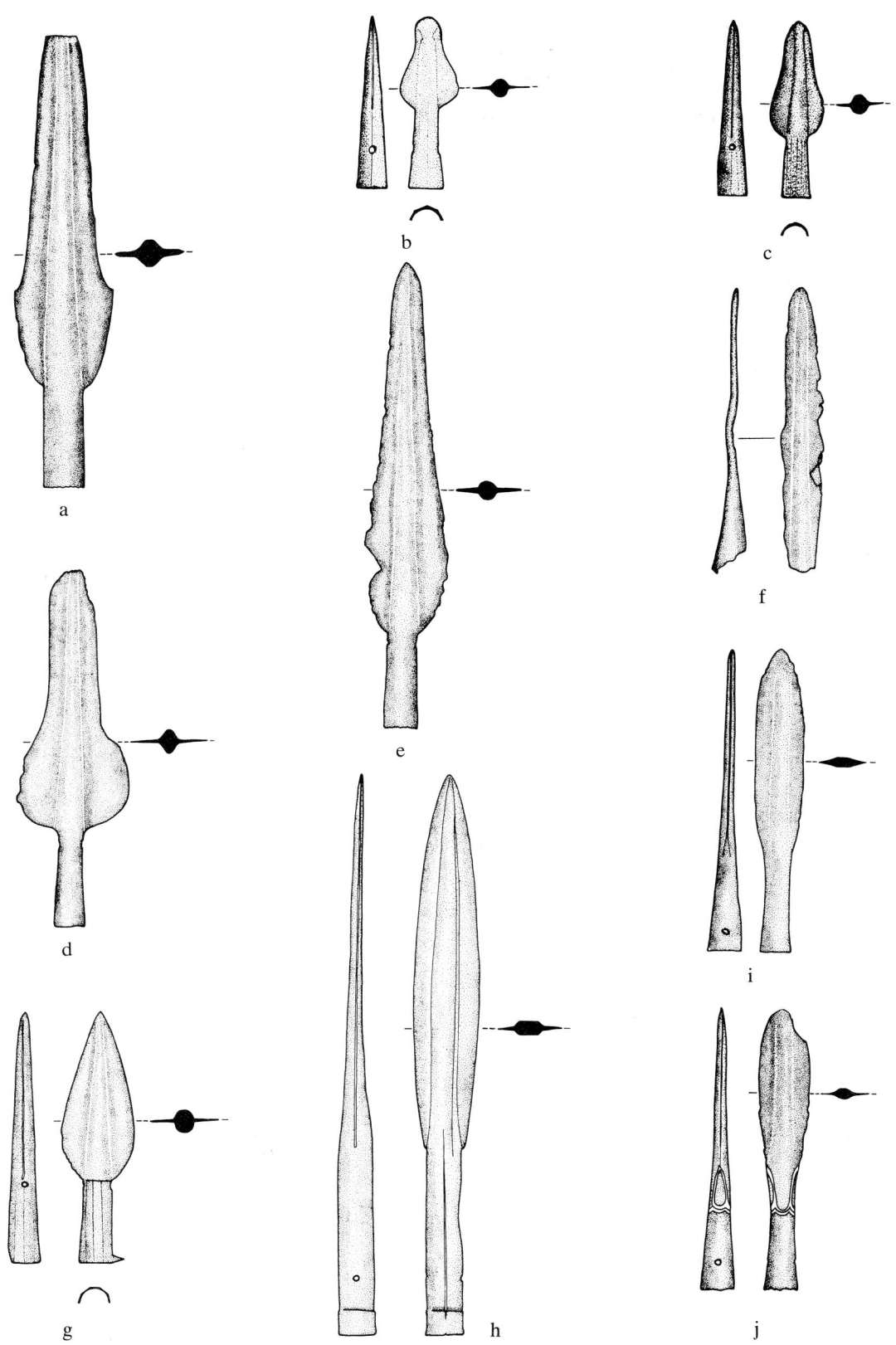

Abb. 97 a–j. Bronzene Speerspitzen der Periode SH III aus Epeiros: (a–e) Lanzettförmiger Typus nördlicher Herkunft, (c.g) teilweise mit facettierter Tülle; (f–j) weidenblattförmiger Typus, (j) teilweise mit verziertem Tüllenansatz

375

Der zweite Typ umfaßt neun Speerspitzen (MI 3324, 3330, 3310, 3325, 60: Abb. 97a–e; MI 3193, 3328; A/A 119, 129), die von Dakares, Hammond und Vokotopoulou veröffentlicht wurden[82]; drei davon (MI 60, 3325 und 3330) sind auch von Desborough und Snodgrass wissenschaftlich erfaßt worden[83]. An vier Stücken sind facettierte Tüllen bemerkenswert (MI 3310, 3325, 3330 und A/A 129)[84], die wie bei dem blattförmigen Typ ungeschlitzt und unberingt sind.

Diese lanzettförmigen Speerspitzen gehören typologisch zu A. M. Snodgrass' Typ B[85], der als aus dem Norden, also aus Mitteleuropa, stammend angesehen wird[86]. Er hat in der ägäischen Welt nie eine übermäßige Beliebtheit erreicht, wie die wenigen aus dem SH III C und der nachmykenischen Zeit stammenden Beispiele aus verschiedenen Grabungsorten zeigen[87]. Nach H. L. Lorimer und A. M. Snodgrass hat sich zuletzt O. Höckmann eingehend mit der Problematik der Speer- und Lanzenspitzen befaßt[88]. Speere und Lanzen waren in der ägäischen Welt seit der Mittelbronzezeit bekannt[89] und hielten sich in verschiedenen Formen während der gesamten Spätbronzezeit und bis in die historische Epoche hinein[90], als Jagd-[91] und als Kampfwaffen[92]. Von den epeirotischen Speerspitzen dienten nur zwei blattförmige (MI 3308; A/A 124) wahrscheinlich als Jagdwaffen. Da Hinweise auf den Grabungszusammenhang bei den meisten der in Epeiros gefundenen Stücke fehlen, ist die Datierung der insgesamt dreizehn Spitzen schwierig: Typ I dürfte wohl früher (SH III A/B), Typ II später anzusetzen sein (SH III-B/C)[93].

Pfeilspitzen aus Stein sind aus Dragane, Nekromanteion und Aetos (A/A 138, 139 und 140) bekannt. Sie bestehen aus Feuerstein und sind in die Bronzezeit zu datieren. Auch

---

82 Dakares, Gräber 115. 123f. 131 Abb. 1. 5; ders., Praktika 1960, 123 Taf. 92c.; Hammond, Epirus 340 Abb. 23 g.i; Vokotopoulou, Deltion 23, 1968, Chron 293 Taf. 237a,A; dies., Ephemeris 1969, 197ff. Abb. 6c; 7, li., Mitte und die beiden r.; Abb. 8r., Taf. 27b, 3. von li.; 28a, oben Mitte, unten r. sowie die 1. 2 und 5. von li.; Taf. 28b, r. Zu der Speerspitze aus Gribiane (Abb. 97d) s. auch O. Höckmann in dieser Publikation, S. 354 Anm. 143.

83 Desborough, Mycen. 66f.; Snodgrass, EGAW 119 (Typ B, B 1, B 5).

84 Solche Speerspitzen sind in der Bronzezeit äußerst selten, vgl. Papadopoulos a.O. 164 Abb. 317c; 353a (nur ein Beispiel). Sie sind häufiger in nachmykenischer Zeit, vgl. P. Amandry, BCH 62, 1938, 312 Taf. 34,5 (Delphi); H. Müller-Karpe, JdI 77, 1962, 89f. Abb. 7,4; 8,6 (Kerameikos, frühgeometrische Gräber) und besonders häufig in Italien, vgl. Snodgrass, EGAW 128 Anm. 19.

85 Ebenda 119 Abb. 7b.

86 V. G. Childe, PPS 14, 1948, 185 mit Anm. 4; V. Milojčić, AA 1948/49, 15; Dakares, Gräber 131; Desborough, Mycen. 66f.; Catling, Bronzework 121; N. K. Sandars, Antiquity 38, 1964, 258ff.; Snodgrass, EGAW 119; Vokotopoulou, Ephemeris 1969, 199; M. Kostourou, AAA 5, 1972, 327.

87 Beispiele bei Desborough a.O. und Snodgrass a.O.; s. auch Hammond, Epirus 351.

88 Lorimer, Homer 254ff.; Snodgrass, EGAW 134ff.; O. Höckmann in: Kriegswesen 275ff. sowie im JbRGZM 27, 1980, 13ff. und in der vorliegenden Publikation, oben S. 329ff.

89 R. B. Seager, Explorations in the Island of Mochlos (1912) 75 Abb. 45, XX 12 (MM III).

90 Aufzählungen bei Snodgrass, EGAW 115ff. und in: Perati II 357ff.; vgl. auch V. Milojčić, JbRGZM 2, 1955, 159f. Abb. 3,7.

91 Chr. Tsountas, Ephemeris 1889, 130ff.; G. Rodenwaldt, Tiryns II (1912) 5ff. Nr. 1 Taf. 1,6; S. 116ff. Nr. 151 Taf. 11,5; Sp. Marinatos, BSA 37, 1936/37, 187ff.; M. S. F. Hood – P. de Jong, BSA 47, 1952, 256; Snodgrass, EGAW 115 mit Anm. 3; Perati II 359.

92 Snodgrass, EGAW 136, räumte ein, daß das Problem der Unterscheidung zwischen Wurf- und Stoßspeer ungelöst bleibt; s. auch Hammond, Epirus 339; G. E. Mylonas, Der Gräberkreis B von Mykene (neugriech., 1972) 325; ders., Die westliche Nekropole von Eleusis II (neugriech., 1975) 246.

93 I. P. Vokotopoulou, Ephemeris 1969, 199; M. Kostourou, AAA 5, 1972, 326f.; Vokotopoulou, Deltion 23, 1968, Chron 293 Taf. 237a,B; S. I. Dakares, PPS 33, 1967, 35f.; Spyropoulos, Schätze 152ff.

von anderen Orten in Griechenland[94] sowie aus dem angrenzenden Albanien[95] sind ähnliche Pfeilspitzen bekannt. Sie wurden von G. Karo, A. J. B. Wace, H. L. Lorimer und eingehend in größerem Zusammenhang von H.-G. Buchholz untersucht[96]. Die Beispiele aus Epeiros sind vermutlich einheimische, die neolithische Tradition dieses Gebiets fortsetzende Erzeugnisse[97].

Zusammenfassung

Da unser Wissen über die Bronzezeit in Nordwestgriechenland immer noch viele Lücken aufweist, können die hier vorgetragenen Schlußfolgerungen nur als vorläufig angesehen werden und bleiben der Revision durch zukünftige Funde unterworfen. Zusammenfassend kann allerdings heute festgestellt werden: 1. Es fand keine Unterbrechung der Besiedlung seit dem Neolithikum statt. Die große Zahl der bronzezeitlichen Fundstellen läßt den Schluß auf ein erhebliches Anwachsen der Bevölkerung in der Bronzezeit zu. 2. Die spärliche Fundüberlieferung der Früh- und Mittelbronzezeit ermöglicht keine Aussagen über den kulturellen Entwicklungsstand von Epeiros sowie den Kontakt zu anderen besser bekannten Gebieten Griechenlands. Die Situation ist für die Spätbronzezeit auf Grund von besser untersuchten und datierten Fundstücken aus 33 prähistorischen Orten wesentlich klarer. Dabei fällt folgendes als besonders bemerkenswert auf: a) Fast alle Funde gehören ins SH III und besonders in die Phasen SH III B und C, während die frühen Phasen SH I und II so gut wie nicht vertreten sind; b) mit wenigen Ausnahmen (das Tholos-Grab von Kipere, Dodona und die Akropolis in Ephyra) stammen die Funde aus Kisten-Gräbern; c) schließlich sind die meisten der Funde Bronzewaffen und -werkzeuge, während Vasen und Schmuck sehr selten vorkommen.

Ein ausgeprägter Lokalcharakter und ein bemerkenswerter Konservatismus lassen sich insbesondere an der handgefertigten Keramik, der primitiven Lebensweise sowie an der Eigenart von Siedlungen und Gräbern deutlich ablesen. Da keine Gefahr von außen drohte, gab es Wehranlagen nicht vor der Periode SH III B/C.

Im Gegensatz zum übrigen Griechenland behielten die Bewohner von Epeiros die althergebrachte Bestattungsart in Kisten-Gräbern bei. Als eine mykenische Fremdform muß das Tholos-Grab von Kipere bezeichnet werden.

Epeiros unterhielt sowohl mit dem mykenischen Hellas wie auch mit den Balkanländern Kontakte, ja selbst mit Mitteleuropa. Diese Verbindungen blieben allerdings auf das Ende der Spätbronzezeit beschränkt und waren vorwiegend handelsorientiert.

---

[94] Beispiele aus Mykene, Kakovatos, Thorikos, Prosymna, Dendra und Malthi bei A. J. B. Wace, Chamber Tombs at Mycenae, in: Archaeologia 82, 1932, 222 mit Anm. 6–12; und bei Lorimer, Homer 278 mit Anm. 2; ferner einige Stücke aus Gräberkreis B von Mykene: Mylonas a.O. 346f. Taf. 123 d; aus dem Palast des Nestor: PN I 59. 62. 100. 155. 202. 234. 259. 286. 291. 306. 311. 321f. 325. 329. 347; III 7. 16. 24f. 28 Anm. 10; S. 31f. 37. 42. 46. 49. 51. 60. 102. 104. 113. 127. 135ff. 139f. 143. 146. 158. 162. 169. 178; aus Hagios Kosmas, Attika: Mylonas, Aghios Kosmas, an Early Bronze Age Settlement and Cemetery in Attica (1959) 144; aus Leukas: W. Dörpfeld – P. Goessler in: W. Dörpfeld, Alt-Ithaka (1927) 247. 311 Beil. 69,5; 70,5.

[95] Hammond, Epirus 338 (Vajzë, Tumuli A und B).

[96] Karo, Schachtgräber 208 Nr. 536–540 Taf. 101; Wace a.O. 59. 187. 222; Lorimer, Homer 278; H.-G. Buchholz, Der Pfeilglätter aus dem VI. Schachtgrab von Mykene und die helladischen Pfeilspitzen, in: JdI 77, 1962, 1ff.

[97] Th. I. Papadopoulos, The Stone Age in Epirus, in: Dodone 3, 1974, 130f. Abb. 4 i–k.

Zum Abschluß noch eine Bemerkung zur sogenannten Dorischen Wanderung um etwa 1200 v. Chr. und zum Problem, ob die 'Nordvölker' aus Epeiros kamen, worüber noch keine einheitliche Auffassung in der Forschung besteht: Die meisten Gelehrten – unter ihnen Dakares, Desborough, Sandars und Hammond[98] – leiteten von der Existenz der Kisten-Gräber und der mitteleuropäischen Importe ab, daß die Dorer aus dem Norden gekommen und über Epeiros gezogen seien, wohin sie – so die Meinung von Sandars und Desborough – nach der Vernichtung der mykenischen Zentren zurückkehrten. Demgegenüber steht Vokotopoulou dieser Theorie zu Recht mit Vorbehalten gegenüber[99]. Jedenfalls ist man auch heute noch weitgehend auf das Bild der drei aus Jugoslawien und Bulgarien kommenden 'dorischen' Einwanderungswellen, wie es von Milojčić gezeichnet wurde, angewiesen[100]. Es bleibt zu hoffen, daß weitere Geländeforschungen und eine größere Dichte besser datierbarer Funde mehr Licht auf diese geschichtlichen Zusammenhänge werfen.

[98] Dakares, Gräber 144; St. Alexiou, Deltion 18, 1963, Chron 313; Desborough, Mycen. 37f. 224. 231f. 245ff.; N. K. Sandars, Antiquity 38, 1964, 259f.; Desborough, PPS 31, 1965, 213ff.; Hammond, Epirus 354. 374ff. 389ff.; Desborough, Dark Ages 337; Hammond in: Br. Age Migr. Aegean 194; ders., Studies in Greek History (1973) 36ff.; Desborough in: CAH³ II 2 (1975) 660. 664; Hammond ebenda 690.

[99] I. P. Vokotopoulou, Ephemeris 1969, 206.

[100] Die Dorische Wanderung im Lichte der vorgeschichtlichen Funde, in: AA 1948/49, 12ff.; F. Schachermeyr, Griechenland im Zeitalter der Wanderungen (1980).

ZUR HISTORISCHEN EINORDNUNG VON KULTURERSCHEINUNGEN DES 2. JAHRTAUSENDS V. CHR.

KRETA UND MYKENE, EIN VERGLEICH IHRES KULTURCHARAKTERS

Von Fritz Schachermeyr

Erste Ansätze autonomen Kulturwerdens lassen sich in vielen Bereichen Asiens, Afrikas und Europas feststellen, nur war das jeweils eingeschlagene Tempo, in dem sich solches Werden vollzog, ein recht verschiedenes. So errangen zuerst Vorderasien und dann auch das Nilland Ägyptens einen Vorsprung, da hier die Wende vom Wirtschaftszustand des 'Food Gathering' (der Sammler und Jäger) zu dem des 'Food Producing' (Ackerbau und Viehzucht) in besonders rascher und entschlossener Weise vollzogen wurde. Durch diesen Prozeß gelangten vor allem Mesopotamien, Kleinasien und Syrien bereits im Neolithikum zu einer beachtenswert hohen Gesittung, die verschiedentlich schon städtischen Charakter annahm, jedenfalls aber nunmehr von ganz festen Wohnsitzen ihren Ausgang nahm. Hier konnte sich dann Arbeitsteilung einstellen, erblühten ein hochentwickeltes Töpfergewerbe, vielfältige Textilkunst, Holz- und Steinbearbeitung, vor allem aber auch Kleinplastik. In religiöser Hinsicht traten die Vorstellungen von einer großen Erd- und Muttergottheit in den Vordergrund. Diese Fortschritte führten zu einer dermaßen intensiven Sättigung, daß sie der Expansion bedurften. Da nun auch Auswanderer aus diesen bald dichter besiedelten Bereichen in die Weite strebten, können wir in der Richtung auf die Ägäis, nach Hellas, dem Balkan, dem Donauraum, auch nach der Adria und Italien eine Art von 'Vorderasiatischer Kulturtrift' feststellen, welche während der gesamten Jüngeren Steinzeit anhielt. In den genannten Bereichen verband sich dann das autochthone Wachstum mit den übernommenen Kulturelementen, so auf dem griechischen Festland zur Sesklo-Kultur, in Bulgarien zu der Kultur von Karanovo, in Jugoslawien zu der von Starčevo, in Ungarn zu der Körösch-Kultur und in Mitteleuropa zur 'Bandkeramik'-Kultur.

Nur Kreta machte damals insofern eine Ausnahme, als man sich nicht nur von Vorderasien, sondern in hohem Maße auch von Ägypten beeinflussen ließ. So fand sich hier Autochthones mit Ägyptischem und Asiatischem zusammen, wobei die insulare Sonderstellung insofern eine Rolle spielte, als sich Kreta nun kulturell aus dem ägäischen Bereich löste und eigene Wege einschlug. Das war um so bedeutsamer, als die Bevölkerung dieser Insel das gleiche mediterrane Ur-Idiom gesprochen zu haben scheint, wie es sich damals über ganz Kleinasien, die Ägäisländer, den Balkan, die Adrialänder und Unteritalien ausgebreitet hatte. Eine Sonderstellung zeigte Kreta nun in seiner Architektur, in seiner Keramik, vor allem aber auch in religiöser Hinsicht. Die Insel war in hohem Maße erdbebengefährdet, und so wurde die große Mutter als Erd- und Unterweltsgöttin ganz besonders verehrt. Daher die Kulte in den Höhlen, in Kellergeschossen, freilich auch auf den Berggipfeln.

379

Wieder kam es zur Bildung von Zentren, die städtischen Charakter annahmen, doch bildeten in solchen Zentren dann Hofhaltungen und schließlich Paläste die eigentlichen Mittelpunkte. Dabei waren solche Paläste zugleich auch Kultbauten und Stätten der Verehrung der erwähnten großen Erdgöttin, der die Symbole der Doppelaxt und der Kulthörner besonders zu eigen waren. Man verehrte sie auch in Bäumen und Sträuchern, man erlebte sie in Epiphanien und bezog auch verschiedene Blumenarten, Schlangen, mancherlei Vögel und nicht zum geringsten den Stier in den Kreis des religiösen Lebens ein. Am liebsten stellte man sich diese in vielerlei Spielarten verehrte Göttin mit segnend erhobenen Armen und Händen vor.

Mit Recht hat man die Frage gestellt, ob wir es auf Kreta nicht mit einer ausgesprochenen Hochkultur zu tun haben, und ich glaube, wir können einer solchen Annahme zustimmen. Wie ich schon in meinem Buche »Die minoische Kultur des alten Kreta« (1964) 268 ff. ausgeführt habe, verlangen wir von dem Kulturtypus, den wir als Hochkultur bezeichnen, folgende Kriterien: das Vorhandensein einer eigenständigen ‘Entwicklung’, die Vollständigkeit des kulturellen Aufbaus und das Erreichen entsprechend hoher wie ausgereifter Kulturleistungen.

Auf Kreta tritt uns der Tatbestand einer eigenständigen und zu hohen Kulminationen aufsteigenden Entwicklung mit aller Deutlichkeit entgegen. Schon im 3. Jt. begegnen wir in den als FM I und II bezeichneten Phasen eigenständigen Vorbereitungsstufen, die gleichsam zur Sammlung von Eindrücken und Kräften gedient haben mögen und einen immer selbständigeren und von der Nachbarschaft unabhängigen Charakter annahmen. Dann aber folgte, in dynamischer Wandlung von Stufe zu Stufe aufsteigend, ab etwa 2000 v. Chr. zuerst ein MM I, das uns die erste Luxuskeramik und überhaupt die Entstehung eines qualifizierten Kunstgewerbes bringt. Im MM II (2000–1700 v. Chr.) erblühte dann die Palastkultur der sogenannten Älteren Paläste in herrlichster Weise, sowohl zu Knossos wie zu Phaistos. Nichts ist für sie bezeichnender, als daß von ihr nun Kultureinflüsse nach allen Richtungen ausgingen, daß von Kreta die Spirale nach Ägypten und Vorderasien gelangte, daß die ‘Kamares-Keramik’ der Phase MM II die Kykladen und das griechische Festland beeinflußte, daß hier die minoische Siegelkunst vorbildlich wurde und daß minoische Werkmeister am Bau der Pyramiden des ägyptischen Mittleren Reiches teilnahmen.

Über diese Ältere Palastkultur mit ihren Zentren brachen dann um 1700 v. Chr. Katastrophen herein, die aber nur anspornend wirkten und die Künste zu neuen stilistischen Leistungen aufriefen. Über den Ruinen wurden im MM III (1700–1600 v. Chr.) zu Knossos und Phaistos neue Paläste aufgebaut. Während man sich in den ‘Älteren Palästen’ besonders an dynamisch bewegten Kreis-, Spiral- und Wirbelmustern erfreut hatte, die in farbfreudiger Polychromie ausgeführt wurden, ging man nun dazu über, die figurale Welt der pflanzlichen, tierischen und menschlichen ‘Szene’ in Reliefs, in der Glyptik, in der Freskenkunst und auf anderen Kunsterzeugnissen darzustellen. So entstand eine naturalistische Kunst und damit ein neuer naturalistischer Stil, dessen höchste Leistung darin lag, daß er in wunderbarer Weise Bewegungsbilder zu schaffen vermochte, so Vögel im Flug, vom Winde bewegte Pflanzen, galoppierende Wildziegen und Stiere, vor allem aber auch eilende, laufende, springende Menschen, auch alle nur möglichen menschlichen Gesten. Derartig Lebendiges hatte es in der Bildkunst damals überhaupt noch nicht, auch nicht in Ägypten oder Mesopotamien, gegeben.

Etwa um 1600 v. Chr. brachen neuerlich Katastrophen – vor allem über Knossos – herein; wieder mußte hier ein neuer Palast erbaut werden, dazu vielleicht eine Sommerresidenz zu Archanes. Weiter errichtete man für den Palast von Phaistos die königliche Villa von Hagia Triada; ein weiterer Palast tritt uns in Mallia entgegen, ein ähnliches Gebäude zu Kato Zakro. Wir befinden uns nun in der jüngeren Phase der 'Neuen Paläste', im SM I (1600–1460 v. Chr.), und damit in der letzten Blütezeit der minoischen Palastkultur. In ihr lebte die Szenenkunst weiter und zeichnete sich die Keramik zunächst durch eine Vorliebe für floristische Muster, in der zweiten Hälfte aber durch Darstellung von Flora wie Fauna des Meeres aus ('Marine Style'). Enge Verbindungen bestanden nun mit Ägypten; die Herrscherhöfe tauschten gegenseitig Geschenke aus.

Um 1460 v. Chr. ging es aber mit der minoischen Selbständigkeit zu Ende. Mykenischen Eroberern gelang es, sich in Knossos festzusetzen. Sie bemühten sich, die Herrschaft des 'Minos' unter griechischem 'Vorzeichen' fortzusetzen. Wir bezeichnen diese Zeit als SM II (1460–1400 v. Chr.) und SM III A (1400–1360 v. Chr.). Dann folgte in der Phase SM III B (1360–1200 v. Chr.) eine weitere mykenische Einwanderungswelle; dies war eine Zeit, in der die minoische Gesittung in der mykenischen aufging.

Soviel über den Tatbestand einer 'Entwicklung' von Stufe zu Stufe! Es steht für Kreta außer Zweifel, daß die minoische Dynamik ein verhältnismäßig rasches Tempo zeigte und eine erstaunliche Fähigkeit, die einzelnen Stufen scharf zu profilieren. Rechnen wir bei dieser Entwicklung die Vorbereitungszeit ab, so währte die dynamische Stufenfolge etwa von 2100 bis 1460 v. Chr., etwa sechs Jahrhunderte lang. Im Vergleich dazu dauerte die spätere hellenische Kulturentwicklung nach Abzug der geometrischen 'Vorbereitungszeit' von etwa 700 bis 100 v. Chr., sie umfaßte somit gleichfalls sechshundert Jahre. Die dynamische Entwicklung des Abendlandes begann etwa um 1300 n. Chr. und währt nun schon an die siebenhundert Jahre. Weit langsamer vollzog sich die Entwicklung der ägyptischen Kultur. Wenn man bedenkt, wie gering die räumliche Basis der minoischen Entwicklung war, so muß man darüber staunen, daß diese verhältnismäßig kleine Insel durch sechs Jahrhunderte immer wieder neue und hochkulturelle Werte zu erzeugen vermochte.

Als ein besonderes Kriterium für die Qualifikation einer Gesittung als Hochkultur haben wir das Moment der Selbständigkeit angenommen. Dabei handelt es sich aber keineswegs um die Selbständigkeit der jeweiligen Ausgangsbasis, denn erfahrungsgemäß gehören alle Ausgangspositionen irgendwelchen weiteren Kreisen an, auch sind sie in der Regel ethnisch mehrschichtig und kulturell komplexer Natur, also niemals selbständig. Erst vom Beginn der dynamischen Entwicklung an müssen wir, wenigstens für originale Hochkulturen, Selbständigkeit fordern. Selbständigkeit bedeutet aber noch nicht, daß es keine äußeren Einflüsse gegeben habe, nur müssen wir von der übernehmenden Gesittung fordern, daß sie die Kraft hatte, solches Lehngut in ihren eigenen kulturellen Kreislauf einzuschmelzen. Für Kreta kann uns außer Zweifel stehen, daß sich die minoische Kultur die von den Kykladen übernommene Spirale und die vom Orient gebotene Idee der Siegelglyptik völlig einverleibt und zu eigenem Kulturgut gemacht hat.

Als weiteres Kriterium wäre die Vollständigkeit des kulturellen Aufbaues zu nennen. Hier mag es am Platze sein, vorerst auf den Gegensatz von 'originalen' und von 'satellitenhaften' Hochkulturen einzugehen. Als satellitenhaft möchte ich die Gesittung der mykenischen Griechen, der Hethiter, später der Perser, der Makedonen, der Etrusker und selbst die von Rom ansprechen, da hier überall eine noch statisch in Verhaltenheit verharrende Entwicklungsstufe durch übermächtige Einflüsse, die von einer benachbarten Hochkultur ausgingen, zu einem Kulturanstieg emporgerissen wurde, so daß sie gar keine Entwicklung aus eigener Kraft zu inaugurieren vermochte, sondern ihr eine gleichsam künstliche Frühreife aufgezwungen wurde. Dieser Mangel an Eigenaufbau führte dazu, daß solche Satellitenkulturen mitunter zwar zu außerordentlichem Niveau aufstiegen, daß es uns aber anmutet, als ob sie der originalen Hochkultur, von der sie jeweils abhingen, irgendwie aufgepfropft wären. Daher haben sie keine auf alle Kultursparten sich erstreckende Kulturentwicklung zustande gebracht. Sie waren fast alle in der Kunst und überhaupt in der Geisteskultur weitgehend von der sie beeinflussenden Originalkultur abhängig. Daher folgten die Perser in ihrer Weltreichsidee weitgehend der von Mesopotamien, Rom aber hing in seiner Literatur, in der bildenden Kunst und in der Philosophie von den Hellenen ab. Kreta könnte unter keinen Umständen als eine Satellitenkultur aufgefaßt werden, denn hier erfolgte keinerlei Frühreife und hielten sich alle auswärtigen Einflüsse in den bereits oben angegebenen Grenzen. Deshalb zeigt diese Insel auch ein ausgewogenes Kultursystem mit eigener Religion, eigener Kunstentwicklung, eigener Gesellschaftsstruktur und weitgehend eigenen zivilisatorischen Errungenschaften. Falls es hier an einer eigenen Philosophie und Wissenschaft gemangelt haben sollte, so braucht uns das nicht zu wundern, da ja auch in den Hochkulturen des Alten Orients derartige Bestrebungen durch das Vorherrschen des Religiösen vernachlässigt blieben.

Auf dem Gebiet der Rechtspflege scheint das Minos-Königtum alle mittelmeerische Umwelt eher noch übertroffen zu haben. Gleiches mag in der Architektur von der Wölbungstechnik und in der Technik vom Schiffbau gegolten haben. Das Gesetz der kommunizierenden Röhren und die Erfindung des Vergrößerungsglases scheint ebenfalls zu den Erkenntnissen und Erfindungen der Minoer zu gehören. Von der minoischen Schöpfung des Bewegungsbildes haben wir schon oben gesprochen. So muß die minoische Gesittung nicht nur als eine Hochkultur schlechthin, sondern als eine von originaler und nicht von satellitenhafter Art angesprochen werden. Dies im Gegensatz zur mykenischen Gesittung, die wir weiter unten besprechen werden.

Was schließlich das Kriterium der Höchstleistungen betrifft, so liegen diese bei den Minoern vor allem in der Schöpfung eigener Schriftsysteme, weiter auf dem Gebiet der Gesellschaftskultur (zumal in der Schöpfung der Vorstellung der 'Dame'), zugleich auch im Religiösen und besonders in den Meisterleistungen der Kleinkunst. Leider ist uns die zweifellos vorhandene Großplastik verlorengegangen und ebenso auch das hier einst vorhandene literarische Schaffen.

Nachdem wir so den Nachweis des Hochkulturcharakters der minoischen Gesittung erbracht haben, gilt es, sie in den Kreis der übrigen Hochkulturen einzureihen. Kreta scheint da zwischen dem Orient und der späteren Hellenenkultur gestanden zu haben. Unsere Insel übertrifft in ihrer Dynamik den Orient sowohl durch ihr erhöhtes Entwicklungstempo wie durch die Hervorbringung von einzelnen Spitzenleistungen. Andererseits zeigt sich die spätere Hellenenkultur doch noch als stärker dynamisiert, weil dort die Entwicklung mit voller Intensität auf Philosophie und Wissenschaft übergriff, auch der Reichtum an höchsten Spitzenleistungen noch weit größer war. In seinem Verhältnis zum Prinzip der 'Freiheit' stand Kreta gleichfalls zwischen den orientalischen Hochkulturen und Hellas, da wohl noch Fürsten regierten und Paläste den Ton angaben, aber doch schon weitgehend künstlerische Freiheit waltete, wie ja überhaupt das Prinzip eines 'Meerluft macht frei' auf unserer Insel für und für zu merken ist. Das Prinzip der Macht kam auf Kreta ähnlich wie bei den Hellenen nur zu sehr geringer Entfaltung, ganz im Gegensatz zu den Orientkulturen. Nach dieser Bestimmung des kulturmorphologischen 'Ranges' und Stellenwertes der minoischen Kultur muß noch die Frage nach ihrer spezifischen Eigenart gestellt werden. Wieweit diese zugleich etwa schon als 'europäisch' angesprochen werden könnte, sei als Begleitfrage mitbehandelt. Allerdings können wir nur einige ganz besonders in die Augen fallende Momente herausstellen.

Durchaus im Vordergrund stand, wie schon angedeutet, das Moment des Palatialen, doch zeigt sich dasselbe im Gegensatz zu den orientalischen Kulturen in urbaner Einbindung, da hier der Abstand zwischen Fürsten und Untertanen, Herrschern und Beherrschten eine viel geringere Rolle spielte. Gerade hierdurch konnte vom Palast aus erst eine richtig hochqualifizierte Gesellschaftskultur inauguriert werden. Auch das Moment der Künstlerfreiheit entstand aus einem wenn auch nur partiellen fürstlichen Machtverzicht. Mit alledem stehen wir bereits durchaus auf europäischem Boden. Wir finden Parallelen im Hellenismus und vor allem später an den Fürstenhöfen des Abendlandes.

Sehr zu beachten wäre auch, daß die minoische Gesittung im Gegensatz zum Orient nicht vom Prinzip der 'Tempelreligion' bestimmt war, da es auf Kreta keine Tempel gab und anscheinend die Fürstlichkeiten zugleich oberste Priester waren. Spielte im Orient die Dreiheit Palast–Tempel–Stadt zusammen, so treffen wir auf Kreta die Zweiheit Palast–Stadt an.

Ein besonderes Spezifikum macht in der minoischen Kultur weiter die matriarchale Note in Religion und Gesellschaft aus. Die große Göttin mit der Doppelaxt, die Priesterin, Fürstin und Dame sind dafür kennzeichnend. Der Kult weiblicher Gestalten trat in der späteren Antike an Magna Mater und Isis wie schließlich in der christlichen Madonnenverehrung in mehr oder weniger paralleler Weise erneut in Erscheinung. Der Typus der Dame wurde erst im Hellenismus und in der römischen Kaiserzeit erneut belebt, trat aber in entscheidender Weise erst seit der mittelalterlichen Ritterzeit und mit dem Minnesang in den Vordergrund, um vor allem an den romanischen Fürstenhöfen (so auch unter Ludwig XIV. bis XVI. von Frankreich) zu triumphieren. Die Verspieltheit der minoischen Wohnkultur finden wir erneut, gewiß unter dem Einfluß einer damenhaften Geschmacksrichtung, im abendländischen Rokoko.

Weisen uns die erwähnten abendländischen Parallelen hauptsächlich in die romanischen Länder, so gilt Gleiches vom Nebeneinander von zarten, lyrischen Stimmungsträumereien und dem lustvollen Miterleben von Akten äußerster und blutrünstiger Brutalität. Es handelt sich dabei um ein Gegenüber, das man gegenwärtig gerne als den 'Gallischen Sprung' bezeichnet. Überhaupt gewinnt man den Eindruck, daß das Temperament der Minoer dem romanischen näher stand als dem anderer europäischer Völker. Hierfür dürften nicht zum wenigsten klimatische Ursachen maßgebend gewesen sein.

Im allgemeinen gewinnen wir so den Eindruck, als ob die minoische Gesittung eine frühe Verkörperung des mittelmeerisch-romanischen 'Europa' darstellen würde. Auch glauben wir, daß sie dieser Art von 'Europa' gesellschaftlich sogar näher stand als der mehr vaterrechtlich ausgerichteten klassisch-hellenischen Kultur. Gegensätze zwischen mutterrechtlichen und vaterrechtlichen Kulturtendenzen gehen übrigens nicht auf irgendwelche rassischen Bedingtheiten zurück, sondern auf die Stigmatisierungen durch primäre Wirtschaftsformen, hier des Ackerbaues, dort des Jäger- und Hirtenkriegertums, Stigmatisierungen, die traditionsweise bis in späteste Zeiten nachwirkten.

Dabei dürfen wir nicht vergessen, daß auch das Verhältnis unserer Moderne zu den minoischen Parallelen augenblicklich einer gewissen Wandlung unterliegt, da im Abendland die von der 'Dame' bestimmte hochqualifizierte Gesellschaftskultur ja durchaus im Schwinden ist. Dagegen treten nun andere Spielarten des 'Matriarchalischen' für uns in den Vordergrund, das Überhandnehmen der Weiblichkeit im Berufsleben und in der Politik. Auch in unserer modernen Neigung zu einer abstrakten Kunst nähern wir uns Dekorationsideen, wie wir sie in den älteren minoischen Palästen kennenlernten. Minoisch mutet uns schließlich der neuestens aufkommende rauschhafte Thymos an mit seiner Freude an ekstatischen Tänzen oder an berauschendem Zusehen bei Veranstaltungen brutalen Sportes. So erkennen wir, daß uns Kreta sogar bei sich wandelnder europäischer Geistessituation immer wieder von neuem anspricht. Gerade hierin möchte ich aber das vielleicht bedeutsamste Kriterium dafür erkennen, wie europäisch seine Gesittung war und wie nahe sie uns im Grunde steht.

Ganz anders nun die mykenische Kultur der ältesten Griechen, die der minoischen durch Generationen gegenüberstand, so wie sich später Hellas und Rom gegenüberstanden: hier die originale Hochkultur und dort der davon abhängige, aber schließlich übermächtig aufwuchernde Satellit. Schon die Entstehung der mykenischen Kultur war eine ganz andere. Auf dem griechischen Festland hat es ursprünglich eine ähnliche Urbevölkerung gegeben wie in Kleinasien und auch auf Kreta. Dazu waren dann die Einflüsse und Zuwanderungen aus Kleinasien im Verlaufe der 'Vorderasiatischen Kulturtrift' (vgl. dazu schon eingangs) gekommen, aber nichts Ägyptisches. So enwickelten sich hier im Neolithikum die Sesklo-Kultur und in der Frühen Bronzezeit die 'Frühhelladische Kultur', beides betriebsame, schon mehr städtische Gesittungen, die sich durch Gewerbefleiß und Unternehmungsgeist auszeichneten.

Am Ausgang des dritten Jahrtausends brachen in diesen Bereich in mehreren Wellen indoeuropäische Scharen ein. Von diesen waren diejenigen Verbände zahlenmäßig am stärksten, welche das indoeuropäische Idiom sprachen, aus dem sich später die griechische Sprache entwickeln sollte.

Bei diesen indoeuropäischen Zuwanderern handelte es sich nun um einen ganz anderen Schlag als bei den Vertretern der altmediterranen Welt. Sie hatten bisher in Osteuropa und Euroasien die Rolle von Hirtenkriegern gespielt, die zugleich auch noch mit Hilfe der Jagd ihr Dasein fristeten. Ihr Besitz bestand in ihren Viehherden. Diese galten ihnen alles, und der Boden interessierte sie nur so lange, als er dem Vieh Weide und Nahrung bot. So zogen sie einmal hierhin, einmal dorthin, verbrachten den Sommer auf Bergweiden, den Winter in tiefer gelegenen Gebieten. Im Gegensatz zu den Mediterranen, den seßhaften Vorderasiaten und den Ägyptern – jenen Städtern, Bauern und Gartenbauern – galt diesen Indoeuropäern der Boden nicht als die Grundlage des Daseins. Sie bekannten sich nicht zum 'Territorialen Prinzip', sondern zu einem ganz anders gearteten, zu dem 'Personalen Prinzip'. Was sie gesellschaftlich zusammenhielt, war nämlich der Familien-, Sippen- und Stammesverband. Dabei konnten sich immer wieder Verbände auflösen und neue bilden aufgrund einer Freizügigkeit, die zugleich auch eine erhöhte Freiheit in sich trug. So konnte es gar nicht zur Bildung von Staatsordnungen kommen. Führungen wurden gewählt oder wenigstens aus freien Stücken anerkannt. Anstelle eines Untertanenverhältnisses gab es nur freie Gefolgschaft. Über dieser so beweglichen und freiheitlichen Gesellschaftsform dominierte aber eine allgemein anerkannte 'Haltung' und eine ebenso herrische 'Öffentliche Meinung', der sich alle Angehörigen eines Verbandes und auch die jeweiligen Führer unterzuordnen hatten. Diese Leute fühlten sich in gewisser Weise als edel, ja gelegentlich als heldenhaft; sie wollten Kämpfer sein, in Wahrheit zeichneten sie sich aber ihren Nachbarn gegenüber vor allem wohl durch Brutalität und Rücksichtslosigkeit aus.

Diese Elemente – soweit es sich um Vorfahren der späteren Griechen handelte – schoben sich nun nach Süden gegen Griechenland vor. Ein Teil, die Vorfahren der späteren Dorier und Nordwestgriechen, ließ sich in den Gebirgen von Epeiros, am Olymp und an den übrigen thessalischen Bergen, weiter bis ins gebirgige Mittelgriechenland nieder und blieb hier Viehzüchter, die den Sommer auf den Bergen, den Winter aber in den Tälern und Becken verbrachten. Die andere Hälfte dieser Invasoren bemächtigte sich etwa um 2000 v. Chr. des griechischen Festlandes. Es kam zuerst zu Kämpfen und Zerstörungen, dann aber fanden sich Sieger und Besiegte, Autochthone und Invasoren friedlicher zusammen, vermischten sich und bildeten dasjenige Volk, welches uns in seinen Nachkommen eben als Griechen entgegentritt. Freilich wissen wir nicht, ob sie damals schon eine eigene Nationsbezeichnung hatten. Jedenfalls bildeten sie aber eine recht günstige Mischung, in der sich die territorialen mit den personalen Interessen, Freude an Garten- und Landbau mit Freude an Herdenbesitz verband, sich auch Geschäftigkeit, gewerbliche Tüchtigkeit, Unternehmungsgeist und hohe Intelligenz in günstigster Weise zusammenfanden. Von einer Hochkultur mit den Merkmalen, wie sie oben beschrieben worden sind, kann dabei aber natürlich noch keine Rede sein.

Durch die Invasoren wurden einige Neuerungen in den Grabformen von Norden her eingeführt: so der Typus des Gemeinschaftstumulus mit einem zentralen Grab und mehreren anderen an den Seiten, wie auch der Typus von zwei gleichsam übereinandergestülpten Tumuli. In diesen Tumuli oder wenigstens in Steinkreisen legte man Steinkistengräber oder auch gemauerte Kuppelgräber an, eine Bauform, die aber vielleicht von Kreta übernommen worden ist.

Diese Festlandsbevölkerung sah sich in der Zeit ab 2000 v. Chr. mit dem Gegenüber der minoischen Hochkultur konfrontiert, und Kreta dürfte mit Hilfe seiner Flottenstützpunkte auf den Kykladischen Inseln auch die Griechen des Festlandes unter einer gewissen Kontrolle gehalten haben. Auch drangen in steigendem Maße minoische Kulturgüter und Kultureinflüsse in das griechische Festland ein. Das machte sich besonders in den damaligen Zentralbereichen, in Messenien wie in der Argolis bemerkbar.

Als dann in Knossos durch eine Brandkatastrophe (und vielleicht auch durch ein Erdbeben mit Sturmwelle?) die minoische Seemacht starke Einbußen erlitt und etwa gleichzeitig die Herrscher der 18. ägyptischen Dynastie darangingen, die Hyksos aus Unterägypten zu vertreiben, scheinen sich griechische Herrscher aus der Argolis wie aus Messenien zur See mächtig gemacht zu haben. Wenn nicht alles täuscht, plünderten sie die Ruinen von Knossos und griffen nach Ägypten über, um sich hier mit den Herrschern der 18. Dynastie gegen die Hyksos zu verbünden.

In Ägypten lernten diese streitbaren Scharen das Fahren und Kämpfen im Streitwagen kennen, ja, sie übernahmen die ganze ritterliche Art des Streitwagenkämpfers mitsamt der Rossezucht, der Freude an Wettfahrten und allem Kutschieren.

Zu dieser Übernahme des 'Ritterlichen' gesellte sich damals aber auch eine Übernahme des Höfischen aus Kreta, der kretischen Tracht, der kretischen Kulte, des kretischen Kunstgewerbes und der kretischen Freskenmalerei. So fanden sich nun folgende Komponenten zusammen: einmal die festländische Art, die sich bereits aus einer indoeuropäischen und einer mediterranen Komponente zusammengeschweißt hatte, dann die letzten Endes aus dem Kreis der in Vorderasien eingebrochenen Arier stammende Ritterschaft mitsamt dem Streitwagenkampf und schließlich eine ganz starke minoische Komponente.

Durch diese minoische Komponente, die ja aus nächster Nachbarschaft wirkte, wurde die Griechenbevölkerung des Festlandes in den Zustand einer Hochkultur emporgerissen, was ganz ohne allmählichen Reifeprozeß erfolgte. Hier können und müssen wir daher von einer Satellitenkultur sprechen, die als Seitensproß vom Stamm des Minoischen abgezweigt ist.

Soviel man nun an Höfischem, Künstlerischem, Gewerblichem und Architektonischem von Kreta übernommen hatte, so blieb doch ein höchst bedeutsamer Unterschied gegenüber dem Minoischen bestehen. Minoische Herren wollten Kavaliere sein, mykenische dagegen Ritter, minoische Fürsten schickten lieber kykladische Geschwader auf See, die mykenischen aber unternahmen selber Seefahrt und Raubfahrt. Minoische Fürsten fühlten sich am wohlsten in der Stadt oder in auf dem Lande liegenden Palästen, mykenische dagegen in stark ummauerten Burgen.

Wegen all dieser Merkmale unterscheiden wir auch zwischen der minoischen und der mykenischen Gesittung. Der Name 'mykenisch' stammt dabei vom argivischen Zentrum in Mykene, sie selbst dürften sich damals aber als 'Achäer' bezeichnet haben.

Da nur eine Satellitenkultur, hatte die mykenische eine kürzere Entwicklung, die nur vierhundert Jahre dauerte. Dabei blieben die Mykener in Kunst und Kunstgewerbe immer weitgehend von Kreta abhängig, übertrafen die Minos-Insel aber an kriegerischem Geist und an Expansionsverlangen. Deshalb gründeten sie Pflanzstädte auf den Kykladen und im Küstenbereich Kleinasiens, gewannen Kos und Rhodos und setzten sich zu Milet fest. Daher führten sie Krieg gegen Troja, bemächtigten sich schon früh der Insel Kreta (um 1460 v. Chr.) und führten in einer zweiten Einwanderungswelle (um 1360 v. Chr.) eine weitgehende Mykenisierung der Insel durch. Etwa um 1230 v. Chr. eroberten sie auch die Insel Zypern und bauten die dortigen Städte neu auf.

Schon gegen Ende des 13. Jhs. v. Chr. zeigten sich aber gewisse Anzeichen einer Schwäche. Wohl umgab man die Residenzen mit gewaltigen Mauern, doch drangen barbarische Scharen einmal bis vor die Tore von Mykene vor. Gegen 1200 erfolgte dann aber der große Barbarensturm, dem alle festländischen Paläste, ja sogar fast alle Siedlungen zum Opfer fielen. Barbarische Invasoren setzten sich nun an verschiedenen Plätzen des Ägäisbereiches fest, so u. a. auch in Mykene. Sie mykenisierten sich und suchten im 12. Jh. die von ihnen übernommene mykenische Gesittung noch einmal mit neuem Leben und neuer Kraft zu erfüllen. Aber schon im 11. Jh. erfolgten neue Wanderungen, und auch dieser letzte Zweig der mykenischen Entwicklung wurde vernichtet. Hierdurch war der Weg für den Neubeginn einer neuen hellenischen Kultur frei.

Soweit der Überblick über den historischen Prozeß, der von der minoischen Entwicklung als einer originalen Stammentwicklung ausging. Von dieser zweigte zuerst schon die Satellitenentwicklung von Thera ab (über die wir hier aber nicht berichtet haben, da sie schon um 1520/10 v. Chr. durch einen Vulkanausbruch vernichtet wurde) und die Satellitengesittung der mykenischen Kultur, die im 11. Jh. noch einen allerletzten Ableger hervorbrachte. Damit war die Zeit dieses Entwicklungskomplexes endgültig beendet, und es begann nun die neue Entwicklung der hellenischen Hochkultur als einem originalen Stamm, zu dem dann die römische Entwicklung und schließlich die byzantinische in ein Satellitenverhältnis traten.

DIE MYKENER AUF KRETA
EIN BEITRAG ZUM KNOSSOS-PROBLEM
UND ZUR ZEIT NACH 1400 V. CHR.
AUF KRETA

Von Stefan Hiller

Verglichen mit den vorausgehenden Epochen der minoischen Geschichte fand bislang die Periode nach 1400 v. Chr. in der Literatur zum spätminoischen Kreta nur sehr geringe Beachtung, und wenn überhaupt, so wurde die Epoche zwischen 1400 und 1200 v. Chr. zumeist auf wenigen Seiten abgehandelt[1]. Doch selbst das Wenige, darüber Mitgeteilte, fiel zumeist noch recht widersprüchlich aus. Im allgemeinen wurde diese Epoche als die 'mykenische' apostrophiert – anderseits aber auch immer wieder betont, daß in der künstlerischen Entwicklung, vor allem in der Keramik, mykenischer Einfluß kaum zu verspüren sei und sich allenfalls erst in der Zeit um 1200 und danach wieder stärker bemerkbar gemacht habe[2]. Im Gegensatz dazu wurde für die unmittelbar vorausgehende Periode SM II/III-A 1 (etwa 1450–1400 v. Chr.) auf der einen Seite zwar ein starker festländischer Einfluß vermerkt oder zumindest das Zeugnis der Linear B-Tafeln als Dokumente einer griechischsprachigen Verwaltung akzeptiert, anderseits aber auch daraus keineswegs einstimmig eine mykenische Herrschaft über Kreta gefolgert[3]. Einig, so scheint es, ist man sich allein darin, daß die Zeit nach 1400 auf Kreta die eines wirtschaftlichen und kulturellen Niedergangs und zugleich die weitgehender politischer Bedeutungslosigkeit war.

Kopfzerbrechen bereitet freilich gelegentlich der Umstand, daß nach dem Zeugnis Homers (Il. II 645 ff.) die Kreter unter Idomeneus, was zweifellos ein gut griechischer und auch in den mykenischen Linear B-Texten zumindest indirekt belegter Name ist, an der gemeingriechischen Expedition nach Troja teilgenommen haben. Sie stellten, wie etwa auch Tiryns, insgesamt 80 Schiffe und kommen damit in der Stärke der Kontingente hinter Mykene mit 100 (bzw. 160) und Pylos mit 90 Schiffen an dritter Stelle.

Also doch ein mykenisches Kreta, so ist zu fragen, zumindest zur Zeit des Trojanischen Krieges, der – seine Historizität vorausgesetzt – wohl im späteren 13. Jh. anzusetzen ist?[4] Ein Kreta, regiert von einem achäischen Fürsten, der an Macht und Truppenstärke hinter jener der bedeutendsten festländischen Fürstentümer kaum zurückstand und die kleineren darin übertraf?

[1] Vgl. u. a. J. D. S. Pendlebury, The Archaeology of Crete (1939; Nachdruck 1979) 237–266 (die bisher einzige umfassendere, jedoch mittlerweile ergänzungsbedürftige Darstellung); ferner: R. W. Hutchinson, Prehistoric Crete (1962) 300 ff.; F. Schachermeyr, Die minoische Kultur des alten Kreta (1964) 285 ff.; S. Hood, The Minoans (1971) 148 f.; P. Warren, The Aegean Civilization (o. J.) 106.

[2] Zur spätminoischen Keramik: Furumark, Myc. Pott. 166 ff.; M. Popham, Late Minoan Pottery, a Summary, in: BSA 62, 1967, 337 ff.; vgl. auch J. T. Hooker, JHS 89, 1969, 61 f.

[3] So jüngst Hooker, Myc. Gr. 76 f.

[4] Es ist nicht meine Absicht und würde hier zu weit führen, auf die Frage nach der historischen Zuverlässigkeit des Schiffskatalogs im 2. Buch der Ilias einzugehen. Ich verweise in diesem Zusammenhang auf die folgenden Titel: D. L. Page, History and Homeric Iliad (1959); R. Hope Simpson – J. F. Lazenby, The Catalogue of the Ships in Homer's Iliad (1970); die Gegenseite kam bei A. Heubeck, Die Homerische Frage (1974) 160 ff., zu Wort. Vgl. auch J. T. Hooker, Homer and Late Minoan Crete, in: JHS 89, 1969, 60 ff.

Was spricht dagegen? In erster Linie ist es die seit A. Evans feststehende Opinio communis, die ein politisch und kulturell bedeutendes und von einem mykenischen Herrscher regiertes Kreta für die Zeit nach 1400 ausschließen möchte. Sie besagt, daß es um 1400 zugleich mit dem Palast von Knossos auch mit allem Glanz und der ganzen Herrlichkeit minoischer Palastkultur, gleicherweise mit der kulturellen und politischen Bedeutung Kretas im Raum der bronzezeitlichen Ägäis ein für allemal zu Ende gewesen sei. »An einem Apriltag«, so ist zu lesen, »als ein kräftiger Wind blies, wurde der Palast von Knossos durch einen Brand vollständig zerstört«[5]. Die Insel, die bisher die erste Geige im Konzert der ägäischen Mächte gespielt hatte, stand von nun an in letzter Reihe. Auch der – im Grunde zudem als recht unmotiviert und überwiegend störend empfundene – Paukenschlag ihres trojanischen Aufgebotes ändert daran wenig und verhallt ungehört. Es ist und bleibt, so die allgemeine Auffassung, die Zeit eines allgemeinen, unaufhaltsamen Niedergangs.

Was war um 1400 geschehen? Welcher verheerende Schlag, von dem das Reich des Minos sich nicht mehr erholte, hatte die Insel getroffen? Wir wissen es nicht. Auch Evans konnte es nicht mit Gewißheit sagen. Doch ging seiner Meinung nach – worin ihm andere wie J. D. S. Pendlebury, R. W. Hutchinson, D. Levi, F. Matz, F. Schachermeyr und E. Vermeule gefolgt sind[6] – damals nicht Knossos allein zugrunde. Die Katastrophe war allgemeiner Natur und betraf zugleich mit weiten Teilen im Osten und im Zentrum der Insel auch die Paläste in Phaistos, Hagia Triada und Mallia. Doch nicht so sehr die Invasion einer fremden Macht, vielmehr ein gewaltiges Erdbeben vermutete Evans als Ursache des Niedergangs. Der Schwerpunkt minoischer Kultur verlagerte sich nach seiner Auffassung auf das griechische Festland, während Kreta zur unbedeutenden Provinz herabsank und sich in den Ruinen des Palastes nach einiger Zeit die 'Squatters', armselige Leute ohne höhere Lebensansprüche, einnisteten.

Noch zu Evans' Lebzeiten, der als 84jähriger 1935 den vierten abschließenden Band seines monumentalen Werkes »The Palace of Minos« veröffentlichte und 1941 im Alter von 90 Jahren verstarb, regte sich gegen diese Auffassung lebhafter Widerspruch. Eine Anzahl von Gefäßformen, insbesondere zweihenkelige Schalen und flache Alabastren, spezifische Grabtypen wie Kuppelgrab und Felskammergrab mit langem Dromos, wie sie in Kreta im Verlauf des 15. Jhs. erstmals in größerer Häufigkeit auftraten und die mehr in der festländisch-helladischen als in der kretisch-minoischen Tradition zu wurzeln schienen, nicht zuletzt auch eine gewisse Abkehr von der als typisch minoisch geltenden, betont friedliebenden Haltung bei gleichzeitiger Hinwendung zu einer offenkundig stärker militärisch orientierten Gesinnung, wie sie sich etwa in der Darstellung von Kriegsgerät und Kampfhandlungen, insbesondere aber auch in Form von Waffen als Grabbeigaben ausdrückt, sprachen für einen nachhaltigen festländischen mykenischen Einfluß während der zweiten Hälfte des 15. Jhs. in Knossos. So konnte, auf diesen Beobachtungen basierend, bereits frühzeitig ein Geschichtsbild postuliert werden, das dem von Evans diametral entgegengesetzt war: nicht Kreta regierte das Festland, sondern bereits in der zweiten Hälfte des

---

[5] Vgl. dazu auch Evans, PM IV 944.

[6] Pendlebury a.O. 228; Hutchinson a.O. 300; D. Levi, The Recent Excavations at Phaistos (1964) 10f.; F. Matz in: CAH³ II 1 (1973) 558; Schachermeyr a.O. 107. 286; Vermeule, Br. Age 144ff. In diesem Zusammenhang ist

besonders zu betonen, daß die genannten Autoren von einer gleichzeitigen Zerstörung von Knossos und den anderen palatialen Zentren ausgingen und dies mit einem Fortbestehen des SM I-Stiles bis in die Jahre um 1400 begründeten.

15. Jhs. hatten sich die Machtverhältnisse grundlegend gewandelt und ein mykenischer Fürst regierte in Knossos[7].

Nicht zuletzt konnte sich diese Auffassung auch auf die mythologische Tradition berufen. Sprach doch auch diese dafür, daß sich zu einem bestimmten Zeitpunkt das zunächst von Kreta abhängige Festland aus der minoischen Vorherrschaft befreite: Sieben Jünglinge und sieben Mädchen mußten alljährlich als Tribut von Athen nach Knossos überstellt werden, bis endlich Theseus im Haus des Minos, dem Labyrinth, den Minotauros besiegte und die Minostochter Ariadne zur Frau gewann. Noch in einem zweiten Punkt hat sich eine Korrektur der Evansschen Auffassung nach und nach weitgehend durchgesetzt. Diese betrifft das zeitliche Verhältnis der Zerstörung des Palastes von Knossos einerseits und anderseits den Zeitraum der Zerstörung der meisten übrigen minoischen Zentren: Die immer feinmaschigere Differenzierung und Klassifikation der stilistischen Entwicklung der minoischen Keramik führte zur Unterscheidung und entsprechend zur chronologischen Trennung zweier Stufen, deren eine, SM I B, auch als 'Meeresstil', die andere, SM II, auch als 'Palaststil' bezeichnet werden, wobei freilich die Übergänge fließend verlaufen (vgl. Abb. 98a–o)[8]. Nach der insbesondere von A. Furumark begründeten Auffassung wird der Zerstörungshorizont der Paläste von Mallia, Hagia Triada und Phaistos wie auch von zahlreichen weiteren Ortschaften in Ost- und Zentralkreta durch die Keramik des 'Meeresstiles', der von Knossos hingegen durch den 'Palaststil' chronologisch bestimmt – in absoluten Zahlen ausgedrückt heißt dies, daß weite Teile Kretas einschließlich der übrigen Paläste etwa um 1450, Knossos hingegen erst gegen 1400 zerstört worden ist[9]. Diese Auffassung sieht sich nicht zuletzt durch die Ausgrabung des Palastes von Kato Zakro bestätigt, wo sich reichlich 'Meeresstilkeramik', jedoch keine 'Palaststilkeramik' im Sinne der knossischen Gattung fand[10].

Allerdings sind sich nicht alle Gelehrten in dieser Sicht der Dinge einig. Eine Anzahl von ihnen, darunter die bereits genannten, hält nach wie vor an der Auffassung einer chronologischen Überschneidung der beiden Gattungen bzw. Stilgruppen fest und sieht im 'Palaststil' eine auf Knossos beschränkte lokale Entwicklung, die ausschließlich dort hervor-

[7] Dezidiert vertreten wurde diese Auffassung erstmals von A. J. B. Wace und C. W. Blegen, Pottery as Evidence for Trade and Colonization in the Aegean Bronze Age, in: Klio 32, 1939, 131ff.; vgl. auch T. L. Shear, Minoan Influence on the Mainland, Variations of Opinion since 1900, in: A Land Called Crete, a Symposium in Memory of Harriet Boyd Hawes 1871–1945 (1968) 47ff.

[8] Vgl. z. B.: Evans, PM II 509f. Abb. 312c (danach unsere Abb. 98a, Gournia); ders., PM IV 280f. Abb. 215 (danach unsere Abb. 98b, Knossos); ebenda 305f. Abb. 240 (danach unsere Abb. 98c, Knossos); ebenda 307f. Abb. 242 (danach unsere Abb. 98d, Knossos); ebenda 308f. Abb. 244a (danach unsere Abb. 98e, Knossos); H. J. Kantor, AJA 51, 1947, 35 Taf. 7d (danach unsere Abb. 98f, sogenannte Abbot-Kanne); St. Alexiou, Spätminoische Gräber von Katsamba, dem Hafen von Knossos (neugriech., 1967) 42 Nr. 6 Taf. 2a rechts; 4d (danach unsere Abb. 98g); J. Sieveking –

R. Hackl, Die Königliche Vasensammlung zu München (1912) 5 Abb. 5 (danach unsere Abb. 98h, Aigina); Alexiou a.O. 43 Nr. 10 Taf. 2b; 4b (danach unsere Abb. 98i, Katsamba); ebenda 42 Nr. 7 Taf. 2a; 4c (danach unsere Abb. 98j, Katsamba); R. M. Dawkins – J. P. Droop, BSA 17, 1910/11, 15 Nr. 140 Taf. 11 (danach unsere Abb. 98k, Phylakopi); Evans, PM IV 364 Abb. 304c (danach unsere Abb. 98l, Phaistos); Lord William Taylour in: PN III 138. 153. 173 Abb. 235,7 (danach unsere Abb. 98m, Pylos); Kythera Abb. 96 (danach unsere Abb. 98n, Kythera); Alexiou a.O. 41 Nr. 1 Taf. 1a; 3a (danach unsere Abb. 98o, Katsamba).

[9] A. Furumark, The Chronology of Mycenaean Pottery (1941) 84f. 104; ders., The Settlement at Ialysos and Aegean History c. 1550–1400 B. C., in: OpArch 6, 1950, 262ff.; M. R. Popham, The Destruction of the Palace at Knossos (1970) 85ff.; ders., Late Minoan II Crete, in: AJA 79, 1975, 372ff.

[10] N. Platon, Zakros (1971) bes. 286.

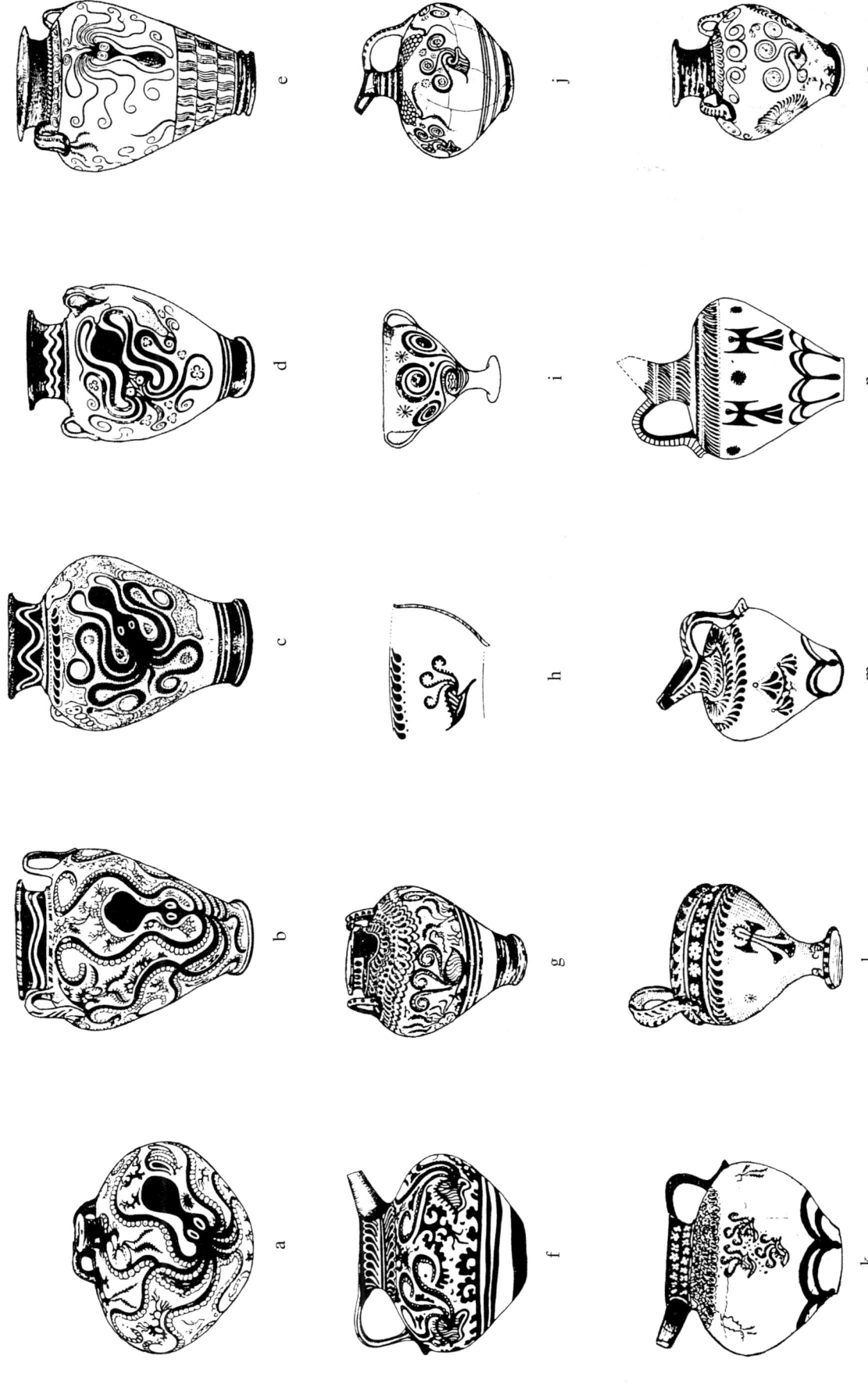

Abb. 98 a–o. Stilistische Entwicklung keramischer Dekorformen in den Phasen SM I B (a.b.f.g.k.l) und SM II/III A 1 (c.d.e.h–j.m–o). Meerestiermotive (obere Reihe: Oktopus; mittlere Reihe: Argonaut) und alternierende Muster (untere Reihe). Die senkrechten Reihen (a.f.k bzw. b.g.e; c.h.m; d.i.n; e.j.o) vertreten in chronologischer Abfolge von links nach rechts jeweils eine Entwicklungsphase von etwa 20 bis 25 Jahren (d. h. von etwa 1500 bis etwa 1400/1375 v. Chr.).

391

gebracht wurde, während im übrigen Kreta weiterhin der 'Meeresstil' fortlebte. Die Mehrheit jedoch akzeptiert heute die chronologische Trennung und damit eine ältere Katastrophe um 1450, welche die bedeutendsten Zentren und die meisten übrigen Orte der Insel mit Ausnahme von Knossos vernichtete, das seinerseits noch weitere 50 Jahre bis in die Zeit um 1400 fortbestand.

Diese Sicht der Ereignisse fügte sich auch vorzüglich in das Bild einer in Knossos während der zweiten Hälfte des 15. Jhs. regierenden achäischen Dynastie. Entweder hatten sich die festländischen Herrscher in der Folge einer gewaltigen Naturkatastrophe – eine solche hatte bereits 1939 Sp. Marinatos in einer gewaltigen Explosion des Vulkans von Thera vermutet[11] – im Zentrum der Insel festsetzen können und hatten in der Folgezeit ein neuerliches Erstarken der anderen Metropolen systematisch unterbunden, oder aber es waren die neuen festländischen Invasoren selbst, die im Verlauf ihrer Okkupation die genannten Orte zerstört hatten und ihrem Wiederaufbau entgegenstanden, um auf diese Weise das unterworfene Land besser kontrollieren zu können.

Eine wesentliche, wenn nicht schlechterdings endgültige Bestätigung schien diese These einer achäischen Herrschaft, die zwischen 1450 und 1400 von Knossos aus die Insel regierte, offenkundig durch die Entzifferung von Linear B im Jahre 1952 durch den Engländer M. Ventris zu erfahren[12]. Schrifttafeln mit Zeichen dieser Schriftform waren von Evans bereits nach wenigen Tagen zu Beginn seiner Ausgrabungen im Minos-Palast im Jahre 1900 in großer Zahl gefunden worden. Nicht zuletzt die Annahme der einstigen Existenz eines bronzezeitlichen Schriftsystems war es ja gewesen, die Evans zuerst nach Kreta und schließlich nach Knossos geführt hatte.

In ihrer Art ganz ähnliche Tafeln wurden dann kurz vor Beginn des Zweiten Weltkrieges im Palast von Pylos in Messenien gefunden und fanden sich dort auch weiterhin, als nach dem Krieg die Grabungen von neuem aufgenommen werden konnten. Ihre Publikation sowie die mit einer Verzögerung von knapp 50 Jahren etwa gleichzeitig erfolgte Vorlage der in Knossos zu Jahrhundertbeginn entdeckten Texte war die Voraussetzung für die Entzifferung von Linear B.

Zweifellos gehört diese Leistung zu den herausragendsten altertumswissenschaftlichen Erfolgen unseres Jahrhunderts. Unter anderem verdanken wir ihr die Gewißheit, daß nicht nur das griechische Festland im späten 2. Jt. v. Chr. von einer griechisch sprechenden Bevölkerung bewohnt und von Herrschern gleicher Zunge regiert wurde; auch Kreta war, wie dies aus den knossischen Texten fraglos hervorgeht, damals unter mykenische Herrschaft gekommen.

Nach Evans – der die Möglichkeit mykenischer Griechen als Herrscher von Knossos generell negierte – mußte diese Machtübernahme noch im 15. Jh. stattgefunden haben, da die Tafeln seiner im »Palace of Minos« niedergelegten Ansicht zufolge in die letzte palatiale Phase, also in die Zeit vor bzw. um 1400 gehörten. Der Brand, dem der Palast zum Opfer

[11] Sp. Marinatos, The Volcanic Destruction of Minoan Crete, in: Antiquity 13, 1939, 425 ff.; zur nun vorherrschenden Auffassung, wonach die kretischen SM I B-Zerstörungen nicht auf vulkanischen Ursprung zurückzuführen sind, vgl. M. S. F. Hood, The Eruption of Thera and its Effect on Crete in Late Minoan I, in: Pepragmena

tou III. Diethnous Kretologikou Synhedriou (1973) 111 ff.; ders., The Destruction of Crete c. 1450 B. C., in: BICS 20, 1973, 151 ff.

[12] Vgl. dazu das Vorwort von A. J. B. Wace zu: M. Ventris – J. Chadwick, Documents in Mycenaean Greek² (1973) XXI–XXXV.

fiel, hatte sie gehärtet und auf diese Weise ihre Konservierung bis in unsere Tage bewirkt.

Damit schien ein in sich schlüssiges Bild der historischen Ereignisse für die zweite Hälfte des 15. Jhs. klar und überzeugend fixiert: Um 1450 v. Chr. ließen sich achäische Griechen in Knossos nieder. Ihre Machtergreifung ging mit einem großen Zerstörungshorizont an den übrigen Orten der Insel einher, wobei – wie bereits gesagt – offenbleibt, ob diese Katastrophe Voraussetzung oder Folge der mykenischen Okkupation war. Nach einem halben Jahrhundert, während dem die Insel von griechischen Herrschern mit einer ebenfalls griechischsprachigen Verwaltung regiert worden war, erfolgte eine Zerstörung, die nun auch den bis dahin intakten Regierungssitz Knossos in Schutt und Asche legte. Somit gingen auf Kreta – bildlich gesprochen – nun für Jahrhunderte die Lichter aus. Eine Neuauflage palatialen Lebensstiles und herrschaftlichen Glanzes erfolgte nicht mehr. Im Halbdunkel weitgehender historischer Bedeutungslosigkeit dämmerte die einstige Metropole auf dem ärmlichen Niveau der 'Squatters', was in gewisser Weise symptomatisch für die Situation der gesamten Insel war, dem Ende der Bronzezeit entgegen. Den Gang der Geschichte im ägäischen Raum bestimmten nun ausschließlich die Fürsten des Festlands. Knossos aber lag fernab am Rande des Horizonts und interessierte nicht mehr.

Dieses an sich schlüssige historische Gemälde weist bei näherem Hinsehen allerdings einige Schönheitsfehler auf, Risse, die nur mühsam zu retuschieren sind, Verzerrungen der Perspektive, die sich von einem einzigen Standpunkt aus kaum überbrücken lassen. Da ist zunächst die ungelöste Frage nach den Ursachen der Zerstörung von Knossos um 1400. War es tatsächlich, wie Evans meinte, ein weiteres jener Erdbeben, von denen Knossos im Verlauf seiner Geschichte bereits mehrmals betroffen worden war? Warum aber ging es, so stellt sich die Frage, dann nicht, wie dies früher regelmäßig der Fall war, auch diesmal jünger und prächtiger aus dem Unglück hervor?

Auch andere Erklärungsversuche, so die Annahme einer einheimischen Revolte gegen die fremde Besatzungsmacht oder einer kriegerischen Intervention eines auf die junge aufstrebende Dynastie eifersüchtig gewordenen festländischen Fürstentums, etwa Mykenes selbst, können nicht recht befriedigen. Erstgenannter steht im Widerspruch zur allgemeinen historischen Situation, welche gerade um und nach 1400 einen bedeutenden Machtzuwachs und eine weite Expansion des mykenischen Festlandes mit sich brachte, während im zweiten Fall sich die siegreiche achäische Dynastie doch wohl selbst in Knossos und auf Kreta installiert hätte.

Die eigentliche Dunkelstelle im Bild von Kreta als einer nach der um 1400 v. Chr. erfolgten Zerstörung des 'mykenischen' Palastes politisch und kulturell bedeutungslos gewordenen Provinz am Rande der mykenischen Welt liegt jedoch gar nicht einmal so sehr in der Ungewißheit über die konkrete Zerstörungsursache, auch nicht unbedingt – obschon in höherem Maße – darin, daß sich ein solches Ereignis mit unserer Vorstellung der allgemeinen historischen Situation nur schwer vereinen läßt: das eigentliche Problem liegt vielmehr darin, daß es keineswegs ausgemacht ist, daß – hält man an einer Zerstörung von Knossos um 1400 generell fest – diese einen von mykenischen Griechen bewohnten Palast und damit ein unter achäischer Herrschaft stehendes Kreta betraf: die Stratigraphie der Linear B-Tafeln, also die ihre Datierung bestimmende Fundlage, ist nach wie vor umstritten. Am sogenannten 'Knossos-Problem' scheiden sich nach wie vor die Geister.

Zur Vorgeschichte dieses Problems: Evans hatte ursprünglich angenommen, daß die Tafeltexte – oder zumindest ein Teil von ihnen – in die Reokkupationsperiode gehören. Er hat diese Ansicht später revidiert[13]. Die Grabungsjournale aber geben, wie dies vor allem der englische Philologe Leonard R. Palmer gezeigt hat, der Auffassung Nahrung, daß Evans' ursprüngliche Beurteilung die richtige war. Vor allem die verblüffende Gleichartigkeit der knossischen und der mit Sicherheit um 1200 v. Chr. zu datierenden pylischen Texte, dazu entsprechende epigraphische und philologische Beobachtungen, nicht minder bemerkenswerte Übereinstimmungen des Freskenschmucks im Thronraum von Knossos und im Megaron von Pylos, auf die der Ausgräber des pylischen Palastes, C. W. Blegen, frühzeitig hinwies, legten schon bald nach der Entzifferung von Linear B die Annahme einer gleichzeitigen Niederschrift der Tafeln aus Knossos wie aus Pylos nahe[14].

War, so stellte sich notwendig die Frage, die Periode der Wiederbesiedlung des Palastes durch die 'Squatters', die sog. Reokkupationsperiode, letztlich eine Fehlinterpretation des Ausgräbers; handelte es sich bei ihr nicht vielmehr um die letzte eigentliche Palastperiode, in die auch die Niederschrift der mykenischen Texte fiel?

Zwar konnte die Gegenseite, die an Evans' Anschauung festhielt und sie zu untermauern suchte, vor allem auf reichhaltiges keramisches Material aus der Zeit um 1400 hinweisen[15]. Freilich besagt dies nicht, daß dieses umfangreiche keramische Material auch die Zerstörung des letzten Palastes datiert; es scheint vielmehr nicht zuletzt aus späteren Sondagen unter den Fußböden, also aus dem vorletzten Palast, zu stammen und somit die Errichtung eines nachfolgenden und zugleich jüngsten Palastes anzuzeigen.

Wenn anderseits bemalte Keramik der sogenannten Reokkupationszeit nicht in gleichem Umfang vorhanden zu sein scheint, so ist dies wohl ausschließlich darauf zurückzuführen, daß die Keramik der Spätzeit überwiegend unbemalt ist und als solche von den Ausgräbern nicht aufbewahrt wurde. D. Mackenzie, Evans' Grabungsassistent, der 1903, also nach den ersten großen Kampagnen in Knossos, die mehr oder minder das gesamte Palastareal freigelegt hatten, einen ersten, unvoreingenommenen Überblick über die Keramik von Knossos gab, beschrieb darin auch die Keramik der letzten Phase und sagte u. a. darüber: »Dieser dekadente Stil in Knossos ist für eine Periode typisch, in welcher der Palast nur mehr teilweise bewohnt war und wahrscheinlich nicht mehr als königliche Residenz diente. Für diese Epoche ist die in der Glanzzeit des Palastes seltene Bügelkanne charakteristisch . . . Darüber hinaus sind Kylikes, Amphoren und Krüge aus jenem charakteristischen mattgelben Ton, ohne jegliche Verzierung zu Tausenden vorhanden«[16]. Nebenbei sei angemerkt: Vom Typ der Bügelkanne werden in Knossos auf einem einzigen Täfelchen (K 700) nicht weniger als 1800 Stück registriert. Auch mangelt es, wie erst jüngst von

[13] A. Evans, BSA 11, 1905, 16; ders., Scripta Minoa I (1909) 53; PM II 512 ff. bes. 543 Anm. 1.

[14] In erster Linie: L. R. Palmer, The Find-Places of the Knossos-Tablets, in: L. R. Palmer – J. Boardman, On the Knossos Tablets (1963) passim; Palmer, The Penultimate Palace of Knossos, Incunabula Graeca XXXIII (1969). Ferner sei auf meine Darstellung des Knossos-Problems in: St. Hiller – O. Panagl, Die frühgriechischen Texte aus mykenischer Zeit (1976) 40 ff. verwiesen; weitere Literatur findet sich in meinem Forschungsbericht

»Das minoische Kreta nach den Ausgrabungen des letzten Jahrzehnts« (1977) 25 f.; vgl. auch meine Besprechung von E. Hallager, The Mycenaean Palace at Knossos (1977) in: Gnomon 51, 1979, 768 ff.

[15] Neben J. Boardman, The Date of the Knossos Tablets, in: Palmer – Boardman a. O. passim, ist vor allem wiederum M. R. Popham, The Destruction of the Palace at Knossos (1970) zu nennen.

[16] D. Mackenzie, JHS 23, 1903, 199 (Zitat hier in Übersetzung).

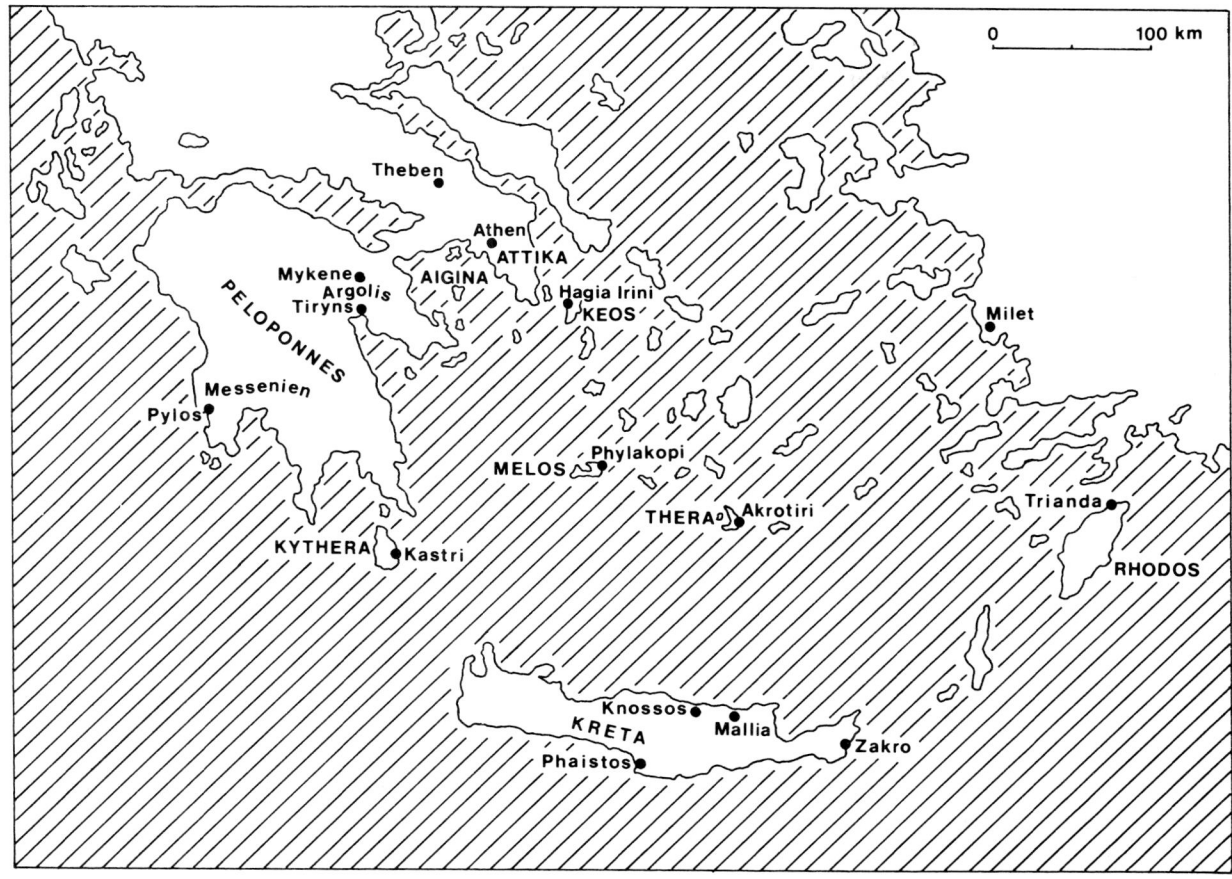

Abb. 99. Zentren des mykenischen Festlandes und auf Kreta; minoische Niederlassungen und Handelszentren auf den Kykladen und in Kleinasien

E. Hallager gezeigt wurde (vgl. Anm. 14), keinesfalls an stark verbrannten Gefäßen aus dieser Zeit, was einen deutlichen Hinweis auf eine große Feuersbrunst darstellt, wie sie für die Härtung der Texte notwendig vorauszusetzen ist.

Über mehr als 15 Jahre zieht sich die Diskussion zum Knossos-Problem nun hin, das unbeweglich wie ein erratischer Block den Zugang zur unvoreingenommenen Einschätzung der minoischen Spätzeit versperrt. Die neuerliche Überprüfung der Stratigraphie, von Befürwortern wie Gegnern der Evansschen These mit großer Akribie und Scharfsinnigkeit ins Werk gesetzt, hat letztlich die Fronten nur versteift. Ein Ende des wissenschaftlichen Stellungskrieges ist, so scheint es, derzeit nicht abzusehen.

Es würde in diesem Zusammenhang zu weit führen, die Fülle der von beiden Seiten vorgetragenen Argumente nochmals durchzugehen, um sie gegeneinander abzuwägen. Zu unvereinbar scheinen außerdem die Standpunkte, als daß ihre erneute Diskussion eine Revision bestehender Auffassungen erzwingen könnte. So mag es vielleicht nützlich sein, das Knossosproblem aus der weiteren Perspektive der generellen historischen Situation der ägäischen Spätbronzezeit zu betrachten. Diese Situation ist primär gekennzeichnet von der Ablösung der minoischen Hegemonie durch die mykenische, wobei die minoische Vormachtstellung weniger machtpolitisch als kulturell und ökonomisch, die mykenische hingegen mehr im Sinne imperialer Entfaltung zu sehen ist. Zweifellos stellt die mykeni-

395

sche Okkupation von Knossos den Höhe- und Wendepunkt in der Auseinandersetzung der beiden Kontrahenten dar, in deren Verlauf wohl mehrere Phasen unterschieden werden müssen: Auf eine Phase der minoischen Vorherrschaft in der Ägäis, die in die historische Tradition als die 'Thalassokratie des Minos' eingegangen ist und die wir etwa in dem Zeitraum zwischen 1550 und 1450 ansetzen können, muß eine Periode des Nebeneinanders zweier im wesentlichen gleich starker Mächte sowie des sich abzeichnenden Konflikts, darauf dann schließlich zusammen mit der Entscheidung die Periode der mykenischen Vorherrschaft gefolgt sein[17]. Die Machtablösung aber stellt sich somit als ein weit über Knossos hinaus bedeutsames historisches Ereignis dar, das nicht allein die kretische Hauptstadt, sondern gleicherweise die übrigen minoischen Stützpunkte und Handelsplätze in der Ägäis betraf. Als solche sind in diesem Zusammenhang Kastri auf Kythera (hierzu ausführlich J. N. Coldstream und G. L. Huxley in dieser Publikation, oben S. 137 ff.), Hagia Irini auf Keos, Phylakopi auf Melos, Trianda auf Rhodos und in Kleinasien Milet zu nennen (Abb. 99, Karte). Da nicht anzunehmen ist, daß Knossos – und mit ihm ganz Kreta – noch vor seinen auswärtigen Stützpunkten bezwungen wurde, sondern eine starke innere Wahrscheinlichkeit vielmehr dafür spricht, daß vor dem Fall der minoischen Metropole zunächst die minoische Präsenz im weiteren ägäischen Raum der mykenischen Expansion weichen mußte, ergibt der Zeitpunkt der Verdrängung der minoischen Kolonisten und Handelsleute aus den genannten ägäischen Stützpunkten einen Terminus ad bzw. post quem für die mykenische Okkupation Kretas.

Betrachtet man unter diesem Aspekt die Geschichte der minoischen Siedlungen und Handelszentren in der Ägäis, so wird an ihnen durchweg ein Sachverhalt deutlich, der auch für das Knossos-Problem nicht ohne eine gewisse Relevanz ist. Die Unterbrechung der Siedlungskontinuität, wie sie von den Befürwortern eines auf Kreta um 1450 anzusetzenden Zerstörungshorizonts für die davon betroffenen Orte angenommen wird, scheint sich auch in den minoischen Kolonien von Kastri auf Kythera sowie von Hagia Irini auf Keos zu bestätigen. Wahrscheinlicher wird er hierdurch aber nicht.

Auf Kythera hat J. N. Coldstream das Ende der minoischen Kolonie stratigraphisch mit einer charakteristischen Stilgattung, dem von ihm so genannten 'alternierenden Stil' verbunden und diesen – wie schon vor ihm A. Furumark – als Spätstufe der Phase SM I B angesprochen (Abb. 100 a–d; vgl. auch Abb. 36 a–d)[18]. Keramik des 'Palaststiles' (SM II) fehlt. Die älteste typisch mykenische Keramik stammt aus dem früheren 14. Jahrhundert. Entsprechend wurde von Coldstream ein Bruch der Siedlungskontinuität angenommen, der zeitlich etwa die Periode des knossischen 'Palaststiles' umfaßt.

Ähnliches gilt für Hagia Irini auf Keos, wo typischer 'Palaststil' ebenfalls fehlt und die späteste minoische Keramik ihrerseits durch die 'alternierende Gattung' vertreten ist. Allerdings tritt sie dort zusammen mit einer primär typisch mykenischen, aber auch in Knossos nachgeahmten Gattung, den sogenannten ephyräischen Bechern, auf (Abb. 101 a–d und 102 a.b). Diese Gefäße werden im allgemeinen an das Ende des 15. Jhs. v. Chr. datiert. So hat sich J. L. Caskey, der Ausgräber von Hagia Irini, mit Recht gefragt, wie der Befund zu

---

[17] A. Furumark, OpArch 6, 1950, 249 ff.
[18] Ders., The Chronology of the Mycenaean Pottery (1941) 213 zu Abb. 19 D; Kythera 296 ff. Abb. 96

(danach unsere Abb. 100 a–d); vgl. auch J. N. Coldstream und G. L. Huxley in dieser Publikation, Abb. 36 a–d.

Abb. 100a–d. Tassen des 'alternierenden Stils' aus Kastri, Kythera (s. auch Abb. 36a–d)

b   c   d

a   b

Abb. 101a–d. (a) Becher der 'ephyräischen Gattung' aus Kreta und (b–d) vom griechischen Festland

c   d

deuten sei: ob man nun die zeitliche Stellung der 'ephyräischen Gattung' nach oben in die Zeit um 1450 oder umgekehrt die 'alternierende Gattung' hinab in die Zeit um 1400 zu setzen habe[19].

Die Antwort fällt, zumindest meiner Meinung nach, wie folgt aus: Zwar setzte der 'alternierende Stil' bereits vor der Mitte des 15. Jhs. ein, seine stilistische Grundhaltung – äußerste Formelhaftigkeit und Isolierung von Einzelmotiven bei gleichzeitiger Auflösung

[19] J. L. Caskey, Investigations in Keos II, a Conspectus of the Pottery, in: Hesperia 41, 1972, 396 (a.O. Taf. 95, H12.H20 entspricht als Umzeichnung unserer Abb. 102a.b); unsere Abb. 101a ist Umzeichnung nach M. Popham, BSA 62, 1967, 344 Taf. 82c (Knossos); 101b nach H. Goldman, Excavations at Eutresis (1931) 198 Abb. 262 (ergänzt); 101c.d nach Evans, PM IV 368f. Abb. 308a.d (Korakou).

des umfassenden Bildzusammenhangs – aber verbindet ihn auf das engste mit der sogenannten ephyräischen Gattung, die – in minoischen Repliken – auch in Knossos im allgemeinen in das späte 15. und beginnende 14. Jh. v. Chr. zu setzen ist (vgl. Abb. 98i mit Abb. 101a).

Einen, wie mir scheint, ausdrücklichen Beweis für die im wesentlichen gleichzeitige Laufzeit von 'alternierender' und 'ephyräischer Gattung' bringt ein Befund aus Haus E in Mallia[20]. Beide Dekorformen begegnen dort – nicht anders als in Keos – im gleichen Kontext (Abb. 102c.d), der, nicht zuletzt auch nach Ansicht der Ausgräber, eine Zerstörung um die Wende des 15. zum 14. Jh. anzeigt. In diese Periode fällt demnach die Auflösung der minoischen Kolonien auf Kythera und Keos.

Ein entsprechendes Datum wurde, unabhängig von den hier für die Beurteilung der kykladischen Situation herangezogenen Kriterien, auch für die Ablösung der minoischen Kolonisten in Milet durch mykenische Besatzer vorgeschlagen, wo sich eine entsprechende Zerstörung der Stadt offenbar um 1400 ereignete[21].

Ist für Phylakopi auf Melos noch abzuwarten, was die jüngst wieder neu aufgenommenen Untersuchungen ergeben werden, da die vom Beginn des Jahrhunderts ein nur lückenhaftes Bild zeichnen[22], so kann anderseits für die minoische Kolonie in Trianda auf Rhodos auf die Ergebnisse von A. Furumark zurückgegriffen werden, die dieser in seiner bahnbrechenden Studie zur Keramik dieses Ortes bereits 1950 niedergelegt hat. Demnach endete die minoische Kolonie von Trianda ebenfalls zu Beginn des 14. Jhs. v. Chr. Im Zerstörungsstratum tritt zur minoischen Keramik bereits in beträchtlichem Umfang mykenische der Furumarkschen Phasen SH II B (Abb. 103f–h) und SH III A 1, darunter auch Fragmente 'ephyräischer' Becher (vgl. Abb. 103f mit Abb. 101d und 102b)[23]. Die minoische Keramik aus demselben Horizont aber zeichnet sich durch einen bemerkenswerten Zug aus: sie enthält Fragmente von Gefäßen, die – wiederum im Sinne der Furumarkschen Klassifikation – den Perioden SM I B (Abb. 103a–e) und SM III A 1 (Abb. 103i–k) zuzuweisen sind, während solche aus SM II, das heißt aus der Phase des 'Palaststiles', nicht vertreten sind.

---

[20] O. Pelon, Mallia, Maison III, le Quartier E (1963–1966), ÉtCrét XVI (1970) 77ff. Pelon setzte seinerseits entsprechend die ostkretischen SM I B-Zerstörungshorizonte mit der knossischen SM II-Katastrophe zeitlich gleich (ebenda 111ff. 169). Unsere Abb. 102c.d ist Umzeichnung nach a.O. Taf. 18,2.3.

[21] P. Hommel, IstMitt 9/10, 1959/60, 43ff. Vgl. auch die gleichlautende Auffassung von Hooker, Myc. Gr. 67: »Eine minoische Niederlassung wird zu Beginn der Spätbronzezeit gegründet; sie steht über einen langen Zeitraum mit den Mykenern in Verbindung und wird schließlich gegen 1400 v. Chr. von einer mykenischen Kolonie abgelöst« (hier Übersetzung des englischen Zitats).

[22] T. D. Atkinson u. a., Excavations at Phylakopi in Melos (1904). Zu den älteren Ausgrabungen vgl. A. Furumark, OpArch 6, 1950, 192ff.; er stellte fest (a.O. 194), daß in Phylakopi III 2 noch minoische Importe existierten, für Phylakopi III 3 jedoch ausschließlich mykenische Gefäße bezeugt sind. Die damals verfügbaren Anhaltspunkte, wonach Phylakopi III 2 nicht nur der Phase SM I B (SH II A), sondern auch SM II (SH II B) entspräche und höchstwahrscheinlich zumindest teilweise SM III A 1 (SH III A 1), scheinen durch die neuen Ausgrabungen bestätigt zu werden. Nach C. Renfrew, ArchRep 21, 1974/75, 24 sowie ders., Phylakopi and the Late Bronze I Period in the Cyclades, in: Thera Aegean I 403ff. fiel die Errichtung des mykenischen Megarons (Phase Phylakopi III 3 nach der älteren Zählung bzw. Phase E nach Renfrew) in den Zeitabschnitt SH III A 1. Unter dem Boden des Megarons fanden sich minoische Importe der Phase SM I B. Will man nicht einen Bruch der Siedlungskontinuität annehmen, so dürfte demnach auch auf Melos der politische Umschwung in das spätere 15. oder das beginnende 14. Jh. zu datieren sein.

[23] A. Furumark, OpArch 6, 1950, 166ff. 179f. Abb. 7. 8 (danach unsere Abb. 103a–k).

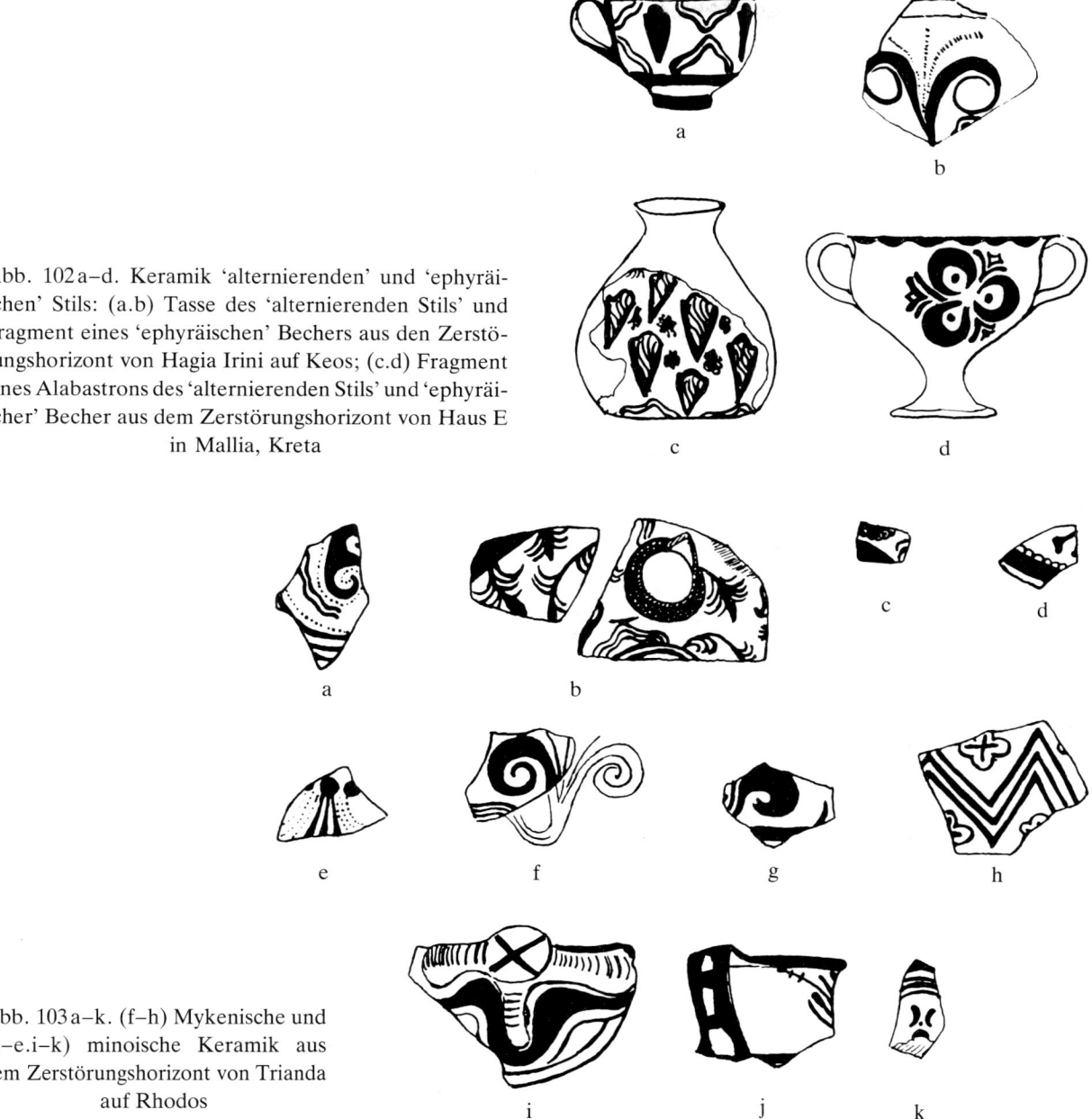

Abb. 102 a–d. Keramik 'alternierenden' und 'ephyräischen' Stils: (a.b) Tasse des 'alternierenden Stils' und Fragment eines 'ephyräischen' Bechers aus den Zerstörungshorizont von Hagia Irini auf Keos; (c.d) Fragment eines Alabastrons des 'alternierenden Stils' und 'ephyräischer' Becher aus dem Zerstörungshorizont von Haus E in Mallia, Kreta

Abb. 103 a–k. (f–h) Mykenische und (a–e.i–k) minoische Keramik aus dem Zerstörungshorizont von Trianda auf Rhodos

Aus diesem kurzen Resümee zur Geschichte der minoischen Kolonien sei folgendes festgehalten:
1. Das Fehlen von knossischem 'Palaststil' (SM II) stellt, wie zuletzt am Beispiel von Trianda deutlich wurde, keinen entscheidenden Hinweis für eine Unterbrechung der Siedlungskontinuität zwischen 1450 und 1400 dar.
2. Die genannten minoischen Kolonien bzw. Handelszentren wurden nicht um die Mitte des 15. Jhs., sondern erst in der Zeit um 1400 von ihren minoischen Bewohnern aufgegeben (im Anschluß daran finden sich an den genannten Orten ausschließlich mykenische Siedlungen). Das Ende der minoischen Präsenz und ihre Ablösung durch die mykenische Hegemonie in der Ägäis sind demnach nicht vor dem Ende des 15. Jhs. anzusetzen.

3. Für Kreta ergeben sich daraus drei wesentliche Konsequenzen:
   a) Das Fehlen von 'Palaststilkeramik' an Orten außerhalb von Knossos kann nicht als generelles Indiz einer älteren, nämlich um die Mitte des 15. Jhs. anzusetzenden Zerstörung gewertet werden. Vielmehr dürfte ihre Zerstörung im allgemeinen wohl eher zeitgleich mit einer in Knossos für die Zeit um 1400 bezeugten Katastrophe zu datieren sein.
   b) Was Knossos selbst anbetrifft, so ist nach Ausweis der allgemeinen historischen Situation, wie sie für weite Bereiche der Ägäis nachgewiesen wurde, vor 1400 nicht mit einer achäischen Dynastie zu rechnen. Am wahrscheinlichsten wird man auch hier den Beginn der mykenischen Herrschaft mit den Ereignissen um 1400 in Zusammenhang bringen dürfen.
   c) Wenn aus den genannten Gründen eine mykenische Dynastie in Knossos vor 1400 unwahrscheinlich ist, so ist auch eine griechischsprachige Administration auszuschließen. Die Linear B-Texte sind demnach in die Zeit nach 1400 zu datieren. Mit anderen Worten: auf die minoische Palastzeit folgt nach 1400 die mykenische, die sich zeitlich mit der Evansschen Reokkupationsperiode deckt. Die mykenischen Texte stammen aus deren letzter Phase, etwa aus der Zeit um 1200.

Eine Revision des herkömmlichen Bildes des spätbronzezeitlichen Kreta ist unausweichlich, wenn, wie ich glaube, unsere Überlegungen richtig sind. Die zentrale Aussage des zu erstellenden neuen Bildes heißt: In der Zeit zwischen 1400 und 1200 v. Chr. wurde Kreta von mykenischen Griechen beherrscht und regiert; es war eines – und keineswegs das geringste – von einer Anzahl mykenischer Fürstentümer, deren gegenseitige Beziehung wohl am ehesten als eine Art föderalistischer Staatenbund zu denken ist. Zur Absicherung und Erhärtung dieses hier gezeichneten Bildes seien einige Bemerkungen zu Funden aus den letztvergangenen Jahren nachgetragen. Zugleich seien die zu erwartenden Einwände, soweit als in diesem Rahmen möglich, entkräftet.

Der Haupteinwand dürfte lauten: Nicht aufgrund der Kenntnis, daß die Linear B-Texte in griechischer Sprache abgefaßt sind, auch nicht aufgrund der Evansschen Datierung dieser Texte in die Phase SM II wurde die – hier bestrittene – These einer mykenischen Herrschaft in Knossos während der zweiten Hälfte des 15. Jhs. vorgetragen, sondern vielmehr aufgrund jener viel allgemeineren Indizien, die bereits oben genannt wurden, nämlich: mykenischer Gefäßformen, mykenischer Grabtypen, vor allem aufgrund mykenischer Gesinnung in Form von Waffenbeigaben in den sogenannten Kriegergräbern.

Dazu ist zu sagen, daß eine festländische Entstehung von Kuppel- und Kammergrab keinesfalls gesichert, eher unwahrscheinlich ist[24]; auch daß Waffenbeigaben auf Kreta nicht erst im fraglichen Zeitraum einsetzten, sondern weiter zurückreichen[25]. Aber beschrän-

---

[24] Zur Frage der Herkunft der Grabtypen vgl. u. a. M. S. F. Hood, Tholos Tombs of the Aegean, in: Antiquity 34, 1960, 166ff.; I. Pini, Beiträge zur Minoischen Gräberkunde (1968) 40f. 49. 57; K. Branigan, The Tombs of the Mesara (1970) 152ff.; O. Pelon, Tholoi, Tumuli et Cercles Funéraires (1976) 445ff.

[25] Als besonders bemerkenswert sei in diesem Zusammenhang auf den Fund von Resten eines Eberzahnhel-

mes in einem Grab von Poros-Herakleion aus MM III/SM I A (A. Lebesse, Praktika 1967, 208; A. P. Barbaregos, To Odontophrakton Mykenaïkon Kranos [1981] 57. 61ff. 111) sowie auf das ebenfalls im MM III bezeugte Auftreten von Darstellungen solcher Helme auf minoischen Siegeln hingewiesen, dazu: A. Xenaki-Sakellariou, La Représentation du Casque en Dents de Sanglier, in: BCH 77, 1953, 46ff.; G. St. Korres, The

ken wir uns auf das in der Tat bemerkenswerte Phänomen der sogenannten Kriegergräber[26].

Zwei dieser Kriegergräber, wohl die bisher reichhaltigsten dieser Gattung, sind vor nicht allzu langer Zeit unfern des Palastes von Knossos am Ort Sellopoulo entdeckt worden. Sie weisen die spezifischen Charakteristika in deutlichster Konzentration auf: den langen Dromos, die zweihenkelige Kylix, schließlich eine große Menge von Beigaben an Goldschmuck, Bronzegeräten und Prunkwaffen. Bemerkenswert an diesen sehr qualitätvollen Beigaben aber ist auch, daß sie, wie vom Ausgräber und den Bearbeitern des Fundmaterials hervorgehoben wurde, keine Importe darstellen, sondern aus einheimischen, wohl knossischen Werkstätten stammen[27]. Kreta war, so ihre weitere, zutreffende Folgerung, noch in SM II das führende ägäische Zentrum in der Produktion von Bronzegerät und Schmuck aus Edelmetall. Ein Bruch der gerade auf diesen Gebieten weit zurückreichenden minoischen Tradition ist zu diesem Zeitpunkt nicht erkennbar. Anderseits aber wird der offenkundige festländische Einfluß nicht bestritten.

Welcher Schluß ist aus diesem Sachverhalt zu ziehen, lehnt man, wie hier aus den genannten Gründen geschehen ist, eine in Knossos etablierte festländische Herrschaft für den in Frage kommenden Zeitraum ab?

Wiederum mag ein Hinweis auf die allgemeine historische Situation die Antwort geben: In der zweiten Hälfte des 15. Jhs. erreichte der minoisch-mykenische Kontakt, in dem zunächst vor allem Kreta die gebende Seite war, eine gewisse Ausgewogenheit. Einflüsse strahlten nun auch in der entgegengesetzten Richtung vom Festland auf Kreta zurück. Zugleich war das Festland als Machtfaktor so weit erstarkt, daß es als gleichberechtigter Partner auftreten konnte und auch akzeptiert werden mußte. Auch dynastische Verbindungen – wir erinnern an Theseus, der die Minostochter zur Gattin nimmt – erscheinen denkbar. Gleichzeitig aber stehen wir bereits am Vorabend des Konflikts. Ab einem bestimmten Zeitpunkt muß Knossos das nach und nach erstarkende Festland und dessen sich frühzeitig abzeichnenden expansionistischen Bestrebungen als Bedrohung für sich selbst empfunden haben. Es ist nicht anzunehmen, daß es dem tatenlos zugesehen hat. Vielmehr wird es bestrebt gewesen sein, sich beizeiten vorzusehen. Dies hieß: vom militärisch überlegenen Feind zu lernen, aufzurüsten, seinerseits militärischen Habitus zu propagieren und Kampfbereitschaft im eigenen Volk zu wecken, hieß aber wohl auch, Söldner zu werben, und dies nach Möglichkeit dort, wo die schlagkräftigsten zu finden waren: beim Gegner, so wie später die Römer selbst ihre Heerführer aus dem Lager der germanischen Feinde holten.

Diese Anstrengungen, wie sie – nach unserer Auffassung – in den Kriegergräbern ein beredtes Zeugnis hinterlassen haben, waren freilich vergebens. Mykene ging als Sieger aus der Auseinandersetzung hervor und trat seine Oberhoheit nicht mehr ab, bis es am Ende

Splendour of Mycenaean Helmets, in: AAA 2, 1969, 455 ff.; P. Cassola Guida, Le Armi Difensive dei Micenei nelle Figurazioni (1973) 91 f. Daß den Minoern nicht a priori jegliches Interesse an Rüstung abgesprochen werden sollte, haben bereits früher F. Matz in: CAH[3] II 1 (1973) 576 (»Das Gefühl absoluter Sicherheit auf der Insel war im 16. Jh. v. Chr. eindeutig erschüttert, und die Führungsschicht zog daraus die entsprechenden Konsequenzen«, Übersetzung des englischen Originalzitats)

und ähnlich Furumark, OpArch 6, 1950, 59 ff. festgestellt.

[26] Vgl. dazu die Ausführungen von F. Schachermeyr, Die minoische Kultur des alten Kreta (1964) 227 ff., wo die Kriegergräber in der üblichen Weise als Symptom einer mykenischen Herrschaftsschicht aufgefaßt wurden.

[27] M. R. Popham – E. A. und H. W. Catling, Sellopoulo Tombs 3 and 4, two Late Minoan Graves near Knossos, in: BSA 69, 1974, 195 ff.

der Bronzezeit seinerseits vernichtet wurde. In Knossos aber regierten in den bis dahin verbleibenden zwei bis drei Jahrhunderten achäische Herrscher. Wenn wir, wie schon eingangs gesagt, den Angaben des Schiffskatalogs Glauben schenken dürfen, so war ihre Macht recht beachtlich; zugleich aber waren sie, wie die übrigen achäischen Fürsten, dem mykenischen Oberherrn zur Heerfolge verpflichtet. Im übrigen aber ließ man, so scheint es, die Insel gewähren. Die alten minoischen Traditionen rissen nicht ab, insbesondere in der Keramik wirkten sie deutlich nach. In gewisser Weise mögen sich die neuen Herren auch assimiliert haben.

Keinesfalls aber bedeutete der Einschnitt in den Jahren um 1400 jenes kulturelle und politische Fiasko, jenes Abgleiten in provinzielle Bedeutungslosigkeit, wie dies – aus der Retrospektive vorausgegangener Zeiten – vielfach konstatiert wurde[28]. Freilich, der frühere Glanz ist wohl nie wieder erreicht worden, die unvergleichliche Schönheit der vollen Blüte der minoischen Kultur im späteren 16. und 15. Jh. war verwelkt, auch wenn Knossos als Zentrum der Administration weiterhin seine überkommene Rolle spielte. Im übrigen aber dürften sich die neuen Herren in den minoischen Palästen, falls sie noch standen, wohl nicht so recht zu Hause gefühlt haben, und wenn sie, wie im Fall von Knossos, aus praktischen, insbesondere wohl verwaltungstechnischen Gründen schon nicht gänzlich darauf verzichten konnten, so mögen sie doch Herrschaftsgebäude nach festländischer Art, nicht zuletzt auch befestigte Burgen zum Aufenthalt vorgezogen haben.

Neben den seit langem vertrauten mykenischen Herrenhäusern der Zeit nach 1400, wie sie im Bereich der Residenzen von Gournia oder Hagia Triada bekannt geworden sind, verdient in diesem Zusammenhang die erst jüngst entdeckte, in schwer zugänglichem Bergland errichtete Burganlage von Kastrokephala bei Herakleion besondere Beachtung[29]. Vasenfunde datieren sie in das 13. Jh. v. Chr., also in dieselbe Zeit, in der die mykenischen Burgen des Festlandes vollendet wurden. Die strategische Position, der Festungsgedanke als solcher, verraten auch für Kastrokephala mykenische Geisteshaltung.

Es ist gewiß der Überlegungen wert, ob nicht vor allem von solchen gesicherten, strategisch günstig gelegenen Punkten aus, die freilich mit den alten, ungeschützt daliegenden Palästen kaum noch etwas gemeinsam haben, die achäischen Eroberer das Land beherrschten, das im übrigen zwar genau den vorgeschriebenen Tribut zu entrichten hatte, darüber aber keineswegs völlig verarmte, das auch keineswegs von der übrigen Welt abgeschnitten in einen teilnahmslosen Dämmerzustand versank. Wie Im- und Exporte beweisen, dauerten die Kontakte zum mykenischen Festland und in den Levantebereich an. Kyprischer Import fand sich u. a. zuletzt auch in Chania, dem antiken Kydonia. Dies ist kaum überraschend. Vor allem Westkreta, wo sich für Kydonia ein bedeutendes Produktionszentrum hochwer-

[28] Ähnlich hatte, was jedoch in der Folgezeit weitgehend unbeachtet blieb, schon Evans, PM IV 944, geurteilt: »Die Bedeutung dieser verheerenden Umwälzung darf in ihren Auswirkungen auf den weiteren Verlauf der minoischen Geschichte und den allgemeinen Stand der minoischen Kultur – so groß sie auch waren – auch nicht überschätzt werden« (hier englisches Zitat in Übersetzung). Den allgemeinen Wohlstand Kretas während SM III betonte besonders D. Levi, The Recent Excavations at Phaistos (1964) 12.

[29] Gournia: H. Oelmann, Ein achäisches Herrenhaus auf Kreta, in: JdI 27, 1912, 38 ff. Hagia Triada: F. Halbherr, Resti dell'Età Micenea Scoperti ad Hagia Triada, in: MonAnt 13, 1903, 11 ff.; L. Pernier – L. Banti, Guida degli Scavi Italiani in Creta (1947) 35 f.; s. auch St. Sinos, Die vorklassischen Hausformen in der Ägäis (1971). Kastrokephala: E. K. Platakis, Spätminoisch-nachminoische Bauten in Kastrokephala bei Herakleion (neugriech.), in: KretChron 22, 1970, 511 ff.

tiger Keramik nachweisen läßt und wo in den letztvergangenen Jahren insbesondere im Raum von Rethymnon reichhaltige Nekropolen mit bemerkenswerten Exemplaren bemalter Sarkophage entdeckt wurden, erlangte im Verlauf des 14. und des 13. Jhs. v. Chr. einen bemerkenswerten, vorher in dieser Weise nie gesehenen Wohlstand. So ist es gewiß auch kein Zufall, wenn sich, den knossischen Linear B-Texten zufolge, das Augenmerk der Steuerbehörden vor allem auf den Westen konzentrierte[30].

Doch auch im Zentrum der Insel, wo neben Knossos besonders Archanes seit jeher eine bedeutende Rolle gespielt hatte, bedeutete die politische Wende der Jahre um 1400 keineswegs das allgemein angenommene große Desaster. Die durch Jahrhunderte hinweg mit herrschaftlichen Grabanlagen ausgestattete Nekropole in Archanes bezeugt dies in eindrucksvoller Weise. Von zwei Tholosgräbern, die ungeplündert angetroffen wurden und reichlich Goldschmuck enthielten, könnte das eine noch in die Zeit vor 1400 fallen, während das zweite, offenkundig die Grablege einer jungen Frau aus vornehmem Geschlecht, mit Sicherheit in die zweite Hälfte des 14. Jhs. zu datieren ist[31]. Wo, so ist zu fragen, kann das mykenische Festland mit einem vergleichbaren Fund aus dieser Zeit aufwarten?

Vor allem sollte nicht vergessen werden, daß auch auf dem Festland die reichhaltigsten Grabkomplexe aus der Zeit vor 1400 stammen. Im Vergleich mit dem Festland schneidet Kreta somit während der beiden folgenden Jahrhunderte keineswegs schlecht ab. Mag es auch hinter Zentren wie Mykene oder Theben in der einen oder anderen Hinsicht zurückstehen, den Vergleich mit einem Fürstentum im Range von Pylos braucht es keinesfalls zu scheuen. Es sei denn, wir gehen davon aus, daß in Kreta jegliches palatiale Zentrum fehlte, daß jede Ausübung palatialer Künste, insbesondere von Freskenmalerei und Glyptik zum Erliegen gekommen wäre.

Hier bleibt, was nicht verschwiegen sei, noch vieles zu klären. Über die Chronologie der Fresken und Siegel aus Knossos ist das letzte Wort nicht gesprochen. Daß die mykenischen Wandgemälde und Gemmen, die auf dem Festland gefunden wurden, dem minoischen Vorbild viel, um nicht zu sagen das meiste verdanken, und daß sie ihre wesentlichen Anregungen letztlich von dort beziehen, ist unbestritten. Ob, wie im allgemeinen angenommen wird, diese Rezeption minoischer Vorbilder durch die mykenische Kunst ausschließlich vor 1400 erfolgt sein kann bzw. erfolgt sein muß, scheint zumindest fraglich.

Zumindest an einem Ort, nämlich im festländischen Theben, haben wir seit einigen Jahren den sicheren Beweis für die noch im 13. Jh. fortbestehende Einwirkung der einst übermächtigen minoischen Kultur. Die in der Nekropole von Tanagra bei Theben in großer Zahl gefundenen Tonsarkophage sind kaum anders denn als eine Nachahmung der spezifisch spätminoischen Sitte der Larnaxbestattung zu erklären. Auch die Thematik ihres Bildschmucks, so u. a. das Motiv des Stierspringens, weist nach Kreta[32].

[30] Zu Kydonia als einem Zentrum keramischer Produktion vgl. G. Tzedakis, L'Atelier de Céramique Postpalatial à Kydonia, in: BCH 93, 1969, 396 ff.; für die im Umkreis von Rhethymnon entdeckten Nekropolen vgl. meinen Forschungsbericht »Das minoische Kreta nach den Ausgrabungen des letzten Jahrzehnts« (1967) 199 ff. Zur Westorientierung der Linear B-Texte aus Knossos vgl. L. R. Palmer, Mycenaean Inscribed Vases, in: Kadmos 11, 1972, 27 ff.; dazu auch M. A. van Spitael –

P. Faure, Villes et Villages de la Crète Centrale, Listes inédites de l'Époque Vénitienne Comparées aux Tablettes de Knossos, in: Kretologia 5, 1977, 47 ff.

[31] Zu Tholosgrab D von Archanes: G. Sakellarakes, Ergon 1975, 165 ff.

[32] Einen Überblick gab Fritz Schachermeyr, Die ägäische Frühzeit II. Die mykenische Zeit (1976) 160 ff.; vgl. außerdem J. T. Hooker, JHS 89, 1969, 68 mit Anm. 49.

Auch auf anderem Gebiet besitzt Theben enge Verbindungen mit Kreta. In einem bereits in den 20er Jahren ausgegrabenen Teil des Palastes fanden sich zahlreiche Vorratsgefäße, große Bügelkannen, die zum Teil mit kurzen Aufschriften in Linear B versehen sind (Abb. 104a). Sowohl die Herkunft wie die zeitliche Stellung dieser beschrifteten Bügelkannen war zunächst umstritten. Was die Herkunft angeht, so sollte allerdings nun an ihrer kretischen Entstehung kein Zweifel mehr möglich sein. Sowohl die auf ihnen verzeichneten, mittlerweile eindeutig als kretisch identifizierten Ortsnamen, aber auch analytische Untersuchungen der Tonsubstanz sprechen eindeutig dafür[33]. Was die zeitliche Stellung angeht, so kommt uns nun u. a. ein Fund aus Chania/Kydonia zu Hilfe. Dort fand sich das Fragment einer entsprechenden Bügelkanne, die nicht nur den bereits aus Theben bekannten kretischen Ortsnamen *ta-*22-de-so* aufweist, sondern deren unkanonischer, von der geläufigen Form des *de*-Zeichens abweichender Schriftduktus keinen Zweifel daran läßt, daß in beiden Fällen dieselbe Schreiberhand vorliegt (Abb. 104b). Das Fragment aus Chania ist durch seinen Kontext in die Phase SM III B, somit in das 13. Jh. v. Chr., datiert[34]. Dies ist demnach auch der zeitliche Ort der festländischen Gefäße, zu denen neben den genannten thebanischen auch solche aus Tiryns und Mykene zählen.

Wer hat diese Gefäße beschriftet? Waren es private Handelsunternehmen oder war es ein palatiales Verwaltungszentrum? Die Antwort darauf, so meine ich, kann nur lauten: Die beschrifteten Kannen sind Zeugen der im 13. Jh. fortbestehenden palatialen Bürokratie. Abgesehen davon, daß es keinerlei Anzeichen eines privaten außerpalatialen Gebrauchs von Linear B gibt, weisen die gelegentlich aus drei Worten bestehenden Inschriften die nämliche formelhafte Struktur auf, die wir im palatialen Bereich zur Registratur etwa von Schafherden antreffen. Vor allem aber findet sich auf den beschrifteten Kannen in ausgeschriebener – und möglicherweise auch in abgekürzter – Form das Wort *wanakatero*, 'dem Anax gehörig'[35]. Dieser Anax ist in unserem Fall kein anderer als der mykenische Herrscher von Kreta. Seine Regierungszeit fällt in das späte 13. Jh. v. Chr.

Nachtrag

Das Manuskript wurde im Sommer 1977 abgeschlossen. Die seither zum behandelten Problemkreis neu erschienene Literatur konnte hier nicht mehr eingearbeitet werden. Ergänzend sei aber auf folgendes verwiesen:

Die zentrale Frage, nämlich die Ablösung der minoischen durch die mykenische Vorherrschaft auf Kreta und deren Relation zum entsprechenden Vorgang im weiten Ägäisbereich ist mittlerweile – in mancher Hinsicht modifiziert, im Prinzip aber übereinstimmend –

---

[33] A. Sacconi, Corpus delle Iscrizioni Vascolari in Lineare B (1974) 146 (danach unsere Abb. 104a). Zusammenfassend St. Hiller – O. Panagl, Die frühgriechischen Texte aus mykenischer Zeit (1976) 50ff.; zu den Untersuchungen der Tonsubstanz zuletzt R. E. Jones – H. W. Catling, A Reinvestigation of the Provenance of the Inscribed Stirrup Jars Found at Thebes, in: Archaeometry 19, 1977, 137ff.

[34] E. Hallager, Linear A and Linear B Inscriptions from the Excavations at Kastelli, Chania 1964–1972, in: OpAth 11, 1975, 53ff. bes. 67f. Abb. 20 (danach unsere Abb. 104b).

[35] Vgl. dazu zuletzt L. Godart – J.-P. Olivier, Nouveaux Textes en Linéaire B de Tirynthe. L'Inscription sur Vase Ti Z 29, in: Tiryns VIII (1975) 38ff.

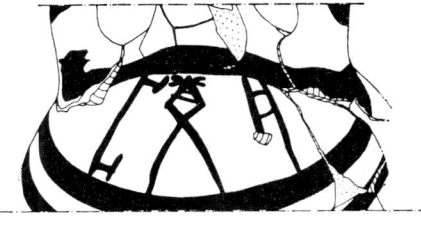

Abb. 104a und b. Bügelkannen mit Linear B-Beschriftung aus (a) Theben, Boiotien und (b) Chania, Westkreta

a

b

von W.-D. Niemeier, The End of the Minoan Thalasso-cracy, in: The Minoan Thalassocracy, Myth and Reality, Hrsg. R. Hägg und N. Marinatos (1984) 205–215 behandelt worden, dem auch mein Manuskript bekannt war. In diesem Zusammenhang besonders relevant sind seine Aus-sagen zum Verhältnis von alternierendem und ephyräi-schem Stil (S. 240 Anm. 72ff. und S. 212 Anm. 94ff.). Glei-cherweise hat er die Spätdatierung der Linear B-Texte vertreten in seinen beiden Beiträgen über: Mycenaean Knossos and the Age of Linear B, in: SMEA 23, 1982, 219–287, und: The Character of the Knossian Palace Society in the Second Half of the Fifteenth Century B. C., Mycenaean or Minoan, in: Minoan Society, Proceedings of the Cambridge Colloquium 1981, Hrsg. O. Krzyszkowska und L. Nixon (1983). Die Spätdatierung und den (west)kretischen Ursprung der mit Linear B-Auf-schriften versehenen Bügelkannen haben neuerdings H. W. Catling, J. F. Cherry, R. E. Jones und J. T. Killen (The Linear B Inscribed Stirrup Jars and West Crete, in: BSA 75, 1980, 94–113) überzeugend begründet. Zur Frage der chronologischen Stellung der ephy-räischen Kylikes hat P. Mountjoy, The Ephyrean Goblet Reviewed, in: BSA 78, 1983, 265–271 gehandelt, dort auch zur widersprüchlichen Beurteilung ephyräischer Ware aus Kastri/Kythera S. 271 mit Anm. 70. Wesentlich in diesem Zusammenhang erscheint ins-besondere der Umstand, daß eine von R. Barber zunächst angenommene Besiedlungs-unterbrechung während der Stufe SM II in Keos und Phylakopi (BSA 69, 1974, 49) trotz weitgehenden Fehlens entsprechender Keramik nun nicht mehr aufrechterhalten wird (BSA 76, 1981, 6f.).

Eine wesentliche Studie zur archäologischen Evidenz des spätbronzezeitlichen Kreta hat A. Kanta, The Late Minoan III Period in Crete, a Survey of Sites, Pottery and their Distri-bution (1980) vorgelegt.

Skeptischer als während der Niederschrift des Beitrages stehe ich heute zur Auffassung eines auf Knossos beschränkten SM II-Stiles, obschon auch nach der Auflistung von SM II/III A1-Keramik in Kreta durch M. R. Popham (Cretan Sites Occupied between c. 1450 and 1400 B.C., in: BSA 75, 1980, 163ff.) die Spärlichkeit des Materials nach wie vor pro-blematisch erscheint. Doch möchte ich prinzipiell E. Hallager, dem ich für eine Kopie des Manuskripts zu Dank verpflichtet bin, zustimmen, wenn er zwischen einem Kylikes füh-renden und einem kylixlosen Horizont (SM II bzw. SM I B) unterscheidet (Vortrag auf dem Deutschen Archäologentag in Freiburg, Februar 1983, zum Thema: The Inter-mediate Period, LM II and III A1 Crete).

Dieses stellt die von mir in der Tradition J. D. S. Pendleburys erneut aufgegriffene These einer Gleichzeitigkeit der kretischen SM I B- bzw. SM II-Zerstörungen notwendig in Frage.

405

ZUR BRONZEZEITLICHEN RELIGION UND ZU BESTATTUNGSBRÄUCHEN IM ÄGÄISCHEN RAUM

NEUES ÜBER VORDORISCHE TEMPEL UND KULTBILDER

Von Bogdan Rutkowski

Die Architektur im antiken Griechenland erreichte im 6. und 5. Jh. ihre vollkommene Form mit der endgültigen kanonischen Festlegung von Grundriß und Ansicht des Gotteshauses. Seit Beginn archäologischer Forschungen über die vordorischen Kulturen bestanden keine Zweifel, daß wir im minoisch-mykenischen Griechenland keine Tempel des klassischen Typus erwarten dürfen.

So bewirkte das Fehlen monumentaler Sakralbauten klassischen Typs, daß sich sowohl Forscher der antiken Architektur, beispielsweise W. J. Anderson, R. Spiers, W. B. Dinsmoor, D. Robertson[1], als auch viele bedeutende Kenner der Kultur des 2. Jts. v. Chr., wie A. Furtwängler, G. Karo und G. Rodenwaldt[2], M. P. Nilsson und F. Matz[3] gegen die Existenz von Tempeln und regelrechten Kultbildern in vordorischer Zeit aussprachen.

Zu den wenigen Gelehrten, welche ganz vereinzelt bestimmte Einrichtungen als öffentliche Kultstätten interpretierten, zählt L. Banti, nach deren Meinung das Heiligtum von Hagia Triada in einer späteren Phase bereits eine öffentliche Kultstätte darstellte[4]. Gemäß M. P. Nilsson[5] erfüllte eine Einrichtung in Gournia eine ähnliche Funktion. Auch das Megaron B in Eleusis[6] wurde von G. Karo und G. Mylonas zum Tempel erklärt. Hinzu

[1] W. J. Anderson – R. P. Spiers, The Architecture of Ancient Greece[2] (1927) 43f.; W. B. Dinsmoor, The Architecture of Ancient Greece (1950) 24f.; D. Robertson, A Handbook of Greek and Roman Architecture[2] (1954) 16ff.

[2] Furtwängler, AG III 46ff.; G. Karo, ARW 7, 1904, 117ff.; G. Rodenwaldt, Gnomon 5, 1929, 178f.

[3] M. P. Nilsson, The Minoan-Mycenaean Religion and its Survival in Greek Religion[2] (1950; Nachdruck 1968) 77; F. Matz, Kreta, Mykene, Troja (1956) 79ff.

[4] L. Banti, ASAtene N. S. 3/4, 1941–43, 10ff.

[5] Nilsson a.O. 80.

[6] G. Karo, RE Suppl. VI (1935) 601 s. v. Mykenische Kultur; G. Mylonas, Eleusis and the Eleusinian Mysteries (1961) 34ff. Abb. 11 (darauf beruhen unsere Abb. 107b und c); Verf., Cult Places 279f.; E. Melas, The Temples and Sanctuaries of Ancient Greece (1973) Abb. S. 80 (danach unsere Abb. 107a); RE Suppl. XV (1978) 1005 s. v. Zeus (St. Hiller); eine eingehende Kritik der Argumente zum Tempel in Eleusis hat Verf., Euhemer 8, 1964, 30ff. bekanntgemacht. Diese Frage hat jetzt P. Darcque, BCH 105, 1981, 593ff. weiterentwik-

kelt. Bedenken jedoch erwecken sowohl die Vorschläge als auch einige Argumente von Darcque: 1. Es gibt keinen Grund, um die Datierung des Raumes B1 aufgrund von zwei geometrischen Funden anzunehmen, die 5 cm unter der Erdoberfläche entdeckt wurden. Derartige Funde konnten zufällig auf dieses Gelände gelangen, denn während des Baus der späteren Telesteria wurden viele Erdarbeiten samt der Verlegung der Erde aus verschiedenen Gebieten durchgeführt. 2. Es ist unverständlich, warum der Autor die Mauer X nicht in die Zeit SH III B–C datierte. 3. Bedenken weckt die Kritik der einleuchtenden Erklärung von Mylonas, daß die Nord- und Südmauern des Peribolos entlang der Felsen gebaut wurden. 4. Man kann auch die Feststellung nicht akzeptieren, die wichtigen ägäischen Bauten seien nicht von einem Peribolos umgeben gewesen. Die Aufstellung von Mauern rund um das Terrain der Heiligtümer, der Berg- und Dorfheiligtümer – z. B. Anemospelia und Iouktas – ist nicht vom Himmel gefallen. Es muß daran erinnert werden, daß der Stand der Erforschung von Quellen zur Architektur der mykenischen Zeit ausgesprochen karg ist. Ob die Archäologen das Terrain außerhalb der Mau-

kommen noch neuentdeckte bedeutende Heiligtümer, die ich als Tempel bezeichne: in Anemospelia[7], in Mykene[8], in Phylakopi auf Melos[9] und in Tiryns[10]. In der neuesten Zeit wurde das Problem der Tempel erneut aufgenommen[11], und letztens hat sich zu den öffentlichen Heiligtümern auch S. Hood[12] geäußert. Daraus wurden jedoch noch keine generellen Schlußfolgerungen über die Existenz von Tempeln in der minoisch-mykenischen Kultur gezogen. In unserem Aufsatz beschränke ich die Diskussion auf einige Beispiele und ausgesuchte allgemeine Fragen.

Zunächst muß aber die Problemstellung enger umrissen werden: In den Aussagen wissenschaftlicher Autoritäten wie A. Furtwängler und G. Rodenwaldt hatte das Problem des Tempels und Kultbildes einen marginalen Charakter. Andere – besonders F. Matz –, die für die minoische Welt ein bestimmtes Wissenssystem schufen, fanden keine Argumente, die für die Existenz von Tempeln und Kultbildern sprachen. F. Matz ging noch weiter: Er stellte die Behauptung auf, daß es in der Blütezeit der minoischen Kultur und ihrer Paläste keine Tempel und Kultbilder gegeben habe, in späterer Zeit dagegen – in der minoischen Endepoche und in der spätmykenischen Kultur – durchaus Kultbilder existiert haben konnten[13]. Faßt man die Meinungen dieser Forschergruppe zusammen, ergeben sie im Prinzip eine negative Antwort auf die Frage nach der Existenz von Tempeln und Kultbildern in vordorischer Zeit.

Dagegen steht die Überzeugung anderer. Zu diesen zählt auch A. Evans, dessen Stellungnahme bei der Lösung der Kulturprobleme des frühen Griechenland gewöhnlich grundlegend war[14]. Beeinflußt von der vergleichenden Ethnologie, forschte er in der minoisch-mykenischen Kultur nach ursprünglicheren Elementen, u. a. nach den Relikten des Kultes von Bäumen, nach Baityloi und anderen freistehenden Steinen. Die Verbindung von ursprünglichen Eigentümlichkeiten mit einer hochentwickelten städtischen Kultur charakte-

ern früher in Augenschein genommen haben? 5. Ich sehe keine plausible Begründung für den Vorschlag von Darcque, daß einzig eine Königsresidenz – etwa 30 × 30 m – das ganze Gelände eingenommen habe. Ich denke, daß Darcque an die falsche Vorstellung von Demargne anknüpfte, wonach das Megaron B ein Tempel (was richtiger war) bzw. ein Palast war. Mir scheint aus der Analyse des Plans ersichtlich, daß zwei gesonderte Einheiten den Ost- und Westteil – also Megaron B – bildeten. Demnach ist Mylonas' Konzeption des Megaron B weiterhin die einfachste Lösung des Problems. Dieser Bau befand sich wahrscheinlich schon außerhalb der Siedlung. Vgl. auch Verf., Cult Places[2] (im Druck).

[7] E. und G. Sakellarakes, Ergon 1979, 31 ff.; 1981, 7; dies., National Geographic 159 (2), 1981, 205 ff.; B. Rutkowski, Cult Places[2] (im Druck).

[8] Lord William Taylour, Antiquity 43, 1969, 91 ff.; ders., a.O. 44, 1970, 270 ff.; Rutkowski, Cult Places 282 ff.; E. French in: Sanctuaries and Cults 41 ff.; Lord William Taylour, The Excavations, in: Lord William Taylour – E. French – K. Wardle (Hrsg.), Well built Mycenae I (1981); B. Rutkowski, Cult Places[2] (im Druck).

[9] Vgl. C. Renfrew, EpetEtairKyklMel 1, 1974–78

(1978), 767 ff.; ders., The Mycenaean Sanctuary at Phylakopi, in: Antiquity 52, 1978, 7 ff. Taf. 1–7; ders., The Sanctuary at Phylakopi, in: Sanctuaries and Cults 67 ff.; B. Rutkowski, Cult Places[2] (im Druck).

[10] K. Kilian, AA 1978, 450 ff.; ders., AA 1979, 379 ff.; ders. in: Sanctuaries and Cults 49 ff.; B. Rutkowski, Cult Places[2] (im Druck).

[11] Rutkowski, Cult Places 215 ff.; ders., Temple and Cult Statue in the Aegean World, in: Pepragmena tou III. Diethnous Kretologikou Synhedriou, Bd. 1 (1973) 290 ff.; ders., Cult Places[2] (im Druck).

[12] Hood, Shrines 158 ff., erwähnte folgende 'Town Shrines': Phournou Koryphe (Myrtos), Gournia, Hagia Triada, Kannia (Mitropolis), Keos (Hagia Irini), Koumasa, zwei in Mallia, Palaikastro, Pseira und Rousses. Von diesen kann es sich in Kannia und Rousses nicht um 'Town Shrines' handeln; Bedenken ergeben sich auch bei Palaikastro und Koumasa, der Tempel in Karphi wurde nicht einbezogen, vgl. Verf., Cult Places[2] (im Druck).

[13] F. Matz, Kreta, Mykene, Troja (1956) 80; ders., Göttererscheinung und Kultbild im minoischen Kreta, AbhMainz (1958) Nr. 7, 29 f. 32. 42.

[14] Evans, PM passim.

risiert die frühe minoische Epoche. Evans wies darauf hin, wie gewaltig sich die minoische Kultur mit ihren Palästen und großen Zentren weltlicher und sakraler Macht während des 2. Jts. entwickelt hatte. Er bemühte sich zu beweisen, daß minoische Paläste mit sakralen Elementen reich ausgestattet waren, was auch im Zusammenhang mit der Funktion des Priester-Königs stand. Der Palast war also – nach Meinung des Entdeckers von Knossos – in gewissem Sinne ein 'Tempel'. Die Ansichten A. Evans' erlebten – wie es gewöhnlich bei bedeutenden Erkenntnissen auf einem bestimmten Gebiet der Fall ist – heftige Kritik [15], erfuhren aber auch Zustimmung.

Heute finden wir immer mehr Quellen, die die Existenz des Baitylos-Kultes unter dem Aspekt anikonischer Kultbilder bestätigen. Als komplizierter erweist sich der Nachweis von Kultstätten innerhalb der Paläste und Privathäuser. Nicht immer muß nämlich das Vorkommen einzelner Gegenstände in einem bestimmten Raum – selbst wenn ihre Beschaffenheit auf einen bestimmten Kult schließen ließe – von einer sakralen Bestimmung des betreffenden Raumes zeugen. Nur geschlossene Fundkomplexe sakraler Gegenstände bestätigen die Existenz einer Kultstätte [16].

Wir gehen davon aus, daß es – ähnlich wie im klassischen Griechenland – in dieser Epoche keine exakt ziehbare Grenze zwischen dem sakralen und profanen Bereich gab. Aufgrund der fließenden Grenzen zwischen diesen beiden Bereichen des Lebens entstanden jedoch viele Mißverständnisse in der Interpretation, denn aus dem jeweiligen Verhältnis von zu verehrendem Subjekt und zugehörigem Objekt ergeben sich unterschiedliche Grade der Heiligkeit: Ein Altar kann beispielsweise der Gottheit zugeordnet sein, so daß weitgehende Identität zwischen Repräsentiertem und Repräsentanten besteht; andererseits kann ein Objekt mit dem Gott allgemeiner verbunden sein, beispielsweise ein Gefäß zur Aufbewahrung von Wasser, dem heiligen Element des Gottes.

Es muß an dieser Stelle jedoch daran erinnert werden, daß Evans' Ansichten aus seiner frühen Forschungsphase stammen, als von den minoischen Städten außer den Palästen fast keine wichtigeren Elemente bekannt waren. Paläste – und nicht die Städte – wurden also zum Objekt ökonomisch-historischer Interpretation. Dies war der typische Fehler, den man auf der frühen Stufe der Erforschung fast einer jeden Kultur antrifft.

Aus den vorangegangenen Bemerkungen könnte man nun wohl einen Schluß ziehen und ihn folgendermaßen formulieren: Im frühen Forschungsstadium, noch zu Beginn des 20. Jahrhunderts, stellte man die Frage, ob in der minoisch-mykenischen Welt überhaupt Tempel existierten. Die Antwort darauf war prinzipiell negativ. Jetzt aber, besonders nach dem Zweiten Weltkrieg mit Schwerpunkt in den sechziger Jahren, wird die Frage bereits

---

[15] Vgl. Rutkowski, Cult Places 219ff.; zuletzt hat sich D. Wachsmuth, Aspekte des antiken mediterranen Hauskults, in: Numen 27, 1980, 57f., gegen die sakrale Natur der Paläste ausgesprochen.

[16] Hood, Shrines 165, gab seiner Ansicht Ausdruck, daß die leeren Räume dem Kult dienten. Diese Ansicht kann ich nicht teilen, denn sie stützt sich in einer allzu weit gespannten Analogie auf den Vergleich mit frühchristlichen Basiliken. Die Unterschiede zwischen den ägäischen und den frühchristlichen Heiligtümern sind jedoch zu offensichtlich, vor allem weisen die ägäischen

Heiligtümer noch keine feste, einheitliche Form auf, die es erlauben würde, sie anhand des Gebäudeplans zu identifizieren. Außerdem haben wir keine Gewißheit, ob mit der Erwähnung in den älteren Ausgrabungsberichten, es seien keine Gegenstände gefunden worden, auch tatsächlich vollkommen leere Räume gemeint waren. Anfangs des 20. Jhs. haben die Archäologen noch nach wertvollen, schönen Gegenständen gesucht, ihr Fehlen im Innern eines Raumes konnte sie zu der Feststellung verleiten, daß keine Gegenstände vorhanden gewesen seien. Vgl. auch Rutkowski, Cult Places² (im Druck).

anders formuliert: Welche Bauten können als Tempel angesehen werden und seit wann existierten sie?[17]

Zu den wichtigeren Elementen wohl sämtlicher Kulturen gehören die Kultstätten. Die Möglichkeit zu deren Erforschung hängt jedoch von den Quellen und deren Erkenntniswerten ab. Das vorgefundene archäologische Material liefert nicht immer gleich wertvolle Informationen über alle Epochen. Wir geben beispielsweise an, daß unser Wissen über kretische Heiligtümer für den Zeitraum zwischen 1600 und 1100 v. Chr. gut begründet ist; dagegen besitzen wir auf dem Festland und den Nachbarinseln für die Zeit vor dem 14. Jh. nur spärliches Quellenmaterial.

Trotz dieses Vorbehaltes können wir die historische Realität rekonstruieren. In der minoisch-mykenischen Welt spielten Kultstätten eine Rolle, die sich fern von Siedlungen und Dörfern befanden: in Höhlen, auf Berggipfeln, bei Quellen, ungewöhnlichen Steinen sowie in Hainen gelegene Plätze. Die größte Kenntnis besitzen wir über die natürlichen Kultplätze von Kreta; zu ihnen gehört die berühmte Grotte von Psychro[18]. Gleichfalls berühmt ist die Höhle der Eileithyia in Amnisos[19], die schon in der Odyssee erwähnt ist. Großer Ruhm wurde besonders dem Temenos auf dem Berggipfel Iouktas zuteil, das einst von einer gewaltigen Mauer umgeben war, deren Überreste sich bis heute erhalten haben[20]. Über die Bedeutung der Grotten und Berggipfel im Leben der Bewohner von Kreta erfahren wir nicht nur aus den archäologischen Funden, den Spuren der Bautätigkeit, den Überresten der Opfer und den unzähligen Weihgeschenken. Auch Mythen, die zur Erkenntnis mancher Funktionen einer Kultstätte wesentlich beitragen, geben Aufschluß über ihre historische Bedeutung. Ein Heiligtum, das fern von einer Siedlung lag, war gewiß Pakijana (erwähnt auf der Tafel PY Tn 316), das unweit des Wohnsitzes des Nestor lag. Aufstellungen über die Opfergaben und Sklaven, die das Staatswesen von Pylos den Göttern in Pakijana übersandte, bestätigen indirekt die Bedeutung des heiligen Platzes.

Grundsätzlich gab es in Städten und Siedlungen zwei Arten von Heiligtümern: Die eine stellen Kultstätten als Teil des Palastes bzw. Wohnhauses dar; bei der zweiten handelt es sich um freistehende Bauten. Heiligtümer, die Bestandteil eines Hauses oder Palastes waren, sind verhältnismäßig klein. Trotzdem darf nicht vergessen werden, daß uns zumeist Weihdepots von im ersten Stock eines Palastes gelegenen Palast-Heiligtümern erhalten sind, die später zerstört wurden. Diese Art von Kultstätten bestand oft aus einem oder mehreren Räumen, die im Zentrum eines Hauses oder an seiner zur Straße gelegenen Seite untergebracht waren, worauf die Beispiele aus Gortyn und Palaikastro hinweisen[21].

[17] Auf dem Symposium im Schwedischen Institut in Athen 1980 über die Heiligtümer und Kulte in der Bronzezeit – s. Sanctuaries and Cults – wurden zwar einige wertvolle Ergebnisse der neuesten Ausgrabungen vorgestellt, die einzelnen Beiträge haben jedoch keine neuen Erkenntnisse hinsichtlich der zahlreichen grundsätzlichen Probleme der Heiligtümer vermittelt.

[18] P. Faure, Fonctions des Cavernes Crétoises (1964) 293 Taf. 2.

[19] Ebenda 82 ff. Taf. 7.

[20] Rutkowski, Cult Places 162 ff.; A. Karetsou, Praktika 1974, 228 ff.; 1975, 330 ff.; 1976, 408 ff.; 1977, 419 f.; 1978, 232 ff.; A. Karetsou, The Peak Sanctuary of Mt. Juktas, in: Sanctuaries and Cults 137 ff.; B. Rutkowski, Cult Places (2. Auflage im Druck); ders., Nature Sanctuaries Nr. II 17.

[21] Die Klassifikation der Heiligtümer haben vornehmlich N. Platon, P. Faure und B. Rutkowski, Cult Places 38 f.; ders. Cult Places[2] (im Druck) vorgenommen. Eine typologische Gliederung der minoischen und mykenischen Hauskultstätten hat jetzt Wachsmuth a.O. 55–60 (mit Lit.) vorgenommen.

Neben diesen Hauskapellen gab es dann noch Bauten öffentlichen Charakters, die wir 'Tempel', also 'Gotteshäuser', nennen können. Ein solcher Bau war grundsätzlich von seiner Umgebung vollständig oder zumindest in erheblichem Maße isoliert und bildete den Aufenthaltsort der Gottheit in Form eines anthropomorphen oder anikonischen Bildes. Auch diese Art von Kultstätten war in Städten und Siedlungen vertreten. Bei den Forschungen über die frühesten öffentlichen Heiligtümer sollte die Aufmerksamkeit auf das Neolithikum gerichtet werden. Bezüglich Nord- und Mittelgriechenland besitzen wir Kenntnisse über sakrale Grotten (Marathon[22]) sowie über offene Kultstätten mit Altar (Chaironeia[23] und Dimini[24]). Besonderes Interesse erweckt die Siedlung in Nea Nikomedeia[25], deren ausführliche Publikation noch nicht vorliegt.

In Nikomedeia wurden vier Häuser entdeckt, die einer frühen Phase der Seßhaftigkeit ('Food Producer') angehören und die um einen größeren Bau vom Charakter eines öffentlichen Heiligtums gruppiert sind (Abb. 105a). Dieser aus der Zeit um 5500–5300 v. Chr. stammende Bau besitzt die Größe von etwa 12 m² und wurde von parallelen Reihen großer Pfeiler in drei Abschnitte geteilt. Nach einem Brand war er in dreiteiliger Form wiedererrichtet worden. Anstatt der Pfeiler wurden jedoch Scheidewände gebaut, die nun das Gebäude in drei Raumelemente teilten. Beachtenswert ist die Feststellung von R. J. Rodden, daß fünf kleine Statuetten der Fruchtbarkeitsgöttin, die in der Ecke des Raumes gefunden wurden, von einem Wandbrett oder einem Tisch heruntergefallen sein könnten. Wenn dem so ist, dann stellt dies in Griechenland das früheste Beispiel der Aufstellung von heiligen Gegenständen auf dem Tisch in einer Ecke des Heiligtums dar. Weitere Gegenstände wurden gefunden, die R. J. Roddens Interpretation dieses Baus als Heiligtum stützen können: eine Reihe ungewöhnlicher oder sogar einmaliger Gegenstände wie zwei übergroße Beile aus grünem Stein, zwei gewaltige Haufen unbenutzter Feuersteinklingen, zwei außergewöhnliche Tongefäße in Kürbisform und mehrere hundert Tonrollen unbekannter Bestimmung ('Spulen').

Bemerkenswert ist die Lage des Heiligtums in der Mitte einer Häusergruppe, die der Regel der Anordnung öffentlicher Plätze innerhalb einer Siedlung folgt. Es ist auf zahlreiche neolithische und chalkolithische Heiligtümer im Nahen Osten hinzuweisen, die ähnlich lagen und damit eine zentrale Stelle innerhalb der Siedlung einnahmen wie z. B. in Daschliji, das der Kultur Namazga I auf dem Gebiet des Interkaspischen Flachlandes aus dem frühen 5. Jt. v. Chr. zuzurechnen ist[26]. Entsprechend beachtenswert ist die Siedlung Hacilar II A, in der das Heiligtum an den nördlichen Hof grenzt[27].

Die genannten Beispiele berechtigen zur Annahme, daß schon in den neolithischen Siedlungen die an exponierter Stelle befindlichen Kultstätten bedeutende Funktionen erfüllten. Besondere Aufmerksamkeit verdient das Verhältnis von Kultbau zu offenem Hof, in

[22] I. Papademetriou, Ergon 1958, 15ff.; Rutkowski, Cult Places 272f.

[23] Vgl. Chr. Zervos, La Naissance de la Civilisation en Grèce II (1963) 568ff.

[24] Ebenda 568.

[25] R. J. und J. M. Rodden, ILN 11. 4. 1964, 564; ILN 18. 4. 1964, 605; Balkan Studies 5, 1964, 114f. Abb. 2 (danach unsere Abb. 105a); Scientific American 212 (4), 1965, 82–92 mit Abb.; bes. S. 85; J. Mellaart, The Neolithic of the Near East (1975) 249f. Abb. 159; F. Schachermeyr, Die ägäische Frühzeit I (1976) 118; vgl. auch H. Hauptmann, AA 1971, 375ff.; und G. Hourmouziades, Die neolithischen Idole Thessaliens (neugriech., 1974) 200 Anm. 78; Rutkowski, Cult Places² (im Druck).

[26] Mellaart a.O. 219 Abb. 136.

[27] Ders., Excavations at Hacilar I (1970) 35f. Abb. 21 und 22.

dem wohl religiöse Zeremonien abgehalten wurden. Obwohl wir die unmittelbare Entwicklung der griechischen Kultur vom frühen Neolithikum bis zur Bronzezeit nicht verfolgen können, so darf doch darauf hingewiesen werden, daß in der kretischen Siedlung Gournia der zentrale Hof ebenfalls in der Nachbarschaft des öffentlichen Heiligtums – also des Tempels – liegt.

Wenn wir die Modelle von Bauten, die auch Wohnhäuser repräsentieren könnten (z. B. das Modell aus Krannon aus dem 5. Jt. v. Chr.)[28], nicht berücksichtigen, sind uns außer dem zitierten Beispiel aus Griechenland bis zur Frühen Bronzezeit auf Kreta (Mitte des 3. Jts. v. Chr.) keine öffentlichen Heiligtümer bekannt. Mit dem kretischen Bau ist ein Gebäude in Myrtos angesprochen, das nur teilweise erhalten ist[29]. Das Heiligtum bestand aus einigen Räumen, von denen vier gut erhalten geblieben sind (Abb. 105b). Da das Heiligtum sich am Rande der Siedlung befand, so ist anzunehmen, daß es in der Nähe eines Platzes oder einer Wiese, also in einem freien Raum, situiert war. Die Bänke, der Brandopferaltar und Libationsaltar sowie das Figürchen der Göttin des Wassers und des Weberhandwerks, das in der Nähe des Altars gefunden wurde, gehören zu den wichtigsten Teilen der Ausstattung.

Erst mit der mittelminoischen Zeit II beginnt die eigentliche Serie der Funde, die die Geschichte der ägäischen öffentlichen Heiligtümer, also der Tempel, vollständig zu illustrieren vermögen. Dabei muß an erster Stelle ein Bau aus Mallia genannt werden (Abb. 105d)[30].

Das im Jahre 1966 publizierte Beispiel aus der Phase MM II (etwa 18. Jh. v. Chr.) befindet sich etwa 100 m südöstlich des Palastes. Dieses Areal ist noch wenig bekannt, über die Bebauung dieses Stadtteils läßt sich noch nicht viel sagen. Obwohl der Entdecker des Baues, J. Poursat, feststellte, daß keine Verbindungen mit den benachbarten Komplexen vorhanden waren, ließ er die Frage offen, ob es sich dabei um ein öffentliches Gebäude – in unserer Terminologie einen Tempel – handelte. Im Norden grenzt der Bau zweifellos an eine schmale Gasse, doch konnten seine Verbindungen mit dem im Süden gelegenen Gebiet nicht geklärt werden. Nur zukünftige Grabungen könnten Aufschluß darüber geben, ob es sich bei der an die Wand des Raumes Nr. 2 anstoßenden Mauer um einen weiteren Teil des besprochenen Baues handelt oder ob sie zu einem anderen Gebäude gehört. Der Bau in Mallia ist verhältnismäßig klein. Seine größte Länge übersteigt nicht einmal 11 m, die Breite bemißt sich auf etwa 4–5 m. Zwei Haupträume verbindet ein Vorraum, zu dem der Zugang von der im Süden liegenden gepflasterten Gasse erfolgt. Nach Poursats Überzeugung diente nur der etwa 4,50 × 3,70 m große Raum Nr. 2 als eigentliches Heiligtum. Nahe dem Eingang befand sich ein großer Pithos, der bis zu den Henkeln in der Erde steckte. Wahrscheinlich handelt es sich um einen Libationskrug, denn sein Boden weist ein großes Loch auf.

In der Mitte des Raumes stand ein großer Tontisch mit einer Einwölbung in der Mitte. Ein

[28] G. Hourmouziades, AAA 2, 1969, 36ff.; Rutkowski, Kultdarstellungen 18 Abb. 5,1; ausführlich zu den Modellen: ebenda 16–25.

[29] P. Warren, Myrtos (1972) 81ff.; vgl. Hood, Shrines 162 Nr. 2 Taf. A 2 (darauf beruht unsere Umzeichnung Abb. 105b). Unbegründet sind die von R. Treuil, Le

Néolithique et le Bronze Ancienne Egéens (1983) 505, kurz formulierten Zweifel an der sakralen Funktion der Räume in Nea Nikomedeia und in Myrtos; vgl. auch Rutkowski, Cult Places[2] (im Druck).

[30] J.-C. Poursat, BCH 90, 1966, 514ff. (nach Abb. 3 unsere Umzeichnung Abb. 105d).

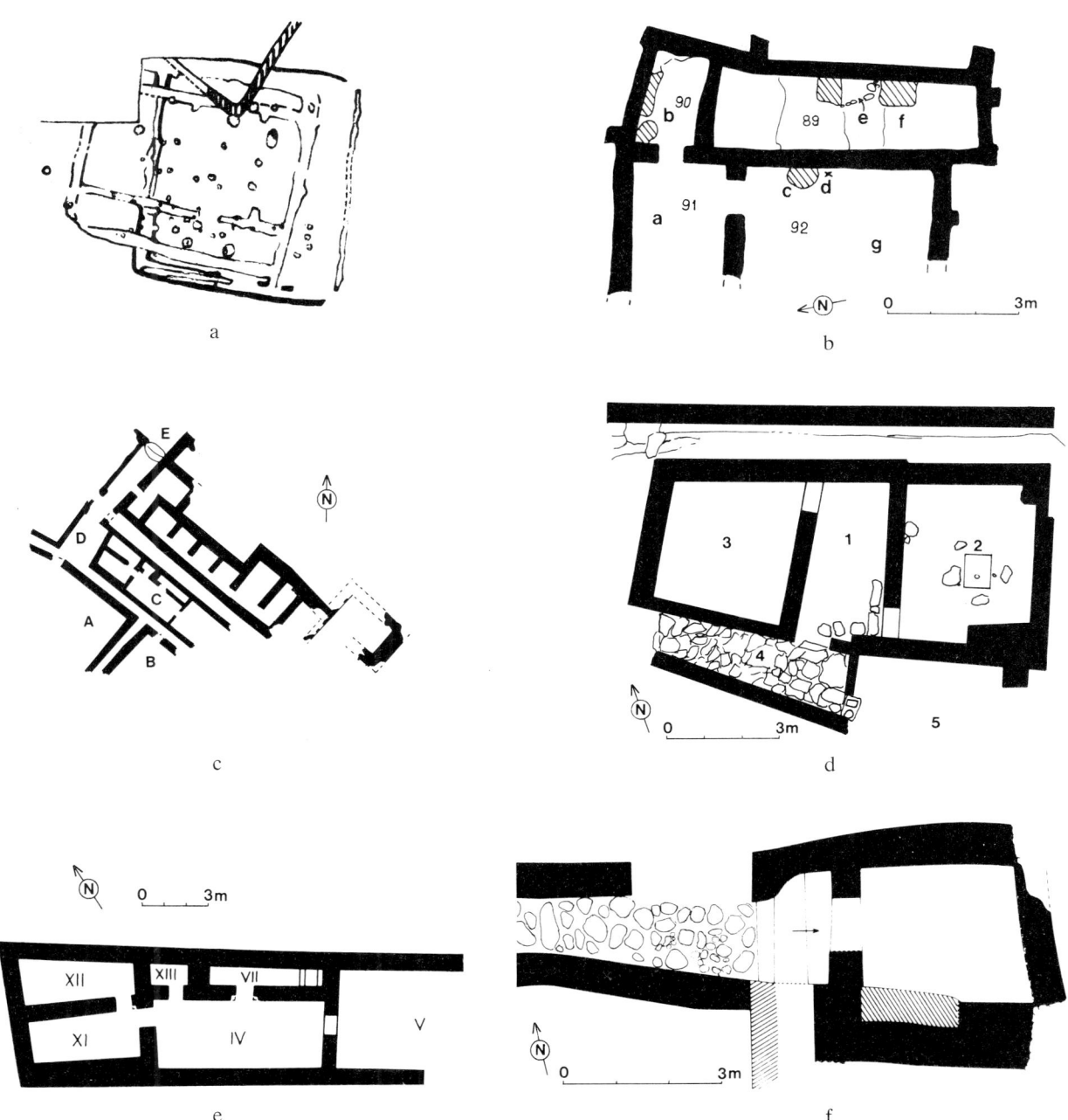

Abb. 105 a–f. (a) Tempel in Nea Nikomedeia; (b) Tempel in Myrtos auf Kreta; (c) Detail des Stadtplans von Hagia Irini auf Keos; (d) Tempel in Mallia, Kreta; (e) Tempel in Hagia Irini, Keos; (f) Tempel in Gournia, Kreta

analoger Fund derselben Zeit stammt aus dem Heiligtum von Phaistos[31]. Merkmal vieler minoischer Heiligtümer ist der Opfertisch oder Altar innerhalb des Heiligtums. Als Beispiele seien Gournia und die 'Kapelle der Doppeläxte' in Knossos angeführt[32]. Altäre dieser und verwandter Art lassen sich in den Tempeln bis in archaische Zeit verfolgen (z. B. in Dreros[33]). Der beschriebene Fund aus Mallia ist eigentlich kein Opfertisch im engeren

[31] H. Bossert, Altkreta³ (1937) Abb. 365.
[32] Evans, PM II 337 Abb. 189.
[33] Sp. Marinatos, BCH 60, 1936, 214 ff.

Wortsinn, sondern nur die Stelle, an der das Opfer verbrannt wurde. In der Einwölbung entdeckte Spuren legen dies nahe. Selbstverständlich hatten aber Opfertisch und Altar zur Verbrennung von Opfern eine ähnliche Funktion. Nahe beim Altar befand sich auch ein Stein mit einer Einwölbung. Sicherlich lag er nicht zufällig dort, und nach Poursats Ansicht kann er auch kein Überrest einer Säule sein. Nicht auszuschließen ist, daß es sich bei diesem Stein um die Basis eines Baitylos, eines anikonischen Kultbildes, handelt. Wie gewöhnlich in minoischen Heiligtümern befand sich in dem Raum auch eine Steinbank von 1,80 m Länge und 1 m Höhe. In den Spalten zwischen den Steinen wurden Fragmente zahlreicher Gefäße entdeckt, darunter auch dreifüßige. Die Bank nahm die südöstliche Ecke des Raumes ein, in der man übrigens die Mehrzahl der Gegenstände entdeckt hatte. Der Raum Nr. 3 könnte ein Magazin gewesen sein, in dem Krüge, Amphoren und Kultgefäße aufbewahrt wurden. Unter den Fragmenten befand sich eines, das mit dem sakralen Doppelbeil geschmückt ist. Auch ein Modell einer Triton-Muschel und das Figürchen eines Tieres verdienen Aufmerksamkeit.

Obwohl wir nicht mit gänzlicher Sicherheit die Frage lösen können, ob der beschriebene Raumkomplex Teil eines Hauses – also ein Haus-Heiligtum – oder ein öffentlicher Bau, ein Tempel, war, besteht Wahrscheinlichkeit, daß es sich um einen der städtischen Tempel in Mallia handelt[34].

Das am besten erhaltene Beispiel wurde von einer Expedition der Universität von Cincinnati (USA) in Hagia Irini auf der Insel Keos, nahe der attischen Küste, entdeckt (Abb. 105e)[35]. Dort wurden Teile einer Stadt ausgegraben, die große Bedeutung für den Handel hatte. In einer Bucht gelegen, wurde sie teilweise vom Meer zerstört. Während ihrer Blütezeit, etwa im 16. und 15. Jh. v. Chr., ist inmitten der dichten Bebauung innerhalb der Schutzmauern wahrscheinlich auch der Tempel in den heutigen Ausmaßen von über 23 m Länge und einer Breite von etwas weniger als 6 m entstanden. Zweifellos war der Bau einmal länger; man kann annehmen, daß sein Eingang sich an der nicht erhaltenen Schmalseite befand. Innen war er mit einer Bank ausgestattet, auf der Tonstatuen entdeckt wurden, in einem anderen Teil fand sich eine Konstruktion, die wahrscheinlich als Altar diente. Vor der erhaltenen Schmalseite des Tempels befindet sich ein kleiner Platz, und an den Langseiten verlaufen enge Gassen (Abb. 105c)[36].

Ein seit langem bekanntes Beispiel einer minoischen Siedlung ist Gournia im östlichen Teil Kretas[37]. Als Siedlung von provinziellem Charakter ist sie nicht so groß und auch weniger reich als die wichtigsten Städte von Kreta, Knossos oder Mallia. Doch im Gegensatz zu den

34 Poursat a.O.; vgl. auch Rutkowski, Cult Places 236; ders., Cult Places² (im Druck).
35 J. L. Caskey, Hesperia 31, 1962, 263 ff.; ders. a.O. 33, 1964, 314 ff. 327 Abb. 2 (danach unsere Abb. 105e); ders. a.O. 35, 1966, 363 ff.; Rutkowski, Cult Places 275 ff.; St. Hiller, RE Suppl. XV (1978) 1005 s. v. Zeus; Rutkowski, Cult Places² (im Druck).
36 J. L. Caskey, Hesperia 40, 1971, 361 Abb. 3; 375 Abb. 9 (darauf beruht – als Ausschnitt – unsere Umzeichnung Abb. 105c); Rutkowski, Cult Places 275 ff. Abb. 137. 138.
37 H. Boyd Hawes, Gournia (1908) 24 ff. und Plan nach S. 26; Rutkowski, Cult Places 215; Hood, Shrines 160 ff.; Rutkowski, Kultdarstellungen 112. 114. Vgl. auch P. Russell, The Date of the Gournia Shrine, in: Temple University Aegean Symposium 4, 1979, 27 ff. (Dies ist ein oberflächlicher Versuch, einige Teile des Tempels von Gournia zu interpretieren, ohne vorher eine genaue Analyse der Architektur zu unternehmen.) Ein neuer Plan und der Versuch der Festlegung von Entwicklungsphasen: Rutkowski, Cult Places² (im Druck) Abb. 167 (dieser Plan ist hier auf unserer Abb. 105f wiedergegeben); ders., Remarks on the Topography of Gournia, in: Gedenkbuch zu Ehren von S. Parnicki-Pudełko (Polnisch mit englischer Zusammenfassung; im Druck) und Verf., Der Tempel von Gournia (im Druck).

erwähnten Städten ist Gournia die am besten erhaltene, jedoch nur teilweise ausgegrabene minoische Siedlung[38]. In ihrem oberen Teil befindet sich der Palast des örtlichen Verwalters sowie ein Platz, zu dem eine der Hauptstraßen führt. Unweit des Platzes, ganz nahe der Hauptstraße, steht ein von der Umgebung gänzlich isolierter kleiner Tempel, dessen Hauptraum in der 2. Phase innen nur 3 × 4 m mißt (Abb. 105f)[39]. Längs der südlichen und eines Teiles der östlichen Wand gab es niedrige Steinbänke. Die Siedlung – und dementsprechend auch der kleine Tempel – stammen aus der Zeitphase SM I (15. Jh. v. Chr.), obwohl die Funde wahrscheinlich in eine spätere Zeit gehören, und zwar in die Phase SM III B (13. Jh. v. Chr.). Idole mit erhobenen Händen, zylindrische Kultgefäße aus Ton sowie ein Opfertisch gehören zu typischen Objekten der Ausstattung eines spätminoischen Heiligtums.

In eine spätere Epoche als SM I führten Entdeckungen, die vor einigen Jahren von einer britischen Expedition auf der Akropolis in Mykene gemacht wurden. Bekanntermaßen versuchten verschiedene Gelehrte, einige Räume des Palastes und seiner nächsten Umgebung als Kultstätten zu identifizieren. Die dafür angeführten Argumente erwiesen sich als wenig überzeugend. Erst die erwähnten Forschungen der britischen Expedition brachten weiterführende Aufschlüsse: Einem ziemlich bedeutenden Terrain an der Nordmauer der Akropolis kann man die Bezeichnung 'Temenos' geben[40]. Es befinden sich dort nämlich Altäre (Taf. 16a) sowie der Bautenkomplex eines Heiligtums (Abb. 106a Taf. 16b). Das eigentliche Tempelgebäude hat die Maße von 10,50 × 4 m und besteht aus vier Raumeinheiten (Abb. 106a). Aus dem Vorraum gelangt man in den mittleren Raum, den 'Raum mit Basen', in dem sich Postamente verschiedener Größe erhalten haben. Eine Treppe führt in die Schatzkammer, wo auch Tonidole entdeckt wurden. Überreste von Wandmalereien sakralen Charakters erhielten sich im Nachbarbau. Motive wie Kulthörner bezeugen den religiösen Sinn der Bildthematik[41]. Dieser Komplex von Bauten stammt aus der Blütezeit Mykenes, aus der Epoche SH III A, dem 14. und 13. Jh. v. Chr.[42].

Am Ende der Übersicht von städtischen Tempeln möchten wir noch Karphi erwähnen, eine hoch im Gebirge gelegene Siedlung, die noch in die spätminoische III-subminoische Zeit gehört[43]. Hier entdeckte man 1937 im höchsten Teil der Siedlung ein Mehrraumgebäude, das man aufgrund neuester Forschungen als Beispiel eines minoischen Tempels bezeichnen kann (Abb. 106b.c). Der Hauptraum des Heiligtums ist ausgebaut worden. In der Phase II (Abb. 106b) bestand der Tempel aus einem Hauptraum (1) und drei kleinen Räumen (f. g. h) und nahm eine Fläche von etwa 10 × 10 m ein. Er wurde in der Nähe eines freien Geländes (m) errichtet, und ein Weg, den wir die Haupt-Tempel-Straße nennen,

[38] Kritische Besprechung der Forschungsmethoden in Gournia und ihrer Resultate: Rutkowski, Remarks (s. vorige Anm.).

[39] Eingehende Untersuchungen der erhaltengebliebenen Mauern haben erlaubt, die Entwicklungsphasen des Tempels herauszuarbeiten, vgl. B. Rutkowski, Der Tempel von Gournia (im Druck).

[40] Vgl. oben Anm. 8 (nach Lord William Taylour, Antiquity 44, 1970, 270ff. Abb. 2 unsere Abb. 106a; Taf. 16a.b nach Aufnahmen des Verf.; das Foto für unsere Taf. 14c wird Lord William Taylour verdankt).

[41] Zu den Kulthörnern vgl. Rutkowski, Kultdarstellungen 75–90.

[42] Über die Tempel in Mallia, Pseira, Phylakopi und Tiryns vgl. oben Anm. 9–11.

[43] J. D. S. Pendlebury u. a., BSA 38, 1937/38, 57ff. bes. 75f. Ohne Kritik und genaue Beurteilung des Berichtes von Pendlebury sind natürlich die Siedlung und der Tempel falsch beschrieben worden, vgl. z. B.: H. Drerup, Griechische Baukunst in geometrischer Zeit, ArchHom, Kap. O (1969) 38ff. Abb. 33 (mit weiterer Lit.); Vermeule, Götterkult 22f.

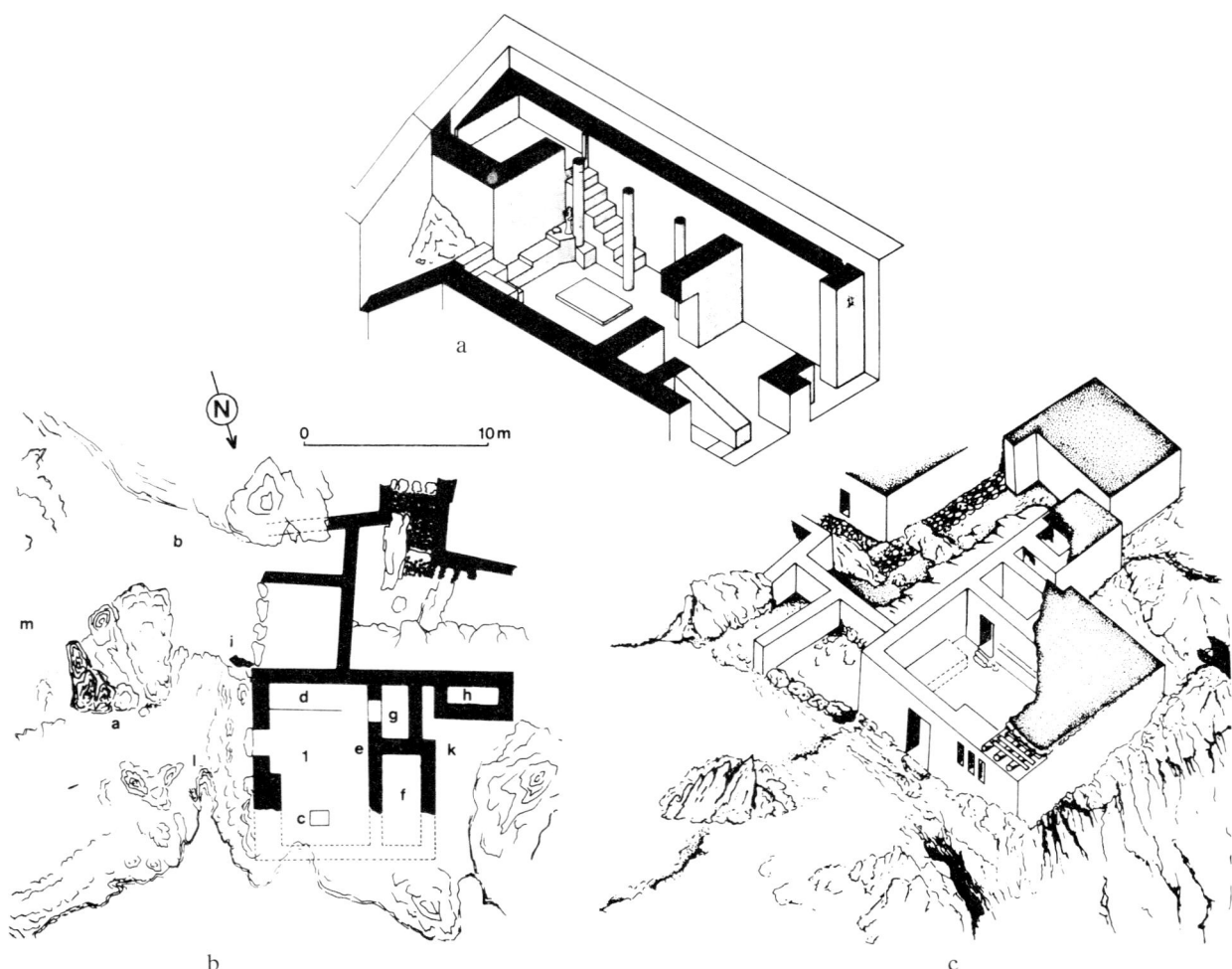

Abb. 106a–c. (a) Isometrische Ansicht des Tempels im Temenos von Mykene; (b) Tempel in Karphi, Kreta, Plan, und (c) Rekonstruktion

verband ihn mit der Siedlung. Vor dem Heiligtum befindet sich der heilige Felsen (a) und ein Felsspalt (l)[44].

Beim heutigen Stand der Forschungen vermögen wir lediglich darauf hinzuweisen, daß nur in wenigen Siedlungen allgemein zugängliche Kultstätten, d. h. Tempel, existierten. Nichtsdestoweniger war bereits im Jahre 1972 aufgrund der damaligen Quellenlage die Hypothese formuliert worden, daß jede minoische Stadt und jede Siedlung ein Heiligtum dieser Art hatten[45]. Gegenwärtig verfügen wir über beträchtlich mehr Quellen zu dieser Frage. Man gab der Anschauung Ausdruck, daß die Annahme der These über das Vorhandensein von Stadtheiligtümern das Wissen über die Kultur Griechenlands in der Bronzezeit revolutionieren dürfte[46].

Neben den Tempeln innerhalb von Siedlungen existierten auch solche in heiligen Bezirken außerhalb von Städten und kleinen Siedlungen. Ein Beispiel eines solchen Baus ist wohl das Megaron B in Eleusis (Abb. 107a, Rekonstruktion)[47]. Sein Grundriß ist nicht sehr

[44] Rutkowski, Cult Places² (im Druck) Abb. 242. 243 (diese Abb. sind hier in unserer Abb. 106b.c wiedergegeben); ders., Der Tempel von Karphi (im Druck).

[45] Rutkowski, Cult Places 215.
[46] Hood, Shrines 158ff.
[47] Vgl. oben Anm. 6.

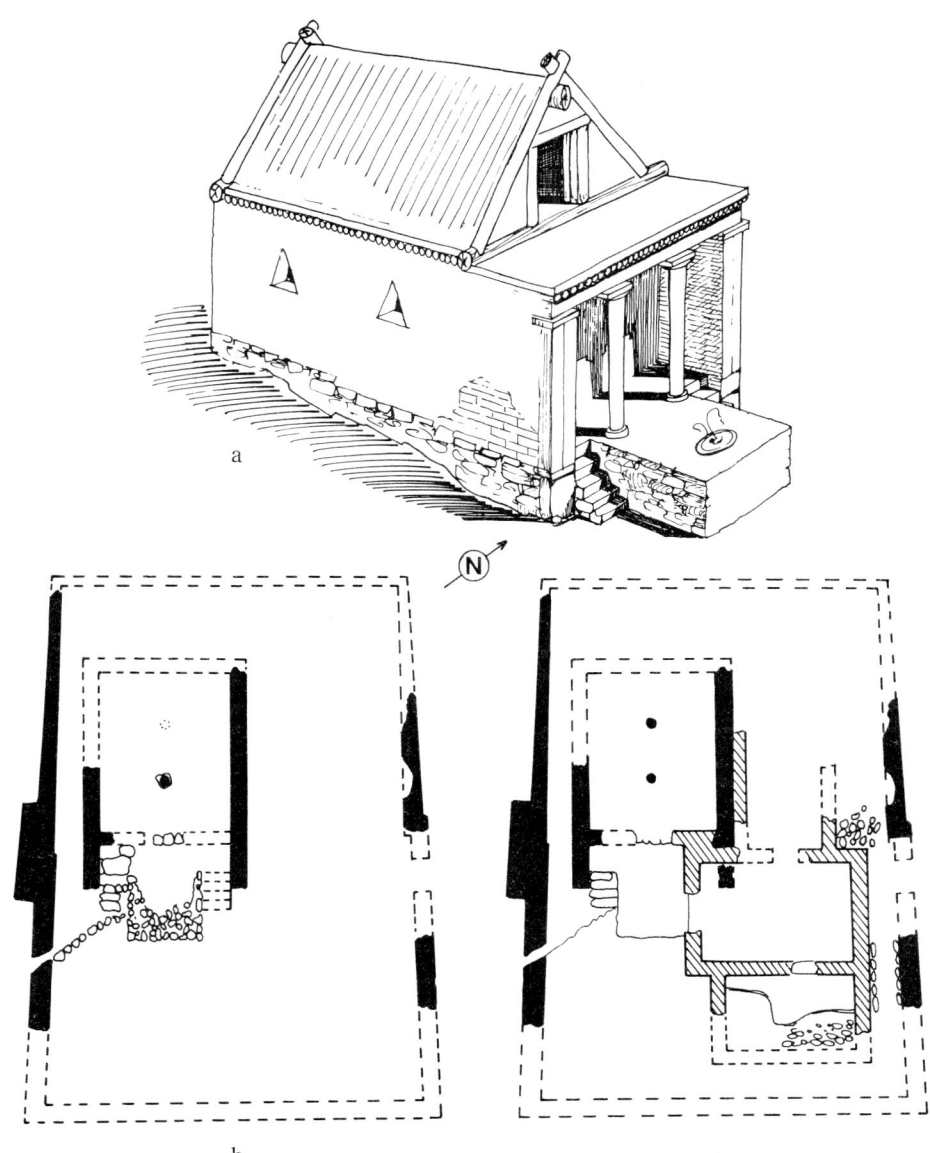

Abb. 107 a–c. (a) Zeichnerische Rekonstruktion des Megaron B der ersten Bauphase von Eleusis; (b) Temenos mit Megaron B, erste Phase, und (c) zweite Phase

groß (9,50 × 5,90 m; Abb. 107b.c); in der Raumanordnung scheint es kanonisch gewesen zu sein. Das von der Mauer des Temenos umgebene Gebäude besaß eine offene Portikus, die Cella zwei Säulen. Zeitlich ist der Bau der Phase SH III B zuzuordnen. In der anschließenden Phase III C wurden drei Räume hinzugefügt. Wir wissen jedoch nicht, ob die neuen Räume nur Ergänzungen zu dem älteren Bau waren oder ob man sie als neues Gebäude errichtet hat, nachdem das frühere zerfallen war. Die auf dem Gelände des Temenos gefundenen Gegenstände sind nicht sehr zahlreich. Hauptsächlich sind es kleine Keramikfragmente.

Nicht außer acht gelassen werden darf die Tatsache, daß dieses Gebiet teilweise bereits im 19. Jh. erforscht worden war, in einer Zeit also, in der sowohl die Ausgrabungsmethoden noch sehr unvollkommen waren als auch das Interesse der Forscher für die prähistorische Zeit noch nicht sehr ausgeprägt war. Prinzipielle Bedeutung besitzt für uns die Tatsache, daß sich auf dem Gebiet des archaischen Telesterion, auf dem wichtigsten Platz des Demeterheiligtums, ein mykenischer Bau befindet. Es ist also nicht auszuschließen, daß das mykenische Megaron der früheste Tempel im eleusinischen Heiligtum war. Dafür sprachen sich übrigens auch schon G. Karo und G. Mylonas aus[48].

Das Kultbildproblem[49] trat in den Arbeiten früherer Erforscher der minoisch-mykenischen Kultur nur marginal auf. Manche von ihnen, beispielsweise G. Rodenwaldt[50], interpretierten isolierte Beispiele, wie eine der Figuren auf dem Sarkophag aus Hagia Triada, als Kultbild, obwohl sie in späteren allgemeineren Abfassungen entschieden eine solche Interpretation negierten. Andere Forscher hielten bestimmte Funde oder Fundgruppen für Kultbilder. Vor allem A. Evans erkannte in archäologischen Funden zahlreiche Klassen von anikonischen Idolen[51], Steinen oder Stalagmiten[52]. R. Nicholls äußerte auch die Vermutung über die Existenz von Holzstatuen[53], von denen sich aber keine erhalten haben. Und schließlich verneinten manche Forscher gänzlich die Möglichkeit der Existenz von Kultbildern während der Blütezeit der Paläste auf Kreta im 15. Jh. v. Chr.

Wir denken hier an F. Matz, der die Ansicht vertrat, daß das Hauptmerkmal sämtlicher Kultdarstellungen in der ägäischen Welt Szenen der Epiphanie, der Anrufung der oft unsichtbaren Gottheit, bildeten[54]. Nach seiner Meinung ist dieses Kennzeichen der minoischen Religion ausschlaggebend für das Fehlen der Kultbilder, denn die Epiphanie läßt sich nicht mit Kultbildern in Einklang bringen. Man kann das Problem aber auch anders angehen. Nach unserer Überzeugung müssen die Szenen der Anrufung oder Erscheinung der Gottheit, die wir in der minoisch-mykenischen Ikonographie vorfinden, die Existenz von Kultbildern gar nicht ausschließen. Es handelt sich dabei nämlich um zwei verschiedene Aspekte der minoischen – in ihrem Wesen synkretistischen – Religion. Eine ähnliche Meinung vertrat M. P. Nilsson, auch wenn er sich nicht wörtlich so ausdrückte. Es scheint mir, daß man seine Aussage bezüglich der Epiphanie und des Kultbildes entsprechend auffassen darf. Diese Zwiespältigkeit der minoischen Religion erfaßte vorzüglich der größte Kenner der Kultbilder, V. Müller, dessen RE-Artikel aus dem Jahre 1931 die bis heute grundlegende Studie zu diesem Thema darstellt, obwohl die damalige Quellensituation begrenzt war[55].

Wir können unsere Erwägungen wie folgt resümieren: Die oben gestellte Frage, ob Kultbilder in der minoisch-mykenischen Zeit überhaupt existierten, gehört bereits der Forschungsgeschichte an. Gegenwärtig lauten die Fragen anders: Welche Kategorien von Kultbildern gab es in der Bronzezeit? Wann erschienen die frühesten Kultbilder und welche Funktion erfüllten sie?

Es sollten an dieser Stelle noch die Merkmale des Kultbildes in Erinnerung gebracht werden[56]. Nur von großen Kultbildern auszugehen erweist sich als falsch, da wir auch kleine Kultbilder kennen. Die (»kleine« und »leichte«) Statue der Gottheit trägt die Priesterin der Artemis Orthia während des sakralen Festes in Sparta auf den Händen (Paus. III 16,10). Im Mittelalter – und sogar bis heute – hatten die beliebten Kultbilder oft sehr

[48] Der Tempel von Anemospelia befindet sich auch außerhalb der Stadt, vgl. oben Anm. 7.

[49] Zu den Kultbildern s. auch ausführlich Rutkowski, Kultdarstellungen 110–121.

[50] G. Rodenwaldt, AM 37, 1912, 138f.

[51] A. Evans, JHS 21, 1901, 112ff.

[52] Ebenda; N. Platon, Ephemeris 1930, 160ff.

[53] Nicholls, Statuettes 1ff.

[54] Vgl. oben Anm. 13.

[55] RE Suppl. V (1931) 485ff. s. v. Kultbild (Valentin Müller).

[56] Einen kurzen Überblick über die Darstellungen von Gottheiten allgemein bietet J. N. Coldstream, Deities in Aegean Art (1977); vgl. auch E. French, Mycenaean Figures and Figurines, their Typology and Function, in: Sanctuaries and Cults 173ff.

kleine Ausmaße, worauf B. Schweitzer, obwohl er selbst Gegner der Kultbild-Theorie war, vor fast fünfzig Jahren während einer Diskussion über bronzezeitliche Kultbilder aufmerksam gemacht hat[57]. Zweites wichtiges Merkmal ist die Anzahl der Kultbilder in einer Kultstätte. Im allgemeinen herrscht die Überzeugung vor, daß im klassischen Griechenland grundsätzlich eine Statue der Gottheit im Tempel stand. Literarische Quellen und auch ikonographische Überlieferungen lassen erkennen, daß neben einer alten Statue, der oft die größte Verehrung zuteil wurde, auch noch eine neue vorhanden war, worüber z. B. Pausanias vorzüglich informiert. Der Tempel konnte also viele Kultbilder beherbergen, übrigens eine häufige Erscheinung während der Bronzezeit in Vorderasien. Drittes Merkmal ist das Fehlen einer typologischen Einheit der Kultbilder. Diese müssen in einem Tempel nicht ausschließlich anthropomorph gestaltet gewesen sein, wie unter anderem dem Werk des Pausanias zu entnehmen ist. Neben älteren Kultstatuen, die gewiß einfachen Holzpfeilern glichen, dem Typus des Xoanon, weihte man neue anthropomorphe Standbilder. Bereits um die Jahrhundertwende sammelten sowohl L. R. Farnell (1896)[58] als auch M. de Visser (1903)[59] Nachrichten über einfache anikonische Kultbilder, deren bekanntestes Beispiel der Baitylos aus dem Tempel der Aphrodite in Paphos auf Zypern ist[60].

Zuweilen wurde die Vermutung geäußert, daß Kultstatuen in ihrer Ausführung abgesprochene Auftragsarbeiten für bestimmte heilige Stätten gewesen seien. Dies sollte man nicht als die Regel ansehen. Es sind Beispiele bekannt, daß eine den Gott repräsentierende Statue nur dann verehrt wurde, wenn die Kraft des Gottes während spezieller Zeremonien wirksam wurde. Weiterhin wurde vermutet, daß Kultstatuen sich nach ihrer Haltung typologisch gliedern ließen. Dies trifft gewiß zu, obwohl sich andererseits die Kultbilder in dieser Hinsicht nicht von den Statuen nicht verehrter Gottheiten unterscheiden. Faßt man also unsere Erwägungen zusammen, läßt sich allgemein sagen, daß Statuen, Baityloi, Xoana usw. Kultbilder sein können, wenn ihnen Verehrung zuteil wird. Andere Aspekte besitzen keine wesentliche Bedeutung.

Unsere folgende Erörterung konzentriert sich auf neue Wege der Interpretation anläßlich der während der letzten Jahre erfolgten Entdeckungen: Während der Nachgrabungen in der 'Heiligen Zone' von Mykene[61], in der sich der oben beschriebene Tempel befindet, entdeckte man ein Freskofragment von 17,5 cm Höhe, auf dem ein Teil einer Prozessionsszene erhalten ist. Eine der Gestalten, von der nur die Hände erhalten sind – Frauenhände, die in weißer Farbe gemalt sind –, trägt eine kleine Figur. Diesen sehr bedeutenden Fund machte Prof. G. Mylonas[62]. Mit seiner freundlichen Genehmigung und Unterstützung hatte ich 1973 Gelegenheit, diesen Fund zu prüfen; auch fertigte ich Skizzen an, die als Grund-

[57] B. Schweitzer, Gnomon 4, 1928, 178f.

[58] L. R. Farnell, The Cults of the Greek States I (1896) 13. 18. 19 ff.

[59] M. de Visser, Die nicht menschengestaltigen Götter der Griechen (1903).

[60] Beispielsweise Chr. Blinkenberg, Le Temple de Paphos (1924) 26 ff.; vgl. auch M. L. und H. Erlenmeyer, AntK 8, 1965, 68.

[61] G. Mylonas, Pragmateiai tes Akademias Athenon 33, 1972, 32 Taf. 14.

[62] Dieses Fresko war bislang noch nicht näher untersucht worden und hat erst jüngst im Rahmen einer Diss. über die Fresken aus Mykene Beachtung gefunden, s. I. Kritseles-Probides, Wandmalereien im religiösen Zentrum von Mykene (neugriech., 1982). Dieses Beispiel ist nicht singulär. Prozessionsszenen sind in der Wandmalerei auch sonst belegt, s. S. E. Peterson, Wall Painting in the Aegean Bronze Age, the Procession Frescoes, Diss. University of Minnesota (1981). Unsere Abb. 108 nach Zeichnung des Verf.

lage der hier präsentierten Zeichnung (Abb. 108) dienen. Die Darstellung des Freskos ist mit Hilfe einer dicken schwarzen Linie in Umriß-Technik ausgeführt. Die so umgrenzte Fläche des Körpers bildet die Folie für die Bemalung des Figürchens, die sich aus der Verwendung zweier Nuancen der roten Farbe und des Schwarz ergibt. Stärkere Linien sind dunkelrot, ebenfalls rot die Umrisse der Ohren und des Mundes sowie der zu einem Knoten gebundene Gürtel und ein Band in den Haaren, die in Schwarz gehalten sind. In hellem Rot erscheint das Gewand.

Das in ein reiches, mit einem Knoten umwundenes Gewand – was wir ausdrücklich unterstreichen möchten – gekleidete Idol hält die rechte Hand nach oben gerichtet, während die linke unter ihren Brüsten ruht. Die Höhe des Figürchens beträgt 16,2 cm, der erhaltene Teil der es tragenden Hand 6,2 cm. Man ist berechtigt, davon auszugehen, daß die dazugehörige Gestalt – vermutlich eine Göttin oder Priesterin – etwa über halbe Lebensgröße verfügte. Selbst wenn man alle Möglichkeiten der Deformation in Betracht zieht, also die Nichtablesbarkeit des Proportionsverhältnisses zwischen dem Idol und der Priesterin, sollte man davon ausgehen können, daß das Idol nicht sehr groß war. Zweifellos war es aus Ton oder Holz und in ein Gewand gekleidet. Wir erinnern daran, daß gröber gearbeitete Teile von Idolen in mykenischen Tempeln darauf hinweisen können, daß diese Idole in Gewänder gehüllt waren. Weihegaben in Form von Kleidermodellen aus den 'Temple Repositories' in Knossos bestätigen diesen Brauch.

Charakteristisch sind die kleinen Ausmaße des Idols. Ebenso klein ist das in einem Kultumzug getragene Idol (Abb. 109)[63], das an einem Sarkophag aus Tanagra dargestellt ist und erst kürzlich publiziert wurde. Unter stilistischen Kriterien betrachtet, ist dieses Werk weniger qualitätvoll als das Fresko aus Mykene, was auf den unterschiedlichen Schaffensbereich zurückzuführen ist und außerdem von der historischen Distanz zeugt, die diese beiden Werke trennt: Die Malerei in Tanagra stammt aus dem Ende der mykenischen Zeit. Das Bild der Göttin wird dort mit zwei erhobenen Händen dargestellt. Dies entspricht tatsächlich gefundenen, ebenfalls nicht sehr großen Tonstatuen wie dem Figürchen aus dem 'Heiligtum der Doppeläxte' in Knossos[64]. Zu vergleichen sind ferner 30 bis 70 cm große Statuen aus Chania, Gazi, Karphi und anderen kretischen Ortschaften (Taf. 14a; 15a.b)[65]. In diesem Zusammenhang sollte an das Figürchen aus Mauro Spelio erinnert werden[66], welches in den Händen eine kleine Gestalt trägt und allgemein als 'Frau (Göttin) mit Kind' bezeichnet wurde.

Angesichts der oben genannten Entdeckungen aus Mykene und Tanagra ist man berechtigt anzunehmen, daß auch die Gruppe aus Mauro Spelio eine Priesterin (Göttin) mit einem

[63] Th. G. Spyropoulos, Ergon 1974, 15 (unsere Abb. 109 nach Zeichnung des Verf.).

[64] Evans, PM II 340. Es ist wahrscheinlich nicht auszuschließen, daß auf dem Freskofragment Nr. 103 aus Tiryns (G. Rodenwaldt, Tiryns II [1912] 87 Nr. 103 Taf. 10,7) ein sehr schlecht erhaltenes Kultbild dargestellt ist; vgl. Chr. Boulotes, AKorrBl 9, 1979, 59ff.; K. Kilian in: Sanctuaries and Cults 49ff.

[65] Rutkowski, Cult Places 248 Abb. 115–119; Vermeule, Götterkult 20. 24 Abb. 5. Unsere Taf. 15a.b: Fragment eines Statuenkopfes (Bonn, Akad. Kunstmuseum, Inv.-Nr. D 847); Fundort unbekannt; Ausführung mit

der Hand (Fingerabdrücke) in dunkelrotem Ton mit Kiesbeimischung; Farbspuren fehlen. Teile des Kopfes und des Halses erhalten; am Rand der Stirn Spuren von Flächenbeschädigung, wahrscheinlich von Symbolen, die sich an dieser Stelle befanden; Loch in der Ohrmuschel. Ergänzungen: Teil des rechten Auges und des Gesichtes; erhaltene Höhe 12,2 cm; unpubliziert. Die Genehmigung zur Publikation verdanke ich Prof. N. Himmelmann und Dr. Chr. Grunwald. Taf. 14a nach einer Aufnahme des Ashmolean Museum, Oxford, Dept. of Antiquities; vgl. Rutkowski, Cult Places Abb. 119 (aus Knossos).

[66] J. Forsdyke BSA 28, 1926/27, 263. 290 Taf. 21.

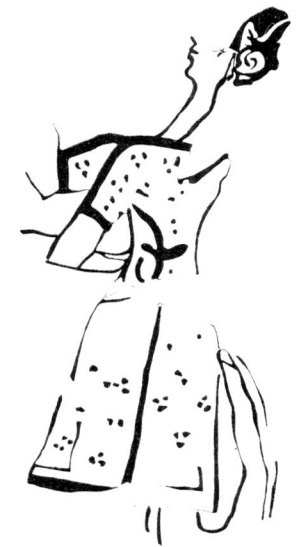

Abb. 108. Fresko-
fragment aus Mykene

Abb. 109. Mykenischer Sarkophag aus Tanagra,
Boiotien

Kultbild in den Händen darstellt. Es ist also höchst wahrscheinlich, daß in der mykenischen Epoche Kultstatuen existierten. Berücksichtigt man sämtliche formalen, stilistischen und thematischen Merkmale, die auf ein Kopieren von Vorbildern aus Kreta hinweisen, könnte man meinen, daß eine ähnliche Thematik auch den kretischen Malereien nicht fremd gewesen ist. Dies ist natürlich nur eine Hypothese. Von wesentlicher Bedeutung ist hier die Haltung der Hände von Idolen, die während der sakralen Handlungen — sowohl der auf das Diesseits als auch auf das Jenseits, die Anbetung des Verstorbenen vor seiner Reise zu den Inseln der Seligen, bezogenen Zeremonien — in Prozessionen getragen wurden. Der Gestus der zur Segnung erhobenen Hände könnte ein Merkmal solcher Kultidole gewesen sein.

Da wir von der Existenz der Kultidole überzeugt sind, werden wir uns bemühen, ihre hauptsächlichen Varianten zu beschreiben: Eines von ihnen bilden glockenartige, gewöhnlich 30 bis 70 cm hohe Idole, die über einen glockenförmigen Körper und erhobene Hände verfügen. Symbole wie doppelte Hörner, Ähren und Sonne weisen auf den Machtbereich der Göttin hin, die als Wächterin der Behausungen von Kreta sicherlich die wichtigste Schutzgottheit darstellte. Diese Funktion wird auch durch den gütigen Gesichtsausdruck bestätigt. In den Heiligtümern kommen Idole der Gottheiten in größerer Zahl vor, obwohl nicht auszuschließen ist, daß nur eines der Bilder das eigentliche Kultidol war. Als ältestes kann das Idol aus Sachturia angesehen werden[67].

Die letzlich in Mykene entdeckten Statuen sind Kultbilder des 14. oder 13. Jhs. v. Chr. Sie bilden, wie es scheint, keine ikonographische Neuheit, abgesehen von vielleicht wenigen Ausnahmen. Die meisten sind Vergrößerungen von gleichzeitigen winzigen Figürchen. Fast identisch mit den in Mykene aufgefundenen Statuen von 50 bis 70 cm Höhe ist die Ausführung des Gesichtes einer großen Statue und eines kleinen Figürchens aus Tiryns.

Jüngst sind dank englischer Ausgrabungen in Phylakopi auf Melos weitere derartige Figürchen größerer Abmessung bekannt geworden[68]. Als ungewöhnlich qualitätvoll muß man

---

[67] G. Tzedakis, BSA 62, 1967, 203 ff.; Rutkowski, Cult Places 324 (mit Lit.). Zur Datierung ins SM I: Hood, Town Shrines 162.

[68] C. Renfrew, EpetEtairKyklMel 1, 1974–78 (1978), 773 Abb. 3 (weiblich); 788 ff. Abb. 10. 11 (männlich); H. W. Catling, ArchRep 1977/78, 54; G. Touchais,

Fragmente bezeichnen, die im Amyklaion ausgegraben wurden. Bekannt sind eine Hand, die den Rest einer Kylix hält, und das Bruchstück eines Kopfes mit einer von Schlangenwindungen umgebenen Bekrönung. Nach der erhaltenen Breite von 14 cm zu urteilen, stammt das Kopffragment von einer fast lebensgroßen Figur[69].

Aber nicht nur die Ausmaße zeugen von der Kultfunktion der genannten großen Idole aus Mykene, sondern auch die in den Händen gehaltenen Gegenstände (Doppeläxte oder Hämmer mit langen Schäften) und der individualisierte Ausdruck des Gesichtes (Taf. 14c). Lord William Taylour, der Entdecker dieser Statuen, richtete die Aufmerksamkeit auf den verschiedenartigen Ausdruck ihrer Gesichter[70]. Manche machen einen gutmütigen Eindruck, andere einen furchterregenden, jeweils nach den verschiedenen Funktionen der Gottheiten. Den Rang der Gottheit im mykenischen Pantheon bezeichnete auch der Platz im Tempel. Die Gottheit von größerer Bedeutung innerhalb der hierarchischen Ordnung stand auf einem höheren Postament, dagegen nahmen weniger wichtige Gottheiten niedrigere Postamente ein.

Einen anderen Typ von Kultstatuen repräsentieren Figuren, deren Köpfe aus Ton anthropomorphe Züge aufweisen. Solche Köpfe waren auf hölzernen Pfeilern angebracht. In Asine wurde in Haus G (um 1200 v. Chr.) zusammen mit fünf Terrakottastatuetten ein kleiner Terrakottakopf einer Göttin (Potnia) gefunden[71]. R. Nicholls äußerte die Vermutung, daß dieser Kopf einst auf einem Holzpfeiler angebracht gewesen sei[72]. Diese Figuren befanden sich auf einer niedrigen Steinbank in der Nordecke der großen Haupthalle. Trotz der originellen Interpretation ist die Konzeption auf Holzpfeilern angebrachter Statuen nicht neu. Lockenfragmente aus Bronze, die gewiß zu einer überlebensgroßen, teilweise aus Holz geschaffenen Statue gehörten, wurden in Knossos gefunden[73]. Diese Statue stammt aus der Blütezeit der minoischen Kultur. Ein Xoanon dieser Art stand auch in dem jüngst freigelegten Heiligtum von Archanes (MM III): In der mittleren Cella des dreiteiligen Gebäudes wurden zwei Füße von natürlicher Größe aus Ton gefunden, die – in Höhe der Waden – bezeichnenderweise nicht abgebrochen sind, sondern glatt abschließen[74]. Ihre Verbindung mit dem hölzernen Pfeiler des Xoanon hat man sich wohl ähnlich wie bei drei der tönernen Idole aus dem Tempel von Karphi vorzustellen, bei denen beide Füße getrennt gearbeitet und in zwei schmale Öffnungen bzw. in eine breite Öffnung in dem zylindrischen unteren Teil der Statue eingesetzt sind[75].

BCH 102, 1978, 741f. Abb. 205; Mer Egée, Grèce des Iles (1979) 94 Abb. 42; Greek Art of the Aegean Islands (1979) 33 Nr. 40 (Farbaufnahme); 84f. (Detailaufnahme des Kopfes); dieses Idol befindet sich im Archäologischen Museum von Melos, Inv.-Nr. 635, und ist 45 cm hoch.

[69] Buchholz–Karageorghis, Altägäis 103 Nr. 1246. 1247.

[70] Vgl. oben Anm. 8 und 40.

[71] O. Frödin–A. W. Persson, Asine (1938) 74ff. (Haus G, Raum XXXII). 298ff. (Keramik aus diesem Raum). 308 Nr. 1 Abb. 206. 211. 212 (Terrakotten; dabei der besprochene Kopf); D. Wachsmuth, Numen 27, 1980, 59f. (mit weiterer Lit.); vgl. auch R. Hägg, The House

Sanctuary at Asine Revisited, in: Sanctuaries and Cults 91ff.

[72] Nicholls, Statuettes 6f. Taf. 1c.

[73] Die Kritik der Evanschen Theorie scheint mir als nicht überzeugend (R. Hägg, The Bronze Locks from Knossos, a New Interpretation, Vortrag auf dem kretischen Kongreß, 1981. Die Zusendung des Manuskripts verdanke ich Herrn Dr. R. Hägg).

[74] Vgl. oben Anm. 7.

[75] Zu diesen Statuen aus dem Tempel von Karphi vgl. J. D. S. Pendlebury u. a., BSA 38, 1937/38, 75f. Taf. 31; M. Seiradakes, BSA 55, 1960, 29 Taf. 14. Hierzu sind auch oben unsere Anm. 43 und 65 zu vergleichen. Es liegt daher nahe, auch die beiden kleinen

Es berechtigt jedoch nichts zu der Annahme, daß es vollständig anthropomorphe Statuen gegeben hätte. Eher könnte man sie anthropomorphisierende Statuen nennen, bei denen der fast naturalistisch behandelte Kopf auf einem rechteckigen oder runden Pfeiler angebracht war. Ein weiteres interessantes Dokument aus noch früherer Zeit, und zwar dem 3. Jt. v. Chr., kommt aus Zypern: In Kotchati wurde ein Tonmodell entdeckt, das die Form eines rechteckigen Balkens besitzt, der von drei Stierköpfen gekrönt ist, vor denen ein Opfer dargebracht wird[76]. Doch ist dies nicht das einzige Beispiel aus der frühen Bronzezeit. Ebenfalls auf Zypern, in Vounous[77], wurde das Modell eines Heiligtums gefunden, in dem sich eine dreiteilige Kultstatue in Gestalt dreier miteinander verbundener Pfeiler befindet. Eine solche Interpretation hatte R. Dussaud schon im Jahre 1936 vorgeschlagen[78]. Man könnte meinen, daß die nur mit anthropomorphen Köpfen versehenen Kultpfeiler die rohe archaische Urform späterer Kultbilder darstellten. Manchmal waren sie jedoch mit Laubwerk geschmückt oder in Gewänder gekleidet, ähnlich den Xoana der klassischen Epoche. Manche archäologischen Dokumente bestätigen eine solche Vermutung: In erster Linie muß die Aufmerksamkeit auf das Fayencemodell eines Kleides gelenkt werden, das im 'Tresor des Palast-Heiligtums' von Knossos gefunden wurde[79]. Derartige Weihgeschenke legen den Schluß nahe, daß nicht nur Modelle von Kleidern, in die die Kultstatue gehüllt war, geopfert werden konnten, sondern auch die Gewänder selbst. Die Form der in der Regel ovalen Pfeiler, auf denen der Kopf ruhte, überdauerte bis in spätere Zeiten in der zylindrischen Form der Tonidole, die ins 14.–12. Jh. zu datieren sind.

Schließlich besteht noch die Wahrscheinlichkeit, daß auch Kultidole aus Holz existierten. Nicht nur die spätere außerordentlich reiche Tradition spricht dafür, sondern auch bestimmte Formen von Steinidolen könnten eine Adaptation hölzerner Prototypen sein, die zu neuen formalen Möglichkeiten führte, wie man sie im härteren Rohstoff erreichte. In einigen Fällen dürfen wir mit noch größerer Bestimmtheit annehmen, daß sich neben Tonfigürchen auch Holzidole im Heiligtum befunden haben. Es ist nicht auszuschließen, daß dies im Tempel von Hagia Irini auf Keos der Fall war. Die dort gefundenen Tonstatuen stellen Frauen mit herabhängenden Armen dar. Dabei handelt es sich gewiß um Gebärden beim Tanz (Taf. 14b)[80]. Obwohl eine der Statuen im Hinblick auf ihr größeres Ausmaß die Kultstatue einer Göttin sein könnte, stellen die meisten Figuren eher Priesterinnen als Göttinnen dar.

Die nächste zu betrachtende Gruppe setzt sich aus Steinidolen in Form von Pfeilern oder menschlichen Körpern zusammen. Ein erst vor kurzem entdecktes interessantes Beispiel ist die Darstellung auf einem Rhyton aus Kato Zakro[81]: Hier ist die Fassade eines Kultbaus

tönernen Füße aus dem Palastheiligtum von Mallia, die von F. Chapouthier und P. Demargne für Votivgaben gehalten wurden, auf ein Xoanon zu beziehen, dessen Ausmaße freilich geringer als die desjenigen aus Archanes gewesen sein werden; zu den Tonfüßen aus Mallia vgl. F. Chapouthier – P. Demargne, Fouilles Exécutées à Mallia IV. Exploration du Palais, EtCrét XII (1962) 11 Abb. 3; 54 Nr. 8630 Taf. 39. Zu weiteren Beispielen z. B. aus Keos und Chania vgl. Rutkowski, Cult Places[2] (im Druck).

[76] V. Karageorghis, RDAC 1970, 10ff.

[77] Buchholz–Karageorghis, Altägäis 161 Nr. 1705.

[78] R. Dussaud, Syria 27, 1950, 78.

[79] Evans, PM I 506.

[80] J. L. Caskey, Hesperia 33, 1964, 328ff. Taf. 57–61; E. Simon, Die Götter der Griechen[2] (1980) 289 Abb. 281; M. E. Caskey, Ayia Irini, Kea, the Terracotta Statues and the Cult in the Temple, in: Sanctuaries and Cults 127ff. Die Vorlage zu Taf. 14b wird Prof. Caskey verdankt.

[81] Rutkowski, Cult Places 62. 64. 163–166. 246. 329f. Abb. 58–60.

abgebildet, auf der zwischen wilden Ziegen, den heiligen Tieren der Göttin, deutlich ein Steinidol zu sehen ist. Dieses Rhyton wird in das 15. vorchristliche Jahrhundert datiert. Die frühesten Kultidole hatten eine natürliche Form wie z. B. Stalagmiten und Stalaktiten sowie andere durch die Natur geformte Felsarten, die sich in kretischen Grotten befinden. In ihrer Form gleichen sie oft Pfeilern oder Gestalten und erinnern zuweilen sogar an ganze Gruppen von Gestalten. Eine rege Vorstellungskraft und das unzureichende Licht in den Höhlen unterstützten die Sinne der Pilger, die eine Ähnlichkeit der Naturgebilde mit Tieren und Menschen, sogar mit Gruppen von Mutter und Kind erblicken wollten. Man kann auch verstehen, daß die menschliche Hand manchmal der Natur nachhalf, um erwünschte Ähnlichkeiten zu erreichen.

In der Nähe von Stalaktiten und anderen Gebilden, die gewiß Idole waren, fanden sich Hinweise auf eine Verehrung: In der Höhle der Eileithyia in Amnisos entdeckte man Spuren einer Mauer um einen Stalaktiten[82]. In Skotino fand man Opfergaben vor Felsen unterschiedlicher Form[83]. Stalaktiten wurden auch in Hauskapellen aufgestellt und dort verehrt. Als bekanntestes Beispiel gelten drei in der 'Kapelle der Fetische' in Knossos gefundene Idole, die an menschliche Gestalten, eine Frau und zwei Kinder, erinnern. Die Höhe der größten Figur beträgt 55 cm[84].

Die frühesten Kultidole hatten sicher eine anikonische Form; es handelte sich um einfache Stein- und Holzsäulen, ähnlich den Formen, von denen die Ikonographie der Siegel des SM I bis SM III eine gewisse Vorstellung vermittelt. Die niedrigen Pfeiler, die sich in einigen Ortschaften erhalten haben, könnten anikonische Kultbilder gewesen sein. Ein Marmorpfeiler von 21 cm Höhe in Eutresis stammt aus neolithischer Zeit; er ist gewiß ein Kultbild im Sinne eines Baitylos oder auch ein Altar gewesen. Aus dem Neolithikum und der Frühen Bronzezeit gibt es in manchen Fundorten kleine amorphe Idole in der Form eines Pfeilers, manchmal mit kaum ausgebildetem Kopf. Das Vorkommen dieser Gattung von Idolen erstreckte sich über ganz Europa. Zu den Kultbildern wurden sie gerechnet, sofern sie sich an einem heiligen Ort befanden.

Die Existenz von Kultbildern größeren Ausmaßes belegen nicht nur deren kleine amorphe Repliken, sondern auch Darstellungen: Auf dem Rhyton von Kato Zakro kommt das Idol einer Göttin in der Form eines Pfeilers vor. Einfache balkenförmige Idole – manchmal in Form eines dreiteiligen Gebildes – sind durch Tonmodelle überliefert. Frühbronzezeitliche Beispiele aus Kotchati auf Zypern wurden oben bereits erwähnt (Cyprus Mus., Inv.-Nr. 1970/V-28/1; 1970/V-30/1). Ein weiteres aus Kalopsida kommt hinzu (A 1923).

Aus den oben angeführten wie auch aus anderen hier nicht ausführlicher behandelten Beispielen (Hagia Triada, Koumasa, Pseira[85]) geht hervor, daß sich die minoisch-mykenischen Tempel in zwei Hauptgruppen teilten. Eine umfaßte die einräumigen Tempel mit Portikus (Eleusis, Modell aus Kamilari, Südkreta[86]) oder ohne Portikus (Gournia). Zur zweiten Gruppe gehörten langrechteckige Bauten mit Zugang von einer Schmalseite (Keos). Daneben existierte eine beide Typen vereinigende Gruppe (Mallia, Mykene). Beide Gruppen hatten Entsprechungen in der Architektur geometrischer Zeit. Es müssen

[82] N. Platon, Ephemeris 1930, 160ff.

[83] P. Faure, Fonctions des Cavernes Crétoises (1964) 162ff. Taf. 4–6.

[84] Evans, PM II 346 Abb. 198.

[85] Hood, Shrines 163f. Taf. A 3; 165f. Taf. A 6.

[86] D. Levi, ASAtene N. S. 23/24, 1961/62, 129ff.

deshalb auch die einräumigen Bauten vom Typ Dreros[87], das Modell aus dem argivischen Heraion[88] und der Bau in Thermos in Aitolien[89] Erwähnung finden; denn wir meinen, daß die allgemeine Konzeption der drei Quellen, aus denen sich die geometrische Architektur entwickelt habe, einer Revision unterzogen werden muß. Wie allgemein bekannt ist, »lassen sich drei Wurzeln des griechischen Tempelbaus erkennen: erstens die ländlichen Ovalhütten . . ., zweitens die Rechteckform des geometrischen Hauses, mit Anknüpfung an das mykenische Fürstenhaus, in dessen Innerem sich Thron und Opferherd befanden, und drittens die langgestreckten geometrischen Herrenhäuser«[90]. Nach unserer Überzeugung nahmen wenigstens zwei Typen des griechischen Tempels – der rechteckige und der langgestreckte Typ – ihren Anfang in der Sakralarchitektur der Bronzezeit.

Es ergibt sich auch aus unseren Erwägungen, daß in Griechenland der Tempelbau zusammen mit der Entwicklung des Siedlungslebens seinen Anfang nahm. Es scheint allerdings so gewesen zu sein, daß es während der Bronzezeit noch keinen kanonischen Tempeltypus gab, daß vielmehr für Wohnbauten charakteristische Formen übernommen wurden. Auch reich ausgestattete Tempelfassaden erinnern an bedeutende Profanbauten und Paläste. Die Tempel bildeten ein Element jeder bronzezeitlichen Stadt oder Siedlung. Das Fehlen einer charakteristischen kanonischen Form steht gewiß in Verbindung mit der verhältnismäßig geringen Bedeutung solcher Stadtheiligtümer im Leben der Bewohner Griechenlands. Denn die wichtigsten Kultstätten befanden sich außerhalb der Siedlung in der freien Natur, in Grotten, offenen Kultstätten, auf Berggipfeln usw. Die Entwicklung des städtischen Lebens brachte es gegen Ende der Bronzezeit mit sich, daß Tempel allmählich zum wesentlichen Element in den Siedlungen wurden. Das führte dann auch zu regelmäßigeren Formen der Sakralbauten (Mykene, Eleusis). Vergleichbar lange dauerte die Verfestigung eines Kanons in der klassischen Zeit; dieser Vorgang hing gleichfalls mit der Entwicklung der Städte seit dem 7. vorchristlichen Jahrhundert zusammen.

In den bronzezeitlichen Tempeln befanden sich sowohl anikonische als auch anthropomorphe Kultbilder. Auch kam es vor, daß beide Typen nebeneinander vertreten waren. Anzahl, Form und Größe der Idole unterlagen keiner kanonischen Regel. Eine gesicherte Ikonographie gibt es erst seit späterer Zeit. Wir sind jedoch berechtigt, davon auszugehen, daß eine Vielzahl von Argumenten das verhältnismäßig frühe Vorkommen von Sakralbauten und zugehörigen Kultbildern bestätigt[91].

[87] Vgl. oben Anm. 33; H. Drerup, Griechische Baukunst in geometrischer Zeit, ArchHom, Kap. O (1969) 5ff. Abb. 3.

[88] K. Müller, AM 48, 1923, 52ff.

[89] G. Soteriades, Ephemeris 1900, 179ff.; K. Rhomaios, Deltion 1, 1915, 242ff.; Drerup a.O. 14ff.

[90] B. Schweitzer, Die geometrische Kunst Griechenlands (1969) 233.

[91] Dieser Aufsatz bildete ein 1978 und 1979 an deutschen und englischen Universitäten gehaltenes Vortragsthema und wurde 1979 zum Druck gegeben. Eingehend zu den Tempelfragen: Verf., Cult Places of the Aegean[2], Kap. VIII und IX. Herrn Prof. H.-G. Buchholz danke ich sehr herzlich für die Einladung zu Vorträgen in Gießen. Herrn Dr. P. Wagner verdanke ich vor allem die sprachliche Verbesserung des Manuskripts.

PRÄHISTORISCHES OLYMPIA

Von Hans-Volkmar Herrmann

Über das Alter des olympischen Heiligtums waren schon die Meinungen der ersten Ausgräber geteilt. E. Curtius glaubte, die aus Mythen und schriftlichen Nachrichten zu er-
schließenden vorzeitlichen Ursprünge Olympias durch die Ergebnisse der Ausgrabungen
im wesentlichen bestätigt zu sehen[1]. Im Gegensatz dazu vertrat der junge A. Furtwängler,
dem die Bearbeitung der Kleinfunde übertragen war, die Auffassung, daß die Überlieferungen über ein 'vordorisches' Olympia durch die Funde widerlegt seien, da »keines der
einigermaßen bestimmbaren Stücke mit Wahrscheinlichkeit über das 8. Jh. hinaufgerückt
werden könne«[2]. Das Fehlen mykenischer Funde ließ die Schlußfolgerung unabweislich
erscheinen, daß Olympia eine rein griechische Gründung aus der Zeit nach der dorischen
Wanderung sei[3]. Diese These wurde weitgehend akzeptiert; ihre Wirkung auf die
Forschung reicht im Grunde bis in unsere Tage.
W. Dörpfeld, Altersgenosse Furtwänglers und 1877 bis 1881 örtlicher Leiter der Ausgrabungen, war indes wie Curtius überzeugt vom vorgriechischen Ursprung Olympias. Wollte
er jedoch Furtwängler widerlegen, so mußte er hierfür archäologische Beweise liefern. In
mehreren kleineren Nachgrabungen zwischen 1906 und 1929 glückte ihm tatsächlich die
Entdeckung einer prähistorischen Siedlung auf dem Boden des späteren Heiligtums
(Abb. 110)[4]. Die von ihm freigelegten Häuser und zugehörigen Gräber gehören nach
Ausweis der reichlich mitgefundenen Keramik in die mittelhelladische Periode. Eine stattliche, von Dörpfeld kreisförmig ergänzte Steinsetzung von etwa 30 m Durchmesser unter
dem Pelopion deutete der Ausgräber als Einfassung eines Tumulus, in dem er das Pelops-
grab, den prähistorischen Vorläufer des archaischen und klassischen Pelopions sah[5]. Leider berichtete Dörpfeld nichts über datierende Funde; daher ist ein Ansatz des ältesten
Pelopions in mykenische Zeit, obgleich prinzipiell möglich und m. E. aus grundsätzlichen
Erwägungen wahrscheinlich[6], nicht beweisbar. In der Forschung wird Dörpfelds nur auf
einigen Suchschnitten beruhende Rekonstruktion und Deutung des Befundes gewöhnlich

---

[1] Olympia, Ergebnisse der Ausgrabungen I (1897) 16 ff.

[2] AbhBerlin 1879 = Kleine Schriften I 419. Diese von
Furtwängler vertretene These liegt auch seiner Publikation der Kleinfunde in Olympia, Ergebnisse IV (1890)
zugrunde. Vgl. jedoch Anm. 3.

[3] A. Furtwängler, Kleine Schriften I 342. Das Fehlen
mykenischer Keramik wurde von E. Buschor und B.
Schweitzer nochmals betont: AM 47, 1922, 48. Diese
Feststellungen sind allerdings nicht ganz zutreffend. Unter den von Furtwängler veröffentlichten Funden sind
eine Hydria (Olympia IV Taf. 69,1287; Form: A. Furumark, Mycenaean Pottery [1941] 35 Abb. 7, 128. 604)
und zwei geriefelte Becherfüße (ebenda Taf. 69,1286
und Text 199 Nr. 1285; Form: Furumark a.O. 61
Abb. 17, 276) möglicherweise mykenisch (alle aus tiefen
Schichten unter dem Heraion). Ein Askos (ebenda
Taf. 69,1283) ist frühhelladisch, ein Amphoriskos mit
Ritzdekor (ebenda Taf. 69,1284) mittelhelladisch. Zu

den Votiven aus mykenischer Zeit gehört auch ein fragmentierter kyprischer Stabdreifuß (FO: Pelopion):
ebenda Taf. 51,855; vgl. Catling, Bronzework 223. Die
erste sicher bestimmbare mykenische Scherbe (SH III C)
kam bei der Dörpfeld-Grabung von 1908 zutage (F.
Weege, AM 36, 1911, 177 Abb. 20 a).

[4] W. Dörpfeld, Alt-Olympia (1935) 73 ff. Beil. 2–4. 25
Taf. 3. 17. 22. Die Häuser zeigen den Grundrißtypus des
sogenannten Apsidenmegarons, der auch sonst im mittelhelladischen Griechenland verbreitet war. Eine unge-
deutete Steinsetzung innerhalb des späteren Prytaneions
scheint gleichfalls prähistorisch zu sein: Dörpfeld a.O.
263 ff. Abb. 60. 70.

[5] Dörpfeld a.O. 118 ff. Abb. 21–24 Beil. 6b.c Taf. 3
und 5.

[6] Herrmann, Olympia 53 ff.; ders., Stele (Festschrift N.
Kontoleon, 1978) 65 ff. Der Steinkreis überschneidet das
Apsidenhaus 5, ist also jünger.

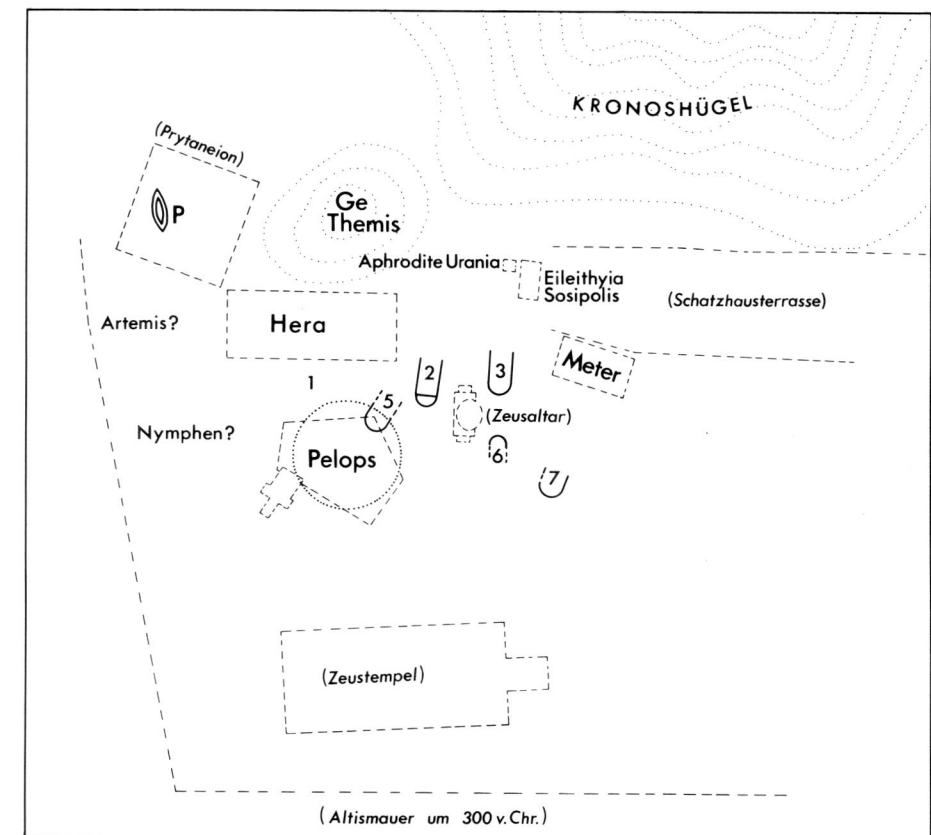

Abb. 110. Olympia, frühe Kulte und prähistorische Bauten: mittelhelladische Häuser (1–7, Haus 4 ist nicht prähistorisch), unerklärte prähistorische Steinsetzung (P) und kreisförmige Steinsetzung unter dem Pelopion (gepunkteter Kreis, nach W. Dörpfeld: 'Pelopion I'; gestrichelte Linien geben die Lage späterer Bauten an

bestritten[7]; doch hat man sich bedauerlicherweise bisher nicht entschließen können, durch Nachgrabungen den Versuch zu unternehmen, diese für die Geschichte Olympias überaus wichtige Frage endlich zu klären. Auch ist die Erforschung der prähistorischen Siedlung, von der Dörpfeld nur einen Teil freilegen konnte, in der Folgezeit nicht weitergeführt worden. Eine Kontinuität von der mittelhelladischen Besiedlung der Altis zum späteren Heiligtum war für die Mehrzahl der Forscher durch Dörpfelds Entdeckungen nicht erwiesen. Man vermißte das entscheidende Bindeglied: Funde aus mykenischer Zeit. Zwar fehlen sie nicht ganz. Wir haben seit einiger Zeit mykenische Scherben[8], Fragmente mykenischer Idole[9] und neuerdings auch Bronzeschmuck (hierzu unten S. 436). Aber solche Funde sind einstweilen immer noch recht spärlich. Zwar sind die tiefen Schichten der Altis in weiten Bereichen noch zu wenig erforscht; es ist jedoch fraglich, ob dies als Erklärung für den auffallenden Tatbestand ausreicht. Vielleicht ist mit einer 'mykenischen Schicht' in der Altis gar nicht zu rechnen. Denn, wie wir noch sehen werden, die für die mittelhelladische Zeit nachgewiesene Besiedlung hat wahrscheinlich an anderer Stelle ihre Fortsetzung gefunden.

Dies besagt jedoch nichts über die Existenz eines Kults, der nur geringe Spuren hinterlassen haben könnte. Bekanntlich vollzog sich die Religionsausübung der minoisch-

[7] Vgl. Mallwitz, Olympia 134 ff. C. Rolley (FdD V 3 [1977] 139) setzte die Steinsetzung mit den ältesten Funden der geometrischen Zeit gleich, was natürlich ebenso hypothetisch ist.

[8] H.-V. Herrmann, AM 77, 1962, 24 Beil. 4 (SH I –

SH III B, aus der Stadiongrabung); J. Schilbach, AA 1984, 226 Abb. 2 (SH II, von der Schatzhausterrasse; eine weitere Scherbe: ebenda 227 Anm. 3). Vgl. auch oben Anm. 3.

[9] W.-D. Heilmeyer, OF VII (1972) 8f. Taf. 2,1.2.

mykenischen Zeit einerseits in Kulträumen und Kultbauten der Siedlungen und Paläste [10], andererseits an Naturmalen, wie heiligen Bäumen, Quellen, Felsen, Höhlen, Berghöhen, einem Erdspalt, Blitzmal oder ähnlichem [11]. Vom Aussehen solcher Kultstätten vermitteln uns kretisch-mykenische Darstellungen (z. B. auf Siegelringen) eine gewisse Vorstellung; archäologisch sind sie begreiflicherweise schwer nachzuweisen [12]. In Olympia sind der heilige Hain (nach dem der eingegrenzte Bereich des Heiligtums 'Altis' hieß), der Kronoshügel, das Gaion mit dem geheimnisvollen Erdspalt, vielleicht auch der heilige Ölbaum als 'naturgegebene' Voraussetzungen anzusehen, die den Ausgangspunkt religiöser Verehrung an dieser Stätte gebildet haben könnten.

In jene Vorzeit einer von weiblichen Gottheiten beherrschten Natur- und Fruchtbarkeitsreligion dürfte auch eine Reihe von Kulten sehr altertümlichen Charakters zurückreichen, die nichts mit dem Zeuskult zu tun haben, sich aber gleichwohl teilweise bis in die Zeit des Pausanias, der im 2. Jh. n. Chr. das Heiligtum eingehend beschrieben hat, behauptet haben. Auffallend ist, daß diese Kultstätten weiblicher Gottheiten in engem topographischen Zusammenhang am Fuß des Kronoshügels lokalisiert sind (Abb. 110): am Erdspalt des Gaions die orakelspendenden Göttinnen Ge und Themis, daneben Eileithyia mit dem göttlichen Kind Sosipolis (denen in archaischer Zeit ein kleiner Kultbau errichtet wurde [13]), Aphrodite Urania (deren Tempelchen zur Zeit der Pausanias bereits verfallen war [14]), eine Artemis mit dem unerklärten Beinamen Κοκκώκα [15] sowie ein Nymphenkult nahe dem Pelopion [16]. In griechischer Zeit standen in diesem Bereich der Altis zwei Tempel weiblicher Gottheiten: das Heraion und das Metroon. Der Kult der 'Göttermutter' (die vielleicht, bevor der Tempel dem römischen Kaiserkult gewidmet wurde, hier in Gestalt der Rhea verehrt wurde), mag gleichfalls sehr alt sein [17]. Aber wie steht es mit Hera? Allgemein wird angenommen, daß Hera zusammen mit Zeus ihren Einzug in Olympia hielt. Verwunderung hat allerdings immer die Tatsache erregt, daß ihr lange vor Zeus in Olympia ein Tempel errichtet wurde. A. Mallwitz hat den um 600 v. Chr. errichteten Bau gegen die Theorien Dörpfelds als einheitliche Anlage erwiesen [18], schließt jedoch die Existenz eines älteren Vorläufers nicht aus [19]. Auf jeden Fall ist das Heraion nach unserer der-

---

[10] Nachweise: R. Hägg, Mykenische Kultstätten im archäologischen Material, in: OpAth 8, 1968, 41 ff.; Rutkowski, Cult Places 189 ff. 275 ff.

[11] Vgl. Hägg a.O. 49 ff. 52 ff.; Rutkowski a.O. 73 ff. 121 ff. 152 ff. 189 ff. 260 ff.

[12] Vgl. M. Blech, Studien zum Kranz bei den Griechen (1982) 413 ff.

[13] Vgl. Herrmann, AM 77, 1962, 6 ff. Abb. 1 und 2. Pausanias (VI 20, 3 ff.) berichtet über die hochaltertümlichen Züge dieses Kultes besonders ausführlich. Die von ihm erzählte Legende zur Erklärung des Namens Sosipolis (den Pausanias einen ἐπιχώριος δαίμων nennt) ist ätiologisch; es dürfte sich um die Verehrung einer Muttergottheit mit Kind vom Typus der 'Kourotrophos' handeln, der uns aus der mykenischen (und bereits neolithischen) Idolplastik vertraut ist.

[14] Paus. VI 20, 6. Der Kultbau ist teilweise von der Herodes-Attikus-Exedra überbaut (Herrmann a. O. 7 Abb. 1).

[15] Pausanias vermerkt (V 15,7), daß niemand ihm diesen Namen erklären konnte; ihr Altar befand sich nach seiner Angabe »hinter dem Heraion« (Vermutungen zum Namen: H. Hitzig – H. Blümner, Des Pausanias Beschreibung von Griechenland II 1 [1901] 380).

[16] Paus. V 14, 10. Ob dieser Kult in die Frühzeit zurückreicht, ist natürlich ungewiß; ich führe ihn nur wegen seiner topographischen Nähe zu den anderen weiblichen Kultstätten auf, Nymphen wurden außerdem am heiligen Ölbaum verehrt (als καλλιστέφανοι: Paus. V 15,2) sowie am Hippodrom (Paus. V 15,6).

[17] Merkwürdig ist die Lage des Tempels unmittelbar an der Schatzhaus-Terrassenmauer, die nur erklärlich scheint, wenn man einen alten Kult an dieser für einen Bau ungünstigen Stelle voraussetzt. Prähistorische Schichten unter dem Metroon zeigt der Schnitt bei Dörpfeld, Alt-Olympia Taf. 8.

[18] A. Mallwitz, JdI 81, 1966, 310 ff.

[19] Mallwitz, Olympia 88. 137.

zeitigen Kenntnis der älteste monumentale Kultbau Olympias. In wie hohem Ansehen damals der Herakult stand, beweist auch die Pausaniasnachricht über die alten Kultbilder: Hera feierlich thronend, ihr zur Seite der stehende Zeus[20]; darin drückt sich unverkennbar ein Rangunterschied aus.

Wir sind gewöhnt, Hera ausschließlich als Gemahlin des Zeus zu sehen[21]. Die Religionswissenschaft hat jedoch seit langem erkannt, daß diese Verbindung sekundär ist und auch nicht den Wesenskern der Göttin ausmacht; Hera – oder die Göttin, an deren Stelle sie vielerorts trat – wurde lange vor Zeus in Griechenland verehrt, und noch die griechische Hera trägt Züge ihrer alten chthonischen Natur[22]. In ihren großen Heiligtümern wurde Hera allein verehrt; Zeus spielte, wenn überhaupt, nur eine untergeordnete Rolle (z. B. in der Feier des ἱερὸς γάμος in Argos oder Samos). Auch in Olympia ist »die ursprüngliche Selbständigkeit der Göttin«[23] noch erkennbar. Kultgeschichtlich heißt das: Hera war vor Zeus in Olympia. Man verband den Zeuskult mit dem jener Göttin, die – so dürfen wir vermuten – an der Stelle des späteren Heraion verehrt und die nun zur Gattin des Göttervaters wurde. Auch auf dem Kronoshügel selbst, an dessen Fuß sich die erwähnten Kulte in auffälliger Weise konzentrieren, wurde eine vorgriechische Gottheit verehrt: Kronos. Er ist ein alter, mit dem Ackerbau, später mit Zeus genealogisch verbundener Vegetations- und Erntegott[24]. Sein Kult auf dem Hügel, der den markantesten Punkt im Bereich des Heiligtums bildet und seinen Namen trägt, ist vielleicht der älteste in Olympia überhaupt[25].

[20] Paus. V 17,1. Die Kultbilder werden von Pausanias ausdrücklich als 'altertümlich' (ἔργα ἁπλᾶ) bezeichnet.

[21] Vgl. etwa M. P. Nilsson, Geschichte der griechischen Religion² (1955) 429: »Grundlegend ist, daß Hera nur als Gemahlin des Zeus existiert.«

[22] Vgl. S. Eitrem, RE VIII (1913) 397ff. s. v. Hera; E. Simon, RA 1972, 210f. Das Kultbild der Hera von Argos trug in der Hand einen Granatapfel, ein ausgesprochen chthonisches Attribut (Paus. II 17,4); s. F. Muthmann, Der Granatapfel (1982) 52ff. mit weiteren Nachweisen. Man könnte auch auf den Mythos verweisen: nur ganz wenige der vielen Kinder des Zeus (Ares, Hebe, Eileithyia) sind der Verbindung mit Hera entsprossen, und bei Homer liegen die beiden gewöhnlich in Streit miteinander. Nach P. Kretschmer (Einleitung in die Geschichte der griechischen Sprache [1896] 91) wurde Hera nicht bei allen griechischen Stämmen als Zeus-Gattin angesehen. W. Pöttscher (RhMus N. F. 104, 1961, 325) schloß daraus, daß die Göttin »nicht von vornherein mit Zeus verbunden gewesen« sei. Die Verbindung mit Zeus erfolgte, als dieser »in das Land kam, in dem die große mütterliche Gottheit herrschte« (ebenda 350), als Folge der »expansiven Tendenz des Zeuskultes, der Hera als Gattin an sich gezogen hatte« (ebenda 354). Ähnlich F. R. Schröder (Gymnasium 63, 1956, 65): »Als Zeus seinen Einzug in Hellas hielt, verband er seinen Kult mit dem der alteingesessenen Erdgöttin, die an vielen Stätten unter wechselnden Namen und mannigfach wechselnden Formen verehrt wurde. Er heiratete gewissermaßen in den Kult ein, indem er sich mit ihr ehelich verband.« Vgl.

auch H. Kyrieleis, Führer durch das Heraion von Samos (1981) 14.

[23] E. Simon, Die Götter der Griechen (1969) 36. Zu erinnern ist in diesem Zusammenhang auch an die von den olympischen Spielen unabhängigen Wettkämpfe der Mädchen, die Heraia, die unter der Leitung der sechzehn Frauen stattfanden, die auch den Peplos webten, welcher der Göttin alle fünf Jahre dargebracht wurde (Paus. V 16,2–4).

[24] M. Pohlenz, NJbb 37, 1916, 549ff.; ders., RE XI (1921) 1986ff. s. v. Kronos; L. Deubner, Attische Feste (1932) 152ff.; weitere Nachweise: H.-V. Herrmann, AM 77, 1962, 1ff. 32f.

[25] L. Ziehen, RE XVIII 1 (1939) 67f. s. v. Olympia. Die Kultstätte ist archäologisch nicht mehr nachweisbar, da die Kuppe des Hügels abgeschwemmt ist. Die altertümlichen Züge der alljährlichen Opferhandlung (Paus. V 20,1) sind schon immer aufgefallen. Daß – wie gelegentlich angenomen worden ist – in Olympia »erst Zeus den Kronos nach sich« gezogen habe (L. Deubner, Kult und Spiel im alten Olympia [1936] 23) ist in Anbetracht der mythischen Urfeindschaft von Vater und Sohn nicht gerade wahrscheinlich und von der Forschung größtenteils abgelehnt worden. Eher könnte man umgekehrt folgern, daß die Verehrung einer alten männlichen Gottheit in Olympia den Zeuskult angezogen habe. Wie Zeus wurde auch Kronos gern auf Berghöhen verehrt; vgl. Herrmann, Olympia 230 Anm. 230. Im übrigen ist es schwer vorstellbar, daß die beherrschende Höhe über der Altis ohne Kult war, bevor Zeus sich in Olympia etablierte.

Schließlich gehört zu den Kultstätten im Norden der Altis das Temenos des Pelops, das Pelopion. Da der archäologische Befund der Dörpfeld-Grabung umstritten und einstweilen ungeklärt ist (s. oben S. 426), soll es hier aus dem Spiel bleiben. Glücklicherweise haben wir über die Verehrung des Pelops in Olympia das Zeugnis des Pausanias und anderer Autoren. Den hohen Rang, den der Pelopskult noch im 2. Jh. n. Chr. in Olympia hatte, bezeugt der Perieget mit besonderem Nachdruck[26]. Dem großen Zeusopfer ging das Opfer für Pelops voraus[27]. In den verschiedenen Varianten der Gründungssagen erscheint er neben anderen unter den Begründern der Spiele[28]. Seine Wettfahrt mit Oinomaos, die seit dem 5. Jh. v. Chr. als wichtigster Lokalmythos für jeden Besucher des Heiligtums sichtbar im Giebel über der Eingangsfront des Zeustempels dargestellt war, wurde offensichtlich als 'Uragon' von Olympia verstanden[29]. Es ist schlechterdings nicht vorstellbar, daß der Pelopskult nachträglich, nach Etablierung des Zeuskults, zu so hohem Ansehen gelangt wäre. Gewisse Anzeichen lassen sogar auf eine alte Rivalität zwischen Zeuskult und Pelopskult schließen[30]. Auch in der Einführung des dorischen Nationalheros Herakles als Gründer der Spiele könnte man einen Versuch sehen, die Bedeutung des alten Lokalheros Pelops zurückzudrängen; sie hat indes seiner Verehrung keinerlei Eintrag getan[31].

Der Kult des Pelops trägt noch in geschichtlicher Zeit die Züge des Totenkults. Zum Totenkult der Frühzeit gehören auch Leichenspiele; der Gedanke liegt daher nahe, den Ursprung der olympischen Wettkämpfe in Leichenspielen für Pelops zu suchen. Schon die Antike hat in der alten Sitte der Leichenspiele die Wurzel der Agonistik vermutet; die moderne Forschung ist ihr vielfach darin gefolgt[32]. Für die mykenische Zeit sind Leichenspiele allerdings archäologisch nur unsicher zu belegen[33], obgleich der aufwendige Totenkult und die Nachklänge im Epos sie erwarten lassen[34]. Die Verbindung von Heroenkult und Leichenspielen ist in Griechenland häufig bezeugt[35]. Olympia scheint ein Beispiel dafür zu sein, »daß an einem Orte, wo Spiele bestanden, sich andere ansetzten«[36]. Für die Entstehung der olympischen Spiele ist m. E. diese These immer noch die wahrscheinlichste, obwohl sie sich nicht exakt beweisen läßt.

[26] »Unter den Heroen wird in Olympia Pelops von den Eleern ebenso hoch verehrt wie Zeus unter den Göttern«: Paus. V 13,1. Vgl. H.-V. Herrmann, Pelops in Olympia (Stele, Festschrift Kontoleon, 1978) 59 ff.

[27] Schol. zu Pindar, Ol. I 149 a.

[28] Die Varianten der Gründungssage sind aufgeführt bei Paus. V 7,6 ff.

[29] So ist er auch bei Pindar (Ol. I 67 ff.) aufgefaßt; vgl. W. Schadewaldt, Pindars Olympische Oden (1972) 67. 122. Der Dichter nennt die heilige Stätte von Olympia geradezu: »χῶρος ἐν βάσσαις Κρονίου Πέλοπος« (Ol. III 23), die Rennbahn: »δρόμοι Πέλοπος«; bei Bakchylides heißt die Wettkampfstätte: »ζάθεα ἁγνοῦ Πέλοπος δάπεδα« (X 25). Zur Pelopssage und ihrer Ikonographie: L. Lacroix, BCH 100, 1976, 377 ff.

[30] So die Vorschrift, daß, wer vom Fleisch des dem Pelops geopferten schwarzen Widders gegessen hatte, »nicht zu Zeus hineingehen durfte, sei er Eleer oder Fremder« (Paus V 13,3).

[31] Im Kult hat Herakles in Olympia keine nennenswerte Rolle gespielt. Pausanias erwähnt zwei Altäre, der eine ist Herakles mit dem Beinamen 'Parastates' geweiht (V 14,7), bei dem anderen ist die Beziehung auf Herakles unsicher (V 14,9). Ein eigenes Temenos, wie es Pelops besaß, hat Herakles in Olympia nie bekommen.

[32] Vgl. etwa L. Malten, RM 38/39, 1923/24, 300 ff.; K. Meuli, Die Antike 17, 1941, 189 ff.

[33] M. Andronikos, Totenkult, ArchHom, Kap. W (1968) 121; vgl. G. Mylonas, AJA 55, 1951, 134 ff. Einen spätmykenischen Krater aus Tiryns mit der Darstellung eines Wagenrennens hat unlängst K. Kilian (AM 95, 1980, 21 ff.) bekanntgemacht und die Szene mit guten Gründen als Totenagon gedeutet. Zuletzt hierzu W. Decker, Stadion 8/9, 1982/83, 1 ff.

[34] Belege: Andronikos a.O. 34 ff.

[35] Nachweise bei Malten a.O. 307 ff. Das Epos kennt, »wo es von Agonen mit eingesetzten Preisen spricht, solche nur im Zusammenhang mit dem Toten« (Malten a.O. 305); vgl. Andronikos a.O. 34 ff. Auch die delphischen Pythien hatten nach antiker Auffassung ihren Ursprung in Leichenspielen.

[36] Malten a.O. 312.

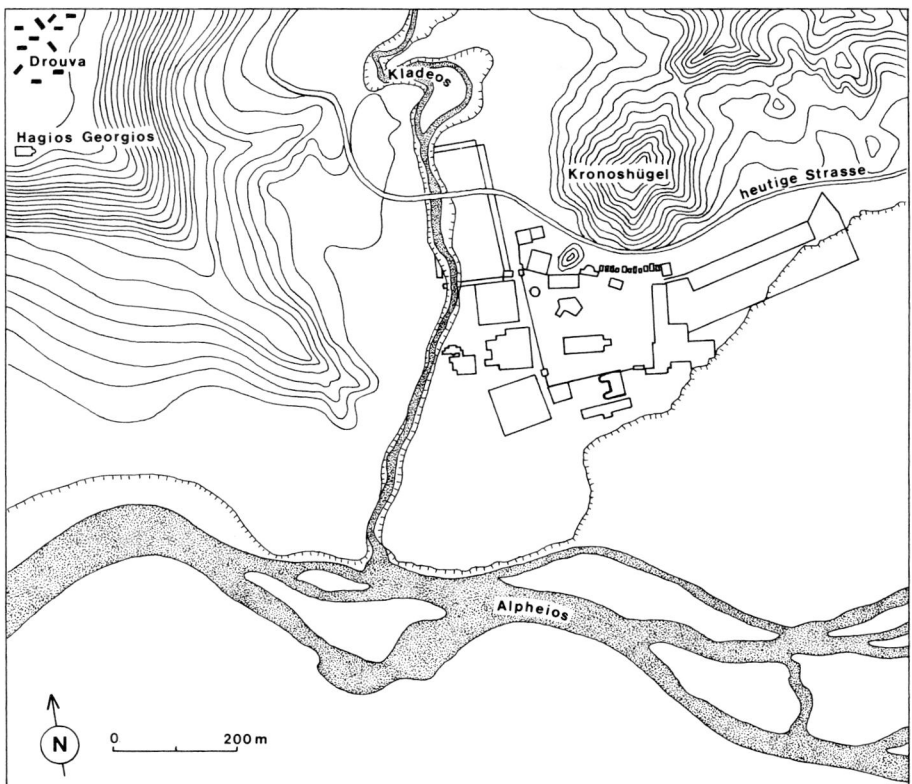

Abb. 111. Nähere Umgebung Olympias mit der Anhöhe von Drouva; hier befand sich wahrscheinlich der antike Ort Pisa

Es verwundert nicht, daß der Zeusaltar, als älteste Gründung des Zeuskults, in unmittelbarer Nachbarschaft des Bereichs liegt, der als Keimzelle des Heiligtums anzusehen ist; die Kontinuität wird durch den kulttopographischen Zusammenhang evident [37]. Als Jahrhunderte später für Zeus der große Tempel errichtet wurde, sahen sich seine Erbauer der Schwierigkeit gegenüber, daß der Platz, wo er eigentlich hingehört hätte, durch die alten Kultstätten bereits 'besetzt' war. Man ließ diese unangetastet und wählte einen Bauplatz weit im Süden, wodurch man in Kauf nehmen mußte, daß Altar und Tempel – in einer für ein griechisches Heiligtum ganz ungewöhnlichen Weise – weit auseinanderrückten. Die Altis erhielt durch den Tempelbau ein neues Zentrum; die frühen Kultstätten gerieten damit an die Peripherie des Heiligtums (Abb. 110).

Kehren wir zurück zu den archäologischen Befunden. Die ältesten Zeugnisse menschlicher Anwesenheit bilden nach dem derzeitigen Stand der Forschung frühhelladische Scherben und Gefäße. Sie können allerdings als Streufunde einstweilen noch nicht mit Siedlungsresten in Verbindung gebracht werden [38], die, wie bereits erwähnt, erst für die mittelhelladische Zeit mit Sicherheit nachweisbar sind [39]. Die mittelhelladischen Häuser scheinen, nach

---

[37] Der Zeusaltar ist bekanntlich – wohl wegen seiner radikalen Zerstörung durch christliche Eiferer – archäologisch nicht mehr nachweisbar (was man zunächst dafür hielt, erwies sich später als Rest eines der von Dörpfeld entdeckten prähistorischen Häuser). Doch ist seine Lage durch die präzise Angabe des Pausanias (V 13,8) gesichert. Der Perieget gibt auch eine genaue Beschreibung, wie der gewaltige Brandopferaltar zu seiner Zeit aussah

(Rekonstruktionsversuch und Auseinandersetzung mit der älteren Forschung: H. Schleif, JdI 49, 1934, 139ff.).
[38] OlBericht VIII (1967) 13f. Abb. 10. 11; S. 22 Abb. 13. Herrmann, Olympia 61 Taf. 9a.b. Weitere frühhelladische Funde in der Umgebung Olympias: ebenda 228 Anm. 201.
[39] Mittelhelladische Scherben und Mauerreste wurden auch in unmittelbarer Nähe des Heiligtums (an der

431

dem Befund zu urteilen, plötzlich verlassen worden zu sein[40]. Für eine Fortsetzung der Besiedlung gibt es einstweilen keine Anhaltspunkte[41]. Danach scheint die Stätte bis in die Spätantike unbewohnt gewesen zu sein[42]. Zu prähistorischen Siedlungsspuren, Gräbern und Einzelfunden aus der weiteren Umgebung von Olympia ist die Karte Abb. 112 zu vergleichen.

Die bedeutendste Ansiedlung der mykenischen Zeit in der unmittelbaren Nachbarschaft Olympias lag vermutlich auf der Anhöhe gegenüber, auf der anderen Kladeosseite, dort, wo sich heute das Dorf Drouva und ein Kirchlein des Hagios Georgios befinden (Abb. 111, vgl. auch Abb. 112)[43]. Hier stieß N. Gialoures bei einer Probegrabung auf beträchtliche mykenische Scherbenablagerungen und Mauerreste[44]. Der Blick reicht von dieser beherrschenden Anhöhe weit über die olympische Ebene und das Alpheiostal bis hin zu den Bergen Triphyliens und Arkadiens[45]; nach Westen zu ist bei gutem Wetter das Meer zu sehen[46]. Wenn irgendwo, so ist hier der Ort Pisa zu suchen[47], dessen vorgriechischer Name sich bis in geschichtliche Zeit erhalten hat, der Sitz des mythischen Königs Oinomaos, von dessen Wettfahrt mit Pelops, der ihm nach seinem Sieg in der Herrschaft folgte, der olympische Lokalmythos kündete. Beide Gestalten sind im mykenischen Sagengut verwurzelt[48]. So wäre es nicht verwunderlich, wenn systematische Ausgrabungen auf der Fläche der Drouva-Anhöhe einen Herrensitz mykenischer Zeit zutage fördern würden. Die nach

Baustelle des neuen Museums) gefunden: ArchRep 1960/61, 14. Weitere mittelhelladische Fundstätten in der Umgebung Olympias: Herrmann a.O. 229 Anm. 214. Die mittelhelladische Siedlung auf dem Boden der Altis ist demnach heute nicht mehr isoliert. Die neuen Funde lassen auf eine Bevölkerungszunahme in diesem Gebiet im Vergleich zur frühen Bronzezeit schließen, ein weit bedeutenderer Zuwachs erfolgte dann in mykenischer Zeit (vgl. Anm. 49).

[40] In den Häusern standen die Gefäße teilweise noch unversehrt auf dem Fußboden (Dörpfeld, Alt-Olympia 82 Abb. 7 und 8); es gibt jedoch keinerlei Spuren von Kämpfen oder gewaltsamer Zerstörung, eher könnte eine Naturkatastrophe die Ursache gewesen sein.

[41] Ob die mykenischen Kammergräber, die nördlich des Kronoshügels entdeckt wurden (N. Gialoures, Deltion 17, 1961/62, Chron 105f. Abb. 1 Taf. 112; P. Themeles, Deltion 20, 1965, Chron 209 Taf. 228–230; G. Daux, BCH 92, 1968, 824ff. Abb. 11. 12; 101, 1977, 564) zu einer Siedlung auf dem Boden der Altis gehören (so P. Themeles, AAA 2, 1969, 253), läßt sich nicht beweisen und ist eher unwahrscheinlich. Da die unmittelbare Umgebung Olympias in mykenischer Zeit dicht besiedelt war (s. unten S. 433), ergeben sich auch andere Möglichkeiten.

[42] Spätantike Siedlung: F. Adler in: Olympia, Ergebnisse I (1897) 96f. Mappe: Blatt V a.b; A. Mallwitz in: OlBericht VI (1958) 41 Abb. 18. Auch diese Siedlung wurde gegen Ende des 6. Jhs. n. Chr. wieder aufgegeben. Die Stätte blieb wegen ihrer ungesunden Verhältnisse bis in die Neuzeit unbewohnt. Das heutige Dorf Olympia

entstand erst nach Ende der Ausgrabungen von 1875 bis 1881.

[43] W. A. McDonald – R. Hope Simpson, AJA 65, 1961, 226 Nr. 7; R. Hope Simpson, A Gazetteer and Atlas of Mycenaean Sites (1965) 79 Nr. 266; ders., Mycenaean Greece (1981) 93 Nr. D 51.

[44] Über die Sondagen, die 1958 durchgeführt wurden und bisher keine Fortsetzung fanden, gibt es nur kurze Berichte: BCH 83, 1959, 665; 84, 1960, 720; ArchRep 1960/61, 14.

[45] Herrmann, Olympia, Farbtaf. 1. Blick von der Altis auf die Höhe von Drouva mit der Kirche des Hagios Georgios: ebenda Abb. 71b.

[46] Vgl. E. Simon, Die Götter der Griechen (1969) 43 Abb. 32.

[47] Herrmann a.O. 47f. Abb. 16; ders., Gymnasium 80, 1973, 178 mit Anm. 12. Die Könige von Pisa beherrschten noch in historischer Zeit ein Gebiet, das sich über einen Teil der Alpheiosebene und ein Stück des angrenzenden Berglandes erstreckte. Nach ihrer Zerstörung durch die Eleer (um 570 v. Chr.) geriet die Stätte von Stadt und Burg Pisa in Vergessenheit; über ihre einstige Lage gab es nur Vermutungen. Für die Zeit der Klassik war Pisa ein Ort, von dem nur noch Sagen kündeten, ein Name, der in der feierlichen Sprache der Dichtung zum Synonym für Olympia geworden war (wie der vorgriechische Name 'Pytho' für Delphi).

[48] Zu Oinomaos: P. Weizsäcker in: Roscher, ML III 1 (1897–1902) 767ff. Pelops gehört nach der ältesten Überlieferung bei Homer (Il. II 104f.) in die Ahnenreihe des Atridengeschlechts.

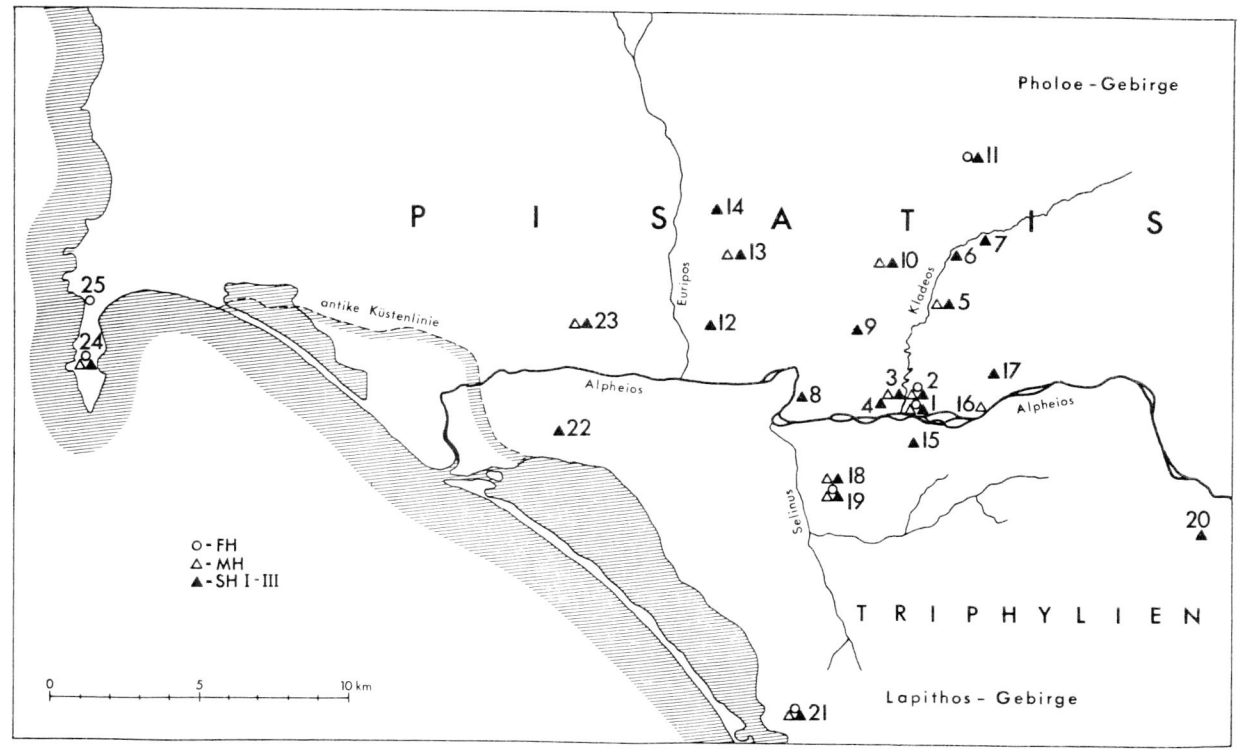

Abb. 112. Prähistorische Fundstätten in der Umgebung von Olympia

1 Olympia, Heiligtum und
  Stadiongebiet
2 Olympia, Neues Museum
3 Olympia, Bahnhof
4 Drouva (Pisa?)
5 Mageira
6 Stravokephalo
7 Trypes
8 Alpheios-Staudamm (Phloka)

9 Platanos
10 Kavkania
11 Neraida (Kaloletsi)
12 Strephi
13 Salmone
14 Etia (Lantsoi)
15 Bambes
16 'Oinomaoshügel'
17 Miraka

18 Makrysia, Prophetes Elias
19 Makrysia, südwestlich des
   Dorfes (Chania)
20 Diasella (Broumazi)
21 Kleidi (Samikon)
22 Epitalion
23 Varvassaena
24 Hagios Andreas (Katakolon)
25 Skaphidia

dem Hauptort benannte Landschaft Pisatis war jedenfalls in mykenischer Zeit dicht besiedelt; die Fundkarten zeigen eine deutliche Konzentration im engeren Bereich von Olympia[49]. In Anbetracht dieser Tatsache muß die Dürftigkeit mykenischer Funde auf dem Boden der Altis auffallen. Sie erklärt sich, wenn man annimmt, daß nach Aufgabe der Siedlung nur noch die alten Kulte an Ort und Stelle weitergepflegt wurden.

Die neuere Forschung verhält sich gegenüber dem Problem der Kultkontinuität skeptisch[50]. Man verlangt nach aussagekräftigeren archäologischen Zeugnissen. »Die wenigen Bruchstücke mykenischer Keramik sind kein Indiz dafür, daß zu jener Zeit ein Kultschrein

[49] Herrmann, Olympia 64 Abb. 32; besser: L. Parlama, Deltion 29, 1974, Mel 26 Abb. 1 (Aufschlüsselung der Fundorte: ebenda 55ff.). Mykenische Fundstätten in der Umgebung Olympias: Herrmann a.O. 229f. Anm. 222; F. Schachermeyr, Die ägäische Frühzeit II (1976) 154f.; R. Hope Simpson, Mycenaean Greece 93ff. (vgl. ebenda Karte D).

[50] Zur Forschungssituation: Walter Burkert, Griechische Religion der archaischen und klassischen Epoche (1972) 92ff.; E. T. Vermeule, Götterkult, ArchHom, Kap. V (1975) 73ff. B. C. Dietrich legt in seinem Beitrag für dieses Buch dar, wie zahlreich die Stätten mit Kultkontinuität im helladischen Raum sind, s. unten S. 478ff.

433

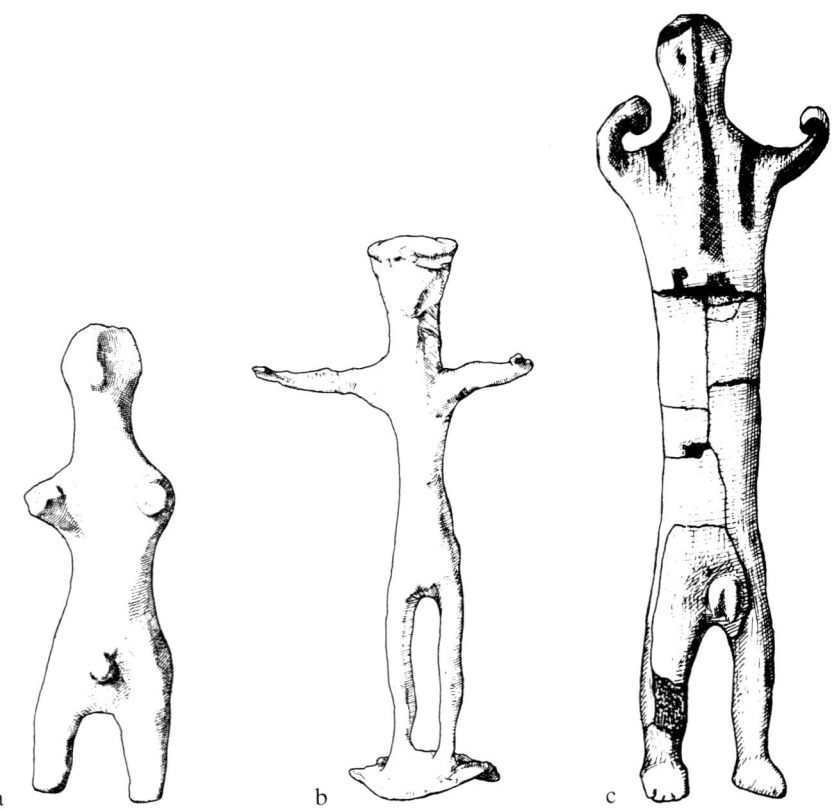

a   b   c

Abb. 113a–q (s. auch Seite 435).
Frühe Idole aus Olympia (a: Ton,
H: 8,4 cm; b: Bronze, H: 10,1 m);
männliche mykenische Figur aus
Phylakopi, Melos (c: Ton, H:
35,3 cm); Bronzeschmuck aus
Olympia (d.e: spätmykenisch;
f–k: submykenisch-protogeome-
trisch; l–q: protogeometrisch)

überhaupt bestand«, meinte V. R. d' A. Desborough[51], und J. N. Coldstream nannte Olympia gerade »das deutlichste Beispiel für eine Unterbrechung der Kontinuität auf dem Festland«[52]. Mit besonderem Nachdruck hat zuletzt C. Rolley diese Position vertreten[53]. Doch
selbst wer die mykenische Präsenz in Olympia anerkennt, sieht im Fehlen von Funden aus
den 'Dark Ages' das Zeichen für eine Unterbrechung der Kultkontinuität zwischen dem
Ende der mykenischen Epoche und dem Beginn des Geometrischen. Furtwänglers These
vom »rein griechischen Ursprung Olympias« ist wieder aktuell geworden. Die Anfänge
des Heiligtums werden gleichgesetzt mit den frühesten geometrischen Funden, Figürchen
aus Bronze und Terrakotta in Tier- und Menschengestalt, deren Reihe nach der Chronologie von W.-D. Heilmeyer »um oder bald nach 1000 v. Chr.« beginnt[54]. Manche Forscher
mögen sogar mit den Anfängen nicht über das 9. Jh. hinaufgehen[55]. Allerdings bleiben
solche Ansätze mehr oder weniger vage; Sicherheit wäre nur aus genau datierbarer geo-

[51] Desborough, Dark Ages 281 (Zitat hier in Übersetzung).

[52] J. N. Coldstream in: The Greek Renaissance of the
Eighth Century B. C., Proceedings of the II. Internatio-
nal Symposium of the Swedish Institute in Athens, Hrsg.
R. Hägg (1983) 121 (Zitat hier in Übersetzung).

[53] C. Rolley, ebenda (Anm. 52) 109 ff.; ders., FdD V 3
(1977) 138 f.; zustimmend J. Bouzek, Gnomon 57, 1985,
156.

[54] W.-D. Heilmeyer, OF VII (1972) 89; ders., OF XII
(1979) 19 ff. (s. die Tabelle ebenda S. 23). Da stratigra-

phische oder sonstige außerstilistische Anhaltspunkte
fehlen, beruhen die Datierungen Heilmeyers auf rein
stilanalytischen Erwägungen, die ich teilweise für sehr
angreifbar halte: s. BJb 182, 1982, 613 ff. Die Reihe der
geometrischen Dreifußkessel beginnt nach M. Maaß (OF
X [1978]107) im 9. Jh.

[55] W. Burkert, Griechische Religion der archaischen
und klassischen Epoche (1972) 93: »Im Heiligtum des
Zeus in Olympia weist allem Vermuten und Suchen zum
Trotz nichts auf einen Kult vor dem 9. Jh.«.

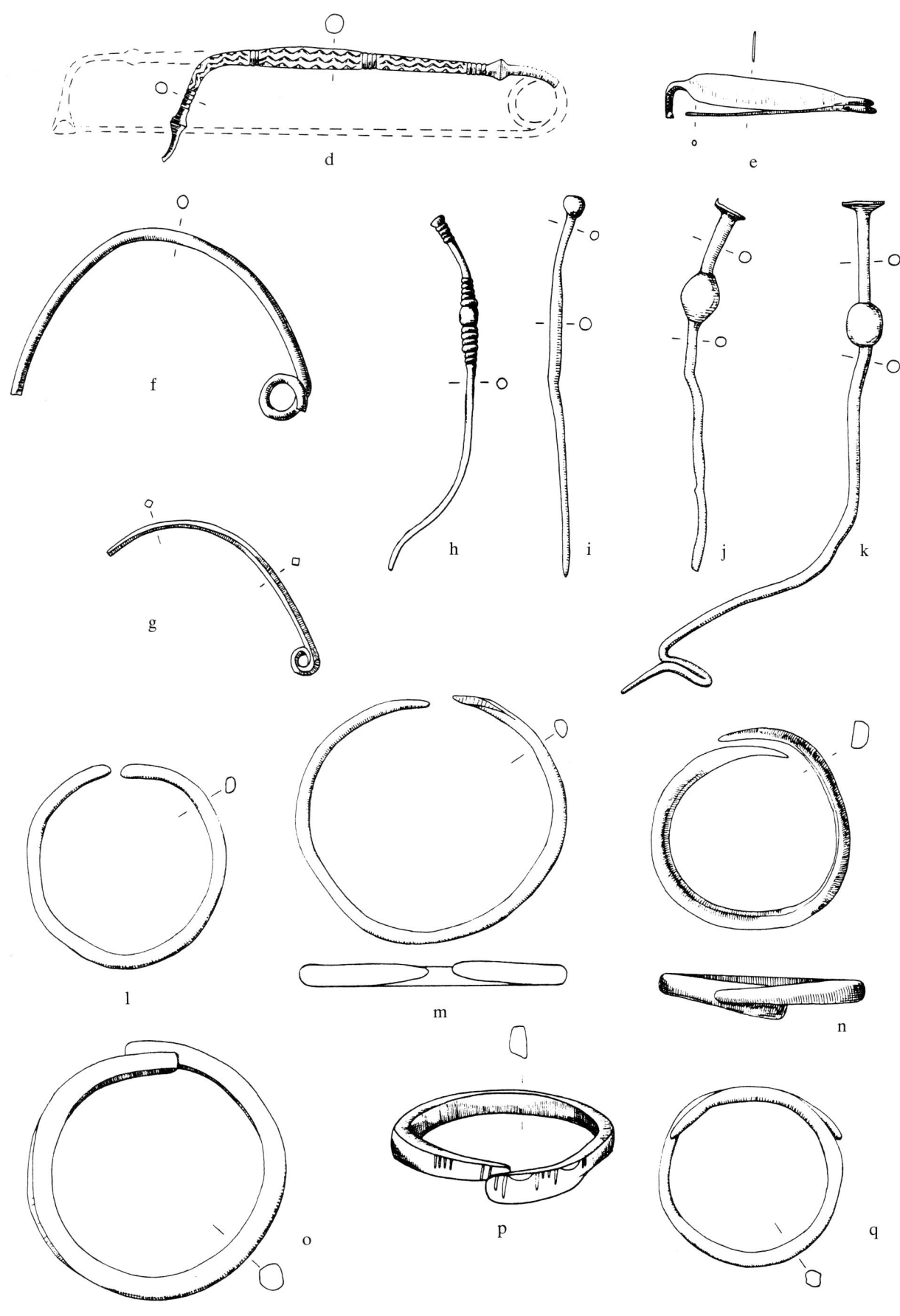

d

e

f

g

h

i

j

k

l

m

n

o

p

q

metrischer (oder protogeometrischer) Keramik zu gewinnen, an solcher fehlt es jedoch. Unbeantwortet blieb auch die Frage, was den Zeuskult an diese Stelle gezogen haben soll, wenn nicht bereits bestehende Kulte, liegt doch Olympia – übrigens ebenso wie Delphi, wo die Kontinuität neuerdings gleichfalls bestritten wird[56]– weit ab von den städtischen Zentren der geschichtlichen Zeit.

Ich habe schon früher darauf hingewiesen, daß unter den frühen Terrakotta- und Bronzeidolen von Olympia einige durch typologische und formale Besonderheiten auffallen, die Anklänge an mykenische Idolplastik verraten (Abb. 113a.b)[57]. Direkte Beziehungen lassen sich nunmehr knüpfen durch die Gegenüberstellung mit mykenischen Terrakottafiguren aus Phylakopi (Abb. 113c)[58]. Deutlich sind die Übereinstimmungen in der typischen mykenischen Gesichtsbildung, in den merkwürdigen Proportionen mit dem gelängten Rumpf, den kurzen Beinen und den verkümmerten Ärmchen, deren Haltung wohl als 'Epiphaniegestus' gemeint ist. Wenn es sich bei den frühen Idolen aus Olympia nicht um mykenische Erzeugnisse handelt, so wird man sie zumindest als submykenisch bezeichnen müssen. Vielleicht sind es die ältesten Zeugnisse für den Beginn der Zeusverehrung in den 'Dark Ages'[59].

Wichtiger sind jedoch die neuen Erkenntnisse, die sich durch die Bearbeitung des Bronzeschmucks durch H. Philipp ergeben haben[60]. Unter den Nadeln, Fingerringen, Armreifen und Fibeln gibt es Exemplare aus spätmykenischer, submykenischer und protogeometrischer Zeit (Auswahl: Abb. 113d–q)[61]. Damit ist die gesamte Zeitspanne vom Mykenischen über die 'Dark Ages' bis ins Geometrische lückenlos durch Funde belegt, mögen sie auch einstweilen noch nicht sehr zahlreich sein. Von entscheidender Bedeutung ist, daß es sich hier nicht um Funde handelt, die für eine Kultausübung unspezifisch sind, wie Scherben oder dergleichen, sondern eindeutig um Weihgaben. Damit ist die These widerlegt, die Anfänge des Heiligtums reichten nicht bis in mykenische Zeit zurück oder es klaffe eine Lücke – womöglich von mehreren Jahrhunderten – zwischen der mykenischen und der geometrischen Zeit. Die Folgerungen, die mythische Überlieferung, Kulttradition und Kulttopographie schon immer nahelegten[62], sind nun auch durch den archäologischen Befund bestätigt.

---

[56] Vgl. etwa Vermeule a.O. 152; C. Rolley, FdD V 3, 136ff.; Burkert a.O. 188; A. M. Snodgrass, The Dark Ages of Greece (1971) 276f.

[57] Olympia, Ergebnisse IV (1890) 38 Taf. 16,237; S. 44 Taf. 17,279; Herrmann, Olympia 59 Abb. 28. 29. Schon Furtwängler war die Verwandtschaft mit mykenischen Idolen aufgefallen (Olympia IV Text S. 44). Vgl. auch das Figürchen OlBericht IV (1944) 105 Taf. 32,1, das in der Wiedergabe der erhobenen Arme unverkennbar an mykenische Idole des Ψ-Typus erinnert; ähnlich: OlBericht VII (1961) 139 Abb. 78–80.

[58] C. Renfrew und Mitarbeiter, The Archaeology of Cult; the Sanctuary at Phylakopi (1985) 223ff. Abb. 12–14 Taf. 35–37.

[59] E. Kunze hat die frühen Statuetten mit 'Epiphaniegestus' insgesamt als Zeusdarstellungen gedeutet: AuA 2, 1946, 98ff. (»Zeus ἐπιφαινόμενος«); ders., OlBericht VII (1961) 138ff.

[60] H. Philipp, OF XIII (1981).

[61] Philipp a.O. 34ff. Nr. 1–6 Taf. 1. 26; S. 139 Anm. 1; S. 169ff. 196ff. Nr. 721–730 Taf. 12. 45; S. 261f. Nr. 984. 985 Taf. 18. 59.

[62] Vgl. P. Lévêque, PP 28, 1973, 26ff.

PERATI, EINE NEKROPOLE
DER AUSKLINGENDEN BRONZEZEIT IN ATTIKA

Von Spyridon E. Iakovides

Lage[1]

Auf halbem Wege zwischen Sounion und Marathon liegt an der Ostküste Attikas die tiefe und weit ausladende Bucht von Porto Raphte. Ihren Namen verdankt sie einer überlebensgroßen Marmorstatue, die nach volkstümlicher Meinung einen Schneider *(raphtes)* darstellt und auf dem Gipfel des hohen konischen Inselchens am Ausgang der Bucht in römischer Zeit errichtet worden war. Umgeben von einer Hügelkette und niedrigen Gebirgszügen, bildet die so geschützte Bucht mit ihrem ruhigen Gewässer und den flachen sandigen Ufern einen hervorragenden natürlichen Hafen, der sich zum Anlegen der in frühen Zeiten verwendeten kleinen Schiffe besonders eignete, da diese auf den Strand gezogen werden konnten. Zudem lag die Bucht am Ende einer Straße, welche die Küste mit der Mesogeia-Ebene und von dort aus mit allen Teilen Attikas verband, so daß sie der gesamten Landschaft unmittelbaren Zugang zur Ägäis und den jenseitigen Ländern vermittelte. Porto Raphte liegt ferner an der Grenze zweier antiker attischer Demen: Prasiai am südlichen und Steiria am nördlichen Ende der Bucht.

Seit frühhelladischer Zeit war dieses Gebiet ständig, wenn auch nur spärlich, besiedelt. Die Hauptblütezeit fiel jedoch in die spätmykenische Periode, wie die ausgedehnte und reiche Nekropole am Fuße des 'Perati', des niedrigen Berges am nördlichen Ende der Bucht auf dem linken Ufer des Erotospelia, beweist. Der Boden besteht an dieser Stelle aus Quartär-Sandstein, der zum Teil bis an die Oberfläche reicht, zumeist jedoch von einer kompakten Kiesschicht überlagert ist. Der Sandstein erwies sich für die Werkzeuge jener Zeit als zu hart, so daß die meisten Gräber in die obere Schicht eingebettet wurden. Doch war diese nicht fest genug, um einen Verfall der Gräber schon zur Zeit ihrer Benutzung zu verhindern.

Die Existenz der Nekropole war sowohl den ortsansässigen Grabräubern bereits seit der Mitte des vorigen Jahrhunderts bekannt wie auch dem Altertümerdienst in der Person von V. Staïs, der im Jahre 1892 den Ort besuchte und ihn bei der Freilegung zweier Gräber als das alte Steiria identifizierte. Dessenungeachtet wurde das unerlaubte Graben systematisch in einem solchen Ausmaß fortgesetzt, daß bis zum Jahre 1952 über sechzig Gräber entdeckt und ausgeraubt waren. Aus diesem Grunde wurde beschlossen, die ganze Nekropole auszugraben. Unter der Leitung der Archäologischen Gesellschaft in Athen erstreckten sich die Grabungen von 1953 bis 1963 über elf Kampagnen. Dabei wurden in einem Areal von etwa 6,5 Hektar 219 Gräber entdeckt und gründlich untersucht. Die sehr große

---

[1] Bei dem vorliegenden Beitrag handelt es sich um die deutsche Übersetzung des englischen Resümees in Sp. Iakovides' Grabungspublikation »Perati II« (neugriech., 1970) 419–470. Der darin enthaltene Abschnitt über die Keramik ist hier in einer redaktionell verkürzten und umgearbeiteten Fassung wiedergegeben. Am genannten Ort sind auch die Belege zu den einzelnen angeführten Objekten zu finden, weshalb hier in der Regel auf Anmerkungen verzichtet wird. Eine Ausnahme bilden Belege für die Abbildungen sowie Hinweise auf zusätzliche Literatur.

Anzahl der schon geplünderten Gräber (einschließlich der beiden von V. Staïs gefundenen, die sich nicht mehr lokalisieren ließen) wurde gesondert numeriert von Sigma 1 bis Sigma 60. Die Keramik erhielt fortlaufende Nummern von 1 bis 1264, wogegen die verschiedenen anderen Funde je nach Material in vier Gruppen mit den Buchstaben Lambda (für Stein), My (für Metall), Pi (für Ton) und Delta (für Verschiedenes wie Elfenbein, Knochen, Glaspaste, Fayence usw.) aufgeteilt wurden. So enthielt beispielsweise Grab 142 die Vasen 1023–1033 und die Objekte Lambda 267–286, Delta 188–193, My 90 und Pi 7.

Eigenart der Gräber

Neunzig Prozent der Gräber – 192 genau – waren Kammergräber (Abb. 114a–c)[2]. Je nach Beschaffenheit des Bodens und der für die Aushebung der Kammer notwendigen Tiefe variieren Länge und Gefälle der Dromoi. Einige von ihnen erweitern sich zum Eingang hin, während sich andere verjüngen; meist jedoch verlaufen beide Seiten parallel zueinander mit leichter Einwärtsneigung nach oben. Diese drei Varianten finden sich nebeneinander und ohne auffallende chronologische Unterscheidung.

Drei der Gräber besaßen je zwei Dromoi. Diese führten in den Gräbern 1 und 4 zum selben Eingang, in Grab 131 dagegen nicht. Dieser Unterschied hängt ausschließlich mit den örtlichen Gegebenheiten zusammen: Im ersten Falle waren die älteren Dromoi durch einen nahen Bachlauf zerstört, und im zweiten hatte ein gebrochener Türsturz den Zugang zur Kammer blockiert, so daß ein Dromos zu einer neuen Tür gegraben werden mußte.

Bei neun Dromoi waren kleine Nischen in die Seitenwände eingetieft, jeweils für Säuglings- oder Kinderbestattungen. Nur einmal – und zwar in Grab Sigma 49 – war eine Grube in dem Dromosboden angelegt.

Die Eingänge zu den Kammern waren durchschnittlich 0,90–1 m hoch und hatten horizontalen Sturz mit nach oben verjüngten Seiten. Oft waren sie ebenso breit wie der Dromos, doch in einigen der besser ausgearbeiteten Gräber wurden sie noch von schmalen Pfosten eingerahmt (Abb. 114a–c); nur ein Grab besaß eine regelrechte Schwelle. In der Regel waren die Eingänge ziemlich unregelmäßig und niedriger als der Dromos. Man verschloß sie mit einer Steinmauer, deren oberer Teil entfernt wurde, wenn das Grab wegen einer Neubestattung wieder geöffnet werden mußte, wie es bei den Gräbern Sigma 2, 15a–15b und 93 der Fall war. Eine Ausnahme bildet das Grab 91, wo beim Öffnen die ganze linke Hälfte der Mauer von der Schwelle an entfernt wurde.

Die im allgemeinen bescheidene Größe der Kammern variiert von 3,40 × 3 m bei der größten Kammer (Grab 10) bis hin zu 0,80 × 0,95 m bei der kleinsten (Grab Sigma 54) und ist damit geringer als in den benachbarten Nekropolen von Ligori und Brauron. Die Kammern sind nur annähernd rechtwinklig und im Grundriß oft asymmetrisch (Abb. 114), was entweder auf die Härte des Felsgesteins oder auf die Nähe zu anderen Gräbern zurückzuführen ist. In einigen Fällen besaß die ursprüngliche Kammer nischenähnliche Erweiterungen, die jedoch nie die Größe regelrechter Seitenkammern erreichten. Einige besaßen in ihren Seitenwänden Nischen, die der Aufnahme bzw. der Deponie-

---

[2] Perati I 371f. Abb. 118 (danach unsere Abb. 114a–c).

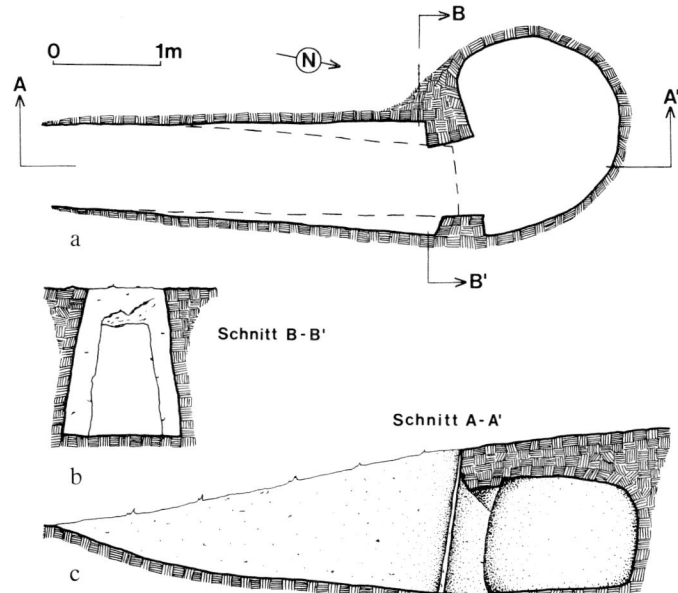

Abb. 114a–c. Perati, Kammergrab Sigma 15
mit langem Dromos: (a) Grundriß, (b) Querschnitt B–B' und (c) Längsschnitt A–A'

rung früherer Bestattungen dienten. Sie befanden sich in Bodenhöhe; nur eine – in Grab 78 – lag fast unter der Decke und enthielt eine Kinderbestattung. Es wurden auch einige kleine Gruben gefunden, die z. T. durch Steinplatten abgedeckt, in der Mehrzahl aber offen und – bis auf drei in den Gräbern 1 und 75, die Brandbestattungen enthielten – mit den beiseitegeräumten Überresten früherer Bestattungen gefüllt waren. Der Boden der Gräber war mehr oder weniger eben und nur gelegentlich mit einer dünnen Erdschicht nivelliert. Auch die Decken waren flach und ziemlich niedrig, häufig mit leichtem Gefälle zum hinteren Ende der Kammer (Abb. 114c). Im Durchschnitt betrug die Höhe vom Fußboden aus einen Meter. Ausnahmewerte wurden bei Grab Sigma 13 mit 1,85 m und bei Grab 122 mit 0,85 m erreicht.

Die Gräber Sigma 13, Sigma 23 und Sigma 26 konnten nicht vollständig ausgeführt werden, da die Härte des Felsens zwei verschiedene Bodenhöhen erforderte. Die ursprüngliche Form ist überhaupt nur bei etwa zwölf Gräbern erhalten. Meistens waren Steinbrocken in die Kammern gestürzt; die dadurch entstandenen Unregelmäßigkeiten des Bodens wurden in einigen Fällen ausgeglichen, um ein neues Bestattungsniveau zu erhalten. Gewöhnlich aber war die Folge eines solchen Einsturzes der völlige Zusammenbruch der Decke, oft noch während der Benutzungszeit des Friedhofs. Sechs der Gräber waren so klein und ihre Dromoi so rudimentär, daß sie eigentlich keine richtigen Kammern gehabt haben können. Obwohl sie von ihrer Anlage her dem traditionellen Typus folgten, müssen diese Pseudokammergräber von oben gegraben worden sein.

Weiterhin wies der Friedhof 26 Gräber in Form von Gruben auf. Bei 20 von diesen handelt es sich um rechteckige Gruben mit Plattenabdeckung; sie sind in der Regel 1,10–1,20 m lang, 0,50–0,60 m breit und von den Platten aus, die ihrerseits 0,50–0,70 m unterhalb der eigentlichen Oberfläche lagen, 1 m tief. Der Teil über den Platten war nach jeder Bestattung neu aufgefüllt worden, der Raum darunter enthielt ausschließlich die Bestattung. Die meisten waren Einzelgräber, doch gab es auch vier, die je zwei Beisetzungen enthielten. Außerdem fand man vier kleinere und weniger tiefe Kindergräber neben den Dromoi der Kammergäber 28, 43 und Sigma 18. All diese Gräber befanden sich an Stellen, an denen kein Raum für echte Kammergräber vorhanden war, mit denen sie aber zweifellos zeitgleich sind.

Die Gräber 63 (mit zwei Bestattungen) und 98 (mit einer Bestattung) weisen eine tiefe rechteckige Grube ohne erkennbare Überdachung auf. Eine Steinmauer bis zur halben Höhe der Oberfläche unterteilt sie in zwei gleiche oblonge Teile. In beiden Fällen war jeweils nur die westliche Hälfte zur Bestattung benutzt worden.

Vier weitere Gräber bestehen aus einer regelmäßigen oblongen Grube und einem flachen funktionslosen Dromos, der entweder – bei den Gräbern 7, 67, 68 – zu einer der Längsseiten oder – bei Grab 73 – zu einer Ecke führt. In Höhe des Dromosbodens waren sie mit den üblichen Platten abgedeckt. Diese spezielle Grabform ist einzigartig und nicht aus den örtlichen Gegebenheiten heraus erklärbar.

Grab 86, eine schmale, flache Doppelgrube, scheint eher ein Knochendepot als ein Grab gewesen zu sein, was wohl auch für Grab 107 gelten mag.

Wie bei anderen mykenischen Nekropolen so unterlag auch hier die Orientierung der Gräber keiner bestimmten Regel. Kammergräber besaßen ihre Eingänge am Hügelabhang, und die Grubengräber wurden zwischen ihnen, wo immer ein Platz sich anbot, oft rechtwinklig zueinander angelegt.

Derart dicht beieinanderliegende Gräber müssen mit Markierungszeichen ausgestattet gewesen sein, die eine Identifizierung ermöglichten. Es wurden jedoch keine charakteristischen Reste gefunden, was nahelegt, daß diese Markierungen entweder aus vergänglichem Material wie z. B. Holz bestanden oder nicht ausreichend befestigt waren, um sich über Jahrhunderte an ihrem Platz halten zu können.

Bestattungsarten

Nur acht Gräber der Nekropole wurden leer vorgefunden. 61 enthielten einmalige Bestattungen, während 150 mehr als einmal benutzt worden waren und offenbar als Familiengräber gedient hatten. In den intakten Gräbern ging die Zahl der Beisetzungen, die von zwei bis zehn reichte, wie es in den Gräbern 75 und 111 (Abb. 115)[3] der Fall war, in der Regel nicht über zwei oder drei hinaus. Diese Durchschnittsangabe läßt für die ausgeraubten Gräber auf mindestens weitere 100 Bestattungen zusätzlich zu den bereits bekannten 500 schließen. Folglich müssen in der Nekropole etwa 600 Personen beerdigt worden sein.

Erdbestattung war die Regel. Die Toten wurden auf den Boden oder wie in den Gräbern 67, 53 und Sigma 5 auf eine Schicht Kieselsteine gelegt, ohne daß sie nach einer bestimmten Richtung orientiert waren. Die meisten von ihnen, und zwar vier Fünftel, lagen mit angezogenen Knien auf dem Rücken, die Arme an der Seite, im Schoß oder über der Brust verschränkt. Bei dem restlichen Fünftel war der Tote auf eine seiner Seiten gelegt worden. Darüber hinaus waren zwei Tote in zusammengekrümmter Haltung und vier mit ausgestreckten Beinen auf dem Rücken liegend bestattet worden. Diese verschiedenen Stellungen, die keinesfalls chronologisch bedingt waren, fanden sich oft nebeneinander in einer Anlage, wie z. B. in den Gräbern 5, 56, 70, 90, 111 (Abb. 115) und 145.

---

[3] Perati I 396 ff. Abb. 129 (danach unsere Abb. 115).

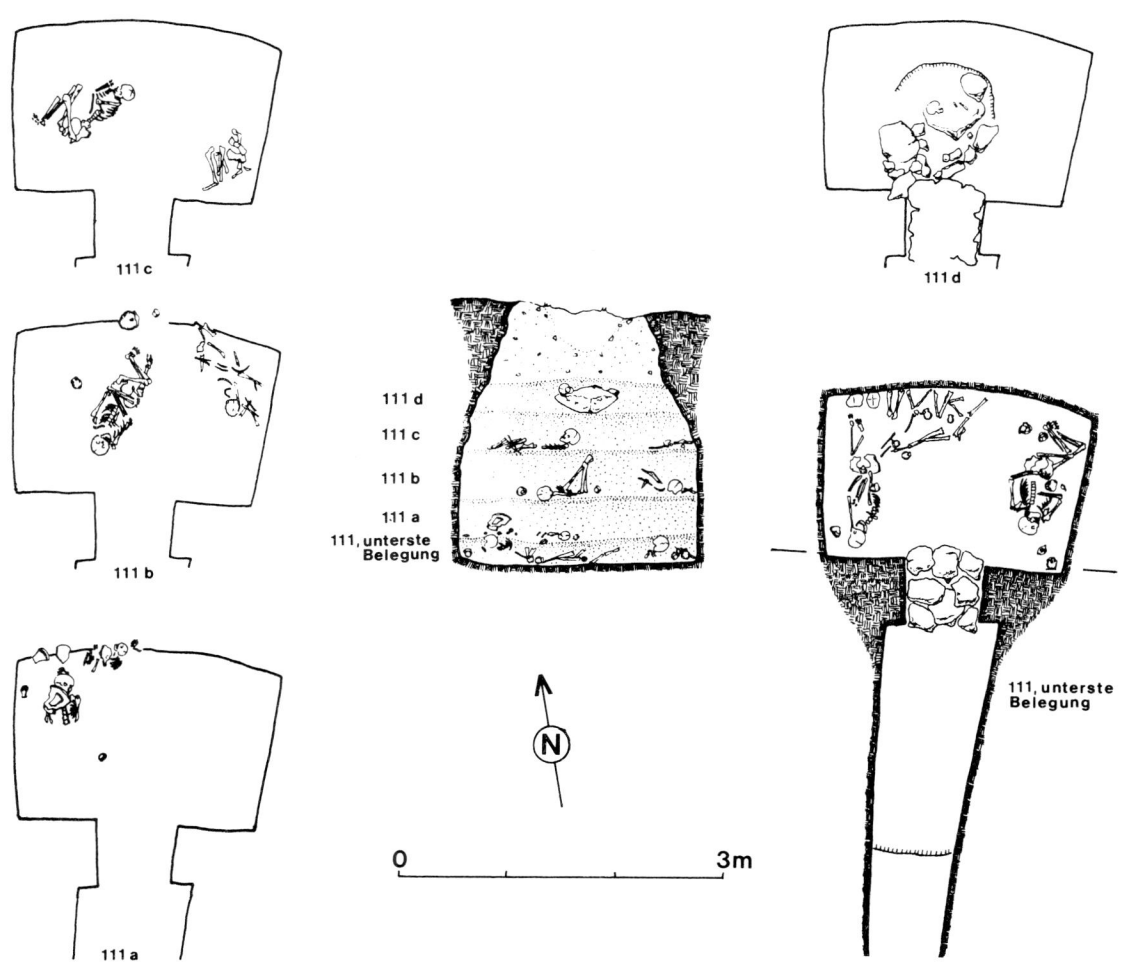

Abb. 115. Perati, Grundriß und Schnitt A–A' des Grabes 111 mit fünf Bestattungsschichten: unterste Belegung (rechts), Belegung 111 a–c (links), Belegung 111 d (rechts oben) und Schnitt (Mitte)

Unter diesen Hunderten von Körperbestattungen waren nur 18 Brandbestattungen, und zwar von Verstorbenen beiderlei Geschlechts und jeden Alters, von Kindern bis hin zu Greisen. Ihre Überreste waren in den Gräbern 1, 36, 38, 46, 75, 122, 145, 146, 154 und 157 beigesetzt worden. Einige waren nicht einzeln, sondern paarweise bestattet und allem Anschein nach auch paarweise verbrannt worden (Grab 1, Grube 1; Grab 75). Die Toten waren vollständig bekleidet und mit Grabbeigaben und in einigen Fällen mit kleinen Haustieren wie Hunden versehen. Sie wurden auf offenen Scheiterhaufen verbrannt, deren Feuer nur kurze Zeit anhielt. Diese unvollständige Verbrennung hatte oft zur Folge, daß ein und dieselbe Leiche teils vollständig verkohlte, teils zu Kalk verbrannte. Es gibt Anzeichen dafür, daß Knochen noch während des Brandes absichtlich in kleine Stücke zersplittert wurden. Diese Knochenfragmente haben eine abgeblätterte, rissige Oberfläche, eine weiße oder bläuliche Farbe, sind hart und manchmal in sich verdreht. Wenn das Feuer eine bestimmte Anzahl von ihnen verzehrt hatte, wurde nicht mehr als ein Drittel, manchmal nur gerade der 40. Teil des ganzen Skeletts, möglichst aber so viel, daß alle anatomischen Teile vertreten waren, gesammelt und in das Grab gebracht. Dort wurden die Reste auf den Boden zwischen die Erdbestattungen oder in kleine Gruben gelegt, entweder auf einen Haufen oder in Gefäße verschiedener Formen und Größen. Wenn auch einige dieser

441

Brandbestattungen in die letzten Jahre des Bestehens der Nekropole datiert werden, so war die Sitte des Verbrennens doch keinesfalls auf das zeitliche Ende des Friedhofs beschränkt. Manche Brandbestattung gehörte sogar zu den ältesten Beisetzungen überhaupt wie die in Grab 1 und 145. Die Sitte der Leichenverbrennung hatte infolgedessen während der gesamten Dauer dieses Friedhofs Bestand.

Eine Verbrennungsstätte wurde in unmittelbarer Nähe des Friedhofs nicht gefunden. Die Überreste von Kindern, die nicht unbedingt von weither gebracht worden sein können, nur um gemäß fremden Bräuchen verbrannt zu werden, der Umstand, daß auch Fremde Perati wohl nicht gerade zur Zeit ihres Todes aufgesucht haben, und schließlich die Urnen für den Leichenbrand, bei denen es sich um lokale Ware handelt, beweisen eindeutig, daß die Knochen von Menschen stammen, die ebenso wie diejenigen, die beerdigt wurden, hier ansässig waren und an Ort und Stelle verbrannt wurden. Die Brandbestattungen unterschieden sich weder durch Geschlecht noch Alter oder ihre Anordnung auf dem Friedhof, noch durch ihre mehr oder weniger reiche Ausstattung von den Körperbestattungen. Verbrennung wurde noch nicht einmal bei allen Mitgliedern ein- und derselben Familie angewendet. Es spricht nichts dafür, daß die Verbrannten an einer besonderen, etwa infektiösen Krankheit gestorben wären. Da die Sitte der Verbrennung also in den lokalen Verhältnissen von Perati keine Erklärung findet, muß sie von irgendwoher eingeführt und dann zögernd und nur in begrenztem Maße angenommen worden sein. Die Frage ist: von woher? Ein Versuch, den Spuren ihres Erscheinens im östlichen Mittelmeerraum nachzugehen, ergibt folgendes Bild:

In neolithischer Zeit wurde die Leichenverbrennung systematisch in ganz Griechenland praktiziert, was die Nekropole der Souphli-Magoula in Thessalien und die Nekropolen in Laurion und Prosymna bezeugen. Später jedoch scheint die Brandbestattung zugunsten der Erdbestattung in den Hintergrund getreten zu sein, da es aus dem gesamten früh- bis späthelladischen Zeitraum nur sehr wenige Beispiele gibt (Leukas, Argos, Tragana), die unter den allgemein verbreiteten Körperbestattungen völlig isoliert sind. Die Leichenverbrennung kam – wenn auch zunächst nur vereinzelt – am Ende der mykenischen Zeit (SH III B/Spät- bis Submykenisch) in den Nekropolen von Brauron, Prosymna, Theben und Salamis wieder auf. Gleiches gilt für Kreta, wo, mit Ausnahme eines einzigen bekannten MM III-Beispiels in Ailias bei Knossos, die Verbrennung seit dem 12. Jh. v. Chr. in Olous, Kritsa, Praisos, Phaistos, Mouliana und Tylissos verbreitet war.

In Mitteleuropa und Norditalien wurde sie während des 13.–12. Jhs. v. Chr., als sie immer mehr gegenüber der Leichenbestattung an Bedeutung gewann, zum vorherrschenden Bestattungsprinzip. Genau zu dieser Zeit jedoch hatten die im Grunde spärlichen Verbindungen zur griechischen Halbinsel praktisch zu bestehen aufgehört, so daß diese Sitte noch nicht einmal bis Makedonien vorgedrungen war. In Ägypten, wo man kein größeres Bestreben kannte, als den Körper für die Ewigkeit zu erhalten, muß die Leichenverbrennung geradezu tabu gewesen sein. In Zypern gehört die einzige bisher bekannte bronzezeitliche Brandbestattung, die von Kaloriziki, erst ins 11. Jh. v. Chr. In Syrien und Palästina trat die Leichenverbrennung – abgesehen von einem oder zwei frühbronzezeitlichen Beispielen (Gezer, Jericho) – im 13.–12. Jh. unvermittelt auf, im Süden des Landes zwar nur sporadisch (Tell Beit Mirsim, Hazor), im Norden jedoch vorherrschend (Alalach, Tell Sukas, Hama, Karkemisch). Dies weist auf Kleinasien als einzig in Frage kommenden Ursprungs-

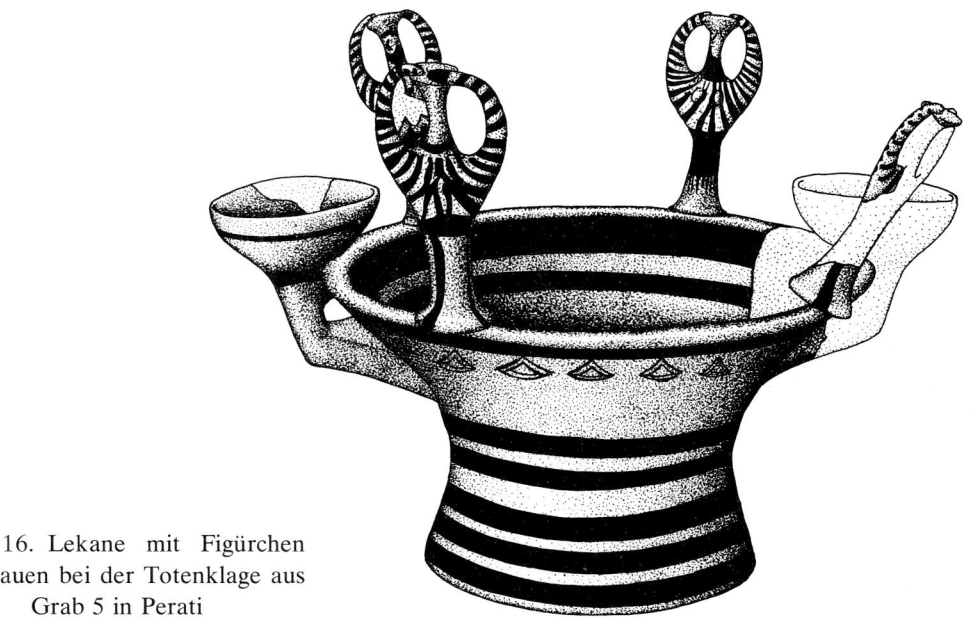

Abb. 116. Lekane mit Figürchen
von Frauen bei der Totenklage aus
Grab 5 in Perati

bereich. Tatsächlich war die Brandbestattung in verschiedenen Gebieten Anatoliens von der Frühbronzezeit bis zum Ende des 2. Jts. v. Chr. verbreitet (Gedikli Hüyük, Karahüyük, Ilica, Boğazköy, Sardis, Troja VI h). Sie wird sogar in schriftlichen Quellen dieser Zeit aus Boğazköy und Nuzi erwähnt. Gleichzeitig mit ihrer Übernahme durch mykenische Siedler in Müskebi setzte sie auf den benachbarten Inseln Kos und Rhodos ein. Dies also muß der Weg gewesen sein, auf dem sich die Leichenverbrennung durch die Ägäis ausbreitete und Perati erreichte: von Kleinasien über den Dodekanes nach Kreta und an die Ostküste des griechischen Festlandes. Dieses bis vor kurzem noch unvollständige und verwirrende Gesamtbild hat durch neue Entdeckungen, besonders in Anatolien, wesentliche Aufklärung erfahren. Zukünftige archäologische Forschungen werden zweifellos weitere einschlägige Erkenntnisse liefern; es ist jedoch höchst unwahrscheinlich, daß sich an den behaupteten historischen Zusammenhängen prinzipiell etwas ändern wird.

Grabsitten

Mykenische Gräber liefern keinerlei Information über Bestattungsriten oder -bräuche. Alles, was wir wissen, betrifft nur die letzte Phase, das eigentliche Begräbnis. Die Figürchen von Trauernden aus den Gräbern 5 und 111 von Perati – sie stammen von den beiden Lekanen 65 und 820, an deren Mündungsrand sie aufgestellt waren (Abb. 116)[4] – vermitteln uns jedoch einen kleinen Einblick in die sonst unbekannten Praktiken, denn sie stellen Frauen dar, die, klagend und sich die Haare raufend, damals wie später eine wichtige Rolle bei den Trauerfeierlichkeiten innehatten.
Die Toten wurden vollständig bekleidet begraben, worauf z. B. die in situ gefundenen Fibeln hinweisen. Sie trugen Schmuck und Gewandornamente und waren ausgerüstet mit

[4] Perati I 168. 172 Nr. 65.68–71; II 253. 267f. Abb. 116; III Taf. 51 b; 177 b (danach, als Umzeichnung, die M. Morkramer, Gießen, verdankt wird, unsere Abb. 116).

den Werkzeugen und Geräten ihres Gewerbes. Außerdem waren ihnen Speisen und Trank und gelegentlich kleine Haustiere beigegeben. In der Regel wurde dieser Brauch eingehalten; es gab jedoch auch Ausnahmen: Einige Tote scheinen aus nicht ersichtlichem Grund, der auch nicht chronologischer Natur ist, ohne irgendwelche Grabbeigaben beerdigt worden zu sein.

Nach den unberührten Bestattungen zu urteilen, hatte nahezu die Hälfte der Toten Vasen als einzige Beigaben. Nur in sehr wenigen Fällen waren diese unter den Beigaben nicht enthalten, während etwas mehr als die andere Hälfte der Toten sowohl mit Vasen als auch mit Gegenständen anderer Art ausgestattet war. Letztere befanden sich an der ihnen jeweils funktionsgemäß entsprechenden Stelle, also Ringe an Fingern, Haarspiralen hinter dem Nacken oder Perlen und Kettenglieder um den Hals. Die Vasen dagegen waren auf dem Toten oder um ihn herum aufgestellt. In der Regel standen sie aufrecht, zuweilen schräg und in sehr seltenen Fällen – wie bei der mittleren Bestattung in Grab 5 – nach unten umgedreht. Im Durchschnitt kamen auf eine Bestattung zwei oder drei, jedenfalls nicht mehr als fünf Vasen. Sie haben die schon von anderen Nekropolen und Siedlungen bekannten Formen und waren offensichtlich gewöhnliche Haushaltsware und nicht speziell für die Verwendung bei Bestattungen angefertigt. Am zahlreichsten sind Parfümfläschchen, gefolgt von Stamniskoi (vgl. Abb. 117a–e) und Alabastren, Flüssigkeitsbehältern, Trinkgefäßen und Essensschalen. Da es sehr wahrscheinlich ist, daß Stamniskoi und Alabastren als Salbgefäße verwendet wurden, scheinen mehr als die Hälfte der Grabgefäße Parfüm in der einen oder anderen Form enthalten zu haben (s. unten S. 454f.).

In der Regel waren den Toten gefüllte Vasen beigegeben, so daß in den meisten Fällen weniger das Gefäß als dessen Inhalt die in Wahrheit beabsichtigte Grabbeigabe darstellte. Selten 'brandneu', waren die Vasen zwar im allgemeinen schon benutzt, aber in gutem Erhaltungszustand. Einige Vasen und andere Objekte waren, als man sie ins Grab gab, jedoch bereits zerbrochen und unbrauchbar, wenn auch um des äußeren Scheines willen nachlässig wieder zusammengesetzt.

Kinder und Kleinkinder wurden entweder zusammen mit den Erwachsenen oder in kleinen Nischen und Seitengräbern bestattet. Ihre Ausstattung glich derjenigen ihrer Eltern, wenn sie auch weniger aufwendig war und 'Baby-Fläschchen' (vgl. Abb. 117q.r), Spielzeug (Tierfigürchen, konische Muscheln) und Psi-Figürchen enthielt, die höchstwahrscheinlich göttliche Ammen darstellten, von denen man hoffte, daß sie dem Kind bei seiner einsamen Reise in die Unterwelt beistünden.

Nach dem Begräbnis wurde der Eingang zur Kammer mit einer Steinwand verschlossen; Gräber in Gruben wurden mit Deckplatten abgedeckt und anschließend der Dromos bzw. der obere Teil der Grube aufgefüllt. Es gibt keine Anzeichen für die Feier eines Leichenmahles nach der Bestattung. Für jedes folgende Begräbnis mußte das Grab von neuem geöffnet werden. Zu diesem Zweck wurde entweder die Grube aufgedeckt oder – bei Kammergräbern – der Teil des Dromos, der der Grabtür am nächsten lag, aufgegraben. Von den oberen Steinen der Eingangsmauer nahm man so viele wie nötig weg. Die neue Leiche und ihre Beigaben wurden durch diese schmale Öffnung in die Kammer gebracht und nahe bei der älteren Bestattung beigesetzt. Danach wurde das Grab wie vorher verschlossen. Feuerspuren als Zeichen für Ausräucherungen oder andere Zwecke wurden in den Kammern nicht gefunden.

Wenn im Laufe der Zeit neue Bestattungen schließlich die gesamte Bodenfläche des Grabes eingenommen hatten, wurden ihre Überreste bedenkenlos weggeräumt. Man fegte sie pietätlos von der Mitte an die Seiten, in die Ecken oder sogar in die Gruben der Kammern, so daß haufenweise meist zerbrochene Keramik, Knochen und verstreute Objekte herumlagen. Gelegentlich nahmen diese Anhäufungen derart überhand, daß sie – wie in den Gräbern 145 und 149 – eingeebnet und mit etwas Erde bedeckt werden mußten, um ein neues Bodenniveau für weitere Bestattungen zu schaffen. Das gleiche geschah, wenn große, von der Decke herabgestürzte Brocken den Boden überschüttet hatten und ein Wegräumen nicht möglich war. So entstanden in 17 Gräbern mehr oder weniger deutlich voneinander getrennte Bestattungsstraten (Abb. 115).

In einigen Gräbern nahmen die beiseitegeräumten Reste schließlich so viel Platz ein, daß die betreffenden Kammern teilweise geleert werden mußten. Dies erreichte man, indem man wahllos etliches hinauswarf, wie an dem Mißverhältnis von Schädeln zu Knochen in mancher Kammer zu erkennen ist, ferner am Vorhandensein von Knochenresten in der Dromosfüllung, an unvollständigen Vasen in der Kammer, an Topfscherben zwischen den Steinen des Eingangs und in der Füllung des Dromos und nicht zuletzt an Scherben ein und derselben Vase, die teils in der Kammer, teils im Dromos verstreut lagen, wie in den Gräbern 90 und 108. Ähnlich verhält es sich auch mit dem Figürchen einer Trauernden aus dem Dromos von Grab 111, das zu der Lekane 820 gehörte, die in der Kammer desselben Grabes verblieben war (s. oben S. 443). Dieser Vorgang ist nicht etwa ein Zeichen für feindliche Gesinnung oder Zerstörungswillen gegenüber älteren Relikten; er bedeutet vielmehr nichts weiter, als daß die Gebeine und Beigaben der Toten nicht mehr als Überreste bestimmter Verstorbener angesehen wurden, sondern einfach als zusammenhanglose Gegenstände, die weggeräumt und sogar aus dem Grab hinausgeworfen werden konnten.

Außer bei Überfüllung wurden Gräber schließlich auch sehr häufig zwischen den einzelnen Bestattungsvorgängen geöffnet und ihr Inhalt weggeräumt. Von 500 bestatteten Toten waren nur 19 völlig ungestört geblieben. Mindestens 26 Gräber waren gestört, ohne daß ein Versuch gemacht worden wäre, sie für eine neue Bestattung herzurichten, und bei vielen Skeletten, die in situ vorgefunden wurden, zeigte sich, daß sie leicht verschoben und ein Teil ihrer Beigaben entfernt worden waren. Es besteht kein Zweifel, daß die Lebenden jede Gelegenheit nutzten, den Toten solche Beigaben wieder wegzunehmen, die noch Wert besaßen und verwendet werden konnten, und daß sie hin und wieder skrupellos die Gräber zu diesem Zwecke öffneten.

Andererseits hatte man sich um einen Toten in Grab Sigma 3, der bereits vor der völligen Zersetzung der weichen Gewebe verlegt worden war, mit einiger Sorgfalt bemüht: Einige Seemuscheln auf einem kleinen Haufen Holzkohle – ein nachträgliches Mahl, wie es scheint – waren auf die Knochen gelegt. Dieses Beispiel eines Zweitopfers für einen Toten – einzigartig in Perati – ist äußerst aufschlußreich für die Glaubensvorstellungen der Menschen bezüglich des Todes und ihre Einstellung dazu: Bei der Beerdigung wurde der Verstorbene mit nahezu allem ausgerüstet, was er im Leben gebraucht hätte, und mit Zuneigung und Respekt behandelt. Diese Haltung endete mit der Grablegung und wurde, wenn auch oberflächlich, nur so lange erneuert, als noch Spuren von Fleisch an den Knochen hafteten, die man danach mit völliger Indifferenz wie leblose Gegenstände behandelte. Offenbar hatte man die Vorstellung, der Körper des Toten brauche alles, was einem lebenden

Menschen zukomme, während das Skelett nichts benötige. Dies würde erklären, warum die Leichenverbrennung als Bestattungsmethode angenommen wurde und man sich die Mühe machte, die Toten mit vollständiger Kleidung und mit Beigaben ausgestattet auf den Scheiterhaufen zu legen, nur um unmittelbar nachher ihre Knochen zu zerbrechen und fortzuwerfen, außer der einen Handvoll, die ins Grab gelegt wurde: Man sah in der Verbrennung lediglich eine Beschleunigung des Verwesungsprozesses mit dem zusätzlichen Vorteil, daß die vollzogene Bestattung nur sehr wenig Raum im Familiengrab einnahm. Es gibt in Perati keine Anzeichen für einen Totenkult in dem Sinne, daß nach der Bestattung Geschenke und Opfer an besonderen Tagen und bei bestimmten Gelegenheiten hätten dargebracht werden müssen, um die Geister zu besänftigen und ihre vermeintlichen übernatürlichen Kräfte zu beschwören. Ein solcher Kult, wie er sich später ganz allgemein auf die Vorfahren bezog und nicht nur auf die verstorbenen Mitglieder der Familie, trat erst in geometrischer Zeit auf und war den Mykenern unbekannt. Mit der vollkommenen Zersetzung der Leiche, einer Tatsache, die wahrscheinlich als Zeichen dafür galt, daß die Toten das Ende ihrer Reise in die Unterwelt erreicht hatten, erlosch jegliches Interesse an dem Verstorbenen, und alle Maßnahmen im Sinne einer Zuwendung wurden fallengelassen.

Die Funde

Mit Ausnahme einer hellenistischen Bronzemünze von Chalkis und der beiden fragmentierten Amphoren 532 und 1165 gleicher Zeitstellung gehört alles, was im Nekropolenbereich gefunden wurde, zu einer einzigen gut datierten Periode, nämlich der abschließenden Jahre der mykenischen Epoche. Die Funde setzen sich zusammen aus mehreren hundert Gegenständen unterschiedlichster Art und 1262 verschiedenen Tongefäßen und Terrakottafigürchen.

Keramik

Formen

Die Keramik von Perati umfaßt – wenn auch in unterschiedlicher Häufigkeit – eine Fülle verschiedener Vasenformen und bietet hierin – mit einer Ausnahme[5] – ein Bild, das dem anderer mykenischer Fundstätten entspricht. Allerdings sind einige Vasenformen damit erstmals in Attika belegt. Besonders bei den mengenmäßig stärker vertretenen Formen kommen mehrere Typen vor, was auf eine typologische Entwicklung hinweist. Die Stadien dieser Entwicklung unterscheiden sich nicht wesentlich von denen an anderen Fundorten. Eine ausführliche Beschreibung aller Keramikformen mit ihren in unterschiedlicher Häufigkeit vorkommenden Typen kann hier anders als in der Grabungspublikation nicht erfolgen. Von der Redaktion wurde eine komprimierte, sich auf wesentliche Gesichtspunkte beschränkende Zusammenfassung erstellt, die der Zielsetzung des vorliegenden Buches eher dienlich ist.

---

[5] Siebgefäß aus Grab 75: Perati II 83 Nr. 639 Farbtaf. 1a; III Taf. 28c.

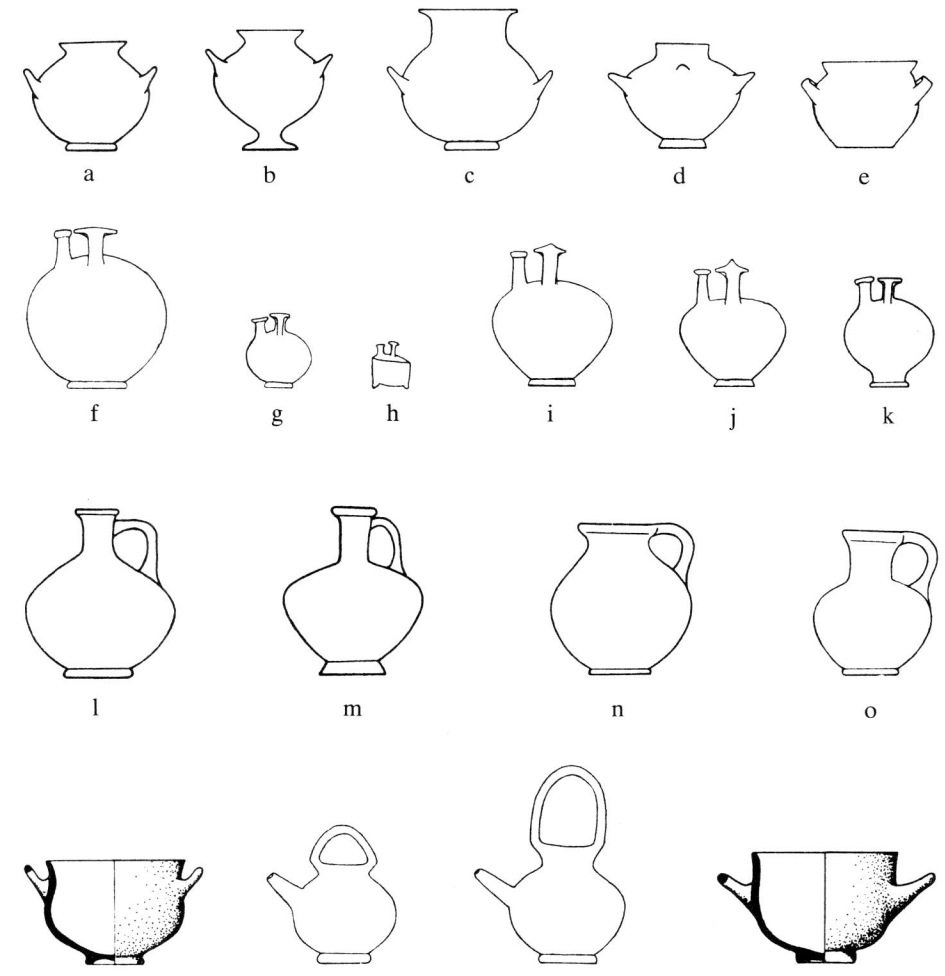

Abb. 117a–s. Keramik-
typen aus der mykeni-
schen Nekropole von Pe-
rati: (a–e) Stamniskoi,
(f–k) Bügelkannen,
(l.m) Lekythen, (n.o) Kännchen, (p.s) Skyphoi und
(q.r) ʻBaby-Fläschchenʼ

Die weitaus größte Gruppe der Keramik von Perati bilden die Bügelkannen; ihre Zahl be-
trägt 362. An zweiter Stelle stehen die Stamniskoi, von denen 221 gefunden wurden. Die
Bügelkannen kommen in den folgenden sechs Typen vor: kugelig und abgeflacht
(Abb. 117f.g); oval (Abb. 117i); konisch, mit nahezu flacher Schulter (Abb. 117j);
gedrungen birnenförmig mit Einziehung im unteren Teil (Abb. 117k) sowie zylindrisch
(Abb. 117h)[6].
Alle Varianten haben eine im großen und ganzen vertikale röhrenartige enge Ausgußtülle
mit ringförmiger Lippe. Demgegenüber ist die Scheibe des Bügelknaufs bei den einzelnen
Typen jeweils anders geformt. Aufgrund der Verbindung der verschiedenen Typen mit
Auswahl und Verteilung des Dekors lassen sich die Bügelkannen von Perati in drei
Gruppen einteilen.
Alle sechs Typen der Bügelkannen von Perati sind auch von anderen Orten bekannt. Der
kugelige und der birnenförmige Typ waren hauptsächlich in der Phase SH III B verbreitet
und hörten zu Beginn des SH III C 1 auf, während die niedrige Variante mehr oder weni-
ger zeitgleich war, sich aber etwas länger hielt. Als sie aus der Mode kam, scheint die zylin-

[6] Perati II 153 ff. Abb. 25a–f (danach – in geänderter
Reihenfolge – unsere Abb. 117f–k).

447

drische Form, von der nur sehr wenige Stücke gefunden wurden, noch in Gebrauch gewesen zu sein. Die ovale und die konische Form gehören in die Periode SH III C, denn sie sind für den 'Dichten Stil' charakteristisch. Die konischen Bügelkannen nehmen Formen und Verzierungselemente der submykenischen Epoche vorweg.

Bei vier Bügelkannen von Perati handelt es sich um Import. Davon lassen sich zwei aufgrund ihrer Form und ihres Dekors – die eine (Nr. 1088) ist bikonisch und mit Mustern im 'Fransenstil' verziert, die andere (Nr. 198) mit einem Oktopus eines u. a. aus Knossos bekannten Typs – als kretisch identifizieren; bei der dritten (Nr. 391) handelt es sich um ein SH III C-Stück aus Naxos.

Die Stamniskoi – die zweithäufigste Form –, die sich nach der Gestalt des Vasenkörpers und der Mündung in fünf Typen einteilen lassen (Abb. 117a–e)[7], können wie die Bügelkannen entsprechend der Verbindung ihrer einzelnen Typen mit den verschiedenen Verzierungsformen in vier Gruppen gegliedert werden. An einen der Stamniskostypen (Abb. 117d) lassen sich die zehn 'Halskragen'-Krüge aus Perati anschließen.

Von Krateren, die im mykenischen Griechenland, der Ägäis und dem Vorderen Orient weit verbreitet waren (vgl. hierzu den Beitrag von J.-C. Courtois, oben S. 202ff.), wurden in Perati nur vier Stück gefunden, die birnenförmigen bzw. bauchigen Körper haben. Beide Formen waren in der Phase SH III B in Gebrauch, die zweite jedoch mit Schwerpunkt im SH III C.

Die 39 Alabastren, die in Perati gefunden wurden, gehören einem Typ mit gerundeter Form, vier verschiedenen Typen mit eckigem Umriß sowie einem weiteren Typ mit drei Beinen an, zu dem auch eine wahrscheinlich aus Rhodos importierte Variante gehört. Während es sich bei den dreibeinigen Alabastren um eine ziemlich seltene Gruppe handelt, die an einigen Orten von der Zeit des 'Dichten Stils' bis zur geometrischen Epoche vorkam – auch zwei der Typen mit eckigem Umriß sind selten –, waren die anderen in Perati vertretenen Typen im Ägäisraum in der Epoche SH III weit verbreitet.

Insgesamt 97 zumeist einhenklige, aber auch zweihenklige Tassen sind aus Perati bekannt. Die einhenkligen entsprechen sechs gängigen Typen und kamen in Perati ohne erkennbaren Zeitunterschied alle nebeneinander vor, während ansonsten die breiten Tassen zu den älteren gehören, die hohen zu den jüngeren; letztere reichten weit in die submykenische Periode hinein. Der zweihenklige Sondertyp ist auch sonst selten und nur in Ialysos, Lefkandi, Mykene, Asine und Pylos belegt. Demgegenüber waren die Tassen mit Ausgußtülle – in Perati eine Sonderform – im Ägäisraum bis zum Beginn von SH III C ziemlich häufig.

Im Unterschied zu den Tassen gehören die 78 in Perati gefundenen Skyphoi vier nur wenig voneinander abweichenden Typvarianten an (Abb. 117p.s)[8]. Skyphoi traten vom SH III-A 2 bis zum Ende des SH III C überall an mykenischen Fundorten auf. Die Beispiele von Perati besitzen enge formale Beziehungen zu denen auf Lefkandi.

Auffallend gering ist demgegenüber die Zahl der Kyliken aus Perati. Nur drei mit konischer Form auf hohem Fuß wurden gefunden sowie eine weitere, die durch ihre Tassenform auf niedrigem Fuß und ihre drei Henkel von der Norm abweicht, eine Form, die auch aus der Zerstörungsschicht des 'Granary' von Mykene bekannt ist.

---

[7] Perati II 198ff. Abb. 77a–e (danach – in leicht geänderter Reihenfolge – unsere Abb. 117a–e).

[8] Perati II 219ff. Abb. 84a–d (nach Abb. 84a.c unsere Abb. 117p.s).

Die in größerer Zahl (46) gefundenen Lekanen kommen in drei Typvarianten vor – glockenförmig, konisch und bikonisch – und sind einheitlich mit zwei horizontalen Schlaufenhenkeln ausgestattet. Die beiden Lekanen aus den Gräbern 5 (Abb. 116) und 111 weisen vier bzw. drei kleine Löcher am Rand auf, in denen die oben S. 443 und S. 445 erwähnten Figürchen im Trauergestus befestigt waren. Bei diesen Tonlekanen handelt es sich um die Nachahmung metallener Vorbilder, die es seit dem SH III A gab. Die glockenförmige Variante ist charakteristisch für die Periode SH III A 2/B; die beiden anderen waren während der Zeitstufe SH III C 1 in Attika, der Argolis, auf den Kykladen und dem Dodekanes gängig.

Im Anschluß an die Lekanen lassen sich die fünf konischen Schüsseln aus Perati anführen. Sie vertreten in ihrer Form einen Typ, der während dem SH III B gebräuchlich war und sich bis ins SH III C hielt.

In unserer Nekropole wurden auch acht Humpen gefunden, die mit ihren Verzierungen Stilmerkmalen der Phase SH III C folgen. Ihre Form war während der Zeiten SH III A und B besonders beliebt und weit verbreitet.

Mit ganz wenigen Ausnahmen sind die 85 Krüge trotz ihrer beträchtlichen Anzahl in ihrer Formausprägung, die von den meisten mykenischen Fundplätzen aus den Phasen SH III-B/C bekannt ist, verhältnismäßig einheitlich: sehr niedrige, flache Basis, ovaler (seltener kugeliger) Körper, röhrenförmiger Hals, auswärts gebogene Lippe, vertikaler Rundhenkel. Der in drei Exemplaren vertretene Sondertyp mit seitlicher Ausgußtülle – bei ansonsten gleicher Form – war im gesamten Ägäisbereich bekannt und zählt zu den von den Philistern übernommenen Formen. Die Stücke aus Perati scheinen Nachahmungen von SH III B/C 1-Vorbildern von Naxos und des Dodekanes zu sein.

In größerer Anzahl wurden auch Kännchen in Perati gefunden, und zwar 68 Stück. Sie weisen teilweise die gleiche Form wie die Krüge auf (Abb. 117o), zum Teil aber auch andere Formen, die insbesondere durch einen kurzen Hals gekennzeichnet sind (Abb. 117n)[9]. Einheitliche Form – sie entspricht dem während der Übergangszeit SH III B/C 1 geläufigen Typ – haben demgegenüber die Hydrien aus Perati, von denen allerdings nur 13 gefunden wurden.

In vergleichbarer Menge sind Oinochoen in Perati vertreten, deren Zahl sich auf 18 beläuft. Sie sind durch ihre Kleeblattmündung charakterisiert, ähneln im übrigen aber den Krügen. Die Oinochoen entsprechen einem Typ, der im SH III C 1a auf dem griechischen Festland und der Ägäis einsetzte und sich bis in die geometrische Zeit hielt.

Die 43 'Baby-Fläschchen' sind meist oval, aber auch kugelig, gedrungen oder konisch, mit hohem oder niedrigem Henkel und einer schräg verlaufenden röhrenförmigen Tülle (Abb. 117q.r)[10]. Diese Gefäßart – sie gehört übrigens auch zu den von den Philistern nachgeahmten Typen – war während der ganzen Periode SH III weit verbreitet. Die einzige Veränderung im Laufe der Zeit betraf die Schulterverzierung, und damit gehören die 'Baby-Fläschchen' von Perati zu den letzten ihrer Art.

Ein anderes Bild ergibt sich demgegenüber bei den Lekythen, die in größerer Zahl, nämlich 62, gefunden wurden. Sie weisen einheitlich einen langen, schmalen Hals auf und

---

[9] Perati II 234 ff. Abb. 95 a.b (danach – in vertauschter Anordnung – unsere Abb. 117n.o).

[10] Perati II 241 ff. Abb. 101 (danach unsere Abb. 117q.r). 102.

kommen in zwei nahezu gleich stark vertretenen Typen vor: bauchig-gedrungen mit SH III-B/C-Mustern (Abb. 117l) oder konisch mit Verzierung im 'Granary'-Stil oder im 'Dichten Stil' (Abb. 117m)[11]. Bisher waren nur sehr wenige Lekythen bekannt, die nicht älter als SH III C waren. Die Neufunde von Perati vermehren ihre Zahl um das Dreifache und stellen damit eine bedeutsame Bereicherung für die archäologische Analyse dar. Außerdem zeigen sie, daß diese Vasenform am Übergang vom SH III B zum SH III C entstanden ist. Trotz ihrer geringen Zahl von nur vier gefundenen Exemplaren verdienen auch die Feldflaschen lentoider Form aus Perati besondere Beachtung, denn dieser Gefäßtypus ist sehr selten und nur von Naxos und dem Dodekanes bekannt. Es gibt Feldflaschen mit gleichmäßiger Wölbung der einen und Zuspitzung zu einem mittleren Buckel auf der anderen Seite sowie Verzierungen aus konzentrischen Ringen oder Spiralen. Die fraglichen Formen gehören in die Zeit des SH III B/C 1.

Ähnlich verhält es sich auch mit acht Pyxiden, die mit ihrem flachen zylindrischen Körper und konvexen Deckel Nachbildungen von hölzernen Pyxiden darstellen, die seit der Frühen Bronzezeit belegt sind. Ihre auf den ersten Blick gering erscheinende Anzahl in Perati ist bedeutsam genug, sind doch bisher nur jeweils eine Tonpyxis aus Mykene und aus Ialysos sowie eine dritte unbekannter Herkunft bekannt, die aus der Phase SH III C 1 stammen.

Ebenfalls einem nicht sehr häufigen Typ dieser Phase gehören die acht ringförmigen Gefäße mit Korbhenkel an. Demgegenüber entsprechen sieben Kompositgefäße – bis auf einen Kernos, Nr. 866 – Typen, die überall in der Ägäis am Ende von SH III B und zu Beginn des SH III C auftreten. Der besagte Kernos weist dagegen eine Form auf, die bisher nur aus Phylakopi bekannt ist; er wird daher als kykladischer Import des ausgehenden SH III B anzusprechen sein.

Darüber hinaus wurden in Perati von einer Reihe weiterer Vasenformen nur Einzelstücke gefunden. Hervorgehoben seien davon die ovale, hochhalsige Bauchhenkel-Amphora Nr. 590, die ein Gegenstück im Kammergrab 1 Nr. 5 in Asine besitzt, ferner zwei Askoi mit charakteristischer, einen Ziegenhautschlauch nachahmender Form, die sich im Laufe ihrer langen Geschichte nahezu unverändert gehalten hat, sowie schließlich zwei Schöpfkellen (Kyathoi) in einheitlicher Gestalt vom Mittelhelladikum bis zum Ende der mykenischen Epoche.

Technik

Die Masse der Gefäße wurde in lokalen Töpferwerkstätten hergestellt. Bis auf wenige Ausnahmen sind alle auf der Scheibe gedreht, sorgsam ausgeformt und gut gebrannt. Vier verschiedene lokale Tonsorten (gelbweiß, braungelb, grünlich und rot) wurden zur Herstellung der Vasen verwendet.

Fast alle Vasen sind mit einem Überzug versehen, der manchmal aus dem gleichen Ton besteht, sich jedoch meistens in Farbe und Konsistenz unterscheidet. Bevorzugt wurde dabei ein weißlicher oder gelblicher Überzug, den fast zwei Drittel der Vasen aufweisen, darunter sind die schönsten Exemplare aus Perati überhaupt.

---

[11] Perati II 244ff. Abb. 103–105 (nach Abb. 103a.b unsere Abb. 117 l.m).

Die Vasen sind mit einem Firnis versehen, der mit einer Bürste aufgetragen wurde. Gewöhnlich glänzend, manchmal matt, tritt er in den drei Grundfarben Braun, Rot und Schwarz auf, die in verschiedenen Farbnuancen erscheinen. Die Farben variieren von Gefäß zu Gefäß, oft von einer Seite eines Gefäßes zur anderen, was offensichtlich von der Dicke des Firnisses oder vom Brand abhängt. Der Firnis besteht aus sehr feinem roten Tonschlicker, der mit Wasser und etwas Alkali, wahrscheinlich Pottasche, vermischt wurde. Beim Oxidationsbrand behielt er seine Originalfarbe. Braun oder Schwarz wurde durch die in drei Phasen erfolgende Veränderung der Luftzufuhr erreicht. Der in der Reduktionsphase schwarz oder braun gewordene gefirnißte Teil behielt auch in der Reoxidationsphase seine Farbe, weil das in dem Firnis enthaltene Alkali versinterte und ihn gegen die Einwirkung der Luftzufuhr abschloß. Überall, wo der Firnisauftrag zu dünn war, reichte der Alkaligehalt zum Schutz nicht aus, woraus sich die verschiedenen Farbabstufungen erklären.

Die Vasen lassen sich je nach Ton, Machart, Firnis und Dekor in vier Hauptgruppen einteilen: Die der ersten Gruppe bestehen aus feinem, gut gebranntem Ton mit ähnlich beschaffenem Überzug. Die Verzierung ist sorgfältig gezeichnet und in einheitlichem, gleichmäßigem Firnis aufgetragen. Es handelt sich um prächtige Stücke, meistens Bügelkannen (Abb. 117f–k). In der zweiten Gruppe, die durch die Verwendung von Tonarten der unterschiedlichsten Qualität gekennzeichnet ist, sind Vasen der meisten Formen vertreten. Der Überzug von der gleichen feinen Qualität wie oben ist in der Regel anders und feiner als der Ton. Mit anderen Worten, die Stücke sind schwächere Nachahmungen der Vasen der ersten Gruppe und kommen aus denselben Werkstätten.

Die dritte Gruppe besteht aus großen Haushaltsgefäßen wie z. B. Krügen oder Lekanen, die aus grobem Ton hergestellt sind und einen dick aufgetragenen, nicht sehr feinen, weißlichen Überzug besitzen. Zur vierten Gruppe zählen Vasen verschiedener Formen aus dem grünlichen Ton, der eine schlechtere Formbarkeit und geringere Kohäsion aufweist. Angefügte Teile wie die Henkel brechen leicht ab, auch der Firnis blättert ab und hinterläßt schwache orangefarbene Spuren. Viele dieser Töpfe sind sorgfältig gearbeitet und gut dekoriert, doch in schlechtem Erhaltungszustand.

Verzierung

Keinerlei Bemalung, also keinen Firnisauftrag, weisen nur 15 Gefäße, meist Haushaltsware, auf; dagegen ist weniger als ein Zehntel vollständig bemalt, während alle übrigen teilweise verziert sind. Die einfachste Form der Verzierung – sie erscheint auf einem Drittel der Vasen, nämlich 407 Stücken, meist Bechern, Krügen, Skyphoi (Abb. 117p.s) und Deckeln – besteht aus einigen Streifen oder aus größeren Flächen, die so angeordnet sind, daß sie die Hauptmerkmale des Gefäßkörpers wie z. B. den Hals oder den breitesten Durchmesser, ebenso aber auch Einzelteile wie z. B. Lippen, Henkel oder Boden hervorheben.

Diese Grundform wird auf 630 anderen Gefäßen – und damit etwa der Hälfte aller Vasen aus Perati, überwiegend ringförmigen Vasen, Lekythen (Abb. 117 l.m) und Bügelkannen (Abb. 117f–k) – durch eine große Zahl geometrischer oder gegenständlich-figürlicher

Muster und Motive in mannigfachen Variationen bereichert, die – stets aus freier Hand gezeichnet – in der Regel auf Schulter oder Bauch als den wichtigsten Schmuckzonen der Vasen erscheinen. Neben einfachen linearen Mustern wie Linienblöcken, Winkelreihen, alternierenden V-Mustern – allesamt Formen der SH III B-Keramik –, Schraffuren, Zickzack- und Wellenlinien, Punkten in Kreis- oder Linienform, konzentrischen Bögen (Abb. 118h)[12], Reihen von Halbkreisen und anderem kommen auch differenziertere bzw. zusammengesetzte Formen vor, hauptsächlich folgende: metopenartige Felder, gefüllt mit geometrischen Mustern, kurvilineare Gebilde mit unterschiedlicher Anordnung konzentrischer Bögen (Abb. 118e.g)[13], fortlaufend gereihte oder antithetisch gesetzte Spiralformen, sogar mit Binnenfüllung (Abb. 118f)[14], sowie Dreiecke und Rauten, die mit Schraffuren, Winkeln oder konzentrischen Bögen u. a. in unterschiedlicher Anordnung gefüllt sind (Abb. 118a)[15].

Die wichtigsten vegetabilen Motive sind: Rosetten mit unterschiedlicher Blätterzahl, Umrißform und Musterung (Abb. 118b)[16]; offene Blüten mit gegabelten Kelchen und mit gepunkteter Krone (Abb. 118c)[17]; geschlossene Blüten mit annähernd dreieckigem Umriß, gefüllt mit konzentrischen Bögen oder geometrischen Mustern (Abb. 118d.i)[18]. Beide Blütenformen unterscheiden sich z. T. durch weitgehende Stilisierung deutlich vom Naturbild. Dennoch läßt sich die offene Variante auf die Darstellung einer Lilie und die geschlossene auf eine Papyrusdolde zurückführen.

Den ersten Platz unter den figürlichen Motiven nehmen die Darstellungen von Tintenfischen (Oktopus) ein, sie kommen nur bei den Bügelkannen vor. Sie weisen eine unglaubliche Variationsbreite auf und sind von großer Eleganz mit ihren symmetrisch angeordneten Fangarmen, deren Zahl gewöhnlich acht beträgt, jedoch zwischen vier und zwölf wechselt (Abb. 118j)[19]. Die Tintenfische mit dünnen, fadenähnlichen Armen sind zweifellos 'Nachfahren' eines kretischen Typs, der in den Phasen SH III A und B in Blüte gestanden hatte. Die anderen bilden demgegenüber eine Variante des 'Dichten Stils', die von den Inseln und aus dem östlichen Küstenbereich der Ägäis bekannt ist und ihren Ursprung wahrscheinlich auf Naxos hatte, jeweils aber von lokaler Prägung ist. An ihrer Entwicklung hatte Perati einen eigenständigen Anteil.

Meist in Verbindung mit den Tintenfischen sind auch Fische oder Vögel dargestellt. Ihre Körperfläche ist in der Regel mit verschiedenen geometrischen Mustern gefüllt. Die Vögel gehören größtenteils zu A. Furumarks 'spätem östlichen Typ', der in der Phase SH III C im Ägäisraum weit verbreitet war.

Weitere figürliche Motive sind selten in der Vasenmalerei von Perati. Neben Purpurschneckendarstellungen auf zwei Vasen ist den folgenden Motiven, die zwar nur einmal

[12] Perati II 108f. 259f. Abb. 8 Nr. 15; Abb. 112 Nr. 1142 (danach unsere Abb. 118h).

[13] Perati II 168 Abb. 45 Nr. 789; Abb. 46 Nr. 421 (danach unsere Abb. 118e.g).

[14] Perati II 112 Abb. 8 Nr. 17g.h; S. 165f. Abb. 38 Nr. 105 (danach unsere Abb. 118f).

[15] Perati II 113ff. Abb. 9 (nach Abb. 9 Nr. 20d.e.i.j; Nr. 21d–f unsere Abb. 118a).

[16] Perati II 125f. Abb. 13a–g (danach unsere Abb. 118b).

[17] Perati II 128ff. Abb. 15,1–11 (nach Abb. 15,1.2.9 unsere Abb. 118c).

[18] Perati II 130ff. Abb. 16, 12–23 (nach Abb. 16, 22.14.19 unsere Abb. 118d; die Blüten sind in unserer Abb. 118c.d nicht liegend wie in der Publikation, sondern stehend angeordnet); S. 259f. Abb. 112 Nr. 369 (danach unsere Abb. 118i).

[19] Perati II 142ff. 181ff. Abb. 22. 66–73 (nach Abb. 70 Nr. 261 unsere Abb. 118j; vgl. dazu auch Buchholz–Karageorghis, Altägäis 77 Nr. 1034).

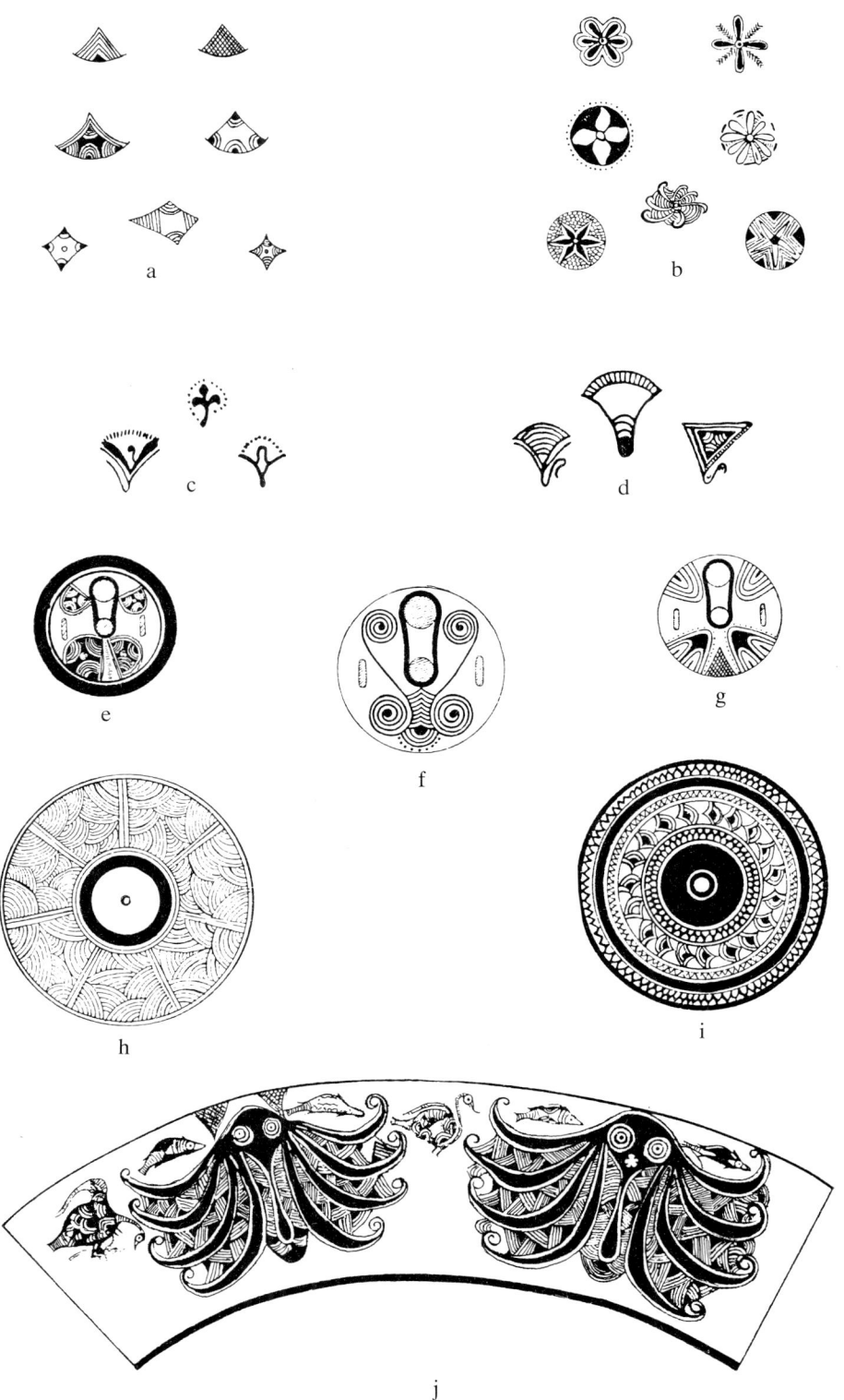

Abb. 118 a–j. Verzierungsmuster und Motivkombinationen der Perati-Keramik:
(a) geometrische Muster, (b) Rosettenformen, (c) Lilien, (d) Papyrusdolden, (e–g) Schulterverzierung von Bügelkannen, (h.i) Pyxisdeckel mit Dekor des 'Dichten Stils', (j) Ok-
topusverzierung, Vögel und Fische an einer Bügelkanne

vorkommen, größere Bedeutung beizumessen: Die Schulter einer Bügelkanne schmückt ein einzelnes stehendes Pferd mit erhobenem Schweif, auf dessen Rücken ein 'Stundenglas'-Motiv steht. Es ist eines der seltenen Beispiele für die Darstellung eines Pferdes ohne Wagen oder Reiter bzw. Begleitfigur. Demgegenüber läßt sich die Darstellung eines Mannes in gebückter Haltung auf der Schulter einer anderen Bügelkanne in den Typ B von A. Furumarks Einteilung der Menschenfiguren einordnen. Die Zeichnung ist bei aller Flüchtigkeit schwungvoll und lebendig. Besonders bemerkenswert ist in diesem Zusammenhang die nicht nur für die Keramik von Perati einzigartige Landschaftsdarstellung auf der Bügelkanne Nr. 892, die einen Steinbock, eine Palme, Büsche sowie Vogelscharen zeigt, eine Darstellung, die von einem Fresko inspiriert zu sein scheint[20].

Von den bisher genannten figürlichen Motiven hebt sich dagegen die Darstellung einer Vogelprotome durch ihre weitgehende Stilisierung ab: Der protomenartige Ausschnitt des Körpers ist zu einem geometrischen Muster in Form konzentrischer Dreiecke umgestaltet. Diese Darstellung gewinnt insofern an Bedeutung, als sie sich ähnlichen Bildungen in Asine und Ialysos zur Seite stellen läßt.

Insgesamt gesehen, bietet die Keramik von Perati in Auswahl und Anordnung ihrer Verzierungsformen ein verhältnismäßig homogenes Bild. Muster und Motive lassen sich mit wenigen Ausnahmen den Stilen der Phase SH III C zuordnen, die sie durch eigenständige Varianten in bemerkenswerter Weise bereichern.

Inhalt der Gefäße

Über den ursprünglichen Inhalt der Vasen lassen sich nur mehr Vermutungen anstellen. Denn daß Spuren vorhanden sind, wie im Falle des mit einer Ausgußtülle versehenen Kruges Nr. 280, stellt eine große Ausnahme dar. Es handelt sich um Honigreste, die höchstwahrscheinlich mit Milch vermischt waren. Vogelknochen kommen in der Lekane Nr. 795 vor.

In der Regel muß man von der allgemeinen Form des Gefäßes, seiner Größe, der Gestalt seiner Mündung, dem Vorhandensein einer Tülle, dem Dekor usw. auf die jeweilige Funktion und den mutmaßlichen Inhalt schließen. So waren Bügelkannen ebenso wie Lekythen, Flaschen und Ringvasen zweifellos Behältnisse von Parfüm. Sehr bauchige Gefäße mit offener Mündung wie Krüge, Hydrien, Oinochoen, 'Halskragen'-Krüge, Kratere, Kännchen und alle Gefäße mit Ausgußtülle müssen Flüssigkeiten enthalten haben. Lekanen (nach dem Zeugnis von Nr. 795), konische Schüsseln und eine unbestimmte Anzahl von Skyphoi hatten feste Speisen enthalten, während die übrigen Skyphoi, Becher, Humpen, Kylikes und ein kleiner Becher aus Grab 13 als Trinkgefäße gedient haben. Stamniskoi und Alabastren sind mehr oder weniger ähnlich in der Form, und es scheint, daß erstere die letzteren verdrängten, was bedeutet, daß ihr Inhalt der gleiche gewesen sein muß. Bei den Alabastren spricht alles dafür, daß sie eine Salbe in der Art von parfümiertem Öl enthielten. Als Gruppe sind Parfümvasen am zahlreichsten (35,5%), danach kommen Flüssigkeitsbehältnisse (19,1%), Trinkgefäße (15,3%) und Eßgeschirr (4,8%). Stamniskoi und Alabastren

---

[20] Perati II 181 Nr. 892 Abb. 65.

machen 22 % aus. Zusammen mit den Parfümgefäßen, zu welchen sie offensichtlich gehören, stellen sie mehr als die Hälfte der gesamten Keramikfunde dar.

Figürchen

Die Gräber enthielten eine Anzahl Terrakottafigürchen in Menschen- wie in Tiergestalt, die aus den gleichen Tonarten wie die Vasen bestehen und mit dem gleichen Firnis bemalt sind. Sie sind zu einigen Grundtypen stilisiert, nicht gerade sorgfältig gearbeitet und nachlässig verziert.

Menschliche Figürchen

Sieben weibliche Figürchen gehören dem üblichen Psi-Typus an. Zwei von ihnen sind einigermaßen sorgfältig modelliert; ihre Bemalung weist den nicht zu übersehenden, wenn auch kümmerlichen Versuch auf, eine Art Kleidung anzudeuten. Sie gehören dem älteren Typ an, der sich bis zum Ende des SH III B hielt. Die anderen, die grob gearbeitet sind und nur einige Streifen aufweisen, sind jünger und aus III C 1-Kontext bekannt. Sieben weitere ebenfalls weibliche Figürchen, die mit den oben S. 443 erwähnten Lekanen Nr. 65 und 820 zusammen gefunden wurden (Abb. 116), unterscheiden sich von den ersten durch ihre zum Kopf erhobenen Arme, deren Hände sich oben auf ihrer konischen Kopfbedeckung berühren. Sie gehörten zu zwei älteren Bestattungen der Nekropole und stellen Klagefrauen dar. Senkrechte Löcher in der Unterseite der Figürchen und am Rand der Lekanen dienten dazu, daß diese Figürchen auf den Vasenrändern aufgestellt und mittels eines kleinen Stiftes befestigt werden konnten. Ihre Bemalung ähnelt der des vorher beschriebenen Typs; hinzu kommt hier noch die Darstellung eines von der Taille herabhängenden gefransten Schurzes. Entsprechende Figürchen sind aus Ialysos bekannt, wo sie am Rande einer ähnlichen Lekane befestigt sind, und aus Naxos; dort weisen sie jedoch keine Löcher auf und gehörten daher zu keinem Gefäß.

Tierfigürchen

Es wurden zehn Rinderfigürchen mit langem, zylindrischem Körper und seitlich abgespreizten, spitzen Beinen sowie sechs andere plump modellierte Tiere gefunden, die kaum identifizierbar sind. Eines hat die Hörner und den kurzen Stummelschwanz eines Rotwilds, zwei scheinen verschiedene Hundearten darzustellen, eines ist zu fragmentarisch, als daß man die Tierart erkennen könnte, während die beiden letzten – sie sind bis auf die Enden ihrer Beine identisch – einen langen röhrenförmigen Körper, einen spitzen Kopf mit kleinen dreieckigen Ohren, eine plastische Mähne, einen langen, auf den Schenkeln ruhenden Schwanz und sehr kurze Beine haben. Man könnte an Pferde denken, doch scheinen den Künstler in diesem wie in allen anderen Fällen weniger die naturalistischen Details interessiert zu haben als vielmehr die nur allgemeine Wiedergabe von Tierfiguren, die lediglich vage an ihre Vorbilder erinnern. Einige der Figürchen sind vollständig mit Firnis überzogen oder nur außen damit bedeckt, wobei Bauch und Innenfläche der Beine ausgespart blieben, wie es während der Zeitstufen SH III A 2 und B öfters zu beobachten ist. Die anderen weisen die gängige Verzierung mit Längs- und Querstreifen auf, die manchmal durch Schraffuren miteinander verbunden sind; Hörner und Stirn sind meist bemalt. Diese Verzierungsart herrschte während des SH III B und später vor.

Des weiteren sind drei ziemlich fragmentierte kopflose Vogelfigürchen mit ovalem Körper, gegabeltem Schwanz und einer zylindrischen Basis mit auswärtsgebogenem Fuß anstelle der Beine aus den Gräbern von Perati anzuführen. Eines hat zwei kurze, nach außen gerichtete Stümpfe an den Seiten, welche die Flügel darstellen sollen. Bei den beiden anderen Exemplaren sind die Flügel durch aufgesetzte Farbstreifen angedeutet, welche zusammen mit einem oder zwei weiteren Streifen und einigen Punkten die flüchtige Verzierung ausmachen. Zur Form dieser Figürchen sind nur drei SH III C 1-Parallelen aus Krisa, Mykene und Asine bekannt.

An sonstigen Terrakottagegenständen aus den Gräbern von Perati sind zu nennen: ein grobmodellierter fragmentierter Tonsessel mit offenem Rückenteil und zwei Armlehnen aus Grab 25, der bisher einzigartig ist. Gegenwärtig sind nur zwei weitere vierbeinige Sessel bekannt, die aus Zypern stammen und andere Typen vertreten; sie werden ins 12. Jh. v. Chr. datiert. Unter der Ausstattung von Grab 112 befand sich ein kleiner viereckiger Tonblock, der im oberen Teil mit zwei kleinen Löchern waagerecht durchbohrt ist. Zwei seiner Flächen, offensichtlich Rückseite und Boden, sind unbemalt, die übrigen vier mit Wellenlinien und Leiterstreifen geschmückt. Sein Verwendungszweck ist unklar, um so mehr, als er nicht an seinem ursprünglichen Platz aufgefunden wurde, sondern sich in zerbrochenem Zustand in einer kleinen Grube befand, die mit beiseitegeräumten Knochen und Vasen angefüllt war. Hierzu gibt es nur eine – ebenfalls ungeklärte – Parallele, nämlich einen kleinen durchbohrten Tonwürfel aus dem 'Haus der Sphingen' in Mykene.

Persönliche Gebrauchsgegenstände und Schmuck

Knochenplättchen, Fibeln, Knöpfe

Die Brandbestattungsgrube 2 in Grab 1 enthielt unter anderen Beigaben 26 dreieckige und zwei sehr kleine längliche beinerne Plättchen, die in der Mitte oder an beiden Enden durchbohrt und teilweise verbrannt sind. Ihr eigentlicher Zweck ist umstritten, doch können sie Verzierungen gewesen sein, die wie Flitter über das Gewand des Toten verstreut waren.

Acht bronzene Fibeln wurden in den Gräbern von Perati gefunden, vier vom Violinbogen-Typ und vier gewölbte. Erstere haben flache, blattförmige Bögen; letztere sind entweder blattförmig oder einfach und bestehen aus glattem oder gedrehtem Draht. Nur zwei der letzteren wurden in situ aufgefunden, und zwar in geschlossenem Zustand an Hals und Brust des Skeletts der jüngsten Bestattung in Grab 74. Sie scheinen nicht am Gewand selbst befestigt gewesen zu sein, sondern an einem Umhang von der Art, wie ihn die Figuren der Elfenbeingruppe von Mykene tragen. Der Violinbogen-Typ war vom SH III B bis zum Ende der protogeometrischen Periode in Gebrauch, weshalb man ihn für älter hält als den gewölbten, der um die Mitte des SH III C einsetzte und sich bis weit in die historische

Zeit hinein hielt. Diesbezüglich scheint das Material in Perati zumindest zu bestätigen, daß der frühere Typus nach und nach durch den späteren ersetzt worden ist. Es wurden nämlich drei Exemplare des Violinbogen-Typs zusammen mit Keramik gefunden, die weniger entwickelt war als die, welche die beiden gewölbten Fibeln in Grab 74 begleitete. Fibeln sind im späten mykenischen Griechenland selten und mit hoher Wahrscheinlichkeit fremden Ursprungs. Daß die Beispiele aus Perati jedoch lokale Produkte sind, scheint gesichert zu sein.

In größerer Zahl wurden Knöpfe gefunden, und zwar in 61 Gräbern insgesamt 203 Stück sowie ein weiterer als Streufund; 189 bestehen aus Steatit, sechs aus Ton, drei aus Elfenbein, einer aus Bergkristall, einer aus Glaspaste und vier aus verschiedenen, nicht näher bestimmten Gesteinsarten. Ihre Oberfläche ist gewöhnlich unpoliert, wenn auch nicht direkt rauh, so daß sie aller Wahrscheinlichkeit nach nicht an sichtbarer Stelle angebracht waren. Ihre Zahl differiert stark, sowohl von Grab zu Grab als auch von Bestattung zu Bestattung. Sie schwankt zwischen einem und elf Stück. Knöpfe kommen bei weitem nicht überall vor, wie behauptet worden ist, sondern in nicht mehr als 54 der 159 ungeplünderten Gräber. Man ersieht daraus, daß sie kein unentbehrliches Kleidungszubehör und also keine 'richtigen' Knöpfe waren, sondern irgendeinem anderen Zweck gedient haben müssen. In Grab 16, dem einzigen, wo sie in größerer Zahl als Beigaben einer gänzlich ungestörten Bestattung vorkamen, lagen sie in einer unregelmäßigen Reihe über und unter den Schienbeinen des Toten. Aller Wahrscheinlichkeit nach dienten sie daher als am Kleidersaum befestigte Gewichte, wie es entsprechend aus späterer Zeit bekannt ist.

Ihre Form ist bikonisch, halbrund, konisch, oder sie besitzen eine konkav gewölbte Außenfläche. Es gibt mehrere Varianten, je nachdem ob sie oben flach oder ringförmig sind und flache oder hohle Basen haben. Die konischen bilden die Mehrheit, während die anderen Formen nur durch wenige Exemplare vertreten sind. Man nimmt an, daß sich der Typus von der konischen zur konkaven Form entwickelt hat. Dieser Prozeß vollzog sich im SH III B, und in den Gräbern von Perati sind alle Typen vertreten.

Rasiermesser, Pinzetten, Kämme, Spiegel

Die Meinungen über den mutmaßlichen Gebrauch der mit runder Klinge versehenen bronzenen Geräte vom Aussehen eines Rasiermessers, von denen einige in den Gräbern von Perati gefunden wurden, gehen auseinander. Manche Gelehrte glauben, daß sie zum Rasieren und Haarschneiden benutzt wurden, andere aber behaupten, sie müßten, weil einige von ihnen schwer und unhandlich sind, Hackmesser gewesen sein. Von denen aus Perati sind vier jedoch weder breit noch schwer genug zum Hacken. Neben zweien befanden sich Pinzetten; dies wie auch ihre Größe beweist, daß es sich tatsächlich um Rasiermesser handelt, die an die Stelle der früheren blattförmigen Klingen getreten waren. Am häufigsten ist der Typ mit breiter Klinge und dreieckigem Griff, der von vielen mykenischen Fundstätten bekannt ist. Die anderen sind mehr oder weniger selten und gehören in die Phase SH III C 1. Nur ein Rasiermesser (Nr. M 151) wurde in situ gefunden, und zwar neben dem rechten Arm des Skeletts von Grab 122a, zusammen mit einer Bronzenadel und drei dichtbemalten konischen Bügelkannen. Dieses Schermesser ist besser gearbeitet und reicher verziert als die anderen, gehörte zu einer der späteren Bestattungen des Friedhofs und stellt einen weiterentwickelten Typ dar (Abb. 122c)[21].

Vier einander gleiche Pinzetten aus Bronze wurden in Perati gefunden. Ihre Schenkel sind einwärts gebogen, so daß sie sich an den Enden praktisch berühren. Dieser Typ ist von mehreren Fundorten her bekannt, wo er zusammen mit SH III C-Keramik vorkommt. Bronzepinzetten sind selten, treten aber im östlichen Mittelmeerraum fast überall auf. Ihre streng funktionelle Form änderte sich vom 3. Jt. v. Chr. bis in die Eisenzeit nicht wesentlich.

An Spiegeln gibt es fünf; zwei davon sind ganz und drei fragmentiert erhalten. Nur einer wurde in situ gefunden, und zwar in Grab 16; er war so aufgestellt, daß er das Gesicht der toten Frau widerspiegeln konnte. Die Spiegel sind dünne, kreisförmige Scheiben aus Bronze; ihr Durchmesser beträgt 11,7 bis 17,7 cm und ihre Stärke 2,5 bis 5 mm. An einer Stelle nahe des Randes weisen sie ein Paar Nietlöcher und in einigen Fällen sogar noch die Nieten zur Befestigung der Griffe auf. Nach den Spuren auf der korrodierten Bronzeoberfläche zu urteilen, waren diese Griffe aus Holz und am oberen Ende viereckig, so daß sie den Rand der Spiegelscheibe symmetrisch auf beiden Seiten bedeckten, was der im mykenischen Griechenland vorherrschenden Weise entsprach, im Unterschied zu den syrischen und anatolischen Spiegeln, die mit einem in den Griff eingepaßten Dorn versehen waren.

Von vierzehn Elfenbeinkämmen wurden Rückenfragmente sowie einige Zähne in neun Gräbern gefunden. Nur zwei sind gut genug erhalten, um Form und Größe erkennen zu lassen. Sie sind schlicht, ohne Verzierungen, abgesehen von ein oder zwei dünnen, horizontalen Relieflinien über den Zähnen nahe am oberen Rand. Zu mykenischen Kämmen, dabei auch denen aus Perati, ist jetzt eine Studie von H.-G. Buchholz in APA 16/17, 1984/85, zu vergleichen.

Acht Gräber enthielten Fragmente von Nadeln aus Elfenbein und Knochen. Außerdem wurden eine Ziernadel aus Bronze und eine eiserne gefunden, allerdings nur als Fragment, das in einer Glasperle steckte. Soweit feststellbar, variierten sie zahlenmäßig von Grab zu Grab. Nur die Bronzenadel Nr. M 152 wurde in ihrer ursprünglichen, aber offensichtlich nicht ihrem Zweck entsprechenden Lage aufgefunden. Sie lag in Grab 122a längs dem rechten Arm des Skeletts zusammen mit dem oben erwähnten Schermesser Nr. M 151. Sie ist scharf zugespitzt und hat einen viereckigen Dorn am entgegengesetzten Ende, der ursprünglich in einem jetzt fehlenden Kopf aus anderem Material gesteckt hatte. Die viel kürzeren Elfenbein- und Knochennadeln haben ein flaches Ende, sind manchmal mit drei Ringen verziert und verschmälern sich zu einer stumpfen Spitze, die unmöglich einen Stoff durchdringen konnte, ohne ihn zu zerreißen. Es muß sich also um Haarnadeln handeln wie auch bei der Nadel aus Bronze, die nicht am Gewand der Toten befestigt, sondern zusammen mit einem Toilettengegenstand neben sie gelegt war. Die kurzen Elfenbein- und Knochennadeln gehören einem Typus an, der während der ganzen mykenischen Periode gängig war. Der lange Typus mit einem metallenen Stiel und einem Kopf aus anderem Material war zu Beginn der mykenischen Zeit ziemlich gebräuchlich, wie die Nadeln aus den Schachtgräbern von Mykene zeigen. Nach und nach wurde er, ohne je ganz außer Gebrauch zu kommen, durch die Nadeln mit kugelartiger Verdickung am oberen Teil des

---

[21] Perati II 281ff. Nr. M 151 Abb. 124d (danach unsere Abb. 122c).

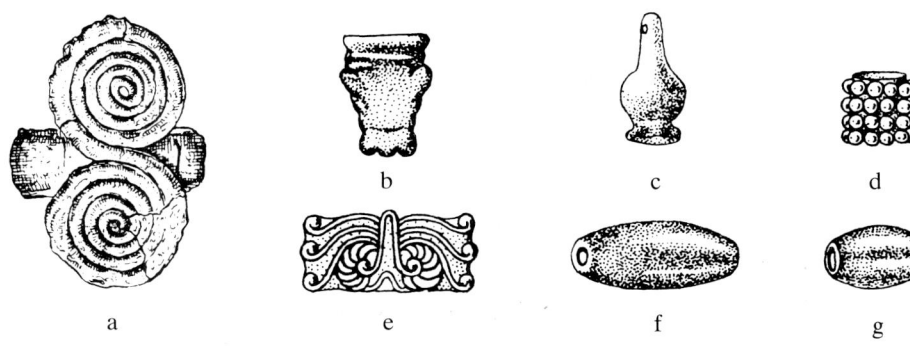

Abb. 119 a–g. In Perati vertretene spätmykenische Schmuckformen: (a) bronzener Fingerring mit S-Spiraldraht aus Grab 74 (vgl. Abb. 94b), (b–g) Perlen und Kettenglieder verschiedenen Typs

a   e   f   g

Stiels – manchmal zwischen gegossenen Ringen – ersetzt, wie sie aus späten mykenischen und submykenischen Fundzusammenhängen bekannt sind. Die beiden Nadeln aus Bronze bzw. Eisen in Perati müssen zu den letzten ihrer Art gehört haben.

Fingerringe, Armreifen, Ohr- und Haarringe

An Fingerringen gibt es 101 ganze oder fragmentierte Exemplare, die aus 45 Gräbern kommen, dazu einen weiteren Streufund. Die meisten sind schlichte Reifen aus Silber (53 Exemplare), Gold (18), Bronze (12) oder Blei (1); einer besteht aus feinem vierfach gelegten Golddraht; der Rest (neun silberne, fünf goldene und drei bronzene Ringe) weist einen länglichen konvexen Schild auf, der rechtwinklig zum Reif angebracht ist. Zwei sind Siegelringe mit gravierter Schmuckplatte, einer hat seine Platte verloren, die an dem Reif mit zwei kleinen Nieten befestigt war, und ein anderer mit schrägen und granulierten Seiten (ähnlich den Beispielen aus Ialysos und Achaia) hatte in der Fassung eine jetzt völlig zerstörte Bernsteineinlage. Das unversehrte Skelett der letzten Bestattung in Grab 74 trug schließlich einen Bronzering mit einem Schmuckelement in Form einer doppelten Spirale (Abb. 119a)[22]. Dabei handelt es sich um eine frühe Variante des fortgeschrittenen Typs, der in submykenischen Fundzusammenhängen in Mykene, auf dem Kerameikos, in Epeiros (vgl. dazu Th. I. Papadopoulos, oben S. 365), Thessalien und Lokris gefunden wurde und wie die Nachahmung eines mitteleuropäischen Vorbildes aussieht.

Ringe trug man am Finger, und dementsprechend wurden in den Gräbern auch viele an den Fingerknochen der Skelette gefunden. Überdies pflegte man mehr als einen zu tragen, wie z. B. die Frau in Grab 16, die zwei an der rechten und drei an der linken Hand hatte, zwei davon am selben Finger. Häufiger gegossen als aus Metallblech sind sie gewöhnlich an der Innenseite flach und an der Außenseite konvex, einige jedoch im Schnitt rund oder viereckig. Sie bestehen alle aus nur einem Metall, außer einem Silberring, der mit dünnem Blattgold überzogen ist.

Obgleich Armreifen den Mykenern seit der Zeit der königlichen Schachtgräber bekannt waren, werden nur selten welche in den Gräbern gefunden. Der Friedhof von Perati er-

[22] Perati I 81 f. 85 Nr. M 115; II 293 ff. Abb. 127 (danach unsere Abb. 119a) Taf. 27b; vgl. auch Buchholz – Karageorghis, Altägäis 112 Nr. 1358, sowie I. Kilian-Dirlmeier, Bemerkungen zu den Fingerringen mit Spiralenden, in: JbRGZM 27, 1980, 249ff. Beispiele aus Mitteleuropa: O. Kytlicová, JberInstVgFrankf 1975, 100 Abb. 5,5; I. Kubach-Richter, ebenda 1978/79, 165 Abb. 1 A 12.13.

brachte vier mehr oder weniger unscheinbare Armreifen aus Bronze. Einer ist aus einem dünnen Stab zu einem Ring gebogen, dessen Enden sich berühren, aber nicht zusammengeschweißt sind. Ein anderer besteht aus einem kreisförmigen Draht, der bei der Auffindung verbogen war. Die beiden übrigen sind aus einem dicken Stück Draht mit spitz zulaufenden Enden, das zu einer Spirale eingedreht war, so daß dieser Armreif in der Weite verstellbar war. Der zuletzt behandelte Armreiftypus stammte aus dem Vorderen Orient und wurde nicht vor dem 12. Jh. v. Chr. im Westen übernommen.

Fünf goldene Ohrringe wurden gefunden, und zwar alle einzeln; offenbar hatten die Verwandten jeweils das Gegenstück von den Toten abgenommen. Es handelt sich um Ringe aus spitz zulaufendem, strickartig verschlungenem Draht, ferner um einen mandelförmigen Anhänger, dessen Ring fehlt, mit Filigran- und Granulatverzierung, um zwei stilisierte Rinderköpfe aus gestanztem Blattgold sowie um eine flache Scheibe. Diese Ohrringe sind nach Schmuckform und Herkunft alle kyprisch, so wie die wenigen ähnlichen Exemplare aus Kreta und vom griechischen Festland.

Drei Haarringe aus Gold, einer aus Silber und zwei aus Bronze wurden in insgesamt sechs Gräbern ausgegraben. Einer der beiden letzteren ist ein einfacher fragmentarischer kleiner Kreis. Die anderen bestehen aus doppelt, dreifach oder sogar vierfach zur Spirale verschlungenem Draht. Zwei wurden in situ gefunden, und zwar hinter dem Schädel der Skelette in den Gräbern 16 und 83, was darauf hinweist, daß sie um eine einzelne Haarsträhne getragen worden waren, die auf dem Rücken herunterhing – eine Haartracht, wie sie von den Terrakottafigürchen jener Zeit her vertraut ist. Andere vergleichbare Spiralen sind auf Kreta, in der Inselwelt der Ägäis, auf dem griechischen Festland und in Kephallenia gefunden worden.

Kettenglieder, Perlen, Amulette

375 Perlen, die zu Halsketten, möglicherweise auch zu Armbändern und Diademen aufgereiht wurden, fand man in 57 Gräbern; offenbar waren sie nach der späteren Entfernung der Grabbeigaben zurückgelassen worden. Nur vier Halsketten blieben vollständig oder nahezu vollständig erhalten. Eine davon besteht aus mehr oder weniger einheitlichen, abgeflachten, runden sowie mohnkapselförmigen Karneolperlen, während die übrigen Halsketten Perlen verschiedener Formen und Materialien aufweisen.

Die Perlen in Perati bestehen aus 22 verschiedenen Materialarten, die meisten (145) sind aus Gold, 103 aus Glaspaste, 75 aus Karneol; die anderen Materialien, darunter Bronze, Halbedelsteine, Elfenbein, Knochen, Bernstein, Fayence, Steatit usw., scheinen nicht oft gebraucht worden zu sein. Die Metallperlen wurden entweder voll gegossen oder aus dünnem gegossenen oder gestanzten Blech hergestellt; Steinperlen wurden geschnitten, manchmal roh und unvollkommen, während Perlen aus Glaspaste und Fayence in Formen eines häufiger im Ägäisraum vorkommenden Typs gegossen wurden. Aus der unterschiedlichen Häufigkeit der verwendeten Materialien Schlüsse ziehen zu wollen, könnte indessen irreführen, da die meisten der den Toten geopferten Perlen jetzt zweifellos fehlen.

Die Perlen weisen eine Fülle verschiedener Formen – insgesamt 36 – auf. Meist handelt es sich um einfache geometrische Formen, unter denen die 191 kugeligen Perlen die mit Abstand größte Gruppe bilden. In geringerer Zahl sind z. B. abgeflacht runde, bikonische, zy-

a   b

Abb. 120a und b. Abrollungen nach (a) kyprischem und (b) mitannischem Rollsiegel aus Perati

lindrische oder faßförmige Perlen (Abb. 119g) sowie auch geriefelte, gekerbte oder granulierte (Abb. 119d) vertreten. Außerdem kommen auch stilisierte Nachahmungen von pflanzlichen Elementen wie Mohnkapseln (Abb. 119c), Weizenkörnern, Kürbissamen oder Eicheln (Abb. 119f) vor, die manchmal selbst als Perlen Verwendung fanden. Auch Perlen in Form von Rinderköpfen (Abb. 119b), doppelten Argonauten (Abb. 119e) sowie Schnecken und Seemuscheln sind vertreten[23]. Die meisten von diesen Formen finden sich auch in Ägypten und dem Vorderen Orient.

Zylinderförmige Kettenglieder gibt es zwei aus den Peratigräbern, und zwar aus gemasertem Achat bzw. aus Bergkristall, beide mit goldenen Kappen an den Enden. Die Einfassung mit Goldkappen, die auf Zypern, dem Dodekanes, Kreta und in der Argolis praktiziert wurde, diente dazu, bestimmte Schmuckstücke wie Rollsiegel, Anhänger und Perlen besonders zur Geltung zu bringen.

Am Rande seien noch einige weitere Schmuckstücke erwähnt, die insofern bedeutungsvoll sind, als sie aus Gold bestehen. Es handelt sich um drei kleine Goldfolienstücke unterschiedlicher Form sowie um eine kleine Scheibe mit Randgranulation. Ähnliche Scheiben wurden zur Verzierung von Spiegel- oder Schwertgriffen verwendet.

24 Amulette fanden sich in den Gräbern von Perati. Eins davon, ein Ziegenhorn, sozusagen ein natürliches Amulett, lag neben dem Hals des Skeletts in Grab 24. Die anderen sind alle künstlich hergestellt. Ihre magische Wirkung beruhte auf ihrer Form, ihrer Verzierung oder ihren Inschriften. 17 Amulette sind aus Ägypten importiert, fünf aus Syrien und eines aus Zypern. Sie wurden von Menschen benutzt, die sogar dann noch an die Wirksamkeit der Amulette glaubten, wenn diese fern von ihrem Ursprungsland und seinen Gottheiten waren.

Bei den ägyptischen Amuletten handelt es sich um folgende Objekte: Zwei Fayence-Kartuschen mit dem Namen Ramses' II. ('Kartuschen', besonders die von bedeutenden Pharaonen, wurden in Ägypten und anderswo als Amulette verwendet); neun Fayence-Skarabäen, von denen einer mit einer eingeritzten stilisierten Blume verziert ist, die anderen mit

[23] Perati II 303ff. Abb. 128, 1–36 (nach Abb. 128, 3. 4. 6. 9. 33. 34 in geänderter Reihenfolge unsere Abb. 119b–g).

461

Hieroglyphen, die entweder für die Gottheiten Amun-Rê und Ptah stehen oder bloße Verzierungen sind. Die Formgebung der Skarabäengestalt ist sehr unterschiedlich und reicht von naturgetreuer Darstellung bis zu stilisierter Abstraktion. Dies zeigt, daß sie verschiedenen Stilen angehören und somit von verschiedenen Personen erworben und nach Perati gebracht worden waren, und zwar nicht als Handelsware, sondern als persönliche und mit Liebe gehegte Besitztümer. Weitere Amulette sind drei ganze Statuetten und neun Fragmente von Krokodilen sowie von den Gottheiten Bes und Toëris. Sie stammen aus den gleichen Formen, müssen daher alle zur gleichen Zeit erworben worden sein und gehörten wahrscheinlich ein und derselben Person.

Bei den syrischen Amuletten handelt es sich um zwei massive goldene Halbmonde und drei Rosetten; sie sind alle mit einer Öse ausgestattet. Halbmonde und Rosetten wurden in Ägypten, der Levante und Kleinasien zur Abwehr des bösen Blicks benutzt und werden als solche in Inschriften von Ugarit erwähnt. Lokale Nachahmungen sind in Mykene und Asine gefunden worden. Das kyprische Amulett ist aus Hämatit und hat die Gestalt einer hethitischen Bulla; es ist in der Mitte und entlang des Randes mit Symbolen beschriftet, die wie hethitische Hieroglyphen aussehen[24]. Auch einige Linear A/B- oder kyprominoische Schriftzeichen sind dabei. Die ganze 'Inschrift' ist die sinnlose Nachahmung eines unverstandenen hethitischen Textes, von einem ungebildeten Handwerker eingraviert, für den die Buchstaben nichts anderes als magische Zeichen waren.

Siegel

Bei den Siegeln, die aus den Gräbern von Perati stammen, handelt es sich um zwei goldene Siegelringe, zwei Hämatit-Zylindersiegel und acht Siegelsteine; davon ist einer aus Steatit und hat konische Form; fünf sind lentoid und bestehen aus Achat und Kalkstein, zwei sind mandelförmig und bestehen aus Karneol. Die Ringfläche der beiden Siegelringe ist so stark abgenutzt, daß ihre Gravierungen fast verschwunden sind. Die eine zeigt lediglich einige vage Umrisse einer Figur, die andere zwei laufende ziegenartige Tiere und stilisierte Zweige als Hinweis auf waldige Umgebung. Der Stil der zuletzt genannten Ringplatte ist helladisch und an den Beginn des SH III zu datieren.

Die beiden Zylindersiegel sind ausgezeichnet geschnitten und in sehr gutem Erhaltungszustand. Das eine (Abb. 120b)[25] zeigt zwei verschiedene Figurengruppen, umgeben von Füllmotiven wie Sternen, Rosetten, einem Vogel, einem Steinbock, einer laufenden Spirale, einem Löwen vor einem Stier und einer Chumbaba-Maske. Die erste Gruppe besteht aus einem geflügelten Dämon mit katzenartigen Beinen und Schwanz, der zwei gehörnte und geflügelte Löwen an den Hinterläufen hochhält. Die zweite Bildgruppe zeigt zwei Stiermenschen mit hohen spitzen Hüten und langen Haarflechten über dem Rücken, die einen Steinbock zwischen sich an den Hinterbeinen gepackt halten. Dieser Zylinder ist mitannisch und gehört wahrscheinlich ins 15. Jh. v. Chr.

---

[24] Zu dieser Bulla sowie zu weiteren Siegelfunden mit hethitischen Hieroglyphen aus dem ägäischen Bereich s. H.-G. Buchholz, AA 1974, 364 Abb. 23 (mit Lit.).

[25] Perati II 323ff. Nr. L 1 Abb. 138 (danach unsere Abb. 120b).

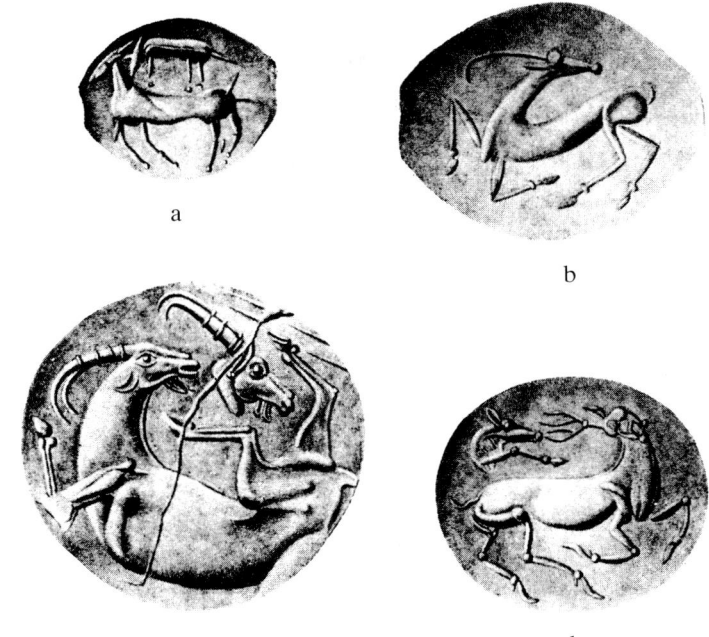

Abb. 121 a–d. (a.b.d) Mykenische und (c) kretische Siegelsteine aus Perati, Aquarelle nach Abdruck

Das andere Zylindersiegel zeigt eine einzige Szene in zusammenhängender Darstellung (Abb. 120a)[26]: Eine das Was-Szepter und das Anch-Zeichen haltende ägyptische Gottheit auf einem Thron, hiner der eine Chumbaba-Figur mit zeremoniellem Fächer steht, nimmt Steinböcke entgegen, die von einem geflügelten und einem stierköpfigen Dämon dargebracht werden. Dazwischen sind ein fliegender Vogel, ein sitzender Löwe, eine geschlossene Hand, ein Krokodil und zwei Schriftzeichen abgebildet. Das Motiv der Darstellung ist teils ägyptisch (z. B. die Gestalt des Gottes, die überdies starke Beeinflussung durch den Amarna-Stil zeigt) und teils syrisch (die Dämonen und der Diener); die Details und der Stil der Gravierung sind jedoch kyprisch. Das Schriftzeichen von den Knien des Gottes ist ebenfalls kyprisch, während das andere unbekannt und höchstwahrscheinlich frei erfunden ist. Der Stil der Komposition datiert diesen Zylinder in das 13. Jh. v. Chr. Von allen in Griechenland und der Ägäis gefundenen gravierten Rollsiegeln sind nur sehr wenige lokaler Herstellung. In ihrer überwiegenden Mehrzahl von 61 Exemplaren – davon 47 aus Griechenland, 9 aus Kreta und 5 von den Inseln – sind sie orientalischer Herkunft, Importe von der Levante, wo sie die gängige Siegelform bildeten. Entsprechende Zahlenverhältnisse und räumliche Zusammenhänge hat H.-G. Buchholz für Rollsiegelfunde im ägäischen Raum erarbeitet (in: G. F. Bass, Cape Gelidonya, a Bronze Age Shipwreck [1967] 148ff.).

Unter den in Perati gefundenen Siegelsteinen sind neben importierten auch helladische vertreten. Die mykenischen Siegelsteine aus Perati gehören drei verschiedenen Typen an: Dem ersten Typ lassen sich zwei lentoide und ein mandelförmiges Stück zuordnen, die eine Gruppe Rotwild, einen laufenden Hirsch mit dem Vorderteil eines ähnlichen Tieres auf

[26] Sp. Iakovides, Ein beschrifteter Siegelzylinder aus Cypern, in: Europa, Festschrift für Ernst Grumach (1967) 143ff. Abb. 1. 2 Taf. 14; Buchholz–Karageorghis, Altägäis 114f. Nr. 1380; Perati II 325ff. Nr. L 267 Abb. 139 (danach unsere Abb. 120a).

seinem Rücken (Abb. 121d) bzw. einen Steinbock zeigen (Abb. 121b)[27], womit jeweils das Feld ganz gefüllt ist. Die Tiere auf den ersten beiden Steinen sind zierlich, die Details genau und ziemlich naturalistisch in der für das SH II charakteristischen Weise wiedergegeben. Die dritte Darstellung ist stilisiert und konventionell, aber doch sorgfältig geschnitten; das Stück ist später als die anderen und zeitlich näher an der Periode des Friedhofs. Der zweite Typ ist durch ein Siegel vertreten, in das ein rosettenartiges Motiv als Relief eingeritzt ist. Die beiden Siegelsteine des dritten Typs – ein lentoides Achat- bzw. ein mandelförmiges Karneolsiegel – zeigen die Darstellung eines laufenden Tieres, umgeben von stilisierten Zweigen, bzw. zwei nicht bestimmbare Vierbeiner verschiedener Größe, von denen der kleinere auf dem Rücken des größeren steht (Abb. 121a)[28]. Die Figuren wirken leblos, wie Attrappen, und sind mit der rudimentären Kunstfertigkeit dargestellt, wie sie seit Beginn von SH III für eine bestimmte Sorte von Amulettsteinen bekannt ist. Die restlichen beiden Siegelsteine sind ein aus Kreta importiertes lentoides Achatsiegel (Abb. 121c)[29], auf dem die Gestalt eines Steinbocks und der Kopf eines zweiten in einer sich drehenden Komposition wunderschön eingraviert sind, sowie ein Steatitsiegel in Form eines durchbohrten Konus des auf Zypern kurz vor 1200 v. Chr. auftauchenden Typs; es zeigt ein ziegenartiges Tier mit zwei ähnlich wie auf einer Spielkarte antithetisch angeordneten Köpfen. Diese Darstellungsart ist bisher nur aus der vorpalatialen Phase und, in geringerem Maße, aus der nachpalatialen Phase Kretas bekannt.

Einlegearbeiten

In zwölf Gräbern kamen verschiedene Elfenbeinstücke zutage, die von Einlegearbeiten stammen, wie sie beispielsweise etwa Kästchen oder Griffe verzierten. Es handelt sich hierbei um vier quadratische dünne Plättchen mit eingeritzten horizontalen Linien von den Griffplatten des unten S. 468 behandelten Schwertes Nr. M 52; mehrere sehr kleine runde Scheiben, die glatt, in der Mitte durchbohrt oder z. B. mit Rosetten und Spiralen verziert sind – letztere gehörten wahrscheinlich zu einem hölzernen Toilettenkästchen; ferner sind zwei fragmentarische Plaketten, wahrscheinlich Teile von Was-Szepter- oder lilienförmigen Einlegearbeiten, ähnlich in Mykene gefundenen, zu nennen sowie ein sehr kleiner Schild in Achterform.

Handwerkszeug und Geräte

Ein Schabstein stammt als isolierter Einzelfund aus einem Grab; er besteht aus grünlichem, auf Hochglanz poliertem Stein, der so weich ist, daß er unmöglich praktischen Zwecken gedient haben kann. Der Form nach entspricht der 'Schabstein' neolithischen Beispielen. Hierzu gibt es eine SH III-Parallele aus Korakou.
Drei unterschiedlich lange Bronzemeißel wurden in den Gräbern von Perati gefunden.

[27] Perati II 330ff. Nr. L 249 und 258 Abb. 140b.c (danach unsere Abb. 121d.b); vgl. auch Buchholz–Karageorghis, Altägäis 116 Nr. 1404.

[28] Perati II 332f. Nr. L 14 Abb. 142b (s. Abb. 121a).
[29] Perati II 333f. Nr. L 6 Abb. 143a (danach unsere Abb. 121c).

Zwei sind im Schnitt rechteckig und besitzen unten eine schmale Schneide; der dritte ist quadratisch im Schnitt und hat eine vierkantige Spitze. Parallelstücke sind selten, so gibt es zu dem einen rechteckigen Meißel nur eine Parallele aus der Oros-Siedlung in Aigina. Es scheint sich dabei um Werkzeuge von Metallarbeitern gehandelt zu haben. Demgegenüber sind zu dem einen Pfriem aus Perati, der einen langen, im Schnitt quadratischen Schaft mit stetiger Verschmälerung zu einer scharfen Spitze sowie einen schmalen offensichtlich zum Einsetzen in einen Griff bestimmten Heftzapfen aufweist, mehrere Parallelen von der Levante, dem griechischen Festland und aus Kreta bekannt.

Die drei Hackmesser aus Perati ähneln in der Form den Rasiermessern, sind nur größer, schwerer und mit viel stärkeren Klingen versehen. Zwei der Messer haben einen geraden Rücken und besaßen einen angenieteten Griff, dessen Nieten bei einem der Objekte noch erhalten sind; das dritte hat einen konvexen Rücken und einen langen schmalen Metallgriff. Beide Typen waren seit dem SH III A in Gebrauch, der geradlinige Typus mit Schwerpunkt in Griechenland, der gebogene mit Schwerpunkt auf Kreta.

Aus den Gräbern von Perati kommen neun kleine einschneidige Messer, zwei davon aus Eisen und sieben aus Bronze. Nur eines wurde möglicherweise in situ gefunden; es lag in Grab 12 zusammen mit einem Schwert wohl ursprünglich parallel zum linken Arm des Skeletts, das später weggeräumt worden war. Die Messer lassen sich entsprechend ihrer Form sechs Typen zuordnen: Die zwei Exemplare des ersten Typs haben eine lange dreieckige, spitz zulaufende Klinge, geraden Rücken und eine glatte, vernietete Griffplatte. Das eine Messer ist aus Bronze, das andere aus Eisen mit Bronzenieten. Dieser Typ war in der Levante und der Ägäis während der Zeitstufen SH I bis III C sehr verbreitet. Beim zweiten Typ, dem zwei Exemplare angehören, sind die Klingen ähnlich, haben aber eine lange, schmale Heftangel, die in einen Griff aus vergänglichem Material eingefügt war. Zu diesem Typ gibt es einige Parallelen aus Mykene und Ialysos.

Die beiden Exemplare des dritten Typs haben eine gerade, dünne Klinge mit nach oben eingewinkelter scharfer Spitze. Das Bronzemesser Nr. M 53 hat eine mit einer Winkelreihe verzierte Klinge und einen Griff in Gestalt eines zurückgewendeten Entenkopfes (Abb. 122d). Dieses Motiv kommt an ägyptischen und syrisch-palästinensischen meist elfenbeinernen Gegenständen ziemlich häufig vor[30]. Das andere Messer des angesprochenen Typs besitzt ein glattes Heft mit Nieten aus Bronze, besteht aber aus Eisen, was auf anatolischen oder syrischen Ursprung hindeutet. Syrien kommt wohl für die Herstellung dieser Messer am ehesten in Frage. Da sie eine sehr dünne Klinge haben, dienten sie offensichtlich nicht als Haushaltsmesser oder Waffen. Ihre aufgebogene Spitze läßt vermuten, daß sie zur Jagd oder speziell zum Abhäuten von Wild gedient haben könnten.

Der vierte Messertyp ist durch ein Exemplar vertreten, das dreieckige Klinge, bogenförmig verlaufende Schneide und seilförmig gedrehten langen Griff aufweist (Abb. 122b)[31]. Ähnliche Messer sind in SH III B- und C-Kontexten in Mykene und Karphi gefunden worden und werden für Toilettengegenstände gehalten. Dem fünften Typ gehört ein Mes-

[30] Perati II 341ff. Nr. M 53 Abb. 149a (danach unsere Abb. 122d). Demgegenüber ordneten Hermann Müller-Karpe und Spyridon Marinatos das Vogelkopfmesser in einen europäischen Zusammenhang ein, indem sie auf entsprechende Messer in Italien und Mitteleuropa hinwiesen, die als Rasiermesser angesehen wurden (die Belege bei Buchholz–Karageorghis, Altägäis 55 Nr. 665).

[31] Perati II 346 Nr. M 136 Abb. 150 (danach unsere Abb. 122b).

ser mit kurzem dreieckigem Blatt, gerader Schneide und Heftplatte mit Nietlöchern an. Es ähnelt einem ägyptischen Messertyp zum Schneiden von Stoff und Leder. Entsprechende Exemplare, die dem 13.–12. Jh. v. Chr. zuzurechnen sind, kennen wir auch aus Mykene und Enkomi. Es handelt sich um das Handwerkszeug eines Schneiders oder Leder-verarbeiters.

Dem sechsten Typ ist ein fragmentarisches Messer mit fächerförmiger Klinge und Griff-angel zuzuordnen. Ähnliche Messer, die zum Schneiden von Leder dienten und dabei mit der Schneide nach unten zu halten waren, sind aus Ägypten, der Levante und Ostkreta bekannt.

Diese Messer scheinen örtliche Produkte zu sein mit Ausnahme des Entenkopfmessers und der beiden aus Eisen bestehenden Exemplare mit Bronzenieten: Letztere gehören zu einem Messertyp des 12. Jhs. v. Chr., von dem Exemplare in Hama, Enkomi, Knossos, Naxos, Lefkandi und, in jüngerem Kontext, in Vrokastro gefunden wurden. Wenn es sich bei ihnen auch nicht um die ersten nach Griechenland importierten eisernen Gegenstände handelt, so doch um die ersten Werkzeuge aus Eisen, die – in der Levante hergestellt – über Zypern und die Kykladen ihren Weg zum griechischen Festland fanden.

In der Kammer von Grab 123 fand sich zusammen mit mehreren Bronzewerkzeugen ein Kieselstein mit abgenutzter glatter Oberfläche; es handelt sich offensichtlich um einen Wetzstein. Entsprechende Stücke gibt es von verschiedenen mykenischen Fund-orten.

Zwei Steatit-Knäufe – der eine glatt, der andere mit eingeritzten Kreisen verziert – eines in Mykene, Midea und Ialysos vertretenen Typs müssen zu Stöcken oder möglicherweise zu Szeptern gehört haben, denn zu Schwertern und Dolchen, deren Griffe seit dem 14. Jh. v. Chr. anders aussahen, können sie nicht gehört haben. Ein fragmentarischer länglicher, oben abgerundeter Elfenbeingriff, der mit in zwei umlaufenden Reihen angeordneten ein-geritzten Dreiecken und Kreisen geschmückt ist, gehörte offenbar ebenfalls zu einem Griff, zu dem es ähnliche Exemplare aus Mykene und Midea gibt. Vermutlich auch von einem Griff stammt ein aus Knochen geschnitztes, mit Ringen und Kreisen verziertes Röhrenfragment. Es wurde in situ dicht bei einer nicht gestörten Bestattung gefunden; jedoch enthielt das Grab nichts, wozu das Stück gepaßt haben könnte, so daß es zu einem vergänglichen Gegenstand, wahrscheinlich aus Holz, gehört haben muß. Es sind nur wenige, meist unverzierte Parallelen bekannt.

Eine vollständige Spindel, eine fragmentarische und Teile von zwei weiteren, alle aus Elfenbein, sowie ein verzierter Wirtel aus Serpentin wurden in Gräbern von Perati gefun-den. Sie sind alle mit eingeritzten Ringen und Kreisen verziert und viel kleiner als ihre Parallelen aus Enkomi, Hama, Megiddo und aus Ägypten.

Die insgesamt acht Nadeln aus Perati bestehen aus Bronzedraht und haben eine scharfe Spitze sowie ein Nadelöhr in Form eines durch den abgeflachten Kopf gebohrten Loches entsprechend der in der Ägäis üblichen Art, während bei den Nadeln der Levante das Öhr durch Zurückbiegen des Drahtendes zu einer kleinen Schlinge gebildet wurde.

Schließlich wurde eine Spule gefunden. Sie besteht aus einem Stalaktitstück und weist konkave Seiten und flache Enden auf. Darin unterscheidet sich die Spule eindeutig von Kosmetikstößeln, deren Enden konvex sind. Die einzigen bekannten Parallelen stammen aus Kephallenia.

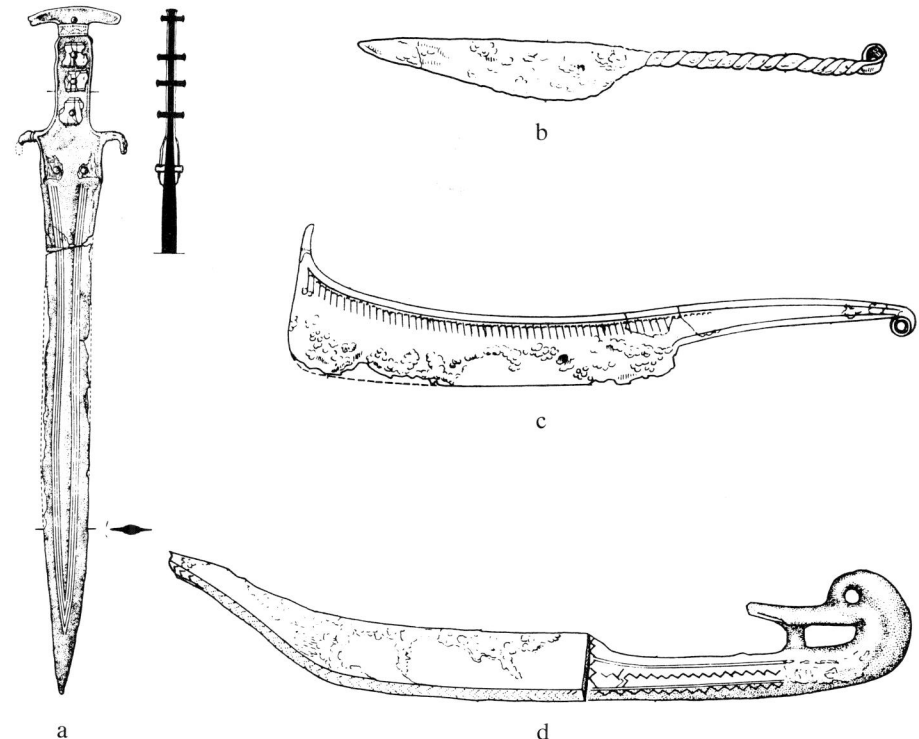

Abb. 122 a–d. Bronzewaffen und -geräte aus den Gräbern von Perati: (a) Griffzungenschwert mit elfenbeinernem Griffbelag, (b) Messer mit tordiertem Griff und eingerolltem Ende, (c) Rasiermesser mit eingerolltem Griffende und (d) sichelförmiges Messer mit Entenkopfgriff

a   b   c   d

Besondere Aufmerksamkeit verdienen die beiden Angelhaken, denn Gegenstände dieser Art sind sowohl in Kreta wie auf dem griechischen Festland selten. Der eine Angelhaken ist halbkreisförmig, der andere in einem Winkel gebogen. Der erste Typ ist weniger selten und scheint älter zu sein, doch ist die unterschiedliche Form der beiden Angelhaken eher auf Art und Ausmaß des Fangs, für den sie bestimmt waren, zurückzuführen. Der zweitgenannte wurde in Grab 131 zusammen mit 75 Netzgewichten in Form kleiner quadratischer Bleiplättchen gefunden, die auf einem Haufen lagen. Sie sind in der Mitte gefaltet und waren an einem einfachen Fischnetz für Seichtwasser befestigt, wie es im Altertum vielfach verwendet wurde und noch heute gelegentlich gebraucht wird. Ähnliche Gewichte sind vom Kap Gelidonya, aus Naxos, Brauron und Milet bekannt. Außerdem gibt es auch drei kleine steinerne Gewichte aus Perati, ähnlich jenen, welche wir von der Levante aus Kontexten des 14.–12. Jhs. v. Chr. kennen. Zwei Gewichtsteine aus Hämatit haben hochgewölbte Form bzw. sind mandelförmig, der dritte besteht aus einer grünlichen Quarzart und ist unregelmäßig rund mit abgeflachter Basis. Diese Gewichte wiegen 36,1 bzw. 9,35 g und 9,30 g, so daß das erste einem Mehrfachen des palästinensischen Schekels entspricht und die anderen beiden dem ägyptischen Grundmaß *qedet*. Ihr Format läßt darauf schließen, daß sie zweifellos von Goldschmieden und ganz allgemein von Handwerkern benutzt wurden, die mit kostbaren Materialien arbeiteten.

Waffen

Gering ist die Anzahl der Waffen aus Perati: Nur eine Speerspitze und zwei Schwerter wurden gefunden. Von dem zu der Speerspitze gehörenden Schaft haben sich keine Reste erhalten. Die Ausmaße der Kammer an der Stelle, wo die Spitze lag, lassen keine größere Gesamtlänge des Speeres als 1,20 m zu. Die Speerspitze hat eine röhrenförmige Tülle und eine im Schnitt elliptische stumpfe Spitze ohne Mittelrippe. Von diesem Typ sind nur sehr wenige Exemplare bekannt, und zwar vom Dodekanes, von Kreta und aus Enkomi. Von denselben Fundorten sowie von der Peloponnes stammen auch einige Spitzen mit Mittelrippe. Zwei Spitzen aus Knossos und Vapheio hatten Schäfte, die weniger als 1 m lang waren (Abb. 91 a). Es handelt sich bei diesen Speeren um Wurfspieße für die Jagd eines die ganze SH-Periode hindurch geläufigen Typs.

Das Schwert Nr. M 52 wurde in Grab 12 neben dem oben S. 465 erwähnten Entenkopfmesser liegend gefunden. Es hat eine lange, schmale, blattförmige Klinge mit flacher Mittelrippe zwischen parallel zu den Klingenrändern verlaufenden Zierrillen (Abb. 122 a)[32]. An der Schulter sind häkchenförmige Vorsprünge. Die Griffzunge ist T-förmig und am Rand mit einer umlaufenden Leiste eingefaßt. Sie besaß hölzerne Griffplatten, die mit den oben S. 464 erwähnten Elfenbeinplättchen bedeckt und mit sechs Bronzenieten sowie einem goldenen Band unter dem flachen Knauf befestigt waren. Das zweite Schwert ist ein dolchähnliches Kurzschwert. Es hat eine gerade flache Klinge mit vier dicht nebeneinander in der Mitte verlaufenden Zierrillen und eine T-förmige, von einer hohen Randleiste eingefaßte Griffzunge mit schmalem flachen Knauf und eckiger Schulter. Die hölzernen Griffplatten waren mit zwei Nieten und acht kurzen Beschlagnägeln befestigt. Zu dem ersten Schwerttyp gibt es einige Parallelen aus den Phasen SH III A bis C aus Delphi, Mykene, Elis, Ithaka, Kreta und Palästina. Der zweite Typus kommt sehr viel häufiger vor und ist aus SH III B/C-Kontexten vom griechischen Festland, Kreta, der Ägäis, den Ionischen Inseln, Sizilien und Cornwall bekannt. Obgleich es weder möglich noch ratsam ist, Einteilungen vorzunehmen, die womöglich in der Realität gar nicht bestanden, so scheinen diese Schwerter doch eher zur Jagd als zur Kriegführung verwendet worden zu sein.

Verschiedenes

In den Gräbern der Nekropole von Perati wurden über 400 Seemuscheln gefunden. Davon gehören 15 zu den Gattungen Cypraea, Cardium, Axinea, Haliotis, Murex und Melania, die übrigen zu den Coni. Die Anzahl der zusammen gefundenen Muscheln variiert zwischen einem und 152 Stück. Soweit feststellbar, gehörten sie zu Kinderbestattungen. Viele waren an einer Seite flach abgeschliffen, und bei dreien fand sich geschmolzenes Blei, das zwischen die Windungen im Inneren gegossen war. Dies weist darauf hin, daß Conusmuscheln bei einem Kinderspiel verwendet worden sein müssen, bei dem sie auf eine flache Oberfläche geworfen, gestoßen oder aus der Bewegung heraus aufgesetzt wurden, denn

---

[32] Perati II 359 ff. Nr. M 52 Abb. 158 (danach unsere Abb. 122 a) und Abb. 160; vgl. auch Buchholz—Karageorghis, Altägäis 58 Nr. 702.

aufgrund ihrer Zurichtung wurde eine Bremswirkung erzielt. Es muß ein sehr volkstümliches Spiel gewesen sein, weil solche oft ganz abgeflachten Muscheln in mykenischen Gräbern überall in Griechenland und der Ägäis gefunden worden sind; zwei Muscheln aus Mykene und Theben waren ebenfalls mit Blei beschwert.

Zersplitterte Drahtstücke, eines aus Gold, einige aus Bronze und viele aus Blei, kamen in verschiedenen Gräbern vor. Sie gehörten alle zu gestörten Begräbnissen, so daß ihre Funktion nicht mehr festgestellt werden konnte. Draht ist in mykenischen Nekropolen nichts Ungewöhnliches. In einem Grab bei Ligori war ein Stück Bleidraht benutzt worden, um bei einer Leiche den Mund geschlossen zu halten. Es ist mehr als wahrscheinlich, daß Drähte vielerlei Zwecken dienten.

Die Gräber von Perati erbrachten außerdem eine große Zahl kleiner, meist bruchstückhafter Objekte, die nicht ohne weiteres einer der oben genannten Gruppen zuzuordnen sind. Diese umfassen zwei Nieten, einen Klumpen Kupferschlacke, einen kleinen Würfel aus Brauneisenstein sowie Glas-, Fayence-, Elfenbein-, Knochen-, Bronzefolie- und Tonstükke. Der Verwendungszweck schmaler eckiger Bronzerähmchen aus zwei Gräbern, eines rätselhaften, hakenartig gewinkelten Elfenbein-Objekts und zweier Reifen aus Bein und Bronze ist nicht mehr erkennbar. Hinzu kommen einige unbearbeitete Stücke wie Kieselsteine, Bruchstücke von Bergkristall, Glasgestein, Amiant, Oligist und Stalaktit, die als Grabbeigaben zu den Toten gelegt worden waren.

Verwendete Materialien

Eine Vielfalt natürlicher wie durch Bearbeitung gewonnener Materialien wurde zur Herstellung der in den Gräbern gefundenen Gegenstände verwendet. Aus Bronze sind Werkzeuge, Waffen, Fibeln, Toilettenutensilien, einige Schmuckstücke sowie zwei Gefäße. Die Legierung (90 % Kupfer zu 10 % Zinn) ebenso wie die Gegenstände selbst wurden meistens am Ort hergestellt, wie man an den Funden von Kupferschlacke und Meißeln sieht. Gold kommt meist in 20–22karätigen Legierungen vor, manchmal auch nur 13–14 und sogar nur 9karätig, und wurde für Schmuck und Amulette verwendet. Verglichen mit zeitgleichen Nekropolen, besonders in Attika, ist der Anteil an goldenen Gegenständen überraschend hoch. In den meisten Fällen ist es nicht möglich, die genaue Herkunft des Goldes zu bestimmen, doch kann kein Zweifel sein, daß es direkt oder über Zwischenstationen aus Ägypten und der Levante stammte. Eine ungewöhnlich große Menge von Schmuckstükken und Ornamenten aus Silber wurde gefunden, viel mehr als aus Gold und nur mit den Mengen in Ialysos und auf Naxos vergleichbar. Dies ist besonders bemerkenswert; denn Silber, das aus Kleinasien eingeführt werden mußte, war in Griechenland damals mindestens ebenso kostbar wie Gold.

Aus Eisen sind zwei Messer, eine Nadel und Teile eines nicht bestimmbaren Gegenstandes. Zu jener Zeit war Eisen noch eine Kostbarkeit, da es nur in geringen Mengen aus Kleinasien eingeführt wurde. Nur sehr wenige Eisenfunde aus dem 2. Jt. v. Chr. sind im Ägäisraum gemacht worden: Weniger als ein Dutzend wurden auf Zypern entdeckt, sechs auf Kreta, zwei in Ialysos, zwei auf Naxos, zehn an östlichen und einer an westlichen Fundorten der Peloponnes, zwei auf dem übrigen griechischen Festland und einer auf Euboia.

Perati ist somit für dieses seltene und begehrte Metall der ergiebigste Fundplatz seiner Zeit. Blei wurde in Perati zu Draht, Netzgewichten und einem Fingerring verarbeitet. Glaspaste diente zur Herstellung von Schmuckstücken, besonders Perlen, als Imitation von Halbedelsteinen. Glas wurde nur für zwei Gegenstände verwendet, die wahrscheinlich importiert sind. Auch Fayence ist ungewöhnlich und meistens ägyptischer Herkunft. Knochen verwendete man für verschiedene Ornamente, Toilettengegenstände und Griffe; Elfenbein für diverse Toilettenartikel (Kämme, Nadeln), Geräte (Spindeln, Griffe), Einlegearbeiten und Perlen. Die Bearbeitung selbst ist mittelmäßig, der Dekor rudimentär, die Stücke sind klein, und der Versuch, mit möglichst wenig Material auszukommen, wie z. B. am Knauf des Schwertes Nr. M 52, ist nicht zu übersehen. An Bernstein – damals übrigens überall selten außer in Kephallenia – fand man nur zwei kleine Stücke, offenbar Überreste aus früheren Zeiten. Außerdem gibt es eine kleine Perle aus schwarzem Bernstein, der damals wie heute an den Mittelmeerstränden, insbesondere in Libyen, gewonnen wurde. Von den Halbedelsteinen wurde am häufigsten Karneol verwendet, und zwar zur Herstellung von Perlen und Siegeln, gefolgt von Bergkristall, Achat und Hämatit (die sechs Hämatitobjekte stammen alle aus Zypern und der Levante). Chalzedon, Amethyst, Heliotrop, Alabaster und Malachit-Azurit sind jeweils durch eine oder zwei Perlen vertreten. Außer dem Bergkristall, der anscheinend lokal gewonnen wurde, sind diese Halbedelsteine aller Wahrscheinlichkeit nach als Rohmaterial aus Ägypten importiert und am Ort bearbeitet worden. Mehrere Perlen sind nämlich so grob geschnitten, daß sie unmöglich Exporte gewesen sein können. Steatit kommt bei 201 Objekten, meist Knöpfen, vor. Außerdem wurden auch einige Steine und Kiesel sowie einige Stücke Amiant aus Zypern und Kreide aus Kreta oder Kimolos verwendet. Ton wurde bei sechs Knöpfen und einer Perle zur Imitation kostbareren Materials benutzt.

Chronologie

Relative Datierung

Während der Ausgrabung des Friedhofs wurde ersichtlich, daß manche Gräber und ihr Inhalt klar abgegrenzte Gruppen in chronologischer Folge bildeten und eine zuverlässigere Grundlage für die Datierung boten, als es die rein stilistischen Erwägungen über das aufgefundene Material vermochten. Zum Beispiel war es offensichtlich, daß einige Gräber erst dann angelegt und in Gebrauch genommen wurden, wenn andere zusammengebrochen oder nicht mehr belegt worden waren. Auch liegen in manchen Gräbern die Bestattungen in mehreren Schichten übereinander. In anderen wurde eine bestimmte Reihenfolge der Bestattungen beobachtet, die durch drei oder mehr dazwischengeschobene Tote voneinander getrennt waren.

Andererseits wurde vorausgesetzt, daß Vasen zeitgleich waren, wenn sie bei ein und derselben Bestattung aufgefunden wurden oder auch, wenn sie, zwar aus verschiedenen Gräbern stammend, so doch identisch waren. Es erübrigt sich zu erwähnen, daß solche Synchronismen nur dort hilfreich waren, wo es gelang, beide Gesichtspunkte genau abgegrenzten Abfolgen zuzuordnen. Eine Kombination dieser beiden Methoden machte es möglich, 224 Vasen aus 39 verschiedenen Gruppen in eine fortlaufende Reihenfolge zu bringen, die die gesamte Dauer des Friedhofs abdeckt und ausschließlich auf dem Ergebnis der Ausgrabung beruht.

Bügelkannen der ersten Gruppe – sie umfaßt alle kugeligen, zylindrischen und birnenförmigen Bügelkannen (Abb. 117f.h.k) sowie die Hälfte der niedrigen und einige ovale (Abb. 117g.i) – waren in der Regel mit frühen Bestattungen verbunden und fielen in keinem Fall mit jenen der dritten Gruppe zusammen – dazu sind die meisten konischen und einige ovale Bügelkannen zu rechnen –, die ausschließlich zu den spätesten Bestattungen gehörten. Stücke der zweiten Gruppe, die die andere Hälfte der niedrigen, die meisten ovalen und einige konische Bügelkannen umfaßt, fanden sich größtenteils allein, doch auch zusammen mit Stücken der beiden anderen Gruppen. So scheint die erste Gruppe die früheste zu sein und stellt, wo immer sie einheitlich oder deutlich vorherrschend auftritt, die Anfangsperiode des Friedhofs dar. Der zweiten Gruppe, die in eine mittlere, viel längere Periode fiel, folgte die dritte der abschließenden Phase des Friedhofs.

Die frühesten Stamniskoi sind meistens kugelig und monochrom. Es folgten die ovalen mit ausgesparten Streifen und Linien, darauf ovale und konische ebenso wie 'Halskragen'-Stamniskoi (Abb. 117d). Die letzteren kamen auf, nachdem die hochhalsigen und die birnenförmigen Stamniskoi (s. Abb. 117c und b) aus der Mode gekommen waren. Skyphoi des ersten Typs mit steil verlaufenden Henkeln (Abb. 117p), meist monochrom, aber gelegentlich mit ausgesparter Basis, herrschten in den früheren Gruppen vor. Skyphoi des zweiten Typs mit breiter ausladenden Henkeln (Abb. 117s) und verziert mit dünnen ausgesparten Linien fanden sich in späteren Fundzusammenhängen, zusammen mit Bügelkannen der dritten Gruppe und 'Halskragen'-Stamniskoi. Konische einhenklige Skyphoi tauchten am Ende der Anfangsphase auf, wurden aber erst zur Schlußphase hin häufig. Kännchen des kurzhalsigen Typs (Abb. 117n) stammen aus frühen Gruppen, während die mit hohem Hals (Abb. 117o), die mit Fransendekor versehen sind, erst später vorkamen. Die beiden Lekythostypen (Abb. 117 l.m) fielen nicht zusammen; die kurze dicke Form war von Anfang an in Gebrauch, während der konische Typ später auftauchte und zum Ende hin vorherrschte. Tassen mit gemalten Halbovalen traten erst eine ganze Weile, nachdem die ersten Gräber angelegt worden waren, in Erscheinung. Der Kernos Nr. 866 und die Lekane Nr. 65 mit den Klagefrauen (Abb. 116) gehören zu der ersten Periode, die andere ähnliche Lekane Nr. 820 zu der mittleren und die hochhalsige Bauchhenkel-Amphora Nr. 590 zur Endperiode.

Typisch frühe Schmuckelemente sind die Purpurschnecke, das alternierende V-Muster und offene Blüten (Abb. 118c). Dasselbe gilt für die Zickzacklinien ohne Rahmung und die gepunkteten Kreise, die jedoch auch später vorkamen. Nach und nach wurde das Repertoire um die figürlichen Motive sowie die Wellenlinien bereichert, die bis zum Ende fortlebten und zu abstrakten Stilisierungen bzw. unregelmäßigen Streifen verkümmerten. Auf der anderen Seite verziert das tropfenförmige Fransenmuster sowohl mit als auch ohne Spiralen nur Keramik aus einigen der spätesten Bestattungen. So beweist der Grabungsbefund, daß das in Perati gefundene Material, das eine lückenlose Folge bildet, in drei unterschiedliche Phasen eingeteilt werden kann. Die Entwicklung von einer Phase zur anderen verläuft nahtlos, ohne plötzliche oder durchgreifende Veränderungen und läßt sich am besten an den Bügelkannen zeigen, welche die allmähliche Entwicklung vom sparsam dekorierten kugeligen zum dichtbemalten konischen Typus erkennen lassen.

Die Keramik der Phase I besteht aus Bügelkannen der ersten Gruppe, weithalsigen, birnenförmigen Stamniskoi, die meist monochrom, gelegentlich aber auch mit Mustern verziert sind, aus Skyphoi mit steil verlaufenden Henkeln, monochrom oder mit ausgesparter Basis, aus bauchigen und spulenförmigen Alabastren, aus kugeligen und ovalen Krügen mit abgerundeter Lippe, aus Kännchen des normalen wie des kurzhalsigen Typs und schließlich aus gedrungenen Lekythoi und breiten Tassen. Der Kernos Nr. 866 und die Lekane Nr. 65 mit den Klagefrauenfigürchen gehören ebenfalls zu dieser Phase. Geschlossene Gefäße sind meistens bauchig oder gedrungen, zuweilen auch oval; sie sind entweder monochrom oder sparsam mit Metopen, offenen Blüten, Purpurschnecken, alternierenden V-Mustern und nicht eingerahmten Zickzacklinien dekoriert. In diese Phase gehören die Tintenfische mit fadenähnlichen Fangarmen und die Landschaftskomposition auf der Bügelkanne Nr. 892. 45 der ausgestatteten und nicht ausgeplünderten Gräber, einschließlich der Grubengräber Nr. 6 und 69, der Doppelgrube Nr. 98 und des Grubengrabes mit Dromos Nr. 73, entstanden während dieser Periode; von ihnen blieben 25 auch später noch in Gebrauch. Unter den Kleinfunden sind die beiden ägyptischen Kartuschen, die Skarabäen aus Grab 90 und 147, das Bulla-Amulett und der konische Siegelstein aus Grab 24, das Zylindersiegel (Abb. 120b) und die Siegelsteine aus Grab 1, die Spindeln und Violinbogenfibeln aus den Gräbern 65 und 155 und die beiden Bronzevasen. Zu dieser Phase gehören ebenfalls die Brandbestattungen der Gräber 1, 122 und 157.

Die Phase II hat mehr aufzuweisen. Im wesentlichen sind alle Vasenformen vorhanden, einschließlich der ersten Oinochoen und einhenkligen Skyphoi. Kugelige Formen wandelten sich zu ovalen mit einer Tendenz zur konischen Form. Die Krüge haben alle eine gerillte Lippe. Der Dekor, der um dreieckige Blüten, konzentrische Bögen und Dreiecke bereichert ist (Abb. 118 a.c.h), zeigt die vollendete Vielfalt, die für den 'Dichten Stil' und den 'Figuralstil' so charakteristisch ist. Monochrome Oberflächen sind z. B. auf Skyphoi und Stamniskoi durch ausgesparte Bänder aufgelockert, Tassen mit Halbovalen verziert; auch Wellenlinien wurden beliebt. Die Zahl der Gräber wurde um 63 neue Kammergräber und vier Grubengräber erweitert. Zu den Grabbeigaben gehören alle Arten von Gegenständen, wie Gold- und Silberschmuckstücke in großer Zahl, Skarabäen (aus den Gräbern 13 und 75), die ägyptischen Amulettfigürchen aus Grab 30, das Zylindersiegel (Abb. 120a) und ein lentoider Siegelstein aus Grab 142, der kyprische Ohrring aus Grab 11, die beiden Gewichtsteine aus den Gräbern 30a und 100, die Eisennadel aus Grab 108, Werkzeuge aus Bronze (Gräber 10, 123 und 128), die beiden Angelhaken und die Netzgewichte (Gräber 21 und 131), das Schwert und das Messer mit dem Entenkopfgriff aus Grab 12 (Abb. 122 a.d) sowie ein Klumpen Kupferschlacke (Grab 137). In den Gräbern 36, 46, 75, 145, 146 und 154 vorgefundene Brandbestattungen zeigen, daß der Brauch, wenn auch nur in begrenztem Maße praktiziert, so doch endgültig angenommen worden war.

In Phase III wurden Lekythoi und Oinochoen allgemein üblich, während 'Halskragen'-Stamniskoi und die Bauchhenkel-Amphora aus Grab 74 als Gefäßform neu hinzukamen. Die Formen des Vasenkörpers und des Fußes wurden konisch, die Scheiben der Bügelkannen scharf zugespitzt und Skyphoi-Henkel ausladender; sie setzten nun fast horizontal am Gefäßkörper an. Die Verzierung wird dichter und bedeckt den überwiegenden Teil der Gefäßoberfläche; Bänder sind breiter, Muster eckig und stark stilisiert. Besonders bei den wenigen figürlichen Motiven ist die umgebende Fläche mit verschiedenem Dekor ausgefüllt. Einfachere dekorative Entwürfe, wie z. B. auf Stamniskoi und Lekythoi, bevorzugen in auffallender Weise Wellenlinien und tropfenförmige Fransen, während Halbovale weiterhin an Tassen, ausgesparte Linien an Skyphoi und Stamniskoi auftreten. Sechs Kammergräber der ersten Phase und dreizehn der zweiten wurden noch weiterbenutzt; hinzu kamen acht neue, jedoch kein einziges Grubengrab. Bemerkenswert sind unter den Einzelfunden das Bronzeschwert und das eiserne Messer aus Grab 38, das Rasiermesser Abb. 122c und die Bronzenadel aus Grab 122a sowie schließlich der Bronzering mit der doppelten Spirale (Abb. 119a) und die bogenförmigen Fibeln aus den Gräbern 74 und 36. In dieser Schlußphase gab es ebenfalls eine Brandbestattung, und zwar in Grab 38.

Vergleichende Schichtendatierung

Die Keramik der Phase I gleicht mykenischer Ware der letzten Periode von Ugarit (zu dieser vgl. J.-C. Courtois, bes. oben S. 210ff.); sie weist Parallelen zur Keramik in den Häusern und der Nordosterweiterung der Burg in Mykene, im Palast von Englianos (Pylos), im Depot außerhalb der Westmauer in Tiryns, in der kyklopischen Mauer am Isthmos, den ersten Häusern in Lefkandi, Euboia, sowie zur Keramik in den Wohnhäusern am Nordhang und im Brunnen der Akropolis von Athen auf. Phase I setzte also am Ende des SH III B ein und reichte bis zum Auftreten der ersten III C-Merkmale, so daß sie die Übergangsperiode abdeckt, die, der Menge der Gräber nach zu urteilen, eine beträchtliche Zeit hindurch angedauert haben muß. Die Phase II von Perati hat ihre Parallelen in den Schichten IX und X der Treppe am Löwentor und in der Zerstörungsschicht des Speichers in Mykene, in Phase II in Lefkandi, in der Bildkeramik von Naxos, in der Auffüllungsschicht des Brunnens auf der Athener Akropolis, in Troja VIIb, in der nachhethitischen SH III B-Schicht in Tarsos und in der 2. und 3. Periode von Sinda, Zypern. Sie erstreckte sich somit über die Periode, welche durch die 'Granary Class'-Keramik, den 'Dichten Stil' und den 'Figuralstil' charakterisiert wird, umfaßte also das Ende des SH III C 1a und fast die ganze Phase III C 1b. Daß diese Periode von langer Dauer war, zeigen die große Anzahl von Gräbern und die allmählichen und zögernden Veränderungen im Erscheinungsbild der Funde, die fast unmerklich zu den vorherrschenden Formen der nächsten Phase überleiteten.
Die dritte und letzte Phase der Nekropole von Perati weist nur eine begrenzte Menge an Fundmaterial auf, das oft schwer von dem der vorhergehenden Phase zu unterscheiden ist. Es ist vergleichbar mit der Keramik der Schichten X und XI der Löwentortreppe und von Haus G in Mykene sowie mit der Keramik der letzten Bestattung von Grab 1 Nr. 1 und aus der Nische von Grab 1 Nr. 5 in Asine. Große Ähnlichkeit besteht auch mit einigen Vasen der Phase II und allen der Phase III in Lefkandi. Auch gewisse Analogien zu zwei frühen Vasen aus der Nekropole in Salamis sind zu beobachten. Die letzten Gräber in Perati gehören folglich zu A. Furumarks spätem SH III C 1b und zur ganzen Phase III C 1c, an deren Ende die Nekropole von Perati aufgegeben wurde. Submykenische Vasen wurden nicht entdeckt, weder bei der jetzigen Ausgrabung noch 1893 von V. Staïs[33].

---

[33] P. Ålin (Das Ende der mykenischen Fundstätten auf dem griechischen Festland, SIMA I [1962] 108. 116f. mit Tabelle) erwähnte unter Staïs' Funden eine 'typisch submykenische' Bügelkanne; diese Angabe wiederholte

Die Nekropole von Perati wurde daher im Laufe der letzten Jahre des SH III B angelegt und blieb bis zum Ende von SH III C 1 bestehen. Nach der oben dargelegten Abfolge der Gräber und Bestattungsschichten zu urteilen, ist jede Familie, die diese Begräbnisstätte ununterbrochen von Anfang bis Ende benutzte, durch mehr als 13 und weniger als 20 Bestattungen vertreten; im großen und ganzen scheint dies auf eine Spanne von drei oder vier Generationen oder etwas mehr als ein Jahrhundert hinzuweisen.

Absolute Datierung

Anhaltspunkte für die absolute Datierung liefern die beiden Fayence-Kartuschen, der Skarabäus Nr. D 196 und das konische Siegel Nr. L 92, die alle mit Keramik der ersten Phase zusammen gefunden wurden. Die Kartuschen und aller Wahrscheinlichkeit nach auch der Skarabäus gehören der Regierungszeit Ramses' II. an (1290–1224 v. Chr.), einer Regierungszeit von einer solch langen Dauer, daß die Stücke für eine Datierung praktisch unbrauchbar sind. Wenn man in Rechnung stellt, daß sie erst in Ägypten erworben und nach Perati gebracht werden mußten und von ihren Besitzern sicherlich auch noch eine Zeitlang benutzt worden sind, bevor sie als Grabbeigaben verwendet wurden, dann ist es allerdings mehr als wahrscheinlich, daß sie erst nach der Regierungszeit Ramses' II. in die Gräber kamen. Andererseits gehört das bereits erwähnte konoide Siegel einem Typus an, der auf Zypern zu Beginn des 12. Jhs. v. Chr. auftrat. Es kann daher in Perati erst einige Zeit nach 1200 v. Chr. ins Grab gegeben worden sein; allerdings nicht viel später, da die zusammen mit dem Siegel gefundene Keramik vom selben Typ wie die zusammen mit der Kartusche gefundene ist und, wie wir gesehen haben, die Kartusche mindestens eine Generation älter ist. Die frühesten Vasen in Perati, die an den Übergang vom SH III B zum SH III C 1 gehören, müssen also etwa eine oder zwei Dekaden nach 1200 v. Chr. angesetzt werden.

Diese Übergangsperiode beinhaltet nicht nur eine Änderung des Keramikstils, vielmehr markiert sie das Ende einer Ära, in der die einheitliche, in voller Blüte stehende mykenische Kultur ihren Einfluß weit über die Grenzen des eigentlichen Griechenland hinaus ausdehnte. Dieser Epoche folgte eine Zeit der Auflösung und Dezentralisierung, die durch das Verlassen mehrerer Siedlungen und das Auftreten ausgesprochen individueller örtlicher Erscheinungsformen gekennzeichnet ist. Bei der Datierung dieses Einschnitts gründete A. Furumark seine Argumentation auf die Tatsache, daß SH III B-Keramik nirgendwo mit Importstücken zusammen gefunden worden war, die aus der Zeit nach Ramses II. stammten. Ferner stellte er fest, daß die Philister, die sich kurz nach 1200 v. Chr. in Palästina niederließen, eine von mykenischer III C 1b-Ware stark beeinflußte Keramik produzierten, weshalb er annahm, daß dieser Stil damals in Griechenland in Blüte gestanden haben und infolgedessen einige Zeit früher, um die Jahrhundertwende, aufgetreten sein muß. Damit, so folgerte er, müsse die vorangehende Phase III C 1 a in die letzten Jahre

Styrenius, Submycen. 23. Diese Bügelkanne ist in der Tat submykenisch; es handelt sich um die Vase Inv.-Nr. 3613 des Athener Nat.-Mus. aus dem Friedhof von Salamis (Styrenius, OpAth 4, 1963, 107. 110 ff. 118 ff. Taf. 3). Sie war seinerzeit im Magazin des genannten Museums zufällig unter die Keramik aus Steiria geraten.

des 13. Jhs. datiert werden und ihr Beginn – und damit das Ende von III B – um etwa 1230 v. Chr., also an das Ende der Regierungszeit Ramses' II.

Dieses zur Zeit von Furumarks Publikation allgemein akzeptierte Datum ist kürzlich im Lichte neuer Ergebnisse revidiert worden. Mehrere syrische Fundorte wie Ugarit, Alalach und Tell Sukas, von denen man annimmt, daß sie durch Raubzüge der Seevölker gegen 1174 v. Chr. zerstört wurden, weisen in ihren Zerstörungsschichten mykenische Keramik auf, die nicht später als SH III B ist. Diese Phase dauerte in der Levante allerdings etwas länger als in Griechenland.

Somit würde SH III C 1 in die ersten Regierungsjahre Ramses' III. fallen, und ein Beginn dieser Phase um 1190 wäre anzunehmen. Dieses mehr oder weniger vermutungsweise ausgesprochene Datum, das von F. H. Stubbings und G. Mylonas akzeptiert worden war, ist jüngst durch die Entdeckung von mykenischer fortgeschrittener SH III B-Keramik in Deir Allah zusammen mit einer ägyptischen Vase, die eine Kartusche von Königin Taousert, der letzten Herrscherin der 19. Dynastie (1202–1194 v. Chr.), trägt, voll und ganz bestätigt worden[34]. Dieser Synchronismus beweist, daß III B-Ware noch um 1195 v. Chr. verbreitet war und daß der Übergang zu III C 1 – und damit die ersten Bestattungen des Friedhofs in Perati – in den ersten Jahren der 20. ägyptischen Dynastie, also etwa 1190–1185 v. Chr., eingesetzt haben muß.

Zeugnisse für die Datierung des Endes der Phase SH III C 1 – und damit zugleich des Friedhofs – sind dürftig und basieren auf kyprischen und palästinensischen Parallelen. A. Furumark und V. R. d'A. Desborough setzten es um 1075 v. Chr. an, A. J. B. Wace um 1100 und G. Mylonas um 1120. Die Gräber in Perati können nicht mehr als nur allgemeine Anhaltspunkte liefern, wie sie von der wahrscheinlichen Dauer des Friedhofs abzuleiten sind. Der Bronzering mit der Doppelspirale (Abb. 119a, Nr. M 115) muß kurz vor der Mitte des 11. Jhs. angesetzt werden. Das weist die Schlußphase von Perati in die ersten Jahrzehnte nach 1100 v. Chr.

Innerhalb dieser Grenzen ist die Dauer der zweiten Friedhofsphase weniger leicht zu bestimmen. Sie ist durch das Einsetzen und die Blüte des 'Figuralstils' und des 'Dichten Stils' gekennzeichnet, die einen großen Einfluß auf die Keramik der Philister ausübten. Gemäß ägyptischen und nubischen Parallelen erschien diese Ware in Palästina etwa um 1150 v. Chr. Beide Stilarten müssen also in Griechenland zu dieser Zeit in voller Blüte gestanden haben. Dies bedeutet, daß ihre Anfänge ungefähr eine Dekade früher zu datieren sind. Auch besteht kein Zweifel daran, daß die Phase, zu der sie gehörten, beträchtlich länger andauerte als die anderen. Diese Überlegungen führen zu folgendem chronologischen Schema für die Nekropole von Perati:

1. Phase 1190/1185–1165/1160 v. Chr.
2. Phase 1165/1160–1100 v. Chr.
3. Phase 1100–1075 v. Chr.

[34] Von H.-G. Buchholz im Zusammenhang seines Forschungsberichts »Ägäische Funde und Kultureinflüsse in den Randgebieten des Mittelmeers« unter Hinzuziehung weiterer Quellen referiert (AA 1974, 325ff, bes. 425ff).

Perati im Rahmen der allgemeinen historischen Entwicklung

Die Nekropole von Perati entstand schon bald nach der Zerstörung der Häuser und Paläste von Mykene und Tiryns, dem Verlassen der Burg von Gla, der Gräber in Prosymna und der Siedlungen in Lerna und Berbati. Die frühesten Gräber von Perati fallen zeitlich mit den ersten Häusern von Lefkandi zusammen. Dessen Anlage kam zu den bestehenden Siedlungen in Hagios Kosmas, Vourvatsi, Kopreza, Ligori, Brauron, Spata, Velanideza, Aigina und Eleusis hinzu, und zwar zu einem Zeitpunkt, als der Brunnen auf der Akropolis in Athen gerade aufgegeben, die Befestigungsmauer am Isthmos errichtet und der Palast in Englianos (Pylos) durch Feuer zerstört worden war.

Die Entstehung der Nekropole fällt somit in die Jahre, die dem Zusammenbruch der mykenischen Koine folgten. Die Überfälle der Seevölker hatten zu einem Ende der in der Levante herrschenden Verhältnisse geführt und die Bevölkerung von Syrien und Palästina radikal verändert. Die Mykener versuchten, ihre Aktivitäten diesem neuen Zustand anzupassen. Einige ihrer alten Handelsplätze, wie Ugarit, waren zerstört worden, andere hatten überdauert; neue Niederlassungen wurden in Tarsos und auf Zypern gegründet, und der Seehandel wurde, zwar in begrenztem Umfang, aber mit den gleichen Gütern, auf den vertrauten ägäischen Handelsrouten wiederaufgenommen, wobei dieselben Häfen wie zuvor angelaufen wurden. Die Vasen der beiden neuentwickelten Stile, des 'Dichten Stils' und des 'Figuralstils', zeigen durch ihre weitgefächerte Verbreitung deutlich den Umfang der mykenischen Expansion während dieser Periode. Es ist die Zeit, in der in Mykene der Speicher niederbrannte, die Burg aber weiter bewohnt wurde; das gleiche gilt für die Stadt Argos. In Athen und Attika, wo eine weitere Niederlassung – die bei Keratea[35] – gegründet wurde, ging das Leben weiter wie vorher. Lefkandi und Naxos in der Ägäis, Rhodos, Kos, Milet und Episkope (Müskebi) im Dodekanes und an der anatolischen Küste standen in voller Blüte, und die Exportkeramik erreichte Troja VIIb, Pitane und zwei Siedlungsplätze in Palästina. Auf Zypern erhielten die Städte Enkomi und Sinda einen neuen Zustrom von Kolonisten. Kreta folgte dem allgemeinen Stiltrend, schuf aber seine individuelle Variante des 'Fransenstils'.

Das Festland konnte indessen seinen Wohlstand und seine Blüte nicht allein durch diesen begrenzten, wenn auch lebhaften Seehandel aufrechterhalten. Nach und nach wurden die noch übriggebliebenen Paläste und Burgen, wie in Mykene, verlassen und verfielen. Asine und Lefkandi wurden aufgegeben, und allgemeiner Niedergang ist sowohl in den Küstenorten wie auch auf den Inseln festzustellen. Als schließlich die Seeverbindungen zurückgingen, tauchten allmählich Objekte auf, die auf neue Verbindungen übers Festland mit Zentral- und Osteuropa hindeuteten.

In dieser Welt nahm Perati einen sehr wichtigen Platz ein. Seine Bewohner waren Töpfer, Bronze-Handwerker und Juweliere sowie Jäger und Fischer. Frauen spannen, webten und nähten, Kinder spielten mit Seemuscheln und mit aus Ton geformten kleinen Tieren. Den Wohlstand verdankte die Gemeinschaft offensichtlich den Verbindungen, die die Seeleute mit den übrigen ägäischen Küsten und der Levante unterhielten. Diese direkten und

---

[35] Zur Siedlungsgeschichte des Raumes von Keratea
s. H.-G. Buchholz, AA 1963, 455 ff.

freundschaftlichen Kontakte beschränkten sich nicht auf bloße Handelsbeziehungen. Sie führten vielmehr zu einem ständigen Gedanken- und Güteraustausch, woraus sich die Übernahme von Stilformen und Gebräuchen in einem weit höheren Maße ergeben haben muß, als es die materiellen Überreste uns heute zeigen können. So waren Bestattungen der ersten Phase mit Vasen aus Melos und Kreta und von anderen Orten ausgestattet, mit Fayence-Kartuschen und Skarabäen aus Ägypten, Amuletten, einem Rollsiegel (Abb. 120b), einem Siegelstein und einem Gewicht aus Syrien und Zypern, einem Siegelstein aus Kreta (Abb. 121c) und einer Bernsteinperle baltischen Ursprungs. Importe der zweiten Phase kamen aus Kreta und Naxos (Vasen), aus Ägypten (Fayence-Skarabäen, Amulette und eine Glasvase), aus Syrien (Eisennadel, Gewichte und ein Messer mit Entenkopfgriff, Abb. 122d) bzw. aus Zypern (Ohrringe und ein weiteres Rollsiegel, Abb. 120a). Zur gleichen Zeit exportierten die Bewohner von Perati Oktopus-Bügelkannen nach Naxos und Kos. Während der dritten Phase importierten sie ein dreibeiniges Alabastron aus Ialysos, ein eisernes Messer aus Syrien und den Ring mit der Doppelspirale aus Mitteleuropa (Abb. 119a); außerdem exportierten sie Bügelkannen, wovon allerdings nur eine nachweisbar ist, nach Kos. Andere Objekte auswärtiger Herkunft, bei denen der Zeitpunkt ihrer Importierung nicht genau bestimmbar ist, sind weitere Ohrringe und ein Amiant aus Zypern, ein Amulett und ein eisernes Messer aus Syrien, mehrere Perlen und ein Skarabäus aus Ägypten sowie Bernstein (Fingerring Nr. M 178). Die Sitte, die Toten zu verbrennen, ist aus Kleinasien über den Dodekanes oder möglicherweise über Brauron eingeführt worden. Klagefrauenfigürchen (Abb. 116) und Krüge mit Siebtüllen stellen die Verbindung mit Naxos und Ialysos her. Auf Schalen gemalte Halbovale weisen auf Einflüsse von Kreta, Karpathos und Lefkandi hin, während Flaschen ohne Fuß Perati mit Naxos, Rhodos und Kos verbinden und Vogelfigürchen mit Asine.

Die Bewohner von Perati hatten somit – um dies abschließend zusammenzufassen – am Anfang ständig Berührung mit Melos, Zypern und Syrien und unterhielten enge Kontakte zu Kreta, Ialysos und Kleinasien. In der Blütezeit ihres Gemeinwesens dehnten sie diese Kontakte auf Lefkandi, Asine, Naxos und Kos aus. Bis zum Ende dieser Periode hielten sie die Verbindungen mit Lefkandi, dem Dodekanes und Syrien aufrecht und begannen, für mitteleuropäische Waren Interesse zu zeigen. Dieser Prozeß spiegelt die allgemeine Lage in Griechenland und der Ägäis während des 12. und 11. Jhs. v. Chr. wider. Nach dem Zusammenbruch des mykenischen Handels wurde ein letzter Versuch unternommen, den verlorenen Wohlstand zurückzugewinnen. Aber Kontakte mit dem Ausland hörten fast ganz auf, und eine neue Ära begann. Sie war durch Isolation und Niedergang gekennzeichnet, und man war inmitten einer eng gewordenen und verarmten Welt mit dem bloßen Überleben beschäftigt.

DIE KONTINUITÄT DER RELIGION
IM 'DUNKLEN ZEITALTER' GRIECHENLANDS

Von Bernard C. Dietrich

Die Vorstellung, die Griechen seien als einzigartiges Volk plötzlich von irgendwoher in Erscheinung getreten und hätten ihre Kultur sozusagen aus dem Nichts hervorgebracht, ist in den letzten Jahren aufgegeben worden. Auch die griechische Religion wurde nicht im luftleeren Raum geboren, sondern zeigt sich uns erst als Ergebnis einer langen Entwicklung, an der zudem der gesamte ägäische Bereich seinen Anteil hatte.

Schriftliche Zeugnisse gibt es für das 'Dark Age' nicht; das Fehlen eindeutiger Beweise erschwert daher die Frage nach einer Kontinuität in den betreffenden Jahrhunderten, weshalb sich der Weg zu unkontrollierbaren, vagen Hypothesen öffnet. Eine noch größere Gefahr liegt in dem durch die Dokumentationsarmut bedingten Schluß, manche Stätten seien zeitweilig vollständig verlassen gewesen und in Vergessenheit geraten, weil die eine oder andere geschichtliche oder vorgeschichtliche Periode nicht immer durch Überreste repräsentiert sei. Man postuliert für diese Orte sogleich einen Kulturbruch, was natürlich denkbar ist, aber durch archäologische Lücken in der Überlieferung allein nicht bewiesen werden kann.

So muß beispielsweise das Fehlen einer submykenischen Schicht in Kolophon[1] in der östlichen Ägäis nicht unbedingt heißen, daß das Orakel in Klaros am Ende des 2. Jts. v. Chr. über einen längeren Zeitraum verstummte, um dann später wieder seine Stimme zu erheben[2]. Auch müßte ein Bruch im Kult der Artemis in Ephesos und im didymäischen Orakel unweit Milets[3] noch auf andere Weise als nur archäologisch aufgezeigt werden können, um voll zu überzeugen. Mit anderen Worten: Man braucht der Meinung des Archäologen nicht unbedingt zu folgen, wenn er – nur auf die Abwesenheit keramischer Überreste gestützt – von einer Unterbrechung im Bereich der religiösen Tradition spricht.

So scheint es besser, einen Mittelkurs zwischen der Skylla einer übereilten Hypothese und der Charybdis des absoluten Unglaubens zu steuern, besonders wenn man sich mit der vielleicht schwierigsten Periode der griechischen Geschichte beschäftigt, nämlich dem sogenannten 'Dark Age', der Zeit von ungefähr 1100 bis 650 v. Chr. Diese fast fünf Jahrhunderte werden wohl aufgrund des weitgehenden Verlustes der Denkmäler für immer 'dunkel' bleiben, nicht aber, weil diese Zeitspanne in Wirklichkeit politisch oder religiös brachgelegen hätte.

In diesem Klima des Zweifels und der Hypothese erfreut sich der Religionshistoriker einiger Vorteile. Er besitzt Einsicht in verschiedene minoische und mykenische Kulte; er kann auch die Entwicklung der vorgriechischen Religion seit dem Beginn der Mittelhelladischen Epoche, also seit dem Zeitpunkt der wahrscheinlichen Ankunft der indoeuropäischen Achaier, verfolgen. Weiterhin ist dem Historiker bekannt, daß Religion und religiöser Glaube das konservativste Element einer Gemeinschaft darstellen. Auch liest er auf den Linear B-Täfelchen die Namen mehrerer Götter, deren Opfergaben sich kaum von denen

---

[1] Desborough, Pottery 222. 232; ders., Mycen. 233.
[2] T. B. L. Webster, From Mycenae to Homer[2] (1964) 150.
[3] Pausanias VII 2,3–5 (zum Alter dieser beiden Kultstätten).

des archaischen und klassischen Kultkalenders unterscheiden. Mit anderen Worten: Götter wie Zeus, Hera, Athena, Hermes, wahrscheinlich auch Demeter und Dionysos, welche die ganze griechische Geschichte hindurch kultische Verehrung genossen, hatten sich schon vor dem Ende der Bronzezeit als individuelle Gestalten mit eigenen Funktionen aus einem gemeinsamen ägäischen Hintergrund herauskristallisiert. Selbst der allgemeine Begriff der Gottheit wie auch die Vorstellung von den Olympiern scheinen im Späthelladischen schon geläufig gewesen zu sein, denn die Täfelchen enthalten Worte wie *'theos'* und *'pantes theoi'*.

Ungeachtet der politischen Stürme während der 'dunklen Jahrhunderte' muß die Religion in vielem unverändert geblieben sein; soviel wird man aus den – allerdings kargen – Zeugnissen herauslesen dürfen. Jedenfalls wäre es durchaus falsch, ohne weiteres das Gegenteil anzunehmen, nämlich daß die griechische Welt eine totale Unterbrechung ihrer Kulturtradition erlitten hätte, obschon die Griechen fraglos eine Zeit der Härte und des Leidens durchmachen mußten. Jahrhunderte später erinnert Herodot noch an die Armut als Begleiterin der Griechen[4].

Historiker sind sich überwiegend darin einig, daß das Elend und die Armut im letzten vorchristlichen Jahrtausend den Dorern zuzuschreiben seien, deren einbrechende Scharen der blühenden Bronzezeit ein Ende machten. Diese plötzlich im Süden auftauchenden barbarischen Stämme sollen – wie eine Flut – die Paläste mit ihrer alten theokratischen Stadtverwaltung niedergewalzt, neue Herren und Regierungssysteme eingeführt sowie fremde, nichtmykenische Kulte gefeiert haben. Demnach läge ein deutlicher Einschnitt vor, der das Alte abgetrennt und sich durch die ungefähr gleichzeitige Einführung neuer Grabsitten und neuer Kunstformen bemerkbar gemacht hätte.

Doch das Überleben so vieler kultischer und religiöser Bräuche läßt sich nur durch einen anderen, komplizierteren Geschichtsablauf deuten. Die drei wichtigsten Quellen, die über die Unruhen in Griechenland am Ende der Bronzezeit berichten, sind erstens die mythologische Tradition, zweitens linguistische Studien und drittens das archäologische Material. Der Wendepunkt in der mykenischen Geschichte soll der Trojanische Krieg gewesen sein, der der glaubwürdigsten Überlieferung und gleichzeitigen hethitischen Zeugnissen zufolge in der zweiten Hälfte des 13. Jhs. v. Chr. stattfand[5]. Neuere Ansichten unterscheiden sich allerdings in der Erklärung der Auswirkung dieses Konflikts: Entweder soll die langwierige Kampagne vor Troja die mykenische Welt derart erschöpft haben, daß einfallende fremde Völkerschaften nur geringen Widerstand in Griechenland antrafen, oder die 'Zuhause-Gebliebenen' – vielleicht sozial unterdrückte Klassen – sollen sich erhoben haben, während sich die führende Aristokratie in Kleinasien aufrieb[6].

---

4 Herodot VII 102.

5 Herodot II 145; traditionelle Daten in: J. Forsdyke, Greece before Homer (1956) 62 ff.; C. W. Blegen u. a., Troy III (1953) 18; Troy IV (1958) 9. 12; s. aber auch G. E. Mylonas, Hesperia 33, 1964, 366 (etwa 1200 v. Chr.). Zur Datierung nach den hethitischen Urkunden s. Desborough, Mycen. 249.

6 Die Sage eines trojanischen Krieges soll erst später entstanden sein, als man einen Konflikt auf dem griechischen Festland während der Bronzezeit mit dem aiolischen Ilion verband und dorthin übertrug. Vgl. K. Ziegler, Der Kleine Pauly 5 (1975) 981 s. v. Troja. Andere glaubten, daß die Mykener an der Plünderung von Troja VII a nicht beteiligt waren (M. I. Finley, JHS 84, 1964, 1 ff.), während Hooker, Myc. Gr. 167, dem Krieg, wie er im Epos dargestellt wird, alle Geschichtlichkeit absprach.

Die mythologische Überlieferung berichtet jedoch einstimmig von einer Invasion Griechenlands nach dem Trojanischen Krieg[7]. Ohne hier auf weniger wichtige Ereignisse näher eingehen zu wollen, sei nur auf den Teil der alten Berichte über den Sieg hingewiesen, den die drei dorischen Könige schließlich auf der Peloponnes erfochten hatten, als sie Orestes' und Hermiones Sohn Teisamenos besiegten und sein Reich in drei Teile aufteilten, wobei Temenos und sein Sohn die Argolis, Kresphontes Messenien und die Söhne des Aristodemos Lakonien erhielten. Hierauf vertrieb Teisamenos die Ionier aus Achaia, die daraufhin zunächst nach Athen und später nach Ionien auswanderten. Man berichtete über die Eindringlinge auch, daß sie die Megaris besetzten, sich aber dann schließlich über die Ägäis nach Melos, Thera, Kreta, auf die dodekanesischen Inseln und nach Kleinasien begaben. In Attika hingegen berichtet die Sage von einem Mißerfolg der Dorer, bedingt durch das Selbstopfer des Kodros. Andere von den Dorern verursachte Völkerbewegungen sollen sich in Nordgriechenland und Boiotien abgespielt haben[8].

Augenfällige Verfälschungen der Tradition brauchen an dieser Stelle nicht besonders erörtert zu werden: Sie bestehen aus späteren Zutaten, der Vermischung sagenhafter Elemente mit der historischen Erinnerung und der Interpolation legendärer Namen in den königlichen Stammbäumen, deren Chronologie daher leicht mit den Resultaten der Ausgrabungen in Konflikt gerät[9]. Viel wichtiger ist es, vor allem zwei Punkte hervorzuheben, die unter allen diesen überlieferten Berichten sogleich ins Auge fallen: Erstens, daß die Dorer als eigene rassische Einheit merkwürdig schwer faßbar bleiben, und zweitens, daß ihre Verbindung mit der Familie des Herakles schon ungefähr vier Generationen vor ihrem Einfall in die Peloponnes zustande kam[10]. Der Bericht bei Herodot I 56 besagt, daß der Name dieses nomadischen Volkes sich mit dem jeweiligen Wohnort änderte[11]. Unwandelbar blieben nur die Namen der drei herkömmlichen dorischen Stämme, der Hylleis, Pamphyli und Dymanes[12], die drei Generationen nach Hyllos' Tod die Peloponnes erfolgreich angriffen. Doch waren sie auch unter dem Namen 'Herakliden' bekannt, was nichts anderes heißt, als daß sie echte Achaier waren, die ihre Abkunft bis auf Perseus, den König von Mykene, zurückverfolgten[13]. Es wäre nun interessant, die engen Beziehungen zwischen den 'fremden' Dorern und den mykenischen Herakliden – besonders ihre gemeinsamen Sitze im Süden von Epeiros, in Kreta und Rhodos – weiter zu prüfen[14]. Für unsere Zwecke genügt es im Augenblick jedoch, die Nähe der Dorer zur mykenischen Welt aufzeigen zu können[15].

Philologische Untersuchungen legen den Schluß nahe, daß griechische Dialekte wie Ionisch, Attisch und Aiolisch sich erst nach der Etablierung des Westgriechischen entwickelten[16]. Zum letztgenannten Dialekt gehört natürlich – abgesehen von der Sprache in

[7] Hammond, Migrations 690ff.

[8] Vgl. J. M. Cook, BSA 53/54, 1958/59, 1ff.; Hooker, Myc. Gr. 168f.

[9] Traditionelle Daten bei Thuk. I 12, 3. Die archäologischen Zeugnisse wurden von Desborough, Mycen. 252 besprochen.

[10] Vgl. die Geschichte des Versprechens des Aigimios gegenüber Herakles bei Diod. Sic. IV 37,3; 58,6.

[11] Vgl. Hammond, Migrations 698.

[12] Hammond, Migrations 697f.

[13] Herodot VI 53; Hammond, Migrations 686.

[14] Durch die Söhne Thessalos und Tlepolemos.

[15] Vgl. z. B. auch Hooker, Myc. Gr. 163ff.

[16] W. Porzig, IndogermF 61, 1954, 147ff.; E. Risch, MusHelv 12, 1955, 61ff. Zusammengefaßt in: J. Chadwick, GaR N. S. 3, 1956, 38ff.; vgl. C. D. Buck, The Greek Dialects (1955); etwas anders bei N. G. L. Hammond, BSA 62, 1967, 104 mit Anm. 26. Die These, daß

Lokris, Phokis, Aitolien und Elis – auch Dorisch, das in Lakonien, der Argolis, Korinthia, Megaris, auf den Kykladen, dem Dodekanes und in Teilen der Südküste Kleinasiens gesprochen wurde.

So ist es durchaus möglich, die Verbreitung der westgriechischen Sprache mit der geographischen Verteilung der dorischen Stämme zu vergleichen[17]. Ebenso wohlbegründet scheint es, die Wanderungen der ionischen und aiolischen Stämme aus der nachbronzezeitlichen Verteilung der ostgriechischen Sprache abzuleiten. Diese Erkenntnisse aus den linguistischen Studien stimmen auch mit dem überein, was man aus den – vielleicht ungleichmäßig verbreiteten, aber dennoch historisch wertvollen – Tontäfelchen erschlossen hat. Die Sprache auf den Täfelchen wurde mindestens bis 1200 v. Chr. auf dem Festland gesprochen und scheint mit einer Art 'Koine' vergleichbar zu sein. Doch trug diese schon Anzeichen einer beginnenden Spaltung in sich, die dann nach der Vermischung mit dem Westgriechischen zum Abschluß kommen sollte[18]. Linear B enthält beispielsweise nicht nur protoionische und protoaiolische Elemente, sondern kann auch bezeugen, daß die zuerst auf der Peloponnes und in Südgriechenland gesprochene Sprache ein Vorfahre des Arkadischen war. Es scheint daher durchaus möglich, die These zu beweisen, daß einige Gebiete auf dem Festland, in denen, wie in Arkadien, die ursprüngliche Sprache am längsten überlebte, von den Unruhen der frühen Eisenzeit verschont blieben[19]. Allerdings sagen die linguistischen Studien über den Umfang der Invasionen und die Zeitspanne der Wanderungen von und nach Griechenland, insbesondere auch über die Auswirkungen dieser politischen Ereignisse auf die bestehende Kultur und Religion, noch weniger aus als die geschichtliche Überlieferung.

Schließlich vermitteln auch die archäologischen Befunde auf dem Festland einen klaren Eindruck von umwälzenden Veränderungen. Der Palast im thessalischen Iolkos wurde zu Beginn der Periode SH III C zerstört, jedoch ohne Spuren irgendeiner fremden Beset-

die Entstehung des aiolischen Dialekts mit der Überlagerung des ostgriechischen Substrats durch ein westgriechisches um 1200 v. Chr. zusammenhängt, wurde neuerdings von José L. García-Ramón, Les Origines Postmycéniennes du Groupe Dialectal Eolien (1975) passim, bes. 40–59, verteidigt. Allerdings möchten einige Philologen die Möglichkeit des Aiolischen als Dialektgruppe aus mykenischer Zeit offenlassen. J. Chadwick bemerkte zu dieser Frage: »Es ist durchaus möglich, daß das Aiolische sich überhaupt erst in nachmykenischer Zeit entwickelte, verursacht durch eine Vermischung der mykenischen mit der dorischen Sprache« (Studia Mycenaea, Proceedings of the Mycenaean Symposium, Brünn 1966 [1968] 182; hier Übersetzung des englischen Originalzitats); vgl. ferner Hammond, Migrations 818 und die Rezension der bereits genannten Studie von García-Ramón durch G. Dunkel, AJPh 98, 1977, 205ff.

[17] Westgriechische Dialekte wurden schon in späthelladischer Zeit gesprochen, was nachhaltig für die Anwesenheit dorischer Stammesgruppen im Umfeld der mykenischen Kultur spricht, vgl. Hooker, Myc. Gr. 163.

[18] Die Sprache auf den Linear B-Tafeln war im allgemeinen Ostgriechisch; vgl. Hooker, Myc. Gr. 173; zur Hypothese eines Klassenunterschiedes zwischen Ost- und Westgriechisch vgl. J. Chadwick, PP 31, 1976, 111.

[19] Eine interessante Widerspiegelung geschichtlicher Ereignisse in der sprachlichen Überlieferung findet man in der zeitweiligen Einwirkung des Dorischen auf das Ionische um das Jahr 1000 v. Chr. Auch Attika soll – laut Überlieferung – den Einfällen aus dem Norden widerstanden haben. Doch scheint der linguistische Sachverhalt anzudeuten, daß die Dorer selbst dort ihre Spuren hinterlassen haben. Die Merkmale, durch die sich das Ionische vom Arkadokyprischen unterscheidet, scheinen gerade die zu sein, die mit dem Dorischen übereinstimmen. Jedoch war die Aufspaltung des Ionischen ins Attische und Ionische eine spätere innere Entwicklung, die nichts mit dem dorischen Dialekt zu tun hatte (Chadwick, GaR N. S. 3, 1956, 44). Die Hypothese, die Eindringlinge in Attika, die die dorischen Elemente in das Ionische einfließen ließen, hätten aus vermischten Einheiten argivischer Mykener und Dorer bestanden, wurde von Styrenius, Submycen. 163, vorgeschlagen.

zung[20]. Die phokische Festung in Krisa wurde gegen Ende von SH III B erobert[21], Gla in Boiotien fiel ungefähr um dieselbe Zeit Zerstörern zum Opfer[22], während Eutresis in der Periode SH III B verlassen wurde[23]. Zu anderen zerstörten Städten zählen außerhalb der Argolis das messenische Pylos, Zygouries bei Korinth und das lakonische Menelaion[24]. Hinzuzurechnen wären noch Siedlungen, die während derselben Periode aufgegeben wurden: so einige Orte im südlichen Thessalien, in der Argolis, in Lakonien, Elis, Messenien und auch im westlichen Attika.

Aus all dem geht hervor, daß das Ende des 2. Jts. v. Chr. auf dem Festland keineswegs friedlich verlief. Dennoch muß keine dieser offenbaren Unruhen unbedingt einen klaren Bruch in der Geschichte der griechischen Religion bedeuten, den das plötzliche Eindringen fremder Barbaren wie der Dorer verursacht hätte. Wenn wirklich fremde Elemente auf dem Festland erschienen, dann muß dies in einem längeren Prozeß vor sich gegangen und ihre Ankunft mehr einem allmählichen Einsickern vergleichbar sein. So wird auch die zeitlich recht weite Kluft zwischen der Zerstörung einer Siedlung und ihrer Wiederbesiedlung plausibler. Auf der südlichen Peloponnes sowie in der Argolis konnten sich diese Unterbrechungen über mehr als zweihundert Jahre erstrecken. Manchmal zog sich die Zerstörung einer Stadt auch längere Zeit hin: Beispielsweise endete Mykene in drei aufeinander folgenden Zerstörungswellen, die sich über den Zeitraum vom SH III B bis C erstreckten[25]. Andere Fundorte – so das messenische Pylos – wurden nach ihrer Vernichtung verlassen, während wieder andere – Tiryns, Amyklai und Iolkos – weiterhin von ihren früheren mykenischen Einwohnern besiedelt blieben. Es stellt sich nun die Frage, wie es möglich war, daß die Dorer nicht sogleich selbst ihre neugewonnenen Eroberungen in Besitz nahmen. Thukydides berichtet, die Dorer hätten sich gleich nach ihrer Ankunft auf der Peloponnes niedergelassen[26]. Er muß sich jedoch getäuscht haben, da die Argolis, nach den jüngsten Interpretationen der archäologischen Funde zu urteilen, nicht vor 1075 v. Chr. wieder völlig besiedelt war, wogegen der Südwesten der Peloponnes anscheinend sogar bis zum Ende des 2. vorchristlichen Jahrtausends verlassen blieb. Aus dieser Sicht der derzeit verfügbaren archäologischen Zeugnisse wird damit freilich die traditionelle Genealogie der spartanischen Könige unhaltbar.

Aber es geht um mehr als nur darum, die voller Familienstolz mühsam aufgestellten genealogischen Stammbäume wieder niederzureißen. Die Ankunft fremder Völker sollte sich jedenfalls mit den Anzeichen einer völlig neuen Kultur ankündigen. In der Tat machen sich im Submykenischen während der fast hundert Jahre von 1125 bis 1035 v. Chr., die das Mykenische vom Protogeometrischen trennten, anscheinend neue Kunstformen und Stile

[20] Ergon 1956, 43 ff.; 1960, 55 ff.; D. R. Theochares, Archaeology 11, 1958, 13 ff.; T. C. Skeat, The Dorians in Archaeology (1934) passim, sprach von einem – der Überlieferung jedoch unbekannten – Einfall ins nördliche Thessalien; vgl. Desborough, Mycen. 250.

[21] J. Jannoray – H. van Effenterre, BCH 61, 1937, 326; Desborough, Mycen. 125.

[22] A. de Ridder, BCH 18, 1894, 284 ff.; Ergon 1957, 29; Desborough, Mycen. 120; vgl. Sp. Iakovides, oben S. 475.

[23] Desborough, Mycen. 120.

[24] Vgl. H. W. Catling, ArchRep 22, 1975/76, 13 ff.; sowie die folgenden Berichte, bes. ausführlich: ArchRep 23, 1976/77, 24 ff. und 27, 1980/81, 16 ff.; vgl. außerdem R. Hope Simpson – O. T. P. K. Dickinson, A Gazetteer of Aegean Civilisation in the Bronze Age I, The Mainland and Islands, SIMA LII (1979) 107.

[25] Desborough, Mycen. 76. Dies wurde von G. E. Mylonas, Hesperia 33, 1964, 376 ff. angezweifelt. Für Mykene und andere Stätten siehe auch die Zusammenfassung in: Hooker, Myc. Gr. 148 ff. (mit neuer Lit.).

[26] Thukydides I 12, 3.

bemerkbar. Was jedoch die Vasenmalerei betrifft, so muß gesagt werden, daß das Submykenische mehr eine Zeit der Verarmung oder Degeneration vorangegangener Motive
als eine Ankündigung neuer Stilformen war. Mit andern Worten: In der submykenischen
Periode setzten sich alte Formen fort, die sich ohne Eingriff von außen schließlich zu den
typisch protogeometrischen und geometrischen Stilen entwickelten.

Die Entdeckung submykenischer Beigaben in Gräbern des athenischen Kerameikos und
in Salamis[27] hat zur Annahme geführt, daß sich dieser Stil in Attika entwickelt hätte. Großes Gewicht maß man auch der Tatsache bei, daß Funde dieser Periode meist aus Kisten-
gräbern mit Einzelbestattungen kamen, was sich von der üblichen mykenischen Sitte, mehrere Tote in Kammergräbern beizusetzen, unterschied. V.R.d'A. Desborough schloß deshalb aus den Zeugnissen in Attika, daß dorische Eindringlinge auch dorthin gelangt seien.
Daß die Überlieferung nichts davon weiß, ist seines Erachtens darauf zurückzuführen, daß
dieser Einfall jenen in der Argolis und der übrigen Peloponnes vorangegangen sei[28]. An
mehreren Orten des Festlands scheinen neben Gruben- ('pit') und Schachtgräbern bezeugte Beispiele von Kistengräbern aber doch anzudeuten, daß diese Begräbnisart schon
seit der mittelhelladischen Zeit in Gebrauch war[29].

Der archäologische Fundstoff wurde von C.-G. Styrenius genau beschrieben[30], und
selbst Desborough gab zu, daß Kistengräber bereits vor der submykenischen Periode
benutzt wurden, z. B. in Eleusis vom MH bis zum SH III B/C. Zwar ist zuzugeben, daß
bis jetzt keine einzige Fundstätte auf dem Festland eine Kontinuität in der Abfolge der
Kistengräber vom MH bis in die submykenische Zeit aufweist, doch vielleicht ist dies
dem Zufall der Grabungen zuzuschreiben, wiewohl es auch eine zeitweilige Unterbrechung
bedeuten könnte. Jedenfalls sagt diese Bestattungssitte nichts über fremde Eindringlinge
aus.

Einzelbestattungen dürften sich im Gegensatz zu gemeinschaftlichen Beisetzungen auch
als ein aus dem Mykenischen herzuleitender Brauch erweisen, da die größeren Tholoi oft
einzelne Bestattungen vom Typus der Kistengräber enthielten. Dies gilt entsprechend
auch für die Kammergräber, in denen individuelle Beisetzungen in einer sozusagen multi-
plen Grabstätte ans Licht gekommen sind[31]. Immerhin sind Einzelbestattungen im Mykenischen bisher für Argos, Athen und Perati bezeugt[32].

---

[27] W. Kraiker – K. Kübler, Kerameikos, Ergebnisse der Ausgrabungen I (1939). Spätere Berichte in den Bänden: IV (1943); V 1 (1954); G. Karo, An Attic Cemetery (1943). Der Kerameikos bietet das beste Beispiel keramischer Kontinuität vom Ende der spätmykenischen bis zur geometrischen Zeit in Attika. Vgl. C. G. Starr, The Origins of Greek Civilization (1962); ders., Le Origini della Civiltà Greca (1964) 78 ff. 124 ff.; Desborough, Mycen. 37. 231 (Salamis); ferner Desborough, Dark Ages 266 ff.; Snodgrass, Dark Ages 4. Kap.

[28] Desborough, Mycen. 221 ff.; ders., PPS 31, 1965, 221 ff.

[29] C. W. Blegen – A. J. B. Wace, SOsl 9, 1930, 28 ff.; Ålin, Ende myken. Fundstätten 44. 53 (Argolis). 61 (Korakou, Korinthia). 67 (Achaia). 72 (Elis). 75 (Arkadien). 90 (Messenien). 97 (Lakonien). 102. 116 (Attika). 124 (Boiotien). 134 (Phthiotis und Phokis). 147 (Thessalien). Eine allgemeine Übersicht über alle griechischen Beispiele findet man ebenda 148. Siehe auch Snodgrass, Dark Ages 177 ff.; Desborough, Dark Ages 108; Hooker, Myc. Gr. 178 f.

[30] C.-G. Styrenius, OpAth 4, 1962, 121; ders., Submycen. 161. Zu Eleusis vgl. Desborough, PPS 31, 1965, 221; G. E. Mylonas, Eleusis and the Eleusinian Mysteries (1961) 31. 33.

[31] Vgl. z. B. A. J. B. Wace, BSA 25, 1921–23, 328 Taf. 53; S. 333 Taf. 54; S. 378 f. Taf. 60; ders., Chamber Tombs at Mycenae (1932) 38 Abb. 19; F. Schachermeyr, AnzAW 19, 1966, 30.

[32] Deshayes, Argos 24 ff.; Styrenius, Submycen. 162; bezüglich Argos auch zögernd Desborough, Dark Ages 107; Snodgrass, Dark Ages 179 ff.

Die Einführung des weitverbreiteten Brauches der Leichenverbrennung gilt gemeinhin als Beweis für die Annahme, daß sich eine neue und fremde Kultur in Griechenland verbreitet habe. In diesem Zusammenhang ist die Tatsache bemerkenswert, daß die Verbrennung der Leichen Erwachsener in der protogeometrischen Periode zwar beinahe ausnahmslos praktiziert wurde – und zwar in Athen, wahrscheinlich auch im übrigen Attika, in Lefkandi und Medeon in Phokis sowie in anderen Teilen Zentralgriechenlands –, daß man aber an anderen Orten selbst noch in submykenischer und protogeometrischer Zeit nicht davon abließ, Tote wie zuvor zu begraben. Niemand kann sagen, warum sich die Sitte der Verbrennung vor allem in Attika durchsetzte. Vielleicht hat T. B. L. Webster recht, wenn er als Grund die Überbevölkerung durch Flüchtlinge aus dem Westen vorschlug[33]. Diese fast ausschließlich vorherrschende Art der Bestattung war aber nur vorübergehend und beweist nicht die Ankunft etwaiger fremder Elemente in Attika[34], da Leichenverbrennung vereinzelt schon während der mykenischen Periode in Pylos, Leukas, Argos, Rhodos, selbst auch in Attika sowie in Knossos und Troja VI vorkam[35]. In diesem Zusammenhang ist es auch nicht von Bedeutung, ob die Sitte der Brandbestattung aus Zypern, Syrien[36] oder gar aus Kleinasien[37] nach Griechenland eingeführt worden war.

Auch Funde von Schmuckstücken und anderen Kunsterzeugnissen aus mykenischen Gräbern liefern keine eindeutigen Hinweise auf etwaige nördliche Eindringlinge. Im attischen Perati zum Beispiel stammen die in den Gräbern gefundenen kyprischen Goldornamente in ihrer überwiegenden Mehrzahl von mykenischen Siedlern auf Zypern, während zu dieser Zeit im Kerameikos neu auftauchende Schmuckformen wirklich mit nördlichen Elementen wie denen der sogenannten Lausitzer Kultur zusammenhängen dürften. Trotzdem traten gewöhnlich alte mykenische Formen neben solchen neuen Erscheinungen auch weiterhin auf, obgleich sie meist von minderer Qualität sind[38]. Die Verwendung von Eisen statt Bronze bei der Produktion von Zierat muß in Griechenland ebenfalls nicht unbedingt von einfallenden dorischen Scharen eingeführt worden sein[39]. Dies gilt auch für die langen mykenischen Gewandnadeln und Bogenfibeln, deren Herkunft unbekannt ist. Es ist nicht ausgeschlossen, daß solche Artikel von den Mykenern selbst an Ort und Stelle verfertigt wurden[40].

So löst sich offenkundig ein wesentlicher Teil des archäologischen Beweismaterials im Ungewissen auf. Sollten wirklich neue Völkerstämme in Griechenland eingewandert sein, dann unterschieden sich ihre Bräuche und Sitten nicht von denen der einheimischen Be-

[33] T. B. L. Webster, From Mycenae to Homer[2] (1964) 140. 291.

[34] Vgl. Hooker, Myc. Gr. 174 und Sp. Iakovides, oben S. 440 ff.

[35] H. L. Lorimer, Homer 104 f.; M. S. F. Hood, ArchRep 1955/56, 7. 16. 32; C.-G. Styrenius (Submycen. 154 f.) zitierte noch weitere Beispiele aus Prosymna, Grab XLI, und aus Perati an der Ostküste Attikas, die in die Phasen SH III B und C gehören; s. auch Desborough, Mycen. 71; ders., Dark Ages 266. 268; Deshayes, Argos 246 mit Anm. 5.

[36] Desborough, Mycen. 71.

[37] A. J. B. Wace – F. H. Stubbings (Hrsg.), A Companion to Homer[2] (1963) 487; Lorimer, Homer 107; Vermeule, Br. Age 301; Styrenius, Submycen. 154; K. Maurigiannakes, ASAtene N. S. 29/30, 1967/68, 167 ff.; M. Andronikos, Die frühen Totenverbrennungen auf Kreta (neugriech.), in: Pepragmena tou II. Diethnous Kretologikou Synhedriou I (1968) 115 ff.; ders., Totenkult, in: H.-G. Buchholz, ArchHom, Kap. W (1968) W 21 ff. W 51 ff.

[38] R. A. Higgins, BSA 64, 1969, 144. Zu Perati s. Perati II 297 ff.; Hooker, Myc. Gr. 152; vgl. bes. Sp. Iakovides in der vorliegenden Publikation, oben S. 456 f.

[39] P. Demargne, Aegean Art, the Origins of Greek Art (1964) 283; vgl. auch Snodgrass, Dark Ages 321 f.

[40] Desborough, Mycen. 71; ders., Dark Ages 108 f.; Deshayes, Argos 249.

völkerung. Zwar muß man zugeben, daß die bürokratische Verwaltung der mykenischen Paläste von dem Regierungssystem der klassischen Polis grundverschieden ist und keinerlei Gemeinsamkeiten aufweist, aber wer kann mit absoluter Sicherheit behaupten, daß sich solche Neuschöpfungen, wie sie die sich frisch entfaltenden Kunststile darstellen, nicht organisch von innen heraus entwickelten, und zwar ohne fremden Einfluß? Dieser Schluß scheint letztlich einleuchtender als der blinde Glaube an die vollkommene Auflösung auch aller religiösen Traditionen im 'Dark Age'.

Die archäologischen Zeugnisse liefern jedoch auch ein positives Ergebnis: Jeder unparteiische Beobachter wird sogleich eingestehen, daß der Eindruck einer seit 1200 v. Chr. völlig verlassenen Peloponnes übertrieben ist. Wenn man die Siedlungen, die trotz der Katastrophe weiterhin existierten, auf einer Karte verzeichnet, ergibt sich in der Tat in vielen Teilen der alten mykenischen Welt ein Bild von recht lebhafter Aktivität [41]. Zusammen mit den

[41] Die Liste der Siedlungen, die die submykenische Periode überdauerten, ist – insbesondere für Achaia, Arkadien, Boiotien und die Korinthia – noch unvollständig; auch werden in Zukunft noch neue Namen hinzugefügt werden müssen. Vom augenblicklichen Stand der Forschung aus kann für folgende Siedlungen eine Kontinuität in Kult und Religion angenommen werden: Chalandritsa und Prostovitsa in Achaia (Styrenius, Submycen. 125), Palaiokastro in Arkadien (Ålin, Ende myken. Fundstätten 73; Styrenius, Submycen. 126; Desborough, Mycen. 87). In Attika überlebte – außer Athen – vielleicht Salamis (Vermeule, Br. Age 324), doch ist eine kurze Unterbrechung während der Phase SH III B wahrscheinlich (Ålin, Ende myken. Fundstätten 114; Desborough, Mycen. 115). Eine Kontinuität trifft bestimmt zu für: Eleusis (z. B. Ålin, Ende myken. Fundstätten 112 f.), Marathon (Ålin, Ende myken. Fundstätten 110. 115) und Aigina (Ålin, Ende myken. Fundstätten 114 f.). Die Bevölkerung dürfte in diesen Siedlungen während der Phase SH III B zurückgegangen sein, doch gab es keinen völligen Bruch (vgl. Desborough, Mycen. 119; ders., Dark Ages 157 f.). In der Argolis ist eine Kontinuität wahrscheinlich für Mykene, Tiryns, Argos und Asine (Ålin, Ende myken. Fundstätten 10 ff. 53) sowie – nach Vermeule, Br. Age 323 – für Epidauros, Nauplion und Dendra. Siedlungskontinuität in Boiotien ist nur für Orchomenos und Theben gesichert (S. Wide, AM 35, 1910, 17 ff.; A. Keramopoullos, Deltion 3, 1917, 25 ff.; Styrenius, Submycen. 137 f.; eine andere Auffassung vertrat Desborough, Mycen. 122; ders., Dark Ages 69. 203). Auch für verschiedene Gebiete in Elis konnte Kontinuität bestätigt werden, z. B. für Hagios Andreas, Hagios Elias und Koutsocheira (W. McDonald – R. Hope Simpson, AJA 65, 1961, 224. 229; Ålin, Ende myken. Fundstätten 69 f. 71; V. Leon, ÖJh 46, 1961–63, Beiblatt, 40 f. 45 ff.; A. K. Orlandos, Ergon 1963, 117 ff.; N. Gialoures, Deltion 19, 1964, Chron 181 Taf. 198–202). Dasselbe gilt auch für Amyklai, Lakonien (E. Buschor – W. von Massow, AM 52, 1927, 1 ff.; vgl. ferner Vermeule, Br. Age 270. 323; Styrenius, Submycen. 143; zur Möglichkeit einer Kultkontinuität, nicht jedoch Siedlungskontinuität s. Desborough, Pottery 283 ff.; ders., Mycen. 88.; ders., Dark Ages 83 f. 240 ff. 280); ferner für Tragana, Kato Englianos, Kaphirio, Kokkinochomata, Malthi, Nichoria, Messenien (Styrenius, Submycen. 143 f.; Ålin, Ende myken. Fundstätten 78; Desborough, Pottery 281 ff.; ders., Mycen. 94 f.; ders., Dark Ages 376 f., mit anderen Belegen; R. Hope Simpson – O. T. P. K. Dickinson, A Gazetteer of Aegean Civilisation in the Bronze Age I, the Mainland and Islands, SIMA LII [1979] 126 f. 132 f. 152 f. 155. 174), für Itea, Galaxidi, Medeon, Delphi, Phokis (Styrenius, Submycen. 144 ff.; Desborough, Dark Ages 203 ff. 279. 368) sowie für Fundstätten in Thessalien, und zwar nahe dem alten Iolkos/Volos (z. B. Ålin, Ende myken. Fundstätten 143 f.; Hope Simpson – Dickinson a. O. 272 f.; Desborough, Dark Ages 210 ff. 369). Für den Religionshistoriker sind Amyklai und Delphi die wichtigsten Stätten in Lakonien und Phokis, da dort – ungeachtet der politischen Ereignisse – der Kult anscheinend fortdauerte (vgl. Desborough, Dark Ages 83 f. 279). Unserer Liste der Stätten auf dem Festland mit durchgehender Siedlungskontinuität fügt sich Entsprechendes auf den Inseln an: Knossos, Kreta (z. B. die unterirdische Brunnenkammer: Evans, PM II 128 ff.; Desborough, Mycen. 180; ders., Dark Ages 284), Phaistos (D. Levi, ASAtene N. S. 19/20, 1957/58, 255 ff.; Desborough, Dark Ages 285 f.; ders., Mycen. 182), Gortyn (D. Levi, ASAtene N. S. 17/18, 1955/56, 215 ff.; G. Rizza – V. Santa Maria Scrinari, Il Santuario sull'Acropoli di Gortina I [1968] 4 ff. 144 ff. 158 ff. 206 ff.; Desborough, Dark Ages 372), Grotta und Aplomata auf Naxos (N. M. Kontoleon, Praktika 1949, 112 ff.; 1950, 269 ff.; 1951, 214 ff.; Ergon 1960, 185 ff.; 1961, 199 f.; 1969, 143 ff.; Desborough, Mycen. 152; ders., Dark Ages 371; Hope Simpson – Dickinson a. O. 325 f. 381), Delos (H. Gallet de Santerre, Délos Primitive et Archaïque [1958] 216; Desborough, Mycen. 44 ff. 149; ders., Dark Ages 371), Hagia Irini,

Siedlungen müssen dementsprechend auch die altererbten Kulte überlebt haben. Obwohl von Archäologen immer wieder angezweifelt, gilt das zuletzt Gesagte dennoch, sofern man es in diesen Siedlungen mit denselben Rassen oder Stämmen mit derselben Kultur zu tun hat. Nicht selten weisen Überreste von Opfergaben, Brandopferstätten, Altären usw. auf das wahrscheinliche Überleben alter mykenischer Heiligtümer und Kulte hin. Dazu kann auch die Stätte des aus historischer Zeit stammenden Tempels der Helena in Therapnai[42], die des Tempels der Athena Alea in Tegea und die des Tempels der Athena Kranaia in Elateia[43] gezählt werden. Apollons arachaischer Tempel in Thermos wurde direkt über einem mykenischen Heiligtum gebaut[44]. Das aitolische Thermos wurde spätestens seit dem SH II besiedelt. Obschon dort nur wenig aus der Periode SH III C zutage gekommen ist, hat sich viel Geometrisches gefunden, was gegen eine Unterbrechung am Ende der Bronzezeit spricht[45].

Der Kult des Apollon Maleatas in Epidauros wurde an einem Ort gefeiert, der schon im Frühhelladischen heilig war[46]. Auch Amyklai, wo in historischer Zeit Apollon Hyakinthos verehrt wurde, war ein uralter Kultort, der viele mykenische, protogeometrische und geometrische Opferreste barg[47]. Das ganze Gebiet schien zu dieser Zeit ausschließlich dem Kult zu dienen, weil es frei von Bauten der mykenischen Zeit war.

Auf gleiche Weise erklärt sich möglicherweise das kärgliche Vorkommen von architektonischen Resten an einem der drei wichtigsten griechischen Kultorte: in Olympia. Nur sehr wenig trat in der Altis zutage; doch hat man kürzlich wenigstens Spuren von MH-Gebäuden auf dem Kronos-Hügel freigelegt[48].

Keos (J. L. Caskey, AJA 66, 1962, 195; ders., Hesperia 31, 1962, 278 ff.; 33, 1964, 326 ff.; 35, 1966, 365. 367 ff.; ders., Archaeology 16, 1963, 284), Kephallenia (Desborough, Dark Ages 379; ders., Mycen. 103 ff.), Polis und Aetos auf Ithaka (S. Benton, BSA 35, 1935, 31 ff.; W. A. Heurtley, BSA 40, 1945, 9 f.; Hope Simpson – Dickinson a.O. 186 f.; zurückhaltend Desborough, Mycen. 108 ff.) und endlich einige karische Siedlungen wie Iasos und Halikarnassos (D. Levi, ASAtene 39/40, 1961/62, 537; M. J. Mellink, AJA 67, 1963, 185; G. F. Bass, ebenda 352 ff.). Zum Dodekanes vgl. R. Hope Simpson – J. F. Lazenby, BSA 57, 1962, 154; Hope Simpson – Dickinson a. O. 348 ff.; Desborough, Dark Ages 365 ff. Vermeule, Br. Age 270, wollte auch Tarsos an der kilikischen Küste und Enkomi auf Zypern hinzuzählen; ablehnend hierzu Desborough, Mycen. 198. 206. Weiteres zur Frage der Kontinuität in Enkomi findet sich in: Enkomi-Alasia I, bes. 362–369, und Enkomi I–III, bes. I 220. 302 f.; II 494. 536. Unsere Liste würde sich noch beträchtlich verlängern, wenn wir alle Fälle hinzufügten, wo vielleicht eine Siedlung zeitweilig zu bestehen aufhörte, nicht dagegen der ortsgebundene Kult. Das bezieht sich besonders auf berühmte Kulte wie die der Artemis und des Apollon in Kleinasien und im Westen, z. B. in Amyklai. Neuere Literatur hierzu: Verf., Origins of Greek Religion (1974) 212 ff.; E. Vermeule, Götterkult, in: F. Matz – H.-G. Buchholz, ArchHom, Lieferung V (1974) 56 mit Anm.; Hooker, Myc. Gr. 150 ff.

[42] A. J. B. Wace – M. S. Thompson – J. P. Droop, BSA 15, 1908/09, 108 ff.; für dieses und andere Beispiele vgl. auch Verf. a.O.

[43] G. Mendel, BCH 25, 1901, 256; Ch. Dugas, BCH 45, 1921, 403; P. Paris, Elatée, la Ville, le Temple d'Athéna Cranaia, BEFAR LX (1891) 283; vgl. M. P. Nilsson, Geschichte der griechischen Religion I³ (1967) 342. Zu einem eher negativen Standpunkt vgl. Snodgrass, Dark Ages 394 ff.

[44] Nilsson a.O. 342. Snodgrass, Dark Ages 398, glaubte, daß Überreste mykenischer Bauten, die unterhalb der Tempel aus historischer Zeit gefunden wurden, nicht sakraler Art waren.

[45] Ålin, Ende myken. Fundstätten 136.

[46] I. Papademetriou, Praktika 1948, 90 ff.; 1949, 91 ff.; 1950, 194 ff.; 1951, 204 ff. Eine Lücke existiert im archäologischen Fundmaterial zwischen der mykenischen und der geometrischen Zeit (Desborough, Dark Ages 283 ff.; Snodgrass, Dark Ages 397).

[47] Vermeule, Br. Age 270. 323; Styrenius, Submycen. 143; Desborough, Mycen. 42. 88; neuerdings mit Vorbehalten: ders., Dark Ages 280; vgl. Verf., Kadmos 14, 1975, 133 ff.; dagegen: Snodgrass, Dark Ages 395.

[48] M. S. F. Hood, ArchRep 1960/61, 14; vgl. J. Wiesner, Olympos (1960) 145 f.; Desborough, Dark Ages 281 (zurückhaltend; kein mykenischer 'Schrein'); vgl. Snodgrass, Dark Ages 397 und H.-V. Herrmann, oben S. 426 ff.

Eine SH III-Siedlung lag in Delphi zwischen der kastalischen Quelle und dem Apollon-Tempel, der höchstwahrscheinlich über einem Heiligtum der Bronzezeit errichtet worden war, da an dieser Stelle mehrere Opfergaben aus mykenischer Zeit ans Licht kamen. Möglicherweise wurde das Heiligtum dann während der mykenischen Periode in den nahegelegenen Marmaria-Bezirk verlegt, wenn man die vielen Funde mykenischer Idole unterhalb des Athena-Pronaia-Tempels richtig deutet [49].

Eleusis ist vielleicht das glänzendste Beispiel eindeutiger Kultkontinuität auf dem Festland. Zwar bereiten die dürftigen Befunde einer Interpretation große Schwierigkeiten, doch läßt sich mit etwas Geduld die Entwicklungsfolge vom Megaron B bis zum Telesterion des Peisistratos verfolgen [50].

Auf den ägäischen Inseln bestand Kultkontinuität wahrscheinlich in Aigina, Keos und Delos, wo ein Heiligtum oder Tempel genau an dem Ort errichtet wurde, der schon vorher durch Kult geheiligt war. Dies gilt für den Artemis-Aphaia-Tempel auf Aigina [51], den archaischen Tempel der Artemis auf Delos [52] und für den bronzezeitlichen Tempel in Hagia Irini auf Keos [53].

Rein archäologisch gesehen bleibt der Beweis kultischer Kontinuität auf Samos problematisch, weil dort das Submykenische nicht vertreten ist [54]. Doch läßt sich das Fortbestehen des alten Kultes auf Samos von einer anderen Seite her gut beleuchten, und zwar anhand des zähen Fortlebens der typisch bronzezeitlichen Stierterrakotten, die gewöhnlich an offenen Kultorten aufgefunden wurden. Für die Kontinuität ihres Kultes kann ferner auch der früheste der großen Tempel bürgen [55], der derselben Göttin wie in der Bronzezeit geweiht war, denn der klassische Name Hera dürfte mit den ionischen Einwanderern aus der Argolis nach Samos gekommen sein [56].

Aus dem bisher Gesagten können wir mit gutem Grund folgern, daß die Kontinuität einer Siedlung die Kultkontinuität mit einschloß. Dies trifft besonders dann zu, wenn ein klassischer Tempel über einem Heiligtum der Bronzezeit errichtet wurde, wie z. B. in Athen, Mykene, Tiryns usw. Weiterhin möchte man – wenn auch mit einiger Vorsicht – schließen,

[49] Snodgrass, Dark Ages 397, deutete den archäologischen Befund hier und an ähnlichen Stellen als eine tatsächliche Kultunterbrechung, nach ihm sollen alte aufgegebene Kulte in geschichtlicher Zeit wieder neu belebt worden sein.

[50] Snodgrass, Dark Ages 395 (Bedenken); Vermeule, Götterkult 141 ff. Zu dem mykenischen Tempel unter dem Telesterion s. P. Darcque, BCH 105, 1981, 593 ff. und oben B. Rutkowski, S. 417 Abb. 107 a–c.

[51] A. Furtwängler, Aigina, das Heiligtum der Aphaia (1906) 370 ff. 432. 434 f. Taf. 122,7.11; 127,2.3; vgl. oben Anm. 49.

[52] H. Gallet de Santerre, Délos Primitive et Archaique (1958) 93. 109. 213 Plan A. D Taf. 3,6; 4,7; 10,19; 11–13; 28,64; 29,66; M. P. Nilsson, The Minoan-Mycenaean Religion and its Survival in Greek Religion[2] (1950) 611; Desborough, Dark Ages 279; ders., Mycen. 46. 244 (Bedenken); Snodgrass, Dark Ages 395 (skeptisch); E. Vermeule, Götterkult, in: F. Matz – H. G. Buchholz, ArchHom, Lieferung V (1974) 148.

[53] J. L. Caskey, AJA 66, 1962, 195; ders., Hesperia 31, 1962, 263 ff.; 33, 1964, 326 ff.; 35, 1966, 367 ff.; ders., Archaeology 16, 1963, 284; Desborough, Dark Ages 280 f.; Snodgrass, Dark Ages 395.

[54] Vermeule, Br. Age 270. 325 (Liste); Desborough, Mycen. 158; ders., Dark Ages 280; dagegen: Snodgrass, Dark Ages 277.

[55] E. Buschor, AM 55, 1930, 1 ff.; E. Buschor – H. Schleif, AM 58, 1933, 146 ff.; D. Ohly, AM 65, 1940, 57 ff.; vgl. H. Walter, AM 72, 1957, 36 ff.; E. Homann-Wedeking, AA 1964, 220 ff.; B. Freyer-Schauenburg, Elfenbeine aus dem samischen Heraion (1966) 117; Nicholls, Statuettes 1 ff. Die Resultate der Ausgrabungen wurden anders beurteilt von J. Boardman, Excavations in Chios 1952–1955, Greek Emporio, BSA Suppl. VI (1967) 188 und auch von R. A. Higgins, Greek Terracottas (1967) 18.

[56] Zum Wesen der samischen Hera als einer Naturgöttin gehörten die Riten des Toneia-Festes und ihr 'hieros gamos' mit Zeus auf der Insel.

daß auch die Kultform der unmittelbar nach der mykenischen folgenden Zeit grundsätzlich die gleiche blieb, zumindest an Orten mit sichtbar fortdauernden Siedlungen und Heiligtümern. Allerdings steht uns zur Untermauerung dieser Behauptung keine schriftliche Quelle zur Verfügung. Der Beweis liegt aber gerade darin, daß sich weder Kultgemeinschaft noch Kultort änderten.

Man sollte auch nicht erwarten, daß die an diese Kultorte gebundenen Götter, deren Namen in manchen Fällen bereits auf den Linear B-Täfelchen zu lesen sind, ihre ursprüngliche Natur und Funktion verloren und ihren Anbetern gestaltlos entgegentraten[57]. Diese selbstverständliche Überlegung wurde dann auch von einer wertvollen neuen Untersuchung griechischer Terrakotten aus dem 'Dark Age' weitgehend bestätigt[58]. Die typischen mykenischen 'Psi'-Figürchen verschwanden anscheinend aus den Festlandsgräbern am Ende des 12. Jhs. v. Chr.[59], was gelegentlich damit erklärt wurde, daß der mit dieser Göttin verbundene Kult während des 11. und 10. Jhs. zeitweise nicht praktiziert worden sei[60]. Diese Ansicht läßt sich widerlegen, sobald man die Zeugnisse weiter entfernter, doch innerhalb des mykenischen Bereiches liegender Gebiete – besonders Ostgriechenlands und Kretas – mit einbezieht.

Zwar kann es – wie etwa auf Kreta – vorkommen, daß die örtliche Kunsttradition eigene Stile oder Typen hervorbrachte, die den allgemein zugrundeliegenden religiösen Glauben jedoch nur oberflächlich überlagerten, während dieser selbst auch nach dem Ende der Bronzezeit fortlebte. So blieb gerade auf Kreta die minoisch-mykenische Tradition der Göttin bestehen, wie sie uns in den typischen Idolen des 12. und 11. Jhs. aus Gazi, Prinias und Karphi entgegentritt. Die Darstellung der Gottheit änderte sich auch während der protogeometrischen Periode des 10. Jhs. nicht, was eine gewisse Kontinuität innerhalb der 'Dark Ages' verdeutlicht. Gute Beispiele aus dem erstgenannten Zeitabschnitt bieten der auf einer Töpferscheibe gearbeitete Kopf aus Kalochorio[61] sowie einige Statuetten aus Phaistos[62]. Kontinuität beweisen sowohl die handgemachten Exemplare wie auch die größeren, auf der Scheibe gedrehten Idole. Fragmente der drei Statuetten aus Vrokastro, die den Zeitraum von der submykenischen Phase bis zum 8. Jh. v. Chr. überbrücken[63], dürfen als ausgezeichnete Belege für unsere These betrachtet werden.

[57] Diese These wurde neuerdings wieder bestätigt durch die bemerkenswerte Entdeckung eines in Zentralkreta gelegenen Heiligtums des Hermes und der Aphrodite, das ununterbrochen von prähistorischer bis in klassische Zeit in Gebrauch war; vgl. H. W. Catling, ArchRep 1975/76, 30. Ähnliches gilt für den bronzezeitlichen Kultschrein der Aphrodite im kyprischen Palaipaphos; vgl. K. Nikolaou, ArchRep 1975/76, 44; J. Karageorghis, La Grande Déesse de Chypre et son Culte (1977) 100 u. ö. Auch der Kult der Demeter in Knossos überlebte wahrscheinlich aus der Bronzezeit, s. J. N. Coldstream – R. A. Higgins, Knossos, the Sanctuary of Demeter, BSA Suppl. VIII (1973) 180 ff.

[58] Nicholls, Statuettes 1 ff.

[59] Desborough, Mycen. 231. Positivere Bewertung der Terrakotten: ders., Dark Ages 282 ff. Natürlich können Ausgrabungen nichts über Naturheiligtümer aussagen, die den Tempeln aus historischer Zeit vorausgingen, ohne jedoch irgendwelche Spuren zu hinterlassen. Das sollte man sich besonders in uralten heiligen Bezirken, dem Hera-Heiligtum auf Samos, in Delphi, Amyklai usw. vor Augen halten, dazu auch Desborough, Dark Ages 281 f. und Snodgrass, Dark Ages 395.

[60] R. A. Higgins, Greek Terracottas (1967) 17 f. 20 f.

[61] Vgl. z. B. N. Platon, KretChron 5, 1951, 98; 12, 1958, 214 Taf. 10,3; Desborough, Mycen. 190; Snodgrass, Dark Ages 401.

[62] D. Levi, ASAtene N. S. 23/24, 1961/62, 407 Abb. 52; S. 501 Abb. 193.

[63] E. H. Hall, Excavations in Eastern Crete, Vrokastro (1914) 101 Nr. 1 Abb. 55b; S. 108 Nr. 1; S. 111 f. Nr. 3 Abb. 55 a und 63; J. D. S. Pendlebury, The Archaeology of Crete (1939; Nachdruck 1979) 322 Taf. 41,4; vgl. Nicholls, Statuettes Anm. 123 ff. Nicholls meinte, daß die Figuren nicht Gottheiten, sondern Adoranten darstellen könnten (ebenda 12).

Im Zusammenhang mit dieser Göttin des bronzezeitlichen Kultes steht die Gestalt des Stieres, die – vielleicht mit Ausnahme der eteokretischen Gebiete – überall auf Kreta als Votivstatuette vorkommt, beispielsweise in Kavousi[64], Vrokastro[65], Lato[66] und Gortyn[67]. Der zwingendste Beweis für die Jahrhunderte dauernden gegenseitigen Kultbeziehungen zwischen Kreta und dem Festland liegt jedoch im Typus der scheibengetöpferten Stierfiguren des 13. und 12. Jhs. v. Chr. vor. Diese Figuren treten gewöhnlich in Naturheiligtümern auf und waren anscheinend von Griechenland nach Kreta eingeführt worden. Die eigentliche Tradition, Stierfiguren im Kult zu weihen, begann auf Kreta wahrscheinlich schon zu Beginn des 2. Jts. v. Chr., kann aber grundsätzlich von einem im ägäischen Bereich weit verbreiteten religiösen Brauch abgeleitet werden[68].

Das Fortleben der Weihgeschenke, die die Göttin und ihren Stier darstellen, eignet sich hervorragend zur Bestätigung einer Kultkontinuität. Dies trifft nicht nur für Kreta, sondern beispielsweise auch für Zypern zu[69]. Gerade die Stierfigürchen liefern uns also das 'Bindeglied' zwischen dem Ende der mykenischen und der archaischen Zeit in Griechenland, wo ansonsten entsprechende Funde viel seltener vorkommen. Bislang ist die Zahl solcher Weihgeschenke nicht besonders groß, auch beschränken sie sich überwiegend auf Attika und Ostgriechenland – auf Orte wie Samos und Emporio auf Kos –, wohin sie vermutlich mit den geflohenen Mykenern gelangt waren. Für unsere Belange aber ist das Fortleben solcher Weihegaben während des 'Dark Age' am wichtigsten, da sie – unabhängig von den archäologischen Zeugnissen einzelner Siedlungen in diesen Gebieten[70] – in außerordentlich starkem Maße für Kultkontinuität bürgen. Wenn andere Teile des Festlands außerhalb Attikas eine solche ununterbrochene chronologische Abfolge von Votiven nicht aufweisen können, so dürfte dies dem Zufall zuzuschreiben sein und muß nicht unbedingt als ein die Kultkontinuität widerlegender Beweis ausgelegt werden. Am Ende des 'Dark Age' hat sich nämlich die Sitte, diese Terrakotten in der althergebrachten Technik herzustellen, in ganz Griechenland wieder durchgesetzt. Als gute Beispiele dieser Art können zwei Köpfe aus Amyklai aus dem 8. Jh.[71] sowie die Masken von Tiryns angeführt werden[72]. Zwei wesentliche Folgerungen sind festzuhalten: Die Betrachtung der Votive vermittelt zum einen den überwältigenden Eindruck, daß Kultkontinuität ausdrücklich für die dorischen Gebiete auf Kreta und dem Festland bezeugt ist, also gerade dort, wo neue Kulturformen unserer Argumentation zuwiderliefen; zum anderen führt sie zu der wichtigen Erkenntnis, daß die Idole der Göttin in der traditionellen Haltung mit erhobenen Armen während des 7. Jhs.[73] nicht nur auf Zypern[74], Kreta[75], Samos[76], Rhodos[77], in Boiotien[78]

[64] H. A. Boyd, AJA 5, 1901, 149f. Taf. 5.

[65] Hall a.O. 101f. 108f. Abb. 56; vgl. auch einige in keinem Katalog registrierte Beispiele im Museum von Herakleion: Nicholls, Statuettes Anm. 128.

[66] P. Demargne, BCH 53, 1929, 382ff.

[67] D. Levi, ASAtene N. S. 17/18, 1955/56, 233 Abb. 26.

[68] Vgl. die Erörterung bei Nicholls, Statuettes 8f.

[69] Ebenda 12. Gute Beispiele in: Buchholz – Karageorghis, Altägäis 96f. 104f. 382 Nr. 1267–1269.

[70] Siehe die Erörterung bei Nicholls, Statuettes 13ff.

[71] R. A. Higgins, Greek Terracottas (1967) 24. 141 Taf. 9a.b; Nicholls, Statuettes Anm. 202.

[72] G. Karo, Führer durch Tiryns (1934) 47f. Abb. 17; Nicholls, Statuettes Anm. 203.

[73] Vgl. ebenda 17.

[74] E. Gjerstad u. a., SCE I (1934) 361ff. Taf. 68; V. Karageorghis, The Goddess with uplifted Arms in Cyprus, in: Scripta Minora 1977/78 (Festschrift E. Gjerstad).

[75] St. Alexiou, KretChron 12, 1958, 275ff.

[76] D. Ohly, AM 66, 1941, 5f. 9f. Taf. 1f.

[77] Chr. Blinkenberg, Lindos, Fouilles et Recherches 1902–04, Bd. I (1931) 466 Nr. 1879 Taf. 83.

[78] Hetty Goldman, Hesperia 9, 1940, 424f. Nr. 6 Abb. 77.

und auf Lemnos[79] wiederauftauchten, sondern auch in Athen über geraume Zeit wieder annähernd so häufig zu finden sind, wie dies in der Bronzezeit der Fall war[80].

Es ist gewiß nicht immer leicht zu entscheiden, ob eine Figur einen Adoranten oder eine Gottheit darstellt. In vielen Fällen dürfte es sich wohl doch um Götter handeln, wie dies prinzipiell für alle Darstellungen einer weiblichen Figur mit erhobenen Armen anzunehmen ist. Auch ist es sehr wahrscheinlich, daß diese Weihgeschenke den gleichzeitigen Kultbildern glichen, von denen einige, die sogenannten Xoana, bis in die Zeit des Pausanias überlebt haben dürften, obwohl sie aus vergänglichem Holz geschnitzt waren[81]. Besonders eindrucksvoll wird der erstaunliche Konservatismus in Glaubensangelegenheiten und Religiosität durch eine Reihe von Votivterrakotten aus dem bronzezeitlichen Heiligtum bei Hagia Irini auf Keos veranschaulicht. Dort wurde nämlich der Kult das ganze 'Dark Age' hindurch beständig gepflegt; man setzte den Kopf einer Statue aus dem 16. Jh. auf eine Behelfsbasis und benutzte ihn so noch im 8. Jh. als Kultbild[82].

Wenn es nach den voranstehenden Ausführungen berechtigt erscheint, die These einer neuen Kultur in Griechenland am Ende des Helladikums als unhaltbar abzulehnen, so gründet sich diese Auffassung insbesondere auf eine Anzahl der alten großen Gottheiten, die mit ihren Namen und Funktionen bis in das klassische Zeitalter und auch darüber hinaus in der religiösen Verehrung lebendig blieben. Dies will freilich nicht besagen, daß nicht auch Kräfte natürlicher Entwicklung über die Jahrhunderte hinweg auf das fortbestehende religiöse Gut eingewirkt hätten. Einzelne göttliche Bereiche – beispielsweise die des Apollon und Poseidon – erweiterten sich und erlebten eine 'Adelung' der mit ihnen verbundenen Bräuche; doch wäre es angesichts dieses Vorgangs durchaus irreführend, von einer grundsätzlichen Veränderung durch fremde Einwirkung von außen zu sprechen. Selbst der Verlauf des Synoikismos während der archaischen Zeit vermochte nicht, diese eigentliche Kontinuität wesentlich zu beeinflussen. Jedes Glied der olympischen Götterfamilie blieb stets tief in seiner Vergangenheit verwurzelt.

Eine Behandlung der politischen Geschichte des 'Dark Age' und der anschließenden geometrischen und archaischen Zeit würde den hier vorgegebenen Rahmen überschreiten; für den Religionshistoriker ist sie ohnehin von geringerem Interesse. Trotzdem sei angemerkt, daß die Funktion des *'wanax'* keine Rolle mehr spielte und daß auch der *'basileus'* sehr wahrscheinlich schon früh seine politische Macht einbüßte. Dennoch blieb die Verwaltung der Polis-Kulte selbst während der Zeit der Demokratie immer in den Händen der aristokratischen Familien, die den *'basileus'* und früher wahrscheinlich auch den *'wanax'* stellten.

Im Laufe der geometrischen Zeit, während des 8. Jhs., vielleicht auch schon etwas früher, scheinen sich gewisse Neuerungen in der Architektur und anderen Bereichen der Kunst abzuzeichnen. Doch auch hier spricht nichts deutlich für einen Bruch in der Kultur dieser Zeit. Natürlich ist es merkwürdig, daß vom 'Dark Age' bis ins 9. und 8. Jh. v. Chr. szeni-

[79] A. Della Seta, Ephemeris 1937, 651 ff. Taf. 3.
[80] Nicholls, Statuettes 18. 21 f.; vgl. Verf., Origins in Greek Religion (1974) 210 f.
[81] Vgl. Nicholls, Statuettes 22 und dortige Anm. 246, Belege bei Pausanias.
[82] J. L. Caskey, Hesperia 33, 1964, 330 f. Taf. 60 e–g; vgl. Nicholls, Statuettes 7. Auch der dazugehörige Torso wurde wiedergefunden. Er lag direkt unterhalb des Kopfes im Schutt über dem Fußboden eines Zimmers aus dem 15. Jh. v. Chr., Caskey a.O. Taf. 61 a–c; s. auch Ver. a.O. 221.

sche und anthropomorphe Darstellungen von den Vasen völlig verschwanden. Diese Eigenart der geometrischen Epoche verrät – sofern überhaupt – nur wenig Aufschlußreiches über Religion und Kultur. Versuche in Vergangenheit und Gegenwart, aus abstrakten Ornamenten auf die gleichzeitige Gesellschaftsstruktur rückzuschließen, blieben ohne rechten Erfolg. Selbst das homerische Versmaß ist von Wissenschaftlern unserer Zeit mit diesen regelmäßigen Ornamenten verglichen worden. Die Resultate solcher gelehrter Abhandlungen sind zwar erbaulich, für die Geschichtsforschung aber letztlich ohne Wert.

Nicht viel mehr ist aus den großartigen Tempelbauten der archaischen Zeit zu folgern. Erstens war es bereits damals durchaus nicht neu, Einzelbauten für den Kult zu errichten, wie man leicht an den Beispielen von Hagia Triada[83], Eleusis[84], Delos[85] und Keos[86] ersieht, und zweitens sind bei den vom Typus des Megaron abhängigen Tempeln der dorischen Ordnung ältere Festlandsformen tradiert, die sich lediglich weiterentwickelt hatten[87]. Die Wahrscheinlichkeit, daß der griechische Tempel sich aus dem Megaron herausgebildet hat, wurde schon erwähnt. Das Megaron stand gelegentlich mit Naturheiligtümern in Zusammenhang und diente als Wohnung des Kultbildes, wie es bei dem Bau aus dem 12. Jh. im kretischen Hagia Triada der Fall war[88]. Wie dem auch sei: Das samische Heraion sowie die Abfolge der Bauten im aitolischen Thermos geben Gelegenheit, die verschiedenen Etappen dieser Entwicklung durch die ganze archaische Zeit hindurch zu verfolgen[89]. Als unbegründet erweist sich die Annahme, die verarmten Siedlungen des 'Dark Age' hätten derartig imposante Steinbauten errichten können. Rein ökonomisch waren solche Leistungen vor dem 8. Jh., also etwa zu jener Zeit, als sich das griechische Festland allmählich von den Unruhen am Ende der Bronzezeit erholte, undenkbar. In diesen neu errichteten

[83] L. Banti, ASAtene N. S. 3–5, 1941–43, 40 ff.; Nicholls, Statuettes 11. Es sei hier weiterhin gesagt, daß die zahlreichen Tonmodelle von Heiligtümern oder Tempeln aus dem 12. und 11. Jh. v. Chr., die vor allem auf Kreta vorkommen, den gleichen Schluß nahelegen; z. B. Amnisos (G. Daux, BCH 91, 1967, 777 f. Abb. 2); Palaikastro (L. H. Sackett – M. R. Popham, BSA 60, 1965, 279. 286 Nr. 20 Abb. 14 Taf. 75 f); Phaistos (L. Pernier, MontAnt 12, 1902, 127 ff. Abb. 55; Evans, PM II 130. 133 Abb. 65); Karphi (M. Seiradakes, BSA 55, 1960, 27 f. Taf. 10 a) und Knossos (Evans, PM II 128 ff. Abb. 63. 64; St. Alexiou, KretChron 12, 1958, 205 f. u. ö. Taf. 9,1). Vgl. Nicholls, Statuettes 16 f.
[84] G. E. Mylonas, Eleusis and the Eleusinian Mysteries (1961) 37 (SH II).
[85] H. Gallet de Santerre, Délos Primitive et Archaïque (1958) 93. 109. 216 (Prä-Artemision, Tempel Gamma und Bau H).
[86] Vgl. oben Anm. 53 (MH). Neuerdings verfügt man über einige andere Beispiele auf dem Festland, z. B. Mykene (H. W. Catling, ArchRep 1972/73, 13 f.; 1974, 9; 1975, 9; 1976, 11). Auch auf Kreta wächst die Zahl neuer Entdeckungen dieser Kategorie; s. bes. Rutkowski, Cult Places 325 u. ö.; ders., Temple and Cult Statue in the Aegean World, in: Pepragmena tou

III. Diethnous Kretologikou Synhedriou I (1973) 290 ff.; Verf., Origins in Greek Religion (1974) 142. 232; Vermeule, Götterkult 33; Hood, Shrines 158 ff. In Knossos wurde bei neueren Ausgrabungen in der Nähe des Stratigraphischen Museums ein Heiligtum aus der Epoche SH I B entdeckt, s. H. W. Catling, ArchRep 1979/80, 49; G. Touchais, BCH 105, 1981, 869 ff. Abb. 191–193; P. M. Warren, ArchRep 1980/81, 79 ff. Abb. 15–63; ders. in: Sanctuaries und Cults 155 ff. Besondere Bedeutung kommt auch dem Heiligtum von Archanes mit seiner dreiteiligen Cella (MM II/III A) zu, s. H. W. Catling, ArchRep 1979/80, 50 f.; Ergon 1979, 31 f. Taf. 77–82; G. Touchais, BCH 104, 1980, 673 ff. Abb. 186–191; Catling, ArchRep 1980/81, 42; G. und E. Sakellarakes, The National Geographic 159, 1981, 204 ff.; dies., Praktika 1979, 347 ff. Taf. 178 bis 184.
[87] J. Boardman, Pre-Classical, from Crete to Archaic Greece (1967) 126.
[88] L. Banti, ASAtene N. S. 3–5, 1941–43, 52 ff.; Nicholls, Statuettes 21.
[89] P. Demargne, Aegean Art, the Origins of Greek Art (1964, deutsche Ausgabe 1965) 315 Abb. 412. 413; vgl. H. Drerup, Griechische Baukunst in geometrischer Zeit, ArchHom, Kap. O (1969) 13 ff. 77 ff.

grandiosen Tempeln wurde jedoch weiterhin die alte Gottheit verehrt. Auch die sich erst im späteren Verlaufe der archaischen Zeit durchsetzende Sitte, die Gottheiten mit der Weihung lebensgroßer Kultbilder zu ehren, war nicht neu. Man erinnert sich sogleich an einige Beispiele dieser Art aus der Bronzezeit, nämlich an die Statuen in Hagia Irini aus dem 16. Jh. v. Chr. sowie an die Gußform der Hand einer lebensgroßen Bronzestatue im Museum von Herakleion[90]. Vor kurzem entdeckte Lord William Taylour auf der Festung von Mykene zwei 70 cm hohe Idole in einem Schrein des 13. Jhs.[91].

Es ist demnach an folgendem festzuhalten: Für einige Kultstätten und -traditionen sowie eine Anzahl göttlicher Namen ist die Kontinuität gesichert. Die Frage ist nur, wie so vieles der mykenischen Religion die zweifellos äußerst heftigen politischen Stürme am Ende der Bronzezeit hatte überstehen können.

Die mykenische Welt zeichnete sich durch einheitliche Sitten und Bräuche sowie durch die gleiche Sprache aus[92]. Dies sowie das ausgezeichnete Straßennetz jener Zeit weisen auf vorzügliche Verbindungen der einzelnen Zentren miteinander hin. Gegen Ende des 2. Jts. brachen diese Verbindungen in Griechenland allerdings ab. Nur die einzelnen Gemeinschaften oder Siedlungseinheiten überlebten, waren aber dann gewöhnlich innerhalb ihrer eigenen örtlichen Grenzen mehr oder minder stark isoliert, also ohne direkten Kontakt mit der Außenwelt. So muß man annehmen, daß über geraume Zeit hinweg auch der Verkehr mit den nächsten Nachbarn unterbrochen war. Da jede einzelne dieser Gemeinschaften schon in mykenischer Zeit als selbständige Gruppe existiert hatte, bewahrte sie sich ihre Götter und ihren Kult, bis die Mehrzahl solcher Einzelsiedlungen im Zuge des Synoikismos sich wieder zu einer Polis zusammenschloß. Aber schon vor dieser Zeit fanden sich die Gemeinschaften zur gemeinsamen Feier der traditionellen Kulte ein. Anzeichen dieses Vorgangs sind die religiösen Amphiktyonien, die bereits im 10. und 9. Jh. v. Chr. in übergreifenden Gebieten wie Attika-Boiotien sowie Korinthia-Argolis aufkamen[93].

Die Gemeinschaften des 'Dark Age' unterschieden sich von den Polis-Gemeinden durch ihren Stammes- und Geschlechterverband, der ihnen ihre feste Struktur verlieh, während der Zusammenhalt der klassischen Polis entweder auf geographischen Bedingungen beruhte oder aus den Erwägungen politischer Vorteile erwuchs. Zunächst unbeantwortet bleibt freilich die Frage, ob sich diese Geschlechterverbände auf wirkliche Verwandtschaft stützten. Übergehen wir unhaltbare Behauptungen, wonach im bronzezeitlichen Griechenland matrilineare Gesellschaften existierten, so bleibt doch immerhin die Möglichkeit offen, wonach die Gemeinden des 'Dark Age' vergleichbar organisierte mykenische Volks- oder Gruppeneinheiten fortsetzten.

In der mykenischen Stadt wie auch im klassischen Athen waren Staat und Religion identisch. Diese enge Verbindung, die sich übrigens scharf von der modernen christlichen Anschauung Kirche versus Staat absetzt, läßt sich am zutreffendsten als Gesellschafts- bzw.

---

[90] Aus Phaistos, MM, s. D. Levi, BdA 38, 1953, 256; C. Laviosa, ASAtene 45/46, 1967/68, 499 ff.; dazu H.-G. Buchholz, Beobachtungen zum prähistorischen Bronzeguß in Zypern und der Ägäis, in: Acts of the International Archaeological Symposium »The Relations between Cyprus and Crete«, Nikosia 1978 (1979) 76 ff. bes. 82.

[91] Lord William Taylour, Antiquity 43, 1969, 91 ff. Taf. 12. 13; Vermeule, Götterkult 33.

[92] Ungeachtet früher Dialektbildungen.

[93] J. N. Coldstream, Greek Geometric Pottery (1968) 342 f. 353; Verf., The Origins of Greek Religion (1974) 243. Rez., s. ArchBibl 1975, 446 Nr. 6234; 1975, 211 Nr. 6547.

Staatsreligion bezeichnen. Wie die griechische Polis bestand auch die vorgeschichtliche Siedlung aus Einheiten – Stämmen, Demoi, Phratrien usw. –, die jeweils mit besonderen Stammesgottheiten – z. B. Poseidon, Zeus, Athena, Hera – verbunden waren. Die Beziehung zwischen Gott und Menschen war durchaus pragmatisch orientiert, das heißt, aus Dank für Kult und Verehrung schützten die Götter ihrerseits die eigenen Gemeinden. Selbstverständlich überlebten die Götter zusammen mit ihren Stämmen und Demoi. Schon in mykenischer Zeit bildeten Gott und Stamm einen derart untrennbaren Begriff, daß z. B. Nestors Pylos ohne den zugehörigen Gott Poseidon als Einheit undenkbar gewesen wäre. Dies geht eindeutig aus Homers Hinweis auf die neun pylischen Fraktionen ('hedrai') hervor, die durch den Kult des Poseidon verbunden waren[94].

Die griechischen Stämme, ihre Organisation und ihr Zusammenhalt durch Gemeindeeinheiten boten Gewähr für einen Weg, auf dem sich religiöse Tradition von der Bronzezeit bis zum klassischen Zeitalter erhalten konnte. Dies zieht jedoch zwei Konsequenzen nach sich: Erstens wird die weitverbreitete moderne Ansicht unhaltbar, daß sich das System der griechischen Stammeseinteilung erst in der archaischen Periode oder kurz zuvor ausgebildet hätte, und zweitens müßten die mykenischen Schriftdokumente wenigstens irgendwelche Anzeichen von Stammes- oder Gruppenorganisationen aufweisen, ob diese nun 'genos', 'oikos' oder auch 'demos' geheißen haben mögen.

Wie solche Organisationen während des 'Dark Age' ausgesehen haben, ist nicht mehr genau feststellbar. Inschriftliche und literarische Zeugnisse, besonders von Rednern, gibt es vor dem 5. Jh. nur wenige. Auch erfährt man aus den Reformen des Kleisthenes nicht viel mehr, da dessen Teilung Attikas in zehn Stämme und dreißig Trittyen rein politisch motiviert war. Aristoteles berichtet von einem noch früheren System, nach welchem Attika in vier Stämme mit je zwölf Phratrien und dreißig Trittyen aufgeteilt war[95]. Ein System also, das sich auf den Jahreskalender gründete – ähnlich der Ordnung einer späteren griechischen Stadt in Ägypten[96]. In erster Linie kann man aus solchen Nachrichten entnehmen, daß Stammes- und Demoseinteilungen uralte Einrichtungen waren und im 6. Jh. so tief in der Organisation griechischer Gemeinwesen verwurzelt waren, daß sie sich für politische Zwecke verwenden ließen.

Die drei wichtigsten Einheiten, Phyle, Phratrie und Genos, waren in geschichtlicher Zeit so eng verwandt, daß das Genos der Phratrie und diese der Phyle untergeordnet waren. Freilich muß die Frage, ob diese hierarchische Ordnung von Anfang an existierte, offenbleiben; mehr als sie aber steht das wahrscheinliche Alter dieser verschiedenen Verbände im Vordergrund des Interesses, da ja die Möglichkeit mancher Veränderungen in der Zusammensetzung dieser Verbände – insbesondere aufgrund politischer Einwirkung – keineswegs ausgeschlossen werden kann.

Die Geschichte der Phyle bleibt in Dunkel gehüllt. Bemerkenswert ist aber, daß der Name selbst in der Literatur gewöhnlich mit den Dorern verknüpft wird. Die drei dorischen Stämme verband keine offenkundige Geschlechterverwandtschaft; sie hingen vielmehr als militärische Einheiten zusammen. Noch Tyrtaios spricht von der Anordnung des spartanischen Heeres nach Stämmen[97]. Das typisch dorische Phylensystem wird auch im homeri-

[94] Odyssee III 5–8.
[95] Aristoteles, Ath. Pol., Fr. 5.
[96] K. Latte, RE XX 1 (1941) 748 s. v. Phratrie.

[97] E. Diehl, Anthologia Lyrica Graeca I (1925) 5 Fr. 1 A, Z. 12. Dazu F. Kiechle, Lakonien und Sparta, Untersuchungen zur ethnischen Struktur . . . (1963) 116 ff.

schen Katalog erwähnt[98], obgleich das Wort Phyle bei Homer nicht vorkommt. Phylon im homerischen Epos bezeichnet etwas anderes als Phyle.

Phratrie scheint ein indogermanischer Ausdruck gewesen zu sein; er weist somit auf das hohe Alter dieser Bezeichnung eines Verbandes. Nur im Ionischen gebrauchte man *'phrater'* für 'Bruder', während – abgesehen von Kos und Argos – die Phratrie als Gemeinschaftsform den Dorern augenscheinlich unbekannt war. Sie nannten eine solche Gruppe 'Hetairie'[99]. Auch scheint sich die Phratrie-Verbindung nicht aus Blutsverwandtschaft abgeleitet zu haben. In historischer Zeit führten jedoch die Mitglieder einer Phratrie ihre Anfänge auf einen gemeinsamen mythischen Vorfahren zurück. So kam es, daß diese – mit Suffixen auf -idai bereichert – den einzelnen Phratrien, wie etwa denen der Achniadai, Klytidai, Alkmaionidai usw., ihre Namen gaben. Im 6. Jh. sanken die Phratrien mehr oder weniger zu bloßen Gebietseinheiten ab, die nur für Verwaltungszwecke eine Bedeutung hatten.

Wie die Phyle verfügte jede einzelne Phratrie selbst über ihre eigenen Landbesitzrechte, genoß ihre besonderen Eigentumsrechte und verwaltete auch die eigenen Kulte. Diese besonderen Rechte legen außerdem den Schluß nahe, daß jede Gruppe ursprünglich eine selbständige Einheit bildete und daß sich die Grenzen zwischen Phratrie und Genos bzw. zwischen Genos und anderen Gemeinschaften während der archaischen Zeit verwischten[100]. Natürlich kann nichts das Vorhandensein von Phratrien während des 'Dark Age' direkt beweisen; doch ist es angebracht, in diesem Zusammenhang daran zu erinnern, daß Phratrien als militärische Einheiten dem homerischen Epos wohlbekannt sind[101] und daß sie auch mit gewissen Familienrechten, wie dem des Ausschlusses[102], versehen waren.

Gerade diese spezifische Form der eben betrachteten Gemeinschaft war es, welche das religiöse Gut bis in geschichtliche Zeiten erhalten half. Anfänglich lag die Obhut der Kulte einer Gemeinschaft in den Händen des Phylobasileus, der – irgendwann während des 'Dark Age' – einzelnen aristokratischen Familien den Platz räumen mußte. Einzelfälle wie den des Königs Battos von Kyrene ausgenommen, der es verstanden hatte, sich seine eigenen Landbesitzrechte zu bewahren[103], scheint die Aneignung solcher

---

[98] Ilias II 655. 668; vgl. Odyssee XIX 177 (Δωριέεσ··· τριχάϊκες).

[99] A. Andrewes, Hermes 89, 1961, 136f. 140 Anm. 1.

[100] Man könnte vielleicht die Position vertreten, daß *phylai* vornehmlich dorisch und *phratrai* ionisch oder wenigstens nichtdorisch wären und sich diese Gemeinschaften erst nach dem Ende der Bronzezeit zusammenfanden. Doch ist Ilias II 362 ein starker Einwand gegen diese Vermutung, es sei denn, man nimmt an, daß Nestors *phyla* sich von den dorischen *phylai* unterschieden. Zwei Beispiele genügen, um zu veranschaulichen, daß die Quellen aus dem 6. Jh. v. Chr. keine klare Trennung zwischen der Phratrie, dem Genos und anderen attischen Verbänden vornehmen. So konnten z. B. Phratrie und Genos ein und dasselbe Mitgliederverzeichnis haben und den gleichen Gesetzen gehorchen (Isaios VII 15–17). In den berühmten Demotionidischen Dekreten (IG II/III[2]

[1916] 1237) wird der *oikos* der Dekeleia als eine Phratrie verstanden, obwohl ersterer gewöhnlich eine Unterteilung einer Phratrie darstellte. Für eine Erörterung des Gesetzes und der Dekrete s. A. Andrewes, JHS 81, 1961, 5.

[101] Ilias II 362; IX 63; A. Andrewes, Hermes 1961, 132. 139f. meinte, daß Nestors Rat in Ilias II aus dem Zusammenhang falle und sich von der üblichen Art des homerischen Kämpfens unterscheide. Phratrien sollen – wie er glaubte – erst spät, nämlich im 9. bis 8. Jh. v. Chr., eingeführt worden sein; doch gab er zu, daß das System der Phratrien mit den ersten Griechen auf das Festland gekommen sein könnte, später jedoch wieder verschwunden sei.

[102] Ilias IX 63.

[103] Herodot IV 161.

Rechte durch die aristokratische Schicht eine allgemeine Entwicklung in Griechenland gewesen zu sein. Es bildete sich eine Art von Priesteradel heraus, dem die Verwaltung der Kulte oblag. So unterstand den Eumolpiden die Feier der Mysterien in Eleusis und den Lykomiden die in Phyla. Die Phytaliden und Poimeniden beaufsichtigten jeweils den Kult der Demeter. All das sollte sich auf die Staatsreligion des 6. und 5. vorchristlichen Jahrhunderts unheilvoll auswirken, trotz gelegentlicher Versuche, den gewöhnlichen nichtadeligen Bürgern einen größeren Anteil am Kult einzuräumen, wie z. B. im Gesetz des Philochoros. Doch soll dieses zusätzliche Problem hier nicht weiter erörtert werden.

Hat die mykenische Welt – so ist statt dessen zu fragen – Zeugnisse von vergleichbaren Stammes- oder Gemeinschaftssystemen hinterlassen, die die Bronzezeit als ortsgebundene Siedlungsgruppen überlebt haben könnten, um dann später unter Namen wie Phyle, Genos, Oikos, Phratrie oder Orgeones wiederaufzutauchen?[104] Solche Gemeinschaften müßten auch die gleichen Landbesitzrechte ausgeübt sowie ihre eigenen Kulte gefeiert haben. Sie müßten außerdem die Rechtsgewalt besessen haben, in ihren eigenen Stammesangelegenheiten richten und über Stammesangehörige wegen Vergehen wie dem der Blutschuld das Urteil fällen zu können. Da dieses Thema bereits an anderer Stelle ausführlich behandelt worden ist, mag es hier genügen, die Resultate der einschlägigen Untersuchung kurz zusammenzufassen[105].

Die in diesem Zusammenhang wertvollsten Zeugnisse finden sich auf einer besonderen Serie der Linear B-Tafeln (E-Serie). Sie stammen aus dem 'Archive Room' in Pylos und geben über gewisse Rechte des Landbesitzes Auskunft, genauer gesagt über die Verwaltung der 'temene' in den neun pylischen Distrikten. Land dieser Art gehörte offenkundig bestimmten Personen wie dem König ('wanax') und dem 'lawagetas' und ist beispielsweise mit den 'temene' des Alkinoos auf der Insel Scheria oder denen des Odysseus auf Ithaka vergleichbar[106]. Es gab auch öffentliches Land in Pylos, das dem 'damos', d. h. der Gemeinde, gehörte und von dieser gepachtet werden konnte. Die mykenische Bezeichnung für den Pächter oder Besitzer war gewöhnlich 'telestes' ('tereta') oder 'ktoinetes', was besagt, daß er Mitglied einer 'ktoina' war. Nun wissen wir aus Inschriften klassischer Zeit von Rhodos und von Syme, daß 'ktoina' eine Gemeinschaftsgruppe bedeutete[107]. Zwar läßt sich nicht mehr feststellen, ob 'ktoina', 'telestai' und 'damos' sich auf verschiedene Gemeinschaften oder auf Teile derselben Gemeinschaft bezogen, doch ist dies für unsere Erwägungen auch unwesentlich, da wir es höchstwahrscheinlich mit einer Art von Fachausdrücken für solche Gemeinschaften mit ihren Landbesitzungen und kultischen Rechten zu tun haben[108]. Wahrscheinlich ist, daß 'ktoinetes' dasselbe wie 'demotes' oder 'phyletes' bezeich-

---

[104] J. Chadwick zitierte anscheinend nichtgriechische Gruppen- oder Stammesnamen aus den pylischen Tafeln, die seiner Meinung nach der vormykenischen Bevölkerung angehört haben können: J. Chadwick, The Mycenaean World (1976) 67. 175. Zur Kontinuität von Institutionen, die sich in Tradierung mykenischer Termini im Griechischen zeigt, vgl. F. Gschnitzer, Vocabulaire et Institutions, la Continuité Historique du Deuxième au Premier Millénaire, in: Colloquium Mycenaeum, Actes du Sixième Colloque International sur les Textes Mycéniens et Égéens tenu à Chaumont sur Neuchâtel du 7 au 13 Septembre 1975 (1979) 109ff., bes. 124–130.

[105] B. C. Dietrich, ActaCl 11, 1968, 153ff.

[106] Odyssee VI 293; XI 185.

[107] IG XII 1 (1895) 157,9; 694; XII 3 (1898) 1270 A 13.

[108] z. B. Hesychius, s. v. κτοῖναι· χωρήσεις προγονικῶν ἱερείων, ἢ δῆμος μεμερισμένος.

495

nete, nämlich ein Mitglied einer Gemeinschaft mit allen damit zusammenhängenden Pflichten und Rechten[109].

Der Führer eines 'damos' wurde 'damokoros' genannt[110], ein mit 'basileus' fast gleichwertiger Titel[111], der mit dem des 'phylobasileus' wenn auch wohl nicht identisch, so doch jedenfalls vergleichbar war[112]. Der pylische 'damos' übte übrigens dieselben rechtlichen und sakralen Funktionen wie die 'phyle' aus und wurde, genau wie diese, von einem 'basileus' angeführt. Demnach dürften 'phyle' und 'damos' verschiedene Bezeichnungen grundsätzlich ähnlicher Gemeinschaften gewesen sein. Der Begriff 'damos' bezeichnete die Gemeinde in Pakijana, einen der neun Bezirke im messenischen Pylos[113]. Pakijana kann als hervorragendes Beispiel für die anderen über Griechenland verstreuten Gemeinden dienen, die – wie man auch bei Thukydides liest – die Bronzezeit bis zum Synoikismos überlebten[114]. So liegt der Schluß nahe, daß Wörter wie 'damos'[115] und 'telestai' ausdrücklich auf das Vorhandensein mykenischer Gemeinschaftsverbände hinweisen, die zusammen mit ihren rechtlichen und kultischen Traditionen die schwierigen Zeiten des 'Dark Age' überdauerten. Ein besseres Verständnis des uns durch die Linear B-Täfelchen überlieferten schriftlichen Quellenmaterials würde es zweifellos erlauben, noch andere Namen von Verbänden wie den 'orgeones' und 'oikoi' unserer bestehenden Liste anzufügen.

Doch genügt das hier gesammelte Beweismaterial, um die allgemeine Ansicht zu widerlegen, die attischen Phratrien, Gene usw. stammten direkt von irgendwelchen Militär- oder Kriegseinheiten der Eisenzeit ab. Auch wurde bisher vielfach angenommen, die genannten Verbände seien auf dorischen Einfluß zurückzuführen und hätten sich im Zuge einer politischen Entwicklung im 'Dark Age' als Gruppen dem König treu ergebener Gefolgsleute oder aristokratischer Hetairoi zusammengeschlossen, um ihren Basileus bei seiner Verteidigung zu unterstützen. Solche aristokratischen Militäreinheiten wären dann einerseits dem Homerischen Epos bekannt gewesen, wie man aus bestimmten Formen des Kämpfens in der Ilias erschließen möchte, andererseits aber würden sie von dem Bild eines 'bürokratischen' Heers, wie es von den Linear B-Texten gezeichnet wird[116], gänzlich abweichen. Ob nun bürokratisch oder nicht: In jedem Fall hätten auch die Mykener ein entsprechendes System besessen haben müssen, das von loyalen und durchaus kampfesfreudigen Adligen im Dienst des Königs getragen wurde. Dies hätte man allein schon aus ihrer kriegerischen Geschichte ablesen können. Nur trugen diese Adligen den Titel 'hepetes' ('eqeta'), den L. R. Palmer mit dem des Homerischen 'hetairos' gleichgesetzt hat[117].

[109] W. E. Brown, Historia 5, 1956, 396; C. D. Buck – W. Petersen, A Reverse Index of Greek Nouns and Adjectives (1944) 545; M. Ventris – J. Chadwick, Documents in Mycenaean Greek² (1973) 264.

[110] Dagegen las L. R. Palmer, The Interpretation of Mycenaean Greek Texts (1963) 340f. 354f. damokoro als Eigennamen.

[111] Ventris – Chadwick a.O. 175. 296; vgl. 468.

[112] G. P. Carratelli, PP 9, 1954, 217.

[113] Siehe Chadwick, The Mycenaean World (1976) 76f.; ders., The Interpretation of Mycenaean Documents and Pylian Geography, in: J. Bintliff (Hrsg.), Mycenaean Geography, Proceedings of the Cambridge Colloquium 1976 (1977) 36ff. (mit weiterer Literatur); Hooker, Myc. Gr. 184ff.

[114] Thukydides II 15,1.2.

[115] Vgl. A. Heubeck, Aus der Welt der frühgriechischen Lineartafeln (1966) 59.

[116] z. B. E. A. Gardner, CAH² III (1929) 585, auch 688; A. Andrewes, Hermes 1961, 138ff.; ders., JHS 81, 1961, 14f.

[117] L. R. Palmer, TransPhilSoc 1954, 51; vgl. M. Ventris – J. Chadwick, Documents in Mycenaean Greek² (1973) 121; J. Chadwick – L. Baumbach, Glotta 41,

Die Dorer haben also auf keinen Fall das Phyle-System mit seiner Unterteilung in Phratrien und Gene eingeführt. Entsprechend sind Argumente, die sich auf die spätere Entwicklung griechischer Gemeinschaften stützen, aufzugeben, sofern sie ausschließlich auf der Vermutung beruhen, die Dorer seien als Eindringlinge und gleichzeitig als erste Organisatoren von Bevölkerungseinheiten aufgetreten. Dies ist äußerst wichtig für die hier vorgetragenen Gedanken zur Wahrscheinlichkeit einer kontinuierlichen Tradierung religiösen Guts – Überlegungen, die sich ebenfalls mit der Frage der Dorer konfrontiert sehen. Um nun den Irrtum ein für allemal zu widerlegen, die Dorer seien als Fremdkörper in die mykenische Welt eingedrungen, sei noch das Folgende zum Schluß angemerkt:

An der Spitze der Phyle stand der 'phylobasileus', ein Titel, der auch für die Könige der drei dorischen Stämme gebraucht wurde [118]. Da aber der 'basileus' auch ein wichtiges Mitglied der mykenischen Hierarchie darstellte, heißt dies, daß die Dorer entweder diesen Titel zufällig selbst erfunden haben oder daß sie schon vor dem Ende des 2. Jts. v. Chr. mit mykenischen Einrichtungen bekannt geworden waren. Die zweite Möglichkeit scheint die überzeugendere zu sein, denn letzlich redeten Dorer und Mykener im 13. Jh. v. Chr. die gleiche Sprache [119]. Man erinnere sich ferner an die Rolle der Dorer im delphischen Mythos des Deukalion oder auch an ihre enge Verbindung mit Herakles [120]. Wie schon M. P. Nilsson vor vierzig Jahren zeigen konnte, entstanden beide Mythen im mykenischen Zeitalter, woraus folgt, daß Herakles' dorische Verwandtschaft nicht erst während der archaischen Zeit von den Griechen in der Absicht, Dorern und Achaiern nachträglich eine gemeinsame Herkunft zu bescheinigen, erfunden worden sein kann. So verwundert es nicht, daß Zeus und Apollo, die immer als spezifisch dorische Götter gegolten haben [121], auch von den Mykenern verehrt wurden [122].

Gibt man erst einmal die Vorstellung von den Dorern als den Zerstörern alter Traditionen auf, so drängt sich noch ein anderer recht überzeugender Schluß aus den literarischen Zeugnissen auf. Beispielsweise wird im Homerischen Epos berichtet, die Dorer hätten Rhodos vor dem Trojanischen Krieg 'kataphyladon' besiedelt und der Heraklide Tlepolemos habe von dort aus sein Kontingent von neun Schiffen gesandt, um die Achaier vor Troja zu unterstützen [123]. Ferner bedeutet Herodots Genealogie der dorischen Könige von Deukalion bis Hellen und sogar bis Doros [124] nicht sosehr eine Aufzählung historischer Persönlichkeiten als vielmehr den Versuch, diese Stämme rechtmäßig in die mykenische Welt einzugliedern. Der Tradition folgend kann man somit den Beginn einer Verschmelzung bereits sechs Generationen vor dem Trojanischen Krieg ansetzen, wenn man mit N. G. L. Hammond eine andere Nachricht bei Herodot, und zwar über Amphitryon, den Vater des Herakles und den Sohn des Alkaios, richtig auslegt [125]. All dies will nicht heißen, daß man die Auffassung von den Dorern als einem aufrührerischen Element am Ende des

1963, 192; 49, 1971, 165; Hooker, Myc. Gr. 190; Chadwick, The Mycenaean World (1976) 66. 72; S. Deger-Jalkotzy, E-qe-ta, zur Rolle des Gefolgschaftswesens in der Sozialstruktur mykenischer Reiche (1978).
[118] Hammond, Migrations 697.
[119] J. Chadwick, GaR N. S. 3, 1956, 48f.; ders., PP 31, 1976, 108.

[120] Vgl. auch Chadwick, ebenda 116f.
[121] Hammond, Migrations 699.
[122] Für die Wahrscheinlichkeit eines Apollon-Kultes in der Bronzezeit s. Verf., Kadmos 14, 1975, 133ff.
[123] Ilias II 653ff.
[124] Herodot I 56.
[125] Herodot V 59; vgl. Hammond, Migrations 684.

2. Jts. v. Chr. prinzipiell ablehnen müßte; nur stimmt das Bild von den fremdländischen Invasoren im Grunde nicht[126].

Gab es überhaupt einen Wendepunkt in der Geschichte der organischen Entwicklung der griechischen Religion, dann hätte dieser logischerweise schon eintausend Jahre früher eingetreten sein müssen, nämlich zum Zeitpunkt, als sich die ersten indogermanischen Siedler in Griechenland niederließen. Doch werden auch diesbezüglich neuerdings starke Zweifel geäußert[127]. So bleibt allein die Schlußfolgerung, daß die Anfänge der griechischen Religion schon in den Kulten und im Götterglauben der Bronzezeit liegen[128].

[126] In den letzten Jahren ist die These, die Dorer gehörten der mykenischen Welt und Kultur an, des öfteren verteidigt worden; vgl. z. B. J. Chadwick, PP 31, 1976, 111 f.; ders., The Mycenaean World (1976) 192 f.; Hooker, Myc. Gr. 171 ff. 180. Im zuletzt genannten Werk, Appendix I, findet man eine gute Sammlung der primären Quellen für die 'Dorische Invasion' sowie eine kurze Erörterung (a.O. 164 f.).

[127] Siehe Br. Age Migr. Aegean, bes. die Beiträge von D. H. French, Migrations and 'Minyan' Pottery in Western Anatolia and the Aegean (51 ff.); J. D. Evans, The Archaeological Evidence and its Interpretation, some Suggested Approaches to the Problem of the Aegean Bronze Age (17 ff.); A. C. Renfrew, Problems in the General Correlation of Archaeological and Linguistic Strata in Prehistoric Greece, the Model of Autochthonous Origin (263 ff.). Andere Meinungen wurden vertreten von M. S. F. Hood, Northern Penetration of Greece at the End of the Early Helladic Period and Contemporary Balkan Chronology (59 ff.); R. J. Rowell, The Origins of the Middle Helladic Culture (73 ff.).

[128] Für die Durchsicht der hier vorgelegten deutschen Fassung meiner Studie danke ich St. Hiller, Salzburg, sowie Herausgeber und Redaktor u. a. für Literaturnachträge. Zu dem Thema der Kultkontinuität hatte ich mich zuvor in BICS 1970 geäußert.

SCHLUSSBEMERKUNGEN

Von Hans-Günter Buchholz

Gedanken über Arbeitsweise und Ziele der ägäischen Archäologie, ihre Abgrenzung und ihr Selbstverständnis sowie über die Benutzung naturwissenschaftlicher Methoden führen in unser Buch ein. Auf den Beitrag über die Frühbronzezeit, der das Mittelmeer von der Levante bis zur Iberischen Halbinsel überschaut, folgen Einblicke in das hochkulturliche Stadium des 2. Jts. v. Chr., in welchem Menschen des ägäischen Raumes noch weitaus stärker Mittler zwischen Osten und Westen gewesen sind. Das lenkt den Blick auf die anschließenden Beiträge zur historischen Einordnung der fraglichen Kulturerscheinungen, zur Religion und zu Fragen des Endes oder der Kontinuität mykenischer Gesittung in die vom Griechentum maßgeblich bestimmte und gestaltete Eisenzeit hinein.

Zur Frühbronzezeit

Ich komme nicht umhin, einige Ergänzungen und Nachträge anzuschließen. Während der Drucklegung unseres Buches fanden Ausgrabungen statt. Sie werden auch künftig das gewonnene Bild bereichern, erweitern oder aber mehr oder weniger radikal ändern. So wurden unlängst neue Indizien zu den frühbronzezeitlichen sogenannten Tonankern bekannt (vgl. zu diesen Taf. 4b, Troja). Als Beispiele aus peloponnesischem Boden sind Funde aus Psophis und Epidauros nachzutragen (sie fehlen in unserer Verbreitungskarte, Abb. 25). Wie in Olympia, so bietet das soeben erwähnte Fragment aus dem Umkreis des Asklepieions von Epidauros – beide Arme sind abgebrochen, der Schaft ist oben mit einem quer zu jenen verlaufenden Loch versehen – keineswegs einen Hinweis auf die Existenz eines prähistorischen Vorläufer-Heiligtums, sondern auf eine FH-Siedlung. Im Falle von Epidauros ist eine solche auf dem Hügel Kynortion festgestellt worden[1].

Thessalische Fundstücke, aus einer Region, in welcher derartige Tonhaken bzw. Doppelhaken gehäuft vorkommen, haben früh ein wissenschaftliches Interesse geweckt. Die dazu oben S. 129 zitierte Arbeit von P. Wolters erschien rund zwanzig Jahre vor dem grundlegenden Buch von Chr. Tsountas über Dimini und Sesklo, wenn auch des letzteren Tonhakenfunde auf das Jahr 1901 zurückgehen. Im Jahre 1903 hatte sich dann bereits S. Wide der Woltersschen Veröffentlichung mit anderer, heute nur noch wissenschaftsgeschichtlich interessanter Interpretation in seiner Studie »Mykeniska Kult-Symboler på Geometriska Vaser« bedient[2].

Sehen wir von den Funden in den Balkanländern und von zeitlichen Nachzüglern anderenorts ab, so entspricht die große Menge dieser merkwürdigen Tonhaken in chronologischer und räumlicher Hinsicht der Verbreitung von einigen ebenso merkwürdigen Knochenplatten mit Zierbuckeln aus Troja, Mykene und Lerna im ägäischen Kulturbereich sowie

[1] Ei. Peppa-Papaioannou, Pelina Eidolia apo to Iero tou Apollona Maleata Epidaurias, neugriech. Diss. Athen 1985, 201 Nr. B 1 Taf. 77 (wo auch der Hinweis auf Psophis, ungefähr halbwegs zwischen Olympia und Kalavryta, zu finden ist). Kynortion = E. Kirsten – W. Kraiker, Griechenlandkunde [4](1962) 366f.

[2] Dedicata Oscar Montelius (Stockholm, 1903), 22ff. mit Abb. 4.

aus Unteritalien, Sizilien und Malta im Westen (zur geographischen Streuung s. Abb. 25). Unlängst hat Frau G. Sluga Messina kaum noch sichtbare Ritzmuster an zwei der Platten im Archäologischen Museum von Syrakus zeichnerisch rekonstruiert und mit geometrischen Motiven der Keramik aus Castelluccio verglichen[3]. Es wurden annähernd gleiche Zierelemente und außerdem die gleiche Syntax derselben bei beiden Denkmälergruppen festgestellt. Dies besagt, daß die untersuchten Knochenplatten nicht als Importe aus dem Osten anzusehen sind, sondern als lokale Erzeugnisse. Ist das richtig, so sind sie täuschend ähnliche Kopien ägäischer Stücke. Es bleibt allerdings festzuhalten, daß auch gelegentlich an den trojanischen Beispielen Gravuren auftreten. Diese sind jedoch völlig anderer Art als die sizilischen und deuten insofern nicht auf dieselbe Werkstatt[4].

Ornamente bilden in diesem Fall das ausschlaggebende Indiz für die festgestellte Kulturzugehörigkeit. Wenn Klassifizierungen nach Symmetrietypen vorgenommen werden – wie das jüngst im Bereich des thessalischen Neolithikums geschah[5] –, dann ist mit dieser Methodenentlehnung aus der Kristallographie das Bestreben verbunden, Gesetzmäßigkeiten zu erkennen und kulturgeographisch oder kulturchronologisch auszuwerten. Der Ansatz ist formenkundlich und zielt auf 'Struktur' ab. Die in Intervallen immer wieder auftretende symbolkundliche Befragung von Ornamenten, also eine in der Zielsetzung etwas andere wissenschaftliche Beschäftigung mit derselben Sache, hat soeben ihre Fortsetzung in einer Arbeit von G. Dotzler erfahren: »Ornament als Zeichen, methodologische Probleme der archäologischen Interpretation«[6].

St. Hiller gab einer Studie »Zur Frage der griechischen Einwanderung« u. a. eine Karte bei, die zeigt, daß 'Tonanker' und Lochäxte aus Stein ('Hammeräxte') frühbronzezeitliche Kulturen vom westlichen Thrakien über das südliche Makedonien und Thessalien bis Mittelgriechenland verbinden. Eine solche Karte läßt mithin die Zusammenhänge begrenzter erscheinen als die unsere (S. 123 Abb. 25) und steht doch andererseits unter einer bedeutenderen Problemstellung, nämlich der Frage nach der Einwanderung Griechisch sprechender Stämme in Hellas[7]. Der Versuch einer Lösung dieser historischen

---

[3] Inv.-Nr. 8679 und 8853, s. G. Sluga Messina, Analisi dei Motivi Decorativi della Ceramica da Castelluccio di Noto (1983) 156ff. mit Abb. und Literatur. Zeichnung eines weiteren Stückes aus Casteluccio mit elf Buckeln und Ritzornamenten: O. Montelius, Die Chronologie der ältesten Bronzezeit in Norddeutschland und Skandinavien (1900) Abb. 465, ferner Abb. 388 (Troja II, mit neun Buckeln), beide Zeichnungen sind wiederholt in N. Åberg, Bronzezeitliche und früheisenzeitliche Chronologie III (1932) 156 Abb. 301. 302. Ritzornamente weist auch eine Knochenplatte des behandelten Typs aus Altamura in Bari, Mus. Civico, auf, s. F. Biancofiore, Puglia (o. J.) 133 mit Abb. (ausgezeichnete Photographie). Lit. zu der gesamten Gruppe von Knochenplatten oben S. 240 Anm. 16.

[4] H. Schliemann sah außerdem Spuren blauer Farbe. Das in seinem Buch 'Ilios' (1881) 573 Abb. 983 wiedergegebene Stück ist nicht nach Berlin gelangt, während in der französischen Ausgabe desselben Werkes (1885) 532 Abb. 564 ein anderes Stück dargestellt ist, das sich in Berlin unter der Nr. 7954 befand und zu den Verlusten

des letzten Krieges gehört. Zu diesem Stück s. bereits R. Virchow, ZEthnol 23, 1891, Verhandlungen 412f. Abb. 8–10 und H. Schmidt, Schliemanns Sammlung trojanischer Altertümer (1902) 291 Nr. 7954. Ebenda Nr. 7953 mit Abb. auch in W. Dörpfeld, Troja und Ilion (1902) 392 Abb. 376. Die durch P. Orsis sizilische Entdeckungen und seine Mitteilung an Virchow ausgelöste Beschäftigung desselben mit den »mit flachen Knöpfen besetzten Knochengeräten, welche in unverkennbarer Weise mit trojanischen Funden übereinstimmen und von ganz besonderer Bedeutung sind«, ist viel zu wenig beachtet worden (1891).

[5] B. Otto, Die verzierte Keramik der Sesklo- und Diminikultur Thessaliens (1985), und zuvor dies., Geometrische Ornamente auf anatolischer Keramik (1976).

[6] Arbeiten zur Urgeschichte des Menschen, Nr. 8 (Bern, 1984).

[7] Mitteilungen der Österreichischen Arbeitsgemeinschaft für Ur- und Frühgeschichte 32, 1982 (erschienen: 1984), 41ff. Weitere Lit. zur Einwanderung der Griechen oben S. 498.

Frage mit archäologischer Hilfe ist nicht neu. Welche archäologischen Elemente das nach Griechenland vordringende ethnische Element allerdings verkörpern sollen – bestimmte Keramikarten und Tonhaken, Megaron oder Apsidenhaus, Tumuli, Streitäxte usw. –, ist seit langem strittig. Ich habe es oben S. 121 ff. vermieden, die Verbreitung der tönernen Haken und Doppelhaken ethnisch zu deuten. Von den 'Hammeräxten' wäre ja auch der Schritt zu 'nordischen Streitaxtleuten' nicht weit, wie er in den späten dreißiger Jahren im Schwange war[8].

O. Höckmann hat auffallende Ähnlichkeiten in der Architektur Syrien–Palästinas, der Kykladen, Südfrankreichs und Spaniens zusammengestellt, besonders was die Festungsbauten des 3. Jts. v. Chr. angeht (S. 81 ff. Abb. 14–17; S. 97 ff. Abb. 22. 23). Gleichzeitige kretische Siedlungen galten auf Grund der Insellage und des bestehenden Schutzes durch eine Flotte als ausreichend gesichert und deshalb unummauert. Doch ist soeben in Hagia Photia bei Sitias, Ostkreta, ein frühminoisches, rund 600 Quadratmeter großes, aus 38 Räumen und einem Zentralhof (3,50 m × 17 m) bestehendes Gebäude ausgegraben worden, welches von einer gewaltigen, etwa vier Meter hohen Festungsmauer geschützt gewesen ist. Die Existenz dieses zunächst nur durch Pressemeldungen bekannt gewordenen Stückes frühminoischer Militärarchitektur könnte ein historisches Umdenken erforderlich machen.

Was frühhelladische Urbanität angeht, ist auf die kürzlich erschienene Monographie über die Siedlung Manika bei Chalkis, Euboia, zu verweisen[9]. Die archäologischen Untersuchungen stehen noch am Anfang, doch schon jetzt ist es erlaubt, von der größten städtischen Anlage des 3. Jts. v. Chr. im ägäischen Raum zu sprechen. Daß derartig erstaunliche Leistungen menschlichen Zusammenlebens in urban organisierten Gemeinwesen auch zu beachtlichen Architekturerrungenschaften geführt haben, wird zunehmend deutlicher[10].

Auf Einzelbauten, Baukomplexe, Sakralarchitektur und damit zusammenhängende Fragen werde ich noch einmal zurückkommen, wenn von der späthelladischen Epoche die Rede sein wird.

Zur spätbronzezeitlichen Bewaffnung

Das vielbenutzte Werk »La Grèce Préclassique« (1924–28) von Oscar Montelius zeigt in seinen umfangreichen Zusammenstellungen vieler Gattungen materieller Kulturgüter, was dem großen Typologen als zentrale Aufgabe prähistorischer Kulturkunde erschien. Daran gemessen nimmt sich unsere Auswahl von Waffen und Geräten eher bescheiden aus. Wir erhalten einen Eindruck von bronzenen Messern aus Attika (S. 467 Abb. 122 b–d, Perati)[11], Nordwestgriechenland (S. 367 Abb. 94 a.d) und Italien (S. 267 Abb. 78 a,

[8] S. Fuchs, Die griechischen Fundgruppen der frühen Bronzezeit und ihre auswärtigen Beziehungen (1937), dazu die kritische Rezension von K. Bittel, Germania 23, 1939, 59 ff.; ferner: R. A. Crossland – A. Birchall, Bronze Age Migrations in the Aegean (1973).

[9] A. Sampson, Manika, an Early Helladic Town in Chalkis (neugriechisch, 1985); oben S. 9 Anm. 33.

[10] P. Themelis, Early Helladic Monumental Architecture, in: AM 99, 1984, 335 ff.; auf älterem Stand, aber noch immer hilfreich: St. Sinos, Die vorklassischen Hausformen in der Ägäis (1971).

[11] Zu Vogelkopfmessern vgl. H. Müller-Karpe, Germania 41, 1963, 9 ff.; Sp. Marinatos, Haar- und Barttracht, in: F. Matz–H.-G. Buchholz, ArchHom, Lieferung B (1967) 33. 35 Abb. 12 a–c (Vogelkopfmesser aus Riegsee, Şpălnaca, Perati).

Votivfund in der Pertosagrotte) sowie von bronzenen Doppeläxten aus Epeiros (S. 371 Abb. 95 c–f). Bei letzteren gehört zu den vieldiskutierten Fragen diejenige nach dem Ursprung, funktional und kulturgeographisch. Die Indizien für eine Zweckbestimmung im religiösen Bereich bzw. als Waffe oder Arbeitsgerät sind häufig unzureichend; entsprechend umstritten blieb deshalb die Einschätzung im Einzelfall[12]. Der schwere Typus mit ovalem Schaftloch ist mykenisch und fand eine nach Norden hin schwächer werdende Ausbreitung (Abb. 95 c. e. f). Andererseits ist der Verbreitungsschwerpunkt des Typs mit einseitigem Tüllenwulst (Abb. 95 d) im Westen der Balkanhalbinsel anzusetzen, in Dalmatien, Jugoslawien, Albanien und Epeiros mit Ausstrahlung nach Kerkyra, Leukas und Thessalien[13].

Vasenbilder und Fresken zeigen, daß Dolche und Schwerter – letztere an ihrer Länge und an Quasten am Ortband der Scheide erkennbar (S. 204 Abb. 59) – wichtige Nahkampfwaffen gewesen sind (S. 339 Abb. 88 a, Kampfszene auf einem Goldring aus den Schachtgräbern von Mykene). Auf einem späthelladischen Krater, der in Ras Schamra, Nordsyrien, ausgegraben worden ist, sieht man einen Krieger zwei Pferde halten, er trägt Spitzhelm und sein Schwert in Hüfthöhe gegürtet (S. 212 Abb. 66 a). In diesem Fall ist die Griffangel eingerollt wie an kyprischen Dolchen. Von der Andersartigkeit mykenischer Griffzungenschwerter besitzen wir auf Grund zahlreicher Originalfunde des ägäischen Kulturkreises, insonderheit der Phase SH III C, umfassende Kenntnis (vgl. S. 373 Abb. 96 a–f, Epeiros; S. 467 Abb. 122 a, Perati, Attika)[14].

Ausgesprochene Langschwerter, 'Rapiere', haben bereits gegen Mitte des 2. Jts. v. Chr., von Kreta ausgehend, Südosteuropa bis an die Donau und darüber hinaus beeinflußt. Zwei zugehörige Neufunde aus Grabtumuli von Burrel im Matital, Albanien, schließen eine Lücke in der Verbreitung[15]. In umgekehrter Richtung fand später die Ausbreitung von bronzenen Griffzungenschwertern statt, die in der Fachliteratur als 'Naue II'- bzw. 'Sprockhoff IIa'-Schwerter bezeichnet worden sind. Einfluß der donauländischen Variante 'Boiu' mit ausbuchtender Schneidenkonturlinie im oberen Drittel nahe dem Heft und entsprechend verlaufenden Gravuren ist von O. Höckmann in der nördlichen Peloponnes bemerkt worden. Ansonsten haben wir es in Griechenland mit standardisierten Vertretern der Griffzungenschwerter zu tun (s. Abb. 123), die eine festgelegte Nietung der Griffschalen und einen ebenso bestimmten Regeln folgenden Abschluß der Griffzunge aufweisen[16].

Mykenische Kammergräber in der Flurmark Palaiopyrgos bei Palaiokastro in der Landschaft Gortynia, Arkadien, waren Opfer von Raubgrabungen geworden. Doch Nach-

---

[12] Vgl. H.-G. Buchholz, Zur Herkunft der kretischen Doppelaxt (1959) und ders. a. O. (s. oben S. 370 Anm. 49. 52–54).

[13] Vgl. meine Verbreitungskarte a. O. (oben S. 370 Anm. 53) 115 ff. Abb. 22 und 26 (Gebiet mit Schrägschraffur).

[14] Aus der Fülle der Studien nenne ich vor allem H. W. Catling, Cypriot Bronzework in the Mycenaean World (1964) 113 ff. Taf. 12 h–k, und St. Foltiny, Schwert, Dolch und Messer, in: H.-G. Buchholz, Kriegswesen, ArchHom, Lieferung E 2 (1980) 231 ff. Abb. 50 a–h; 51 a–e; S. 338 f. (Bibliographie mit weiteren Arbeiten von Catling, Foltiny, J. D. Cowen, N. K. Sandars und anderen).

[15] Z. Andrea, ArchRep 1983/84, 106 f. Abb. 7, 2.

[16] Lit. zu Naue II-Schwertern oben S. 268 Anm. 52; vgl. ferner Foltiny a. O. 265 Abb. 54 a–e: ägäische Entwicklungsreihe (in Anlehnung an Catling a. O.), s. auch ebenda Taf. E 23 b. c (Griffzungenschwerter aus Kallithea bei Patras). O. Höckmanns Studie über ein nordpeloponnesisches Schwert im Zusammenhang mit Boiu-Schwertern wird in den im Druck befindlichen Akten des Mykenologischen Kongresses in Athen 1980 erscheinen.

Abb. 123. Mykenisches Bronzeschwert aus Arkadien

untersuchungen ergaben einige SH III C-Gefäße und Bronzewaffen, dabei ein sehr gut erhaltenes Schwert (L 63 cm; Abb. 123)[17]. Das neue Stück vertritt die 'Naue II'-Schwerter nun auch in einer Gegend, in der bisher spätbronzezeitliche Besiedlung und Bestattung archäologisch kaum nachgewiesen waren. Es gehört zu jenen Formen, die gegen Ende des 13. Jhs. v. Chr. im ägäischen Raum unvermittelt und ohne lokale Vorläufer greifbar werden. Der Ausgangstypus ist andererseits in Mitteleuropa zu finden; deshalb und aus chronologischen Gründen muß man die ägäischen Stücke von jenen ableiten. Dabei ist zunächst noch ungeklärt, welche Objekte im einzelnen als Importe oder als lokale Fertigungen in Anlehnung an die fremden Vorbilder zu betrachten sind. Daß mittel- und südosteuropäische Zusammenhänge greifbar werden, ohne daß sie allein mit derartigen Schwertern historisch ausreichend fixierbar wären, erscheint unbestreitbar. »Die weiträumige Verbreitung der Schwerter vom Typus II setzt eine ziemlich große Bewegung voraus, die in nordsüdlicher Richtung verlief«, so weit hat sich St. Foltiny, den Befund interpretierend, vorgewagt[18], und H. Müller-Karpe hat den Versuch unternommen, den Vergleich auf die gesamte Waffenkollektion – Helm, Beinschienen, Schild, Lanze und Schwert – in seinem Aufsatz »Zur spätbronzezeitlichen Bewaffnung in Mitteleuropa und Griechenland« auszudehnen[19]. Bei derartigen Überlegungen spielen bestimmte Lanzen- und Speerformen ebenfalls eine Rolle. Das ist nun ohne viel Spekulation, aber reich in der analytischen Substanz von O. Höckmann oben S. 329ff. und in zwei weiteren, sich wechselseitig ergänzenden Studien dargelegt worden[20].

Sein Überblick über die in Hellas während der Bronzezeit vertretenen Formen (S. 347ff. Abb. 91a–j; 92a–e) ist durch weitere Stücke aus Epeiros ergänzt worden (S. 375 Abb. 97a–j). Außerdem wird aus einem anderen Gebiet, aus dem verhältnismäßig wenige Lanzenspitzen vorliegen, dem östlichen Attika, eine bronzene Spitze bekanntgemacht (Taf. 3e)[21]. Sie wurde in einem mykenischen Kammergrab der unpublizierten Nekropole von Brauron-Lapoutsi gefunden[22]. Die wuchtige Waffe weist eine kräftige Mittelrippe

[17] K. Demakopoulou, AAA 2, 1969, 226ff. Abb. 1–3 (danach unsere Abb. 123). Zum Fundort s. P. Ålin, Das Ende der mykenischen Fundstätten auf dem griechischen Festland (1962) 73.

[18] Foltiny a. O. 266 (mit Lit.). Zuletzt St. Hiller, È Esistita una Cultura Dorica nella Tarda Età del Bronzo? Il Problema delle Testimonianze Archeologiche, in: Le Origini dei Greci (1985) 135ff. mit Verbreitungskarten, bes. Abb. 4 und 8 (Griffzungenschwerter, das unsere wäre nachzutragen).

[19] Germania 40, 1962, 255ff. Er hat dasselbe auch mit der früheisenzeitlichen Bewaffnung versucht (JdI 77, 1962, 116f. Abb. 37. 38) und ist zu dem Schluß gelangt: ». . . daß die in Rede stehenden handwerklichen Kontakte nicht auf zwei enger begrenzte Phasen, etwa das 13./12. und das 8. Jh., beschränkt sind, sondern auch in der einstweilen denkmälerlosen Zwischenzeit bestan-

den« (a. O. 74). Ferner H. Müller-Karpe JberInstVg-Frankf 1975, 18f. mit Anm. 31 (weitere Lit.). Zeichnung eines 'Urnenfeld-Kriegers' in voller Rüstung: J. M. Coles–A. F. Harding, The Bronze Age in Europe (1979) 375 Abb. 135.

[20] Lanze und Speer, in: H.-G. Buchholz, Kriegswesen, ArchHom, Lieferung E 2 (1980) 275ff.; ders., Lanze und Speer im spätminoischen und mykenischen Griechenland, in: JbRGZM 27, 1980, 13ff. (hier abgekürzt: LuS).

[21] Brauron, Arch. Mus.; unpubliziert, Ausgrabung des verstorbenen I. Papademetriou (5. 2. 1956); L 27 cm, stark korrodiert. P. Themelis danke ich für Informationen und Photos.

[22] R. Hope Simpson–O. Dickinson, A Gazetteer of Aegean Civilisation in the Bronze Age I (1979) 213f. Nr. F 38.

503

sowie leicht beschädigte, parallele Schneiden auf, die flachrund an der Tülle ansetzen und kurz vor der Spitze zu dieser hin umbiegen. Die Tülle ist halb so lang wie das Blatt und besitzt am unteren Ende einen Wulst oder Ring, wie ihn viele Spitzen der großen, nicht einheitlichen 'Gruppe D' (Höckmann) aufweisen. Die Keramik aus dem Grabe, in dem diese Lanzenspitze lag, blieb mir unbekannt [23]. Aus Gründen der Formenmerkmale ist das Stück in die Dezennien um 1400 v. Chr. zu datieren (SH II/III A).

Im Bilde auf einem Siegel aus Naxos ist der Dargestellte ein jugendlicher Gott in unkriegerischer Kleidung hinter einem Kulttisch mit Opfergeräten, rechts davor ist eine Palme zu erkennen (S. 339 Abb. 88b). Minoische Analogien zur auffallenden Gebärde des hochaufgerichtet Stehenden mit weit vorgestrecktem Arm weisen ebenfalls nicht in den militärischen Bereich. Diese Gebärde kommt auf Denkmälern religiösen Inhalts vor. Wir sollten wohl von einem 'Epiphaniegestus', der ungewappneten Göttern und Göttinnen eignet, sprechen und deshalb den mannslangen Stab als Szepter bezeichnen. Ist das richtig, dann muß das Siegelbild aus Naxos in der Argumentation über Lanzen und Speere entfallen (Abb. 88b) [24].

Der kriegerische Einsatz fand in mykenischer Zeit nach Ausweis vieler Waffen als Nahkampf statt. Darstellungen auf Fresken, Goldringen und Siegeln bekräftigen diesen Eindruck (z. B. S. 339 Abb. 88a.d; S. 343 Abb. 90). O. Höckmann hat in seinem Beitrag über Lanzen und Speere gerade diesem Aspekt – zumal im Hinblick auf die Ilias – gebührende Aufmerksamkeit geschenkt (S. 329ff.): »... in der δόρυ-ἀσπίς-Phase ... (galt) der Fernkampf mit Speer und Speerlanze als ebenso wichtig und ehrenvoll ... wie zuvor der Nahkampf mit der Lanze« (S. 332). Vor ihm hatte bereits H. Trümpy Möglichkeiten des methodischen Ansatzes in der engen Zusammengehörigkeit von *Enchos* und *Sakos* bzw. von *Dory* und *Aspis* erkannt [25].

Neben Wurfspeer und Schleuder galten Pfeil und Bogen als wichtigste Fernwaffen. Das Schießen hat nach Ausweis beachtlicher Mengen von entsprechenden mykenischen Funden aus Metall, Stein und anderen Materialien viel größere Bedeutung gehabt, als sich dem frühgriechischen Epos entnehmen läßt [26]. Selten fanden allerdings Bogenschützen und Schleuderer Eingang in die altägäische Bilderwelt (S. 339 Abb. 87).

Als hilfreich schätze ich die systematische Erfassung von Eberzahnhelmen oder Teilen

[23] SH II-Keramik in einem der Gräber, s. F. Schachermeyr, AA 1974, 3f. Abb. 2.

[24] N. Kontoleon, Ergon 1959, 125ff. Abb. 135; F. Schachermeyr, AA 1962, 302f. Abb. 60; E. Simon, Die Götter der Griechen (1969) 160 Abb. 145 (3. Viertel des 2. Jts. v. Chr.; doch beachte unterschiedliche Datierungen anderer Autoren, zumal die Keramik aus wenigen Stücken der Stufe III B und großen Mengen der Stufe III C besteht); E. Vermeule, Greece in the Bronze Age (1964) 290 Abb. 44 (»worshiper before altar«; normaler Stab ohne Speerspitze; was auf dem Tisch als Schwert bezeichnet worden ist, dürfte in Wirklichkeit ein Obelos, Bratspieß, zur Zubereitung des Opferfleisches sein); dies., in: F. Matz–H.-G. Buchholz, ArchHom, Götterkult, Lieferung V (1974) 39f. Abb. 8a und S. 58 mit Anm. 134 (hier besitzt der Stab in der Umzeichnung eine Spitze); Chr. Kardara, Aplomata Naxou (neugriech., 1977) Taf. 6; F. Schachermeyr, Griechenland im Zeitalter der Wanderungen (1980) Taf. 22a; B. Rutkowski, Frühgriechische Kultdarstellungen (1981) Abb. 14, 4 (Skizze); R. B. Koehl, in: R. Hägg–N. Marinatos, Sanctuaries and Cults in the Aegean Bronze Age (1981) 184 Abb. 6; N. Marinatos, OpAth 15, 1984, 118 Abb. 8.

[25] Kriegerische Fachausdrücke im griechischen Epos (1950); vgl. H.-G. Buchholz, ArchHom, Kriegswesen 1 und 2 (1977 und 1980); zu den aufgeworfenen Schildproblemen s. dort den Beitrag von Frau H. Borchhardt.

[26] H.-G. Buchholz, JdI 77, 1962, 1ff. Mein Urteil über den betreffenden PBF-Band (Pfeilspitzen) s. oben S. 8 Anm. 30. Eine umfassende, sehr gründliche Analyse der 'Kampfwirklichkeit' hat J. Latacz vorgelegt: Kampfparänese, Kampfdarstellung und Kampfwirklichkeit in der Ilias, bei Kallinos und Tyrtaios (1977).

von solchen aus ganz Hellas samt eingehender Auswertung durch A. P. Barbaregos ein[27]. Offensichtlich tragen Krieger mit Langlanzen und großem Körperschild derartige Helme auf den Fresken von Akrotiri, Thera (S. 337 Abb. 86a). Neuentdeckte Freskofragmente des Palastes von Orchomenos zeigen ebensolche Helme (Abb. 125). Mit Plättchen, die aus den Hauern von wilden Ebern gemacht waren, besetzte Leder- oder Filzkappen ('Eberzahnhelme') waren Homer bekannt, obwohl sie bereits in der spätmykenischen Welt als hochaltertümlich bezeichnet werden müssen. Über weitere Helmformen der ägäischen Bronzezeit hat J. Borchhardt zusammenfassend informiert (z. B. Kegelhelm: S. 213 Abb. 66a)[28]. Einen 'Zonenhelm' trägt ein Kriegerkopf aus Goldblech (SH III B/C, Mykene)[29], der bisher übersehen worden ist. Freilich darf man die 'Eberzahnhelme' der größeren Gruppe von 'Zonenhelmen' zurechnen, also solchen Konstruktionen, an denen alle möglichen Plättchen, z. B. Metallrosetten, in Reihen angebracht worden sind. Das Goldblech zeigt zwar Gravuren als gliedernde Elemente in Streifen übereinander, doch ist die Zeichnung zur eindeutigen Identifizierung der Details nicht präzise genug.

Schließen wir das Waffenkapitel mit dem Hinweis auf die zusammenfassenden Studien von A. M. Snodgrass, die teilweise in deutscher Übersetzung in der nützlichen Reihe des Ph. v. Zabern-Verlags »Kulturgeschichte der antiken Welt« greifbar sind[30].

Zum spätbronzezeitlichen Bauwesen

Die Architektur der Spätbronzezeit ist in unserem Buch mit einem thematisch zentralen Beitrag von St. Sinos vertreten (S. 288ff.). Grundrisse von Sakralbauten auf Kreta, Keos und dem helladischen Festland bereichern die Darstellung des architektonischen Befunds (S. 413 Abb. 105; S. 416f. Abb. 106 und 107). Mit wenigen Sätzen vernehmen wir, daß die Phasen SH III B und C siedlungsarchäologisch in Epeiros erfaßt worden sind, ohne daß viel über architekturgeschichtliche Details zu erfahren wäre (S. 360f.). Es besteht kein Grund, auf früheres erneut zurückzukommen[31].

W. Dörpfeld[32] errechnete für Mykene eine bebaute Fläche von 30000 m², für Athen (ohne Pelargikon) 25000 m², für Tiryns und Troja VI gleicherweise 20000 m². Selbst wenn Korrekturen am Platz sind, ergibt sich doch daraus für mykenische Fürstensitze ein Durchschnittswert. Es kann freilich sein, daß noch weit größere geschlossene Siedlungen der Entdeckung harren: Hinsichtlich des Kopaïsbeckens wissen wir beispielsweise, daß bei der Verlandung bronzezeitliche Gehöfte und Dörfer untergegangen sind[33]. Was die

[27] A. P. Barbaregos, To Odontophrakton Mykenaïkon Kranos (neugriech. Diss. Athen, 1981); außer dem altbekannten Fundstoff auch Material aus Malthi, Peristeria, Bolimidia-Kephalobrysos, Koukounara-Goubalari usw. Zuletzt: H. Walter, Die Leute im alten Ägina (1983) 13ff. (Schachtgrab des MH mit Resten eines Eberzahnhelmes, um 1650 v. Chr.).

[28] J. Borchhardt, Homerische Helme (1972), dazu die Rez. von F.-W. v. Hase, Gnomon 49, 1977, 288ff., außerdem Borchhardt, in: H.-G. Buchholz, Kriegswesen, ArchHom, Lieferung E 1 (1977) 57ff.

[29] G. Mylonas, Praktika 1966, 105 Abb. 2.

[30] A. Snodgrass, Early Greek Armour and Weapons (1964) mit Rez. von H.-G. Buchholz, Gnomon 39, 1967, 78ff.; A. Snodgrass, Arms and Armour of the Greeks (1967/1982) und die deutsche Fassung: Wehr und Waffen im antiken Griechenland (1984), bearbeitet von Frau A. Büsing-Kolbe.

[31] Vgl. O. Höckmanns Synopsis des 3. Jts. v. Chr., oben S. 53ff. und S. 140 Abb. 31 (mittelminoische Stadtanlage auf Kythera).

[32] W. Dörpfeld, Troja (1893) 46.

[33] Lit. oben S. 17f. Anm. 59.

Küsten Griechenlands angeht, so ist nur zu einem kleinen Teil bekannt, wo durch Meeresspiegelanstieg Siedlungen des 2. Jts. v. Chr. überflutet wurden. Im Golf von Pyrrha auf Lesbos liegt viel Prähistorisches unter Wasser. Von Manika, der größten frühbronzezeitlichen Siedlung auf Euboia, gilt dasselbe. Teilweise sind dort Häuser und Straßen auf dem Meeresboden eingemessen worden. Wir dürfen also künftigen Küstenforschungen große Erwartungen entgegenbringen. Das wird an einem weiteren Beispiel besonders deutlich, an Pavlo Petri an der lakonischen Küste bei dem Dorf Elaphonesi (Abb. 124)[34]. Dort haben englische Forscher von einem besiedelten Areal, das mindestens 350 × 200 Meter beträgt, auf einer Fläche von 80 × 80 Metern zehn bis zwölf Gebäudegruppen und damit allerdings nur einen Teil der tatsächlich versunkenen Siedlung untersucht. Bereits in diesem Stadium der Forschung läßt das Mauerwerk unter Wasser größere, urban gestaltete Wohneinheiten sowie Straßen und Plätze erkennen. Die Anlage erinnert an den Plan von Phylakopi auf Melos und Akrotiri auf Thera (vgl. S. 291 Abb. 82). Zu Zeiten der Hauptblüte dieser Siedlung (MH–SH I/II) war das heutige Inselchen Elaphonesi mit dem Festland verbunden; jetzt bedecken zwei bis drei Meter Wasser die Mauern.

An vielen Zentren mykenischer Königsherrschaft sind zwei Megara festgestellt und als Repräsentationsgebäude des Fürsten und seiner Gattin verstanden worden ('Königinnen-Megaron'). K. Kilian hat sich, von dem Befund in Tiryns ausgehend[35], dieser Frage erneut zugewandt und eine »zweiteilige Megastruktur mit Haupt- und Sekundärpalast« auch in Sparta-Menelaion, Kakovatos, Mykene, Theben, Gla und Orchomenos registriert. Er schlägt vor, darin durchgehend Ausdruck der staatlichen Wanax-Struktur zu erkennen, wie sie sich in den Linear B-Texten darstellt. Verfolgt man diese Beobachtung weiter, so ergibt sich ein nicht völlig funktions- und ranggleiches Doppelkönigtum des *Wanax* und *Lawagetas*. Zwar würde sich nicht die völlige Identität des späteren dorischen Doppelkönigtums, auf das der Titel *Basileus* überging, abzeichnen, wohl aber ein nicht so radikaler Bruch, wie er bisher gesehen wurde.

Zu Fragen mykenischer Westbeziehungen

Entsprechend den Zielsetzungen unseres Buches ist der Verbreitung mykenischer Objekte nach Osten (S. 149 ff. 159 ff. 182 ff.) und Westen (S. 237 ff. 257 ff.) besondere Aufmerksamkeit geschenkt worden. Was Italien angeht, hat sich Frau L. Vagnetti zur unübertroffenen Expertin des Landes entwickelt und tritt laufend mit neuen Studien an die Öffentlichkeit[36]. Auf F. Biancofiores Karte mykenischen Eindringens in die Adria zielt

[34] 1967 von N. C. Flemming entdeckt, 1968 von einer 'Underwater Group' der Universität Cambridge erforscht und eingemessen; s. A. Harding–G. Cadogan–R. Howell, BSA 64, 1969, 113 ff.; M. Caskey-Ervin, AJA 73, 1969, 350 f. Abb. 3 (danach unsere Abb. 124); R. Hope Simpson–O. Dickinson, A Gazetteer of Aegean Civilisation in the Bronze Age I (1979) 118 Nr. C 39.

[35] Vortrag in Mannheim (1986). Zur myk. Sozialstruktur: S. Deger-Jalkotzy, in: Res Mycenaeae (1983) 89 ff.

[36] Zuletzt u. a.: Magna Grecia e Mondo Miceneo (1982); M. Cavalier–L. Vagnetti, Materiali Micenei Vecchi e Nuovi dall' Acropoli di Lipari, in: SMEA 25, 1984, 143 ff. (s. oben S. 242). Ich nehme die Gelegenheit wahr, auch auf G. Hölbl, Beziehungen der ägyptischen Kultur zu Altitalien I (1979) 380, hinzuweisen (». . . auffallende Beziehungen bestehen zwischen Zypern und Sardinien im archäologischen Material . . .«) sowie auf M. S. Balmuth, The Relationship of Nuragic Sardinia with the Bronze Age Civilization of the Eastern Mediterranean, Problems of Interpretation, in: AJA 84, 1980, 193 ff.

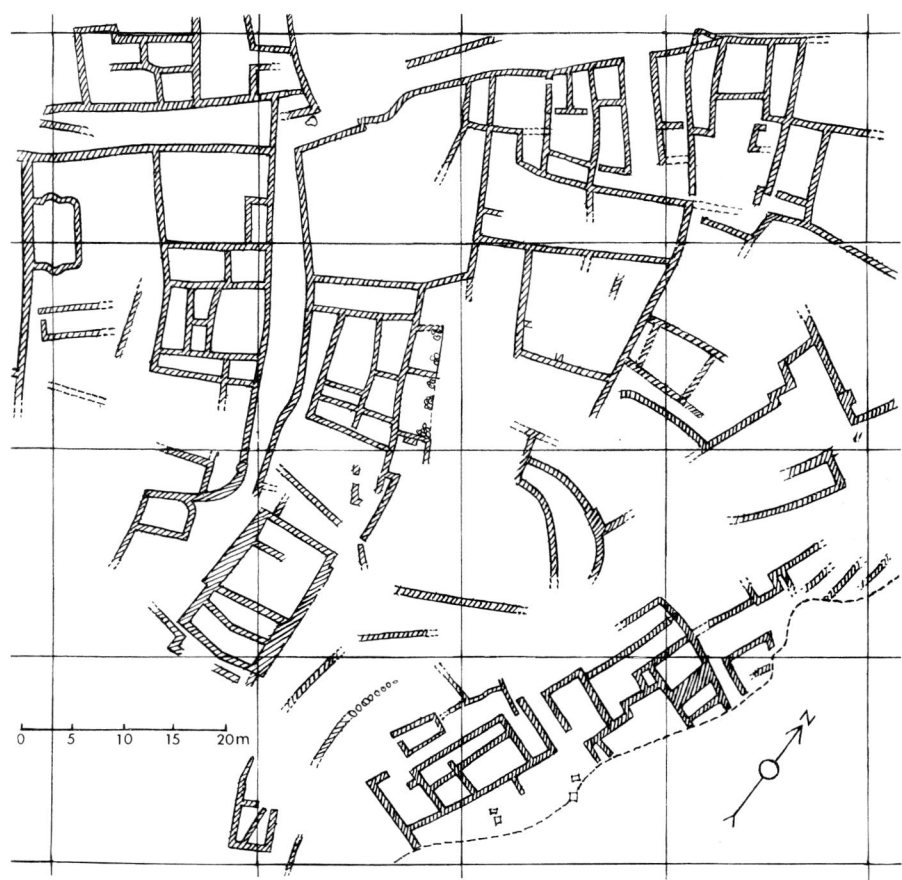

Abb. 124. Pavlo Petri, bronzezeitliche Siedlungs-spuren vor der Küste, unter Wasser

ein Pfeil direkt auf Venedig, ausgelöst durch mehrere SH-Gefäße im Museum Torcello[37]. Doch hatten bereits einige Forscher klarzustellen versucht, daß der Aufbewahrungsort nicht zugleich auch der Fundort sei[38]. Andererseits fanden diejenigen, die an der Präsenz von SH-Keramik im Raume von Venedig festhielten[39], unlängst wieder Unterstützung mit dem Argument, daß die Angaben des Museumsinventars von 1888 ohne stichhaltige Gründe nicht anzuzweifeln seien, besonders nicht angesichts der neuen mykenischen Funde von Fratta Polesine, wir dürfen hinzufügen: und von Torretta di Legnago (S. 259 Abb. 74, Karte). Tatsächlich ist bei den mykenischen Gefäßen des Museums Torcello, von denen eins noch immer nicht veröffentlicht ist, neben Torcello auch Mazzorbo als Fundort mit Ausgrabungsdatum angegeben[40]. Alle unsere Indizien – mit und ohne Venedig – ergeben nach den bisher bekanntgewordenen und gesicherten Funden ein Bild der engen Bindung des mykenischen Vordringens nach Westen an die Seewege. Vor einem

[37] F. Biancofiore, La Civiltà Micenea nell' Italia Meridionale (1963/1967) 109 bzw. 126 Abb. 15, Karte, wiederabgedruckt in H.-G. Buchholz, Ägäische Funde und Kultureinflüsse in den Randgebieten des Mittelmeers, in: AA 1974, 326ff. Abb. 9.

[38] P. Orsi, BPI 30, 1904, 319; D. Fimmen, Die kretisch-mykenische Kultur² (1924) 112; Lord William Taylour, Mycenaean Pottery in Italy (1958) 170f.; L. Vagnetti, SMEA 9, 1969, 99ff. (mit vollständiger Bibliographie, dazu L. Braccesi, Grecità Adriatica² [1977] 6 Anm. 17).

Die kyprischen Vasen im Museum Torcello hat R. Tamasia, ebenda 95ff., publiziert.

[39] R. M. Dawkins, Mycenaean Vases at Torcello, in: JHS 24, 1904, 125ff.; P. Bosch-Gimpera, MélArchHist offerts à A. Piganiol (1966) 639.

[40] I. Favaretto, Ceramica Greca, Italiota ed Etrusca del Museo Provinciale di Torcello (1982) 22 (z. B. im Inventar von 1888, Nr. 760 [neue Inv.-Nr. 1844]: »olla piccola a tre anse in terra cotta, scavata a Mazzorbo nel 1881«). Für Hinweise danke ich F. Canciani, Triest.

507

halben Jahrhundert hatte N. Åberg derselben Frage ein Kapitel gewidmet, das er »Kulturwege zwischen Italien und Griechenland« genannt hat. Er kam zu der Folgerung, daß einer Ost-West-Bewegung, deren Träger die Mykener gewesen sind, eine West-Ost-Bewegung folgte, die ihre Impulse stärker von den Italikern erhielt, ohne daß die bronzezeitlich-maritimen Kontakte völlig abrissen. Den genannten Weg der frühen Eisenzeit sah er über Land, d. h. durch Dalmatien, Albanien und Westmakedonien bzw. Epeiros, nach Hellas verlaufen[41].

Oben S. 253 ff. ist Miniaturrädchen – Votiven, Amuletten, religiös geprägtem Schmuck – bestimmter Form und Zahl der Speichen als kulturverbindendem Element besondere Beachtung geschenkt worden. G. Kossack bemerkte in seinen »Studien zum Symbolgut der Urnenfelder- und Hallstattzeit Mitteleuropas« bezüglich des ostalpin-donauländischen Raumes folgendes: »Fragt man, woher das Radmotiv gekommen ist und welche Kulturgruppe es in Mittel- und Südosteuropa zuerst als Amulett verwendete, wird man keine einheitliche Antwort finden . . . Will man eine kontinuierliche Pflege frühbronzezeitlicher Symbole . . . leugnen, dann muß man schon auf vorderasiatische Symbole zurückgreifen«[42]. Sonnenbarke, -wagen und -rad sind letztendlich ausnahmslos orientalisch-ägyptischen Vorstellungen entlehnt. Das Rad als das 'Sich-Drehende-Runde' symbolisierte das vergöttlichte Tagesgestirn[43], wie es sich ja auch in dem Macht- und Schutzzeichen der geflügelten Scheibe in der ägyptischen, hethitischen und schließlich der Ikonographie des gesamten Nahen Ostens darstellte. In der Bibel haben feurige Räder an der göttlichen Epiphanie teil[44]. Als Amulett vermochte das Speichenrad den Träger zu schützen, als Zeichen der Tyche brachte es Glück[45]. Der Grieche konnte mit dem Iynx-Rad bannen und lösen; vor allem seiner Drehbewegung wohnte die Kraft des Zaubers inne[46].

Vergleichbares hat der Religionshistoriker M. P. Nilsson in der kretisch-mykenischen Kultur nicht festgestellt, ja, er erweist sich auch im Hinblick auf Kreis, Rad und Sonne als Skeptiker: »Die vielen Kreise mit und ohne Speichen und andere Ornamente, die als Sonnendarstellungen angesprochen werden, sind rein ornamental . . .«[47]. Er leugnet keines-

[41] N. Åberg, Bronzezeitliche und früheisenzeitliche Chronologie V (1935) 107 ff.

[42] a. O. 20 ff., s. oben S. 253 Anm. 68.

[43] W. Nagel, in: W. Treue, Achse, Rad und Wagen (1986) 34; W. Nagel, Zum Sonnenrad in Vorderasien (Vortrag vor der Deutschen Orient-Gesellschaft, Berlin, 1986); zum Sonnenrad bei den Griechen: L. Malten, Die Sprache des menschlichen Antlitzes im frühen Griechentum, in: Forschungen und Fortschritte 27, 1953, 24 ff.; auch A. Raglia, La Lingua di Cicerone Poeta (1950) 87. Ich muß mir hier versagen, die Fülle des volkskundlichen Materials auszubreiten, und kann auch nicht auf die prähistorisch relevanten nordischen Felszeichnungen mit ihren Radsymbolen eingehen.

[44] Hesekiel 1, 15 ff.; 3, 13; 10, 2. 6. 9 ff.; 11, 22, dazu: L. Hebrans, De Visionibus Ezechielis Prophetae, in: Revue Biblique 3, 1894, 586 ff.

[45] V. Pöschl–H. Gärtner–W. Heyke, Bibliographie zur antiken Bildersprache (1964) 539 s. v. Rad.

[46] G. W. Nelson, AJA 44, 1940, 443 f. – Der von allen Keltenstämmen verehrte Radgott – Caesar (Bellum Gallicum VI 17, 1 ff.) setzt ihn mit Jupiter gleich – war Herr des Himmels, Gott der Sonne, von seinem gallischen Namen 'Taranis' her jedoch der 'Donnerer'; Rad und S-Spiralen waren seine heiligen Zeichen. Zusammenstellung der gallischen Radsymbole: F. Heichelheim, RE IV A (1932) 2274 ff. s. v. Taranis, s. oben S. 254 f.; M. Green, The Wheel as a Cult-Symbol in the Romano-Celtic World (1984). Knapper Überblick in K. Prümm, Religionsgeschichtliches Handbuch für den Raum der altchristlichen Umwelt (1954) 705 f. (mit der älteren Lit.). Zum Symbolwert der S-Spirale: H.-G. Buchholz, in: Antidoron, Festschrift für J. Thimme (1982) 31 ff. Abb. 4f (Taranis mit achtspeichigem Rad, Donnerkeil und S-Spiralen).

[47] Geschichte der griechischen Religion I ([3]1967) 302; ders., The Minoan-Mycenaean Religion ([2]1968) 417 ff.; J. L. Benson, Horse, Bird and Man (1970) 67 f. 142 Anm. 71 (Ablehnung der Gleichsetzung Rad–Sonne); s. aber A. B. Cook, Zeus I ([2]1964) 197 ff.

wegs die Existenz von 'Radornamenten', er leugnet vielmehr ihren religiösen Gehalt. Zu verweisen ist immerhin auf folgende Funde:

Glieder eines Gehänges, das aus sechs Miniaturrädchen besteht, aus je zwei gleichen Goldblechen zusammengebogen, mit umlaufender Spirale aus aufgelötetem Golddraht auf der Felge und vier Speichen, die sich am Felgenanschluß verbreitern, gehören ins 16. Jh. v. Chr. (III. Schachtgrab von Mykene)[48].

Eine Gußform aus Ostkreta war zur Herstellung derartiger Rädchen in durchbrochener Technik bestimmt: Parallel zur Felge, die mit Punkten verziert ist und nach außen 25 dreieckige Zacken ('Strahlen') aufweist, verläuft innen ein zweiter, quergerippter Reif. Das Speichenkreuz besteht in der einen Richtung aus einer schmalen Leiste mit Punktdekor, in der anderen aus einer Doppelleiste mit zwei parallelen Punktreihen[49]. Gemalte Räder auf einem Gefäßfragment aus Mykene zeigen ebenso zur Felge hin verdickte Speichen und anstelle der Spirale eine Zickzacklinie[50].

Eine kleine Hydria des 14. Jhs. v. Chr. (SH III A 2) aus einem Kammergrab von Mykene trägt ein naives Bild, das stilistisch aus dem Œuvre jener Zeit herausfällt und ungeschickt gemacht ist, dabei aber durch seine Erzählfreude auffällt[51]: Das Zentrum der Darstellung, die mangels fester Basislinien auf mehreren Ebenen 'schwimmt', bildet ein Mann mit erhobenen Händen, auf denen je ein großes Rad ruht. Links von ihm ist eine Ziege erkennbar, davor ein kammartiges Gebilde, rechts von ihm befinden sich zwei Vögel. Weiter rechts schließen zwei kleinere Räder und zwei weibliche Gestalten an, beide in lebhafter Bewegung nach rechts gerichtet, so, als hätten sie gerade die beiden Rädchen fallengelassen. Die Komposition läßt sich geradezu in eine symmetrische Bildform – männliche Figur mit den beiden Rädern, wie Atlas mit dem Himmelsgewölbe, beiderseits mit Begleittieren – und in ein Aktionsbild der beiden Frauen mit den weiteren Rädchen trennen. Innerhalb der mykenischen Vasenmalerei fehlt es an Vergleichbarem. So bleibt der Sinn zwar dunkel, wohl aber ergibt sich thematisch die hervorragende Rolle von Rädern und Rädchen. Nilssons These vom 'rein ornamentalen Charakter' des Rades als Darstellungsform kann in diesem Fall als widerlegt gelten; profane Deutungen sind so gut wie ausgeschlossen. In welchem Sinne auch immer der Begriff eines Linear B-Textes *a-mo-te-wi-ja* (*arhmot-ēwiā*, 'mit Rädern verziert') zu verstehen sein mag, er ist nicht isoliert[52].

Im vorliegenden Zusammenhang geht es weniger um die religionsgeschichtliche Klärung der Sonnensinngebung von Rädchen als darum, daß letztere – was immer sie 'bedeuten' – eine Tradition in Hellas verbürgen, die bis ins 14. Jh. v. Chr., im Beispiel der Goldrädchen bis ins 16. Jh. v. Chr. zurückreicht[53]. Die lokale Rädchensymbolik des SH III C be-

[48] Dm 5,4 cm, s. oben S. 255 Anm. 80; ferner H. Schliemann, Mykenae 234 Abb. 316 und H. Th. Bossert, Altkreta (³1937) Nr. 193 m. Zahlreiche Wagendarstellungen weisen Räder mit Speichenverdickung an den Felgen auf (Furumark, Myc. Pott. Motiv 39, 1–3. 5. 7. 8. 11. 13. 19, auch S. 281 Abb. 40, Motiv 17, 10. 11. 20); dazu ausführlich: J. H. Crouwel, Chariots and other Means of Land Transport in Bronze Age Greece (1981) 81 ff.

[49] Buchholz–Karageorghis, Altägäis Nr. 464 (Schiefer, nach dem Original); Nilsson, Geschichte der griechischen Religion I 302 Taf. 23, 1 (Abguß).

[50] Nilsson a. O. 417 Abb. 191.

[51] Kammergrab 521, s. A. J. B. Wace, Chamber Tombs at Mycenae (1932) 30. 176 ff.; Furumark, Myc. Pott. 459 ff. 465 ('Circus Pot').

[52] A. Leukert, Res Mycenaeae, Akten des 7. Internationalen Mykenologischen Colloquiums in Nürnberg 1981 (1983) 243 f. mit Anm. 42.

[53] Vgl. auch oben S. 253 ff.; 'Weiterleben, Nachleben' steht nicht zur Debatte, insofern können sowohl vierspeichige Rädchen wie entsprechende gepunzte Ornamente nachmykenischer Zeit unberücksichtigt bleiben, s. M. Andronikos, Vergina (1969) 252 Abb. 88; S. 255

darf also nicht der Ableitung aus italischen, teilweise früheisenzeitlichen Befunden. Bronzerädchen aus Enkomi, Zypern, könnten für östliche Zusammenhänge sprechen. Chronologisch stünde dem nichts entgegen; doch liegt mit der ungewöhnlichen Anzahl von fünf Speichen ein Sonderfall vor[54].

Belegstücke von Miniaturrädchen und Radanhängern aus Griechenland sind inzwischen vermehrt, späthelladische metallene allerdings ausnahmslos als Importe aus Italien oder als Nachahmungen italischer Vorbilder gedeutet worden: Dem auf S. 254 genannten Bleirädchen aus Teichos Dymeion mit sechs ungegabelten Speichen können drei weitere ähnliche Rädchen mit langer Nabe angeschlossen werden, die ebenfalls aus Blei (wohl Argolis) bzw. in einem Fall aus Knochen bestehen (Athen). Der Zeitansatz der bleiernen Stücke ist ungesichert, während SH III C-Keramik im Fundzusammenhang des Beispiels aus Knochen die Datierung in diese Phase zumindest nicht ausschließt[55].

Rädchen mit vier Gabelspeichen und langer einseitiger Nabe – ausgenommen nachbronzezeitliche Stücke im Sinne der ägäischen Chronologie aus Griechenland und Italien, die über den Ursprung nichts aussagen[56], und ausgenommen Ösenanhänger aus Italien[57] – sind in Griechenland zahlreicher nachgewiesen als in Italien, ergeben ein geschlossenes Vorkommen von Tiryns-Argos-Mykene bis in den Westen von Achaia[58]. Dem steht eine diffuse Verbreitung in Italien gegenüber; die dortigen Vorkommen fallen überwiegend in küstennahe Regionen mykenischen Einflusses. Die betreffende Karte kann auch nicht mit interpretatorischen Hilfskonstruktionen zu Ungunsten der helladischen Priorität umgedeutet werden[59].

Es tritt das Argument der mehrfachen Verwendung von Blei hinzu, auch dies spricht zugunsten von Hellas und gegen Italien[60]. Die altehrwürdige Zahl Vier fügt sich bei sämt-

Abb. 90 Taf. 83 Zβ und 101 Yα; J. Bouzek, Graeco-Macedonian Bronzes (1974) 135 Abb. 43; S. 139 Abb. 44, 1; S. 180 Abb. 53, 1. 7.

[54] Die Funktion bleibt unklar, s. J.-C. Courtois, Alasia III (1984) 36 Nr. 316; S. 176 Abb. 6, 6 Taf. 24, 2; Dm 4,2 cm. Fünfspeichig sind z. B. ein 'jungbronzezeitliches Heilszeichen aus Frankreich' (H. Müller-Karpe, Frauen des 13. Jhs. v. Chr. [1985] 124 Abb. 67b) und ein hallstattzeitliches Bronzeamulett in Radform aus einem schwedischen Depotfund. Es besteht aus einem inneren und einem äußeren Kreis, die Speichen des einen sind gegenüber dem anderen auf Luke gesetzt, s. N. Åberg, Bronzezeitliche und früheisenzeitliche Chronologie II (1931) 74 Abb. 136.

[55] H. Matthäus, JdI 95, 1980, 127 Abb. 14. 15 (aus Privatbesitz; ohne Fundangaben, ohne Kontext); Abb. 16 nach O. Broneer, Hesperia 8, 1939, 415 Abb. 98d (Athen, Akropolis-Nordhang, mykenischer Brunnen, der auch Älteres und Jüngeres enthielt); L. Vagnetti, Magna Grecia e Mondo Miceneo (1982) Taf. 29, 8; 73, 5 (weitere sechsspeichige Rädchen aus Termitito und Trezzano di Monsampolo); Taf. 56, 3 (Rädchen mit Gabelspeichen, Grotta di Polla, s. oben S. 253 Anm. 68).

[56] Unter den S. 253 zitierten Stücken sind einige bereits eisenzeitlich; weitere derartig späte Beispiele S. 254f.

[57] Oben S. 253, zu diesen auch Matthäus a. O. 119 Abb. 8, 1. 2.

[58] Vgl. die Karte bei Matthäus a. O. 121 Abb. 10; dort Nachweise zu den ausnahmslos undatierten Exemplaren; Tiryns, Bronze: a. O. 120 Anm. 52; Mykene, zwei Stücke, Blei: a. O. 120 Anm. 53 nach H. Schliemann, Mykenae 83 Abb. 120. Zu dem unveröffentlichten, von Matthäus erwähnten fragmentarischen bronzenen Stück aus Mitopolis, Achaia, aus mykenischen Gräbern in der Flurmark Prophetes Elias (1961), in Patras, Arch. Mus., hat E. Mastrokostas erklärt, es gehöre zu Bronzen der Phasen SH III B und C, s. P. Åström, OpAth 5, 1964, 106; Th. Papadopoulos, Mycenaean Achaea I (1979) 29f. Nr. 28, zu früheren Funden aus Mitopolis: ebenda Nr. 27; J. Wiesner, Grab und Jenseits (1938) 20 Nr. 168.

[59] Matthäus a. O. 121 Abb. 10 (die Kreissignaturen sind gemäß unserer Prämisse wegzudenken).

[60] Zu der wenig beachteten hochrangigen Bedeutung des Metalls Blei in den ägäischen Kulturen s. H.-G. Buchholz, JdI 87, 1972, 1ff. Von Matthäus' drei Vergleichsstücken aus Italien (Grotta di Polla, SH III C, a. O. 118 Abb. 6, 1; Borgo Panigale bei Bologna, 'subapenninisch'; Porto Perone) ist dasjenige aus Blei (oder Zinn) das älteste; die Chronologie in Porto Perone ist offen zwischen SH III B und C (a. O. Abb. 6, 2).

lichen Gabelspeichenrädern zwanglos in die helladische Tradition ein. Diese war, was die Radsymbolik im weitesten Sinne angeht, die ältere. Typologisch älter als die bekannten metallenen Belege von Rädchen mit Gabelspeichen ist ein Elfenbeinrädchen aus einem der Kammergräber von Mykene[61]. Das Stück vertritt die erklärende Vorstufe; denn die an sämtlichen übrigen Stücken heraldisch sehr einprägsame, aber zerbrechlich wirkende gegabelte Form der Speichen ist hier zwar auch vorhanden, jedoch nicht destabilisierend gemeint. Das Gegenteil trifft zu: Die Genese der Gabelspeichen oder mindestens ihrer Darstellungsäquivalente ist in der zusätzlichen Verstrebung des in die Felge eingelassenen Speichenendes zu erblicken. Zwischen der sich so ergebenden 'Gabelung' mit drei geraden Armen – J. H. Crouwel hält dreieckige eingeleimte oder genagelte Zwickelfüllungen an der Felge beiderseits in Anlehnung an jede Speiche als reales Vorbild der Darstellungen für möglich – und der ästhetisch ansprechenden, aber funktionsmäßig unbrauchbaren Endform der typologischen Reihe, unseren Miniaturrädchen aus Metall, steht als 'missing link' das Elfenbeinrädchen aus Mykene. Die erschlossene Urform dreifach gegabelter Speichen kommt tatsächlich in der Vasenmalerei des SH III A2/B an einem Krater aus Zypern vor[62] und findet in Rad- und Wagenideogrammen der kretisch-mykenischen Linear B-Schrift variierende Wiederholungen[63]. Diese Eigentümlichkeit läßt sich außerdem in Gestalt der einfachen V-Winkelgabelung bereits an Wagendarstellungen auf syrischen Rollsiegeln des 18./17. Jhs. v. Chr. nachweisen[64].

Es ist eine objektfremde Vorstellung, einseitig überlängte Radnaben als für Schmucknadeln mit Radköpfen erfunden zu halten, nicht aber für funktionstüchtige Wagenräder[65]: Ausgegrabene Wagen mit Rädern im mediterranen Osten weisen Radnaben auf, deren Länge fast den Raddurchmesser erreicht[66]. In Abwägung solcher Fakten ist die Rolle Italiens – wenigstens in dem besprochenen Fall – als nehmender Teil zu erkennen[67].

[61] Oben S. 254 Anm. 72 (Athen, National-Museum, Inv.-Nr. 2646), auch in A. Xenake-Sakellariou, Oi Thalamotoi Taphoi ton Mykenon (neugriechisch, 1985) 155 Taf. 55.

[62] Aus Aradippo bei Larnaka; Paris, Louvre, Inv.-Nr. AM 625, s. Furumark, Myc. Pott. 333 Abb. 56 Motiv 39, 20, nach E. Pottier, BCH 31, 1907, 230ff. Nr. 5 Abb. 8. 9, auch F. Vandenabeele, BCH 102, 1978, 36 Abb. 26; J. H. Crouwel, Chariots and other Means of Land Transport in Bronze Age Greece (1981) 83. 166 Kat.-Nr. V 69. Für Matthäus (a. O. 124 Anm. 66) hat diese Darstellung von Wagenrädern »keine Konsequenz«, Darstellungen sechsspeichiger Wagenräder haben allerdings 'Konsequenz' (a. O. 128), der Denkansatz ist inkonsequent. Auch auf dem bekannten Wagenkrater aus Enkomi hat der Maler mit völlig übereinstimmender Strichführung die Speichen dreifach gegabelt, dann aber die Zwickel mehr oder weniger flüchtig mit Farbe gefüllt (unsere Abb. 49 gibt den maltechnischen Befund nur annähernd wieder).

[63] J. Wiesner, Fahren und Reiten, in: F. Matz – H.-G. Buchholz, ArchHom, Lieferung F (1968) 45 Abb. 9e;

J. H. Crouwel, Chariots and other Means of Land Transport in Bronze Age Greece (1981) 83 Taf.-Abb. 21. 30. 31.

[64] Crouwel a. O. 83 Taf.-Abb. 124.

[65] Matthäus a. O. 124: ». . . ist wohl die sehr lange Nabe ein Merkmal, das seine Entstehung dem Gebrauch als Nadel verdankt.« Weil bei Asymmetrie einer Nabe der größere Teil am Wagenrad nach außen zeigt, würde er, falls sie wirklich um 90° gedreht als Haarnadel kopiert worden sein sollte, nach oben zeigen müssen, der Nadelschaft entspräche der Achse. Erst in nachfolgenden Schritten kann freilich so etwas nicht mehr verstanden worden sein. Zur Sache vgl. bereits P. Jacobsthal, Greek Pins (1956) 91f. (a note on hairpins, mit Liste).

[66] V. Karageorghis, Excavations in the Necropolis of Salamis III (1974) Taf. 248. Man wende nicht ein, das Beispiel sei eisenzeitlich; in der Argumentation geht es um Form und Funktion, nicht um Chronologie.

[67] Für die italienische Provenienz der betreffenden Stücke aus griechischem Boden traten A. M. Bietti-Sestieri und L. Vagnetti ein (s. oben S. 254), ihnen folgte Matthäus a. O.

Zu den ägäischen Ostbeziehungen

Die Erörterung von Problemen des Osthandels Kretas (S. 149 ff.), Theras (S. 159 ff.) und der mykenischen Koine unter Einschluß von Zypern und Syrien (S. 182 ff.) nimmt in unserem Gemeinschaftswerk breiteren Raum ein. Indessen kommen Beziehungen zu Ägypten nur indirekt ins Spiel, und zwar über die Behandlung der Keftiu-, Achchijawa- und Alaschia-Frage (S. 218 ff. 227 ff.). Es ist unmöglich, im Schlußwort mit ein paar Sätzen auch nur annähernd einen angemessenen Eindruck von dem Eifer archäologischer Forschung in der Türkei, von der Fülle der einschlägigen Entdeckungen zu vermitteln. Von Karien bis Troja und auf den vorgelagerten griechischen Inseln ist mykenisches Fundgut gewaltig angewachsen. Es ist auf die regelmäßig erscheinenden archäologischen Berichte von M. Mellink im AJA zu verweisen.

Der Nestor auswertender Forschungen, unser Mitarbeiter F. Schachermeyr (S. 379 ff.), kehrt seit seinem 90. Geburtstag (1985) mit bewundernswerter Frische zu einem Anliegen aus der Frühzeit seines Schaffens zurück; seine »Hethiter und Achäer« (1935, unveränderter Nachdruck: 1972) sollen auf den neuesten Stand gebracht werden. Die Schrift »Achaeans and Hittites«, von einem weiteren unserer Mitarbeiter, G. L. Huxley (S. 137 ff.), war in der Zwischenzeit ebenfalls so gefragt, daß es mehrerer Neuauflagen bedurfte (1968). Vor allem gilt es aber, auf die leicht zugängliche historisch-archäologische Zusammenfassung aus der Feder des Ausgräbers von Boğazköy, K. Bittel, hinzuweisen: »Das zweite vorchristliche Jahrtausend im östlichen Mittelmeer und im Vorderen Orient: Anatolien und Ägäis«[68].

Ostmediterrane Gewässer bildeten in der Tat die Kontaktzone zwischen Ägypten, Anatolien, Syrien und Griechenland (vgl. die Karte, Abb. 42). So bestand für manches fremde Kulturgut im ägäischen Raum keine Einmütigkeit unter den beteiligten Gelehrten über die Herkunft im einzelnen. Beispielsweise sind kriegerische Götterfigürchen aus Metall bald 'Teschup', bald 'Reschef' genannt worden. Der Blick war also einmal mehr auf die Türkei, dann wieder mehr auf Syrien gerichtet[69]. Seit H. Schliemanns Ausgrabungen in Tiryns sind so weitreichende Zusammenhänge in der Diskussion[70]. Bronzefigürchen der betrachteten Art waren allerdings nicht auf die Zeit vor 1200 beschränkt; im Tempelbe-

---

[68] Gymnasium 83, 1976, 513 ff. – Aus der großen Menge der sonstigen Literatur nenne ich lediglich: K. Bittel, Das Ende des Hethiterreiches aufgrund archäologischer Zeugnisse, und H. Otten, Zum Ende des Hethiterreiches aufgrund der Boğazköy-Texte, in: JberInstVgFrankf 1976, 22 ff. 36 ff., dazu E. Akurgal, Das Dunkle Zeitalter Kleinasiens, in: Griechenland, die Ägäis und die Levante während der 'Dark Ages' vom 12. bis zum 9. Jh. v. Chr., Akten des Symposiums von Stift Zwettl 1980 (1983) 67 ff. Zu einem hethitischen Motiv auf einer SH-Scherbe aus Milet s. unten Anm. 153.

[69] L. Vagnetti, Syrian and Anatolian Bronze Figurines in Europe, an Addendum, in: PPS 39, 1973, 467 f. Bei einer zu dieser großen Gruppe gehörigen Figur aus Scheren, Ostpreußen, dem einzigen Stück, das über Südrußland die Ostsee erreicht hat, ist aus geographischen Gründen der Gedanke an den anatolischen Teschup mindestens nicht unberechtigt, s. V. Müller, Frühe Plastik in Griechenland und Kleinasien 116 f. Nr. 404 Taf. 41; P. Jacobsthal, Greek Pins (1956) 133. 213 f.; H.-G. Buchholz, PZ 38, 1960, 43 f Anm. 22 (weitere Lit.).

[70] Nicht jünger als SH III B, Fundtiefe: 3 m, s. H. Schliemann, Mykenae (1878) 15 f. Abb. 12; ders., Tiryns (1886) 187 Abb. 97; Chr. Tsountas, Ephemeris 1891, 21 ff. Taf. 2, 1. 4. 4a (Mykene); s. M. Ohnefalsch-Richter, ZEthnol 31, 1899, Verhandlungen 383; V. J. Canby, Some Hittite Figurines in the Aegean, in: Hesperia 38, 1969, 142 f. Taf. 38; O. Negbi, Canaanite Gods in Metal (1976) 37. 168 Nr. 1407 (mit weiterer Lit.) Taf. 29; K. Kilian, in: R. Hägg–N. Marinatos, Sanctuaries and Cults in the Aegean Bronze Age, Symposium Athen 1980 (1981) 53 Anm. 34; J. Schäfer, AA 1983, 556.

zirk von Sounion fand man ein Stück in einem Bothros des 7. Jhs. v. Chr.[71]. Die ägäische Verbreitung von 'Teschup-Reschef'-Figuren ist von J. Bouzek kartiert worden (zwei Neufunde aus Phylakopi, Melos, sind nachzutragen)[72], eine vollständige Liste im Verbund des griechischen Fernhandels bot H.-V. Herrmann[73]. Das Buch »Canaanite Gods in Metal« von O. Negbi (1976) wird jetzt durch den Band »The Standing Armed Figurines in the Levant« von H. Seeden ergänzt (1981)[74].

Religionshistorische Aspekte dieser bronzezeitlichen Götterbilder sind von W. Burkert und B. C. Dietrich unter dem Titel »Rešep-Figuren, Apollon von Amyklai und die 'Erfindung' des Opfers auf Cypern«, respektive »Some Foreign Elements in Mycenaean Cult Places and Figures« behandelt worden[75].

Auch zur Alaschia-Frage (S. 222f. 227ff.) gibt es, wenn schon kaum neue Quellen, so doch neue Sekundärliteratur. J. Leclant hat die altbekannten ägyptischen Belege für den Namen Zyperns abermals geprüft[76]. Außerdem hören wir, daß aus Alaschia nicht nur Kupfer kam, sondern u. a. auch ein Stoff, der medizinisch als Zusatz zum Heilwein benötigt wurde (hethitisch: *marruwašhaš*)[77].

Zu den oben S. 227 behandelten biblischen Inseln Elischah (ᶜyy ᶜlyšh) ist eine Studie von E. C. B. MacLaurin zu vergleichen[78], und ein eisenzeitliches magisches Amulett aus Arslan Tasch zeigt im Text »Inseln Alaschia« (ᶜy. ᶜlšyy). Der Hinweis auf die Insellage kann als Bestätigung der Gleichsetzung mit Zypern gewertet werden[79].

Ein Titel wie »Lead Isotope Analysis and the Kingdom of Alashia« weckt ungerechtfertigte Erwartungen[80]. Abgesehen davon, daß sich der Autor mit fremden Federn zu schmücken sucht, ist der methodische Ansatz nicht einmal neu. Mit 'neu' meine ich nicht die Blei-Isotopenmessungen, sondern den Gedanken, mittels naturwissenschaftlicher Arbeitsweise Rohkupfer bzw. bestimmte prähistorische Kupfergegenstände zweifelsfrei auf Zypern zurückzuführen und dann zu fragen, ob und was sie mit dem historisch überlieferten Kupferland Alaschia zu tun haben. Nicht an den Beginn, vielmehr ans Ende einer historisch unbelasteten Indizienkette sollte die 'Alaschia-Frage' gestellt werden[81]. A. B. Knapp (s. oben S. 234 Anm. 52) ist kürzlich mit einem archäologisch-historischen

[71] G. M. A. Hanfmann, Hesperia 31, 1962, 236f. Taf. 85 a–d.

[72] J. Bouzek, Homerisches Griechenland (1969) 34 Abb. 10; C. Renfrew, The Mycenaean Sanctuary at Phylakopi, in: Antiquity 52, 1978, 11 Abb. 2. 3 Taf. 4 a.b; zu Phylakopi auch B. Rutkowski, oben S. 408 mit Anm. 9.

[73] Reallexikon der Assyriologie und Vorderasiatischen Archäologie IV (1975) 308 s. v. Hellas; H.-V. Herrmann, Gnomon 47, 1975, 397. B. Kaiser, Untersuchungen zum minoischen Relief (1976) 392 Anm. 426, repräsentiert in der hauptsächlichen Berufung auf Evans, PM III 477ff. einen älteren Stand der Forschung, einen neueren Stand W. Helck, Die Beziehungen Ägyptens und Vorderasiens zur Ägäis bis ins 7. Jh. v. Chr. (1979) 118. 179ff.

[74] PBF 1, 1 (1980).

[75] W. Burkert, Grazer Beiträge 4, 1975, 51ff.; B. C. Dietrich, Bibliothèque des Cahiers de l'Institut de Linguistique de Louvain 26, 1985, 227ff., bes. 232ff. mit Anm. 43ff.

[76] Le Nom de Chypre dans les Textes Hiéroglyphiques, in: Salamine de Chypre, Histoire et Archéologie, Etat des Recherches, Colloque Lyon 1978 (1980) 131ff.

[77] O. R. Gurney, BiOr 34, 1977, 198f.

[78] The Phoenician Ship from Tyre Described in Esekiel 27, in: IntJNautA 7, 1978, 80ff.

[79] Vgl. oben S. 235 mit Anm. 57; J. Teixidor, Syria 51, 1974, 1ff. 320f. Nr. 109 und Syria 52, 1975, 281 Nr. 118. Zu unterschiedlichen Interpretationen: E. Lipinski, Rivista di Studi Fenici 2, 1974, 45ff., bes. 50f. Zurückweisung der Lesung 'Alaschia' durch M. Liverani, ebenda 36.

[80] J. Muhly, RDAC 1983, 210ff. Zur Anwendung der Blei-Isotopen-Analyse durch N. H. Gale s. oben S. 11.

[81] H.-G. Buchholz, Analysen prähistorischer Metallfunde aus Zypern und den Nachbarländern, in: Berliner Jb für Vor- und Frühgeschichte 7, 1967, 189ff.

Überblick unter dem Titel »Alaschiya, Caphtor/Keftiu, and Eastern Mediterranean Trade, Recent Studies in Cypriote Archaeology« hervorgetreten[82].

Zu S. 228 Anm. 8 möchte ich nachtragen, daß sich hinter dem Namen C. Niebuhr (Verfasser von »Zur Lage von Alaschija« in: Studien und Bemerkungen zur Geschichte des Alten Orients) nicht der berühmte 'Arabien-Niebuhr' verbirgt, sondern ein 1861 in Berlin geborener Journalist und Zeitungsredakteur namens Karl Krug. Er hat sich 1899 nochmals zu Alaschia im Rahmen eines Aufsatzes »Die Amarnazeit, Ägypten und Vorderasien um 1400 v. Chr. nach den Tontafelfunden von El-Amarna« geäußert[83].

Zur Wand- und Sarkophagmalerei

Beispiele bedeutender Freskenkunst sind uns in Thera durch die Pionierleistung des unvergessenen Spyridon Marinatos zurückgewonnen worden[84]. Nach einem seiner Photos ist hier das liebliche Mädchengesicht einer Krokuspflückerin von der Ostwand des Raumes 3 in Xeste 3 wiedergegeben (Taf. 4a)[85]. Mit sicherem Strich sind die Konturlinien ausgeführt, in feiner Abstimmung der Farben Details miteinander kontrastiert. Diese junge Frau trägt die reich mit Borten besetzte höfische Tracht der Minoerinnen, mehrere Halsketten, einen kostbaren Ohrring und ein blaues Stirnband. Ihr dunkles Haar ist sorgfältig frisiert. Wie alle Gesichter dieser Kunst wird auch die Krokuspflückerin im Profil gezeigt. Sie gehört mit weiteren Mädchen und einer sitzenden Göttin zu einer Komposition, deren Handlung über mehr als eine Wand greift.

Wohl das interessanteste Bildprogramm der uns erhaltenen Freskenkunst der bronzezeitlichen Ägäis ist in den Wandmalereien des Raumes 5 im sogenannten Westhaus zu erblikken. Außer Kunstfragen, Fragen nach dem Verhältnis zur minoischen Malerei, nach der Anordnung und Bedeutung vieler Einzelheiten und des Ganzen, nach Nutzung des Raumes, Zusammenhängen soziologischer Art und anderem mehr[86] haben viele Details im Sinne der Architektur- und Technikgeschichte eine Rolle gespielt, so die dargestellten Städte[87] und die Krieger mit Eberzahnhelm und langen Lanzen (S. 337 Abb. 86a)[88] und vor allem die zahlreichen Schiffe (S. 279 Abb. 81, vgl. S. 161 Abb. 39)[89]. Das hier abgebil-

---

[82] JFieldA 12, 1985, 231 ff.

[83] In: Der Alte Orient 1, 1899, Heft 2 (Alaschia wird an der kilikischen Küste gesucht); Gegner der Gleichung Zypern–Alaschia reichen bis in die jüngste Zeit, s. oben S. 229 Anm. 15, u. a. A. Jirku, The Problem of Alashiya, in: PEQ 82, 1950, 40 ff.

[84] Vgl. oben S. 275 ff. Ch. Doumas setzt die Arbeiten fort, s. dessen Buch »Thera, Pompei of the Ancient Aegean« (1983); s. auch oben S. 290 Anm. 5. Zu den übrigen theräischen Fundstätten (S. 167 Abb. 44, Karte) vgl. die Angaben von R. L. N. Barker, BSA 76, 1981, 20 Nr. 40–50.

[85] Zur Lage des Gebäudes s. S. 291 Abb. 82. Farbabb. in: N. Marinatos, Art and Religion in Thera; Reconstructing a Bronze Age Society (1984) 63 Abb. 41. Die unserer Taf. 4a zugrundeliegende Aufnahme wird dem verstorbenen Ausgräber verdankt.

[86] Vgl. den Plan von Akrotiri, S. 291 Abb. 82. N. Marinatos a. O. 7 ff. (Intention, Methoden); der Untertitel ihres Buches zeigt das anspruchsvolle Ziel. Es handelt von Bildprogrammen, öffentlichen Festen auf theräischen Fresken, Initiation, Opfer und anderen Ritualen wie schließlich von der Ordnung der Natur und der menschlichen Gesellschaft.

[87] Dazu St. Sinos, oben S. 292 ff.

[88] Farbig: Sp. Marinatos–M. Hirmer, Kreta, Thera und das mykenische Hellas ([2]1973) Farbtaf. 42; farbige Detailabbildungen: N. Marinatos a. O. 38 f. Abb. 20 und 21. Vgl. weitere Eberzahnhelme auf Fresken von Orchomenos, unten Abb. 125.

[89] Die Genauigkeit der Wiedergabe technischer Details, aber auch Schwierigkeiten der Erklärung haben im Hinblick auf viele andere wichtige Fragen, die sich aus den Thera-Fresken ergeben, zu der Unverhältnismäßig-

dete Schiff gehört in den Fries an der Südwand, ebenso die Architekturwiedergabe (Taf. 5a.b) und schließlich auch das Geländedetail mit einem sich anschleichenden Löwen, vor dem Hirsche fliehen (Umzeichnung, S. 323 Abb. 84). Der Abb. 86a isoliert umgezeichnete Krieger gehört indessen zu einer militärischen Formation, die in die Komposition der Nordwand gehört. Hier ist auch ein Schiffsunglück zu erkennen, von dem wir ein Detail wiederholt haben (Taf. 11b). Die Westwand von Raum 5 des Westhauses ist durch Fenster unterbrochen. Die gegenüberliegende Innenwand war mit einem Fries geschmückt, der die Darstellung einer exotischen Flußlandschaft mit Palmen, Papyrus, anderen Pflanzen und allerlei Getier trägt (Taf. 11d, Detail), auch Fabelwesen sind dabei. W. Schiering hat, auf früheren Studien aufbauend, in subtiler Interpretation Zusammenhänge der theräischen mit der melischen (S. 327 Abb. 85, 'fliegende Fische') und vor allem kretischen Wandmalerei geklärt (S. 314ff.). Die Ausschmückung minoischer Palast- und Villenräume ist länger bekannt und besser erforscht, als es die noch nicht vollständig veröffentlichten Fresken von Thera sind. Doch gibt es aufgrund des beklagenswert defekten Zustandes der minoischen Wandverputz-Funde immer wieder Korrekturen und Ergänzungen. Zu Vergleichszwecken finden sich auf Taf. 10c und d Details aus dem Affenfresko aus Knossos und dem Katzenfresko aus Hagia Triada. Tier und Landschaft, insbesondere die minoische Katzenikonographie, haben S. Immerwahr veranlaßt, erneut nach der ägyptischen Komponente in kretischen Kunstwerken mit entsprechender Thematik zu fragen[90]. Es ist zu bemerken, daß die Beziehungen im Hinblick auf den 'kretischen Naturalismus' auch schon umgekehrt gesehen worden sind.

Der Zusammenklang von Raumeinheiten, Licht, Farbe und Komposition der Wandmalereien und sonstiger repräsentativer Ausstattung wird an vielen minoisch-mykenischen Staats- und Kulträumen, aber besonders am Thronsaal von Knossos sinnfällig. G. Karo war sich des Symbolwertes der heraldischen Bildform bewußt, als er das Buch seiner Archäologenerinnerungen »Greifen am Thron« genannt hat (1959)[91].

Von der thematischen Vielfalt der Wandmalereien in den Festlandszentren geben unsere Abbildungen nur einen bescheidenen Eindruck: Da sind Motive aus Jagd und Kampf (S. 343 Abb. 89, Tiryns; Abb. 90, Pylos) und Details aus Kultszenen (S. 421 Abb. 108, Mykene)[92]. Dank der archäologischen Forschungen von Th. G. Spyropoulos im Bereich des mykenischen Palastes von Orchomenos[93] erfuhren die alten deutschen Ausgrabungen

keit des Umfangs der Sekundärliteratur über die Schiffe geführt, s. oben S. 159f. mit Anm. 1 und 2; ferner Th. C. Gillmer, The Thera Ships, a Reanalysis, in: Mariner's Mirror 64, 1978, 125ff.; M. C. Shaw, Ship Cabins of the Bronze Age Aegean, in: IntJNautA 11, 1982, 53ff.; N. Marinatos a. O. 47 Abb. 28 (Kabine), S. 55ff. Abb. 34 und 35 (Schiffe), 36 (Kabine).

[90] L' Iconographie Minoenne, Acts de la Table Ronde d' Athènes 1983 (BCH, Suppl. XI, 1985) 41ff.

[91] Vgl. bes. H. Reusch, Zum Wandschmuck des Thronsaales in Knossos, in: Minoica, Festschrift zum 80. Geburtstag von J. Sundwall (1958) 334ff., neuerdings auch: S. Mirié, Das Thronraumareal des Palastes von Knossos, Versuch einer Neuinterpretation seiner Entstehung und Funktion (1979), allerdings nicht mit zentraler Behandlung der Fresken. Eine umfassende Bibliographie

zur minoisch-mykenischen Wandmalerei findet sich in: I. Kritseles-Probides, Toichographies tou Threskeutikou Kentrou ton Mykenon (neugriech., 1982) 135ff.; vgl. Buchholz–Karageorghis, Altägäis S. 78ff.; Bibliographie zu den theräischen Fresken und ihrer minoisch-mykenischen Parallelen: N. Marinatos a. O. 120ff.

[92] Vgl. B. Rutkowski, oben S. 419 mit Anm. 62; dazu Kritseles-Probides a. O., vollständige Vorlage auch kleiner Fragmente, z. T. auf Farbtafeln (Rez.: L. Morgan, AJA 88, 1984, 77f.). Unsere Zeichnung (Abb. 108): a. O. Taf. 6a (Photo).

[93] Beispielsweise AAA 6, 1973, 392f. mit Abb. 23 und 24; H. W. Catling, ArchRep 1984/85, 31. Spyropoulos wird einen umfassenden Überblick über die neuen Ausgrabungen in den im Druck befindlichen Akten des Orchomenos-Symposiums 1984 bieten.

Abb. 125. Freskofragment aus dem mykenischen Palast von Orchomenos, Boiotien: braune Körperfarbe, schwarze Konturlinien, weiße Speere und Helmdetails (Eberzähne), blauer Grund

wertvolle Bestätigung und Ergänzung[94]. Unsere Abb. 125 zeigt eins der neugefundenen Fragmente mit den Köpfen zweier Krieger im Eberzahnhelm (Palastphase: SH III A 2). Die Gesichter sind spitznasig, die Augen auffallend lang, schmal, spitz auslaufend. Einzelheiten sind mit Sorgfalt ausgeführt. Die kontrastreichen Darstellungen liegen auf blauem Untergrund. Blau darf als besonders teurer Farbstoff gelten, der eingeführt werden mußte[95]. Neben den monumentalen Wandfresken ist eine weitere Objektgruppe als Quelle für das Studium altägäischer Malerei von unschätzbarer Bedeutung, die Sarkophagbemalung. Vielen Forschern gilt der Hagia Triada-Sarkophag, dem eine eigene Monographie gewidmet ist[96], als das herausragende Bildzeugnis der minoischen Kultur. Unser polnischer Mitarbeiter B. Rutkowski (s. oben S. 407ff.) hat eine grundlegende Studie über die minoisch-mykenischen Sarkophage verfaßt, allerdings unter typologischen Gesichtspunkten[97]. Ein sehr angewachsener Fundstoff weist nunmehr große Zentren in Westkreta[98] und Boiotien aus[99]. Von einer mykenischen Nekropole bei Tanagra, Boiotien, stammen sowohl jener Sarkophag, dessen Bild auf einer seiner Langseiten die Prozession von Klageweibern darbietet, die oben in Umzeichnung wiedergegeben ist (S. 421 Abb. 109), als auch der zur Zeit in Kassel ausgestellte Sarkophag der Sammlung Ludwig, von dem wir die Darstellung einer der Schmalseiten wiedergeben (Taf. 4e)[100]. Es ist in einem schmalen, hochrechteckigen Feld, das beiderseits eine breite Schachbrettrahmung besitzt, eine Figur mit erhobenen Armen zu sehen.

Manchmal sind Sarkophage sogar innen ausgemalt, beispielsweise ein minoischer Wannensarkophag mit der Darstellung gekenterter Schiffe (Taf. 4c.d)[101]: Innen an den Schmalseiten des Sarkophags sind große Ornamente angebracht, die kieloben treibenden,

[94] Zu den Orchomenos-Fresken äußerte sich A. Furtwängler, sie seien von kretischen Künstlern ausgeführt worden, s. SBMünchen 1903, 258f.; H. Bulle, Orchomenos, die älteren Ansiedlungsschichten I (1907) passim, s. O. Montelius, La Grèce Préclassique I (1924) 136 Abb. 457–460.

[95] Zu 'Ägyptisch Blau' s. oben S. 177ff. Was ich an Originalen in Orchomenos sah, weist viel Blau auf, dabei jedoch wenig 'Ägyptisch Blau', hingegen eine stumpfere, mehr nach Grau tendierende 'Ersatzfarbe', die es auch in Thera gibt und die nach W. Nolls Forschungen einem örtlichen Mineral der Kykladen entspricht.

[96] Ch. Long, The Ayia Triada Sarcophagus, a Study of Late Minoan and Mycenaean Funerary Practices and Beliefs (SIMA XLI, 1974); s. weitere Lit. in Buchholz–Karageorghis, Altägäis Nr. 1065.

[97] Larnaksy Egejskie (polnisch, 1966).

[98] Ausgestellt in Chania, Arch. Mus.

[99] Tanagra, dank erfolgreicher Ausgrabungen von Th. G. Spyropoulos nach vorhergegangenen zerstörerischen Raubgrabungen als mykenisches Nekropolenzentrum weitgehend geklärt. Von dorther u. a. auch ein Sarkophagfragment in der Sammlung Pomerance, New York, s. Buchholz–Karageorghis, Altägäis Nr. 1070.

[100] Buchholz–Karageorghis, Altägäis Nr. 1069.

[101] Vgl. D. Gray, Seewesen, in: ArchHom, Lieferung G (1974) 19 Nr. C 40a; S. 47 Abb. 11 (Umzeichnung nach Aufnahmen von H. Hoffmann, Hamburg).

mastlosen Schiffe mit abgeknicktem Ruder jedoch an den inneren Langseiten. Das ist etwas dramatisch Neues in der bronzezeitlichen Kunst, jedenfalls an einem Sarkophag, vielleicht für einen ertrunkenen Seemann. Außer der Schiffbruchszene aus dem Westhaus von Akrotiri auf Thera (Taf. 11 b) wird uns erst mit der Homerischen Schilderung furchtbarster Seenot des Odysseus bewußt, was die Bilder des 2. Jts. besagen wollen. R. Hampe hat den Schiffbruch des Odysseus im Halsbild einer geometrischen Kanne in München wiedererkannt[102].

Zur spätbronzezeitlichen Plastik

Nicht jedermann wird mit der philosophischen Einsicht »Kunst ist das Gewissen der Menschheit« viel anfangen können, insonderheit nicht angesichts der mykenischen Kunst. So sei denn auch ein Wort zur altägäischen Rundplastik gesagt: Sie hat oben zusammenhängend hauptsächlich B. Rutkowski behandelt, und zwar unter dem Aspekt der Existenz minoisch-mykenischer Kultbilder. H.-V. Herrmann stellte außerdem männliche Bronze- und Tonfiguren aus Olympia zusammen, die zwar stratigraphisch nicht datiert sind, wohl aber dem Typus und Stil nach spätmykenisch oder submykenisch sein dürften (Abb. 113a.b). Das weite Feld der Erscheinung und Entwicklung minoisch-mykenischer Rundplastik bleibt somit im kunstgeschichtlichen Sinne ein Desiderat unseres Buches. Es handelt sich um ein zentrales Thema der Forschung, wie ausgewählte Titel – dem Leser zur Vertiefung empfohlen – zu erkennen geben: V. Müller, Frühe Plastik in Griechenland und Vorderasien (1929); E. Wace-French, The Development of the Mycenaean Terracotta Figurines, Diss. London (1962); C. Laviosa, Sull' Origine degli Idoletti Fittili Micenei[103]; R. V. Nicholls, Greek Votive Statuettes and Religious Continuity c. 1200–700 B. C.[104]. In Buchholz–Karageorghis, Altägäis, sind die Abschnitte »Rundplastik« (S. 95 ff.) und »Elfenbeinschnitzereien« (S. 105 ff.) zu vergleichen; s. ferner E. French, Mycenaean Figures and Figurines, their Typology and Function 173 ff. (im Sammelwerk unten Anm. 108).

Die mykenische Plastik – besonders die Reliefkunst – stand insofern im Banne minoischer Schöpfungen, als sie nach anfänglich bescheidenen eigenen Leistungen dann hauptsächlich kretisch-minoischen Vorbildern folgte. Es fehlte seit langem eine zusammenfassende Studie der verschiedenen minoisch-mykenischen Reliefgattungen, in welcher sowohl den repräsentativen minoischen Stuckreliefs wie auch den Reliefs der Kleinkunst in Stein, Metall, Elfenbein, Fayence und Ton ihr Ort zugewiesen ist. Die Grundlage hat der früh verstorbene B. Kaiser in seiner Bonner Dissertation »Untersuchungen zum minoischen Relief« (1976) geschaffen, an die er leider nicht mehr letzte Hand hat legen können[105]. Aus Gründen des Vergleichs und des großen kunstgeschichtlichen Eigenwertes

---

[102] R. Hampe, Die Gleichnisse Homers und die Bildkunst seiner Zeit (1952) mit Abb. 7–11; vgl. außerdem den berühmten 'Schiffbruchkrater' aus Pithekoussai, Ischia, G. Buchner, RM 60/61, 1953/54, 37 ff.; Gray a. O. 61 Abb. 18 f.

[103] ASAtene 41/42, N. F. 25/26, 1963/64, 7 ff.

[104] Auckland Classical Essays presented to E. M. Blaiklock (1970) 1 ff.

[105] H. Gabelmanns behutsame Herausgabe ist zu respektieren, wenn auch dem Text eine Straffung gut getan hätte. Inzwischen ist sonst die stiefmütterlich behandelte Gattung von Reliefs in Ton in einer Monographie von Karen Polinger-Foster vorgelegt worden: Minoan Ceramic Relief (SIMA 54, 1982), mit umfangreicher Literaturliste; Rez. S. A. Immerwahr, AJA 88, 1984, 274 f.

sollte das Relief neben der Rundplastik nicht vernachlässigt werden. Doch zurück zu der letzteren:

Bereits die Idolplastik der frühkykladischen Kultur des 3. Jts. v. Chr. zeigte Bestrebungen, weit über die Normalgrößen von Statuetten hinauszuwachsen. Es gibt über einen Meter große Kykladenidole aus Marmor. Doch gerade an ihnen wird dem Betrachter bewußt, daß solche Größen noch keineswegs 'Monumentalität' bedeuten. Von der frühkykladischen Plastik, wie sie auf S. 76ff. Abb. 11c.d und 13 in wenigen Beispielen gezeigt wird, führt kein direkter Weg zur minoisch-mykenischen Figuralkunst.

Die bedeutendste Sammlung frühkykladischer Kunst ist nach der des Nationalmuseums in Athen die 'N. P. Goulandris Collection'; sie wurde nach mehrfacher Vorlage in Gestalt von Ausstellungskatalogen erneut von Chr. Doumas publiziert: »Cycladic Art, Ancient Sculpture and Pottery from the N. P. Goulandris Collection« (London 1983)[106]. Zu den Spitzenleistungen dieser Kunst zählen fraglos Musikanten, wie beispielsweise der 'Harfenspieler von Keros' (oben S. 79 Abb. 13). Zu diesem und anderen vergleichbaren Werken äußerte sich O. Höckmann unlängst erneut[107].

Im 2. Jt. v. Chr. scheint es Rundbilder mit getrennt gearbeiteten Füßen aus Terrakotta gegeben zu haben. Beispiele sind bei den Ausgrabungen in Hagia Irini auf Keos und in Archanes, Kreta, zutage gekommen[108]. Über die zugehörigen Figuren wissen wir vorerst nichts. Sie mögen aus Holz bestanden haben und bemalt oder bekleidet gewesen sein. Jedenfalls sind die organischen Stoffe verbrannt oder verwest, während die Füße aus widerstandsfähigem Material die Zeiten überdauert haben. Man fühlt sich an die Traumdeutung im Danielbuch der Bibel erinnert: Auch wenn dort Metallsymbolik eine entscheidende Rolle spielt, steht der beschriebene Koloß »auf tönernen Füßen«.

Die Tatsache, daß bestimmte minoische Hohlterrakotten in ihrem zylindrisch schematisierten Unterteil Aussparungen zum Einsetzen getrennt gearbeiteter Füße aus Ton aufweisen können, bestärkt uns in der Zuweisung der Füße von Archanes an zusammengesetzte rundplastische Werke, aus welchem Material auch immer.

Derartige weibliche Hohlterrakotten mit unorganisch zylindrisch gestaltetem Unterkörper (s. Taf. 14a; aus Knossos im Ashmolean Museum, Oxford) sind in der Regel mit erhobenen Armen, im Epiphaniegestus, dargestellt und deshalb als Abbilder von Göttinnen und nicht von Sterblichen anzusehen. Die Tendenz zur Steigerung der Abmessungen ist in manchen Beispielen spürbar, auch wenn die meisten bei der 30-cm-Grenze verharren[109]. Besondere Beachtung fanden Fundstücke aus Gazi und Karphi auf Kreta: Eins dieser Rundbilder ist wegen des aus Mohnkapseln bestehenden Kopfschmuckes unter der Bezeichnung 'Mohngöttin' bekanntgeworden[110]. In den Staatlichen Museen, Berlin-Charlottenburg, hat eine minoische kleinformatige Frauenfigur, eine Hohlterrakotta mit zylindrischem Unterteil – ebenfalls mit erhobenen, wenn auch abgebrochenen Armen –, die Wirren des letzten Krieges überdauert und wird von mir demnächst veröffentlicht werden.

[106] Vgl. dazu J. Thimme, Gnomon 56, 1984, 326ff.
[107] Boreas (Münster) 5, 1982, 33ff. mit Abb. 1, 1–4 (Harfenspieler aus Keros in Athen und desgl. in Richmont, Virginia).
[108] M. Ervin-Caskey, in: R. Hägg – N. Marinatos, Sanctuaries and Cults in the Aegean Bronze Age (1981) 134 Abb. 10 und S. 136 (Diskussion der Füße aus Archanes).
[109] Es gibt tönerne Idole der besprochenen Art bis 70 cm Größe, vgl. B. Rutkowski, oben S. 420.
[110] Buchholz–Karageorghis, Altägäis Nr. 1267–1269 (Karphi und Knossos).

Abweichende Gestaltungsprinzipien weisen Hohlterrakotten verschiedener Größe aus Phylakopi, Melos, und Mykene auf (Taf. 14c). Der Unterteil ist nicht 'glockenförmig'-zylindrisch abgesetzt, vielmehr ist der ganze Körper stark abstrahiert röhrenförmig geformt und in der Regel reich bemalt[111]. Wirkliche Großterrakotten dürfen vor allem die Reste von mindestens vierundzwanzig Statuen aus einem der Tempel von Hagia Irini auf Keos genannt werden, die den Typus minoischer Göttinnen und Priesterinnen außerhalb Kretas 'monumental' vertreten (Taf. 14b)[112].

Ein regelmäßig aufgebautes Gesicht mit betonten Backenknochen, starrem Blick der mandelförmigen großen Augen, schematischer Regelmäßigkeit der gemalten Stirnlocken und Tätowierungsmalen auf Wangen und Kinn ist mit 16,8 cm Höhe Teil einer Großterrakotta, zwar ein alter Fund des Jahres 1896 in Mykene, aber noch immer von starker Anziehungskraft[113]. Von den Überresten menschengestaltiger Tonwerke größerer Abmessungen, ebenfalls Hohlterrakotten, aus Amyklai bei Sparta spricht besonders eine plastische Hand an, die um den Fuß einer Kylix greift und den Schluß auf ein künstlerisch ungewöhnliches Stand- oder Bewegungsmotiv zuläßt[114].

Eher provinziell-nachahmend, wenn auch in minoischer Tradition stehend, wirken indessen Fragmente größerer Hohlterrakotten aus der Umgebung von Olympia. Ein Teil von ihnen wurde als Fälschungen angesehen, dann aber von P. Themelis erneut zur Diskussion gestellt, weil ein entsprechender Neufund des Jahres 1965 von ihm als echt eingestuft werden mußte[115].

Die Frage nach den Impulsen, die zur Schaffung von Großplastik führten, ist oft gestellt und in aller Regel in der Weise beantwortet worden, daß man sie 'prähistorischen' Kulturen, zu denen auch die vorgeschichtliche Gesittung auf griechischem Boden gezählt wurde, nicht zutraue. Mit der Großplastik verband man die Vorstellung von einem bedeutenden kulturellen Aufschwung, verbunden mit einer vorausliegenden tiefen Zäsur zwischen 'primitivem' vorgeschichtlichen Zustand und hochkulturlicher Steigerung[116]. F. Matz wurde nicht müde, von dem miniaturhaften Charakter hervorragender minoisch-mykenischer Kunst zu sprechen, ja, geradezu im kleinen Format minoischer Siegel und Fingerringe deren 'Größe' zu suchen. Inzwischen ist gesichert, wie oben dargelegt, daß es in der Bronzezeit Griechenlands Tonplastik größeren Formats gegeben hat[117].

[111] Phylakopi, Inv.-Nr. 2660, H 45 cm, s. oben S. 421f. Anm. 68 und C. Renfrew, in: Hägg–Marinatos a. O. 67ff., bes. Abb. 12a. b; E. French, ebenda 175 Abb. 4. Zu den Beispielen aus Mykene s. oben S. 408 Anm. 8; S. 415 Anm. 40; Buchholz–Karageorghis, Altägäis Nr. 1265.

[112] Dazu oben S. 423; vgl. J. L. Caskey, Hesperia 33, 1964, 326ff. E. Vermeule, Greece in the Bronze Age (1964) Taf. 40a. b; dies., Götterkult, in: F. Matz–H.-G. Buchholz, ArchHom, Lieferung V (1974) Taf. 5a–d; E. Simon, Die Götter der Griechen (1969) 290 Abb. 281; M. Ervin-Caskey, in: Hägg–Marinatos a. O. 127ff.

[113] Buchholz–Karageorghis, Altägäis Nr. 1245, mit Lit.

[114] Buchholz–Karageorghis, Altägäis Nr. 1247a. b. Unterstellt man ein Standmotiv und rechnet von den erhaltenen Maßen auf das Ganze, kommt man auf knapp einen halben Meter. Vgl. zu diesem Stück und den übrigen Plastikfunden aus dem Amyklaion jetzt: K. Demakopoulou, To Mykenaïko Iero sto Amyklaio kai he YE III C-Periodos ste Lakonia, neugriech. Diss. Athen 1982, 55f. Taf. 26, 68a. b.

[115] P. Themelis, Minoan Evidence in Olympia, in: AAA 2, 1969, 248ff.

[116] Vgl. auf dieser Linie zum Grundsätzlichen H. Walter, Die geometrische Epoche als geistige Wende, in: Thiasos ton Mouson, Studien zu Antike und Christentum, Festschrift für J. Fink zum 70. Geburtstag (1984) 47ff., und den programmatischen Titel: E. Homann-Wedeking, Anfänge der griechischen Großplastik (1950).

[117] Vgl. B. Rutkowski, oben S. 407ff. mit Taf. 15a.b (Kopf einer Hohlterrakotta in Bonn, Akademisches Kunstmuseum). Zur Problematik bereits V. Müller, The Beginnings of Monumental Sculpture, in: Metropolitan Museum Studies 5, 1934–36, 157ff.

Die Hauptmenge mykenischer Idolplastik ist jedoch klein und in 'Schneemannstechnik' massiv mit der Hand gefertigt, fein geglättet und bemalt. Weibliche Figürchen sind in sehr großer Zahl aus nahezu allen späthelladischen Siedlungen und Heiligtümern sowie vielen Gräbern bekannt. Es handelt sich um sogenannte Φ-Idole mit geschlossener Konturlinie (Taf. 1e)[118] und jüngere Ψ-Idole, die in abgekürzter Wiedergabe schematisierte Arme symmetrisch hochstrecken, welche ein wenig an Vogelflügel erinnern, in Wirklichkeit jedoch den besprochenen göttlichen Epiphaniegestus angeben sollen. Eine Zusammenstellung, die Frau E. Wace-French verdankt wird, macht die Entwicklung mykenischer Idole vom 14. bis in die erste Hälfte des 12. Jhs. v. Chr. deutlich (Abb. 126)[119].

In gleicher Technik sind weibliche Idole des SH III C als 'Klageweiber' gestaltet; es ist angedeutet, daß sie zum Kopf greifen und sich die Haare raufen (Abb. 116, Perati). Formal entsprechen nach dem allgemeinen Haltungsschema sowie der Kopfform und -bedeckung den oben beschriebenen Typen der mykenischen Terrakotta-Idole auch kleine weibliche Gestalten, die auf Thronen sitzen. Es steht fest, daß sie ebenso wie leere mykenische Miniaturthrone religiösen Charakters sind[120]. H.-V. Herrmann faßte die Funde nach G. Mylonas, E. French und P. Kranz[121] erneut zu einer stattlichen Gruppe zusammen: »... Hinzu kommen einige Einzelfiguren in Sitzhaltung sowie eine Anzahl von leeren Thronen, die wohl nur zum Teil als Sitz für gesondert gearbeitete Figuren der erwähnten Art dienten, vorwiegend jedoch als eigene Weihgeschenke oder Grabbeigaben zu denken sind. 'Götterthrone' als Gegenstand religiöser Verehrung sind ein bekanntes und verbreitetes Phänomen ...«[122]. Unsere Taf. 1f gibt aus dieser Gruppe das Stück in Kassel wieder, das R. Lullies zuerst veröffentlicht hat[123]. Auch aus dem Heiligtum des Apollon in Epidauros ist jetzt ein fragmentiertes thronendes mykenisches Idol bekanntgeworden[124]. Die Gruppe der leeren mykenischen Throne läßt sich um weitere Beispiele aus Ras Schamra, Syrien, vermehren; damit wird erneut erkennbar, wie sich das Ausgreifen der Mykener nach Osten auch religiös ausgewirkt hat.

Wenige der Φ-Idole sind als 'Brotbäckerinnen' interpretiert worden[125]. Ist das richtig, würde durch sie als einzige ein Motiv aus der Sphäre niederer Tätigkeiten in dieser Denk-

[118] Idol des SH III A (14. Jh. v. Chr.) unbekannter Herkunft in Hamburg, Mus. für Kunst und Gewerbe, s. W. Hornbostel, dem das hier Taf. 1e reproduzierte Bild verdankt wird, in: Jb der Hamburger Kunstsammlungen 19, 1974, 156f. mit Abb.; ders., AA 1974, 72f. Nr. 34 Abb. 29.

[119] Abb. 126 nach E. French, Mycenaean Figures and Figurines, their Typology and Function, in: R. Hägg– N. Marinatos a. O. (s. Anm. 108) 174 Abb. 1. Vgl. R. Hägg, ebenda 38 Abb. 2 (Φ-Idol aus Delphi); K. Kilian, ebenda 54 Abb. 6. 7 (Tiryns); Buchholz–Karageorghis, Altägäis Nr. 1258–1264 (Idole aus Tiryns und Lipari); Ei. Peppa-Papaioannou, Pelina Eidola apo to Iero tou Apollona Maleata Epidaurias, Diss. Athen 1985, Taf. 77 Nr. B″1–6 (überwiegend Fragmente von Φ-Idolen). Dazu bereits A. Furumark, The Chronology of Mycenaean Pottery (1941) 86ff. mit Abb. 1 und Tabelle.

[120] S. Laser, in: F. Matz–H.-G. Buchholz, ArchHom, Lieferung P (1968) 55 Abb. 9k.m–o; Buchholz–Kara-

georghis, Altägäis Nr. 1249a.b (leerer Göttersitz, Prosymna).

[121] G. Mylonas, Seated and Multiple Mycenaean Figurines, in: The Aegean and the Near East, Studies presented to H. Goldman (1956) 110ff.; E. French a. O. (s. oben Anm. 108) und dies., BSA 66, 1971, 167ff.; P. Kranz, Frühe griechische Sitzfiguren, AM 87, 1972, 46ff.; s. Buchholz–Karageorghis, Altägäis Nr. 1248d (thronende Göttin, Mykene).

[122] H.-V. Herrmann, Boreas (Münster) 5, 1982, 54ff., bes. 60ff.

[123] AA 1972, 23f. Nr. 23 Abb. 38. 39 (Beschreibung durch Kranz); Kranz a. O. Taf. 21, 3. 4; Herrmann a. O. 61 Nr. 24 Taf. 3, 3 (mit weiterer Lit.); H 9,2 cm, aus der Argolis; SH III B.

[124] Peppa-Papaioannou a. O. Taf. 79 Nr. B″24.

[125] Zu einem Beispiel aus Tiryns s. G. Perrot–Ch. Chipiez, Histoire de l'Art dans l'Antiquité VI (1894) 810 Abb. 379; ferner ein weiteres Beispiel in Athen,

mälergattung künstlerisch repräsentiert und als Genrebild aufzufassen sein. Doch der als ein Trog für den Brotteig angesehene Gegenstand ist in Wirklichkeit ein dreibeiniger Tisch mit eingesenkter Platte. Die ruhig stehende weibliche Figur hinter einem Tisch ist natürlich allen möglichen Deutungen ausgesetzt. So steht auch in diesem Falle wie in allen übrigen Fällen nichts dem Gedanken an ein Thema aus dem Kultus entgegen. Bei einer weiteren kleinen Vollplastik, einer Göttin mit erhobenen Armen im Damensattel auf einem Pferd, ist der religiöse Zusammenhang unverkennbar[126]. Die zugrundeliegende Form ist die der Ψ-Idole in der Sitzstellung thronender Göttinnen. Das alles ist hier zur komplexen Gruppe gesteigert.

Kleine, vollplastische, mit der Hand geformte Modelle von Wagengespannen, bei denen in starker Verkürzung des Motivs der Wagenkorb nicht auf Rädern hinter den Pferden, sondern auf deren Hinterteil aufliegt, gibt es in zahlreichen Varianten. Bei dem hier abgebildeten Beispiel fehlt der Wagen völlig, zwei Personen sind mit dem Tierhinterteil verschmolzen, und von dem Paar der Zugtiere ist ein einziges übrig geblieben (Taf. 1 d)[127]. R. V. Nicholls möchte einen »Ochsenkarren mit einem Menschenpaar unter einem Sonnenschirm« erkennen. Kopfformen und Gestaltung von Ohren oder Hörnern sind bei mykenischen Tierfiguren häufig so unpräzise, daß die Tierarten – in unserem Fall Pferde oder Rinder – unbestimmbar bleiben. Auch dies gehört zur Beurteilung bronzezeitlicher Plastik. Wäre hier wirklich der Ochse anstelle des Pferdes als Zugtier zweifelsfrei zu erkennen, so müßte dies bei Götter- und Königsumfahrten als kulturhistorisch bemerkenswert eingestuft werden.

Einen Sonnenschirm über den Köpfen von Wagenfahrern gibt es in dieser Denkmälergattung öfter[128]. Es handelt sich gemäß späterer orientalischer Anschauung sicher auch hier um ein Herrschaftssymbol. So sind die kleinen rundplastischen Werke aus der Alltagssphäre herausgehoben; ihr religiöser Charakter ist freilich allein dadurch noch nicht erwiesen[129].

Zur Gattung der mit Streifen bemalten, massiven, handgemachten mykenischen Terra-

Privatbesitz, Fundort unbekannt, H 10 cm, SH III A/B, s. Buchholz–Karageorghis, Altägäis Nr. 1248a (mit Lit.).

[126] Aus Charvati, Attika, SH III B/C; Athen, Nat.-Mus., Sammlung H. Stathatos, s. Buchholz–Karageorghis, Altägäis Nr. 1248b (mit Lit.).

[127] Privatsammlung J. Chesterman, Inv.-Nr. C 117, s. R. V. Nicholls, Greek Gods and Goddesses in Miniature, an Exhibition of the Chesterman Terracotta Collection, Cambridge 1978, 9 Nr. 15 mit Abb.; wohl SH III B (nach Nicholls vermutlich 14. Jh. v. Chr.), H 9 cm. Dem Besitzer ist für die Bildvorlage unserer Taf. 1 d zu danken. Einzelpferd anstelle eines Gespanns auch aus Enkomi in Nikosia, Cyprus Mus., Inv.-Nr. A 34, s. K. Nikolaou, OpAth 5, 1964, 52f. Nr. 10 Taf. 5c. d. Eher einzelnes Rind als Pferd aus Mykene, Kammergrab 513: J. H. Crouwel, Chariots and other Means of Land Transport in Bronze Age Greece (1981) Taf. 118a.b, ebenda S. 161ff. Katalog ähnlicher Objekte.

[128] Vgl. solche Gruppen aus der Nekropole von Pro-

symna; zwei Pferde, SH III B; C. W. Blegen, Prosymna, the Helladic Settlement Preceding the Argive Heraeum (1937) 365f. Nr. 416 Abb. 617. 618; E. Vermeule, Greece in the Bronze Age (1964) Taf. 41d; J. Benson, Horse, Bird and Man (1970) Taf. 7, 1; Buchholz–Karageorghis, Altägäis Nr. 1248c. Gelegentlich kommen Schirme auch auf Vasenbildern vor, s. Furumark, Myc. Pott. 238 Abb. 25, 21 (SH III A 2).

[129] C. F. A. Schaeffer, Ugaritica II (1949) 180 Abb. 72, 17 Taf. 34 (Ras Schamra, Beispiel mit Schirm); weitere Exemplare mit und ohne Schirm: A. Furtwängler–G. Loeschcke, Mykenische Vasen (1886) 17 Taf. 11, 68 (Ialysos, Grab V); Nikolaou a. O. 52 Nr. 9 Taf. 8a–c (Cyprus Mus., Inv.-Nr. A 33); Benson a. O. 20f. Taf. 3, 5a.b (Athen, Nat.-Mus.); C. Renfrew, in Hägg–Marinatos a. O. (s. oben Anm. 108) 72 Abb. 10 (Phylakopi, Heiligtum, Phase 2); Crouwel a. O. 161 Nr. T 10 Taf.-Abb. 40a.b (Paris, Louvre, Inv.-Nr. CA 2959 aus Markopoulon, Attika); A. Xenake-Sakellariou, Oi Thalamotoi Taphoi ton Mykenon (neugriech., 1985) Taf. 63, 2262.

kotten gehört auch eine Gruppe, die aus einem Stier und einem Mann besteht, der die langen Hörner packt und wie ein Reiter unmittelbar hinter dem Hals des Tieres steht oder sitzt[130].

Auch in diesem Fall folgen die Teile, das Tier und der Mann, vorgeprägten Formen. Das Neue liegt in dem Versuch, beide so zu vereinigen, daß eine Aussage über ein aktives Miteinander, ein dynamisches Geschehen, erfolgt. Die unbewegten Einzelelemente sind natürlich einer solchen Absicht des Ganzen nicht förderlich. Mein verstorbener Freund K. Nikolaou, der als Direktor des Cyprus Museums das ungewöhnliche Stück in seinem Aufsatz »Mycenaean Terracotta Figurines in the Cyprus Museum« veröffentlicht hat[131], bemerkte zutreffend, daß die Bezeichnung 'Reiter' durch 'Toreador' ersetzt werden müsse und die Gruppe als vereinfachende künstlerische Wiedergabe einer Szene aus den ägäischen Stierspielen zu verstehen sei. Wiederum erscheint es aufschlußreich, daß ein solches Dokument im Osten des Mittelmeeres gefunden worden ist. Denn man kann nicht annehmen, daß religiöse Gegenstände wie bloße Andenken oder als Handelsware weitergereicht wurden. Es deuten sich zwischen den Kulturräumen Verknüpfungen an, auf die J.-C. Courtois in seinem Beitrag kenntnisreich eingegangen ist (oben S. 182ff.).

Auf die späthelladische Tierplastik trifft die Bezeichnung 'Schneemannstechnik' im besonderen Maße zu. Diese Massenproduktion geht selten einmal über die Standardformen mit langen, walzenförmigen Körpern, nach unten gespreizten, undifferenzierten Beinen und summarisch angelegten Köpfen hinaus, an denen gegebenenfalls Hörner oder Ohren oder beides angesetzt sind. Selbst die Bemalung mit Parallelstrichen und langen gewellten Streifen leistet nichts zur Intensivierung eines organischen Eindrucks bis auf die gelegentliche Angabe von Augen. In einem Diagramm ist gezeigt worden, wie sich Tierfiguren 'entwickelt' haben[132]. Doch von 'Entwicklung' kann genaugenommen keine Rede sein. Diese Kunst ist nicht entwicklungsfähig in dem Sinne, daß in ihr noch unausgeschöpfte Möglichkeiten steckten. Die Typologie darf deshalb als die angemessene Methode gelten, nicht die Stilanalyse.

Die Masse mykenischer Tierfiguren stellt Hornvieh und Pferde dar und bildete den Kern von Votivansammlungen heiliger Stätten[133]. Ungewöhnlich sind Versuche wie die Wiedergabe eines liegenden Hundes[134]. Als Seltenheit ist auch ein mykenisches Schweinchen, mit Kreuzreihen bemalt, hohl und wohl eine Inselarbeit, aus Troja VI/VII zu bezeichnen[135]. Tiergestaltige Gefäße gab es in vielen Kulturen, so auch auf Kreta und in Hellas[136]. Dem mykenischen Töpferhandwerk waren Widder (Widderköpfe, s. oben Abb. 63a.b; 64b), Vögel und Fische (Abb. 64d)[137] sowie Igel (Abb. 64a.c) darstellungs-

[130] Nikolaou a. O. 51 Nr. 7 Taf. 6a.b (Inv.-Nr. A 32, detaillierte Beschreibung, H 10 cm); Buchholz–Karageorghis, Altägäis Nr. 1730.

[131] Nikolaou a. O. 47ff. (Φ- und Ψ-Idole, ein männliches Figürchen, Tierfiguren).

[132] French a. O. (s. oben Anm. 108) 175 Abb. 2; vgl. ferner ebenda Abb. 5 und Buchholz–Karageorghis, Altägäis Nr. 1252.

[133] Beispielsweise berichtete G. Karo von einer spätmykenischen Opferstätte auf einer Paßhöhe der Argolis »mit mehreren Hundert kleinen Tonfiguren von Tier- und Menschenform« (AA 1913, 116).

[134] Boston, Mus. of Fine Arts, Inv.-Nr. 65.1339, H 6,3 cm, L 10,4 cm, s. Buchholz–Karageorghis, Altägäis Nr. 1251.

[135] Berlin-Charlottenburg, Mus. für Vor- und Frühgeschichte, Inv.-Nr. Sch 3563, L 8,5 cm, H 4,5 cm (Schliemannsche Ausgrabungen); H.-G. Buchholz, Berliner Jb für Vor- und Frühgeschichte 5, 1965, 77 Taf. 11,2–4; Buchholz–Karageorghis, Altägäis Nr. 1250.

[136] K. Tuchelt, Tiergefäße in Kopf- und Protomengestalt (1962).

[137] Abb. 64d nach Ugaritica II 222 Abb. 93,4; weiterhin M. Mayer, Askoi, in: JdI 22, 1907, 213 Abb. 3f.h.

würdig[138]. Nach den Gründen einer solchen Auswahl wäre zu fragen; die Antwort liegt sicher auf religionsgeschichtlichem und nicht auf kunstgeschichtlichem Gebiet.

Als Besonderheit habe ich unserer Auswahl noch den Kopf eines Tieres mit breitem Schnabel, wohl einer Ente, zugesellt (Taf. 1a.b). Es handelt sich um eine an einem Gefäßrand ansitzende Protome von der Unterburg in Tiryns (1965). Das Stück ist nicht ohne Reiz; der positive Eindruck wird hervorgerufen durch den flotten Schwung der Schnabelkrümmung und durch den 'Blick' der farblich als Scheibe mit umschließendem Kreis angelegten übergroßen Augen.

Zur minoisch-mykenischen Vasenkunde

Es entspricht einem Grundsatz der praktischen Archäologie, wenn keramische Gattungen und ihre Probleme aus vielen Gründen eine bevorzugte Stellung einnehmen. Die Unterwasserarchäologen meinen, die von ihnen gefundenen Anker entsprächen den Scherbenfunden der Ausgräber zu Lande, damit ist der hervorragende Stellenwert der Vasenkunde in der Archäologie umschrieben. Freilich ist diese Erkenntnis von der Ausgangsposition des jeweiligen Forschers abhängig: Der Ausspruch »Topf ist Topf« kommt zwar von einem berühmten Ausgräber, dessen Namen ich aus verständlichen Gründen nicht nennen möchte, zeigt aber an, daß dieser nicht aus dem Lager der Keramikforschung stammt; der Betreffende gehörte zu den Bauforschern, die von Hause aus ihre monumentalen Funde ungleich höher bewerten als ein paar schäbige Scherben.

Unser chronologisches Gerüst ist allerdings ohne Keramik-Forschung nicht denkbar (S. 15, Tabelle), besonders nicht ohne die Verzahnung von Kulturkreisen und -gruppen, nicht ohne ihre wechselseitigen Keramik-Ex- und Importe. Ein wichtiger Teil dessen, was J.-C. Courtois in seinem Beitrag vorführt (S. 182ff.), fällt unter diesen Gesichtspunkt. Auch kyprische 'Whiteslip'-Schalen aus Thera und Westkreta (S. 165 Abb. 43 a. b) und sogenannte 'kanaanäische Pithoi', im ägäischen Kulturkreis gefundene zweihenklige Transportgefäße aus dem Orient, gehören zu derartigen chronologischen Orientierungsmöglichkeiten.

Letztere bieten außerdem wichtige Hinweise auf Handelsgut aus den östlichen Mittelmeerländern. Unter diesem Aspekt wäre die in ihnen transportierte Ware aufschlußreicher, als sie es selber sind. Die noch unpublizierten kanaanäischen Pithoi aus dem Schiffswrack von Kaş an der südtürkischen Küste liefern jetzt den Beweis, daß diese Großgefäße als regelrechte 'Container' Verwendung fanden. Es ergaben sich hier in ihnen und sonst Indizien für die Beförderung von Getreide, anderen Feldfrüchten, Wein und Öl, Erdpech und weiteren Rohstoffen, Glasperlen und zerbrechlichen kleinen Gefäßen. Zu den erwähnten 'kanaanäischen Pithoi' in den Schiffswracks von Kaş (S. 160) und vom Kap Gelidonya[139] sowie weiteren in Hellas[140] treten nun auch Fragmente, teils mit ein-

[138] Vgl. H.-G. Buchholz, Echinos und Hystrix, in: Berliner Jb für Vor- und Frühgeschichte 5, 1965, 66ff. mit Taf. 9–17; ferner Buchholz–Karageorghis, Altägäis Nr. 1253a.b (mykenische Igelgefäße aus den Gräbern von Prosymna); Nr. 1254–1256 (desgleichen aus Attika und unbekannten Fundortes); s. bereits Mayer a. O. 213

Abb. 3i. Mykenisches Igelgefäß aus Maroni, Grab 14 (L 18,3 cm), s. D. Morris, The Art of Ancient Cyprus (1985) 233 Abb. 382.

[139] J. B. Hennessy – J. du Plat Taylor, in: G. Bass, Cape Gelidonya (1967) 122f. Abb. 132, 2.

[140] Oben S. 165ff. mit Anm. 25 und Abb. 43c (Thera).

geschnittenen Schriftmarken, aus den kürzlich abgeschlossenen Ausgrabungen von Tiryns[141].

In deutscher Sprache gibt es so gut wie nichts an grundlegenden Studien zur kretischen Keramik der ersten Hälfte des 2. Jts. v. Chr.; ich nenne: A. Zoës, »Der Kamaresstil, Wesen und Werden« (1968). Frau G. Walberg, ebenfalls Erforscherin der Kamareskeramik, hat 1983 mit dem Buch »Provincial Middle Minoan Pottery« die Aufarbeitung der MM-Vasenbestände aus kretischen Fundorten außer Knossos und Phaistos abgeschlossen, während Ph. Betancourt mit »The History of Minoan Pottery« einen Überblick über die kretischen Vasenabfolgen im ganzen vorgelegt hat (1985). An Mittelbronzezeitlichem sind in unserem Buch lediglich Beispiele der MH-Keramik aus Kythera (S. 139 Abb. 30a.b) und eine in Mattmalerei figürlich verzierte Scherbe aus Aigina vertreten (S. 337 Abb. 86b).

Aufgrund eingehender Studien von Keramiksequenzen der mittleren und beginnenden späten Bronzezeit (ab 1700) bis etwa 1450 v. Chr. in Hagios Stephanos, Lakonien, haben J. und S. Rutter ihre Forschungen auf lokale und überregionale keramische Entwicklungstendenzen von der ersten bis in die zweite Hälfte des 2. Jts. v. Chr. konzentriert und dabei auch auf Einflüsse aus Kreta geachtet. Es geht ihnen um den Ursprung der mykenischen Tonware[142].

Keramik des 16. und 15. Jhs. v. Chr. ist in unserem Buch mehrfach vertreten: W. Schiering bespricht ein Rhyton mit Motiven des 'Meeresstils' aus Palaikastro im Zusammenhang mit der monumentalen Malerei (S. 328 Taf. 11c). Lokale SM I A-Keramik aus Kythera (S. 141 Abb. 32a–c) und vor allem importierte kretische Tassen und andere Vasenformen mit Bemalung im 'alternierenden Stil', ebenfalls aus Kythera (Abb. 36a–e), sind sowohl von den englischen Ausgräbern als auch unter chronologischem Aspekt im Beitrag von St. Hiller behandelt worden (S. 397 Abb. 100a–d). Tassen des 'alternierenden Stils' kommen ferner in Hagia Irini auf Keos vor (S. 399 Abb. 102a). Sie und auch der Typus des 'ephyräischen Bechers' gehören in die zweite Hälfte des 15. Jhs. v. Chr. (SH II). Es handelt sich bei letzterem um eine Festlandsform (S. 397 Abb. 101b–d), die nach Kreta übergriff (Abb. 101a; 102d). Es gibt neuerdings eine Studie dieser speziellen Becherform[143]. Die Entwicklung bestimmter keramischer Typen und Motive des Dekors ist in einer Sammelabbildung für die Stilstufen SM I B bis II/III A 1 veranschaulicht worden (S. 391 Abb. 98). Dort hat der 'ephyräische Becher' um 1425 v. Chr. seinen Platz (Abb. 98i). In diesem Zusammenhang sei eine bei W. Schiering in Mannheim entstandene Dissertation erwähnt, welche »Die Palaststilkeramik von Knossos« zum Gegenstand hat[144].

---

[141] H. W. Catling, ArchRep 1983/84, 23. Literatur zu derartigen Funden mit Schriftzeichen in E. Grumach, Bibliographie der kretisch-mykenischen Epigraphik (1963) 90f.; Suppl. (1967) 27. Ein entsprechendes Gefäß mit drei Schriftzeichen auf einem Henkel aus Kammergrab 58/1892 bei Mykene (V. Grace, The Canaanite Jar, in: The Aegean and the Near East, Studies presented to H. Goldman [1956] 102 Taf. 9, 5) jetzt auch in: A. Xenake-Sakellariou, Oi Thalamotoi Taphoi ton Mykenon (neugriech., 1985) 179 und 184 Nr. 2924 Taf. 58. Ein solcher Pithos in einem Kammergrab in Athen in situ: Buchholz–Karageorghis, Altägäis Abb. 956a.b.

[142] J. B. und S. H. Rutter, The Transition to Mycenaean, Monumenta Archaeologica 4 (Inst. of Arch., UCLA, 1976); vgl. auch O. Dickinson, The Origins of Mycenaean Civilization (SIMA XLIX, 1977), Rez.: J. B. Rutter, AJA 82, 1978, 409ff.

[143] P. A. Mountjoy, The Ephyraean Goblet Reviewed, in: BSA 78, 1983, 265ff.

[144] Archäologische Forschungen XIII (1985).

524

Hier wird ein weiteres Gefäß angeschlossen, das in der ‚Palaststil'-Tradition steht, jedoch aus Attika stammt und sich in Princeton, New Jersey, befindet, ein ‚gedrücktes Alabastron' (‚Hängepyxis') des SH II (Taf. 2d). Die Gefäßform und der gewellte Abschluß des unteren gefirnißten Teils sind als konventionell zu bezeichnen, während die zwischen den drei Henkeln in die helle Fläche gesetzten Tintenfische recht unkonventionell einer Stilisierung unterliegen, die sie nahezu unkenntlich macht. Das Gefäß ist wohl ein Festlandsprodukt [145].

Die mykenische Keramik des 14. Jhs. v. Chr. (SH III A) ist mit einem im Antikenmuseum von Berlin-Charlottenburg befindlichen Beispiel, einer 30,5 cm hohen, sehr gut erhaltenen Kanne mit schlanker Basis vertreten (Taf. 3a) [146]. Sie zeigt unten am Henkel die Imitation von Nietköpfen, eine deutliche Reminiszenz metallener Vorbilder. Der Fuß ist gefirnißt, oben von einem ausgesparten hellen und einem breiteren dunklen Streifen abgeschlossen. Der Körper ist locker mit vertikalen Gruppen von je vier schmalen gewellten Bändern zwischen je einem dickeren Band verziert [147]. Am Hals sieht man zwei waagerechte Strichgruppen von je drei schmalen Streifen.

Mit den Stilphasen der Vasen des SH III A und B, des 14. und 13. Jhs. v. Chr., ist eine Formenwelt umschrieben, die der mykenischen Koine das Gepräge gibt. Es handelt sich bei aller Vielfalt um erstaunlich homogene Erscheinungen, denen wir von Kreta bis Troja, von den westlichen Einflußgebieten bis Zypern und Syrien-Palästina begegnen. Tell-el-Amarna erlaubt wegen der zeitlich engen Eingrenzung der Nutzung des Ortes als Hauptstadt unter Amenophis IV., die dortigen Funde – das ist für die mykenischen Importe wichtig – als absolut datiert anzusehen (1365–1350 v. Chr.) [148]. Die dortige Hauptmenge der SH-Keramik gehört der voll entfalteten Stilphase III A 2 an, wenige Stücke sind stilistisch etwas jünger (vom Beginn III B). Deshalb muß im ersten, spätestens zu Beginn des zweiten Viertels des 14. Jhs. der Übergang von III A 1 nach A 2 angesetzt werden.

Als Beispiel von SH III A 2-Keramik stelle ich hier einen Dreihenkeltopf vor, der sich in Südafrika befindet (Taf. 2c) [149]. Er stammt nach dem guten Erhaltungszustand gewiß aus einem Grab. Leider versagen die Informationen über den Herkunftsort. Das Gefäß besitzt einen piriformen Körper und steht auf schlanker Basis; auf niedriger Schulter sind drei kleine Horizontalhenkel angebracht, von denen der eine abgebrochen ist. Der Hals ist niedrig, die Mündung lädt kräftig aus. Der Fuß weist flächig aufgetragenen rotbraunen

[145] University Art-Museum, Inv.-Nr. 1955.3243. Die Bildvorlage wird Frau J. Jones verdankt. Zu den Maßen s. unten: Nachweis der Tafelabbildungen. In Furumark, Myc. Pott. 303 ff., Motiv ‚Cuttlefish' gibt es nichts Vergleichbares, besonders nicht in der torpedodünnen, eckigen Formgebung des Körpers und der filigranartigdurchsichtigen Strichigkeit des Ganzen.

[146] Inv.-Nr. F 22; aus der Sammlung A. Barré; die Bildvorlage wird U. Gehrig verdankt; vgl. A. Furtwängler – G. Loeschcke, Mykenische Vasen (1886) Taf. 13,89; Furumark, Myc. Pott. 605 Nr. 133,10.

[147] Furumark, Myc. Pott. 402f. Abb. 70, Motiv 67, 9. 10.

[148] A. Furumark, The Chronology of Mycenaean Pottery (1941) 57. 113. Die Verlegung der Residenz erfolgte im 6. Regierungsjahr Amenophis' IV., dessen Daten in

W. Helck – E. Otto, Kleines Wörterbuch der Ägyptologie (1956) 37 auf 1353–1336 v. Chr. herabgesetzt sind, damit würde die Amarnazeit aus den 70er und 60er Jahren in die 40er Jahre rücken. Zu den mykenischen Vasenformen in Tell-el-Amarna vgl. die Zusammenstellung in H.-G. Buchholz, AA 1974, 449 Abb. 88, nach H. Hankey, The Aegean Deposit at El Amarna, in: Acts of the International Archaeological Symposium »The Mycenaeans in the Eastern Mediterranean«, Nikosia 1972 (1973) 128 ff.

[149] Rhodes-Universität, Archäologische Sammlung, Inv.-Nr. 7; H 14 cm, Dm der Mündung: 9 cm; s. B. C. und A. C. Dietrich, The Rhodes University Vases I (o. J.) 5 Nr. 7. Die Vorlage für Taf. 2c wird B. C. Dietrich verdankt. Vgl. Buchholz–Karageorghis, Altägäis Nr. 958, aus Kos (Eleona, Grab 17/1943).

Firnis auf, nach oben von zwei feinen Parallellinien begrenzt. Der Körper trägt einen hellgelben Überzug, der unterhalb des Umbruchs unbemalt ist. Darüber befinden sich auf der Schulter zwischen drei unteren und zwei oberen Parallellinien – unterbrochen von den Henkeln – dichte Kreuzschraffuren. Hals, Mündung und das Innere des Halses sind gefirnißt.

Grab 11 der französischen Ausgrabungen in Enkomi barg mehrere dieser Dreihenkeltöpfe, so daß die gleichzeitige Variationsbreite nach Gestalt und Dekor feststellbar wird. J.-C. Courtois hat betont, daß sie auf Zypern zu den häufigsten Grabbeigaben neben zweihenkligen Krateren gehören[150].

Manchmal sind derartige Dreihenkeltöpfe zu Zwillingsgefäßen vereinigt. Sehr ungewöhnlich ist die Kombination von Vierlingen wie in einem Beispiel aus der mykenischen Nekropole von Broumazi bei Olympia, Grab 2[151]: Fahlgelber Ton, brauner Firnis, kleine Beschädigungen, Gipsflickungen, im ganzen vollständig. Die Einzelformen entsprechen dem zuvor beschriebenen Stück, sind allerdings weniger streng akzentuiert; flüchtige Horizontalstreifen an Fuß, Körper und Mündung, nach innen übergreifend, flüchtige Schraffuren auf der Schulter. Dieses Kompositgefäß wird von einem außen mit engständigen Winkeln verzierten Bandhenkel zusammengehalten und wie bei einem Henkelkorb hoch überragt.

Die großen bemalten Kratere gehören nicht allein zu bevorzugten Grabbeigaben, sie stellen mit ihren repräsentativ angelegten Ornamenten (Abb. 51a), ihren Streitwagen- (Abb. 49. 52. 58. 59), Pferde- und Stierbildern (Abb. 53. 54. 66), mit der Darstellung anderer Tiere, unter denen Vögel und Wildziegen besonders beliebt sind (Abb. 57a.c), sowie figurenreichen Schiffsdarstellungen (Abb. 55)[152] eine erstrangige Quelle für die Erforschung der spätmykenischen Vasenmalerei dar. Die schönsten Stücke wurden in Zypern und an der Levanteküste gefunden. Als einzigartig muß eine Scherbe des späten SH III B aus Milet bezeichnet werden, die in den Resten ihrer bildlichen Bemalung eine hethitische spitze Göttermütze mit Hörnern erkennen läßt[153]. Das ist bis jetzt der einzige mykenische Beleg für ein hethitisches Motiv.

Die Bügelkanne, ein bauchig-kugelförmiges Gefäß mit engem, verschließbarem Hals, war das bevorzugte Verpackungs- und Aufbewahrungsbehältnis für aromatische Öle, in den kleinen Varianten sozusagen ein Vorläufer des Aryballos. Da Öl zur Körperpflege offenbar auch außerhalb der mykenischen Welt gefragt war, fehlen Bügelkannen und Frag-

[150] Oben S. 196f. Abb. 56a–c. Courtois spricht diese Form als ›Hydria‹ an. Ich benutze die Gelegenheit zu einer Berichtigung: Ein solches Dreihenkelgefäß in München, Antikensammlung, Inv.-Nr. 6079, mit Kreuzschraffur zwischen den Henkeln und leerer Wandung darunter zeigt in Buchholz–Karageorghis, Altägäis (Nr. 966) auf dieser in Wirklichkeit unbemalten Fläche einen menschlichen Kopf und zwei mit Schuppen bedeckte, gewinkelte Flügel. So etwas ist in der mykenischen Kunst sonst unbelegbar. Ich habe F. W. Hamdorf um Prüfung gebeten und mit Schreiben vom 18. 11. 1974 folgende Mitteilung erhalten: »Das Gefäß zeigt keine Spur mehr von Übermalung und ist völlig von den Sphinx-Bildern befreit. Die Kartei hat von dem Vorgang keine Überlieferung bewahrt. Ich weiß nicht, warum die Erwähnung im Erwerbsbericht (R. Hackl, JdI 22, 1907, 101 Nr. 4 Taf. 2) nicht widerrufen worden ist.«

[151] Zur Lage des Ortes s. die Karte, oben S. 433 Abb. 112 Nr. 20. Olympia, Arch. Mus., Inv.-Nr. P 181 (Neg.-Nr. 6207, die Aufnahme wird der Freundlichkeit von P. Themelis, jetzt Professor der kretischen Universität Rhethymnon, verdankt, der mich in den myk. Nekropolen bei Olympia 1967 führte).

[152] Jetzt auch abgebildet in E. Vermeule – V. Karageorghis, Mycenaean Pictorial Vase Painting (1982) Taf.-Abb. V 38.

[153] H.-G. Buchholz, AA 1974, 365.

mente von ihnen auf keiner Ausgrabungsstätte, die der späthelladische Handel erreicht hat. Wir bringen Beispiele aus Attika (S. 447 ff. Abb. 117 f–k; 118 a–g.j), Boiotien (S. 405 Abb. 104 a), Epeiros (S. 363 Abb. 93 b), Kreta (Abb. 104 b), Rhodos (S. 399 Abb. 103 i) und Zypern (S. 197 Abb. 56 d).

Von besonderem Interesse sind beschriftete Bügelkannen. Es gibt solche, denen Zeichen tief eingeschnitten sind, mit deutlichem Schwerpunkt in Zypern. Die Anbringung derartiger Marken geschah manchmal vor, häufiger nach dem Brand, während von Vasenmalern aufgemalte Inschriften immer am Ort der Gefäßherstellung vor dem Brand zustande kamen. Früher hat man diese gewöhnlich großen, aus grob gemagertem Ton bestehenden Bügelkannen der 'Oatmealware' zugerechnet und herumgerätselt, wo ihre Produktionszentren gelegen haben mögen. Die Orte der Auffindung müssen keineswegs mit denen der Herstellung identisch sein. So ist das gehäufte Auftreten in Theben, Boiotien (S. 405 Abb. 104 a), im Hinblick auf die Produktion nicht beweiskräftig[154]. Ein berühmtes Stück stammt aus dem nicht weit entfernten mykenischen Palast von Orchomenos[155]. Auch 'Coarse Ware Stirrup-Jars' aus Mykene[156] gehören zur Gattung der 'Oatmealware'. Aus fundstatistischen, schriftgeschichtlichen und Gründen der mineralogischen Analyse mochte man an Palastmonopole von Knossos, Mallia oder Phaistos nicht glauben. Doch geben die meisten Forscher Kreta den Vorzug vor dem Festland und suchten zunächst die Herstellungszentren in Ostkreta. Neuerdings ist Chania, Westkreta, im Gespräch (S. 405 Abb. 104 b, vgl. die Karte, S. 25 Abb. 2 b).

Trinkgefäße – Tassen, Becher, Schalen, Kylikes – sind oben anläßlich der Erörterung des 'alternierenden Stils' als charakteristischer Vasentypus berührt worden (Kythera und Keos, Abb. 36 a–c; 100 a–d; 102 a). Tassen haben starke Wandlungen von SM/SH I bis SH III C erfahren (Abb. 77 d, Grotta di Polla, III C; ältere Beispiele aus Enkomi: Abb. 56 e, und aus Epeiros: Abb. 93 c). Mykenische offene Schalen aus einem Grab von Minet-el-Beida, dem Hafen von Ugarit, zeigen die Anpassung des Innendekors an das Rund der keramischen Form (S. 215 Abb. 67 a–g): Neben konzentrischen Streifenornamenten gibt es Stiere, stilisierte fliegende Vögel und Fische in konzentrischen Friesen regelmäßig wiederholt.

Unlängst ist ein aus Scherben zusammengesetzter mykenischer Krater der Phase III A 2 aus Enkomi, Grab 7/1949 der französischen Ausgrabungen, bekanntgeworden. Die Bemalung weist vier Paare sich gegenüberstehender Männer auf, je zwei auf jeder Vasenseite. Jedes Paar ist durch ein T-förmiges Band verbunden, das V. Karageorghis als Tisch verstehen möchte, doch sind hüfthohe Bartische mit einer Mittelsäule, an denen man stehend trinken kann, aus der Bronzezeit unbekannt. Jeder der Männer faßt sein pokalartiges Trinkgefäß – eine Kylix mit zwei Henkeln, welche die Mündung überragen[157] – an dem hohen Fuß an. Die 'Bindung' der Paare bedarf noch der Klärung. Es fällt schwer, an

[154] H. W. Catling–A. Millett, A Study of the Inscribed Stirrup-Jars from Thebes, in: Archaeometry 8, 1965, 1 ff.; J. Raison, Les Vases à Inscriptions Peintes de l'Age Mycénien et leur Contexte Archéologique (1968); Buchholz–Karageorghis, Altägäis 118 ff. Nr. 1413.
[155] Buchholz–Karageorghis, Altägäis Nr. 1412 (viel Lit.).
[156] H. W. Haskell, BSA 76, 1981, 225 ff. und J. A. Ri-

ley, ebenda 335 ff. (Petrological Examination of Coarse Ware Stirrup-Jars from Mycenae).
[157] V. Karageorghis, RDAC 1983, 164 ff. Abb. 2 a–c Taf. 25, 2. 3 (H 39,2 cm). Derartig hohe Becherformen mit Henkeln, welche die Mündung überragen, gehören zum Repertoire der Phasen III A–C 1, s. Furumark, Myc. Pott. 60 f. Abb. 16. 17, Form 272. 273. 277. Zu dem 'Tisch', der keiner ist, vgl. ein breites, quergestreif-

ein profanes Besäufnis zu glauben; vielmehr ist die viermal wiederholte gleiche Szene für die Bedeutung des Trinkens überhaupt von Bedeutung. Die paarweise Anordnung, das Stehen beim Trinken, wie es scheint, in kriegerischer Ausstattung mit Helm und Panzer, das alles weist auf eine rituelle Handlung hin.

Unter den Besonderheiten mykenischer Vasen hebe ich außerdem eine Feldflasche aus Ras Schamra hervor (S. 211 Abb. 65)[158]. Sie ist nicht wie üblich mit konzentrischen Kreisen geschmückt, sondern nach dem System des achtspeichigen Rades mit einer nach rechts um das Zentrum herumschreitenden Prozession von acht Männern mit je einem U-förmigen Gebilde in der Hand, das ebenfalls ein Trinkgefäß sein könnte.

Thronende Frauen, vielleicht Göttinnen, mit Gefäßen in der Hand, sind von kretischen Wandgemälden wie von festländischen Vasenbildern und Denkmälern der Kleinkunst bekannt. Rituelles Trinken setzt entsprechende Getränke voraus – man denke an den Wein des Dionysos, Nektar umd Ambrosia des indogermanischen Mythos[159], Soma bei indischen Götterfesten oder den Met im germanischen Kult –, so werden Trichterrhyta verständlich, die man zum Umfüllen von Flüssigem benötigte. Mit den religiösen Bräuchen der Mykener gelangte auch die zugehörige Ausstattung in den Osten: SH-Rhyta wurden in großer Zahl in Enkomi und Ras Schamra ausgegraben (Abb. 51b; 60–62).

In zwei Beispielen ist in unserem Buch ein Vasentypus vertreten, den man Kugelamphora nennen kann (Taf. 3b, aus Zypern; Taf. 3d, aus der Gegend von Olympia)[160]. Es handelt sich um Furumarks Form 63[161], ein Vorratsgefäß mit kurzem zylindrischen Hals, auf dem ein passend gearbeiteter Stülpdeckel sitzt (Taf. 3c)[162]. Dieser Gefäßtypus ist eine Neuschöpfung des SH III C 1; er kommt auch noch in Phase III C 2 vor, war mithin von etwa 1200 bis 1100 v. Chr. im Gebrauch. Von den beiden Beispielen dürfte das simpel bemalte Stück (Taf. 3c.d) das ältere sein und in die erste Jahrhunderthälfte gehören, während das Stück aus Zypern in Toronto wohl den letzten Jahrzehnten desselben Jahrhunderts zuzurechnen ist. Damit ist auch im Rahmen der Entwicklung mykenischer figürlicher Malerei ein Endpunkt erreicht. Auf der nicht abgebildeten Seite der Kugelamphora in Toronto sind zwei Pferde zu sehen mit zwei im Sprung gekrümmten Fischen darüber. Das Konzept entspricht dem auf dem Pferdeführerkrater aus Ras Schamra (Abb. 66). Die Pferde sind jedoch so angeordnet, daß sie nach außen blicken und ihre Schweife sich überschneiden.

tes 'Horizontalband' in Schenkelhöhe zwischen zwei menschlichen Gestalten auf einer SH III C-Scherbe aus Megiddo, F. Schachermeyr, Die Levante im Zeitalter der Wanderungen (1982) 201 Abb. 42c.

[158] Auch z. T. abgebildet in E. Vermeule–V. Karageorghis a. O. (s. oben Anm. 152) Taf.-Abb. V 37.

[159] P. Thieme, Nektar und Ambrosia, in: Studien zur indogermanischen Wortkunde und Religionsgeschichte, SB Leipzig 98, 1952, Heft 5, 5ff.

[160] Taf. 3b: Toronto, Royal Ontario Mus., Inv.-Nr. 920.68.52 (H 31,8 cm). Die Bildvorlage wird N. Leipen verdankt. Zu den Veröffentlichungen und Erwähnungen s. unten 'Nachweis der Tafelabbildungen'; dazu B. Lambrinoudakes, in: Leimonarion, Festschrift für N. B. Tomadakes (1973) Taf. 3a; E. Vermeule–V. Karageorghis, Mycenaean Pictorial Vase Painting (1982) Taf.-Abb. XII 42 (beide Seiten).

[161] Furumark, Myc. Pott. 37 Abb. 9.

[162] Gefäß und zugehöriger Deckel aus der Kammergräbernekropole bei Stravokephalo (s. Karte, Abb. 112 Nr. 6); Olympia, Arch. Mus., Inv.-Nr. P 354 (unsere Aufnahme wird dem Entgegenkommen von P. Themelis verdankt); s. G. Bruns, Küchenwesen, in: F. Matz–H.-G. Buchholz, ArchHom, Lieferung Q (1970) 29. 40 Abb. 13c (Zeichnung); Buchholz–Karageorghis, Altägäis Nr. 986. 987. Zum Deckeltyp vgl. Furumark, Myc. Pott. 642 Nr. 334. Man beachte am Gefäß in Toronto auf beiden Seiten hart unter der oberen Begrenzungslinie des Dekors je eine dunkel gefirnißte Schnuröse; derartige Deckel konnten fest verschnürt werden. Weitere mykenische Funde aus Olympia: Fragmente eines mykenischen Bechers (K 2739) von der Schatzhausterrasse, s. J. Schilbach, AA 1984, 227 Abb. 2. Weiterhin P. Themelis, Minoan Evidence in Olympia: AAA 2, 1969, 248ff.

Der Firnis ist dünn und ungleich aufgetragen und variiert von Schwarz bis Braun. Der Grund ist mit einem gelblichen Überzug versehen. Wie allgemein seit der Phase SH III A in der mykenischen Vasenkunst geht der Maler sorglos mit den doppelten Basislinien um: Die Pferdebeine überschneiden sie in ungleicher Länge. Die Zeichnung orientiert sich an den Konturlinien von den Ohrenspitzen bis zur Schweiflinie. Die Flächenfüllung der Körper läßt einen hellen Strich zur Rückenlinie frei. Die Köpfe sind nur linear eingegrenzt. Schweife und Mähnen sind durch angesetzte kleine Schrägstriche markiert. Gewicht ist auf die Gelenke gelegt worden, sie sind als große ausgesparte helle Scheiben angegeben, in die meist ein innerer Kreis eingezeichnet ist, jeweils am Ansatz des Vorder- und Hinterschenkels. Die Auffassung vom organischen Körper, die sich hier ausdrückt, unterliegt einer Tendenz hin zur 'Geometrisierung'. Daß die Gelenke stark betont werden, hat diese Kunst mit der »Auffassung des Menschen bei Homer« gemein: ». . . Statt 'Körper' heißt es 'Glieder'; Gyia sind die Glieder, sofern sie durch Muskeln Kraft haben«[163]. Nicht daß die Bildgestalt der Kunst des SH III C 2 schon geometrisch wäre! Sie steht nicht am Beginn einer neuen, vielmehr am Ende einer langen Entwicklung[164].

Bemerkungen zu einigen Metallgefäßen

Metallgefäße sind von uns nur exkursorisch behandelt worden: Die zeichnerische Wiederherstellung der Bildkomposition eines Silbergefäßes aus Schachtgrab IV von Mykene läßt von seiner ursprünglichen Form nichts erkennen (S. 339 Abb. 87). Auch eine Silbertasse des SH I B von der Insel Kythera ist lediglich zeichnerisch aus korrodierten Resten zurückgewonnen worden (S. 144f. Abb. 35a).
Stabdreifüße bzw. deren Nachbildungen und bescheidene Fragmente, zu denen unlängst ein weiteres Stück aus den Museumsbeständen Sardiniens trat, dokumentieren im Westen weitreichende Verbindungen bis Zypern (S. 251 Abb. 73a–c; S. 267 Abb. 78b.c). Außerdem ist auf Ringhenkel von Bronzekesseln in italischen Hortfunden zu verweisen, mit denen sich F.-W. v. Hase auseinandergesetzt hat[165].
Beschließen wir die Erörterungen mit einem höchst eigentümlichen Bronzegefäß aus Pylos, Messenien (Taf. 2a)[166]: Eine Schüssel mit leicht gerundetem Boden und breitem, flachem Rand ist mit drei waagerechten Henkeln ausgestattet. Letztere bestehen aus tor-

[163] B. Snell, Die Entdeckung des Geistes, Studien zur Entstehung des europäischen Denkens bei den Griechen (1975) 13ff., bes. 16f. Zur Summe der Glieder anstelle des einheitlichen Ganzen s. auch oben Anm. 116.

[164] Eine zweibändige Oxforder Dissertation hat die Endphase der mykenischen Vasenkunde zum Thema: E. S. Sherratt, The Pottery of Late Helladic III C and its Significance (1981). Zu Kreta: A. Kanta, The Late Minoan III Period in Crete (1980), mit Rez. von I. Pini, Gnomon 56, 1984, 475ff.; F. Schachermeyr, Kreta zur Zeit der Wanderungen; vom Ausgang der minoischen Ära bis zur Dorisierung der Insel (1979); vgl. ferner ders., Griechenland im Zeitalter der Wanderungen; vom Ende der mykenischen Ära bis auf die Dorier (1980); ders., Die Levante im Zeitalter der Wanderungen, vom 13. bis zum 11. Jh. v. Chr. (1982).

[165] Oben S. 266f. mit Anm. 43 (Lit.), Abb. 78d–f.

[166] Die Neuaufnahme (Taf. 2a) wird der Vermittlung von G. Korres verdankt. Aus Ano Englianos, Grundstück Kokkevis, Kammergrab K2; Chora, Arch. Mus., Inv.-Nr. CM 2912 (laut Korres fand eine Änderung der Nummer nicht statt); H 9,5 cm, Dm etwa 29 cm, stark deformiert, aus korrodierten Fragmenten zusammengesetzt. Der dritte Henkel ist nachträglich abermals abgebrochen. Vgl. Lord William Taylour, in: C. W. Blegen und Mitarbeiter, The Palace of Nestor at Pylos III (1973) 224ff., bes. 230ff. Taf.-Abb. 291,1a–e; H. Matthäus, PBF II 1 (1980) 292ff. Nr. 446 Taf. 51.

dierten Vierkantstäben und sind so gebogen, daß ihre beiden an der Schüssel vernieteten, 10,5 cm langen Arme zueinander parallel verlaufen und in rechten Winkeln in das Querstück einbiegen. Die Schüssel besitzt in der Mitte des Bodens eine zwölfblättrige ziselierte Rosette [167]. Der übrige Gefäßkörper ist nach Art der 'Buckelbleche' mit regelmäßigen engen Reihen von innen nach außen getriebener kleiner Buckel versehen. Diese Reihen sind in drei konzentrischen Streifen angeordnet, zwischen denen sich zwei schmale glatte Bänder befinden. Die meisten kleinen Buckel sind korrodiert, so daß jetzt der Eindruck eines Siebs entsteht, wofür denn auch H. Müller-Karpe das Stück hält [168].

So wie die genannte, schlecht erhaltene Rosette zwölf Blätter um einen mittleren, kleinen Kreis herum besitzt – sechs Hauptblätter und sechs weitere, welche die Zwickel zwischen ihnen füllen –, so sind Zirkelrosetten nach Zahl und Anordnung der Teile an einer einhenkligen Bronzetasse des frühen 7. Jhs. v. Chr. aus Kreta gebildet [169]. An der Pylosschüssel ist der Rosettenhintergrund gepunktet und ebenso bei der genannten Tasse. An einem der Schilde gleicher Zeit aus der Ida-Grotte besitzt die Mittelrosette zwar nur sechs Blätter, aber ebenfalls einen gepunkteten Hintergrund [170].

Auf dem waagerechten Rand des Pylosgefäßes befinden sich ebenso viele ∾-Spiralen, wie die Rosette Blätter hat. Die Umrißlinien dieser Hakenspiralen sind enge Punktreihen, beide Enden greifen um je einen Buckel und enden in einem kurzen abgespreizten Element, so daß der Eindruck von Entenköpfen entsteht: Das Endstück gibt den Schnabel wieder, der Buckel das Auge. »Die Vogelspiralen finden im ägäischen Bereich keine unmittelbaren Parallelen«; das ist mehrfach wiederholt worden [171]. Manchmal schließt sich allerdings unter Hinweis auf ein Bronzeblech aus Boğazköy die hypothetische Folgerung an, ». . . daß östliche Herkunft wahrscheinlich wird« [172]. Abgesehen davon, daß 'eine anatolische Schwalbe noch keinen Sommer macht', läßt sich den Bemühungen, das betreffende Beweisobjekt hethitisch zu machen, eher das Gegenteil entnehmen, nämlich, daß es in Boğazköy isoliert ist. Erstaunlich ist, daß der Bearbeiter den derzeitigen Hauptvertreter für östliche Herkunft der Motive auf dem Pylosgefäß in einer chronologisch-geographischen Kehrtwendung um 180 Grad mit einem Hinweis auf den Westen zitiert: »H. Müller-Karpe macht mich jedoch freundlicherweise darauf aufmerksam, daß das Muster auch im Zusammenhang mit der urnenfelderzeitlichen Vogelheraldik gesehen werden kann. Wäre das zutreffend, so wäre die Fundlage des Stückes gut erklärt, es würde sich dann bei ihm um einen Streufund aus dem 9.–11. Jh. v. Chr. handeln« [173].

---

[167] In PBF II 1, 292 ist von einer »Rosette aus zehn Spitzblättern« die Rede; die dortige Zeichnung bietet jedoch nur sechs Blätter (Taf. 51). Es ist eine alte Bedingung, daß Corpuswerke nichts als zuverlässig zu sein haben.

[168] »Siebbecken aus Pylos«, s. JberInstVgFrankf 1975, 19ff. Abb. 1, 3. Die senkrechte Stellung der Gefäßwand kommt der Wirklichkeit näher als die Einbiegung nach innen, wie sie die Zeichnung in PBF II 1 Taf. 51 aufweist. Doch ist das Gefäß so defekt und verzogen, daß selbst so wichtige Einzelheiten unsicher bleiben.

[169] Oxford, Ashmolean Mus., Inv.-Nr. AE 414 (aus der Sammlung Mitsotakes); J. Boardman, The Cretan Collection in Oxford (1961) 85 Abb. 36; S. 87 Nr. 379 Taf. 29; S. 160 (Metallanalyse).

[170] E. Kunze, Kretische Bronzereliefs (1931) 18 Nr. 27; S. 123ff. Taf. 34.

[171] PBF II 1, 293 Anm. 9, und H. Matthäus, JdI 95, 1980, 135 Anm. 115; dazu E. Vermeule – V. Karageorghis, Mycenaean Pictorial Vase Painting (1982) Taf.-Abb. XII 41. Was in PBF II 1, 294 über S-Spiralen der Schachtgräberzeit steht, finden wir bereits in Lord William Taylour a. O. 231 Anm. 7 und R. M. Boehmer, Die Kleinfunde von Boğazköy (1972) 39ff. zu Nr. 38.

[172] JdI 95, 1980, 136 mit Hinweis auf H. Müller-Karpe, JberInstVgFrankf 1975, 20f.

[173] Boehmer a. O. 40 Anm. 216a: »(9./) 10./11. Jh. v. Chr.«; jedoch im Haupttext: »So kommt vom Fundort her nur eine Datierung in das 13. oder 8. Jh. in Frage.«

Richtig ist, daß die genauesten Entsprechungen des in Pylos belegten Vogelmotivs zahlreich in Europa vertreten sind, beispielsweise im Donaugebiet und in der »entwickelten Protovillanova-Kultur«[174]. Was immer man an Entsprechungen beibringt, alles weist in die Eisenzeit. Deshalb müßte auch das Datum des Beschlagblechs aus Boğazköy unter diesem Aspekt gesehen und die Möglichkeit eines Imports untersucht werden. Immerhin kommen umgekehrt phrygische Fibeln als Funde aus italischem Boden vor.

Kehren wir zu unserem pylischen Breitrandgefäß zurück (Taf. 2a), so ist festzustellen, daß es relativ flache Bronzebecken mit breitem Rand – einen Gefäßtypus, der in Italien fehlt – im älteren Bestand des Gräberfelds von Hallstatt gibt, allerdings nicht mit drei, sondern mit zwei eckig gebogenen, nicht tordierten Horizontalhenkeln[175]. Ich sehe keine Möglichkeit, das einzigartige Bronzegefäß von Pylos im bronzezeitlichen Material unterzubringen. Selber Ausgräber, zögere ich, Zweifel am Grabungsbefund zu äußern, vermag mir aber nicht zu versagen, darauf hinzuweisen, daß das Grab, aus dem unser Gefäß stammt, nahe bei einem protogeometrischen liegt, also in einem Nekropolenbereich, der eisenzeitlich genutzt wurde. Kammergrab 2 war von Grabräubern geöffnet worden. Die regulären Ausgräber versichern, daß davon nur der Dromos betroffen war. Die planmäßige Untersuchung erfuhr im Winter 1958/59 eine mehrmonatige Unterbrechung; vor Erreichen des Grabbodens mit den Funden wechselte die Grabungsleitung. Die ungewöhnlichen Schwierigkeiten spiegeln sich in folgendem Satz: ». . . owing to the extreme difficulty of distinguishing the soft rock from excavated soil, the dimensions of the tomb could not be established with absolute certainty«[176].

Ausklang

Ich bin mir bewußt, daß manche Seite vorgeschichtlichen Daseins und Schaffens im ägäischen Raum – ebenso die Erforschung derselben – nur angerissen, nicht aber breit dargestellt worden ist. Andererseits mögen Details, die meinen Mitarbeitern und mir wichtig und nachgehenswert sind, manchem Leser als zu ausführlich besprochen erscheinen. Doch nehme ich den möglichen Vorwurf solcher Unausgeglichenheit hin, wenn das Buch seinen eigentlichen Zweck erfüllt, über die bloße Information hinaus auch Einblicke in Arbeitsweise und Grenzen der Archäologie zu geben, wenn es die verschiedenen Facetten archäologischer Arbeit sichtbar macht. Das fertige Produkt einer Wissenschaft läßt bekanntlich nichts von dem vorausgegangenen Suchen, Experimentieren und Neuansetzen erkennen, wenn die Darstellung auf Perfektion angelegt ist. Es erschien mir ehrlicher,

[174] H. Matthäus, JdI 95, 1980, 135 Anm. 113, nach E. Schumacher, Die Protovillanova-Fundgruppe (1967) 25 ff.

[175] E. v. Sacken, Das Grabfeld von Hallstatt in Oberösterreich und dessen Alterthümer (1868) Taf. 24,1.3, danach N. Åberg, Chronologie der Bronzezeit II (1931) 21 Abb. 21,1.3. Müller-Karpes Vergleich mit der Bronzetasse von Enns, Österreich (a. O. 20f. Abb. 1, 4) stimmt in keinem Punkt: Erstens ist der betreffende Henkel nicht an einen breiten Flachrand von oben nach

unten genietet, und zweitens ist er nicht eckig gebogen. Es ließe sich, allerdings aus ähnlichen Gründen unstimmig, ein Vergleich mit einer Goldtasse aus dem Depot von Angyalföld, Ungarn, durchführen; denn immerhin ist deren waagerecht angebrachter, tordierter Henkel eckig gebogen und aus einem Vierkantstab gedreht (Åberg a. O. V [1935] 121 Abb. 203).

[176] Lord William Taylour a. O. 224ff. Taf.-Abb. 351. 352; Ungereimtheiten bes. im Verlauf der Wand am Eingang und rechts, wo das Bronzebecken lag.

nicht Lösungen vorzutäuschen, wo es noch keine gibt. Wenn deutlich geworden ist, daß Wissenschaften wie die unsere immer auf dem Weg sind und das Erreichte nie endgültig sein kann, dann hat das Buch seine Aufgabe erfüllt.

Wissenschaftliche Redlichkeit schließt nicht nur die Respektierung der Grenzen des eigenen Faches mit ein, sie sollte auch vor dem Mißbrauch sachfremder Argumente schützen. Ich denke an die Suche nach dem Mythenland 'Atlantis' auf Helgoland[177]. Nicht das Anliegen als solches, vielmehr die Art der Beweisführung, ist unsauber, ja, unsinnig, abgekürzt etwa wie folgt: Weil 'Atlantis' – aus welchen Gründen auch immer – etwas mit der 'Dorischen Wanderung' zu tun hat, weil ferner archäologische Objekte von anderer Seite mit der Einwanderung von Dorern nach Hellas in Verbindung gebracht und aus 'nördlicheren Gebieten' hergeleitet worden sind[178], deshalb lasse sich der Begriff 'nördlich' ausweiten und auch auf den Nordseeraum beziehen. Somit sei man berechtigt, Atlantis im Norden von Hellas und das heißt auf Helgoland zu lokalisieren.

Wenn sich H. G. Wunderlich als Geologe über den Härtegrad bestimmter Baumaterialien im Palast von Knossos gewundert hat, so liegt das im Bereich, der seiner Wissenschaft zugänglich ist[179]. Wenn er weiter folgerte, daß menschlicher Gebrauch derartiger Treppenstufen stärkere Abnutzung hätte ergeben müssen, begeht er noch immer keine Grenzüberschreitung. Wenn er aber weiterfragt, wer wohl die Palaststufen dann benutzt haben mag, und auf die Toten kommt, mithin sich berechtigt glaubt, die monumentale minoische Anlage Knossos auf eine Nekropole umdeuten zu dürfen, bewegt er sich außerhalb der Geologie und selbstredend auch außerhalb der Archäologie.

Hätten wir in unserem Buch alle Aspekte gleichmäßig behandeln wollen, so wäre dies nur in einem mehrbändigen Konzept möglich gewesen. Das hätte wohl auch zu einem stark rekapitulierenden Standpunkt mit Handbuchzielen und zu einer auf Distanz gehenden Einstellung zur Sache geführt. Mir kam es mehr darauf an, in meinen Mitarbeitern den engagierten, praxiserfahrenen Ausgräber oder den motivierten Deuter von Funden und Befunden oder eben beides in einer Person zu Worte kommen zu lassen.

Ich bin davon überzeugt, daß eine Archäologie ohne Objekte, die man sehen und betasten kann, sich selber richtet. Wer von Ideen, begrifflichen Konstruktionen, soziologischen oder pseudohistorischen Wunschvorstellungen ausgeht, die er archäologisch beweisen möchte, mißbraucht unsere Wissenschaft und verfällt auch nach aller Erfahrung der Versuchung, die Quellen – und das heißt die archäologischen Funde – so lange einer Selektion zu unterziehen, bis sie mit den Ausgangshypothesen übereinstimmen. Vorstellungen von bestimmten Zuständen zu bestimmten Zeiten oder philosophische Einsichten in bestimmte Zusammenhänge sollten nicht am Anfang, sondern am Ende des großen Bogens archäologisch interpretierender Betätigung stehen! Der Archäologie als 'Monumentenfach' bedeuten Monumente, Artefakte, die Quellen der Forschung. Tritt die geschriebene Aussage hinzu, begibt sie sich in Verbindung zur Geschichtswissenschaft und hat das Weitere der Alten Geschichte zu überlassen.

---

[177] J. Spanuth, Das enträtselte Atlantis (1953, später weitere Auflagen); dazu R. Weyl, Atlantis enträtselt?, Wissenschaftler nehmen Stellung zu J. Spanuths Atlantis-Hypothese (1953). Neue Literatur zur Atlantisfrage oben S. 180 Anm. 94.

[178] V. Milojčić, Die dorische Wanderung im Lichte der vorgeschichtlichen Funde, in: AA 1949, 12ff.

[179] H. G. Wunderlich, Wohin der Stier Europa trug; dazu W. Schiering, Funde auf Kreta, Sternstunden der Archäologie (1976) 233ff.

Im Sinne dieser Prämisse fällt selbst H. Schliemann unter die Kritik[180]. Zwar hat er Großes bewirkt; aber seine Befangenheit in dem Wunschgebäude, die Aussage der Homerischen Gedichte archäologisch beweisen zu sollen, verkennt bereits im Ansatz das Wesen der Poesie und ebenso die Möglichkeiten der Archäologie. Das hat im einzelnen zu anachronistischen Benennungen wie 'Schatz des Priamos' und anderem geführt.

Wir verlangen von unseren Studenten, daß sie Griechisch können, dies geschieht aus keinem anderen Grund als dem, daß sie sich einen unmittelbaren Zugang auch zu den Quellen der Sprache und Dichtung zu verschaffen vermögen und nicht ausschließlich auf Urteile anderer angewiesen sind. Als im vorigen und zu Beginn unseres Jahrhunderts Ausgrabungen zur Entdeckung von Keilschriftarchiven und einer bis dahin unbekannten mythischen Bilderwelt führten, fiel neues Licht auf wesentliche Teile des Alten Testaments. Das wurde von manchen Theologen als ein archäologischer Angriff auf die Bibel empfunden. In einem Jahre andauernden wissenschaftlichen Streit ging es um die Abgrenzung der Zuständigkeiten, und es fielen Äußerungen wie folgende: »Wie völlig . . . das Gefühl für die Gesetze wissenschaftlicher Betätigung verlorengeht, zeigt sich darin, wenn derselbe Verfasser, der keine Silbe Keilschrift lesen kann, ein Urteil über den Wert von Übersetzungen abgibt«[181].

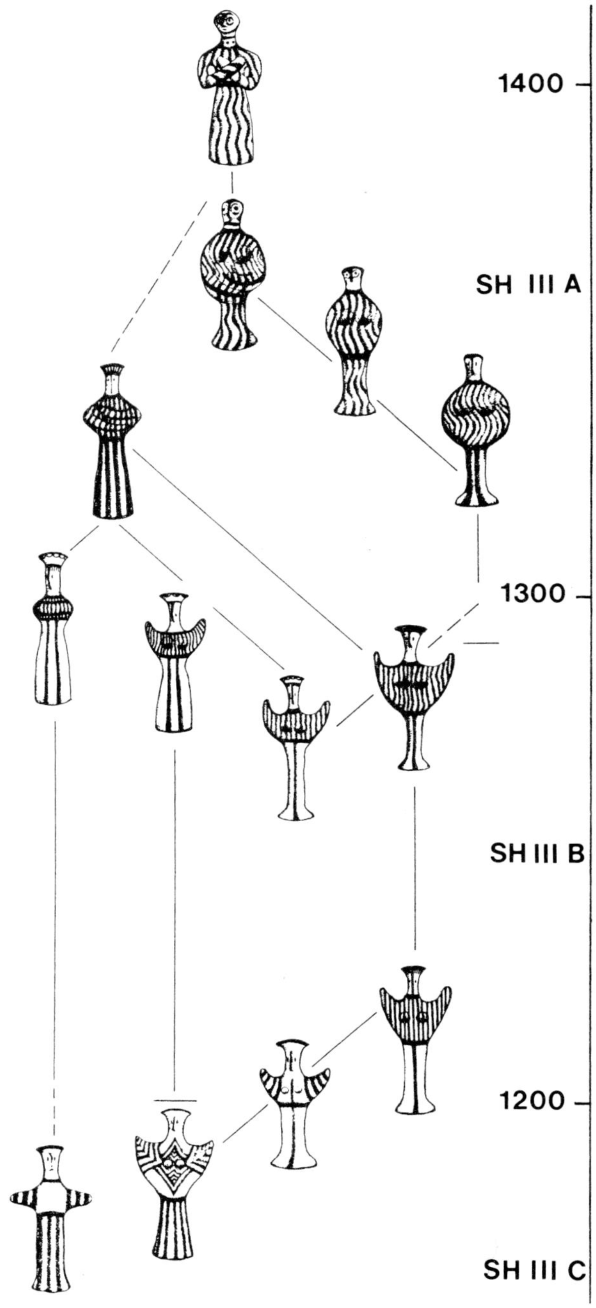

Abb. 126. Weibliche Tonidole der Phasen SH III A bis III C (nach E. French)

Die mehr oder weniger umfangreichen Anmerkungen entsprechen dem wissenschaftlichen Bedürfnis, unsere Ausführungen überprüfbar zu gestalten. Wer Gründe hat, auf eine kontrollierende Nacharbeit zu ver-

---

[180] Dazu oben S. 4ff. und G. Saherwala, Troja, Schliemanns Ausgrabungen und Funde, Ausstellung, Athen 1985.
[181] H. Winckler, Babel und Bibel – Bibel und Babel, in: Beilage zur Norddeutschen Allgemeinen Zeitung, Berlin, 3. 8. 1902, abgedruckt in: Ex Oriente Lux 2, 1906, 36ff.; ferner A. Jeremias, Im Kampfe um Babel und Bi-

bel ([3]1906). Die Kontroverse geht auf einen im Beisein des Kaisers vor der Deutschen Orient-Gesellschaft, Berlin, am 13. 1. 1902 gehaltenen Vortrag von F. Delitzsch »Babel und Bibel« zurück. Der von Winckler zitierte Theologe war E. König mit seiner Schrift »Bibel und Babel« (1902).

zichten, wird die Haupttexte ohne weiteres auch ohne Anmerkungen mit Gewinn lesen. Wir dürfen sagen, daß zu unseren Autoren neben Archäologen auch Historiker gehören. Unser Werk will der Forschung dienen und sie über die engsten Fachgrenzen hinaus bekannt machen. Es richtet sich an einen weiten Kreis interessierter Leser.

VERZEICHNISSE UND REGISTER

Von Peter Wagner

Herkunftsnachweis der Text- und Tafelabbildungen

Textabbildungen

Zeichnungen, Umzeichnungen, Rekonstruktions- und Ergänzungszeichnungen, Entwürfe von H.-G. Buchholz, Gießen: *Abb. 26a.b; 27a–c; 28a–i; 41a.b; 46a.b; 48a–c; 55a.b; 66a.b; 71. 72a–d; 81. 123. 124. Abb. 26a.b:* nach O. Frödin – A. W. Persson, Asine (1938) 251 Abb. 177, 1. *Abb. 27a.b:* nach C. Ridley – K. Rhomiopoulou, AAA 5, 1972, 33 Abb. 9. *Abb. 27c:* nach W. A. Heurtley, BSA 35, 1934/35, 36 Abb. 31, 154. *Abb. 28a–i:* nach V. Milojčić, AA 1956, 151f. Abb. 8 und Chr. Tsountas, Die prähistorischen Akropolen von Dimini und Sesklo (neugriechisch, 1908) 346f. Abb. 280–282. *Abb. 41a.b:* s. Hellas ewig unsre Liebe, Freundesgabe für W. Zschietzschmann zu seinem 75. Geburtstag (1975) 6 Abb. 2 und AA 1974, 383 Abb. 46. *Abb. 46a.b:* s. APA 7/8, 1976/77, 269 Abb. 33a.b. *Abb. 48a–c:* s. JdI 87, 1972, 2 Abb. 5a–c. *Abb. 55a.b:* s. ArchHom, Kap. G (1974) G 46 Abb. 10. *Abb. 66:* s. AA 1974, 402 Abb. 57a.b. *Abb. 71:* nach L. Bernabò-Brea, Minos 2, 1952, 23 Abb. 8. *Abb. 72a–d:* nach U. Seidl, Gefäßmarken von Boğazköy (1972) 35 Abb. 10, A 116; S. 61 Abb. 23, B 35 und B 39; S. 51 Abb. 18, A 204. *Abb. 81:* s. Sp. Marinatos, in: H.-G. Buchholz, ArchHom, Kap. G (1974) G 140 Abb. 26. *Abb. 123:* nach K. Demakopoulou, AAA 2, 1969, 227 Abb. 1. *Abb. 124:* nach M. Caskey-Ervin, AJA 73, 1969, 351 Abb. 3.

Umzeichnungen von N. Fritzius, Gießen: *Abb. 74. 75a–n; 77a–h; 78a–f; 79. Abb. 74:* in Anlehnung an M. Marazzi – S. Tusa, SicA 9 Nr. 31, 1976, 68ff. Abb. 17. *Abb. 75a–n:* Umzeichnungen nach M. Marazzi – S. Tusa, PP 33, 1978, 216ff. Abb. 11–13 (Auswahl) und Lord William Taylour, Myc. Pottery Taf. 8,1b.c.e. *Abb. 77a–h:* nach K. Kilian, RM 76, 1969, 345 Abb. 6, 69.70; C. E. Östenberg, Luni sul Mignone (1967) 128ff. Abb. 32,1–5; B. d'Agostino, DArch 6, 1972, 9 Abb. 3. *Abb. 78a–f:* nach V. Bianco Peroni, Die Messer in Italien, PBF VII 2 (1976) Taf. 2,17; H. Müller-Karpe, Beiträge zur Chronologie der Urnenfelderzeit nördlich und südlich der Alpen, RGF XXII (1959) 74 Abb. 5 und Taf. 52A 1; L. Ponzi Bonomi, BPI 79, N.S. 21, 1970, 137 Abb. 15; ebenda 135 Abb. 14, 3.5. *Abb. 79:* nach L. Quilici, ArchCl 23, 1971, Taf. 1.

Entwürfe und Ausführung von H.-V. Herrmann, Köln: *Abb. 110–113. Abb. 110:* mit Berücksichtigung u. a. von W. Dörpfeld, Alt-Olympia (1935) 73ff. Taf. 17. *Abb. 113a:* nach Olympia, Ergebnisse IV Taf. 17, 279; *Abb. 113b:* nach ebenda Taf. 16, 237; *Abb. 113c:* Umzeichnung nach Antiquity 52, 1978, Taf. 5a. *Abb. 113d–q:* nach H. Philipp, OF XIII (1981) Taf. 26. 45. 59; *Abb. 113d* und *e:* Philipp a.O. Nr. 984. 985; *Abb. 113f–k:* Philipp a.O. Nr. 986. 987. 1–5; *Abb. 113l–q:* Philipp a.O. Nr. 724–729.

Umzeichnungen und Skizzen von St. Hiller, Salzburg: *Abb. 98a–o* (Nachweise oben S. 390 Anm. 8); *100a–d* (nach Kythera 296ff. Taf.-Abb. 96); *101a–d* und *102a–d* (Nachweise oben S. 397f. Anm. 19.20); *103a–k* (nach A. Furumark, OpArch 6, 1950, 168 Abb. 8).

Zeichnungen und Umzeichnungen von O. Höckmann, Mainz: *Abb. 3. 4. 5. 6. 7. 8. 9a.b; 10. 11a–d; 12. 13. 14a.b; 15. 16a.b; 17. 18. 19. 20. 21a–c; 22a–c; 23. 24a–c; 86a.b; 87. 88a–d; 89. 90. 91a–k; 92a–e. Abb. 9a.b:* in Anlehnung an H. Markgraf, Klimatologie des Mittelmeeres I: Windkarten (1961) Karten 13. 20; G. Schüle, in: Crónica del XI Congreso Nacional de Arqueología, Mérida 1969 (1970) 449ff. Abb. 1; Pilot Chart of the North Atlantic Ocean 1974. *Abb. 10:* nach C. Renfrew, The Emergence of Civilisation (1972) 358 Abb. 17, 7 (L: 40,3 cm). *Abb. 11a.b:* nach Land des Baal, Ausstellung Berlin 1982, 68 Nr. 57 mit Farbtaf. *Abb. 11c:* nach Museumsphoto. *Abb. 11d:* s. J. Thimme, Kunst und Kultur der Kykladeninseln im 3. Jt. v. Chr. (1976) 162 Abb. 153. *Abb. 12:* s. ebenda Abb. 154. *Abb. 13:* nach Chr. Zervos, L'Art des Cyclades (1957) Abb. 334. *Abb. 14a:* nach E. M. Bossert, Deltion 22, 1967, Mel 56 Plan 2. *Abb. 14b:* nach Chr. Doumas, AA 1972, 164 Abb. 17. *Abb. 15:* nach R. Amiran, Early Arad (1978) 10ff. Abb. 1. *Abb. 16a.b:* s. O. Höckmann, IstMitt 25, 1975, Taf. 53. *Abb. 17:* s. ebenda 282 Abb. 4. *Abb. 18:* nach S. Lloyd – J. Mellaart, Beycesultan I (1962) 52 Abb. 20. *Abb. 19:* s. O. Höckmann, in: J. Thimme, Kunst und Kultur der Kykladeninseln im 3. Jt. v. Chr. (1976) 175 Abb. 175. *Abb. 20:* nach Chr. Doumas, Deltion 20, 1965, Mel 53 Abb. 7. *Abb. 21a:* nach E. Atzeni, StSard 23, 1973/74, 17 Taf. 7,1. *Abb. 21b.c:* s. O. Höckmann, in: J. Thimme, Kunst und Kultur der Kykladeninseln im 3. Jt. v. Chr. (1976) 172 Abb. 171. 172. *Abb. 22a:* s. ebenda 170 Abb. 165. *Abb. 22b:* nach J. Arnal u. a.,

Germania 41, 1963, Beilage 9 nach S. 232. *Abb. 22c:* s. O. Höckmann a. O. 170 Abb. 166. *Abb. 23:* s. auch ebenda 170 Abb. 164. *Abb. 24a:* nach G. und V. Leisner, Die Megalithgräber der Iberischen Halbinsel (MF I 2, 1959) 88f. Taf. 16,1. *Abb. 24b. c:* s. O. Höckmann a. O. 170 Abb. 167. 170. *Abb. 86a. b:* nach Sp. Marinatos, AAA 6, 1973, 495 Abb. 2 (vgl. ArchHom, Kap. E [1980] E 277 Abb. 62) und H. Walter, Jahrbuch der Universität Salzburg 1975–77, 85 Abb. 5. *Abb. 87:* ergänzt nach A. Sakellariou, AntK 17, 1974, 5 Abb. 1 (vgl. ArchHom, Kap. E 278 Abb. 63). *Abb. 88a–d:* nach dem Original in CMS I (1964) Nr. 16 (vgl. ArchHom, Kap. E 280 Abb. 65a); Chr. Kardara, Aplomata Naxou (1977) Taf. 6 (vgl. ArchHom, Kap. V [1974] V 39 Abb. 8a) und nach modernen Abdrücken der Siegel in CMS I Nr. 229 (vgl. ArchHom, Kap. F [1968] F 47 Abb. 10c) und Nr. 263 (vgl. ArchHom, Kap. E 286 Abb. 71c). *Abb. 89 und 90:* ebenda E 282 Abb. 67 und E 289 Abb. 74a. *Abb. 91a–k:* ebenda E 277 Abb. 59; S. E 297 Abb. 76a–e sowie nach Karo, Schachtgräber Taf. 96, 902; O. Montelius, La Grèce Préclassique (1924) Taf. 15, 24; J. Deshayes – A. Dessenne, EtCrét XI (1959) Taf. 50, 7; M. S. F. Hood, BSA 48, 1953, 79 Abb. 46; H. W. Catling, BSA 63, 1968, Taf. 23e. *Abb. 92a–e:* nach I. P. Vokotopoulou, Ephemeris 1969, Taf. 27b, 2. von rechts und ArchHom, Kap. E (1980) E 299 Abb. 77b–e.

Zeichnungen, Umzeichnungen, Entwürfe von M. Morkramer, Gießen: *Abb. 1. 2a. b; 25. 29. 30a. b; 31. 32a–c; 33a–c; 34a. b; 35a. b; 36a–e; 37–39. 42. 43a–c; 44. 47a–c; 49. 50. 51a–c; 52. 53a. b; 54a. b; 56a–f; 57a–c; 58a–c; 59. 60a–c; 61a–f; 62a–c; 63a. b; 64a–d; 65; 67a–g; 68. 69. 70. 73a–c; 76. 80. 82. 84. 85. 99. 114a–c; 115a–c; 116. 119a–g; 120a. b; 125. Abb. 1:* vereinfachte Umzeichnung nach S. A. Immerwahr, The Athenian Agora XIII (1971) Taf. 91. *Abb. 2a. b:* nach Entwürfen von H.-G. Buchholz. *Abb. 25:* Entwurf von H.-G. Buchholz und P. Wagner. *Abb. 29 und folgende:* nach Zeichnungen von Frau D. Huxley, in: J. N. Coldstream – G. L. Huxley, Kythera (1972) Taf.-Abb. 95 P1. *Abb. 30a. b:* ebenda Taf.-Abb. 89, 44 und 90, 45. *Abb. 31:* ebenda Taf.-Abb. 17. *Abb. 32a–c:* ebenda Taf.-Abb. 40, 44. 47. 48. 51. *Abb. 33a–c:* ebenda Taf.-Abb. 73–75. *Abb. 34a. b:* ebenda Taf.-Abb. 59 Epsilon 110. *Abb. 35a. b:* ebenda Taf.-Abb. 59 Iota 23; 85, 26. *Abb. 36a–e:* ebenda Taf.-Abb. 92 und 96. *Abb. 37:* nach A. Evans, PM II 738 Abb. 471. *Abb. 38:* nach Photo. *Abb. 39:* in Anlehnung an H. E. Giesecke, IntJNautA 12, 1983, 137 Abb. 4. *Abb. 42:* nach einem Entwurf von H.-G. Buchholz und P. Wagner, in Anlehnung an P. J. Riis, Sukas I (1970) 165 Abb. 58. *Abb. 43a–c:* Umzeichnungen nach A. Furtwängler – G. Löschcke, Mykenische Vasen (1886) Taf. 12, 80; St. Alexiou, AA 1971, 343 Abb. 40 und Sp. Marinatos, Thera VII Taf. 49b. *Abb. 44:* nach einem Entwurf von H.-G. Buchholz. *Abb. 47a–c:* Umzeichnungen nach E. T. Vermeule, Toumba tou Skourou, the Harvard University Cyprus Archaeological Expedition 1971–1974 (1974) Abb. 63 und Sp. Marinatos, Thera V Taf. 81. *Abb. 49:* nach Museumsphoto. *Abb. 50:* Umzeichnung nach Enkomi-Alasia I 271 Abb. 91. *Abb. 51a–c:* nach Murray, Cyprus 40 Abb. 68 Nr. 1091. 1092. 1107. *Abb. 52:* nach Enkomi-Alasia I 362 Abb. 111. *Abb. 53a. b* und *54a. b:* ebenda 120f. Abb. 51 und E. Sjöqvist, Problems of the Late Cypriote Bronze Age (1940) 70f. Abb. 21, 1. 2. *Abb. 56a–f:* nach Enkomi-Alasia I Abb. 62. *Abb. 57a–c:* ebenda 328 Abb. 100, 9. 11. 12. *Abb. 58a–c:* nach Ugaritica II 214ff. Abb. 89. 90. *Abb. 59:* nach C. F. A. Schaeffer, AAS 11/12, 1961/62, 187 Abb. 9. *Abb. 60a–c:* nach Ugaritica II 218ff. Abb. 91,12.13; Abb. 93,1. *Abb. 61a–f:* nach Ugaritica VI 115ff. Abb. 16 und Ugaritica II 218ff. Abb. 91, 5. 8.16; 94 unten. *Abb. 62a–c:* nach H. de Contenson u. a., Syria 51, 1974, Taf. 2, 1a–c. *Abb. 63a. b:* nach Ugaritica II 223 Abb. 93, 6. 7. *Abb. 64a. c:* Umzeichnung nach Karageorghis, Doc. Chypre Taf. 22, 2. 5. *Abb. 64b. d:* nach Ugaritica II 220ff. Abb. 92b; 93, 4. *Abb. 65:* Ergänzungszeichnung unter Benutzung von C. F. A. Schaeffer, AAS 13, 1963, 127 Abb. 18. *Abb. 67a–g:* nach Ugaritica II 154ff. Abb. 59. 60. 126. *Abb. 68–70:* nach Entwürfen von H.-G. Buchholz, *Abb. 70* in Anlehnung an K. Kilian, JberInstVgFrankf 1976, 117 Abb. 5. *Abb. 73a–c:* Umzeichnungen nach H. Müller-Karpe, Vom Anfang Roms, 5. Ergh. RM (1959) Taf. 29, 4; D. Ridgway, ArchRep 1979/80, 61 Abb. 8; H. Müller-Karpe, Handbuch der Vorgeschichte IV (1980) Taf. 190, 8. *Abb. 76:* in Anlehnung an M. Marazzi – S. Tusa, PP 33, 1978, 200 Abb. 1. *Abb. 80:* in Anlehnung an M. Marazzi – S. Tusa, Klio 61, 1979, 326. *Abb. 82:* vereinfachte Umzeichnung nach einem Plan von I. N. Koumanoudes, in: Thera VII (1976) Plan B. *Abb. 84:* nach Sp. Marinatos, Thera VI (1974) Tafelband, Taf. 9. *Abb. 85:* nach W. Schiering, AntK 8, 1965, Taf. 1, 3. *Abb. 114a–c; 115a–c; 116:* Sp. Iakovides, Perati I–III (1969/70) 372 Abb. 118; S. 398 Abb. 129 Taf. 177b. *Abb. 119a–g; 120a. b:* Neuzeichnungen nach Sp. Iakovides a. O. II 293 Abb. 127; S. 305 Abb. 128 (Auswahl); S. 324f. Abb. 138. 139. *Abb. 125:* nach Farbaufnahme von Th. G. Spyropoulos, wofür ihm verbindlichst zu danken ist.

Entwurf und Zeichnung von W. zu Monsfeld: *Abb. 40* (s. H.-G. Buchholz, ArchHom, Kap. G [1974] G 152 Abb. 29).

Zeichnungen von L. Papadopoulou-Kontorli und G. Diamantopoulos, Athen, nach den Originalen: *Abb. 93a–f; 94a–d; 95a–f; 96a–f; 97a–j.*

Skizzen und Zeichnungen von B. Rutkowski, Warschau: *Abb. 105b–f* (u. a. nach Hood, Shrines 162 Nr. 2 Taf. A2; J. L. Caskey, Hesperia 33, 1964, 327 Abb. 2 und 40, 1971, 375 Abb. 9; J.-Cl. Poursat, BCH 90, 1966, 514ff. Abb. 3;

Rutkowski, Cult Places[2] Abb. 167); *Abb. 106a–c* (nach Lord William Taylour, Antiquity 44, 1970, 270ff. Abb. 2 und Rutkowski, Cult Places[2] Abb. 242. 243); *Abb. 108* (nach Zeichnung des Verf.); *Abb. 109* (vgl. Th. G. Spyropoulos, Ergon 1974, 15).

Umzeichnungen von Frau K. Vischer, Berlin: *Abb. 45a–d* (s. H.-G. Buchholz, APA 7/8, 1976/77, 250 Abb. 1–3).

Weitere Herkunftsnachweise von Textabbildungen: *Abb. 83:* nach A. Evans, PM II 394 Abb. 225. *Abb. 104a. b:* nach A. Sacconi, Corpus delle Iscrizioni Vascolari in Lineare B (1974) 146 und E. Hallager, OpAth 11, 1975, 67f. Abb. 20. *Abb. 105a:* nach Balkan Studies 5, 1964, 114f. Abb. 2. *Abb. 107a–c:* nach E. Melas, The Temples and Sanctuaries of Ancient Greece (1973) 80 mit Abb. und G. Mylonas, Eleusis and the Eleusinian Mysteries (1961) 34ff. Abb. 11. *Abb. 117a–s:* nach Sp. Iakovides, Perati II (1970) 154 Abb. 25; S. 198 Abb. 77; S. 219 Abb. 84 (Auswahl); S. 235 Abb. 95; S. 242 Abb. 101; S. 245 Abb. 103. *Abb. 118a–j:* Sp. Iakovides a. O. 115 Abb. 9 (Auswahl); S. 127 Abb. 13; S. 129 Abb. 15 (Auswahl); S. 131 Abb. 16 (Auswahl); S. 166ff. Abb. 38. 45. 46 (Auswahl); S. 184 Abb. 70; S. 259 Abb. 112 (Auswahl). *Abb. 121a–d; 122a–d:* nach Sp. Iakovides a. O. 282 Abb. 124d; S. 331ff. Abb. 140b. c; 142b; 143a; S. 344 Abb. 149a; S. 346 Abb. 150; S. 360 Abb. 158. *Abb. 126:* nach E. Wace-French, in: R. Hägg–N. Marinatos, Sanctuaries and Cults in the Aegean Bronze Age (1981) 174 Abb. 1.

Tafelabbildungen

Taf. 1a. b:	nach Photo des DAI Athen, Neg.-Nr. Tiryns 1500 und 1501.
Taf. 1c:	nach Museumsphoto, s. Buchholz – Karageorghis, Altägäis 162 Nr. 1730.
Taf. 1d:	nach Aufnahme des Besitzers (Neg.-Nr. 1, 4), s. R. V. Nicholls, Greek Gods and Goddesses in Miniature, an Exhibition of the Chesterman Terracotta Collection, Cambridge 1978, 9 Nr. 15.
Taf. 1e:	nach W. Hornbostel, Jb der Hamburger Kunstsammlungen 19, 1974, 156f. mit Abb., die Bildvorlage wird W. Hornbostel verdankt.
Taf. 1f:	nach Museumsphoto, das P. Gercke verdankt wird.
Taf. 2a:	Neuaufnahme wird G. Korres, Athen, verdankt.
Taf. 2b:	Photo wird P. Themelis, Athen, verdankt.
Taf. 2c:	H 14 cm, Dm 9 cm, Aufnahme wird B. C. Dietrich, Aberystwyth, Univ. von Wales, verdankt.
Taf. 2d:	H 8 cm, Dm 21,5 cm, Photo wird Frau J. Jones verdankt, aus Privatbesitz.
Taf. 3a:	H 30,5 cm, A. Furtwängler – G. Löschcke, Mykenische Vasen (1886) Taf. 13, 89. Die Aufnahme wird U. Gehrig, jetzt Direktor des Kestner-Mus., Hannover, verdankt.
Taf. 3b:	H 31,8 cm, Aufnahme wird N. Leipen, Toronto, verdankt; s. D. Robinson – C. Harcum – J. Iliffe, A Catalogue of the Greek Vases in the Royal Ontario Museum of Archaeology Toronto (1930) 81f. Nr. 247; J. L. Benson, AJA 72, 1968, 203ff. Taf. 65ff.; ders., Horse, Bird and Man (1970) 24. 35. 138 Anm. 33 Taf. 3, 4.
Taf. 3c. d:	Photo wird P. Themelis, Athen, verdankt, s. Buchholz – Karageorghis, Altägäis 75 Nr. 986. 987.
Taf. 3e:	Aufnahme wird P. Themelis verdankt; Ausgrabung von I. Papademetriou, 1956.
Taf. 4a:	nach Photo von Sp. Marinatos.
Taf. 4b:	Erstveröffentlichung nach Neuaufnahme des Staatlichen Museums für Naturkunde und Vorgeschichte, Oldenburg. Dort befand sich 1984 das Objekt im Rahmen einer Schliemann-Ausstellung. Ich danke dem Direktor Dr. Wegner für freundliche Hilfeleistung.
Taf. 4c. d:	nach Photo von H. Hoffmann, Hamburg (s. Zeichnung: H.-G. Buchholz, ArchHom, Kap. G [1974] G 19 Nr. C 40a; S. G 47 Abb. 11).
Taf. 4e:	nach Museumsphoto, das R. Lullies verdankt wird (vgl. Buchholz–Karageorghis, Altägäis 84 Nr. 1069; ArchHom, Kap. V [1974] Taf. 6a).
Taf. 5–9:	nach Aufnahmen von Prof. Dr. St. Sinos, Athen.
Taf. 10a. b; 11a:	nach Aufnahmen von Prof. Dr. W. Schiering, Mannheim.
Taf. 10d:	die Aufnahme wird Frau G. Badura verdankt.
Taf. 10c; 11b. d:	nach Museumsphotos.
Taf. 11c:	nach Aufnahme des DAI Athen, Neg.-Nr. 73/910.
Taf. 12. 13:	nach Aufnahmen des Verfassers, Th. I. Papadopoulos, Athen.
Taf. 14a:	nach Museumsphoto.
Taf. 14b:	die Aufnahme wird dem verstorbenen Prof. J. L. Caskey verdankt (Neg.-Nr. 79–52).
Taf. 14c:	die Aufnahme wird Lord William Taylour verdankt.

Taf. 15 a. b: nach Museumsaufnahmen (Photo: P. Pruy, Neg.-Nr. 75/68), die der Freundlichkeit von Prof. Dr. N. Himmelmann verdankt werden.

Taf. 16 a. b: nach Aufnahmen des Verfassers, B. Rutkowski, Warschau.

Abkürzungsverzeichnisse

Die Abkürzungen des vorliegenden Buches entsprechen im allgemeinen den Richtlinien des Deutschen Archäologischen Instituts (vgl. Archäologischer Anzeiger 1985, 757 ff., sowie Archäologische Bibliographie 1985, X ff.). Hinzu kommen weitere Abkürzungen, die größtenteils von der Redaktion eingeführt sind, und zwar vornehmlich für Werke, die in den Anmerkungen dieses Buches häufig zitiert sind. Alle diese Abkürzungen sind im folgenden aufgeführt.

Monographien, Zeitschriften, Aufsätze, Reihen, Kongreßberichte, Sammelwerke

AA	Archäologischer Anzeiger
AAA	Archaiologika Analekta ex Athenon (Athens Annals of Archaeology)
AAS	Annales Archéologiques Arabes Syriennes
AbhBerlin	Abhandlungen der Deutschen Akademie der Wissenschaften zu Berlin
AbhHeidelberg	Abhandlungen der Akademie der Wissenschaften Heidelberg, philos.-histor. Klasse
AbhMainz	Abhandlungen der Geistes- und Sozialwissenschaftlichen Klasse, Akademie der Wissenschaften und der Literatur in Mainz
ActaArch	Acta Archaeologica
ActaCl	Acta Classica. Proceedings of the Classical Association of South Africa
AEsp	Archivo Español de Arqueología
AfO	Archiv für Orientforschung
AJA	American Journal of Archaeology
AJPh	American Journal of Philology
AKorrBl	Archäologisches Korrespondenzblatt
Alasia I	C. F. A. Schaeffer u. a., Alasia I (1971)
Ålin, Ende myken. Fundstätten	P. Ålin, Das Ende der mykenischen Fundstätten auf dem griechischen Festland (1962)
AM	Mitteilungen des Deutschen Archäologischen Instituts, Athenische Abteilung
AnatSt	Anatolian Studies
AnnLiv	Annals of Archaeology and Anthropology, Liverpool
AntJ	Antiquaries Journal
AntK	Antike Kunst
AnzAW	Anzeiger für die Altertumswissenschaft
AOAT	Alter Orient und Altes Testament
APA	Acta Praehistorica et Archaeologica
APregl	Arheološki Pregled
ArchBibl	Archäologische Bibliographie
ArchCl	Archeologia Classica
ArchHom	H.-G. Buchholz, Archaeologia Homerica (1967 ff.)
ArchPrHistLev	Archivo de Prehistoria Levantina
ArchRep	Archaeological Reports
ARW	Archiv für Religionswissenschaft
ASAtene	Annuario della Scuola Archeologica di Atene e delle Missioni Italiane in Oriente
AuA	Antike und Abendland
AViva	Archeologia Viva
AW	Antike Welt
BAR–S.	British Archaeological Reports, Series
BASOR	Bulletin of the American Schools of Oriental Research
BCamunoStPrIstor	Bollettino del Centro Camuno di Studi Preistorici

BCH	Bulletin de Correspondance Hellénique
BdA	Bollettino d'Arte
BEFAR	Bibliothèque des Écoles Françaises d'Athènes et de Rome
BerRGK	Bericht der Römisch-Germanischen Kommission
BICS	Bulletin of the Institute of Classical Studies, University of London
BiOr	Bibliotheca Orientalis
BJb	Bonner Jahrbücher
BMusFA	Bulletin. Museum of Fine Arts, Boston
BMusVerona	Bollettino del Museo Civico di Verona
BPI	Bollettino di Paletnologia Italiana
BPrHistFr	Bulletin de la Société Préhistorique Française
Br.Age Migr.Aegean	Bronze Age Migrations in the Aegean. Archaeological and Linguistic Problems in Greek Prehistory. Proceedings of the First International Colloquium on Aegean Prehistory, Sheffield. Hrsg. R. A. Crossland – A. Birchall (1973)
Bronzo Finale	Atti della XXI Riunione Scientifica del Istituto Italiano di Preistoria e Protostoria: Il Bronzo Finale in Italia, Firenze 21–23 Ottobre 1977 (1979)
BSA	The Annual of the British School at Athens
BSR	Papers of the British School at Rome
Buchholz – Karageorghis, Altägäis	H.-G. Buchholz – V. Karageorghis, Altägäis und Altkypros (1971)
CAH	The Cambridge Ancient History
Cat.	Catálogo de Yacimientos Arqueológicos con Datación mediante Carbono – 14 de la Península Ibérica (1978)
Catling, Bronzework	H. W. Catling, Cypriot Bronzework in the Mycenaean World (1964)
ClJ	The Classical Journal
ClRev	The Classical Review
ClRh	Clara Rhodos
CMS	Corpus der minoischen und mykenischen Siegel
CRAI	Comptes Rendus des Séances de l'Académie des Inscriptions et Belles-Lettres
CronAStorArt	Cronache d'Archeologia e Storia dell'Arte
CVA	Corpus Vasorum Antiquorum
Dakares, Gräber	S. I. Dakares, Prähistorische Gräber bei Kalbaki/Iohannina (neugriech.), in: Ephemeris 1956, 114 ff.
DArch	Dialoghi di Archeologia
Deltion Mel	Archaiologikon Deltion – Meletai
Chron	– Chronika
Desborough, Dark Ages	V. R. d'A. Desborough, The Greek Dark Ages (1972)
Desborough, Mycen.	V. R. d'A. Desborough, The Last Mycenaeans and their Successors (1964)
Desborough, Pottery	V. R. d'A. Desborough, Protogeometric Pottery (1952)
Deshayes, Argos	J. Deshayes, Argos. Les Fouilles de la Deiras (1966)
EA	J. A. Knudtzon, Die El-Amarna-Tafeln (1915)
Ebert, RV	M. Ebert, Reallexikon der Vorgeschichte I–XV (1924–1932)
Enkomi-Alasia I	C. F. A. Schaeffer, Enkomi-Alasia I. Nouvelles Missions en Chypre 1946–1950 (1952)
Enkomi I–III	P. Dikaios, Enkomi Excavations 1948–1958, 3 Bde. (1969–1971) I: The Architectural Remains, the Tombs II. Chronology, Summary and Conclusions, Catalogue, Appendices III: Tafeln
EpetEtairKyklMel	Epeteris Etaireias Kykladikon Meleton
Ephemeris	Archaiologike Ephemeris
EtCrét	Études Crétoises
EthnogrAZ	Ethnographisch-archäologische Zeitschrift
EtPrHist	Études Préhistoriques
Evans, PM I–IV	A. Evans, The Palace of Minos I (1921); II (1928); III (1930); IV (1935)
Evans, Prehist. Antiqu.	J. D. Evans, The Prehistoric Antiquities of the Maltese Islands: a Survey (1971)
FdD	Fouilles de Delphes

FGrHist	F. Jacoby, Die Fragmente der griechischen Historiker
FHG	Fragmenta Historicorum Graecorum
Foltiny, Schwert	St. Foltiny, Schwert, Dolch und Messer, in: H.-G. Buchholz, Kriegswesen, Teil 2, ArchHom, Kap. E (1980) E 231 ff.
Fugazzola Delpino, Lazio	M. A. Fugazzola Delpino, Testimonianze di Cultura Appenninica nel Lazio (1976)
Furtwängler, AG I–III	A. Furtwängler, Die antiken Gemmen. Geschichte der Steinschneidekunst im klassischen Altertum I–III (1900)
Furumark, FM	Motiv-Nr. bei Furumark, Myc. Pott.
Furumark, FS	Form-Nr. bei Furumark, Myc. Pott.
Furumark, Myc. Pott.	A. Furumark, The Mycenaean Pottery. Analysis and Classification (1941)
GalliaPrHist	Gallia Préhistoire
GaR	Greece and Rome
GGA	Göttingische gelehrte Anzeigen
GöttMisz	Göttinger Miszellen. Beiträge zur ägyptologischen Diskussion
HambBeitrA	Hamburger Beiträge zur Archäologie
Hammond, Epirus	N. G. L. Hammond, Epirus (1967)
Hammond, Hist.Mac.	N. G. L. Hammond, A History of Macedonia I (1972)
Hammond, Migrations	N. G. L. Hammond, The Literary Tradition for the Migrations, in: CAH³ II 2 (1975) Kap. 36 b, S. 678 ff.
Hanschmann – Milojčić, Argissa	E. Hanschmann – V. Milojčić, Die Deutschen Ausgrabungen auf der Argissa-Magula in Thessalien III. Die Frühe und beginnende Mittlere Bronzezeit, Teil 1 Text, Teil 2 Tafeln (1976)
HAW	Handbuch der Altertumswissenschaft
Heilmeyer, Tonfiguren	W.-D. Heilmeyer, Frühe olympische Tonfiguren, OF VII (1972)
Herrmann, Olympia	H.-V. Herrmann, Olympia, Heiligtum und Wettkampfstätte (1972)
Heurtley, Mac.	W. A. Heurtley, Prehistoric Macedonia (1939)
Höckmann in: Kriegswesen	O. Höckmann, Lanze und Speer, in: H.-G. Buchholz, Kriegswesen, Teil 2: Angriffswaffen, ArchHom, Kap. E (1980) E 275 ff.
Hood, Shrines	S. Hood, Minoan Town-Shrines?, in: Greece and the Eastern Mediterranean in Ancient History and Prehistory. Studies presented to F. Schachermeyr on the Occasion of his Eightieth Birthday. Hrsg. K. H. Kinzl (1977)
Hooker, Myc.Gr.	J. T. Hooker, Mycenaean Greece (1976)
IEJ	Israel Exploration Journal
IG	Inscriptiones Graecae
ILN	The Illustrated London News
IndogermF	Indogermanische Forschungen
IndUnArtB	Indiana University Art Museum Bulletin
IntJNautA	International Journal of Nautical Archaeology and Underwater Exploration
Ipek	Jahrbuch für prähistorische und ethnographische Kunst
IstMitt	Istanbuler Mitteilungen
JAOS	Journal of the American Oriental Society
JARCE	Journal of the American Research Center in Egypt
JAScien	Journal of Archaeological Science
JberInstVgFrankf	Jahresbericht des Instituts für Vorgeschichte der Universität Frankfurt a. M.
JbKuSammlBadWürt	Jahrbuch der Staatlichen Kunstsammlungen in Baden-Württemberg
JbRGZM	Jahrbuch des Römisch-Germanischen Zentralmuseums, Mainz
JCSt	Journal of Cuneiform Studies
JdI	Jahrbuch des Deutschen Archäologischen Instituts
JEA	The Journal of Egyptian Archaeology
JFieldA	Journal of Field Archaeology
JHS	Journal of Hellenic Studies
JNES	Journal of Near Eastern Studies
Karageorghis, Doc.Chypre	V. Karageorghis, Nouveaux Documents pour l'Étude du Bronze Récent à Chypre (1965)
Karo, Schachtgräber	G. Karo, Die Schachtgräber von Mykenai (1930–33)
KAV	Keilschrifttexte aus Assur verschiedenen Inhalts. Hrsg. O. Schröder (1920)

540

KBo	Keilschrifttexte aus Boghazköi (1916–21)
KretChron	Kretika Chronika
KUB	Keilschrifturkunden aus Boghazköi (1921 ff.)
Kythera	J. N. Coldstream – G. L. Huxley, Kythera (1972)
Liddell – Scott	H. G. Liddell – R. Scott, A Greek-English Lexicon [9] (1940)
Lord William Taylour	s. unter Taylour, Myc. Pottery
Lorimer, Homer	H. L. Lorimer, Homer and the Monuments (1950)
LuS	O. Höckmann, Lanze und Speer im spätminoischen und mykenischen Griechenland, in: JbRGZM 27, 1980, 13 ff.
MAInstUngAk	Mitteilungen des Archäologischen Instituts der Ungarischen Akademie der Wissenschaften
Mallwitz, Olympia	A. Mallwitz, Olympia und seine Bauten (1972)
MDOG	Mitteilungen der Deutschen Orient-Gesellschaft
MededRom	Mededelingen van het Nederlands Historisch Instituut te Rome
MélBeyrouth	Mélanges de l'Université Saint Joseph
MemAccLinc	Memorie. Atti della Accademia Nazionale dei Lincei, Classe di Scienze Morali, Storiche e Filologiche
MemHistAnt	Memorias de Historia Antigua, Universidad de Oviedo
MF	Madrider Forschungen
MM	Madrider Mitteilungen
MonAnt	Monumenti Antichi della Accademia Nazionale dei Lincei
Murray, Cyprus	A. S. Murray – A. H. Smith – H. B. Walters, Excavations in Cyprus (1900)
MusHelv	Museum Helveticum
NAHisp	Noticiario Arqueológico Hispánico
Nicholls, Statuettes	R. V. Nicholls, Greek Votive Statuettes and Religious Continuity, 1200–700 B. C., in: Auckland Classical Essays presented to E. M. Blaiklock (1970) 1 ff.
NJbb	Neue Jahrbücher für deutsche Wissenschaft; ab 1938: Neue Jahrbücher für Antike und deutsche Bildung
NSc	Notizie degli Scavi di Antichità
OA	Oriens Antiquus
ÖJh	Jahreshefte des Österreichischen Archäologischen Institutes in Wien
OF	Olympische Forschungen
OIP	The University of Chicago. Oriental Institute Publications
OlBericht	Bericht über die Ausgrabungen in Olympia
OLZ	Orientalistische Literaturzeitung
OpArch	Opuscula Archaeologica
OpAth	Opuscula Atheniensia
OpRom	Opuscula Romana
PBF	Prähistorische Bronzefunde
PEQ	Palestine Exploration Quarterly
Perati I–III	Sp. E. Iakovides, Perati. Die Nekropole (neugriech.)
	I: Die Gräber und die Funde (1969)
	II: Allgemeiner Teil (1970)
	III: Tafeln (1969)
Peruzzi, Myc.Latium	E. Peruzzi, Mycenaeans in Early Latium (1980)
PM	s. unter Evans
PN I–III	The Palace of Nestor at Pylos in Western Messenia
	I: C. W. Blegen – M. Rawson, The Buildings and their Contents (1966)
	II: M. L. Lang, The Frescoes (1969)
	III: C. W. Blegen – M. Rawson – Lord William Taylour – W. P. Donovan, Acropolis and Lower Town. Tholoi, Grave Circle, and Chamber Tombs. Discoveries outside the Citadel (1973)
PP	La Parola del Passato
PPS	Proceedings of the Prehistoric Society
PraktAkAth	Praktika tes Akademias Athenon
Praktika	Praktika tes en Athenais Archaiologikes Etaireias

PropKg	Propyläen Kunstgeschichte
ProvHist	Provence Historique
PRU	Le Palais Royal d'Ugarit. Hrsg. C. F. A. Schaeffer (1955 ff.)
PZ	Prähistorische Zeitschrift
QuadALibia	Quaderni di Archeologia della Libia
RAssyr	Revue d'Assyriologie et d'Archéologie Orientale
RC	Radiocarbon, Organ des American Journal of Science
RDAC	Report of the Department of Antiquities Cyprus
RE	Paulys Realencyclopädie der classischen Altertumswissenschaft
REG	Revue des Études Grecques
REgypt	Revue d'Égyptologie
RendIstLomb	Rendiconti. Istituto Lombardo, Accademia di Scienze e Lettere
RendLinc	Atti della Accademia Nazionale dei Lincei. Rendiconti
RendPontAcc	Rendiconti. Atti della Pontificia Accademia Romana di Archeologia
RGF	Römisch-Germanische Forschungen
RGuimar	Revista de Guimarães
RGVV	Religionsgeschichtliche Versuche und Vorarbeiten
RhMus	Rheinisches Museum für Philologie
RivScPr	Rivista di Scienze Preistoriche
RivStLig	Rivista di Studi Liguri
RLA	Reallexikon der Assyriologie und Vorderasiatischen Archäologie
RM	Mitteilungen des Deutschen Archäologischen Instituts, Römische Abteilung
Roscher, ML	W. H. Roscher, Ausführliches Lexikon der griechischen und römischen Mythologie
Rutkowski, Cult Places	B. Rutkowski, Cult Places in the Aegean World (1972)
Rutkowski, Kultdarstellungen	B. Rutkowski, Frühgriechische Kultdarstellungen, 8. Beih. AM (1981)
Sanctuaries and Cults	Sanctuaries and Cults in the Aegean Bronze Age. Proceedings of the First International Symposium at the Swedish Institute in Athens, 12–13 May, 1980. Hrsg. R. Hägg – N. Marinatos (1981)
SBWien	Sitzungsberichte. Österreichische Akademie der Wissenschaften
SCE	The Swedish Cyprus Expedition
SchwMbll	Schweizer Münzblätter
SicA	Sicilia Archeologica
SIMA	Studies in Mediterranean Archaeology
SMEA	Studi Micenei ed Egeo-anatolici
Snodgrass, Dark Ages	A. M. Snodgrass, The Dark Ages of Greece (1971)
Snodgrass, EGAW	A. M. Snodgrass, Early Greek Armour and Weapons (1964), vgl. die deutsche Fassung: Wehr und Waffen im antiken Griechenland (1984)
SOsl	Symbolae Osloenses
Spyropoulos, Schätze	Th. G. Spyropoulos, Spätmykenische helladische Hortfunde (neugriech., 1972)
StA	Studia Archaeologica
StBoT	Studien zu den Boghazköy-Texten
StEtr	Studi Etruschi
StSard	Studi Sardi
Styrenius, Submycen.	C.-G. Styrenius, Submycenaean Studies (1967)
Taylour, Myc. Pottery, bzw. Lord William Taylour, Myc. Pottery	Lord William Taylour, Mycenaean Pottery in Italy and Adjacent Areas (1958)
Thera I–VII	Sp. Marinatos, Excavations at Thera I (1968); II (1969); III (1970); IV (1971); V (1972); VI (1974); VII (1976)
Thera VI Tafelband	Thera VI. Colour Plates and Plans (1974)
Thera Aegean I	Thera and the Aegean World I. Papers presented at the Second International Scientific Congress, Santorini, Greece, August 1978. Hrsg. Chr. Doumas – H. C. Puchelt (1978)
Thera Aegean II	Thera and the Aegean World II. Papers and Proceedings of the Second International Scientific Congress, Santorini, Greece, August 1978. Hrsg. Chr. Doumas (1980)

TrabPrHist	Trabajos de Prehistoria
TransPhilSoc	Transactions and Proceedings of the American Philological Association
TT	Theban Tomb, mit Verweis auf die Grabnummer in B. Porter – R. L. B. Moss, Topographical Bibliography of Ancient Egyptian Hieroglyphic Texts, Reliefs and Paintings[2] I 1 (1960)
UgaritF	Ugarit-Forschungen
Ugaritica I–VII	C. F. A. Schaeffer, Ugaritica I (1939); II (1949); III (1956); IV (1962); V (1968); VI (1969); VII (1978)
Urk. IV	Urkunden der 18. Dynastie IV, 1–16 von K. Sethe (1914); IV, 17–22 von W. Helck (1955–1961)
Vagnetti, Contigliano	L. Vagnetti, Appunti sui Bronzi Egei e Ciprioti del Ripostiglio di Contigliano, in: MEFRA 86, 1974, 657 ff.
Vermeule, Br.Age	E. Vermeule, Greece in the Bronze Age (1964)
Vermeule, Götterkult	E. Vermeule, Götterkult, ArchHom, Kap. V (1974)
WO	Die Welt des Orients
Wreszinski, Atlas I–II	W. Wreszinski, Atlas zur Altägyptischen Kulturgeschichte I (1923); II (1935)
WZKM	Wiener Zeitschrift für die Kunde des Morgenlandes
ZA	Zeitschrift für Assyriologie und Vorderasiatische Archäologie
ZborMuzBeograd	Zbornik Narodnog Muzeja Beograd
ZDPV	Zeitschrift des Deutschen Palästina-Vereins
ZEthnol	Zeitschrift für Ethnologie
ZfA	Zeitschrift für Archäologie

Antike Autoren und Werke

Aristoteles, Ath. Pol.	Aristoteles, Athenaion Politeia
AT	Altes Testament
Chr	Buch der Chronik im Alten Testament
Diod. Sic.	Diodorus Siculus
Homer, Il.	Homer, Ilias
Od.	Odyssee
Kön	Buch der Könige im Alten Testament
Paus.	Pausanias
Pindar, Ol.	Pindar, Olympiae
Pyth.	Pythiae
Plinius, N. H.	Plinius, Naturalis Historia
Steph. Byz.	Stephanos Byzantios
Thuk.	Thukydides

Allgemeine Abkürzungen

Abb.	Abbildung(en)	DAI	Deutsches Archäologisches Institut
Abh.	Abhandlung(en)	Dat.	Datierung
a.O.	am angeführten Ort	ders.	derselbe
Anm.	Anmerkung(en)	d.h.	das heißt
Arch., arch.	archäologisch(es)	dies.	dieselbe(n)
Aufl.	Auflage	Diss.	Dissertation
B	Breite	Dm	Durchmesser
Bd., Bde.	Band, Bände	Ergh.	Ergänzungsheft
Beih.	Beiheft	erh.	erhalten
Beil.	Beilage	evtl.	eventuell
bes.	besonders	f., ff.	und folgende (Singular und Plural)
bzw.	beziehungsweise	FB	Frühe Bronzezeit, Frühbronzezeitlich
cm	Zentimeter	FH	Frühhelladikum, Frühhelladisch

FK	Frühkykladisch	Rez.	Rezension(en)
FM	Frühminoikum, Frühminoisch	s.	siehe
FO	Fundort	S.	Seite(n)
Fr.	Fragment (literarisch)	SB	Späte Bronzezeit, Spätbronzezeitlich; beachte aber: zusammen mit einem Ort (Berlin, Heidelberg, Leipzig, Mainz, München, Wien) bedeutet SB »Sitzungsberichte der Akademie der Wissenschaften«
Frgt.	Fragment (archäologisch)		
ggf.	gegebenenfalls		
H	Höhe		
H.	Heft(e)		
Hrsg.	Herausgeber	Schol.	Scholion
insbes.	insbesondere	SH	Späthelladikum, Späthelladisch
Inv.-Nr.	Inventar-Nummer	Slg.	Sammlung
J.	Jahr(e)	SM	Spätminoikum, Spätminoisch
Jb	Jahrbuch	Suppl.	Supplement
Jh(s).	Jahrhundert(s)	s. v.	sub voce
Jt(s).	Jahrtausend(s)	Tab.	Tabelle(n)
Kap.	Kapitel	Taf.	Tafel(n)
Kat.	Katalog	TT	Theban Tomb, mit Verweis auf die Grabnummer in B. Porter – R. L. B. Moss, Topographical Bibliography of Ancient Egyptian Hieroglyphic Texts, Reliefs and Paintings[2] I 1 (1960)
Kat.-Abb.	Katalog-Abbildung		
L	Länge		
li.	links, linke(r)		
Lit.	Literatur		
MB	Mittlere Bronzezeit, Mittelbronzezeitlich	u. a.	unter anderem, und andere
m. E.	meines Erachtens	UCLA	University of California, Los Angeles
MH	Mittelhelladikum, Mittelhelladisch	u. ö.	und öfter
MM	Mittelminoikum, Mittelminoisch	usw.	und so weiter
Mus.	Museum, Musée, Museo	u. U.	unter Umständen
m. W.	meines Wissens	v. Chr.	vor Christus
Nat.-Mus.	National-Museum	Verf.	Verfasser
Neg.-Nr.	Negativ-Nummer	vgl.	vergleiche
N. F.	Neue Folge	Z.	Zeile
N. S.	Neue Serie	z. B.	zum Beispiel
o. J.	ohne Jahr	z. T.	zum Teil
r.	rechts, rechte(r)		

REGISTER

Sahure 58ff. 85
Sakrale Badeanlage 184. 303
Salamis 442. 473. 483. 485
Salamis, Zypern 511
Salina 242. 252
Salomo 151
Samos 90. 103. 429. 487. 489
Sampa-Pediados 369
San Giovenale 251. 264
San Ippolito 90
San Omobono 264
Saqqara 82
Saratse 127
Sardinien 41. 44. 93ff. 98. 240.
    248ff. 251. 255. 257. 270. 506.
    529
Sardis 73. 443
Sargon I. 54. 56ff. 70f. 73. 83. 85f.
Sarkophag 318. 403. 418. 420. 516
Sa 'Ucca de su Tintirriòlu 48. 93f.
Schabstein 464
Schaf 189. 285. 404
Schale 215. 328, s. auch Kylix
Schatzfund 46. 70ff. 266
Schemel 280
Schemischin 210
Schernen, Ostpreußen 512
Schiff (Barke, Flotte, Schiffsdarstel-
    lung, -fund, -modell) 33f. 41. 46.
    57ff. 60f. 64ff. 85. 89. 92. 100.
    108. 150f. 156. 159ff. 195f. 216.
    225. 230. 233. 278. 283ff. 293.
    336. 341. 388. 437. 497. 501. 514ff.
    517. 526
Schiffahrt (Seereise, -weg) 56ff. 61.
    64f. 88f. 91. 100. 108. 157. 160.
    162ff. 179. 216. 244. 258. 271f.
    386. 507, s. auch Seehandel
Schiffswrack 9. 66. 160. 168. 173f.
    266. 369. 523
Schild 283. 329. 331ff. 336ff. 344.
    356f. 464. 503ff.
Schirm 212. 521
Schiste 130
Schlachtenreihe 357f.
Schleuder 338. 504
Schmuck 85. 366f. 401. 403. 427.
    436. 469. 484, s. auch Armband,
    Diadem, Fingerring, Haarring,
    Halskette, Nadel, Ohrring, Perle,
    Stirnband
Schnabelschuh 210
Schnecke 138f. 278. 461
Schrift, s. Diskus von Phaistos, Keil-
    schrift, Kypro-minoische Schrift,
    Linear A und B, Liparischrift

Schurz 220. 281. 283. 344
Schwalbe 280. 286
Schwarzes Meer 16. 162. 247
Schwein, s. Wildschwein
Schweiz 96. 253
Schwert 72. 150. 204. 246. 250. 268.
    283. 336f. 343. 372ff. 464ff. 467f.
    470. 502ff.
Scoglio del Tonno 242. 250ff. 258.
    271
Seehandel 57. 160. 223. 244. 476f.
    507
Seeigel 278. 287
Seevölker 221. 224. 233. 474f., s.
    auch Philister
Segel, s. Schiff
Sellopoulo 401
Senmut 152. 220
Senorbì 94
Serpentin 144. 466
Serra Grossa 50
Servia 127
Sesklo 128. 132. 499f.
Sesostris III. 33f. 46
Sidon 60
Siedlung 9f. 17f. 43. 81. 92. 101.
    122. 126. 137ff. 155. 183ff. 273.
    276f. 283f. 288ff. 360f. 410ff.
    414ff. 425ff. 428. 432. 485f.
Siegel (Bulla, Gemme, Rollsiegel,
    Siegelring, -stein, Stempelsiegel)
    3. 57. 61. 66. 74f. 86. 105. 142.
    151. 193. 198. 224. 233. 247. 251.
    285. 326. 335ff. 338f. 341f. 344.
    354. 366. 380f. 400. 403. 424. 428.
    459. 461ff. 470ff. 474. 476f. 504.
    511
Silber (auch -objekte) 53. 57. 71. 91.
    95. 101. 103. 151. 156. 158. 200.
    213. 219. 337f. 340. 357. 459. 469.
    472. 529
Sinai 54. 150
Sinda 171. 473. 476
Siphnos 71
Sippar 72
Siroupolis 360. 369
Sitagroi 38f. 70. 127
Sitias 501
Sizilien 19. 41. 90f. 99. 237ff. 240ff.
    244ff. 247f. 250. 252f. 255ff.
    258ff. 265. 269. 468. 500
Skala-Philiaton 359
Skelett (auch Knochen, Schädel) 9.
    13. 80. 132. 190. 362. 441. 445.
    456ff. 459f. 465
Sklave 153. 156. 158

Skorba 48
Skotino 424
Skyros 56
Snofru 33. 46. 59
Somaén 49
Sonne, Sonnenbarke, -kult, -rad,
    -wagen 59ff. 508f.
Sounion 513
Souphli-Magoula 96. 442
Sozialstruktur, mykenische 506. 514
Sozopol 162
Şpălnaca 501
Spanien 42ff. 50. 58. 81. 501
Sparta 418. 506. 519, s. auch Amy-
    klai, Menelaion
Spata 476
Speer, -spitze, Speerlanze 190. 249.
    266. 329ff. 374ff. 468. 503f., s.
    auch Aiganee
Sphinx 198f.
Spiegel 458
Spindel 466. 470. 472
Spirale 94. 168. 186. 189. 192. 194.
    214. 237f. 251. 262. 269. 279. 286.
    316. 380f. 450. 452. 459f. 462.
    464. 471. 477. 530
Spule 371. 466
Stab 504, s. auch Szepter
Stabdreifuß 248f. 251. 266. 426. 529
St. Adrien 103
Stammesverband 384. 492f.
Statue des gehörnten Gottes 190
Steatit (auch -objekte) 93. 95. 326.
    328. 361f. 365. 457. 460. 462. 464.
    466. 470
Steinanker, s. Ankerstein
Steinbock 207. 212. 215. 355. 454.
    462ff.
Steingefäß (Marmor-, Schiefer-) 68.
    72ff. 80. 90. 94. 103. 105. 137.
    144. 153. 276. 335f. 341
Steiria 437
Stele 88f. 94. 96. 338. 341. 349
Stephan von Byzanz 229
Stern 462
Stier 183. 189. 192f. 195. 198f. 206.
    210. 380. 403. 462. 487. 489. 522.
    526f.
Stierhörner, -kopf, -protome 93.
    192. 200. 213. 286. 380. 423. 463
Stierkampf, -spiele 522
Stiermensch 462
Stirnband 199, s. auch Diadem
Straußenei 170f. 173. 277
Stravokephalo 433. 528
Streitwagen, s. Wagen

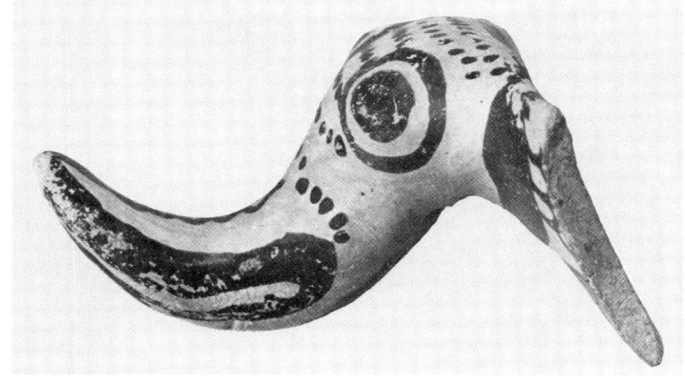

a

b

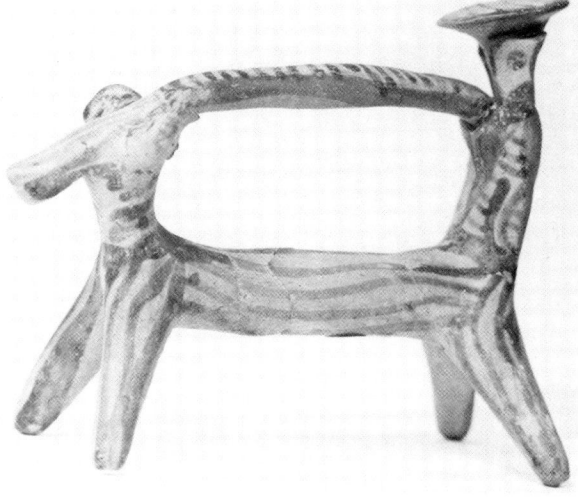

Tafel 1
(a. b) Tönerne Tierkopf-
protome, Gefäßbruch-
stück des SH III aus der
Unterburg von Tiryns,
Ausgrabung 1965.
(c) Terrakotta: myke-
nischer Stierspringer
aus Zypern, H 10 cm;
Nikosia, Cyprus Mus.,
Inv.-Nr. A 32.
(d) Terrakotta: myke-
nischer Wagenlenker mit
Hut, in stark abgekürzter
Zusammenfügung mit
Wagen und Gespann;
englische Privatsammlung
J. Chesterman.
(e) Weibliches Terrakotta-
Idol der Phiform mit
plastischen Brüsten und
Augen; Angabe von
Händen und Gewand
in flotter Bemalung;
SH III A (Mitte des
14. Jhs. v. Chr.); Hamburg,
Mus. für Kunst und
Gewerbe.
(f) Mykenische Terra-
kotta aus der Argolis:
thronende Frau oder
Göttin, SH III B (13. Jh.
v. Chr.); Kassel-
Wilhelmshöhe, Staatl.
Kunstsammlungen

c

d

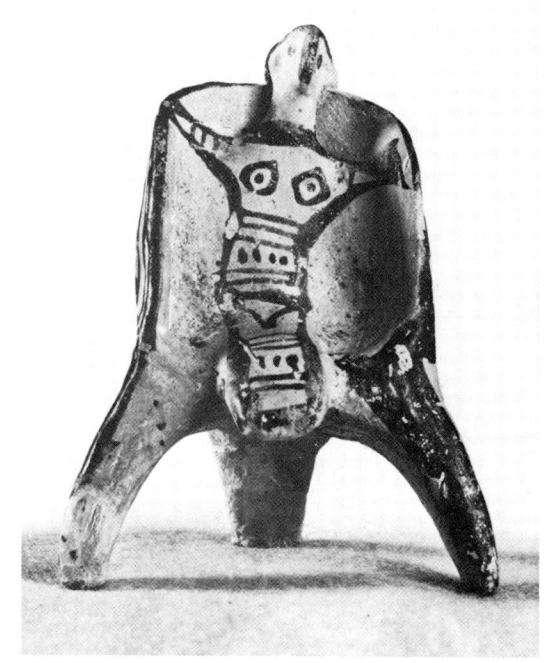

e

f

a

b

c

d

Tafel 2
(a) Bronzebecken mit
Vogelkopf-S-Spiralen am
Gefäßrand und großen tor-
dierten Horizontalhenkeln
aus Pylos, Kammergrab
K 2; Chora, Arch. Mus.,
Inv.-Nr. CM 2912.
(b) Mykenisches Vier-
lingsgefäß aus Broumazi,
Grab 2, Fund-Nr. P 181;
Olympia, Arch. Mus.
(c) Dreihenkeltopf
des 14. Jhs. v. Chr. mit
Schraffurmuster in Süd-
afrika, Sammlung der
Rhodes-Univ., Inv.-Nr. 7.
(d) Gedrücktes Alaba-
stron aus Attika mit
stilisiertem Tintenfisch-
dekor (SH II B) in Princeton, Univ., Art-Mus.,
Inv.-Nr. 1955.3243

a

b

Tafel 3
(a) Birnenförmige myke-
nische Kanne aus Zypern
mit gewellten Vertikal-
streifen und Nieten-
imitationen am unteren
Henkelansatz; Berlin-
Charlottenburg, Staatl.
Mus., Inv.-Nr. F 22.
(b) Kugelige mykenische
Deckelurne des SH III C1
aus Zypern mit Fisch- und
Pferde-Dekor; Toronto,
Royal Ontario Mus.,
Inv.-Nr. 920. 68. 52.
(c. d) Mykenische Urne
vom gleichen Typus
wie b mit zugehörigem
Deckel (c), beide aus
Stravokephalos am
Kladeos; Olympia, Arch.
Mus., Inv.-Nr. P 354.
(e) Mykenische Bronze-
Lanzenspitze aus einem
Grab in Brauron-Lapoutsi,
Ost-Attika; Brauron,
Arch. Mus.

c   d

e

a

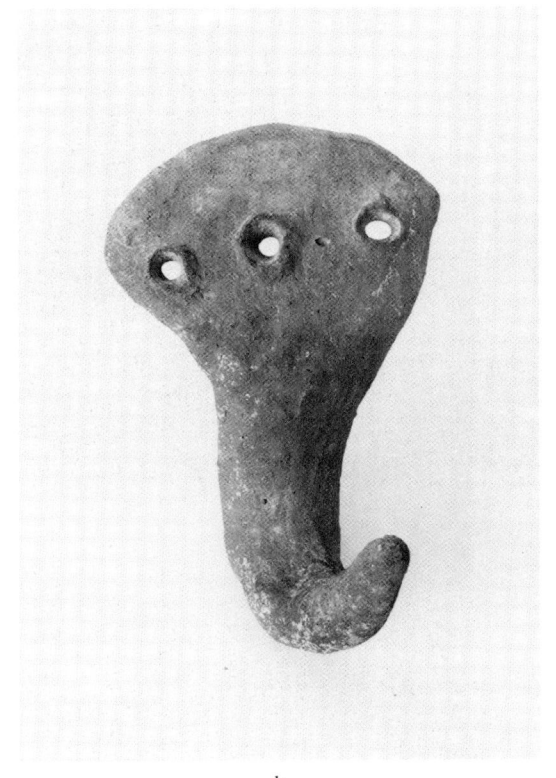

b

c

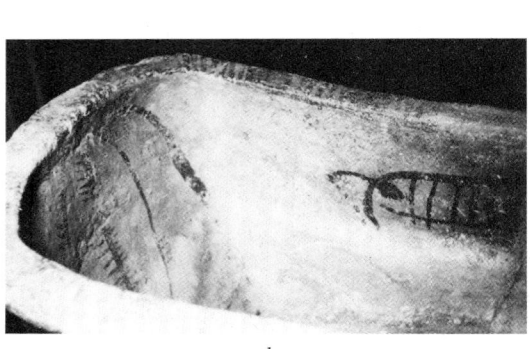

d

e

Tafel 4
(a) Fresko aus Akrotiri,
Thera, Detail der 'Krokuspflückerinnen'; Athen,
Nat.-Mus.
(b) Frühbronzezeitlicher
Haken aus Ton mit
Löchern zur Befestigung
an der Wand aus Troja
(H. Schliemanns Aus-
grabungen); Berlin-Char-
lottenburg, Staatl. Mus.
(c. d) Details eines minoischen Wannensarkophags,
im Inneren mit einzig-
artigen Darstellungen
gekenterter Schiffe;
1970/71 im Schweizer
Kunsthandel.
(e) Schmalseite eines
mykenischen Sarkophags
aus Boiotien; Kassel-
Wilhelmshöhe, Staatl.
Kunstsammlungen

a

b

Tafel 5
(a. b) Zweite und dritte
Stadtdarstellung aus dem
Miniaturfries des Raumes 5
im 'Westhaus' von
Akrotiri, Thera.
(c) Fenster des Hauses
südwestlich des drei-
eckigen Platzes, von
Nordosten gesehen

c

b

a

Tafel 6 Akrotiri: (a) Westwand der Mühle Delta 15, von Nordwesten gesehen. (b) Tür im Osten des Bezirks Delta, im Bild links ist die Nordwand der Xeste 2 zu sehen

b

a

Tafel 7   Akrotiri: (a) Katastrophengeschädigte Steintreppe im Raumbereich Delta 4–7, von Delta 5 aus gesehen.
(b) Nordwestecke des Raumkomplexes Beta 1–2, Ansicht von Nordwesten

a

b

c

Tafel 8
Akrotiri:
(a) Mauern der Xeste 1,
Ansicht von Nordosten.
(b) Haus in Xeste 3,
Südostecke der Anlage
vor dem Haupteingang
und dem Treppenhaus.
(c) Nordwand der Xeste 2,
von Nordosten gesehen

a

Tafel 9
(a) Südostfassade des
'Westhauses' von Akrotiri,
von Süden gesehen.
(b) Steinplatten eines
Fußbodenbelags

b

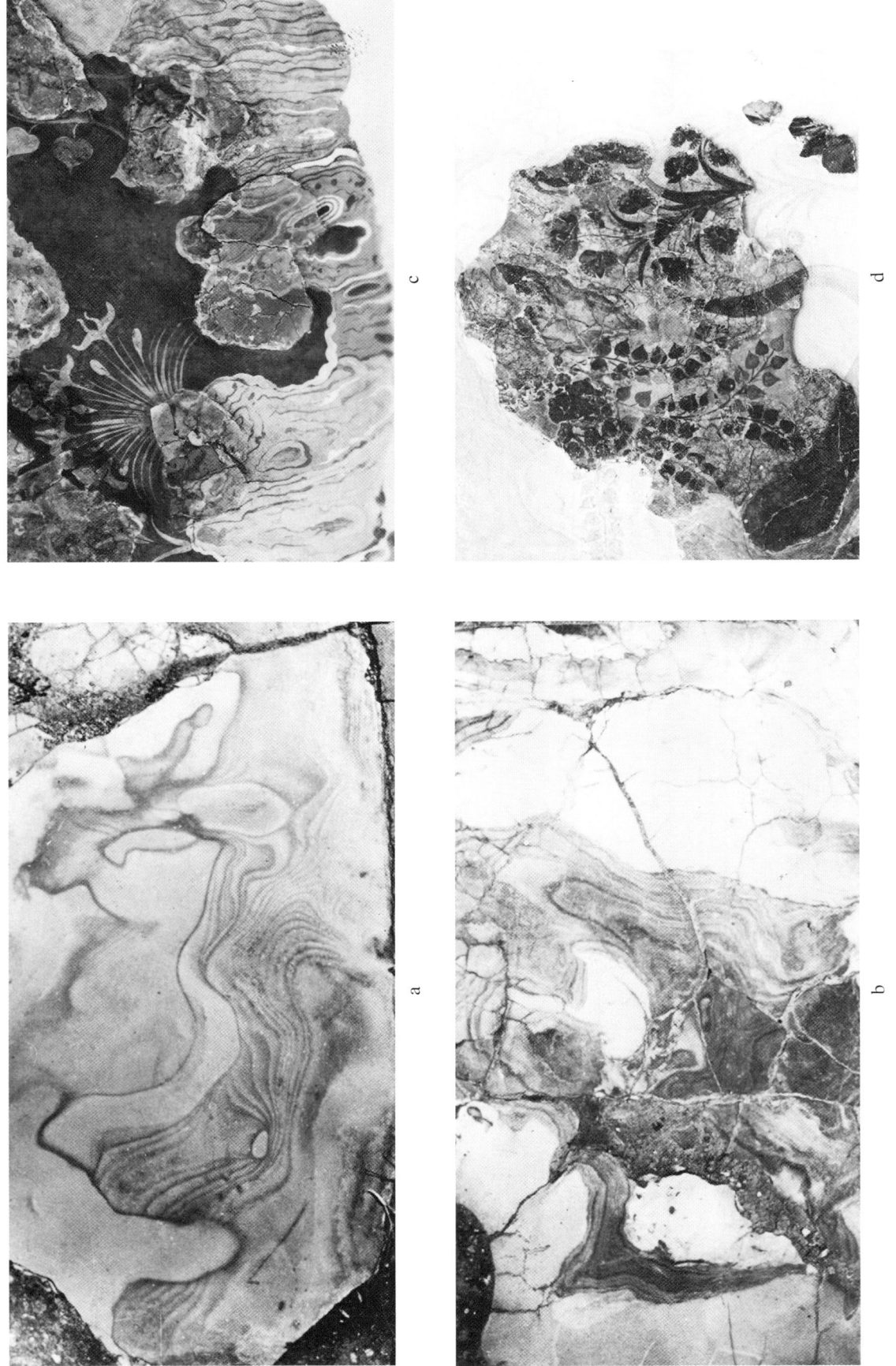

Tafel 10   Kreta: (a. b) Bodenplatten aus Gipsstein im Palast von Phaistos. (c) Ausschnitt aus dem 'Affenfresko' von Knossos.
(d) Ausschnitt aus dem 'Katzenfresko' von Hagia Triada

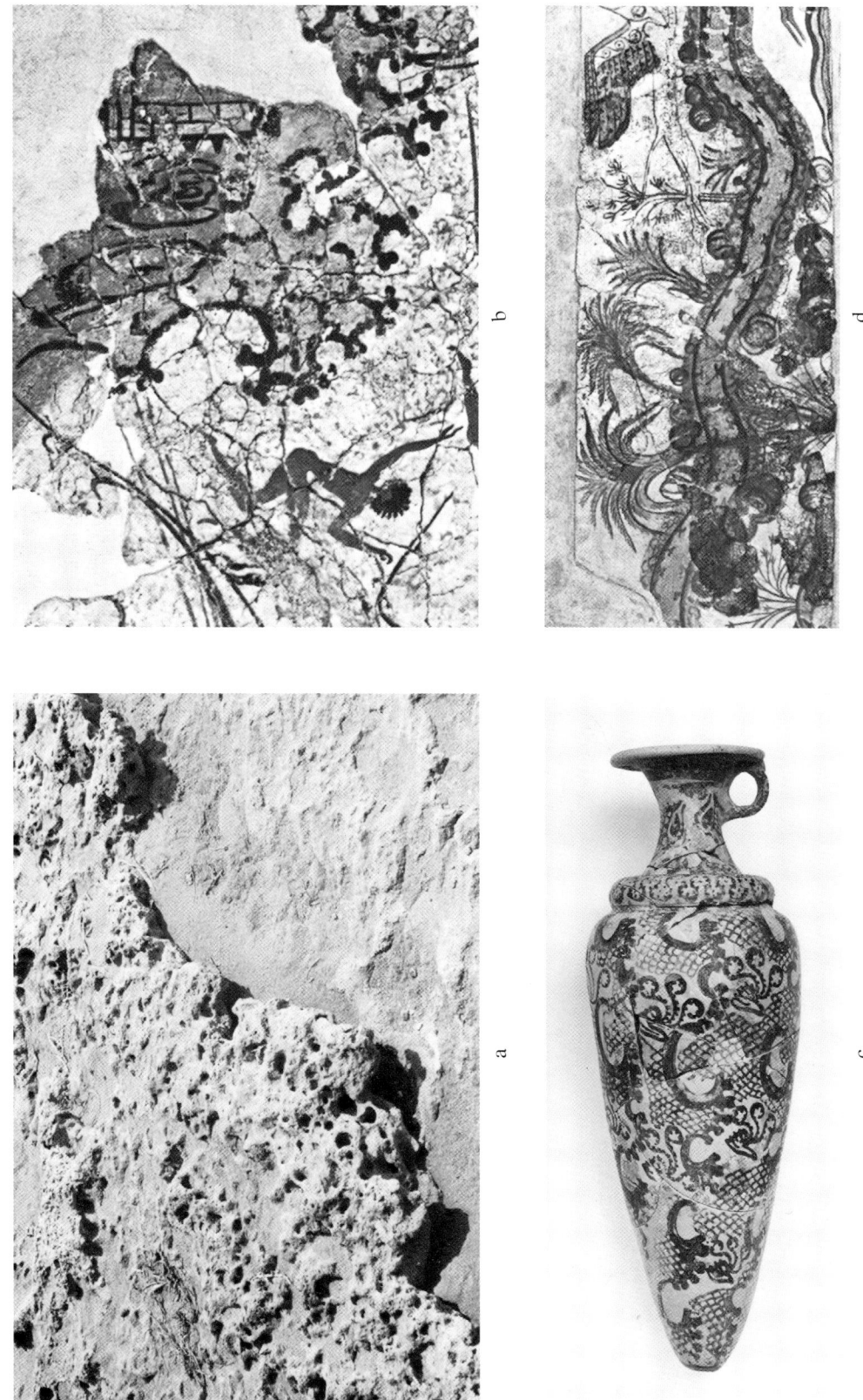

Tafel 11 (a) Flache Felsbildung an einem der Strände Kretas. (b) Ausschnitt aus dem Nordfries im Raum 5 des 'Westhauses' von Akrotiri auf Thera. (c) SM-Rhyton aus Palaikastro, Ostkreta; Herakleion, Arch. Mus., Inv.-Nr. 3396. (d) Ausschnitt aus dem Ostfries in Raum 5 des 'Westhauses' von Akrotiri

a

b

Tafel 12
Dromos und Grabraum
des Tholosgrabes in
Kipere, Epeiros
(SH III A/B)

a

b

Tafel 13
Siedlungsreste und
Bestattung der Spät-
bronzezeit in Epeiros:
(a) Mittlere Kyklopen-
mauer von Ephyra.
(b) Kistengrab in
Nekromanteion.
(c) Tumulus A von
Ephyra aus der End-
phase der Bronzezeit

c

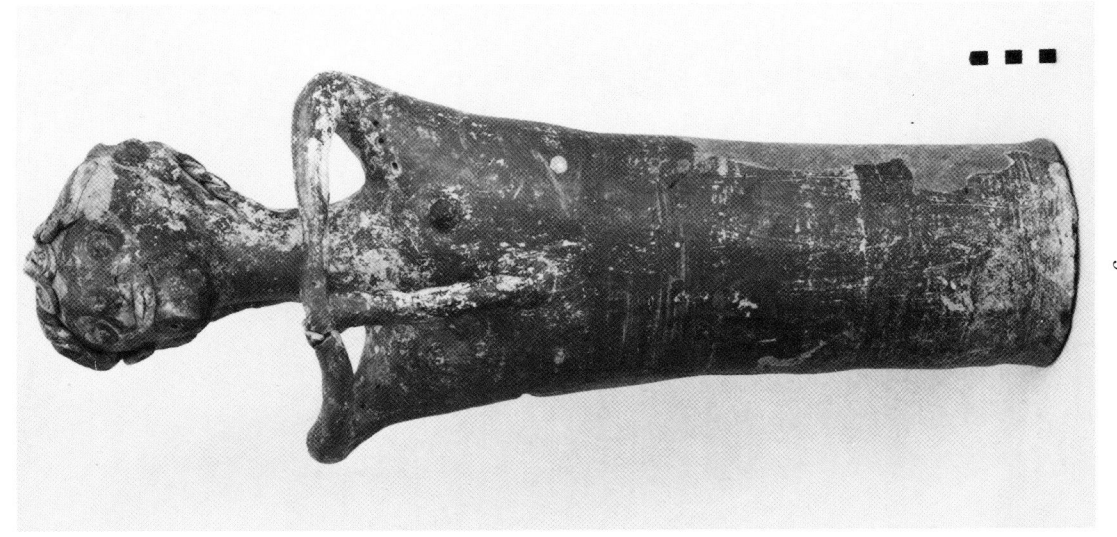

c

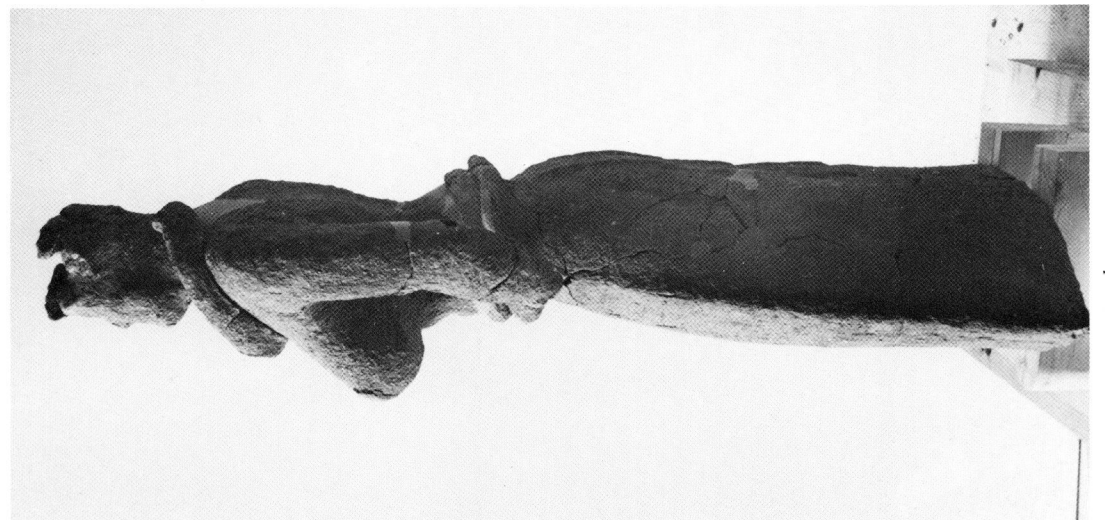

b

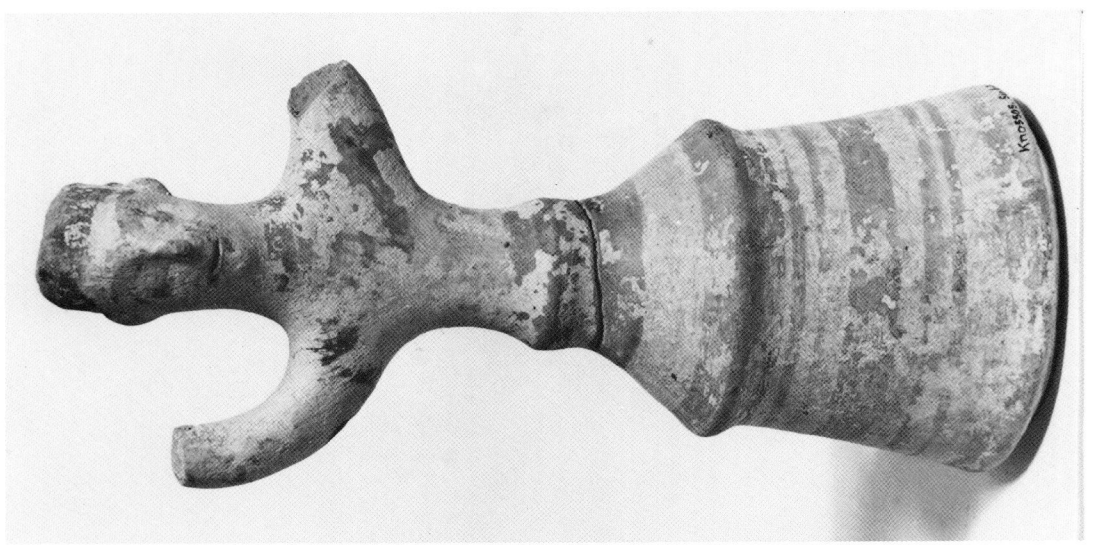

a

Tafel 14   Minoische und mykenische Kultfiguren aus Ton: (a) Statuette aus Knossos in Oxford, Ashmolean Museum.
(b) Statue aus dem Tempel von Hagia Irini auf Keos, Inv.-Nr. K 3.611. (c) Hohlterrakotta aus Mykene

b

a

Tafel 15   Fragmentierter Statuenkopf einer Hohlterrakotta in Bonn, Akademisches Kunstmuseum

a

b

Tafel 16
(a) Ansicht des Temenos
von Mykene und
(b) des darin gelegenen
Tempels